扬州中学校史资料长编·下编

第九册

《扬州中学校史资料长编》编委会 编

凤凰出版社

《扬州中学校史资料长编》编委会

扬州中学校史资料长编

例　言

一、本书是江苏省扬州中学校史资料的总汇。历史是人类的良师和益友,我校作为百年名校,既有其别处难以复制的独特性,也有其基础教育方面的普遍性和代表性。本校校史编撰工作,自上世纪八十年代初始,筚路蓝缕,黾勉从事。工作中深感历史资料的可贵与难得,尤其原始资料,劫后孑遗,吉光片羽,每一实录都是一个生命对另一个生命的启示。无奈由于种种原因,资料又容易散失。虽然编有一些纪念册和校史书籍,但是这些只是校史中的小部分。又虑及改革开放以来,本校的教育教学和科研,理念领先,成果丰硕,日后不致再生"斯文不幸"之叹。于是就有"扬州中学校史资料长编"(以下简称"长编")的编辑,广泛收集,不遗余力,现将业已收集到的校史材料汇编成册,出版发行,公诸于世。

二、本书意欲尽最大可能囊括历年来本校的独特办学风格和教育教学成果。光绪二十八年(壬寅,1902),扬州仪董学堂创立,风气初开,中西并重,系颇具现代意义的中学,是为本校源头。两淮中学堂、扬州府中学堂、淮扬合一中学、江苏省立第八中学和尊古学堂、两淮师范学堂、江苏省立第五师范学校,均为本校前身。1927年合并"五师""八中"建立的江苏省立扬州中学,承先人余烈,自主办学,推进革新,"科学陶冶,人格感化",开始了扬州中学最辉煌的时期。抗战八年,辗转办学,弦歌不辍,薪火相传,特别是办在大后方四川的国立二中,培养了大批人才。1949年后的江苏省扬州中学,实验性与示范性突出,系省内"四大名旦"之一(其他为南师附中、苏州中学、常州中学)。新时期的扬州中学,秉持"科学人文相融合"的理念,继往开来,生机蓬勃。综观百年扬中,积淀丰厚,人才辈出,青春常在。"长编"希望能为本校师生进一步光大优良传统,创造世纪辉煌,乃至为研究中国基础教育者，提供相当的帮助与便利。面向未来，与时俱进，继承、吸收、创新，人类只能在历史提供的条件下自由创造，不断发展。

三、本书资料来源。上世纪八十年代初，广泛联系各地校友，跑上海图书馆徐汇藏书楼、南京大学图书馆、南京师范学院图书馆、南京图书馆清凉山古籍部等处，抢救第一手校史资料。九十周年校庆和百年校庆补充了一些资料。近几年来，又重跑各地图书馆，访问校友，甚至逛旧书摊，并通过扬州大学图书馆、华师大友人网上联络等多种渠道，从北京大学、北京师范大学、南京师范大学、复旦大学、华东师范大学、国家图书馆、上海图书馆、南京图书馆、扬州市图书馆、扬州市档案馆等处，复制了一批材料。新收集到一些珍贵资料，如《仪董学堂章程》《江苏省立第五师范学校校友会杂志·第一期》（原件）及第二第三合期、《一年来之扬中》（原件）、《三周纪念刊》（原件）和三十几本《扬中校刊》（原件和复印品）等等。有的辗转购自北京、上海，有的从收藏者手中购得。值得一说的是《江苏省立第五师范学校校友会杂志·第一期》和《一年来之扬中》，前者是张镇安校友在地摊上高价购得，无偿赠给母校，后者系校友胡宇锋的大学同学汪立耕同志在北京潘家园地摊上购得，无偿转赠，非常感人。周厚枢校长生平资料，包括他的八中毕业证书、校长任命书和蒋中正写的亲笔挽幛，由周校长的后辈从台北跨海捐赠，连同原先黄泰老师家藏本《十周纪念刊》和朱白吾老师家藏的珍贵资料如《五周纪念》特刊等，也由其哲嗣捐赠给学校，十分宝贵。本校在职和退休教职员也以主人翁的姿态参与征集论文论著的工作，充实了校史资料。

四、本书的资料内容与编排。主要内容是目前所能搜寻到的本校相关档案材料，上世纪二三十年代国内邮政挂号公开出版发行的本校校刊、纪念册、校友会杂志和本校老师编撰的部分教材，以及各个时期本校教育教学的相关文稿等等，少量早期校友的回忆文章因其难觅也编入其中。不薄今人爱古人，长江后浪推前浪。新时期以来，本校老师的著述、教育教学和科研的资料，入选的也相当可观，或编专集或节选或存目。大量后期校友的回忆文章拟另行编入《扬中往事》。

“长编”分三编，前编、上编、下编。

前编，按年代先后编录学校各个时期的概貌、概况性质的图表和文字，也可以说是比较感性直观的扬州中学简史，以较多相对集中的图文区别于上编、下编。

上编(1902—1949)——第一册、第二册，第三册……

下编(1950—)——第一册、第二册，第三册……

编排体例采取开放结构，随着时日推移，资料的增添，以及旧资料的新发现，可接着续编。

排版采用横排简化字排印，除适应横排基本规则外，具体版式大致参照原样，不强求统一，文字上一般不作改动，漫漶之处，以方框代替，尽可能保存资料原貌。校对时，本校青年教师对原来未曾断句的文章进行断句或标点，有些文章的标点符号也作了必要的改动，更符合当代习惯，其勤奋精神可嘉。众擎易举，共襄其成。

五、"一切历史都是当代史"，然而真理并不是现成的自明的恒常存在，如果没有人参与传承传统，真理便无缘生成和呈现，文本的内在意义也就无法得到传承和延续。至于有些具体文章，总会打上一定的时代印记，作者也有他特定的写作环境，读者明鉴，当会区分根本精神和时局附加的派生条件，历史地、公允地正确对待，这一点毋庸编者赘言。

本书共三编。目前，数百万字的前编(1册)、上编(7册)，终能先期编就出版问世，是与各方人士的亲切关怀、热情鼓励和鼎力帮助分不开的，这种强烈的文化意识和高度社会责任感，令人感佩，我们于此深致谢忱。限于编者水平，见闻不广，加之时间仓促，书中难免疏漏失当之处，诚恳地期待着读者批评指教。

《扬州中学校史资料长编》编委会

2012.9

为迎接115周年校庆，《扬州中学校史资料长编》，继业已出版的8册之后，今年又续编4册，即上编第八册和下编的第一册、第二册、第三册。拟明年再出版4册，以期学校在不断继承创新中永葆青春。

《扬州中学校史资料长编》编委会

2016.10

《扬州中学校史资料长编》(前编、上编、下编),业已出版12册。今年又续编6册,即上编第九册和下编的第四册、第五册、第六册、第七册、第八册。开放的体例不变,以期学校在新时代不断继承创新中砥砺前行。

《扬州中学校史资料长编》编委会
2018.10

今年续出上编第十册和下编第九册,连同上次未及印出的第七、八册,共4册。到目前为止,校史资料长编,已经编成20册,包括前编1册、上编10册、下编9册。

《扬州中学校史资料长编》编委会
2020.6.18

简要说明

本册是“长编”下编的第九册，收录学校系统开展学科思维教学的资料，包括三个部分，一是“系统开展学科思维教学”（国家教委“九五”重点课题）的结题报告，二是各学科教师研究、实施思维教学的论文选，三是社会对于研究、实施思维教学的部分评价。

下编第九册

目　录

第一部分　结题报告

第二部分　思维教学论文选集

附录 专家评价与报刊报道

第一部分

结题报告

以培养学生思维品质为核心，系统开展学科思维教育

——江苏省扬州中学系统开展学科思维教学实验介绍

沈怡文

培养与发展学生的智力和能力是当前教育界研究的热点与难点，在学生具备的各种智力和能力中间，思维能力是核心。因此，思维能力的教育与训练已成为各国教育界公认的、发展学生智力和能力的有效途径。1992 年，本校设立的“系统开展学科思维教学研究”课题在江苏省教科所立项，开始实验研究。1995 年 5 月，该课题通过了由北京师范大学发展心理研究所、江苏省教科所、南京市及扬州市教科所的专家组成的评审小组进行的中期验收。1996 年，该课题被批准为“全国教育科学一九九五规划国家教委重点课题”。

在课题研究过程中，我校一直得到北京师范大学发展心理研究所所长林崇德教授的指导与帮助。林教授多次专程来扬州，为扬州中学的教师开设课题研究工作的讲座，同时，吸收三名青年教师在其研究所攻读“学科能力发展”方面的硕士研究生课程，亲自给他们授课指导。林教授的专著《学习与发展》是课题组成员必读的理论著作，教师们将所学理论与研究方法用于自己的教学实践中，不仅提高了教学质量，而且提高了自身素质，这对本课题的研究进展起了重要作用。在过去五年的研究中，我们得出了以下几点认识，请同行与专家指正。

一、理论基础的确立

通常人们认为教给学生一些思维方法，并使学生能运用这些方法，思维能力的培养与发展任务就算完成了。然而，这种类似于“形式教育”的训练有着许多缺陷性，因为一缺乏教学内容为依托，二是这一过程及其结果常常缺少一个可进行比较、较客观的量化评价标准，同时，这样的教学过程往往使学生置于被动接受的地位。我们认为，培养学生的思维品质应是学校发展学生思维能力的突破口。思维品质概念的提出，为培养学生的思维能力的教学与实验又增加了一个新的难度，它能体现思维水平的个体差异性。它包括思维的敏捷性、灵活性、批判性、独创性和深刻性。思维品质客观具体，可以使发展学生思维能力的教学做到目标化、教学评估量化，同时又兼顾到因材施教的原则，因此，也就具备了较强的可操作性。培养与发展学生思维品质的理论成为我们进行实验研究的理论基础。

二、教学目标的制定

将发展学生能力确立为教学目标的核心，是教育观念的重大改变，这一改变是学校教育由应试教育向素质教育转轨的重要步骤。但是，这一转变又是艰难的，因为能力是内隐的，它要通过具体的行为才能表现出来。我们以培养学生思维品质为核心将思维教学中要求学生掌握的行为确立为：语义知识的储存与提取，智力技能的训练与应用，认知策略的掌握与运用三个部分。即(1) 语言技能，(2) 逻辑思维与创造性思维技能，(3) 学习与元学习技能。

1. 语言技能

思维和语言是不可分的，没有语言，就没有人的理性思维。要求学生掌握思维方法，首先，要教他们分析与领悟语言。语言有两个功能，一是起概括作用，这个功能使语言成为思维工具的支柱；二是起调节作用。对于中学生来说，随着语言的逐步掌握和言语能力(听、说、写尤其是阅读)的不断发展，推动着他的思维内容日益丰富，调节着他的思维活动逐步完善。因此，我们把掌握语言技能作为培养思维能力的首要条件，也把它当作培养或评定学生思维能力的第一个目标。

2. 逻辑思维与创造性思维技能

逻辑方法是一种抽象的，逐步引向深入，且具收敛性的思维方法。创造性思维方法则具有发散性、变通性与独特性。对思维方法的分类有许多标准，但是对于中学生来说，我们选择这两种技能作为思维教学培养目标，是因为它们是思维过程中普遍存在的，又是最重要的思维方式。它们之间既对立又统一，前者可以使学生把混乱复杂的问题变成有序精炼的问题，便于把幻想放在现实中考察，便于对问题的探索、解剖、获得答案。后者则可使陷于僵化保守的思维推进到新的领域，发现许多种不同的途径，使学生的思维更加活跃、变化、富于想象。因此，它们是衡量思维教学效果的最重要的指标之一。

3. 学习与元学习技能

学习技能包括如何提出问题，如何确定问题，如何寻求解决问题的途径，怎样阅读，怎样参与小组讨论，怎样分析资料，寻求不同观点，等等。元学习技能是对上述学习技能的学习，是自我监控能力的体现，它包括这样一些问题：怎样动用刚学会的思维方法，怎样纠正错误的思维习惯，怎样学习更好、更符合自己的个性特点，等等。质疑是思考的开始，古代思想家朱熹说："读书无疑者，须教有疑，小疑则大进。"其实学习方法指导的核心是学习思考的指导，教学生如何学，如何改善学习也是培养和评价思维教学的目标之一。

教师在各自学科教学过程中，应结合每一节课、每一个单元教学情况及学生的思维品质状况，将上述目标有系统地安排在单元与课时教学的目标计划内。教学过程结束之后，测试试卷不仅有按知识标准确立的评分细则，还要确定按技能种类确立的评价细价，学生从教师处最终得到的不仅是某一学科知识掌握情况的分数，而且还得到自己技能掌握情况的评价。教师可依据这些评估结果，再确立新一个单元的教学目标计划。

三、教学模式的探索

教学模式不同于一般具体的教学方法，它在强调整体性、程序性、结构性的同时，应有鲜明的针对性。对于某一个学科中的起始教学、总结性阐述、理论背景介绍、理论或概念的解析、实验操作与一般问题解决方式的范例介绍等内容，可以选用注重启发的传统讲授式教学模式。对于各种方法、技能训练，则可采用探究模式、个别指导模式或行为训练模式。对于社会政治、伦理、历史、哲学等学科中的理论性知识，则应强调独立思维、讨论辨析的探究训练模式、法理学探究模式等等。对于涉及学生行为、社会学技能等教学内容，则可采用角色扮演、社会探究与行为训练等模式。中学各学科知识内容的复杂性与多样性及其教学目标的系统性要求各科教师灵活运用教学工艺学中的各种技术，来优化组合各种因素，才能顺利完成知识教学、能力培养的艰巨任务，才能将不同学科、不同内容特点的教学归总到培养学生思维品质这个核心目标上来。

四、课程研究的目标与原则

依据以上认识，课题组确立“九五”时期的研究目标：通过开展以学科思维教育为核心的课堂教学整体改革，(1) 研究探索各学科、各年级开展思维教学的有效途径与方法序列；(2) 研究探索改善学生思维结构、发展学生思维品质的教学模式；(3) 建立学生学科思维能力训练与评价体系。

课题研究确立的原则主要有：(1) 符合中学生心理发展的基本规律；(2) 把传授知识的过程与学生掌握及运用思维方法的过程相结合；(3) 充分展示思维活动过程，教会学生进行自我监控；(4) 思维品质培养贯穿教学计划，教学过程与教学评价；(5) 融教师培训，教材建设，课程改革及教法探索为一体，推进学校整体改革。

五、各学科课题研究的进展情况

本校最早从事思维教学研究的是数学特级教师张乃达老师，他在80年代初期就系统分析了教学思维的结构，他认为数学教学中必须充分暴露教学思维过程，才能形成和谐的教学结构，发展学生的知识结构和思维结构，根据这个原则组织的教学，注意培养学生思维的监控能力。入门教学阶段应积极地进行思维结构的调整，建立起适应新学科特点的思维框架。为此可采用“程序化”教学方法，让学生迅速掌握新学科中最基本的知识、方法和思想。在后继教学阶段，思维结构处于量变阶段，这时思维训练的重点应该是通过变化、引申、发展来丰富、健全已经建立起来的思维框架。为此，可以着重发展学生思维的灵活性、独创性。复习阶段比平时教学更具有综合性，更强调逻辑思维与直觉思维训练的综合，是发展学生思维创造性的好时机。进入

90 年代，张老师开始主持推广“早期渗透数学观念教育实验”的思维教育课题，实验已推广到 100 多个班，已取得阶段性成果。其成果主要收录于他著述的《数学思维教育学》(江苏教育出版社 1990 年版)和《关于数学观念教学的研究与实验》(《中学教育教学论文选》江苏教育出版社 1995 年版)中。

语文特级教师蒋念祖老师从 1986 年起开始在高中议论文写作教学中实施思维训练。蒋老师提出应对议论文写作中常用的一些逻辑方法作较精细的剖析，让学生结合具体材料进行单项训练，当学生熟练掌握这些技能后，再分析一般议论文写作过程中如何具体运用上述种种思维方法来展开议论。最后，依据不同类型与样式的议论文写作来训练学生运用思维方法的灵活性与独创性，在提高学生写作能力的同时，也提高发展了学生的思维品质。1991 年以来，在蒋老师指导下，在几个班级开始实验研究，已完成阶段性实验报告。其成果收录在他的《高中议论文写作与思维训练》(四川教育出版社 1993 年版)等著作中。

英语教师叶宁庆老师在高中外语教学中将阅读能力的培养与思维品质的培养结合起来，提出了八项进行思维品质培养的原则：(1) 以本为本，挖掘思维源；(2) 创设情境，激发思维动机；(3) 启发设疑，激化思维矛盾；(4) 分层选进，扩大思维范围；(5) 扩大阅读，丰富思维结构；(6) 丰富意义，沟通思维线路；(7) 着眼整体，组建思维模式；(8) 调整过渡，促进思维敏捷。其成果收录于《阅读教学与思维能力培养》(《外语教学与研究》总第 92 期)、《培养良好的思维品质，改进英语阅读教学》(《课程、教材与教法》1997 年第 5 期)等论文中。

历史高级教师王雄老师在教学中，注重教学模式的研究，通过不同的模式来培养学生不同的思维能力。如在以“问题解决”为中心的课堂讨论模式中，提出通过设置不同问题，引发学生讨论，并在此课程中培养发展学生的思维品质。同时，他还注意培养学生的自我监控能力，通过：(1) 培养沉思习惯，指导学生反省思维过程；(2) 介绍正确思维方法，鼓励学生用自己的方法与之比较，并进行修正；(3) 教学中，注重反馈，利用板书记录、录音记录等方法暴露学生思维过程；(4) 测试后，注重学生自己分析错误的各种原因，改进学习与元学习技能。其成果收录于《培养发展历史思维能力的整体教学策略实验》(《中学历史教学》1996 年第 1 期，中国人民大学书报复印中心)、《培养与发展中学生历史思维能力的教学模式研究》(《中学历史教学参考》1997 年第 7 期)、《创设思维的课堂》(《中学历史教学参考》1997 年第 12 期)等论文中。

物理高级教师冯小秋老师在物理教学中对如何培养学生的思维品质进行了系统设计，提出：(1) 探索物理模型的建立过程，培养思维的深刻性；(2) 还原物理模型的本来面目，培养思维的批判性；(3) 变换思维的方向，注重物理模型的横向联系，培养思维的灵活性；(4) 拓展思维空间，培养思维的独创性；(5) 开设方法专题，培养思维的敏捷性。同时，她还重视非智力因素的作用。其成果收录于《物理反馈思维的双重性及教改对策》(《中学物理》1996 年第 1 期)、《物理模型变换的思维自锁与启动模式》(《中学物理》1997 年第 1 期)等论文中。

此外,化学、生物、政治、体育、美术、音乐等各学科的教师都开展了思维教学的研究工作,均有论文发表。课题研究带动了个体学校教学改革的进程,取得了许多成果。

扬州中学是所百年老校,“突出树人宗旨,努力服务社会”的办学指导思维,影响了一代又一代扬中人,“正直向上,热于求知”的校风熏陶了一代又一代扬中人,扬州中学的前辈们创造过历史的辉煌,今天我们要以本课题的研究及其全面展开为契机,坚持教育改革的正确方向,再造辉煌的历史。

充分暴露思维过程是数学课堂教学评价的重要原则

卫 刚

如何正确评价一堂数学课是非常重要的问题，因为它对数学教学具有重要的导向作用，直接指导着教师设计教学方案、采取什么样的教学方法、如何组织课堂教学，本文就如何评价数学课谈谈自己粗浅的看法。

要能正确地对数学课堂教学作出评价，必须对数学教学的本质有非常清醒的认识。我们认为：数学教学的本质是数学思维活动的教学，也就是说，数学教学过程最本质的也是最显著的特点在于传输的信息不仅仅是数学知识（数学活动的结果），更是数学思维活动的过程。正是居于这样的认识，我们认为：数学课堂教学应充分暴露数学思维过程。

在数学课堂教学中，首要的是学生的认识过程（思维过程），他们是课堂教学的主要参加者，是学习的主体。学生在课堂学习的过程中，从书本上，从教师的讲课中获得信息，并在思考、练习、口答、阅读等活动中不断地分析对照自己的思维活动，批判思维中的错误，从数学家的思维中汲取有益的营养，并使自己的思维结构愈来愈向数学教材中所展现的数学家的思维靠拢。但是教材中的数学知识是高度凝练的形式体系，数学家的思维过程并未在教材中完全体现出来，一些重要的数学思维方法往往隐含在数学知识的背后，学生不能独立和顺利地揭示出这些重要的思维过程和思维方法。这一责任责无旁贷地应由数学教师来完成，数学教师便成为整个教学过程的发动者、组织者和参加者，他担负着调控整个教学过程的主导作用，其任务：(1) 在备课时，根据数学的知识结构，研究重现数学家的思维活动过程，并根据学生的思维特点与水平设计出数学活动的授课计划和序列；(2) 指导、调控学生的思维活动，使学生的思维活动与成功的数学思维活动“同步”，以重新获得数学家的数学思维活动和已取得的成果，通过这种数学知识“再发现”的教学过程，以求达到使学生的思维结构逐步向数学家的思维结构迁移，而在这个迁移过程中正由于教师的主导作用，使学生获得这种成果的过程比数学家第一次发现过程大大地缩短了；(3) 数学是“难免出错的建构”，因此，教师要帮助学生分析各种“再发现”过程中的思维错误，并总结思维规律、方法和技巧。

评价一堂数学课成功与否就看教师能否充分暴露数学的思维过程，既要暴露数学家的思维过程，又要暴露学生的思维过程，还要暴露教师的思维过程，一堂成功的数学课应该是三者和谐的统一。我们认为以下现象不能看成是成功的数学教学。

现象一:忽视知识的发生过程的倾向。在数学概念课、定理课的教学中不讲为什么要引进这个概念,怎样给概念下精确的定义,定理是怎样形成的,怎样构造证明的过程,而是直接先讲概念的定义,定理的内容,然后大量的时间用在怎样使用概念和定理,把学生的思维过程变成机械的重复操作,这就大大削弱了知识形成过程对学生思维能力(特别是创造性思维能力)培养的重要价值,这样做注定了学生只会低级的模仿,不可能形成创造性的能力。因此,我们认为在知识的教学中要充分揭示知识形成的过程,把概念的形成和发展过程也作为教学的重要内容。下面,我们就以数学概念课的教学谈谈自己的认识。

对一个数学概念的掌握不只是记住它形式化的定义,还依赖于概念的形成过程,它是一项复杂的思维活动,这种思维活动是无法通过简单地对概念的使用来替代的。概念的直接传授是没有什么效果的,一位试图如此做的教师,除了空洞的言辞和学生鹦鹉似的背诵外,一无所成。虽然模仿了相应的知识,但实际上是一片空白。只有把要学的概念作为待创造的结果,了解概念是怎样得来的,才能真正弄懂概念。笔者曾做了一个实验,在高一年级讲授弧度制概念,实验班从为什么要引进弧度制讲起,揭示弧度制产生的思维过程。对照班按传统的授课方法,直接讲授弧度制概念。到了高三年级时,实验班超过半数的学生能讲清或基本讲清什么是弧度制,而对照班几乎无人回答出什么是一弧度。弧度制一直是教学的难点,学生会提出问题:为什么可以用等于半径的弧所对的圆心角来作为度量角的单位呢?(这一定义对学生来说实在是太突然和出乎意料了,)为此,我们是这样设计教学过程的(实案简录)。

1. 怎样用实数度量一个角的大小?

在角的概念推广到可以正角、零角、负角以后,我们试图把角的集合与实数集合之间建立一一对应的关系,即使得每一个角都对应着一个实数,反过来,每一个实数也都对应着一个角,到目前为止,我们只会用角度制来度量一个角的大小,而"度"不是实数,于是问题提出来了:怎样用一个实数度量一个角的大小?

2. 在学生已有的认知结构中寻找使新概念产生的"生长点"。

回忆角度制的产生过程,所谓"一度"的角,就是把周角 360 等分,每一份的角就是一度的角。根据平面几何知识,我们知道圆心角的度数等于它所对弧的度数,所以一个角的大小实际上是用它所对弧的度数来度量的(这一认识的深入是"自然"引进弧度制的关键)。此时教师问学生;我们能否用弧的长度(实数)来度量一个角的大小呢?(切入正题)

3. 给弧度制下定义:

很快就有学生否定了这一想法,因为一个角所对的弧长与半径有关,半径越长,弧长也越长,当角的大小确定时,弧长并不确定。当学生充满失望之感时,教师顺水推舟地说道:既然弧长与半径存在着一定的关系,是怎样的关系呢?学生很快回答,设角 a 为 n° 的角,圆弧 AB 的长为 l,圆的半径为 r,则 $l=\frac{n\pi}{180}r$ ①,变形①式,可得 $\frac{l}{r}$

$=\frac{n\pi}{180}$，说明当 n 一定时，l 与 r 虽然成正比例关系变化，但此时$\frac{n\pi}{180}$却始终是一个定值，即以角 a 为圆心角所对的弧长与其半径的比值，由角 a 的大小唯一确定，而与半径的大小无关，因此我们可以用圆弧的长与半径的比值表示圆心角的大小。用这方法度量角的大小就是弧度制。

4. 怎样确定单位？

这已是水到渠成的事了，所以学生众口回答：令 $\frac{l}{r}=1$，即等于半径长的圆弧所对的圆心角叫一弧度的角。

总之，我们认为重视或亲历发现过程数学学习的高招，也是教师从事数学教学的高招。

现象二：忽视学生思维活动的倾向。上课时教师滔滔讲、学生默默听的现象还普遍存在。有些教师(特别在公开课上)怕学生被问住，于是不敢让较差的学生回答问题，想方设法不让学生出现错误，追求所谓“对答如流”，好像不这样，就显示不出良好的教学效果。同时更怕学生提出问题，打乱预先设计的教学安排，节外生枝。因此整个课堂看不到学生的思维火花，这样的数学课不是数学学习，而是在演戏。学习的建构主义认为：人们的认识并非是对外部世界的翻版，而是一种主动建构。学习数学意味着“构造”数学，数学任何部分的“有意义”学习必须要由学生个人亲自投入并对所学知识进行反思。为此我们认为，教师在教学中应做到以下几点：

1. 学生力所能及的事让学生自己去做。在课堂教学中让学生通过充分自由的讨论等形式参与教学，鼓励学生通过自己的思维活动来解决问题，学生力所能及的事要引导学生自己去做，美国数学家哈尔莫斯曾深有感触地说：“最好的学习方法是动手——提问、解决问题，最好的教学方法是让学生提问、解决问题，不要只传授知识——要鼓励行动。”即使个别学生做得不好，有些错误甚至是教师始料不及的，这也不是坏事，不要回避学生思维过程中出现的错误，解决学生的认知偏差，把个别学生的错误变成全班学生的经验教训，这是非常有价值的。

2. 数学教学要以问题为中心。思维起始于问题，思维总是指向解决某个问题，问题是思维的动力。“思起于疑”，有了恰当的合适的问题，学生才能专注地进行思维。数学是由问题构成的，数学的一切(概念、原理、公式、法则等)都可以看成是数学问题。学数学的关键就是解决数学问题，因此数学教学应以问题为数学活动的主线，以解决问题调动学生思维并激发其内驱力，从而以此带动基本知识的传授。在中学数学教学过程中，教师要有意识地为学生精心创设问题情境，使课堂中学生的思维真正活起来。

现象三：重视复现忽视探究。一般说来，每个数学问题都蕴含着一个或几个关键性的部分是需要探究思维的，而其他部分，则属于常规复现的部分。数学教学的失误，常常在于把探究部分轻易地转化为复现部分，使之失去思维教育的意义。在数学教育领域,对问题解决的理解主要存在着两种观点:第一种观点是,问题作为一种常规的练习,解决问题等同于算法的操作;第二种观点是,问题是指具有探究性的问题,学生必须进行探究性的思维活动,通过有效地利用各种数学方法解决这些问题,问题解决的核心是让学生掌握数学的思维。

第一种观点把问题解决看作是巩固知识和掌握新技能的一种手段,因而在教学中常常看到有的教师先罗列本节课的基本内容,把活生生的思维活动变成既成的套路,之后是学生反复地练习。我们认为,这样的课只能培养学生操作技能,不能有效地培养学生分析问题、解决问题的能力。因为重复的练习和强化,并不能使学生学会数学的思维。思维主要是靠启迪,而不是靠传授,越是传授得一清二楚,学习者就越不需要思维。即使传授的东西是范例,也仅增加了知识性的储存,而不一定能使学生学会在新情境下探索。我们赞成第二种观点,即把问题解决看作在新情境下的数学思维。通过提供一系列思考性较强具有探究性的问题,组织学生讨论、分析、交流、评价自己或他人解决问题的过程,引发学生思维的监控和调节,从而提高学生思维能力和学习水平,而不仅仅是获得技能。试看一例:

以上椭圆某一焦点的弦为直径的圆与这焦点所对应准线的位置关系怎样?

学生 A_1:先求弦 AB 中点 C 即圆心的轨迹,设 $A(x_1,y_1)$、$B(x_2,y_2)$、$C(x,y)$

$b^2x_1+a^2y_1=a^2b^2$
$b^2x_2+a^2y_2=a^2b^2$　两式相减得:

$$\frac{y_1-y_2}{x_1-x_2}=\frac{b^2x}{a^2y}\quad 又\quad \frac{y_1-y_2}{x_1-x_2}=\frac{y-0}{x-0}$$

所以圆心的轨迹方程为:$b^2x^2+a^2y^2+b^2cx=0$

但所得结论与解题无补。教师开始不必打断学生的思路,待发现障碍时,帮助学生分析原因(这个原因如由学生自己分析出则更好)本题要判定直线与圆的位置关系,故只需比较圆心到直线的距离 d 与圆半径 R 的大小关系,学生 A_1 的思路有偏离目标,脱离主战场之嫌。

学生 A_2:任设过焦点 F 的一条直线,然后求出 $|AB|$ 和点 C 到 1 的距离。

设直线 AB 的方程为 $y=\mathrm{tg}\theta(x-c)$,代入 $\frac{x^2}{a^2}+\frac{y^2}{b^2}=1$,整理得

$$(a^2\mathrm{tg}^2\theta+b^2)x^2+2a^2c\cdot\mathrm{tg}^2\theta x+a^2\mathrm{tg}^2\theta-a^2b^2=0$$

$$x_1+x_2=-2\frac{a^2c\cdot\mathrm{tg}^2\theta}{a^2c\cdot\mathrm{tg}^2\theta+b^2}\qquad x_1x_2=-\frac{a^2b^2}{a^2\mathrm{tg}^2\theta+b^2}$$

$$|AB|=\sqrt{1+\mathrm{tg}^2\theta}\ |x_1-x_2|=\sqrt{1+\mathrm{tg}^2\theta}\sqrt{(x_1-x_2)-4x_1x_2}$$

想法对路,但终因计算繁杂而无功而返。不过这给我们提出了新的问题:怎样简化计算?

学生 A_3:以 F 为极点,F_x 为极轴,建立极坐标系! 则椭圆的极坐标方程为

$$p=\frac{ep}{1-e\cos\theta}=\frac{b^2}{a-c\cos\theta}$$

设 $A(p_1,\theta)$,则 $B(p_2,\pi+\theta)$

$$\therefore |AB|=p_1+p_2=\frac{b^2}{a-c\cos\theta}+\frac{b^2}{a+c\cos\theta}=\frac{2ab^2}{a^2-c^2\cos^2\theta}$$

$$\therefore R=\frac{AB}{2}=\frac{ab^2}{a^2-c^2\cos^2\theta}$$

$$x_c=\frac{x_1+x_2}{2}=\frac{a^2c\cdot \mathrm{tg}^2\theta}{a^2\mathrm{tg}^2\theta+b^2}=-\frac{a^2c\sin^2\theta}{a^2-c^2\cos^2\theta}$$

$$\therefore d=x_c+\frac{a^2}{c}=-\frac{a^2c\sin^2\theta}{a^2-c^2\cos^2\theta}+\frac{a^2}{c}=\frac{ab^2}{a^2-c^2\cos^2\theta}\cdot\frac{a}{c}$$

$\therefore \frac{R}{d}=\frac{c}{a}$,而 $a>c$,$\therefore d>R$,∴相离。

学生 A_4:$\frac{c}{a}=e$,因此可以启发我们利用椭圆的第二定义解题:

$d=|CC'|=\frac{1}{2}(AA'+BB')$,而 $|AA'|=\frac{1}{e}|AF|$,$|BB'|=\frac{1}{e}|BF|$

$$\therefore d=\frac{1}{2e}(|AF|+|BF|)=\frac{1}{2e}|AB|=\frac{1}{2e}\cdot 2R=\frac{R}{e}$$

即 $\frac{R}{d}=e<1$,$\therefore d>R$,相离。

如果教师一开始就讲 A_4 的解法,那就失去了让学生进行思维探索的机会。成功的数学教学不仅是教给学生"题目应该这样解",而且要教会学生"解法是怎样思考出来的"。教师解题时要"示之以曲",碰壁时是怎样打通思路的?怎样迷途知返的?怎样寻求最佳方案的?这一过程对学生最有启发,长期坚持,学生就会学会探索,提高分析问题解决问题的能力。

总之,能否在课堂教学中充分暴露数学家的思维过程、数学教师的思维过程以及学生的思维过程,并正确处理好他们的关系,是评价一堂数学课成败的重要原则。

参考文献

张乃达 《数学思维教育学》
马 明 《马明数学教育文集》
郭思怀 《数学思维教育论》
唐瑞芬等 《数学教育评价研究》

思维科学指导下的语文教学

蒋念祖　陈国林

一

发展学生的抽象思维能力(以下简称"思维能力"),是素质教育的重要任务。发展学生智力就是要促进构成学生智力结构的各个要素都得到发展。具体地说,要使学生的注意力、观察力、记忆力、思维力、想象力得到全面而和谐的发展。事实上,人的智力是一个完整的结构,五个方面相互为用,不可或缺。其中,思维能力是智力的核心,离开了思维,智力就失去了再生和发展的内核。

发展学生的思维能力,是语文教学的重要任务。这与以下几种情况有着密切的关系:第一,人们对语言与思维的关系有了更深刻的认识。思维,总是和语言联系在一起的。在语言训练中注意对思维能力的训练,就会得到语言、思维双提高的理想效果。中学语文中的范文都是作家智慧的结晶,其中有敏锐的观察、缜密的思维、丰富的想象。学习、背诵这些作品,对发展学生的各种智力都十分有利。这些观点,已成为语文学界的共识。第二,新的语文教学大纲已把"发展学生的智力"规定为语文教学目的之一,明确规定"在读、写、听、说训练之中,指导学生运用比较、分析归纳等方法,发展他们的观察力、记忆力、思考力、想象力"是教学中要重视的问题之一。

发展学生的思维能力,与审美教育有着密切联系。首先,审美理解是审美心理结构的要素。审美理解的重要内容,是对审美对象的意义、题材、技法等内容的理解,这些都与知识的积累、与抽象思维有着密切的联系。朱光潜先生尽管强调美感经验的直觉性,但是也说过:"我们只说美感经验和名理思考不能同时并存,并非说美感经验之前后不能有名理的思考。"其次,形象思维作为审美活动中的主要思维方式,与抽象思维是互相渗透、互相结合、互为补充的。形象思维存在有意的形象思维和无意或潜意识形象思维的区别。有意的形象思维,如联想、想象等,是渗透着抽象思维的,也正因为如此,使形象思维具有一定的目的性、自觉性和组织性。比如,一次旅行活动之前,脑子先有一个方案,如路线的选择、活动的安排等,要用形象思维,但路线选择的合理性,安排活动的目的性、组织性则属于逻辑思维。形象思维和抽象思维是有各自的特点和优势,但同时又都有各自的不足。没有形象思维的作用,抽象思维是枯燥、贫乏和呆板的;而没有抽象思维的作用,形象思维缺乏目的性、自觉性,并且是不严密的。实际上,两种思维总是以多种多样方式相互结合的,这样,既可发挥它们各自的优势，又能弥补对方的不足。一切发明创造无不是两种思维结合的结果。如前面讲到的DNA分子双螺旋结构，是许多生物化学家经过半个世纪研究的成果。无数的假设、想象、研究、实验、论证，一步步地积累了丰富的资料，克里克和华生两人，就在前人研究的基础上，经过无比的想象力最后完成。文学艺术的创造过程也是这样，作家的构思，一是从最基本、最丰富、最生动的文学矿藏中加以精心地选择和提炼，从而确定主题和题材；二是经过长期孕育，一个直观的形象便在作家的头脑中渐渐地活起来，一个故事的粗略的轮廓也逐渐形成。经过反复咀嚼、提炼、综合和发展，主题和一系列艺术形象融合在一起了，就是两种思维在整个构思过程中融合在一起了。再次，审美教育的本质是情感教育，情感的调控、情感的培养与人的认识、思维也有着密切的关系。例如，董奇等提出的“情绪自我监控的认知模式”认为：情绪是活动主体对客观事物的态度体验，它对个体的认知活动有着重要的影响，或是积极促进，或是阻碍和干扰。因此，个体有效地调控自身的情绪非常重要。现代情绪理论发展的一个重要方面是重视并研究影响情绪的认知因素，主张从认知的观点来看待情绪问题，把认知因素视作情绪产生的原因。这里的认知因素实质上是个体的一种主观评价，是个体情绪的必不可少的组成部分。目前，通过认知监控情绪已成为情绪自我监控培养的主要途径与方式，并被称之为认知模式。在情绪自我监控培养的认知模式中，改变影响情绪的认知因素的方法主要有两种：一种叫做理性思考。所谓理性思考，就是个体理智地去认识和思考自己的情绪。另一种叫自我暗示。它是个体有意识地通过语言、动作等方式间接地影响和合理地调动自我心理机制的过程。最后，要使得语文课堂教学成为充满学生的主体性、创造性的审美过程，关键在于让学生学会学习、学会思维，乐于学习、乐于思维；学生思维能力、思维兴趣提高了，才会在学习中发挥主体性、创造性。

二

那么如何训练、提高学生的思维能力呢？林崇德在《智力的培养》一书中介绍说，已有的智力训练的方案可以分为两大部分：一部分方案是从智力本身入手进行训练，另一部分则是从非智力因素入手进行智力培养。（一）从智力构成入手进行智力训练。从智力本身入手，进行智力开发，应该说，这是智力训练研究的主要形式，这方面的训练方案很多，归结起来大体包括以下四大方面：第一，是对智力本身进行的训练。对智力本身进行的训练，是智力训练研究初期的产物，这些训练多以研究者对智力的认识为基础，以智力的某些方面或智力的整体为训练对象而设计的。第二，是对思维能力进行的训练。我们知道思维能力在个体的智力结构中居于核心的地位。当意识到从智力的整体入手进行训练的效果，特别是长时效应并不尽如人意时，人们就转向了对智力中特定成分的训练，其中对思维能力的训练占据了重要的位置。在对思维能力的训练方案中包括对问题解决能力的训练、归纳推理能力的训练、演绎推理能力的训练和思维品质的训练等。第三，是对学习策略进行的训练。策略是信息加工活动中个体根据一定要求和情境的发展而采用的一些解决问题的方式。现代心理学则把策略看成是有助于获得、贮存和利用信息的加工步骤。至于学习策略，我们认为，它是指在学习活动中，为达到一定的学习目标而学会学习的规则、方法和技巧；它是一种在学习活动中思考问题的操作过程；它是认识（或认知）策略在学生学习中的一种表现形式。学习策略在智力训练中也占有重要的位置。第四，是对元认知进行的训练。元认知是对认知的认知，它包括元认知知识、元认知体验和元认知监控三种成分。这三种成分是相互联系、密不可分的。元认知知识包括如下三方面：(1) 有关认知主体方面的知识；(2) 有关认知材料、认知任务的知识；(3) 有关认知策略方面的知识。元认知体验是任何伴随着认知活动的认知体验或情感体验。它包括知的体验，也包括不知的体验，在内容上可简单可复杂。元认知监控是主体在进行认知活动的全过程中，将自己正在进行的认知活动作为意识对象，不断地对其进行积极、自觉的监视、控制和调节。元认知在认知和智力中的作用是不言而喻的。因此人们对于元认知的训练进行了很多尝试，主要的是对元记忆的训练及理解监控能力的训练。（二）从非智力因素入手进行智力训练。所谓非智力因素，是指除了智力与能力之外的、同智力活动效益发生交互作用的一切心理因素的总和。它有以下特征：(1) 它是指在智力活动中表现出来的非智力因素，不包括那些与智力活动无关的心理因素；(2) 非智力因素是一个整体，具有一定的结构和功能；(3) 非智力因素与智力因素的影响是相互的，不是单向的；(4) 非智力因素只有与智力因素一起才能发挥它在智力活动中的作用。从非智力因素的定义中，我们可以清楚地看出，它对智力活动是有明显影响的，也正因如此，近年来人们越来越重视从非智力因素入手，进行智力的培养。目前，已有的非智力因素的训练主要是训练个体中注意力、专心致志、控制焦虑、激发学习动机、提高学习的效能感、有效地掌握时间等方面，其中又以训练学生控制焦虑反应为最多。

从 1997 年开始，我们组织实施了教育部“九五”重点课题“系统开展学科思维教育”，已经于 2000 年 4 月通过教育部专家组鉴定。我们认为，可以通过优化思维结构，改善思维品质，培养、发展学生的思维能力。朱智贤、林崇德在《思维发展心理学》一书中把思维结构分解为六个因素：(1) 思维的目的；(2) 思维的过程（根据思维目的，用思维方法加工思维材料）；(3) 思维的材料或结果；(4) 思维的监控或自我调节；(5) 思维的品质；(6) 思维的认知因素和非认知因素。在具体的思维实践中，要达到良好的效果，必须明确思维目的，获取思维材料，掌握思维方法，富有思维兴趣。在长期的思维实践中，我们如果不仅注意以上几个方面，而且注意经常引导学生“反思”思维过程，培养良好的思维品质，学生的思维结构将会得到优化，学生的思维能力将会得到提高。现将在阅读教学、写作教学中如何实施思维训练简要介绍如下。

三

语文课堂阅读教学一般是通过引导学生阅读一篇篇课文来完成的。许多著名特级教师的教学风格各不相同,但是他们的教学大抵能反映出阅读教学的基本模式:引导学生通过预习熟悉课文大意;发现课文中的难点、重点并进行讨论;在此基础上进行归纳、综合,形成知识结构;通过练习实现能力的迁移。从思维科学理论角度来看,以上教学模式正反映了阅读教学中思维活动的一般规律:一、在整体感知的基础上发现问题、分析问题、解决问题,形成新的知识结构;二、通过迁移训练,强化这一结构并形成能力。这一过程可分为两个阶段,思维活动贯穿其中。这一过程其实就是在一个具体问题、具体情境中的思维过程。在这个具体的思维过程之中,我们应当而且可能引导学生学会明确思维目的、借助相关思维材料、运用相关思维方法,解决理解中的问题,并学会思维、提高思维能力。

1. 引导学生学会明确阅读思维目的。阅读教学应当根据教学大纲、学生实际等确定教学目标,读懂课文、会读课文应当是其中的重要目标。实现这些目标首先必须引导学生学会明确阅读理解活动的思维目的。明确思维目的,不仅能够激发思维活力,稳定注意力、提高思维效率,还为反馈、调节阅读活动提供了可能。明确思维目的,其实质就是通过分析未知和已知的矛盾,为最终解决矛盾找到恰当的途径。高明的教师,不可能把问题的答案一下子交给学生,也不可能生拉硬拽、把学生掠入自己设定的标准答案中。他们的艺术就在于善于为学生架设"台阶",让学生通过自己的努力达到思维的目的、成功的彼岸。实际上他们不仅自己明确了阅读理解中的思维目的,而且把这个思维目的作了分解、简化,变成了学生"跳一跳"可以"够得着"的美味的果实,让学生在"系列目标"的指引、激励下,在不断的成功中实现从未知到已知的飞跃。比如《中国人失掉自信力了吗?》一文,阅读理解的难点是文章的论证方法。尤其是文章中运用的辩证分析的方法。如果我们问学生:本文的论证方法有什么特点?学生的思维可能一下子跟不上。我们可以从学生掌握的知识入手,先分析这篇驳论文章的结构:哪里是"树靶子",哪里是驳论;哪里是直接反驳,哪里是间接反驳。然后将直接反驳、间接反驳的内容联系起来,要求学生思考这两者之间的关系。最终得出本文对"中国人失去自信力了吗"这一论点作了辩证分析的结论,体会到本文的论证严密深刻的好处。如果学生对"直接反驳、间接反驳之间的关系"这一问题仍然感到困难,我们还可以让学生思考这样的问题:文章中"中国人"的含义是否完全一样?最终也可以引导学生理解文章中运用了辩证分析方法的妙处。教师设置台阶,帮助学生解决阅读理解中的疑难,这是一种教学的艺术。要求我们帮助学生学会自己明确思维目的,意义更大,难度也更大。如何对已知、未知这两方面作分析、综合,通过分解、简化、归类等方法,化难为易、化繁为简,从而明确为解决具体问题而设置的思维目的系列,从而缩小未知和已知之间的距离,自己架设起成功的阶梯,这是思维教学应当进一步研究的话题。

2. 帮助学生学会获取相关思维材料。明确了思维目的以后,接下来的任务是获取思维材料、掌握"加工"材料的方法。这里先谈思维材料。"巧妇难为无米之炊",没有思维材料就无法进行思维活动。很多时候,学生阅读理解中的困难就产生于缺乏相关知识背景，相关思维材料。教学中可以先向学生提供相关思维材料，由此逐步过渡到让学生自己学会获取相关思维材料。

阅读理解中的问题无非存在于字、词、句、篇等方面，每一方面的问题无非涉及它们的意义、作用、表现手法等方面。这些问题如何解决？目前各类辅导读物中对此阐释甚详，无须赘述。我们认为无论如何解决问题，其中很重要的一条就是向学生提供相关材料，或者引导他们获取相关材料。比如《威尼斯》一文中有一句话："这个方场中的建筑，节奏其实是和谐不过的。"要让学生理解这句话，首先要理解"节奏""和谐"这些关键词的含义，那么就要引导学生搜寻相关材料；其次要理解"建筑"为什么可以形容为"节奏和谐"呢？又得搜寻相关材料。我们知道节奏和谐本来是形容音响的长短、高低有规律地变化，表现出多样化的统一这一形式美的基本规律，这里用"节奏和谐"形容方场的建筑布局，因为它和音乐在"多样化的统一"这一点上有相同之处。至此我们才算引导学生理解了这句话的大致含义。再次，如果要进一步理解它的含义、作用，我们还得提供（学生查找似乎没有必要）有关中国戏剧的背景知识，让学生了解"戏里大将出场后面一杆旗"怎么"总是偏着取势"；同时引导学生仔细阅读课文中的相关部分："教堂左右——填了这个空子。"看看这里写的内容与这句话有什么关系。由此可见，这个引导学生阅读理解的过程其实就是不断确立新的思维目的，并提供或引导学生获取相关材料的过程。以上只举了两个简单的例子。如何向学生提供材料？是提供直接可供使用的材料，还是提供若干相关材料供其选择、加工？这些材料是什么材料？是感性材料，还是理性材料？是来自课文之中，还是课文之外？抑或来自学生的记忆之中——需要我们采用恰当的方式去唤醒？这些都需要我们去总结、去探索、去研究。至于如何引导学生去获取材料，探索研究的空间可能就更为广阔了。

3. 帮助学生掌握阅读思维方法。阅读教学中，要能引导学生自己阅读理解，在引导他们获取思维材料的同时，还需要引导他们学会各种常用的思维方法。常用的思维方法有如下几种：

（1）分析和综合。分析是把整体分解为各个部分或各个方面，或把整体的个别特征或个别属性分出来。例如把某文章分解为主题、结构、表达等方面，分别加以研究。这种方法的特点，就是把各个部分之间的联系撇开不管，而逐个地研究各个部分的状况。综合是把整体的各个部分或各个方面联起来，把整体的个别特征或个别属性结合起来。例如把某篇文章的主题、结构、表达等联系起来思考，从而得到关于这篇文章的整体的认识。综合重在认识各个部分之间的联系性。

（2）抽象和概括。抽象是把某种事物的本质属性或特征和非本质的属性或特征区分开来，从而舍弃非本质的属性或特征，并抽取出本质的属性或特征。怎样才能在阅读中抽象出有关事物的本质特征呢？有五个基本做法：① 略去枝节，② 删掉冗余，③ 代以上位，④ 择取要义，⑤ 自述要义。略去枝节是不要那些不重要的材料；删去冗余是已经涉及的内容不再重复，尽管前后在形式上稍有不同；择取要义指要找出一个主题句;自述要义指对无现成主题的文字,在阅读之后以自己的语言归纳出主题。比如阅读《廉颇蔺相如列传》,要掌握主要人物的性格。先对蔺相如的性格特征进行抽象化思维。略去枝节,即略去一系列与蔺相如性格特征无直接联系的具体细节,比如"王求璧""廉颇攻城"等内容。删掉多余,"血溅秦王"已能充分表现蔺相如的智勇,"以璧击柱"与这重复。可以删去。代以上位,用"智勇"代替蔺相如的一系列具体行为。择取要义,择取缪贤之语"其人勇士,有智谋"中的"勇"和"智"揭示蔺相如的性格。自述要义,从结尾部分归纳出一个"顾全大局"的命题。

经过抽象思维获取事物本质属性,把个别事物的本质属性推及为同类事物的本质属性。这个从个别到一般的过程便是概括的过程。作为有智有勇不顾个人私利倾心顾虑国家利益的蔺相如这样的个性也同样适应其他爱国将相官员,比如廉颇,后者知错则改,不顾个人脸面,负荆请罪;再如魏征冒死进谏,不顾个人安全,一心想到大唐社稷;左光斗,不顾奸党迫害,临死之前不忘国家之事;史可法,不顾生命危险,与扬州城共存亡,等等。这些封建官员,都有一腔爱国热情,有勇有智,有刚有谋,都将个人利益置之度外,把国家利益放在心中。

(3) 归纳和演绎。归纳是从个别的或特殊的事实出发概括出一般性原理;演绎是从一般性原理推导出具体的结论。阅读教学中归纳段落大意、归纳主题、归纳人物形象、写作特色等等,实际上是综合运用了概括、归纳的方法。人们常说阅读的要义就是要"把书读薄",就是要学会概括、归纳的方法。阅读教学中我们常常说要把知识转化为能力。这里所说的知识主要是指系统化了的知识。比如,我们要求学生分析某处景物描写的作用,可以向学生提供景物描写的系统化知识,结合具体语言环境就可作出恰当的答案。这里运用的就是演绎法。教学中归纳法、演绎法应当交互为用,课堂教学就可能形成节奏。比如归纳人物形象,如果一味用归纳法,课堂气氛就可能比较沉闷;如果初步归纳出人物形象后辅以演绎法,问学生:"这一性格特点表现在哪些方面?"可能气氛就会活跃得多。

(4) 比较、类比。比较是确定这一事物与另一事物,或者这一特征与另一特征的相同点和不同点的方法。比较事物之间、现象之间或特征之间的同异点,必须要有两个前提:一是对象之间确实有联系才可以作比较;二是要在同一标准下作比较。俄国著名心理学家谢切诺夫把比较能力看作是人的最珍贵的智力宝藏。阅读教学中把两个字、词、句、篇在含义、作用、表现手法等方面作比较,从而帮助学生理解,这是广为采用的方法。类比是把两个(或两类)在某些属性上的相同或相似的对象之间作比较。运用类比,现象的内容可以具体化、形象化,陌生的东西可以转化为熟悉的东西。

(5) 分类。分类是按照事物的异同程度进行分门别类的思维方法。分类的实质,是为了认识事物之间种与属(或属以上等级)的关系和联系。恩格斯说:"没有种的概念,整个科学就没有了。科学的一切部门都需要以种的概念作为基础……"比如阅读写景文章,需要全面掌握写景角度,可以指导学生把观察点分为"定点观察"和"动点观察"两类,还可以再分为"定景"观察和"换形"观察两类,结合起来看得到四项:① 定点定景观察,② 定点换形观察,③ 动点定景观察,④ 动点换形观察。这样进行分类,在阅读写景文章就可以比较容易和比较清楚地把握观察点和观察对象的关系。

事实上明确了思维目的,向学生提供了相关思维材料,同时就得准备向他们传授相应的思维方法。比如,引导学生理解一个句子的含义,可能先要引导他们分析其中某些关键词语的含义,在分析的基础上作综合;理解这个句子,可能涉及某种修辞手法,那么还得引导他们学习、回忆有关这种修辞手法的系统知识,运用演绎法,从一般到具体,了解这种修辞手法在这个句子中是如何具体运用的,有什么特殊效果。为了进一步理解句子的含义、作用、表现手法等,我们还需要了解这个句子所处的语言环境,因而需要阅读文中的相关材料,对这些材料作概括、归纳。我们也可能学习、回忆与这个句子在含义、作用、表现手法等方面相似、相反的句子,运用比较、类比、对比的方法,帮助我们理解这个句子。我们甚至还需要阅读作者生平、创作背景等方面的材料,关于这篇作品的评论、研究资料、文字材料或者需要音响、实物材料,那么就可能要综合运用各种思维方法了。

4. 帮助学生形成阅读思维情意。思维中的认知因素与非认知因素之间存在着十分密切的关系。作为认识过程的思维,其材料、方式、品质和特征等,固然具有各种认知因素的特色,但是,它在完整的人的意识世界之中,又带有浓厚的个性的色彩,受到主体本身的动机、兴趣、情感、意志、性格等非认知因素的制约。如何培养、激发非智力因素,可参看上文。

5. 帮助学生提高阅读思维品质。思维的发生和发展,既服从于一般的、普遍的规律性,又表现出个性差异。这种差异体现为个体思维活动中的智力特征,就是思维品质。思维品质包括敏捷性、灵活性、深刻性、独创性和批判性等等。在阅读教学中,思维品质是培养学生阅读思维能力的一个重大的突破口。

敏捷性是指思维活动的速度,它反映了智力的敏锐程度。这种思维品质可以在阅读学习训练中得到提高,比如给学生一定的阅读时间,然后复述内容大意,或者寻找表现中心的语句。灵活性是指思维活动的灵活程度,它反映了智慧能力的“迁移”,如我们平时说的“运用自如”。比如要求学生从不同角度论述某一文章选择什么样的标题更好些,就可以让学生在阅读中锻炼自己思维的灵活性。深刻性是指思维活动的抽象程度和逻辑水平,以及思维活动的广度、深度和难度。比如《文学与出汗》中“莫非中国式的历史论,也将沟通了中国人的文学论欤?”阅读教学中,可要求把它改成陈述句,几乎所有的学生都改成了“中国式的历史论不能沟通中国人的文学论”。在此基础上,笔者要求学生结合语境深入思考,类比、概括,结果学生认识到“莫非——?”未必都是反问句,也可以是推测疑问句,上一句应改为“恐怕中国式的历史论也沟通了中国人的文学论”。独创性是指思维活动的创造精神,或叫创造性思维。在阅读实践中,不仅要指导学生善于发现问题和思考问题,而且要指导学生创造性地解决问题。在阅读教学中,教师应该给学生创造自由发表见解的机会,鼓励他们提出与众不同的疑问，探讨多种可能的答案，并向学生证明其观点所具有的价值。对这类答案采用“堤坝式”，在有明显错误的地方设防，让学生的思维呈河流状，而不是线型流动，让学生在阅读活动中充分发挥创造潜能。批判性是思维活动中独立分析和批判的程度。是循规蹈矩，人云亦云，还是独立思考，善于发问？这是思维过程中一个很重要的品质。教师指导学生阅读文章时，让他们明白：尽信书不如无书，鼓励学生求新求异，培养学生的思维的批判性。

6. 帮助学生学会监控思维过程。我们认为，思维心理结构中有一个监控结构，其实就是思维活动的自我意识。这个意识包括“注意—评价—调整”三个循环往复的环节，“注意”与“评价”是监督控制，“调整”是调整控制。

自己在阅读思考时，应该伴随着注意活动；然后进行评价，正确的继续发展，不正确的立即改变；改变之后再注意再评价，不正确的再调整。这就是阅读时对自己思维行为的监控活动。监控的范围很广泛，可以监控自己的思维意志，也可以监控自己的思维方法，还可以监控自己的思维材料，等等。如果思维活动没有监控，那么就会“信马由缰”，就会影响自己的思维质量。在教学实践中，可以以下几种模式来训练学生思维监控的能力。(1) 元思维指导模式。根据学生的思维及思维监控特点、规律，建构元思维教学的目标体系，编写简明教材，开设思维监控指导课。有目的，有计划地向学生教授元思维基本常识，并运用创设情境、自我对照等方法进行元思维的学习、训练。比如指导学生订立自己监控自己的“阅读训练计划”：我想达到什么目的？为了达到目的，我要做些什么？(2) 学科渗透模式。在学科教学中，教师可以根据语文学科的特点，渗透思维监控教学。教师在阅读教学的同时，把思维监控的方法和技能传授给学生，建构起学科教学与思维监控学习有机结合的课堂教学模式。作者写文章有他的构思过程，教师、学生阅读文章，也有一个由不懂到懂、又懂得少到懂得多的过程，这其中的实质，都是一个思维深化的过程。教学生学会思维，训练他们的思维监控能力，最好的办法就是充分暴露思维过程：作者的、教师的、学生的，成功的、失败的，等等。通过反思、叙述、交流各自的思维过程，对思维过程形成自觉的意识，思维监控能力就会逐渐增强。(3) 自我训练模式。①自我设问。让学生围绕思维内容以及自己的思维方法进行自我提问，帮助学生理清思路，提高自我监控能力。②自我反思。引导学生对自己的思维行为进行回顾，可以让学生记思维学习日记，及时总结经验。(4) 心理矫治模式。教师要注意对少数在思维监控方面有失误或存在心理障碍的学生进行矫治。如开辟思维监控咨询，设立思维监控咨询信箱，帮助学生矫治不良的思维心理。对个别思维监控水平较低的学生可以建立个案，跟踪调查分析，达到矫治的目的。

要将以上思路付诸实施，首先必须制定将思维教学的目标与阅读教学的目标综合起来考虑，建构教学目标体系；其次必须根据目标，设计相应的实施方案、检测方案，形成一个教学目标系统。阅读教学中，除了进行抽象思维训练之外，还得进行形象思维、直觉思维训练，还得进行语感训练、语言教学，如何把这些有机结合起来，形成可供实际操作的目标教学系统，是一个很有实践意义的课题。

四

各种类型的议论文，其写作过程，大体可以归结为提炼论点、将论点分解为分论点、论证论点、修改等几个基本环节。这些环节，从思维科学的角度看，都离不开各种思维方法、思维形式的运用。而学生议论文写作中一些常见的毛病，如不善于提炼论点，不善于展开说理论证，拿到题目后感到无话可说或者议论起来套话连篇，容易模式化、绝对化等，其实质还是在于不能掌握、运用各种思维方法、思维形式，缺乏良好的思维品质。因此，我们认为，可以而且应当以思维训练为主线，进行议论文写作训练。首先，在传授有关知识的基础上进行单项思维训练，让学生掌握各种常用的思维方法和思维形式，然后引导学生将各种思维方法、思维形式运用于议论文写作的全过程，让学生学会如何提炼论点、展开论点。如何使论点准规、鲜明、深刻、新颖，如何对论据材料进行选择加工(取舍、阐释、论证、评价等)。抓住了这条训练的主线，就抓住了议论文写作教学的主要矛盾，就能够形成训练的序列，从而能解决议论文写作教学中存在的主要问题，就能将提高学生思维能力和议论文写作能力的目标落到实处。

进行思维训练抓住了议论文写作中内容与形式这对矛盾的主要方面，从内容入手，使学生的作文内容充实：有话可说，说得准，说得深，说得独到。而一般在写作教学中，训练时精力主要放在形式上(论证方法、论证结构)，忽略内容决定形式的规律，往往出现"巧妇难为无米之炊"的现象，学生不会说理，或说理肤浅乏力。我们知道，议论文的写作不只是一个书面表达的过程，首先应该是一个包括认识、情感、意向等活动在内的心理活动过程。在认识过程中，以思维活动为主，同时也有感觉、记忆等活动，有逻辑思维、辩证思维，也有形象思维、直觉思维。所以，议论文写作中进行思维训练，也就是教会各种思维方法、思维形式以及运用它们解决实际问题的能力，帮助学生自觉地监控自己的思维过程，从而得出正确的思维结果，进而对思维材料作出正确的、准确的、深刻的认识、评价和决策，最终形成新颖、独到、深刻的论点。而把提炼论点的思维过程逆推下去，往往又是论证论点的过程。总之，无论是在提炼论点还是论证论点的过程中进行思维训练，都是教会学生找米下锅的方法，从内容上为议论文写作的成功奠定了基础。

其次，在写作教学中进行思维训练，充分发挥了学生的主体作用。在整个思维训练的过程中，我们始终把思维训练的具体工作落实到学生自己动脑、动嘴、动手的过程中，让学生在系统活动中真切地掌握各种思维方法的特征、具体运用方法以及在各种类型的作文题中的作用。让学生自己陈述自己的思维过程，别的同学给予评价，然后再作修正，或在对别人的思维过程评价中，评价自己的思维过程的优劣，在"反思"(思维监控)中提高自己的思维水平。这种让学生自己陈述，共同评价的方法，能够集中集体的智慧，经常使新颖、深刻的论点层现叠出，激发了学生的写作兴趣，完善了学生的思维心理结构，促进了思维训练的具体落实。

在训练中必须注重思维训练的系统性。议论文的写作是对学生综合能力的考查,而这种综合能力不会一蹴而就,这就需要一个由点到线到面的循序渐进的过程。我们的思维训练,分为三个阶段:1. 将论说文写作中常用的思维方法(如概念分析、特征分析、因果分析、比较分析、辩证分析等)提炼出来,让学生进行单项训练;2. 引导学生把以上思维方法综合运用到写作的过程中去,运用这些方法提炼论点、展开论点、论证论点;3. 将论说文按文中所运用的思维方法分类,分为阐释型、因果型、比较型、决策型、论证型等类型,分别进行各种体式的论说文的写作训练。这三个阶段由单项到综合,由简单到复杂,螺旋式上升,形成一个循序渐进的训练体系。在论说文写作教学中实施思维训练,需要处理好三方面的关系:

一是思维训练与语言训练的关系。"语言表达能力"有狭义的和广义的两种。狭义的语言表达能力就是指遣词造句的能力;广义的语言表达能力,除遣词造句而外,还包括审题列纲、谋篇布局的能力,思维训练可以帮助学生解决这一问题。至于狭义的语言表达能力,即遣词造句能力,与思维有一定联系。比如在修改润饰文章、推敲词句时,会有思维活动参与。朱光潜先生就说过,无法确定用什么词语,其实不是没有想好某个词,而是所要表达的意思还没有想好,推敲词语就是推敲思想。可见语言训练与思维训练基本上是同一的。但是大多数情况下,我们的遣词造句,都是凭借语感。一篇文章、一段文字,行文的思路确定以后,随后的"遣词造句",往往是"不假思索"地"跟着感觉走",可见在思维训练的同时,还必须注重语感的培养。

二是写作和阅读的关系。上文已经说过,阅读和写作有着密切的关系,但各有其自身规律,所以应自成体系。在此前提下,写作教学中应当充分发挥阅读的作用。比如教给学生某种思维方法、写作技巧时,可提供相应的例文、范文;设计题目时,可提供相关背景材料、例证材料,等等。在带着明确的写作目的的条件下阅读相关材料,如果组织得法,阅读写作都能有所裨益。这里我想着重强调一下阅读理论方面文章的重要性。写作教学中进行思维训练,其实就是教给学生若干种基本的思维方法,用来加工各种思维材料。思维方法从何而来?是由理论、观点转化而来。引导学生阅读社科方面的相关理论,不仅可以拓宽他们的阅读视野,提高他们的阅读能力,培养他们的理论兴趣,而且可以为他们展开议论提供"理论武器",为他们观察、思考问题提供新的视角、新的方法。同时,这也是培养他们理论联系实际,将知识转化为能力的重要途径。我们在实施思维训练过程中,先后给学生开设美学、心理学、哲学常识等讲座,收到了良好的效果。

三是思维训练和非智力因素的关系问题。学生对作文缺乏兴趣是我们必须着重考虑的问题。首先是命题。我们每次的训练;以教给学生某种方法为目标,一般对题材、命题不作规定,学生以选择自己感兴趣的话题展开议论。为了给学生提供可供选择的话题。在班上设立班级日记,除了记载班级上发生的事件外,欢迎学生在上面发表议论。学生对此极有兴趣,少则三言两语,多则三五百字,这些往往成为引发作文长篇大论的"导火线"。其次是作文指导,也大可以改变老师一讲到底那种"一言堂"

的格式。如有的命题作文，从审题、立意到选材，都可以让学生作一番交流，在不同见解的碰撞中激发心灵的火花。激发写作的热情。再次是评分、评讲。我们的训练尽可能做到目标明确，循序渐进，这样就为形成一个可供操作的评价系列打下基础。我们认为评价应从两方面着眼：内容方面，主要看所训练的思维方法运用效果如何。学生作文中立意方面的偏差，不作为评分的依据，但可在评语中指出发生偏差的原因所在。语言方面，每学期提出训练的目标和评分的标准，同时介绍实现这些目标的相关知识，这样让学生既明白努力的方向、重点，也知道实现目标的方法。习作在交给老师之前可以根据评分标准互改互评，使学生在言语实践中自觉追求语言表达的完美，有关研究资料表明，这对培养语感有明显的效果。这样，充分利用评价的导向、激励功能，调动学生的积极性，评讲自然也会改变老师包打天下的局面，学生的主体性得到充分发挥。

（本文为全国教育科学规划“九五”重点课题“系统开展学科思维教学”语文子课题总结报告，部分发表于《扬州教育学院学报》2000 年第 1 期。编入《美育与中学语文教学》一书。）

传统，需要科学地继承

——诵读教学的思考与实践

高 潮

［提要］ 提高语文教学效率，研究青少年学习本国语文的规律，不能脱离民族的特色。“诵读”是我国传统的语文教学方法之一，它是感受语言的智力活动，激发情感的审美活动，培养能力的自学活动。在语文教学改革面临现代化的新形势下，结合试教《高中语文实验课本》的实践，对“诵读法”进行反思，有利于加深对语文教学规律的认识，实现语文教学的科学化。

早在30年代初期，叶圣陶先生就指出“国文本是‘读’的学科”[1]，强调语文教学以“读”为本。人民教育出版社周正逵先生主编的《高中语文实验课本》（以下简称《课本》），注重诵读训练，以此作为最基本的教法和学法，很好地体现了叶老的这一教学思想。我们在试教实践中也深切地体会到：语文教学，担负着传授语文知识、训练语文能力、开发语文智力、进行语文德育、渗透语文美育等多重任务。努力提高语文教学效率，切实培养学生的语文能力，“诵读”是行之有效的方法之一。这一传统的教学方法，在语文教学改革面临的新形势下，需要科学的继承。

一

语文学科的课程历来以传播文化遗产为己任，同样，“语文教学的现代化和科学化，也不能脱离民族特点，研究青少年学习本国语文的规律，应主要依靠总结我们本民族的经验”[2]。提高语文教学质量，前人在这方面积累了丰富经验，其中很重要的一条就是“诵读”训练。所谓“读书百遍，其义自现”“读书破万卷，下笔如有神”“熟读唐诗三百首，不会吟诗也会吟”，无不道出了“诵经”的重要性；现当代语言文学大师鲁迅、巴金、茅盾阅读大量中外作品，硬背《古文观止》的切身经历和体会，更是表明了“诵经”至关重要。前些年，时任总书记江泽民在同南开大学中文系师生交谈中强调说：“优秀的文学作品应该熟读，重要的地方还应该背下来。”[3]然后，他兴致勃勃地背起了王勃的《滕王阁序》和苏轼的《水调歌头·中秋》。古往今来，人们对“读”如此肯定与推崇，因为其中蕴含着合理的因素。

1. 诵读是感受语言的智力活动。诵读是读者从精美的作品中接触语言、获取信息的心智过程。在诵读过程中，大脑要借助文字对有关信息进行一系列的思维活动，无论是形象思维，还是抽象思维、灵感思维，一切语言要素均会在大脑皮层留下系统的印象。比如，文言文词语的运用，句子的组织，都有一定的法度和规则。教师讲这篇文章的古汉语现象如何如何，学生听后，仿佛懂了，其实并没有真懂，因为他自己还没有充分地、足够地去接触古代的这些书面语言，至于迁移运用，那就更谈不上。如果出声地诵读，顺畅如流地诵读，通过读，去接触文中那些生疏的、合科法度的语言，就能逐步形成语感。记忆是思维的基础，熟读才能精思。记牢背熟，再推敲、体味、揣摩、理解，就会恍然大悟，茅塞顿开。积累多了，当现次遇到类似的外在语言刺激时，就能凭借"语感"，不假思索地分辨出词语的用法，句式的特点，文意的内涵。因此，有人说，诵读能使一切的语言基础知识训练具有实用的价值，化为真正有用的营养。在语言训练中，字、词、句、句式、修辞格的识记，特别是书面语言模式的识记，必须有一定的量，要把它们牢固地识记在心，当然离不开诵读。

2. 诵读是激发情感的审美活动。文质兼美是《课本》的选材标准，语文课培养学生的审美情趣，课文是主要的凭借。我们说，语文课的审美教育，不仅表现在作品中，也应该贯穿于作品的教学过程中。那么，在教学中怎样引导学生进入作者所创设的情感境界呢？著名语文教育专家顾黄初先生曾说："……用眼来看，固然可以从某些词语、句式中体察其内蕴的感情；然而要确切地把握其语气语调，却非用口来读不可。"[4]在语文教学中，诵读的这种审美移情功能是显而易见的。

我国古代散文普遍具有"美文"化的倾向，主要表现在讲究文采和形象化的表达方式。如荀况的《劝学》、韩非的《五蠹》、贾谊的《过秦论》、李密的《陈情表》、韩愈的《祭十二郎文》、欧阳修的《秋声赋》、归有光的《项脊轩志》、宋濂的《送东阳马生序》、袁枚的《祭妹文》，龚自珍的《病梅馆记》、林觉民的《与妻书》等，都是借助形象来阐述观点、寄托感情的。不读，无以体会其整齐错综的句式、抑扬顿挫的韵律、生动华美的形象。现代散文也同样讲究文采，讲究词语的丰富生动之美。像《绿》《桨声灯影里的秦淮河》这类散文，读了，才能感受风光的秀丽、作者的情韵；而《荷塘月色》《故都的秋》这类倾吐委婉心曲的散文，也只有通过读，才能体味其忧郁惆怅的心境。

议论文既是理论的阐述，具有撼人心魄的逻辑力量，又是情感的喷发，具有胜于雄辩的感染力和震慑力。《在马克思墓前的讲话》情深义重；《拿来主义》嬉笑怒骂，催人警醒；《中国人失掉自信力了吗》沉着痛快，给人以力量；《改造我们的学习》写得痛快淋漓，文情并茂，给人以鞭策，给人以鼓舞。这一篇篇优秀的议论文，情中有理，理中有情，情理交融，非高声朗读不能得其雄伟之概、深远之韵；读了，才能在情感上荡起波澜，思想上产生震动。

至于诗歌，戏剧中的人物语言和对话，小说中的精彩情节片断，则更需要有声有色的诵读。即使像《南州六月荔枝丹》《景泰蓝的制作》《眼睛与仿生学》这类科技知识说明文，也由于作者优美的文笔进行生动的说明，而使文章情趣盎然，学这类文，读出声来，比光用眼睛看更容易理解。

欣赏作品是有层次性的。从文章作者的情感到读者体验到的情感，即由入境（悦目悦耳）→动情（悦心悦意）→明理（悦志悦神），其间不可缺少的“中介”就是“诵读”。因此，诵读在语文教学中理应占有重要位置。

3. 诵读是培养能力的自学活动。近年来，语文教育界对保守、封闭的教法进行了猛烈的抨击，同时大力提倡对学法的研究，要求语文教师把学生自学的积极性极大程度地调动起来，并授之以自学方法，从而使学生主动、自觉地学好语文。注重学生的自求自得，教育界许多同仁大声疾呼；把宝贵的“45 分钟”还给学生，必须强调诵读、涵泳、体味。原因有三：

一是诵读能引起学生阅读兴趣。语文教材中那些名家名篇，学生普遍反映，自己去读，比老师讲有趣味。名著名作，都有大片的想象空间，学生心驰神往，俯仰其间，即可读出“味”来。相反，经过教师们大“嚼”之后，细“嚼”之后，再“喂”给学生，尤其是高中学生，大部分感到索然无味了。没有兴趣，学习就很难有动机，积极性就得不到调动，学习态度就处于被动。这样，也就难以集中和维持注意，也不可能全身心地投入学习，于是，就必然大大地降低学习效率。

二是诵读能启发学生的思维。调查表明，有些教师讲课，十分注重灌输教材中的思想，甚至强行把某些观点硬“塞”给学生，很少顾及接受者的思想，更谈不上让学生自己通过读去体味领悟，去见仁见智。其实，同样读一部作品，不同的人有不同的感受。各自心中有各自的“哈姆莱特”说的就是这个道理。早在“五四”时期，一些具有民主主义思想的学者就提出：“教育不是传布偏见，不是灌输成就，乃是帮助人得到见解。”[5]然而，剥夺学生“读”的权利，只给以“听”的资格的语文课堂教学状况，仍有一定的市场。长此以往，这固然是对学生思维的发展设置了樊篱，其实，又何尝不是对他们语文理解和表达水平的创造性发挥增添了障碍？

三是诵读还给了学生得以培养能力的实践机会。16 世纪捷克著名的教育家夸美纽斯特别注重实践在教学中的特定意义。针对语文学科的教学，他明确地说道：“一切语文从实践去学习比用规则学习来得容易。这是指的听、读、重读、抄写、用手用舌头去练习，在可能的范围内，尽量时时这样去做。”[6]夸美纽斯的这番话，实质上就是强调了语文教学中要培养学生的语文能力，必须通过学生自身认识和活动的操练才能逐步形成与不断提高。这里的“读”“重读”“用舌头去练习”“尽量时时去做”，不正是指出了“读”在语文学习实践中的重要地位吗？可是，一些“好心”的语文教师却越俎代庖，一篇好文章不让学生自己去接触，去诵读，就“精心”设计起讲解的内容。尤其是高中语文教学就很少采用“诵读法”，而是以“讲”见长，而且一讲起来就面面俱到，四面出击，大讲立意之深刻，构思之巧妙，妙语连珠之传神，遣词造句之精当，结果教师讲得天花乱坠，却挤掉了学生得以培养语文能力的实践环节。学生不读、不记、不背，两三课时学完了，连课文内容还不甚了解，读起来结结巴巴。难怪有人反映，学生在校“读”的功夫不够，工作以后，读文件、念报纸，语句不连贯，口齿不清楚，甚至出现“加过工资的和尚”之类的笑话（有人把“加过工资的和尚未加过工资的同志”破读为“加过工资的和尚”“未加过工资的同志”)，可见，诵读能力的培养对于今后的工作和学习多么重要。

二

既然我们承认传统语文教学中的“诵读法”具有一定的合理性，那么，应当怎样吸取其“精华”，以指导当前语文教学的改革呢?

首先要有一套好的“读”本。随着语文教改大潮的涌动，语文教材的改革也掀起阵阵波澜，语文教学界开展了改革语文教材的多向探索。在众多的实验教材中，人民教育出版社周正逵先生主编的高中语文实验教材可谓是一部最好的“读”本。编写组的同志仔细研究了现代学生阅读能力的形成和发展的过程，认为学生的阅读能力，大体上可以分为五个层次，即认读能力→释义能力→解释能力→鉴赏能力→研读能力。为激发学生的读书兴趣，切实培养诵读能力，《课本》吸取了过去传统的阅读教材正反两方面的经验，对诵读训练的内容，除了注重选文和划分单元外，还试着从不同的角度，进行比较科学的分类编排。根据知识内容的特点，分别编制了不同单元外，还试着从不同的角度，进行比较科学的分类编排。根据知识内容的特点，分别编制了供高一用的《文言读本》和《现代文选读》，供高二用的《文学读本》和《文学作品选读》，供高三用的《文化读本》和《文化著作选读》。根据高中阅读训练的统一计划，把阅读教材分为“课内读本”和“课外选读”两种。单从课本的命名上就可以看出，这套语文教材是以“读”为训练主线的，让学生在一段时间内通过集中读文言文，读文学作品，读文化论著，拓宽知识面，提高阅读能力，逐步实现五个层次的能力递进。“课内读本”作为辅助教材，是课内“读”的训练必要的补充和延伸，也是巩固“读”的训练成果，提高学生“自读”能力的重要凭借。不管是课内教材还是课外教材，都配有“诵读提示”“参读课文”“鉴赏要点”“析文参读”，学生既可诵读原文，又能诵读资料。在“读”中比照研究、鉴赏评价。此外，还有供写作训练的教材，这也是一部很好的作文“读”本，在每册《写作与说话》中，学生可以读到“训练要求”“知识导引”“优秀范文”。高中语文实验教材可读性强，不但学生爱读，有些家长也爱不释手。调查表明，试用实验教材以后，有98%以上的同学由过去对“读书”兴趣不大到喜爱读书，教师也尝到了指导学生读书对于激发语文学习兴趣，提高能力的甜头。以“读”为训练主线，编制教材，指导教法学法，是人教社继承传统又发展传统的鲜明一例。尽管当代一些学者已从语音学、阅读学、朗读学、心理学、阅读生理学等不同的角度对诵读进行了多方位的探讨，并取得了可喜成果，但这些成果，多半还是理论的、思辨的，中学语文讲坛上“讲风”依然久盛不衰，“读”的理论研究成果还未变为普遍的行为，“读”的教学措施没有得到具体的落实。《课本》的出台和实践，从根本上改变了这一状态，它使教学双方按照学习者的特点和学习技能的一般规律，按部就班，循序渐进地进行诵读训练，并收到实效。

其次要有一套好的“读”法。诵读，不是随意地读，而是要有目的地读，有针对性地读。旧时私塾、学馆里的"摇头晃脑""拿腔拿调""死记硬背"式的陈腐的一套，自然不是好办法。叶圣陶先生说："……惟有不忽略讨究，也不忽略吟诵，那才全而不偏。"[7]

《课本》对"读法"的指导，概括起来大概有以下几种形式：

《文言读本》要求采用"诵读""复背"与"浏览"相结合的读法。诵读课文24篇，是新选的课文，全书的重点，复背课文24篇，是复习初中已经要求背过的课文，是对诵读课文的补充，浏览课文是一般的文言读物，要求大体上读懂。总之，《文言读本》要求把诵读课文和复背课文所包括的40篇文章和50首诗词，一一熟读成诵，使之烂熟于胸。让学生在"读"的训练中，"正音读""识文字""通义训""察语气""明文法""断句读""辨辞采""别文体"。

《文学读本》则要求通过语段篇章的阅读分析训练，促进学生诵读原文。读懂词句在文中的含义，读出文章的隐含信息，读清楚作者在文中的观点和态度……

诵读的方式多种多样，没有固定的模式，但有规律可循。一般情况下，包括以下五个步骤：

(1) 了解性诵读(初读)。这种诵读要求学生初读课文，对所学课文的背景、有关常识(作者、文体)和内容有个大概的了解。

(2) 理解性诵读(细读)。所谓理解性的诵读，也就是要求学生再读课文，并圈点勾画，一边读，一边对照注释，一边翻检工具书，看看文中的哪些语句已经理解了，哪些语句还不能理解。在弄懂的基础上，读出句子的停顿节奏和语气。

(3) 评赏性诵读(研读)。理解性的诵读，只是要求学生掌握文章内容的表层意思，但要深入体会其深层含义，还要进行评赏性的诵读，这是诵读指导的核心所在，要求教师精心设计一些有启发性的问题，引导学生边读边思，深入研究。比如，诵读《沁园春·长沙》上阕，可让学生思考以下问题进行评赏。① 诗人独立所见，看到的是一派生机勃勃的湘江秋景，在这秋景图里，作者具体描绘了哪些景物？② 作者对这些景物的描写，有什么特点值得我们学习？③ 这幅秋景图描绘得如此境界开阔，生机勃发，得力于词语的恰当运用，即古人所谓的"炼字"，哪些词语用得好？好在哪里？如果更换改动，表达效果会怎样？④ 请注意"看"这个"领字"的作用，什么叫"领字"？"领字"统领到哪里？了解"领字"的作用，诵读时应注意些什么？⑤ 面对这壮丽的秋色，诗人有何感受？如此等等。在理解的基础上，然后让学生试着诵读，定能收到预期的效果。

(4) 记忆性诵读(记读)。所谓记忆性诵读，就是要求学生根据评赏性诵读时拟写的板书提纲，默想回味课文内容，进行熟读背诵，消化、意会、领悟已有的知识，在聚敛思维的范围内活动，进一步加深对课文的理解。比如，指导学生记读《病梅馆记》，可根据如下梳理概括的内容进行背诵：

根源 ——→ 决心 ——→ 苦心

引出对象（江宁）（苏州）（杭州）　分析原因　指出后果（病烈）　果断的行动（购）　深切的同情（泣）　满腔的悲愤（疗、纵、顺、毁、理、解、复、全辟、贮）　广贮病梅，究予光阴

举出审美观点（曲直）（敬正）（疏美）　揭示产生根源 文人画士（未可、又）（不可、又非）　揭露恶劣行径（告、斫、举、删、夭、锄、遏、求、病）

(5) 迁移情诵读(练读)。这是在发散思维领域内进行的诵读活动。即在进行了以上四种诵读训练的基础上,进行迁移升华训练,从课外教材中选读与所读课文体裁相同,难易程度大致相等的文章,检测一下自己的诵读水平如何,做到举一反三,触类旁通,发展能力。

再次要有一套切实的检查措施。指导学生诵读还有一点值得注意的,就是讲求实效,落实切实可行的检查措施。以往,我们虽然也布置学生读书,但因缺乏有效的检查方法,效果不理想,多数学生仍不重视。同其他检测一样,诵读检查是强化知识反刍、温故知新、反馈教学效果的一种手段,它应贯穿于教学过程的始终,用目标检测的规律来组织或指导每一项检查,以期取得最佳效果。语文诵读检查的主要措施有下面几项:

(1) 明确要求。明确要求是诵读检查工作的第一步。在提出诵读要求时,一定要使每一位学生明确:每一次"读"的活动都应当是一次自学活动,一定要实现某些与本文学习要求相符合的目标,有利于语文能力的提高。教师在学生诵读前,应确立衡量诵读优劣的标准,以便依据这些标准来评价诵读的质量,要使每次"读"的活动具有高度的内在价值,使学生"读有所悟、读有所得、读有所乐",觉得因"读"所花费的时间和精力是值得的。

明确要求要做到整体构想与阶段落实相结合。所谓整体构想是指:对高中阶段的诵读要求要有一个全盘的考虑,在确定诵读的内容、分量、难度、形式等问题时,要顾及《中学语文教学大纲》以及《〈高中语文实验课本〉编辑说明》规定的教学目的、任务和各年级每学期的教学要求,还要联系到以往已进行过的各种诵读内容和形式,按照循序渐进的发展规律,有一个整体的规划。所谓阶段落实是指:每个小阶段(每月、每周、每课)要有具体明确的诵读内容和要求。只有做到整体构想与阶段落实相结合,才能使语文诵读活动逐步实现正常化、序列化、科学化。提诵读要求要防止"贪多嚼不烂"和超出学生课业负担,要从提高课堂效率出发,注重实际效果。

(2) 逐项评分。语文诵读检查应由学生自查、互查和教师抽查相结合。检查花费时间,随意性大,教师应指导学生作合理的分工,按照具体的要求逐项检查评分。把全班学生分成若干组,每小组由三人组成轮流担任组长,采用甲检查乙,乙检查丙,丙检查甲的方法,互查互测,再由语文科代表和教师随组抽查。学生每人发一张评分

表，教师有全班学生的评分表，各自打分登记，当场公布交流评定结果，学期结束记入语文总分。

下面是一张语文诵读评分简表，可作为学生诵读评分的参考。

语文诵读评分表

班级__________ 姓名__________ 学生__________

项目 / 得分 / 内容	按时	正确	流利	音量	语气	情感	总分

这张评分表的前项四为基本要求，后两项为高层次要求。每项 A、B、C、D 四级评定。“好”的为“A”，“较好”的为“B”，“一般”的为“C”，“较差”的为“D”。“总分”一栏根据各项具体指示成绩综合评定。

(3) 组织竞争。竞争是互相学习，取长补短，激发学生克服困难、积极向上、获取进步的有效手段之一。实践证明，日常在班级搞一些普遍性的诵读基本功的比赛，不失为一种有益的检查方法。这里的竞赛不同于一般的选拔性比赛，要求不能过高，内容不宜过难，要照顾到大量中下水平的学生，调动起他们的积极性，使这部分学生在竞争中看到自己和别人“日日在长”的成绩，找出差距，树立信心，激发起高涨的读书热情。诵读竞争要推出评委，当场亮分。参赛者每人准备一盘录音磁带，把诵读内容收录下来，并注明日期，作为“诵读档案”。优胜的可作为楷模，供大家欣赏。训练一段时间以后，再来一次比赛，要求学生跟上次的情况进行比照，让大家来评比，看谁的诵读水平进步大、效果好。

参考文献

[1] 叶圣陶《化学奇谈·序》，开明书店 1932 年版。

[2] 高中语文实验课本《文言读本(上册)·前言》，人民教育出版社 1994 年版，第 2 页。

[3] 摘引自《语文报(高中版)》1996 年第 49 期。
[4] 顾黄初《叶圣陶语文教育思想讲话》,开明出版社 1994 年版,第 72 页。
[5] 摘引自陶孟和《社会学科的性质》,《教育与人性》第 34 期。
[6] 摘引自《语文教育观研究》,江苏教育出版社 1996 年版,第 52 页。
[7] 叶圣陶《精读指导举隅·前言》,开明书店 1932 年版。

高中英语阅读教学理论与实践初探

刘 燕

［摘要］ 阅读过程是人的大脑最复杂的活动之一。英语阅读在高中英语学习阶段尤为重要，英语教师不仅要关注学生应掌握的阅读方法，而且更应关注如何在实际教学中通过科学的方法把它传授给学生，从而提高学生的英语阅读理解能力，顺利达到高中英语教学大纲的目的。本文从理论和实践两个方面探讨高中英语阅读教学中阅读材料的选择，阅读的基本策略，以及阅读教学的方法和测试手段。

［关键词］ 高中英语 阅读材料 阅读策略 阅读教学与测试

目前，我们所处的是一个信息激增的时代，虽然各种现代化的大众传播手段在不断增多，但阅读依然是人们认识周围世界的一种主要方法，更是学生藉以达到学习目的的最主要手段。因此，高中英语新教材（下文简称 SEFC 教材）的教学大纲中明确规定教学目的，是在义务教育初中英语教学的基础上，巩固、扩大学生的基础知识，发展听、说、读、写的具体技能，培养在口头上和书面上初步运用英语进行交际的能力，侧重培养阅读能力，并使学生获得一定的自学能力，为继续学习和运用英语切实打好基础。由此可见学生阅读能力的高低直接影响到他们的学习成绩。学生英语阅读能力的提高有赖于教师正确的阅读教学，而阅读方法是英语阅读教学中最为重要的部分，更是学生应掌握的最为主要的学习技能。所谓阅读方法是指学习者阅读文章和书籍所采取的策略和方式。主要涉及两个问题：一是阅读什么，二是如何阅读。每个人都会有自己的阅读方法，但它不一定都对路和有效。有效的阅读方法除了苦读与勤读外，更多的是要巧读和善读。若是能够使学生改善阅读过程，提高阅读的速度和质量，学生既可节省大量的时间，又可使学习的效率获得较大的提高。一般情况下，学生只要掌握一定的英语词汇和基础语法，就能阅读一些英语文章，但能高效准确阅读者却是寥寥无几，结果是在英语测试中，学生最易失分的项目是阅读。很多学生都或多或少地表现出阅读方面的障碍，有的是因为阅读速度慢，而另一些则可能是阅读的质量低，无论是哪一种情况，科学的高中英语阅读教学对学生是大有裨益的。

结合教学大纲，SEFC 教材对阅读教学的要求是：(1) 除课文外，补充阅读量 10 万～20 万字以上。(2) 能借助词典读懂难度略低于所学语言的材料，生词率不超过 3%。(3) 能以 50～60 个词/分钟的速度阅读生词率不超过 3%的有关人物传记、故事、记叙文、社会文化、文史知识、科普小品等不同题材的材料，能把握中心思想和主要事实。(4) 能读懂简单的应用文，能把握所读材料的主要逻辑线索、时间和空间顺序；能根据语境中较为明显的提示和构词法知识推断生词的语意；能根据上下文理解作者的态度和观点。能根据已知的事实推断出文章未直接写出的意义。针对SEFC教材大纲的目的和对阅读的要求，笔者将根据阅读学习的原理，理论和实践相结合，从阅读材料的选择、阅读教学的方法、阅读理解专项测试及评析等三个方面在本文论述高中英语阅读教学中如何培养和提高学生的阅读能力。

一、结合SEFC教材，选择补充阅读材料

正如上文所述，阅读什么是阅读方法要解决的首要问题，而根据阅读的目的，可以把阅读分成七种类型：(1) 理解性阅读；(2) 积累性阅读；(3) 考察性阅读；(4) 复习式阅读；(5) 鉴赏性阅读；(6) 娱乐性阅读；(7) 批判性阅读。高中英语阅读主要属于其中的第1种类型——理解性阅读。所谓理解就是学生在新旧知识间建立起一种逻辑联系，理解是有效阅读的必要条件。与SEFC大纲配套使用的《普通高等学校招生全国统一考试英语科说明》中关于阅读材料选取所遵循的三个原则是：(1) 阅读量不少于500个单词，篇数不少于3篇；(2) 题材尽量多样化，包括日常生活、传说、人物、社会、文化、史地、科技、政治、经济等；(3) 体裁尽量避免单一化，应包括记叙文、描写文、说明文、议论文、应用文等。因此，在实际教学中仅仅以每个单元中的一篇课文作为阅读材料是远远不够的。SEFC教材中的课文题材广泛，有天文地理、历史人物、文学艺术、工作生活、科学技术、自然灾害、环境保持、体育卫生、人才、政治等。文章的体裁也是多样的，有记叙、传说、小说、传奇、小品、戏剧、诗歌、书信、日记、说明文等。

因此，除了要求学生完成SEFC教材的同步阅读训练外，还应补充一定量的阅读材料。善于选择补充阅读材料是加深理解的一项主要辅助手段。补充材料通常可以提供给学生一些可选择的观点，拓宽知识组成和思考问题的视野。补充的阅读材料应当是与现有的阅读材料相联系的，尽量做到面广、实用、贴近时代，如：与日常生活紧密联系的政治、经济、文化、艺术、科技、观光游览指南、招聘广告、产品说明书、食谱、天气预报等。这些材料可选自China Daily, Beijing Review, The Word of English, Readers' Digest，《中小学外语教学》，《中学生英语》等各类英语报纸杂志。对这些材料应指导学生进行泛读，在泛读的过程中，除了将那些会影响学生理解的生词的中文意思告诉他们以外，应当鼓励他们根据构词法和上下文来猜测生词的意义。只要求学生懂内容，不作具体的练习要求，其目的是扩大学生的知识面，使他们接触各种形式的阅读材料，同时也扩大了学生的词汇量，提高他们的理解能力，在泛读的潜移默化过程中提高学生的阅读理解能力。

二、运用阅读策略，上好SEFC教材中的每一篇阅读课文

阅读过程可以称得上是人的大脑最复杂的活动之一。它包括表面和深层两个层

次。表面上阅读是一种感觉上的接受过程,包括熟练的眼动与口动,但其深层的方面则是一种智力活动过程,在这个过程中学习者掌握,并引申了书面材料的意义。阅读的效果取决于学习者的主观因素和现存的各种外界客观因素的影响。因此在高中英语阅读教学中要密切注意这些主客观因素,具体问题具体分析。如,针对学生的选择性这一主观因素,应指导学生自觉地选择而限制不自觉地选择,自觉地选择首先应当是依据学习目的而进行选择,其次才是依据自己的学习能力、时间等开展选择。教师应启发和提高学生的责任感,让他们学会调动理智来指挥自己干自己应该干的事情,抑制那些分散自己注意的事物和干扰。针对学生理解的主观性,应要求学生克服片面的理解,提高更深入的理解,阅读的效果才能保障。心理学家们指出,适度水平的焦虑,即一定的急迫感会有助于阅读,但若使紧张达到高峰,阅读任务反而无法完成。因此,在高中英语阅读的教学过程中应努力让学生保持在喜悦的心境中去阅读,这时,学生的机体和心智会处于高度活跃的状态,从而抵消学生阅读过程中的焦虑感。

俗话说教无定法。笔者通过借鉴和实践后发现在处理每篇阅读课文时要把重点放在提高学生的阅读能力上。采用的方法是综合法:泛读与精读相结合,注重整体教学和思维教学及交际法的运用。阅读课的第一个步骤通常为导读,当然有时也可以"提问题——听课文——答问题"的方式开始。这一步骤的目的是在阅读前最大限度地激发学生获取信息的兴趣和欲望。常用的方法很多。如:

1. 自我介绍,引入新课。如在讲 SEFC IB Unit 19 L 74: The Secret Is out 时,可向学生作如下介绍:"I am your teacher. Do you know how old I am? How much is my salary? … Well, I can't tell you. Everybody has secrets. I have secrets, too. What's your secret?"学生会说:"Sorry, I can't tell you." 由此,可导出该课要学习的内容:The Secret Is Out.

2. 可用实物,图片和图像引学生的兴趣。如在 SEFC 2A Unit 6 L22: Coins 的教学中,可先让班上某位收集中外钱币的学生展示并用英语介绍他的收藏,再用图片或图像介绍中国古代钱币的演变历史,使学生对这篇文章产生兴趣而不感到枯燥。

3. 以猜谜语的方法开始。如教 SEFC 1B Unit 2 L 78 时,可以"纸"为角色,用第一人称的口吻和幽默风趣的语言讲述纸的发展演变史,再让学生猜测 Who am I? 这样既活跃了课堂气氛,又了解了关于"纸"的知识,使学生为阅读这篇课文作好充分的心理准备。

4. 复习导入。通过复习已学内容来导入新课,从而做到温故而知新。如讲 SEFC 2B Unit 20 L78: Disabilities 时,老师在 Revision 中可以先让学生用自己的话将前一课的对话(Sun Yao 与一个坐在轮椅上的外国游客之间的对话)用故事的形式讲出来。然后提问:How many different types of disability can you think of? What problems may disabled people are mentioned in the text.

5. 介绍背景知识导入新课。如在讲授 SEFC 2B Unit 20 Ls86—87 时,可通过对作者 Charles Dickens 的生平和创作及其作品 A Tale of Two Cities 的背景和人物介绍，使学生对这部作品有大概的了解，并引导学生对作品进行深层理解。

6. 根据实际需要以其他生动活泼的方式导入新课。如在 SEFC 1A Unit 3 L10：American English 中，可采用先让学生听 VOA 和 BBC 的节目的方法；也可用讲故事的方法。故事中一位英国人在美国某机场对一位美国人常用 give sb a call 表示打电话，由此来激发学生对美国英语的兴趣。又如 SEFC 2A Unit 3 Ls10—11 谈论的是同一手势或动作在不同的文化背景下表示不同的含义，而不同的手势或动作在不同的文化背景下表示相同的含义，从而使学生想去更多地了解"身势语"。

总之，利用一切可能的方式去激发学生想获取更多信息的阅读愿望，为阅读打好基础。

阅读课的第二步骤就是指导学生如何快速准确地掌握信息并作深层理解。通常采用的方法是：整体阅读—分段阅读—讨论问题。首先让学生阅读整篇课文去初步理解课文大意，然后分段找出各段的主题句来帮助理解内容，同时处理一些语言点，并分析各段落之间的逻辑关系；最后整篇文章进行深层理解。如作者意图，文章寓意等。在分段阅读处理语言点时应以扫除障碍为目的，应当教学生根据上下文和构词法来猜测词义，做到举一反三，从而真正提高阅读能力。实践证明，学生在阅读理解时最容易出错的往往不是在对文章的细节理解或有关词句的理解项目上，而是在推理判断和归纳概括方面，即针对文章的结论、隐含意义、作者的倾向、文章的论调、写作思路等方面的题目。这说明学生对文章的深层理解不够，所以最后的"讨论问题"非常重要。例如：针对 SEFC 1B Unit 18 Ls69—70：The Necklace 这一课，可以设计如下的问题让学生讨论：What would have happened if Mathilde hadn't lost the necklace? What would have happened if Jeane returned the diamond necklace to mathilde? 就学生的不同回答可以最后指出，任何可能的假设都改变不了 Mathilde 的命运，因为她的虚荣心导致了她作为一个悲剧人物的悲剧命运，这也正是作者所要表达的思想。总之，应尽量提一些推想性、概括性、评价性，及有实际交际意义的问题，从而启发学生创造性地思考问题，对文章作深层理解，真正提高学生的阅读理解能力。应当指出的是，在阅读课上不仅有读和说，也有听和写，如：不看书听课文来回答问题；边听课文边跟着朗读；在复述课文后进行课文缩写或改写等。

三、进行阅读理解专项测试及评析

除了利用 SEFC 阅读教材和泛读材料来保证学生的阅读量，提高学生的阅读速度和效率外，还应定期（通常为每两周一次）要求学生进行阅读理解专项练习并作评析。与 SEFC 教材大纲中阅读教学要求相配套的阅读理解能力测试的基本要求是：(1) 掌握所读材料的主旨和大意，以及用以说明主旨和大意的事实和细节。(2) 既理解具体事实，也理解抽象的概念。(3) 既理解字面意思，也理解根据字面可以推断的未明确说出的深层含义，包括作者的态度、意图等。(4) 既理解某句、某段的意义，也理解全篇的逻辑关系，并据此进行推理和判断。(5) 既能根据材料所提供的信息去理解，也能结合中学生应有的常识去理解。

阅读理解专项测试的阅读量为每节课45分2 000～3 000字，大约5～10篇，具体情况视文章难易而定。把一些具有典型特色的试题与练习集中在一起，目的是为了使学生在有一定阅读的感性基础上，综合归纳出阅读理解题型的特点，从理性上增强认识，提高阅读和应试能力，使阅读、做题速度更快，理解更准确，解题命中率更高。常见的阅读理解题型如下：(1) 细节理解题；(2) 词句理解题；(3) 推理判断题；(4) 归纳概括题；(5) 图示理解题；(6) 计算理解题。其中有比较容易的表层理解，也有较难易错的深层理解，因此在评析时应做到如下几点：(1) 着重综合型试题的讲解。如归纳中心话题、确定文章标题、推断作者意图和态度、分析推断字里行间隐藏的含义作出判断等；而对细节型试题，则要求学生认真细读，以便找到正确答案。(2) 教会学生解题技巧，这与平时课堂训练是一致的，如找出主题句、关键词、文章脉络、逻辑关系等。(3) 教会学生解题步骤及注意事项。如先看问题再读文章；细读全文，认真推敲；复读全文，验证答案；避免主观臆断，选出最佳答案等。

当然，除了应做到本文上述的三点外，教师还应当让学生互相交流阅读习惯和经验，这些习惯和经验是学生在既往的阅读过程中日积月累起来的，好的习惯和经验对学生阅读效果将发生潜移默化的影响。同样教师在高中英语阅读教学中还应积极创造良好的客观条件来帮助学生提高阅读效果，如使学生拥有相对稳定的阅读环境等。总之，阅读教学不是一个孤立的过程，它和平时的英语教学的其他各个方面紧密联系，学生的英语能力是影响学生阅读效果的关键。

参考文献

[1] PEP & LONGMAN, Senior English for China, 1(A, B), 2(A, B), Beijing: People's Education Press, 1997.

[2] 国家教委《全日制高级中学英语教学大纲》，人民教育出版社，1993年5月版，第1—3页。

[3] 钟以俊《现代学习原理与学法指导》，中国科学技术大学出版社，1995年10月第1版，第183—204页。

[4]《高考考点解析与训练》，远方出版社，1999年8月第1版，第92—94页。

[5] 陈文灿《在SEFC阅读教学中如何提高学生的阅读能力》，《中小学外语教学》1999年第3期，第11—13页。

[6] 北京师范大学外语系课题组《全国第二届中学英语优质课竞赛课堂教学观摩分析报告(上)》，《中小学外语教学》1999年第8期，第4—8页。

高中《思想政治》教育培养学生思维能力的思考与实践

赵浩岭

现行高中年级《思想政治》教材具有思想性、理论性、现实性较强的特点。虽然高中学生抽象思维明显地由经验型水平向理论型水平转化，在感知社会、观察社会方面更富有目的性、系统性、全面性和深刻性，然而社会主义初级阶段纷繁复杂的社会现象，现行《思想政治》教材的性质和知识体系对学生的思维能力提出了更高的要求。在大力加强和改进思想政治课教学，全面实施素质教育的背景下，我们在教学实践中，以林崇德教授的思维科学理论为指导，注意从培养学生良好的思维品质和引导学生掌握唯物辩证的思维方法入手，提高学生的思维能力。以下是我们所作的一些初步的思考和探索，抛砖引玉，恳请专家和同行指正。

一、运用优化的教学形式，培养学生良好的思维品质

林崇德教授认为：思维的发生和发展，既服从于一般的、普遍的规律性，又表现出个性差异。这种差异体现为个体思维活动中的智力特征，就是思维品质。思维品质是思维心理学，乃至智力（能力）心理学的一个重要理论问题，又是培养思维能力的一个重大的突破。我们在教学实践中逐步认识到学生思维能力的提高，其途径是多方面的、多层次的，但培养良好的思维品质是提高其思维能力最直接、最有效的途径。如何运用最优化的教学形式，有意识地培养学生良好的思维品质，从而来提高学生的思维能力，我们做了一些尝试，具体做法如下：

（一）循序渐进，分析比较，提高学生思维的深刻性

思维的深刻性集中地表现在善于深入地思考问题，透过纷繁复杂的表面现象，抓住事物的本质和规律，预见事物的发展进程。思维的深刻性是一切思维品质的基础，只有善于思考问题，抓住事物的本质和规律，培养出较强的概括能力，才谈得上思维的灵活性、敏捷性、独创性和批判性。因此，我们在教学过程中，注意要求学生深入钻研问题，揭示事物产生的原因及现实意义，预见可能造成的后果；紧扣时代脉搏，联系实际，创造意境，内引对联，引发学生深入思考。

如在讲授"民主"这一概念时，考虑到学生对这一概念既熟悉，又陌生，因此首先让学生谈谈对"民主"这个概念的认识。学生提出了"民主就是人民民主""民主就是人民享有选举权和被选举权""民主就是少数服从多数""民主就是自由""民主就是想干什么就干什么"……以上有些是正确的认识了民主的具体内容、民主的行为方式、

实施过程等某一方面的内容,有些就是错误观点。这也反映了不少同学只看现象,不看本质;只看形式,不看内容,思维表现出较大的肤浅性。为了使学生对民主的集训上升到本质的高度,我们引导学生由浅入深,分析比较,层层剖析。"如果民主它是自由、权利,那么它是谁的自由、权利?""既然民主是统治阶段的自由权利,被统治阶级无自由、权利而言,这说明了民主的什么性质?"……最后在指出学生观点的片面、狭隘,具体分析资本主义民主的实质的基础上对民主概念作出完整、准确的概括:(1) 民主的本质是指一种国家制度,即在一定阶级范围内,按照平等的原则和少数服从多数的原则来共同管理国家事务的国家制度;(2) 民主具有鲜明的阶段性,世界上不存在超阶级的民主;(3) 统治阶级民主就是对被统治阶级的专政;(4) 民主是在一定经济基础上产生又为一定经济基础服务的上层建筑。通过这样循序渐进的引导,能促使学生深入思维,提高分析、比较、鉴别的能力,达到了培养学生思维深刻性的目的。

(二) 统筹兼顾,巧妙点拨,培养学生思维的灵活性

林崇德教授认为,思维的灵活性是指思维活动的智力灵活程度,它反映了智力与能力的迁移,灵活性强的人,智力方面灵活,善于从不同的角度与方面去思考问题、解决问题。

例如,在复习"政党"的概念"政党是集中代表一定阶级、阶层和社会集团的利益,并以夺取、行使或参与行使国家权力为政治目标的政治组织"时,我不是简单地提问学生"政党是什么?"而是启发学生思考"从政党的概念我们可以得出哪些观点?"这样的问题尽管教材上没有明确、具体、集中的阐述,但是只要引导学生拓宽视野,启发学生发挥科学的联想,学生也就会从政党的产生、发展、本质属性、政治目标、地位、作用、外延等多方面去认识和理解、掌握"政党"的概念。这样,不仅使学生能对"政党"进行解释,而且能由此及彼进行知识的迁移和推断,从而提高学生分析说明问题的能力。又如在复习"我国人民代表大会制度"这个概念时,我给学生出了这样一道选择题的题干:"我国的人民代表大会",然后引导和启发学生自己设计题肢。学生经过思考,设计出了许多题肢,尽管有些是正确的,有些是错误的。实践证明,学生在设计这些题肢的过程中,能从不同的方面、不同的角度、不同的层次去理解和掌握知识,这有利于训练提高学生思维的灵活性。

(三) 激发兴趣,举一反三,增强学生思维的敏捷性

思维的敏捷性,是指思维过程的速度或迅速程度,即善于迅速而正确地发现问题和解决问题。变式练习可以增强学生思维的敏捷性。在教学过程中,我们常常就某一知识点,通过是非、选择、判断说明、材料分析等多种题型进行变式练习。兴趣是学习活动的自觉动力,变式练习可以激发起学生认识上的冲突,让学生处于积极的思维状态,使学生能举一反三,牢固而准确地掌握基础知识,并在转换运用知识的过程中提高思维过程的速度。

如为了使同学完整而准确地掌握有关社会主义精神文明建设这一问题,我出了

三道题：1. 判断分析：有人认为不抓社会主义精神文明建设，照样实现社会主义现代化；2. 简要回答：为什么要坚持两个文明一起抓；3. 理解说明：江泽民同志曾经指出："坚持两手抓，两手都要硬，把社会主义精神文明建设提高到新水平。"展示出三条题目以后，首先要求学生分析以上三道习题之间有什么联系、区别，通过思考和讨论，同学们认识到：第1题主要是要回答社会主义精神文明建设对社会主义现代化建设的重大现实意义；第2题主要是从两个文明联系的角度回答为什么要坚持两个文明一起抓；而第3题则是综合了第1、2题，要求从两个文明的关系出发整体把握社会主义精神文明建设的重要性。实践证明，从多方面、多角度设计、组织变式训练，能够使学生的思维能力经受多元转换的训练，提高灵敏应变能力，从而增强了学生思维的敏捷性。

（四）拓宽视野，启发思维，培养学生思维的独创性

思维的独创性是指思维活动的创造精神，主要表现为善于独立地发现问题、思考问题和解决问题。在教学实践中，我们发现学生思维的独创性较弱，主要表现是不爱独立思考，依赖性强；受习惯思维影响，喜欢按照固定的思路去考虑问题；偏激思维多，辩证思维少。因此，我们十分注重训练学生一题多解，即对某一问题或材料进行多层次、多方位解答，克服单向、机械的思维定式，培养学生思维的创造性。如我们常设计一些跨度大的论述题给学生练习，这种题往往灵活性大，要求高，学生回答的答案也五花八门，各有各的见解，有从经济常识角度分析的，也有从哲学常识角度分析的，也有从政治常识角度分析的。在学生解答的基础上，教师可再补充一些学生还未考虑的角度去进行分析。从而进一步打开学生学习的思路，突破传统的框框条条培养了思维的独创性。

（五）觅疑质疑，讨论辨析，提高学生思维的批判性

思维的批判性就是指思维活动中善于严格地估计思维材料和精细地检查思维过程的智力品质。思维的批判性要求学生思考问题时，能严格而客观地评价、检查自己和别人思考的结果。在处理问题时，既能坚持正确观点，又能放弃错误的想法。现行高中教材中许多理论和实际的交会点，需要经过讨论辨析，通过觅疑、质疑、讨论、辩论等环节，给学生提供"参与""投入"的机会，这无疑也就培养了学生思维的批判性。

如在讲授"人生价值"中"物质贡献和精神贡献"的关系时，学生对"张华敏老农值不值得"的问题发生了浓厚的兴趣，产生了两种截然相反的观点。于是我们与学生自由辩论，在教师的引导下，经过深入的讨论、辨析，同学们统一了认识，对"衡量一个人的人生价值，既要看到他在物质方面对社会所做的贡献，又要注重他在精神方面、思维道德方面对社会的贡献"有了更加深刻的理解。这样一方面锻炼提高了学生的思辨能力、是非能力，另一方面澄清了思想，统一了认识，使思维的批判性逐步提高。

二、运用发现教学法引导学生掌握唯物辩证的思维方法

布鲁纳说："发现不限于寻求人类尚未知晓的事物，确切地说，它包括用自己的头

脑亲自获得知识的一切方法。”发现教学法的具体步骤是:第一步,教师根据即将讲授的知识的内在本质出示论点;第二步,教师针对讲授的知识出示相关的材料;第三步,设置若干启发性问题;第四步,激活思维机能,诱导学生进行讨论思考,分析综合,抽象概括;第五步,教师适当点拨,引导学生获取新知。

（一）运用各种启发方式引导学生掌握归纳和演绎的思维方法

归纳和演绎是运用得很广泛、思维运动方向正好相反的辩证思维方法。归纳是从个别到一般的推理方法,演绎是从一般到个别的推理方法。运用发现教学法可以更好地培养学生对许多个别事物进行思考,认识它们的特殊本质,然后进一步认识事物的一般本质。例如,在讲授“物质是运动的物质,没有脱离运动的物质”这一知识点时我出示了以下几个材料:1. “一切皆流无物常在”说的是什么? 2. 地球除自转外还可以每秒 29.79 公里的速度围绕着太阳运动,而太阳系又以每秒 250 公里的速度围绕着银河系中心运动。由此可得出什么结论? 3. 奴隶社会代替原始社会、封建社会代替奴隶社会,从中受到什么启迪? 4. 通过对上述材料的思考,你能归纳出共同的结论吗? 通过引导学生对各个材料的个性进行分析,寻找出各个材料的个性中包含着“运动”这一共性,最终从个别属性中归纳出它们的一般本质,即“都是运动的”,以这个归纳的结论为基础和前提,演绎出“物质是运动的”,又以这个演绎得出的结论,教学归纳出“运动是事物自身固有的属性。”唯物辩证法告诉我们,认识的秩序是由特殊到一般,又由一般到特殊的过程。归纳和演绎是互相联系、互为条件、互相转化的。归纳和演绎的客观基础是事物本身固有的个性和与共性、特殊与一般的关系。

（二）在层层设问中培养学生分析综合的能力

分析和综合是辩证思维的基本方法之一。分析是指把复杂事物分解为各个部分、各个方面和各种属性,认识事物多方面的具体特征。综合是在分析的基础上,把对事物各个部分、方面和属性的认识有机地联系起来加以考察,从总体上把握事物的本质及其发展规律。运用发现教学法在出示论点后,随之将抽象的概念原理分解成若干部分,引导学生分析综合,使知识掌握的过程也是培养学生掌握分析综合辩证思维方法的过程。如在讲授“规律”这一概念时,将这一抽象概念分解为两个层次,出示相关材料,让学生逐一进行分析辩论,最后将对两个层次的分析结论综合起来,使得学生对规律概念的认识得到深化。要使学生懂得分析和综合是辩证的统一,两者之间既有区别,又相互依存,在分析的基础上综合,在综合的指导下分析,使分析和综合相互促进,相互转化。

（三）在探究知识的过程中掌握抽象和具体的思维方法

抽象和具体也是重要的辩证思维方法。在思维过程中,具体和抽象是不可分割的两个阶段。感性具体就是人们通过感官得到的事物,是生动而具体的完整形象,这是认识过程的起点。抽象规定是通过思维分析活动,把事物整体分析成各种属性、特点和关系,从中去掉那些偶然的、非本质的东西,抽象出那些必然的、本质的东西。再把事物的各种属性、特点和关系加以综合,形成简单的概念,达到完整、全面而深刻的认识，亦称理性具体。例如在讲授“如何认识事物的本质”中对感性材料进行“去粗取精”这一问题时，运用发现法出示论点后，提供马克思对劳动二重性的剖析的材料，比如农民种地、铁匠打铁、牧人放羊等都是具体劳动。把这些具体劳动各自的特点即劳动的具体形式这些非本质的东西舍弃掉，抽出这些劳动中本质的东西，它们都有一个共同点，即是人的体力和脑力的耗费，于是可以得出抽象劳动是“一般人类劳动的耗费”的结论。以上材料对劳动二重性的分析过程是一个对感性材料进行“去粗取精”逐一揭示事物本质的过程，是一个从具体到抽象再到具体的逻辑过程，是从简单到复杂逐步展开的过程。

实践证明，在高中年级思想政治课的教学活动中，我们可以在知识传授的同时，培养和提高学生思维的深刻性、灵活性、敏捷性、独立性和批判性，引导学生掌握唯物辩证的思维方法，从而达到提高学生思维能力的目的。

后馈思维的双重性及教学对策

冯小秋

在物理教学实践中，我们常常可以看到学生在面临一个要解决的物理问题时，会自觉不自觉地在大脑中采用下列检索策略，探索求解途径："过去我见过这个问题没有？有没有见过相同的问题而形式略有不同？"这种思维方式是对照过去的一种循轨思维，称之为"后馈思维"，亦称习惯性思维，它是指在学习物理的认知过程中，用过去牢固的认识经验、传统的模式、习惯的思路来制约现在，使现在仍按过去的模式继续重演的一种思维方式，它的一般模式可用信息加工流程图表示如下：

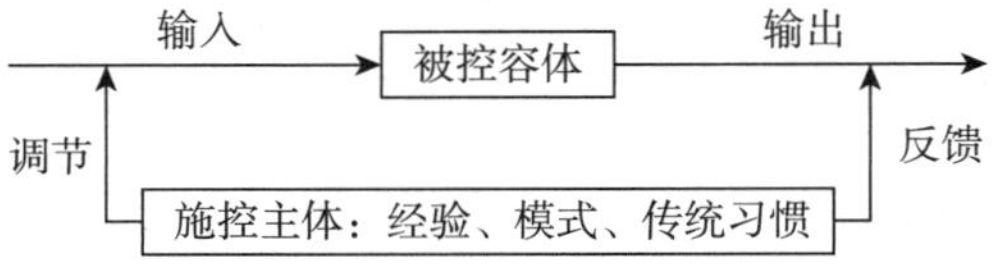

在传统的物理教学中，后馈思维是一种常见的行之有效的思维方式，也是整个思维方式系统中一个要素，然而它只能满足于解决不甚复杂的一般问题，一味模仿过去，缺乏活力和创造性，不利于发展学生的智力和能力，故现对物理后馈思维的优越性和局限性作一浅析，并结合教学实践谈几点对策。

一、物理后馈思维的双重性

1. 可借鉴性。通用性和敏捷性是物理后馈思维的优越性所在。

首先是可借鉴性，因为后馈思维解决问题的策略是以过去作为思维的策动力，把现在看成过去的重复，它的"兴奋中心"是过去的某一经验或教训、传统的习惯等等，故可以在已取得的成果中选取有益的并抛弃无用的，以便更好地认识现在，掌握规律。例如要求在光滑的水平面以恒定加速度 a 匀加速运动的物体所受的合外力，就直接套用公式 $F=ma$ 求解，而用静力学公式研究则是要碰撞的。

其次是通用性，一般来说，物理问题无论是力学、热学还是电学等，都有通用的法则或规律可循，如牛顿定律、功能关系等，这些规律迁移面极广，能进一步形成物理模型而成为后馈思维的"索引"贮存于大脑中，遇到那些落入"通用"区域内的物理问题，只要在大脑中正确进行检索，按一般的解题步骤不难求解，如上例中若物体受水平面摩擦阻力为 f，便列式为 $F-f=ma$ 即可。

再次是敏捷性。由于一些能用的规律多次反复地强刺激而在大脑中形成了一系列兴奋中心，故一旦碰到过去曾接触过或相类似的问题，便在潜意识中直接经过无探索性的认知过程，迅速检取有用的信息，立刻作出决策。当然这只适用于解决一些不太复杂的问题。

2. 求同、机械、浮浅是物理后馈思维的局限性所在。

首先，后馈思维单一地模仿过去，有相当强烈的求同意识，在解决新问题时，只注重"求同"，而忽视"辨异"、即忽视了事物的本质区别，往往不能得出正确结论。例如用细线拴一小球沿水平方向加速，则线的拉力 F、球质量 m 及线与竖直方向的夹角 α 的关系是 $F=mg\cdot \mathrm{tg}\alpha$，若将线换成杆，参照过去的经验仍得出杆对球的作用力为 $F=mg\cdot \mathrm{tg}\alpha$ 就大错特错了，而习惯于后馈思维的学生却常犯此类错误。

其次，由于后馈思维总是用静止的眼光，站在一成不变的角度去分析问题，必然造成机械性思维，从而使思维方法固定化、绝对化，不可避免地形成了思维定式，失去了思维的活力和创造性，难以培养优良的思维品质。

再次，后馈思维只能从最低层次上体现出物理教学的价值，所以是浮浅的，它只能依样画葫芦地解决一些问题，只能属于较低的层次。

综上所述，物理后馈思维既有其优越性也有局限性，它的双重性说明了这种思维方式是一个矛盾的统一体，我们在教学中不应单一地使用这种思维方式，而应将它糅合进各种思维方式之中，达到培养人才的最终目的。

二、教学对策

笔者认为教学中首先要充分利用后馈思维的优越性，要做到这一点，必须注重加强"双基"练习，让学生具备雄厚的知识基础，在教学中应注意对物理概念、规律讲解透彻，使学生牢固掌握各章节知识点以及单元和整体的知识结构，在头脑中形成一个个兴奋点，在使用时做到有索可检。

在教学中还要避开后馈思维的局限性，改革教法，倡导启发式教学，从最高层次上体现物理教学对人的素质提高的巨大功能，促使学生思维方式的优化，培养思维的深刻性、灵活性、独创性、批判性等优良的思维品质。

1. 等效、类比，培养思维的深刻性

思维的深刻性是指思维活动的抽象程度和逻辑水平，以及思维活动的广度、深度。它集中地表现在善于深入地思考问题，善于概括归类，抓住事物的规律和本质，习惯于后馈思维的人，常因为新问题无先例可循时，抓住最本质的内涵，并且用等效的观点、类比的手法提示不同现象的本质联系，不被表象迷惑。例如在水平放置且半径远远大于弧长的光滑圆弧槽中，让小球从一侧向中心滑动求所需时间的问题。由于球所受合力大小、方向均在变，似无法求解，而将其与单摆等效，则立刻可用单摆的周期公式解决问题。

2. 多角度、全方位释疑，培养思维的灵活性

思维的灵活性是指思维活动的灵活程度，它反映了智力与能力的迁移，灵活性强的人，善于从不同的角度和方向起步思考问题，而习惯于后馈思维的人思路狭窄，解决问题往往走“独木桥”，只思求解不思简洁，稍有变化便应付不了，所以教学中不能把问题讲得太死，太绝对，而应注意多角度、全方位剖析问题，解决困难。例如研究竖直上抛运动的落地速率、上升高度问题，可从牛顿定律、运动学出发，也可将上升看成自由落体的逆运动，以后还可用能量关系求解。讲解的角度越多、越能开阔思路，学生才有选择最佳途径的良机。

3. 求变求异，培养思维的独创性

独创性是指思维活动中的独创精神，在实践中善于发现、思考问题，更重要的是创造性地解决问题，这就要求我们重视知识的纵横联系，重视培养学生的求异思维能力，平时教学要开设创造性思维的氛围，让学生进行“一题多变”“一题多用”的训练，鼓励学生发表自己的见解。例如思考：除了用单摆测重力加速度，还有什么方法？测 ε 和 r，没有安培表怎么办？这类问题学生能想出多种方法。

4. 正、反向诱导，培养思维的批判性

批判性指思维活动中独立分析和批判的程度。表现在不循规蹈矩、人云亦云，而善于发问，对他人所述的现象有批判地接受取舍。在平时的教学中，要培养学生积极探索钻研的精神和于细微平常之中发现问题的洞察力，平时教学注意精心设计问题的情景，除了正向引导、说明外，还可以找一些过程相近、图形相似本质不同的问题，反向诱导学生“上当”，激励学生进入课堂教学讨论的角色，在经验与教训之中反复锤炼思维。

总之，教学中采用物理后馈思维方式的同时，我们必须克服其“旧、窄、浅”，才能把物理教学推向“新、广、深”，才能培养出开拓型的、全面开展的、智能型的人材。

物理教学中学生思维习惯的培养

顾如鸿

有相当一部分中学生都有这样的感觉，老师课堂上讲的内容我都听得懂，就是自己动手处理问题的时候，不知从何处下手。

“不知从何处下手”是一种比较普遍的现象。产生这种情况的根本原因是没有形成良好的思维习惯。

纵观历届出类拔萃的学生，他们的共同特点就是主动性强，在课堂上不但能积极紧跟教师的思路，同时不放过思考过程中的任何一个疑点，下课后主动与教师探讨，与同学交流，讨论成为他们学习生活中的重要部分。这种类型的学生在学习时，往往是充分发挥眼、耳、脑、手等器官的作用，使大脑处在非常兴奋的状态下学习，因而，这类学生的思维活跃，考虑问题周密，思路清晰，说理严谨。

而另有相当一部分学生，平时依赖性强，学习上往往只是满足于上课是否听得懂，教师提出问题时，不是主动去寻求解答，而是被动地等待现成的结论。由于思维不积极，大脑处于抑制状态，课堂上表现疲惫，课堂效率低下。

另一方面，在课堂上学习缺乏主动性，没有积极的思考过程，听课过程中也就不会产生什么疑问，下课与同学、教师在学习上也没有值得交流的东西。

再则，由于只满足于上课听得懂，满足于问题的结果，教师解决问题的思路没有掌握，完成作业就很费力，因而，他们总觉得上课听得懂，自己做作业无从下手。他所说的“懂”字有相当的水分，教师解决问题时怎样分析、怎样选择解决问题的突破口、怎样说理论证、怎样讨论与总结，这些他在课堂上往往是不予重视的。实际上，“解决问题的方法”是教师上课传授知识的最重要的部分之一，是教师交给学生打开知识宝库的钥匙。如果学生没有把这一最为重要的知识环节学到手，而仅仅满足于得到一两个问题的现成的结论，无异于是捡了芝麻丢了西瓜。由此可见，遇到问题“无从下手”也就不奇怪了。

如果我们教师能从根本上认识到“听得懂而做不来”的学生在学习上的问题所在，在平时教学中注意调动这部分学生的学习积极性，注重思维方法的引导，同时重视方法的教学研究，这样才能使学生摆脱题海的困扰，成为学习的主人。

怎样才能有效地培养学生的思维习惯，学科之间是有一定的差别的。就物理学科而言，教师在平进的教学过程中，应当着重对物理现象、物理过程的本质的分析，并且要围绕出现的物理事件，多问一些为什么？要有让学生思考讨论的余地，要重视和鼓励学生一题多解。教师要做好引导工作，在学生充分思考、讨论、总结的基础上做好补充、归纳工作。这样对发展学生的思维能力、形成良好的思维习惯和培养全体学生学习兴趣，以及学生今后的持续发展影响深远、意义重大。

教学过程中，教师如果从头到尾包办代替，盲目灌输，只追求题目讲得多，学生练得多，搞题海战术，不仅仅是浪费了学生的学习精力，影响了学生的个性发展，更重要的是养成了学生的依赖性，影响了学生的自信心，容易导致学生厌学情绪的产生或加重，造成学生两极分化的现象，对学生今后的进一步发展更是有害无益。

教师的作用，不但是让学生知其然，更重要的是要让学生知其所以然。举一个最常见的例子来说：

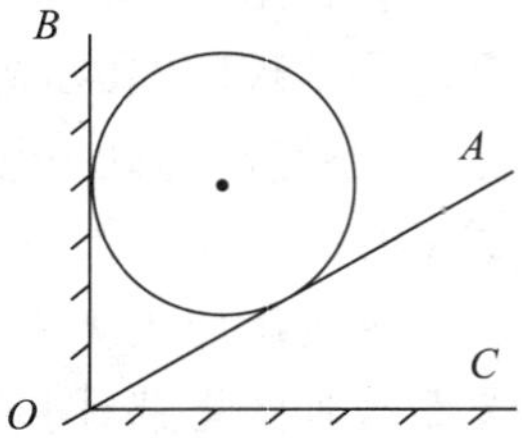

如图，一只质量为 m 的均匀球，放在光滑的竖直墙壁 OB 和光滑的斜面 OA 之间。现在缓慢顺时针转动斜面，则球对斜面的压力是：

A. 增大　　B. 减小

C. 先减小后增大　　D. 先增大后减小

如果学生没有见过这个问题，学生的结论往往是选择 A(即球对斜面的压力是逐渐增大的)。原因是，多数学生认为，OA 顺时针方向转动时，球的重力逐渐压在了斜面上。而情况稍微好一些的学生则认为，在题目所给的过程中，重力沿垂直于斜面的分量是 $mg\cos\alpha$，而球对斜面的压力的大小就等于重力沿垂直于斜面方向的分量，即 $N=mg\cos\alpha$，随着 α 的减小，$\cos\alpha$ 是增大的，所以得出球对斜面的压力应当是逐渐增大的，这样就导致得出了错误的结论。

教师在讲解本问题时，如果就题目而解题目，这远没有收到应有的效果。

首先教师应当让学生在审题过程中，理解题中“缓慢”二字的物理含义，即速度和加速度的大小都不计。也就是说，球在过程中是始终处于平衡状态，从而确立了本问题是一个平衡问题。

其次，球对斜面的压力在斜面 OA 顺时针转动过程中是随什么在变？自变量是什么？即要建立球对斜面的压力与哪个自变量之间的关系？研究对象应当是哪个物体？然后通过对被研究对象的受力分析和平衡条件，得出球对斜面的压力大小应该是：

$N=\dfrac{mg}{\cos\alpha}$，其中自变量 α 是斜面的倾角。随着 α 的减小，$\cos\alpha$ 增大，N 是减小的，所以正确的答案应当是 B。

最后还要说明，在题目所述过程中，重力垂直于斜面的分量增大，为什么球对斜面的压力却是减小的问题。

实际上，斜面受到的压力，在数值上是等于重力沿垂直于斜面方向的分力 G_1 和墙壁对球的推力在垂直于斜面方向的分力 F_1 的和。在数值上有：

$N=G_1+F_1=mg\cos\alpha+F\sin\alpha$，$\because F=mg\,\mathrm{tg}\alpha$

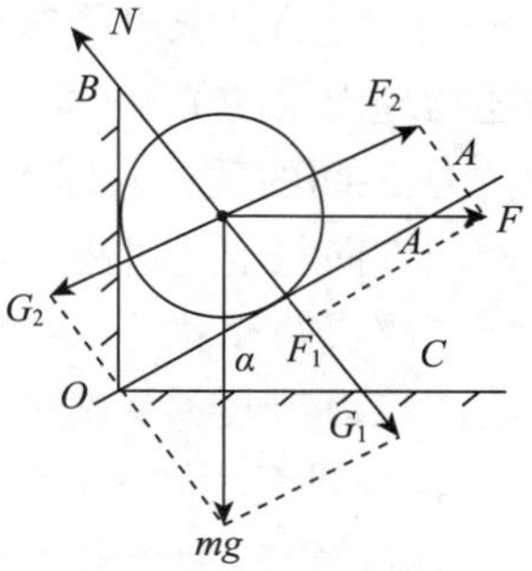

$\therefore N = mg\cos\alpha + mg\,\text{tg}\alpha\sin\alpha = \dfrac{mg}{\cos\alpha}$。

从上式可以看出，α 减小，第一项 $mg\cos\alpha$ 是增大的，但是，第二项 $mg\,\text{tg}\alpha\sin\alpha$ 随着 α 的减小，$\text{tg}\alpha$、$\sin\alpha$ 都减小，从而 $\text{tg}\alpha$ 与 $\sin\alpha$ 的积减小比 $\cos\alpha$ 的增大还要快，结果 N 还是减小。指出了学生得出错误结论的原因是：只考虑了其一 $mg\cos\alpha$ 增大，没有考虑其二 $mg\,\text{tag}\alpha\sin\alpha$ 减小得更快，使学生知道，解决一个物理问题，必须按部就班地认真对待，不能仅凭自己的想象和经验，我们的经验往往有主观、片面的成分，只有有充足的理论依据的结论，才能使我们永远立于不败之地。

这样讲解一道例题，充分调动了学生思维活动，解决了学生的疑难，培养了学生思维能力，对养成良好的思维品质是有效的。

再比如：如图所示，质量为 m_1、m_2 的两个同种材料的物体，中间用轻质细线连接。第一次两物体放在光滑的水平面上；第二次两物体放在粗糙的水平面上；第三次系统在竖直方向上运动；第四次两物体系统放在粗糙的斜面上；如果用大小都为 F 的力沿中间连线方向作用于 m_1 的物体，使上述系统在连线方向上均作匀变速直线运动，如图Ⅰ、Ⅱ、Ⅲ和Ⅳ，在运动过程中，两物体之间连线上的拉力大小分别为 T_1、T_2、T_3 和 T_4，比较 T_1、T_2、T_3 和 T_4 的大小。

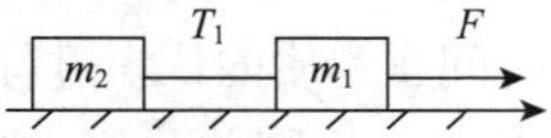

图Ⅰ

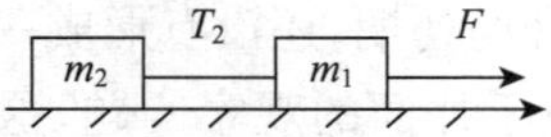

图Ⅱ

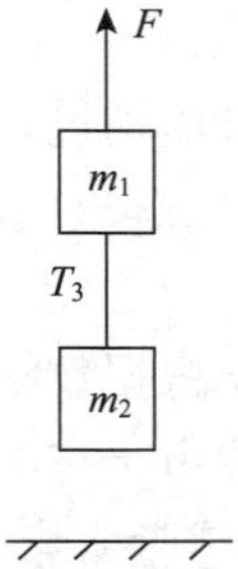

图Ⅲ

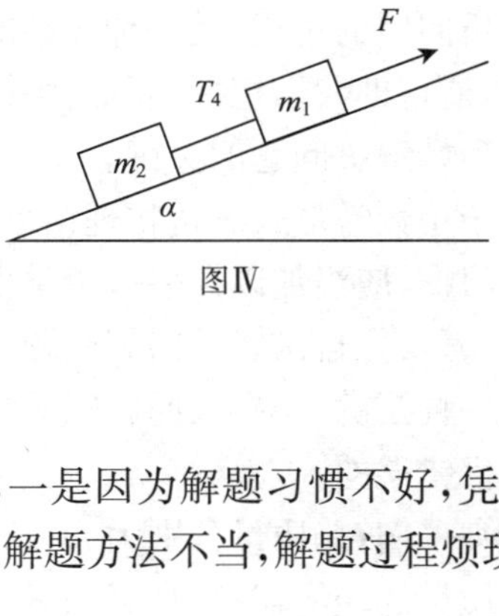

图Ⅳ

对于这一个问题，能够正确回答的学生极少，一是因为解题习惯不好，凭感觉猜测，导致答题错误。二是缺少对问题的分析思考，解题方法不当，解题过程烦琐，造成错误。

仔细分析一下这四种情况，它们有共同之处，有不同之处，有区别，也有联系。共同处在于是同一个连接体，且力 F 大小相同，作用在同一物体 m_1 上，都是讨论运动时绳上拉力的情况。不同之处在于运动方向可能不同，在接触面不光滑时，摩擦力的方向与拉力 F 可能同向也可能反向，并且接触面粗糙程度和倾角不同。它们的联系是，图Ⅳ是图Ⅰ、Ⅱ、Ⅲ的一般情况，而图Ⅰ、Ⅱ、Ⅲ是图Ⅳ的特殊情况。

经过上述分析，(1) 如果我们在平时能善于从一般情况入手讨论问题的普遍规律，不难想到，求出第四种情况下，物体运动方向沿斜面向上时，细线上拉力 T 与下述物理因素的关系(即：与斜面倾角 α、动摩擦因数 μ、两物体的质量 m_1、m_2 和外界拉力 F 间的关系)，即求出了细线上的拉力 T。(2) 物体沿斜面向下运动的情况，摩擦力方向与上述过程相反，只要将与动摩擦因数 μ 有关的项前面的"＋"改成"－"、"－"改成"＋"就可以得到物体运动方向沿斜面向下的情况。(3) 求出图Ⅳ中间连线上的拉力，则① 令斜面倾角 α 等于零，滑动摩擦因数 μ 等于零，就是第一种情况；② 若令斜面的倾角 α 等于零，μ 不等于零，就是第二种情况；③ 若令斜面倾角 α 等于 90°，就是第三种情况。所以，本题只要就第四种情况作出解答，整个问题也就迎刃而解了。

实际解题过程如下：

系统沿斜面：

$F-(m_1+m_2)g\sin\alpha-\mu(m_1+m_2)g\cos\alpha=(m_1+m_2)a$ ；

$a=\dfrac{F}{m_1+m_2}-g\sin\alpha-g\cos\alpha$ ；

物体 m_2：$T-m_2g\sin\alpha-\mu m_2g\cos\alpha=m_2a$ ；

$T=m_2g(\sin\alpha+\mu g\cos\alpha)+m_2(\dfrac{F}{m_1+m_2}-g\sin\alpha-g\cos\alpha)=\dfrac{m_2F}{m_1+m_2}$ 。

从结果可知，绳了拉力与斜面倾角、接触面的粗糙程度、物体的运动方向都无关，若在系统与接触面间有摩擦时，只要与接触面有相对运动，m_1 对 m_2 的拉力就都是相同的。所以，本问题的正确结论应该是：$T_1=T_2=T_3=T_4$。

分析问题的过程，是一种复杂的思维活动过程，是对问题本质的认识过程。正确的分析，能帮助我们把握问题的关键，找到解决问题的途径。透彻的分析，往往是我们得以巧妙解决问题的关键。

善于用数学形式表达物理结果，善于根据数学表达式讨论物理问题，这是一种好的思维习惯，应当加以提倡。中学生往往由于在学物理的初期，还没有形成一定的解题习惯，喜欢凭自己感觉回答问题，而其感觉常常来源于片面的观察问题，这种感觉通常是一种错觉，是导致回答问题错误的根源。在本文的第一则例子中，学生常常是这样产生错误的。

再举一例：总质量分别为 m_1、m_2 的沙桶 A、B，中间用一根不计质量的轻绳连接，B 通过轻绳绕过定滑轮水平牵引置于光滑水平面上的 A(不计滑轮质量和一切摩擦)，轻绳所受拉力为 T。现在 A 中取少量沙到 B 中，绳所受拉力是如何变化的？

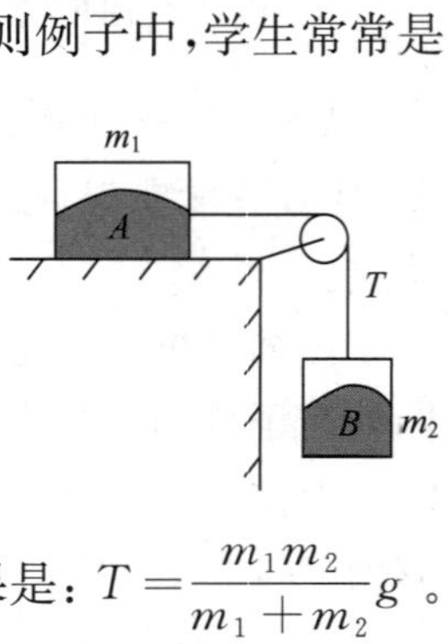

具体推算过程这里就不再表述。实际解得绳上拉力的结果是：$T=\dfrac{m_1m_2}{m_1+m_2}g$ 。

由该结果可知，m_1+m_2 为一定值，当 $m_1=m_2$ 时，m_1 与 m_2 的积量大。由于 m_1

与 m_2 的大小关系没有确定，所以，绳中拉力增大、减小、不变的可能性都是存在的。

学生可能片面认为 m_2 增大，T 也一定增大，或者被拉物体 m_1 减小，T 也一定减小。如果认真对待所提问题，好好算一下，然后根据计算结果进行讨论，应当能避免错误地下结论。

高考把对能力的考核要求放在首要位置。其中能力包括：(1) 理解能力，(2) 推理能力，(3) 分析综合能力，(4) 应用数学工具处理物理问题的能力，(5) 实验能力。而思维能力是上述各种能力的综合概括和集中体现。有了良好的思维习惯，是在今后的工作和学习生活中取得杰出的成绩和做出突出贡献的首要前得和保证。

浅谈课堂提问与化学思维教学

鞠东胜

提问是课堂教学中的一个重要环节，适时恰当的提问对提高教学效果关系密切，对课堂提问意义的认识程度，决定了教师采用的能动性差异，教师课堂提问技能的高低，直接影响着学生的思维方式。

以思维为核心的化学教学，要求将教学的要求与规范转化为学生自己的思维矛盾并加以内化，一般都是以对问题的精心设计为媒介进行的，课堂提问，按照化学学科的思维特点展开，不断地进行探索性活动，这无疑是对学生潜移默化的示范与诱导，从而使学生的思维得到发展。

课堂提问，作为课堂上师生双向交流的重要教学手段，是教师较高教学技能的体现，课堂上提问题的环节也是教学活动中最重要的思维环节。因此，开展化学思维教学，研究课堂提问设计的原则、类型以及评价是十分必要的。

一、课堂提问设计的原则

课堂提问围绕发展学生思维能力而精心设计，必须坚持如下四个原则。

1. 适度原则

指提问内容的难易要适度。在目标教学实施中，依据学生的认知水平，提问要按能级从低到高，由易到难逐层展开，其难易程度不能超过或低于学生的"最近发展区"，既不能高不可攀，徘徊不前，也不能唾手可得，失去兴趣，而是"跳起来摘果子"，做到伸手不得，跳而有获。实践证明，过难过易的提问，均不能有效地激发学生的思维矛盾。

2. 广度原则

一是指提问的对象，提问面要力求广，要面向全体学生，不能只局限提问几个优生，而置多数学生于不顾。教师要尽可能地让每个学生都得到充分的发展，用不同层次的问题提问不同水平的学生，既给优生提出更高的要求，又给一般学生创造进取的机会，使每个学生的思维都处于激发状态，并在回答的过程中发展思维。二是指提问的内容要有广度，要尽力拓广思维，促使思维发散，求异求活，发展学生思维的灵活性。

3. 频度原则

指时机与次数。何时提问最为有利呢？孔子说："不愤不启，不悱不发。"也就是说，只有当学生想说而说不出的时候，想知而不知的时候，提出问题进行启发，才能收到好的效果。在化学教学中，教师要善于了解学生，针对教学内容选择好时机设疑提问。譬如：讲课的开头、结尾、重点难点、衔接等处。若抓不住时机，即使提出了问题，也会因提前或滞后推动思维情境，而达不到预期的效果。因此，课堂提问的效果取决于提问时机的把握。提问的次数也不是越多越好，过多过频的提问，表面上看起来轰轰烈烈，实际上常会导致学生不去深入思考，思维将缺乏深刻性。

4. 心理换位原则

它要求教师不仅扮演好"教"的角色成为学生的领路人，更重要的是要求教师以学生的年龄特征、知识现状和生活阅历为前提，以学生的眼光去审视要学习的新内容，扮演着"学"的角色，主动把自己的感情融入学生中，进入学生角色，和学生一起成为新知识、新技能的探求者。即要求教师在课堂上扮演双重角色，做到"心理换位"，其目的是求得与学生思维上的"同频"，并唤起师生情感的共鸣，做到心情动人，知情相融，进一步把学生的思维、想象推向一个新的境地。

二、课堂提问的类型

在课堂提问中，根据提问的目的和作用，并结合化学学科的思维特点，主要分为引入性提问、辨析性提问、设陷性提问、阶梯性提问、归纳性提问、引伸性提问等六种类型。

1. 引入性提问

亚里士多德说："思维自疑问和惊奇开始。"所以，教学新目标的设立，首先应该提出鲜明的问题，迫使学生思维"入路"。引入性提问就是用"问题"引路。在化学教学中，常常通过联系生活、生产、科学实验、化学史、演示实验或有趣故事等来设计悬念，激发学生强烈的求知欲，诱导学生由疑到思，启迪思维。

诸如，"氯化氢气体为什么会形成美丽的喷泉呢？""为什么在醋中加少许白酒，醋的味道就会变得芳香且不会变质？""碳酸钠为什么俗称纯碱？""何为侯氏制碱法？"以及电影《老井》中人们进入老井时为什么要手举火把？等等。

2. 辨析性提问

概念的获得与巩固，是在辨析中发展的，采用比较与类比的思维方式设计提问是常用的两种方法。

化学比较是在相互联系中认识事物的一种方法，从而可以对化学事物进行定性鉴定和定量分析等。俗话说，有比较才有鉴别。尤其在化学中，化学物质的鉴别过程就是比较的思维过程，许多相近、易混淆的化学概念，诸如，"同素异形体、同位素和同分异构体""原子的原子量、元素的原子量和元素的近似原子量""原电池、电解池和电镀池"等都可以通过提问，用比较的方式来澄清。

化学类比是抓住知识之间的联系，通过对已知或易知知识的回顾，理解分析未知的东西，以获取新知识。例如，在教师讲"摩尔"概念时，通过提问可以把"摩尔是物质的量的单位”与千克是质量的单位、秒是时间的单位相类比。

3. 设陷性提问

为了增大信息的落差，给学生一种强的刺激，设陷性提问就越来越引起教师的关注。所谓设陷性提问，即增大迷惑性，这类提问的内容，是中有非，设置“陷阱”，使学生在“落入”走出“误区”中，吃一堑长一智，从教训中得到提高。

例如，初中化学中关于酒精灯的使用，问：“向燃着的酒精里添加酒精的量不能超过其容积的 2/3，这种叙述是否正确？”这就是一个“美丽的陷阱”。再如，问“铝既能与盐酸反应又能与氢氧化钠溶液反应，所以铝是两性金属”等。通过故意诱惑，培养思维的严密性和批判性。

4. 阶梯性提问

阶梯性提问常用于突破难点。教学中有的问题思维跨度过大，若直接提问，学生往往望而生畏，这时教师要采取架梯搭桥的办法，设计一些阶梯式问题，让学生拾级而上，使学生通过回答这些问题，逐步突破难点。

例如，讲授电解食盐水的化学方程时，可设计以下阶梯式问题：

(1) 电解池的阴阳极如何确定？(2) 食盐水中有哪些阴阳离子？(3) 通电后，各种离子分别向哪个极运动？(4) 有关阴、阳离子的放电顺序如何？(5) 分别写出电极反应式。(6) 写出电解的化学方程式。这样设计就把难点分解了，通过一次又一次成功的激励，充分展示了思维过程，将有助于促进学生思维结构的形成和发展。

5. 归纳性提问

演绎与归纳是两种相反的思维方法，在现行教材体系中，归纳又隐匿在深层之中，在创造性的思维活动中，归纳的地位愈加显得重要。因此，归纳性提问的作用十分重要。归纳本身就是一种提炼升华的过程，是一种较高的智能活动。它要求教师的提问要多角度，才能引导学生全面的归纳。

例如，“SO_2 能使溴水褪色，那么氯水能否把 SO_2 氧化成 H_2SO_4 呢？”由此归纳为：

$SO_2+X_2+2H_2O=\!=\!=H_2SO_4+2HX$（X＝Cl、Br、I）；再如，通过有机复习提问，可总结出中学有机常见的成环反应类型有：(1) 二元醇分子(间或内)脱水成环醚；(2) 二元醇和二元羧酸分子间脱水或环酯；(3) 羟基酸分子(间或内)脱水成环酯等，通过演绎使学生的知识得到扩展和延伸。

6. 引伸性提问

引伸性提问的目的是使思维发散，诱导学生的思维向纵深发展。其主要方法是通过启发提问训练学生一题多问、一题多解、一题多变等，引发学生探究的欲望，把思维向广度和深度发展。

例如，实验室常用 Na_2SO_3 与 H_2SO_4 反应制 SO_2，这里可设计如下问题：(1) H_2SO_4 在这个反应中的主要作用是什么？(2) 实验时选择 Na_2SO_3 固体还是溶液？(3) 若选用久置的 Na_2SO_3，将对实验有何影响？(4) 实验时对 H_2SO_4 的浓度有何要求？(5) 能否用 HNO_3 或 HCl 代替 H_2SO_4？(6) 能否用启普发生器制 SO_2？

(7) SO_2 气体如何收集和验满？(8) SO_2 尾气如何处理？(9) SO_2 有还原性，能否用浓 H_2SO_4 来干燥 SO_2 气体？等等。

三、课堂提问的评价

1. 对教师的评价

思维是由问题开始的，并在解决问题的过程中发展，但事实上并不是所有的提问过程都是思维教学过程。如果所提的问题之间缺乏必然联系（思维没有入路）、过难或过易（不能激起思维矛盾）、缺乏提问激疑的方式（没有引起注意）等，都不能引起学生的思维。那么思维教学中的课堂提问的标准是什么呢？除了具备目的明确、语言准确、层次分明、难易适度、把握时机、面向全体等基本要求外，还应特别具有如下两个要求。

第一，提问要艺术新颖。

好奇之心人皆有之，同样一个问题，提出时平平淡淡，既不艺术又不新颖，而是“老调重弹”，那么学生就不可能被引起较强的注意，如果变换一下提问的方式和角度，学生自然会产生兴趣，被新奇之感所吸引，也就会积极开动脑筋去思考。

第二，提问要有启发性。

课堂教学中教师的主导作用发挥得如何，取决于教师引导启发作用发挥的程度。因此，课堂提问必须富有启发性，达到激发思维，诱导思维的目的。为此，教师提出问题后，要注意留给学生思考问题的时间，以期调动全体学生积极思维的目的，还要注意设计展现思维过程的提问，根据学生的实际，抓住学生的最近发展区，准确地点拨，及时帮助学生通过自己的思维劳动越过思维障碍，在获得知识的同时，促进其思维发展。这是对教师课堂提问最重要的评价标准。

2. 对学生的评价

教师适时与恰当地对学生的回答进行评价，不仅是知识信息交流的重要手段，更重要的是师生情感交流的一个关键环节。评价的基本原则必须有利于调动学生学习的积极性，激发学生的学习兴趣和动机。教师对学生的评价应该做到以下两点。

第一，要多加鼓励。

对于学生的回答，教师的评价学生是很关注的，因此教师必须作出评价。不仅如此，还要善于抓住学生思维过程中的闪光之处进行充分的肯定，以增强学生的意志和提高学生的学习兴趣。实践证明，对学生的回答，赞扬要优于责备，即使学生的回答完全答错，教师也要积极诱导让学生认清自己答错的原因，千万不能利用提问后的评价去挫伤学生的自尊心和积极性。

第二，要允许学生反问。

上课时不仅是教师提问，也要鼓励学生提出问题，并积极创造让学生发问的机会，促进思维的发散，这也将有助于培养学生思维的批判性、深刻性、灵活性和独创性等思维品质。

化学课堂教学中学生思维能力的培养

鞠东胜

培养、提高学生化学学习的能力是培养化学教学的主要任务，思维能力则是中学化学学习能力的核心内容，它与观察能力、实验能力、自学能力密切相关。观察时没有思维活动的参与，是不可能将感性认识上升为理性认识的，做实验必须手脑并用，不假思索的机械操作将无法提高实验水平，自学能力的形成必须建立在一定思维能力的基础上。由此可见，思维能力对其他能力的发展水平起着制约作用。因此，如何在教学中培养学生的思维能力就成为每一位化学教师必须思考的问题。

培养与提高学生思维能力的主渠道是课堂教学，我们在教学活动中进行思维教育的探索，首先引导学生明确思维目的，营造良好的思维情境，激发学生的思维兴趣，促进学生积极思考，其次还要教给学生科学的思维方法，优化学生的思维结构，培养良好的思维品质，注意指导学生反省思维过程，并自觉养成良好的思维习惯，以提高学生的思维能力。

一、引导学生明确思维的目的

心理学研究表明，只有人类的思维才具有真正的目的性。化学课堂教学应当根据教学大纲和学生的实际情况来确定教学目标，实现教学目标首先必须引导学生学会明确思维目的。明确思维目的，其实质就是通过分析未知和已知的矛盾，为最终解决矛盾找到恰当的途径。我们的经验是，对已知和未知这两个方面作全面的分析和综合，让学生在教师事先设置好的思维目标系列指引、鼓励下，通过分解、简化、归类等方法，化难为易、化繁为简、化整为零，从而明确为解决具体问题而设置的思维目的系列，从而缩小未知和已知之间的距离，让学生通过自己的努力，拾级而上，在不断的成功中实现从未知到已知的飞跃。

明确一堂课的思维目的是重要的，然而在长期的课堂学习中，引导学生明确思维目的，意义则更大。教师要让学生知道，思维能力不仅仅是各学科考查的重点，而且对自己将来的学习和工作都将产生深远的影响。我们常常告诫学生：体会一门课或一本书的思想精华有时可受益终身。知识的有效性是短暂的，而思想的有效性是长存的。因此，教师要有意识地引导学生学会明确思维的目的。明确思维目的，不仅能够调动其学习的主动性，而且还能够激发思维的活力，提高思维的效率。

二、创设条件营造良好的思维情境

在课堂教学中我们不把问题的答案一下子交给学生，而是通过创设良好的思维情境，将学生的注意力引导到最佳的思维状态，善于为学生架设“台阶”，在反复地思维训练中，让学生通过自己的努力达到思维的目的。我们的具体做法主要有：

1. 通过课堂提问启迪思维

思维是由问题开始的，并在解决问题的过程中发展，但事实上并不是所有的提问过程都是思维教学过程。如果所提的问题之间缺乏必然联系（思维没有入路）、过难或过易（不能激起思维矛盾）、缺乏提问的方式（没有引起注意）等，都不能引起学生的思维。设置课堂提问的目的是为了启迪思维，要实现这个目的，除了具备目的明确、层次分明、把握时机、面向全体等基本要求外，还应特别具有以下三个方面的要求。

第一，提问要难易适度。在目标教学实施中，依据学生的认知水平，提问要按能级从低到高，由易到难逐层展开，其难易程度不能超过或低于学生的“最近发展区”既不能高不可攀，徘徊不前，也不能唾手可得，失去兴趣，而是“跳起来摘果子”，做到伸手不得，跳而有获。实践证明，过难过易的提问，均不能有效地激发学生的思维矛盾。

第二，提问要艺术新颖。好奇之心人皆有之，同样一个问题，提出时平平淡淡，既不艺术又不新颖，而是“老调重弹”，那么学生就不可能被引起较强的注意，如果变换一下提问的方式和角度，学生自然会产生兴趣，被新奇之感所吸引，也就会积极开动脑筋去思考。

第三，提问要有启发性。课堂教学中教师的主导作用发挥得如何，取决于教师引导启发作用发挥的程度。因此，课堂提问必须富有启发性，达到激发思维、诱导思维的目的。为此，教师提出问题后，要注意留给学生思考问题的时间，以期调动全体学生积极思维的目的，还要注意设计展现思维过程的提问，根据学生的实际，准确地点拨，及时帮助学生通过自己的思维劳动越过思维障碍，在获取知识的同时，促进其思维的发展，这是我们对教师课堂提问最重要的评价标准。

2. 通过思路教学激发思维

所谓思路教学，就是教师在研究教材思路和学生思路的基础上，根据学科知识的逻辑结构和学生的思维特征，设计一条适合学生已有的知识水平，并有目的促进其发展的科学思路，让学生循着这条思路的正确线索而探索知识的教学过程。思路教学的本质是以思维活动的显示来激发学生思维的。教师在教学中根据教材思路，联系自己的领悟，理清思维脉络，先讲科学思维的方法和过程，再导出思维的结果，这样就可以激发学生的思维，培养学生探索科学的兴趣和能力。在思路教学中我们坚持“三思”（教材思路、教师思路、学生思路）相结合，以教师思路引导学生思维，就可以使学生学会科学的思维方法，获得巩固的、灵活的科学知识，提高科学素质，促进全面发展。

3. 通过化学实验活跃思维

化学是一门以实验为基础的科学，化学实验作为化学教学的重要组成部分，在发展学生思维方面有其独特的地位和作用。一方面，化学实验以其多变的实验现象吸引着学生的注意力，刺激着学生的感官，使学生精神振奋，思维活跃。另一方面，学生通过对实验现象深入细致的观察，获得了大量的感性知识后，这时若在教师的指导下进行“去粗取精，去伪存真，由此及彼、由表及里”的思维加工过程，就可实现由感性认识向理性认识的飞跃。如果我们能经常进行这种思维训练，无疑可显著地提高学生的抽象思维能力。实践证明，围绕这一教学目标，在课堂教学中适时的引入化学实验，并努力改进、增补演示实验，是培养学生思维能力的重要途径和方法。

三、帮助学生掌握科学的思维方法

我们培养学生的思维能力，不仅设法营造良好的思维情境，还指导学生怎样去思考，让学生掌握科学的思维方法。在化学教学中，启发学生用辩证的观点和逻辑方法对自然现象、实验现象和其他感性材料进行分析、综合、比较、抽象、概括、形成概念，做出合理判断和正确推理的能力，即化学思维能力。因此，帮助学生掌握科学的思维方法，是培养学生思维能力的前提。

在化学学习中常用的思维方法主要有：

1. 分析与综合。分析是把整体分解为若干部分，把复杂的事物分解为简单的要素来认识、学习的一种思维方法。例如化学中的定性与定量分析、静态与动态分析组成、结构与性质分析等分析方法在化学学习中都有着重要的意义。综合是在分析学习的基础上把整体的各个部分联系成有机整体，来认识、学习的一种思维方法。综合重在认识各个部分之间的联系性。化学学习中的分析与综合有着广泛的应用，化学概念、化学理论和元素化合物知识等内容的学习离不开分析和综合。

2. 归纳和演绎。归纳是根据个别事物具有某种属性而推论某类事物都具有该属性，从个别事物中概括出一般结论的一种逻辑思维方法。归纳法能从经验事实中找出带普遍性的规律和原理，扩大和获得新知识。演绎是从一般性原理出发，按照一定规则得出个别具体事物的结论的逻辑思维方法。在科学证明，科学预见和建构理论体系方面有着显著的作用。例如物质结构理论知识是建立在一定的元素化合物知识的基础上，并以理论知识去指导进一步学习元素化合物知识，具体图示如下：

3. 比较、分类和类比。比较是在分析和综合的基础上确定这一事物与另一事物的相同点和不同点的方法。它可以帮助学生更好地掌握化学事物的本质特点和相互联系。分类是在比较的基础上按照事物的异同程度进行分门别类的思维方法。分类的实质，是为了认识事物之间种与属的关系和联系。它可以使大量繁杂的化学材料条理化、系统化，为有序地学习化学创造条件。类比是在比较的基础上，根据两个或两类对象在某些方面相似或相同，推知它们在某个方面相似或相同，推知它们在其他方面也相似或相同，把其中的某一对象的有关知识或结论推广到另一对象的逻辑方法。运用类比，陌生的事物可以转化为熟悉的事物，通过类比能使已有的知识进一步得到巩固，产向更深层次或更广泛。例如，在物质溶解性规律的教学中，有这样一个例子："碘在以下几种液体中的颜色为：

溶剂	水	酒精	四氯化碳	己烯
颜色	棕黄色	棕褐色	紫色	无色

则碘在二硫化碳、丙醇和裂化汽油中的颜色依次为＿＿＿＿＿、＿＿＿＿＿、＿＿＿＿＿。"通过对原溶液的溶剂分子结构着手，与二硫化碳等现溶剂进行分析类比，寻找共同点，不难发现二硫化碳与四氯化碳结构相似，都是非极性分子；丙醇与酒精结构相似，都是极性分子；裂化汽油中含有与己烯相似的不饱和烃。因此碘溶解后颜色分别为紫色、棕褐色、无色（加成反应）。若能进一步从碘分子和各种溶剂分子结构分析，还可得出一个重要规律；物质易溶解在与本身结构相似的溶剂中（相似相溶原理）。至此有关物质的溶解性知识将得到了升华。

四、帮助学生训练提高思维品质

思维的发生和发展，既服从于一般的、普遍的规律性，又表现出个性差异。这种差异体现了个体思维活动中的智力特征，这就是思维品质。思维品质包括敏捷性、灵活性、深刻性、独创性和批判性等等。在化学教学中，训练提高思维品质是我们培养学生化学思维能力的一个重大的突破口。

敏捷性是指过程的迅速程度，它反映了智力的敏锐程度。表现在思考问题时反应灵敏，接触实质快，学习新知时"台阶少""跨度大"，推理过程简捷、快速。这种思维品质我们可以在化学学习的训练中得到提高。比如辨析概念、归纳类比、计算巧解等。

灵活性是指思维活动的灵活程度，它反映了智慧能力的"迁移"，是对原来他人或自己所确定的思维框架的突破甚至摒弃，根据已经变化了的新情况及时调整改变研究的方案、思考的程度、实施的途径，求得更新更快更科学的解决问题的方法，而不是违背客观规律地钻"死胡同""一条道走到黑"。这种思维训练能培养学生的缜密的思维习惯，启迪学生的心智，从而灵活地解决问题。比如训练学生多做一些物质鉴别题，有机合成题和"一题多解""一题多变"的题目，效果明显。

深刻性是指思维活动的抽象程度和逻辑水平，以及思维活动的广度、深度和难度。这种品质能使学生从简单的或复杂纷纭的现象中揭示事物的本质，发现事物的客观规律，是思维的升华，属高层次思维，是创造性思维的必备素质。比如在学习了各类的水解知识后让学生总结"什么样的盐才能发生水解反应?"揭示出："有弱才水解，无弱不水解，谁弱谁水解，都弱都水解"的规律（其思维的深刻性表现在找准一个"弱"字）；又进一步提问："水解后溶液酸碱性如何?"揭示出"谁强显谁性"（体现一个"强"字）的规律。

独创性是指思维活动的创造精神，也称创造性思维。这种品质能使学生不满足于现有的方法和途径，而是独辟蹊径，寻求解决问题的新途径、新方案，具有强烈的独创意识。在化学教学中，我们不仅要指导学生善于发现问题、思考问题，而且要指导学生创造性地解决问题。比如鼓励学生“独思”“善辩”，调动学生积极性；开设创造性思维的氛围，让学生进行“一题多变”“一题多用”的训练，即教师借题发挥，给学生创造较多的自由发表见解的机会。

批判性是思维活动中独立分析和批判的程度。是循规蹈矩，人云亦云，还是独立思考，善于发问？这是思维过程中一个很重要的品质。比如教师在指导学生如何使用化学参考书时，要让他们明白：尽信书不如无书，有的参考书中的确存在这样或那样的问题，甚至个别地方有错误，要鼓励学生去发现问题并求新求异，培养学生思维的批判性。

需要指出的是，以上五种思维品质是相互联系密不可分的，我们不可能用一个问题去训练学生某一种思维品质，同时学生思维品质的优化提高也需要学生本身具有一定的智力层次（感悟性）。然而我们必须确信：在教学中有意识地去培养学生的思维品质是教育的最高境界。

五、帮助学生养成良好的思维习惯

在化学教学中培养学生的思维能力，不仅需要教师充分体现在指导系统中的主体作用，而且需要学生充分发挥在学习系统中的主体作用。现代教育强调把人作为发展中心，提出“人既是发展的第一主角，又是发展的终极目标”，因此我们还要积极帮助学生自觉养成良好的思维习惯，善于质疑，勤思好问，注重反馈，学会反思，提高思维质量，为终身教育自主学习打好基础。

1. 善于质疑，勤思好问。

古人云：“读书无疑须教有疑，有疑却要无疑，到这里方是长进。”疑问是思维的契机，思维总是从解决某个具体问题开始的。培养学生的思维能力应从教会学生发现问题开始，让学生养成在学习中思考，在思考中学习的习惯。问题是思考的结果，又是思考的开端。它可以激发学生的思维活动，使学生主动地学习。我们一方面教给学生质疑的基本方法和途径，如从对立面发现问题，在反思考中发现问题，在探求因果关系中发现问题，在归类判断中发现问题，通过类比、比较发现问题，从实际中发现问题等等，同时，对提不出问题，或者提不出好问题的学生进行帮助，鼓励他们积极思考，并创造让这一部分学生发问的机会，并善于抓住他们在思维过程中的闪光之处进行充分肯定，以增强他们的意志，提高学化学的兴趣。课堂教学是以学生为中心，我们注重充分调动学生自主学习的积极性，改变传统的一言堂或尖子生包干的局面，通过质疑，不断把思维引向纵深。

俗话说：“学问学问，又要学又要问。”其意思是说，对于自己不能解答的问题应去问，养成不懂即问的好习惯。越是自己百思不得其解的问题，经请教弄懂后，对开拓自己的思路作用越大。然而在这里必须指出的是，好问不等于逢疑必问，有些问题通过深入思考或查找资料是可以自己解决的，对这一类问题也向别人求教，反而会滋长自身思维的惰性。

2. 注重反馈，学会反思。

注重化学学习思维过程听反馈环节，可以使学生知道思维是否正确，哪里对、哪里错，从而调节思维活动，强化或修正思维的结果，保证思维能达到预定的目标。学会反思是自我监控能力中的重要技能，经常反思自己的思维过程，可以发现自我在学习思维活动中存在的优势与不足，如发现自己思考不能持久；思维不流畅，速率慢；思维方法呆板，不够灵活；等等，就要及时加以改进，调整学习与思考的策略。总之，反思的过程也可看成是经验总结的过程。学习与思考的经验越丰富，自我意识越强，自我监探的水平就越高。

教学实践证明，学生对自己思维活动的监控，是培养学生思维能力的一个关键点。通过控制、调节自己的思维活动，能提高思维活动的自觉性、独立性及效益。我们具体的做法有：第一，培养学生沉思反省的习惯，指导学生学会思维；第二，鼓励学生经常性地用自己的思维方法与教师的、同学的、教参上介绍的思维方法进行对照比较，并加以修正；第三，在课堂教学中注重反馈，其有效的手段是：充分暴露学生的思维过程，并准确地加以点评，及时纠正错误，超过思维障碍。

以上介绍了我们如何在化学课堂教学中培养学生思维能力的基本思路。要将以上思路付诸实施，首先必须制定将思维教学的目标综合起来考虑，建构教学目标体系，设计相应的实施方案、检测方案，形成一个教学目标系统。其次需要处理好思维训练与观察、实验等能力培养、知识传授之间的关系。另外，还要注重与学生非智力因素的培养相结合，探索并创设化学思维教学的新模式。

化学实验中的思维教学

佘兴庆

随着高考制度的改革和现代教学观的形成，教师不仅需要加强学生基础知识的教学，更应重视学生思维能力的培养，而化学实验不仅能培养学生的动手能力、观察能力，更是培养学生思维能力的有效手段。故化学实验教学中贯穿思维教学应得到重视。

化学实验中的思维教学构想模式框架如下：

模式	提出问题	明确问题	总结问题	演绎问题
目的	揭示研究主题	抓住研究本质	突出研究重点	扩展研究范围，反馈研究效果
功能	激发学习兴趣，培养思维广阔性、独立性等	培养思维的敏捷性、批判性、灵活性等	培养思维的深刻性、逻辑性等	培养思维的广阔性、灵活性、敏捷性等

一、提出问题

思维源于疑惑，对某一问题的思索是激起学习欲望、激励创新精神最积极因素。问题提出是实验思维教学关键步骤。教师应根据教学内容、教学重点精心设计化学问题，要符合学生的知识基础、思维特点以及实验能力，设置出有层次、有坡度的问题，使学生积极主动完成新旧知识的过渡迁移。

如在“钠与水反应”的演示实验教学中，可先设置这些问题：1. 钠表面为何呈暗灰色？2. 钠为何可用小刀切割？3. 钠为何浮于水面上？为何四处游动，且有“嘶嘶”声音？4. 钠为何会熔成银亮的小球？5. 滴有酚酞的水为何会变红？这些问题的提出既联系了刚讲授的钠与氧气的反应，又将新授知识有机联系起来，保持了所授内容的连贯性，使学生在思考中观察教师的演示，培养了学生思维的广阔性、独立性。

二、明确问题

明确问题是对问题的分析、解剖，找出问题的关键和要害，也即找到主要矛盾和解决问题的突破口，分析问题是明确问题的基础，只有通过充分暴露矛盾的过程，才能找到、找准问题的要害和关键。在实验思维教学中通过对上述所提出的问题分析讲解，特别是联系到具体实验现象，通过学生间自由讨论、互相争辩或师生共同讨论，不仅使学生获取了通过实验所应掌握的新知识，同时对学生思维的敏捷性、批判性、灵活性等思维品质有全面的提高，此时切忌教师“一言堂”，完全由教师对问题解释会使学生产生依赖心理，从而扼制了学生思维的发展。

三、总结问题

通过对实验所得结论的系统整理，旨在形成新的知识结构，掌握新的知识规律。学生对实验现象思考、分析、讨论，对问题有了零星和粗浅的认识，但不能形成系统的知识结构。只有在教师的引导下进行概括、整理、归纳、总结，将实验现象所揭示的各本质串联成一条知识主线，才能使学生有条理、有层次、准确系统地掌握实验所揭示知识的规律，提高学生思维的逻辑性和深刻性。

如在二氧化硫化学性质的演示实验中，教师通过对 SO_2 性质的演示，师生间通过对实验所触及问题的讨论，教师可做如下的总结：

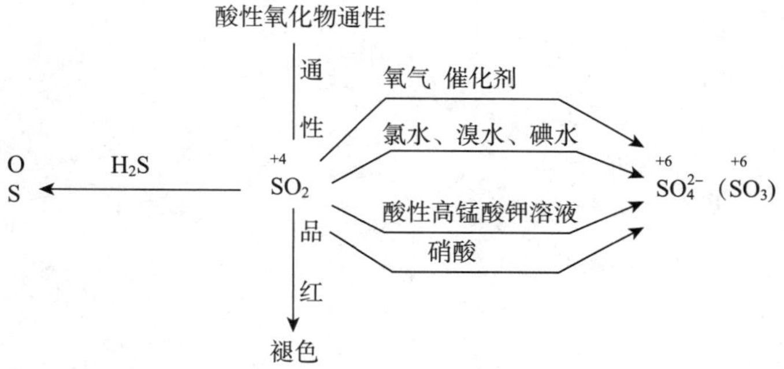

这样的思维过程使学生对自己所学的知识不再是孤立零乱的，而是前后连贯，构成了有机整体。

四、演绎问题

实验结论的得到和知识主线的形成并非教学活动的结束，只有对所讲授知识进行广泛迁移，才能使学生有触类旁通、灵活运用的可能，教师可根据教学重点设计出与知识主线相关的又不拘泥于知识主线的问题，从不同层次、不同角度设问，将知识规律巧妙地隐含在问题之中，让学生在分析和解决新问题中进一步提高思维的灵活性、敏捷性、广阔性。并且教师也可从学生对问题的解答过程中得到反馈信息，从而对教师自身讲授的知识进行再认识，这就符合了实践—认识—再实践—再认识的认知规律。

如对于学生实验，我们在学生进行实验前可布置一两个小实验，让学生不用实验册上所述方法，自己设计符合实验要求的实验，并在有条件时尽可能提供仪器、药品，让学生进行实验论证。这样既提高了学生学习兴趣，又培养了学生思维能力。并且，教师也可从学生所设计实验中得到信息反馈，对该阶段的讲授效果进行自我评估，以更好地完成教学目标。

当然，上述四个方面并非孤立的，而是紧密联系、互不可分的。我们在实验教学中通过提出问题—明确问题—总结问题—演绎问题的循环往复，使学生智力得到发展，思维得到启迪，从而更好地提高学生的综合素质。

在生物学实验教学中发展学生的创造能力

刘满希　顾明辉

社会发展到今天的信息时代，越来越突出地把培养学生创新精神摆到我们教育工作者的面前。江泽民同志曾强调指出："创新是一个民族的灵魂。"我国许多专家、学者也尖锐地提出一个观点，在激烈竞争的现代信息社会里，不创新，就死亡。"独创能力是一个国家兴亡的关键所在。"本世纪中叶以来，心理学家有研究认为，创造潜能人皆有之，只存在着程度高低不同，"其发展水平关键在于教学过程中教师的启发"。[1]即"要求教师在任何学科的教学中，能根据所授的课题，安排刺激思考的情境，提出引起思考的问题，使课堂上充满创新的气氛，便足以培养学生的创造力"。[2]生物学是一门实验性学科，我们应充分利用生物学实验的优势，培养学生的发散性思维，发展学生的创新能力。

1. 根据创造原型，发挥模仿作用

模仿是认知过程的重要心理机制和方法，是创造性思维的低级阶段。在讲了用实验验证唾液淀粉酶对淀粉水解的催化作用之后，现在提供胃蛋白酶液制备方法(取4片胃蛋白酶片，每片含胃蛋白酶0.1克，放在研钵内研磨成粉末，溶于100 mL蒸馏水中，加入3%盐酸约10 mL，使溶液pH值调到1.8左右，即成胃蛋白酶液)，要求学生设计实验证明胃蛋白酶液对蛋白质的水解有催化作用。请看下面两位学生的设计：[3]首先，将煮熟鸡蛋的蛋白剥下，取一小部分蛋白捣碎，加入试管中，然后加胃蛋白酶液，37℃下保温一段时间。现象：蛋白质消失了，而试管里变混浊了。结论：蛋白质被消化了。本设计很巧妙，因为反应蛋白质是固体状态，后来消失不见了，必然是胃蛋白酶的作用。这里可进一步引导学生思考，蛋白质是变成了蛋白质微粒，还是被降解？让少数学有余力的同学借助资料和实验进一步去验证。

2. 掌握实验设计的思路

多数生物实验课，学生只是机械地根据实验指导按部就班进行操作，至于实验为什么分这几步，怎么想到按这几步进行操作的，学生往往不去想，老师也不引导他们去思考，而这个过程恰恰是培养学生创造性思维的大好时机。因此，在具体操作之前，我们应启发学生搞清楚实验设计的思路。

例如，"观察鼠妇活动"的实验设计思路。[4]

首先，通过观察问题，为什么在花盆下、石块下等处容易找到鼠妇？这些地方有什么特点？

其次,提出假设(对发现的问题大胆提出猜测和解释,充分进行发散性思维,发散得越充分,实验设计就越完善):鼠妇的活动可能与光照有关,还可能与水分以及其他外界因素有关。

再次,设计实验,验证假设。在这个阶段,实验的目的任务、方法、材料、装置等都是根据设计来确定的。如先检验"光照"对鼠妇活动有无影响。为了消除无关变量的干扰,突出自变量,找出自变量和因变量的因果关系,必须创造一个除"光照"以外其他条件均相同的,只有明暗两处的场所,把一定数量的鼠妇放在其中,观察鼠妇在明暗两处的数量分布情况。同理设计水分以及其他因素的影响。

最后,分析、讨论实验结果,推导结论,验证假设的真伪。

通过"鼠妇实验",要帮学生感受和理解科学研究的基本过程:问题→假设→实验→结论,从而促使学生在新情境中去创造性地加以运用。

3. 赋予实验设计的独立性

在实验教学中,教师应充分赋予学生动脑、动手的机会和权利,不但要使学生会做实验,而且要让学生学会设计实验,通过实验来分析问题和解决问题,不断提高他们的创造能力。

例如,对影响光合作用因素的分析,首先进行发散思维,分析出各种可能影响因素,如光照、CO_2 的浓度、水分的供应等等,然后对某种具体因素进行设计,分析它确实影响光合作用的进行,应允许学生讨论,互相补充,从而完善设计方案。通常情况下,对同一实验课题,不同学生将会拟出若干不同的实验方案,例如,光照强度的影响,学生提出了三种不同方法来控制光照强度;将同样长势、同样大小的植物放在(1)直射光、散射光、室内、黑暗处;(2)置于 15 W、40 W、60 W、100 W 的灯光下;(3)只用一只灯泡,但植物离光源的距离不同,造成光照强度差异,对这些不同方案,教师不应轻易判断其优劣,可在保证安全的前提下,都让他们付诸实施,通过实践,使他们自己认识和发现其实验设计的成功和不足之处。例如,学生在将上述实验设计付诸实施后发现不同光照强度下,植物所处的温度也不一样,因此,有学生提出调节水温(实验中用的是水生植物),使植物处于相同温度条件下,以控制自变量。

随着学生设计实验能力的逐步提高,教师可布置一些综合性强、较为复杂的实验课题,让学生独立地拟定实验方案,并自己准备仪器、药品,安排实验。在整个过程中,教师只给予其必要的安全指导。为了开阔思路,培养学生多方位分析问题、解决问题的能力,教师可常组织学生进行实验设计交流,优选最佳方案。

实践证明,让学生逐步学会独立地设计实验,是提高学生灵活性用知识的能力、培养他们发散思维与创造能力的重要途径,也是多层次实验教学活动的最高层次。

4. 暴露实验操作的缺陷性

有一些实验效果不理想,甚至出现失败,对此要么教师事先独自作一些改进,要么干脆弃之不做。显然,后一种做法不可取,但前一种做法也算不上是最好的。事实上,实验中的不足之处,教师可引导学生一道分析、寻找失败的原因,并以信任的态度让学生参与实验改进工作，学生将会以极高的热情投入。如植物细胞有丝分裂实验，用课本上的方法制装片，即在水封片上再加一载玻片，然后用大拇指垂直往下压，发现在拿掉上面的载玻片时，往往盖玻片也一起被拿掉了，而且带走了部分根尖细胞，我们要求学生自己去改进该设计，并在实践中检验之，有的学生直接在盖玻片上压片，当然有的失败了，也有学生成功了，而且效果很好。又如装片制好后发现，有同学的装片染色过深了，镜检时，视野里一片蓝紫色，同样我们要求学生自己去改进它。学生进行了大胆的探索，有的同学将根染色后用清水反复清洗，有的同学用酒精去脱色，确实改善了整个视野发蓝紫色的状况。总之遇到实验有缺陷，可让学生去改进它，虽然学生的建议和措施，有的是稚拙的、不可行的，但却体现了他们肯于钻研、思考和勇于创新的可贵精神。这样做，不仅能够改进某些实验，而且还能卓有成效地培养学生的发散思维，发展他们的创造能力。

参考文献

[1][2] 张德《创造性思维的发展与教学》，湖南师范大学出版社，第 176 页。

[3] Evelyn L. Morholt. Biology，1976. Harcourt Brace Jovanovich，Inc. No 60

[4] 李大庸《初中生物实验课中的思维训练》，载《学科教育》1997 年第 11 期，第 34—36 页。

浅谈初中思想政治课教学对学生思维能力的培养

赵浩岭

爱迪生曾经说过:“文明社会的重要任务是教会人们思考,因之要下决心培养有思维习惯的人。”思维是智力与能力的成分,在初中思想政治课的教学过程中,可以从以下几个方面入手,来培养和发展学生的思维能力。

一、激发兴趣,使学生处于积极的思维状态

兴趣是一种带有情感色彩的认识倾向,良好的学习兴趣是学习活动的自觉动力。在教学过程中,教师要注意学生的情绪反应,运用多种形式和手段,激发学生的学习兴趣。善于从教材的重点、难点和热点中设疑,造成学生认识上的冲突,让学生处于积极思维的状态。如初三年级学习“控制人口数量、提高人口素质”这一课,通过投影展示教材中“未来世界”这幅漫画,并打出下列思考题:人类难道可以到月球上种田吗？人口发展与经济发展之间的关系是什么？我们应采取怎样的人口政策？电教手段的新颖性,漫画内容的讽刺性和幽默性,老师的一系列提问,极大地调动了学生思维的积极性,有利于培养学生分析问题和解决问题的能力。

二、教师巧妙地进行提问并倡导学生自我设问,使学生成为思维的主人

瑞士心理学家皮亚杰说:“智慧训练的目的在于造就智慧的主动探索者。”在教学过程中,我们要多给学生思维的主动权。教师要能准确、巧妙地选择和提出问题,激发学生认识上的矛盾,并在思维的最难突破口点拨学生。如初三年级学习有关社会主义民主这一问题时,首先引导学生将社会主义民主与初二年级学习的资本主义民主进行分析比较,并设计以下几个问题让学生分析讨论:为什么说资本主义民主具有历史的进步性,而社会主义民主才是新型的民主？为什么说社会主义民主必将代替资本主义民主？这样不仅加深了学生对有关知识的理解,而且培养了学生思维的灵活性和深刻性。

倡导学生自我设问,即要求学生善于对同一问题通过变换的角度,有根据地创设出新问题。首先要引导学生发现“是什么”,以思维中的疑点引起思考。如初三年级学生提出了这样的问题:家庭联产承包责任制和统分结合的双层经营体制的关系是什么？经济特区和特别行政区的关系是什么？还要引导学生多问“为什么”,鼓励学

生独立思考，不拘泥于课本。初二年级学生提出了这样的问题：东欧剧变，苏联解体，为什么还说社会主义代替资本主义是历史的必然？学生自我设问提出的问题，理论联系实际，有很强的现实针对性，通过学生自我提问并让学生展开讨论，不仅有利于澄清学生的思想认识，加深对问题的理解，而且可以使学生的思维不断深化，培养学生良好的思维品质。

三、引导学生掌握思维的基本方法

"授人以鱼不如授人以渔"。在初中思想政治课的教学过程中，我们可以根据不同的教学内容，指导学生掌握分析、综合、比较、抽象、概括、具体化思维方法。

分析就是在头脑中把整体分解成部分，把复杂的事物分解成简单的组成要素，如把生产力、生产关系、产业革命等概念分解成几个方面或部分，为从整体上把握概念打下基础。

综合就是在头脑中把各种事物或各种因素联结起来的过程。如通过对某一社会形态的生产关系在初期、中期和后期与生产力相关关系的综合，可以认识到某一社会形态的生产关系在其初期、中期适应、促进了生产力的发展，在其后期成为生产力发展的桎梏，必将被新的适应生产力发展要求的生产关系所代替。这就从整体上理解了这一问题，分析是综合的基础，分析后又必须进行综合。

比较是在头脑中确定两个或两个以上对象的共同点和不同点的一种思维方法。如把三次科技革命列表进行比较，把宪法与普通法律列表比较，不仅可以帮助学生系统学习有关知识，而且有利于培养学生的思维能力。

抽象就是在头脑中把各种对象或现象之间的共同属性和本质特点提取出来的一种思维方法。讲解生产力、生产关系、阶级和国家等概念的过程就是一个抽象的过程。

概括就是将抽象活动中所获得的本质属性联合起来成为一个整体的过程。如通过对奴隶制、封建制及资本主义社会矛盾的分析可以概括出，阶级社会的主要矛盾是经济利益根本对立的阶级之间的矛盾。由个别到一般，既符合学生的认知规律，又培养了学生的概括能力。抽象是概括的基础，概括是抽象的结果。

具体化就是把抽象概括的一般认识应用于具体事物的解释和具体问题的解决的思维方法。如用生产关系一定要适应生产力发展的原理去认识社会主义代替资本主义的历史必然性，去认识我国经济体制改革的必然性就是一个具体化方法的应用。

赞可夫说："教会学生思考，这对学生来说，是一种最有价值的本钱。"在初中思想政治课的教学过程中，激发学生思维的兴趣，让学生成为探索思维的主人，指导学生掌握思维的基本方法，是培养学生能力的有效措施，也是实施素质教育的有效方法。

综合能力与创造性教育研究

王　雄

综合能力是在当今科技与社会的迅速发展背景下提出的一种新的能力概念，这一概念不是指那些科学家在长期的研究过程，逐步形成的综合能力，而是指在中小学教育背景下如何将分科能力综合化，这一能力必须是学生能够在相应的教育中可以形成的。综合能力在大的社会背景中出现，并有着重要的社会价值，但是，基础教育需要的是可操作的、具体的能力概念，这就需要将综合能力具体化、系统化。与以往的能力概念不同的是综合能力培养的最终方向是在综合的基础上培养创造力。

一、综合能力界定及其特点

按照能力的定义可以推演出一个综合能力的概念，即综合能力属于个性的范畴，它是运用多种方法成功地解决综合性问题（或完成复杂任务）所表现出现的良好适应性的个性心理特征。

在这一概念中，运用多种方法要根据综合性问题的情况而定，那么，综合性问题与一般的问题概念有什么不同呢？首先我们来分析“问题”的概念，问题是具有针对性的，对于某一个人可以成为的问题，对另一个人可能就不是问题。当然，不能成为问题，并不是指就能解决问题，如“为什么地中海式气候冬季多雨，夏季干旱？是洋流造成的吗？”对于初中或高一正在学习这一段知识的学生可能成为问题。对已经掌握了这一知识的高二学生来说就不成问题，而对于初一以下未接触这些知识的小学生来说，也不会成为问题。我们可以把每一部分知识看成是一个系统，在这个知识系统中，我们如果对其中的所有要素都清楚，这个知识系统对于我们来说就是稳定的系统，同时也是我们已经理解的系统。但是，如果这个系统缺少了一个或一个以上的要素，这个系统对我们来说就是一个问题系统，或者说我们就遇到了一个（有关这类知识的）问题。当我们试图解决这一问题时，“问题情境”就出现了，因此，有的心理学家在解释“问题”时就将问题的定义看成是：当一个人希望达到某一个目标，但又没有可供适用的现成方法时，问题就出现了。这一概念针对的就是问题情境。

问题又是有结构的，问题的结构包括：（1）目标或目标状态，是指一个问题系统变成了稳定系统后的状态，也是主体选择解决方法，途径或策略，以及解决过程的努力方向；（2）已知条件，它包括与问题解决相关联的各种已知因素，也是解决问题是需要分析及凭借的基础；（3）问题障碍，是指那些阻碍目标实现的因素；（4）方法，指可供选择或者指定的解决问题的方法。在现实教学中，问题结构总是处于某个具体学科范围中的，某一学科知识成为问题的知识背景系统。

问题的知识系统是问题类型的分类方法之一，如果构成这一问题系统的元素、性质与各种关系都是有关物理学的，这个问题就是一个物理问题，以此类推，化学系统的知识要素当然就是化学问题等等，如果这一问题的知识系统既有物理知识，又有化学知识，这就是一个跨学科的"问题"，或者称为两门学科的"综合性问题"。同样以此类推，可以有三门的、四门的综合性问题(如某一生态问题就是地理、生物、化学及经济学四门研究的问题)，这类综合性问题当然需要综合各学科的能力才能够解决。然而，综合能力并不是只是学科能力的综合，它还有其他层次的能力综合，这就需要将综合能力与一般能力要领进行比较。相比之下，综合能力有以下几方面特点：

1. 交叉性。这是比较明显的特点，但是综合能力的交叉性又是比较复杂的，首先是学科数量上的交叉，如理化、生化、史地政等等，还有人们比较忽视的音乐、美术、工艺的综合。其次是交叉的程度，交叉可以是两门学科浅层次的交叉，如一场战争，可以从政治或经济的角度去分析其爆发的原因，同时可以从地理的角度分析其战争进程，还可以从历史的视野来评价其在世界上的影响，但这些综合属于浅层的综合，没有涉及几门学科较深的交叉内容。如果从地缘政治或者历史、地理、民族心理、政治观念与经济利益等方面，集中分析战争爆发的原因，就属于较深层次的综合了，如某一"能源"问题，地理学科的能力占主要地位，比例较大，经济、生物等学科的比例就较小。也可以是两门学科各占一半的比例，如某一生化问题。

2. 层次性。综合又是有层次的，最基本的层次应当是在思维层次的综合，即在思维能力中，与"分析"技能相对的"综合"技能，在此之上应当是综合运用各类思维方法的技能，如将归纳、演绎、比较、分析、概括等各类思维方法加以综合运用。第二个层次是学习能力中的综合能力。如阅读理解、解释与表达、观察实验、问题解决等，这些能力还包含：言语、运算、操作、空间想象等；第三个层次是学科能力之间的综合能力，如科学能力、社会能力、艺术能力等，或者科学—社会等更大范围综合能力等。

3. 现实性。综合能力的提出与现实社会的发展紧紧相连，它也是摆脱学校教育过于封闭、理论化，而与社会脱节的不正常的现象。现在有许多学校认为，学生的学习虽然与社会脱节，但是他们进入大学就可以很快补上与社会脱节的那些技能与认识，其实，这是一种完全错误的看法，人在青少年时代失去的学习、了解现实的机会，虽然在成年以后可以补回一些，但是毕竟与正常的发展有了较大的差距，而且那种关注现实、关注科学与社会发展的精神与敏锐的眼光就会丧失大半，学校不能只把目光集中在少数已做出成就的毕业生身上，而应当让每一个学生都具备这样的精神与能力。综合能力应当是能够解决现实问题或者模拟现实的问题，它强调学生要更多地关注社会、研究社会，强调学科知识、能力与现实社会相结合。在中小学教育的背景下，这种综合能力要求的专科能力不一定很强，却要求学生能够运用已有的专科能力去解决或设计解决现实社会的问题。

4. 创造性。这是综合能力最显著的特点,学生在完成综合性任务或解决综合性问题的过程中,常常需要组合不同学科的能力,而这种组合不是简单的叠加,它是一种创造能力的体现,综合问题的解决最需要的就是在组合中创造出新方法、新途径,从这个方面来说,综合能力应当包含创造能力,综合能力的发展最终也应能产生创造的结果。中小学培养能力不是为了培养各类专家的专项能力,培养的只是基础性的能力,如在音乐、美术、雕塑的教育过程中,并不要求学生掌握每一项精巧的技能,而是要求学生在掌握基本技能的基础上,发展他们的创造能力。现在不少中小学都举办"艺术节",有的学校让学生会主办这样的大型活动,这就要求学生们能够设计艺术节会标、主题音乐、标语及各类活动,综合能力的高低就能体现出来。现实社会中的许多问题都带有综合性,能否创造性地解决这些问题,体现了一个人综合能力的高低,那么,这些综合能力与创造性有什么关系呢?

二、综合能力与创造性的关系

独创性(或创造性)是指个体能够根据一定目的,运用一切已知信息,在新情况或者困难面前,采取对策,在独特地、新颖的,且有价值地解决问题的过程中,表现出来的智力品质。独创性与创造力、创造性思维又是什么关系呢?其中,这三者可以看成是同义语,但是,如果强调创新的过程,可用创造性思维;如果强调创新能力的大小,可以用创造力;如果强调人与人之间创新的差异,则可以用独创性或创造性。培养综合能力的重要目的之一就是要发展学生的创造力,而这两者之间的关系是首先需要弄清楚的。

(一) 科学能力与创造性

科学能力并不只是运用数学、物理、化学与生物等理科领域的知识与技能的能力,科学在政治、历史、人文地理、社会等学科中一样存在。不过,在人文学科的科学能力,并不是泛指的科学态度或方法,而是指人文学科采用的与自然科学基本相似的技能或方法,如社会考察、历史调查等。那么,什么是科学能力呢?这要首先从"科学"的概念开始。从哲学的层次上看,科学包括获得知识的活动与这个活动的结果(知识),它适应人们生产活动和社会活动的需要而产生与发展,它是对具体实践经验的总结,是人类脑力劳动所创造的最宝贵的社会精神财富。一般认为,科学主要是创造知识,而不是知识本身,也可以说没有创造也就没有科学知识。科学能力的概念当然可以用能力的概念来推导,不过,这一概念应当是在中小学教育背景下适用的。它是指运用多种方法(主要是科学方法)成功解决科学问题所表现出来的良好适应性的个性心理特征。科学方法既是科学认识的成果,又是科学认识的必要条件。科学思维是科学方法与能力的核心,创造性则是科学能力最显著的特点。

科学能力体现在科学发现、科学创造活动过程中,科学发展是根据已有的科学知识,运用科学思维对未知事物或规律的揭示,主要包括事实的发现与理论的提出,事实的发现要以采用两种相互促进的方式,一是观察,二是实验,科学发现的过程中逻辑思维占主要的地位;科学理论的提出方式主要包括提出假说与实验论证,科学理论的发现则是创造性思维的结果,它往往依靠直觉、想象力的综合作用,当然,创造的结果出现之前还有大量的研究与实验基础。科学创造发明则需要创造思维,发明的新颖性与独特性,都需要有创造的意识、创造的技能来体现。因此,科学能力中,创造是其核心因素,创造也是科学能力发展的最终目标。但是,科学能力还包含其他技能,虽然科学的目标是创造,然而,科学能力却向两个方向发展,一是客观性与严密性,按照逻辑思维的方向发展;二是开放性与突变性,按照创造思维的方向发展。这两者相辅相成、相互促进。在中小学教学中,学生的发现虽不是人类历史中的首创,但对于教育、对于他个人的意义与科学创造的意义是相同的。

(二)社会能力与创造性

社会能力是什么?狭义的理解是指社会交往能力。我国对社会能力的研究处在两个不同的层面上,一是教育心理学的学术界,对“社会认知”有着精深的研究,但是偏重与理论及幼儿,适用的研究很少。二是中小学教师,这种在具体的交往、社会实践技能的训练上,没有形成一定的目标体系,也没有理论的创新,属于基础教育研究的薄弱环节。我们依据西方有关社会技能与社会研究的理论,对社会能力加以界定。社会技能是指帮助一个人在建立和维持与其他人的关系方面的技能。如将自己的想法与感觉传送给别人的能力,理解不同种族、民族、国家文化传统的能力,等等。社会研究能力是指采用社会科学的观察、调查与统计等方法以及研究理论,研究社会、历史、政治、经济、生活等方面问题的能力。这两个方面各有侧重,前者也就是我们常说的社会交往技能,注重的是个人的发展方面;后者注重的是社会理性技能,在我国的教育中称为社会认识能力,这两者也是相辅相成的关系。德国在社会能力的培养目标上,制订了三方面要求:第一,社会认知能力。包括思维能力、问题解决能力、创造力、决策力、批判意识;第二,情意能力。促进情感发展的体验能力等;第三,社会能力。包括社会感受性、移情、共同责任、交际能力、克服矛盾、合作能力、共同决策能力等。在个人发展与认识社会之外,加上了社会能力不可缺少的情意技能。

社会能力中有创造性么?有,它主要表现在解决社会问题与社会交际的艺术性上。首先,社会问题错综复杂,与自然科学的问题相比,不可确定的因素与不可确定变化轨迹的因素较多,这就使人们不可避免地要依靠自己的智慧与解决。自然科学的问题可以通过反复的实验去验证分析,而社会科学的绝大多数问题却无法进行实验,人们只能根据历史的经验与模糊数学的一些方法,来进行实验研究或者现场研究,因此这就更需要创造性思维为人们的决策打开思路,对人类社会的发展进行预测。在个人发展方面,创造性思维是一个人社交能力高低的指标之一。最佳的社会技能训练方法是角色扮演法,开始训练时,机械的技能训练占主要地位,但是,今人现实社会实践时,许多技能的运用就需要在不同的社会情境下,灵活地、独自地综合各种技能去解决社会问题或矛盾。强调社会技能中的创造性还与当今世界的发展有着重要关系,随着国与国交往的日益频繁,科学与人文学科的相互渗透,一个人的创造力已成为解决各类问题的重要基础。由于我国在社会能力培养不够重视，我国大学生在人文学科方面的素质有待提高。而一提到人文素质，有不少人就认为应当传授传统文化，加强传统道德教育，致使学生偏重理论，而忽视具体实践的能力；偏重传统，而忽视现代社会的新思想、新技能；偏重中国，而忽视对世界各国、各民族文化传统的理解。因此，加强学生的社会能力培养，尤其是社会能力中创造性的培养，是我国下一代能否与世界各国更好地交往与联系、摆脱我们这几代人落后的、保守的社会观念，以及创造性地解决未来社会的种种问题的重要任务，历史、地理、政治、伦理、经济等学科必须为这一目标而努力。

（三）艺术能力与创造性

没有创造性也 就没有艺术能力，这是一个常识问题。但是，在中小学这一问题却变得模糊起来。中小学的艺术教育并不是面向少数有艺术特长的学生，而是应当鼓励所有学生参与艺术创造，充分发展他们的创造性与个性，并为形成完美的人格起促进作用。有一个时期，美国将艺术教育看成是培养有成就的科学家的重要方法之一，1963 年参加耶鲁大学“耶鲁研讨会”的科学家、音乐家与教育家们认为，深刻理解艺术的学生有可能成为优秀的科技人才，这虽然是美苏战略竞争对科技的过度追求造成的，但是，二战后美国艺术教育得到蓬勃开展，它的成就却是多方面的。

艺术教育也可称作美育。美国教育家罗威菲尔特认为：对儿童来说美育只是一种手段，而发展儿童的各种感觉，培养热爱和平与具有创造力的人，才是美育的生命。创造性是艺术能力的精髓，艺术是人的创造性的最突出的表现，当学校教育将艺术与创造作为学生发展的必修课程进行教学时，学生的思维能力、创造能力及个格的发展都将得到促进。

我国的艺术教育比较薄弱，在许多学校中，处于边缘地位，甚至连课程都很难正常开设。国家的教育方针将美育作为重要的目标，然而，这一目标实施起来却很难。同时，我国的艺术教育偏重与技术，有一些以艺术教育出名的学校虽然开展了许多绘画、雕塑、合唱、演奏等课程，学生也学到了较高的技能，但是，艺术的精神却没有领会到，对音乐与绘画艺术的理解却停留在技术的层面，而且，对他们来说音乐、绘画的成果不是他们自己的思想与艺术技能的结晶，而是外在影响的结果，或者为某一主体的应时之作。此外，艺术教育不是面向全体的，不是面对现实，也不是面向未来的。要使我国的中小学生创造才能得到较快的发展，重视艺术教育应当是一条重要的途径。

综上所述，科学能力、社会能力与艺术能力与创造性有着不可分割的联系，中小学应当培养这三方面能力都得到发展的未来建设者，培养身心健康、乐观自信的人。许多新能力的概念已经不是我们在 80 年代教育中所提及的传统概念，诸如计算机应用能力、现代设计能力都带有综合文理学科与各类艺术学科能力的特点，也最能体现当代社会的创造性与现实性。我们应不断选用新的、现实的资料与方式来培养我们的学生，改变教育滞后的现象，努力为国家培养新世纪具有国际竞争力的人才。

三、课堂教学中，综合能力与创造性的培养

综合能力培养的宗旨就是要让学生在解决现实问题时具有创造性，上面所谈及的教学技术虽然是以能力培养为核心的，但是，要发展学生的创造性还需要做更多的事情。在课堂教学中，我们认为可以注意以下几方面内容：

（一）以创造性品质为教学的目标

创造性品质的培养具有个体化与便于测量等优点，我们选择三个方面对学生进行培养：(1) 认知的广阔性与观念的灵活性。具有创造性的人，常常能够发现别人不能发现的现象或矛盾，而且他的注意的广度上比常人宽阔，这样的学生常能够在课堂上发现教师都未能注意的问题，同时，他在观念上又具有灵活性的特点，不受任何已有观念的限制，能容忍超越平凡与现实的事物或者观念；(2) 个人的独立性与思维的批判性。具有创造性的人具有不受习俗约束，不愿屈服权威的人格特点，他并不关心别人想什么或说什么，他专心与自己的工作、思考、研究或想象，能够自由地往返于幻想与现实之间，但是，值得教师们注意的是，并不是那些专门与教师捣蛋的学生最具有创造性，独立性强的创造者在其研究事业之外，其实很随意的，其不顺从的个性在研究中表现出来，而在日常生活中他并不一定是一个不顺从者；(3) 对模糊的甚至错误的事物的容忍性。J·M.索里在谈及这一点时有一段精彩的阐述："有创造性的人特别倾向于承认、接受，甚至欢迎错综复杂的事物……他们对于明显的混乱并不过于焦虑，他们能够实事求是，而不以歪曲事实的方式来处理事务或对难题勉强予以武断和虚报，不以简单而草率的解决而满足。"

（二）培养创造能力的教学策略

从事这项研究的学者已经遍布世界各大洲，《国际教育百科全书》(贵州)介绍了两种影响较大的实践方法。第一个是亚历山大·F.奥斯本(1963)提出的五步过程：(1) 发现问题，或从不同角度搜寻真正值得挑战的本质；(2) 发现事实，为了更好地理解情景和想象可能的办法；(3) 发现观念，旨在召集来至潜意识和下意识的观念并且到他们全部海峡两岸出来后才对他们的质量进行判断；(4) 找到解决方案，此时对各种观念的贴切性与实用性进行评价，从而找到最佳观念用以实施；(5) 寻找认可或获得的一批这个观念的拥戴者，并将其付诸实施。

帕内斯(1977)在此基础上又提出了更为详细的策略，我们将其概括为：第一，消除阻碍创造性的各种内外因素。(1) 环境因素。为了让学生在创造发挥时有准备，必须帮助他们感到在与他人的关系中，他们是安全的，即使他们的观念是异乎寻常的，也用不着顾忌，他们可以自由地思考；(2) 思维因素。尽可能使思维处在流畅或随心所欲的状态中，要让他们自己真正感受到任何远离现实的思想都是可以表达的。

第二，促进思考，鼓励积极性。(1) 推迟判断，让学生花更多的时间针对一个问题进行多方位的思考，避免因判断而打断思考；(2) 鼓励活跃的幻想。要尽可能告诉家长与学校，避免向学生发出"思维幼稚"的警告；(3) 鼓励学生去了解类比或比喻，

促进学生的联想。

第三,培养学生的自我意识。(1) 了解动机。帮助学生明白教师与家长为什么让他们积极参与创造性训练;(2) 识别潜意识。要求学生记录自己的潜意识,尤其是在问题不被注意的情况下;(3) 提高敏感性。促使学生认识细微的变化与不对称的现象等等,保持对新事物、新现象的好奇心。

第四,增长知识,训练技能。知识面的广阔,知识经验的积累都对创造性培养有关。艺术技能与想象力的发展也会促进创造性的发展。思维的发散性与辐合性训练当然也对创造性能力发展有促进作用。

(三) 创造性培养的具体教学措施

那么,怎样在综合教学中发展学生的创造力呢?第一,让每一个学生都明确创造的真正含义——新颖、独特而有意义。"新颖"是指从纵向看,历史上(对学生来说这个历史有时是指他个人的经历)前所未有的;"独特"是从横向看,思考是与众不同、别出心裁;"有意义"则是指有社会价值或个人价值。鼓励学生:重视自己在思考时出现的各种想法,尤其要将一些有新意、有价值的想法记下来,进一步研究。要让学生知道:学习并不是只有一种方法——向老师学,也可以从自己的思考开始。教师要明确,学生的创造学习经验比他们做出一定的创造更重要。

第二,从想象到创造。想象是人脑对已有的表象进行加工改造而创造形象的过程。想象的作用很重要,爱因斯坦曾经说过:想象力比知识更重要,因为知识是有限的,而想象力则概括了世界上的一切,它推动着进步,是知识进化的源泉。严格地说,想象力是科学研究中的实在因此。想象力如此重要,可是在我们的各科教学中,对它却又如此的不受重视,尤其是发展想象力的最佳途径——音乐与美术课程,在不少中小学都放在可有可无的地位,在如今重视素质才能得到社会认可的时代,这种现象是应当杜绝的。要发展学生的想象力,可以从以下几个方面做起:(1) 丰富学生的有关想象,不要让学生完全专注与课本或者文字资料(尤其是年龄较小的学生),大自然是学生学习的最佳场所之一(可惜这个课堂已经离城市的学生越来越远了),要重视学生的自然考察与社会考察,让他们更多地接触社会、接触实际,并在做中"学"、在考察中"学";(2) 培养艺术想象力,不要把艺术当成一种技术(当然,这一点在许多学校都做不到),学校要组织各类绘画、音乐、摄影、科幻、小说、诗歌、戏剧等艺术活动,不要太注重功利性的获奖行为,而真正在学生的创造能力方面给他们以促进,这对他们的一生都会有重要的影响;(3) 教师与学生都要重视"热情"的作用,这种积极的参与性的人生态度会使学生们得到更多的创造机会与创造动力。不少教师是认真的、严谨的,但是我们希望教师们要让自己探索未知世界问题的热情表现出来,要让学生看到你进行研究的毅力与创造力,看到你成功后的笑容。

第三,重视分析思维与直觉思维的统一。人在进行思维时,往往进行着两类不同的思维:一是分析思维,即遵循严密的逻辑规律,逐步推导,最后获得符合逻辑的正确答案或做出合理的结论;二是直觉思维,它具有快速性、直接性与跳跃性(看不出推导的过程）三个特点，直觉思维体现着由于“概括化”“简缩化”“内化”的作用，而导致高度集中性的“同化”或“知识迁移”的结果，它是创造必的基础。我们如果反思一下自己学校的教学活动，可以发现我们很少重视直觉能力的培养，或者说我们的学校教育中基本没有创造出培养学生直觉能力的机会，就是在学生中出现了这种现象，如有个学生在上课时突破报出了问题的答案，而教师可能会说：“别瞎猜。”甚至认为学生在有意捣蛋，因此，直觉出现时，首先需要的就是教师的保护作用。当然，要求学生弄清思考的过程也是很重要的，这是思维批判性的要求，只是不能发展一项，又阻碍了另一项。

第四，注重发散思维与辐合思维的统一。发散思维（有时也称求异思维）是指围绕着某一个中心，从多角度、多层次、向四周呈放射状进行的积极的思考或联想。辐合思维（求同思维）则与之相反，是指对不同的思考或想象结果进行综合分析，得出最佳方案或结果的思维过程。发散思维与直觉思维及创造性有着密切关系，而辐合思维与逻辑思维有着密切的关系。发散思维不求有确定的答案，辐合思维则要求得出正确答案。而两类思维都有了不可忽视的作用。日常情况下，教师重视的辐合思维，而忽视了发散思维，学生的创造性就会受到影响。

第五，优化非智力因素，培养创造性人格。创造性的思维活动需要有个性的创造者，不同于一般的创造常常需要具备坚忍不拔的毅力，顽强拼搏、勇于开拓的意志品质，而那些阻碍创造的非智力因素，如保守、从众、胆怯、懒惰、嫉妒等消极因素，具有创造性品质的人就能够克服它们。教师们要重视非智力因素的培养，要重视师生间、学生间、亲子间情感的交流，发展学生积极的意志品质。

培养与发展中学生历史思维能力的教学模式研究

王　雄

【编者按】历史思维能力，是历史学科能力的核心，应该成为历史教学中能力培养与发展的重点。历史教学模式的研究与实验，为中学历史教学的改革开拓了一个新的领域。王雄先生“培养与发展中学生历史思维能力的教学模式研究”系国家教委“九五”重点科研课题——“系统开展学科思维教育”研究的论文之一，现刊出以飨读者。旨在推动中学历史教学改革向纵深发展，把培养学科能力落实到教学的具体实践之中，使教学观念、教学内容和教学方法真正走上素质教育的改革之路。

教学模式是现代教学论发展中的一个新课题。它是在一定的教学理论或教学思维指导下，通过教学实践抽象概括而形成的一种教学策略体系。近年来，历史教学界也依据历史教育的目标与知识结构，探索适应历史教学特点的模式。我校从1992年起，对历史思维教学进行了专项研究实验[1]，下面就结合我们的教学实践与思考，对培养与发展学生历史思维能力的教学模式所涉及的一些理论问题，以及构建模式的研究情况进行一些初步的总结。

一、构建教学模式的理论背景

（一）关于课堂教学模式理论的几点看法

课堂教学模式依据不同的标准可以进行不同的分类，根据学生在课堂学习中的不同地位，分为主体性教学模式和客体性教学模式；按师生在教学中的不同作用可把教学模式分为三类；系统传授和学习书本知识、辅导学生在活动中自己学习和介于两者之间的教学模式。日本教育家广冈亮藏根据教学过程中的教学目标、教材和学习者三个变量的不同结合，分成十三种教学模式。现在国际上影响最大的是美国教育家乔以斯和韦尔在1972年提出的理论。他们按心理学理论把教学模式分为四类：第一类是信息加工教学模式，把教学看成是一种创造性的信息加工过程；第二类是个人发展教学模式，强调个人在教学中的主观能动性，坚持个别教学；第三类是社会互动教学模式，强调教学中的人际关系教学；第三类是社会互动教学模式，强调教学中的人际关系教学；第四类是行为控制教学模式，强调教学是一种行为不断修正的过程[2]。

这些教学模式主要依据教学过程中所涉及的教学组织程序与形式、教学对象的组成、教学目的与内容、教学方式五个维度等诸多因素，究竟按哪一个维度要素分类选择，则必须按实际情况来考察，绝不可仅以某一维度设计出的模式来代替整体。因此，我们在构建模式时应遵循以下原则：

1. 多样性。模式是再现现实的，并可施用于现实的一种理论性的、简化的形式。现实教学因素的复杂性决定了教学模式的多样性，它具体体现在：影响教学模式的五个维度中若干因子可以组合，然而由于这五个维度中只有“教学目的与内容”是唯一最具有计划性与系统性的，因此，其他四个维度的因子都应该围绕它进行组合。

2. 整体性。教学模式中各因子根据教学目的与内容的不同，可以自由组合，但是作为以培养思维能力为核心的教学模式应有其整体性，这种整体性主要体现在将思维品质作为贯穿教学目标制定、教学内容的组织、教学方法的选择以及教学效果的反馈与评价四个方面的核心来考虑。

3. 监控性。教学模式中的程序安排、教学方法的选择以及依据课堂实情进行调整的主动权掌握在教师手中，教师对自己行为的监控显得尤为重要。因为这种监控还涉及与同时具有监控能力的学生发生作用。教学过程中，来自教师自身、学生以及教学目的内容三个主要因素的影响是相当复杂的。所以好的教学模式在各种外部条件均具备的情况下，可能起促进作用，也可能不起作用，这对教师的监控能力要求很高，在模式的实施过程中，如何处理学生可能出现的各种反馈信息，如何调节课堂气氛使之为教学目的服务等监控性问题，是教师必须认真考虑的，不仅实施前要有充分预测与准备，而且在掌握模式过程中，要尤其注重训练处理问题的方法。

4. 灵活性。教学模式不同于一般具体的教学方法，它强调整体性、程序性，但也并非不能变动。相反，在某一程序内应设有若干方法供不同情况选择，在时间控制方面，也不强调按课时来限定，有时可能会延伸出课堂，涉及学生预习、复习，有时也可能持续整个单元好几节课，也可能只占一课时的一段时间，这种操作的灵活性是由针对现实教学环境的复杂性决定的。

（二）关于思维品质训练的理论探讨

思维在发生和发展中表现出来的个性差异就是思维品质，培养学生思维品质是学校发展学生智能的突破口[3]，这是奠定思维教学理论的支柱。

从原因方面看，现代心理学研究表明，智力与能力同属于个性的范畴，即它们都是顺利完成某种课题的个性心理特征。虽然智力与能力活动过程体现心理活动具有一般规律性，但是智力与能力的心理活动总是在一定个体身上发生的，思维品质体现了思维的水平和智力、能力的个性差异。思维品质客观具体，是智力与能力培养的可靠指标。我们说要发展学生的思维能力，也就是要提高学生思维的敏捷性、深刻性、批判性、独创性与灵活性，通常人们认为教给学生一些方法，或者学生依靠这些方法完成了某项任务，思维能力的培养与发展就算完成了。但是，这一过程与发展思维品质为核心的教学都可以做到目标化、量化，同时又能兼顾到因材施教，所以就具备了较强的可操作性,成为我们建立模式的理论基础。

从思维品质之间的关系看,思维品质之间是相互联系的,密不可分的。思维的深刻性是一切思维品质的基础。思维的灵活性和独创性是在深刻性基础上引伸出来的两个品质。灵活性与独创性是交叉的关系,两者互为条件,不过前者更具有广度和顺应性,后者则更具有深刻性和新颖的生产性,从而获得创造力。前者是后者的基础,后者是前者的发展。思维的批判性也是在深刻性基础上发展起来的品质,只有深刻的认识、周密的思考,才能全面而准确地作出判断,只有不断自我评判、调节思维过程,才能使主体更深刻地揭示事物的本质和规律。思维的敏捷性是以思维的其他几个品质为必要前提的,同时它又是其他几个品质的具体表现,所以我们要培养学生的思维能力,就应该认识到思维品质之间的关系,注意从不同方面对五个品质进行训练,品质的改善就意味着思维能力的提高。

从实践结果看,国内外研究成果已表明,培养、训练学生的思维品质是提高思维能力的关键(参见林崇德《学习与发展》1992 年)。

(三) 关于历史思维能力及教学特征的探讨

历史学科本身的特性,决定了历史思维能力的特征。[5]在这里我们主要选择其中最显著的,而且对构建模式起重要影响的几个特征。

首先,从总体上看,与自然科学相比,历史学科研究的是人类社会的发展变化,需要学生的社会知识水平达到一定的高度,同时需要高层次的理性思考。因此,所谓青少年的"早慧"现象更多地在表演才能以及理工科中体现出来,而文科学生多为"大器晚成"。在我们构建模式时,必须注重那些培养抽象思维的方法,也要强调一些学习哲学的方法,如质疑、自省的习惯等等。

其次,历史学科知识的多样性决定了历史思维的丰富性。学习历史既要涉及许多人物、事件(史实),又要涉及历史或哲学中的概念、规律等抽象的理论(史论)。历史学习对上述两方面都提出了较高的要求。一般学科强调由现象推论出规律,主要目的是掌握规律,来分析不同的现象。而历史学既要掌握规律去分析现象,又要掌握不同现象及其之间的差异,这可能是历史难学的客观因素之一。同时这也使得历史学习的广度与深度超过了其他一些学科。因而在构建历史学科教学模式时,应当注重其多样性,应根据不同教学内容选择设置不同的模式。

再次,历史学科特有的时空观念,决定了历史思维具有历时性与共时性。时间、空间的本质属性是物质的,不是观念的。我们不能从观念本身出发建立历史的时空观,而应从历史发展的具体事物中建立这种观念。[6]历时性强调的是历史发展演变的过程,强调理解今天的现实社会来源于过去的历史;共时性强调同一时期的历史事件之间是相互联系的,强调理解某一时期的事件与当时的社会背景有密切的联系,同时也强调理解某一时期的政治、经济、思想、文化等因素是一个整体,从哲学层次上看,历时性侧重于辩证思维中的发展观,而共时性侧重于辩证思维中的联系观。当然历时性与共时性也是统一的。历史思维的这一特性要求在教学过程中,切不可将历史知识割裂开来，孤立地、机械地分析问题。教学模式中设计的问题要经过认真推敲，既要强调问题体系的整体性，又要强调问题的针对性与层次性，在不同阶段的教学过程中要加强前后知识、纵横知识的内在联系。

最后，历史思维能力应包含三方面的内容，它们之间是相互联系的，但作为不同教学模式中的教学目标，又自成体系。历史学科能力有多种构成因素，其核心成分应当是历史思维能力，这一观点已为广大教师与研究人员公认，但是历史思维能力作为教学内容、目标如何分类？如何分层次？如何评价测量？都是众说纷纭的。在我们的长期研究中，首先确立了一个前提，即这种分类与目标的确定既要符合学科教育及理论教学学现时公认的原则，又要体现出历史学科的特点。有的研究者认为：历史学习（或认识）的内容应涉及知识、方法和理论三个方面。[7]，这与我们的看法一致，但是，作为一种在教学评价时能够测量出来的能力目标，应区别于知识目标，更多地体现“能力”的实质。

二、教学模式的构建与分析

将中学历史教学内容纳入培养学生思维能力品质教学模式中，应把教学内容按三类教学目标进行分类。第一类是以“问题”为中心，将课本知识归纳成各类、各层次且有系统的问题，以学生解决问题的能力作为教学目标；第二类是以“观念”为中心，将课本涉及的理论归纳成有层次的观念系统，以学生理解、应用观念的能力为教学目标；第三是以“方法”为中心，将学生学习过程所涉及的各种方法组成各类方法系统，以学生掌握方法、运用方法的能力为教学目标。依据上述三类教学目标，形成三类不同的教学模式。

（一）“问题解决”为中心的教学模式

解决问题，对于历史学科，尤其在中学里，学生主要是学习与说明现有的理论观点。不论是中国古代，还是当今世界各国，对历史学科解决问题的能力都是相当重视的。如最近的英国中小学历史学科教学目标中，对能力的要求就比较“注意培养学生研究历史的方法，十分强调解决问题能力的培养”。[8]我国近几年的高考也注重了这种能力的考查，只是在说法上不太明确，《考试大纲》中提到了“利用有效信息，……对有关问题进行说明、论证”等等。因此，设立“解决问题”为中心的教学模式既是现实的需要，又是进行思维能力培养的重要途径。

1. 前提。“历史”不好假设，作为一门科学，历史研究是一种“求真”的过程，所以教师们都十分小心谨慎，害怕造成“谬论”坑害了学生年青的学生，其实历史学科不能“定论”的事件、人物比比皆是，而且随着时代的发展，已经“定论”的事情可能会变得无法“定论”，甚至反过来。特别是历史教学与历史研究不同，虽然它也以“求真”为基础，但是教学本身却是一种“求善”的过程，教师为什么不可以在教学中大胆假设（有条件的）呢？在这一教学模式中，教师的第一项工作就是依据课本设置各类问题，不仅需要按知识体系提出具有内在逻辑联系的问题，而且尤其要从学生学习的角度设置可能出现的问题，同时还要设置各种问题的变式，创造积极思考的课堂情境，才能达成培养学生思维品质的目的。

2. “问题”的合理分类是建立模式的基础。不同的问题具有不同的特性，从培养思维品质的角度来看，可以将学生要学的新知识里的问题分为三类，第一类问题是选择概括性和逻辑性的教学内容或材料提出问题，培养思维的深刻性。如从历史现象中概括出其中的本质因素，“鸦片战争的起因是为了鸦片而进行的战争吗?”这就是一个涉及战争本质的概括性问题。学生在解答这种问题时，可分为四级水平，初级水平只能是一种随机性回答，或仅从表面去回答，没有去思考事物思考的本质特征。如上述问题只会回答“是”“否”，或者“鸦片战争当然是为了鸦片”；第二级水平只考虑事物的一个方面，不能全面分析，也未能看出本质。如“鸦片对中国危害极大”，“英国为了侵略中国”，“从鸦片贸易中获取利益”……第三级水平能接近于事物本质特征，但不能精确。如“鸦片并不是英国发动战争的唯一目的，英国还要在中国掠夺其他东西。……”第四级水平是最高水平，能概括出事物的本质特征。如“战争的根本目的是为了打开中国的大门，将中国变为其原料产地与商品销售市场”。这类问题在教学中涉及最广，也最需要教师长期细致地研究。

第二类问题是选择可以进行发散、逆向、迁移的内容与材料提问，目的是培养学生思维的灵活性。思维灵活性的实质是迁移，其思考过程是：在概括性的基础上，从单维到多维方向发展，从顺向思维到逆向思维发展，逆向的范围逐渐扩展，最终迁移到相近的新情境上的过程。如对一则有关评价戊戌变法的材料进行分析，教师不做任何提问，由学生自己单独写出分析结果。这对学生的能力要求是比较高的。对于这种问题，首要的是指导学生先将“分析”的角度或标准制定出来，这是一个需要灵活性与创造性的思维过程，学生必须把自己头脑中涌现出来的所有想法先不做评价，尽可能集中起来，从多种角度的各种想法中，制定出标准，然后在应用中再修改完善。那些比较型问题也是这样，先制定比较的标准，再进行比较。

第三类问题是选择可以进行发散、变通、重新组合的教学内容与材料进行提问，以培养学生思维的独创性主要体现在：学生对尚未涉及过的问题提出自己独特的看法，或者对尚未涉及过的材料提出有新意的问题。这些新看法、新问题必须符合流畅性、变通性与新颖性三个指标。教学中区别这种问题的难度是比较大的。因为：①学生对历史问题的看法有时虽然与课本及教师讲授不同，但常常受传统观念或经验支配，要求学生自己能判断哪些想法不是自己分析想象的思考结果，而是来源于过去经验，或家庭社会的影响，不是一件轻而易举的事情。② 学生思维的独创有时并不完全看其结果，而应注重过程，因此教师需要长期的实践经验，才能判断学生的回答是否具有独创性。如现在初二年级的学生对“蒋介石”的评价可能来自他自己的思考，也可能来自家庭或社会的观念，因此，教师的充分准备就显得十分重要。

上述三种类型在教学过程中常常相互渗透，一节课中也可能同时使用，这三类问题就构成了以“问题解决”为中心的教学模式。

3. 教学操作程序及结构。教学以教师和学生在教学过程中的相互作用为基础。教和学各有一套独立的活动，构成教学活动这个整体。中学生已经具有较强的学习能力，如果在学生进入初中时就注重培养学生的自学能力，许多问题就可以让学生自己去解决。这样可以节省许多有效时间，这是完成该模式教学的重要条件。只有将大量机械的、较机械及属于低水平（如小学水平）的学习，让学生自己去完成。才能充分利用课堂教学的时间，完成既培养智能又掌握知识的双重目的。因此，该模式特别强调学生学习贯穿于课堂教学前后的所有有关学习进程之中，其程序如下：

（1）教学规划阶段。教师确定单元及课堂教学目标体系，选择教学方法，准备教学过程中所需的资料，备好各类各成系统的问题，并且指导学习预习。学生通过自学了解课本知识概况、提出各类问题、尝试解答问题。在这一阶段教师的工作最复杂，而学生自学水平也是上好课的基础。

（2）教学实施阶段。包括情境创设、问题系统化、问题解决与能力训练四个过程。教师首先要创设情境，然后在组织学生讨论的过程中，将学生提出的各种问题具体化、系统化明确学习的目标，然后通过引导启发、讲解示范及组织讨论等方法解决问题，最后教师提供变式进行能力训练，并达到巩固知识的目的。在这一过程中，学生应积极呈现问题，参与讨论、尝试解答、认真思考。

（3）教学总结阶段。教师提供学生进行反思的步骤、方法，引导学生反思自己在课堂学习全过程听内隐与外显学习行为，并考虑如何修正行为。同时教师创设新的情境激发学生再进行新一轮自学的兴趣，且将反思的结果在新一轮学习时对自己的学习行为进行修正，这一过程也是提高学生自我监控能力的重要一环（见附表）。

（二）以“观念理解与应用”为中心的教学模式

1. 前提与特点。人们在思考某一特定对象、解决特定问题时，总要自觉或不自觉地运用一定的观念。历史学科中主要指以历史哲学为核心的社会意识。历史学科中主要指以历史哲学为核心的社会意识，特别指政治、法律、经济、国际关系、文化思想等这些系统化、理论化的观念形态。这几年的许多研究者往往将那些唯物史观的规律、概念，简单地看成历史思维方法，或者将历史思维方法等同于唯物史观的理论。其症结在于没有理清知识、方法、观念之间的关系。我们认为观念与知识既相联系又相区别，有时它就是知识的一部分。但有时，某一思想观念一旦形成，往往成为人们分析、论证和评价事物的主观框架或观念模型，因而具有一定体系的知识规律可以内化成观念，而观念的外化都又可以形成思维方法。当然这种内化与外化的过程是比较复杂的，因此以“观念的理解与应用”为中心的教学模式有其自身的特点。

第一是它的形成过程比较复杂，既要有一定的知识为基础，又要以一定的能力为基础。第二是它涉及社会经验的积累。学生对一些观念的思考如果没有达到一定的程度，很难彻悟内化，只能形式上模仿而已，因此，通过几节课教学恐怕难以达到目的。第三是它的形成过程必须有学生自我意识的参与，需要学生有正确的能持久的沉思习惯、讨论习惯，这对学生思维的批判性要求很高。第四学生对观念的理解与应用具有较大的差异，这种差异是评价观念理解层次标准的决定因素。

2. 教学操作程序的结构。以“观念”为中心的教学模式有两种程序，一种适合于对某一种“观念”进行分析、理解与掌握，另一种适合于对多种“观念”进行评价分析，这一模式对学生要求较高。

(1) 单一类型的模式。在教学规划阶段，教材与教学大纲在历史知识的安排上有体系与层次，目标明确，而对于各种观念只列出一些原则。教师首先要依据学生年龄特征与教材特点，将各类观念目标系统化、层次化，课前再依据目标选择各种资料，作为应用观念的范例。在教学实施阶段，教师首先要创设情境，直接呈现“观念”来解决问题。接着引导学生对“观念”本身质疑、分析，促使学生沉思，并写好可能的答案，理清思考的全过程。并且组织讨论、辨析，最后总结“观念”的整体框架，此外在以后的教学中，还要不断提供不同的变式，让学生依靠第一课中形成的思考程序进行反思、应用，最终才能使学生真正理解与掌握观念。

(2) 多种观念类型的模式。本模式应当是学生在掌握一定的观念理解与应用的方法之后进行的。这种模式并不要求学生去掌握模式中涉及的每一种观念。在教学时，教师应明确学生可能掌握的程度。第一，呈现资料或事实并从不同角度进行示范分析，然后总结归纳成不同角度的结论，并详细指出这些角度与结论属于什么理论观念。第二，提供新资料或事实，并由学生质疑，尽可能多地从不同角度提问，由教师引导学生在讨论过程中归纳问题，比较不同“观念”的异同，分析各种观念的定义标准。第三，由学生进行反思，思考观念形成的方法并理清自己理解的观念。

(三) 以“方法的掌握与应用”为中心的教学模式

1. 方法的类型分析。历史教学过程中，学生要掌握的方法很多，可以分为一般方法，即各学科都相通的预习、提问、解答、讨论等方法；逻辑思维方法，即分析与综合、比较与归类、抽象与概括、归纳与演绎以及系统化与具体化十大方法。思维的过程实质上就是运用这十大方法去认识客观现实的过程；最后是历史学的专业方法，如史料分析、考古调查、资料查寻、撰写研究报告与论文等等。

以掌握“方法”为教学目标的模式与前两种模式有着密切的联系，在前两种模式中大量运用了一些具体的方法，因此，方法的掌握显得尤其重要，应当从小学生进入中学时就开始对他们逐步进行训练，教师在组织教学时应当特别记住：这种模式是以掌握“方法”为主要目的，应对学生在知识方面出现的错误不做严格要求，只要适当指出就行了。

2. 教学操作程序的结构。不论哪一种方法都是在训练过程中形成的，但是训练的过程不同于机械的重复。制定教学目标时，同样需要有针对性的方法目标体系，教学过程中，首先是呈现问题，如果是教学生提问的方法，同样要让学生了解教师提出问题的过程，并体验到自己为什么提不出问题的感受。其次是教师呈现方法，通过示范，让学生了解“方法”动作的全过程，最后让学生尝试练习，并让学生自己总结运用方法应注意的原则。

以上三种教学是一个整体，以“问题”模式为核心。在具体实施过程中，要研究出不同教学内容最适合的模式，并要编写出每学年(学期)教学目标体系与评价体系。这种目标与评价体系应以“问题解决”“观念理解与应用”及“方法掌握”为第一维度，以思维五品质为第二维度，这项艰巨的工作是进行历史思维能力教学的基础。我们对培养学生思维品质的教学模式研究与实践才刚刚开始，尤其对后两种模式的研究还很缺乏。因此今后的道路还很漫长，然而我们方向既明，就会沿着这条旨在发展学生智能，提高学生人文素质的道路，坚定地走下去。

参考文献

[1] 拙文《培养发展历史思维能力的整体教学策略实验》，《中学历史教学参考》，1995 年第 11 期。

[2] 丁证霖、赵中建等编译《当代西方教学模式》，山西教育出版社，1991 年 3 月第 1 版。

[3][4] 林崇德《学习与发展》，北京教育出版社，1992 年 10 月第 1 版，第 152 页、第 134 页。

[5] 拙文《历史的理解与理解历史》，《中学历史教学参考》，1995 年第 9 期。

[6] 刘芃《历史学科考试测量的理论与实践》，人民教育出版社，1996 年 1 月第 1 版，第 10 页。

[7] 束鹏芳《试述中学历史教学内容的改革》，《中学历史教学》(广州)，1996 年第 4 期。

[8] 许明《英国中小学历史教学简述》，《课程、教材、教法》，1996 年第 1 期。

附表

“问题解决”课堂教学模式结构示意图

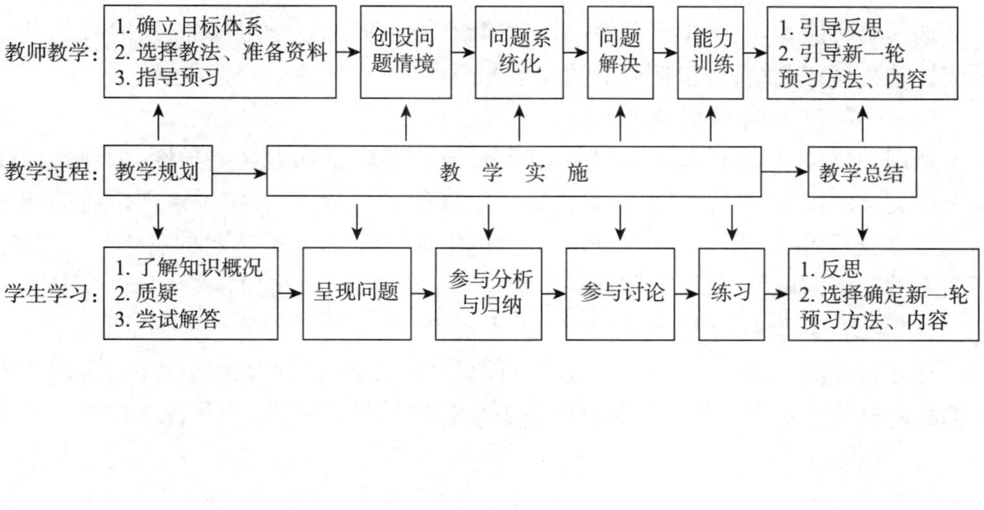

中学地理学科能力的构建与培养

孙　进

素质教育意义上的学科教学，根本目的在于促进学生知识技能、智能水平和人格品质三方面的充分发展，而学科能力作为学科教学和学生智能发展的结晶，在学科教学目标中居于中心地位。这不仅是因为学科能力必须以学生的学科知识经验为中介，因而发展学科能力必然促使学生形成学科知识体系；而且因为学科能力是一种与非智力因素紧密相关的综合心理特征，学科能力获得发展的同时，学生的人格品质也可能获得良好的发展；更重要的还在于，学生运用学科知识解决问题以及掌握学习与学科有关的新知识，都需要依靠学生拥有的学科能力，从长远看，各学科能力综合构建的学科能力体系，是学生走出学校后继续学习的能力基础。

尽管学生能力的发展已经得到教育界的普遍重视，但从事学科教学的广大教师，对学科能力的概念、内涵、结构和培养途径等方面的认识，还十分肤浅。地理学科受多方面因素的影响，在学科能力的研究上则几乎是一片空白，既缺少理论上的探讨，更少见教学中的自觉实践。

有鉴于此，笔者近年在研读林崇德教授的学科能力发展理论基础上，结合自身的教学活动，对“中学地理学科能力的构建与培养”这一课题作了一些初步的思考和探索，以下是几点尚不成熟的认识，抛砖引玉，希望引起各界对地理学科能力的更多关注。

一、地理学科能力的含义

地理学科能力，是学生成功解决地理问题（或完成地理学习任务）所表现的良好适应性的心理特征结合，包括以下的三个方面：

（一）地理学科的特殊能力

地理学科，主要研讨地理事物的空间分布、相互联系和地区差异性，探寻地理环境发展变化的规律及其人类的正确关系。这样的学科特点，决定了地理信息的获取与理解、地理事物的观测与计量、地理问题的发现与解决、地理工具的制作与运用、地理演变的预测与评价，成为地理学科区别于其他学科的特殊能力。

（二）学生学习地理过程中的智能成分

这些智能成分，既与地理学习过程中的思维特性相关，同时也与学生自身的个体思维品质有关。地理作为中学课程体系中综合性最强的学科，涉及自然和人文两大知识领域。认识地理事物和现象，有赖于学生的物理认知能力，也离不开学生的社会认知能力。研讨地理问题，则往往更多地需要形象逻辑思维和抽象逻辑思维相辅相成的共同参与。这样，地理学习过程中就必然反映出学科独有的思维特性。在另一方面，学生的思维活动，在深刻性、灵活性、独创性、批判性和敏捷性五方面思维品质上，有着明显的个性差异，这种差异直接确定着每个学生地理学科能力的水平。

（三）学生学习地理的学习能力、学习策略和学习方法

它们与其他学科之间都存在一定的区别。以学习策略为例，在历史学习中，阅读策略、问题解决策略和元认知策略的作用较大，而在地理学习中，知觉策略、记忆策略和元认知策略起着重要的作用。另一方面，学生个体之间，在学习能力、策略和方法上也存在一定的差异，这种差异同样是地理学科能力差异的表现。

以上三个方面，在实际的学习过程中，总是交融在一道，并最终通过学生的学习能力反映出来的。三个方面都包含了地理思维能力，从不同的角度，地理思维能力呈现出不同的特征。事实上，任何一种学科的能力，都要在学生的思维活动中获得发展，离开思维活动，无所谓学科能力可言。因此可以认为，地理思维能力是地理学科能力的核心。

二、地理学科能力的构成

中学地理学科能力，应当是地理学科的特殊能力与中学生思维能力品质的有机融合。而地理学科的特殊能力，反映了地理学科特殊要求和特殊问题，因而是地理学科能力的关键部分。我们认为，就目前的中学地理教学而言，阅读理解、空间想象、地理解释、预测评价四项能力最能体现地理学科特点和地理学习特点，它们是中学地理学科能力的基本构成。

可能有人主张记忆能力也应列入地理学科能力的组成，因为记忆对于地理学习来说，确实所起的作用很大。不过，我们认为，记忆对任何学科的学习，都是一种不可或缺的能力基础。尽管地理记忆有一定的特点，但地理记忆的基本原理和方法，与其他学科的记忆却没有多少区别，因而不能将其列入地理学科能力。问题解决能力，也可以称为应用能力，即指学生将所学地理知识、原理运用于解决新出现的地理问题的能力。应当说它也是带有地理学科特色的基本能力之一，但考虑到解决地理问题的过程实际上是地理学科能力的综合运用过程，因此问题解决能力（应用能力）不应与其他四项学科能力相并列，也不属于地理学科能力的基本内容。地理学习中，绘制和使用地图、操作地理仪器、进行地理计算、乡土地理考察等等的活动，对学生的动作技能有一定的要求。虽然动作技能也受学生思维活动的影响，但总体来说，动作技能的智能成分很少，所以我们一般也不将其列为地理学科能力的内容。

学科能力的核心是思维能力，而人类的思维是语言思维，语言是人们进行思维的最重要的工具。因此，在对地理学科能力进行研究时，应当注意到语言能力的特殊作用。这里，学科能力与思维能力、语言技能和动作技能四者之间的关系可以用下图来表示。

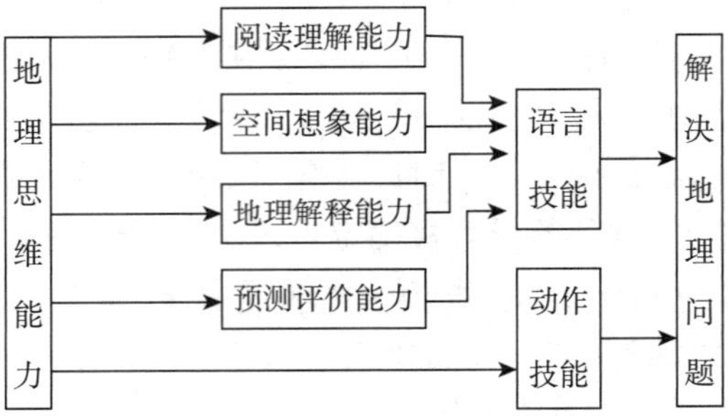

地理学科能力与思维能力、语言技能、动作技能关系示意图

三、地理学科能力的内容

（一）阅读理解能力

地理阅读是指学生收集事物的有关形态、位置、联系、运动和变化等地理信息的过程。我们认为，它不仅包括对地理教材、地图、示意图、景观图、地理表格等书面材料的阅读，而且也包括实地或者通过幻灯、投影、模型等直观教具对地理事物和现象的观察。因为观察与阅读书面材料在本质上都是获取地理信息的手段，只是具体渠道不同而已。

仅仅是获得信息，对地理学习来说是没有多少价值的。地理阅读的核心是理解，即领会地理信息内在的意义。按照对意义领会深度上的不同，阅读理解能力可以分为不同的层次。较浅层次的理解是理清观察材料各部分之间的关系，对每一部分的内容作简单概括；较深层次的理解则是对材料作进一步概括，提炼出材料的本质或中心内容。

（二）空间想象能力

地理科学研究的地理事物与现象都具有一定的存在空间，相互之间还具有空间联系。我们在同一时间里不可能将各类空间一览无余，即使是一个小小的局部也不可能一目了然，更有地理学科涉及的天体世界、地球内部等空间，学生根本不可能直接观察。但是学生仍然有可能，通过某些途径认识各种地理事物和现象的空间分布与空间联系。这一方面依赖于学生已经获得的有关地理的知识经验，另一方面依赖地图、示意图、模型、地球仪等直观教具的运用或者教师形象生动的语言描述，而真正起关键作用的还是学生自身的空间想象能力。

地理空间想象能力主要体现在，对三维空间中的方向、方位、形状、大小等空间观念的理解水平和空间位置的想象变换上。比如，等高线地形图虽是平面图形，但它反映的却是一个有方向、有方位的三维空间，图中的每一处地形都是有高度、有形状的，能否在学生的头脑中形成对应于这幅图的立体的地理表象，取决于学生是否具有一定的空间想象能力（当然，学生必须要懂得等高线图的有关知识）。有些情况下，需要学生将地理空间信息的表达形式加以变换，比如教学中经常遇到的图文互换。这种变换能力,实际上是空间想象能力的一种特殊体现。

（三）地理解释能力

地理学习最重要的内容之一,是学生通过学习,不断对地理事物的分析、地理现象的产生、地区地理特征的形成等等,作出相应的解释。解释总是从分析开始,以分析为基础的。学生通过分析,将复杂的地理事物或现象,分解为简单的要素,分别加以认识和思考,目的在于透过表象以把握其内在本质;然后通过综合,将各个部分的特征结合起来,揭示出地理事象的总体特征。

地理学科能力体系中的解释能力,其水平高低,首先表现在作出的解释是否具有逻辑上的合理性和地理学科的科学性。其次表现在解释能否揭示地理事象的本质特征,能否发现地理事象分布、演变的根本原因。由于地理事象的复杂性和地区特征的整体性,解释的综合程度成为衡量地理解释能力水平高低的重要指标。按综合程度,解释能力可分为三个层次:(1) 复述。即用自己的语言重复教材或者教师、其他同学对地理事象本质特征的解释;(2) 解释。指阐述某一具体地理事象的本质特征;(3) 综合解释。指对有相互关联的多种地理事象进行综合分析与归纳,比如综合解释北纬 30°～40°大陆东西两岸气候差异与南北纬 40°～60°大陆东西两岸气候差异之间的共同原因。

（四）预测评价能力

在中学地理教学中,培养学生的地理评价能力是地理学科体现社会价值的必然要求。地理评价能力主要包括预测和评价两个方面。预测是从科学人地关系的角度对人类行为带给环境的可能影响作出估计,评价则是运用地理学科基本原理对这种影响的评价和论证。预测是评价的条件,评价是预测的进一步发展,它们的共同作用,为人类选择自己的行为提供科学的依据。比如:全民炼钢、围湖造田、向大海排污、建设三峡工程、山西重点发展造船工业、农村大力发展沼气等等行为,是否可行?是否合理?简单的判断是不行的,必须对这些行为可能产生的经济效益、社会效益进行预测,对环境可能出现的反馈作用作出充分估计,并以工业区位理论、人地关系理论、生态理论、可持续发展理论等理论为指导,进行正反两方面的论证、评议,在此基础上选择的行为和措施,才是科学而合理的。

这里,预测和评价的核心是地理思维方式的应用,即用综合的、联系的、区域的、战略的以及立体的思维方式,认识人类与地理环境的相互关系,评价人类行为的合理性,预测人类行为对地理环境的可能结果,选择解决地理问题的适当行为。当然,这样的思维方式,在根本上还属于辩证唯物主义的哲学思维方式。比如,有“鱼米之乡”的江苏农村,能否沿用珠江三角洲的“基塘生产”模式发展生态农业?对这一问题,学生之间的争议很大,有学生简单回答能或不能,而更多的同学注意到两地地形、气候以及农业品种上的差异,认为江苏如果也搞“基塘生产”,在塘基种植的品种上以及相关的副业、乡镇工业项目上,都应有别于珠江三角洲地区,照搬照抄可能出现投入高而产出低的结果。这部分学生较好地运用了地理思维方式,因而很明显,作出的预测和评价有较高的可信度。

四、地理学科能力的结构

阅读理解能力、空间想象能力、地理解释能力和预测评价能力共同构建的地理学科能力，以思维能力为核心，并且从深刻性、敏捷性、灵活性、独创性和批判性五项思维品质上，体现出学生间地理学科能力的个体差异。这样，四项学科能力与五项思维品质组成二十个交结点，便形成了中学地理学科能力的基本结构。

中学地理学科能力的基本结构

思维品质	学科能力			
	阅读理解能力	空间想象能力	地理解释能力	预测评价能力
深刻性	(一) 阅读： (1) 对文字材料能准确划分层次，概括每层含义； (2) 能从图像材料(含地理考察和直观教具)准确获取地理信息； (3) 能对材料进行地理要素分析； (4) 能概括材料的实质； (5) 能将多种材料进行比照分析。 (二) 整理： (1) 能正确编写文字材料的提纲； (2) 能准确将图像材料的信息用文字表达； (3) 能按照要求编写比较、综合等表格； (4) 能根据需要查询资料用于材料分析。	(1) 能借助地图、示意图或文字描述，想象地理事物的空间分布和空间联系； (2) 能借助地图、示意图或文字描述，想象地理事物的空间运动过程； (3) 能准确描述自己的想象。	(1) 能正确复述教材或教师对地理现象或材料的解释； (2) 能对地理现象或材料进行结构性解释； (3) 能对地理现象或材料进行实质性解释； (4) 能解释不同地理概念、不同地理理论之间的异同和相互关系； (5) 能对多种地理现象或材料进行综合解释。	(一) 预测： (1) 能根据地理理论，正确预测地理事物的演变方向； (2) 能运用科学人地关系理论，预测人类行为与地理环境之间可能的相互影响； (3) 能充分列举用于验证有关地理预测的相关材料； (4) 能用适当形式表达自己的地理预测。 (二) 评价： (1) 能对地理预测适当进行评价； (2) 能对解释同一问题的不同方案进行分析、比较，选择其中的最佳方案； (3) 能对他人的预测进行评价。

续表

思维品质	学科能力			
	阅读理解能力	空间想象能力	地理解释能力	预测评价能力
敏捷性	(一) 阅读： (1) 能迅速顺利读完文字材料或迅速获取图像材料反映的地理信息； (2) 能迅速找到文字材料中的关键字词或关键语句； (3) 能熟悉掌握基本要领，并用于分析文字或图像材料； (4) 能迅速把握材料实质； (5) 能熟练使用工具书查找有关资料。 (二) 整理： (1) 能够迅速列出提纲； (2) 能迅速形成表格。	(1) 能在获得图像或文字信息后，迅速形成有关的空间想象； (2) 能迅速找到适当方式描述自己的想象； (3) 根据要求，能迅速将空间信息变换表达方式。	(1) 能迅速复述教材或教师的解释； (2) 能迅速对地理现象或材料作出解释； (3) 能迅速根据需要组织材料用于解释； (4) 能迅速用适当方式阐述自己的解释。	(一) 预测： (1) 能迅速作出预测； (2) 如果需要，能迅速阐述预测的材料依据。 (二) 评价： (1) 能迅速对预测作出评价； (2) 能迅速说明评价的理论依据； (3) 能迅速对他人预测的正确性作出判断。
独创性	(一) 阅读： (1) 能在阅读(含考察、观察)过程中有与众不同的发现； (2) 阅读同一材料或考察、观察、观察同一现象，能提出与众不同的结论。 (二) 整理： (1) 能运用独特的方法整理知识； (2) 能使用与他人不同的工具书或资料，用于满足补充阅读材料的需求。	(1) 同样条件下，能形成与众不同的空间想象； (2) 能用独特方式表达想象的内容； (3) 对他人想象的内容，有自己独特的见解。	(1) 能独立分析地理现象或材料，提出自己的解释； (2) 能对他人的解释作出评价，决定是否采纳他人的观点； (3) 能提出与众不同的解释； (4) 能采用独特方式，表达自己的解释。	(一) 预测： (1) 能从独特角度分析地理事物的演变或人类行为的后果，形成与众不同的预测； (2) 能用独特形式表达自己的预测。 (二) 评价： (1) 能对普遍认同的判断结论，提出与众不同的见解； (2) 能对某一解决问题的具体方案，提出独特的修改建议。

续表

思维品质	学科能力			
	阅读理解能力	空间想象能力	地理解释能力	预测评价能力
灵活性	(一) 阅读： (1) 能根据不同的图像或文字材料，选择不同的阅读方法； (2) 对根据需要对同一材料从不同角度、不同层次进行概括分析； (3) 必要时，能将地图、示意图等图像材料简化、变化，以便于阅读理解； (4) 能将地理考察或观察地图、模型、幻灯等直观教具所得结果，转换为文字叙述形式； (5) 能对不同类型的材料进行对照分析。 (二) 整理： (1) 能根据不同要求编制表格或提纲； (2) 能根据阅读需要，查询有关资料。	(1) 能适应地理事物空间关系的不同表现形式，形成空间想象； (2) 能灵活改变空间信息的表达方式； (3) 想象遇到障碍时，能灵活改变想象的方向和内容； (4) 能灵活选择表达自己的想象的具体方式。	(1) 能从不同角度对同一地理现象或材料，进行解释； (2) 能灵活运用地理概念、地理理论解释地理现象或材料； (3) 能解释文字地图、表格等不同形式的地理材料； (4) 能根据需要将地理材料进行形式变换； (5) 能从不同角度、不同层次，对多种地理现象或材料进行综合解释； (6) 能灵活使用工具书，查阅补充资料用于解释。	(一) 预测： (1) 能根据同一地理事物或同一人类行为在不同环境中的具体情况，预测事物和环境发展变化的可能结果； (2) 如果需要，能通过查询资料，补充有利作出预测的材料； (3) 能用不同形式表达自己的地理预测。 (二) 评价： (1) 能从不同角度分析自己所作的预测； (2) 能评价他人所作的预测； (3) 能指出解释问题的最佳方案存在的不足。
批判性	(一) 阅读： (1) 能根据需要，自己调整阅读方法和进度； (2) 能及时反思阅读中的问题，不断修正自己对阅读材料的理解； (3) 能通过相互比较，判断自己的分析、概括正确与否，自觉坚持或否定自己的理解。	(1) 能主动形成与地图、示意图或文字描述有关的空间想象； (2) 能用清晰而有条理的语言描述自己的想象； (3) 能通过与他人的交流，发现和纠正自己想象中的谬误。	(1) 能主动将自己的解释与他人作比较，发现自己的长处或不足； (2) 能敢于承认自己的解释的不足甚至错误； (3) 能在阐述过程中，反思自己的解释，并根据需要作出调整或重新解释； (4) 能自己选择或调整表达解释的具体方式。	(一) 预测： (1) 能自己确定预测所依据的现象和材料； (2) 能在阐述过程中，反思自己的预测依据、思维过程和预测结果； (3) 能主动将自己的预测与他人作比较，发现长处或不足。

续表

思维品质	学　科　能　力			
	阅读理解能力	空间想象能力	地理解释能力	预测评价能力
批判性	（二）整理： （1）能自己设计或修改提纲或表格； （2）能控制自己，围绕需要查询资料。			（二）评价： （1）能自己确定评价自己或他人的预测所应依据的地理理论； （2）能通过与他人的比较，对自己评价的正确程度作出判断； （3）能反思自己对解决问题最佳方案的选择，必要时能主动重新选择。

五、地理学科能力的培养

地理学科能力培养是一个系统工程，涉及地理课程结构、教材内容与编排形式、教学模式和教学方法、教学评估及测试体系等众多方面。这里我们主要关注在中学地理教学活动中的地理学科能力培养问题，我们认为应当特别重视三个具体环节。

（一）教学目标

培养地理学科能力，首先需要师生从根本上改变对地理学习的不正确认识，明确地理学习不仅仅是获得地理知识和地理技能，更重要的是发展学生的地理学科能力。学生经过一节课或一章一节的学习，不仅应当清楚自己掌握了哪些地理概念、地理原理，更重要的要体会到自己在阅读理解、空间想象、地理解释和预测评价等能力方面的提升，表现出学习新知识、解决新问题能力的增强。换而言之，学科能力应当与知识目标融为一体，共同构成具体的教学目标。

学年或者学期教学目标设计的内容与地理学科能力结构表中的内容相似，但有两点需要特别注意：

第一，学年或学期目标中的各项学科能力要求，应与各年级的具体知识要求有机结合。比如，初一年级阅读能力在思维深刻性方面的发展目标为：（1）能够理清教材的层次关系，概括每层的含义；（2）能够掌握地图、示意图、景观图及地球仪的阅读、使用方法，从中获得主要地理信息；（3）能够准确阐述地理概念的实质，正确使用地理概念进行分析归纳；（4）能够对地区或国家的主要地理特征进行位置、地形、气候、资源、经济等要素分析；（5）能够通过查阅有关资料，归纳某一地区或国家的主要地理特点；（6）能够依据教材填写填充图或不同地区比较表。

第二，目标制定要考虑到学生能力发展的年龄特征。由低年级到高年级，总体来说，学生的能力是按照学科能力结构表，由上而下、从左向右的顺序逐步发展的，每一年龄阶段能力发展的侧重点都不尽相同。比如，初一年级学生在阅读能力方面的思维批判性品质要求就较低，主要要求在阅读时能发现自己思考问题的速度和准确性上与其他同学的差异。而同样的方面在高一年级则要求为：阅读时能反思自己思考问题角度、方法以及理论依据上与他人的差异。

课时教学目标从属于常年或学期学科能力培养目标，同时又与每一课的知识结构密切相关，因此课时目标陈述必须具体而富操作性。比如，初中地理第二册第十二章《西亚和北非》第一节《地理位置和自然环境》一课的地理解释能力训练目标，可以制定如下：目标一，复述本区地理位置的特点及其交通地位的重要性；目标二，解释本区自然环境的主要特征；目标三，综合解释西亚和北非合为一章讲述的原因；目标四，评述尼罗河谷地和两河流域分别成为古代埃及文化和巴比伦文化摇篮的主要原因。这里的四项目标，水平逐步升高。达成目标一、二是本节课的合格要求，其中目标一需要学生空间想象能力的参与。目标三对学生的概括能力和综合能力有较高要求，达成可以认为解释能力达到良好水平。目标四与学生思维的深刻性和独创性关系密切，达成有较大难度，可定为优秀水平。

（二）教学方法

与传统教学明显不同，以培养学科能力为中心的地理教学，特别强调教学的过程本质上是教师指导学生学习的过程。教学方法可以多种多样，但在操作要求上却有不少相同之处。

第一，导入新课后，应及时呈现阅读理解、空间想象、地理解释、预测评价等方面的教学目标（或学习目标），同时指出各级目标的难度。目标阐述具体而明确。可能情况下，目标尽量采用问题形式，以引发学生的探究欲望和激发学生进入积极的思维状态。

第二，课堂教学的大部分时间应当用于具体指导学生的学习活动，要重视教给学生阅读、概括、分析、推理的基本方法，重视引导学生的思维活动向纵深发展。

第三，教学过程中，教师应重视对学生课时目标达成水平的形成性评价。传统地理教学中，教师一般只在新课结束讲解后，安排一定数量的问题，用来测试教学的效果，极少在学生的学习过程中评价学生的目标达成情况，这不利于学生学科能力的培养。不仅是因为不能反馈学习状况，因而也不能及时指导学生的学习行为。更主要的是因为学科能力总是在学习活动过程中显现出来的，学科能力的许多方面，在学习活动结束之后很难用测试手段来评价学生的水平。

第四，新课学习结束，教师应要求学生对照学习目标，反思自己的学习过程，对学习过程中遇到困难的问题重新思考一遍，最后自己总结学习目标完成情况。在此基础上，教师可灵活选择提问、填表、出选择题或判断题等方式。对学生学习目标达成情况作测试。测试要尽量采取教学目标的变化形式，以提高测试结构的信度。教师依据测试结果和学生的自我总结对学生进行评价时，应特别注意指出学生学习能力上的具体不足和以后改进的方向。

（三）问题设计

以学科能力培养为主要目标的地理教学，要求每一课时的教学活动，都应围绕一些问题展开。因为问题是思维活动的载体，而思维能力是学科能力的核心。教师对教学中提出的问题，课前要经精心设计。设计应当考虑的因素很多，比如：(1) 所提问题与哪些知识要求相关？(2) 所提问题与学生已有的哪些知识间具有联系？(3) 从学生现有能力基础看，学生回答所提问题有无太大困难？是否需要降低难度或将问题分解开来？(4) 所提问题主要对学生哪一方面的学科能力提出了要求？这样经过多方面综合考虑设计出的问题，才可能有效地将教材中的陈述性知识转化为学生学习中的程序性知识，既符合学生的学习实际，又符合学科能力发展的要求。

除考虑问题本身的内容以外，设计问题还需考虑问题回答的形式。同样的问题，是个别回答还是集体回答，是阅读教材后回答还是小组讨论后回答，表面看最终得到的答案可能并没有什么两样，但由于不同的回答形式，学生的参与性和具体的思维过程不一样，对学科能力培养来讲，效果便可能大不相同。不少教师教学中急于让学生找到所提问题的正确答案，总喜欢用个别回答或集体回答来处理几乎全部的问题，大多不愿意也不善于组织学生对 问题进行讨论。其实，对于一些有较高综合性或者对学生思维的独立性、批判性等思维品质有较高要求的问题，讨论才是通过回答问题发展学科能力的最佳形式。

Improving Our EFL Listening

Ye Ningqing(叶宁庆)

1. The Goal of Listening

In the teaching of English there are four important skills for students to master: reading, writing, listening and speaking. I have placed them in order of the ease of learning. However, for the learning of a foreign language it is best to emphasize speaking and listening before reading and writing. Modern English teaching methods usually begin with teaching students to speak English and to listen to others speaking in English. The ability to listen and understand spoken English is the second important skill for young learners of English to acquire at an early stage. It opens up a new world to the young students, who can listen to radio programs from the west, and can communicate with visitors to China. The young students who are able to understand a little spoken English will be more eager to speak and express their ideas and feelings in English. Although we spend the greatest amount of time in listening, as Figure I shows, we were neither born with listening skills nor are listening skills a matter of innate intelligence. They are, indeed, like all other skills that must be identified, learned, and practiced before a mastery of the skills can be achieved. Young students learn to speak English in class every day: yet the greatest weakness of students who go abroad is not their inability to speak, but their inability to understand the native's answer. That's not to say that the students can speak better than they can understand. The point is that students can limit their speech to language that they can control, but they must be prepared to understand the unstructured language encountered in the relies. So the goal in listening comprehension is to be able to understand native language at normal speed in unstructured situations.

FIGURE 1 Percentage of Time Devoted to Various Communication Skills

Skills	Listen	Reading	Speaking	Writing
Percentage	53%	17%	16%	14%

Ⅰ. The Nature of listening

Listening is the process of receiving, attending to, assigning meaning to and remembering aural stimuli, as is shown in Figure 2. Through out the listening process, our listening is enhanced or diminished by the efficiency of the sensory system and by the listening objectives which we set for ourselves. The process contains two separate parts—the listening part and the feedback part. A given stimulus can be interpreted in as many ways as there are listeners. Each listener will limit its meaning to fit his /her personal system of categories to encode the message, a listener sends a stimulus that is open to varied interpretations by various listeners. Listening requires active participation. We are active listeners when we make a mental outline of important points and think up questions or challenges to the points that have been made. Even though we might not say anything, we are mentally involved with the person who is talking.

FIGURE 2 The Listening Process

At any step in the process, information may be lost. For example, out auditory system can handle only a certain number of stimuli; we can attend to only a portion of what we hear; we can assign just so many meanings; and there is a limit to how much we can remember.

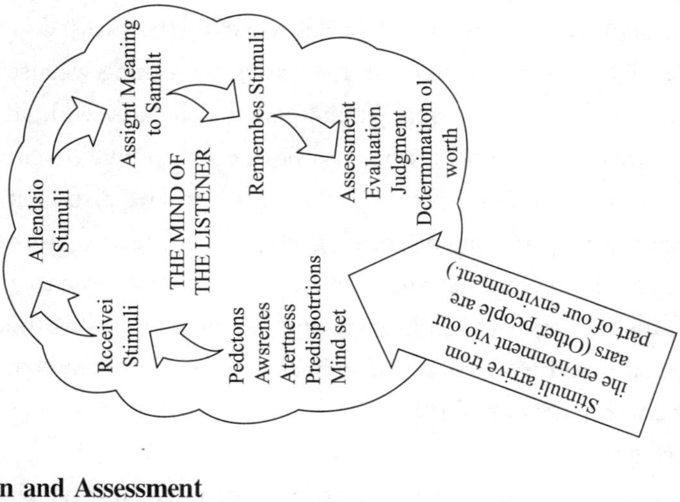

Prediction and Assessment

Before we go into a listening situation, we make predictions about what will occur. Our listening behavior, then, is based on our predictions. After the listening event, we engage in assessment—an evaluation of what has happened. We might have a sense of satisfaction or we might feel upset.

Receiving and Attending to

In any one day, all of us receive far more messages than we need or can process. We hear many messages but we do not listen to all of them. We are able to focus our perception on a particular stimulus in very specific ways, but our attention span is very short. Several factors may determine how much attention we give to messages. First we must be receptive to the speaker. Without a receptive attitude to the speaker, however, not attention will take place and hence, no listening. Another factor affecting attention is mental alertness. There are days when we are too tired or too preoccupied to listen carefully to other people. Psychological state affects attention, too. All of us tune out messages that are threatening to us by refusing to give these messages our attention.

Assigning

Admittedly, hearing is the first part in the process of listening, but listening is more than hearing. Listening is a process of becoming aware of, paying attention to, and interpreting auditory stimuli or raw sensory data. Listening entails consciously perceiving one stimulus or a set of related stimuli from all the auditory stimulations we constantly receive. , and analyzing that sensory information for its intended meaning. Such an analysis involves the content of a message, the source of the message, and our knowledge as the means for understanding the intended message. To assign meaning we must decide what in the message is relevant and how it relates to what we already know. In assigning meaning we also evaluate. We weigh what the speaker has said against the personal beliefs we hold, we question the speaker's motives, we wonder what has been omitted and we challenge the validity of ideas. As well as understanding what was said, we also look at how it was said. We assign meaning to tone of voice, gestures, and facial expressions as much as we do to words. In general hearing is one of the body's five senses, but listening is an art. This distinction between hearing and listening allows us to identify listening as a unique skill and to focus on listening more carefully as we develop our already existing communication skills.

Remembering

The final step in the listening process is remembering, which is a selective process of determining what is important and what is not. While listening, we take notes that help us remember the important points. Tests also help us remember important information. Research studies have shown that students remember more when they know they will be graded on the material.

Ⅱ. Techniques for Effective Listening

Effective listening skills allow students to learn new information, think through issues, and achieve new insights. By allowing others to air their feelings and have their viewpoints heard, effective listening can also reduce interpersonal conflicts and build rewarding relationships. In addition to avoiding the ineffective forms of listening, there are several steps we can take to improve our existing skills.

Concentrate on the Speaker

First, make a conscious effort to listen. Say:"I'm not going to miss a word that is spoken," or "I'm going to drive away all the distractions and pay careful attention to the speaker and the speaker's message. " second, maintain direct eye contact. A speaker's body movements usually contain significant messages that illustrate and clarify the information that is shared verbally. To pay attention to those nonverbal messages will help us make meaning out of what we hear. Third, respond to messages. As a listener, our own verbal and nonverbal feedback will facilitate the speaker's expression of ideas and regulate the flow of information. These suggestions are especially useful for interpersonal interactions wherein our goals are primarily enjoyment and friendship.

When we must listen in group or public communication situations that require us to comprehend and retain information, the following critical listening skills are needed in addition to the interpersonal skills mentioned above, First. Determine the topic in advance, or anticipate what the speaker will say. Seconds detect implications, suggestions. And assumptions in the message. Third, think about what we heard. Ask: "What were the main points, the important points and key ideas?" Finally, memorize the information if necessary.

Avoid Distractions Created by the Message.

Do not become distracted from listening because you agree or disagree or you hear information that produces a strong emotional response. It is important not to become sidetracked by one point or by isolated issues when listening, because you may miss the big picture. Maintain your attention, make a note of the issue that concerns you, and question the speaker after he/she finishes speaking when the opportunity exits.

Detect the Organization of the Message

There are several ways a speaker can organize a public speech to give it internal structure. Become familiar with them, and be able to detect whether a public message is arranged according to a series of subtopics or dates, problems and solutions, causes and effects, advantages and disadvantages, or a combination of these methods. We will be able to follow the speaker and process the information more easily if we can detect the method of organization. Because of our ability to detect the organizational pattern, we will also be able to detect information the speaker may overlook but should address.

Summarize What We Heard

An effective way to remember what you hear is to restate the main ideas while these points are still fresh in your mind. When we receive a set of instructions from only one other person, a set of ideas from a group discussion, or a detailed explanation from a classroom lecture, summarize what we heard either to ourselves, with someone else, or by making written notes. Summarizing and restating the main points will help you remember them. This method is also useful for analyzing the information more completely and for clearing up rough spots while the speaker may still be present.

体育教学中如何培养学生的形象思维能力

鞠年群

学校体育教学模式随着学校教育改革的大潮，也由原先的纯生物模式向多极化模式发展，在运用体育活动来增强体质、促进健康的同时，更注意到了利用体育运动来促进学生心智、心理的健康发展。《运动心理学》指出：如果练习者在体育活动中，没有积极的思维活动，不会取得很好的结果，教师的讲解茫茫只有通过练习者的思维活动，经过分析、综合、深入理解之后，才能迅速而准确地掌握知识、技能。因此在体育教学中要注意对学生思维能力的培养，尤其是对形象思维能力的培养。笔者认为，体育教学中培养学生的形象思维能力可从以下几个方面着手：

一、培养学生的观察能力

《体育心理学》阐明，形成运动技能的心理系统是由三个子系统构成的：首先是反映系统，然后是控制系统，最后是反馈系统。反映系统的主要任务是从外界获得信息（如动作的幅度、速度，身体的空间位置，动作的程序等），并对信息进行初步加工通过这一形象思维过程，在头脑中形成运动表象，为操作系统提供依据。而良好的观察能力有利于个体从外界获得更高的信息。

学生的观察能力受到外界环境以及自身内部因素（情绪、兴趣、意志力等）影响极大。进行体育教学的空间要比其他学科教学所需空间大得多，学生更易受到外界环境的影响。故此上课时首先要给学生创造一个安静、适宜的环境。比如上技巧课时，教师课前选择一块安静的场所，并排放好干净整齐的体操垫，这些都易激发学生的学习兴趣、练习激情。

其次，教师要用正确、优美的动作示范。教师的示范如何，直接影响着学生对动作的认识、理解。而且优美的动作示范易引起学生的学习、练习欲望，提高对自身的要求从而提高观察能力。

最后，从学生的兴趣、注意力方面着手。学生的兴趣、情绪，注意如何直接影响他们的观察能力，因此在教学过程中要注意对学生体育兴趣的培养，常采用的有成功教学法，愉快教学法，教学“引趣”法。比如在准备活动中采用对注意要求较高的徒手操（要求动作新颖、不对称）模仿活动，既激发了他们的学习兴趣又集中了他们的注意力，进一步提高他们的观察能力。

二、培养学生的想象能力

想象是思维活动中最见活力的一个方面，要培养学生的形象思维能力，离开想象不可能取得成效，启发学生想象可采用以下两种方法：

（一）生动形象的语言描述

个体信息的获得，除了通过视觉知觉外，还有很大一部分是通过语言信息获得的。生动形象的语言有利启发学生想象，在脑海中更鲜明地形成运动表象。例如，技巧“鱼跃前滚翻”教学中，教师先用“蹬地如兔跃，手臂比肩高，支撑作退让，滚翻束紧腰”等生动形象的语言描述，给学生建立一个模糊的动作形象，这时再辅以相应的动作示范，学生一下就能把握要点，对动作的程序、结构以及身体在空间的位置状况有一个更全面、更明确的认识。

（二）采用模型演示启发学生想象

在体育教学中，有时一些动作的关键之处学生难以很快领会，使得运动表象的形成延缓，降低了学习效率，这时利用简单的实验更易把复杂的问题讲述清楚。如跳高教学中助跑与起跳结合技术。教师可采用一只排球、两块砖头和一面斜坡做如下实验演示：1. 让球从相同高度的斜坡上自由滚至水平方向，以获得相同的水平速度，分别用一块平放的砖头和两块相叠平放的砖头进行致动，结果两块砖头相叠致动时，球向上弹起的高度大于一块砖头致动时弹起的高度；2. 让球从不同高度的斜坡上滚下以获得不同的水平速度，结果在致动条件相同的条件下，水平速度大时，球向上弹起的高度高。通过这样一组实验，学生头脑中像放电影一样，一下对整个助跑和起跳相结合技术有了一个全面深刻的理解，为尽快形成正确的运动表象从理论上做好了充分准备。

三、培养学生的分析、综合能力

《体育心理学》指出：运动技能的形成除了受情绪、意志、个性等非智力因素影响外，还与旧有知识、经验，以及习惯动作等各种心理定式有关。体育运动中的任何一个动作技术都与物理学、生理学、生化学以及心理学、美学等科目有着紧密联系，这就要求教师不能单纯从身体动作角度去引导学生观察思考，而应对动作原理运用相关知识对动作进行分析，然后再运用这些知识综合思考，这样才能更快、更全面、更深刻地掌握动作技术的本质。培养学生的分析、综合能力可采用以下两种方法：

（一）采用先模仿→再分析→再实践的教学模式。对于一些含有复杂理论的技术，学生往往不能通过教师的示范讲解就能形成正确的运动表象。例如乒乓球教学中发下旋球技术，根据表象加工的原理，首先通过观察获得视觉表象、听觉表象在头脑中形成一个模糊的动作形象。此时我们要求学生先对动作进行模仿，使得运动表象进一步明确。其间他们也许会发出几个带旋转的球。这时可停止练习，在理性认识指导下，让学生进入更高层次的模仿、练习，从而由概括表象发展至包括细节表象在内的正确运动表象。通过这样一个过程也为创造思维打下基础，学生可运动这些基本原理、相关知识想象如何发侧旋球、前冲球。

（二）教师只讲述原理，不示范动作，不讲解动作技术，让学生运用所了解的知识自行想象、练习。这在素质练习中可常采用，例如下肢力量素质练习，教师可只讲训练学原理“刺激→超量恢复→再刺激”。学生动用生理解剖学知识、物理杠杆力学等知识对所需动作进行分析、再综合考虑，并通过练习进一步明确运动表象，这一过程中也离不开抽象思维与创造思维。

总之，体育教学过程中需要形象思维对运动表象进行加工，并在实践中不断明确，最终使运动技能得以形成，可见形象思维在体育教学中极为重要，它是运动技能形成过程中的一个重要环节。只有在教学中充分注意到对学生这种能力的培养、训练，才能提高教学效率，激发学生的学习兴趣和主观能动性，也为学生创造能力的培养打下基础。

参考文献

[1]《体育心理学》，高等教育出版社。
[2]《运动心理学》，西南师范大学出版社。
[3]《体育教学》，1998～1999 年，北京体育师范学院。

注：

1. 运动表象：是指在运动感觉、运动知觉的基础上，在头脑中重现出来的动作形象，它反映动作在一定时间、空间和力量方面的特点，如对身体的位置、动作的幅度、方向、速度的表象。

2. 概括表象：完整技术动作的执行形象，包括动作的主要时机和基本环节。

3. 细节表象：技术动作各环节所特有的时机及其时空、力量因素。

4. 形象思维：它是一个理性认识过程，是人脑间接概括地反映某事物形象本质的过程。

第二部分

思维教育论文选集

教学工作必须着眼于学生全面素质的提高(前言)

沈怡文

扬州中学是建校九十多年的老校,解放前有“北南开,南扬中”之称。历史上扬州中学的办学特色是“高”(办学立意高,师资质量高,学生知识水平起点高);“创”(教学思想有创见,改革教材有创造,研究教法有创新);“实”(让学生切实掌握基础知识、基本技能);“活”(课程设置多样灵活,教学形式生动活泼,自治自学生动灵活)。其中突出的是“办学立意高”,即教师们在教学中不局限于单纯知识的传授,不以考取名牌大学为追求的唯一目标,而是着眼于教书育人,教育学生“正直向上,热于求知”,让学生形成并发展服务于社会的能力。中华人民共和国成立后,扬中于六十年代初期,总结出“四个为主”的经验:学校工作以教学工作为主,教学工作以课堂教学为主,课堂教学以教师讲授为主,教师讲授以教材基础知识为主。“四个为主”是在“大跃进”后中共中央提出“调整、巩固、充实、提高”八字方针的思想指导下总结出来的,是贯彻中央精神的行动口号。它反映了学校教学的基本规律,在当时的历史条件下,是难能可贵的。“四个为主”经验的贯彻执行,保证了教学工作的正常进行,促进了教学质量的提高。党的十一届三中全会以后,为了贯彻“三个面向”的精神,扬中重新认识“四个为主”的经验,在坚持“教学工作为主”的前提下,努力实现三个转变,即教学工作以课堂教学为主转变为课内课外相结合,让学生多渠道、多侧面获取知识;课堂教学以教师讲授为主转变为教师主导与学生主体的统一,调动学生的内在积极性;教师讲授以传授书本知识为主转变为理论和实际相联系,重视实验和社会调查,培养能力,发展智力,增长才干。这样,就正确处理了德智体诸育之间的辩证关系,正确处理了教师和学生、基础知识和能力,理论和实践之间的辩证关系,逐步形成了“一个中心、三个结合”的教学特色。它既是历史上扬中传统的继承、发扬,也为全面实施素质教育打下了基础。

扬中在素质教育方面,具有一定的基础。但是,毕竟出于自发性,还需进一步完善。几年来,扬中从素质教育的思想高度,审视学校的办学传统,在继承传统的基础上大胆创新,在认识和实践方面都取得了长足的进步。大家认为,教学活动是学校的主要活动,从素质教育的目标出发,教学中不仅要让学生具备现代化社会所必须的基础知识和文化素养,而且要让学生形成良好的心理品质,其中包括认知品质、情感品质和意志品质等等。为此,学校一方面坚持以思维教学为核心的,包括教学内容、教学方法和课堂结构模式在内的课堂教学整体改革;一方面坚持课程结构改革,形成了以必修课为主，必修课、选修课、劳技课和活动课相结合的课程结构。扬中的领导和教师们在教改实践中深深体会到，素质教育必须着眼于学生全面素质的提高，同时必须抓住提高学生的认知能力这一主要矛盾。思维能力是认知能力的核心，所以课堂教学整体改革的核心是思维教学。为了提高学生的思维能力，各学科在传授知识的过程中普遍强化了整体性原则。教师在教学过程开始前，认真钻研教材，对本学科知识结构形成清楚的认识，并且帮助学生大致了解这个结构，掌握学习的主动权，以便在教学过程中完成知识的建构。比如，在高中地理的绪论课上，教师就告诉学生，高中地理就是研究人和地理环境之间关系的科学，人类影响环境的能力越来越大，人地关系也为人们所重视；在以后章节的讲授中，教师又多次强调这一观点，使学生对所学的地理知识具有整体的了解。语文教学也实施单元整体教学，将课文、知识短文、写作训练、听说训练看成一个有机的整体，并通过知识迁移、知识转化、分析综合、辐射聚合等途径，优化单元整体教学的效果。与此同时，各科教学十分重视打好基础，讲清基础概念、才可以进行判断、推理，获得对事物的规律性的认识；定律、原理，都是概念间的内在联系，因此，必须重视基本概念的教学。扬中在实践中总结出讲授基本概念若干做法，如阐述法、举例法、类比法、演示法、比喻法、对比法等等。

为了提高学生的思维能力，各学科普遍结合本学科的特点进行教学方法改革的实践。在理科教学中，采用实验探索法。首先根据教材内容巧设问题，使提出的问题能够较好地调动学生的求知欲，激发学生的学习热情。然后让学生思考解决问题的方法，自行设计实验，以获得鲜明的感性认识。在实验的基础上组织学生分析、讨论，通过积极的思维活动去“发现”所要学习的知识。最后，充分发挥教师的主导作用，引导学生将探索所得的知识经过归纳概括，形成理性认识。在语文阅读教学中，广泛采用比较阅读法。例如，在教授《殽之战》时，联系《曹刿论战》《赤壁之战》进行比较，使学生认识这三篇文章的共同特色是重点不在于描写战争的场面，而在于揭示战争胜负的决定因素是民心的向背、决策的正误。通过比较阅读，不但可以温故知新，而且可以使课内外结合，知识得到延伸扩展，有助于训练学生思维的概括性、深刻性、敏捷性、广阔性等。

为了提高学生的思维能力，在各科教学中普遍重视教给学生思维方法。物理老师认为，物理习题千万条，而其分析、研究的基本思维方法只有几条，一条思维方法又适用于多道题目。因此一些基本的思维方法掌握了，遇到生疏的、难度大一点的题目就不会束手无策了。研究、探讨、总结、归纳解答物理习题的思维方法是一件十分有意义的工作。这样做的好处是，可以把学生从“题海”中解放出来，学生有更多的时间、精力从事其他方面的活动，使德智体各方面得到全面发展。于是，他们归纳出解题中七种常用的思维方法，比如从整体和局部的关系上分析、运用关系式分析、运用假设加推理的方法，等等。在化学教学中，老师对学生进行类比、联想、变通思维、逆向思维的训练。比如在学习离子方程式时，学生知道了“$H^{+}+OH^{-1}=H_2O$”表示强酸、强碱中和反应，可以提出问题：强酸、强碱中和反应是否一定需要这样表示？是否这样只能表示强酸、强碱的中和反应？这样学生才会明白 H_2SO_4 和 $Ba(OH)_2$ 中和的离子方程式不这样表示，而 $NaHSO_4$ 和强碱反应，虽属盐和碱的反应，但也可以此式表示。如果再追问一下：$NaHSO_3$ 和 MnOH 反应能这样表示吗？那么学生一定会理解得更为透彻。通过逆向思维训练，可以让学生学得生动、活泼、提高思维的灵活性和广阔性。在高中议论文写作教学中，系统开展思维训练。首先运用心理学、逻辑学、科学方法论等方面的知识、对大量的议论文作品进行分析，从中归纳出议论文写作中常用的思维方法，其中包括逻辑思维、辩证思维和形象思维等，让学生进行单项训练，然后分别介绍在议论文写作的全过程中，在提炼、展开、论证论点时，如何综合运用各种思维方法，并进行相应的训练。

扬中的特级教师张乃达同志从事数学思维教学方面的研究，他在有关论文和著作中系统分析了数学思维的结构，认为在数学教学中必须充分暴露数学思维过程，才能形成和谐的教学结构，发展学生的知识结构和思维结构。这一原则是制定、运用具体教学方法的基础。根据这个原则，张教师提出相应的教学建议：入门教学阶段应积极地进行思维结构的调整，建立起适应新学科特点的思维框架。为此可以采用“程序化”教学方法，通过多次反复，让学生迅速地掌握新学科中最基本的知识、方法和思想。在后继教学阶段，思维结构处于量变阶段，这时思维训练的重点应该是通过变化、引申、发展来丰富、健全已经建立起来的思维框架。因此应该着重发展发散思维能力。复习阶段比平时教学更具有综合性，更强调逻辑思维和直觉思维训练的综合，以及聚合性思维与发散性思维的综合，因此是发展创造性思维能力的大好时机。

扬中总结了各学科教改经验，肯定了在课堂教学的整体改革中，必须抓住发展学生思维能力这一核心，同时必须注意发展学生的观察能力、记忆能力和实践能力，优化学生的认识结构并注意培养学生积极的情感和健全的意志，形成良好的心理素质。审美教育是对学生进行情感教育的重要途径。在课堂教学整体改革中，教师们一方面注意充分发掘、利用学科本身的审美因素，一方面注意按照美的规律组织教学，使教学过程成为审美教育的过程。

扬中在课堂教学整体改革中，还十分强调提高学生的意志品质。教师们重视发掘教材中的思想教育因素，进行爱国主义教育和学习目的性教育，形成“目的性”的品质；培养尊重真理、服从真理的生活态度，形成“独立性”的品质；在教学过程中坚持高标准、严要求，所提出的问题，所设计的练习，都有适当的难度，从而帮助学生形成“坚持性”的品质。由于积极美好的情感以及良好的意志品质的形成，对于促进学生认知能力的发展、开发右脑潜能有很大促进，也有助于学生生理素质的全面发展。事实证明，扬中学生的文化素质、心理素质乃至生理素质在课堂教学的整体改革中都得到了全面、协调的发展。目前正在实施的“早期渗透数学观念教育”实验，也是着眼于学生全面素质提高的一个课题。该课题的设想是：在初中数学教学中，把某些数学观念“灌输”给学生，让他们建立起一个大致的框架，然后在进一步学习中理解、检验、丰富它。这个观念就会作用于学生的数学思维过程，形成思维的监控机制，指导学生的思维活动,掌握学习和思维的主动权。更为重要的是,数学观念的建立,将会影响学生价值观念的形成,从而影响学生的情感和意志,形成良好的心理素质。这项实验已在省教科所立项,扩大到一百多个班级,并取得了阶段性成果。

课堂教学整体改革必然促进课程结构的改革,几年来,扬中在高中开设了文学欣赏、美学基础知识、音乐、素描、微机、无线电、创造教育、数、理、化、史、地等选修课。选修课的开设突破了应试教育的模式,优化了学生的知识结构,为发展学生的全面素质打下坚实的基础。几年来,先后建立了各学科兴趣小组,如天文兴趣小组、书法绘画兴趣小组、创造兴趣活动小组、新苗文学社等。课外活动的自主性、趣味性、实践性,大大发展了学生的兴趣爱好,发展了能力、陶冶了情操。几年来,从初一到高三,开设了工艺制作、食用菌栽培、编织刺绣、篆刻、机械制图、英文打字、钳工、缝纫、摄影、烹饪等劳技课。每门劳技课都做到有大纲、有教材、有计划、有考核办法、有实践基地。劳技课的开设,使学生掌握了一定的劳动技能,培养了实践操作能力和热爱劳动的品格、新生劳动者的美好感情。

课堂教学整体改革和课程结构改革,有力地促进了学生全面素质的提高,近几年来,扬中在市级以上各类竞赛中获奖的学生达200余人次,其中获省以上一等奖的20余人次。扬中由于教改活动的深入开展,促进了教学、科研水平的提高。尤其重要的是,继承、发扬传统,进行思维教育、素质教育已成为全校教师的共识。目前扬中正在组织、实施“系统开展学科思维教育”这一省级科研课题,全校教工决心遵循校友江泽民总书记1992年10月在为母校九十周年题词的勉励:“怀念前贤,激励后昆,继往开来,团结奋进”,为实施素质教育,谱写“育人”新篇章而努力。

关于数学思维教育学

张乃达

一、如何发现问题和提出问题

目前,广大教师对发现法教学已经进行了并正在进行着深入的探讨,我认为,研究发现法教学与发展创造性思维能力的关系应该是这些探讨中的一个重要的方面。为此,谨将个人教学实践中的体会整理成文,以就正于读者——首先,就如何引导学生发现和提出问题,谈谈个人的看法。

发现问题和提出问题,是发现法教学中的第一个环节,同时"意识到并表述出问题"也正是"思维过程的第一个阶段"。

思维总是指向于解决某个任务的,"思维的问题探觅的性质,是思维过程最重要的特征。"只有明确地提出问题,才能使学生产生强烈的兴趣,进而激发起积极的思维。而从众多的材料之中,找到合适的研究课题,也正是科学发现的第一个环节。正如美国著名数学家 P. R. Halmos 所指出,"解决问题的最困难的部分之一,是提出正确的问题。"他还引用了 polya 的话:"你若不能解决,那一定有一个比较容易的问题也能解决,那么你第一位的工作就是寻找它",说明发现问题与解决问题之间的紧密关系。因此,作为培养学生成为"发现者"的发现法教学,首先就要让学生学会提出问题。我们完全可以说,提出问题本身就是一种重要的发现——发现问题嘛!

在发现法教学中,教师的主导作用,首先就在于为学生创造出适合"发现"的情境,让学生看到"诱人的知识前景",进入"愤"和"悱"的境地。要做到这些,就首先要把注意力集中到让学生学会提出"好"的"有价值"的问题这个焦点上来。

遗憾的是,"发现问题"这样一个重要的教学环节,却往往被教师们所忽视,请看如下的教案:

课题:余弦定理。

首先提问:① 三角函数的定义是什么?

② 教师在黑板上作直角三角形 ADB(如图)。

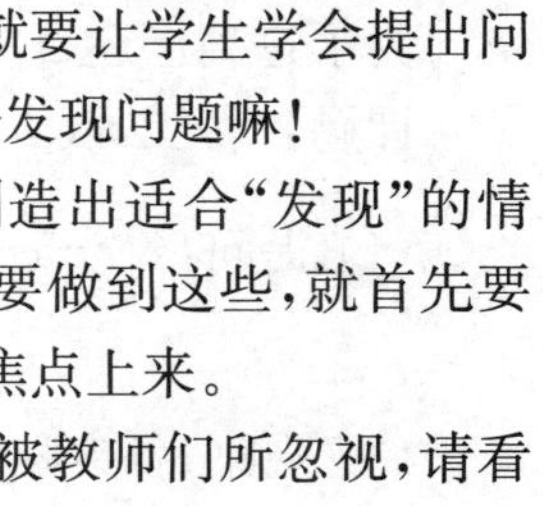

令 $AB=c$,$\angle ADB=90°$,$\angle BAD=\alpha$,

引导学生自己得出:

$BD=AB\sin\alpha=c\sin\alpha$,

$AD=AB\cos\alpha=c\cos\alpha$。

教师再提出这样的设疑：若延长 DA 到 C 使 $AC=b$，连结 BC，量得 $BC=\alpha$，那么在直角三角形 BDC 中，斜边 BC^2 等于多少呢？

$\because BC^2=BD^2+DC^2$，且 $BD=c\sin\alpha$，

$CD^2=(CA+AD)^2=(b+c\cos\alpha)^2$

$\therefore a^2=c^2\sin^2\alpha+(b+c\cos\alpha)^2$

$=c^2\sin^2\alpha+b^2+2bc\cos\alpha+c^2\mathrm{coc}^2\alpha$

$=b^2+c^2+2bc\cos(180°-A)$

$=b^2+c^2-2bc\cos A$.

接着教师宣布：我们“发现”了余弦定理。

笔者认为这里存在的问题是：作为知识探索者的学生，在整个教学过程中，并不知道自己的任务是什么，因而思维就失去了目标。为什么要延长 DA 到 C？为什么要计算 BC？可以说，学生在上述活动中，只是执行教师指令的“工具”，在这种情况下，怎么能激发学生思维的积极性，又怎么能培养学生的思维能力呢？我以为这种“发现法”教学背离了让学生成为知识“发现者”的原旨，因而是值得商榷的。

诚然，漫无目标的试验，有时也会导致科学的发现，但这终究是“小概率”事件。而且随着科学的发展，其概率会愈来愈小，特别是在将发展创造性思维作为教学目的之一的发现法教学中，更应该注意让学生的思维有明确的目的。因此，我认为提出问题这个教学环节，应当达到如下几个目的：

1. 明确研究的课题，并尽可能地说明提出这个研究课题的理由；2. 提出问题的过程应该成为激发学生强烈的求知欲从而“启动”他们积极思维的过程；3. 能为学生进一步学习，创造出良好的情境，酝酿必要的条件；4. 使学生从“发现”问题的过程中学到发现问题的方法。

为了达到上述目的，教师应精心设计提出问题的方案，例如有这样一个教案：

课题：一元二次方程根与系数的关系（韦达定理）

(1) 提问：$x^2-5x-6=0$（解得 $x_1=2,x_2=3$）；$2x^2+5x-3=0$（解得 $x_1=\frac{1}{2}$，$x_2=-3$）。

(2) 观察：各方程的两个根与系数有什么数量关系？

这个教案是通过观察借助于“归纳思维”的方法来提出问题的。这是适合低年级学生思维的特点的，但这并不是唯一的方案，比如我们可以作如下的设计：

(1) 用十字相乘法分解：x^2-5x+6，x^2-2x-8，并进而说明十字相乘法分解二次三项式 x^2+px+q 的要点。

(2) 用因式分解法解方程：$x^2-5x+6=0$，$x^2-2x-8=0$

(3) 进而提出一元二次方程根与系数关系的问题。

我以为这样提出问题有如下的优点：① 经过第一、二步的铺垫，提出三作为研究课题的理由就更充分了；② 顺便也揭示了“十字相乘法”与“解方程”之间的联系。因

此也不失为值得一试的方法。

着眼于课程总的结构，由教师介绍“背景材料”，进而提出问题，是一种常用的方法。大家知道，布鲁纳倡导发现法教学方法的同时，还主张让学生“务必理解该学科的基本结构”。采用这种方法提出问题，就可以使学生了解问题在知识结构中的地位，加深对问题的理解。

例如在《余弦定理》这一课中，是否可以采用如下的程序：

(1) 复习勾股定理，提出它定量地表现了直角三角形三边间的数量关系；

(2) 考虑是否可以将勾股定理推广到一般的三角形中去，由三角形全等和作图的知识可知，三角形的两边及夹角确定以后，第三边就完全确定了，是否可以求出第三边呢？

这就是我们研究的课题，在这里(1)和(2)就是所谓“背景材料”。我们是在旧有的知识基础上，将其推广的可能性作为自己的研究课题的。

同样地对旧知识的“类比”“对比”“归纳”也是提出研究课题的“正当理由”，如马明先生在处理复数开方的问题时，提出了这样的问题：“由于-1开平方，产生新数i；如果再把i、$-i$开平方，是否又要产生更新的数j或k呢？”这个问题简捷地介绍了复数开方的背景，又通过类比把学生的注意力全部吸引了过来，而且使学生学会提出新的研究课题的方法。

由教师提供经过选择的材料，让学生直接从这些材料中发现和提出问题，也是有效的方法。例如：观察下列各式：

$2\times2=4$，$2+2=4$；

$\frac{3}{2}\times3=4\frac{1}{2}$，$\frac{3}{2}+3=4\frac{1}{2}$；

$\frac{4}{3}\times4=5\frac{1}{3}$，$\frac{4}{3}+4=5\frac{1}{3}$；

$\frac{5}{4}\times5=6\frac{1}{4}$，$\frac{5}{4}+5=6\frac{1}{4}$；

$\frac{6}{5}\times6=7\frac{1}{5}$，$\frac{6}{5}+6=7\frac{1}{5}$

从中可以得到什么结论？这就是一例。

发给学生一些阅读材料，教师通过点拨，引导学生发现问题，是一种卓有成效的做法。对此，我们在教学实践中进行了一些探索，如在利用凑合法证三角条件等式的复习课中(参阅本刊1981年第6期《三角条件等式证题途径的探索——介绍三角恒等变换中的“凑合法”》——编者)，就曾取得较好的教学效果，下面是我们在一节解析几何复习课的教学实录：

《阅读材料》

1. 已知底角为θ，上下底分别为b、$a(a>b>0)$的等腰梯形，P为梯形内一动点，

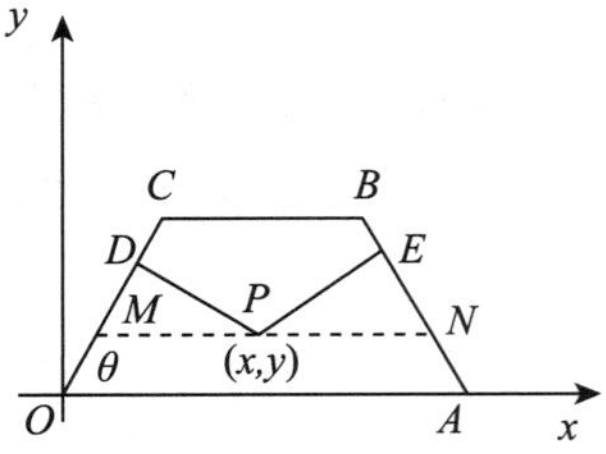

试问 θ 取何值时，能使点 P 到两腰距离之积等于 $(a/4)^2$？

解：设等腰梯形为 $OABC$，如图建立坐标系，令 P 的坐标为 (x,y)，则直线

L_{oc}：$y=x\mathrm{tg}\theta$，l_{AB}：$y=(a-x)\mathrm{tg}\theta$. 因为点 P 在梯形内，于是：

$$|PD|=(x\mathrm{tg}\theta-y)/\sqrt{1+\mathrm{tg}^2\theta}$$
$$=x\sin\theta-y\cos\theta,$$

$$|PE|=[(a-x)\mathrm{tg}\theta-y]/\sqrt{1+\mathrm{tg}^2\theta}$$
$$=(a-x)\sin\theta-y\cos\theta.$$

由条件 $|PD|\cdot|PE|=(a/4)^2$ 及 $a>b>0$，得

$$-\frac{\left(x-\frac{1}{2}a\right)^2}{\left(\frac{a}{4\sin\theta}\right)^2}+\frac{\left(y-\frac{1}{2}a\mathrm{tg}\theta\right)^2}{\left(\frac{a}{4\cos\theta}\right)^2}=1.$$

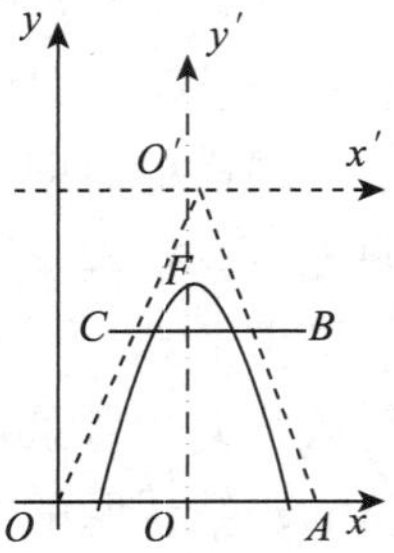

此方程表示实轴平行于 y 轴，中心在 $\left(\frac{1}{2}a,\frac{1}{2}a\mathrm{tg}\theta\right)$ 且以直线 OC、AB 为渐近线的双曲线。可见梯形 $OABC$ 内部存在点 P 使 $|PD|\cdot|PE|=(a/4)^2$ 的充要条件是

$|O'F|<|O'G|$. 即 $\frac{a}{4\cos\theta}<\frac{a}{2}\mathrm{tg}\theta$，$\therefore\frac{\pi}{6}<\theta<\frac{\pi}{2}$

（摘自《数学通报》81，7，P32）

2. κ 取何值时，直线 $y-1=\kappa(x-1)$ 能垂直平分抛物线 $y^2=x$ 的某一弦？

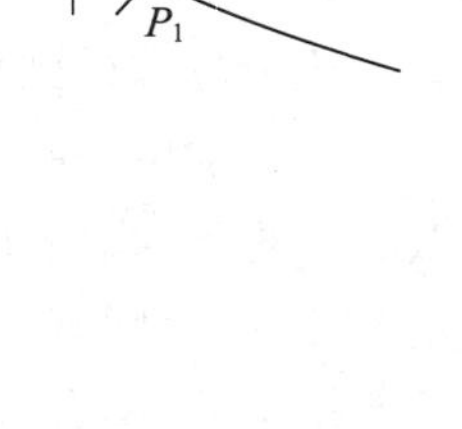

解：设 P_1P_2 为抛物线 $y^2=x$ 的某一弦，直线 $l[y-1=\kappa(x-1)]$ 与直线 l'（弦所在直线）垂直。

$\therefore l'$：$x=x^1-t\sin\alpha$

$y=y^1+t\cos\alpha$

[其中 $\kappa=\mathrm{tg}\alpha$，$Q(x_1,y_1)$]

因 P_1P_2 关于直线 l 对称及参数 t 的几何意义可知：

$$-\frac{2y_1\cos\alpha+\sin\alpha}{\cos^2\alpha}=0\text{ 及 }\frac{y_1^2-x_1}{\cos^2\alpha}<0。$$

由于 $\cos^2\alpha>0$ 及 $Q(x_1,y_1)$ 在直线 l 上，

$\therefore 2[\kappa(x_1-1)+1]\cos\alpha+\sin\alpha=0$　　(1)

及 $[\kappa(x_1-1)+1]^2-x_1<0$　　(2)

代(1)入(2)：

$\frac{k^3-2k+4}{4k}<0$ 即$\frac{k+2}{k}(\kappa^2-2\kappa+2)<0$

$\because \kappa^2-2\kappa+2$ 恒正，$\therefore \frac{k+2}{k}<0$，$\therefore -2<\kappa<0$. 故当$-2<\kappa<0$ 时直线 l 垂直平分抛物线 $y^2=x$ 的弦。

（摘自《数学通报》79,6,P34）

我们的教学意图是，让学生从第 1 题的解法中归纳出利用轨迹的解题思想，进而利用这个思想，找到第 2 题的简捷解法；此外还希望学生找到第二题原解中一个不够严谨的地方（当然还有其他的附带任务），结果同学们顺利地完成了以上的任务，提出了第 2 题的简捷解法：

1. 求出垂直于直线 $y-1=\kappa(x-1)$的弦的中点的轨迹方程：

$y=-\frac{1}{2}\kappa\left(x>\frac{1}{4}k^2\right)$　（*）

2. 本题等价于直线 l 与射线（*）有交点。

∴条件组　$y-1=(x-1)$　有解（下略）

$$\begin{cases}Y=-\frac{1}{2}\kappa\\ x>\frac{1}{4}k^2\end{cases}$$

出乎意料的是，有同学提出了如下的问题：在第一题中，原来只要求保证点 P 存在的条件，而原解却具体地求出了点 P 的轨迹，显然，题解所做的事远远超过了题目的要求，很可能做了不少“无用功”，因此存在着简化解法的可能。教师肯定了学生的发现，并和学生一起在这个猜想的引导下，提出了更为简捷的解法：

过 P 作 $MN//OA$，交 OC、AB 于 M、N。设 $MN=m$，$|PM|=x$，则$|PD|=x\sin\theta$，$|PE|=(m-x)\sin\theta$.

$\therefore w=|PE|\cdot|PD|=x(m-x)\sin^2\theta$

$w\leqslant\frac{1}{4}m^2\sin^2\theta$

又 $m\leqslant\alpha$（当 P 在 OA 上时等号成立），

$\therefore w\leqslant\frac{1}{4}a^2\sin^2\theta$

又$|PE|\cdot|PD|\geqslant 0$（当 P 在两腰上时等号成立）

$\therefore 0\leqslant\left(\frac{1}{4}a\right)^2\leqslant\frac{1}{4}a^2\sin^2\theta$，即 $\sin^2\theta\geqslant\frac{1}{4}$

$\because 0<\theta<\frac{1}{2}\pi$，$\therefore \frac{1}{6}\pi\leqslant\theta<\frac{1}{2}\pi$

除去边界上的点,即有$\frac{1}{6}\pi\leqslant\theta<\frac{1}{2}\pi$

看到学生提出问题的能力得到这样的发展,我们感到由衷的高兴,因为这标志着学生在成长为“发现者”的道路上前进了一步。

(发表于《福建中学数学》1982 年 5 期)

二、直觉思维与发现

强调直觉思维的作用,是发现法教学的特点之一,在直觉思维的过程中,人们以头脑中已有的知识为根据,以大量观测的资料为基础,对所研究的问题提出合理的猜想和假设,这种思维形式与以逐步前进为特征的分析思维不同,它含有一个飞跃的过程,往往表现为突然的认知和顿悟。布鲁纳十分重视直觉思维的作用。他说:机灵的猜测,丰富的假设和大胆迅速地作出试验性结论——这些都是从事任何一项工作的思想家经常使用的方法,因此,在数学的发现法教学中,探讨直觉思维的作用以及发展学生直觉思维的途径,是值得重视的课题。

(一) 直觉思维在发现中的作用

在数学中,直觉思维主要表现为借助于几何直观,利用类比和不完全归纳,大胆地猜测和合理地猜想,这些在数学发现中都具有重大的作用。

(1) 直觉思维的作用首先表现在“提炼”所研究的课题的过程中,我们可以通过分析知识的基本结构,着眼于知识的内部联系,通过类比、对比、推广、逆向应用等方法来提出问题;也可以通过学生的实践活动如观察、实验、解题、阅读等等来提出课题(参见[1]),所有这些都是直觉思维的应用。

(2) 直觉思维的作用特别表现在提出合理的猜想上,根据对问题的理解和分析,在已有认识的基础上,提出合理的猜想是科学发现过程中的一个重要环节;让学生学会提出猜想是一种重要的思维训练;在观察的基础上,进行归纳、类比是提出猜想的常用手段,例如从平面几何中的勾股定理可以作出在直三面角中截面三角形面积的平方等于各侧面面积平方和的猜想;从正三角形内任一点到三边的距离之和为定值,得到正四面体内任一点到各面的距离之和为定值的猜想,这些都是根据类比作出的。

不完全归纳也是提出猜想时经常使用的方法,例如法国卓越的数学家费马注意到:$F(n)=2^{2^n}+1$中,当$n=0,1,2,3,4$时,$F(n)$分别为 3、5、17、257、65537,从而作出当n为非负整数时$F(n)$都是质数的猜想。

再如我国 1982 年高考附加题的第一问:

已知数列a_1、a_2、…、a_n、…和数列b_1、b_2、…、b_n、…,其中$a_1=p$,$b_1=q$,$a_n=pa_{n-1}$,$bn=qa_{n-1}+rb_{n-1}$($n\geqslant2$)(p、q、r为已知常数,且$q\neq0$,$p>r>0$),试用p、q、rn表示b_n,并用数学归纳法加以证明。

这里只须求出:$b_1=q$;$b_2=qa_1+rb_1=q(p+r)$;$b_3=qa_2+rb_2=q(p^2+pr+r^2)$。这时就可以用归纳方法提出猜想:$b_n=q(p^{n-1}+p^{n-2}r+\cdots+r^{n-1})$,进而再作

证明，这样的例子很多，比如本刊文[2]中就有精彩的叙述。

（3）直觉思维在探索解题途径时也有其独特的作用。例如在平面几何中，可以通过精确的作图和缜密的观察，发现几何元素之间可能存在的关系，从而受到启发，找到正确的解题途径，在代数问题中，通过图像的直观，也能产生类似的效果，如：

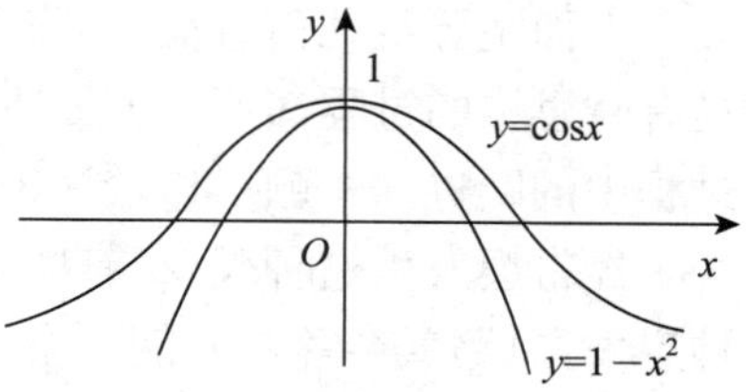

例 1　[3]解方程 $x^2+\cos x-1=0$，

分析：作出函数 $y=\cos x$ 与 $y=1-x^2$ 的图像，从图中可见它们关于 y 轴对称，在(0,1)处相遇，此外 $y=\cos x$ 的图像在 $y=1-x^2$ 的图像的上方，不会再有交点，在这样观察的基础上，我们有证明如下：

证明：当 $x=0$ 时，$\cos x=1$，$1-x^2=1$，即 $\cos x=1-x^2$，故 $x=0$ 是方程 $x^2+\cos x-1=0$ 的解；当 $x>0$ 时，$\cos x=1-2\sin s^2\frac{1}{2}x$，注意到 $\sin t<t$（当 $t>0$ 时），所以有 $\cos x>1-2\left(\frac{1}{2}x\right)^2>1-x^2$，因 $y=\cos x$ 和 $y=1-x^2$ 都是偶函数，故当 $x<0$ 时亦恒有 $\cos x>1-x^2$，综上可知，$x=0$ 是方程 $x^2+\cos x-1=0$ 唯一解。

从特例或简例出发，探索问题的解题途径，即所谓“投石问路”的方法，也是直觉思维的运用，仅举一例如下：

例 2　[4]设 a、b、c 为非负实数，且 $a+b+c=1$，又设 x_1、x_2、x_3 均为正数，且

$y_1=ax_1+bx_{2+}cx_3$，

$y_2=bx_1+cx_2+ax_3$，

$y_3=cx_1+ax_2+bx_3$。

求证：$y_1y_2y_3\geqslant x_1x_2x_3$。

分析：① 简化为二元问题，设 a、b 为非负实数，且 $a+b=1$，x_1、x_2 为正数，且 $y_1=ax_1+bx_2$，$y_2=bx_1+ax_2$。求证 $y_1y_2\geqslant x_1x_2$。

② 从二元情况下的证明，不难得到三元时的证明：

$$
\begin{aligned}
y_1y_2y_3&=(ax_1+bx_2+cx_3)(bx_1+cx_2+ax_3)(cx_1+ax_2+bx_3)\\
&=abc(x_1^3+x_2^3+x_3^3)+(ab^2+bc^2+ca^2)(x_1x_2^2+x_2x_3^2x_3x_1^2)\\
&\quad+(a^2b+b^2c+c^2a)(x_1^2x_2+x_2^2x_3x_3^2x_1)+(a^2+b^3+c^3+3abc)x_1x_2x_3,
\end{aligned}
$$

而 $x_1^3+x_2^3+x_3^3\geqslant 3x_1x_2x_3$，$x_1x_2^2+x_2x_3^2+x_3x_1^2\geqslant 3x_1x_2x_3$，

$x_1^2x_2+x_2^2x_3+x_3^2x_1\geqslant 3x_1x_2x_3$。

$$
\begin{aligned}
\therefore y_1y_2y_3&\geqslant[3abc+3(ab^2+bc^2+ca^2)+3(a^2b+b^2c+c^2a)+a^3+b^3+c^3+\\
&\quad 3abc]x_1x_2x_3\\
&=(a+b+c)^3x_1x_2x_3=x_1x_2x_3。
\end{aligned}
$$

（二）直觉思维中的跃进——顿悟

上面主要从几何直观、不完全归纳和类比方面来谈直觉思维在发现中的作用，可是有时思维的过程却不如上面所谈的那么清晰而有条理，这就要求我们对直觉思维过程中的跃进——顿悟作较详细的解剖。

经常会发生这种现象：有些学生对于面临的问题百思不得其解，可是一旦得到某种启发，思路就会豁然开朗。有一次，我让学生做下面的题目：

例3 设 a、b 为小于1的正数，求证：

$$\sqrt{a^2+b^2}+\sqrt{(1-a)^2+b^2}+\sqrt{a^2+(1-b)^2}+\sqrt{(1-a)^2+(1-b)^2}\geqslant 2\sqrt{2}。$$

开始时学生束手无策，我让学生注意到不等式左端各被开方式都是平方和的特点，在我的启发下终于有学生提出作单位正方形证法。紧接着，另一个同学提出如下的复数证法：

设：$z_1=a+bi$，$z_2=(1-a)+bi$，$z_3=a+(1-b)i$，$z_4=(1-a)+(1-b)i$，

由 $|z_1|+|z_2|+|z_3|+|z_4|\geqslant|z_1+z_2+z_3+z_4|$ 即可得证。

这个方法比较前面的方法更简捷，而且可以看出题设中 $0<a<1$，$0<b<1$ 是多余条件。值得研究的是，学生在束手无策时怎么会从第一种证法立即悟出巧妙的复数证法呢？他的思维过程如何呢？学生说：既可以从 a^2+b^2 联想到勾股定理，为什么不能联想到复数的模呢？原来解决问题的钥匙却是直觉思维中的联想，这样我们看到，在教学过程中，注意揭示知识的内部联系和综合运用，拓宽解题思路和进行思维方法的训练，对于提高解题能力、发展直觉思维是有很大意义的。

有一次，在讨论了线面垂直定义以后，我提出能否简化判定线面垂直的条件这个问题。等待学生思考了一会以后，有一个同学说：能！怎么简化？他答道：只要证明垂直于平面内两条相交的直线即可，我接着追问：为什么？怎样想到？他说因为两相交直线确定一平面，这是一个似是而非的回答，可是我却不禁为之叫好，当然，他的回答并不能作为判定定理的证明，但是作为提出猜想的根据，其理由却是“充分”的！因为经验证明：一直线最多只能垂直于相交平面中的一个，当直线只垂直于平面内一直线 l 时，我们不能判定直线垂直于平面，否则直线就要垂直于绕 l 旋转的任一平面了，但当直线垂直于平面内两相交直线时，因为平面位置完全确定，所以情况发生根本的变化，基于上述的理由，学生作出了合理的猜想，当然这样一个思考过程并不一定清晰地表现在学生的思维之中，因为直觉思维使这个过程大大地简约了。这种简约所引起的思维跃进（顿悟）正是直觉思维之所在，教师要认真分析学生的顿悟“过程”，要和学生一道对其作慢镜头的解剖。可以看到，顿悟经常产生于经验的类比和联想，顿悟的产生不能离开对知识基本结构的透彻理解，顿悟的存在，为教师使用启发式的教学方法提供了良好的机会，有时学生的头脑中已架满了干柴，只须教师敲打一下智慧的火石，就会燃起熊熊的烈火！在这里，师生间的感情交流，教师的教学艺术，学生的训练水平都起着关键的作用。

在科学发现的过程中，科学家基于丰富的经验和对问题总体的把握，往往在对问

题细部进行深入研究之前，就预感到解决问题的方法，甚至预见到问题的结果，这也是直觉思维的表现。教学中一方面要让学生从知识的基本结构出发，深入分析问题总体的逻辑关系，作出大胆的预测；另一方面又要防止无根据的武断和注意思维定式的消极作用，从而达到培养学生作出准确预见的能力。

如上所述，在直觉思维的过程中，存在着一个飞跃，如何使学生完成这个飞跃，达到突然的认知或顿悟，这是发现法教学中应该认真探讨的课题，有些教师在学生启而不发、思而不悟时，采取暗示甚至越俎代庖的办法，这违背了发现法教学的宗旨，是不可取的。例如，我曾经看到这样一节课：

课题：一元二次方程根与系数的关系(韦达定理)。

一、提问：$x^2-5x+6=0$(解得 $x_1=2, x_2=3$)。$2x^2+5x-3=0$(解得 $x_1=\frac{1}{2}, x_2=-3$)。

二、观察：各方程的两个根与系数有什么关系？

殊不知学生竟然不如教师所料，看不出根与系数的关系，于是教师就启发道：你把两根加一下，看看有什么关系；乘一下，看看有什么关系？这样一来，韦达定理当然被“发现”了，但遗憾的是学生又一次成为教师发现的工具，这当然不利于思维能力的培养。

学生不能产生顿悟的原因可能在于：

第一是提供给学生的感性材料不少，还不足以让学生从中提炼出“结论”，这时正确的做法是增加观察的材料，促成飞跃的产生，如在上例中，可以再给几个方程；

第二是因为学生在思考过程中缺乏理论的正确指导，变成盲目的观察，G·波利亚指出：“收集了材料，不用一种指导思想去考察，是得不出有用的结果的。”这就需要教师在设计数学过程时，为学生的发现而创造必要的“情境”，突出教材的基本结构，揭示知识的内部联系，从而使学生的观察、归纳、发现有正确的方向。如在韦达定理的教学设计中，让学生回忆用十字相乘法分解二次三项式的方法，就有这样的作用；

第三是学生还没有学会观察和思考的方法，这就要教师在长期的教学过程中给予指导，并作出典范。

有些人认为“顿悟”的产生在于机遇和“运气”，这种观点是片面的。诚然，在科学发展史中，由于偶然的机遇而导致重大发现的现象是存在的。但是正如法国著名科学家巴斯德所说：“在观察的领域里，机遇偏的只是那些有准备的头脑。”因此，我们应当让学生作好发现的准备；第一是作长期观察的积累；第二是理论观点的确立；第三是思维方法的训练，离开了这些，顿悟和灵感是无法产生的。

(三) 从直觉思维到辩证思维

直觉思维所得到的结果可能是错误的，因而必须进行检验或证明。例如上面所提到的费马的猜想，就被欧拉在 1732 年提出的反例所否定。(这个反例是 $F(5)$ 为 641 的倍数而不是质数)应该指出的是，即使猜想本身是错的，可是猜想的提出却是合理的，笔者完全同意胡锡银同志的看法，即“当学生运用直觉思维，大胆提出假设时，很可能被证明是错误的，但要求敏感的教师将直觉与错误区别开来，要求教师对这种运用直觉的学生予以赞可，同时加以纠正”[5]，只是除此而外，还应该进一步分析产生错误的原因，作出(修正了的)新的猜想。例如[5]中所举的例：

观察：

$2\times2=4, 2+2=4$；

$(3/2)\times3=4\frac{1}{2}$，　$(3/2)+3=4\frac{1}{2}$；

$(4/3)\times4=5\frac{1}{3}$，　$(4/3)+4=5\frac{1}{3}$；

$(5/4)\times5=6\frac{1}{4}$，　$(5/4)+5=6\frac{1}{4}$；

$(6/5)\times6=7\frac{1}{5}$，　$(6/5)+6=7\frac{1}{5}$。

如果由此进行类比得出直觉性的结论：两数之积等于这两数之和，那就上了直觉的当。但是通过进一步的观察，我们还能得到$\frac{n+1}{n}(n+1)=\frac{n+1}{n}+(n+1)$的结论。

立足于知识内部的联系或直觉的经验，提出合理的猜想，再利用各种手段去检验这个猜想，进而根据检验的结果，或者对猜想作出证明，或者摒弃猜想中错误的部分，从而提出更合理的猜想，这样一步步地探求真理，发现规律，正是对科学发现过程的合理模拟，也是培养学生直觉思维和分析思维进而发展辩证思维能力的有效途径，基于以上的认识，我们对一节立体几何课设计如下：

课题：直线和平面平行的性质定理。

过程：1. 提出猜想 A。

① 复习直线和平面平行的判定定理，并写出它的逆命题：

$a\parallel$ 平面 $\alpha, b\subset\alpha\Rightarrow a\parallel b$。　(A)

② 探讨逆命题的真假，作图观察，断定逆命题 A 是错误的。

2. 修正猜想 A，提出猜想 B：

$a\parallel\alpha, b\subset\alpha\Rightarrow a\parallel b$ 或 a、b 异面。　(B)

3. 证明 B(否定 a、b 相交的情况即可)。

4. 改变表述方式。

若结论中只留 $a\parallel b$ 则对 B 应如何修改？

$a\parallel\alpha, b\subset\alpha$，$a$、$b$ 共面 $\Rightarrow a\parallel b$。　(C)

5. 回顾性质定理的发现过程(略)。

上面略述了直觉思维在发现中的作用，事实上在直觉思维中也包含着分析思维的成分，只是限于篇幅，这里不再多讲了。

参考文献

[1] 张乃达《如何发现问题和提出问题》,《福建中学数学》,1982 年第 5 期,第 4 页。

[2] 石翎《从探求最初 n 个自然数平方和公式想到的》,《福建中学数学》,1980 年第 3 期,第 14 页。

[3] 参见沈瑞芝《图像与解题途径的探求》,《数学通讯》,1981 年第 1 期,第 16 页。

[4] 赵振威《解答数学题的若干思考方法》,《数学教学》,1981 年第 5 期,第 5—7 页。

[5] 胡锡银《直觉思维与求异思维的培养》,《数学教学》,1982 年第 3 期,第 3—8 页。

说明:本文发表于《福建中学数学》1982 年 6 期。

三、分析思维与发现

在发现、发明、解决问题过程中,常常是由直觉思维(具体思维)“猜测”出正确的答案,然后由分析思维(抽象思维)检验(证明)。因而在发现法教学中,直觉思维与分析思维紧紧相连,形成一个整体,这样在致力于培养学生直觉思维的同时,就可以发展学生的分析思维,从而形成创造思维的能力。这正是发现法教学突出的优点之一。

(一) 在强调直觉思维的同时,突出分析思维的作用

(1) 猜想需要证明

一般说来,由直觉思维得到的一般结论只能作为猜想,而猜想是否成立,则需要论证。由于分析思维与直觉思维相比,概括水平更高,逻辑性更强,表达更清晰,所以论证往往借助分析思维来进行。在发现法教学中要突出直觉思维的作用,但丝毫不能降低对思维严密性的要求。猜想和事实,验证与证明,必须严格地区分清楚,决不能通过降低证明的严谨性去追求通俗易懂的效果。例如,文[1]中的例 1,虽然我们从图像中察觉到 $x=0$ 是方程的唯一解,但是仍然需要作出严格的分析证明。

(2) 猜想需要理论作指导

正如波利亚所指出的:收集了材料,不用一种指导思想去考察,是得不出有用的结果的。离开了理论分析的指导,只凭直觉往往得不到正确的猜想。请看下例:

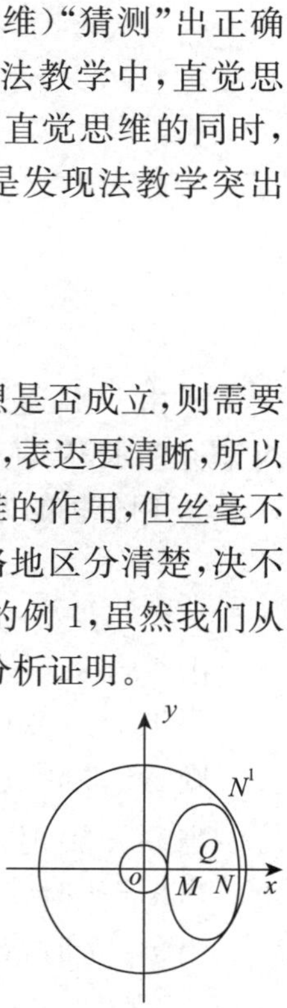

图 1

例 1　若函数 $z=1/(x^2+y^2)$ 定义在区域 $G:(x-4)/9+y^2/25\leqslant 1$ 上,试求函数 z 的最大值与最小值,并求出使 z 取最大值和最小值时的点 (x,y)。

分析：① 本题相当于在区域 G 中求二点使它们到原点的距离最大或最小。易证这两点只有在边界(即椭圆上)才能取得(图 1)。

② 考虑本题的简化情形。

1° 若区域 G 为圆形区域(如图 1－1)，连 OQ(Q 为圆心)，则 OQ 与圆的交点 M、N 就是所求。

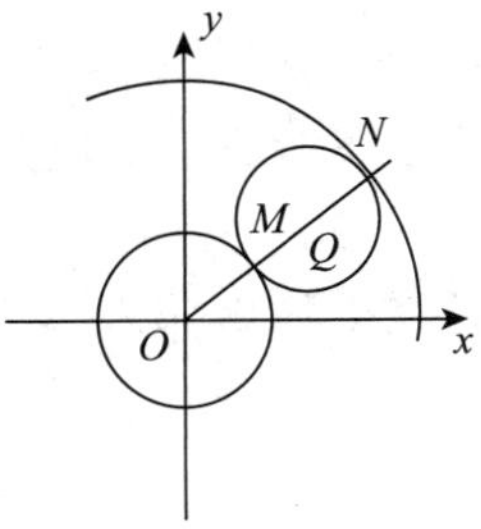

图 1－1

2° 若椭圆如图 1－2 放置，则上述结论仍然成立。

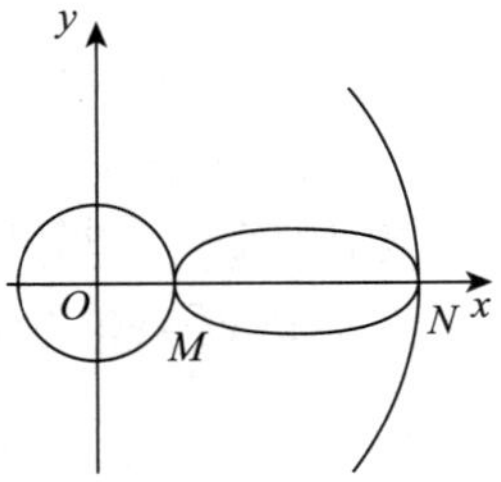

图 1－2

3° 由 1°、2°通过类比得到猜想，连 OQ(Q 为椭圆中心)，与椭圆交于 M、N，则 M、N 就是所求，从直观上发现这个猜想似乎是正确的。

③ 用分析的方法来解本题，实际上本题是在制约条件之下求的最值。

$$(x-4)^2/9+y^2/25=1 \qquad ①$$

$$w=x^2+y^2 \qquad ②$$

由 ②$\Rightarrow y^2=w-x^2$ 代入 ①

得 $16x^2-200x+175+9w=0$，③(由 ① 得 $x\in[1,7]$)

则 $\Delta=200^2-4\times16(175+9w)\geqslant0, w\leqslant50$.

当 $w=50$ 时，$x=25/4\in[1,7]$，$y=\pm5\sqrt{7}/4$.

当 $x=1$ 时，$y=0$(即为点 M)，$w=1$.

当 $x=7$ 时，$y=0$(即为点 N)，$w=49$.

$\therefore$ 当 $x=1$ 时，$w_{\min}=1$；$x=\dfrac{25}{4}$时，$w_{\max}=50$.

由此可见猜想 3°是错误的.

④ 实际上,猜想 3°的正确性一开始就值得怀疑,例如对于一般位置的椭圆,结论显然是错误的(图 1－3)。

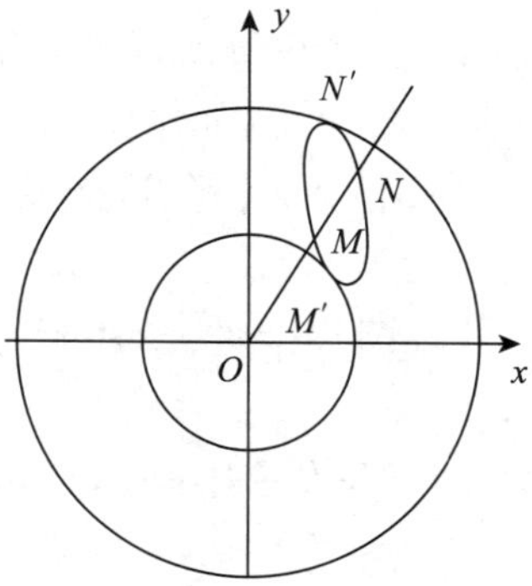

图 1－3

⑤ 分析猜想 3°错误的原因。从③的推论过程中,结合图形观察,当 $x=25/4$ 时,方程(3) 有重根,即椭圆与圆 $x^2+y^2=w$ 相切。

此点可以对照曲线相切的定义,检查$(25/4,5\sqrt{7}/4)$、$(25/4,-5\sqrt{7}/4)$处圆与椭圆有公切线来验证[2]。这样就得到“圆与椭圆相切时,圆的半径最大或最小”的结论。

回到图 1－1、1－2 的情形,发现 M、N 也正是切点。此时可以看到,我们之所以提出了错误的猜想,是因为我们做出了错误的概括,即把非本质的特征误当为本质的一般的性质(这是由于特例中的巧合,让现象掩盖了本质)。在上述分析的基础上,我们就可以研究本题在一般情况下的结论了:

1° 首先将椭圆放置在一般位置;

2° 将椭圆变为一般的封闭曲线(图 1－4);

3° 将目标函数 $w=x^2+y^2$ 推广,即将圆变换为一般的曲线。

从直观上可见结论仍然成立(当然这仅仅是猜想,需要证明,参见[3])。

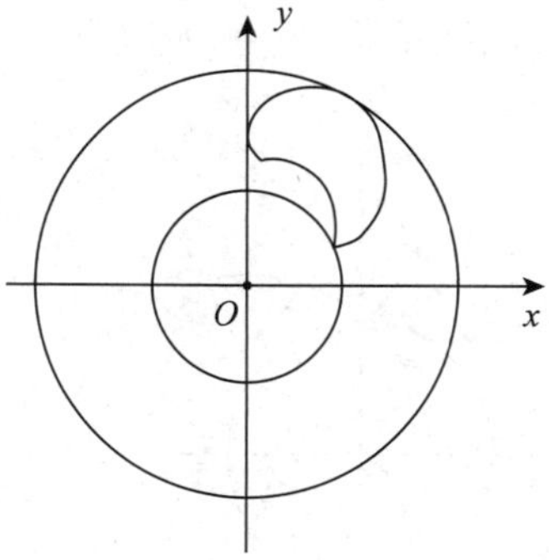

图 1－4

上述教学设计，突出了直觉思维与分析思维的联系，说明了猜想的提出、证明、修正都离不开分析思维的指导。要使学生体会到正是这两种思维相辅相成，互相补充，才开辟了走向发现的坦途。

(3) 直觉思维的结论需要理性的解释

当直觉思维所得到的猜想与由分析思维所得到的结果不一致时，就表明在什么地方产生了错误。这当然可能是猜想错了(如例 1)，但也可能是分析的过程出了毛病。这时就需要追根穷源，作出理论上的解释，进而从个别的经验中得到一般的规律，如：

例 2 求与圆 O：$x^2+y^2=4$ 及圆 Q：$(x^2-2)^2+y^2=9$ 都相外切的圆的圆心的轨迹方程。

解 1：设轨迹上的点为 $p(x,y)$，并设⊙P(所求圆)的半径为 r，则有：

$$\left.\begin{array}{l}|OP|=r+2\\|QP|=r+3\end{array}\right\}\Rightarrow$$

$$\sqrt{x^2+y^2}=r+2, \tag{1}$$

$$\sqrt{(x-2)^2+y^2}=r+3。 \tag{2}$$

(1)－(2)：

$$\sqrt{x^2+y^2}-\sqrt{(x-2)^2+y^2}=-1,\text{即}\sqrt{x^2+y^2}+1=\sqrt{(x-2)^2+y^2}。 \tag{3}$$

平方化简得：

$$2\sqrt{x^2+y^2}=-4x+3 \tag{4}$$

再平方化简得：

$$\frac{(x-1)^2}{\left(\frac{1}{2}\right)^2}-\frac{y^2}{\left(\frac{1}{2}\sqrt{3}\right)^2}=1。 \tag{5}$$

方程表示双曲线。

从图 2 可以看到，双曲线有一部分在两圆的内部，以这些点为圆心，肯定不能作出和两圆都外切的圆。这样我们就发现上述结果有错误，因而有必要对解题过程作出分析。我们发现由(4)→(5)不是同解变换，所以有

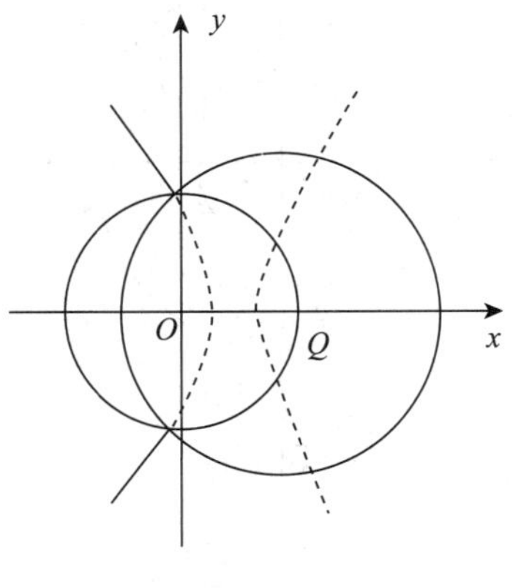

图 2

解 2：$2\sqrt{x^2+y^2}=-4x+3$。 (4)

在 $-4x+3\geqslant 0$ 的制约下；(4)平方得所求的方程为：

$$\frac{(x-1)^2}{\left(\frac{1}{2}\right)^2}-\frac{y^2}{\left(\frac{1}{2}\sqrt{3}\right)^2}=1\left(x\leqslant\frac{3}{4}\right)。\tag{6}$$

方程(6)表示双曲线的左支。可是前面说的矛盾并没有解决，因而结果仍有错误。进一步的分析表明，在消去参数 r 的过程中，忽视了变量的取值范围。正确的解法如下：

解 3：因为(1)、(2)两边都大于零，∴$(1)^2-(2)^2$ 得

$4x-4=-2r-5$，∴$r=\frac{1}{2}(-4x-1)$。

代入(1)：$\sqrt{x^2+y^2}=\left|2-\frac{1}{2}(4x+1)\right|$，

得：$(x-1)^2/\left(\frac{1}{2}\right)^2-y^2/\left(\frac{1}{2}\sqrt{3}\right)^2=1$

又 ∵$r\geqslant 0$，∴ $-4x-1\geqslant 0$，

∴$x\leqslant -1/4$。（等号表示点圆）

故轨迹方程为：

$$\frac{(x-1)^2}{\left(\frac{1}{2}\right)^2}-\frac{y^2}{\left(\frac{1}{2}\sqrt{3}\right)^2}=1\left(x\leqslant-\frac{1}{4}\right)。$$

因⊙O 与⊙Q 的交点为$\left(-\frac{1}{4},\frac{3}{2}\sqrt{7}\right)$、$\left(-\frac{1}{4},-\frac{3}{2}\sqrt{7}\right)$，此两点在双曲线上，所以轨迹为双曲线左分支在两圆外的部分，这样我们不但得到了正确的结论，而且得到了如下的解题要点，即：消参数时，随着参数的消失，由参数加在主要变量上的限制也消失了，因而有可能产生忽视变量取值范围的错误；对此应引起重视，必要时解出参数的表达式，以确定变量的取值范围。

直觉思维与分析思维互相验证，分析思维从直觉思维中吸取"灵感"，而直觉思维又从分析思维中得到指导，这两种形式的思维就是这样紧密地结合在一起，推进发现的过程。

（二）分析思维是发现证明的利器

莱布尼兹指出："没有什么比知道发明的源泉更重要了，就我看来，它比发明本身更为有趣。"这表现在证明这个发现的环节上，就要求我们弄清证明是如何被发现的。众所周知，分析思维是发现证明的重要途径，许多看来不可思议、令人叹为观止的解题技巧，细细推敲起来，却是分析的自然结果。这就足以说明分析思维的重要性了。这方面的例子很多，限于篇幅，仅举一例以作说明：

例 3 已知 $\sin\beta = m\sin(2\alpha+\beta)$。

求证：

$$\mathrm{tg}(\alpha+\beta)=\frac{1+m}{1-m}\mathrm{tg}\alpha。$$

在[4]中我们利用凑合法给出了证明：

$\sin[(\alpha+\beta)-\alpha]=m\sin[(\alpha+\beta)+\alpha]$,

$\sin(\alpha+\beta)\cos\alpha-\cos(\alpha+\beta)\sin\alpha=m\sin(\alpha+\beta)\cos\alpha+m\cos(\alpha+\beta)\sin\alpha$,

$(1-m)\sin(\alpha+\beta)\cos\alpha=(1+m)\cos(\alpha+\beta)\sin\alpha$,

得：$\mathrm{tg}(\alpha+\beta)=\dfrac{1+m}{1-m}\mathrm{tg}\alpha$。

如果用分析的方法，立即可以找到解题途径：

假定所求证的等式成立，则

$(1-m)\mathrm{tg}(\alpha+\beta)=(1+m)\mathrm{tg}\alpha$,

$(1-m)\sin(\alpha+\beta)\cos\alpha=(1+m)\cos(\alpha+\beta)\sin\alpha$,

$\sin(\alpha+\beta)\cos\alpha-\cos(\alpha+\beta)\sin\alpha=m\sin(\alpha+\beta)\cos\alpha+m\cos(\alpha+\beta)\sin\alpha$,

$\sin[(\alpha+\beta)-\alpha]=m\sin[(\alpha+\beta)+\beta]$。

这样自然就得到了“凑角”的证题思路。

（三）分析思维是发现的重要手段

有些同志认为直觉思维中的类比、归纳可以激发人们的联想，从而成为发现的“触媒”；而分析思维中的演绎推理，则不具有这样的性质，仅仅具有表达、论证的功能。这种看法是片面的。事实证明：分析思维同样是获得新知识、探索新规律、发现新结论的锐利武器。如非欧几何的创立就是一例。因此，在发现法教学中也应该强调分析思维在这方面的作用。如在讨论角 α 与 $\frac{1}{2}\alpha$ 所在象限的关系时，我们可以通过讨论得到下表：

α	Ⅰ	Ⅱ	Ⅲ	Ⅳ
$\frac{1}{2}\alpha$	Ⅰ或Ⅲ	Ⅰ或Ⅲ	Ⅱ或Ⅳ	Ⅱ或Ⅳ

进而用 $\sin\alpha$ 与 $\mathrm{tg}\,\frac{1}{2}\alpha$ 始终同号来记忆这个结果。但是若从公式 $\mathrm{tg}\,\frac{1}{2}\alpha=\dfrac{(1-\cos\alpha)}{\sin\alpha}$ 出发，立即就可以得到上面的结论，简洁明了。这个例子说明了分析思维的优越性。因此在发现法教学中，在强调用直觉思维发现猜想的同时，要注意让学生进行利用理论的分析直接发现结论的训练。

例 4 证明不论 λ 取什么数，直线 L：$3x+(\lambda-2)y+(2\lambda-1)=0$ 恒过定点，并

求出这个定点。

解：设 $\lambda=0$、2，代入 L 有

$$\begin{cases}3x-2y-1=0\\3x+3=0\end{cases}\Rightarrow\begin{cases}x=-1\\y=-2\end{cases}$$

将 $(-1,-2)$ 代入 L，满足方程，所以不论 λ 取什么实数值，直线恒过点 $(-1,-2)$ 就是所求的交点。

如果贯彻发现法中让学生自己探索结论的原则，隐去题目中“过定点”的暗示，改为：试说明直线系 $L:3x+(\lambda-2)y+(2\lambda-1)=0$（$\lambda$ 为实数）的特点——这时上面的解法就失去了基础，就需要加上一段探索的过程。例如给 λ 一些数值，如 $\lambda=\pm2$、±1、0 等，在同一坐标系中作出诸直线，观察发现各直线共点，然后再进行证明。可是我们也可以再完全不知道结论的情况下，尝试设定参数，利用参数的一般性进行推导：

解 2：任取 λ 的两值 $\lambda_1\neq\lambda_2$，代入 L 有

$$3x+(\lambda_1-2)y+(2\lambda_1-1)=0 \quad (1)$$

$$3x+(\lambda_2-2)y+(2\lambda_2-1)=0 \quad (2)$$

解(1)、(2)联立的方程组，有 $x=-1$，$y=-2$，因为不论 λ 取任何数值，两直线的交点与 λ 无关，所以 L 为过定点 $(-1,-2)$ 的直线系。

解 3：$L:3x+(\lambda-2)y+(2\lambda-1)=0$

即 $(3x-2y-1)+\lambda(y+2)=0$。立即可知 L 为过直线 $3x-2y-1=0$ 与 $y+2=0$ 的交点的直线系。

在解 2、解 3 中，我们借助于分析思维的一般性，在探求结论的同时，就给出了结论的严密的证明。这正是分析思维发现结论的特点，也是分析思维的优点。为了突出这一点，可以再给出下例：设 α 为非零实数，试说明抛物线系 $y=\alpha x^2+(3\alpha-1)x-(10\alpha+3)$ 特点。由于作图较前复杂，类似解 1 的方法就显得笨拙而繁难了。

一般说来，数学中需要探求结论的问题如轨迹、定值、定向等，都可以用两类方法来解：一是从特例出发，猜想出结论，再加以证明；一类是设定一般的参数值，在推导的过程中得到结论，这两种方法分别体现了用直觉思维和分析思维发现结论的不同风格，值得让学生仔细体会。

（四）要不断提高思维的抽象、概括水平

不断地提高思维的抽象、概括水平，是发展学生思维能力的重要方面。这要求我们不要停留在直觉思维的水平上，而要致力于分析思维的培养。因此，要正确地处理直观与抽象的关系。如在立几何教学的启蒙阶段，使用直观教具是必要的，但是到一定时候，就必须限制教具的使用，否则就不能有效地提高学生的空间想象能力和思维能力。如：

例 5 以边长为 a 的正三角形作底面的斜三棱柱，它的侧棱长是 b，一条侧棱和底面相邻两边都成 45°的角。求这棱柱的侧面积。

本题的关键在于正确地判断图 3 中 $BB'C'C$ 为矩形。如果拿出模型给学生观察，问题立即迎刃而解。但这种做法并不可取。在教学中应该通过分析、推理，作出正确的判断。这虽然增加了问题的难度，但却可以有效地培养学生的思维能力。

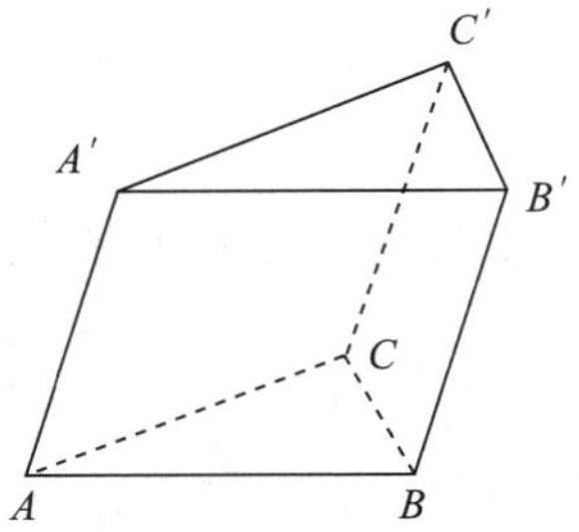

图 3

思维是人脑对客观事物间接的和概括的认识过程。在发现法教学中，应将直觉思维与分析思维紧密结合起来，以形成多层次的、多水平的思维能力。只有这样才能达到去粗取精、去伪存真、由此及彼、由表及里的认识目的，真正地做到有所前进、有所发现。

参考文献

[1] 张乃达《直觉思维与发现》，《福建中学数学》，1982 年第 6 期，第 6 页。

[2] 赵南平《函数图像在解题中的应用》，《福建中学数学》，1981 年第 4 期，第 8 页。

[3] 黄志坚《平面解析几何中的极值问题》(见编者按)，《福建中学数学》，1981 年第 1 期，第 31 页。

[4] 张乃达《三角条件等式证题途径的探索》，《福建中学数学》，1981 年第 3 期，第 16 页。

[5] 参见杨贤其《"发现法"教学》，《数学通讯》，1981 年增刊，第 12 页。

《福建中学数学》1983 年 2 月　张乃达

四、思维的基本结构与发现法教学

务必使学生了解学科的基本结构，是布鲁纳课程论的核心思想。在布鲁纳的基本结构概念中，不仅包括学科的基本知识结构(这已经为广大教师所重视)，还包括学习的态度和方法(这似乎还为不少同志们所忽视)。这样就既牵涉到各种各样的智力因素(如观察力、记忆力、思维力、想象力等)，还包括许多非智力因素(如毅力、习惯等)。

毋庸赘言的是在这许多因素中,思维基本结构的形成和发展占有重要的地位。因而如何促进学生思维结构的形成与发展,也就成了恰当地组织发现教学过程的出发点。

(一) 在探索中使思维要素协同发展

抽象概括能力、推理能力、判断和选择能力、探索能力是组成思维结构的四项基本要素,这些要素的不同组合就形成了不同形式的思维能力(这里包括直觉思维和分析思维的能力,集中式思维和发散式思维的能力),而由于各种思维要素的发展可以有不同层次和水平,因而就形成了以抽象概括水平为指标的、不同层次的思维结构(如具体思维、抽象思维、辩证思维等)。

应该努力使各种思维要素与思维能力得到协同的发展,避免思维结构产生这样或那样的缺陷。思维结构的整体性告诉我们,各种形式的思维要素与思维能力既是互相依存互相促进,又是互相制约的。这就是说,一方面,每一种思维要素的发展都可以促进其他要素的发展;另一方面,任何一种思维要素的水平过于低下,就必然影响其他思维要素的发展水平,使整个思维结构的水平下降。因而在数学教学中就必须致力于各种要素的协同发展,以促进思维结构的发展和变化。

由于在发现、探索的过程中,要使用各种不同的思维要素与方法,因而就为各种要素的协同发展创造了有利的条件。

1. 在探索中发展各种思维要素

下面仅举数例以作说明。

例 1　为了让学生掌握用母函数证明组合恒等式的思想方法,我们对高中课本第三册 P152 的例 1、例 2 作如下处理:

1° 证明:$C_n^0+C_n^1+C_n^2+\cdots+C_n^n=2^n$;

2° 证明:$C_n^0+C_n^2+C_n^4+\cdots=2^{n-1}$,

$C_n^1+C_n^3+C_n^5+\cdots=2^{n-1}$。

证:在$(1+x)^n=C_n^0+C_n^1X+C_n^2X^2+\cdots+C_n^nX^{(x)}$中,令 $x=1$、-1,得

$C_n^0+C_n^1+C_n^2+\cdots+C_n^n=2^n$,

$C_n^0-C_n^1+C_n^2-\cdots+(-1)^nC_n^n=0$。

两式相加减即得 2°的结论。

这时就可以概括出如下规律:利用二项式定理是证明组合恒等式的一种有效途径。但是如何选定 x 的特殊值,还有待于进一步的探索。为此,我们接着研究:

3° 上述结论能否推广?

求 $S=C_n^0+C_n^3+C_n^6+\cdots$

在否定了 $S=\dfrac{2^n}{3}$ 的猜想以后,我们引导学生用下法求出 S:

令 $x=1$、w、$w^2\left[w=\dfrac{1}{2}(-1+\sqrt{3i})\right]$,得

$C_n^0+C_n^1+C_n^2+\cdots+C_n^n=2^n$,

$C_n^0 + C_n^1 w + C_n^2 w^2 + \cdots + C_n^n w^n = (1+w)^n$,

$C_n^0 + C_n^1 w^2 + C_n^2 w^4 + \cdots + C_n^n w^{2n} = (1+w^2)^n$。

三式相加,并考虑到 $w^{3k+1} = w^1, 1 + w + w^2 = 0$,有

$3(C_n^0 + C_n^3 + C_n^6 + \cdots) = 2^n + (1+w)^n + (1+w^2)^n$,

即 $S = \frac{1}{3}\left(2^n + 2\cos\frac{1}{3}n\pi\right)$

这样在1°、2°中选取 $x=1$ 和 $x=\pm 1$ 的实质就被揭示了出来,而且不难得到选取 x 的特定值的规律(即分别取1的1次、2次、3次方根)。接着再解决:

4° 求和:$C_n^1 + C_n^4 + C_n^7 + \cdots$,

$C_n^0 + C_n^4 + C_n^8 + \cdots$,

$C_n^0 + C_n^k + C_n^{2k} + \cdots$,

也就不会感到困难了。通过这个例子看到:在探索过程中,可以使事物的本质属性得到揭露,从而为抽象概括提供根据。同样地,在探索中也可以为合理的选择和判断创造条件,如:

例2 已知方程 $x^2 + px + q = 0$ 的两根是 p、q,求 p、q 的值。

学生提出如下两种解法:

解1:将 p、q 代入原方程,得

$$I\begin{cases} p^2 + p^2 + q = 0, (1) \\ q^2 + pq + q = 0。(2) \end{cases}$$

解关于 p、q 的方程组,得到本题的三组解:

$$\begin{cases} p = 0 \\ q = 0, \end{cases} \begin{cases} p = 1 \\ q = -2, \end{cases} \begin{cases} p = -\frac{1}{2} \\ q = -\frac{1}{2} \end{cases}$$

解2:由韦达定理有 $\begin{cases} p + q = -p \\ p \cdot q = q \end{cases}$ 得到两组不同的解

$$\begin{cases} p = 0 \\ q = 0, \end{cases} \begin{cases} p = 1 \\ q = -2 \end{cases}$$

只要将有争议的第三组解代入原方程,立即着出与题目要求不符,所以不是原题的解。如果就到此为止,学生对产生错误的原因并没有真正的理解,因而有必要让学生探索造成解1增解的原因。原来方程(1)、(2)分别表示 p、q 为原方程的根,当 $p \neq q$ 时,方程组 I 表示 p、q 都是原方程的根,与原题要求等价,而在 $p=q$ 时,方程组只表示原方程的两根均为 p(或 q),因而方程组 I 只是题目要求的必要条件,这样 $p = q = -\frac{1}{2}$ 就混了进来。在此基础上还可以进一步探索怎样才能保证在解法1中不混入类似于 $p = q = -\frac{1}{2}$ 的解的方法,实际上只须对 p、q 进行讨论就可以了(当 p

$\neq q$ 时，如解 1；当 $p=q$ 时，应加上 $\Delta=0$ 的条件）。最后再进一步小结：当给出文字系数的二次方程的根来确定系数时，以利用韦达定理求解为好。从这里可以看出，探索的过程可以加深对问题实质的理解，为选择、判断提供根据。

2. 在探索中发展各种思维能力。

由于在探索的过程中要进行观察、分析、猜想、检验和证明，因而需要运用各种不同的思维方法、从而可以使得各种思维能力都得到发展。如在例 1 中，由 1°、2°提出问题 3°和得到猜想 $S=\frac{2^n}{3}$ 都是直觉思维的应用；而在检验上述猜想的正确性及求 $S=\frac{1}{3}\left(2^n+2\cos\frac{1}{3}n\pi\right)$ 的过程中，分析思维起了主要作用；最后当我们从 1°、2°、3°中找出选取 x 特定值的规律时，则主要是借助于求同思维（即集中式思维）。

3. 在探索过程中发展观察力、记忆力、想象力等（思维力以外的）因素。

下面仅以一例说明在探索过程中可使观察力得到发展。

例 3　a、b、c 是$\triangle ABC$ 的三边，求证：

$a(b^2+c^2)+b(c^2+a^2)+c(a^2+b^2)-a^3-b^3-c^3-2abc>0$。

分析：只须将左端分解因式。考虑到已知条件 a、b、c 是$\triangle ABC$ 的三边，就不难猜想分解后会含有 $a+b-c$、$a-b+c$、$b+c-a$ 的因式。在此假定下就不难得到证明。

在这里，固然是观察为探索提供了方向，但也正说明了探索过程是发展各种智力因素的过程。

4. 在探索过程中还能培养学生的毅力和良好的学习习惯等等非智力因素。（略）

发现法最突出的优点就在于把学生的学习过程组织成发展、探索的过程。由于在发现法教学中，要求学生在教师的引导下，模拟科学家发现的过程，亲自去探索，“发现”数学中的定理、法则，去建立概念和理论的体系；去分析研究知识的结构，因而为发展能开辟了广阔的天地。正由于这个原因，布鲁纳才把探索称为数学教学的生命线。

应当指出的是，当前学生的探索能力最为薄弱，因而造成了学习中的困难。如初中数学中的三大分化点（初一代数中的列方程解应用题、因式分解和初二几何的开头课）都是由于探索能力不足而引起的。因而在初中数学教学中发展学生的探索能力，使用发现法等教学方法，就更为必要了。

（二）建立和知识结构相适应的思维结构

知识和能力的发展并不一定是同步的，有时还会有相当大的差距。探讨产生这种现象的原因，进而采取防止它产生的措施，这无疑是一个具有重大意义的研究课题。

我们认为，对思维结构差异性的研究，将有助于上述问题的解决。

思维的各个要素之间，各种不同形式的思维之间，不仅有相互制约、相互依存的一面，还存在着相对独立、相互补充的关系。因此，思维的各个要素以及各个组成部分的水平就不一定是彼此完全相当的，而往往是起伏不定的。在一定范围内，某种思维要素的发展可以弥补另一种要素的不足。因此在完成相同的解题任务、学习相同的数学知识时，所表现出来的思维水平也可能产生很大的高低悬殊，这就是思维结构发展的差异性。正是由于这种差异性的存在，导致了解题能力的强弱并不一定反映出思维能力的高低的现象，也导致知识和能力的发展并不总是同步相应的。

当学生原有的思维结构与所学知识的知识结构产生矛盾时，学习就会产生较大的困难。面对着这种矛盾时教师可以采取两种不同的方针。一种是消极的方针，即不惜降低对思维难度与水平的要求，回避知识结构与思维结构的矛盾，用简单的认知结构的同化来代替对认知结构的调整。例如在初中代数中从 $a^4 \div a = a^3$，$a^5 \div a^3 = a^2$ 出发，归纳到 $a^m \div a^n = a^{m+n}$，而避开一般性的证明，使思维结构的水平停滞在具体的形象思维的阶段。在解析几何中不加证明地让学生记住过定点 $M(x_0, y_0)$ 的动直线 t 与二次曲线 $c: F(x, y) = 0$ 的相交弦的中点轨迹的方程 $F(x, y) - F(x_0, y_0) = \frac{1}{2}F'_x(x_0, y_0)(x - x_0) - \frac{1}{2}F'_y(x_0, y_0)(y - y_0)$，从而使一类相当复杂的问题转化为简单的代换。所有这种以模仿代替创造，用记忆代替思考的现象，都是执行这种消极方针的结果。这样做，近期的教学效果并不一定差，但是由于思维结构与知识结构的矛盾并没有解决，而且随着学习的深入还会更趋尖锐，因而最终知识和能力都不可能得到真正的发展。

面对着思维结构与知识结构的矛盾，积极的、正确的方针应该是尽快地根据知识结构的需要，对思维结构作出相应的调整。这样既根本上解决了学习中的困难，使学生能学到具体的数学知识，又使思维得到了长足的发展。例如，平面几何入门教学中的困难就产生于学生原有的思维结构与平几知识结构之间的矛盾，只有迅速地完成从具体思维到借助于图形直观的抽象思维的过渡，让学生尽快地形成与平几解题结构相适应的思维结构，才能从根本上克服困难。对此，我们在文[5]中已作了较为详细的介绍。

再如，从解析几何的知识结构来看，运动变化的思想、形数结合的观点和解析的方法是应该得到突出的重点。与之相适应，它要求学生的思维结构要实现从理论型的抽象思维到辩证思维的过渡。所有这些都是对教学内容和解题方法作出取舍的依据。如：

例 4 过直线 $l_1: 2x + y - 8 = 0$ 和 $l_2: x - 2y + 1 = 0$ 的交点，且平行于直线 $l_3: 4x - 3y - 1 = 0$ 的直线 l 的方程。

解 1：解方程组

$$\begin{cases} 2x + y - 8 = 0 \\ x - 2y + 1 = 0 \end{cases}$$

得 l_1,l_2 的交点 M 的坐标(3,2),求出 l_3 的斜率 $h=\frac{4}{3}$,由点斜式得到 l 的方程为

$$y-2=\frac{4}{3}(x-3)\Rightarrow 4x-3y-6=0$$

解 2:设 l 为

$$(2x+y-8)+\lambda(x-2y+1)=0。\tag{1}$$

再由和 l_3 平行的条件得到 $\lambda=2$。代入(1)即可。

解 3:设 l 的方程为 $4x-3y+c=0$ (2)

由 l_1,l_2,l_3 共点得 $\begin{vmatrix}2 & 1 & -8\\ 1 & -2 & 1\\ 4 & -3 & c\end{vmatrix}=0, c=-6$

代入(2)即得 l 的方程。

从解题过程来看,解 1 思路简明,计算也不繁复,因此,解 2 和解 3 似乎可以不必介绍。但是比较两类解法(解 1 和解 2、3),不难看出,它们所采用的思维方式具有重大的区别。解 1 步步从已知求未知,主要采用综合法,其思维属于“经验型抽象思维”。解 2、3 则通过参数的设定,将未知当作已知,由此出发,步步上溯,基本上采用“分析法”,在推理过程中充分地引用了有关直线的理论知识,基本上属于“理论型抽象思维”,并含有辩证思维的成分。特别是由于参量 λ 和 c 的引入,使解 2、3 充满了运动和变化的思想,含有极为丰富的思想内容,所以从促进学生思维结构发展的角度来看,我们应当把解 2、3 当作教学的重点。由于这种“不求交点”的分析方法和参变量的应用正是解析几何中最重要的解题技巧,因而这种处理方案就体现了使思维结构与知识结构相适应的教学原则。我们认为,应该让广大教师明确:只有把立足点放在帮助学生建立和发展与数学知识结构相一致的思维结构上,才能真正地做到学习知识与发展能力的统一。

(三) 注意思维结构发展的阶段性

思维结构发展的阶段性,表现在如下几个方面:1. 各种思维要素的发展存在着从概括抽象—推理—判断、选择—探索的过程;2. 各种形式的思维总是循着具体(动作)思维—形象思维—形式思维—辩证思维的道路向前发展;3. 从学生年龄特征来看,中学生的思维结构存在着从形象型思维—经验型抽象思维—理论型抽象思维—辩证思维的发展阶段。所有这些都应当成为选取教学内容、确定教学方案的重要依据。为此,在教学中应注意:

1. 根据学生的年龄特征与教学内容的要求,制定培养学生思维能力的总的计划。大体上,在初一要特别注意培养抽象概括能力,初二和初三主要培养逻辑思维能力和分析比较能力,高中阶段则应以培养选择、判断能力为主,而探索能力的培养则应贯串于整个中学学习阶段,由易到难地进行。

2. 在不超越思维结构发展阶段的前提下，积极地加强训练，提高思维训练的效率，使思维结构和年龄与知识得到同步的发展。

布鲁纳十分强调儿童的早期发展，赞可夫也提出“高难度”和“高速度”的教学原则。这表现在发现法教学中，就是要精心设计“最近发展区”，以促使学生学习的迁移。美国著名心理学家奥苏伯尔(D. P. Ausubel)指出：发现学习可以是有意义的，也可以是机械的。依我们看来，这就取决于是否把学生看成真正的探索者和发现者，是否极大地发挥了学生思维中的潜力，而这种潜力往往为我们所低估。在发现法教学中，由于对这个问题认识上的差异，往往会产生不同的教学方案，如文[1]中所举的关于韦达定理的两个教案就是一例。下面再举出关于三角形内角和定理的教案，供大家研究：

[教案 1]

“一、准备：事先要求每个学生准备一把剪刀和一张纸。二、实验：上课时首先要求每个学生将纸剪出一个三角形，再按图甲剪下阴影部分的 A 角和 B 角，且按图乙摆好。三、初探：你们有什么发现？四、证明：引导学生按教材(几何第一册第 63 页)上方法严格证明。五、应用。”

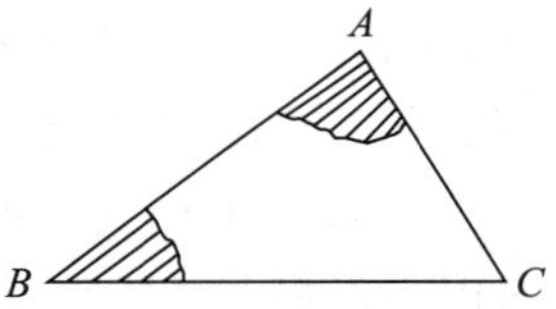

甲

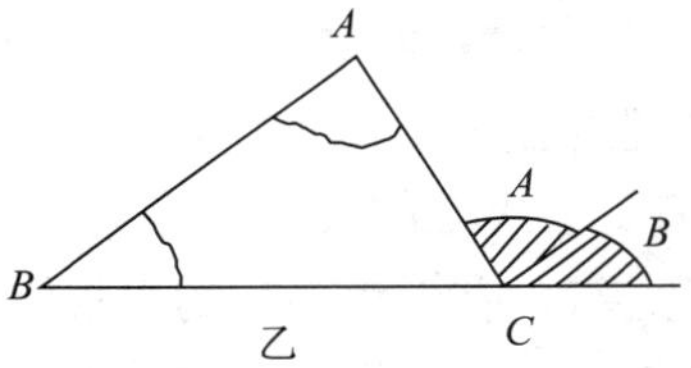

乙

这是一个发现法教案。它基本上处于“动作型思维”的水平，这显然低于对初二学生的要求。另外，在这个教案中，并没有真正让学生尝试着去发现，因此我们认为值得作出一些改进。

[教案 2]

1. 每个同学用量角器和三角板作出：1) 两内角分别为 30°、60°的三角形；2) 两内角分别为 45°、60°的三角形；3) 两内角分别为 120°、30°的三角形。量出第三个内角的大小，并填写下表。交流所得结果，可得什么结论？

△	Ⅰ	Ⅱ	Ⅲ	Ⅳ	Ⅴ
A	30°	45°	120°		
B	60°	60°	30°		
C					

2. 思考：为什么在大家各自作出的三角形第三个内角的大小都是相等的？这说明了什么？

启发学生得到如下猜想：三角形中两个内角确定以后，第三个内角就确定了。

3. 探索：那么第三个内角怎么求呢？三角形的三个内角之间有什么样的关系呢？每个学生再任作两个三角形，用量角器量三个内角，填写表中最后两列。

从表中可以看到什么规律？

通过讨论得到三角形内角和为 180°的猜想。

4. 验证。怎样验证上述结论呢？引导同学得到将三角形的三个内角拼到一起，看是否成一平角的方法。

实验。任意作出一个三角形，剪下两个内角，并和第三个内角拼在一起。（可能出现各种方法）发现了什么？说明了什么？

5. 证明。运用两种方法给出证明，要求学生找出各种证法的共同思想方法，再独立地给出另一种证法。

6. 应用。

这个教案基本上与“经验型抽象思维”的思维水平相适应，既符合学生的思维结构发展的阶段，又充分地让学生尝到“探索”的滋味，加大了思维训练的难度，提高了训练的效率，因而是值得作一次尝试的。

以上我们就思维结构发展的整体性、差异性和阶段性，讨论了思维结构的性质对发现法教学的影响，至于思维系统外部因素对思维结构的影响，本文未曾提及，限于篇幅，就不再多讲了。

本文发表于《福建中学数学》1983 年 6 月，有删节。

五、数学教育学与思维科学

（一）

钱学森同志指出：“人的知识和应用知识的智力是怎样获得的，有什么规律，这是教育科学中最难的问题，也是最核心的问题，是教育科学的基础理论。”由于思维能力是智力的核心，因此，这个问题的关键就在于：人的思维发展有什么规律？怎样才能卓有成效地发展学生的思维能力？显然，这正是思维科学研究中的重大课题。

人工智能的研究，当然是思维科学的重要应用。但是，这并不是思维科学最重要的应用。因为任何人工智能机，都无法完全取代人类的创造性思维。正如高士其同志指出的：“思维的科学是培养人才的科学”，“国家的竞争、社会的竞争归根结底是人才的竞争，而人才培养成才，其关键在于思维，在于科学的思维。”从这个意义上来看，教育科学应是思维科学应用科学最重要的分支。

（二）

作为教育科学分支的数学教育学，它和思维科学的联系就更为密切了。

苏联数学教育家斯托利亚尔干脆把数学教学定义为数学（思维）活动的教学，他认为，对数学的含意有两种理解，一种理解为思维活动的结果，另一种理解为思维活动的过程；因此对数学教学也有两种理解，一种是数学理论（即数学知识）的教学，另一种是数学（思维）活动的教学。这两种不同的理解，反映了传统教育理论和现代教育理论在对知识与能力、结果与过程在认识上的分歧，现代数学教育理论从培养创造性人才的需要出发，愈来愈强调教学的过程（学习的过程，获取知识的过程，归根结底，思维的过程），愈来愈强调培养学生的能力，特别是思维能力。

在皮亚杰看来，数学思维结构与数学科学结构十分相似，他认为：儿童学习数学的过程，就是从一种思维结构过渡到另一种思维结构的过程，数学知识只是进行思维训练的结构材料，在这种理论的指导下，就自然而然地产生了这样一种想法；数学教育的任务，就在于使学生形成完整的思维结构，并借助于这些结构去认识数学结构，也就是认识数学本身。因此，寻找数学结构和思维结构的相似点，就成为数学教育学中重大的研究课题。

数学是思维的工具，数学是思维的体操。数学是进行思维训练的载体，数学教育学与思维科学之间存在着血肉相连的关系。

（三）

这种对数学教育认识上根本性的转变，改变了人们对数学教学中几乎所有问题上的看法，也导致人们对数学教学中一系列重大问题认识上的分歧。例如：

我国现行中学数学教学大纲（草案）规定：数学教学要强调培养学生正确迅速的运算能力、逻辑思维能力和空间想象能力，以逐步形成用数学来分析问题和解决实际问题的能力。人们要问：在数学教学中要不要注意培养学生的非逻辑思维能力？非逻辑思维在数学学习中应该占据什么样的地位？解决这个问题的关键，在于对数学思维来说，创造性思维的结构有什么样的特点？非逻辑思维与逻辑思维之间存在着什么样的关系？在完成发展学生创造性思维能力的总体任务中，数学教学应该做出什么样的贡献？

在教学内容现代化的问题上，首当其冲的是正确确定选取教学内容的标准。教学大纲（草案）规定："应当根据中学数学的教学目的，精选在数学理论和方法上都是基本的、现代科学技术中都有广泛应用的，同时又是学生所能接受的数学基础知识。"作为中学数学的教学内容，在这个标准中，是否要强调教学内容应当是对形成和发展学生数学思维具有重大意义的？这除了涉及对数学教学目的认识以外，关键在于：在理论上和方法上具有基本性的数学知识，是否就一定是发展学生思维能力的最好教材？

在教学效果的评定上，分歧在于怎样才能突出对数学能力的考查，对 1984 年高考（理工类）数学试卷完全相反的两种评价，就是这种分歧的表现。问题的关键在于：知识在思维能力形成过程中起着什么样的作用？而抽象的能力（主要指思维能力）要通过什么样的途径才能具体地体现出来？

国际上新数运动失败的原因是什么？是以布鲁纳为代表的教育理论的失败，还是新数运动的实践离开了布鲁纳教育理论的原则?

在教学方法上,表现出来的问题更为明显而尖锐。目前在全国范围内,题海战术泛滥成灾,成为影响数学教学质量的严重问题,但是有些同志却认为:“反复作题、总结套路、归纳成型、多题一解”的题海战术是提高学生解题能力的有效措施。

如此等等。

除了对数学教学目的上的认识不一致以外,以上各种分歧,都是由于对数学思维的特点和发展规律的认识不一致而引起的。

(四)

因此,明确数学思维的特点和发展规律及其培养途径,就成为数学教学研究中的根本问题。

数学教育学试图从教育心理学中去寻求答案,但遗憾的是:尽管心理学书中有对思维进行研究的专门章节,却直到目前为止,心理学在对思维的论述以及对支配思维“机制”的解释方面,还没有统一的认识,在教育心理学中,缺少公认的概念作为指导把中学的教学与发展学生思维(尤其是数学教学与发展学生的数学思维)的任务组织和进行得十分有效的基础。

由于微观研究方面的困难,数学教育学把目光转向思维研究的宏观方面,从数学史、科学方法论、数学方法论、解题理论中吸取有用的成果,并且在这些方面开展了一些初步的工作,力求建立起数学教育学的基础理论。

正当我们进行各方面的探索时,思维科学破土而出,从刚刚建立的思维科学的雏形中,我们意识到,它将是数学教育学的理论基础。思维科学研究上的重大突破,必将引起数学教育学研究中的重大进展。

例如解题方法和理论的研究,实际上就是所谓“遇事认定”中的科学思维问题,数学中解题方法理论的研究,是思维科学中“遇事认定”研究的最好的突破口。

再如,教学过程中教师主导作用与学生主体作用的关系问题,是教学研究的关键问题,实际上就是教师的思维活动与学生思维活动的相互影响、促进、同步的问题。

尽管思维科学目前还没有正式形成,它自身还处于草创时期,思维活动的机制还没有彻底揭开,甚至在最近的将来取得重大突破的前景都很渺茫,但是,应该看到,思维科学在宏观研究上的某些阶段性成果(包括心理学、科学方法论等等领域)对于数学教育学的发展已经具有重大的指导意义。

例如,关于人的思维发展的阶段性理论,关于思维过程、思维与问题关系的观点,对于组织数学教学过程都有指导意义。

(五)

另一方面,数学教育学的研究对于思维科学的发展也具有推动作用。钱学森同志指出:思维科学的研究也要从宏观开始,数学教育学可以从更宏观的层次上,为思维科学的研究积累资料、提供素材和实验园地,做出贡献。

目前国内思维科学的研究中,似乎已经把大学生、研究生科学思维的培养纳入了自己的范围,其实中学生科学思维的培养和研究应该是更为重要的课题,中学阶段是青少年思维发展的关键阶段,而且认知心理学对思维发展的研究,到15岁以后几乎中断,因此有大量的工作有待于我们去完成,思维科学的研究不应该忽视这一方面的工作。

目前,数学教育界的同志已经充分地认识到思维的研究是数学研究的基础和主体。最近中国教育学会数学教学研究会成立全国性的思维与数学教学专题协作组,以协调这方面的研究工作。我想,这个组织不仅可以为数学教学研究做出贡献,而且可以为思维科学的发展贡献力量。

在钱学森同志关于现代科学体系的宏伟设想中,数学科学和思维科学是相邻的两大部类,而数学教育学正是这两门科学的综合科学。因此,吸收数学教学研究中的专家参加思维科学研究的队伍,在数学教学实践中开展思维科学的研究,对于数学教育学和思维科学的建立与发展都是大有裨益的。

参考文献

[1] 钱学森《关于教育科学的基础理论》,《华东师范大学学报(教育科学版)》,1984年第4期。

[2] 钱学森《谈谈思维科学》,《思维科学通讯》,1984年第1期。

[3] 高士其《科学的发展史就是一部思维的发展史》,《思维科学通讯》,1984年第1期。

[4] (苏)B. A. 奥加涅相等《中小学数学教学法》。

本文发表于福建中学数学1985年第4期

六、数学解题活动中的思维结构

数学解题活动,实际上是以数学知识为结构材料的数学思维活动。在解题教学中,为了达到发展学生思维能力的目的,就有必要对数学解题活动中的思维结构作出科学的分析,研究其特点和规律,并据此制定出指导解题教学的原则。

§1 数学问题及其分类

1. 问题。

数学问题可以看成是由初始状态(即题的条件)、最终状态(即题的结论)、解(即由初始状态到最终状态转化的过程)、解题基础(即由开始状态到最终状态转化的理论和实践的基础)所构成的系统。

如果系统中的四个要素,对于解题者而言,全部都是已知的,那么这个系统就称为稳定系统,记为 R_0,如果上述四个要素至少有一个是未知的,又至少有一个是已知的，则称这个系统为问题系统，记为 R_x。

2. 问题的分类

我们根据 R_x 中未知要素的个数，将问题分类(如表 1)：

表 1

未知要素的个数	问题类型	记号	确定度
3	问题型问题	R_x^3	最不确定
2	探索型问题	R_x^2	较不确定
1	训练型问题	R_x^1	确　定
0	标准型问题	R_0	完全确定

标准型问题即稳定状态。

例 1　对于学习过三角形全等、尚未学习等腰三角形的初二学生：

问题 1：在 $\triangle ABC$ 中，$AB=AC$，求证 $\angle ABC=\angle ACB$，这是 R_x^1 型问题(只有解未知)。

问题 2：在 $\triangle ABC$ 中，$AB=AC$，那么 $\angle ABC$ 与 $\angle ACB$ 有什么关系？证明你的结论，这是 R_x^2 型问题(最终状态和解都未知)。

问题 3：三角形中，边与角之间可能有什么样的关系？这是 R_x^3 型问题(初始状态、最终状态、解都未知)。

从上面的例子中还可以看到，随着未知要素的增加，题目本身的确定程度就逐渐减小，发散性愈来愈大，变化和发展的天地也愈来愈广阔。

3. 分类的相对性。

问题的分类是相对于解题者而言的。

(1) 同一道题对于不同的解题者可以属于不同的类别，例如：解方程 $x^2-2x-3=0$ 对于初一学生是 R_x^2 或 R_x^3 型问题；对于学习了二次方程的初二学生则是 R_x^1 型问题；对于初三学生则只能是稳定系统 R_0 了。

(2) 解题者知识的增加，可以使问题的类别“升格”或“降格”。一般说来，随着解题者接触次数的增加，题目逐步降格，因而不论是从解题的角度还是从培养思维能力的角度来看，都逐步失去其应有的价值。另外，解题规律和解题方法的揭示，也会使题目迅速降格，应该指出的是，有时解题者知识的增加、方法的增多，会加大选择解题思路的困难，造成题目的“升格”。但是这种情况相对于前者终究是次要的。

(3) 解题环境的不同，也可能影响题目的类别。因为解题环境对解题者存在着暗示或干扰的作用。例如同一道题分别在单元练习或毕业考试中出现，其类别就不尽相同。这说明问题的编排次序，影响解题教学的效果。

§2　解题过程的分析

解题过程，即 $R_x \to R_0$ 过程，往往分成几个阶段进行。

1. 解题过程的逐渐转化。

下面我们以一道 R_x^3 型的问题，来研究解题过程逐渐转化的规律。

问题(R_x^3)：多面体可能具有哪些性质？

(1) 解题过程的第Ⅰ时态，如下表(表2)：

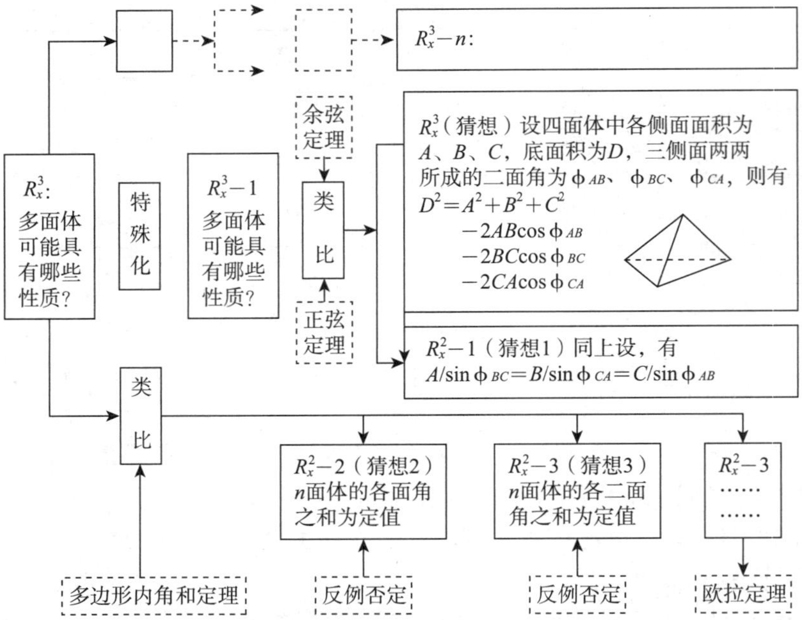

表 2

从表中可以看出，从问题 R_x^3 出发，经过发散思维，可以得到许多个 R_x^2 型问题。这样就完成了解题转化中的第Ⅰ时态，即 $R_x^3 \to R_x^2$ 时态。

(2) 解题过程的第Ⅱ时态，$R_x^2 \to R_x^1$。

在表3中，列出了从第Ⅰ时态中产生的问题 R_x^2 解决的思维过程。在这个过程中产生了一系列 R_x^1 型问题，表中特别列出一个，即若四面体 S—ABC 中，各侧面两两垂直，三侧棱分别为 a、b、c，如何求出底面积。

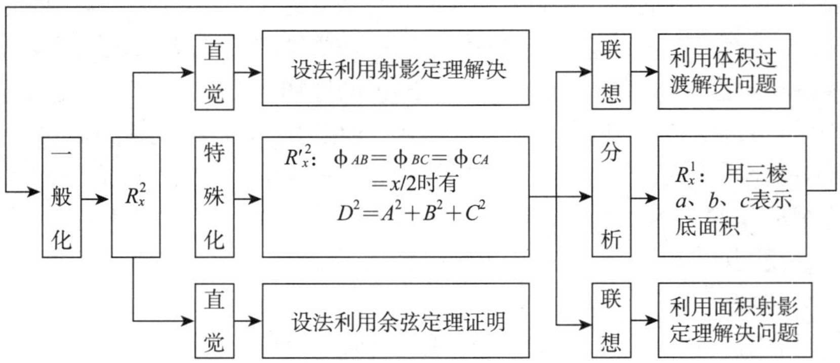

表 3

在表 3 中可以看出，在 $R_x^2 \to R_x^1$ 的时态中，思维仍然是发散的。但是由于思维目标愈来愈清晰，因此选择和判断逐渐超越检索成为思维活动中的主要因素。

应该指出：由于问题的分型是相对的，因此第Ⅱ时态何时结束，将随解题者对新产生的问题的认识而定，不过只要问题尚未转化为 R_x^1 型，那么在解题的思维活动中，非逻辑思维终将占据重要的地位，思维的性态也就总是发散的。

从表中还可以看出，问题 R_x^3、R_x^2 并没有完全解决，因此思维活动仍会经过“一般化”“联想”等等反馈回去，或者产生新的 R_x^3 型问题。

(3) 解题过程的第Ⅲ时态，$R_x^1 \to R_0$。

在这个过程中逻辑思维占据主导地位。

例如上述 R_x^1 的问题就转化为已知三边 $\sqrt{a^2+b^2}$、$\sqrt{b^2+c^2}$、$\sqrt{c^2+a^2}$ 求三角形面积的问题。当然，如果解题者不知道海伦公式，或者认为利用这个公式运算太繁，企图寻求更佳解法，那么问题就又升格为 R_x^2 型，将要展开一轮新的探索。

通过上面的分析，我们认为解题过程是逐级变换的过程。下面是这个变换的示意图：

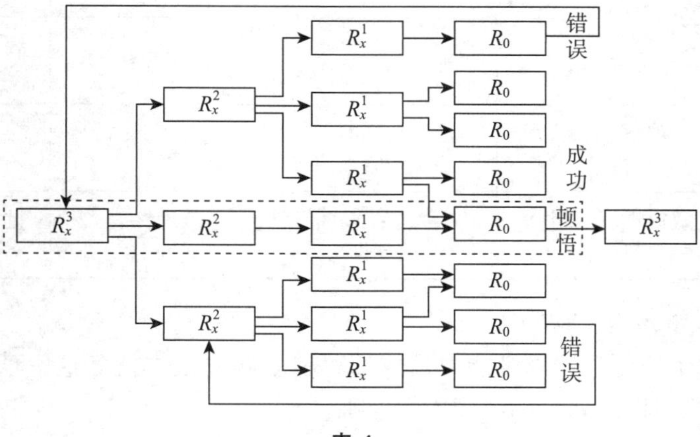

表 4

从表 4 中可以看出，解题中的思维过程是由若干个 $R_x^3 \to R_x^2 \to R_x^1 \to R_0$ 的转化组成的。

(4) 各时态思维特点的比较。

时　态	$R_x^3 \to R_x^2$	$R_x^2 \to R_x^1$	$R_x^1 \to R_0$
思维的指向性	不明确	比较明确	明确
思维的发散性	发散	比较发散	集中

续表

时　态	$R_x^3 \to R_x^2$	$R_x^2 \to R_x^1$	$R_x^1 \to R_0$
思维的方式	想象、联想、类比、发散思维、直觉思维	联想、类比、归纳、探索性演绎、直觉思维发散思维、逻辑思维	演绎完全归纳逻辑思维
思维要素	探索、选择、判断	选择、判断、探索、推理	推理

从上表中可以得到如下结论：随着解题时态的进展，思维的目的性愈来愈明确，思维方法愈来愈集中，逻辑思维的成分日益增加，非逻辑思维的成分日益减少，思维的结果愈来愈确定。

2. 解题过程的四个环节。

按照波利亚的观点，解题过程可以分为审题、探索、表述、回顾四个环节。限于篇幅，这里不再对上述各个环节作详细分析，仅通过下表对各个环节中思维的特点作一介绍。

环节	审题	探索	表达	回顾
思维方式	直觉思维	直觉思维为主	逻辑思维	发散(求异)思维为主
思维要素	观察、抽象、概括	选择、判断、探索	推理、判断	探索、判断
着重培养思维品质	敏锐性、深刻性、目的性	灵活性、独创性	条理性、论证性	批判性、概括性、广阔性

§3　解题教学的原则

从培养学生的创造性思维能力是数学解题教学的根本任务这一认识出发，基于如上的分析，我们提出如下的解题教学原则：

1. 以第Ⅱ时态为中心组织解题教学。

这是因为：(1) 创造性思维是以发散思维为主，发散思维与聚合思维相结合的产物。在第Ⅰ时态中，思维过于发散，不利于激发学生积极的具有强烈指向性的思维活动。在第Ⅲ时态中，思维过于集中，不利于创造性思维的培养。而在第Ⅱ时态中，思维既有明确的方向，又有足够的发散性，因此最具有训练的价值。

(2) 创造性思维是以非逻辑思维为主，非逻辑思维与逻辑思维相结合的产物。在第Ⅱ时态中，几乎要应用思维活动中的所有形式，因此思维训练的效率最高。

(3) 由于教学活动要受到教学目标、内容、时间的限制，因此不可能广泛地使用 R_x^3 型问题是适当的。

应该指出的是，以第Ⅱ时态为中心组织解题教学，并不是否定第Ⅰ、Ⅲ时态对培养学生思维能力方面的作用，相反地，则是认为只有以第Ⅱ时态为中心，才能最有效地发挥它们在培养思维能力方面的独特作用。

2. 突出探索、回顾两大解题环节。

布鲁纳称“探索是数学教学的生命线”。探索对培养思维能力的巨大作用，已有专文论及，这里不再多说。至于回顾这一环节的重要性，从表 6 中也可以看到。它是发现后的思考，对于形成知识体系、增进能力，具有极大的作用。

§4　对解题教学的建议

基于以上的教学原则，对解题教学提出建议如下：

1. 适当改编 R_x^1 型问题，以加大探索的范围，增加 $R_x^2 \to R_x^1$ 环节。具体方法有：

1°　隐去结论。如课本(高中代数第二册 P77)有这样的问题：

已知数列 (a_n) 的项满足 $\begin{cases} a_1 = b, \\ a_{n+1} = ca_n + d \end{cases}$，其中 $c \neq 1$，证明这个数列的通项公式是

$$a_n = \frac{[bc^n + (d-b)c^{n-1} - d]}{(c-1)}。$$

隐去结论，改为求数列的通项公式，就成为一道很好的 R_x^2 型问题了。

2°　增加限制。通过人为的限制，逼使解题者展开新的探索。如《解析几何》课本 P59 第 22 题；过两点 $A(-3,2)$ 和 $B(6,1)$ 的直线与直线 $x+3y-6=0$ 交于点 P，求点 P 分 $\overrightarrow{AB}$ 所成的比，可以加上“不求交点坐标”的限制。

3°　改变陈述方法。尽量使用数学符号和图形来提出问题，使条件隐蔽，以增加探索的层次，如：将图 1 中方格纸卷成圆筒，求 A、B 间的距离。

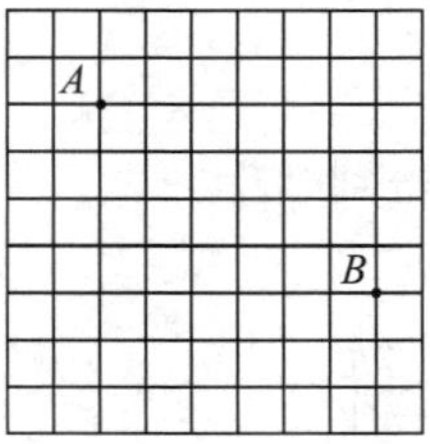

图 1

4°　减少问题的条件。例如可以将某个常量改为参变量，以增加问题变化不定的因素。如：将解方程 $3x-2=2(x-1)$ 改为解方程 $ax-2=2(x-1)$(a 为实数)。

5°　逆向改编。如将解一元二次不等式的问题，逆向改编为“二次不等式 $ax^2-mx+2<0$ 的解为 $1<x<2$，试求 a、m 的值”。

2. 适当选取条件不足或多余、结论不定的“非常规”问题。例如：(1) 求抛物线 $y^2=2px$ 的参数方程(结论不定)。(2) 确定分类标准，将下列图形分成元素个数相等的两个集合(方法愈多愈好)。

3. 避免同类型问题多次重复出现。要注意问题的编排，避免不必要的暗示或

干扰。

4. 注意采用选择题、多重选择题等题型。这种题型突出了探索与回顾两大解题环节，特别有利于发展求异思维能力。由于选择题给出了若干选择支，所以是一种具有多余条件的“非常规”问题。解选择题的训练对培养思维的灵活性、敏捷性、批判性、独创性具有良好的作用。

5. 对组织教学过程的建议。

(1) 要从各方面进行探索的努力，要用各种思维方式进行探索的尝试，以增加 $R_x^3 \to R_x^2$，$R_x^2 \to R_x^1$ 的数量。

这项建议和大家所熟悉的“一题多解”的做法是一致的。但是在这里特别要注意从不同的思维形式或方法来寻找解题途径。

例如：已知 $\log_m 3 > \log_n 3$，试比较 m 与 n 的大小。这就有如下不同的探索方法。

1° 以分析思维为主。

$$\log_m 3 - \log_n 3 = \frac{\lg 3}{\lg m} - \frac{\lg 3}{\lg n} = \frac{\lg 3(\lg n - \lg m)}{\lg m \cdot \lg n}$$

$> 0 \Rightarrow \begin{cases} \lg n \cdot \lg m > 0 \\ \lg n - \lg m > 0 \end{cases}$ 或 $\begin{cases} \lg n \cdot \lg m < 0 \\ \lg n - \lg m < 0 \end{cases}$ 进而讨论得结果。

2° 以直觉思维为主。

从对对数函数性质的总体认识出发，感到有必要对底数以 1 为“临界点”分情况讨论。这样分成四种情况

①$m>1, n>1$；②$m>1, 0<n<1$；③$0<m<1, n>1$；

④$0<m<1, 0<n<1$，

讨论后给出解答。

或者，从图像观察，直接可以得到结果。

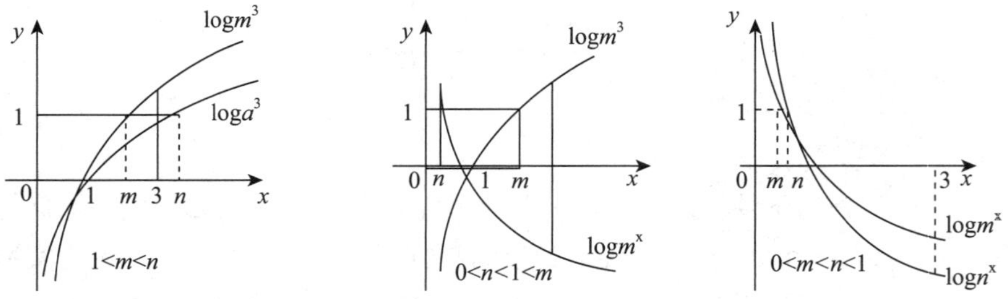

(2) 不回避探索中的失败，因为每一次失败都可能增加新的 $R_x^3 \to R_x^2$ 或 $R_x^2 \to R_x^1$，从而增加思维训练量。

(3) 在提出问题时，要提出问题产生的广阔背景。这样不仅使知识的体系更清晰、完整，而且大量增加。

$R_x^3 \to R_x^2$ 的数目。例如在§2 详细讨论过的问题，实际上就是对勾股定理在三

维空间的类比提供了背景。

可以提出 R_x^3 型问题让学生开展讨论。例如:公式 $EF=\sqrt{m^2+n^2+d^2=2mn\cos\theta}$ 可能有什么用处?(不一定要解决整个课题)

(4) 注意解题后的思考,注意问题的变化和发展。例如:已知抛物线 $y^2=4x$ 内一点 $P(3,-2)$,求以 P 为中点的弦所在直线的方程。解了这个问题以后,可以将其推广,提出如下问题:

① 已知抛物线 $y^2=2px(p>0)$,求以 $P(x_0,y_0)$为中点的弦所在直线的方程;

② 已知抛物线 $y^2=4x$,求以 $P(3,-2)$为三等分点的弦所在直线的方程。

解题与培养思维能力不一定总是同步的,但是可以做到大体同步。只要我们深入地研究它们之间的关系,就有可能在解题教学中,让学生在知识与能力上都得到发展。

参考文献

[1] (苏)奥加涅相等编《中小学数学教学法》,测绘出版社,1983 年 8 月。
[2] (美)J. M. 索里等著《教育心理学》,人民教育出版社,1983 年 8 月。
[3] (苏)克鲁捷茨基著《中小学生数学能力心理学》,上海教育出版社。
[4] (美)波利亚著《怎样解题》,科学出版社。
[5] 张乃达《思维的基本结构与发现法教学》,《福建中学数学》,1983 年第 6 期。

(说明:本文节选自《按照思维发展规律进行解题教学》的第二部分。该文连载于《福建中学数学》1985 年第 2—4 期,由“解题教学是数学教学的中心”“数学解题活动中的思维结构”和“解题过程中的求同与求异”三部分构成。)

本文发表于《福建中学数学》1985 年第 3 期

《数学思维教育学》后记及附录

从动笔写作到正式出版,《数学思维教育学》花了将近四年的时间。在这期间,作者欣喜地看到人们已经对数学思维教育学不再感到那么陌生了,而且已经有愈来愈多的同行承认了数学思维教育学的存在价值,并积极地为创建这门新的学科,作出努力和贡献。

本书集中地反映了笔者近年来(1980—1988 年 6 月)在思维与数学教学研究方面的基本观点与认识,也吸取了国内外的有关研究成果。对于笔者近一二年来的研究心得,例如有关数学思维的外部条件系统,特别是有关数学观念的研究也有所反映。笔者认为,有关数学观念的研究对于数学思维与教学的研究具有根本的重要性,应该进一步深入下去。

一门新学科的建立,决不是一件轻而易举的事,更不是靠一两部专著的问世就能解决的问题。本书的出版,希望能引起同行们对数学思维教育学的注意和兴趣,以推动学科的建立和发展。

本书是在 1987 年初,应江苏教育出版社理科编辑室之约开始写作的,没有他们的提议和支持,本书是不可能顺利出版的。作者谨在此向江苏教育出版社的何震邦先生,喻纬先生表示谢意,特别是要感谢本书的责任编辑王建军同志所做的大量工作。在近十年来的研究工作中,笔者一直得到了中国教育学会数学教学研究会理事长张孝达先生、福建师范大学数学系欧阳琦先生的支持与鼓励,谨在此表示衷心的感谢!并感谢王左芬同志在写作过程中所给予的照顾和付出的劳动。

由于作者水平的限制和本书所讨论问题的复杂性,书中所反映的观点只是作者的一点认识,因此片面性和错误之处在所难免,恳切地盼望读者批评指正。

江苏省扬州中学　张乃达

1990 年 1 月

附录 1

《中学数学思维方法丛书》编写提纲

《中学数学思维方法丛书》是列入国家出版总署“九五”计划的重点书目，由河南教育出版社出版组织编辑出版。

一、编写宗旨

(1) 使读者逐步领会到数学思维方法的真谛，深化对数学知识、数学方法和数学思想的理解，提高读者的数学素养和数学思维能力。

(2) 作为国内第一套系统地阐述数学思维方法的丛书，要反映并总结数学教育研究的成果，为推动我国的数学教育改革、建设具有中国特色的数学教育学做出积极的贡献。

二、基本认识

(1) 数学思维是数学活动中的思维。“中学数学思维方法”是指在中学数学教学活动中经常使用的思维方法。

(2) 数学思维方法是对数学思维过程的抽象。我们不能离开数学思维过程来谈论数学思维方法。因此，我们不能满足于对数学思维方法做静态的逻辑分析，而应当从数学活动本身，特别是从数学活动的过程来考察分析数学思维方法，即要揭示出这些方法被抽象出来的过程，以及这些方法又是怎样被运用到数学思维活动中去成为“活”的思维方法的。

(3) 因此，在阐述数学思维方法时，就必须注意到数学观念、数学思想对数学方法的影响。

(4) 数学活动中存在着数学家的思维，也存在着中学生的思维。丛书在阐述数学家的思维方法的同时，还要展示中学生的思维活动以及他们运用的思维方法。要对这些思维过程作出中肯的分析和比较，并在丛书中给上述内容以重要的地位。

三、基本构想

(1) 内容

① 中学数学教学中涉及的一般的思维方法(如分析、综合、抽象、概括、演绎、归纳等)对这类思维方法的阐述应力求突出其在数学思维活动中表现出来的特点。

② 中学数学中所涉及的重要的“专业”的思维方法。它们是一般的思维方法在数学活动中的体现、发展和深化。这类思维方法中包括一些基本而重要的数学方法。(如模式化方法、函数方法等)

③ 对数学思维活动有重大影响的数学观念、数学思想、数学思维的基本策略等。

④ 本丛书“中等”的界定是指现行教学大纲中涉及的教学内容，但也不排除被广泛地认为会在近期内进入中学数学教学大纲的教学内容。(例如:微积分初步、概率、计算机初步等)

（2）定位

丛书是提供给优秀中学高年级学生和中学数学教师阅读的高级科普读物。它具有学习辅导读物和学术性专著的双重特点。（这是可以做到的，例如波利亚的《怎样解题》就是光辉的榜样）

实质上，丛书应该是写给优秀的中学高年级学生阅读的学术性专著。

对于中学数学教师及高校的学生，丛书也不失为有一定理论特色的、高水平的有参考价值的读物。

（3）原则

据此，丛书的编写要坚持以下原则：即科学性原则、启迪性原则、纵深性原则和可读性原则。其中特别重要的是启迪性原则和纵深性原则。

① 科学性原则

即要求丛书的结构合理、选题恰当、观点正确、论述清晰。

这里特别重要的是，丛书要反映起国内外数学教学研究的成果，要以马克思主义的哲学思想为指导，要以现代教育思想为依据。

② 启迪性原则

丛书要具有启迪性，要能促使读者思考，引导读者"顿悟"。因此写作时不要满足于定义和理论的陈述。要有问题，有提出问题和解决问题的过程。要通过典型问题的分析，叙述思维方法所蕴含的基本思想和观念。要从具体的解题方法、解题技巧中揭示出基本的思维方法的作用。要面向读者，用各种方法与读者展开对话、讨论、交流，以促使读者参与和思考。

③ 纵深性原则

丛书要有纵深、有层次，这才能做到深入浅出。整套书要有纵深，每一册书也要有纵深，对每一种思维方法的叙述也要有纵深。

对理论的阐述不能满足于平面的呈现，要通过纵深来构架起"立体"的结构。

要有纵深，就必须摒弃平庸，摒弃泛泛而谈。就要有思维活动，有思维过程，有深刻的思想。

有纵深才有高度的概括和广阔的多维的发散，才能收合自如，以简驭繁，才能突出最最基本的观念。

④ 可读性原则

要让读者愿意读、欢喜读、读得懂。

要有足够的例子：数学史中的例子，教学活动中的例子，生活中的例子。

要有恰当而精彩的分析。

要有趣味。语言要生动，有感染力，有文采，避免套话和冗长的叙述。尽可能地少用"专业术语"。

要多采用框图、插图，对话，评述。灵活变换人称、角色。尽可能地让读者参与。

版面要活泼、醒目，丰富多彩。

版面要宽松。

四、内容与结构

(1) 内容

① 每册书着重阐述一种或几种数学思维方法，这种阐述可以分成若干层次进行，以体现丛书的纵深性。

在每个层次中，对思维方法的阐述可以按照“释义——作用——应用——案例分析”即“是什么？”“有什么用？”“怎样用？”及“综合分析”这四个环节进行。

在释义时，要避免从概念到概念的陈述，要注意通过例子揭示出思维方法的实质；

要全面而辩证地论述思维方法的作用，避免片面性和形而上学。

在应用环节，要尽可能地给出使用该种思维方法的框图或操作步骤，使读者容易掌握。

正确的理论观点、恰当的中心问题和精彩的例子，是写好本书的保证。

(2) 问题

没有问题就没有思维，就无法体现丛书的启迪性。

作者要注意创设问题情境，让读者和作者一起去提出问题、分析问题、解决问题。

首先要确定本书论述的中心问题，对思维方法的论述应该从最基本而又不失其本质的层次开始。

随着对基本问题认识的深化和发展，从基本问题可以派生出一个又一个新的问题，丛书就可以围绕着这一个又一个新的问题有层次地深入地展开。

因此，对思维方法的论述过程就成为解决和分析基本问题的过程，这就使全书具有天然的逻辑性和纵深而严谨的结构。

(3) 理论

丛书应该具有较高的理论层次和理论色彩。这要求作者自觉地应用辩证唯物主义观点，对思维方法做出辩证而准确的分析。特别要注意如下几个方面：

① 辩证地看待各种思维方法。例如，要准确地论述逻辑与直觉、分析与综合、抽象与概括等思维方法的辩证关系。

特别要注意全方位辩证地看待数学思维方法的作用。

② 要注意从思维方法的整个系统来分析某种思维方法。例如在阐述构造方法时，要注意综合和想象在构造过程中的作用。

③ 对思维方法的分析要有重点，有针对性。例如，要明确指出，构造方法主要是综合方法的应用，它需要我们在思维中对思维对象添加些什么，因此它具有创造性，因而构造的结果可以是多种多样的，所以构造性思维具有良好的发散性。要鲜明而准确地提出自己的观点，并用大量的例子来论证它。

④ 要注意在数学思维过程中论述数学思维方法，因为只有这样才能辩证而准确地认识思维方法的特点并分析它们之间的关系。例如在实际的思维过程中，使用构

造方法时，总是先通过分析，抽象出问题的本质，然后再利用综合，来构造出模型(或对象)，以实现化归的任务的。

⑤ 不要离开问题，离开例子来阐明理论。作者的理论观点要融汇在对问题的分析之中，要避免大段的理论阐述，要善于使用夹叙夹议的方法，进行理论观点的渗透。

(4) 例子

例子是本书的重要组成部分。从例子中不仅可以看到作者的观点，而且读者可以通过自己对例子的分析和思考形成自己的看法。

要特别注意选取下面几种例子：

① 生活或其他学科中的例子；

② 数学史中的例子，特别是中国数学史和有关现当代中国数学家的例子；

③ 浅显而有深意的例子，特别是教材课本中不为人所重视的例子；

④ 趣味性的例子；

⑤ 有关问题解决的领子；

⑥ 高考及数学竞赛中的例子。

例子不宜过难。难度以高考中综合题的难度为准，要严格控制使用竞赛中的问题。

五、作者

丛书由王梓坤先生、张乃达先生任主编。聘请有关专家组成编委会，由编委会商定各分册作者。

丛书的作者应具备如下条件：

① 具有中学数学教育的实践或长期从事中学数学教学研究的经验；

② 在数学教育(学)研究特别是思维与数学方法论研究方面卓有成果的专家；

③ 具有较强的写作能力。

六、体例及注意点(略)

七、工作程序及进程(略)

丛书编委会

一九九五年九月于扬州

附录 2

《中学数学思维方法丛书》书目(供讨论用)

1. 数学发现大思路

以数学史中的重大数学发现或典型的数学问题为题材，以设计、探讨再发现过程的方法，阐述发现活动中重要而基本的思路。

2. 文化与观念——数学活动的背景(暂名)

从社会—历史的层面即文化的层面来分析数学思维活动。

数学文化、数学观念与数学思维活动的关系是本书阐述的重点。

3. 数学思维的策略与原则

着重阐述数学解题中的简略与原则。

这是一本类似于波利亚《怎样解题》的书,应该具有波氏风格。

4. 逻辑与演绎

数学思维的逻辑性。

演绎、证明、公理化和系统化。

演绎在数学思维中的作用与地位。

演绎与探索性活动。

5. 猜想与合情推理

归纳、类比、联想、想象。

合情推理与数学发现。(有关直觉的阐述主要放在 7 中)

6. 数学探索活动中的逻辑方法

数学探索活动

"由因导果"的综合法与"执果索因"的分析法。

定向分析法、中途点法、探索性演绎法。

合情推理(仅做简单介绍)

7. 数学思维中的直觉方法

直觉思维。

探索活动中的合情推理。

数学审美意识、臻美推理。审美与创造。

说明:本册中对合情推理的阐述是在探索活动的背景下进行的,而在 5 中,要对类比、归纳等思维方法做基本的阐述和介绍。

8. 抽象与模式

抽象与数学抽象。抽象的过程。抽象与分析。

模式——抽象的结果。

9. 综合与构造

作为基本思维方法的综合(与分析对比)。

综合的创造性。

构造方法。

10. 整体方法

11. 转换与化归

12. 计算机中的思维方法(书名待定)

13. 数学思维的监控

对思维的思维——元思维

数学思维中的反思意识和自我意识。

数学观念与思维监控。

目标在监控中的作用。

说明：以上编写提纲及书目(供讨论用)均由张乃达拟定。

附录3

《中学数学思维方法丛书》序

王梓坤

早在1995年8月，大象出版社(原河南教育出版社)在扬州举行了一个座谈会，邀请十余位教学水平很高的数学教师参加，商讨出版一套“中学数学思维方法丛书”。与会同仁认为，这是一个富有创见的倡议，因而得到大家热烈赞许。提供一套既有较深厚的理论基础，又富有文采和启发性、可读性的关于数学思维的参考书，对中学数学教学，无疑会是非常有益的；更重要的是，广大的中学生们，将在形象思维、逻辑推理和严密计算等方面，学到很多的东西。这对将来无论做什么工作，都会受益无穷。

回想我们青少年时期学习数学的情景，总会有几分乐趣几分惊异。做出了几道难题是乐趣，而惊异则来自方法的进步。记得小学算鸡兔同笼，必须东拼西凑，多一只兔便比鸡多了两条腿，好不容易才能做出一题。而学过代数，这类问题便变得极为简单。做几何题也一样，必须具体问题具体解决，而学过解析几何后便有了一般的程序可循。至于算圆的面积，如果不用积分便会相当麻烦。由此可见，方法的进步对科学的发展是何等重要。

以上是对学习现成的东西而言。如果要进行科研，从事创新、发现或发明，那就更应重视方法，特别是思维方法。

没有新思想，没有新方法，要超过前人是很困难的。有鉴于此，一些优秀的数学家便谆谆告诫学生们，要非常重视学习方法和研究方法。美国著名数学家G. Polya写过好几种关于数学思想方法的书，如《怎样解题》《数学的发现》《数学与猜想》，后来都成为世界名著，很受欢迎。

学习任何一门科学，都有掌握知识和培养能力两方面。一般说来，前者比较容易。因为知识已经成熟，而且大都已经过前人整理，成为循序渐进的教材。但能力则不然，那是捉摸不定、视之无形的东西，主要靠自己去思考，去探索，去总结，去刻苦锻炼。老师的培养固然重要，但只能起辅导作用。只可意会，不可言传，而有时甚至连意会都做不到。正如游泳，只靠言传是绝对学不会的。这是对受业人而说的。

至于老师，则应无保留地传授自己的经验和体会，尽量缩短学生学习的时间。中国有句古诗：“鸳鸯绣出凭君看，不把金针度与人。”意思是说知识可以输出，但能力不可传授。前一句话意思很好，后一句应改为“急把金针度与人”。这套丛书，正是专门传授金针的。

一般的科学研究方法，可分为演绎与归纳两大类。在数学中，演绎极为重要，而归纳则基本上用不上，除了C·F. Gauss等人偶尔通过观察数列以提出一些数论中的猜想而外。不过自从计算机发明后，这种情况已大为改观。混沌学主要靠计算机而发展起来，数学模拟也主要靠计算机。再者，以往数学中极少实验，还是由于计算机的广泛使用，现在不少数学系已有了实验室，特别是统计实验室。可以期望，计算机对改变数学的面貌，对改善数学的思维方法，都会起到越来越大的作用。

在此之前，我国已经出版了几本关于数学方法的书，它们都各有特色。如就规模之大，选题之广，论述之精而言，这套丛书或许是盛况空前、蔚为大观的。我们希望它在振兴我国的科学事业和培养数学人才中，将会起到令人鼓舞的作用。

王梓坤

99.7.6.

附录4

《中学数学学习与思维丛书》修订本前言

随着义务制教育的实施，对初中数学的教学内容和要求均作了适当的调整。随着教学研究的进展，对数学教育(学)的认识也在不断地深化。为了适应这些变化，我们特对《中学数学学习与思维丛书》作了全面的修订，以满足广大中学生学习数学的需要。

本书具有如下特点：

1. 坚持贯彻“指导学生，激励思维”的编写宗旨。在总体上，致力于揭示学科结构，展示学科的内容，从而将“学”和“思”两者有机地结合起来。

2. 吸取了数学思维教学特别是数学观念教学研究的最新成果。

数学观念是数学文化的核心，对于数学思维活动与数学学习活动都具有重要的指导意义，早期发展学生的数学观念，有助于学生思维能力的发展和数学学习效率的提高。修订后的本书，特别注意数学观念的渗透和灌输，使数学观念的教学与数学思维、数学知识的教学结合在一起，以期尽早地建立数学观念的框架，并以此来指导数学学习与思维活动。

3. 为了学生使用的方便，丛书采用了线性编写结构。编写顺序严格地与课本同步。在每章开头设“内容提要”，概括地介绍本章的知识结构、技能训练的要点与要求，点明在本章起主导作用的基本方法和重要的数学观念，使读者能对本章学习进程的全貌有概括的了解，以便更好地发挥思维的主动性和积极性。

课题(小节)是本书的基本单元,它是由课时构成的教学小单元。在课题中分设“知识讲解”“解题指导”等专栏。其中“知识讲解”着重阐明重要的概念、定理产生的背景和根据,分析定理、公式推导的思路,揭示知识间的屡次结构和内部联系,以达到帮助学生透彻地理解数学知识的目的。“技能训练”则围绕着重要的技能训练点,设置若干小型题组,总结出解决常规问题的具体的操作步骤,提供技能训练题,让学生通过多次、反复的练习,形成熟练的技能,为数学思维扫清障碍,并打好基础。

“解题指导”与“方法剖析”是帮助学生发展数学思维方法的重要辅助材料,它们分别围绕典型例题或典型的数学方法而展开,着重分析解决问题的思维过程。为了卓有成效地发展学生的数学观念和激发学生的数学思维活动,在上述分析中,又特别注意揭示问题概略性解决的思维层次,以期学生能学会分析问题解决问题的一般方法。

为了满足教学的实际需要,特别编排了复习课、习题课的材料,以切实加强技能训练和解题训练。

4. 为了让学生有意识地自觉地控制学习活动,在每个课题中,均配置了“标准化自测题”,在每个教学单元,配有“单元自测题”、每章配有“复习题”“本章自测题”,书末提供了自测题的答案。我们希望通过上述努力,使本书成为广大中学生乐意使用的、真正有效的学习辅导材料。

全书由张乃达老师统稿定稿。

本书虽经多次修订、重写,但因水平所限,缺点与不足之处,在所难免,恳请广大读者指正。

早期发展学生数学观念教学实验课题组
1995 年 4 月于扬州

(**说明:**早期发展学生数学观念教学实验是江苏省重点教育科研项目,由江苏省扬州市教研室、教科所、江苏省扬州中学主持。《中学数学学习与思维丛书》是公开发行的供实验教学使用的辅导书,由张乃达、汤希龙任主编。)

数学后馈思维的二重性

沈　翔

数学后馈思维是指在数学活动过程中，用历史的联系，传统的力量和习惯的尺子，量度和制约现在，使现在按照历史的模式继续重演的思维方法。

在传统的数学教学过程中，由于大量地使用数学后馈思维方法，并将其提高到一个不恰当的高度，而受到许多有识之士的强烈抨击，随之出现的前馈、反馈等现代思维方式的引用与渗透，给僵化的传统思维方式领域带来清新的气息，并直接影响着现代数学课堂教学。洞察细微，我们看到一系列值得思考的问题：1. 在现代数学教育教学中，数学后馈思维方式是否应全盘否定？即是抛弃还是扬弃？2. 数学后馈思维方式有哪些积极因素和消极因素？3. 在实际运用过程中，如何及时避免消极因素的影响？如何合理有效地发挥积极因素的作用？本文力图就上述问题提出个人看法，以就教于各位专家。

1　数学后馈思维方式仍有一席之地

后馈思维又可称为习惯性思维，是一种循轨思维，它的显著特点是以历史作为思维的向心力，作为思维惯性的源泉，用过去的做法来要求现在，从而把思维方式固定化、绝对化，把现在“反馈”为历史的重复。它的一般模式可以用信息加工流程图表示如下：

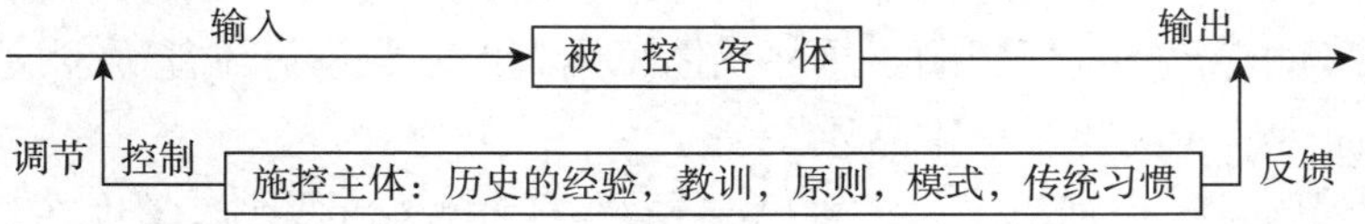

由于对被控客体的反馈信息的处理，总是采取静止的、孤立的眼光，与过去的一切相对照，站在一成不变的角度上去审视，产生了“滞后型”特征。这种缺乏活力与创造性的思维方式，当然不能主宰现代数学思维领域，由此受到的广泛批评，确在情理之中。

但是，数学认知活动是个体在外部与内部动力的共同作用下，其认知结构不断分化、重组，不断建构的过程。原有的认知结构不仅作为基础而存在，而且能动地影响认识个体的思维方式。以解简单的一元一次方程 $\frac{2}{3}(x-1)=0$ 为例，在对问题特征信息进行分析、综合后，解题步骤可以采取以下不同形式：

(1) $x-1=0, x=1$；

(2) $2(x-1)=0, 2x-2=0, 2x=2, x=1$；

(3) $\frac{2}{3}x-\frac{2}{3}=0, \frac{2}{3}x=\frac{2}{3}, x=1$

不论采取以上哪一种形式，都与问题的背景命题以及解题者相应的知识、经验有关。任何一个解题者面临具体问题时，都会或多或少地运用反馈思维方式去探索解题途径。

著名数学教育家波利亚曾制订了一份受到广泛运用与赞誉的"怎样解题"表，其中在拟定计划这一重要部分的第一个自问句就是："你以前见过它吗？你是否见过相同的问题而形式稍有不同？"以后又问："你是否知道与此有关的问题？试想出一个具有相同未知数或相似未知数的熟悉的问题。"充分体现了在解题策略选择过程中，需与解题者熟悉的问题、解题的方式相联系，其实质就是运用指向过去的后馈思维法。在具体的解题过程中，数学问题背景命题的呈现力度及数学问题的困难程度，决定了后馈思维方式运用的广度与深度，解题者的元认知监控能力的大小，监控点的指向也决定了解题者对运用后馈思维方法的清晰意识的程度。

因此，数学后馈思维方式在数学活动过程中，不会也不应当全盘否定，应在发挥积极因素作用的同时，消除消极因素的不利影响，才是明智的选择。

2　数学后馈思维的积极因素与消极因素

2.1　积极因素

2.1.1 借鉴性　后馈思维是把现在往历史上引导，是以历史为参照系的指向性思维，它的"兴奋中心"是历史上的某一阶段或某种情况，为我们能回顾过去，不忘记历史，提供了一面可供鉴的镜子，不论从人类历史，还是从个体经历中，在已取得的成果中吸取有益的并防止有害的，都可以更好地认识现在，把握未来；同时有助于分配更多的注意力于新情境、新问题。总之反馈思维有助于数学思维能力发展的连续性、继承性，从而进一步优化了思维品质。

2.1.2 保险性　后馈思维是一种已有先例、有章可循的思维，学生在认知活动中程序性思维就是它的一种体现。学生一旦对认识对象的规律有一个清楚的认识后，再面临同样或相近的问题，他们的心理压力往往是较小的。笔者在与一些代数成绩较好而几何成绩不理想的同学交谈中，发现他们对几何学习在心理上有压力，说几何使我们有一种"难以表达的畏惧感"。造成这种现象的原因，从客观上来说，代数问题易于归纳成若干基本类型，当掌握了基本解题程序后，一般总有一定的思路可循，并且许多问题还有"通法"可用，如一元二次方程的求根公式等。而在几何上却很难找到统帅全局的制高点和解题所需信息的有效检索策略，至于辅助线的作法等解题探索，也体现出发散有余，而收敛不足，并且缺乏明确的发散思维的着力点和方向，难以形成像许多代表问题那样程序性较强的通用解法，限制了数学后馈思维的运用，因而形成了学生心理上的较大压力。

2.1.3 迅速性　后馈思维可分为“肯定型”与“否定型”两种。“肯定型”是指在历史的进程中（特别是自身的经历中），成功的经验，正确达到目标的途径，常常引起愉快的回忆，产生可与现实相对比的“理想模型”，对现实问题的解决，有意识或无意识的产生影响，“否定型”是由过去的挫折和教训积淀而形成的，如在重要的考试中，虽有较强解题意向而未能及时解决的问题，往往留下深刻的印象。教育学家克伯屈指出：“这种较多（或较少）的重复使用，我们称为习得。成功或失败的感觉（满意感或烦恼感）越强，习得越牢固。”不管是“肯定型”还是“否定型”，它们都会在认识个体大脑中形成“强刺激”和“兴奋中心”，而一旦形成，便往往产生无探索性的直接认知，表现出快速判断、迅速决策的特点。

2.2　消极因素

经验思维是一种典型的后馈思维，是在亲身活动中形成的一种对实践活动的总结，具有直接可行性的思维方式。著名教育家杜威指出：“在某些情况下经验思维是有用的。”他同时还告诫人们：“经验思维有三个明显的特点：(1) 它具有引出错误信念的倾向；(2) 它不能适用于新异的情境；(3) 它具有形成思想懒惰和教条主义的倾向。”这段精辟的论述，一针见血地指出了后馈思维的主要消极方面。

2.2.1 守旧性　习惯于后馈思维的人，往往以历史的样子来改变或建构现在，看不到现实中的新发展、新情况，把现在看成历史的重复。这种习惯型思维的固定化、绝对化，使思维陷入守旧，而失去发展的活力，僵化的结果成了教条主义和思想懒惰的策源地。当代教育的特点之一就是充分培养学生的能力，发展学生的智力，使学生能迸发出创造思维的火花，若仅局限于单一的后馈思维培养，显然达不到这一教育目的。

2.2.2 求同性　后馈思维的视野是指向单一的“过去”，具有强烈的求同意识，当现实问题与过去产生差异，特别是本质差异，即对个体来说出现了“新异的情境”时，后馈思维就失去了历史的参照系，失去了求同指向的目标，此外求同性的思维习惯，也失去了寻求更多、更优解法的可能性。

2.2.3 低层次性　经验思维是对事物和行为的外在联系的总结，还没有上升到概念和抽象的高度。因此是具体的。例如作平几辅助线的常用策略是：“通常是这样作的”，“大多数情况下，这样添有利于问题解决”，“类似的问题这样添辅助线曾获得解决”，等等。这种经验式的概括方式，是不能走上必然之路的，也就决定了经验思维难以上升到理论高度。

3　数学后馈思维的合理使用

数学后馈思维的二重性，增加了在数学教学中合理运用的困难。怎样合理运用它的积极因素，同时又避开它的消极因素，这是一个值得探讨的课题。笔者就此提出如下几点看法：

3.1 数学后馈思维是数学思维方式系统中的一个要素，它应当与其他思维方式构成一个相互联系、相互制约、相互协调的思维结构系统。在绝大多数问题的解决过程中，它不应单一地起作用，而是与其他思维方式有机地结合成综合思维方式，以取得其他要素不具备的整体功能。

3.2 克服后馈思维方式的定势，注入适量的润滑剂，柔化思维指向。思维定式是后馈思维的一种表现形式。要消除定势的消极影响，必须注意选择适宜的数学材料，有针对性地切中学生思维定式中的症结，培养学生具体问题具体分析的解题意识，以及灵活高效地辨认、选择解题策略，使思维定式不断形成的同时，又不断突破，达到螺旋上升的目的。

3.3 注意数学解题"通法"与"特法"的兼顾。通法是在解决问题中具有普遍性意义的方法，一般是以基础知识为依据，以基本方法为工具，其思考过程符合思维的一般规律，易为同学们所接受。它的迁移面较广，能解决一系列数学问题，可进一步形成解题模式，成为后馈思维的素材，特法是指解决数学问题中采取特殊技巧的方法，具有新颖、简捷的特征，往往是运用发散、直觉、合情加工的方式来看，需要对即时信息特征进行辨析，对所需信息进行补充，对反馈信息及时传入施控系统。特法对开拓学生的思路，创造能力的培养，无疑有很大帮助。但因其应用范围狭窄，只能起辅助作用。通法与特法不可偏废，将它们有计划、有步骤地兼顾使用，对能力的培养，教学效果的提高，都有很大帮助。

总之，数学后馈思维是数学认知活动中常见的思维方式，它的二重性决定了它是一个矛盾的统一体。当它成为你认知活动中得力工具时，应时刻提醒自己要看到它消极的一面，使我们的认识能力不断得到提高。

数学优秀生学习特点初探

胡明健

每个班都有一些数学优秀生，他们是班上数学学习的优秀代表，研究数学优秀生的学习特点，借鉴他们的成功经验，以不断改进我们的数学教学，这是一件十分有意义的工作。本文拟从数学优秀生的学习兴趣、认知结构、思维品质三方面来作些探讨。

一、浓厚的学习兴趣

兴趣是指学生爱好某项活动或力求认识某种事物，带有浓厚的情感色彩的一种认识倾向。教学实践表明，兴趣是入迷的向导，“兴趣是最好的老师”。数学成绩好的学生，无论在学习动机、学习兴趣、学习意志以及学习信心等方面都优于数学学习成绩差的学生，他们在数学活动中能主动参与，积极探索，不满足于对定理的一般了解和记忆，而更注意定理的产生和发展过程，以及定理的证明和运用等等。他们学得主动，想得深刻，敢于向数学难题挑战，并具有全力以赴追求成功的学习毅力，探索求导的开拓精神。

兴趣、动机、意志、信心等都是非智力因素，是影响智力开发的一个重要因素。数学优秀生学习兴趣的形成一般来说有以下两个方面：一是社会原因，这些学生从小就一直受到家长、学校和社会的良好教育，在各方面能严格要求自己，养成了良好的学习习惯。由于数学成绩优秀，经常受到周围人们的赞扬，对数学学习的兴趣也就在这种良好的环境中逐步形成。一是教学过程的培养，一般说来，这些学生在小学和初中阶段，都曾受到过较为得法的数学教育，他们由对教师的热爱而发展到对数学的热爱，由学习的进步体会到数学是人类思维的一种创造，从而调动了他们数学学习的积极性。

二、良好的认知结构

数学学习是一种特殊的认识过程，它是在教师的指导下，让学生有计划、有目的地获取前人创建的数学知识，并运用来解决问题的过程。数学是一门系统性、逻辑性很强的学科，根据这一特点，中学数学教学大纲提出“教学内容的安排，要注意数学各部门内容的内在联系，以及它们之间的相互关系”，要遵循“由浅入深，由易到难，循序渐进”的原则，“使学生学好基础知识，掌握基本技能”。按现代心理学观点，学习是认知结构的组织和重新组织。数学学习过程经历了数学认知结构的组建、发展、不断完善等阶段。数学优秀生的数学学习起步稳，在学习过程中勤奋思考，一步一个脚印，发现学习上有什么漏洞，注意及时补上，不使它“踏空”一步；并注意新旧知识之间的联系与区别。他们每学习一新知识如何定理，不满足于仅仅了解和记住定理的内容和证明，而是常常要了解它是怎样提出来的，证明方法是如何构想的，采用了哪些思想方法，可否把它推广或有无特殊情形值得提出，怎样用它来解决问题，并与已学的知识加以比较，从而发展原来的认识结构，因而优秀生对数学知识学得深刻，掌握得牢固，在他们的头脑中数学知识不再是简单堆砌的离散构件，而是形成了有机的立体结构。请看下面的例子。

对于任意 $n \in \mathbf{N}$，化简 $S_n = 1 - 2 + 3 - 4 + \cdots + (-1)^{n-1} n$

一般解法是对 n 分奇数、偶数两种情况进行讨论，得到：

$$S_n = \begin{cases} -1\dfrac{n}{2}(n \in \mathbf{N}, n \text{ 为偶数}) \\ \dfrac{n+1}{2}(n \in \mathbf{N}, n \text{ 为奇数}) \end{cases}$$，有些学生提出了另一种解法：将数列 $\{(-1)^{n-1}n\}$ 看成等比数列 $\{(-1)^{n-1}\}$ 和等差数列 $\{n\}$ 相乘而得到的一个新数列，因而可仿照等比数列 $\{a_1 q^{n-1}\}$ 前 n 项和 S_n 的推导方法来处理，即：

$$S_n = 1 - 2 + 3 - 4 + \cdots + (-1)^{n-1} n \quad (1)$$

$$(-1)S_n = -1 + 2 - 3 + \cdots + (-1)^{n-1}(n-1) + (-1)^n n \quad (2)$$

(1)－(2) 得：

$$2S_n = 1 + (-1) + 1 + (-1)^3 + \cdots + (-1)^{n-1} - (-1)^n n = \frac{1-(-1)^n}{1-(-1)} - (-1)^n n$$

$$= \frac{1-(-1)^n(2n+1)}{2}$$

$$\therefore S_n = \frac{1+(-1)^{n-1}(2n+1)}{4}$$

可以看出，这些学生对等比数列 $\{a_1 q^{n-1}\}$ 前 n 项和 S_n 的推导方法在认识上是非常深刻的。

三、优秀生的思维品质

数学活动过程，不同的学生所表现出来的思维品质各有差异的。数学优秀生的思维有以下几个特点：

广阔性　他们对一个问题能从多角度、多方位进行观察、考虑，对问题往往能想出多种不同的解决方法。例如有这样一道题：

若 x_1、$x_2 \in \mathbf{R}$，且 $x_1 \neq x_2$，求证：$\left| \sqrt{1+x_1^2} - \sqrt{1+x_2^2} \right| < \left| x_1 - x_2 \right|$

优秀生能从代数、三角、解几等角度提出四种解法：

证法1:(代数方法)

$$|\sqrt{1+x_1^2}-\sqrt{1+x_2^2}|=\frac{|x_1^2-x_2^2|}{\sqrt{1+x_1^2}+\sqrt{1+x_2^2}}<\frac{|x_1+x_2||x_1-x_2|}{|x_1|+|x_2|}\leqslant\frac{|x_1^2+x_2^2||x_1^2-x_2^2|}{|x_1+x_2|}=|x_1-x_2|$$

证法2:(三角方法)

令 $x_1=\mathrm{tg}\alpha, x_2=\mathrm{tg}\beta$，α、$\beta\in(-\frac{\pi}{2},\frac{\pi}{2})$

则 $|\sqrt{1+x_1^2}-\sqrt{1+x_2^2}|=|\sec\alpha-\sec\beta|=\frac{|\cos\beta-\cos\alpha|}{\cos\alpha\cos\beta}$

$$=\frac{2|\sin\frac{\beta-\alpha}{2}\sin\frac{\beta+\alpha}{2}}{\cos\alpha\cos\beta}$$

$$|x_1-x_2|=|\mathrm{tg}\alpha-\mathrm{tg}\beta|=\frac{|\sin(\alpha-\beta)|}{\cos\alpha\cos\beta}=\frac{2|\sin\frac{\beta-\alpha}{2}\sin\frac{\beta+\alpha}{2}}{\cos\alpha\cos\beta}$$

要证 $|\sqrt{1+x_1^2}-\sqrt{1+x_2^2}|<|x_1-x_2|$，现在只要证 $\sin^2\frac{\beta+\alpha}{2}\leqslant\cos\frac{2\alpha-\beta}{2}$

$\because \cos\frac{2\alpha-\beta}{2}-\sin\frac{2\beta+\alpha}{2}=\frac{1}{2}[\cos(\alpha-\beta)+\cos(\beta+\alpha)]=\cos\alpha\cos\beta<0$，∴原式得证。

证法3:(坐标法)

根据绝对值、根式的几何意义、利用直角坐标系来求证。

设 $A(x_1,0),B(x_2,0),C(0,1)$，不妨设 $0<x_1<x_2$(如图1)，

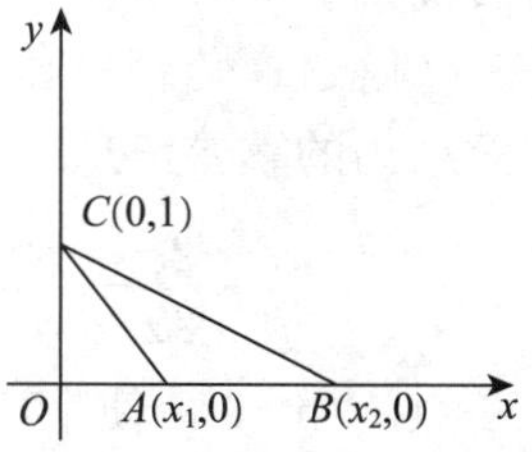

则 $|AB|=|x_1-x_2|$，$|AC|=\sqrt{1+x_1^2}$，$|BC|=\sqrt{1+x_2^2}$

由三角形性质可知 $|AB|>|AC-BC|$，

即 $|x_1-x_2|>|\sqrt{1+x_1^2}-\sqrt{1+x_2^2}|$，其他情况同理可证。

证法4:(数形结合法)

令 $y=\sqrt{1+x^2}$，这个函数图像为等轴双曲线 $x^2-y^2=1$ 的上支(如图2)

不妨设 $0<x_1<x_2, A(x_1,0)$、$B(x_2,0)$，则 $y_1=\sqrt{1+x_1^2}, y_2=\sqrt{1+x_2^2}, AC=\sqrt{1+x_1^2}$，

$BD=\sqrt{1+x_2^2}$，$|CE|=|AB|=|x_1-x_2|$

在直角三角形 CED 中，可以证明 $0<\angle DCE<\frac{\pi}{4}$，因而 $|DE|<|CE|$，即 $|\sqrt{1+x_1^2}-\sqrt{1+x_2^2}|<|x_1-x_2|$，四种证法中，证法 1 为常规思路，证法 3 最简单，但都表现了优秀学生在问题面前丰富的联想，他们的思路以解决问题为目标向四面八方发散，所学的基础知识、概念、方法在此得到了全面的动员。他们解一道题往往能抵上解几道甚至几十道题，这是就题论题、套题型、套解法的题海战术无法相比的。

深刻性　优秀生对问题的实质具有敏锐的洞察力，能分清主次，揭示推理的逻辑结构，对一些非基本数学问题，他们善于进行分解和组合，归结为若干基本问题，从而把陌生的问题转化为熟悉的问题，迅速降低问题的难度。请看下面几例。

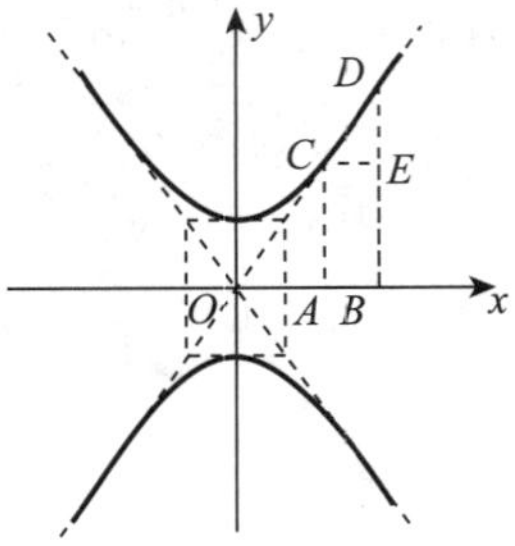

例 1　等差数列 $\{a_n\}$ 的首项为 $a_1>0$，前 n 项的和为 S_n，若 $S_k=S_r(k\neq r,k,r\in N)$，问 n 取何值时，S_n 最大？

数学优秀生根据等差数列性质——单调性，立刻把这个问题分解为两个小问题：

(1) $\{a_n\}$ 是递减数列，即证明等差数 $\{a_n\}$ 的公差 $d<0$；

(2) 求自然数 n，使其满足不等式组 $\begin{cases}a_n\geqslant 0\\ a_{n+1}\leqslant 0\end{cases}$

这样迅速抓住了问题的本质，降低了问题的难度。

有些题目是编题者巧妙地将陈题改编成的，使解题者一时较难入手，成为难题，优秀生则从肢解、转化和分析出发，破译编题者的良苦用心。如：

例 2　焦点是 $F_1(3,10)$，$F_2(9,20)$ 的椭圆，如果与 x 轴有交点，试求长轴最短时椭圆的离心率。

解这道题容易套对称轴平行于坐标轴的标准方程而误入歧途。优秀生则能从题意给出的重要信息

$\rho=\frac{c}{a}=\frac{2c}{2a}=\frac{\sqrt{(3-9)^2+(10-20)^2}}{2a}$ 最大等价于 $2a$ 最小，转化为在 x 轴上求一点 $P(x,0)$，使 $|PF_1|+|PF_2|$ 最小的一个熟悉的对称问题，从而破译了题意。

善于捕捉解题信息，巧妙地运用肢解、组合、转化等巧妙架桥，是数学优秀生最拿手的思维方法。

灵活性　优秀生思维灵活突出地表现于有的放矢地转化解题方法的能力上，表现在从已知因素中看出新因素、从隐蔽的形式中分清实质的能力上，爱因斯坦把思维的灵活性看成是创造性的典型特点。

例如：已知 $z=\cos\alpha+i\sin\alpha$，$v=\cos\beta+i\sin\beta$，$z+v=\frac{4}{5}+\frac{3}{5}i$，求证：$z^2+v^2+zv=0$

优秀生在处理这道题目时，不拘泥于习惯的解题模式，通过分析已知条件，挖掘

隐蔽的新因素：$z,v,z+v$ 所表示的复数在单位圆，三个向量场构成一个锐角为 $60°$ 的菱形，表示复数 $z+v$ 的向量是这个菱形的一条对角线，因而进一步得出 $\arg z=\arg v\pm\frac{2\pi}{3}$，$z^3=v^3$，即可得 $z^2+v^2+zv=0$ 的题断。

灵活性克服了思维定式的消极因素，它要求具体问题具体分析，概念思维和直观思维结合，相辅相成；代数、三角、几何立体思考，使解题途径高效经济。

批判性　优秀生在学习过程中，能做到独立思考，不盲从，不轻信，勇于修正别人和自己的失误。

用数学方法论观点来分析，数学思维具有两重性，一是进行逻辑推理的逻辑思维，二是进行似真推理的合情推理。后者具体表现形式是观察、实验、类比、猜想、不完全归纳等等，它是数学家，也是我们学习过程中发现真理，认识真理的重要思维方式。据笔者观察，它也是数学优秀生在学习过程中喜欢用的思维方式。在数学学习中他们不满足照本学习，总是要提出这样那样的问题，了解知识的来龙去脉，发生，形成过程，而这些在教科书上往往是不能全部写出来的；他们一般不愿在假命题上浪费精力，如果一下子不易解决，总要想法选反例推翻它，如果不能推翻它，再用特殊手法检验命题的可靠性，最后才想法正面去逼近它，解决它，由于种种原因，近年来有些数学辅导材料，经常有这样那样的错误，数学优秀生们能不唯书是信，经常拿着材料与教师商讨这些错误产生的原因，应如何校正等。发现真理属创造思维，发现问题同样也是创造思维的表现，而且是批判性的创造思维，更是难能可贵。

作为数学教师，我们虽然不能做到使每个学生都能成为整齐划一的数学优秀生、数学尖子，但是我们应该树立一个观念，应该相信每一个学生（或者说，绝大多数学生）都是可以学好数学的，另外我们知道，中学教育是基础教育，特别是义务教育阶段，它是面向全体青少年的教育，其任务是要使得全体青少年的思维素质、文化素质、身体素质得到全面发展。根据这一精神，数学教育不仅是数学知识的教育，还应该发掘数学知识之中的数学精神、数学思维方式和方法，提高学生科学思维的素质，使他们终生受益，研究数学优秀生数学学习的特点其意义决不是为了研究如何使我们的每一个学生的数学成绩都成为优秀生，而是根据他们在数学学习上所表现出来的数学精神、数学思维品质引导我们在教学过程中，在提高学生的素质方面，应当对所有的学生（包括所谓的差生）坚持高标准，严要求，在帮助所有学生打好知识基础，学好基本技能，培养和提高学生分析问题、解决问题的能力的同时，注意帮助学生树立正确的数学观念、信念和态度，形成良好的思维素质。

以上对数学优秀生数学特点的分析，笔者认为至少有以下四点对于我们的教学研究是有启发的。

第一，数学优秀生不是天生的，而是数学学习过程中逐步培养和成长起来的，是勤奋的积累，他们在学习知识过程中，逐步形成了正确的思维方法，在数学教学上应该对所有学生坚持高标准、高要求。

第二,要加强基本知识和基本技能的传授。数学基础知识和基本技能是数学思维的载体,学生数学思维能力的培养和发展,素质的提高是通过数学基础知识和基本技能的学习过程形成的,数学思维能力的提高反过来促进数学基础知识和基本技能的学习、掌握和应用。两者是相辅相成的。重视"双基"教学是提高教学质量的基本保证,也是进行数学教学的出发点。在数学教学中,要帮助学生把握"双基"的理论系统,来龙去脉,联成线,织成网,以更好地促成知识向能力的转化。

第三,数学教学中要重视非智力(非认知)因素的作用,寓思想教育于知识教学过程之中,灵活地把启发式教学思想运用于教学的全过程。从教材出发,从学生的心理实际出发,从学生的已有的知识经验出发组织教学,激励学生对数学教学的参与意识,培养学生对数学的兴趣,独立思考和勇于创造探索的精神。

第四,数学思维活动的核心内容是数学推理,数学推理可以分成逻辑推理和合情推理,前者的结果是一种绝对的、准确的判断;后者的结果是一种似真的,探索性的判断。数学思维过程是合情推理相互交织的过程。合情推理起着为逻辑思维探路、定向的作用;逻辑推理则是合情推理的延续与补充。"论证推理本身不能产生关于我们周围世界本质上的新知识",我们所学到的关于数学的任何新的东西都包含着合情推理。数学教育应着眼于整个数学活动,坚持合情推理与逻辑推理相结合,在当前教与学都较偏重于"条件—证明"的模式的情况下,应更突出合情推理,努力使学生通过数学学习过程经历探索—发现—学习掌握—应用的思维的全过程。不仅教会学生如何按照严格的逻辑规则来进行逻辑推理,来证明已经发现的正确命题,同时,也应当让学生逐步学会运用观察、比较、类比、联想、归纳、猜想、设想等思维方法去探索思路,发现新的知识,使我们的数学教学反映出时代的精神和需要,为培养新型的具有创造性开拓精神的人才这样一个总的教育目标服务。

初二学生思维水平分化的对策

孔庆邮

心理学的研究表明，思维发展具有阶段性的特点，对于13～14岁的少年来讲，初中二年级正是抽象思维发展的关键时期，从这一时期数学学习的内容来看，也要求学生的思维必须从原有的经验型向理论型转化。由于社会教育条件的不同，学生思维发展的速度也会产生一定的差别。学生思维水平的差异，势必影响到他们的学业成绩。在一个年级中，凡是学生思维水平的差距比较突出的班级，他们的学业成绩的分化也就比较严重。因此，采取有效措施，促进学生抽象思维的发展控制学生思维水平的分化，在初中二年级就显得特别重要，下面侧重谈谈在初二数学教学中控制学生思维水平分化的对策。

一、结合具体形象的分析，做好形象思维到抽象思维的过渡

抽象思维是在形象思维基础上发展起来的，最抽象的概念不会完全脱离学生的感觉知觉和表象，不会完全脱离存在于我们身边丰富的实际材料，在数学教学中，对于一些难以理解的概念、定理、公式、法则，应尽可能向学生提供丰富而正确的感性材料，先形成鲜明表象，再在此基础上经过分析与综合，抽象与概括等思维过程，使感性认识上升到理性认识，最后通过在同类对象中的运用，使抽象概括的结论具体化、形象化，以达到对知识的透彻理解与掌握，其间的每一步思维水平的过程都要给予重视。例如，平方根这一重要概念，应用贯穿于代数、几何各分支，其思维发展具有这样几个阶段。

感性认识阶段：知道正方形面积求边长；知道圆的面积求半径；其他实际问题的类似需求；知道了一般平方的结果求底数。

概括阶段：已知 $x^2=a$ 求 x；上述 x 可以是一对相反数

抽象阶段：已知 $x^2=a$，求 x 的可能情形；当 $a>0$ 时，$x=\pm\sqrt{a}$；当 $a=0$ 时，$x=\pm\sqrt{0}=0$；当 $a<0$ 时，无平方根。

具体化阶段：一个非负数 a 的平方根就是数轴上的一对相反数，以它们为边的正方形面积都为 a（见图1），它的运用，不仅要明确代数意义，还要结合数轴明确几何意义，譬如若 $x^2=(3.2)^2$，求 x，几何意义为，在数轴上找一对相反数，以它们为边的正方形面积为 $(3.2)^2$，则左有 -3.2，右有 $+3.2$，学生回答 $x=\pm3.2$ 后再深入一步，

$(x-2)^2=4$,求 x,分析数轴,为表示数 $x-2$ 的一对相反数,其对应正方形面积为 4,左有 -2,右有 $+2$,$x-2=\pm 2$,故 $x_1=0$,$x_2=4$ 再进一步深入,$(x-m)^2=n^2$ 求 x,数轴上有 $\pm n$,其对应正方形面积为 n^2,故 $x-m=\pm n$,得到 $x_1=m+n$,$x_2=m-n$,结合具体形象分析,学生接受容易,运算方便,不会出现 $(x-2)^2=a^2$,$x-2=a+2$ 这一类混乱性错误。

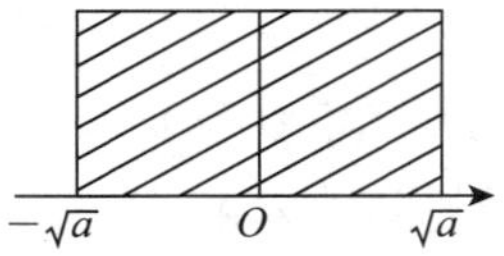

图 1

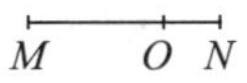

图 2

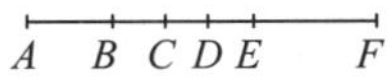

图 3

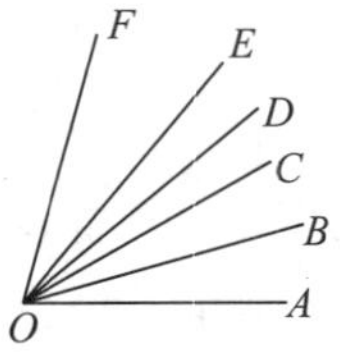

图 4

对平方根概念的不同思维层次的运用,也需要结合具体形象,把握好过渡,可化分如下具体层次:(1) 会求一个具体数的平方根;(2) 会由平方根求出被开方数。抽象层次:(1) 结合算术平方根会化简含 $\sqrt{a}$ 的代数式;(2) 明确 $\sqrt{a^2}=|a|$,$(\sqrt{a})^2=a$,会讨论复杂的根式问题。发展层次:(1) 利用 $\pm\sqrt{a}$ 理解并掌握 $\sqrt[3]{a}$、$\sqrt[n]{a}$ 等开方数,(2) 利用根式解决代数方程,不等式的解,函数的分类讨论等问题。

二、步步设疑,强化代数中推理能力和分析方法的培养

抽象思维以概念、判断、推理的形式来反映客观事物的运动规律,并由此领悟事物的本质特征和内在联系。数学体系的安排是由已建立的概念、公理、定理为出发点,运用推理得出一系列新命题,并组织整个知识体系,离开推理能力和分析方法,数学学习将寸步难行。代数、几何教学任务之一,都要训练和培养学生推理论证能力和分析问题方法。为了有效地控制学生思维水平的分化,对概念的教学要步步设疑,对运算的教学要步步有据,对分析方法的构建要层层递进。

概念的教学,既要理解内涵和外延,又要认识其具体表现形式,通过步步设疑,便能达到这一目的,如:一元二次方程的概念是"只含有一个未知数,并且未知数的最高次数为 2 的整式方程",对"一个""最高""整式"等关键词要给予强调,可设疑如下:

$$x^3+2x+2=0,2x+5=0,xy+2x+3y=0,\frac{1}{x-3}+4x^2=0,36x^2-4x+1=0$$

是否为一元二次方程,以此来使学生明确概念的外延,继续讨论,$ax^2-3x-1=0$ 当 a 取何值时(a 为常数)为一元二次方程,再深入一步 $(b-2)x^2+(b-1)x+5=0$ 是否为一元二次方程,这样层层深入,促进了概念的理解,至此学生在解关于 x 的方程,$(m^2-3m+2)x^2-(3m+4)x+7=0$ 有一根为 1,求 m 时,学生容易明确知道 $m=1$ 使 $m^2-3m+2=0$,故舍去,$m=5$ 成立。

代数学习中,数和式(含方程、不等式)的运算是重点,学生往往重视运算步骤的

记忆，忽视理论依据的掌握，训练学生的推理能力，要做到“知其然，并知其所以然”，因此必须强调：

1. 让学生明确运算的合理与技巧体现在何处：法则运用正确，运算顺序正确→合理→保证准确性。灵活运用运算委、性质等→技巧→运算速度快，学习中要求掌握算理。

2. 经常不断地要求学生养成运算步步有据的思维习惯，可以安排一定量的填空题，说明每一运算过程的理由，可以利用学生作业中的错题，让学生自己找原因讨论。

3. 挖掘教材中演绎和归纳推理的因素，熟悉演绎、归纳推理的方法及格式。如有理数、平方根的大小比较过程，方程、不等式的同解说明，运算律、运算法则和演绎推导和其他一些归纳推理的例子。

这样的训练，可以避免作业中的混淆现象和推理、分析的凌乱，提高学生分析和表达的思维水平。

三、处理好思维聚合与发散的关系，切实过好几何“入门关”

数学学习宏观特征为聚合性思维，即从丰富的数量关系和空间形式中抽象出一些本质的属性，构成它的内容、观念与方法。它可以解决广泛而丰富的具体问题。

在单元教学中必须化零为整，把比较分散的知识进行归纳整理，使其成为有联系的，并且相对集中的部分。把不同内容的题目，通过归类尽量统一成共同的处理方法，这样一种聚合思维训练，可以较快地整理新旧知识，形成合理结构。在聚合思维基础上，培养解题过程中的发散性思维能力，学会从各种不同角度观察问题，发现一些结论，形成不同思路，既会多题一解，也会一题多解，提高学生思维的品质。

从总体教学来看，虽然小学接触了不少几何图形及其运算，但对大量几何术语、符号及推理论证的意义、方法和格式都不熟悉，因此他们进入初二后“入门难”比较突出，学生思维水平的分化也很明显，因此根据几何特点及学生认知水平，整体教材处理要做到，分散难点，突出重点，分级训练，稳步提高。

1. 牢固掌握基本概念

概念是学习平面几何的基础，是推理论证的依据，来不得半点含糊，牢记基本概念，必须理解后记，结合图形来记，结合数学表达式来记，如关于线段中点的定义：“线段上线段成相等的两条线段的点叫该线段的中点”理解：(1) 中点在线段上，(2) 中点分线段成相等两线段。结合上图，它的表达式有：(1) O 为 AB 中点。(2) O 在 AB 上，$AO=BO$ 。(3) $AO=OB=\frac{1}{2}AB$ 。(4) $AB=2AO=2BO$ 。

2. 培养看图和画图能力。

第一，要引导学生全面看图。如图 2 既要看到线段 MN，也要看到线段 MO，NO 及其关系式，$MN=MO+ON$。

第二，引导学生总结规律，如图 3，求各有多少线段，科学的“数”法是，以 A 为端点的线段有 5 条，以 B 为端点的线段有 4 条（与前不重复），同样以 C、D、E 为端点的线段不重复计依次有 3、2、1 条，共有 $5+4+3+2+1=15$ 条。图 4 中角的“数”法完全类似，结论相同。

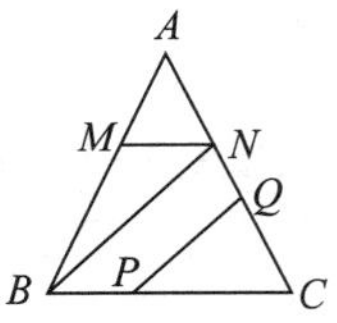

图 5

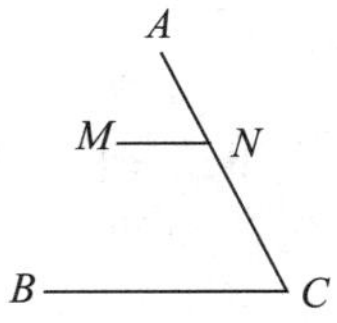

图 5②

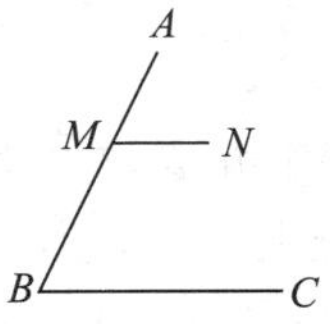

图 5③

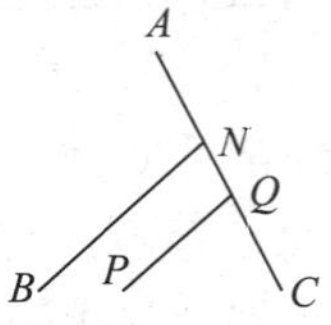

图 5④

第三，引导学生拆开看图，任一复杂图形均由简单图形组合而成，学会把图形化整为零，拆开分析，将为形成思路和推理论证提供很好的帮助。图 5 分拆成②③④来看就更容易得到各自三线八角关系，完成分析论证。

熟悉几何术语，正确掌握基本概念，以此为前提，画出图形要能尽量反映题意，与题目条件吻合，一般图形不能特殊化，特殊图形不能画成一般的，否则会形成错觉，影响思路，误入歧途，通过一定数量的练习和严格的训练，学生反复对比，反复体会，便能不断提高正确画图的能力。

3. 加强推理格式的训练和论证思路的分析

推理格式从教材的安排是由问答→一次性推理填空→几何推理填空→一次推理论证→几何推理论证。分层训练，逐步提高的。学习过程中要做到“多看、多听、多想、多练、多总结”，重视各阶段训练，稳步提高。推理论证的训练，首先简单的一些推理要分清因果关系，不能形成条件堆积，书写混乱失去层次的毛病，复杂推理，要结合图形，分析由哪些简单推理所构成，并逐一给出整个书写格式，增强证题的条理性和完整性。

分析问题的思考方法是几何学习的要点，必须加以反复的总结。首先，对课本上定理、例题、习题的处理，不可以证代析，必须学会由命题的结论出发，利用已有公理、定理等知识，逆溯其成立的原因，直到和题设（已知部分）相符，这个重要的思路称为分析法。书写证明则顺次用综合法完成。复杂的需经几次论证的题目，其正确的思维方法如下：

相统一时思路完成

已知部分 ⟹ 他知部分 ⟸⟹ 需知部分 ⟸ 未知部分

为使学生分清思路，写好证明，可用逆箭头法板书记录如下：

例：如图 6，$AB=AC$，$AG\perp BC$，$DA=EA$

分析：$DE/\!/AG$

$\angle D=\angle 1$（或 $\angle 2=\angle 3$）

$\angle 1+\angle 2=\angle 3+\angle D$　$\angle 1=\angle 2$　$\angle D=\angle 3$

（外角定理）　$AB=AC$，$AG\perp BC$　$AD=AE$

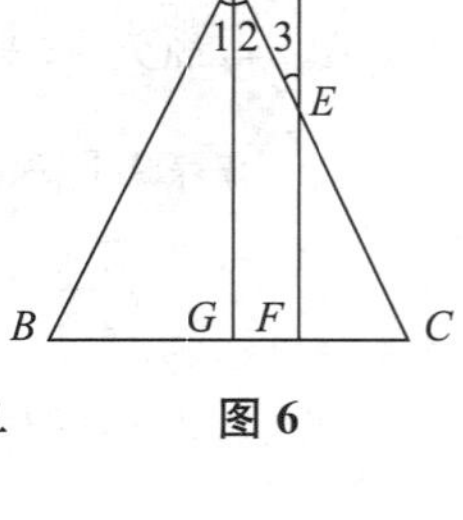

图 6

思路分析是几何论证教学的关键，要学会由瓜摸藤，由藤寻根，即执果索因这种思维方法，也要学会顺藤摸瓜即由因求果这种常见的思维方法，结合两种思维方法的训练，学生必能从这体会到独立解决问题的乐趣，消除几何学习的神秘感，增强信心。

几何入门教学点滴

佘　宁

初二学生正步入思维发展质变期，加之他们受小学和初一数学学习的影响，开始很难适应几何学这门逻辑性很强的学科的学习要求，因此，要重视几何入门教学，正确引导他们闯"关"过"卡"。

第一堂几何绪论课十分重要，要把为什么要学习几何，几何研究的对象是什么，用什么方法研究几何等问题讲清楚，要给学生留下深刻的印象。有些学生以为在小学里已接触了一些几何图形，并会计算它们的面积，认为这就是几何学知识的全部，其实不然，要对学生说清楚小学里的这些问题只是几何问题中的皮毛，几何的核心内容是推理论证。另外还要向学生介绍几何知识在整个自然科学中的地位以及在工农业生产中的应用，从而使学生产生强烈的学习几何的欲望，激起学好几何的信心。

有了良好的开端，接着要讲清点、线、面、角这些几何中的基本元素。讲解时要联系实际，利用比较的方法使学生不仅知道这些概念的内涵，而且要知道它们的外延，对学生的画图、书写等要提出严格的要求，甚至手把手地纠正他们画图姿势及书写的错误，以帮助他们迈好学习几何的第一步。

接下来就要闯初步论证关。这论证中的第一道"卡"是结合图形熟记定理，如对平行线的判定定理及性质定理，要求学生不仅能背出定理的全文而且要能画出相应的图形。有些同学认为这些定理书上都写着，用时翻翻即可，应当指出这种想法要不得，没有定理，就等于"无米之炊"，只有熟记定理并深刻理解定理的因果关系，才能有效地运用它。第二道"卡"是学会做几何填空题，这一步虽然是依样画葫芦，但十分必要，学生学习了一定的公理、定理后，推理论证就可以开始了。为了帮助学生尽快掌握推理论证题的基本思路和书写方法，教师可设计一些填空题，即有意识地空下论证过程中的若干步骤，让学生将其补上。开始的填空题很简单，多数学生对照着图形就能填起来，这时要求学生把填空题与所学的定理挂上钩，有了"因为"再找"所以"，"所以"有了，必须找出"因为"，使学生真正理解填空题的来龙去脉，为自己独立推理论证打好基础。第三道"卡"是自己做论证题，记住定理并有了填空的经验，就可以着手做些简单的证明题。这是几何学习中的一项"飞跃"。如果说三角形全等的判定以前的教学是让学生对一般思维方法有一个初步认识的话，则进入三角形全等的判定后，培养学生的思维能力，锻炼他们的推理论证能力，就显得更为重要。教师对这部分教学必须十分精心。因为这部分题目较简单，可以直接利用"综合法""分析法"，突出因果关系。

但还要注意省去理由的推理论证。对直角三角形以后的内容，以前教学时未能引起足够的重视，认为全等三角形的关过了，现在又降低要求不要再注明理由，学生学起来不致费劲。实际不然。我们先是发现这部分学生的作业特别难改，有的学生原来证明还有条理性，省去理由后反而写得颠颠倒倒，甚至有些学生死套三角形全等的模式乱写一通。这些都说明了学生的推理论证能力还不过关，他们还处在模仿阶段，因此要重视这部分的教学。教学在分析问题要透彻，思路要清晰，语言要准确、精炼，板书要规范。有些题目尽可能地做到一题多解，并注意解题方法的比较。教育学生要全面地思考问题，多方位地寻找解题途径。有些同学通过不断积累，证题思路随之敏捷，方法逐渐灵活。这样学习平面几何，给学生带来的不是烦恼，而是深思后获得的成功的欢乐。

谈物理解题中的几种基本思想方法

方学成

解答物理习题的过程，是运用所学物理知识去分析、研究、解决物理问题的过程。通过解答物理习题，能够反映出一个学生对物理知识的掌握程度以及分析问题、解决问题的能力。而分析问题、解决问题的能力如何，关键是有没有掌握思想方法。下面把物理解题中的几种基本的思想方法扼要介绍于后，供各位思考。

一、从整体和局部的关系上进行分析

若研究对象是由几个相互联系的物体组成的，则这些物体的全体就是整体，其中某一个（或二个、三个）物体就是局部；若研究对象是一个物体参与的几个不同的运动变化过程，则这些过程的总过程就是整体，其中某一个过程就是局部。在思维途径中，有时需从整体到局部，有时需从局部到整体，有时则需从局部到整体再回到局部。

1. 由整体到局部　为了解决局部的问题，必须先从整体考虑，由整体向局部一步一步深入。

例 1　如图 1，在竖直放置开口向上均匀细直玻璃管中，用 $h=16$ 厘米的水银柱封闭 $L_1=80$ 厘米的空气柱。当玻璃管在倾角 30°，摩擦系数 $\mu=\frac{\sqrt{3}}{6}$ 的斜面上向下滑动时，被封空气 L_2 为多长？

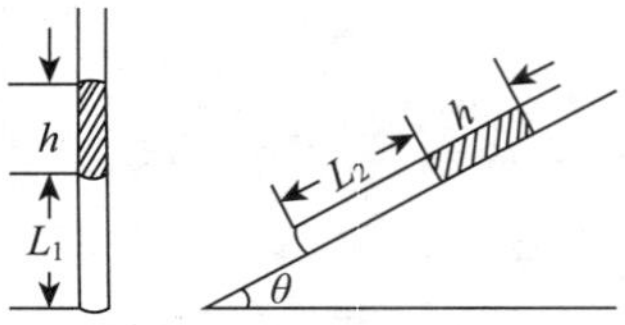

图 1

首先把玻璃管、水银看成一个整体，设它的质量为 M。这个整体共受三个力作用：重 Mg，摩擦力 $f=\mu N$，斜面的支持力 N。把重力分解在沿斜面向下和与斜面垂直的两个方向上，列出两个方程：

$$N=Mg\cos\theta, Mg=\sin\theta-\mu N=Ma\text{，解得 } a=\frac{g}{4}$$

再研究水银，共受四个力的作用：重力 $mg=\rho Shg$；玻璃管内壁对它的弹力 Q；大气的压力 $F_1=P_0S$，方向沿斜面向下；管内气体对它的压力 $F_2=P_2S$，方向沿斜面向上，把重力分析，列出方程：

$$P_0S+\rho Shg\sin\theta-P_2S=\rho Sha\text{，解得 } P_2=P_0+\frac{\rho hg}{4}$$

最后再研究管中的气体。气体作等温变化，故

初状态：$P_1=P_0+\rho hg=\rho g(H_0+h)V_1=L_1S$

末状态：$P_2=P_0+\frac{\rho hg}{4}=\rho g(H_0+\frac{h}{4})V_2=L_2S$

根据玻玛定律得 $P_1V_1=P_2V_2$，即 $\rho g(H_0+h)L_1S=\rho g(H_0+\frac{h}{4})L_2S$

解得 $L_2=\frac{H_0+h}{H_0+\frac{h}{4}}L_1$，设 $H_0=76$ 厘米汞柱，则 $L_2=92$(厘米)

2. 由局部到整体　先从局部开始，然后再逐步推到整体，最终把属于整体的问题解决。

例 2　如图 2，斜面体质量为 M，滑块质量为 m，斜面倾角为 α，M 与 m 之间，M 与支承面之间均无摩擦。问水平力 F 为多少时，可使 m 与 M 相对静止，并共同向左运动。

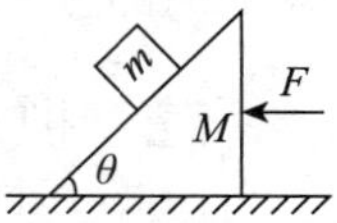

图 2

先从滑块这个局部考虑，滑块与斜面体保持相对静止，斜面向左运动，滑块也向左运动，而且二者的加速度大小相等，方向一致，滑块共受两个力的作用；竖直向下的重力 mg 和斜面对它的支持力 N，这两个力的合力应与其加速度的方向一致，即向左，由牛顿第二定律得 $mg\,\mathrm{tg}\theta=ma$，$a=g\,\mathrm{tg}\theta$。

再把滑块和斜面体看成一个整体，它们在水平方向只受一个力的作用，于是有 $F=(m+M)a$，得 $F=(m+M)g\,\mathrm{tg}\theta$

3. 从局部到整体，再从整体到局部

例 3　将两只相同的空气电容器 C_1 和 C_2 串联后接到电源上(如图 3)，在 C_2 中插入一块电介质，问电容器 C_1 的带电量和电压如何变化？

从 C_2 局部开始分析。∵ $C\propto\varepsilon$，∴ C_2 变大

从整体考虑。$C_串=\frac{C_1C_2}{C_1+C_2}=\frac{C_1}{\frac{C_1}{C_2}+1}$，∴ $C_串$ 变大。又∵ $Q=UC_串$，而 U 不变，∴ Q 变大。

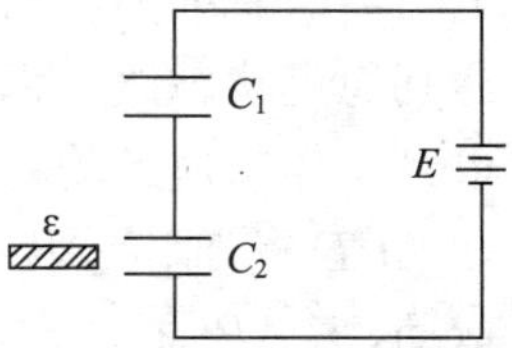

图 3

再分析 C_1 这个局部，$Q_1=Q$，Q_1 变大，而 $U_1=\frac{Q_1}{C_1}$，C_1 不变，∴ U_1 变大。

这里，我们从局部推整体，又从整体推到局部，从而使问题得到解决。

4. 从整体来考虑问题，常可以使问题简化，给计算带来很大方便，同时对问题实质有更清楚的认识。

例 4　一质量为 M 的列车在平直轨道上匀速前进，尾部忽有一质量为 m 的车箱脱钩，待驾驶员发觉而关闭油门时，列车已行驶了距离 L。设机车的牵引力不变。阻力等于车重的 K 倍，求列车和脱离车箱停止运动时的距离 ΔS。

设列车从车箱脱钩到最后停止运动共走距离 S，车箱走的距离为 S'，根据动能定理可分别列式：$KMgL-K(M-m)gS=0-\frac{1}{2}(M-m)v_0^2$；$KmgS'=\frac{1}{2}v_0^2$，由此可得 $\Delta S=S-S'=\frac{M}{M-m}L$

再用整体观点分析。列车比车箱多走一段距离，是由于牵引力对它做功，增加其动能的缘故，后来这部分动能因多走了这段距离而消耗克服阻力做功，故 $KMgL=K(M-m)g\Delta S$，即得 $\Delta S=\frac{M}{M-m}L$

连结体问题(不一定真的连接在一起，只要是相互有联系的几个物体)，一般用“隔离法”解，但在加速度相同，若先从整体考虑，再对某个局部进行隔离，往往要比对各个局部逐一进行隔离简便得多。

二、抓住关键进行分析

题目中往往有几个等量关系，其中对能否解出结果起决定作用的等量关系即关键所在。要抓住这个关键列方程，并从这个方程出发，全面分析各量间的关系，进而使主要的等量关系具体化，使未知量和已知量出现在同一个方程里，最后求解方程得出结果。

例 1　如图 4，MN 和 PQ 是两水平放置的光滑平行的金属导轨，它们离地高度均为 h，且置于竖直向上的匀强磁场中，在导轨上接有阻值为 R_1 和 R_2 的电阻器，导轨本身电阻不计。现将两电阻均为 r 的金属杆 AB 和 CD 垂直地置于导轨上，使 AB 向右作匀速运动(设两个电阻器的粗细不影响 AB 的运动)，经相当长时间后 CD 达到稳定状态然后离开导轨，落地时 CD 的速度为 v_2，求 AB 作匀速运动的速度 v_1。

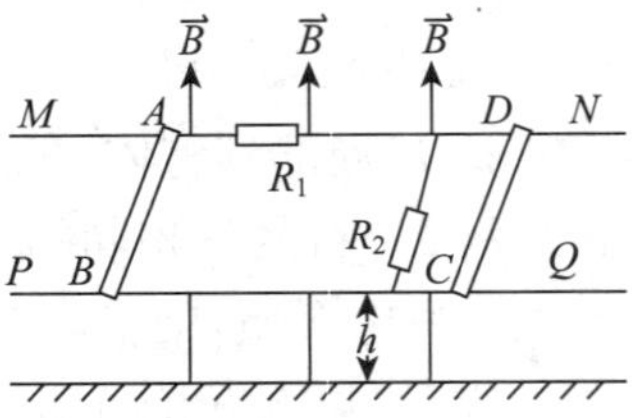

图 4

CD 达到稳定状态后离开轨道，这是关键问题，稳定状态在这里指的是匀速直线运动，当 AB 向右运动时，AB 中产生了感生电动势 ε，于是 CD 中有了感生电流，CD 在磁场力的作用下向后作加速运动，随着 CD 速度逐渐增大，它切割磁力线产生的感生电动势也越来越大，而这个感生电动势是与其中电流反向的，所以 CD 中的电流越来越小，当小到等于零时，CD 不再受力，于是就以一定的速度 v_2 作匀速运动，此时 CD 中产生的感生电动势应与 R_2 两端的电压相等，这也就是关键的等量关系。

解：$BLv_2=U_2$

$\because mgh+\frac{1}{2}mv_2^2=\frac{1}{2}mv_2^2, v_2=\sqrt{v_2^2-2gh}$，$U_2=IR_2=\frac{BLv_1}{r+R_1+R_2}R_2$

$\therefore BL\sqrt{v_2^2-2gh}=\frac{BLv_1}{r+R_1+R_2}R_2$，解得 $v_1=\frac{(r+R_1+R_2)\sqrt{v_1^2-2gh}}{R_2}$

"关键"还有另一层意思，我们说某一道比较难，其实并不是每一步都难，难就难在某一点上，这一点就是交键点。把关键点解决了，难题也就不难了。解决的方法是把关键问题从题目中抽取出来，由浅入深地分析研究，这是一种由特殊到一般的抽象思维方法。

例 2　如图 5，一水平飞行的子弹恰能穿过用轻质销钉 C 销住的置于光滑水平面上的 A、B 两木块，若拔去销钉，仍让这颗子弹水平穿入 A、B 两木块，问子弹能否穿过 B？B 获得的动能较前大还是小？

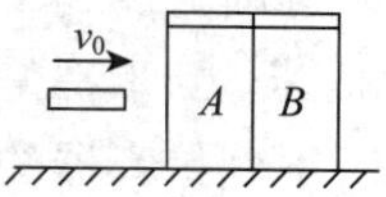

图 5

销钉拔去前，A、B 两木块连接在一起，子弹穿过木块 A，继续穿进木块 B 时，木块整体的质量等于两木块；销钉拔去后，A、B 两木块没有连接在一起，子弹穿过 A 后，在继续穿进木块 B 的过程中，木块的质量仅是 B 的质量，质量小了，这就是子弹能否穿过 B 的关键点。

先研究比较简单的情况。质量为 m、速度为 v_0 水平子弹，恰能穿过置于光滑水平面上的原来静止，质量为 M、厚度为 d 的木块，若木块的质量变小了，问子弹能否穿过木块，木块获得的动能较前有什么变化？（设子弹进入木块所受阻力 f 不变）

根据动量守恒定律　$$mv_0=(m+M)v \tag{1}$$

根据能量守恒定律　$$fd=\frac{1}{2}mv_0^2-\frac{1}{2}(m+M)v^2 \tag{2}$$

解得　$$fd=\frac{1}{1+\dfrac{m}{M}}\cdot\frac{1}{2}mv_0^2 \tag{3}$$

由(3)式可知，当 M 变小时，子弹能穿进木块的深度也变小，因为木块的厚度不变，所以子弹不再能穿过木块，又因为穿进深度变小，由(2)可以看出 $\frac{1}{2}(m+M)v^2$ 变大了，因此木块获得的动能较前大了。如果木块原来是运动的，其速度为 v_2，子弹速度为 v_1，同理可以推得 $fd=\frac{1}{1+\dfrac{m}{M}}\cdot\frac{1}{2}m(v_1-v_2)^2$

所以得出结论：子弹不再能穿过 B，B 获得的动能较前大。

在物理题（特别是一些题意较新颖、灵活程度高的题）的解题过程中，如果能找到题中的关键点，循着一条正确的思路，仔细分析全过程，解题就能迅速而且少出差错。

例 3　如图 6，半径为 45 米的圆形广场的中心处及广场圆周上的 A 点处，分别安装同型号的扩音器，向四周发出振幅、波长及频率完全相同的声音，已知声波的波长 10 米，传播中不考虑衰减现象及人的运动对声音传播的影响。有一人沿着广场圆周运动。当他在图中 B 点时将听不到扩音器声音，这人经过 B 点后继续沿逆时针方向行走，则在他离开 B 点之后到达 A 点之前有几次听不到扩音器的声音。

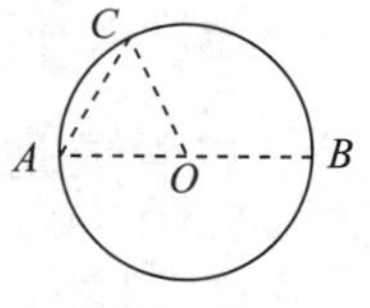

图 6

这是一道波的干涉的题目。人在 B 点处之所以听不到声音，是因为 $AB-OB=45$ 米，正好等于半波长的奇数倍，从 A 点和 O 点发出的两列声波，传至 B 点时相消。人沿逆时针方向行走，两个波源到人的距离之差越来越小，当人到达 C 点时，两个波源与人距离相等，C 是一个关键点。在此之前，两列声波传至人耳的路程之差从 45 米逐渐减少到零，在此之后，路程之差又从零逐渐增加到 45 米。5 米、15 米、25 米、35 米、45 米都是半波长 5 米的奇数倍，所以，人离开 B 点之后到达 A 点之前有 8 次听不到扩音器的声音。

三、设想+推理的方法

有一些物理问题并不艰深，也不复杂，然而要求出它的结果来，必须通过比较烦琐的运算，花费相当长的时间。这一类问题往往适合用“设想＋推理”的方法解决。所谓“设想＋推理”就是对题目中所讲述的物理过程，先进行“设想”——向极端位置设想，向可能出现的极端情况设想；然后，分析、研究在所设想的情况下会有怎样的结果，再进行逻辑推理求解。

例 1 将物体竖直向上抛出。物体从抛出到上升到最高点和从最高点落回原地点所需的时间分别为 t_1、t_2，设物体所受阻力大小不变，空气浮力不计，比较 t_1 和 t_2 的大小。

这道题若用牛顿第二定律和运动学公式解相当繁，但用推理方法很快即可作出解答，过程如下：

设阻力大小等于该物体的重量。物体上升到最高点时，所受合力为零，重力向下，阻力向上，大小相等，二力互相平衡，因此，物体不可能再落回到原地点，即 t_2 为无穷大。由此可推理得到 $t_2>t_1$。

还可以这样推理：物体在上升和下降的过程中，由于克服阻力做功，动能要减少，因此物体落回原地点时的速度将小于刚抛出时的速度，因为物体在上升或下降的过程中，均作匀变速直线运动，运动时间 $t=\dfrac{h}{v}$，由于高度相同，上升过程中的平均速度大于下降过程中的平均速度，因此 $t_2>t_1$。

这是先向极端情况设想，分析所得的结果，再进行逻辑推理，从而得到答案。方法简单、迅速、清楚。

例 2 在一个有漏口的瓶子里装有 27℃的空气，若把这个瓶子加热到 127℃，那么跑掉的气体质量是原来瓶中气体质量的百分之几？

温度上升，气体膨胀，从漏口跑掉一部分。设想把跑掉的那部分气体收集起来，就可以看成是气体质量不变，仅仅是体积变大了。由盖·吕萨克定律：$\dfrac{V}{300}=\dfrac{(\Delta V+V)}{400}$ 得：$\dfrac{\Delta V\rho}{(\Delta V+V)\rho}=\dfrac{1}{4}=25\%$

四、根据关系式分析处理物理问题

根据关系式分析处理物理问题严密、准确。特别是数量关系比较复杂的问题，更应这样做，否则很容易发生错误。有的关系式简单，是某一概念的定义式，或是某一物理定律的数学表达式；有的关系式比较复杂，是根据有关物理定律、量与量之间的关系，运用数学方法得到的。

例 1　如图 7，闭合线圈的轴线与匀强磁场交角为 30°角，磁感应强度 B 随时间 t 均匀变化。在下述办法中（考虑线圈的电阻，如需改绕匝数要用原规格的导线）可使线圈中感生电流增加一倍的是：① 将线圈的匝数增加一倍；② 将线圈的面积增加一倍；③ 将线圈的半径增加一倍；④ 变更线圈轴线相对磁场的方向。

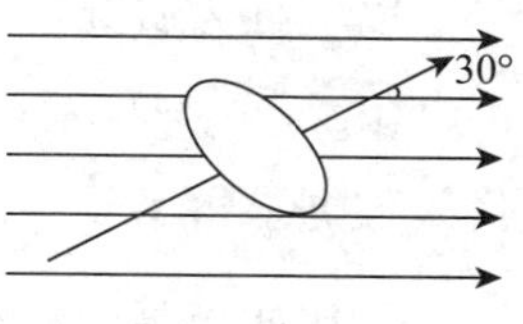

图 7

要使线圈中感生电流增加一倍，究竟采用哪种方法恰当，一下子很难回答。现在我们先根据有关物理定律算一算线圈中的感生电流与哪些量有关，究竟是什么关系。

设线圈匝数为 N，导线单位长度的电阻为 R_0，线圈半径为 r，根据法拉第电磁感应定律、欧姆定律、电阻定律得：

$$I=\frac{\varepsilon}{R}=\frac{N\Delta B\cdot\cos30^\circ\cdot\pi r^2}{\Delta t\cdot 2\pi NR_0}=\frac{\Delta B\cos30^\circ\cdot r}{\Delta t\cdot 2R_0}$$

上式中的 $\frac{\Delta B}{\Delta t\cdot R_0}$ 是恒量。由此可知，要改变 I，使其增加一倍，则需将半径 r 增加一倍即可，所以应选③。

在研究物理问题中某个量的变化规律时，有的量变化规律简单，知道它的始末状况，中间变化情况就知道了；有的量变化规律复杂一点，仅仅知道它的始末状况还不够，还要进一步了解它的中间变化过程。

一般说，量与量之间有牵连关系，都应考虑中间过程的变化情况，有时还要借助于数学方法进行分析。

五、用间接的方法求解

有些物理问题不好直接求解，这时应变换思路，另寻途径，采用间接的方法求解。物理学上的许多物理定律为我们间接求解提供了依据。

例 1　如图 8，质量 $m=2$ 千克的气缸中有一截面积 $S=10^2$ 厘米的可在气缸内无摩擦移动的活塞，活塞的质量 $M=3$ 千克，一根绳系住活塞，将活塞和气缸一起吊起来而平衡。这时活塞与气缸底相距 10 厘米，大气压强为 10^5 帕，取 $g=10$ 米/秒^2，当在气缸下面的钩子上挂上 $m'=3$ 千克重物后，系统重新达到平衡。求这一过程中气缸内气体

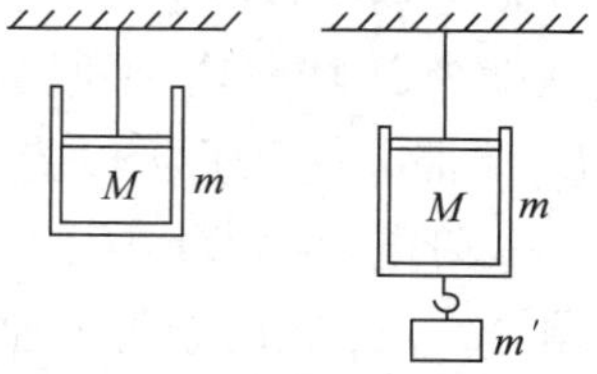

图 8

做了多少功？设气缸的底面积等于活塞的面积，实验过程中温度不变。

以活塞为研究对象，根据平衡条件求出气缸内气体原来压强 $p=8\times10^4$ 帕，后来压强 $p'=5\times10^4$ 帕，根据玻马定律求出后来气体的体积 $V'=160$ 厘米^3，进而求出活塞在气缸内移动的距离 $\Delta L=6$ 厘米，再求在这一过程中气缸内气体做了多少功。因为是等温变化过程，压强随体积的增大而减小，两者间有双曲线函数的关系，要直接求气体做的功很难，用间接的方法来求就方便了。

以气缸为研究对象，根据动能定理列式：

$W_{气}+(m+m')g\Delta L-P_0S\Delta L=\Delta E_K=0$，得 $W_{气}=P_0S\Delta L-(m+m')g\Delta L$
代入数据求得 $W_{气}=3$ 焦耳

又比如求某力的冲量，力是变力不好直接求，就求动量的改变量；求两个相互作用的物体在作用过程中产生多少热量，不好直接求，就求机械能的变化，等等，这类题目很多，间接的方法应用也很广泛。

六、用运动的独立性原理解题

一个物体同时参加了两个或几个分运动，这几个分运动，各自独立，互不干扰，同时进行，同时结束，这就是运动的独立性原理。一个物体的运动有时是很复杂的，这时我们可以把它分解成几个简单的分运动，根据运动的独立性原理，运用运动合成的知识，就可以很容易地把问题解决。

例 1　如图 9，一光滑圆弧，其 AB 的半径为 R 米，所对圆心角小于 $5°$，AD 长为 S 米，今有一小球 m 以 AD 的方向及速度 v 从 A 点开始运动，那么小球 m 可与固定于 D 点的小球 n 相遇，v 值应满足的条件是什么？

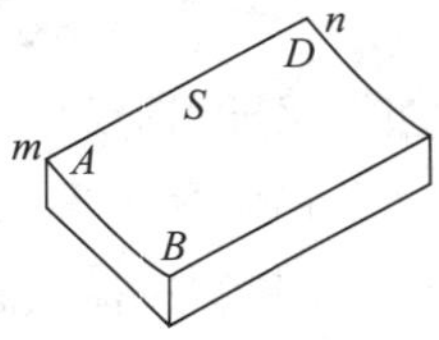

图 9

小球 m 一方面沿 AD 方向以速度 v 做匀速直线运动。一方面要在光滑圆弧上做简谐振动。要使 m 与 n 相遇，在从 A 到 D 的时间内，m 必须完成全振动的整数倍，因此：$\frac{S}{v}=K2\pi\sqrt{\frac{R}{g}}$，

解得 $v=\frac{S}{2K\pi}\sqrt{\frac{g}{R}}$，式中 S 为 AD 间距离，K 为正整数。

例 2　质量为 m 千克，电量为 q 库仑的负离子，以 v_0 从 O 点沿 x 轴正方向射入一复合场中，如图 10，已知电场强度为 E 牛/库，磁感应强度为 B 特斯拉，平面荧光屏 S 与 X 轴垂直，距 O 点为 L，求带电负离子从 O 点射入后经多长时间到达平面。

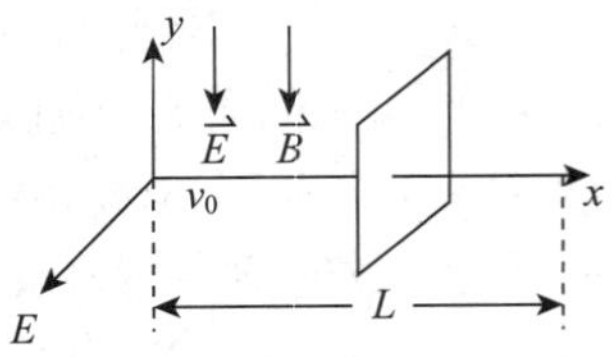

图 10

带电粒子参加了两个分运动：一个是在电场力作用下，沿 y 正方向做匀加速直线运动，一个是在洛仑兹力作用下做匀速圆周运动，前者使粒子在 y 方向发生位移，不

影响粒子到达屏的时间，到达屏的时间只决定于后一个分运动，因此，暂时可以不考虑电场力的影响：这样问题处理起来方便多了。

由图 10 可以看出：$\sin\theta=\dfrac{L}{R}=\dfrac{BqL}{mv_0}$，$\theta=\arcsin\dfrac{BqL}{mv_0}$ 从 O 到 C 经过的时间：

$t=\dfrac{\theta}{2\pi}T=\dfrac{m}{Bq}\arcsin\dfrac{BqL}{mv_0}$

七、按照一定的思路列方程、解方程

在了解题意，即对题目所提供的条件，要求的量已经搞清楚，并且头脑中已经有一个清晰、完整的物理过程图景时，按照一定的思路，根据有关物理规律、量与量之间的联系，列出方程、解方程，这是一种经常使用的思想方法。这里讲的思路，可以是按照物理过程发生的先后顺序，由前到后，或由后到前；也可以从待求的量开始，顺藤摸瓜，直到已知量，或者从已知量开始，直到未知量。一般来说，有几个未知量，就要列几个方程。但有一种情况例外，即先后讲述的是同一种性质的物理问题，遵循相同的物理规律，仅仅是条件不同，要求某些量，或求某些量之间的比例关系。这种情况，可以先后列出两个方程，互相比一比，即可求得结果，有些量虽是未知的，但在此过程中消去了。

在解方程时，要注意解题技巧，若一个方程中只有一个未知量，并且关系并不复杂，最好将这个未知量先求出来；若一个方程中有一个以上的未知量，或虽然只有一个未知量，但关系比较复杂，计算比较麻烦，就不要急于计算，待最后求出一个综合关系式再计算，有一些量可以在进行方程运算中消去。

例 1　质量为 m 的小球 B，用细绳 OB 悬挂着，在悬点附近用长度相同的细绳悬着另一小球 A，如图 11，将 A 球拉到悬线水平后静止释放，让 A 球运动到最低点时与 B 球发生弹性正碰，设 OB 绳能承受的最大拉力为 5 mg，要使悬挂 B 球的细绳断掉，求 A 球质量的最小值 M（空气阻力不计）。

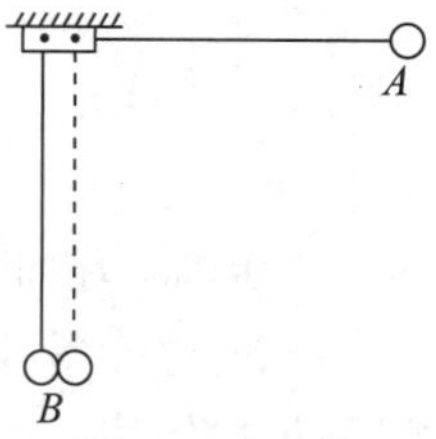

图 11

该题的物理过程是：A 球下落，遵守机械能守恒定律；在最低点，二球相碰，水平方向不受外力作用，同时是弹性正碰，所以遵守动量守恒定律，动能守恒；B 球获得速度，开始作圆周运动，所需的向心力由绳子拉力 T 和小球重力 mg 的合力提供，遵守牛顿第二定律，因为是求 A 球质量的最小值，所以可视 OB 绳的拉力 $T=5$ mg。

按物理过程发生的先后顺序列出方程如下：

$$MgL=\frac{1}{2}Mv_1^2 \tag{1}$$

$$Mv_1=Mv_2+Mv'_2,\frac{1}{2}Mv_1^2=\frac{1}{2}Mv_2^2+\frac{1}{2}Mv'^2_2,v_2=\frac{2M}{M+m}v_1 \tag{2}$$

$$T - mg = \frac{mv_2^2}{L} \qquad (3)$$

由(1)式得 $v_1 = \sqrt{2gL}$,由(3)式得 $v_2 = \sqrt{4mL}$,将 v_1, v_2 代入(2)式,

解得 $M = (\sqrt{2} + 1)m$

例 2 地球绕太阳公转轨道半径为月球绕地球公转轨道半径的 P 倍,地球太阳公转周期是月球绕地球公转周期的 q 倍,则太阳的质量 M 与地球质量 m 的比是多少?

两种情况遵循相同规律,万有引力提供向心力,两种情况列出两个方程,然后把两方程比一比,即可求得结果。$G\frac{mM}{R^2} = m\frac{4\pi^2}{T_1^2}R$,$G\frac{m'm}{r^2} = m'\frac{4\pi^2}{T_2^2}r$。二式相比,得:

$\frac{M}{m} = \frac{T_2^2}{T_1^2} \cdot \frac{R^3}{r^3} = \frac{p^3}{q^2}$

八、认真读审,周密思考

审题要认真,考虑问题要全面、周密,不能粗枝大叶。这些都是提高解题准确率必须做到的。有的条件是题目中明确给出的,有的条件没有直接给出,而是隐藏在题目所描述的物理现象的背后,此条件称为隐藏条件。若粗心,隐藏条件没有发现,问题始终解决不了;若细心,发现了隐藏条件,问题便迎刃而解。发现隐藏条件的方法是对题目中的关键字词、关键情节进行仔细推敲、认真思考,进行由表及里,由此及彼的深入分析,以真正理解其含意。

例 1 质量为 m 的小球在水面上方某深度 B 点处,设小球在空中运动时间为 t_1(不计空气阻力),在水中运动时间为 t_2,则小球静止在 B 点前所受水的浮力的冲量大小为__________,水对小球的阻力(不含浮力)的冲量大小为__________。

小球最后静止在水中某深度处,既然能静止,说明小球的密度等于水的密度,水对小球的浮力等于小球的重量,$F_浮 = mg$,这是该题的隐藏条件。找出了这个条件,问题很快解决。

浮力的冲量大小为 mgt_2,因为 $mg(t_1 + t_2) - mgt_2 - f\,t_2 = 0 - 0$,所以水对小球的阻力的冲量大小为 $f\,t_2 = mgt_1$。

例 2 阳光照进室内,可见空气中一些灰尘在阳光下运动,久久不落到地面,其原因是:① 灰尘所受浮力大于重力;② 灰尘所受浮力与重力差不多大;③ 灰尘在作布朗运动;④ 空气中微小气流的扰动造成灰尘难以下落。

灰尘所受浮力与灰尘本身重力比较谁大谁小,很容易判断。试设想这灰尘就是粉笔灰尘,一支粉笔所受重力与一支粉笔所受空气的浮力谁大谁小,显然是前者大于后者。灰尘也是一样。那么灰尘运动是不是布朗运动呢?不是的。题目中"可见"两字要好好思考。既然是可见的,说明尘粒比较大。因为尘粒比较大,所以在某一瞬间

跟它相撞的气体分子数比较多，撞击作用的不平衡性表现不明显，以致可以认为撞击作用相互平衡。因而布朗运动不明显以至观察不到。现在能看见，说明它的运动不是布朗运动，悬浮在静止气体中的小颗粒（要足够小）的无规则运动，当然也叫布朗运动。问题是能不能观察到，我们观察悬浮在水中的花粉颗粒的布朗运动是用显微镜观察的，肉眼是很难观察到的。

上述八种方法是中学物理解题中经常使用的基本方法，应用时互相配合，各有侧重，必须经过多次反复训练，因此，平时除了要注意选择那些有利于巩固，加深理解物理基础知识题目外，还要注意选择那些有利于培养学生思想方法的题目进行指导和练习。教师讲解一道题目应达到一个目的，学生做一道题目应有一点收获，使每一道题目都能发挥应有的作用。

培养思维敏捷性方法初探

冯小秋

思维的敏捷性是重要的思维品质之一，它是指思维过程的迅速程度。在学习物理知识的过程中，思维的敏捷性表现在思考物理问题时反应灵敏，接触实质快，学习时由旧到新、由易到难的“台阶”少、“跨度”大，推理、计算过程简捷，决策得当，能对问题正确判断并快速作出结论。如何在课堂教学中培养学生思维的敏捷性呢？首先，要加强“双基”训练，让学生具备雄厚的知识基础。在教学中要注意对物理概念、规律讲解透彻，重视理论联系实际，使学生牢固掌握各章节知识点以及单元和整体的知识结构，这样，学生在解决物理问题时，特别是在应急的情况下，才能在意识中，迅速准确地捡取有用的内容，灵活地加以运用。其次，培养学生思维敏捷性的品质，这里结合自己的教学实践谈几点提高思维敏捷性的做法。

一、分

“分”的方法有好几种，除了最常用的基本的“隔离法”外，“分”还有另外的含义，其一是“分解”，其二是“分割”。

“分解”法应用极广，力、速度等矢量可以分解，运动也可以分解。如平抛运动就可以分解为水平方向的匀速直线运动和竖直方向的自由落体运动。下面举一个具体例子：如图1，在水平方向的电场中，一质量为 m，带电量为 q 的带正电微粒在 A 点以初速 v_0 射出，当它经过最高点 B 时，具有与 v_0 相等的水平速度。试比较 A、B 两点电势高低并求电场强度。该运动的具体过程比较复杂，但若将运动分解为竖直方向的上抛运动和水平方向的匀减速运动，就简单多了。物体在 A 点左侧时速度的水平分量不超过 $v_0\cos37°$，故知 B 点应在 A 的右上方，因此 A 点电势高。到 B 点的时间由上抛公式 $t=\dfrac{v_0\sin37°}{g}$ 确定，再由动量定理 $qE\cdot t=m[v_0-(-v_0\cos37°)]$，求得 $E=\dfrac{3mg}{g}$。

“分割”法则是将物理量(或物体)分段、分块，达到化简问题的一种手法。例如在变力做功的教学中，可引导学生考虑：汽车以恒定牵引力绕圆环城马路运行一周，位移为零，牵引力是否做功？我们设想把环城马路分割成许多足够小的小段，则每段的牵引力方向与位移方向一致，做功不为零，所以整体上看，牵引力做功等于牵引力与马路一周的长度的乘积。

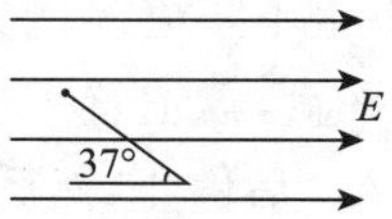

图 1

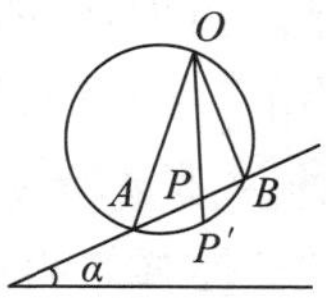

图 2

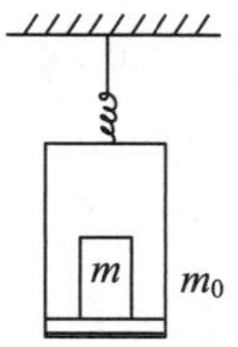

图 3

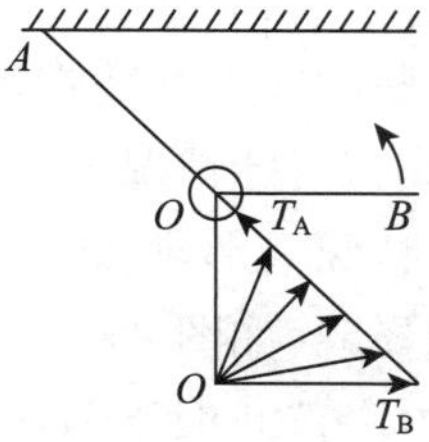

图 4

二、合

合与分是截然不同的方法，它着眼整体，对整体的认识清晰准确，从而加快解决问题的速度。例如在竖直上抛运动的教学中，欲求物体经过抛出点以下某处的速度，我们无须分上升和下落两个过程去考虑到最高点的位移或时间，而把整个问题合起来看作一个统一的匀速运动来处理，故接触的物理量大为减少，也避免了中间环节过多而可能引起的差错，达到了解决问题既快又准的目的。

对于多个物体的复杂问题，常常也可以将它们合为一体，不去考虑它们之间的相互作用情况。例如：总质量为 M 的列车，沿水平直轨道以速率 v 匀速前进，车尾质量为 m 的末节车厢突然脱钩而逐渐停下，设机车牵引力恒定且运动阻力与车重成正比，则末节车厢刚停下的时刻，列车其余部分的速度 v' 是多大？可以这样分析：在末节车厢停下之前，它仍受阻力作用，在此过程中，将末节车厢与前面列车仍合成整体，则整体所受的牵引力、阻力不变，合外力为零，动量守恒，可得 $Mv=m\times 0+(M-m)v'$，则 $v'=\dfrac{Mm}{(M-m)}$。

三、联

物理难学的一个突出原因就是比较抽象，但是如果在教学中善于将抽象思维与形象思维相联系，将抽象问题与周围熟悉的事物相比较，找出其共性特征，使不同现象在某些方面发生相关，那么就能找到解决问题的捷径。例如："电场"这一概念可以与"风"相比较。由树叶在风中的摆动联想到电荷在电场中的受力，可以加深对电场的基本性质的理解，所以联想思维能力的训练对培养思维的敏捷性大有益处。

一质点自倾角为 α 的斜面上方定点 O 沿光滑斜槽 OP 由静止开始下滑，为使质点在最短时间内从 O 到达斜面，求斜槽与竖直方向的夹角 β。该题中若联想到"质点自圆周最高点由静止起沿光滑弦轨道下滑到圆周上各点所需时间均相等"这一结论，取 O 为最高点，以 OA 为直径作圆（见图 2），P' 为圆与斜面交点 A、B 之间圆弧的中点，沿 OP' 轨道下滑至 P 点时间最短，由于 $\overset{\frown}{AP'}=\overset{\frown}{P'B}$，故得 $\beta=\dfrac{\alpha}{2}$。

四、探

有些问题牵涉的物理量多，计算过程复杂，难度较大，要想少跨台阶，选取一些特殊值，或在特殊情况下考虑问题，使问题简化。因为在一般情形下正确的结论，也应适用于特殊情形，反之，在特殊情形下不正确的，在一般情形下也不正确。例如这样一道选择题(如图 3)：一固定的轻弹簧下端挂一质量为 m_0 的平盘，盘上置一质量为 m 的物体，静止时弹簧比原长长 L，现向下拉盘使弹簧再伸长 ΔL 后停止，然后放开。设弹簧始终处在弹性限度内，则刚松开手时盘对物体的支持力 N 等于：①$(1+\frac{\Delta L}{L})mg$；②$1+\frac{\Delta L}{4L}(m+m_0)g$；③$\frac{\Delta L}{L}mg$；④$\frac{\Delta L}{L}(m+m_0)g$。其实这一结论对 ΔL 的任何值均成立，取特殊情形 $\Delta L=0$，即初始状态，此时支持力 $N=mg$，故将 $\Delta L=0$ 逐一代入上述四个答案，立即可知只有①正确。试探法应用很广，例如极值问题、动态性强的问题等，电路中有滑动变阻器时也常常用滑片在两个端点的特殊情况来分析电路中电流、电压的变化。

五、画

绝大多数物理问题都离不开图，通过直观性、动态感强的图像解决物理问题，应作为一种基本方法教给学生，这里不再赘述。有些物理问题，通过画示意图，矢量图等方法，把题设条件转换简单的图形，形象地模拟出问题的情境或过程，通过分析比较，即可获得正确的结论，且达到简捷的目的。例如：用两根轻绳系一重物(如图 4)，绳 OA 与天花板夹角不变，当用手拉住绳 OB，使绳 OB 由水平转向竖直的过程中，OB 绳所受的拉力大小将如何变化？实际上，这道题中求受重力大小方向均不变，先画出该矢量，OA 绳的拉力方向不变，可沿 AO 方向画一直线表示，此时 OB 拉力向右，合成矢量三角形，当绳向上运动时，不断改画 OB 拉力的方向，形成多个矢量三角形，由图不难看出，OB 所受拉力的变化情况是先减小后增大。

六、反

许多物理现象存在“可逆性”，例如光在反射、折射时光路是可逆的。因此在分析问题时，要注意培养学生的逆向思维能力，试一试反过来思考问题是否更简单，这样做有利于开拓学生思路，增大思维的敏捷性。例如这样一个问题：竖直上抛一球，上升时先经过 A 点再经过 B 点，下落时相反。球两次经过 A、B 之间的距离所需总时间为 2 秒，且知 B 点比 A 点高 7 米，不计空气阻力，问球上升的高度比 B 点高多少米？因为竖直上抛运动的上升和下落过程具有对称性，如果我们把上升过程反过来看，则与下落过程完全一致，都可以当作自由落体运动来处理，这样只需列出方程 $h=\frac{1}{2}gt^2$，$h+7=\frac{1}{2}g(t+1)^2$，即可解得球上升的高度比 B 点高 $h=0.2$ 米(t 为从

B 到最高点的时间)。另外,质点在平面、斜面、电场中的匀减速运动用反向思考的方法求解也十分简便,这种方法在几何光学中应用尤其广泛。可见逆向思维是分析解决物理问题的一种行之有效的思维方式,可以防止学生造成单向思维定式,活化知识,培养了解决问题的能力。

在教学实践中,我们深深体会到:要让学生学好物理知识,有效地提高解决物理问题的速度,就必须在加强“双基”训练的基础上,再教给学生一些灵活思考问题的方法。采用“分”“合”“联”“探”“画”“反”六种方法分析物理问题,这对培养学生的思维敏捷性起到了积极的促进作用。实践证明,这样做了以后,学生的思维能力得到了长足的发展,学习成绩也有了切实的提高。

在化学教学中培养学生的创造性思维能力

生建国

创造性思维包括集中思维和发散思维两类。它主要靠后天的培养和训练。要使学生的创造性思维能力得到较好的发展，就要求教师在传授知识的同时，必须通过适当有效的方法，有目的地进行培养和训练。

化学是自然科学中的基础学科之一，它不但从宏观上研究物质的组成、性质等，而且探讨微观世界的变化和化学理论。学生要有丰富的想象力和良好的发散、集中思维能力，才能把化学学深、学透、学好。因此，在化学教学过程中注意培养学生的创造思维能力就显得尤为重要。

一、改验证性实验为探索性实验，激发学生的求知欲

化学是一门以实验为基础的学科，实验是获取知识的途径之一。做好实验，既能帮助学生学好理论知识，又能培养学生的创造思维能力。很多科学家的研究成果包括重大发现往往离不开实验的探索，所以进行探索性实验有利于学生创造思维能力的培养。

在现行中学教材中安排的化学实验主要是验证性实验，即通过实验向学生展示结论的正确性，另一目的就是直观作用和培养学生的动手能力，但是忽视了培养和训练学生创造思维能力。为了提高实验效果，使学生观察、记忆、操作、思维等能力在较高水平上得到培养和发展，我探索将教材中阐述的一些实验改为探索性实验。

例如：高二课本中“原电池、金属的腐蚀和防护”一节的有关实验，在教学过程中我是这样进行的。首先提问：“氧化—还原反应是实质是什么？电流是怎样产生的？两者都与电子有联系，区别在什么地方？能否用实验来证明氧化—还原反应过程中有电子转移？能否将它转变为可做功的能量？”同学们想出了多种方法，有些是可行的，有些是不能实现的。这时进行实验，(1) 把纯锌片和纯铜片分别插入稀硫酸中，要求观察现象并解释“锌片表面为什么有气体产生？铜片表面为什么没有气体产生？”由于这个问题很简单，所以大多数学生很容易回答。接着进行实验，(2) 将纯锌片和纯铜片用导线连接后一并插入稀硫酸中(或在稀硫酸中将两金属片接触)，产生的现象使学生感到惊讶，铜怎么能与稀硫酸反应呢？经过一段时间溶液并未变蓝，即说明没有 Cu^{2+} 进入溶液，这时教师不解释也不评价学生的讨论，继续实验。(3) 将锌片和铜片连接的导线之间串上一只 1.0～1.2 V 小灯珠，灯珠发光。(4) 取下灯珠

串上一只检流计，指针偏转，要求大家注意偏转的方向。同学们积极开动脑筋，企图解释上述现象，但有些学生就不太清楚，有些同学能考虑到电子进行了定向转移。这时教师进行启发，问“借花献佛”或“借鸡下蛋”的比喻是什么意思？这样一启发，多数同学通过想象对上述现象进行解释。铜片表面产生的气体是铜与稀硫酸发生的反应，是锌原子失去电子而产生氢气。其实质仍然是锌与稀硫酸反应。连接灯泡后灯泡发光是因为线路中有电流，由此说明了氧化—还原反应过程中有电子转移，且能将它转变为电能而做功。至此学生经过自己积极的思考，敢于对没有学习过的知识大胆想象，从而使创造思维能力得到一定的提高。(5) 将纯铜片和含杂质的锌片分别插入稀硫酸观察产生气体的快慢。观察现象后要学生思考，实验室制氢气时用纯锌粒好还是用不纯的锌粒好？若实验室没有不纯的锌粒，只有纯锌粒，怎样进行才能使得制取氢气的速度比较快？这时，有的同学说加一些铜粉或银粉等不活泼金属，有的说加些铜盐溶液或银盐溶液到稀硫酸中，还有的说锌粒用铜盐或银盐溶液浸一下，等等。大家积极思维，大胆想象，使课堂实验教学获得良好的效果。

除此之外，其他如 CO_2 的性质、铝及其化合物、铁及其化合物、苯酚的性质、胶体的性质等实验都可改为探索性实验。

二、创设“认知冲突”情境，强化创造思维活动

在教育心理学上，“认知冲突”就是巧妙设计一个问题，使大家急于想解释它，但所得结论与所见的事实相反，即形成用已学过的知识和技能一时又无法解决的一种心理气氛。这种气氛一旦形成，就很容易激发学生的求知欲望，进而产生一股主动的探究动力，同时也能使学生处于注意力最集中，思维最活跃的状态。

例如，关于盐类水解的教学，首先请学生思考：盐在溶液中电离出哪些离子？pH 值大小与溶液中 H^+、OH^- 有何关系？NaCl、NH_4Cl、$NaCO_3$ 在溶液中电离出哪些离子？能否电离出 H^+ 离子或 OH^- 离子？能否使 $[H^+]$ 和 $[OH^-]$ 发生变化？pH 值是否等于 7？同学们回答都很干脆，不能，pH＝7。这时进行实验，分别向一定浓度的 NaCl、NH_4Cl、$NaCO_3$ 中滴入石蕊试液和酚酞试液，结果发现，NaCl 溶液呈中性，NH_4Cl 溶液呈酸性，$NaCO_3$ 溶液呈碱性。大家觉得很矛盾，于是积极开动脑筋，试图进行解释，这时引导学生再对 $NaCO_3$ 和 NH_4Cl 的组成进行分析，从 $[H^+]$ 和 $[OH^-]$ 的变化以及强弱电解质的电离，在溶液中存在的微粒等方面进行启发，鼓励学生大胆发表自己的见解。有的同学从 $[H^+]$ 和 $[OH^-]$ 变化考虑，认为水的作用除促使盐电离外，还参加了反应。再联系强弱电解质在溶液中存在的微粒，很快总结得出盐水解的实质和水解方程式的书写，收到了事半功倍的效果，而且还培养和训练了学生的创造思维能力。

在上述基础上，再由学生思考，(1) 泡沫灭火器[内装 $Al_2(SO_4)_3$ 和 $NaCO_3$ 溶液]为什么能灭火？改用 Na_3CO_3 是否可以？(2) 草木灰(主要含 K_2CO_3)为什么不能和铵态氮肥、过磷酸钙等混合施用？

在平时的教学过程中，还有如 $FeCl_3$ 与铜的反应、$FeCl_3$ 与铁的反应等都可以创设“认知冲突”情境，通过实验来强化创造性思维的训练和培养。

三、鼓励一题多解，培养学生发散思维能力

一题多解是指针对同一问题，学生有目的、有条理地从不同角度去观察、分析、思考，解答出众多的思维信息，使达到殊途同归的目的的解题活动。一题多解对于帮助学生牢固掌握基础知识内在联系和深刻理解、灵活运用知识，提高创造思维能力都有重要意义。

例 已知醋酸蒸气在一定温度下可发生二聚反应：$2CH_3COOH \rightleftharpoons (CH_3COOH)_2$，3 克醋酸在一定温度下汽化后，测得其对氢气的相对密度是 54，求该蒸气中含多少克二聚醋酸？

该题应鼓励学生用几种不同的方法进行解答。

解法(1)：从可逆反应平衡状态的特点出发，求出平衡混合物的总摩尔数。

$2CH_3COOH \rightleftharpoons (CH_3COOH)_2$

起始量：$\frac{3}{60}$mol　　0

转化量：$2x$ mol　　x mol

平衡量：$(\frac{3}{60}-2x)$mol　　x mol

依题意有 $(\frac{3}{60}-2x)+x=\frac{3}{54}\times 2$，解之得 $x=\frac{1}{45}$ mol。所以 $(CH_3COOH)_2$ 有：$\frac{1}{45}\times 120=\frac{8}{3}$(克)

解法(2)：从已知条件出发，考虑反应前后物质的量的变化情况。求得反应前 3 克醋酸是 $\frac{3}{60}$ mol，从题目交代的反应可见，2 mol CH_3COOH 完全聚合生成 1 mol $(CH_3COOH)_2$，物质的量减少 1 mol，反应后平衡混合物总摩尔数是 $\frac{3}{54}\times$mol 可见，反应物在反应后物质的量减少：$\frac{3}{60}-\frac{3}{108}=\frac{1}{45}$(mol)

即生 $(CH_3COOH)_2$ $2\times\frac{1}{45}=\frac{2}{45}$(mol)，其质量为 $\frac{2}{45}\times 120=\frac{8}{3}$(克)。

解法(3)：从未知量出发考虑气体混合物平均分子量的大小。若蒸气中含有 x 克 $(CH_3COOH)_2$，则 CH_3COOH 为 $(3-x)$ 克，它们共有 $\frac{x}{120}+\frac{(3-x)}{60}$mol 气体的平均分子量。$\frac{3}{\frac{x}{120}+\frac{3-x}{60}}=54\times 2$。解之得 $x=\frac{8}{3}$(克)。

以上是学生从不同角度进行思考得出的不同解法，解题的过程使学生的求异思维能力得到训练。

四、开展第二课堂活动，培养和训练学生的创造思维能力

在化学教学过程中，还应注意发挥第二课堂活动的使用，通过开展课外活动培养和训练学生的创造思维能力。

1. 诱发兴趣，激发创造欲望。

开展一些寓知识于趣味性实验中的活动，包括娱乐、日用、化工生产、实用性制备等小实验。通过实验来诱发大家的创造性思维，即寓创造性思维能力的培养于有趣味的化学课外活动之过程中。

2. 鼓励学生用已有的化学知识和理论解释日常生活和身边的一些化学现象。

设计并选择一些专题让学生有动手、动脑的机会，或由学生设计一些实验方案，写化学小论文等。这样也能使学生的创造思维能力得到培养和发展。

在化学教学过程中注意培养和训练学生的创造思维能力，有利于提高教学质量，有利于学生的智力开展，有利于人材的培养，使化学教学从而适应现代科学技术发展的需要。

中学化学实验思维训练浅述

蒋晓鸣

化学是一门实验性很强的学科。中学化学教学大纲规定:“要加强实验教学,实验教学要帮助学生形成化学概念,理解和巩固化学知识,培养学生观察实验现象、分析问题、解决问题的能力。”根据这一要求,化学实验在中学化学教学及历年的中考和高考中均占有较大的比重,因此越来越受到广大教师和学生的重视。然而,中学生如何学好中学化学实验的内容,如何通过化学实验弄清有关化学原理,从而达到真正掌握有关化学知识的目的,这就要求中学化学教师在平时的化学实验教学中注意培养学生观察、思考、操作以及创造设计等方面的能力。对中学生来说,观察是获得感性认识的源泉,认真观察实验,注意实验现象是非常重要的,但许多学生往往重视了观察而忽略了思维,因而出现了只看到表面现象而不知其为什么,即只知其然而不知其所以然的现象。苏联教育家巴班斯基曾说过:“直观性可能产生限制学生思维的消极作用。”如何理解这个论述,笔者认为,必须抓住思维这个关键。只有通过思维,才能把观察所得到的感性认识上升为理性知识,形成化学概念,定律和理论等系统的化学知识,进而认清事物的本质。

一般地,事物的外部特征(由观察等手段获得的对事物的感性认识,如表面现象等)→思维活动→事物的本质特征(由分析、推理等方法获得的对事物本质的理性认识,如事物的内在规律等)。可见,思维是人们把对事物的感性认识上升到理性认识的很重要的桥梁。

如何在化学实验中培养学生的思维能力呢?

这里所说的思维是指在观察实验现象的基础上把获得的感性材料进行“去粗取精,去伪存真,由表及里,由此及彼”的加工,经过科学的抽象,形成概念,作出判断和推理,从感性认识向理性认识的飞跃过程。对化学实验所得感性认识进行加工,一般有分析、综合、比较、分类、概括、推理等思维方式。限于篇幅,下面主要就概括和推理这两种思维方法略作论述。

一、概括型思维方法

通过化学实验的观察能得到大量的感性知识,在此基础上运用分析、综合、比较、归纳、概括等思维方式,从而形成概念、定律或其他理论。

例如在初中讲授“电解质和非电解质”时,我们做了蔗糖、酒精、水、食盐、氢氧化钠、硫酸、盐酸等物质在固态、熔化和溶于水的不同条件下能否导电的实验，如果将实验现象进行归纳分类，可以看出，一类物质在溶于水或熔化条件下能导电；一类物质在上述两种情况下均不导电，从而可形成电解质和非电解质的概念。再如，在做了木炭、硫、磷、铁、蜡烛等物质在氧气中燃烧的实验之后，观察到的实验现象都是剧烈燃烧、发光、放热，经过归纳可以概括得出，氧气是一种化学性质比较活泼的气体的结论。再从这些相同的反应现象中抓住它们都是跟氧化合的本质，进而概括得出氧化反应这个概念；从反应物都是两种物质，反应后生成物都是一种物质这一事实，还可概括得到化合反应这个新概念。在教学当中，采用列表的形式将不同阶段的互相独立的知识加以分类、比较，可以收到触类旁通、举一反三的效果，从而可使零碎的知识系统化，条理化。如初中要学习氧气、氢气、二氧化碳气体的制取。这三个内容在教学时间安排上相距较远，如只是简单的逐一讲授，则可能由于遗忘等因素的干扰，往往不能达到应有的教学效果，但如果在学过这三种气体的制取的有关知识后，就“原料”“反应原理”“反应过程”“反应物状态”“反应条件”“仪器装置”“密度”“水溶性”“收集方法”等进行归纳、比较，并制作成图表，效果会很好。

二、推理型思维方法

推理型思维是指根据实验现象或实验揭示出的矛盾，结合已掌握的知识进行由此及彼的推理思维活动，从而可以形成新概念，掌握新的知识。

例如，在讲解盐类水解的理论时先作如下实验。往氯化铵溶液中滴入石蕊试液，呈红色，说明氯化铵溶液呈酸性，但氯化铵属于盐类，并不能电离 H^+，应呈中性，这与实验现象相矛盾，如何解释呢？再引导学生分析：从酸碱理论可以知道，溶液的酸碱性应由溶液中 H^+ 和 OH^- 浓度的相对大小决定。当 $H^+ > OH^-$，溶液呈酸性；$H^+ = OH^-$，溶液呈中性；$H^+ < OH^-$ 溶液呈碱性。既然氯化铵本身不能电离出 H^+ 而其溶液又已呈酸性，则说明一定是由其他原因所致。联系到溶液中水的电离 $H_2 \rightleftharpoons H^+ + OH^-$，可产生少量的 H^+ 和 OH^-，不过二者浓度相等，而氯化铵电离产生的 NH_4^+ 是弱碱的阳离子，由于它在溶液中结合 OH^- 的能力很强，即 $NH_4^+ + OH^- \rightleftharpoons NH_3 \cdot H_2O$，因此电离出的 OH^- 被 NH_4^+ 结合生成了弱电解质 $NH_3 \cdot H_2O$，从而破坏了水的电离平衡，使水不断地发生电离，结果使溶液中 $H^+ > OH^-$，溶液呈酸性。根据上述实验和分析可推导出这样的结论：凡是盐溶于水并能电离出弱酸根阴离子或弱碱阳离子，由于这些离子能与水电离出的 H^+ 或 OH^- 结合生成难电离的弱电解质，破坏了水的电离平衡，最终使溶液呈碱性或酸性。这一推理如正确，则凡强碱弱酸盐的水溶液应显碱性，强酸弱碱盐的水溶液应显酸性，强酸强碱盐的水溶液应显中性。这一说法还可以通过下列实验来验证：分别取 Na_2CO_3 溶液、NaAc 溶液、$CuSO_4$ 溶液、NH_4NO_3 溶液、NaCl 溶液、K_2SO_4 溶液的试样于试管中，分别以 pH 试纸检验后发现，Na_2CO_3、NaAc 的水溶液显碱性，$CuSO_4$、NH_4NO_3 的水溶液显酸性，NaCl、K_2SO_4 的溶液显中性。

通过上述实验和讨论，可以使学生在头脑中初步建立起盐类水解这一新的理论。

运用实验进行推理型思维教学应以新知识为中心向外扩散，注意前后联系，这样在学生头脑中形成系统的知识网络，使知识得到广泛的迁移。

例如，Fe^{3+} 和 Fe^{2+} 的相互转化是“铁”的教学中的难点。我们可以通过下面几个简单的实验并结合推理来阐明二者的转化关系。

取 $FeCl_3$ 溶液的试样分别加入铜屑，Na_2S 溶液、KI 溶液，再取 $FeCl_2$ 溶液的试样，分别加入酸性 $KMnO_4$ 的溶液、氯水，接着提出下列问题：① Cu 的金属活动性没有 Fe 强，为什么能与 $FeCl_3$ 反应？生成物为什么呈绿色，说明溶液中生成了什么？根据这一实验，应如何排出 Cu、Fe、Fe^{2+} 的还原性强弱顺序？② 为什么往 $FeCl_3$ 溶液中滴入 Na_2S 的溶液后，既不按复分解反应规律产生黑色沉淀，又不按水解反应规律产生红褐色沉淀？生成的黄色浊物是什么？如何生成的？说明了什么问题？溶液中还应有什么离子？③ $FeCl_3$ 溶液和 KI 溶液反应、生成的红色溶液是什么？如何验证？如何生成的？说明了什么问题？溶液中还应有什么离子？④ $FeCl_2$ 溶液中滴入酸性 $KMnO_4$ 溶液后，$KMnO_4$ 溶液的紫红色为什么会褪去？溶液为什么会呈黄色？生成了什么？⑤ $FeCl_2$ 的溶液中加入氯水后发生了什么变化？如再加入 NaOH 溶液会产生什么现象？说明了什么问题？根据这些问题，让学生写出有关反应方程式和离子方程式。通过上述实验和推理，可以帮助学生加深对 Fe^{3+} 和 Fe^{2+} 转化关系的理解，同时也促进了学生思维能力的发展。

再如，利用金属钠、镁、铝的演示实验可以推论元素周期性。在讲授第三周期元素时，为了让学生了解从左到右元素金属性逐渐减弱，非金属性逐渐增强的变化规律，可做如下实验：① 取一试管，加入适量蒸馏水，再往其中滴入数滴酚酞试剂，此时无颜色变化；往上述试管中放入一小块金属钠，立即发生剧烈反应，钠块逐渐溶解，产生大量气体且溶液显红色；② 另取一试管，加入适量蒸馏水，再往其中放入一段镁条，此时无明显反应，滴入数滴酚酞试剂，颜色变化也不明显。将上述试管置于酒精灯上加热片刻后，发生明显反应，镁条逐渐溶解，产生气体且溶液显红色；③ 再取一段镁条放入盛有适量盐酸的试管中，立即发生剧烈反应，镁条逐渐溶解放出大量气体；④ 另取一试管，加入适量蒸馏水，再往其中加入适量铝粉，此时无反应，滴入数滴酚酞试剂，无颜色变化。将上述试管置于酒精灯上加热后，仍未发生明显反应且溶液也未变红；⑤ 再取适量铝粉加入盛有适量盐酸的试管中，有明显反应，铝粉逐渐溶解，且放出气体。比较 Na、Mg、Al 与水的反应可见，Na、Mg 都能与水反应生成 OH^-，且 Na 与水较易反应（遇冷水即迅速剧烈反应），Mg 则不易与水反应（需加热），而 Al 几乎不能与水反应；比较 Mg、Al 与盐酸的反应可见，Mg、Al 都能与盐酸反应生成 H_2，但铝跟酸的反应不如镁跟酸的反应剧烈。

上述实验说明 Na、Mg、Al 的金属性逐渐减弱。此时，引导学生分析实验现象，从宏观过度到微观，揭示事物的本质，弄清上述现象是因为在同一周期中的元素，具有相同的电子层数，随核电荷的递增，最外层电子数逐渐递增而原子半径逐渐减小，使原子核对最外层电子的引力逐渐增强，原子失去电子形成离子的能力逐渐减弱，即同周期元素从左到右金属性逐渐减弱，非金属性逐渐增强。在此基础上，可以进而对同一主族元素性质的递变作出推论；因为在同一主族的元素中，从上到下元素的电子层数逐渐增多，原子半径逐渐增大，核外外层电子的引力逐渐减弱，元素失电子能力逐渐增强，得电子能力逐渐减弱，所以元素的金属性逐渐增强，非金属性逐渐减弱。通过这样的演示实验和分析推理，既激发了学生的学习兴趣，又促进了学生的积极思维，使学生容易掌握所学内容，形成牢固记忆。

精心设计问题，调动学生学习积极性

——上好化学讨论课的一点体会

赵飞雪

初三化学的讨论课，由于受学生思维方法和其他基础学科知识积累的限制，往往处理不好，学生的积极性很难被充分调动起来，教师讲得吃力，学生听得乏味，课堂气氛沉闷，教学效果不理想。要改变这种状况，关键在于教师要合理设置阶梯，精心设计问题，将学生的思维步步引向深入，现以学生常常掌握不好的天平平衡问题为例，谈谈自己的一点教学体会。

首先，问题一源于初中化学课本第98页：在两支试管中各放入3克锌，然后在一支试管中加入足量的稀盐酸，在另一支试管中加入足量的稀硫酸，比较反应中放出氢气的质量，绝大部分同学都能根据化学方程式的计算，正确得出氢气质量相等的结论。

这时，话题顺势一转，提出：在托盘天平的两托盘中各放入一只烧杯，均装有足量的稀硫酸，调节天平至平衡，并向两烧杯中分别投入等质量的锌粒，天平是否保持平衡？这就变成了讨论天平平衡的问题。

因为有第一题作基础，同学们能很快得出结论：生成氢气的质量相等，等量减等量，差相等，天平仍保持平衡。

紧接着再设计出第三个问题，保持其他条件都不变，若往左右烧杯中分别投入等质量的锌片和铁屑，天平又将如何变化？

反应中铁生成的氢气多，等量减不等量，差不等。因此天平不能平衡。通过问题二和问题三的讨论，同学们基本上可以掌握天平平衡的关键在于“质量差”是否相等。

以上两个问题里，左、右烧杯中的物质是相同的，就是投入的固体不同，这时教师可以从另一角度启发学生思考，两份等质量的锌片，一份投入左烧杯的稀盐酸中，一份投入右烧杯的硫酸铜溶液中，天平能否保持平衡？这样一问，不仅激起了学生思考，而且可以教会他们从正反两方面认识问题的方法。

左烧杯中生成的氢气逸出，右烧杯中虽有反应发生，但质量没有减少，因此右盘下沉，天平不能保持平衡，学生进一步加深对“质量差相等”的理解。在此基础上，又可以把定性讨论的问题再深入一步到定量计算中，于是设计出问题五：两份足量的稀盐酸，分别放入烧杯并置于左、右托盘中，调节天平至平衡。现在左烧杯中加入6.3克锌，为使天平保持平衡，需在右烧杯中加入多少金属铁？

这道题有一定的迷惑性，少数同学不假思索便得出 5.6 克铁的结论，认为这样生成的氢气相等。但立即有同学提出疑问：加入的质量不等，不等量减等量，差不等，天平不能保持平衡。两种意见针锋相对，课堂气氛十分活跃。经过认真讨论，重新冷静思考这个问题，关键在于“质量差”是否相等。左烧杯中增重 6.3 克，为使天平保持平衡，右烧杯中也应增重 6.3 克，设需加入 x 克铁，由题意得：$56:54=x:6.3$，解之 $x=6.53$ 克。

为考查同学对天平平衡问题的掌握情况。又设计出问题六，将定性与定量问题结合起来。

天平左右托盘里各有一只烧杯，均装有足量的稀盐酸，调节天平至平衡。将 36 克镁和 36 克铝粉放入两烧杯中至全部溶解，问天平如何变化？若要保持天平平衡，则还需在哪个烧杯中再加入几克原来的金属？

结果大部分同学计算出需加铝粉 1.125 克。

通过这样的精心设计问题，使前一道题都为后一道题做好铺垫，后一道题又高于前一道题，层层深入，步步提高，增强了同学解决问题的积极性，即使成绩平平的同学也能认真地参与讨论。因此，课堂气氛相当活跃，较好地达到了这节课的教学目标。

给学生以解剖刀

——在高中议论文写作教学中培养学生辩证思维能力的尝试

蒋念祖

语文教学中,必须重视发展学生的思维能力。“培养思维品质,是发展思维能力的突破点”。(朱智贤、林崇德:《思维发展心理学》,以下简称《思》,p592)而辩证思维、思维训练在思维品质的发展上,起着重要作用(《思》,p582)。目前,高中学生议论文写作能力较差,缺少理论思维,主要是辩证思维能力,是其中的主要原因。因此必须重视学生辩证思维能力的培养。另外,高一、二年级学生处于思维活动的初步成熟期,思维的批判性、独立性逐渐增强(《思》,p137)。他们的生活面更为广阔,学习的内容更为系统,为思维的发展提供了知识基础,为进行辩证思维训练提供了现实的可能性。

要进行辩证思维训练,必须让学生掌握辩证唯物主义的基本观点。在高一尚未开设这门课的情况下,可以通过开设讲座、课外阅读等途径,并紧密结合阅读教学,进行辩证唯物主义教育。在此基础上,我们就可以在议论文写作中开展辩证思维训练。辩证思维是抽象思维的发展,因此,这同时也将涉及抽象思维训练。

议论文写作有两类题型:命题作文和材料作文。两类作文的主要构成是对论点的分析、论证。论点都可以归结为某个判断,判断又是由概念构成的。思维训练从概念的分析入手,发展为对判断的分析,最后对材料作文的材料作分析。思维训练分为八个阶段。

一、教给学生五种基本的分析方法

1. 明确概念的方法。明确概念就是将概念所指的事物与其他事物区别开来,因此我们把它也看成一种分析方法。明确概念,首先是明确概念的内涵和外延,可借助于下定义、分类等逻辑方法。在此基础上,我们还可借助于具体化和抽象化的方法。具体化,就是将要明确的概念和具体现实联系起来。比如“谈谦虚”中,可以列举日常生活中谦虚有哪些具体的表现。抽象化,就是将抽象的概念归入某一范畴(《思》,p17)。比如“谈理想”中,可将“理想”归入“理想观念”的范畴。具体化和抽象化是方向相反的两种思维方法。借此我们将要明确的概念与客观现实和较高层次的理论联系起来,为展开议论提供了更为广阔的背景。以上分析的哲学基础,是事物间个别和一般的关系。概念是客观事物在人们主观意识中的反映。不同时代、不同民族、不同思想的人，对同一概念的理解都有差异，分析这种差异，也是明确概念的重要方法。

2. 因果分析法。因果联系是事物间的最重要的一种普遍联系。因果分析，“就是在研究对象的先行情况中，把作为它的原因的现象与其他非原因的现象区别开来；或者是在研究对象的后行情况中，把作为它结果的现象和其他现象区别中来”（张巨青主编：《科学逻辑》p67）。可见因果分析包括原因分析和结果分析。比如“谈勤奋”中，我们既可分析导致“勤奋”的原因，也可分析“勤奋”产生的结果。

3. 发展分析。事物是不断发展的，概念也是不断发展的。对概念作发展分析，这里是指回顾概念所反映的事物发生、发展过程，以帮助我们认识事物的本质。如“谈实事求是”中，我们可将它具体化为党的三大作风之一：我们党领导革命取得胜利的过程，就是实事求是的作风在与主观主义的斗争中发扬光大的过程。这样就能认识到实事求是的重要性。

4. 比较的方法。比较是确认事物之间的相同点和不同点的思维方法。一般可从概念所反映的事物的现象、本质、原因、结果、发展过程等方面着手。可见比较是建立在以上三种方法的基础之上的。比较中，应当强调的是，在越不相同的事物中探求相同点，或在越相同的事物中探求不同点，越能发现事物的本质。比如“自大”和“自卑”，现象上似乎截然不同，但思想本质是一致的。而“自大”和“自信”，现象上有相同之处，但是本质却截然不同。

5. 矛盾分析法。在以上分析的基础上，进一步分析概念之间的对立统一关系，是矛盾分析法。比如“谈理想”，可联系“现实”作分析：一方面理想决不等于现实；一方面二者之间有着密切的联系：理想产生于现实，理想经过努力可以变为现实。

下面说明一下以上训练的根据和目的。事物是普遍联系的。唯物辩证法的基本范畴反映了事物之间最本质的联系，可以作为我们进一步认识事物的支撑点，可以从总体上指示我们认识事物之间联系时思维的方向（彭漪涟：《辩证逻辑述要》p101—p109）。分析中，我们应当要求学生尽可能打开思路，但决不能毫无根据地乱想，应当在“集中”的指导下“发散”，在综合的指导下分析。通过分析，我们对这个概念就有了较丰富的、具体的认识，形成了“具体概念”，为进一步正理地展开论述打下了基础。

二、运用辩证唯物主义的基本原理，引导分析进一步深入

辩证唯物主义的原理、规律是辩证唯物主义基本范畴的展开（李秀林《辩证唯物主义和历史唯物主义》）。在分析中具有更具体的指导作用。比如在原因分析的基础上，我们可以要求学生探求事物产生的多种原因以及原因的原因；在各种原因中，分清主要原因和次要原因，尤其要分清内因和外因，了解它们对事物发展的不同意义；了解原因和结果间的矛盾、转化等等。比如“谈惰性”中，首先可分析惰性产生的多种原因：环境的影响，意志的薄弱，缺少远大理想等等，其次分析出其中的主要原因，由此得出结论：树立远大理想，就可能产生坚强的意志，无论处在何种环境中，都能克服惰性，奋发向上。

三、运用心理学、伦理学等方面的基本理论，引导分析进一步深入

我们国家编写的这方面的教科书，渗透着辩证唯物主义的基本观点，在分析中有着更为具体的指导作用，比如我们曾向学生介绍了有关认识、意志、情觉等方面的心理学常识。关于情感，我们说明了它的两极性、意义、产生原因和个性品质，要求学生结合亲身体会，分析各种具体的情感如喜、怒、哀、乐、忧愁、紧张等。有的同学在"论紧张"中着重分析了紧张的结果(利和弊)：一方面，在处于紧张状态时，人们发挥最大的主观能动性，如李广一箭穿石；一方面过度紧张往往影响人的思维能力，如考试时的怯场；长时间的紧张可能使人精神疲惫。因此必须通过提高认识、培养坚强的意志来控制、消除过分紧张的情绪。

四、明确分析目的训练

以上几个阶段的训练，从根本上说，都是为了打开思路，简言之曰"放"。但是在学生基本掌握各种分析方法以后，就有必要"收"一下。"收"的方法就是明确分析目的。分析的目的主要取决于社会实践中提出的问题。我们可以要求学生根据创设的情境对某些概念作分析。比如在"谈刻苦学习"中，我们可以创设如下情境：某同学初中毕业后未升入高中，在家待业；某同学往往依靠考试前"打突击"，但成绩还可以；某同学进入高中后，成绩一直往下掉，等等。事实说明，明确分析目的，可以有助于分析的深入。

五、防止议论片面性、绝对化的训练

训练中明确了分析目的，其实也就形成了论点。受既定论点的影响，议论就可能产生片面性、绝对化。但是在第一阶段，学生已初步掌握了"具体概念"，这一阶段的训练就是要强化学生对"具体概念"的认识，进行辩证思维，避免议论的片面性和绝对化。比如"谈失败"中，对"失败"应当形成这样的认识：有进步力量或反动力量的失败，有主观原因或客观条件导致的失败，失败者的处境、思想、状况等各不相同，因此失败既可能成"成功之母"，也可能是更大失败的预兆。

六、对两个或两个以上概念的分析

对一个概念，我们总是将它和其他概念联系起来进行分析的，因此对两个概念作分析，当是有基础的。不同的是，对两个概念作分析，范围明确了，侧重采用哪种分析方法，一般说来也就明确了。比如"向前看和向钱看"，应侧重采用比较法，"无私和无畏"应侧重采用因果分析法。至于两个以上的概念，一般要将它们分为若干"对"，一一加以分析，这里就不举例了。

在概念前面或后面加上标志议论文体裁的字样，就构成一种明确论述范围的作

文题。以上训练，也是这类作文的写作训练。

七、对判断的分析

议论文的论点，都可以归结为一个判断。对作为论点的判断，学生往往单纯考虑对它的证明，于是导致议论的片面性、绝对性，因此我们必须强调对作为议论点的判断的分析。对判断的分析，当以对概念的分析为基础。比如“开卷有益”，肯定了“开卷”和“有益”之间的因果关系。但是我们首先不应急于对此进行论证，而应当对“开卷”和“有益”作一番分析。比如“开卷”应当分清是开什么“卷”，什么人“开卷”，怎样“开卷”，等等。这样我们就不至于简单地肯定“开卷有益”，甚至可以由此推出“开卷未必有益”。事实上，对作为论点的判断作分析时，我们都可以联系与它相反的判断（负判断）在对立面的比较中，引导分析向纵深发展，这就是辩证矛盾判断的具体运用。我们曾用这种方法对许多成语、格言进行分析，这对培养学生思维的深刻性、独创性、批判性都有帮助。

以上训练，也是对明确提出论点的作文的训练。

八、对具体材料的分析、概括

材料作文，就是要求学生首先对提供的具体材料进行分析、概括，形成论点，然后再对论点进行分析、证明。所谓具体材料，这是指对具体事物的记叙。如果只涉及个别的简单的事实，我们称之为简单材料，如果涉及的事实比较复杂，我们称之为复杂材料。我们的训练从简单材料的分析、概括入手。概括可以从三个方面考虑。一要考虑到概括的两种基本类型：1. 对事物性质的概括；2. 对事物之间关系（主要是因果关系）的概括。二要考虑到概括的不同层次。三要考虑到联系所提供的材料以外的其他材料。比如对“中国女排艰苦奋战，获得世界冠军”这一材料，着眼于前一句话，我们可作如下概括：中国体育健儿具有顽强拼搏精神；中国人具有顽强拼搏精神等等。判断中作为主项与谓项的概念，可能有许多不同层次的“上位概念”，因此我们可能作出许多不同层次的概括。着眼于两句话之间的联系，我们也可以作出不同层次的概括：中国人的拼搏精神是中华民族自立于世界民族之林的根本；顽强的意志是取得成功的根本等等。如果联系其他材料，那么思维活动的余地就更大了。主要可以通过两种途径进行联系。一是作因果分析。比如对上述材料，我们可作如下分析：女排取胜，除临场苦战外，还有他原因吗？据此，我们至少可以作如下概括：爱国主义是强大的精神力量，平时训练极为重要；严师出高徒；无名英雄可贵等等。二是作比较。比如对“杭州‘二熊’是高干子弟，为非作歹，最后被处以极刑”这一材料，就材料本身，我们可作如下概括：干部子女教育问题应予重视；法网恢恢；生于忧患、死于安乐等等。这时我们就可以从两个方面作比较：一是和所概括的论点基本一致的材料类比或对比，往往可以突出原论点，丰富论述的层次；二是和所概括的论点完全相悖的材料，比如“许多高干子女成为国家栋梁”，这样就逼得我们深入思考，得出比较深刻的结论:“安乐中未必死,忧患中未必生”;“路,在自己脚下”等等。复杂的材料,往往是由简单材料组合而成,我们可通过“横向分析”,把它分为几个方面;或者通过“纵向分析”,把它分为几个阶段。比如有一则材料,说的是安徽省芜湖公交公司汽车售票员陆忠指责一些歹徒的不轨行为,被歹徒刺伤致死;车上围观者竟无一人敢于伸张正义。事后,陆忠受到表彰,歹徒落入法网,围观者或遭谴责,或受处理。对此如果作“横向分析”,可分为陆忠、歹徒,围观者三方面;如果“纵向分析”,可分为“当时的情景”“以后的结果”两个阶段。经过分析,复杂材料就成了简单材料。材料作文中,有时涉及两个或两个以上材料,一般应先采用比较的方法,然后再行概括。上面已经提到过了。

在训练中,在强调尽可能打开思路,形成较多论点的同时,还应强调要使提炼的论点具有科学性、避免“片面概括”之弊。提供的材料与客观现实相比,只是“沧海一粟”。要知道材料是否具有普遍性,就必须联系客观现实,做到“胸有全局、胸中有数”。提供的材料有时未必能反映生活的本质,对此我们更要以正确理论,尤其是以辩证唯物主义的理论为指导,由表及里,去伪存真,加以分析。比如有人说现在的青年人缺少对革命的向往和追求。但是事实上生活中有理想、有抱负的青年仍大有人在,他们是新时期青年的主流、中坚。不少青年似乎对政治缺乏热情,有时是由于政治工作的方法还存在问题。由此可见,提炼论点时,同样需要“抓好两头”:一头是正确理论,一头是客观现实。这是思维训练中贯彻始终的原则。

以上介绍了在议论文写作中进行辩证思维训练的全过程。其中主要内容是让学生通过对概念间多种矛盾关系的分析和综合,形成“具体概念”,初步掌握辩主思维的方法;培养学生思维品质的深刻性、灵活性、批判性、独创性;解决议论文写作中思路闭塞和议论绝对化等问题。显而易见,这一过程同时也是理论联系实际地进行辩证唯物主义世界观教育的过程。因此,辩证思维训练,是思想教育、能力培养和写作教学的“三结合”。当然训练过程本身尚不完善,亟待各位学长提出宝贵意见。

本文原载北京师范大学《心理发展与教育》1987 年第 4 期

高中论说文写作与思维训练的理论与实践

蒋念祖

［摘要］　中学写作教学应当重视引导学生观察、感受、思考生活，这是写作的“源头活水”。为此，可以观察能力、思考能力的训练为主线，引导学生写随笔，写“放胆文”，然后再进行审题列纲、谋篇布局等写作技能训练，构建独立的、完整的、可供操作的写作训练体系，并且建立充分调动学生写作积极性的评价体系，将写作教学中素质教育的目标落到实处。

［关键词］　写作　思维训练　评价标准　体系

一、试论写作训练体系与评价体系的构建

对写作教学的评价，总体是应当肯定的。但是，存在的一些问题也是不容忽视的。据调查，中小学生作文普遍缺乏兴趣。中学生对作文感兴趣的，初一占 36%，高一占 24.4%，不感兴趣的学生多于感兴趣的学生，并且有随年级升高而增多的趋势。学生对作文不感兴趣的主要原因依次排列如下：1. 成绩差，失去信心；2. 缺乏社会经验；3. 从小学到中学写厌了；4. 生活单调，缺乏素材；5. 缺乏及时的指导、评价。中小学生作文最大的困难主要表现在没有材料可写。周茂尧对 731 名高中生调查发现，92%的学生认为卡壳最多的是选材；吴良俅对 40 名学生调查，选材困难的学生占 55%（祝新华：《语文能力心理学》，浙江大学出版社 1995 年版）。中小学生作文不真实的问题是普遍存在的。对 310 篇中考作文《我》的调查证实，题材不真实情况十分普遍。有一年高考作文，居然那么多学生自称家庭遭遇不幸，甚至父母双亡，可见作文中编造故事已经到何等地步。

问题的关键在哪里呢？我们认为关键在于尚未建立一个独立的、完整的、可供实际操作的训练系统，同时也缺少相应的评价系统。

目前，普通中学的语文教材中，没有独立的写作教材。写作是附于阅读教材之中的。这样似乎可以加强阅读、写作之间的联系。实际上，阅读和写作之间的联系，更重要的是一种长远的联系。长期的大量的阅读，可以为写作提供深厚的文化素养，可以让学生的语言素养在潜移默化中得以发展。阅读还当然可以为写作提供素材，现在以人文话题为单元编写的语文教材中，可以以同样的人文话题作为作文的话题，但是写作中必须具备的思维、写作方法和技巧的知识和训练，均付之阙如。如果希望在

阅读中“急用先学，立竿见影”，获得其中的语言素养，显有悖阅读、写作能力发展的基本规律；但是写作中必须具备的思维方法、技巧和写作方法、技巧的学习、训练，大致应当建立一个独立的体系，则肯定是必要的。写作教学、阅读教学各有其自身规律，还是尊重其自身规律，自成体系效果更好。在此基础上，再谈阅读与写作之间的相互联系，未尝不可。如今，高考中考都是话题作文，平时写作教学也都是话题作文，完全否定了写作教学的基本的规律，其后果不堪设想。许多教师，觉得阅读教材中关于写作的内容用起来不顺手，干脆离开教材另搞一套，教学的随意性很大。建设独立的写作教材，实在是势在必然。

其次，现行的写作教材，还未形成一个完整的系列。从现代信息论的观点来看，一般意义的写作，是一个信息的输入、储存、加工和输出的过程。我们的指导、训练，比较多地集中在“输出”这个环节上。如何观察生活、感受生活、思考生活，对如何搜集材料、整理材料、加工材料等等，则缺少必要的指导、训练。写作教学的目的，主要是培养学生的书面表达能力，但是写作并不单纯是一个表达问题，它与人的整体素质有着密切联系。写作教学应当而且可能将提高学生的整体素质作为它的目标，应当而且可能将引导学生观察、感受、思考、积累生活（包括直接的生活和间接的生活）作为自己的重要任务。陆游《示儿》诗云：“汝果欲学诗，功夫在诗外。”布封说：“写好，同时就是感受好，想好和说好。”思想感情和语言表达，二者是内容和形式的关系，离开前者，后者便成了无本之木，无源之水。现在一些学生甚至老师，动辄感叹“学生生活太单调”，似乎确实没有材料可写。其实，有谁不是生活在变化万千的生活之中呢？学生缺少的不是生活，而是对生活的观察、感受和思考。因此，我们认为培养学生的审美能力、思考能力，让学生成为生活的“有心人”，这是写作教学的重要任务之一。有人认为培养学生的认识能力、审美能力，不是语文学科的特有的目标。但是，如果我们都不考虑从自己所任教的学科方面落实这一目标，那么，这一目标岂不成了几只都偷懒的猴子抬着的大磨盘？所以我们认为，必须把引导学生观察感受思考积累生活纳入写作训练的系列之中，写作教学才能形成完整的系列。

再次，现行的写作教材，尚未完全形成可供实际操作的训练系列。比如，关于议论文写作，从初中到高中，写作教材中只介绍了什么是论点，分论点。论点应当准确、鲜明、深刻、新颖，如此等等。但是，如何提炼论点，如何展开论点，如何使论点准确、鲜明、深刻、新颖，则没有相关介绍和训练。

缺少独立的、完整的、可供操作的训练系列，自然也就缺少相应的评价系统。平时作文的评分，基本上是凭教师的总体印象。高考、中考作文评分，有个量化的标准，文章的立意占很大比重。照此办理，平时作文，立意也成为重要依据。据调查显示，99％以上学生作文没有思想倾向问题。但是这是不是能够说明，我们作文教学的评分起了积极的导向作用呢？我们强调文道结合，但是最好首先强调让学生“得道”的方法，这正是我们的思维训练要担负的任务。不进行正确的思想方法的指导、训练，而一味要求学生拔高主题，这正是学生无话可说或者材料不真实的重要原因。在表达形式方面，我们的评分和训练一样，每次作文没有一个重点，评分依据是作文的“整体水平”。整体水平高的总是得高分，反之总是得低分。评语从小学到初中，再到高中，多少年一贯制：结构如何，详略如何，语言如何。这样的评价系统，不利于激发学生写作的积极性，还有可能扼制了他们的个性发展。

那么，如何构建一个比较完整的可供实际操作的写作训练系列？许多老师在这进行方面探索、实验。从 1987 年开始，我们在高中议论文写作教学中进行思维训练，1991 年完成《高中议论文写作与思维训练》一书（四川教育出版社 1991 年版）。我们认为，各种类型的议论文，其写作过程，大体可以归结为提炼论点，将论点分解为分论点，论证论点，修改等几个基本环节。这些环节，从思维科学的角度看，都离不开各种思维方法、思维形式的运用。而学生议论文写作中一些常见的毛病，如不善于提炼论点，不善于展开说理论证，拿到题目后感到无话可说或者议论起来套话连篇，容易模式化、绝对化等，其实质还是在于不能掌握、运用各种思维方法、思维形式，缺乏良好的思维品质。因此，我们认为，可以而且应当以思维训练为主线，进行议论文写作训练。首先，在传授有关知识的基础上进行单项思维训练，让学生掌握各种常用的思维方法和思维形式，然后引导学生将各种思维方法、思维形式运用于议论文写作的全过程，让学生学会如何提炼论点、展开论点，如何使论点准确、鲜明、深刻、新颖，如何对论据材料进行选择、加工（取舍、阐释、论证、评价等）。抓住了这条训练的主线，就抓住了议论文写作教学的主要矛盾，就能够解决议论文写作教学中存在的主要问题，就能够将提高学生思维能力和议论文写作能力的目标落到实处。1997 年，江苏省扬州中学“系统开展思维教学”被教育部批准为“九五”重点课题，扬州市一百多所学校以《高中议论文写作与思维训练》为教材，组织了实验。根据实验结果的分析，形成如下几点认识：

（1）通过思维训练，实验班学生的思维品质得到了全面的发展，无论是在灵活性、批判性、深刻性，还是在创造性、敏捷性等方面，都明显优于对照班。提炼的论点数多于对照班，表现出良好的灵活性和深刻性；学生作文时间实验班明显少于对照班，完成作文平均时间最多相差 12 分钟，表现出良好的敏捷性。另外，从作文均分和标准差、变异系数等方面综合考查，实验班与对照班的差异是显著的，可见实验效果是显著的。

（2）实验时间越长，实验的效果越显著。这主要表现在两方面：一方面，从实验班本身纵向发展看，尽管三次作文所供材料的难度不完全相等，但学生各方面的素质都明显增强，特别是作文时间越来越短，作文均分越来越高，而标准差越来越小，可以看出全班整体水平有了上升；另一方面，从横向来看，随着时间的推移实验班的各方面的指数与对照班相比差异越来越大。

（3）作文教学中的思维训练，提高了学生分析、概括、综合等方面的能力，调动了学生学习语文的积极性，促进了语文能力的全面发展。从进校语文成绩的差异不显著到会考成绩的显著差异，可以证明上述结论。

此项实验已于1996年通过省教科所组织的验收，获省教委教育科研成果、优秀论著二等奖。2001年，“系统开展思维教学”这一课题通过全国教育科学规划小组组织的专家评审，认定该成果可以向全国推广，先后在《中国教育报》《光明日报》《特级教师》杂志、《中小学师资培训》等报刊上作专题报道。

目前，我们考虑，此项实验如果进一步扩大实验范围，需要处理好三方面的关系。

一是思维训练与语言训练的关系。“语言表达能力”有狭义的和广义的两种。狭义的语言表达能力，就是指遣词造句，都是凭借语感。一篇文章、一段文字，行文的思路确定以后，随后的“遣词造句”，往往是“不假思索”地“跟着感觉走”，可见在思维训练的同时，还必须注重语感的培养。

二是写作和阅读的关系。上文已经说过，阅读和写作有着密切的关系，但各有其自身规律，所以应当自成体系。在此前提下，写作教学中应当充分发挥阅读的作用。比如教给学生某种思维方法、写作技巧时，可提供相应的例文、范文；设计题目时，可提供相关背景材料、例证材料，等等。在带着明确的写作目的的条件下阅读相关材料，如果组织得法，阅读写作都能有所裨益。

这里我想着重强调一下阅读理论方面文章的重要性。写作教学中进行思维训练，其实就是教给学生若干种基本的思维方法，用来加工各种思维材料。思维方法从何而来？是由理论，观点转化而来。引导学生阅读社科方面的相关理论，不仅可以拓宽他们的阅读视野，提高他们的阅读能力，培养他们的理论兴趣，而且可以为他们展开议论提供“理论武器”，为他们观察、思考问题提供新的视角、新的方法。同时，这也是培养他们理论联系实际，将知识转化为能力的重要途径。我们在实施思维训练过程中，先后给学生开设美学、心理学、哲学常识等讲座，收到了良好的效果。

三是思维训练和非智力因素的关系问题。学生对作文缺乏兴趣，是我们必须着重考虑的问题。首先是命题。我们每次的训练，以教给学生某种方法为目标，一般对题材、命题不作规定，学生可以选择自己感兴趣的话题展开议论。为了给学生提供可供选择的话题，在班上设立班级日记，除了记载班级上发生的事件外，欢迎学生在上面发表议论。学生对此极有兴趣，少则三言两语，多则三五百字，这些往往成为引发作文长篇大论的“导火线”。其次是作文指导，也大可以改变老师一讲到底那种“一言堂”的格式。如有的命题作文，从审题、立意到选材，都可以让学生作一番交流，在不同见解的碰撞中激发心灵的火花，激发写作的热情。第三是评分，评讲。我们的训练尽可能做到目标明确，循序渐进，这样就为形成一个可供操作的评价系列打下基础。目前，我们设想评价从两方面着眼。内容方面，主要看所训练的思维方法运用效果如何。学生作文中立意方面的偏差，不作为评分的依据，但可在评语中指出发生偏差的原因所在。语言方面，每学期提出训练的目标和评分的标准，同时介绍实现这些目标的相关知识，这样让学生既明白努力的方向、重点，也知道实现目标的方法。习作在交给老师之前可以根据评分标准互改互评，使学生在言语实践中自觉追求语言表达的完美，有关研究资料表明，这对培养语感有明显的效果。这样，充分利用评价的导向、激励功能，调动学生的积极性，评讲自然也会改变老师包打天下的局面，学生的主体性得到充分发挥。

2002年以来，我们和扬州教育局开展“科学与人文相融合的学科教育”这一课题研究(教育部“十五”重点课题)。语文学科的研究内容之一，是如何将语文教学中知识能力和情感兴趣、人文素养的培养发展有机结合起来。世界上许多国家在母语教学中，出现了注重言语实践、注重以写作为重点的“表达和交流”的趋势。日本的语文教学大纲里，把“表达”(包括说话和写作)放在“理解”(包括听话和阅读)之前；美国教育家唐纳·格雷夫斯、苏联教育心理学家达维多夫和语言心理学家玛尔柯娃主张以发展语言的交际功能作为主线，把“语法”“作文”和“阅读”的有关内容有机地组织起来，建立一门综合性的语文课程。英国的布雷顿和美国的梅耶等著有《为学习而写作》，认为写作具有主动性、创造性，提倡以写作作为一种学习方法，将写作渗透到各门学科的学习中去。目前我们根据新课程标准精神编写的语文教材，大多以人文话题为中心组织单元，每个单元围绕一个中心话题选编课文，这就为学生开展相关话题的表达与交流提供了丰富的信息。我们可以以这些“表达与交流活动”为主线，组织学习活动，引导学生根据表达交流的需要，选择对于本单元各篇课文的阅读方式方法、进行相关资料的检索，参与相关学习活动、实践活动，这不仅有助于激发学生的主动性创造性，使得语文学习过程成为合作、探究、创造过程，而且可以养成、发展“为学习而写作”的兴趣和能力，促进语文学习与其他各科学习、日常生活与社会实践的沟通链接。在活动中，把激发学生开展阅读——探究——鉴赏活动的系列作文(包括读书笔记、随感、批注、研究报告、读后感、小评论等)作为重要的活动内容和评价活动成果的重要依据，以积极的评价机制促进学生语文探究能力、应用能力、合作学习能力的养成发展。

本文原载《扬州教育学院学报》1999年第2期“特级教师论坛”，《语文教学通讯》2007年2月转载。

二、让情感和智慧的火花竞相绽放

我们常说，上好一堂课，必须抓好教材、学生这两头。我的体会，除此而外，还得抓好“自己”这一头，这样才能扬长避短，完善自我，实现自我。1979年恢复高考，我考进师范专科学校，经过短期学习，就分配到江苏省扬州中学实习——其实就是顶班上岗。在农村插队十多年，一直想当教师而不可得。如今学历不高，经验没有，口才不行，在海内外闻名的百年老校忝居教席，真所谓战战兢兢如履薄冰。后来想，人各有长，插队多年，我喜爱看书也逐渐学会看书，把教材这头抓抓实在没有问题；没有经验多请教前辈；口才不行多花工夫背教案：每篇课文备课，就像做文章一样，每句话都写上，教案往往写上十几页、几十页。大概就凭这点，尽管经常性的听课、公开教学中，我不算出众，但是学校、学生的总体印象都算还可以。不久学校让我担任章熊教授主编的《全国重点中学初中语文实验教材》的试教工作，三年下来，我初步掌握了课堂教学的基本规律。结合自己自学的经历、体会，我认识到，语文教学应当把培养学生“自能读书，自能作文”作为重要目标，而实现这一目标，最重要的是探索有利于培养学生自学能力的教学模式，制订长期的合理的教学计划。

初中实验班以优异的成绩毕业，我又担任了高中地区班班主任。这个班的同学来自扬州地区十几个县市农村，他们的爱好、专长是数学、物理、化学。如何形成“正直向上热于求知”（扬州中学学风）的班级集体？如何引导学生爱学语文，并且“自能读书，自能作文”？整个暑假我都在思考。

在初中语文实验班教学中，我们在阅读教学中大体形成“预习—讨论—归纳—迁移”这样的教学模式：学生在预习中提出疑问，教师课前检查预习，梳理学生提出的疑问，确立课堂教学的重点难点，课堂教学中引导学生围绕这些重点难点展开讨论，最后进行归纳整理；设计相关练习，将初步形成的认识、能力加以巩固、迁移。现在看来这种教学模式未必没有欠缺，但是对于提高学生的自学能力还是有一定效果的。当时我们觉得高中语文教学的重点难点，是论说文写作。此前看望洪宗礼老师，洪老师把他的《论说文写作和辩证思维训练》赠送给我。听说北京高原教授、刘朏朏老师正在初中作文教学中实施“观察—分析—表达三级训练”的实验，我专程到北京向他们请教。听说福建师范学院的林可夫、孙绍振教授等编著的《写作概论》（福建人民出版社出版）颇有新意，我们想方设法找来学习，果然受益非浅。暑假里，我们学校高三学生傅云龙高考中荣获江苏省文科总分第一，学校召开庆祝会，请傅云龙的语文老师、德高望重的特级教师田如衡老师介绍经验。那年高考作文题是《毁树容易种树难》，傅云龙在论述了“毁树容易”和“种树难”之后，又简要论述了“毁树未必容易”和“种树未必难”，这在当时确属难能可贵，他的作文被判为满分。田老介绍，他的作文无非是运用了辩证思维。我听了深受鼓舞，（我还曾经）立刻写信给华东师范大学哲学系彭漪涟教授请教（辩证逻辑），彭教授与我素不相识，却很快回信，鼓励有加，并以自己的著作《辩证逻辑概要》《哲学大辞典》相赠。

前辈的指点令我感奋，前辈的智慧在我脑中融会贯通，形成了这样的认识：各种类型的议论文，其写作过程，大体可以归结为提炼论点，将论点分解为分论点，论证论点，修改等几个基本环节。这些环节，其实都离不开各种思维方法的运用。而学生议论文写作中一些常见的毛病，如不善于提炼论点，不善于展开说理论证，拿到题目后感到无话可说或者议论起来套话连篇，容易模式化，绝对化等，症结还是在于不能掌握、运用各种思维方法，缺乏良好的思维品质。因此，我们认为，可以而且应当以思维训练为主线，进行议论文写作训练。于是，对于高一论说文写作教学，形成了初步的方案：首先，在传授有关知识的基础上进行单项思维训练，让学生掌握各种常用的思维方法，然后引导学生将各种思维方法运用于议论文写作的全过程，让学生学会如何提炼论点、展开论点。如何使论点准确、鲜明、深刻、新颖，如何对论据材料进行选择加工(取舍、阐释、论证、评价等)。抓住了这条训练的主线,就抓住了议论文写作教学的主要矛盾,就能够形成训练的序列,从而解决议论文写作教学中存在的主要问题,将提高学生思维能力和议论文写作能力的目标落到实处。

方案已定,成竹在胸,我心里似乎时刻涌动着创作的冲动,时刻都在急切地期盼着开学、上课,把我的设想付诸实施,与同学们分享。终于开学了,我想以一堂课作为整个思维系列训练课的开场白、总动员,让学生对训练的总体设想有个大致的了解,激发起学生的参与意识。按照阅读课堂教学“预习—讨论—归纳—迁移”的基本模式,我课前布置学生以“谈成材”为题,写一篇作文,作为预习。作文收上来,大多是两个论点:或者说“逆境可以成材”,或者说“顺境可以成材”,少数同学说“顺境逆境都可以成材,关键看自己”。论证自然也无法深入。

于是我问同学:为什么我们只想到“逆境可以成材”或者“顺境可以成材”呢?因为平时我们经常听到、谈到的就是这些观点,但是耳熟能详的观点决不是富有新意的观点,也未必是我们能够充分展开论证的观点。富有新意的、能够充分展开论证的观点,一般是经过了自己的分析、思考,最后综合概括出来的观点。“谈成材”这个话题并没有限定我们非得谈论“在什么环境下才能成材”,我们为什么作茧自缚,思路为什么不能放开一点呢?一来是我们习惯于偷懒,习惯于借用现成的观点;二来我们不了解从哪些方面展开分析思考。我们今天就教同学们几“招”。说白了,这几招没有什么深文大意:无非是日常生活中我们也可能无意识地采用的一些分析、思考的方法。比如,到了新的班级,我们多少总得想想:这个班级的特点如何?这些特点产生的原因、条件是什么?这些特点会引发、产生哪些结果、影响?这个班级和我们原来的班级有哪些不同点、相同点?等等。这就分别是在作特性分析,因果分析,比较分析。当然,我们还会经常运用概念分析、数量分析、辩证分析等。经常地练习分析思考,我们的分析思考能力就会提高,在这个基础上我们的综合、概括能力也会提高,提炼论点、展开论点、论证论点自然也就形成了。那么对于“成材”这个概念,我们可以如何作上述分析呢?

学生们一下子来劲了,七嘴八舌道:可以对“成材”作特性分析,我们要“成”什么样的“材”;可以把成材和发财、和“考上大学”作比较;可以分析怎样才能够“成材”。关键时刻,我稍加点拨:这里说“怎样才能成材”,其实涉及外因、内因,同学们作文里谈的顺境、逆境其实都是外因,但是可惜的是对于“外因”,我们把它看成了囫囵的整体,其实“外因”包括很多方面,“顺境”“逆境”也是具体的,各不相同的呀。于是话匣子打开了,外因可以包括社会环境、学校环境、班级环境、家庭环境等等;别的不说,班级环境中的某科老师,他的道德、文章、教学态度、教学方法对同学的成材都会有一定的影响啊!这时我简单做了一个小结:学习、练习分析思考,我们在“初级阶段”的要求是做到“目无全牛”。熟能生巧,到那时候,一个概念,一个判断在我们眼中,都是“无限可分”的,这样我们在构思的时候就会觉得“思如泉涌”。

当时同学们欢欣雀跃,我趁热打铁,又布置一道话题作文帮助学生巩固所形成的认识，题目是“说谦虚”，要求同学提炼论点、编写提纲。当场收上来，看到学生的提纲中，涉及各种分析方法。我真的想喊出声来：好聪明的孩子！同学们的提纲整理如下(第七组提纲是我加上的)：

(一) 谦虚是一种美德

1. 谦虚就是在取得成绩时不骄傲自满；

2. 谦虚就是在别人提出批评意见时虚心接受；

(二) 人所以能够谦虚的原因

1. 人所以谦虚可能是因为教育、环境的影响；

2. 人所以谦虚可能是因为认识到谦虚的好处；

3. 人所以谦虚可能是因为能够用辩证的观点看待自己；

4. 人所以谦虚可能是因为胸怀远大志向。

(三) 谦虚的好处——谦虚使人进步

1. 谦虚让你永不自满，永远保持进取精神；

2. 谦虚让你了解自己的欠缺，以便改进；

3. 谦虚让你与同学同事保持和谐的人际关系

(四) 谦虚和骄傲的对比

1. 表现的不同；2. 本质的不同；3. 结果的不同。

(五) 谦虚和自卑、虚伪不是一回事

(提纲与“三”大致相同。)

(六) 如何成为一个谦谦君子——胸怀大志方能虚怀若谷

(提纲与“二”大致相同，最后指出，胸怀大志是各个原因中的重要原因。)

(七) 谦虚未必使人进步

1. 简述“谦虚能够使人进步”；2. 指出虚心听取别人意见是一种态度，转化为实际行动，真正取得进步还需要决心、持之以恒的意志品质，有利于其进步的环境，等等。

这七组提纲，分别采用了概念分析、原因分析、结果分析、对比分析、比较分析、决策分析、辩证分析。我打了个比方，同学们作分析，相当于做“白案师傅”，把各种原料切碎了；接下来可以根据特定的情境、顾客的胃口，把几种原料合在一起，当一把“红案师傅”，采用不同的烹饪方法，烧成口味各异、风格不同的美味佳肴啦！同学们哄堂大笑。

这是一堂平常的课，但是它体现了我多年的心愿和思考，也凝聚了许多前辈的智慧和他们对晚辈的期盼帮助。这堂课是成功的，但是只是开场白，只是“万里长征”的第一步。教给学生方法固然重要，更重要的是要创设一种让学生敢于说话、乐于说话的民主氛围。当时无锡市实施的“班级集体建设研究”给了我启发：我决定在班上实行“操行等第自我评价”，班级分为几个小组，各个小组讨论制订操行等第评分标准，每个月一次民主生活，对照标准，对自己的操行等第自我评价，每个学期结束再进行总体评价，这样，“操行等第自我评价”就成了学生自己管理自己、教育自己的过程。同时在班上设立“班级日记”，每天一位同学负责记录班级日记，但是其他同学可以在上面留言发表自己的意见。这样为学生、老师的多方面的相互交流提供了平台，增强了同学的民主意识和班级的民主氛围。这个“班级日记”的内容日益丰富，从学习到生活，从班级到学校到社会，各类热门话题都成为谈论、交流、争辩的内容；“班级日记”也就成了“课外练笔”发表的园地。三年下来，同学们各自的“课外练笔”和“班级日记”放满了一箱子，重达四十余公斤，学生们全部作为礼物送给了我，成为我宝贵的第一手资料。

1988 年，项飞同学以原因分析、结果分析为主体，撰写《危机，存在于中国农村的土地——给农业部长的一封信》获得 89 年华东六省一市作文大赛一等奖第一名，博得广泛赞誉；我们班同学在各类作文刊物中发表的文章五十余篇；高考中本科到线率比同等条件班级高出 31%。1989 年 7 月 30 日，同学们“挤挤一堂”，挥汗如雨，聚集在我二十平米的小屋里，直至半夜三更，不时提到的就是我们的思维训练、班级日记；直到现在，学生每年看望我时，还会提到我们班的思维训练和班级日记。

1989 年，学生毕业后两个月，我把思维训练的总结报告寄给北京师范大学心理学系朱智贤教授，朱教授卧病在床，请他的学生林崇德教授给我回信，总结以《给学生以解剖刀》为题，在《心理发展与教育》发表；1991 年，经全国语文教学法研究会副会长顾黄初教授推介，《高中论说文写作和思维训练》在四川教育出版社出版，中国写作学会裴显生教授撰写书评，在《光明日报》发表；《中国教育报》1994 年 7 月以半版篇幅、以《教海扬帆一轻舟》为题，报道我在语文教学中开展思维训练和审美教育的经验；多年来，我在江苏教育电视台为高三学生开讲座，在江苏教育学院为全省骨干教师开讲座，在扬州大学为本科生、研究生开讲座，1999 年以后连续五年，我在南京大学外国语学院为香港中文大学学生开设讲座——我都会想起我上过的那堂思维训练的起始课。因为那堂课我包含了前辈们对我的期望和帮助，倾注了自己的全部情感和智慧，也激发了学生的情感和智慧。三年来，我们教学相长，情感和智慧的火花竞相绽放，那是我“实现自我”的起始。我跟年轻的同行、朋友们也经常讲起那堂课：作为一名语文老师，他未必有当老师的极好的天赋，但是他充分发挥了自己的特长，仍然可以成为有成就、有特色的语文老师。

本文原载于《中学语文教学参考》2005 年 1 月

三、论说文写作如何提炼论点

作文题目如果没有提供明确的论点，或者提供了论述范围，或者提供了引发话题的材料，这时就需要我们提炼论点。提炼论点的过程就是运用分析、综合等思维方法的过程。下面分几种题型，简要加以阐述。

1. 概念题

作文的题目只提供了一个概念(抽象概念),一方面对我们思考所作的限制最小,给我们留下的思维空间最为广阔。另一方面,由于没有限制,写起来也最容易不着边际,漫无中心。目前作文中常见的"话题",往往就涉及一个概念。我们这里举例说明:面对"话题作文"给出的概念,如何运用上述思维方法提炼论点。常见的文章一般格局是"总—分—总","提炼论点"所经历的思维过程也主要是由"综合"到"分析"再到"综合(概括)"。

比如《谈实干》,接触到这个题目,我们便可能形成一个初步的总体印象:实干是一种值得肯定的工作精神。同时也可能为自己的思考初步定向:要提炼出哪一种类型的论点。这些思维活动便是初步的综合,然后便可展开分析。在实际的思考活动中,我们的分析可能是侧重于某一方面,比如侧重于概念分析、因果分析、比较分析等等。下面为了提供一个范例,我们尽可能地从多方面进行分析。首先,概念分析。实干,其核心是个"干"字,所谓"干",就是"实践"。其次,便是强调一个"实"字。所谓"实",至少包含以下几层含义:一是实事求是的态度,二是勤奋踏实的工作作风,三是实实在在的本领。其次,原因分析和结果分析。一个人为什么会形成实干精神的呢?从根本上说,一是出于对所从事的事业具有一种高度的责任心和主人公的精神,二是由于具备辩证唯物主义的世界观,三是由于长期的实践,四是对"实干"的意义有充分的认识,如此等等。那么具有实干精神会产生什么结果呢?第一,实干可以出真知、出成绩。第二,实干可以有助于培养实事求是的科学态度,勤奋踏实的工作作风,有助于我们形成辩证唯物主义的世界观。("实干"和"实事求是""勤奋踏实""辩证唯物主义世界观"之间存在着互为因果的关系。)如此等等。再次,比较分析。我们可以将"实干"和"空谈"在表现、本质、形成的原因和产生的结果等方面进行对比,将"实干"和"蛮干""巧干"也在这些方面进行比较,发现它们的相同点和不同点。最后,辩证分析。事实上,"实干"和"空谈"在表现、本质、形成的原因和产生的结果等方面进行对比,将"实干"和"蛮干"之间,都存在着对立统一的关系。一般说来,人们总是肯定"实干"而否定"空想"。但是一味"实干"而不去"空想",很可能成为"只管低头拉车,而不抬头看路"的实务主义者,很可能变为"蛮干"。如此等等。

在多角度分析的基础上,我们可以形成不同层次,不同类型的综合。一是对"实干"的性质作出判论,形成如下论点:"实干首先是要实践","实干要实事求是","实干要有勤奋踏实的作风","实干要有实实在在的本领"。在这些论点的基础上可以形成综合性更强的性质判断。二是对"实干"和其他事物之间的关系形成判断:"实干精神来源于对四化大业的高度责任心","实干精神来源于辩证唯物主义世界观","实干精神来源于实践","实干出真知","实干出成绩","实干不同于蛮干","实干中应当包含巧干"。在这些论点的基础上也可以形成综合性更强的判断。必须指出,以上两种类型的论点,它们的提炼的过程并不是完全不同、互不相干的。对于某一事物性质的认识,往往是认识该事物和其他事物之间的关系的基础;而认识了两事物之间的关系,反过来又将有助于认识这些事物本身的性质。所以在形成对事物性质的判断时，往往也要运用因果分析、比较分析、辩证分析。比如通过因果分析，可以帮助我们了解“实干”这种精神的本质、意义，在和蛮干、巧干、空想的比较中，我们可以更为清楚地认识“实干”的特点。以上所形成的论点都属于第一类——认识性判断。

在分析的基础上，经过综合，我们还可以形成第二种类型的判断——评价性判断。比如在以上分析、综合的基础上，我们可以形成“赞‘实干精神’”这样一个评价性判断。评价性判断还可以和认识性判断结合在一起：“实干精神好就好在‘实’字上”“实干反映了可贵的主人公精神”。又如对“无名英雄”这个概念，通过概念分析和因果分析，可以认识到无名英雄对我们的事业做出的贡献，认识到无名英雄具有不求名利的思想品质。通过比较分析，可以认识到无名英雄和沽名钓钓誉之徒、庸庸碌碌之辈的不同。在此基础上，我们便可形成评价性判断；无名英雄值得赞美。

在分析的基础上，我们还可以形成第三种类型的判断——决策性判断。比如，在了解“实干”和“蛮干”的区别以后，可以提出：“要实干，不要蛮干”；在了解实干和理想的辩证关系以后，可以提出：“既要有实干精神，又要有远大理想。”在了解了实干精神形成的原因以后，我们可以提出：“要形成实干精神，一要树立强烈的事业心和主人公的责任感，二要形成辩证唯物主义的世界观，三要扎扎实实地深入实际……”，如此等等。

2. 形象化概念

抒情散文中有一类散文，运用了托物抒情的写法，比如《荔枝蜜》《茶花赋》《灯》《白杨礼赞》等都是如此。议论文写作中，也经常运用据事类义、托物明理的写法。这当中有两种情况。一种是脑子里先有了一个要说明的道理，然后选取读者熟悉的、具体形象的事物作类比、比喻，这时就不存在根据提供的形象化概念来提炼论点的问题。还有一种则命题作文中，提供了那种反映具体形象的事物的概念，然后要求我们根据所提供的概念来提炼论点，写成议论文。这两种文章，在写法上有相似之处，但是最后一种则明显多了一道要提炼论点的过程。

作文题中所提供的形象化的概念，可能是一个（前面、后面加上“谈”“说”“……的启示”等字样），比如《十字路口》《含羞草的品格》《说牛》《谈登高》等等。也可以是两个，比如《磨刀与砍柴》《水滴和大海》《绿叶和红花》《识璞和理玉》《塔尖和塔基》《栽树和乘凉》等等。有些题目虽然提供了两个概念，但是两个概念之间存在着类比关系，比如《行船与治学》《树木和树人》，这种题目可以归入“提供了一个形象化概念”的范围之内，仅仅是进一步明确了类比的对象而已。还可以是三个形象化概念。比如《从花、茎、叶想起的》《果实、鲜花、绿叶》《蚂蚁、蜘蛛、蜜蜂》《树木、森林、气候》等等。以上这些题目中的概念，反映的都是单一的具体的事物的形象。

题目中提供的是形象化的概念，提炼论点的思维过程，一般来说，也是由综合到分析，再由分析到综合。和题目中提供的抽象化的概念相比，在提炼论点的过程中，往往多两道手续，一是要确定类比对象，二是要确定类比点。比如《果实、鲜花、绿叶》

这个题目，在初步综合阶段，可以大致了解果实、鲜花、绿叶这三种具体事物的主要特点和它们之间的相互关系；丰硕的果实使人垂涎欲滴，美丽的鲜花使人流连忘返。而绿叶，它不仅作为花果的陪衬而存在，而且通过光合作用为花果输送养分，没有绿叶就没有花果满枝头。由此联想到类比对象，把“社会”比作一棵植物，那么那些功绩显著，声名显赫的人物，就如同是备受人们青睐的果实和鲜花，而那些默默无闻地在平凡岗位上工作的人们，就如同是密密层层的绿叶。在初步综合的指导下，便可以展开进一步的分析。比如，果实、鲜花和绿叶各自的特点，相互之间的关系是怎样的，而社会上那些功绩卓著、声名显赫的人们和那些在平凡岗位上默默无闻地做出贡献的人们，他们各自的特点，他们相互之间的关系又是怎样的，如此等等。在具体分析中，还可展开各种联想、想象，运用归纳、演绎的推理方法。在此基础上，根据分析的侧重点不同，可以形成最后的综合：我们应当甘当绿叶，争当红花；红花也要甘当绿叶；红花来自绿叶；绿叶要争当红花；赞美绿叶，赞美果实、红花、绿叶之间的和谐协作，如此等等。这些便可以分别成为文章的论点。在整个思维过程中，我们可以先确立类比对象，然后有针对性地寻找、确定类比点；也可以先确定形象化的概念所表示的具体形象有哪些特点，或者说几个具体形象之间具有哪些关系（而这些特点、关系实际上便是可供选择的类比点），确定类比点然后再确定类比对象；也可以同时确定类比对象和类比点。但是不管怎样，确定类比对象和类比点是整个思维过程的关键性的环节，类比、联想是整个思维过程中所运用的重要的思维方法。

形象化的概念所反映的是具体的形象。具体形象具有三个特点。一是多义性。就是说，任何一个具体形象，从不同角度看，它可以具有不同的特点。正如一幅画，不同的人从不同的角度去观察、理解，可以形成不同的结论（当然绘画作者完全可能有自己的创作意图），这就是所谓的“形象大于思想”。所以根据形象化的概念，我们可以确立若干的类比点，据此形成若干各不相同的论点。比如《说牛》，可以写“孺子牛”精神，从鲁迅先生写起，写到青年学生应该有全心全意为人民献身的精神。可以联想到郭沫若自比为牛尾巴，茅盾自比为牛尾巴上的一根毛，写到名优的谦逊。可以从牛的种类说起，牛不仅可供耕田，还有可供运输的牦牛，提供牛奶的奶牛，供角斗的西班牙斗牛等，品种不同，作用也不同，由此想到人应当扬长避短。可以从牵牛鼻子谈起，谈学习知识，进行建设都要抓主要矛盾。还可以从牛的生理特点“反刍”谈起，联想到学习上应不断复习，温故而知新。二是模糊性。这个特点和具体形象的多义性有着一定的联系。它的意思是说，任何一个具体形象，它所具有的有些特点，往往是因人而异，因时、因地而异的，因而具有不确定性。比如同样面对落日，可以使人想起“日薄西山，气息奄奄”，可以使人想到“夕阳无限好，只是近黄昏”，想到“满目青山夕照明”。从根本上来说，具体形象的多义性、模糊性，都是因为具体形象可以注入我们的主观的思想感情色彩（下文将要讲到具体形象的情感性）。当然，说具体形象的特点具有模糊性，并不是说这些特点全是由我们的主观的思想感情外加上去的，它又必须有一定的客观依据。齐白石论画，有一句名言，认为绘画“妙在似与不似之间，太似为媚俗，不似为欺世”，意思是说绘画既要注意“形似”，既抓住了事物本身的客观的特征，又要注意“神似”，即在描绘具体事物的某些表面特征。根据这一原理，我们面对所提供的形象化概念提炼论点，就不仅要抓住概念所反映的具体形象的特征，生发出议论来，而且要注意采用拟人的手法，将具体形象和类比对象（抽象事理）沟通起来，赋予具体形象以某些人格化的特征。比如《秒针精神》一文，作者将秒针和学习联系在一起，作为类比的双方。文中突出秒针具有持之以恒、循序渐进、永不知足这三点精神，从而指出，学习上也需要具有持之以恒、循序渐进和永不知足的精神，作者所以赋予它这三种精神，是出于论述事理的需要，因而采用了拟人化的手法。当秒针具有这些精神，也不是全无根据，只是在于“似与不似之间”；既不拘泥于事物本身的特点，也不是毫无根据地牵强附会，如此罢了。具体形象的第三个特点是它的情感上。上文说过，具体形象的多义性、模糊性，植根于具体形象的情感性，这已经部分地说明了情感活动在形象思维过程中的作用。事实上，情感和认识之间，存在着紧密的相互制约的关系。一方面，情感是在认识的基础上产生的，另一方面，在认识基础上产生、发展起来的情感又会推动和加深人们的认识。以形象思维为主的认识活动，和情感的关系更为密切；具体的形象更易于激发情感的活动，具体形象的描绘更易于凝聚、反映作者的感情色彩。反过来，情感的活动又可以激发形象的活动。情感奔放的时候，往往也是浮想联翩、不能自已的时候。所以面对着题目中所提供的形象化的概念，我们应当充分利用形象的情感性，激活自己的思路，让自己的文章生气流动，焕发出动人的光彩。

最后，我们对形象的多义性作一些补充说明。上文说过，对于具体形象，从不同角度观察、思考，可以发现它们的不同特点和它们之间的不同关系。而且，有些特点、关系，是为了说理的需要，而人为地赋予它们的。这样说，决不意味着否认事物本身客观存在着的特点和事物之间客观存在着的关系。在事物的这些特点、关系上，有时体现了唯物辩证法的基本规律，在提炼论点的过程中，必须紧紧把握住。比如高考作文题《树木·森林·气候》《花和刺》，就是这样的题目。从唯物辩证法的观点来看，树木和森林之间，存在着局部和全局、部分和整体的辩证关系；而树木、森林和气候之间，则存在着互为因果、条件，互相制约的辩证关系。而《花和刺》一题，则反映了任何事物都具有对立统一的两个方面，说明了看问题应当全面。唯物辩证法反映了事物之间的最本质的联系，它有着极其丰富的内涵。从形象化的概念中抽象、概括出唯物辩证法的某一基本原理、基本观点，由此便可以居高临下，生发、演绎出若干具体的观点，这些都可以作为论点。比如《树木、森林、气候》这个题目，可以引出如下论点：在改革中，我们需要李向南那样的“新星”；在改革中，我们需要大批立志改革的“群星”；在改革中，我们需要制定有利于改革者的政策，形成有利于改革的良好气氛。这三个论点，分别强调了三组矛盾中的一个方面，如果分别强调其中的两个方面，或三个方面，经过综合，又可以形成不同的论点。如果换一个话题，比如谈社会风气，谈学校环境，谈班集体建设，谈人才问题，同样可以从中找到局部和整体，和互为因果条件的对立统一关系，形成若干论点。所以说，从形象化的概念所反映的事物当中，能否抽象、概括出唯物辩证法的基本原理、基本观点，实在是审题立意中必须考虑的一个方面。

3. 简单的记叙、描写性材料

记叙、描写性材料是对现实生活中存在的各种各样的客观事实的记叙、描写。我们把这类材料分为简单的材料，也可分为客观性材料和主观性材料。这样划分只能是相对的。本节中主要介绍对于简单的客观性材料如何提炼论点。所谓简单的客观性材料是指语言材料中所涉及的事实比较简单，只涉及较少的人和事，而且材料中较少体现叙述者的主观感情、意向。下面举例说明根据“简单的记叙描写性材料”提炼论点的一般思路。

材料如下：报纸上曾报道，中国女排在比分落后的情况下，奋勇拼搏，最后终于取得冠军。

面对这则材料，我们如何提炼论点呢？一种途径是经过综合、分析、比较、抽象、概括，形成一般性认识。在综合阶段，我们通读整个材料，了解材料中所反映的事实，才可能对这个事实形成初步的总体评价。然后，根据各方面情况，比如作文的要求，当时的背景，自己的知识积累等等，确定分析的重点。就这则材料而言，我们可以进行特点分析。“中国女排在比分落后的情况下，奋勇拼搏”这一事实，反映了中国女排具有顽强拼搏精神。这就是从具体事实中将事物的主要特点抽象出来，接着，我们可以将这一特点推广到与“中国女排”同类的事物上去，从而形成这样的一些判断：中国人具有顽强拼搏精神，如此等等。我们还可以根据“中国女排具有顽强拼搏精神”推出“中国女排具有顽强的意志”“中国女运动员具有顽强的意志”“中国女子具有顽强的意志”“中国人具有顽强的意志”，如此等等。可见，概括过程，其实也就是将判断的主词和谓词不断抽象化的过程。从一个具体事实，我们可以形成抽象程度不同的若干判断，这些都可以成为论点。

就这则材料而言，我们也可以进行原因分析。材料中所提供的两个事实“奋勇拼搏”和“最后终于获得冠军”之间，存在着因果关系。在因果分析的基础上，我们可以作出如下的抽象概括：中国女排的拼搏精神，是她们取得胜利、成功的重要原因，中国人的拼搏精神是中华民族所以能自立于世界各民族之林的重要原因：顽强的意志是事业取得成功的重要原因。考虑到中国女排是在比分落后的情况下，经过拼搏而取得胜利的，我们还可以作出如下概括：良好的心理素质是取得成功的重要原因：胜不骄，败不馁，是取得成功的重要原因，如此等等。

以上这些概括，都是在对所提供的材料进行分析的基础上形成的。如果联系这则材料之外的其他材料，我们可以概括更多的论点。比如就以所提供的材料，我们可以展开因果分析。比如女排取胜，除了临场的奋勇拼搏外，还有其他什么原因呢？或者说，她们所以能够奋勇拼搏，又是什么原因呢？女排的取胜，会产生什么结果、影响？据此，我们又可以概括出如下论点：爱国主义是强大的精神力量；平时训练是战时取胜的基础；要从难从严要求；严(名)师出高徒；无名英雄(陪练队员)精神可贵；中国女排的胜利必将大长中国人民的志气，激发人们的爱国激情，如此等等。我们还可以展开联想，想到相关、相似，或相反的材料，通过比较分析，最后概括综合成新的论点。这当中又分几种情况：一是和所提供的材料中概括的观点相一致的材料。比如我们可以想到中国乒乓女队如何奋勇拼搏从而取得胜利的材料，想到中国女科学家、中国人如何奋勇拼搏从而取得成功的材料。二是和所提供的材料中概括的不相一致的材料。比如我们也可能想到，中国男排似乎一直上不去，中国的足球也一直难以上去，这些材料和"中国人具有顽强拼搏精神"这类论点似乎是不一致的。想到了和原有观点不一致的材料，不是坏事而是好事。它可以逼着我们深入思考，通过比较分析，对原有观点加以限制、修正，使其更加严密，或者概括出更为深刻的论点。比如，在将中国女排的材料和中国男排、中国足球队的材料进行比较分析以后，我们应该认识到，是否具有顽强拼搏精神，还取胜于是否有激励机制；同时，单纯具有顽强拼搏精神是不够的，要取得成功还需要其他方面的条件。

第二种途径是在初步综合的基础上，对所提供的材料进行多方面、多角度的分析，在分析的基础上，形成对具体事物的综合性认识。比如面对上面所举的同一则材料，在初步综合的基础上，我们可以对中国女排获取冠军这一事实进行特点分析，把握住她们是"在比分落后的情况下，经过顽强拼搏"，反败为胜，从而取得胜利的。还可进行原因、结果的分析（和上文相似），当然也可以和其他相关、相反、相近的材料进行比较，这样，就可对材料中所提供的事实形成全面的认识。要说明的是，这两种途径在具体的思维过程中可能是交融在一起的。

思维的结果，是形成三种类型的若干论点：认识性的、评价性的和决策性的。在这些论点中，我们到底选择哪一个作为文章的论点，还取决于三个方面的考虑。一是作文题的要求，是要求写成读后感，还是写成评论或者其他文章。二是要根据写作背景，要尽可能选择最有现实意义的题目来写。三是要根据自己的实际情况选择哪一个论点，写起来最为得心应手。

4. 复杂的记叙、描写性材料

复杂的记叙、描写性材料和简单的记叙、描写性材料之间，并没有一个确定的界限。大概来说，复杂的记叙、描写性材料所反映的事实，往往涉及较多方面的人物，较多方面的因素，经历若干的阶段，如此等等。这种材料也可以分为两类，一类是客观性材料，一类是主观性材料。客观性材料，对现实生活中的事实只是作客观的记叙、介绍，没有或者较少经过叙述者加工，没有或较少渗入叙述者的主观感情和意向。在写作中还是经常见到的。一些历史事实和新闻报道，大多可以归入客观性材料之中。面对这种材料，我们需要在通读材料的基础上，将材料进行"横向分解""纵向分解"。所谓"横向分解"，就是将材料中所涉及的人和事分解为几个方面，几个要素。所谓"纵向分解"，就是将材料中所涉及的事件分解为具有相对独立性的若干阶段。比如1980年高考作文题《读〈画蛋〉有感》，所提供的材料就是一个比较复杂的材料。对于这则材料，作横向分析，主要可以分为两个方面：画家佛罗基奥是一个方面，学生达·

芬奇是一个方面。父亲也可以认作为一个方面，但材料中没有做更多的介绍。作纵向分析，大致可以分为以下五个阶段：1. 达·芬奇来学画，老师让他从画蛋入手；2. 达·芬奇画了十几天，感到不耐烦；3. 老师见他不耐烦，对他进行教育(讲了两段话)；4. 达·芬奇听从老师的教诲，用心学习素描；5. 经过长期的艺术实践，终于成为一代宗师。将复杂的材料经过分解以后，实际上便将它变成了若干相对独立的简单事实。对这些简单的事实及其相互之间的关系进行分析、比较、抽象、概括，便可以形成若干论点。比如，我们可以发现这五个阶段中，存在着一连串的因果联系，而最后的结果便是达·芬奇的巨大成功。从达·芬奇方面来看，其所以取得成功。有这样一些原因：虚心听取老师的教育，苦练基本功，经过长期的艺术实践，等等。分别着眼于这些事实，经过分析、抽象、概括，便可设出如下论点：虚心受教结硕果；要苦练基本功；欲速则不达；千里之行，始于足下；艰苦实践出成果，等等。从教师佛罗基奥方面来看，他所以培养出达·芬奇这样的学生，有如下因素：1. 不光有高超的绘画技艺，而且懂得如何教会学生绘画，懂得苦练基本功的重要性；2. 及时发现学生的思想问题，及时给予教育；3. 对学生严格要求；4. 讲的两段话讲到了点子上，可见其批评、教育得法。分别着眼于这些事实，经过分析、抽象、概括，可以形成若干论点；名师出高徒；严师出高徒；教学艺术的重要性；既要注重传授技艺，又要注重思想教育，等等。针对佛罗基奥讲的两句话，也可以分析、抽象、概括出一些论点；要学会(善于)从不同角度去观察、思考问题；观察的重要性；"手眼一致"才能"得心应手"，等等。在这些论点的基础上，进行进一步的概括、综合，还可以形成若干论点。

主观性材料中往往渗透、体现了叙述者的主观感情、意向，并且以此为准则，对现实中的客观事实作了选择、加工。一些虚构的故事、寓言可以归入主观性材料之列。

根据主观性材料提炼观点，一般说来可以通过分析、概括(或综合)，把握材料的主旨，然后针对主旨发表议论，对主旨表示赞同、反对，或者进行具体分析。所以说，提炼论点的过程中，我们将会受到材料的主旨的启发，同时也会在一定程度上受到材料主旨的约束。但是这样说并不意味着面对主观性材料，思路就没有开拓的余地。

比如一则报道介绍了这样一个事实：芜湖公交公司某公共汽车乘务员陆忠在车上指责一些歹徒的不法行为，遭到歹徒的围攻、殴打，最后被刺身死。周围不少人围观，竟然无一人出面伸张正义，事后，陆忠受到表彰，歹徒被一一缉拿归案，围观者遭到舆论谴责。这则材料的主旨是赞扬陆忠的见义勇为，谴责围观者的胆小怕事，指出不法之徒行凶作恶终将逃脱不了法律的惩罚。这则材料的感情倾向很鲜明，但是针对主旨中所涉及的三个方面，仍然有比较大的选择空间，可以提炼出如下论点：新时代青年具有忠于职守、临危不惧等可贵品质；必须加强法制教育；千万不可"明哲保身"，"法网恢恢"，"邪不压正"，如此等等。

其次，有些主观性材料言近旨远，有深刻的含义，可以容许我们从不同的方面去理解。生发议论。比如《庄子·养生主》中一个寓言故事"庖丁解牛"，它的主旨是说，人类社会充满错综复杂的矛盾，人处世间，只有像庖丁解牛那样，避开矛盾，顺应自然，才有可能修生、养生，以尽天年。我们自然可以针对这一主旨，批判这种消极的处世哲学。但是这个寓言从其他角度理解，可以提炼出这样的论点：一切事物都有它的客观规律，只要反复实践，不断积累经验，就能像庖丁一样，认识和掌握事物规律，做到游刃有余。还有一些主观性材料，所包容的事实比较丰富，一些事实在表现主旨方面只起很小的作用，但其自身有着深刻的含义，我们也可以从中提炼出论点来。比如《廉颇蔺相如列传》中包含若干片段，多方面反映了廉、蔺二人的优秀品质，这些都可以成为我们生发议论的着眼点。其中一个片段，介绍蔺相如在渑池之会以后被破格提升，位居廉颇之上。这一片段只是两个小故事之间的过渡，和全文的主旨并无密切关系。有同学联系实际，由此提炼出“重用人才不能论资排辈”的论点。可见根据主观性材料提炼观点，也不一定要针对材料的主旨。是否针对材料的主旨发表议论，同样取决于三个方面的考虑：一是作文题的要求，二是写作的背景，三是自身具备的条件。当然，如果提炼的论点不是针对材料的主旨的，那么就必须考虑到如何处理这两方面之间的关系，据此作出恰当的表达。

根据复杂的记叙、描写性材料提炼论点，和根据简单的记叙、描写性材料提炼相比，不同之处在于需要经过横向分解或纵向分解。必须注意的是这分解必须以对整个材料的综合把握为基础，否则有可能将材料分解得支离破碎，从中无法提炼出适当的论点。例如以上曾经提到：陆忠忠于职守，遭到歹徒毒打，最后受伤致死。就这一个片段进行分析、概括，而不考虑原有材料的主旨，不考虑原有材料的全部内容，很可能产生一些片面的、甚至是错误的论点。而有些材料虽说可以进行分解，但分解以后的各个部分、方面，不能够相对独立。比如拔苗助长、狐假虎威、买椟还珠等寓言故事，从中分解出一个片段来，大概很难提炼出什么像样的论点来的。

5. 绘画材料

我们先简要介绍一下绘画的特点。绘画通过色彩、线条描绘形象，反映现实，表达思想感情。绘画的题材广泛，在表现事物的形貌特征方面，具有确定性。但是绘画难以表现时间、过程的变化，它必须捕捉某一特定场景来概括事物发展的前因后果，把动的过程包孕在静的形象之中。绘画不像语言文学作品那样可以通过人物的语言反映人物的思想感情，而必须通过动作、神态的描绘反映人物的思想感情。绘画包括许多种类。供议论文写作用的绘画材料，大多数为漫画。漫画是一种讽刺性、幽默性的绘画。画家从政治生活和日常生活中取材，通过夸张、比喻、象征等手法，描绘出讽刺性、幽默性的画面，借以讽刺、批评或歌颂某些人和事。

如何根据提供的绘画材料提炼论点呢？一般说来要经过三个步骤。

第一，通过观察，把握画面的内容。观察的过程往往也是一个由综合到分析再到综合的过程。首先，对所提供的绘画材料作全面的，总体的观照。这一步的任务是了解画面上描绘了哪些人物、背景和事件，并对画面的主题作出假定性判断。总体观照阶段，尤其要注意观察的全面性，切忌顾此失彼。同时要注意看清绘画材料的题目和有关的说明性文字。这样才能为下一步的细致观察确定方向，试以 1983 年高考作文题为例。作文题中提供的是一幅漫画。在全面观察中可以看到画面上只有一个人，扛着大锹。背景是没有挖完的几口井，下面是地下水。图画的上方有一行文字："这里没有水，换个地方去挖吧！"根据这些，我们可以了解，这个人挖了五口井，都没有挖到底，当然也没有挖到水，就下结论说："这里没有水。"可以想见，他换个地方去挖，抱着这种态度，肯定还是挖不到水。有些考生由于对画面观察得不全面，漏掉某些内容，也不注意阅读文字说明，以致把挖井说成是毁林造田，或者把画中人当作战天斗地的英雄来歌颂。有些考生仅仅注意到人物的细部特征，认定画中人是"土华侨""吸烟上瘾的青年人"，因而提炼出"论毁林造田的弊病""赞战天斗地的英雄""吸烟是慢性自杀"之类的论点。

在总体观照的基础上，便可进行细致的观察。这一步的任务，一是"验证"总体观照中所形成的判断。二是进一步具体了解画面的内容，了解作品的思想感情。还是接着上文的例子。在大体了解画面的内容以后，我们可以仔细地观察画面中人物的动作、神态。他只穿着汗衫、背心，裤腿卷得老高，看来也着实大干过一番；他叼着一支烟，仰着头，一副自信的样子，前后的态度形成鲜明的对照。这些细部描写，都突出了他的胸中无数、盲目自信。再看看他身后的井洞，深浅不一，也能反映他的心理活动；第一个挖得比较深，因为他刚开始挖，很有自信心，很有干劲。第二、第三个稍浅，信心、干劲都减少了。第四个最深，说明他准备奋力拼搏一番。最后一个最浅，说明他已经失去信心了。在总体观照和细部观察的基础上，我们便可以对画面的内容作最后的综合，形成全面、细致的认识。在整个对画面的内容用最后的综合，形成全面、细致的认识。在整个观察过程中，我们都要根据画面的内容，展开合理的想象。由画中所描绘的瞬间的情景，想到事情发生的前因后果；由人物的动作、神态，想到他的内心世界，将静态的画面"转化"为动态的事情发生的过程。

第二，通过分析、抽象、综合、概括，理解作品的主题思想。我们在把握了画面的内容以后，就可以将绘画材料"转换"为语言材料，概括主题的思维过程以及下一步形成文章论点的思维过程。和上文已经介绍过的基本相同，下面举例简单地加以介绍。还是用上面举的例子。图中表明，地底下明明有水，挖井人也确实大干了一番，都没有能挖到水，是什么原因呢？很重要的原因是他缺乏持之以恒的态度。之所以缺乏持之以恒的态度，很重要的原因是他对地底下是否有水胸中无数。经过原因分析，并加以综合、概括，画面的主题就出来了；这幅画面讽刺了那些工作不肯深入实际调查研究，又没有坚持不懈的工作态度的人。需要强调的是，在概括画面主题中，必须充分注意利用绘画材料的题目和说明性文字，包括所注明的创作的时间。

第三，围绕绘画材料的主题，进一步提炼出所要写的议论文的中心论点。议论文的中心，可以是对绘画材料的主题的再认识，可以是对绘画材料的主题、艺术特色的评价，也可以是决策性的论点。无论是哪种类型的论点，都应当既与画面的内容、主题有密切的联系，又要尽可能联系现实生活，形成自己的新的见解。例如上面那幅漫画，可以提炼出这样的一些论点：办事不能主观臆断，要深入调查；成功贵在有恒；锲而不舍,金石可镂;做事不能浮躁,要专一。这些论点都是切题的。有一个考生则提炼出“人才,到处都有的,只不过没有发现罢了”的论点。他在简述了漫画的内容后,写道:“这使我联想到我们现代化建设中的人才问题。一些领导干部到处叫苦:‘没有人才。’其实,哪里是没有人才呢?到处都有的,只不过没有发现罢了。”这一论点紧密联系当时的现实,显得富有针对性,富有新意。

本文为《高中论说文写作与思维训练》一书中的一个小节,以下两篇同。

四、如何使得论点正确、鲜明、集中、深刻、新颖

以上介绍了根据各种类型的题目提炼论点的基本方法。论点是议论文的灵魂。提炼出论点,是着手议论文写作的前提。提炼出好的论点,是议论文写作获得成功的前提。对于论点,有五点要求:正确、鲜明、集中、深刻、新颖。能否达到这五点要求,主要取决于作者是否具有较强的思维能力。反过来,在写作训练中,对于提炼论点,经常地提出这五个方面的要求,又将有助于提高作者的思维能力。如何使论点达到这五个方面的要求呢?下面分别作介绍。

1. 正确性。正确性是对论点的基本的要求。所谓正确,是指论点准确、科学地反映客观事物的本质,揭示其中蕴含的客观规律。要使论点具有正确性,首先要求充分占有材料,识别材料的真伪,对材料的代表性有正确的估价。前几年曾经就一篇学生的作文展开过讨论。这个学生看到“大光明”影剧院门口有乞丐,就感到社会主义制度下那么优越。这个论点自然是错误的。为什么错了?从形成论点正确,其次,要求我们具有正确的立场、观点、思想方法,尤其是要掌握辩证唯物主义的基本观点,用联系的、全面的、发展的观点去看待问题,防止所形成的论点犯有表面性、片面性、绝对性等毛病。最后,还要求我们的语言表达做到正确、严密,尤其要注意对论点加以恰当的限制。

2. 鲜明性。所谓鲜明性,就是指论点中清清楚楚,明明白白地提出自己的观点,毫不吞吞吐吐,更不模棱两可(由此可见对论点提出鲜明性的要求与表达上的含蓄、委婉并不是矛盾的)。首先,要对自己所论述的问题具有清楚的认识。其次,要对自己所论述的问题形成鲜明的情感态度,做到爱憎分明。要做到这一点,除了平时要注意情感的陶冶、培养而外,在写作中第一还是要写自己熟悉、了解的内容,第二尽可能展开联想、想象,联系实际,以具体生动的形象激发感情。最后,要注意运用各种修辞方法(包括积极修辞和消极修辞),表达出自己的感情。

3. 集中性。所谓论点集中,有两层含义。一是指一篇议论文中只能有一个中心论点,不能同时出现两个或多个中心论点。有时在议论文中可能出现若干分论点,那么这些分论点都必须为论证中心论点服务,而不能游离于中心论点之外。要做到这一点,从根本上来说,必须提高思维的逻辑性。在写作过程中,要养成审题列纲的习惯。围绕中心论点,准备设置哪些分论点,将这些分论点一一写出来,仔细推敲这些分论点是否都能统率于中心论点之下,同时还必须考虑,论点中所涉及的关键性概

念,内涵必须保持统一,否则就会产生偷梁换柱的毛病。

论点集中的另一层含义是说议论文中论述的范围要尽可能缩小,论述的重点要突出,这就是人们常说的“开口要小”。要做到这一点,首先,要明确论述的针对性、目的性。面对一个论述范围比较大的题目,要为自己设置好论述的情境。比如,写“谈勤奋学习”这个题目,可以假想一个论述的具体情境;比如谈话的对象是个学习目的不正确的人,是个安于舒适生活的人,是个高等落榜即将走向工作岗位的人,是个自认为天资不行,在学习上缺乏信心的人,如此等等,针对不同对象,同一个题目可以确定不同的中心,论述的重点自然各不相同。其次,可以采取所谓“变形思考”的方法。

第一,具体化。就是将论题的范围前面加以限制。比如《习惯》这个题目,可供论述的范围比较广泛,那么运用具体化的方法,可以重点论述“学习习惯”,如果觉得这个范围还嫌大,那么还可以进一步加以限制,论述“读书习惯”。在这个经过限制的范围内论述,论点易于集中。第二,增题。这是将论述的话题和其他话题联系起来的一种方法。比如《谈纪律》这个题目,可以增题为《纪律和自由》《纪律和自觉》《纪律和公共道德》《纪律和发扬民主》等等。联系某一特定话题进行思考,实际上也是对论述范围的限定,可以使论点集中。而论点集中,又将有助于论述的深化。

4. 深刻性。论点的深刻性指论点不浮泛,而能抓住事物的本质。论点的深刻性反映了思维的深刻性。从根本上说,要使文章的论点具有深刻生,必须要求作者有较高的理论修养,尤其要掌握辩证唯物主义的观点,这样观察、分析问题才可能鞭辟入里。从思维习惯上说,要求作者养成勤于思考、深入思考的习惯。不轻易满足于已经形成的论点,而习惯于在已经形成的论点的基础上,作进一步的分析、综合,这样就可望形成更为深刻的论点。借助于我们已经学习过的概念分析、因果分析、比较分析、辩证分析,都有可能使得分析逐步深入。比如“谈成才”这个题目,如果作一些初步的原因分析,可以认识到,成才的决定因素是内因;外因也是成才的重要因素。这样的论点还是比较浮泛的。如果我们进一步分析,内因中到底有哪些因素,外因中又有哪些因素。这样我们就可能对成才和人的思想观念、感情、意志、品质的关系有较多的认识。就其中的某一方面,将分析的结果综合成为论点,较之一般地谈论“成才和内因”的关系,就有可能综合成为论点,较之一般地谈论“成才和内因”的关系,就有可能深入得多。当然这样形成的论点也集中得多:“开口小”和“挖掘深”是紧密联系着的。

在各种分析中,矛盾分析最有助于揭示问题的本质,从而形成比较深刻的论点。所以我们在提炼论点的过程中,如果已经形成了(或者说作文题中已经提供了)论点,可以自觉地联系其矛盾的对立面,展开矛盾分析。比如提供了“近朱者赤,近墨者黑”这个论点,可以联系起“近朱者未必赤,近墨者未必黑”这个论点。这两个论点其实分别强调了事物发展变化过程中外因和内因的作用。通过对这两个似乎矛盾的而在实质上又统一的论点的分析和综合,可以使我们对外因和内因之间的辩证关系形成全面、深刻的认识,形成全面、深刻的论点。

使得论点具有深刻性,还有一种重要的思维方法,就是将论述的问题“抽象化”

(关于概念的抽象化和具体化,可参见"概念的分析")。比如邓拓的杂文《学问不可穿凿》,论述的是治学方法的问题。但是作者运用抽象化的方法,即找到"治学方法"的上位概念——思想方法,文章一开头不是直接谈论治学方法,而是从思想方法谈起。这样高屋建瓴,使论述具有理论深度。上文在谈到如何使论点集中时,介绍了"具体化"的方法。它和"抽象化"思维的方向似乎正好是相反。那么是不是说,论点集中时就难以深刻,或者说论点深刻时就难以集中呢?不是的,一般说来,"抽象化"和"具体化"这两种方法可以同时采用,使得论点既深刻又集中。比如《学问不可穿凿》中,将"治学方法"抽象化为"思想方法",只是几句话,点到为止,而论述重点则是"做学问不可以穿凿附会,而应当实事求是"。事实上,治学方法有许多方面,这里重点谈的是实事求是,运用的正是具体化的方法,这样使论点与众不同(当然首先必须是正确的),能够给人以新的启发、思考和收获。有时论点具有深刻性,见人所未见,它同时也就具有新颖性。但是,从根本上说,要使论点的过程中,力求使论点具有新颖性,也将有助于培养思维的批判性、深刻生、独创性。要形成具有新意的论点,可以从以下几个方面考虑。

第一,运用发散思维的方法。发散思维的特点,是灵活、迅速,思维广阔,能够随机应变,举一反三,触类旁通,使人摆脱"心理定式"的消极影响,用前所未有的新的角度去观察、思考,导致新的认识。具体思维过程,上文已经作过介绍,这里从略。

第二,借助于辩证思维的方法。任何一个论点,它的成文都必须有一定的条件。在不同条件下,不但这个论点可能难以成立,而且与这个论点相反的论点也可能成立。尤其是许多的名言警句,由于表达形式的简洁,它们成立的具体条件是什么,在表达中往往都被省略了,这就给我们的辩证思维留下了充分的余地。我们完全有可能提供特定的条件,使得和这些名言警句表达的观点相反的论点得以成立。比如,针对"毁树容易种树难",我们可以提出"毁树未必容易种树未必难"(关键在于种树人齐心协力,精心护理),针对"勤能补拙",我们可以提出"勤未必能补拙"(还必须考虑办事的目的、方法、外界条件等等)。当然这样做决不是单纯为了"标新立异",在立论时还须考虑到论点的针对性,论点的价值。

第三,借助于多角度思维。比如,俗话常说:"良药苦口利于病,忠言逆耳利于行",这话明显是针对听话者而言的。如果我们针对说话者,就可以提出"良药甜口利于病,忠言顺耳利于行",要求批评者注意批评的艺术。又如"滥竽充数"的故事,本来是指责南郭先生不懂装懂的,他是吹竽的一方。如果我们针对听竽的一方,也大可以指责齐宣王的官僚主义,致使南郭先生有机会鱼目混珠。以上所说的多角度思维,从唯物辩证法的观点来看,其实就是在观察问题、思考问题时,注意到矛盾的各个方面;既要注意到主要矛盾,又不忽视次要矛盾;而且还要注意到在特定条件下,次要矛盾还可能转化为主要矛盾。同理,我们在分析事物的内部矛盾的时候,既要注意到主要的矛盾方面,又要注意到矛盾的次要方面;而且还要注意到在特定条件下,次要矛盾方面可以转化为主要矛盾方面。据此,也可以提炼出新的论点。比如"东施效颦"历来被传为笑谈。事实上，东施的可笑在于不知美之所以美，盲目地仿效，但在另一方面，东施还是具有爱美之心的，而且也颇有自知之明，知道自己相貌丑陋。就这一点看，如果和现实生活中那些以丑为美，毫无自知之明的人相比，东施似又高出一等。据此，可以形成新的论点。

第四，采用决策思维的方法，以“怎么办”作为全文立意的中心。议论文写作中，比较常见的思维模式是“什么”“为什么”“怎么样”。这固然照样写出好文章，但是如果侧重谈其中的某一方面，论述就可能比较集中。而在这三方面之中，一般人较多着眼于前两方面，写出的文章分别为阐释性议论文和论证性议论文。如果我们着眼于解决问题，将文章写成决策性议论文，容易使人感到耳目一新。而且决策性议论文的提出、阐释、论证过程中，往往可以包容以上两层内容。所以提炼出决策性论点以后，写作中有比较广阔的开拓思路的余地。以决策思维作为立论的核心的，我们学过的课文中有巴甫洛夫《给青年们的一封信》。这篇文章的第一个分论点是“要循序渐进”。论点提出后，作者没有着手阐释“什么是循序渐进”，论述“为什么要循序渐进”，而是提出了三个分论点：一是要打好基础；二是要积累事实，三是要在事实的基础上进行理论探索。这三个分论点其实顺次回答了“怎么样循序渐进”。了解这一点以后，“什么叫循序渐进”，“为什么要循序渐进”的问题也就解决了。一些提供了论述范围的命题作文，比如《说谦虚》《谈评头论足》，均可借助于决策思维，写出具有新意的文章。一些材料作文，也是如此。比如一则材料说，北京等地安装了公用电话，不久便被破坏殆尽。要求以《从公用电话被破坏谈起》为题，就可以写成决策性议论文，专门论述应当采取哪些应急的长远的措施。

第五，赋予某些概念以新的含义。随着人们认识的发展，概念的内涵也会发生变化。还有这样的情况：人们在实践中形成了新的认识，一时还没有找到恰当的词语标志它，可能会用一些表示旧的概念的词语来标志它。这样会使我们形成一些新的论点。比如“这样的谦虚要不得”“愚公移山不值得提倡”“弄斧必须到班门”“班门弄斧”的内涵已经发生了变化。

第六，密切联系实际，使论点具有时代感、针对性。生活中不断出现新的矛盾，新的问题，议论文的论点是能够针对现实问题，越是能够具有新意。比如《树木·森林·气候》这个题目，如果联系社会风气、人才问题，改革开放问题，都可能使论点具有新意。一些提供了论点的题目，在对论点进行再提炼时也应当注意到这一点。比如“知识就是力量”这一论断，是18世纪英国哲学家培根提出的。这一论断，是反对中世纪蒙昧主义的宣言，在历史上有着其深远的意义。而在经历了“文化大革命”的今天，在全国人民为实现四化而共同努力的今天，在改革过程中由于暂时分配不公而形成“体脑倒挂”现象的今天，我们青少年学生正处在增长知识、才干的青年时代，论述这一个论点，自然应当为密切联系这些现实问题，让“旧皮囊”里面装上新鲜的酒浆。

五、如何展开论点

以上各讲介绍了如何提炼论点。议论文的论点除了通过逻辑思维过程提炼而成外，还可能是通过顿悟思维形成或在生活过程中不知不觉地形成，也可能是命题作文中给定的。无论是通过何种途径获得的中心论点，在写作中，大多需要展开为围绕中心论点的若干分论点。这些分论点从不同方面、不同层次上阐释、论证、分析中心论点，使得对中心论点的阐释、论证、分析得到充分展开，形成中心论点，拟出分论点也就是平时所说的"审题列纲"，这两步完成了，议论文的间架结构也就形成了。那么，如何将中心论点展开为分论点呢？如果说，我们的中心论点是经过逻辑思维过程提炼而成的，即大体上经历了"综合（初步）—分析—综合"的过程，那么，中心论点的展开则是一个由综合开始，进一步进行分析的思维过程。下面分别作介绍。

（一）概念分析（包括特性分析）

将论点的关键概念加以分析，明确其内涵和处延，有助于我们理解整个论点的含义。议论文写作中常常将对论点的阐释作为重要的一个段落、层次，为下文的论述打下基础。《陶冶教育与面向未来》一文中所要论述的中心论点是"教育面向未来，须提倡陶冶教育"。文章的开始先对"陶冶教育"这一概念进行分析，指出其特点是非强制的，启发式的、循序渐进式的，是依靠环境有意识地培养和锻炼人的方法。这一层的概念分析为下文论述陶冶教育的长处打下基础。有时概念的内涵揭示了事物几方面的特征，概念的外延包括几个小类的具体事物。经过概念分析，下文的论述便于据此分成几个分论点。

（二）因果分析

因果分析往往是探究事物的本质、意义。论证中心论点的重要方法，因果分析中有所谓一因多果，一果多因的情况，这时的因果分析更有助于我们围绕中心论点形成分论点系列。比如"人贵有自知之明"这一论点，可以从两方面分析：一方面，分析有"自知之明的难处"，说明"自知之明"的"难能"（因而可贵），这当中便得借助于原因分析。"自知"之所以困难，有三方面原因：一是认识方面的原因。人们对外界的认识，可以通过直接的观察、了解、实验等手段取得，而对自身的认识，则须自己的思想言行作用于外部世界以后，才有信息反馈回来；多此一道曲折，就难免"当局者迷"了。二是社会方面的原因。人们由于身份、地位、名望的不同，很容易对自身的价值形成偏见和错觉。三是感情方面的原因，由于个人对自己的劳动成果、品德行为容易"敝帚自珍"，所以往往估计偏高。第二方面，分析具有自知之明所能受到的益处，比如取得学习、工作方面的进步、搞好人际关系等等，这是结果分析。通过因果分析，中心论点便可以分解为若干分论点。

（三）比较分析

比较包括三种情况，一是对比，二是同中求异，三是异中求同。比较是将中心论点展开为分论点时常用的，比较简易的一种方法。比如论述"人才对辅国安邦的重要性”，可以从两方面对比论证：一是重视人才如何使国家安定富强（比如李世民的重视人才，形成“贞观之治”），二是不重视人才如何导致国家危亡（比如隋炀帝嫉贤妒能，使隋朝很快覆亡）。这是对比。比如《“向前看”和“向钱看”》一文，中心论点是提倡向前看，全文分别将“向前看”和“向钱看”在现象、本质和结果三方面作了对比，构成了三个分论点。这也是对比。《谦虚和自卑》一文中心论点是“提倡谦虚，抛弃自卑”。这篇文章的分论点由比较分析构成，分别将谦虚和自卑的表现、本质、结果等方面进行比较，揭示两者的同中之异，达到论证中心论点的目的。

（四）类比

类比可以作为一种推理方法推出新的认识，也可以帮助我们把中心论点展开、形成分论点系列。比如“蚂蚁、蜘蛛、蜜蜂”这个题目，有关材料如下：18世纪英国哲学家培根曾经把盲目地堆积材料的方式称作为蚂蚁的方式：把主观、随意地创造体系的方式称作为蜘蛛的方式。他认为真正的哲学家应像蜜蜂一样，它们从花园和田野里采集材料。但是用它自己的一种力量来改变和消化材料。这篇文章的主题可定为“既要注重学习，又要注重思考”。根据所提供的材料，经过类比，可以形成三个分论点：第一，从蚂蚁谈起，否定“只学习，不思考”，揭示其危害；第二，从蜘蛛谈起，否定“只思考，不学习”，揭示其危害；第三，从蜜蜂谈起，肯定“既学习，又思考”，论述其意义。又如“拔河的启示”，通篇将拔河与建设四化大业类比。先揭示“拔河”取胜的原因，一是要讲究“合力”，二是要有毅力，三是要重视宣传的作用。由此形成三个分论点：四化建设需要团结一心；四化建设需要坚忍不拔的毅力；四化建设需要扎扎实实开展宣传鼓动工作。

（五）抽象化的方法

在明确中心论点以后，不是直接展开对中心论点的论证，而是从一般原理谈起，从大处谈起，显得高屋建瓴。也可以在对中心论点展开论证以后，上所论述的中心论点抽象、概括为一般原理，使论述得以深化。比如《欢迎杂家》一文，中心论点是“欢迎杂家”，而所谓杂家，其实就是指知识广博的人。所以文章在提出中心论点之前，首先论述了“广博”和“专深”知识的关系，论述了具有广博知识的重要性。这一分论点为下文具体论述“欢迎杂家”打下了基础。

（六）具体化的方法

所谓具体化，就是联系具体现实，对中心论点进一步论述，使论述具体化。比如《说勤》，可以将“勤”字具体化为勤看、勤记、勤写，分成三个分论点。比如《贵在有恒》，在论述了“有恒是达到目的的最近通道”后，提出两个分论点：青年一代有着远大的志向，也应当有恒心；在遇到困难挫折的情况下，尤其需要有恒心。运用具体化的方法拟出分论点，往往能够使论述在原有基础上深入一步，使论述更具有针对性。

（七）释疑、驳论

在论证过程中，对中心论点提出质疑，然后加以澄清；提出对立的观点，然后加以批驳，这就是释疑、驳论。比如《小议“粗话”》，中心论点是反对讲粗话。文中提出了一系列的错误观点，然后一一加以批驳："一曰：我是大老粗，不会那套'文词儿'。""二曰：这人直率，所以爱发脾气骂骂人。""三曰：习惯了，好像也没有什么嘛。""四曰：战斗嘛，当然后情不可遏，嬉笑怒骂。"通过质疑、批驳错误观点，做到破中有立，以破代立，不仅使论述具有针对性，而且使论述的角度灵活多变，使论证的过程富有波澜。

（八）辩证分析

辩证分析的主要内容是用联系、发展和矛盾的观点去分析问题，这样会使我们对中心论点形成新的认识。这实际上是以唯物辩证法的基本原理作为演绎推理的前提，可以归入"抽象化的方法"之中。为了表示强调，所以单独加以介绍。具体做法是，在对中心论点展开论证以后，我们可以考虑一下：这个中心论点在哪些条件下才能够成立？这个中心论点的含义、意义、影响等是否有新的发展？与这个中心论点相反的论点在某种具体条件下能否成立？如此等等。比如《谈"术业有专攻"》，在论述术业有专攻之后，又作了如下分析：在高度发达的现代社会，各学科之间互相渗透，出现了许多新兴学科，因此既要"术业有专攻"，又要"术业有多攻"。运用辩证分析，形成分论点，似乎在"唱反调"，但是实际上可以使论述在矛盾中求得统一，从而形成更为深刻、全面的认识，而且也能够使论述产生波澜。

（九）决策思维

决策思维解决"怎么办"的问题，它可以构成一篇文章的主体部分，也可以构成文章的某一个局面（大多数在结尾部分）。比如《严于解剖自己》，全文的中心便是回答"怎样才能严于解剖自己"。三个分论点分别是：解剖自己首先要对自己有自知之明，解剖自己要勇于自我批评；解剖自己要有崇高的信念和为真理献身的精神。三个分论点都是从决策思维的角度考虑的。

以上介绍了将中心论点展开为分论点过程中几种常见的思维方法，古人云：文无定法。思考问题也不存在一套固定的思维模式。将中心论点分解为分论点过程中几种常见的思维方法，古人云：文无定法。思考问题也不存在一套固定的思维模式。将中心论点分解为分论点，从根本上说，一是要密切联系实际，二是要提高自己的理论素养，提高自己发现问题、分析问题、解决问题的能力。提炼中心论点主要靠这两条，展开中心论点还是主要靠这两条。

以上所介绍的展开中心论点的方法，主要是就立论文章而言的。这些方法在驳论文章中大体也可以运用。除此而外，运用驳论点、驳论据、驳论证的方法，通过揭示敌论的本质、危害等等，也可以帮助我们形成分论点。

六、如何在体裁上创新

议论文的类型，按照不同的标准，可以形成不同的分类。根据论点的性质，可分为认识型的、评价型的和决策型的；根据论证的方式，可以分为立论型的和驳论型的；根据所采用的主要的思维方法，可分为阐释型、因果型、区分型、类比型，等等。综合以上几方面的考虑，并从议论文写作的实际出发，我们将介绍以下六种文体：阐释型、因果型、区分型、类比型、决策型、综合型(立论、驳论)。另外,从实际应用的角度考虑,我们还将简要介绍读后感、思想评论、文艺评价、杂文、书信体议论文,演讲稿等六种文体。

1. 阐释型议论文

阐释型议论文是阐明事物特点、阐明事理的议论文。它的心中是回答“是什么”的问题。有些写作教材认为议论文可以分为两大类,一类以论证为主,一类以阐释为主。阐释型议论文便是这后一类。阐释型议论文所采用的主要的表达方式是说明。它和说明文的区别是说明文的写作目的是为了传授知识,阐释性议论文的写作目的则是表达自己的观点、看法;前者是客观地介绍,后者则有较强的针对性、倾向性。古代议论文文体分类中就有这一类,名曰“释”或“解”,如韩愈的《获麟解》、蔡邕的《释诲》等。我们所学的议论文中,《在马克思墓前的讲话》《鲁迅的精神》等都可以归入阐释型议论文。

阐释型议论文在中心论点的提炼、展开中主要采用概念分析、特征分析等思维方法。比如《鲁迅的精神》一文,作者在大量阅读鲁迅作品的基础上,运用特性分析,概括出鲁迅作品所反映的四个本质特征:(1) 最清醒的现实主义;(2)“韧”的战斗;(3) 反自由主义;(4) 反虚伪精神。然后将这四个特征加以综合,名之曰:“鲁迅的精神”。这就是论点形成的大致过程。在论点展开时,那四个特便成为四个分论点(至于分论点的论证,则主要采用引证法和归纳法论)。如果我们所接触的是命题作文,而要求写成阐释型议论文,那么所采用的思维方法则主要用概念分析,下面所提供的作文《言为心声》即是如此。如果所要阐释的是事理——表现为判断或推理,往往也需要对其中的关键概念进行分析。

阐释性议论文中,还经常运用比较、类比、辩证分析等思维方法。比如《谈勇敢》,可以将勇敢和怯懦作对比,和鲁莽作比较;又为《谈“韧”》,从韧带谈起,从肢体上的韧性谈到精神的韧性,通过联想、类比,使抽象的概念具体化。再如《谈“忙”》分析了“忙”这个概念的具体内容;乱忙和有秩序的忙;寄生式的忙和工人、农民创造财富的忙;不假思索的忙和科学的忙,如此等等,在辩证分析中丰富了、加深了我们对这个概念的理解。无论采用哪种思维方法,都必须扣住一个中心。

2. 因果型议论文

因果分析可以帮助我们揭示事物之间的因果关系,在现实生活中有着广泛的运用。在写作中,运用因果分析可以写成说明文。介绍事物之间的因果关系。比如《石灰岩洞的成因》《冰雹对农作物的危害》等等。在议论文写作中,因果分析可以成为因果论证的基础,为论证论点服务。我们这里所说的因果型议论文,是指在中心论点的提炼、展开中,主要运用因果分析、表达作者关于事物之间的因果联系的认识的议论文。古代议论文中有一种探求事物产生的本源、原因的文体,如韩愈的《原道》、黄宗羲的《原君》便属此列。

这种文体可分为两类,一类以原因分析为主体,一类以结果分析为主体。前者如

《学生厌学的原因分析》,后者如《"不合群"的危害》。在写作中要注意如下几点:(1)明确写作目的,有针对性地展开分析。因果型议论文的写作或者是为了初步探索事物产生的原因和结果,或是为了揭示事物的本质、意义,或者是为了作出某种评价、决策,或者是为了否定对事物的因果关系的错误认识和由此形成的某种错误的评价、决策。写作的目的不同,分析的侧重点,思维的方向,都有所不同。(2)广泛搜集材料,尽可能全面地展开分析,不要有所遗漏。搜集材料、分析材料的过程,实际上是运用"求因果关系五法"的过程。(3)将分论点中所揭示的事物的原因,结果,作进一步的分析、比较,理清它们之间的关系:主要原因、次要原因;表层原因、深层原因;主要结果、次要结果;好的结果、坏的结果,如此等等。(4)在分析的基础上,形成综合性的结论。

比如《成才的关键》一文中对成才的原因作了分析。文章开头列出了对成才原因的三种认识,分别认为成才的原因就是良好的环境,是逆境,是机遇。这就决定了全文分析的重点便是逐一否定以上的片面的认识。作者引用《红楼梦》中薛蟠的例子,说明顺境未必能够成才。又引用张海迪的例子,经过分析,指出她成功的关键在于她有着崇高的理想、顽强的毅力。又引用了陈景润受到华罗庚的赏识、提拔的例子,指出陈景润所以受到赏识,是因为他具备成才的条件,最后形成综合结论:成才过程中,顺境、逆境、机遇等外因有着重要的作用,但是起关键作用的还是内因。

3. 区分型议论文

区分型议论文是一种常见的议论文体裁,它的作用是将一些容易混淆的概念、事物加以区分,借以阐明正确的观点、批评错误的观点。

区分型议论文在写作中经常采用概念分析、特征分析的方法。比如《谦虚和自卑》,首先指出:"谦虚就是虚心,不自高自大,不自以为是。""自卑是自认为低下无能,自己看轻自己,缺乏上进的勇气。"通过概念分析、特征分析,揭示双方的不同性质、特征,这往往是将双方进行区分的基础。

区分型议论文写作中经常采用比较的方法,尤其是同中求异的方法。比如《高分和高质量》中,作者首先揭示"高分"和"成绩好"的同中之异;考试是对学习效果的检查,但它毕竟局限于一张或几张考卷之内,因此不可能很全面、很周到。假如哪个同学得了高分,我们就匆匆忙忙断定他成绩好、那就不确切了。接着又指出成绩好和高质量的关系:"成绩好不过是高质量的一个必要条件。"经过两组比较,"高分"和"高质量"之间的区别就很清楚了。当然,区分的双方既然容易混淆,这说明双方之间的确有某些相似之处或一定的联系,揭示出这些相似之处或其间的联系,同样会有助于写好区分型议论文。比如《羡慕不等于觊觎》一文,着重指出两者的不同,同时也指出:"如果偏离了方向的话,羡慕也会发展成为觊觎。"这样,我们对双方的关系由比较分析发展为辩证分析。

区分型议论文写作中还经常运用因果分析的方法,借以揭示双方本质、意义等方面的不同。比如《谦虚和自卑》中,分别分析了谦虚、自卑的不同结果。"谦虚的人,才能经常发觉自己的不足，才能使知识不断增长，成为对社会有贡献的人。”“自卑的人……时常自暴自弃，有了一点缺点或遇到一点困难，就畏缩不前，唉声叹气，怨天尤人……自卑，使人更新换代前进的信心，使青年未老先衰，把才华埋没在哀叹声中。”

最后，还要强调的是，写作区分型议论文同样要明确写作目的，要形成明确的结论，切忌漫无目的地作分析、比较。

4. 决策型议论文

人类思维可以分为三种类型：上升性思维、求解性思维和决策性思维。决策性思维的研究，正在日益受到人们的重视。决策思维，通俗地说，就是考虑“如何行动”的思维。有人认为议论文中的内容包括“什么”“为什么”“怎么样”三个方面，其中回答“怎么样”的部分，大概就要用上决策思维了。

我们所说的决策型议论文，是指以决策作为主要内容的议论文。

首先，决策型议论文的写作应当引起足够的重视。事实上，无论是提供了论述范围的题目，还是供材料作文，甚至是部分提供论文。一般情况下，我们都习惯于写作阐释型，尤其是论证性议论文，如果我们写成决策性议论文，往往给人以耳目一新之感。其次，决策型议论文是一种综合性很强的议论文，同时必须综合运用多种思维方法，所以写作这类议论文，有着比较广宽的思维空间。再次，最重要的是写作决策型议论文有利于将写作密切联系现实生活，培养我们的创造能力和求实精神。人的创造性主要不是表现在对客观世界的理解上，而且表现在对客观世界的改造上。决策型议论文可以帮助我们学习描绘改革世界的蓝图。

目前，我们在写作中对决策思维的重视很不够。有必要将决策思维的基本思路引进议论文写作训练。一般说来，决策型议论文的写作必须经过两个阶段，即决策（论点）形成和决策（论点）论证。针对现实生活中的矛盾、问题，考虑到必要性和可能性这两个方面，便可以形成对这个矛盾、问题的决策性论点。至于决策论证，一般包括三个方面：价值论证、可行性论证和对策论证。所谓价值论证，是论证该决策付诸实施后能够给人们带来多大的价值。价值论证中要坚持全面的论点，即全面分析决策的结果：有益的、无益的、长期的、近期的。一个方案不可能在每一方面都有充分的价值，某些方面的价值甚至可能互相冲突。全面论证决策方案的价值，就是要通过各方面的价值的综合平衡。得出一个总体评价。可行性论证是要分析决策是否行得通。不管多么有价值的方案，如果行不通，只能是纸上谈兵。可行性论证是很具体的，只有每个细节都可行，整个方案才可行。对策论证又可以称作“应变论证”，其主要内容是论证在客观条件发生变化的情况下，原方案可以作何种变动。一种决策往往要准备几手，努力求其上，不行则求其中，至少也要求其下，这里的“中”和“下”就是应变的决策。另外，每一项决策中还可能包括若干具体的决策措施，决策措施也必须进行论证（也可能包括价值论证、可行性论证等）。

下面以《提倡快速阅读法》一文为例。该文的中心论点便是一项决策：提倡快速阅读。必要性论证分作三层：(1) 这种必要性首先在面对新技术革命带来的信息爆炸向传统阅读法提出了挑战;(2) 有利于开发人的智力;(3) 有利于提高工作效率,适应现代化工作环境的需要。可行性论证分作两层:(1) 根据分析,人在速读方面存在极大的潜能;(2) 举例证明:中国古代的张松将曹操的兵书13篇看了一遍,便能从头到尾背下来;韩国一位速读冠军一分钟能够读47万字,如此等等。决策措施有三点:(1) 开展集中精力的训练;(2) 开展视觉机能的训练;(3) 开发脑功能的训练。在写作中,决策论证也无须面面俱到,要根据实际情况决定论述的重点。

5. 类比型议论文

类比型议论文是在提炼论点、展开论点的过程中,主要运用类比思维的议论文。运用类比思维,可以使文章写得形象生动、通俗易懂。运用类比思维有两种情况:

第一种,类比的双方存在着本质特性的相同,属于同类事物。那么运用类比思维,不仅可以帮助我们形成论点、分论点,而且可以发展为类比推理,从而帮助我们论证论点。

第二种,类比的双方只存在某些表面特征的相同,而本质上并不相同,不属于同类事物。那么运用类比思维,只能帮助我们形成论点、分论点。

类比型议论文在写作中必须注意如下几点:

(1) 选择好类比对象。这当中有两种情况。一种是写作中首先确定的是某个抽象的事理,为了增强议论的形象性、生动性和通俗性,而要求我们选择某个具体形象或事实来作为类比对象。这种情况下,我们应该力求选取读者的形象、事物,来类比读者所不熟悉的事物;选取具体形象的事物来类比抽象的事物、事理;选取浅近通俗的事理来类比深奥的事理,等等,而且尽可能构成类比论证。比如《善于建设一个新世界》就是属于这种情况。还有一种情况是写作中首先确定的是某个具体的形象或事实,要求我们通过联想、类比,形成论点,论述某个抽象的事理。这种情况下则要求我们选择那些具有时代感、针对性,而且的确能够和所提供的形象、事实有较多类比点的论题,同时还要考虑自己写作的实际情况,选择那些易于把握的论题。除了以上两种情况外,还有可能有这种情况:立意、构思是在生活中自然形成的,那自然也就无须详细介绍了。

(2) 充分揭示类比双方的相似点,但是切忌牵强附会。优秀的类比型议论文都能够揭示出类比双方的较多方面的相似点,使得文章得以充分展开,显得富于“理趣”。当然能否做到这一点,取决于作者是否有着丰富的生活经验和较强的形象思维能力,需要逐步积累、逐渐培养。与此同时,我们要防止另一种毛病,就是为了说理的需要,硬把类比对象不具有的特点强加在它身上,牵强附会,让人感到别扭。当然类比对象和所要论述的事理之间一般不会有绝对相同之处,但是必须有一点基础,“不即不离,若即若离”。

(3) 在类比说理的基础上,还需要以必要的引伸、发挥。这种引伸、发挥是深入说理的需要,是作者阐明写作意图的需要,有时也是为了补救的需要。这样才能使类比说理更具有深刻性、现实性和逻辑性。

总括上面介绍的几种类型的论说文体，可以看到，运用不同的分析方法不仅可以帮助我们拓展思路，而且可以形成若干种类型的论说文。比如“说谦虚”这个话题，可以拟出下列提纲（参见上文《让情感和智慧的火花竞相绽放》）。

其实在每一类文章中均可以综合运用多种分析方法。好有一比：“分析”，相当于做“白案师傅”，把各种原料切碎了；接下来可以根据特定的情境、对象，把几种原料合在一起，当一把“红案师傅”，采用不同的烹饪方法，便可以烧成口味各异、风格不同的美味佳肴了。如此分析，习惯成为自然，审题列纲自然会神思泉涌、笔下生风了。如此“开口小”，固然能够“挖掘深”，但是，每次作文都需要根据具体情况，时间是否允许，自己是否有足够的材料，如果各方面条件不允许，那么“开口大”点“挖掘”浅点总比写不出、来不及要好些吧。

6. 驳论型议论文

根据论证方式，议论文可以分为立论文和驳论文。这两种议论文中都可能综合运用多种思维方法。立论文的写作，前面已经作过不少介绍，本节中主要介绍驳论型议论文的写法。所谓驳论，就是用充足的理由和可靠的事实，驳斥错误的或反动的言论。

写驳论文章，首先要认真分析所要驳斥的言论，分清它的论点、论据、论证，认清其要害之所在，然后对敌论进行引用、概括。凡是引用的，应当是敌论中的关键。凡是敌论表现形态不集中的，可以适当概括、整理，便竖起的靶子鲜明集中。在竖靶子的同时，有时还要揭示背景，作适当的铺垫，一则让读者知道事情的来龙去脉，便于理解为什么批驳这种错误观点，二则为下面的驳论作好准备。

“竖靶子”以后，就要考虑选择一个适当的“突破口”，就是要考虑驳论从何处下笔较为合适，从哪里进击更为有利。一般说来，首先，我们可以选择错误言论的薄弱环节作为突破口，这样便于尽快取得主动权，向纵深发展。其次还可以从错误言论的要害处突破。这样选择突破口，一下子刺入靶子的中心，在驳论中起一个纲举目张的作用。当然驳论文也不一定都要以错误言论作为突破口，也可以宕开一笔，从别处下笔突破。

驳论的方式有三种：(1) 驳论点；(2) 驳论据；(3) 驳论证。驳论点是主要的，驳论据或驳论证也是为了驳论点，它们经常与驳论点相结合。

驳论点就是对错误言论的论点进行批驳，指出它是荒谬的、虚假的。它又可以分为直接反驳和间接反驳两种。直接反驳，即直接指出敌论的荒谬。这种方法一般是先举出对方的荒谬论点，然后针对这个荒谬论点，用正确的道理和确凿的事实直接加以驳斥，揭露错误言论同事实、谬误和真理之间的矛盾。

间接反驳有两种，一种叫归谬法。这种方法是对错误言论作合乎逻辑的引伸、推理，导出荒谬的结论。间接反驳的另一种方法是反证法，就是通过证明与所批的言论相对立的观点是正确的，从而也就证实了敌论是错误的。这也是平时人们所说的“以立代破”的方法。

驳论据就是批驳错误言论所凭借的论据。论据是支撑论点的，错误的言论往往是建立在虚假的论据的基础上的，驳倒了论据，釜底抽薪，论点也就站不住脚了。

驳论证就是揭示敌论论证过程中论据和论点之间没有逻辑联系，指出由论据是推不出论点来的。

驳论型议论文写作中除了对敌论的论点、论据、论证加以驳斥外，还常常通过原因分析、结果分析，揭露敌论产生的本质、危害等，使批驳得以深入。

写驳论型议论文既要在说理中渗透作者的爱憎感情，又不能以感情代替说理，切忌以漫骂或人身攻击代替批驳。批驳性质不同的错误言论，应当采取不同的态度。

发展形象思维能力　提高形象思维品质

黄正瑶

中学语文《教学大纲》规定语文教学的目的是“使学生热爱祖国语言，能够正确理解和运用祖国的语言文字，具有现代语文的阅读能力、写作能力和听说能力，具有阅读浅显文言文的能力”。要达到这样的目的，必须重视提高学生的思维品质，发展学生的思维能力，因为语言是人们表达思想、交流思想的工具，是思维的物质外壳，语言和思维是紧密相联的。

现代思维科学是一个完整的科学理论体系，是由形象思维学、抽象思维学、灵感思维学构成的辩证思维体系。而语文教学正是以单篇课文作为基本教学单位，以语言学习作为主要教学内容、以形象作为理解契机的学科。语文教材中大量的课文都是以形象来反映生活、揭示主题的，即使以抽象思维为主的议论文也有不少形象贯穿其中，如初中课文《论雷峰塔的倒掉》中“法海狼狈逃窜”，“吴越吃螃蟹的风俗”就运用了形象思维的方式，又如高中课文《恰到好处》中引用的《登徒子好色赋》中的描写就体现了形象思维的过程。因此，语文教学仅靠严密的逻辑思维、对文章结构的条分缕析、对文章主题的高度概括是不够的，还必须重视学生的形象思维能力、灵感思维能力的开发和思维品质的提高。本文主要论及的是语文教学中中学生思维能力和品质的提高问题。

一、关于形象思维能力的发展

形象思维是一种艺术的思维方式，它是以意象、想象、显示、描述等作为思维形式的。表象是客观事物在人脑中的直接反映，而意象则是对形象的理性认识，是思维主体对客体的能动的认识，它比抽象的概念有更深广的内容。想象是思维主体对意象进行能动的加工组合，形成可供显示、描述的整体形象的过程。显示、描述，则是用语言描述形象过程中的思维活动。不难看出，在形象思维的诸多形式中，想象起着关键作用。因此，语文教学要发展学生的形象思维能力，重点应放在想象能力的提高上。

想象能力的提高可分为丰富意象阶段、组合意象阶段和形象再创造阶段。

丰富意象是想象的初级阶段，然而要培养学生的想象能力就必须首先引导他们不断丰富意象。丰富意象的途径有很多，可以引导学生对单个意象进行能动的感知和收集，进而形成整体意象。如李白《望天门山》：“天门中断楚江开，碧水东流至此回。两岸青山相对出，孤帆一片日边来。”诗中的“天门”“楚江”“碧水”“青山”“孤帆”等都是单个意象，而配上动词“断”“开”“流”“回”“出”“来”等，意象就丰富了，构成了一幅舟行江上的景观，形成了整体意象。此时，全诗如一幅连绵的画卷，再加上合理的想象，那浪涛声、号子声、船夫歌声、绿树红花、山寺晨钟……接踵而来，意象更加丰富、完整，诗的意境也就越来越美。如果再在掌握课文形象内涵的基础上丰富意象，效果会更好。《伊索寓言》中的赫耳墨斯，狂妄自大，他的碰壁是必然的，了解了这一点，就可以对赫耳墨斯的神态、动作、语言、心理乃至细节展开丰富的想象，超越课文文字叙述描写的范围，作出合乎人物性格特征的想象，使赫耳墨斯这一意象不断丰富、饱满，成为活生生的人物形象。课文中的次要意象、暗线意象也可以丰富，如《药》中的夏瑜是暗线人物，我们可以引导学生根据课文中提供的信息展开丰富想象，以形成清晰、完整的意象。

在课外活动，课外阅读中，也可以通过意象的积累达到丰富，从而完成初级想象。但意象收集的目的要明确，对象要清晰，如果目的不明甚至毫无目的的兼收并蓄，只能是一盘散沙的若干表象，而绝非意象，因而也不可能达到丰富。

组合意象是想象中的中级阶段。一个学生想象力如何，很大程度上取决于组合意象的能力。要较好地组合意象，应具备下列条件：对意象的观察力、理解力强，对诸多意象关系的分析能力强，有一定的组合条理性。

动态意象的有机组合，构成完整形象是组合意象的方法之一。许多课文不仅描绘景物，而且刻画人物性格，揭示人与人之间的复杂关系。这些课文的意象不是静止的，而是运动的，不是一成不变的，而是复杂多变的。《祝福》中祥林嫂第一次来到鲁四老爷家时，“头上扎着白头绳，乌裙，蓝夹袄，月白背心，年纪大约二十六七，脸色青黄，但两颊却还是红的”，第二次到鲁四老爷家时，“仍然头上扎着白头绳，乌裙，蓝夹袄，月白背心，脸色青黄，只是两颊上已经消失了血色，顺着眼，眼角上带些泪痕，眼光也没有先前那样精神了”；当“我”最后见到祥林嫂时，“五年前的花白头发，即今已经全白，全不像四十上下的人；脸上瘦削不堪，黄中带黑，而且消尽了先前悲哀的神色，仿佛是木刻似的；只有那眼珠间或一轮，还可以表示她是一个活物”。祥林嫂这前后三种反差极大的外貌意象的动态组合，勾勒出祥林嫂一生的悲剧，使学生对封建礼教迫害摧残劳动妇女的罪恶有了深刻的认识。

改换顺序可以组合意象，根据提供的画面内容也可以组合意象。《驿路梨花》是用倒叙手法写的，可以组合为顺叙的故事。初中语文第一册中曾有过一幅小姑娘趴在地上看蚂蚁瓢虫的画，可引导学生根据蚂蚁的数量、队形、走向、目标等想象蚂蚁瓢虫大战的情景结果。

高层次的意象组合应该是将原型意象组合为再造意象。《涉江》中有这样几句：“余幼好此奇服兮，年既老而不衰，带长铗之陆离兮，冠切去之崔嵬。”这里的“奇服”“长铗”“切云”等已不能局限在原型意象的理解上，而应深刻挖掘它的寓意，结合诗人的遭遇、志向组合为较高层次的再造意象。像《水调歌头·游泳》《梦游天姥吟留别》

等课文都需借助于再造意象来加深对课文的理解。

组合意象也可在课外进行。同是一次班会，若干意象进行扩充、丰富以后，可以写成不同的记叙文。可以先从效果写起，也可先从激动人心的场面写起，可突出一个局部，也可从一句话引出记叙，当然也可按实际进程来写。但如何组合意象确可反映学生想象能力的高低。

意象是思维主体对客体的能动的认识，丰富想象是使意象全面、丰富的过程，组合意象是对若干意象按一定条理进行组合，形成可供描述的形象的过程，它们都要求基本忠实于客体形象本身。而形象再创造则要求突破客体形象本身的意义或规定范围，拓宽到另外的方面去，它的主观性很强，是想象的较高级阶段，对培养学生的创造思维能力具有重要意义。

延伸性形象再创造要求循着作者的思维模式进行延伸。如《我的叔叔于勒》读后可引导学生作"于勒再次发财"的延伸，《守财奴》读后可引导学生设想到"那边"交账的情况。延伸性形象再创造要求学生不是组合丰富了意象，而是发挥自己的创造思维，想象下一阶段的情况。教学中，教师可设计多种情况引导学生进行延伸训练。图《范进中举》读后，可引导学生设想"范进中举以后"，也可设想"假如范进落第"。

逆转性形象再创造要求突破作者原有的思维思路进行逆向创造，它是思维的跳跃性突破和逆转，它要求思维主体不仅思维灵活，而且要具备一定的现代思想、现代观念。试比较《牛郎织女》和《天上的街市》，不难看出，《天上的街市》实际上就含有逆转性形象再创造的成分。教学中对逆转性形象再创造要注意向真实、正确的方向引导，如《孟姜女》，其主题是明确的，进行逆转性再创造训练就不能一味地否定孟姜女，而应引导到对秦始皇的历史功绩的肯定上去，即用历史唯物主义观点去再创造秦始皇的形象。许多课文和成语故事也都可作这方面的训练，如"班门弄斧""东施效颦"等，逆转性形象再创造不仅对于开发学生的创造思维有帮助，而且可以活跃课堂气氛，但要求学生要有效高的思想文化素质，否则不易取得较好的效果。

想象力是形象思维诸因素中的活跃分子，想象可以调动学生的学习积极性，帮助学生加深对课文的理解，可以引导学生举一反三地解决问题，因此提高想象力是发展学生形象思维能力的重要途径。

二、关于形象思维品质的提高

形象思维的品质包括完整性、敏捷性、深刻性、灵活性、创造性、批判性和多重统一性等因素。其中完整性是形象思维品质养成的基础。

任何一个丰满的形象都是由几个意象组合而成的整体，如果缺乏完整的思维品质，我们所见到的就可能是几个互不相关的支离破碎的意象或仅止于表象。如学生阅读《故乡》，就会认为闰土始终是一个精神麻木的落后农民；阅读《项链》，就会对玛蒂尔德产生厌恶感，这实际上是缺乏思维完整性的体现。教师在教学中应适时地引导学生将感知的意象——开列出来，找出其间的内在联系以形成完整形象，同是闰土，少年闰土和中年闰土有何区别，为什么会有这个区别；同是玛蒂尔德，除了令人厌恶的虚荣心外，是否有值得同情的地方。这样一引导，形象就完整、丰满了。

思维的敏捷性是指思维的速度和迅速程度，它是以完整性作为基础的。在完整基础上的敏捷是真正的敏捷，否则就是轻率。形象思维的深刻性更离不开完整性，不完整就不可能深刻。深刻性和多重统一性有关。多重统一性是指形象的各种特征，尤其是相反或相对的意象特征统一于形象本身。如阿Q，既有革命的自发要求又有愚昧落后的一面，它们是统一于阿Q这一形象本身的，形象思维的深刻性除了指多重统一性外，还指去粗取精，去伪存真，由此及彼，由表及里，能抓住形象的本质特征，抓住矛盾的主要方面。《林黛玉进贾府》中的王熙凤，既泼辣能干，又刁钻狡黠、媚上压下，她对林黛玉虚伪中有真情，真情中含虚伪，而主流仍是虚伪。再如《母亲》中的尼洛夫娜，有过动摇，有过彷徨，但本质、主流却是坚强。提高思维的敏捷性就要提高学生的阅读速度、信息感知能力、意象丰富能力和组合能力；提高思维的深刻性就要引导学生学会用辩证唯物主义的观点去分析问题。

思维的灵活性和深刻性有关，思维的创造性又是建立在深刻性和灵活性基础上的。思维的灵活性首先指对客体可从不同的角度展开思维，形成不同的意象；其次指对不同的意象进行加工组合，确定主流，形成真实的、典型的形象；还指实现形象的迁移等。比如同是写长城，《内蒙访古》中对赵灵王修长城倍加称赞，而《孟姜女》中对秦始皇修长城则迭加鞭挞，这是由于两篇文章所站的角度不同、主题不同所致。从历史功绩的角度看，应褒扬；从人民负担角度看，要鞭挞。这样的思维活动就体现了深刻性和灵活性两种品质的结合。思维的创造性一方面指形象再创造活动，另一方面是指对诸多形象的综合比较分析。如阿Q的精神胜利法，有人认为是中国的特产，贫苦弱者的专利，实际上《皇帝的新衣》中光着身子坚持游行完毕的皇帝、《制台见洋人》中对洋人和下属态度不同的制台、《装在套子里的人》中被柯瓦连科赶回家就撤掉华连卡照片的别里科夫，又何尝不是精神胜利法的代表？可见精神胜利法是没落统治阶级所共有的，这是共性，而反动统治阶级精神奴役在阿Q身上留下的创伤，形成了阿Q的“精神胜利法”，则又有个性特征。诸多形象的综合分析，思维的创造性便体现出来了。教学中，应尽量注意引导学生进行创造性思维，以形成形象思维的创造性品质。

思维的批判性是指在形象思维过程中，分析思维材料、检查思维过程的品质，它可以增强思维的主动性，减少盲目性、偶然性、片面性和不真实性。它要求学生在思维过程中不断进行信息反馈和检查，验证自己的思维途径是否合理，不合理如何调整；在思维结束时验证思维结果是否真实、典型，不真实，不典型原因何在。如对《雷雨》（第二幕）中的周朴园，学生一开始会对他产生怜悯或好感，因为他不忘旧情，有人情味，这是非真实的意象，若及时引出其他意象来补充、验证调整自己的思维，就会形成真实、典型的形象。

提高形象思维的品质是语文教学较高层次的任务。在具体教学中，不仅要注意形象思维能力的发展,更要重视思维品质的提高。只有这样,才能做到思维有条理、真实、典型。

三、关于形象思维品质、能力的评估和检测

形象思维品质能力的评估检测的途径是很多的,可分为课内检测、课外检测;书面检测、口头检测;结合阅读检测、结合写作检测。但检测对象应是思维形式中的显示和描述,即通过显示和描述来检测意象、想象等思维形式的品质和能力。

口头检测的手段有朗读、复述、演讲等。朗读可分为准确朗读、流利朗读、理解朗读、表情朗读等不同层次,其中理解朗读和表情朗读对形象思维能力的要求较高。通过朗读检测学生形象思维的品质和能力须掌握下列要素:熟悉课文所需时间、准确断句的能力、流利程度、表情把握等。复述包括简单复述(重复内容)、复杂复述(能调整顺序等)、梗概复述、扩充复述、表情复述、想象复述、创造复述等。上述形式随复述层次的提高对形象思维品质和能力的要求也随之递增,检测结论因而真实可信。具体检测时应掌握下列要素:准备所需时间,遣词造句能力(要与背诵区别开来),流利程度,表情把握,概括、想象、创造的合理性等。演讲可分为有准备演讲和即席演讲,也可分为命题演讲和供料演讲,以即席演讲对思维能力的要求为高。演讲也可从准备所需时间、遣词造句能力、流利程度、表情把握、条理清晰等角度检测学生形象思维的品质和能力。

书面检测可结合阅读进行。语文教材中许多思考练习题是形象思维品质和能力的检测题。如《多收了三五斗》后有这样一道题:“《故乡》和《多收了三五斗》都描写旧中国农民形象,想想闰土和旧毡帽朋友有什么区别。”回答这个问题,首先要整体把握闰土和旧毡帽朋友的形象,进而迅速抓住两个形象的主要区别,分析其实质,并不断根据反馈的信息调整自己的思维,得出正确答案,这正是对形象思维品质和能力的综合检测。高中课本第一册《散文二篇》中有这样一道练习题:“写景要抓住景物特点,作者是抓住荷塘月色、梅雨潭水的哪些特点来写的?请从课文中找出一些你印象最深的语句或片段来说明。”这道题也是对学生形象思维品质和能力的综合检测。教学中,我们还可自行设计一些检测题,如“祥子和《一件小事》中的人力车夫有什么区别”“从祥林嫂到水生嫂”等。

书面检测还可结合写作进行。1991 年高考题中有一道题是:“教师在黑板上画了一个圆,要求学生写想象作文。他举例说,比如,你可以把这个圆想象成一轮满月,然后以满月为重点,再用天幕,云彩、柳梢等作为陪衬,构成一个美丽的画面,再把这个画面用文字描述出来就是想象作文。圆是可以想象成很多不同的物体的。请你根据这位教师的启发,把这个圆想象成另一个物体,写成一篇 200 字左右的想象作文。”1993 年高考作文题:“根据下面的材料,写一篇记叙文,题目自拟,不少于 500 字。”材料是这样的:

夏日的夜晚，院子里，梧桐树下……

啪！随着细微而清晰的一声爆裂，梧桐树的一块老皮剥落了，露出了新鲜的树皮。

女儿对老树发出一串赞叹……

儿子对新树皮发出一串赞美……

父亲听着，看着，深有感触地说："我希望人世间的一切都能像你们俩所说的那样……"

这两道题都是对学生形象思维品质和能力的综合检测。

课外也可进行检测，一次集体活动，一次班会、一篇日记、周记或观察笔记，不仅是形象思维的训练，同时也是检测。

形象思维是语文教学中发展思维能力、提高思维品质的重要方面，但它不是唯一的思维方式。语文教学中还要运用抽象思维和灵感思维。概括段意提炼主题就是在形象思维基础上的抽象思维活动。然而语文课毕竟不是政治理论课，形象思维应是语文课思维方式的主体。至于灵感思维，则是在一定的形象思维或抽象思维基础上，显意识与潜意识相互作用，产生前所未有的新意象或新概念的一种突发性思维方式，也就是说，语文教学中的灵感思维也离不开形象思维。因此，发展形象思维能力、提高形象思维品质成了语文教学中亟待引起高度重视的重要课题之一。

着力思维训练　发展思维品质

——议论文思维教学浅谈

陈国林

议论文写作的教学，可谓见仁见智，各出高招。传统的议论文写作教学偏重写作方法、写作技巧的训练，亦即讲求篇章结构、论证方法、语言运用等，而对文章内容重视不够。实际上，内容决定形式，形式为内容服务。谋篇布局，表现手法，乃至语言运用等实质上只是形式问题，过多过高地强调了形式，就可能忽略了内容的重要性，忽视了议论文写作中的内容教学。所以我们十分重视探索议论文内容教学的内核。

蒋念祖老师在大量的科学理论指导下，经过长期探索和实践，明确指出，议论文的教学应以思维训练为主。通过有关思维理论的传授，努力培养学生运用一定的思维方法和思维形式来解决具体问题的能力；提高学生对复杂问题和社会现象认识理解上的敏感性、深刻性、灵活性和独创性，发展他们的思维品质，提高他们的智力，从而以内容为突破口，真正达到议论文教学的目的。

蒋念祖老师把他的理论和实践总结成《高中议论文写作与思维训练》一书，我们以此书为议论文写作教材，经过一段时间的试教，取得了较好的效果。在具体的教学中，我们注意到几点：

首先，以实用性为目的。在议论文写作思维训练的序列中，我们要涉及心理学、逻辑学、哲学等科学知识，特别是一些专业性很强的概念术语，这对高中生特别是高中低年级的学生来说是难以接受和理解的，我们认为，中学生对这些学科的知识，只要领会其精神则可，在不影响教学目的和要求的前提下，努力避免在这些概念上多花功夫，对于一些必须运用的概念术语，则以实用性、可操作性为准则，用具体可感的事例来代替抽象的概念。这样，既帮助学生理解必要的知识，又培养对知识的具体运用能力，不至于变成纯理论的学科知识教学。在讲授“联想”这一思维方法时，可以介绍“联想”的科学概念，但最重要的是在科学性的前提下进行表解：联想就是由一事物想到相近、相同、相反的另一事物或另几个事物。这样既突出联想就是由此及彼的本质特征，又交代联想的方式：甲→乙，或乙←甲→丙。议论文写作中由张三有骨气想到李四、王五也有骨气，采用相似联想就使内容更加充实，说理更加充分有力。我们还可以联想到赵六没有骨气，用相反联想就从反面进一步论证了论点，这样正反对比联想自然就增强了文章的说服力。议论文写作中的例证法实际就是联想的产物。

其次，以系统性为原则。“思维”其本身就是一门系统的科学，议论文的写作作为一门学科本身亦有系统性，再将两者结合起来，在议论文写作中进行思维训练，则组成一个新的系统。《高中议论文写作与思维训练》全书正体现了这种新体系的系统性。全书包括方法篇、过程篇、类型篇三大部分，方法篇是基础，过程篇是深入，类型篇是综合，三者循序以入，前引后连，浑然一体。即使在方法篇中，各种思维方法的教学，我们亦以分析为先导，以综合概括继之，以辩证思维方法收尾，因为它们之间存在着后者以前者为前提的关系。没有分析，就谈不上综合，更谈不上概括；只有在系统讲授各种分析方法的基础上，让学生学会从多方面多角度用多种方法来对复杂的概念、判断、推理和材料进行分析，才谈得上对分析的结果进行综合和概括，否则就会犯以偏概全、概括肤浅的错误。再如讲辩证思维，又必须以分析、综合、概括等思维能力为前提和基础。以"知足常乐"为例，必须先对"知足"进行概念分析，明白"知足常乐"就是自己感到满足了，"常乐"就是时常快乐。然后进一步分析"知足"，它包括在工作、学习、贡献等方面的知足，和在福利、个人利益、生活水平等方面的知足。在分析的基础上再进行概括，有些同学就提炼出"个人利益应知足才能常乐"，"对工作学习不知足才能常乐"，"知足未必常乐"的论点。有些同学又进一步运用辩证分析的方法提炼出更为深刻辩证的论点："乐在知足与不知足之中"，两个不同层次的论点正是我们不同层次系统教学的结果。

再次，突出概括能力的培养，注重思维的深刻性。林崇德教授认为，思维的深刻性是一切思维品质的基础，只有善于思考问题，抓住事物的规律和本质，培养出较强的概括能力，才谈得上思维的灵活性、独创性、批判性和敏感性。基于此，我们对多种思维方法的教学以概括能力的培养为起点，在每一种方法的具体教学中时时引导学生对纷繁复杂的事物和现象进行思考分析，揭示其规律和本质。例如，在讲概念分析时，强调分析概念应抓住最本质的内涵。人的属性很多，但"人"这个概念最本质的内涵是"能制造和使用工具，有语言能思维"，只有这样才能不为表象、假象所迷惑。特征分析、定量分析则更是培养概括能力的好方法。量的分析的最终目的是揭示出隐藏在数量关系之下的本质内容，如果缺乏概括能力，那面对的只能是一大堆无意义的数据而理不出一点头绪。为此我们设计了多组练习，每组练习中提供多则彼此相关的材料，要求学生通过阅读分析，概括出它们之间的共同之处，提炼论点，从而有意识地培养学生的概括能力。例如，我们曾提供三则材料：第一则是"东施效颦"的故事（略）。第二则，一名模特儿临场表演，匆忙化妆，忘画了一条眉，观众不解，不少女人以为新潮，大相效仿，并谓之"单眉妆"。第三则，"予（苏轼）在岐下，闻河间猪肉甚美，使人往市之，使者醉，猪夜逸去，贸他猪以偿。客大诧，以为非他产之所及。既而事败，客皆惭"（刘元卿《仙释录》）。三则材料似合似离，提炼出一个共同的论点并非易事。在两个对照班级中，实践的结果大相径庭。在非实验班级中，教师未作任何说明和提示，结果提炼出的论点五花八门，只抓住其中某一则材料，而不顾及其他两则材料的，全班 48 人中竟有 31 人，占 64.6%，且其中有 18 人对所选材料的分析同样不到位，提炼的论点也不正确或比较肤浅。有 11 人涉及第一、二两则材料，并能提炼出

“不能盲目效仿”“具体问题应具体分析”的观点，占23%。此外，有7人能基本上对三则材料进行分析，仅占12.4%。出现如此现状的根本原因在于学生尚未学会分析、综合、比较的方法，更未有意识的运用概括的方法去揭示事物最本质的内容，简言之，概括能力较差。相反，在实验班级中，我们事先介绍过各种分析和综合的思维方法，他们已经具备了一定的概括能力，其后又进一步总结了“概括”作为一种思维方法的有关知识，结果，全班52人中仅5名同学未能对三则材料进行多方面分析、比较、提炼出论点，占9.6%；有34名同学能自如地对三则材料进行概括，占67.3%；另有13名同学能运用分析、综合、比较的思维方法，分别揭示各则材料的本质和非本质的内容，然后对各则材料的本质特征进行概括，最终概括出“效仿的标准不是名”，“实事求是”等论点，表现出较为深刻的思维品质。

实践证明，运用正确的思维方法来培养学生的概括能力，有助于透视复杂的社会现象和自然现象，抓住其本质特征和规律。总之，概括能力是学生进一步认识社会、有所发明、有所发现的必备能力，自然也就成为议论文教学的首要任务。

此外，着力造就学生的辩证思维能力。辩证思维可以使人全面地动态地看问题，使人能越出日常经验的狭隘界限，所以它同样是发展学生思维品质的深刻性、灵活性、独创性和批判性的重要的思维方法，能够增加议论文的深度和厚度，并且能使议论更显得新颖活泼。学习辩证思维方法，首先应了解辩证唯物主义的基本原理，特别是学会运用联系的观点、发展的观点、矛盾的观点来分析问题，并逐步掌握辩证逻辑的思维形式。对于联系的观点，主要突出联系的普遍性和条件性，根据这一点，任何一个事物、现象都与别的事物、现象存在着一定的联系。再运用前面所学过的特征分析、现象分析等思维方法，概括出事物、现象之间所存在的特定联系。对于发展的观点，突出发展是绝对的(普遍的)，或由坏变好或由好变坏，静止不动是不可能的；矛盾的观点，内涵较广，突出矛盾的普遍性，内外因的关系，主要矛盾和次要矛盾等内容。每一个方面的内容，实际上都是我们分析问题的入手点，而且这样的入手点几乎适用于每一个现象、事物、关系、概念、判断、推理的分析和论证。例如“谈犯错误”“谈青取之于蓝”“谈知识就是力量”等，都可以从上述角度入手，全面深刻地进行分析。实践证明，这不仅可以帮助学生打开思路，知道从何入手，而且使论点新颖、独特，有创造性，使论证深刻、全面有力。例如，徐海惠同学的一篇习作《谈贫穷与落后》，作者先通过两种人对贫穷与落后的错误态度来引出论题：一种人看到中国的贫穷落后，则产生崇洋媚外的思想，一种人以为中国没有救了，只是满腹牢骚，无丝毫行动。接着作者运用联系的观点批判第一种人：把外国的富裕先进与中国的贫穷落后相互割裂开来。然后指出，历史上中国强盛时，西方仍处于野蛮和愚昧之中；近代清政府腐败，帝国主义的侵略，掠走了中国的财富，解放前，国民党又掳走了大量的黄金白银。在此基础上概括出：新中国是建立在一穷二白的基础上的，贫穷与落后也在所难免。又用发展的观点来批驳第二种错误思想：只看到过去的贫穷与落后，却未能看到与过去相比，现在中国的国民经济和人民的生活水平已经得到迅猛的提高，更未能看到中国美好的未来。最后又用矛盾的观点告诫人们：贫穷与富裕是可以相互转化的，但转化是有条件的，要靠天时地利人和，最重要的是全民族振作起来，用自己的努力奋斗来甩掉贫穷与落后。整篇文章充满了辩证的思想，分析透彻独到，批驳击中要害，有破有立，既批驳了错误观点，又鼓舞了士气；既充满自信，又不妄自尊大，表现了作者较强的辩证思维能力。

最后要说明的是，我们的议论文教学从内容入手，重视思维能力的培养，并不排斥各种论证方法的运用，同样要讲求谋篇布局和语言表达，但它们仍然是为内容服务的，应服从于表达内容的需要，主次关系不能颠倒。

试论教学语言艺术与学生思维能力的培养

吉 钊

在当前的教学工作中,无论怎样改进教学方法,教师的讲解还是基本的、不可缺少的教学手段。对自然科学课程,尤其是物理课程,不少学生反映难学。一些基础差的学生,更是到了望而却步的地步。上课往往是"听得没有味,休息是机会,先是开小差,后是打瞌睡"。这种无求知欲望的应付式听课,必然收效甚微。如果教师能重视课堂语言艺术,用精彩的教学语言,对教材内容进行生动的讲述,就将在学生面前展现一个多姿多彩的物理世界,从而激起学生的好奇心和求知欲,产生学习的兴趣和动力。反之,平淡、累赘、枯燥、苍白的课堂语言,将使学生味同嚼蜡,对课堂学习,甚至对物理课程产生厌恶和反感。

教师的课堂语言是介于书面语言和生活语言之间的教学语言,它应准确、精炼、条理性强,又要生动、活泼、通俗易懂。而物理教学语言除了与其他学科语言有共性之外,还应该注意到物理学理论性、抽象性、逻辑性强的特点。所以,每个教师要尽量使用生动活泼、严密清晰、耐人寻味的课堂语言,在有限的时间内,使学生加深对物理知识的理解,从而开发学生智力,提高学生思维能力。对此,谈几点体会。

一、化抽象为形象,变枯燥为生动

物理学中的模型、概念、规律是大量物理现象的抽象和概括。中学生由于受抽象思维能力的限制,对课本知识往往只是字面的、似是而非的理解。这就要求教师用形象、通俗的语言引导他们,使学生头脑里出现一幅幅清晰的物理图景或一个个完整的物理模型,帮助他们从具体过渡到抽象,从特殊过渡到一般,逐渐培养他们的思维能力。例如讲"质点"这个概念,学生对"庞大的地球有时也可以看成一个质点"有疑惑,为了让他们搞清这个问题,可以叫他们根据光的速度和太阳光传播到地球的时间算出地球到太阳的距离,从而得知地球的直径还不到这个距离的万分之一,多数学生得出地球的大小与它绕太阳公转的轨道半径相比可以忽略不计的结论,再加上学生本来就有夜空中的星星看上去只是一个亮点的感性认识,教师再稍加点拨、补充,"质点"这个概念就形成了。又如,电流的传导速率与自由电子定向运动的速率相差很大,导电机制究竟是怎么回事,照课本讲解,学生好像也明白,但过不了几天就忘了。这是由于学生对导体内的微观世界没有感性认识。可以这样启发学生:"拧开水龙头,就有自来水,这一眨眼的工夫水就从水厂流来了,水速有这么快吗?"由于学生对管中处处有水有感性认识，经过类比，不仅恍然大悟，而且牢牢记住了。还有在讲解卢瑟福 α 粒子散射实验时，学生对从实验现象得到的结果搞不明白，如果分析了原子直径是原子核直径的几万倍，再把原子比喻成一座很大的礼堂，那么原子核充其量只是悬于其中的一颗葡萄了。当密集的子弹从外面打来时，能击中葡萄的子弹是微乎其微了。

总之，在物理教学中，教师随时都可以找到具体的事例，加以生动形象的描述，帮助学生理解抽象的概念、规律，这不仅有助于学生形成形象思维能力，而且有助于激发学生的学习热情。

二、语言通俗、简洁，力戒庸俗、累赘

在课堂教学中，我们提倡采用富有启发性、直观性的语言，但生动活泼不等于无分寸地夸张、通俗易懂不等于信口发挥，甚至庸俗化。如果毫无目的地旁征博引或是离题万里地夸夸其谈，不仅不能完成课堂教学任务，还会使学生如坠云雾之中，根本不能掌握要领。物理课上可以有幽默，有笑声，但教师要注意自己的语言美，例如在讲解声音的音品时，如果拿男同学的粗嗓门和女同学的尖叫声相比较，这就欠妥当，而用黑管和钢琴两种乐器的声音来比较，一种给人“天苍苍、野茫茫，风吹草低见牛羊”的雄浑感觉，另一种给人“泉水叮咚”和“小桥、流水、人家”的意境，这样的比较容易让学生明白什么是音品，而且语言也优美得多。再如解释“截面”，如果说截面就好比“头掉了碗大个疤”，这就过于庸俗，显得油腔滑调，使上课变成“闹剧”，冲淡了课堂的严肃气氛。

另外，通俗的语言不是言之无物的语言，那种备课不熟，满口“嗯”“啊”“这个”“那个”，老是重复“对不对？”“是不是？”还有“这不很简单吗？”“这不是很明显吗？”等等。这样的语言并不能让学生感到通俗，而只是拖延时间，引起学生的反感。在课堂上，要丁是丁，卯是卯的说明。某总是不对，怎样才是对，某问题明显，明显在什么地方。教师要经常地、有目的地做好语言的“翻译”工作，在提问中引导学生善于把一般语言提炼为物理语言，或把物理语言转化为生活语言。这不仅使学生容易接受和理解，同时也提高了学生的概括能力。

三、语言要严谨、准确，不能含混、模糊

物理教学的语言一定要严格准确，如果认为随便说说无所谓或者认为不必过分抠字眼，长期下去就会引导学生的疑惑，甚至混淆和误角。例如“×米每秒”，不能读成“每秒×米”，“××摄氏度”，不能读成“摄氏××度”。再如有的教师讲课中出现如下的说法：“冰的温度只要上升到零度就溶解”“快慢不变的运动，加速度一定为零”等，实际上不该省去句中应有的语言成分，使得知识残缺、逻辑混乱、似是而非。教师的一切活动对学生都有潜移默化的影响，教师严谨的教学态度有助于培养学生严谨的学习态度。课堂上的教学语言该准确的一定要准确，该抠字眼的一定不能含糊其

词，如“上浮”与“浮在”的区别，“几秒内”和“第几秒内”的区别；“刚好”和“至少”的区别。“增加几倍”与“增加到原来的几倍”，“矢量相等”与“矢量大小相等”的区别，等等。

在物理教学中，经常面临一个科学上正确与错误、准确与近似的矛盾，在课堂上传授错误的东西是不允许的，出现口误和出现笔误同样要及时纠正，以免误人子弟。但是物理知识，包括定义、概念、原理、规律等是高度理论化的东西，而学生的知识结构则是一个逐步发展的过程，在这个过程中，有时不可能一味追求完整严密。比如，初中给“质量”下的定义是“物体含物质的多少”。到了高中力学部分提出“质量是物体惯性大小的量度”，在学习了万有引力后虽未涉及“引力质量”的概念，但明确了质量和万有引力的关系，在学习原子物理中的质能关系时，又了解了质量与能量的联系。因此，在物理教学中，要根据学生的年龄特点、掌握知识的局限性和阶段性，恰如其分地使用课堂语言。在对定义、定理的解释中，如果一味追求完整、严密，反而达不到应有的教学效果，只要不违背总的科学原则或物理实质并不抵触，采用一些近似的说法是允许的，甚至是必要的。当学生已达到或已具备某种知识水平时，教师的语言就应该多加注意，避免引起误解和造成不良影响。如：初中热学中，提到“热能”一词是可以有，到了高中讲了热、功问题后，就不能再随便地“热能”“内能”不分了。又如，力矩是矢量，中学阶段不谈其方向，但在课堂上最好避免说成“逆时针方向力矩”“顺时针方向力矩”，因为力矩方向是以右手螺旋法则确定，这种说法与严格的定义相抵触，是错误的，不妨说成“使物体逆时针转动的力矩”，“使物体顺时针转动的力矩”，就避免了错误。再如，在中学阶段，只要求在物体相互作用前后速度方向在同一直线上的情况下用动量守恒知识来解题，这样速度的方向用“＋”号或“－”号来表示，这样的正负只有方向意义，如果说成“这样处理后，矢量就转化为标量了……”，这种说法不光是不严谨，而且是错误的。矢量就是矢量，决不可能转化为标量。总之，在课堂上，不注意学生掌握知识的阶段性，片面地追求完整、严密是不行的；同样，不符合科学原则，不区别正确与错误，随便地作解释，更是不可取的。这就要求我们用辩证唯物论的观点，具体问题具体分析，处理好物理学理论的严密性与学生的认知能力之间的矛盾，选择最恰当的教学语言。

四、加强口头语言表达技巧，提高教学效率

物理教师不仅要注意教学语言的生动形象与严密清晰，还应该在口语技巧上狠下功夫，对一些重要的叙述要恰当地分配重音和节拍。例如在叙述共振现象时，“当策动力的频率等于振动物体的固有频率时，受迫振动的振幅最大，这种现象叫做共振”。在叙述或解释时，要把重音放在“策动力”“固有”等关键字眼上，并稍作停顿再继续读下去，这样可起到提醒和强调的作用。又如在讲解利用楞次定律来判断电流方向，叙述为“感生电流的方向，总是要使感生电流的磁场阻碍引起感生电流的磁通量的变化”，在朗读中，要把重音放在“阻碍”“变化”上，并作适当停顿，让学生的思维

速度跟上教师的语言节奏。常常见到一些青年教师语言节奏过快，或是声调过高，不讲究语言的轻重缓急和抑扬顿挫，不仅不利于学生掌握重点，而且不利于让学生较长时间集中注意力，影响了课堂效果。反过来，教师缺乏激情，语调过于低沉，节奏老是太慢，则满足不了学生的要求，不能调动积极性，也难以形成生动活泼的课堂气氛。一个有较强表达能力的教师，运用生动活泼的语言，再配以适当的手势和充满自信的表情，循循善诱，娓娓而谈，就能引起学生的共鸣。提高口语表达技巧，不仅要求教师注意口头语言表达能力的训练，更重要的是要熟悉讲授的内容，在讲课中要投入自己的全部身心，这对我们教师自身的修养提出了更高的要求。

总之，教学语言的生动形象、严密清晰，富有感情，有助于提高学生的形象思维能力和抽象思维能力，有助于激发学生的学习兴趣，从而提高教学的整体效果。“工欲善其事，必先利其器”。教师要想搞好自己的教学工作，必须在教学语言艺术上狠下功夫。进一步说，“语言是思维的直接现实”。教师要想提高自己的语言表达能力，很重要的一环就在提高自身的思维品质。这就是我们探讨课堂语言问题所应当得出的合乎逻辑的结论。

初一语文课文识记教学初探

于　扬

一位科学家说过："一切智慧的根源在于记忆。"可见，记忆是一项很重要的基本功。它不但可以积累知识，提高能力，更能潜移默化地陶冶情操，给人以美的熏陶。目前使用的初一语文教材（实验教材，江苏教育出版社出版）注重于识记教学，要求背诵、默写的语段、课文达到三十多处，对学生的能力培养作用很大。

笔者在平时教学中发现，不少学生往往只会机械记忆，死记硬背的现象较严重，结果收效甚微，因而正确引导学生在理解课文的基础上，掌握一些记忆的技巧，是教学中不可忽视的一个方面。笔者就进一步培养学生学习能力，尤其是记忆能力方面作了一些尝试，归纳出以下一些常用的方法。

一、找思路

背诵语段或课文时，切忌硬背，可以先弄清作者思路。在谋篇布局、材料安排、语言顺序、事情发展等方面，作者往往有着或明或暗的线索、顺序、观察点等等。理清思路，背诵时顺着作者的思路背下去就会事半功倍。《卖炭翁》用"炭"为线索，烧炭—卖炭—运炭—炭被掠；《一面》《口技》中有时间顺序；《济南的冬天·雪后山景图》依据了山上→山尖→山坡→山腰的空间顺序；事理顺序在《狼》中清楚明了：屠户的举动造成狼的进一步行动，狼的行动又带来了屠户的反应，交替描述，互为影响，推动情节发展；《荔枝蜜》中由蜜蜂联想到水田中的农民，离不开逻辑关系……抓住了思路，等于抓住了开门的钥匙，可以说，思路是背诵的导线。

二、列提纲

提纲是指内容的要点。它适用于篇幅长、内容丰富或容易混淆的文章。它的作用与图表、板书类似，可以化繁为简、帮助记忆，防止遗漏、混淆。列提纲必须先熟悉和理解课文，提纲可摘录原文，也可附加理解后归纳概要，文句要求言简意赅。对于某些关键的字词、语段，还可用色笔作些记号，以求醒目。《两小儿辩日》，即可列出下列提纲：

一儿　　　　　　　　　　　　一儿

一儿曰："我以日始出时去人近……"⟺一儿以日初远

一儿曰："日初出大如车盖……"⟺一儿曰："日初出沧沧凉凉……"

（视觉）　　　　　　　　　　（触觉）

《从百草园到三味书屋》第二段“百草园景物”，可根据文中“不必说”“也不必说”“单是……就”三层意思所描写的景物列成表式提纲，突出各种景物的特色，以利记忆。

三、记画面

一些描绘生动、形象，意境优美的文章或段落可以通过边读边联想的方式，再现精彩的画面或场景，既可提高学生的阅读背诵兴趣，又可以达到锻炼形象思维的目的。《春》是由五幅春意盎然的图画构成；《社戏》中有“月夜航船图”；《济南的冬天》中有“雪后山景图”；《敕勒歌》中有“北方草原图”。画面在思维中出现，记画面不但可以记得快，记得活，记得牢，而且可以得到美的熏陶。

四、抓写法

写作手法因文而异，大到整体布局安排，小到句式结构，种类繁多。就一种极小的写作手法来说，比如《社戏・去赵庄》《春・春风图》《老山界・露宿》《从百草园到三味书屋・百草园景物》等片段中，作者都是调动了各种感觉器官，通过触觉、视觉、听觉、嗅觉、味觉等多种感觉来描写刻划景物，使景物栩栩如生，让人如临其境。在记忆时，可以让学生细细领会，反复揣摩，抓住各种感觉的替换，“跟着感觉走”，自然易记易背。当然，文章不同，写法也各异，要具体文章具体分析。

五、拎关键

主要指标点符号、字、词、句等。标点符号有时也成了记忆的关键。《人民解放军百万大军横渡长江》的导语中有处括号“（不含）”。此括号及其中两字成为默写的关键。记忆某些语段时，可以记其中关键字词，比如《社戏・撑船》及《从百草园到三味书屋・雪后捕鸟》这两段，主要记住这些精确的动词：跳、拔、坐、聚、点、磕、退、架、扫开、露出、支起、撒、系、牵、拉、罩……；记忆《生命的意义》时，可以着力记住下文标出的这些主导词：

人，最宝贵的是生命。生命对每个人只有一次，这仅有的一次生命应当怎样度过呢？每当回忆往事的时候，能够不为虚度年华而悔恨，不因碌碌无为而羞耻；在临死的时候，他能够说：我的整个生命的全部精力，都已经献给了世界上最壮丽的事业——为人类的解放而斗争。

关键句也不容忽视。古诗文中有些名句就是关键句，对记忆来说，拎住关键便可以牵一发而动全身，是较为有效的记忆方法。

六、设误区

针对学生囫囵吞枣、张冠李戴、屡记屡错的特点，干脆把背诵默写中常出现的误区归纳陈设出来，让学生辨别。比如《一面》最后部分中的“非人的虐待”“哼都不哼一声”“遭到辱骂踢打的时候”“恣情悲痛”“不能自已”……《纪念白求恩》最后一节中：“现在大家纪念他，可见他的精神感人之深”（可见他精神感人之深）；《荔枝蜜》中“为自己，为别人，也为后世子孙酿造生活的蜜”（为自己，为别人，为后世子孙……）；《夜走灵官峡》中“混凝土搅拌机和空气压缩机的吼声”（浑凝土绞绊机……）；《谈骨气》中“许多曾经是自由主义者或民主主义者的人们，在美国帝国主义者及其走狗国民党反动派面前站起来了”（默写中往往语序颠倒，成分残缺，意思改变）……在教学中，陈列出错误的默写，加以纠正，强化记忆，可以有效地防止记忆的错误一而再，再而三地出现。

七、分层块

化整为零，逐层推进也是背诵时常用的方法，效果较好，但它并不是孤立的，可以与前六种方法结合使用。当然，七种方法彼此之间有交叉现象，背诵时也是自觉不自觉地综合运用各种方法的。

总之，记忆的方法有多种，这七种方法只是其中的一部分。在语文教学过程中，引导学生掌握正确的学习方法，有效地运用记忆技巧，主要目的是为了减轻学生的负担，让他们更好地领会课文，提高语文学习能力，加强文学素养，而不能把学生导入一味寻求记忆方法为背诵而背诵的误区之中，这是教学中要注意的问题。

在写作训练中培养学生的思维品质

朱瑞源

作文是培养与检查学生语文综合能力的有效手段，也是检验学生个体思维水平和智力、能力差异的可靠标志。针对当前学生思维品质的现状，如何在写作训练中培养和提高学生的思维品质，这不仅是个理论问题，更是个实践问题，广大语文教育工作者必须在教学实践中研究并推动语文教学思维训练，以提高教学质量。

一、当前学生思维品质的缺陷

国外某些研究发展人类思维的学者认为，一个人的学力可以划分为三个层次：最浅层次是掌握各种基本知识和技能，较高层次是对各种基本知识内在关系的理解及掌握综合技能，最高层次则是以各种知识技能为基础的思维运算方式及表达态度。因此，我们的作文训练如果仅仅停留在让学生掌握各种文体的基本写作知识和技能上是远远不够的。应该随着学生学历的增加，加强思维品质的训练，使学生（尤其是高中生）具备较高的学力，以便适应未来继续学习和工作的需要。然而，写作训练的现状却不尽如人意，从学生作文练习中，我们可以发现学生思维品质的缺陷是明显的。思维流程的单一性，思维方式的机械性，思维态势的混乱性等等都与健全思维的深刻性、批判性、独创性等品质形成巨大的反差。他们的文章或立意肤浅，结论轻率，表现出思维直觉的成分多，理性思维的广度和深度不够，抓不住事物的规律和本质；或内容贫乏，空洞无物，表现出思维僵化、呆板，不善于联想和想象；或结构混乱，堆砌无序，表现出思维比较凌乱，不能发现材料之间的内在联系；或语言模糊，词不达意，表现出思维不够准确、严密，缺少语言表达时的调整和矫正能力。

学生文章反映出的这些思维品质的缺陷，除了非智力因素的影响，比如因激发不起写作兴趣而草率作文外，主要是教师在长期的作文教学中，过多地强调写作知识的学习和写作技巧的简单重复训练。这种训练常常是缺乏写作知识和写作技能训练的递进式序列，更缺乏写作思维技能训练的序列层次，因而使学生失去了积极主动作文的强烈欲望，抑制了学生思维品质中最本质、最具活力的创造性思维能力的发挥。所以，在写作训练中要培养学生的思维品质，就必须抓住以上环节，逐步训练和培养。

二、思维品质的训练和培养

写作是一种复杂的思维活动，文章是思维的果实。注意在写作训练中培养思维品质，是提高学生写作能力的突破口，是让写作结出丰硕果实的有效措施。写作能力与思维品质的这种内在关系，启发我们应该根据思维品质的诸多成分，从以下几个方面加强训练与培养。

1. 认识本质属性，提高思维的深刻性　作文的关键一步是理解命题或材料的内涵，只有理解了内涵，才能抓住本质，写出合乎命题要求的观点深刻的文章，离开了这一点就谈不到写文章，更不用说写出好文章。

就学生的习作来说，这种训练应抓住两个环节。一是作前指导。指导，不要总是“一言堂”，教师讲几句非常“原则”的话，而应启发学生独立思考，根据题目要求，讨论文章如何立意、取材，该“反映什么”，如何“反映”；教师不必担心这样讨论后写出来的文章会雷同，因为你不是让学生具体讨论写什么内容，而是启发学生深刻领会题意，拓宽思路，使学生的认识经过讨论逐步深化，展现认识的丰富多彩，并且能在习作中反映出来。二是作后讲评。不管教师作后讲评侧重于哪一方面，都应重视让学生共同参与对文章立意的评论。让学生区别什么是正确的立意，什么是最深刻的立意。这两个评论题视学生基础而定，前一论题适用低年级，后一论题高年级应讨论多一些。让学生主动参与讨论，就是为了让学生的思维更活跃、更开阔、更深刻，教师的责任就在于注意培养争鸣气氛，让学生的思想在争论中撞出思维的火花。一篇文章写得好不好，就在于它是否能正确地反映社会现实生活，要正确反映生活，离不开对生活现象的“全方位”思考及深入的剖析。人们认识生活，总有一个从局部到全局。从肤浅到深入，从现象到本质的过程。只要我们指导思想明确，在写作教学中坚持训练，让学生逐步学会避开人云亦云的平庸看法，就能写出见解深刻的文章。

2. 掌握思想方法，提高思维的批判性　思维的深刻性是一切思维品质的基础。思维的批判性是在深刻性基础上发展起来的品质，只有深刻的认识、周密的思考，才能全面正确地作出判断，同时，只有不断自我评判，调节思维过程，才能更深刻地揭示事物的本质和规律。

要提高思维批判性的质量，关键在于掌握正确的思维方法。学生必须善于对自己占有的材料进行分析和综合，对自己的观点不断地检验和完善，培养自我鉴别、自我批判的精神，通过自我批判去表现文章思想的正确性和深刻性。思维批判性的培养主要应从两个方面去训练，一是自我质疑法。针对文章的立意、内容、语言等要素，让学生联系社会实际，尽量全面地分析它的含义，检验自己是否以偏概全，是否只注意了事物的表面现象，是否只注意了次要方面，是否搞错了事物内容的因果关系等等。二是逆向否定法。当学生感到某些方面的含义是错误时，让学生学会逆着它原来的性质加以否定，进而柳暗花明地引出其他合情合理的新含义。

学生常常以为在自己的作文中能发几句牢骚，便表现出思维有了批判性。其实，这种认识是很肤浅而片面的。教师要在作文批改时注意正确引导，以培养学生思维的批判性。比如他们常把目前学校的思想政治工作斥之为形式主义。我们可以让学生思考；思想政治教育的内容是否必要；形式与形式主义是否是同一概念；内容和形式是什么关系；你认为采取什么样的方法就不是形式主义，等等。只有因势利导，让学生学会运用马克思主义哲学原理去评判周围的现实，才能提高他们思维批判性的质量。

学生习作在语言运用上往往会出现失度、偏激和稚嫩的现象，归根到底也是思维上出了差错。比如在赞颂教师的文字里我们常看到“教师是社会的中流砥柱”“教师在教育战线上浴血奋战”“没有教师，我们只能成为头脑简单、四肢发达的行尸走肉”……这种扬此抑彼、顾此失彼的语句，正反映了思维方式的幼稚，反映了在修改自己的文章时缺乏正确的批判能力。让学生学会修改自己的文章，是培养思维批判性的实际需要，也是培养思维批判性的重要途径。我们可充分利用分数的杠杆，承认学生修改后重做的文章，从而调动学生修改自己文章的积极性。

3. 鼓励标新立异，提高思维的独创性　独创性思维品质是创造性学习的智力基础，在写作中培养学生善于发表新颖、独特的见解，应始终引起我们的极大关注。人们往往容易被思维定式所左右，往往有一种顽固的趋同心理，学生作文也容易受到这种心理的障碍，不善于或者不敢于发表自己个人的见解，教师应该鼓励启发他们多角度、多渠道、多层次地分析思考问题，允许他们标新立异，以培养他们创造性思维的习惯和能力。

把创造性求异思维引进写作，可从两方面加强训练。一是逆向思维法，即采取与人们惯常的思维方向相反的一种思维方式。世上万事万物都是矛盾的对立统一体，而人们总习惯地认识事物的此一面，而忽视彼一面，对某些问题如果反其道而思之反其意而写之，往往会有新颖独到的发现，进而写出好文章。二是发散思维法，即让学生从尽可能多的角度、方向、层次上去考虑问题，使联想驰骋，思接千载，由物及人，从古至今。思维发散开来，写起来就比较从容了。

以上这两种思维方式的训练不能孤立地进行，因为，事物往往不只是“非此即彼”的简单对立式，而多呈立体的发散状。写作时，不是每题都可逆反，发散思维就弥补了逆向思维的局限性。只要学生正确地使用创造性思维的这两种基本方法，就能找出许多创造性的假设和构想，写出有独到见解的文章来。“滥竽充数”是个老话题，一般同学只能分析到“滥竽”“不学无术”为止，而有的同学就能联系现实，尖锐地指出：齐王差不多要负全部责任。因为他一手制造了不管会吹不会吹、吹好吹坏，反正待遇、报酬一个样的制度，只要有这种制度存在，就会有“滥竽”存在！这样的立论多么鲜明深刻。

当然，“作好文”首先要“做好人”。作文教学要想有大面积的丰收，除了充分注意学生思维品质的训练和培养外，还要从根本上提高学生的思想道德素质和科学文化素质。我们要经常性地以理想、抱负、爱国、奉献、改革开放等思想意识，诚实正直、勇敢坚毅、热于求知、谦逊宽厚等良好品质，求质量、讲效率、艰苦奋斗、勇于进取、忠于职守等时代观念，辨别是非、认清主流等审察识别能力，作为写作教学的基本内容，这无论从打基础、备考和将来适应社会需要来说都是重要的、必要的。

在作文教学中培养学生创造性思维能力

吴 敏　　江 香

学生怕写作文，作文课上无从下笔，写出的文章空洞干瘪，究其实，是因为学生的心智未启动，思维处于潜伏状态。要改变这种状态，语文教师首先要做的就是调动思维的积极性，激发作文的兴趣，培养创造性思维能力。我们从以下几个方面作了些努力。

一、欣赏范文与动手写作相结合

读文章与写文章是有必然联系的，读有所得，写也必有长进。我国旧式教育的大量背诵和现代一些语文教师采用的增大阅读量的做法，从某种角度上看，能够引导学生从阅读中产生审美快感，产生倾慕与冲动，进而提笔跃跃欲试。因此，教师应积极地将好的文章推荐介绍给学生阅读。

推荐文章应持慎重、谨严的态度，应由浅入深，循序渐进，既可介绍整篇文章也可指导学生欣赏片断。推荐范围宜扩大，古今中外，优者皆可。我们介绍过的作品小到校级刊物的选文，大至世界文学名著。文章体裁有记叙文、说明文、议论文，还有少量的诗歌和小说，介绍的手段主要是朗读加评述，形式有口头点评式、口头总批式、学生集体评议式。事实证明，大量范文的介绍，开阔了学生眼界，激发了作文兴趣，获得了进行创造想象的动力，在这种情绪状态下进行写作，效果往往会令人满意的。

在动手写作时常有这种现象：一些学生的思维受范文的影响，作文是依样画葫芦式的模仿。我们对这种情况首先予以肯定，因为模仿的意象，已经是学生经过形象思维，又通过语言迹化显现的描述意象，但是，这样的描述意象还是机械的、呆板的，所以在肯定的同时还应进行扩展性思维的训练，这样学生的作文就由“临摹画”到“写生画”，进而成为千姿百态具有丰富内涵的创造性图画。从形象思维的角度来说，就是由形象的感受（这儿的“形象”仍特指欣赏范文时由符号意象而产生的想象）、形象的储存、形象的识别，上升到了形象的创造和形象的描绘。

例如初一学习寓言单元后学写寓言，大多数同学囿于课文内容，思维离不开讽喻自高自大的模式。我们就采用集体讨论的形式引导学生把思维扩展到身边众多的触发点上，结果这次习作的内容丰富多彩，有劝诫自暴自弃的，有讥讽自私自利的，有劝勉自强不息的，有赞颂谦虚礼让的，内容广泛，形式多样。再如初一下学期写《我难忘的一件事》，学生想到联欢、春游的居多，我们就采用了点拨式引导，向学生提问：“在生活中难道没有使你激动、使你痛苦、使你惊异、催你奋发的事吗？你们记忆的长河中都泛着一样的浪花吗？”话不多，却使学生豁然开朗，结果出现了不少生动的文章。有位同学写了一件从未透露过的难于启齿的事，文章开头写道：“这次背信弃义，嫁祸于人的行为成为我心灵上的一块伤疤，我以为它早已愈合了，可以永远忘却了，然而老师的问话使我鼓起勇气，揭开血淋淋的创口，正视自己的丑恶……”

大量课外作品的欣赏诱发了学生作文思维的积极性和创造性，这一点我们是深得其益的。

二、说话训练与书面写作相结合

课余时间与学生在一起，听他们交谈并参与他们的交谈，选取其中比较成功的谈话，在作文指导课上复述，并告诉学生，这些谈话经适当加工，就是一篇文章。这样的做法往往在学生中引起惊喜的反应。惊者，原来写文章并不难，把所见所闻所想用语言表达出来就是文章；喜者，居然我们也能“出口成章”，这样，学生的兴趣就会由只限于“心向往之”的旁观者的消极兴趣上升为力求掌握、力求参与的实践者的积极兴趣。

如何参与？书面写作当然是主要手段，但口头作文仍不失为一个好方法。不少有识之士早就指出：一个人能出口成章，自然能下笔成文，但下笔千言的人，未必能在众人面前自如地表达意思。从作文教学的角度看，口头训练有助于书面写作，并能收到一人作文，全班得益的效果。

我们主要采用的是三分钟说话的形式，每节语文课由一位学生上讲台说三分钟话，三年讲话训练的要求由浅入深：初一、初二以记叙、说明为主，初三以议论为主；训练的方法由易到难：由自主命题到指定命题，由提前布置到即兴演讲。

初中生处在自我意识觉醒的心理发展阶段，表现欲是这种自我意识的一个主要方面，三分钟说话就充分激发了学生的这种表现欲。学生都十分重视这个自我表现的机会，学生曾在小作文中描述自己的感受：“我早就准备好了演讲内容，可是语文课的铃声一响，我的神经还是绷得紧紧的，站上讲台，我只觉得腿在抖，手心在冒汗，当我在同学的掌声中走下讲台时，我是那样的自豪，甚至盼望明天再让我讲一次，真可惜这样的机会太少了。”这种演讲前的表现与其说是紧张，不如说是自我表现前的兴奋，与诗人得到灵感进行创作前的亢奋状态是相似的；讲演后的自豪正是欲望得到满足后的快感。我们发现，没有一个学生对三分钟说话采取敷衍应付的态度，有的学生在讲演这天，换上整齐、干净的衣服，头发也精心梳理，这些都说明恰当地利用青少年的表现欲能促进积极思维。

理解与鼓励也是激发思维积极性的手段，美国的一些心理学家认为，大多数有积极意义的动机都来源于社会，人类社会性动机主要有交往性动机和威信性动机，企盼受同学称赞和得到老师的肯定就属于威信性动机，所以三分钟讲话后，我们通常都对学生说话的得失进行评议，重在挖掘成功之处，予以表扬，特别是对于差生，明确地强调他们的智力水平不比别人低，多次鼓励表扬必将产生罗森塔尔效应，这些学生写作态度明显转变，作文质量总体呈上升趋势。有一个班刚进初一时作文不及格率为80%，毕业考试不及格率为零。数年来，我们遵循科学规律，坚持用科学的方法进行说话训练，学生的口头表达能力大大增强，所有学生都能较从容地走上讲台，面对全班同学发言。这就有助于课堂书面作文能力的提高。

三、教师“下水”与学生活动相结合

教师动口动笔，与学生共同作文，有利于思想感情交流，促进学生作文时的积极思维，三分钟讲话训练开始前，我们常常先作演讲并欢迎学生命题，然后即兴演讲，并请学生挑毛病，细到病句和不恰当的用词。对此学生反应热烈，为以后学生积极参加三分钟说话无疑起了很好的促进作用。

两节课完成一篇作文，其中的酸甜苦辣也只有亲自“下水”才能更深地了解，并从中了解学生作文难的症结所在。有一次，我们与学生同写议论文，评论中学生大手大脚、铺张浪费的现象，学生的思维总局限于算经济账上，所以话很快就说完了；而教师想的就深得多，当然，与学生所写的效果大不相同。通过“下水”实践，在以后的作文课上，我们就改变了一味催促“快点写呀，已经下来一节课了”的做法，而是巡视行间，浏览部分学生的作文，尽快地判断学生文思堵塞的原因，及时予以点拨，犹如疏浚河道，往往能引出“源头活水”来。

四、课外活动与课堂教学相结合

课外开展多种活动来调动学生写作积极性，对课堂作文教学能起到很好的辅助作用。

前面已讲过初中学生都有较强的自我表现欲，尽管有人外露些，有人含蓄些。教师创造让他们表现的环境，有助于激发思维，提高兴趣，我们编辑了全班优秀文集（如《寓言集》），办了班级小报（如《小草报》《星光报》等），学生看到自己的作文被油印成册，得意兴奋之情溢于言表，写作热情空前高涨，办班报，我们要求是自由投稿，一般投稿率高达90%以上，有的学生文章被登载过一次后，就每期都投稿。我们还利用辅导课举行辩论会，辩论中甲乙双方据理力争，气氛热烈，一些平时寡言少语的学生也表现出异乎寻常的勇气。当然，辩论中也有自相矛盾，令人发笑的发言，但这无碍大局，此外，我们还举办作品交流会，让学生在自己一学期的作文中选出自己最满意的一篇加以修改，朗读给全班同学听，这就促使学生进行认真的自我评阅、修改，再疏懒的学生也不愿意因图轻松而在同学面前出丑。

这些课外活动不但调动了学生进行创造性思维的积极性，而且使班级呈现了生机勃勃，积极向上的面貌。

五、形象思维训练与抽象思维训练相结合

初中阶段是学生思维发展的质变阶段，也就是由具体形象思维向抽象逻辑思维

过渡。所以作文教学中，既要注意努力促进抽象逻辑思维的发展，又要兼顾形象思维的完善。

进行这种思维训练，如果仅从理论上讲述，初中学生反而不知所云。我们把形象思维的要求概括为：运用想象和联想，描绘事物的“像”，达到具体可感；把抽象思维的要求概括为：掌握判断和归纳这两种思维方法，分析事物的“理”，使人有所悟，对演绎法暂不作要求。

不少人认为记叙文用形象思维，议论文用抽象思维，这种把二者截然割裂开来的看法是不正确的。这二者应该是相辅相成，相互作用的，所以在指导作文时，应当二者同时进行训练。

例如在作《校运会上》的作文指导时，我们启发学生：如果表现一位风格高尚的运动员，有这样两种环境描写，一是凉风飒爽，饮料充足，一是烈日当空，口渴难忍，这位运动员把饮料让给别人的情节放在哪种环境中效果好？回答是后者。这是什么道理呢？这是因为人物与环境之间的矛盾较前者尖锐。主人公疲劳、口渴与天气炎热是矛盾之一，与饮料短缺为矛盾之二，人物的形象处在两组矛盾中更容易得到展示。接下来，我们作了归纳：环境描写可以起到突出人物形象的作用。这样，学生在以后的写作中就能较自觉地运用适当的环境描写。这是在形象思维训练中加强抽象思维训练的具体做法之一。

当然，不是所有的学生都能很快地把领会的知识化为心智技能的，反面的例子同样可以证明这两种思维训练的密切关系。例如在学习了课文《荔枝蜜》后，练习用象征手法来赞颂美好的事物，我们的作文指导重在引导分析蜜蜂与劳动人民本质上的共同特点，指导学生用 A 象征 B，必须抓住二者的相似点，也就是说二者必须有逻辑联系。通过讲析，不少学生写出了感情真挚、象征手法运用恰当的好文章。但有一位学生在赞颂公安战士的文章最后这样写：“狗多么像我们的公安战士，它警惕性高、灵敏、忠心不二，愿所有的战士都成为狗一样的人。”这种文字是我们始料不及的，细细思索，我们认为这是作文指导时强调抽象逻辑思维而忽略形象思维的结果，那段文字的作者牢记老师的作文指导，只是去机械地强调抽象事物的特征，以至出现偏颇。所以在作文讲评课上，教师又着重讲解了在抽象某事物特征的同时，也不能削弱所描写事物(即审美对象)的整体美感，要注意被欣赏、被歌颂事物的形象美。此例可证明教师的作文指导一定要得法，不可把两种思维方法割裂开来。

由于我们重视了作文教学中两种思维方式的综合训练，学生作文无论是论事还是写景状物，不再是随意的、盲目的，各部分互相游离的，而是自觉地紧扣主题进行，写作议论文也能基本上有理有据，环环相扣。

以上是对我们的作文教学所作的一次粗疏的总结，我们当不断探索，在作文教学中进一步调动学生的思维积极性，发展学生创造性思维的能力。

"高中议论文写作教学中的思维训练"课题介绍

蒋念祖

一、课题的确定

议论文写作不只是一个书面表达过程,而且首先是一个包括认知、情感、意向等活动在内的心理活动过程。在认知过程中,以思维活动为主,同时也有感觉、记忆等活动的参与。议论文写作教学的目的是为学生心理素质的全面提高,而重点目标当是提高学生的思维能力,尤其是抽象思维能力。

人的心理素质的提高,关键在于优化其心理结构。心理结构是一个包括认知结构(其中包括思维结构)、情感结构、意向结构在内的系统结构。思维结构主要包括下列要素:思维材料,包括感性材料和理性材料;思维方法,主要有分析和综合、抽象和具体、归纳和演绎、类比和比较、概括、系统化等;思维形式,主要指概念、判断、推理等;思维品质,良好的思维品质包括广阔性、深刻性、灵活性、独创性和批判性等等。思维能力的提高、思维结构的优化,其主要途径就是要让思维主体在实践、训练中掌握并运用各种思维形式,达到对事物本质及其内部联系的认识;在此过程中,使思维主体的思维品质得到提高。思维能力的提高,思维结构的优化,对于心理素质的提高、心理结构的优化,有着重要的作用。反过来,心理素质的提高、心理结构的优化,对思维能力的提高、思维结构的优化,必须有重大影响。在思维训练的设计中当考虑到这两者之间的辩证关系。

各种类型的议论文,其写作过程大体可归结为提炼论点,将论点分解为分论点,敷演成文、修改等几个基本环节。这些基本环节,从思维科学的角度看,都离不开各种思维方法、思维形式的运用,都能反映出作者的思维品质。而学生议论文写作中一些常见的毛病,如不善于提炼论点,不善于展开说理论证,议论的片面性、绝对化等,其实质还是在于不能掌握、运用各种思维方法、思维形式,缺乏良好的思维品质。

以往的议论文教学,就一般情况而言,写作知识的传授往往局限于议论文三要素、论证方法、论证结构等方面的内容,谈到如何提炼论点,则只能限于经验型的指导。至于写作训练,大多结合阅读教学进行,带有较强的随意性,缺乏一个有内在联系的循序渐进的训练。这样势必不能迅速提高学生写作能力和思维能力。

有鉴于此,作者认为议论文写作训练应当以思维训练为主线。首先,在传授有关知识的基础上进行单项思维训练,让学生掌握各种常用的思维方法和思维形式。然后分别讲解各种思维方法和思维形式在写作过程中的应用，充分展示议论文写作中的思维过程，让学生认识其中的规律，并在相应的练习中逐步掌握、运用这些规律。为了有效地提高学生的写作能力、思维能力，结合写作训练，还须引导学生展开课外阅读，积累思维材料。阅读中要指导学生阅读一些哲学、心理学等方面的书籍，提高他们的理论水平。其次还须引导学生关心、注重、参加社会实践，用所学得的知识去观察问题、发现问题、分析问题、解决问题。议论文写作训练的过程应当是一个学会理论联系实际的过程。

议论文的写作训练不可能给学生提供捷径，相反，它将是一个充满艰苦思考活动的过程，但是，其乐趣也正在其中。议论文写作训练的过程既是一个意志磨炼的过程，又是一个可以激发学生的理论兴趣，使他们从中领略理性创造美的过程。

二、发展概况

课题研究综合运用了文献法、调查法、教育经验总结法。课题研究开始于1986年。我们从北京月坛中学刘朏朏、高原老师的“三级训练体系”、江苏省泰州中学洪宗礼老师的《中学生思维训练》和福建师范大学林可夫教授的《写作基础概念》中得到启发，准备在高中议论文写作教学中实施思维训练，于是一方面学习思维科学的有关专著，一方面对数百篇议论文(包括中学生的获奖作品)进行分析，从中归纳出议论文写作的十几种思维方法。据此，在所任教的87届高一(1)班实施思维训练。主要利用课外作文这块园地，逐一教给学生各种思维方法，用来分析、思考各种具体问题，将自己的认识写成作文。与此同时，陆续给学生开设了逻辑学、辩证唯物主义、心理学、美学等学科常识讲座，提高学生的理论兴趣、理论修养。经过三年的训练，学生对议论文写作、阅读的兴趣、能力有明确的提高，1989年高考语文均分比当年省均分高15分。实验的结果曾撰写成专题总结刊于《心理发展与教育》1987年第4期，后被中国人民大学资料复印中心复印。此后，在此基础上，在高三年级经过三年试教，并与兄弟学校、兄弟县市的同行们多次切磋交流，目前已形成以思维训练为主线的高中议论文写作教材《高中议论文写作和思维训练》，二十四万字，由四川教育出版社出版。

扬州师范学院教科所所长顾黄初教授认为该书有如下特点：1. 对议论文写作中常用的一些逻辑方法作了比较精细的剖析，使之形成一个涵盖面较广的知识网络。2. 从分解训练到综合训练，从知识讲授到作业练习，初步形成了一个比较合理，又具有可操作性的训练序列。3. 选录了相当数量的例文，使知识讲解不流于空疏，使训练目标易于落实。北京师范大学发展心理研究所所长林崇德教授认为该书具有科学性、知识性、实践性、实用性，是一部有水平的著作，是一位中学语文教师在教学实践中所完成的一项科研成果，是本有价值的高中语文学习参考书。目前，《江苏教育》《语文之友》《现代写作报》均对此书作了评介。扬州市教育局教研室已决定将该书推荐为高一、高二选修课教材，从下一学期开始，我们将运用教育实验法，将该课题研究引向深入。

重视英语思维训练　提高英语运用能力

薛晓玲

在当前的英语教学中，存着一些亟待解决的问题。如：只管传授语言知识，忽视了英语思维能力的培养；离开语境、语篇教学，搞空洞的字、词、语法分析；不顾学生各阶段学习的特点和身心承受能力，死啃现行教材，搞机械的一日一练，一课一考的"题海"战术等。这些做法严重地影响了学生思维能力和语言运用能力的提高。如何解决这些问题？这里笔者结合自己的教学实际谈一点看法。

一、打破陈旧教学模式，重视训练英语思维

"英语教学的任务是通过基本训练的途径培养学生运用英语的能力。"（英语教学大纳）而要"培养运用英语的能力"就必须将教学重点放在英语思维训练上，即直接用英语思考问题，像马克思提供的那样："When a person is learning a foreign language, he must not always be translating everything into own language. He must be all able to use the forcing language, forgetting about his own."但是教学中沿袭汉语思维方式用词、造句的坏习惯由来已久，要纠正此弊端绝非一日之功。以全国统编教材为例：初中 6 册，高中 3 册，共 1987 页，其中 70％的篇幅是单词表，课文注释，语法讲解（包括例句），单句和单句练习，而以培养英语思维能力为目的的阅读理解、词意辨析等内容却很少。如何改变这一状况？笔者认为，首先要多阅读，多接触一些真正的、活生生的英语，在潜移默化中熟悉英语的语言习惯，然后长期有针对性练习，在实践中逐步改变原有的习惯。在此期间，教师必须积极地引导学生使教学活动化，交际化，把枯燥的句型讲解改编为对话，把课文改为故事、短剧进行演讲、表演，把语法讲解变为有趣的文字游戏、漫画、图示，把教材中有些似乎抽象的内容与实际的形象有机结合起来，抽象思维与形象思维结合，激发学生的学习兴趣，使学生乐于学，不怕难。这样，不仅提高了英语的使用频率，使学生在运用中自然而然地记住了单词，句型，而且大大增强了语感。

二、重视语篇教学，加强思维训练

英国著名语言学家帕默（Harold E. Plamer）曾提出一种在语言学习上取得成功的公式，对我们不无启示。这个公式是：language material（语言材料）＋memorizing（熟记）＝success（成功）。课文是语言材料的一部分，而这里的 memorizing 不是死

记硬背,而是建筑在理解基础上的“精熟牢记”。而理解本身就包含着一种复杂的思维训练的过程。

如何结合语言材料进行熟记?我的做法是大力加强语篇教学,结合语篇进行熟记。语篇是语言实际应用中的基本单位,脱离语篇记忆单词、句型,不仅记起来觉得枯燥,容易忘记,而且不易掌握其真正含义,不会应用。如:You can't eat too much句中没有一个生词,多数人理解为:你不能吃得太多。而实际是:你吃得再多也不过分。此句只要放在上下文中就容易理解了,但孤立开来就会引起误解。一心理学家认为:“一起学过并贮存起来的东西往往会被一同回忆起来……”M. L. Hunter认为:“要求一起记忆的东西要一起讲授。”可见语篇教学能使学过的单词,句型与语篇内容密切结合,使学生真正掌握它们,从而有利于提高口语和写作能力。

在语篇教学中,课堂问答是一个相当重要的形式。问题是思维的动力,而思维又常常从提问开始。问答又是一种双向的交际活动,它有助于对话能力的培养。因此,紧扣教学目的,根据课文内容和学生的知识水平与心理特征精心设计课堂提问,对于促进学生积极思维,提高他们的英语口头表达能力和传递信息的能力,帮助他们加强对课文的理解、记忆是十分重要的。提问的方法有很多,可按课文逻辑顺序层层深入提问,也可按时间顺序串联自然段间关系提问。提问可用填空式,选择式,比较式,也可用扩展式。用问答的方法把叙述性课文改为对话,把对话改为叙述,在复述、改写中突出重点和解决难点,能够节省讲解的时间,增强课文的重视率,进而更好地掌握整篇课文。高中阶段还可采用联系实际和诱发想象提问法。如在讲“The Lost Necklace”之后提出“What would Mathilde have done if she hadn't lost the necklace?”又如在讲完“The Story of William Tell”后提出“Was William tell's son afraid when his father shot at the apple on his head with one of his arrows?”“Why not?”这样能激发学生展开联想、想象,同时又能促进新旧知识融会贯通。

问答练习不能只是教师问学生答,更重要的是要创造条件,让学生互问互答。南宋教育家朱熹曾说:“读书无疑者,须教有疑。”“疑”是学习进步的关键,又能促进学生积极思维。“疑”是思维的结果,又是再思维的起点。“学贵知疑”,我们每节课除紧扣授课中心设疑外,还应留有时间鼓励学生质疑,教师再根据不同情况,有针对性地解疑。释疑可用详答、略答或让学生自己回答的形式。另外,有时还可以请同学进行情景对话,看图说话或课本剧表演。如讲“The Lost Necklace”和“At A Taitor's Shop”时,请一些同学分角色朗读,表演,在讲完“Napoleon's Three Questions”后,请几位同学将课文改编成课本剧演出,这种形声、动作结合的办法促使学生多种感官协调活动,增强记忆效果,促进学生积极思维。

三、增强课外阅读,促进积极思维

帕默公式所提到的Language material(语言材料)范围广泛,统编教材仅仅是其中一部分。统编教材的语篇有限,为了使学生接触尽可能多的语言材料,接触真正的英语,培养和加强英语语感,必须增加配套教材,在初中我认为值得推崇的教材是“Look, Listen, And Learn”。这套教材语言规范,内容生动活泼,画面多姿多彩,各种人物语音语调纯正、悦耳、动听,使用后许多学生着了魔似的,吃饭时听一遍,睡觉前听一遍,同学们见到面就像唱流行歌曲似的脱口而出,从而使学生的英语水平在轻松愉快的活动中得到提高。高中配合使用的是“New Concept English”。该教材语音标准,实用性强,有强烈的现代生活气息,对于掌握英语特有表达法、习惯用语,思维习惯十分有益,为学生生活增添了色彩,同时有助于了解英语国家的政治、生活和社会文化等各个方面的概况。书中的对话、短文语言幽默,富有情趣,使学生觉得学习英语不是负担,而是一天紧张之余的放松。《英语报》《英语园地》《英语画刊》等课外读物,涉及面广,信息量大,能够拓宽学生的知识面。

适当地有选择地增加课外阅读,还可提高学生的自学能力。阅读是综合性的思维活动,它涉及读者的理解、记忆、推理、判断能力等。“一个成功的语言学习者主要是创造出一个成功的自学方法。”配套教材和课外读物弥补了教材阅读面窄、重视率低的缺陷,满足了学生的求知欲和好奇心,从新的角度诱导学生去积极思维,领会和掌握所学的内容,强化了教学效果。

四、把握英语学习各阶段的特点,不断提高英语思维能力

英语有十几种教学方法,如听说法(audiolingual method)、结构教学法(structural method)、功能—意念教学法(functional-notional approach)等。每一种方法,各有所长,各有所短,关键是这一种方法要在恰当的时间、适宜的情况、一定的阶段下加以运用。而教师教学的艺术就是寻找并把握这个“适当的阶段”。初中阶段适宜采用视、听、说并重的方法,让学生眼看实物、动作、图片或幻灯片,耳听录音或教师发音,模仿说话,在反复训练中培养兴趣,打好语音基础,掌握听、说、写的基本技能。训练得法就能改变他们原有的习惯,提高用英语思维的能力。高中宜采用听读领悟法(the comprehension model),以侧重训练学生的听力以及阅读能力,当学生听读能力达到一定水平,那么他说和写的能力也将随之提高。当然这样做对英语思维能力的要求会更高,不但要进行形象思维,而且要进行抽象思维。在高中阶段,高一年级要重视初高中英语教学的衔接,着重从语音听力、阅读、写作方面进行指导和训练,使学生适应高中英语授课的训练方法。如坚持早读15分钟听课文录音或其他听力材料。每节课前五分钟让学生轮流作值日生报告,为学生提供口头交际的实践机会,并指导阅读方法,培养自觉预习课文的习惯,逐步提高学生的阅读能力。高二年级学生智力发展趋于成熟,思维发展也逐步进入成熟期,但这个时期思维发展的可塑性仍然较大,教师必须不失时机地抓紧培养,提高他们学习外语的能力。大量增加语言信息输入量是这阶段的重要任务,因为当学生用已掌握的语言知识去思维,还不能完全解决问题时,就需要拓宽思路,积累语言知识,并从中悟出结论。高三,是高中阶段的最后一学年,在上学期学习高中第三册教材时,可以有目的地加大练习量,做到每周一练,

在出题时要注意有意识地选择、编撰一些形似简单,但必须经过认真、周密思考方能正确解答的习题,进一步训练学生的思维,提高学生的思维素质。复习中,要引导学生注意阶段性归纳总结,“学而思,思而疑、疑后悟、悟长存”。高三下学期的总复习应采用咨询法(counsel ling learning)。这时师生之间不再是传统式的授受关系,教师应是学生的朋友、大夫、顾问,当学生有问题时,教师则帮助他们把问题解决掉。课上不必多花时间一课一课复习、讲解、测试,而要“授人以渔”,指导学生自己去整理、总结,教师进行检查、纠正、补充,指点迷津。用科学的复习方法,以最少的时间取得最理想的效果。例如“The Secrets Of Long Life”一文中,对主题设计的题目是“Which is the best topic of the passage?”掌握解题方法的学生很快从段意中找到答案。“How to Transplant Trees?”一文中第一句话即:“We can transplant a tree successfully at any time.”而其中一条题目,如果让学生掺杂自己的观点想当然就会选择“The best time for transplanting a tree is spring”。但根据作者的意图和观点应选择“... at ant season”。像这道题讲评可给学生留下较深刻的印象,对学生解 1993 年高考题第三部分(U)英语应用中的几条客观性选择题大有启迪。图示题应加强学生自身形象思维能力的训练,心理学研究表明,用单纯反复感知知识记的方法,其效果,远不及感知与尝试重现相结合的方法好,因为后者能提高大脑皮层活动的积极性,运用所学语言进行发展思维,此时学生对外语学习的认识出现了飞跃,体会到语言是“练”会的,而不是“教”会的这个道理,更灵活地运用自己熟悉的、有把握的词汇和句式做各种体裁的“书面表达”题。克服了以前遇到写作就“卡壳”、无从“下手”的现象,学会一句多译,如旅馆介绍一文中“单人房间租费每晚 60 元……”,起初我担心学生做时有难度,结果表明,他们已经应付自如。他们对此句的译文有:

A single room is sixty yuan for one night.

A single room costs you sixty yuan for one night.

You can spend sixty yuan living in a single room for one night.

经过一段时间的训练,学生的思维能力和思维速度大大提高,并在形象思维、抽象思维基础上激发出灵感思维和创造性思维,同时增强了他们对未见过的语篇和题型的心理承受能力和适应性,使学生充分看到自己的实力,作好应付各种情况的准备。

搞好值日生报告活动　培养学生听说能力

吉春红

培养学生听、说、读、写几方面的能力是中学英语教学的首要任务，而听、说能力的培养又是完成教学任务的最基本的前提。为了达到这一目的，我在初、高中教学中通过坚持开展“值日生报告”活动来逐步培养学生的听、说能力，并收到了较理想的效果。下面谈谈我在这方面的一些做法：

一、精心指导，由易到难

“值日生报告”是利用每节课前几分钟时间让一个或几个学生轮流走上讲台和全班同学共同进行多种形式的口语听说练习活动。这一活动的开展又是在教师的精心指导下进行的。我指导学生练习，并不只是按学号让学生轮流在课上讲一下了事，而是从刚开始就明确目的，提出基本要求，对不同程度的学生作具体指导，使得他们报告的内容有中心，语句通顺，有连贯性，并逐步要求他们有各自的特色。同时又贯彻由易到难、循序渐进的原则。刚开始阶段要求并不高，内容多少、时间长短不限，以减少他们的心理压力。对基础较差的学生进行重点辅导，并鼓励他们树立信心，突破语言关。但随着年级的升高，知识的增多，表达水平的增强，要求也逐步提高，在内容、形式及语句文采上不断提出更高、更新的要求，以避免始终停留在一个水平上进行训练。只有在老师的精心安排和正确引导下，活动才能开展好。

二、形式多样，内容丰富

要使“值日生报告”活动顺利地开展好，形式活泼多样，内容丰富多彩至关重要。

我采用了问答、叙述和表演几个形式，问答式有值日生问，学生个别答；值日生问学生集体答；学生问，值日生答；值日生问老师答；老师问，值日生答；老师问，学生集体答等多种形式，使活动点面结合，灵活多变，促使学生耳、口、脑并用。叙述式则由值日生讲一件发生在身边的有趣的事情，讲一个小故事或朗诵一首小诗等。表演式通常有两个或两个以上值日生表演一段对话，一篇自选或自编的小故事或短剧，或将刚学过的课文稍加改编，利用“值日生报告”活动进行表演。但在叙述、表演之后，值日生通常还要对全班同学就叙述或表演的内容进行简要评价。因此开展活动时，由一个值日生讲，大家全神贯注地听，学生个个跃跃欲试，台上台下，情感交融，气氛活跃，达到了全班受益的目的。

每次活动内容通常分为“日常谈话”和“结合教学内容”两部分。“日常谈话”部分内容涉及学校生活(School)、英语学习(English Study)、电影(Film)、体育活动(Sports)、购物(Shopping)、家庭(family)、大气气候(Weather)、兴趣(Interests)、打招呼(Greeting)、交朋友(Making Friends)等几十个题材。“日常谈话”活动好像滚雪球,刚开始所练句型并太多,随着活动的进展,内容逐步增加,句型越来越多,“雪球”越滚越大。通过几年的训练,学生口语熟练,反应快,一次活动这可操练几十个句型,每次内容各不相同。例如就学校生活(School Life)进行问答,可逐步扩展到20多个问句。

What do you usually do is the morning(afternoon)?

How many subject do you have every day?

Which subject do you like best?

Why do you like English(maths...) so much?

……

一学期下来学生常操练的句型就有几百个。“结合教学内容”部分则是把“值日生报告”活动与授课内容结合起来的有效途径。“活动”中通过问答形式来复习所学内容或是预习将要学的新知。如在初二年级学完了第三册第五课的过去时后,值日生通过活动对全班同学利用过去时的句型提出了十几个问题,如:

Was your father at home yesterday?

Did he go to the film?

Did you play foot ball last Saturday?

When(where) did you borrow the book?

……

在学到while这个词时,我就让值日生在报告中朗读了这首小诗:Work while you work. Play while you play. This is the way to be cheerful and gay.学生听了之后很容易懂且又很感兴趣。在后来的活动中经常由值日生朗诵一些自己写的小诗或谚语等。

再如在高一年级准备教第二课语法定语从句的课上,我和值日生表演了一段(课前准备好的)对话:

Wang Gang, did you buy a pen last week?

Yes, I did.

(手拿学生的笔)This is the pen which you bought last week, isn't it?

Yes, it is.

Who told us a story yesterday?(指前一天讲故事的值日生)

Wu Dong is the boy who told us a story yesterday, isn't the?

Yes, he is.

(接着向全班)Who is the boy that told us a story yesterday?

(学生几乎齐声回答)Wu Dong is.

这样"值日生报告"活动很自然地导入了新课,活动中学生对定语从句有了初步印象,接下来讲的语法学生很快就掌握了。

活动密切结合教学内容,这就不仅训练了听说能力,而且巩固了所学句型和语法,使活动与教学内容融为一体,更具实效。

三、积极鼓励,激发兴趣

"值日生报告"活动中,我立足于少否定多鼓励,以激发学生的兴趣和热情。对基础较差的同学更要耐心启发、鼓励他们敢于开口,不怕说错。对"值日生报告"准备得好的以及问题回答得好的,及时予以表扬。一段时间下来,对那些"活动"中表现突出和原来基础较差,在听、说方面有明显进步的同学给予表演的优待机会。这样每次"值日生报告"活动中,学生都特别认真、活跃,尽力表现自己,力争得到优待。高中(或初中)三年下来,学生对"值日生报告"活动的兴趣越来越浓。

实践使我体会到,"值日生报告"活动不仅训练了学生的口语,而且激发了学生学习英语的兴趣,增强了学习的信心,活跃了课堂气氛,它确是培养学生的英语听说能力的一条有效途径。我所教的92届高三文科班,三年中一直坚持此项活动,三年下来学生英语听说能力普遍有很大提高,能用英语较流利地表达自己的思想,用英语即席发言,用英语叙述有相当难度的故事,并能较自如地与来校外宾用英语交谈。

英语阅读中的抠词技巧

王　静

词汇知识是阅读能力强弱的一个相当重要的因素。有研究证明,第一语言的阅读中,流利阅读者能辨认的词大致在10 000到100 000之间,而第二语言(含外语)的阅读,需掌握2 000到7 000个词汇。如果要像一个良好的第一语言阅读者一样流利地阅读第二语言,所需的第二语言词汇量就应该与第一语言词汇量差不多。学生怎样才能拥有如此大的词汇量呢,首先,必须大量阅读,第一语言阅读者的词汇绝不完全是教会的,而是他们在各种语境中读到这些词,逐渐地理解了这些词的意义。泛读是一种高效的拓宽词汇,提高阅读技能的途径。当然,学会查词典,背诵生词表等对于扩大词汇量都是有益的。本文不想讨论如何扩大词汇量以应付阅读,即使读者的词汇量是丰富的,也不可能懂得文章中的每个词,当然,跳过少数词不会影响对文章的理解,但确有些词至关重要,不可忽略,碰到这种情况该怎么办呢?一般可以从下列几方面入手。

1. 着眼词项

词项指语言词汇的单位,包括要整体看待其意义的词或短语,在句中起一定语法作用,并有特定的语义。比如"put up with"是一个固定的短语,而不是三个词的简单的和。另一方面,"saw"这个词代表了几个词项,它可以是"see"的过去式,也可以表示一种工具,下面这句绕口令就必须从词项的角度去考虑:"I never saw a saw saw a saw"。总之,要以意群为单位进行阅读,注意以下几点:A. 形式相同,意义、用法不同;B. 形式不同,意义相同或相近;C. 短语的意义不是单词意义之和。

2. 弄清结构

结构分析尽管不一定能帮助准确地确定词义,但可以帮助确定词类,这也有助于理解。如"John is going to Roscommon next month"一句中,"is going to"之后有两种可能性,一是接助词,一是接名词,"to"后的词以大写开头,结合起来看,是个地点名词,尽管还看不出"Roscommon"一词究竟是指国家、地区,还是指城市,但我们可以理解该句的意思即约翰下个月要到某个地方去,这已经够了。

3. 利用定义

有些文章对生词进行了直接的解释,尤其是有关自然科学的文章,这类文章旨在传授知识,解答问题。这方面的生词往往是某学科的专业术语,全文围绕这个术语展开讨论,频繁引用,但由于这种词专业性强,鲜为人知,故在文章开头就进行解释。

如:An altimeter is an instrument used in an airplane to tell the pilot how high he is flying. 文章开头先交代"altimeter"为何物,为下文介绍其使用作了铺垫。

4. 寻找例证

"物以类聚,人以群分",说的是有共同性质特征的物或人聚集在一起,据此可识别群体中的个体,也可以概括由个别组成的群体,在有关自然科学题材为主体的说明文中,常常援用例证这一手法。如:

The jungle was filled with the sounds of lions, tigers, monkeys, and its many other denizens.

"lion","tiger","monkey"为三个具有共性的个体名词,而"denizen"一词就体现了这三个个体名词的共性,是这三个词的一个群体名词。

5. 分析语境

语境即文中的内在逻辑关系,它是联系上下文的纽带。通常有三种表现形式:

A. 句子本身有明显的因果关系;如:

His health was vitiated by years of heavy drinking.

长期酗酒对身体会有什么影响呢?"vitiate"的意思不言自明了。

B. 句子提供的条件或情景引导读者得出合乎逻辑的判断;如:

Sailing along a canal, a ship often has to go through a series of locks.

"locks"复数形式,说明船要通过几个闸河,"a series of"不是表示一个,而是一系列的。

C. 句中含有感情色彩的词或短语可衬托出某一词汇的贬褒含义;如:

Years ago in some places in America those who broke certain laws were put in the stocks... It is said that the first man to sit in the stocks in Boston was the man who built them. What was his crime? He stole the money to buy the wood to build the stocks.

"broke laws","stole the money"都说明此人的行为是非法的,是罪行(crime)。

D. 句子前或后出现的同义词或反义词可以印证该生词的含义;如:Don't cleave to your family so strongly. Sticking to close to home will certainly limit your ability to make new friends.

为了使读者了解"cleave to"的含义,第二个句子中用了一个同义短语"stick to"对其进行解释,浅显易懂。又如:

This drink satiates my thirst, but it won't be enough for you.

转折词"but"表达了一个与前句截然相反的结果,与"won't be enough"相反的"satiate"则表示"be enough"。

6. 放弃难词

阅读中遇到的生词不必要查字典或猜测,有些词如人名、地名、组织机构,以及部分不重要的形容词、功能词、副词等不影响文章的整体理解,有时稍加理会即可,有的甚至可以跳过去。这当然有个前提，即读一篇文章要能回答以下几个问题：

读前：我为何要读？

读时：跳过该词能否抓住要旨？

读后：是否已达到阅读目的？如：

The Cherokee Indians, who considered themselves the "red people", established their villages along the streams and rivers of what are now the Carona, Georgia, Virginia, and Kentucky ...

五个划线的词，只要认识其中之一是美国的州名，就会知道该文叙述的事发生在美国，是讲美国印第安人的事，跳过上述几个生词，不会影响对整篇文章的理解。

历史的理解与理解历史

——中学历史教学中培养学生历史思维能力试探

王　雄

在中学历史教学中,如何培养学生的智能是历史教学的三大任务之一。近年来,人们更加重视对历史思维能力的研究探索,研究历史思维中形象思维和抽象思维的特点及如何在教学中培养和检测学生的思维能力和思维品质。本文即试图探讨这方面的问题,但暂时避开"思维"这个学术化的名词,而采用人们容易接受的偏重在学习过程方面的"理解"一词。实际上,在认知心理学中,"思维学习"也可以称为"理解学习",二者在认知心理学的领域中,是可以通用的。

一、历史的理解及其特点

一般意义上的理解就是懂得、了解;科学的理解则是指人们认识事物之间的联系,进而揭示其本质和规律的一种思维能力。从历史学的指导思想来看,要正确理解历史,就应当从史实出发,依据具体问题具体分析的唯物辩证方法,创造性地运用唯物史观,只有明确这一点,才能确定历史发展的终极原因,才能确定历史的发展是人类社会形态有规律的发展的自然过程,这是理解一切历史问题的基础。因此,我们可以把"历史的理解"定义为:以唯物史观为依据,从具体史实出发,认识、理解历史问题,发现历史规律的思维活动过程。从历史学研究的对象看,它不同于自然科学;自然科学的研究偏重于物质及其一般特性,其结果具有确定性,并可以重复实验检测;历史学则不然,它研究的对象是人,而人是各具特色的,他们不仅各有自己的阶级性、民族性,还受各自宗教信仰、政治原则、道德准则的影响,并为个人感情、好恶所左右,因而其研究结果没有数学那样精确,也不可能通过重复实验检验。历史的理解也就有其自身的特点。

第一,历史的理解要注意历史的多样性。历史学除了"反映出历史发展过程的规律性"外,还要"反映出历史发展过程的具体的真实的景象"。离开了具体的、个别的、偶然的现象,历史就被抽空了。这不仅意味着理解某一历史问题,可以从不同的线索、不同的角度、不同的层次去描述论证,而且还意味着要注重理解历史问题之间的差异和特性,只有这样,才能体现出历史丰富多彩性。从培养学生思维能力的角度看,这对培养学生思维的广度和深度及思维的灵活性无疑是有帮助的。

第二,历史的理解要注意历史的连续性。这是唯物史观中发展的观点、联系的观点的具体运用，体现着历史发展的渐进与飞跃、前进与曲折的变化过程。这同时也体现着其独特的教育功能，即可以培养学生理解今天的现实世界来源于过去，今天和未来的种种问题要依据历史上的经验教训去解决。这对训练培养学生思维的贯通性、深刻性和预见性是有极大帮助的。

第三，历史的理解要注意历史的规律性。历史的规律性体现了具体历史发展中的最本质的东西，体现了大量偶然历史事件内部的必然性，体现了唯物辩证法中对立统一、质量互变、否定之否定三大规律，我们理解历史研究历史时，不仅要重视运用马克思主义的历史唯物主义，而且要重视历史学本身的规律。因此，注重历史的规律性既可以培养学生正确运用逻辑思维，发现历史发展变化规律的方法，又可以培养学生透过现象看本质的能力，同时可以在这一认识过程中，帮助学生树立正确的唯物史观。

第四，历史的理解要注意历史发展的因果性。因果性是历史规律的一个方面，所以要单独列出是因为：历史事件是相互联系的，而在各种关系中，因果关系显得尤为重要。波兰当代历史学家托波尔斯基在论述历史的进程时，首先指出："社会中的每一种变化都是特定原因作用的结果，……因果论原理因而也成了论述世界规律性的基础。"而且，"历史解释的目的也在于表明，事件不是'机遇问题'，而是可以根据某些先行的或同时的条件加以预料的。这里所说的预料，不是宗教的预言或神谕，而是理性的科学预测，它以一般规律为前提"。但历史的因果关系是相当复杂的。在具备了适当的温度和气压的条件下，容器内的水就会沸腾等现象在自然科学中是极为普遍的，可是，历史事件在具备了看似相同的原因时，往往出现了不同的结果；一因多果，多因一果，多因多果，互为因果，这就体现了历史的多样性，由此我们也可以培养学生历史洞察力及思辨能力。

第五，历史的理解要注意历史发展的结构性（或整体性）。历史的连续性主要反映了历史思维历时性的一面，而历史的结构性则反映了历史思维共时性的一面。这里所指的历史的结构性，主要是反对割裂历史，而主张把政治、经济、文化、宗教等等有关的社会因素统一起来，从各种社会因素构成的变化着的整体角度来理解某一时期的历史。注意历史的结构性意味着在思维方式上要有较强的综合能力，要能把历史（现象、事件、问题）的整体分解为有机联系的各个部分、各种特性，进行分析比较，并进行不同的结构组合，在不同的关系中，揭示历史（现象、事件、问题）整体的本质规律和各种特征。这无疑对培养学生系统地看问题的综合能力有相当大的帮助。

教学中要注意历史理解的这五个特性是互相联系、互相补充的，应当让学生知道历史思维的这些特点，并且在指导学生理解问题时，要体现出历史课与其他课不同的特点。

二、理解历史的过程

要培养学生理解历史的能力还应当依据学生的现有状况和遵循教育心理的原

则。在教学中,“教育心理学关心三个焦点区域的理解的发展:学习者、学习过程和学习情境,这三个区域相互重叠和相互关联”。这里我们仅就几个教学中应当注意的问题略加说明。

第一,学习者是理解历史的主体,他们现有的思维特点、知识结构和非智力因素是能否理解问题的基础,“在整个中学阶段,青少年的思维力迅速地得到发展,他们抽象逻辑思维处于优势地位……少年期的思维中,抽象逻辑思维虽然开始占优势,可是在很大程度上,还属于经验型。他们的逻辑思维需要感性经验的直接支持。而青年初期的抽象逻辑思维,则属于理论型,他们已经能够用理论作指导来分析综合各种事实材料,从而不断扩大自己的知识领域”。中学生的这一思维特点说明,历史的理解尽管比较抽象、复杂,但中学生具备了理解复杂历史问题的能力基础,只不过初中阶段在抽象思维的水平上要低于高中阶段,因此应依据从感性到理性、由具体到抽象的原则,更多地向学生展示形象思维的材料。

理解历史还要把新的知识、技能经验纳入已有的认识结构,美国教育家奥苏伯尔在《教育心理学》1968年版的前言中写道:“假如我必须把所有教育心理学原理消减为一个的话,我会说影响学习唯一最重要的因素是学习者已有的知识,首先需要搞清这一点,然后再有的放矢地进行教学。”这就要求我们在确定好那些需要理解的知识结构的同时,要调查学生对这些历史问题的认识程度和个体差异,而且,在进行课堂教学时,要利用多种形式了解学生对各种新旧问题的理解程度。例如,在讲述学生熟悉的历史人物(如屈原、林则徐)的有关史实和评价前,应当先了解学生有哪些看法。可以把一个时期内课本要学到的重要人物列出表格,调查一下学生对这些人物了解的程度及其评价,然后针对存在的错误认识进行有理有据的阐述,同时教给学生如何评价历史人物的方法,让他们自己去思考、辨别、分析,这样就会使学生真正理解历史问题。

中学生理解历史还受到他们自身的非智力因素诸如动机、情感、兴趣、意志等的影响。在这方面,我们强调教师的期待作用和学生的自我期待作用,强调教师必须启发学生参与学习,调动学生独立思考的动机和兴趣。苏霍姆林斯基说:“在每一个年轻的心灵里,都存放着求知好学、渴望知识的火药,只有教师的思想才有可能去点燃它。”如果教师能利用自己的人格因素和知识技能鼓励学生大胆提出疑问,勇于解决疑问,学生理解历史的能力将会有较大提高。

第二,在学生理解历史的过程中,教师要具体指导学生理解历史的思路、方法,要及时消除学生对历史的误解。

历史学科中的误解或是由于依据的史料(或史实)不正确或不完整,或是由于依据的观点不正确,或是由于推理的方式错误。同时,社会上的不正确的观点也会影响学生,学生也可能轻易相信某一观点。我在教高一学生评价希特勒的时候,有少数同学就很欣赏希特勒的“才能”与“勇气”。当时我并未直接表态,而是启发他们思考:评价历史人物的标准是什么?根据这样的标准,希特勒的“才能”越突出,人类的历史越会向什么方向发展？同学们经过思考、讨论。终于得出正确的答案，并由此初步掌握了评价人物的方法。

此外还要重视学生在理解历史的过程中出现的各种逻辑错误，如不正确的二分法推理在学生中就相当普遍。学生评价历史事件和人物时，往往从好和坏、功与过两方面进行判断，而实际上，评价历史人物要从不同方面和不同时期进行具体分析，这就要求学生在做出判断前，不要先行得出好和坏的判断，而要经过正确的推理思考再做出评价。

第三，要努力创造尊重思考、重视理解的学习环境。良好的课堂气氛具有强大的力量，它能使集体的所有成员相互启发，互相影响，共同提高，而打开他们的智慧之门的钥匙就掌握在教师手中，这就需要教师通过多种教育手段，创造优越的学习情境，这样，注重理解的，就不再是少数优等学生，而是理解之风所及的所有学生。

教学中，有一种现象值得重视，即年级越高，举手发表自己见解的人越少，除了学生方面的原因外，这与教师未能注重创设思考的气氛是有关的。有人认为完成任务已经不容易，哪有时间给学生讨论呢？其实时间是可以挤的。在中学生阶段，尤其在高年级，学生完全有能力掌握一般史实，这部分内容完全可以由他们自学；再则，教师在写教案时，一般要列出重点、难点，却很少列出容易点、次要的地方，而后者学生都可以在教师指导下进行自学。

总之，在历史教学中应注重理解能力的培养。我们相信，经过同行们和专家的共同研究，学生学习历史的负担将不是越学越繁重，历史教学的效果也不再是仅仅使学生记住一些历史史实，相反它会为学生形成良好的思维习惯、培养科学的世界观、人生观做出应有的贡献。

历史教学与辩证思维能力的培养

陈 桂

历史学科的智能就是指一个站在一定的阶级立场上，也就是站在历史和现实的角度，运用一定的观点，去阐明历史发展的真实过程，总结各方面的历史经验，揭示历史发展的规律，预见历史发展的趋势的能力。唯物辩主法既是科学的世界观，又是科学的方法论，对高中学生，特别是对高中文科学生来说，培养辩证思维能力，运用唯物辩证法去研究人类社会历史，具有特别重要的意义。

联系的观点（世界是普遍联系的）、发展的观点（人类在曲折中、在斗争中发展）、具体问题具体分析的观点（实事求是）是唯物辩证法的三大基本原则。培养学生的辩证思维应从这三方面进行教育。

一、联系的观点

历史如同世界上一切事物一样，都是辩证地联系在一起的。在历史发展过程中，大至社会形态或朝代的更替，小至历史上的一人一事，无不处在普遍联系之中。毛泽东同志说："今天的中国是历史的中国的一个发展；我们是马克思主义的历史主义者，我们不应当割裂历史。"又说："我们必须尊重自己的历史，决不能割裂历史。但这种尊重，是给历史以一定的科学的地位，是尊重历史的辩证发展，而不是颂古非今，也不是赞扬任何封建的毒素。"毛泽东同志所讲的不应当割裂历史，尊重历史的辩证发展，正是辩证法在历史研究中的具体运用。人类社会无不处在不断发展变化之中，但在不同发展阶段又呈现出其阶段性，各种事件和人物都在特定的历史条件下产生和发展。这就要求我们"把问题提到一定的历史范围之内"，"不要忘记基本的历史联系"。近几年的历史高考命题，知识覆盖面广，题目难度大，对考生的能力要求高，不少考生解答一些单纯识记型的题目并不十分困难，而对一些跨度大、综合性强的问题，则比较为难，失分现象比较严重。其原因是多方面的，但缺乏概括，归纳能力是一个重要因素，而概括、归纳能力的提高，除了必须具备扎实的历史基础知识外，还必须具备一定的技能技巧，特别应具有善于把握历史现象的内在联系，从历史现象的普遍联系中找出规律的能力。常常遇到这样的情况，考生在解答难度较大的问题时，有的罗列历史事实，堆砌知识点；有的下笔千言，离题万里；还有面对题目，束手无策。如1993年高考试卷第44题，简述工业革命的后果，并据此指出19世纪70年代以前在政治领域内世界上有哪三股进步的历史潮流，从中各举出两个重大历史事件。这道题的后半部分，对考生的能力要求比较高，许多考生归纳不出工业革命后至19世纪70年代政治领域内形成的三股进步的历史潮流，究其原因，一是考生把握不住经济与政治的辩证关系，不能从时代的经济学中寻找社会变迁和政治变革的终极原因。二是考生对生产力决定生产关系、经济基础决定上层建筑、社会存在决定社会意识这一历史唯物主义的基本原理不能灵活掌握和运用。

培养学生在历史的联系中把握历史发展规律，应着重从以下几方面入手：

首先，揭示教材各章节之间的内在联系，明确各章节在整个学科体系中的地位，例如，世界古代史第八章“西欧封建制度的解体和资本主义的兴起”，本章在整个世界史中起承前启后的作用，而本章从意大利资本主义生产的最初萌芽直到资产阶级文化的兴起，地域上涉及西欧各主要封建国家，内容上涉及经济、政治、科技、文学艺术、意识形态等领域，各条目之间无不存在着内在的、必然的联系，反映了这一时代的西欧，从经济基础到上层建筑都处在划时代的变革之中。

其次，揭示教材内容上的联系。历史教材涉及的内容广泛，政治、经济、军事、文化、艺术、民族关系、国际关系等等，相互间存在着必然的、内在的联系。单一的历史知识或历史概念是没有任何意义的，只有诸多历史知识和历史概念的联系和组合，才能构成规律性的历史知识。我们在教学过程中，必须重视学生历史知识和概念的积累，系统地掌握历史学科的科学体系，通常所称的由点到线再到面，就是将个别的历史知识联系起来，经过对若干历史知识的综合，得出规律性的结论。如：鸦片战争以后，中国社会出现了两大矛盾：一个是人民大众同封建主义的矛盾，一个是中华民族同外国侵略者的矛盾。中华民族同帝国主义的矛盾又是近代中国社会的主要矛盾。这是中国社会半封建半殖民地社会矛盾发展的一个规律，要使学生认清这个规律，就必须系统地掌握许多历史知识和概念，这些知识和概念涉及政治、经济等各个领域。

再次，培养学生的概括能力。历史不可能原封不动地再现，不能人为地复制，也不能搬进实验室，只有通过对大量史实的分析综合，揭示历史现象的本质，才能得出正确的结论。这就是概括的过程。概括的过程，也就是揭示历史知识之间的内在联系，找出其本质属性的过程。如中国古代史第一册第三章“强盛的西汉”。本章的前三节是重点，分别讲了西汉社会经济的发展，西汉中央集权政治的巩固，西汉同匈奴、西域的关系。这三节教材是一个整体，从经济、政治、民族关系等三个方面叙述了西汉的强盛。为了帮助学生从整体上把握西汉社会的全貌，为了培养和训练学生的概括能力，我曾拟了这样的一道思考题：西汉建立后，统治者面临的主要社会问题有哪些？各是怎样解决的？这道题起了驾驭教材的作用，也起到提高学生概括、归纳教材能力的作用。

二、发展的观点

宇宙间的一切事物都处在不断的运动和变化之中，人类社会也是处在不断的发展变化之中。因此，我们必须用发展的观点，而不是用僵死的、停滞的观点来认识和研究人类社会的历史。

人类社会的历史过程是川流不息的。揭示历史发展的基本方向,认识历史发展的一般规律,以顺应历史潮流推动历史发展,是历史教学面临的课题之一。人类历史的发展同自然界其他事物的发展一样,并不是一帆风顺直线上升的,历史发展变化是复杂的,曲折的,其总的发展趋势呈螺旋式上升、波浪式前进。教学中,必须引导学生树立这一基本的发展观点,明确了这一基本观点,我们就应看到历史总是在前进的,"世道必胜,后胜于今",任何时间都应树立必胜的信念,推动历史发展。同时,又要看到历史的复杂性和曲折性,在遇到曲折,甚至历史出现暂时的倒退时,能保持清醒的头脑,经得起历史的考验。例如,如何认识当代社会主义运动,特别是苏联解体,东欧一系列社会主义国家变质以后,社会主义的前途如何,这是历史教学无法回避的问题,社会主义代替资本主义是现代世界历史的大趋势,我引导学生从以下几方面来认识这一历史大趋势。

第一,引导学生把社会主义作为源远流长的历史过程来考察。使学生看到,在18世纪及其以前,人们对未来社会的美好追求还处在空想社会主义的阶段;到了19世纪,社会主义由空想变成了科学,并作为一种科学理论指导下的运动而发展;进入20世纪,社会主义则作为一种现实的社会制度出现在世界上,并从一国胜利发展到多国胜利,在曲折和坎坷中不断前进,开创了人类社会的最伟大变革的历史进程。

第二,引导学生认识社会主义代替资本主义是一个漫长的历史进程,社会主义作为一种新的社会形态,只有经过复杂、艰巨、曲折的斗争,不断积累经验,才能逐步走向成熟和完善。在人类历史上,每一次新生的社会制度的变革,无不经过曲折反复的斗争,每一个新生的社会制度,无不有一个从不成熟到逐步成熟的发展过程。封建制度代替奴隶制度是这样,资本主义制度代替封建制度也是这样,英国资产阶级革命开始于1640年,一直到1689年,经过近半个世纪的斗争,英国议会通过《权利法案》才最终确立了君主立宪制的资产阶级专政。法国资产阶级革命从1789年爆发,直到1875年,资产阶级共和制才最终稳定下来。这中间交织着进步与反动,共和与帝制,反革命的恐怖与革命的反恐怖,内战与外战,征服与被征服等重大斗争。资本主义制度代替封建制度,是用一种剥削关系和私有制度代替另一种剥削关系和私有制度,尚且经过曲折复杂的斗争,并且是一个长期的过程,无产阶级革命是要消灭一切剥削制度,建立以公有制为基础的社会主义的生产关系。因此,社会主义制度的成长和成熟,更不可能一帆风顺。

第三,引导学生用历史的、辩证的、全面的观点来看待现代资本主义的发展。一方面,要看到在资本主义制度下,一些国家的科学技术和生产力仍然有相当大的发展甚至较快的发展,并可以有不触动资本主义根本制度的前提下适当调整生产关系。另一方面,也不应该被资本主义发达国家相对稳定和发展的现象所迷惑。当代资本主义的发展,并未消除其固有的矛盾,社会主义代替资本主义是不以人的意志为转移的客观规律。

三、具体问题具体分析的观点

唯物辩证法作为认识干什么，最根本的就是矛盾的规律；作为认识方法，最根本的就是矛盾分析方法。在人类历史的长河中，每一个具体的历史事件或人物，都是特定历史条件下的产物。一切以条件、地点和时间为转移。具体问题具体分析，是辩证唯物主义的起码要求。我们在历史教学中，必须引导学生用具体问题具体分析的方法，对扑朔迷离的历史现象，进行分析和综合，达到对具体事物的具体认识，获得具体真理，进而达到对事物普遍的、共同的本质的认识，然后又以这种共同的本质的认识为指导，去继续研究新的、个别的、特殊的事物，从而补充、丰富和发展这种共同的、本质的认识。

训练和培养学生运用具体问题具体分析的观点来研究人类社会历史，可以先从以下几方面加以引导：

第一，在钻研教材的基础上，引导学生学习革命导师和经典作家认识问题的方法，如：在中国革命的过程中，毛泽东同志及我党老一辈的无产阶级革命家，运用具体问题具体分析的方法，坚持把马克思主义普遍真理同中国革命的具体实践结合起来，制定出一系列适合中国国情的方针政策，不断引导中国革命走向胜利，在实践和理论上丰富和发展了马克思主义。在革命道路问题上，马克思、恩格斯等经典作家提出暴力革命学说，俄国十月革命也证明暴力革命是无产阶级革命的普遍规律。俄国十月革命是从城市到农村，夺取全国政权。毛泽东等老一辈无产阶级革命家在领导中国革命的过程中，具体分析了当时中国的国情，提出了以农村包围城市，最后夺取城市，夺取全国政权的道路，实践证明这条道路是中国革命唯一正确的道路。毛泽东同志开创的这条道路没有违背马克思主义暴力革命学说，恰恰是对暴力革命学说的发展。理论如果脱离了实际，那就变成了僵死的教条。

第二，要引导学生运用马克思主义立场、观点分析具体问题。对中学生来说，考查他们辩证唯物主义和历史唯物主义的一些基本概念或观点，重在以“历史现象”为基点，并不要求学生通过纯理论性的分析，归纳出具体哲学概念，只要求在论述问题时体现着这些观点。中学教材，对一些重大事件、历史人物等进行叙述时，是有一定立场、观点的，我们在分析历史人物或重大事件时，应当以渗透在教材中的观点为依据，而不是空发议论。如 1992 年历史高考第 48 题，清代史学家赵翼在《唐女娲》中说：“开元之治，几于家给人足，而一杨贵妃是以败之。”结合你对唐朝由盛到衰原因的认识，分析评论赵翼的这一观点。这道题旨在考查学生用辩证唯物主义和历史唯物主义基本原理分析问题的能力。参考答案如下：唐朝由盛到衰的原因是唐玄宗统治后期中央政治腐败，地方节度使拥兵自重，导致“安史之乱”和“藩镇割据”，战乱和割据削弱了中央的统治，破坏了社会经济，杨贵妃受宠爱，唐玄宗沉湎酒色，这只是中央政治腐败的表现之一。赵翼把这说成是唐朝由盛转衰的根本原因是错误的。这一结果也是封建帝王唐玄宗造成的，赵翼把责任加在杨贵妃头上是不对的。赵翼的根本错误在于夸大了杨贵妃个人对唐朝由盛转衰的影响。考生对这道题,普遍得分较低,主要是因为缺乏辩证思维能力,答题时没有一定的观点,泛泛而谈。

第三,处理好观点和材料之间的关系,用史实说话,不要空发议论。历史是复杂的,肯定一切或者否定一切都是错误的。必须以史实为依据,观点统帅材料,材料证明观点。比如,对左宗棠的评价,他是镇压太平天国和捻军起义的刽子手,又是洋务运动的代表人物之一,19 世纪 70 年代又率领清军收复新疆,粉碎俄英利用阿古柏侵害新疆的阴谋,成为杰出的爱国将领。说他是好人还是坏人,都不确切,只能具体问题具体分析。

总而言之,运用唯物辩证法研究人类历史,要求我们把人类社会的历史当作一个按照一定规律不断发展的客观过程,在观察、分析和研究任何历史事件和历史人物时,都要有发展的观点,并且把问题提到一定的范围之内,联系具体条件进行具体分析。这就是说,要实事求是,尊重历史的辩证发展。

地理教学中的思维训练

张忆育

地理知识和智能密切相关，知识是智能发展的基础，知识越丰富越利于智能的开发，而发展智能又为进一步掌握知识创造了条件。但智能毕竟不同于知识，后者可以停留在对地理事物的简单描述和机械记忆上，而前者包括的内容则丰富深刻得多。地理是一门综合性很强的学科，地理智能主要应包括以下几个方面：一是观察、识记地理事物的能力。如天文、气象、水文、地形及工业、农业、城市布局等自然地理人文地理现象的观察能力，认识记忆中国、世界和全球地理事物特征并能用良好的语言和文字表达出来的能力。二是地理空间想象能力。树立区位观念，着重时空综合是地理学科有别于其他学科的主要特色。学生要掌握地理事物及其现象在空间上的分布规律和时间上的发展变化，必须具备对地图和知识表象进行加工、扩大、创造、空间想象产生新的事物形象的能力。三是逻辑推理综合分析的能力。运用地理图表，把握地理规律，从纷繁的地理事实中作出思考判断，综合地说明地理事物的相互关系，比较分析它们的区域特征或差异，认识地理事物的本质，并能参与创造性的实践活动，解决实际问题的能力。

地理智能必须通过教师发挥主导作用，培养学生的学习兴趣，调动积极思维而获得。因为思维是智能的核心，思维可以使学生实现智能转化，驾驭知识，不但学会，而且会学会想会用，成为学习的主人。

训练学生思维，培养学生智能，主要有以下几点做法：

一、启发提问，创设思维情境

旧教学方法主要是采用注入式教学，开拓创新的教学是精讲少教、研讨启发式的教学。问题能激发思维的火花，是打开思想大门的钥匙，课堂提问是调动学生学习积极性的有效方法。教师通过创设问题情境，引导学生思考、寻求尚未了解的事物，发现尚未掌握的知识，能收到事半功倍的效果。

孔子说："不愤不启，不悱不发。"意思为不到学生"不懂，但一心想搞懂，下决心钻研"的时候，不到学生"急于表达而找不到合适词汇"的时候，就不去启发引导他。因此，在学生求知欲极高而遇到障碍的关键时候，教师因势利导，及时点拨，调节纠正是相当重要的，它能把学生的思路纳入正确的轨道，利于学生思维能力的发展。

例如,我在讲述地球上太阳辐射能量的分布是从低纬向高纬递减时问学生形成原因,学生答“因为地球是一个球体”;问“为什么球体便造成冷热不均”,答“因为太阳高度角不同”;问“太阳高度角怎样影响热量分布”,答“影响照到地球上的面积和穿过大气路程的长短”;再紧逼着问“照射面积和路程不同如何造成热量差异”,一步紧似一步地逼问使学生几乎无路可走,这时,指导学生看课本两幅插图及原理说明,印象就深刻了。

要有效地激发学生的思维,教师必须很好地钻研教材,善于把握教材之间的内在联系,精心设计能荡起学生思维波澜的问题。问题要能针对学生的知识水平,教材内容和生活实际,太难思维会中止,太易思维会停滞,难度适中才能使学生具有强烈的学习动机,去求疑,去主动发现。

二、读图用图,活跃学生的空间思维

地理知识离不开空间思维,而地图是表面空间事物的主要手段和信息库,它以形象直观的特殊信息帮助学生形成空间概念,是地理教学中必不可少的工具。世界上没有任何一门学科像地理学科这样和地图密不可分。因此,充分利用地图进行读图训练,精读巧读各种地图,以活跃学生的空间思维,应是教师让学生理解掌握地理知识培养智能的重要手段。

读图训练可按以下四个步骤进行。

识图懂图,图上求知。教学中每一节课都得用图,地理特征、地理现象必须与空间位置分布联系起来,落实到地图上。教师备课时就要有计划地备图,上课时要求学生在图上找出“是什么”“在哪里”,寓知识于识图之中;讲地理名称时,以图上山川交通线或城市为中心线索去记忆掌握它们相关空间位置。如我讲生物在地理环境中形成的作用和生态系统的物质循环时用了参考书上的一幅图,这幅图上各个箭头的指向形象直观地表示了自然界的化学元素及生物的营养元素迁移的方向、大气主要成分的由来及水体化学成分的制约因素,一张图帮助学生理解了两个难点。

图文互换,相得益彰。如各洲水资源的分布,课本上是用了一张各洲降水量、蒸发量和经流量的对比图来展示的,无文字说明,我就引导学生分析:非洲的降水量多于美洲,而经流量少于北美洲,衡量水资源的指标究竟是什么?出现上述现象的原因是什么?通过读图学生疑问迎刃而解。有时教师可设计简明直观、提纲挈领的图表来配合教学,如瑞典的经济特点与自然资源的关系,我用了如图表说明它们的联系:

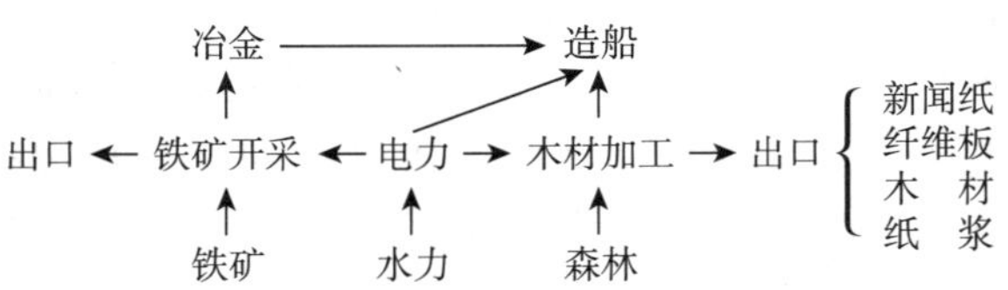

一图多用,举一反三,如承压水三部分区域和地表水的关系、三大成因岩类与岩

浆的关系、生态系统的四个组成部分中物质循环的关系均可用右图来说明。

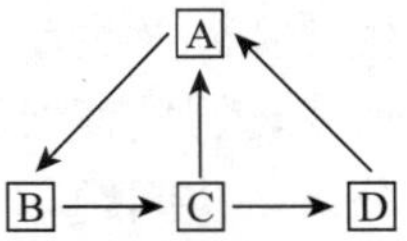

绘图画图，知识升华，人文地理中经常用到统计图表，教师花费一定时间重点指导学生判读归类绘制，可把枯燥乏味的数字或复杂的数量关系表示得明显、直观、生动，变得容易接受和理解，使知识得到升华，同时也培养了学生的空间思维和绘图基本技能。

三、综合类比，引导学生的逻辑思维

逻辑思维能力是智能的核心，观察、记忆、想象能力都与之有关，提高学生逻辑思维能力的途径是：运用综合法和比较法帮助学生理清知识结构，使知识系统化。

综合体现了思维品质的深刻性，任何事物都不是孤立存在的，每一地理区域的特征与位置、地形、气候、河流、水文、土壤、植被自然条件及经济、历史、社会条件密切联系，有着一定的因果（逻辑）关系，我们教师要既讲“地”，又说“理”，由“理”求“地”，归纳、判断、综合、分析，寻原因、找规律、揭本质、探联系。比如在教中国分区地理东北三省和世界地理扎伊尔时，启发学生分析大冬严寒的气候和位于赤道附近的位置对这两地地理特征的影响，各自然要素又如何相互联系相互制约的，借助综合工具对分散零碎的感性知识进行概括，通过逻辑思维由“量”的积累实现了“质”的飞跃。

比较是地理教学中最常用的方法。它能为思维架桥铺路。有比较才有鉴别，通过归类比较可以发现干什么，确立新的概念，使思维向纵深发展。比较中既有求同思维，分析共性，又要有求异思维，区别差异。如我国各类自然资源的特点容易混淆，通过比较可以找出它们的共性：数量上类型多、绝对量大而相对量少；分布上不均匀，地区差异大；现状上破坏严重，利用不尽合理。这样就容易记住了。归纳比较同类事物的不同之处，运用得更普遍，如河水补给的五种形式等。

在引导学生进行逻辑思维时我注意了知识的系统化，教给学生完整科学的知识结构，即知识系列。分散零乱复杂的地理现象总有一定的联系，懂得了知识系列学生在综合分析中可按层次逐级展开，环环相扣，抓住要点。如河流的流向、水系类型、落差受地形制约，流量、汛期、结冰期受气候制约，含沙量受植被等制约，因此，河流的水系水文特征是气候、地形、植被的综合产生，反过来河流也影响其他自然要素。

四、抓住反证、推理，培养学生的发散思维

发散性思维体现了思维的变通性和独特性，开拓型人才特别需要这方面的能力。教学中可从如下几方面着手：

假想反证。摆脱常规和思维定式，进行逆向假设推理，有助于深入理解知识。如假设地球逆向公转或自转，假设黄赤交角变大或变小将造成地理现象的什么变化等等。

联系实际。地理学是研究人类生存的地理环境以及人地关系的一门学科，它与

生活实际及生产实践结合很紧，有些直接联系当前改革大政方针的制定和经济发展形式，教师有意识地设计问题给出资料启发学生发散思维，运用书本地理知识来推理分析解决问题，对能力的培养帮助很大。如上海宝山钢铁厂选址的利弊，中国南水北调、俄罗斯北水南调的设想付诸实施带来的生态影响等等。

多维探索。发散性思维也体现地理综合性特征，就一个问题为中心目标，大胆设想，进行多方向、多角度的智力辐射探索，寻求多种答案或最完满的解释，也是培养发散思维的一种方式。如我国在华东华南布局核电站必须从核能特点、常规能源分布，人口工业布局状况和科技人才基础方面来答。

鼓励创新，标新立异的创造性思维应是思维的高级形态，是地理智能中最可宝贵的智慧之光，在人类的生产生活中发挥或即将发挥着重要的作用。教师应启发鼓励学生运用地理知识进行创新活动，使思维不断向高层次发展。要做到这一点，学生必须学好基础知识，扩大知识面，逻辑思维清晰，发散思维运用自如并具“灵感”，死守书本不知变化根本是谈不上什么创新的；教师要善于培养发展学生的创造性思维。如在答题时我发现与我不同的答案和思路总是仔细推敲，只要有道理有新意即在班级介绍并予以表扬，学生尝到了“学活”知识的甜头，从而激发了“创新”的欲望。

实践证明，重视思维训练是培养学生地理智能的好办法，是减轻学生负担提高教学质量的好途径，是克服传统教育的“旧”“窄”“浅”，把教学改革推向“新”“广”“深”的行之有效的措施。这也是培养能适应祖国现代化建设需要的、开拓型的、全面发展的、智能型的人才的需要。

在生物学教学中培养学生的思维能力

刘满希

学生学过的大量知识，时间长了，不少会淡忘。但是，在学习过程中形成的科学的思维方式，作为一种能力是不会淡忘的，而且这种能力对从事任何工作都是有意义的。这就启示我们在教学中，不仅要教给学生某些知识，更重要的是在于引导学生掌握知识的同时，要注意发展学生的思维能力，养成正确的思维习惯。本文就我在生物教学中的体会，谈谈如何培养学生思维能力的问题。

一、创设问题情境，提高学习的主动性，激发学生的思维

布鲁纳认为，学生对学科本身的兴趣是学习的内驱力。学生智力发展的源泉不在学生内心世界之外，而是在外部环境和学生自身内部环境相互矛盾中产生，只有外部条件和个体发生矛盾时才能产生反馈。所以，教师要围绕教学的主题，精心设计教案，使学生“身临其境”，激发强烈的学习兴趣和探索欲望，促使学生积极、主动思维，并且还要善于因势利导，围绕中心课题，巧妙地提问，使思维逐步深化。如讲解性遗传时，先简介道尔顿对色盲的发现，然后再介绍我校近五年的毕业生数和体验出的色盲患者的男生数和女生数，接着提问：为什么人类的色盲男性多于女性？在逐步深入讲解后再继续问：为什么外公的色盲又多在外孙身上表现出来？有没有避免的办法？这短短的几个问题，会促使学生的思维处于高度活跃状态，又如在讲细胞内水的存在方式时，先让学生判断心脏、血液、脑的含水量的高低。学生会从三种组织器官的存在状态上很快作出判断，得出血液含水量最高，脑次之，心脏最低的结论。这里教师要明确告诉学生，心脏的含水量为79%，血液为83%，脑为84%。为什么固态的脑含水量比液态的血液还高？为什么坚实的心脏含水量只与血液相差4%？这个结论使学生惊愕，从此兴趣得到了激发，思维得到了调动。

二、重视前人的认识过程对学生思维活动的指导作用

科学是人类智慧的结晶。这个“结晶”的本身应包括两个方面：一是科学结论——知识；另一方面就是研究发现这些知识的过程。后者恰恰是科学家们思维方式的集中表现。无疑，重视这一过程的教学可以使学生的思维活动受到极大的启迪，对发展思维能力大有裨益。

如讲授植物生长素的发现过程，对激发学生的思维将有很大促进作用。植物生

长素是通过燕麦胚芽鞘的向光性实验发现的,我们可以作如下实验:

1. 把燕麦种在暗处(如纸盒内),几天后,可见其胚芽鞘是直立向上生长的。若在盒壁上穿一小孔,能从一侧进光,几天后打开纸盒,会发现胚芽鞘都弯向小孔,即弯向光源。而且弯曲的部分在胚芽鞘尖端以下。

2. 把燕麦胚芽鞘的尖端切去后,仍将燕麦放在开有小孔的纸盒内生长,过几天后再进行观察,发现胚芽鞘既不生长,也不弯向光源。

通过这两步实验,我们可以启发学生思考,为什么会出现这种现象,绝大部分学生都能得出这样的结论:胚芽鞘的生长和弯向光源是由于具有尖端的缘故。教师继续启发学生思考,胚芽鞘的尖端是如何在单侧光下引起胚芽鞘的弯曲生长的呢?对此学生不易回答清楚,教师要出示3、4两步的实验图解,并说明科学家对此已做过实验。图解:

3. 把胚芽鞘的尖端切下来,放在琼脂切块上,过些时候,把尖端从这个琼脂切块上拿掉,再把这个琼脂切块切成小块,放在切去尖端的胚芽鞘的切面一侧,结果胚芽鞘也发生了生长和弯曲的现象,弯向放置琼脂小块相对的一侧。

4. 把未与胚芽鞘尖端接触过的琼脂小块放在切去尖端的胚芽鞘切面的一侧,结果胚芽鞘既不生长,也不弯曲。

根据实验图解,再进一步启发学生思考,使他们较深刻地理解实验3、4进一步证实了胚芽鞘的向光生长确实是因为具有胚芽鞘尖端的缘故,而且可以推想是胚芽鞘尖端产生了某种特殊的化学物质向下传递,导致放置切块一侧该物质的浓度较高,生长较快,从而弯向放置切块的对侧。由此可进一步推想实验1中,可能是光线刺激胚芽鞘,使胚芽鞘尖产生的该化学物质传到了胚芽鞘尖的下面部分,引起了向光和背光两侧不均衡的生长。实验3在此起了对比作用。教师在学生理解了以上一系列实验的基础上,再指出现在确实已从胚芽鞘尖用化学方法提取出一种物质,叫吲哚乙酸生长素

再如在基因分离规律的教学过程中,可以先通过讲故事的形式介绍孟德尔在1857年用几十个豌豆品种进行杂交试验的经过,同时介绍孟德尔的研究方法,并分析分离现象产生的原因,最后总结出试验结果,得出基因分离规律。这样讲清了科学家实验研究的过程,从中可以引导学生学会思维,学会分析问题,研究问题,把思维一步一步引向深入。

三、通过分析和综合培养学生的思维能力

分析和综合是思维过程的基本环节,也是主要的思维方法。每一种思维活动都是大脑的分析综合活动。分析就是把事物的整体分解为部分,或从整体中区分个别特性、个别方面。综合就是把事物的各个部分或不同特征、不同方面联合起来,从而掌握事物的本质特征。分析和综合相互依存。当我们对某一事物进行分析时,也总是在揭示这一事物的各个部分、不同特性、不同方面之间的联系、关系和依存性。即

分析的同时也在进行综合。教学中讲解比较复杂的对象时往往采用分析、综合的方法。如讲解生态系统的能量流动，可从生态系统能量流动的起点、渠道和途径、能量流通的规律等方面去归纳，然后再进行综合，将这几部分联系起来，综合说明彼此间的关系，这样讲授既可以使复杂的问题条理化，又便于形成完整的概念。

在复习阶段可把前后章节进行综合，或把生理卫生或高中生物学进行综合。综合的关键是搜寻一事物与其他事物的联系，把不同知识间的交叉点找出来。如把植物的新陈代谢与动物的新陈代谢及生理卫生的知识综合起来，分析由太阳光能转变为人体肌肉收缩所需要消耗的能量的全过程，这就需要把太阳能转变成化学能的过程、人体获得能量的过程、人体利用能量的过程等知识点联系起来综合讲授。

四、注意在教学中正确运用比较方法

学生思维的目的就在于区分事物的本质和非本质的因素，撇开那些非本质因素，掌握事物的本质属性。而这些过程必须通过比较，才能保证思维活动的顺利进行。在生物学教学中，要强调运用比较方法。如原核细胞和真核细胞、有丝分裂和减数分裂、光反应和暗反应、光合作用和呼吸作用、有氧呼吸和无氧呼吸、DNA 和 RNA、精子的形成和卵细胞的形成、基因的分离规律和自由组合规律及连锁互换干什么、单倍体与多倍体、血浆与血清、动脉血和静脉血、条件反射和无条件反射、始祖马和三趾马及现代马、导管和筛管、本质部和韧皮部、单子叶植物与双子叶植物、外呼吸和内呼吸、基因重组和基因突变等等都可以通过列表比较，分析其异同点及相互间的联系，从而突破难点，明确比较对象的本质特征。

五、培养学生抽象和概括的能力

在十字花科的教学中，我们发给学生白菜、油菜、萝卜、甘蓝的花，要求学生用镊子解剖花的各部分，注意花冠、雄蕊、雌蕊的数量和排列方式，学生通过观察必然会舍弃花的颜色、大小等非本质特性，而总结出“十字花冠，雄蕊四长二短(四强雄蕊)，雌蕊一枚”等十字花科的本质特征，这种总结出本质特性而舍弃了非本质特性的过程就是抽象。

抽象概括能力只有通过抽象概括的思维活动才能得到发展。因此，教师应善于在课堂教学中启发引导学生对一些问题进行抽象概括，以训练学生的抽象思维。如在生殖种类的教学中可要求学生从分裂生殖、断裂生殖、孢子生殖、出芽生殖、营养生殖的具体实例中归纳出这些生殖方式的共同特点，并进一步抽象概括出无性生殖的一般原理。

抽象和概括又是密切联系的。概括的程度越高，所要舍弃的次要的、非本质的特性就越多，思维就愈加抽象。运用抽象概括的方法有助于掌握研究对象的规律性的知识。

六、注意理论联系实际，提高学生思维的深刻性

认识从实践始，经过实践得到了理性的认识，还须再回到实践中去。这样才能更深刻地理解基本原理，从而提高学生思维的深刻性。例如在学习矿质代谢时，要求学生理解矿质元素的吸收与根的呼吸作用密切相关，并解释为什么松土有利于提高肥效；又如在学光合作用时，要求学生理解光合作用的必要条件和影响因素，并分析为什么盛夏的中午光合作用的效率反面下降；结合遗传变异的基本知识了解新品种的培养；通过基因突变的学习要求分析为什么心脏一般不发生癌症等。这样学生便能应用自己掌握的知识，解释一些实际问题，使思维得到深化，同时还巩固了所学的知识。

中学德育渗透论纲

张发祥

德育渗透是加强改进学校德育工作的主要内容。在学校中,把德育渗透作为教育的深层问题,加以有效实施,是德育工作进入自由王国,教育走向成熟的重要标志。

科学认识和全面把握德育渗透的基本规律,必须对德育渗透的宏观意义、主要特征和操作,进行深入的研究和思考。

一、德育渗透的基本含义

德育渗透是指在德育过程中,德育主体(教育者)和客体(受教育者)之间复杂的相互联系和导向影响。在我国历史上,就曾有过关于德育渗透的深刻思想,人们常说的教育者对受教育者的熏陶、教化,指的就是德育与智育的相互渗透,进而对学生发生影响的教育状态。国外一些教育家早就提出,不存在没有教育的教学的观点,这也是典型的德育渗透的教育思想。因而,德育渗透的含义具有多重性和辩证性,很难采用一种表述,概括出德育渗透的全部意义。

(一)德育渗透含义的多重性

由于德育渗透系统自身的复杂性,形成了德育渗透含义的多重性。

1. 狭义、广义二重说

狭义说。即德育渗透主要是指学科渗透。亦即通过学科渠道寄寓德育的内容和要求,对客体施予德育。目前,在教育界狭义说的主张比较通行。

广义说。包括了狭义说的内涵,但拓宽了狭义说的外延。认为德育渗透是德育主体全方位、多维度地对客体施予德育。具体地说,这种德育渗透不囿于学校相互短暂的时间和狭窄的空间,包括家庭与社会的各方面;不限于学科渠道,包括学科教学以外的触及教育客体的所有渠道。无疑,德育渗透广义说,相对于狭义说的内涵,更富有新的意义。它适应了现代社会大众传播媒介高度发展、交际交往频繁密切、改革开放不断深化的社会形势。实际上,广义德育渗透说建立了全新的教育观念。

2. 原则、方法二重说

原则说。德育渗透在一定意义上说,表达的是一种德育(教育)原则。它要求教育的主体,避免远离社会发展的实际和学生的思想实际,实施单纯的德育说教的弊端,力求在各方面贯注"渗透"这一教育教学的基本原则,以期获得良好的德育效应。作为教育原则,德育渗透具有普遍的指导意义。

方法说。视德育渗透为原则，更多的是从宏观角度去观察德育过程和动作。但在实践中，德育渗透又可表现为具体的操作方法。视德育渗透为一种教育方法，可以具体到学校中的每一堂课，每一次主题活动，每一个教育空间。德育渗透是教师的教育机制在教育教学活动中的显现。

3. 机制、渠道二重说

机制说。科学的系统观认为，德育渗透是一个复杂的工作系统。在这个系统中，德育的各要素之间相互联系、相互制约，具有有机的整体功能。因此，德育渗透是一种整合一体的有机功能，是一种学校德育的工作机制。

渠道说。在复杂的德育运行状态中，德育渗透也可视为发挥教育作用的渠道，只不过相比于那些外显的教育方式，更为内潜和隐蔽而已。

（二）德育渗透理论与实践的现状

近十多年来，人们已开始重视德育渗透在整个德育中的重要地位和作用。德育工作已由满足于外部热化（热衷于活动的轰动效应）逐步进入德育渗透层次。但德育的效果仍不理想，其中原因颇多。一个不可忽视的原因即德育渗透的规律还未真正被认识和把握，主要存在以下几方面的问题：

1. 立意不高

在指导思想上，德育工作中存在着急功近利的短视现象，重形式，轻内容；重眼前效益，轻长远效益。贪求眼前功利，致使德育工作者处于低起点上，难以从更为高远的立意上实施德育渗透。

在新的形势下，德育工作要进一步理清思路，明确改进方向，以落实德育渗透为推进德育工作改革的基本立意，这是德育工作获得持久生命力的重要步骤。

2. 观念陈旧

观念问题反映在方法论中，是对德育渗透缺乏宏观透视和辩证思考。所以，在德育渗透的具体操作上一般化、简单化。

3. 认识误区

学科渗透是德育渗透的重要渠道，但不是唯一渠道。学科教学在传授科学文化知识、开启学生心智潜能、构建良好心理素质、提高学生整体素质方面，担负着极其重要的任务。按照广义德育渗透的大德育观，学校中的教育活动、育人环境、家庭教育、社会影响等，对中学生的思想都存在渗透作用，都是不可忽视的教育渠道。

有人认为，讲德育渗透，就无须德育工作者进行德育的系统教育，无须思想品德课的理论灌输，主张在学科教学中，任其自然地渗透德育，这是片面的。事实证明，一个伟大的自然科学家，未必能成为哲学的巨人。对自然科学的谙熟并不能代替对先进人文思想的拥有。

另外，还有一种观点，认为对待德育渗透通行的做法是“渗透只是添加德育内容”，就是在教学中罗列教育的渗透点（其实是知识点）。虽然这较之先前是个进步，但也是一大误区。德育渗透作为一种有机系统，是不能外在地加进德育因素的，应该通过分析，挖掘存在于教材、环境、活动中的教育因素，在传授知识、培养能力、提高素质的同时，有机地进行德育渗透。

三、德育渗透的意义

（一）德育最优化

最优化既是系统科学方法的重要特征，又是基本原则和基本方法。是指解决德育问题所能达到的目标。它根据德育系统内部（学校）和外部（家庭、社会）诸因素，从需要和可能出发，为德育系统地确定出最优目标，并运用各种教育手段和方法，把整个教育系统分成不同等级和层次结构，在动态中协调整体和部分的关系，使部分的功能和目标服从系统总体的最佳目标，以达到总体最优，从而为系统提出德育渗透的最佳方案。实现德育最优化，同时也是实现教学最优化的基本要求。

（二）德育系统化

学校教育的生命力寄寓在有机组合、有序渐进的教育教学过程中，德育渗透客观上要求实现德育系统化。形成系统渗透才有力量；贯彻渗透系统才有生命。充分发挥德育渗透的作用，有助于实现德育系统化。

（三）德育科学化

德育工作要取得实效，必须遵循规律。一方面，要遵循教育规律，德育工作要分层次、分阶段地有序推进。另一方面，要按照学生心理发展规律实施德育。就中学生心理发展和认知形成的作用因素看，已不主要是来自学校专职德育队伍和阵地，也不单纯是来自校园内部。对中学生心理发展和认知形成的影响，是全方位、多渠道、渗透式的。贯彻德育渗透，形成德育渗透的机制，探索德育渗透操作方法，是实现德育科学化的核心内容之一。

四、德育渗透的基本特征

从教育对学生发生作用的力度观察，在所有的教育方式中，渗透最富于表现教育的影响力。从发挥作用的方式和功能看，德育渗透具有四种基本特征：

（一）广泛性

所谓广泛性，是指德育渗透作用与功能在时间和空间上的全面发挥和体现。这一特征提示德育工作者切勿囿于某时某地的教育因素，而应在各方面注意德育的全面渗透。

当代中学生生活于改革开放的时代，成长于多彩复杂的社会；社会中现存的一切，都以各种方式辐射于中学生。学校德育要全面贯彻教育方针，造就一代具有较高素质的人才，必须把德育渗透于社会辐射、家庭辐射之中，形成德育渗透的广泛性，利用德育渗透的泛化功能，可以使德育走出势单力薄、捉襟见肘的困境。

（二）寄寓性

寄寓性的基本依据是，在学校所有的教育、教学和管理活动中，都对学生以内潜方式发生德育影响力。不存在无德育的智育、体育、美育和劳育。德育渗透的寄寓性，注定了德育必须与学校其他活动相结合、相渗透。例如：在实践中，教育家重视校风对学生的熏陶、教化作用。校风在很大程度上，表现为一种无所不在德育的“场效应”，它虽似无形，却又真实存在。认识到德育渗透的寄寓功能，可以淡化教育痕迹，更加贴近学生心理，产生教育教学的综合效应。

（三）多维性

德育渗透作为一个开放系统，具有多维性特点。从渗透的源头看，对教育对象的渗透力量，不是来自一个方面，而是来自学校、家庭、社会等许多方面；不是来自一个源头，而是来自教师、父母、朋友、报刊、电视等多种信息源。从发生作用的方式看，德育渗透还具有教育综合目标的发散功能，教育效果的聚合功能，这些功能多维交叉，有机融合。

（四）渐进性

既然是渗透，就不可能是倾盆大雨式的灌注，更不能立竿见影。渗透，内含着德育有序渐进的教育规律。德育渗透从根本上排斥形式主义的歧路，这寻求的是涓涓细流汇成沧海，春风化雨润物无声的最佳境界。

科学认识德育渗透的特征，有助于按照德育渗透的规律办事，增强德育的实效性。

五、德育渗透的运行操作

任何一个科学思想，只有当它是可操作的，才能实现它的真正价值。德育操作，是学校教育中较难解决的一个问题。德育渗透操作，更是近年来人们所苦心探索而又难得要领的一个关键问题。

德育渗透操作主要是指在德育过程中，为完成德育的基本任务，实现德育的基本目标，在德育渗透运行机制中所进行的系统的教育活动和技术应用。德育渗透操作与德育观念相比，具有实用性、直接性的特点。

（一）德育渗透机制的三个层面

如图：

观念层（方针、总目标、教育思想）
中介层（队伍、制度、校园文化）
操作层（具体的教育、教学活动）

观念层（宏观）、中介层（中观）、操作层（微观）这三个层面相互依赖，相互关联，构成德育机制的有机整体。德育渗透的操作层，是观念层经由中介层实现国家的教育方针、贯彻先进科学的教育思想的基础。

德育渗透不应只停留在观念形态的层面上，还要从操作层面上体现出来，这样，德育渗透才能真正落到实处。

（二）德育渗透操作的一般要素

1. 建立科学而有效的德育渗透运行机制

从系统论的观点看，德育渗透机制就是一个开放系统。渗透系统和内部和外部以及内部各要素之间，有机协调，相互融合，就能形成富有生命力的运行机制。

从德育实践看，德育渗透要取得理想的效应，必须形成和建立以学校行政领导负责为中枢的德育运行机制。只有在这种机制中，德育渗透才可能获得应有的行政支持和工作力度。反之，孤立地、单纯地进行德育渗透操作，只能产生形式主义的表面效果。

因此，要把建立一个科学的德育渗透机制，作为学校德育改革的根本性目标之一。当然，这不仅取决于德育工作自身的加强和改进，很大程度上依赖于教育内部整体改革的进展。形成和建立德育渗透机制，应当列为教学改革的重要目标之一。

2. 德育渗透要以知识、管理、环境为载体。

所谓载体，具有依托、寄寓的内涵。不可设想，没有任何依托的德育渗透。我国一贯有"文以载道"的教学观点，它形象而深刻地概括了知识作为德育渗透的依托和寄寓的作用。此外，学校管理和校园环境也是德育渗透的重要依托，在这些工作中，寄寓着深刻而丰富的德育内容。

（三）德育渗透过程与教学过程是同一过程

所谓同一过程，是指德育渗透与教学行为占有同一时空，两者有机融合。一堂高质量的课，一次多彩的教育活动，很难区别出那是单纯的教学行为或单纯的教育行为。数学教师在教学中，讲解正数和负数、整数和分数、实数和虚数、微分和积分，其实正是在引导学生认识数学问题中特殊和一般、原因和结果、现象和本质、量变与质变的辩证思想，帮助学生学会辩证的思想方法，养成辩证的思维习惯，确立辩证的思想观点。在这里教学与教育是不可分解的。

（四）德育渗透要找准教育目的和知识传授的融合点

在各科教学和教育活动中，有很多知识点。目前，在学校中通行的学科德育渗透知识点，属于这种性质。教师在掌握这些知识点的基础上，才能得心应手地进行德育渗透。

（五）制定《德育渗透指导纲要》

《纲要》与"渗透知识点"不同，其中要列出提示性的融合点外，还要有德育渗透的基本教育思想、基本原则和要素，操作的技术特征，以便教师有所遵循。

（六）德育渗透要作出评估

对德育渗透的评估，甚难解决。但要确保德育渗透的实效性，就必须建立科学的有效的评估办法，加强评估的操作性。为此，尤其要注意两点：第一，由于德育渗透具有广泛性，其评估应广泛、全面地体现在学校教育、教学活动的全过程，体现在学校工作的各方面。考核评估教学要有检测德育渗透的目标和制度。第二，评估要力求增加可操作性。在所有的学校工作评估中，要有科学的指标体系，德育评估指标也应具体可行，作为一类重要指标列出。

（七）教育者的人格素养，知识功底和教育艺术

德育渗透对教育者提出了更高的要求。由于德育渗透本身所具有的功能和特点，客观上要求教育者必须具有较高的人格素养，深厚的知识功底和高超的教育艺术。

社会在进步，教育要发展。德育渗透作为中学教育的深层课题，将在教育改革的进程中引起人们应有的重视。

政治练习中培养学生的思维能力

赵浩岭

练习是教师有目的、有计划地指导学生巩固知识、形成技能、发展智力的重要方法，是教学过程中学生实践的主要形式，也是提高教学质量的重要手段。政治课培养学生的思维能力，不仅应体现在课堂教学中，也应贯穿于练习过程。我在政治教学中注意通过练习培养学生的思维能力，作了一些尝试。

一、提高思维的深刻性

思维的深刻性是指善于深入地思考问题，抓住事物的本质和规律，能预见事物发展的进程和结果。

“比较”是一种常见的思维方法。教师有意识地把易混淆的概念、判断、原理分门别类地加以整理，精心设计成问题，指导学生进行比较练习，问题的难度和范围促使学生向更高层次的思维发展为目的。如为帮助学生正确认识社会主义民主与资本主义民主的区别，我设计了表格式的比较练习题，要求同学从经济基础、阶级内容、社会作用、享受民主权利的内容和主体范围、实际表现及发展趋势等方面进行比较分析，综合归纳。通过比较练习，学生对两种社会制度下的民主的本质特征理解得更加深刻了。

思维最显著的特性是概括性。概括就是在人脑中将从某些具有若干共同属性的事物中抽取出来的本质属性，推广到具有这些相同属性的一切事物，从而形成关于同类事物的普遍要领的过程。通过这一思维训练，可帮助学生抓住事物的本质，深刻地理解一些问题。为了帮助同学认识支配人类社会发展的客观规律，布置了一道练习题：举例并分析说明为什么人类社会总是不断地由低级阶段向高级阶段发展？要求学生将已有的知识包括奴隶社会代替原始社会、封建社会代替奴隶社会、资本主义社会代替封建社会的原因及社会主义、共产主义社会必然代替资本主义社会等共同特征综合起来，由个别现象归纳出一般规律。学生通过以上各历史阶段社会发展规律的分析概括，深刻理解了生产关系一定要适应生产力发展的规律是支配人类社会发展的内在动力，从而进一步正确认识人类社会发展的方向，坚信资本主义必然灭亡，社会主义、共产主义必然胜利。

中学思想政治课教学，要向学生传播马列主义毛泽东思想的基本常识，更重要的是教育、引导学生掌握科学的立场、观点、方法，善于辩证思维，初中阶段是形成辩证思维的开始,政治练习就要逐步引导学生灵活地、全面地看问题,初步认识对立统一的辩证思维规律。例如,如何正确认识原始社会、奴隶起义、农民起义以及任何一个社会的生产关系一类的练习题,就可以启发学生运用辩证法,全面地进行分析,既看到事物存在着的两个方面,又要抓住主要矛盾,抓住矛盾的主要方面,认识事物的本质。又如,判断分析"有人认为中国的社会主义现代化建设应该依靠中国人民独立自主、自力更生,而不要实行对外开放"这一说法的练习,就要逐步引导学生认识独立自主、自力更生与对外开放是紧密联系、相互促进、不可分割的两个方面;又要使学生认识我国社会主义现代化建设必须主要依靠全国人民的独立自主、自力更生,它是实行对外开放的基础。通过这一练习题的分析,进而使学生认识矛盾是事物变化的原因,外因是变化的条件,内因是变化的根据,外因必须通过内因而起作用。总之,这类练习可以帮助学生初步掌握对立统一规律,学会辩证地思考,从而解决现实生活中的一些问题。

二、培养思维的独特性

思维的独特性是指善于独立地发现问题和解决问题。在教学过程中,我深深体会到,单靠教师命题,无论在数量上还是在质量上都难以满足教学需要。因此我注意逐步培养学生自我命题独立作业的习惯和能力,以养成学生思维的独特性。在教完一课一节之后,则要求学生依据命题的科学性、可行性等原则,根据教材内容,自己分析问题,提出问题,采用多种题型,拟出题目,对学生拟出的题目经常组织全班交流,让他们在比较中鉴别,取长补短,逐步掌握命题方法,学会就同一知识点多角度,多方位命题而变化题型。

要培养学生思维的独特性,创造性地进行学习,不仅要求学生会提出问题,更重要的是提高学生分析问题和解决问题的能力。俗话说:"授人以鱼,不如授人以渔。"为了使学生能够独立地、完美地解决问题,我一般不为学生死套教材提供现成的、刻板的答案,而是指导学生在掌握教材的基本内容后,自己分析问题作出答案,并且借助作业讲评,揭示学生在解决问题过程中从审题到答案,从解题思路到语言组织等方面存在的问题,介绍各种题型的答题步骤、要求,鼓励学生敢于发表自己的见解,抓住审题、构思、书写等几个重要环节,归纳答案的要点。学生一旦掌握命题和解题的方法,就能极大地调动学习政治的主动性,激发思维的创造性,培养完成作业练习的独立性。

理论联系实际是思想政治课教学的基本原则。教学过程中不可避免地要涉及学生中存在的许多"热点""焦点"问题,解决好这些问题,不仅有利于学生理解课文,更重要的是通过教学发挥思想政治课的德育功能。因此,我经常把学生中存在的"热点"问题提出来,要求学生根据自己的实际拟定题目,再走向社会进行调查,收集材料,运用学过的基本原理分析这些问题,自由发表见解,撰写成演讲稿或小论文,进行讲演、辩论,出黑板报专刊。如在讲完社会主义民主建设这一问题后,同学们提出了一些认识模糊的问题，我没有简单地肯定或否定，而是引导学生课后调查研究，收集材料，再组织讨论、辩论。最后学生各人围绕“我看社会主义民主”写一篇小论文，以黑板报专刊的形式进行交流。实践证明，这是一种创造性活动，调动了学生学习政治的积极性。

三、增强思维的敏捷性

思维的敏捷性是指善于迅速而正确地发现问题和解决问题。变式练习可以培养学生思维的敏捷性。在教学过程中，我常就某一知识点通过是非、选择、判断说明、材料分析等多种题型进行变式练习，使学生能举一反三，牢固而准确地掌握基础知识。在此基础上，还有意识地采用变换角度的思考题引导学生剖析问题内容，转换运用知识的各个侧面，进而能触类旁通，掌握知识的内在联系，培养能力。如为了使同学完整而准确地掌握社会主义精神文明建设这一问题，我出了三道题：

1. 判断分析：有人认为不抓社会主义精神文明建设，照样实现社会主义现代化。

2. 判断分析：物质文明建设有利于提高人民生活水平，而精神文明建设只是做表面文章而已。

3. 理解说明：江泽民同志在党的十四大报告中指出：“坚持两手抓，两手都要硬，把社会主义精神文明建设提高到新水平。”

首先要求学生分析以上三道练习题之间有什么联系区别。通过思考和讨论，同学们认识到：第 1 题主要是要回答社会主义精神文明建设对社会主义现代化建设的重大现实意义；第 2 题主要是从两个文明关系的角度回答为什么要坚持两个文明一起抓；而第 3 题则是综合 1、2 两题，要求从整体上把握社会主义精神文明建设的重要性。在此基础上，要求学生根据自己的分析组织答案，进一步加深对社会主义精神文明建设的理解。这样，从多方面，多角度设计、组织变式训练，能够使学生的思维能力经受多元转换的训练，提高灵敏应变能力，逐步培养灵活运用所学知识，分析、解决问题的能力。

适时组织知识竞赛、即兴演讲、问题辩论，可以提高学生思维的敏捷性。知识竞赛可以小组为单位，通过必答、抢答、风险问题回答或即兴互相出题回答等方式进行；即兴演讲、小组辩论则可以就一些热点、疑点或难点问题动员组织进行。这些做法都可以训练学生思维的敏捷性。如在初二年级曾就“两个必然”的问题组织了一次小辩论，辩论分成两组，一组认为资本主义必然灭亡，社会主义、共产主义必然胜利；另一组则认为资本主义不一定灭亡，社会主义不一定能代替资本主义，两组同学各自阐述自己的观点，互相反驳，最后在辩论中求得社会主义、共产主义必然胜利的结论。

四、注重思维的逻辑性

思维的逻辑性要求思考分析问题或口头文字表达条理清楚，主次分明，严守逻辑顺序和逻辑规律。判断说明题或分析题是要求学生就某一论断、观点或命题首先判断正误，然后说明理由的一种题型。这种题型往往在某个论断(观点、命题)中把正确的内容和错误的内容混杂在一起，给同学判断分析。不少学生由于不懂逻辑规律，往往作出"这个论断(观点、命题)前半句正确(或错误)，后半句错误(或正确)"的不置可否的答案，这实际上违背了联言判断的逻辑性质。经常做这样的练习，有助于学生思维逻辑性的提高。

综合性较强或理论联系实际的大题，学生做起来往往感到困难，答案条理不清，东拉西扯，要点不全。因此，对于综合性较强的大题，要引导学生按逻辑顺序"有机划分"为若干个小题逐个解答，在解好小题的基础上，再按逻辑顺序综合成一个比较完整的答案。这样，既使学生掌握了解题思路，又培养了学生的逻辑思维能力。对于理论联系实际的论述题，要指导学生抓住审题、构思、答题三个环节。审题主要是理解材料中的观点，明确题目的要求；构思主要是在审题的基础上，联系教材，确定采用的知识点及需联系的实际问题，明确答题思路；答题要求逻辑性强，一般分"三步走"：首先从总体上回答问题；再围绕问题从理论上展开分析，并用正反两方面的实例加以论证；最后得出结论并表明态度。书写要清楚、整洁。整个过程着重训练学生的逻辑思维和表达能力。

苏霍姆林斯基说过："一个人到学校上学不仅是为取得一份知识的行囊，而主要是为了变得更聪明。因此，我们主要智慧努力就不应当用在记忆上，而应当用到思考上去。真正的学校应该是一个积极思考的王国。"因而教师只有启动学生思维的阀门，调动学生思维的积极性，学生才能在知识的海洋中遨游。政治教学和政治练习也应该把培养学生良好的思维品质放在一定的位置，使学生的智力和能力得到发展。

体育教学中学生自控能力的培养

张兴圣

自控能力属于非智力因素或非智力心理品质的一个重要方面。自控能力是人的一种自觉的能动力量，主要是指在改造客观世界中控制主体自身的一种特殊的能动性。体育教学中自控能力的培养有利于学生自觉地进行自我调控，积极地支配自身，排除干扰，更好地更快地掌握动作，完成教学任务。如何培养学生的自控能力呢？我认为应注意以下四个方面：

首先，应掌握学生的年龄特点

自控能力是随着认识能力和实践经历而发展的，它具有鲜明的年龄特点。对同一问题不能以成人的要求去要求学生；也不能以对中学生的要求去要求小学生。体育教学中要根据学生不同年龄阶段的不同心理水平和不同的实践经验培养他们的自控能力。对于小学生的培养，主要从观念上打基础，并引导他们化知识为内在的信念和意志，懂得以观念统率行为；对于中学低年级的学生，主要从行为规范入手，以养成良好的学习习惯，形成正确的学习动机等为主要内容；对于中学高年级的学生，主要以培养自我意识、独立性、强化自我教育为主要内容。当然，这种划分不是绝对的，应在教学过程中根据学生特点和实际情况不断加以补充、强化和深化。

其次，应了解学生的个性特点

学生的个性是千差万别的，每个人都有各自的特点，体育教学过程应该充分发展人的良好个性心理特征。作为一名体育教师，就必须做到以下几点：一是全面了解和把握学生的各个方面，善于从学生的不同表现中识别出学生的不同个性，只有识别出他们的不同个性才能施加引导和教育；二是对不同个性的学生都要给予鼓励和支持。因为影响人的个性因素有先天的，也有后天的。我们要允许学生有不同的个性。对于个性鲜明、特殊的学生不应用同一模式去强求他们，不能轻易用“狂妄自大”“性格古怪”“不好管教”等话语来刺激他们、挖苦他们；三是对不同个性的学生要采用适宜的方式去引导和培养，教师教育学生切忌高高在上或与学生对立、顶牛，而应该针对学生的个性特点因材施教，审慎地选择有利的教育时机，运用恰当的教育内容和教育方法，使学生的个性向成熟、健康的方向发展。

再次，要力求教学手段灵活多样

教学组织形式、教学方法的多样性、灵活性、趣味性，往往能诱发学生产生良好的学习动机，从而使他们有意识地进行自我调控，达到教学目的。体育教师特别应该根据学生的年龄特点选择恰当的教法。低年级学生好动，情感、兴趣和欲望带有随意性，往往不经过自控机制的加工处理，任性而动，任情而为。因此，教学中教师要不断创设气氛，活泼情境，让学生在从事各种身体活动时，获得积极的情绪体验；高年级的学生已有了一定的理性思维能力，自我意识、独立性已逐渐形成。因此，在教学中教师要善于引导学生想、练结合，善于培养他们独立思考能力及竞争意识。要做到这一点，就要特别重视教学比赛法，因为体育竞赛中，情况瞬息万变，需要每个人在最短的时间内作出相应的判断，作出相应的反应。长此以往，就能培养学生的独立思考能力，对自己的行为目的进行控制和调节的能力。同时我们还要深入研究教材的内容。教材内容有的本身具有吸引力，学生比较感兴趣，有的则比较枯燥，学生学习的积极性不高。因此，教师如何根据教材内容特点采用多种多样的教学形式，来激发学生学习的兴趣，提高学习的积极性，这是培养学生自控能力的一个关键。

最后，应重视与德育的有机结合

体育教学过程中加强学生思想道德品质教育是培养学生自控能力不可缺少的内容。结合思想品德教育来培养学生的自控能力应注意以下几点：

1. 教育的严肃性。学生的道德品质表现在他们的言行举止上。教师对学生的语言、行动、精神、仪表都要有明确而规范的要求，使之形成良好的习惯，增强自控能力。

2. 教师的表率性。教师本身应提高自身的控制能力，教师要严于律己，为人师表，热爱学生，关心学生，教育学生时切忌以“师威”压制，应以理服人，以情感人。

3. 教材的思想性。要充分挖掘教材本身的思想内容，不失时机地加以教育，弘扬爱国主义、集体主义精神，形成勇敢顽强的意志品质和良好的组织性、纪律性等。

4. 教育的连续性。一个人的良好行为、习惯、意志等不是一蹴而就的，它需要有一个过程，教师在教学中要抓住每一个教育时机，及时教育，持之以恒，根据学生成长的特点，不断地培养他们良好的行为习惯、良好的道德品质，使他们的自控能力逐渐走向正确的轨道。

另外，还要指出的是自控能力的培养必须以强化自我教育为主，变被动教育为自我教育。高明的教师不仅教学生“学会”，更重要的是教学生“会学”，尤其是培养自控能力，不把被动教育转化为自我教育，教育目的就难以达到。

克服初中学生体育升学考试前心理障碍的几点做法

陆祖萍

随着现代科学技术的不断发展和教育改革的不断深入，人们逐渐认识到，体力和智力的充分发展是人的生命存在的基本源泉，是人们从事一切活动的生理基础，也是人们全面发展的最基本的要求。正是由于人们对体力和智力发展关系认识上的深化，体育成为从毕业生中选拔合格人才的条件之一。这种做法有力地促进了学生德、智、体、美、劳的全面发展，有力地冲击了重智轻体的传统的教育观念和片面追求升学率的不良风气。这既是对学校体育工作的一个强有力的推动，也是对学校体育教学提出的更高的要求。

本文拟就如何克服初中学生体育升学考试前的心理障碍这一问题，谈几点精浅的看法，以就教于方家学者。

由于刚开始实施体育考试，且体育成绩是按一定比例计入升学总分的，很多中学生产生了紧张、焦虑、畏难等心理，因而形成考试前的心理障碍。

通过实际观察，初中学生产生考试前心理障碍的原因主要有以下几个方面：1. 既担心参加体育锻炼会耽误文化课的学习时间，影响文化课的考试成绩，又担心体育考试成绩不佳影响总分。2. 少数学生因体能较差怕达到不到应有的标准，信心不足。3. 个别学生由于某些生理方面的不足，如身材矮小、肥胖等造成的心理负担。4. 对考试的要求、场地、器材以及裁判等外界环境的不适应造成的心理压力。

为了克服学生在体育考试中容易出现的上述心理障碍，我们在教学过程中采取了以下几种方法：

一、在体育教学过程中强化学生的体育意识

在体育教学中引导学生正确认识体力与智力发展的关系，体力发展对智力发展的重要性，使学生正确理解与认识体育教学的意义，端正学习态度，正视自身的薄弱环节，了解产生的心理障碍原因以及纠正的办法，进行自我心理调节，自觉自愿地参与体育活动。课上则采用多种多样的教学手段，努力创造轻松愉快的课堂气氛，使学生树立自信心，产生愉快的心理感受；在室内理论课教学及平时教学中对学生进行体育理论知识教育，将知识性、趣味性融为一体，既教给学生体育知识，提高其体育素养，又激发学生的求知欲望，潜移默化地提高学生的体育与智力发展关系的认识。

二、扎扎实实地抓好基本技术、技能训练

在教学过程中，结合挂图进行动作示范，让学生正确理解动作过程，明确动作要领和完成方法，同时根据不同学生在练习过程中的不同表现，给他们找出存在的问题，分析原因，对症下药，有的放矢地进行指导。例如：在铅球教学中，有些学生掷铅球时臀部后坐，力量发挥不出来，就帮助他们找原因，看看到底是右腿蹬转用力不充分，还是左腿支撑用力不正确。学生掷铅球时肘关节下降，过早地把球掷出，形成抛球，这种错误也要具体问题具体分析，有的属概念模糊，有的是用力顺序不对。在 50 米跑的短跑教学中，途中跑是关键。我们在观察和纠正学生起跑及加速跑中存在的问题后，重点观察学生在途中跑时出现的问题。男同学存在的问题是后蹬之后小腿后踢过高，大腿前摆时小腿已开始前甩，无法抬腿，半屈腿前摆，大腿屈肌力量不足导致大腿抬得不够高。女生存在的问题是跑时仰头、低头或视线不固定，两腿用力方向不协调，两臂摆动幅度不对称、不协调，导致途中跑时乱拐弯，直线性差，以及身体后仰，影响速度。而途中跑时后蹬不充分几乎成为"坐着跑"是男女生共同存在的问题。发现这些情况后，我们立刻分析出现问题的原因，针对不同学生存在的不同问题有目的地帮助他们反复练习，使他们在反复练习中尽快掌握正确技术，形成技能，用以锻炼身体，提高体能。

三、个别指导

我们对身体素质差及特殊体型的学生开小灶，进行个别指导，定人、定时间、定场地。最重要的要帮助他们树立信心，我们坚持态度和蔼亲切，指导热心耐心的原则，在教法上采用多种辅助练习，比如：教铅球时，先用实心球和轻器械代替铅球练习，适当增加力量性素质训练的内容，有针对性布置课外练习作业等方法。在练习中注意采用暗示的方法，课前把达标直线有意向前移 20～30 公分，让学生达标率高一些，以树立信心，然后逐渐后移到达标线上，这样做的结果，使学生首先认识到，任何事情都不是可望而不可即的，只要勤学苦练，持之以恒，坚持练习就能取得理想的效果。从而帮助他们树立自信心，激发学习兴趣，克服了紧张情绪和自卑心理。

四、考试前适应性练习

因为初中学生缺乏体育考试的临场经验，对考试时突然改变了场地、器材以及裁判等外界环境条件都不太适应，不少学生会产生紧张、焦虑、恐惧情绪，甚至少数学生会感到无所适从。

为了让学生在体育考试中正常发挥，在正式教育前，可先进行二、三次模拟考试，这样做目的有三：第一，让学生"经历"一下，获得考试前的临场"经验"，这实际上是对学生进行考试前的心理训练；第二，让学生充分了解自己正常水平发挥的一般状态；第三，便于我们发现学生中还存在哪些共性的问题，还存在哪些个性的问题，采取什

么措施进行有针对性的强化训练。

1993年度由于我们在以上几个方面做了一些尝试，我校初中学生在体育升学考试中取得了较好的成绩。按60分计入升学总分我校满分率达74%，均分59.5，是我市各中学初中学生体育毕业考试成绩的第一名。我们所做的只是最基本最简单的一点尝试。

数学问题的作用在于提供思维的动力

卫　刚

课堂教学中创设问题情境已成为数学教育工作者广泛的共识，但对数学问题在教学中究竟起什么作用，认识上却存在着差异，因而也产生了不同的教学形式，有的课上教师竟提出了数十个问题，这种“填空式”的问题，很难富有思考性，不可能引发专注深入的思维，有的课上教师提出问题后，并不想让学生去解决问题，而是说：这个问题现在还不能解决，等学完本节课的知识后就可以解决了，由此可见，数学问题在这位教师的心目中只起到开场的锣鼓，活跃一下气氛的作用(当然这种作用也很重要)。

一、数学问题的作用在于提供思维的动力

数学问题在教学中的作用到底是什么呢？要回答这一问题就应对数学教学的本质有比较清醒的认识，拉卡托斯曾说：“数学教学从本质来看，是数学思维活动的教学，而思维由问题开始，没有问题就没有思维，至少没有专注深入的思维，所以问题应该成为学生思维的发动机，成为学生思维的动力，使学生通过积极的思考，学会数学地思维，增长知识，提高能力。”

我们认为在教学过程的一开始，教师提出一个(或一组)具有思维动力的问题，这样，一节课就有了合乎自身逻辑发展的生长点，就为学生探索性活动的展开，开启了一扇大门，所以，教师的主要责任就在于设计好一个具有思维动力的问题，然后应放手让学生以一个探索者的身份主动地去思考、去探索、去尝试解决所面临的问题，教师可以对学生的探索过程和结果给予及时的评价和策略方面的指导，从而缩小未知领域中的可能性空间，不断地逼近那个“必然的结果”，最后获得成功。

二、一个课例

下面结合课例“椭圆的几何性质”谈谈如何设计出具有思维动力的问题。

本课通常的设计是这样的：根据椭圆方程 分别提问的学生：椭圆的范围、对称性、顶点等几何性质分别是什么？从表面上看，在课堂上学生是在回答教师提出的一个又一个问题，积极参与了教学的活动，但是，我们认为以上的学习活动仍然是机械的，而非有意义的，因为，学生并不知道为什么要回答这些问题，即学生活动的目的性不明确。事实上，学生只是教师各项指令的机械的执行者，他们不知道为何要执行这些指令，因而也就不能形成深刻而主动的思维活动，造成这一切的原因就在于，所提

的问题并不具有思维的动力。

下面是我们改进后的教学设计：

提出问题：上一节课我们研究了“已知一个椭圆，如何建立它的方程”。今天我们研究这一问题的逆问题：“已知椭圆的方程，如何画出椭圆”，比如，已知椭圆方程，如何画出它的图形呢？

让学生自己动手、动脑去完成这一任务，教师可根据教学的实际进程，适当地给予策略性的指导。

学生：将椭圆的方程取值代入计算，试图用列表描点法画图。

可以围绕以下问题讨论画法：

1. x 是否可以随意取值，它有范围吗？y 的取值范围如何？（引导学生考虑椭圆的范围）

2. 求 y 的值时，要不要正负值都要考虑？（引导学生考虑椭圆的对称性）

3. 研究曲线上某些特殊点的位置，可以确定曲线的位置，椭圆上有哪些特殊点？（引导学生考虑椭圆的顶点）等等。

4. 紧接着，将所讨论的问题一般化，研究椭圆的几何性质。

由此可见，正是由于所提问题具有思考性和探究性，从而能启发学生思考，椭圆的几何性质是在学生探索性的活动中，作为解决问题的工具而“创造”出来的，而并非凭空而来。

三、具有思维动力的问题所具备的条件

我们认为，具有思维动力的问题应具备如下条件：

1. 具有良好的载体性

所提问题要附载有所需学习的数学的概念、法则、定理等数学知识和数学思想方法，也就是，问题应具有“生长性”，通过对问题的探索和解决，能引发和抽象出所要学的数学知识和思想方法，应该看到，要解决的问题是数学概念等知识的真正来源，数学概念的意义与其说来自于定义，不如说来自于一类求解的问题，事实上，数学概念是思维的结果而并非思维的起点，在很多情况下，数学概念是数学家为了陈述定理、表达结论而创造出来的，那种先讲概念，然后运用这些概念解决问题（主要是例题和习题）的教学形式，掩盖了知识发生发展的过程，严重地影响了学生正确的理解知识和思维能力的提高。

2. 问题应具有一定的挑战性。

所提问题不是那种“填空式”的，一句话就能回答的，而应富有思考性和挑战性，重要的是能引起学生的认知冲突，使学生进入“愤”“悱”的认知状态，激发思维、引导探索，问题的提出和解决应成为一节课的主要结构和基本框架，所以问题不是开场的锣鼓，它本身就是戏。因此，问题的入口要宽，但却有较高的层次和思维容量，使学生一开始并不感觉太难，都能很快进入“角色”，而真正要解决问题把戏演完却并非容

易，别有一番洞天了，学生通过克服认知障碍，把由问题而产生的新概念和思想同化进原有的知识结构中，或者改变对过去数学知识的看法，使原有的知识结构顺应（调整）于新的问题，在解决问题的过程中逐步学会一般化、特殊化等数学思想方法，学会数学地思维。

如何设计出具有思维动力的数学问题，如何组织和指导学生探索问题的解决，在解决问题的过程中，如何将教师的主导与学生的主体有机地结合起来，应成为衡量一名数学教师教学水平高低的重要指标。

本文发表于《数学教学月刊》2003 年第 12 期

关于数学观念教学的研究与实验

张乃达

有关数学观念教学的研究正日益引起人们的关注。在本文中我们将对数学观念研究的背景,它和思维与数学教学研究的关系,它的价值以及观念教学的组织与实施方法作一概略的介绍。

背景:数学思维教育学的研究引导我们走向数学观念

关于数学观念教学的研究与实验,是对数学思维教育学研究的继续与突破。

数学思维教育学的研究必然会引导出对数学观念的探讨,并从根本上对现有的数学教育思想体系作出新的考察和评价。这是因为,在研究数学教学中的思维活动时,不可避免地会遇到有关情感、态度、志趣等问题,不可避免地会感受到价值观念、时代精神对思维者的影响和制约,而所有这些,都要求我们对观念包括数学观念及其教学作更深层的探讨。

请看下面的例子:

1. 直觉从何而来

人们已经普遍承认直觉在创造性思维中的重要作用。爱因斯坦说:"从经验到科学原理的建立,只有通过那种对经验共鸣的理解为依据的直觉。"那么直觉又从何而来呢?不少研究者认为,数学中的直觉归根到底是由思维者的审美情感所支配的。爱因斯坦一直把理论前提的逻辑简单性看作是评价理论价值的重要标准,著名数学家冯·诺伊曼曾经写道:"我认为数学家无论是选择题材,还是判断成功的标准,主要都是美学的。"彭加勒则更明确地肯定了"美学的考虑"与"理论富有成果性"之间的关系。可以说,数学中最高层次的直觉,就是美感直觉,它是受思维者的价值观念的制约和影响的——这样问题就导致对观念的研究。

2. 思维活动的动力机制

数学思维教育学的研究表明,学生只有通过自己的思维活动才能形成和发展思维能力。应当让学生通过自己的思维活动来学习数学[2]。但是,怎样才能使学生产生积极的思维活动呢?从根本上来说,这就需要引导学生逐步地建立起思维的动力机制,从而真正地掌握住数学思维的主导权,而当我们开始研究这种动力机制的结构时,就不得不涉及意志、情感、志趣等非智力因素对思维活动影响的问题,因而不能不从智力因素与非智力因素的总体上,即从观念层次上来研究它们之间的关系。

3. 思维结构的外部条件系统

再如,我们一直强调要努力实现教师的主导作用与学生主体作用的统一。可是,这两者之间究竟能否做到统一?采用什么样的方式才能实现统一?这些,一直都是数学教学研究中的重要课题,一直还未真正弄清。在有关数学思维教育学的研究中,郭思乐同志提出了"思维场"的概念,作者也提出了"数学思维结构的外部条件系统"的概念。都认为:学生的思维活动,从本质上来说是一种内审的,有时甚至是无意识的活动[1]。因此,教师并不能直接参与或介入学生的思维活动,教师的主导作用只能作用于学生思维活动的外部条件系统。有目的地改变其思维活动的外部条件来间接地影响学生的思维过程。按照上述理论,就有必要进一步弄清思维结构的外部条件系统的组成要素以及它们之间的关系。初步的研究表明,思维者的观念及其思维传统(社会观念的组成部分)是构成外部条件系统的关键因素。这样,我们又一次面临着对观念系统的研究。

4. 知识与能力的同步发展

实现知识的传授和能力发展的统一,一直是数学教学长期追求的目标。数学思维教育学通过对数学学习活动中思维过程的研究,认为数学观念对数学思维活动具有指导作用,数学观念是联系数学知识与数学能力的纽带。具体地讲,第一,数学思维能力是通过观念作为桥梁来作用于数学思维过程的;第二,在数学知识的学习过程中,只有促进数学观念的发展才能形成广泛的迁移,进而转化为数学能力[1]。所有这些,又都促使我们进一步去探讨有关数学观念的问题。

例子还可举出很多,几乎可以肯定地说:对数学思维教育学中任何一个问题的深入探讨,都会发现数学观念对数学思维活动以及数学教学活动的深刻影响。例如,有关数学思维的监控问题,关于数学方法的层次结构以及作用方式的问题,都和观念问题有着十分密切的联系。这是因为数学学习过程伴随着十分复杂的心理活动。这些心理活动既有认识活动,也有情感活动。把数学教学看成是数学思想活动的教学的提法,只不过是对数学教学过程所作的一种抽象。实质上,人作为一个整体,他的认识活动不能不受到情感活动的影响,不能封闭在思维结构的内部来进行,这就要我们从更广阔的背景上,从情感活动与认识活动的联结上,从个人与社会、现实与历史的联结上,即从社会观念形态(包括数学观念)的角度来进一步探讨思维活动的规律,来研究数学思维教育学。因此,可以说,从数学思维教育学的研究,走向对观念特别是数学观念的研究,既是对数学思维教育学研究的继续与深化,也是对上述研究的一次突破,它是数学教学的深入发展的必由之路。

主题:着眼于人的素质的提高

有关数学观念教学的研究是和对数学教育目的认识的深化紧紧地联系在一起。

数学教育的目的是什么?是学习数学知识吗?是发展数学能力吗?当然,这些都是,但还不够,数学教育的根本目的在于促进人的发展,在于提高人的素质。

众所周知，人的素质表现于许多方面：知识、能力、思想、习惯、观念、意志、兴趣、志向等等都是人的素质的重要组成部分。人的素质的提高，也可以表现在不同的方面，数学教育在提高人的素质方面的作用，则表现于不同的层次。[3]

第一层次：掌握数学知识；

第二层次：发展数学能力；

第三层次；形成良好的精神品格。

其中第三层次应该是整个教育工作的最终目的。只有在上述三个层次上都取得了巨大效益的数学教学才是科学的、健康的、卓有成效的数学教学。

学习数学知识和运用这些知识于实际工作，只能从最低层次上体现出数学教学的价值。如果单纯地为了实现这种价值，就只需要把数学教育看成是一项技能训练的科目，而不必改变学生的心理特征，不必启迪学生的积极思维，更无须改变学生的观念和思维方式。注入式教学法和题海战术都是体现在这种水平上的有效的教学方法。

发展数学能力，则从较高层次上体现了数学教学对人的素质的提高方面的作用。数学能力的发展，表现为学生某些心理特征的积极变化。而这种变化，只有通过某种心理过程才能实现。由于数学思维能力是数学能力的核心。因此，为了促进思维能力的发展，就必须注重学生在数学学习中的思维活动，必须研究思维活动发展的规律。这样就形成了思维训练水平上的数学教学。在这种教学中，知识已经不是静止的，不是孤立的，而是一种有序的编码系统，呈现出“过程”，表现为数学活动。为了达到这种水平的教学，就必须废止注入式，倡导启发式。

发展学生的良好的精神品格，从最高层次上体现了数学教学对人的素质提高的巨大功能。为了促使学生精神品格的发展，数学教学就必须促使学生世界观和方法论的转变，促使学生思维方式与观念的变化。就不仅需要重视学生在学习活动中的思维过程；还要重视伴随着它的情感过程，以及这两者之间的联系，要积极实现数学教学效果由数学领域向非数学领域的迁移。这种迁移比知识的迁移要深刻得多，困难得多，其作用也巨大得多。这就是观念水平上的数学教学，它不仅要注意具体的数学思维的微观过程，还要从总体上，从宏观上来认识数学思维的特点，从数学的整体结构上来认识数学，这就要求我们进一步重视数学观念的教学。我们认为，这种水平的数学教学将代表着数学教学发展的新方向。可以说，如何最大可能地发挥数学教育在提高人的素质方面的作用，从一开始就是有关数学观念教学研究的主题。

内容：观念、数学观念及数学观念系统

观念，是指人们对客观事物的基本看法和概括认识。这些看法和认识是通过思维活动对客观事物作出的概括反映。例如，世界观、人生观、科学观等等就分别是人们对世界、对人生、对科学的基本看法和概括认识。

所谓数学观念是指人们对数学的基本看法和概括认识。数学观念系统可以看成

是由数学思想、观念、思维方式和方法，即数学的基本思想、基本方法和基本态度所构成的认知系统，它表现为用数学的思维方式考虑问题，处理问题的自觉意识或思维习惯。例如：推理意识、整体意识、抽象意识、化归意识、目标意识、数学审美意识等等都是数学观念的具体内容。

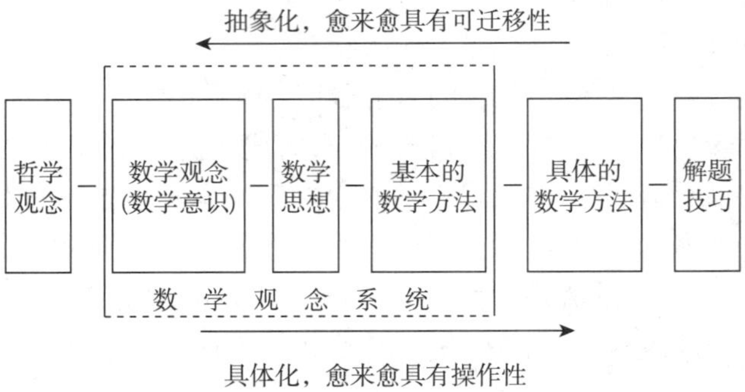

一般地说，数学观念、数学思想和基本的数学方法都是意识形态的表现，都是数学观念系统的组成部分，我们可以根据它们的抽象程度、适用范围以及在解决问题的数学思维过程中的不同作用，将它们划分为不同的层次。

哲学观念 它表现为世界观和方法论。它具有最广泛的适应性，例如：辩证唯物主义的观点、实践的观点等等。哲学观念可以直接对数学思维活动起指导作用，也可以通过数学观念来作用于数学思维过程。

数学观念 也称为数学意识，它表现为数学的基本认识，表现为用数学的思维方式去考虑问题，处理问题的自觉意识或思维倾向。它一方面是人们的哲学观念的具体体现，另一方面又充分地体现了数学的特点，是数学思维活动的产物，是它的结晶和抽象成果。

数学思想 事实上很难说清观念和思想的区别。不过，为了叙述的方便，我们仅根据意识形态的抽象程度和作用范围，将它们区分开来，认为它们是处在不同的抽象层次上的两种观念形态。

我们把数学思想看成是数学观念在较低概括层次上的意识形态表现，是某一种或几种数学观念具体化的结果。数学思想与数学观念相比，较为具体（尽管它仍然相当抽象）、具有相对固定的形态（尽管它仍然有变化），更具有操作性（尽管它还没有程式化）。而观念则比思想更为抽象，更多地表现为一种“思想倾向”，一种意识，一种价值取向。

数学思想是在数学观念（或哲学观念）的指导下产生的。可以把数学观念看成是数学思想的背景与根据。例如：分类思想就是系统观念和化归观念相结合而形成的一种较为具体的观念形态。

数学的基本方法 这里是指基本的或一般的方法，而不是指具体的、特殊的方法。

所谓方法，是研究现实的手段或方式，它是观念和思想在认识过程和实践过程中的具体运用。它比观念、思想更富有操作性，具有更为鲜明的外部形态特征。

方法本身也存在着层次结构。它可以表现为一般的哲学方法（如辩证的方法）、一般的数学方法（如公理化方法）和较为具体的数学方法（如配方法），或者更为具体的解题技巧（例如三角变换中的和积互化方法、因式分解中的提公因式法等等）。

具体的数学方法和数学解题技巧 这是特殊的"实实在在地"解决数学问题的方法，可以运用它得到某些特殊的具体的数学问题的解答。一般地，可以给它规定出具体的操作程序（步骤）。因此，它具有操作性；另一方面，它的适用范围是比较狭窄的，它受到各类问题的不同特点的限制。解题技巧和具体的解题方法是一般地解题思想和方法的具体运用，对具体的解题方法进行抽象概括，就有可能得到较为一般的方法，直到解题的一般思想和观念。

数学观念、数学思想、数学的一般方法以及具体的数学方法和技巧都是思维活动的产物。因此，都是观念形态的东西。但是，它们之间却有着重大的区别。数学观念、思想和一般的方法，反映了对数学的总体认识，它们处在较高的抽象层次上，具有广泛的应用范围，对数学思维活动、数学审美活动起着指导作用，是这些活动的监控结构的主要组成部分，是世界观、方法论的直接体现，很容易形成广泛的迁移（包括向非数学领域的迁移）。为了研究的方便，我们把由数学观念、数学思想和一般的数学方法构成的系统，称为数学观念系统。

为了强调数学观念系统的总体性和基本性，我们不把具体的数学知识和具体的解题方法、特殊的解题技巧当作数学观念系统的组成部分（尽管它们也是观念的东西）。由此可见，我们所讲的数学观念具有较高的抽象层次，是经过许多次抽象概括才能形成的，它在数学思维活动中，主要地起定向、调节、控制即调控的作用。它是对数学问题作出概括性解决的根据。

策略：数学观念的早期建立和发展

根据上面的分析，可以看到：数学观念系统的发展水平，制约着数学思维活动与数学学习活动的水平。发展得足够健全的数学观念系统，能大大地促进数学思维活动的进行；反之，数学观念的发展水平低下，会极大地限制数学学习活动的效率的提高。由于数学观念系统处在较高的抽象层次上，要经过多次的概括才能形成。数学史也表明，一种新的数学思想的确立，往往要经过几代人的努力。因此，在一般情况下，在传统的教学条件下，大学生也很难形成像模像样的数学观念系统，更不要说中学生了。因此，在中学阶段，学生的数学能力的发展经常地滞后于知识的积累，而数学观念系统的发展水平又远远地低于能力发展的水平。因此，在中学阶段整个数学教学的效率不高，它一直处在"打基础"——即一方面要完成数学知识的学习任务，一方面又要在学习过程中建立数学观念系统的任务。加之中学生的数学观念的发展水平低下，数学思维的"动力机制"还远远没有形成，因而，也就无法掌握思维活动的主导权。这正是当前数学教育效率不高的重要原因。

这就促使我们产生一种想法:如果能让学生早期形成某种数学观念的框架,让数学观念的发展走在数学知识与能力发展的前面,这个观念就会作用于学生的数学思维过程,指导学生的数学学习活动和思维活动,从而大大地提高数学学习的效率。

例如,初二的学生在初步建立了"化归是解决问题的基本方法"这样一个观念以后,他就会对过去学习过的具体方法和技巧产生新的认识。例如,认识到有理数的减法就是化归为加法来解决的,一元一次方程的解题步骤就是逐步化归的程序,甚至可以找出实际生活中使用化归方法的例证。

另一方面,学生还会积极地寻找化归观念应用的新领域,尝试着利用化归观念解决新问题,从而形成探索活动的主动性。

随着学习活动的深入,学生就有可能逐步加深对化归观念的认识,并把诸如,使用化归方法时有什么规律?如何确定化归的方向?如何创造化归的条件?化归有哪几种常见的方法?等等,当作新的探索课题,使对数学观念的抽象认识上升到具体。

上面的例子说明:观念是由知识转化为能力的结晶核,它将会把大量的有助于观念发展的素材吸引在它的周围,大大地加速概括的进程,并增进对材料的理解,因此可以把观念看成是一个对数学材料具有巨大吸引力的"洞",另一方面在观念的指导下,学生会积极开展新的探索活动,发现或创造出使用观念的新例证、新方法,产生广泛的迁移。因此,观念又可以看成是一个"源",大量的课程、方法和技巧,都可以从源中涌出。

因此,早期率先发展学生的数学观念系统是一个有巨大价值的数学教学策略。

契机:观念形态的数学观念与认知形态的数学观念

现在要考虑的是:是否具有早期建立和发展数学观念系统的可能性?数学观念的发展能否走在知识与能力发展的前面?

回答是肯定的,下面我们从理论上来分析一下这种可能性:

第一,尽管数学观念是抽象的概念,但因为它具有广泛的应用,又最基本,因此也是朴素的。学生不难从自己的实际生活中找到支持这种观念的根据。因此,学生接受这些观念(如化归观念),并不是困难的事。

第二,数学观念具有广泛的适应性。它在数学中存在着大量的概括素材,并有广泛的应用领域。因此有让学生建立和发展观念系统的广阔天地。

第三,更重要的是,数学观念具有知识与"能力"的双重特性,即存在着知识形态的数学观念和认知形态的数学观念。对此,我们进一步阐述如下:

数学观念是人们长期的数学思维活动的成果和结晶,是全人类数学思维的产物。因此,数学观念具有社会共有性。

例如,现在被大家所接受的"数系扩充,因袭数性",即在扩大的数集中尽可能地保留原有的运算性质的观点(这是数学审美观念的具体体现)就是通过漫长的岁月,在全人类的数学思维活动中孕育、形成和发展起来的，但是，这个观点一旦形成，又成为全人类共有的财富，今天的学生就可以像接受知识一样接受这个观点，并能利用这个观点去指导自己“独立地”完成诸如定义零指数、定义 C_n^0 等等的任务，甚至可以认识到“因袭数性”，不过是数学的简单性、统一性观点在思维中的一种表现。可见，数学观念的社会共有性，使它具有知识的某种特征。因此，我们可以把它写在书本上，可以通过语言来描绘它。教师可以把它像知识一样地传授给学生，可以对学生解释什么叫做“化归观念”，什么叫做“推理意识”，等等。这时的数学观念，实际上是一种方法性、工具性的知识，我们把它称为知识形态的数学观念（即“死”的数学观念），正是它的存在，使早期建立数学观念成为可能。

另一方面，数学观念系统又是个体的数学思维活动的产物。它反映了学习者的思想、观点、处理问题的方法、态度和习惯，打上了个人的烙印，即它具有个体的差异性。

可以说，世界上没有两个人具有完全相同的数学观念系统。因此，数学观念系统是学习者的心理结构的综合体现，学习者不通过自己的思维活动，不促使自己的心理结构发生变化（发展）是不可能形成和发展数学观念的。当我们从书本上看到对某种观念、思想、方法的叙述以后，当我们听到教师对它们的解释的时候，这些观念、思想和方法已经是被抽象出来的离开了“母体”的外在物，已经不是观念、思想、方法的本身，而是它的某种性质、某个方面，或某些特征。所有这些，并不能简单地被学习者全盘接受下来成为他自己心理特征的组成部分（尽管它可以改变学习者的思维活动的外部条件，促进或阻碍学习者的思维活动的开展），只有通过学习者自己的心理活动，才能完成“从抽象上升到具体”，即把知识形态的（空洞的、教条的、死的）数学观念与个人的经历、经验、心理体验结合起来，转变成为生动活泼的、带着个人色彩的（个人的性格、爱好、习惯、态度、风格、情感等等），溽和着具体的数学问题的数学观念，即认知形态的数学观念，活的数学观念。这种形态的数学观念即成为指导学习者的活动（包括非教学领域内的活动）的重要因素，成为学习者精神品格和素质的一个组成部分。

可以看出，由知识形态的数学观念到认知形态的数学观念，是一个从抽象上升到具体的理性认识过程，只有通过个体的思维活动才能完成。

既然存在着两种不同形态的观念系统，因而，在教学中，教师可以把某种教学观念（知识形态的）像知识一样，灌输给学生，让他们先建立起一个大体的框架（这对学生来说可能是空洞的并没有理解的），然后再通过学生的思维活动，来理解它、检验它、丰富它，发展成为认知形态的观念，从而达到早期建立数学观念系统的目的。

行动：早期建立数学观念的教学实验

当然，在中学阶段特别在初中阶段，是否有可能发展起初步的数学观念系统？中学生比较容易接受哪些种数学观念？所有这些，除了理论的探讨以外，更需要实验来检验和探索。正是出于这种考虑,扬州市教研室、教科所、扬州中学组织了名为"早期发展学生数学观念的教学实验"。

实验的总体设计是希望早期建立与发展学生的数学观念,让观念的发展走在数学能力与数学知识发展的前面,成为推动数学学习活动与思维活动的火车头,从而提高数学教学活动的水平和效率。

达到上述要求的策略是:尽可能地发挥数学学科结构高度系统化,数学思维活动形式化的特点,最大可能地发挥教师在教学活动中的主导作用,适当地缩短由具体上升到抽象的(这是理性认识的第一个阶段)的过程,充分发挥由抽象上升到具体的认识阶段对学生思维发展的巨大作用,从而真正地让学生成为学习活动的主体。

在实验教学中,对数学观念的形成和发展设计出如下的"理想过程"。

首先,在教师的直接干预下,通过少数的典型材料,采用上升性概括的方法,让学生迅速地完成从具体上升到抽象的阶段(这时,数学观念是当作知识灌输,介绍给学生们的),建立起数学观念的框架,对数学观念形成一个总体的(当然也可能是空洞的)认识。

接着,再不断地向学生提供典型的思维材料,让学生通过自己的数学思维活动,来检验调整、深化对数学观念的认识,愈来愈自觉地利用数学观念来指导数学思维活动,推动数学学习的过程,从而完成从抽象上升到具体的任务。在这样一个理想的过程中,数学观念的发展走在数学思维能力的发展与数学知识增长的前面,成为数学学习活动中的重要能动力量,从而卓有成效地提高数学教学的效率。

原则:结构性原则和过程性原则

结构性原则和观念教学的宏观过程

结构性原则(即要把发展学生的(数学)认知结构看成是数学教学的归宿和手段)和过程性原则(即数学教学要暴露数学思维过程)是数学教学的指导原则。

观念教学的宏观阶段,是在结构性原则指导下进行的。由于数学观念的建立和发展要经历一个长期的阶段,因此,在数学教学中,要对观念教学作出总体的安排,有计划、有重点、分阶段、分层次地组织教学。

首先,教师要根据中学数学教学的总体安排,根据教材系统,明确在中学数学教学中要发展哪些数学观念,这些观念之间存在着什么样的联系,即要明确中学生应该建立的数学观念系统的框架。

其次,对于每一个具体的数学观念,要根据学生的情况和教材的要求安排好教学层次。一般说来,一个观念的教学总要经历渗透、突破、应用和发展这样几个阶段。

渗透 要求在处理数学问题时,突出数学观念潜在的指导作用,使学生受到潜移默化的教育。例如,在有理数的教学中,渗透分类思想,在一元一次方程的教学中,渗透化归观念,在二元一次议程的教学中,渗透基本量思想等等,这一方面可以为观念的建立作好铺垫,另一方面,又可以加深对教学概念、方法,对数学知识的理解。

突破　即正面提出某一数学观念，讲清它的意义、方法和应用，让学生在教师的指导和参与下，迅速实现从具体上升到抽象的认识飞跃，建立起对某一个数学观念的初步认识。在这个阶段，教师往往通过少数典型的问题，利用上升性概括，直接揭示出某个观念的指导作用，并对观念作正面的介绍，让学生暂时把观念当作“知识”接受下来，并形成应用或检验观念的动机。

应用　让学生逐步独立地、自觉地将观念运用于数学思维过程之中，一方面深化对观念的理解，一方面来检验观念的正确与否（包括修正对观念的错误理解），从而完成从抽象上升到具体的飞跃，这个阶段对于数学观念的发展具有极其重要的意义。在教学中，它往往表现为学生在教师指导下相对独立的探索发现活动。在本阶段教师的主导作用，主要体现在问题的选择、编排及对学生思维活动的评价上，而不要过多地干预学生具体的思维过程。

过程性原则与观念教学的微观过程

数学教学要充分暴露数学思维过程，这是组织微观数学教学过程的指导性原则。由于数学观念系统的建立和发展不能离开数学思维，因此，过程性教学原则，对于观念教学也十分重要。

暴露数学思维过程是成功地进行观念教学的保证。事实上，坚持暴露数学思维活动中的每一个环节和层次，也就必然地突出了蕴含于其中的基本数学思想和方法，也就必然地突出了数学观念。

在观念教学中，要特别注意突出概略性解决的思维层次，这不仅因为在当前教学中广泛地存在着掩盖这个思维层次的倾向，而且因为观念对于思维的指导作用也正集中地体现在这个层次上，例如，在探讨二元二次方程组的解法时，首先要通过化归观念得到概略性解决方案，明确解题方向。进而深入地探讨具体的消元、降次的方法。

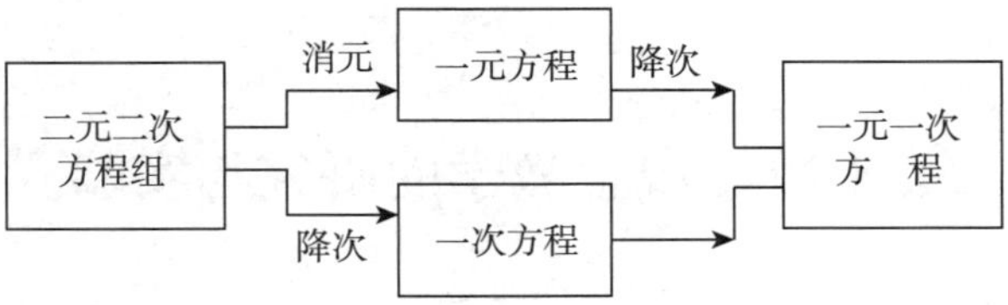

由于数学观念具有广泛的适应性，因而它体现为不同的解题方法、不同思维过程的共性。因此，为了突出数学观念的作用，应当做到在不同的场合，提出相同（或相似）的问题，强调用同一思想处理不同的问题。

例如，为了在一元一次方程的教学中，渗透化归的观念，在讲清了解方程的过程就是不断地用更简单的方程直到最简方程来代替原方程的过程以后，应该在每一道例题中，都突出“确定目标”（将方程化为 $x=\square$ 的形式），“比较差异”“分析差异”“消除差异”这样的解题环节，从而渗透化归观念中确定化归方向和寻找化归途径这两个重要的关键,并赋予化归方法以鲜明的外部特征,使其富有操作性,让学生更容易接受。

至于在观念的运用与发展阶段,则应更多地注意让学生对自己的思维过程进行分析,自觉地加强思维监控能力的训练。

参考文献

[1] 张乃达《数学思维教育学》,江苏教育出版社,1990年版。

[2] 郭思乐《让学生通过自己的思维学习数学》,“思维与数学教学学术讨论会”论文,1988年。

[3] 张乃达《数学教学要着眼于人的素质的提高》,《中学数学教学(安徽)》,1990年。

[4] 李英《浅析数学教育中应培养的数学观念》,《数学通报》,1988年第1期。

[5] 张国栋等《知识系统与观念系统》,“思维与数学教学学术讨论会”论文,1985年,广州。

[6] 张乃达《数学思维中的观念系统》,《福建中学数学》,1983年第6期。

[7] 韩文龙等《一项着眼于提高学生素质的教学实验》,《江苏教育(中学版)》,1989年第7—8期。

[8] 张乃达《数学观念和思维监控》,《数学通报》,1988年第12期。

本文系作者提交给全国第三次“思维与数学教学”专题研讨会(1992)的论文。后发表于《中学数学教育论文选编——纪念数学教学研究会成立十周年并第六届年会特辑》(江苏教育出版社,1995年,第141—156页)。

本篇附录

关于数学观念教学的研究与实验

张乃达

有关数学观念教学的研究正日益引起人们的关注。在本文中我们将对数学观念研究的背景,它和思维与数学研究的关系,它的价值以及观念教学的组织与实施方法作一概略的介绍。

背景:数学思维教育学的研究引导我们走向数学观念

关于数学观念教学的研究与实验,是对数学思维教育研究的继续与突破。

数学思维教育学的研究必然会引导出对数学观念的探讨,并从根本上对现存的数学教育思想体系作出新的考察和评价。这是因为，在研究数学教学中学生的思维活动时，不可避免地会遇到有关情感、态度、志趣等问题，不可避免地会感受到价值观念、时代精神对思维者的影响和制约，而所有这些，都要求我们对观念包括数学观念及其教学作出更深层的探讨。

直觉从何而来　人们已经普遍承认直觉在创造性思维中的重要作用。爱因斯坦说："从经验到科学原理的建立，只有通过那种对经验共鸣的理解为依据的直觉。"那么直觉从何而来呢？不少研究者认为，数学中的直觉归根到底是由思维者的审美情感所支配的。爱因斯坦一直把理论前提的逻辑简单性看作评价理论价值的重要标准。著名数学家冯·诺伊曼曾经写道："我认为数学家无论是选择题材，还是判断成功的标准，主要都是美学的。"彭加勒则更明确地肯定了"美学的考虑"与"理论富有成果性"之间的关系，可以说，数学中最高层次的直觉就是美感直觉，它是受思维者的价值观念的制约和影响的——这一问题就导致了对观念的研究。

思维活动的动力机制　数学思维教育学的研究表明，学生只有通过自己的思维活动才能形成和发展思维能力。应当让学生通过自己的思维活动来学习数学。但是，怎样才能使学生产生积极的思维活动呢？引导学生逐步建立起思维的动力机制，从而真正地掌握数学思维的主动权，才是根本的。而这就不得不涉及意志、情感、志趣等非智力因素对思维活动影响的问题，因而不能不从智力因素与非智力因素的总体上，即从观念层次上来研究它们之间的关系。

思维结构的外部条件系统　要努力实现教师的主导作用与学生主体作用的统一，可是这两者之间究竟能否做到统一？采用什么样的方式才能实现统一？这些，一直都是数学教学研究中的重要课题，一直还未真正弄清。在有关数学思维教育学的研究中，郭思乐同志提出了"思维场"的概念，笔者也提出过"数学思维结构的外部条件系统"的概念。都认为：学生的思维活动，从本质上说是一种内审的，有时甚至是无意识的活动。因此，教师并不能直接参与或介入学生的思维活动，而只能有目的地改变其思维活动的外部条件来间接地影响学生的思维过程。由此也就有必要进一步弄清思维结构的外部条件系统的组成要素以及它们之间的关系。初步的研究表明，思维者的观念及其思维传统（社会观念的组成部分）是构成外部条件系统的关键因素。这样，我们又一次面临着对观念系统的研究。

知识与能力的同步发展　实现知识的传授和能力发展的统一，一直是数学教学长期追求的目标。数学思维教育学通过对数学学习活动中思维过程的研究，认为数学观念对数学思维活动具有指导作用，数学观念是联系数学知识与数学能力的纽带。具体地讲：第一，数学思维能力是通过观念作为桥梁来作用于数学思维过程的；第二，在数学知识的学习过程中，只有促进数学观念的发展才能形成广泛的迁移，进而转化为数学能力。这些也都促使我们进一步去探讨有关数学观念的问题。

对数学思维教育学中任何一个问题的深入探讨，都会发现数学观念对数学思维活动以及数学教学活动的深刻影响。例如：有关数学思维的监控问题、关于数学方法的层次结构以及作用方式的问题，就都和观念问题有着十分密切的联系。这是因为数学学习过程伴随着十分复杂的心理活动。这些心理活动既有认知活动，也有情感活动。把数学教学看成是数学思维活动的教学的提法，只不过是对数学教学过程所作的一种抽象。实质上，人作为一个整体，他的认识活动不能不受到情感活动的影响，不能不受到历史的、社会的因素的影响，因而对思维结构的研究，不能封闭在思维结构的内部来进行，我们要从更广阔的背景上，从情感活动与认知活动的联结上，从个人与社会、现实与历史的联结上，即从社会观念形态（包括数学观念）的角度来进一步探讨思维活动的规律，来研究数学思维教育学。因此，可以说，从数学思维教育学的研究，走向对观念特别是数学观念的研究，既是对数学思维教育学研究的继续和深化，也是对上述研究的一次突破，它是数学教学的深入发展的必由之路。

主题：着眼于人的素质的提高

有关数学观念教学的研究是和对数学教育目的的认识的深化紧紧地联系在一起，数学教育的目的是什么？是学习数学知识吗？是发展数学能力吗？当然都是，但还不够，数学教育的根本目的在于促进人的发展，在于提高人的素质。

人的素质表现在许多方面：知识、能力、思维、习惯、观念、意志、兴趣、志向等等都是人的素质的重要组成部分。人的素质的提高，也可以表现在不同的层次：第一层次，掌握数学知识；第二层次，发展数学能力；第三层次，形成良好的精神品格。其中第三层次应该是整个教育工作的最终目的。只有在上述三个层次上都取得了巨大效益，数学教学才是科学的、健康的、卓有成效的。

学习数学知识和运用这些知识于实际工作，只能从最低层次上体现出数学教学的价值。如果单纯地为了实现这种价值，就只需要把数学教育看成是一项技能训练的科目，而不必改变学生的心理特征，不必启迪学生的积极思维，更无须改变学生的观念和思维方式。注入式教学法和题海战术都是体现在这种水平上的有效的教学方法。

发展数学能力，则从较高层次上体现了数学教学对人的素质的提高方面的作用。数学能力的发展，表现为学生某些心理特征的积极变化。而这种变化，只有通过某种心理过程才能实现。既然数学思维能力是数学能力的核心，为了促进其发展，就必须注重学生在数学学习中的思维活动，必须研究思维活动发展的规律。这样就形成了思维训练水平上的数学教学。在这种教学中，知识已经不是静止的、孤立的，而是一种有序的编码系统，呈现出“过程，表现为数学活动。为了达到这种水平的教学，就必须废止注入式，倡导启发式。

发展学生的良好的精神品格，从最高层次上体现了数学教学对人的素质提高的巨大功能。要促使学生精神品格的发展，就必须促使学生世界观和方法论的转变，促使学生思维方法与观念的变化。这就不仅需要重视学生在学习活动中的思维过程，还要重视伴随着它的情感过程，以及这两者之间的联系，而且还要积极实现数学教学效果由数学领域向非数学领域的迁移——这种迁移比知识的迁移要深刻得多，困难得多，其作用也巨大得多。这才是观念水平上的数学教学，即不仅要注意具体的数学思维的微观过程，还要从总体上、宏观上来认识数学思维的特点，从数学的整体结构上来认识数学；这种水平的数学教学也才代表着数学教学发展的新方向。因此也可以说，最大可能地发挥数学教学在提高人的素质方面的作用，从一开始就是有关数学观念教学研究的主题。

内容：观念、数学观念及数学观念系统

观念，是指人们对客观事物的基本看法和概括认识。这些看法和认识是通过思维活动对客观事物作出的概括反映。所谓数学观念是指人们对数学的基本看法和概括认识。数学观念系统可以看成是由数学思想、观念、思维方式和方法，即数学的基本思想、基本方法和基本态度所构成的认知系统，它表现为用数学的思维方式考虑问题，处理问题的自觉意识或思维习惯。如推理意识、整体意识、抽象意识、化归意识、目标意识、数学审美意识等。

一般而言，数学观念、数学思想和基本的数学方法都是意识形态的表现，都是数学观念系统的组成部分，我们可以根据它们的抽象程度、适用范围以及在解决问题的数学思维过程中的不同作用，将它们划分为不同的层次。

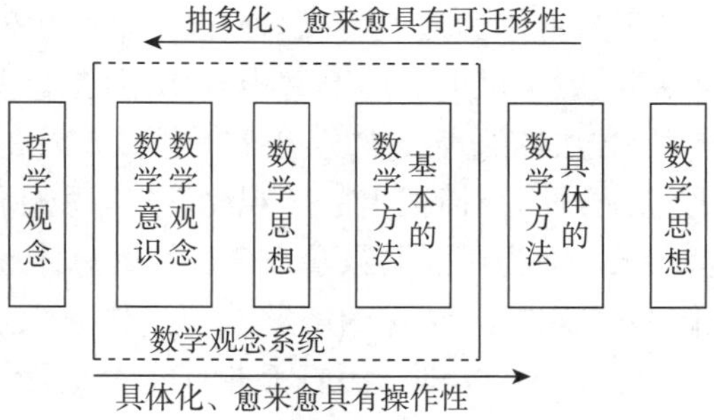

哲学观念　它表现为世界观和方法论。它具有最广泛的适应性。哲学观念可以直接对数学思维活动起指导作用，也可以通过数学观念来作用于数学思维过程。

数学观念　也称为数学意识，它表现为对数学的基本认识，表现为用数学的思维方式去考虑问题、处理问题的自觉意识或思维倾向。它一方面是人们的哲学观念的具体表现，另一方面又是数学特点的充分体现，是数学思维活动的产物。

数学思想　事实上很难说清观念和思想的区别。这里我们仅根据意识形态的抽象程度和作用范围，将它们区分开来，认为它们是处在不同层次上的两种观念形态。我们把数学思想看成是在较低概括层次上的意识形态表现，是某一种或几种数学观念具体化的结果，数学思想则较为具体（尽管它仍然相当抽象）、具有相对固定的形态（尽管它仍然有变化），更具有操作性（尽管它还没有程式化）。而观念则思想更为抽象、更多地表现为一种“思想倾向”，一种意识，一种价值取向。数学思想即是在数学观念（或哲学观念）的指导下产生的。可以把数学观念看成是数学思想的背景与依据。例如：分类思想就是系统观念和化归观念和结合而形成的一种较为具体的观念形态。

基本的数学方法 这里是指基本的或一般的方法，而不是指具体的、特殊的方法。所谓方法，是研究现实的手段或方式，它是观念和思想在认识过程和实践过程中的具体运用。它比概念、思想更富有操作性，更具有鲜明的外部形态特征。方法本身也存在着层次结合。它可以表现为一般的哲学方法（如辩证的方法）、一般的数学方法（如公理化方法）和较为具体的数学方法（如配方法），或者更为具体的解题技巧（如三角变换中的和积互化方法、因式分解中的提公因式法等等）。

具体的数学方法和数学解题技巧 这是特殊的“实实在在地”解决数学问题的方法，可以运用它得到某些特殊的具体的数学问题的解答。一般地，可以给它规定出具体的操作程序（步骤），因此，它具有可操作性。然而它的适用范围比较狭窄的，它受到各类问题的不同特点的限制。解题技巧和具体的解题方法是一般的解题思想和方法的具体运用，对具体的解题方法进行抽象概括，就有可能得到较为一般的方法，得到解题的一般思想和观念。

数学观念、数学思想、数学的一般方法以及具体的数学方法和技巧都是思维活动的产物，因此，都是观念形态的东西。但是，它们之间却有着重大的区别。数学观念、思想和一般的方法，反映了对数学的认识，它们处在较高的抽象层次上，具有广泛的应用范围，对数学思维活动、数学审美活动起着指导作用，是这些活动的监控结构的主要组成部分，是世界观、方法论的直接体现，很容易形成广泛的迁移（包括向非数学领域的迁移）。为了研究的方便，我们把由数学观念、数学思想和一般的数学方法构成的系统，称为数观念系统。而为了强调数学观念系统的总体性和基本性，我们不把具体的数学知识和具体的解题方法、特殊的解题技巧当作数学观念系统的组成部分（尽管它们也是观念的东西）。由此可见，我们所讲的数学观念具有较高的抽象层次，是经过许多次抽象概括才能形成的，它在数学思维活动中，主要地起定向、调节、控制即调控的作用。它是对数学问题作出概略性解决的根据。

策略：数学观念的早期建立和发展

从以上分析看到：数学观念系统的发展水平，制约着数学思维活动与数学学习活动的水平。发展得足够健全的数学观念系统，能大大促进数学思维活动的进行；反之，则会极大地限制数学学习活动的效率的提高。由于数学观念系统处在较高的抽象层次上，要经过多次的概括才能形成。数学史也表明，一种新的数学思想的确立，往往要经过几代人的努力。因此，一般地，在传统的教学条件下，大学生也很难形成像模像样的数学观念系统，更不要说中学生了。因此，在中学阶段，学生的数学能力的发展经常地滞后于知识的积累，而数学观念系统的发展水平又远远低于能力发展的水平。因此，在中学阶段整个数学教学的效率不高，它一直处在“打基础”——即一方面要完成数学知识的学习任务，一方面又要在学习过程中完成建立数学观念系统的任务。加之数学思维的“动力机制”还远远没有形成，因而，也就无法掌握思维活动的主导权。这正是当前数学教育效率不高的重要原因。

这就促使我们产生一种想法：如果能让学生早期形成某种数学观念的框架，让数学观念的发展走在数学知识与能力发展的前面，这个观念就会作用于学生的数学思维过程，指导学生的数学学习活动和思维活动，从而大大地提高数学学习的效率。例如，初二的学生在初步建立了“化归是解决问题的基本方法”这样一个观念以后，他就会对过去学习过的具体方法和技巧产生新的认识。而且学生还会积极寻找化归观念应用的新领域、尝试着利用化归观念解决新问题，从而形成探索活动的主动性。

随着学习活动的深入，学生就有可能逐步加深对化归观念的认识，并把诸如使用化归方法时有什么规律？如何确定化归的方向？如何创造化归的条件？化归有哪几种常见的方法？等等，当作新的探索课题，使对数学观念的抽象认识上升到具体。

以上表明：一方面观念是由知识转化为能力的结晶核，它将会把大量的有助于观念发展的素材吸引到它的周围，大大地加速概括的进程。并增进对材料的理解，因此可以把观念看成是一个对数学材料具有巨大吸引力的“洞”；另一方面在观念的指导下，学生会积极开展新的探索活动，发现或创造出使用观念的新例证、新方法、产生广泛的迁移，因此观念又可以看成是一个“源”，大量的课题、方法和技巧，都可以从源中涌出。

可见早期发展学生的数学观念系统是一个有巨大价值的数学策略。

契机：知识形态的数学观念与认知形态的数学观念

现在要考虑的是：是否具有早期建立和发展数学观念系统的可能性？数学观念的发展能否走在知识与能力发展的前面？回答是肯定的。下面我们从理论上来分析一下这种可能性：

第一，尽管数学观念是抽象的概念，但它最基本，最朴素，而且应用广泛，学生不难从自己的实际生活中找到支持这种观念的根据。因此，学生接受这些观念(如化归观念)，并不困难。

第二，数学观念具有广泛的适应性。它在数学中存在着大量的概括素材，并有广泛的应用领域，因此有让学生建立和发展观念系统的广阔天地。

第三，也是更重要的，数学观念具有知识与“能力”的双重特性，即存在着知识形态的数学观念和认知形态的数学观念。数学观念是人们长期的数学思维活动的成果和结晶，是全人类数学思维的产物。因此，数学观念具有社会共有性。例如，现在被大家所接受的“数学扩充，因袭数性”，即在扩大的数集中尽可能地保留原有的运算性质的特点(这是数学审美的具体体现)就是通过漫长的岁月，在全人类的数学思维活动中孕育、形成和发展起来的，但是，这个观点一旦形成，又成为全人类共有的财富，今天的学生就可以像接受知识一样接受这个观点，并能利用这个观点去指导自己“独立地”完成诸如定义零指数、定义 C_n^0 等等任务，甚至可以认识到“因袭数”不过是数学的简单性、统一性观点在思维中的一种表现。可见，数学观念的社会共有性，使它具有知识的某种特征。因此，我们可以把它写在书本上，可以通过语言来描绘它。教师可以把它像知识一样传授给学生，可以对学生解释什么叫做“化归观念”？什么叫做“推理意识”？这时的数学观念，实际上是一种方法性、工具性的知识，我们把它称为知识形态的数学观念（即“死”的数学观念），正是它的存在，使早期建立数学观念成为可能。

但数学观念系统也是个体的数学思维活动的产物，它反映了学习者的思想、观点、处理问题的方法、态度和习惯，打上了个人的烙印，亦即它具有个体的差异性。可以说，世界上没有两个人具有完全相同的数学观念系统。因此，数学观念系统是学习者的心理结构的综合体现，学习者不通过自己的思维活动，不促使自己的心理结构发生变化（发展）是不可能形成和发展数学观念的，我们从书本上看到的某种观念、思想和方法已经是被抽象出来的离开了“母体”的外在物，已经不是观念、思想、方法的本身，而是它的某种性质、某个方面，或某些特征。所有这些，并不能简单地被学习者全盘接受下来成为自己心理特征的组成部分（尽管它可以改变学习者的思维活动的外部条件，促进或阻碍学习者的思维活动的开展），只有通过学习者自己的心理活动，才能完成“从抽象上升到具体”，即把知识形态的（空洞的、教条的、死的）数学观念与个人的经历、经验、心理体验结合起来，转变为生动活泼的、带有个人色彩的（个人的性格、爱好、习惯、态度、风格、情感等），掺和着具体的数学问题的数学观念，即认知形态的数学观念，活的数学观念，这种形态的数学观念即成为指导学习者的活动（包括非教学领域内的活动）的重要因素，成为学习者精神品格和素质的一个组成部分。

可以看出，由知识形态的数学观念到认知形态的数学观念，是一个从抽象上升到具体的理性认识过程，只有通过个体的思维活动才能完成。

既然存在着两种不同形态的观念系统，因而，在教学中，教师可以把某种数学观念（知识形态的）象知识一样，灌输给学生，让他们先建立起一个大体的框架（这对学生来说可能是空洞的、未曾理解的），然后再通过学生的思维活动，来理解它、检验它、丰富它，发展成为认知形态的观念，从而达到早期建立数学观念系统的目的。

行动：早期建立数学观念的教学实验

中学阶段尤其是初中阶段，是否有可能发展起初步的数学观念系统？中学生比较容易接受哪些数学观念？正基于此，扬州中学组织了“早期发展学生数学观念的教学实验”。

实验的总体设计是希望早期建立并发展学生的数学观念，让观念的发展走在数学能力与数学知识发展的前面，成为推动数学学习活动与思维活动的火车头，从而提高数学教学活动的水平和效率。

达到上述要求的策略是:尽可能地发挥数学学科结构高度系统化、数学思维活动形式化的特点,最大可能地发挥教师在教学活动中的主导作用,适当地缩短由具体上升到抽象的(这是理性认识的第一阶段)的过程,充分发挥由抽象上升到具体的认识阶段对学生思维发展的巨大作用,从而真正地让学生成为学习活动的主体。

在实验教学中,对数学观念的形成和发展设计出如下的“理想过程”:首先,在教师的直接干预下,通过少数的典型材料,采用上升性概括的方法,让学生迅速地完成从具体上升到抽象的阶段(这时,数学观念是当作知识灌输,介绍给学生的),建立起数学观念的框架,对数学观念形成一个总体的(当然也可能是空洞的)认识。接着,再不断向学生提供典型的思维材料,让学生通过自己的数学思维活动来检验调整、深化对数学观念的认识,愈来愈自觉地利用数学观念来指导数学思维活动,推动数学学习的过程,从而完成从抽象上升到具体的任务。

在这样一个理想的过程中,数学观念的发展走在数学思维能力的发展与数学知识增长的前面,成为数学学习活动中重要的能动的力量,从而卓有成效地提高数学教学的效率。

原则:结构性原则和过程性原则

结构性原则(即要把发展学生的(数学)认知知结构看成是数学教学的归宿和手段)和过程性原则(即数学教学要暴露数学思维过程)是数学教学的指导原则。

结构性原则和观念教学的宏观过程 观念教学的宏观阶段是在结构性原则指导下进行的。由于数学观念的建立和发展要经历一个长期的阶段,因此,在数学教学中要对观念教学作出总体的安排,有计划、有重点、分阶段、分层次地组织教学。

首先,教师要根据中学数学教学的总体安排,根据教材系统,明确在中学教学中要发展哪些数学观念,这些观念之间存在着什么样的联系,即要明确中学生应该建立的数学观念的框架。

其次,对于每一个具体的数学观念,要根据学生的情况和教材的要求安排好教学的层次,一般来说,一个观念的教学总要经历渗透、突破、应用和发展这样几个阶段。

过程性原则与观念教学的微观过程 数学教学要充分暴露数学思维的过程,这是组织微观数学教学过程的指导性原则。由于数学观念系统的建立和发展不能离开数学思维,因此,过程性教学原则对于观念教学也十分重要。

暴露数学思维过程是成功地进行观念教学的保证。事实上,坚持暴露数学思维活动中的每一个环节和层次,就必然地突出了蕴含于其中的基本数学思维思想和方法,也就必然地突出了数学观念。

在观念教学中,要特别注意突出概括性解决的思维层次,这不仅因为在当前教学中广泛地存在着掩盖这个思维层次的倾向,而且因为观念对于思维的指导作用也正集中地体现在这个层次上,例如,在探讨二元二次方程组的解法时,首先要通过化归观念得到概略性解决方案,明确解题方向,进而深入地探讨具体的消元、降次的方法。

由于数学观念具有广泛性,因而它体现为不同的解题方法、不同的思维过程中的共性。因此,为了突出数学观念的作用,应当做到在不同的场合,提出相同(或相似)的问题,强调用同一思想处理不同的问题。

至于在观念的运用与发展阶段,则应更多地注意让学生对自己的思维过程进行分析,自觉地加强思维监控能力的训练。

1. 数学思维中的观念系统(1988.1)

(一)

为了使数学知识与数学能力特别是数学思维能力同步发展,必须深入研究:在数学思维活动中,数学思维能力发展的机制。具体地讲,要研究如下两方面的问题:

第一,数学思维能力如何起作用于数学思维活动以达到迅速获取数学知识的目的?

第二,在获取具体的数学知识的过程中怎样才能形成和发展数学思维能力?

下面,我们将从分析学生的具体数学思维过程开始,来寻求上述问题的答案。

(二)

研究表明,数学思维能力是通过数学观念为中介来指导数学思维活动的。这表现为

两个方面:

第一,数学思维能力通过观念作为桥梁来作用于数学思维过程。

例1 在$\triangle ABC$中,分别用a、b、c表示$\angle A$、$\angle B$、$\angle C$的对边,求证:

$$\frac{(aA+bB+cC)}{a+b+c}\geqslant\frac{\pi}{3} \tag{1}$$

下面是一位成绩优秀的学生通过"出声想"表现的思维过程:$\angle A+\angle B+\angle C=\pi$,因此(1)等价于$\frac{aA+bB+cC}{a+b+c}\geqslant\frac{1}{3}(A+B+C)$,即要证:

$$aA+bB+cC\geqslant\frac{1}{3}(a+b+c)(A+B+C) \tag{2}$$

考虑到A、B、C在问题中的对称性,可先考虑二元的情况,即证明$aA+bB\geqslant\frac{1}{2}(a+b)(A+B)$。可用比较法,作差:

$$2aA+2bB-(a+b)(A+B)=(a-b)(A-B) \tag{3}$$

为了证(3)非负,只须证$a-b$与$A-B$同号。这是很容易的。剩下的只是推广到三元。

师问:你为什么要考虑二元情况?

生答:这是先退后进,找规律。

师:能不能将本题结果再推进一步呢?学生略加思索后得到:若

$a_1 \leqslant a_2 \leqslant a_3 \leqslant \cdots \leqslant a_n, b_1 \leqslant b_2 \leqslant b_3 \leqslant \cdots \leqslant b_n$,则

$$a_1b_1 + a_2b_2 + \cdots + a_nb_n \geqslant \frac{(a_1 + a_2 + \cdots + a_n)(b_1 + b_2 + \cdots + b_n)}{n}$$

学生能独立完成本题的解答并推广,是他正确地用“特殊化”“一般化”的观念来指导数学思维过程的结果。

例 2　将极坐标方程 $\cos\left(\frac{1}{3}\theta\right) = \rho$ (1)化为直角坐标方程。

思考:由坐标变换公式

$\rho\cos\theta = x, \rho\sin\theta = y, \rho^2 = x^2 + y^2$ (2)

(1)$x\rho$ 有 $\rho\cos\frac{1}{3}\theta = \rho^2 = x^2 + y^2$。如果问题中的 $\cos\left(\frac{1}{3}\theta\right) = \rho$ 是 $\cos\theta$ 就好了。现在寻找它们的关系,由 $4\left(\cos^3\frac{1}{3}\theta\right) - 3\cos\left(\frac{1}{3}\theta\right) = \cos\theta$ (3),只要从(3)中解出 $\cos\left(\frac{1}{3}\theta\right)$。这是三次方程,学生的思路陷入困境。如果能倒过来思考,即将 $\cos\left(\frac{1}{3}\theta\right) = \rho$ 代入(3),立即有 $4\rho^3 - 3\rho = \cos\theta$,$\therefore 4\rho^4 - 3\rho^2 = \rho\cos\theta$,即 $4(x^2 + y^2)^3 - 3(x^2 + y^2) = x$。

学生思维受阻的关键在于他没有“逆向思考”的观念。由此可见,发展数学观念是提高数学思维能力的正确途径。

第二,在数学知识的学习过程中,只有促进数学观念的发展才能形成广泛的迁移,进而转化为数学能力。

例 3　$\odot O$ 与 $\odot O'$ 相交于 A、B 两点,过 A、B 各做割线,分别交 $\odot O$ 于 C、E,交 $\odot O'$ 于 D、F,则 $CE /\!/ DF$。

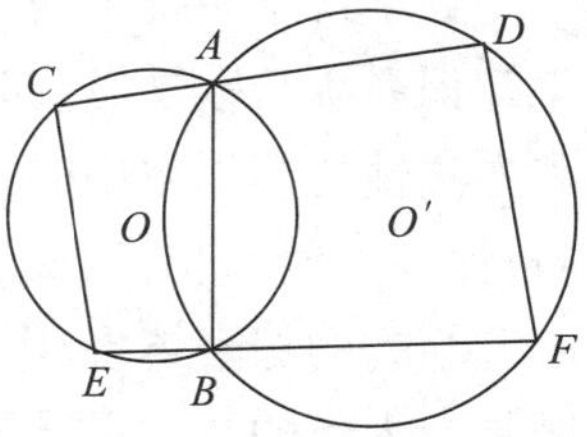

学生通过作出公弦 AB 而得证。但学生甲并未由此形成一般观念,所以解题的收获仅表现为知识的增加。学生乙形成“相交圆问题可通过公共弦来解决”这样的认识,就可能用这个方法去处理同类问题,形成初步迁移,知识呈现出向能力转化的趋势。学生丙更深入一步,看到公弦之所以能帮助解决问题,是因为它在解题中起着桥梁作用,从而得到“中介”这样一般性的观念,形成了知识广泛汪移的基础,标志着能力的形成和增长。这说明,观念是知识迁移的泉源。

另一方面,如果说能力是知识的结晶,那么观念就起着结晶核的作用,它将会把大量有助于观念发展的素材吸引在它的周围,大大加速概括的进程,增进对材料的理解,最终转化为能力。例如,形成了“抓中介”的观念以后,在立体几何中就会认识到两平面的交线、直线与平面的交点也有“中介”性质,从而形成“面面关系抓交线、线面

关系抓交点”的认识,为解题指示了方向。

苏联心理学家克鲁捷茨基认为,数学能力就是用数学材料去形成概括的简缩的、灵活的和可逆的联想和联想系统的能力。数学观念正是这种概括的简缩的认识,它的存在就为联想提供了基础。事实证明,数学观念在数学知识转化为能力的过程中起着纽带与桥梁的作用,如下图:

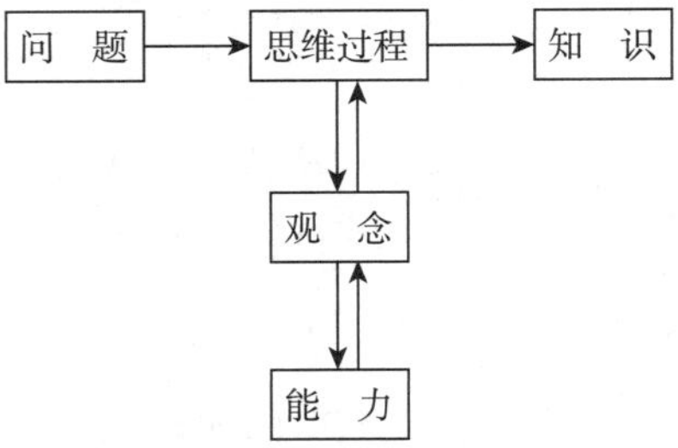

通过上面的分析可以看到,为了进一步研究知识与能力的关系,有必要引进“数学观念系统”这样一个概念。

(三)

所谓数学观念系统,是指由数学的基本思想、基本方法和基本态度所构成的认识系统。它包括人们在进行数学思维活动时的观点、原则、思想方法及确定行为的方式。例如:变换的思想、化归的方法、方程的观点和追求简单化的心理倾向等等,都是数学观念系统的组成部分。

数学观念系统不同于数学知识系统,又不同于数学思维结构、它可以看成是由数学知识系统与数学思维结构中某些相关部分组成的综合体。一方面,它是由工具性和方法性的知识组成的,因而具有知识系统的某些性质,例如可以通过传授来进行学习;另一方面,它又反映了学习者的思想、观点及处理问题的方法,所以它也是学习者心理结构的综合体现,因而又有认知结构的某些特性,例如可以形成广泛的迁移。它既是全人类的数学思维的产物,又是个体的思维成果,蕴含着主体认识和改变外部现实的理性应变能力,起着由主观到客观又由客观到主观的适应调节作用。

数学观念系统具有层次的结构。数学观念可以由它的抽象程度、适用范围而分为若干层次,这些层次又和数学方法的层次相适应,起作用于解决问题时的不同思维层次,对问题作出不同范围的解决(详见[2])。

(四)

现在我们来探讨数学观念系统形成和发展的规律。

数学观念系统的形成和发展,不能离开具体的数学思维过程。它经历着聚合—发散—聚合,也就是抽象—具体—抽象的辩证运动过程。

在数学教学中，通过教师的主导作用，可以大大缩短数学观念系统形成和发展的进程，从而为培养与发展学生的数学思维能力开辟一个重要的通道。一般，教师可以在如下几个方面发挥主导作用，以加速观念系统形成的过程。

1. 为数学观念的概括和应用提供有价值的组织好的素材。

2. 将具有一般性、工具性、方法性的知识直接介绍给学生，形成概括过程中的"结晶核"，以促进概括过程的进行，同时帮助学生形成新的数学观念。

3. 对学生的思维活动作出评价，学生可以利用这种反馈信息去调节、控制观念发展的方向。

4. 教师通过分析自己的数学思维过程让学生从中看到数学观念在监控思维过程中的重要作用，从而形成学生自己的数学观念系统。

不少教师由于缺乏对数学观念系统的认识，而不能自觉地有成效地帮助学生发展数学观念。他们或者只注意具体的解题方法，或者不恰当地强调某些并不具有一般性的解题规律。结果造成学生的观念系统发展水平低下，知识的增长与能力的发展不能同步。

例如，有些教师在三角变换的教学中，过分地强调"降幂""升幂""和差化积""积化和差"的具体技巧，而不注意隐蔽在具体技巧后面的更丰富更一般的观念——三角变换的根本点在消除角的差异(而这又是"基本量"观念的具体应用)，因而使学生在复杂的三角变换中无所适从。如果明确消除角的差异这个目的，就能适应各种不同情况，提出合理的解题方案。

(五)

当前在具体的数学思维训练中存在两种倾向。一种是忽视观念系统的发展，过分强调技巧和分类解题训练；另一种是离开具体的解题实践来灌输数学的基本思想、方法和观念。我们认为，第一，应该重视观念系统的发展；第二，应该明确，只有在真刀真枪的解决问题的实践中，才有可能发展观念系统。在这里，注意解题中的概略性解决的思维层次是十分重要的。

参考文献

[1] 张国栋等《知识系统与观念系统》，"全国思维与数学教学专题协作组第一次学术讨论会"论文，1985 年，广州。

[2] 张乃达《解决问题的思维层次》，《福建中学数学》，1987 年第 6 期。

本文发表于《福建中学数学》1988 年第 1 期

2. 数学思维的外部条件系统*

在研究数学思维能力结构的组成和性质时，我们已指出抽象概括能力、推理能力、选择和判断能力、探索能力是构成数学思维能力结构的四项要素，它们影响并决定数学思维能力。[1]但数学思维能力结构并不是孤立的系统，数学思维过程也不是孤立地进行的。数学思维活动还受着思维能力结构外部诸多因素的制约和影响，这些因素构成数学思维能力结构的外部条件系统，知识、语言、观念、情感、思维传统等就是构成思维结构外部条件系统的一些要素。

在数学教学中，教师不能用自己的思维活动代替学生的思维活动，教师在教学中的主导作用主要表现在改善学生思维的外部条件以激发学生积极思维。例如，可以通过建立完整的知识结构、提高学生使用数学语言的抽象水平、发展数学观念系统、增进热爱数学的情感，创造良好的思维氛围等手段，来促进学生数学思维能力的发展。由此可见研究数学思维能力结构的外部条件，对于指导数学教学具有重要意义。本文将简要介绍构成数学思维外部条件系统的若干要素，并研究它们对数学思维活动的影响。

§1 知识

思维活动是在一定知识基础上进行的，知识对思维活动的影响表现在如下几方面。

1. 知识是思维的基础，人们总是通过知识去揭示、探索和认识未知事物的，离开具体知识，思维方式就是空洞的框架，人们也就无法进行思维活动。

2. 一定的思维形式和思维方法总是在科学知识的基础上经过抽象、概括和升华而形成的。古代、近代和现代的思维方式之所以呈现出巨大差异，其水平、科学程度之所以越来越高，就因为它们是建立在不同的知识和知识结构的基础上的，可以说，历史上思维方式的重大变革，都伴随着科学知识的巨大进步，是在新知识的基础上实现的。

3. 知识作为思维方式的重要组成部分是人们进行创造性思维的基本条件。

首先，知识和经验对于创造性课题的发现和选择，对于形成丰富的联想、提供想象创造的模型，都起着极其重要的作用，知识对思维活动的影响还表现在良好的知识结构有助于提高思维者的文化素质和情操，这对于创造性思维活动是不可或缺的重要条件。

应该指出，知识和经验对于创造性思维活动也起着抑制、限制的作用，过多的知识与经验，可能使人不能敏锐地发现问题(所谓“见多不怪”)，还能使人陷入习惯性思

* 本文选自《数学思维教育学》第六章，有删减。该书即将由江苏教育出版社出版。

维方法和思路，拒绝接受新观点、新方法和新结论的危险。

由此，在数学教学中应注意如下各点。

第一，扎实的基础知识教学是有成效的思维教学的基础。当知识因素成为思维发展的主要障碍时，应采用灌输知识的方法为思维发展准备条件，这时适宜于用讲授法和阅读法，让学生接受大量新信息，而不能一味地要学生思考和发现。因为在这种状况下的思考和发现活动往往是机械的、盲目的、不能形成质的飞跃。

第二，不同学科的知识结构对于发展学生的数学思维能力具有不同的作用。比如，不学习代数而一味增加算术问题的难度，就不能提高学生抽象概括的水平；不学习解析几何而一味增加平面几何问题的难度，也不可能把学生的思维水平提高到辩证思维的高度。这说明，数学学习的内容对数学思维能力的形成与发展具有推动和制约的作用，因此，教师在对学生进行思维训练时，不仅要考虑到量的要求，更要准确地把握学习内容所具有的新质因素，不断地为学生提供具有新质的思维材料，改善学生思维活动的外部环境，以求思维能力得到迅速发展。

第三，要让学生形成良好的知识结构，通过发展知识结构来提高数学思维能力，这里特别要指出的是除了让学生掌握数学知识以外，还要让学生掌握必要的逻辑学、数学史、方法论方面的常识，比如知道什么叫分析、综合，数学美表现在哪些方面等等，事实证明，扩大学生的知识面对于发展数学思维能力具有重要意义。

第四，要淡化非基础的、不具有一般性的知识和方法，在学生已形成必要的知识基础后，要放手让学生进行相对独立的创造活动，不要对学生的思维做过多的干涉。

§2　语言

一般地说，语言是具有一定的形(音)义的符号系统，是表达、储存、传递和加工信息的物质载体。语言是思维的物质外壳，是思维的工具，语言在思维活动中的作用主要表现在如下几个方面。

1. 语言的抽象水平影响并决定思维的抽象程度。

2. 语言影响思维的精确性和模糊性。

3. 语言对思维方式起制约作用。语言的表达方式是思维成果的记忆和储存工具，但当思维一旦定型，作为表达方式的语言也随着定型、凝固，这样，一方面使语言成为制约阻碍思维方式变革的因素；另方面，语言的变革也成为思维方式改变的契机。

4. 语言系统的多样性是思维形式多样性的条件，使用多样化的语言，就有可能使用多种形式进行思维活动，为开展创造性思维活动提供条件。

根据以上各点，教师要重视数学语言的教学，并注意数学语言的恰当使用。

第一，在大体适应学生思维水平的前提下，积极提高语言的抽象概括水平，积极采用具有较高抽象水平的数学语言，将促使学生的思维活动在较高的抽象水平上进行，有助于思维能力的提高。目前在提高数学语言的抽象水平上还有很大的潜力。

许多较抽象的符号(例如求和符号$\sum$)只要教师积极使用,要不了多久,学生就完全能正确运用,而一旦能运用,就将产生效益。

第二,要重视多种语言的互译,达到正确地交流信息、清晰地揭示语言意义、克服数学教学中形式主义的目的,为学生的思维活动创造条件,苏联数学教育家斯托利亚尔认为:不正确地、片面地学习和广泛使用形式化的语言,有可能导致语言和它所表示的内容相脱离,而这种脱离正是知识上的形式主义的根源。[2]为了克服这种形式主义,必须正确地使用语言,在师生之间、学生与书本之间、学生与学生之间准确地进行信息交流。为此,就要进行各种语言之间的互译,通过不同的抽象层次、不同的角度来揭示语言所表达的思维,建立数学对象与事实间的实质联系,为数学思维活动创造良好条件。例如同时运用普通文字语言、图形和精确的数学语言来表示数列极限的概念,将有助于对极限概念的理解,用图形或普通语言来说明抽象概念,也有助于学生进行积极思考。

数学语言的转换也是解决数学问题的常用方法。例如:列方程解应用题就是通过普通语言和代数语言的转换来实现的,用解析法解几何题、图像法解代数题、构造数学模型解决问题等,都建立在语言互译基础上。

§3 观念

观念指人们对客观事物的反映所形成的看法和认识,观念对思维活动的影响表现在如下几个方面:

1. 观念为人们的思维活动提供思维原则,对思维具有指导作用。

2. 一定的思维观念对于人们的思维具有定向的作用。

3. 已有的思想观念使思维活动具有选择性,对事物及其所发出的信息具有同化作用。

4. 思想观念制约着思维的结果,会使思维的结果具有不同的性质。

由此可见,观念对思维活动有重大的影响,在数学教学中,注意发展学生的数学观念具有重要意义。

发展学生的数学观念是数学的重要目的。同时,数学观念指导数学思维过程,它不仅是数学思维活动中监控结构的主要组成部分[3][4],而且是联系知识与能力、实现知识向能力转化的中介和桥梁。因此,教师应该早期培养学生的数学观念,为增进其思维能力提供条件。

§4 情感

思维活动是认识活动的一部分,认识过程和感情过程都是人的心理活动过程。它们之间存在着深刻的联系,情感因素对思维活动有重大的影响。

1. 情感可以转化为思维的动机,成为激发思维的动力。

2. 情感可以诱发直觉。情感往往给思维以激情,思维在这种激情的作用下,往往不拘泥于固定的思维框架，而具有非规范性，从而产生直觉，形成创造性思维。

3. 情感影响思维的进程与指向。由情感的作用而引起的思维选择，在很多情况下容易造成思维的片面性和主观性。

4. 情感影响思维能力的发挥。适度愉快的情绪对思维活动有促进作用，过于强烈或平淡的情绪对思维活动都有不良的影响。

5. 情感有助于培养个体的独立性和自我认识。通过情感体验而形成的自我认识是一种巨大的力量，它往往渗透在理智的反思之中，影响和制约着人们的思维过程。

根据上述，教师应该积极培养学生对数学的兴趣和爱好，要努力把数学教学过程组成发现与鉴赏数学美的过程，让学生在宽松愉快的气氛中得到美的享受。要根据学生的思维水平与数学知识掌握的程度，解决有一定难度而又是力所能及的问题，从思维历程中得到成功的感受，产生兴趣与信心，所有这一切都可以促进数学思维能力的发展。

§5　思维传统[5]

思维传统是在历史上由社会各种复杂因素凝聚而形成的内化于人们头脑中的思维习惯，一定时代的思维方式总是同以往的思维传统有历史的联系，而以往时代的思维传统往往作为一个因素纳入以后的思维方式中。

思维传统一旦形成，将长期成为人们思考问题、评价是非的现实力量，传统思维方式是建立新的数学观念和思维方法来克服这种影响，把数学教学当作全部教育工作的有机部分，一方面考虑社会的、历史的、民族的思维传统的影响，另一方面又通过数学思维活动，为学生建立与发展现代思维方式做出贡献。

此外，在数学教育中要充分地考虑到我国长期存在的封闭的、单向的、保守的思维传统对数学教学的不良影响，要努力发展开放的、多向的、创造性的思维活动，为社会培养现代化的新人。

参考文献

[1] 张乃达《数学思维结构与发现法教学》，《福建中学数学》，1984 年第 6 期。
[2] 斯托利亚尔《数学教育学》，人民教育出版社，1984 年。
[3] 张乃达《数学思维中的观念系统》，《福建中学数学》，1988 年第 1 期。
[4] 张乃达《数学观念与思维监控》，《数学通报》(待发表)。
[5] 李淮春等《现代思维方式与领导活动》，求实出版社，1987 年。

本文发表于《福建中学数学》1988 年第 6 期

3. 数学观念和思维监控(1988.12)

判断、选择是创造性思维中的重要环节，彭加勒认为："所谓创造，就是选择。"在创造性活动中，判断和选择往往表现为直觉的评估和认定。作者认为，所有这些都是思维的监控结构作用于思维过程的表现，而数学观念则是思维监控结构的主要组成部分。

(一)

学生在解题过程中，经常出现盲目乱闯的现象。如文[1]中所举的例。

例1　若 $\alpha,\beta\in(0,\pi)$，求满方程 $\cos\alpha+\cos\beta-\cos(\alpha+\beta)=\frac{3}{2}$ 的 α,β 的值。

据文[1]报道，在实际的课堂教学中，学生往往钻入死胡同，得不到最后结果。比如：

解一　应用和差化积和倍角公式，得 $2\cos\frac{\alpha+\beta}{2}\cos\frac{\alpha-\beta}{2}-2\cos^2\frac{\alpha+\beta}{2}+1=\frac{3}{2}$

(1)

提取公因式，得　$\cos\frac{\alpha+\beta}{2}\left(\cos\frac{\alpha-\beta}{2}-\cos\frac{\alpha+\beta}{2}\right)=\frac{1}{4}$　　(2)

继续应用和差化积公式，得

$$\cos\frac{\alpha+\beta}{2}\sin\frac{\alpha}{2}\sin\frac{\beta}{2}=\frac{1}{8}\qquad(3)$$

这样就无法解得 α、β 的值。

解二　应用和角公式，得 $\cos\alpha+\cos\beta-\cos\alpha\cos\beta+\sin\alpha\sin\beta=\frac{3}{2}$

把方程变形，得 $-(1-\cos\alpha)(1-\cos\beta)+\sin\alpha\sin\beta=\frac{1}{2}$

应用倍角公式，得 $-4\sin^2\frac{\alpha}{2}\sin^2\frac{\beta}{2}+4\sin\frac{\alpha}{2}\sin\frac{\beta}{2}\cos\frac{\alpha}{2}\cos\frac{\beta}{2}=\frac{1}{2}$。

提取公因式，得 $\sin\frac{\alpha}{2}\sin\frac{\beta}{2}\left(\cos\frac{\alpha}{2}\cos\frac{\beta}{2}-\sin\frac{\alpha}{2}\sin\frac{\beta}{2}\right)=\frac{1}{8}$

又得到 $\cos\frac{\alpha+\beta}{2}\sin\frac{\alpha}{2}\sin\frac{\beta}{2}=\frac{1}{8}$。同样也无法求得 α、β 的值。

可以看到，造成解题困难的原因，在于解题者不能正确地把握住变换的方向，不能有意识地调控思维过程，对自己的思维活动没有清醒的认识和准确的评价，概括地说，是因为思维的监控结构没有能有效地对思维过程起定向、调节和控制的作用。这种现象广泛地存在着，成为阻碍学生思维能力发展和学习数学的严重障碍。

（二）

思维心理学的研究表明，在思维心理结构中有一个监控结构。其实质就是思维的自我意识。它在思维过程中起着定向、控制和调节的作用[2]。显然，创造性活动中的直觉评估就是思维的监控结构作用于思维过程的结果。

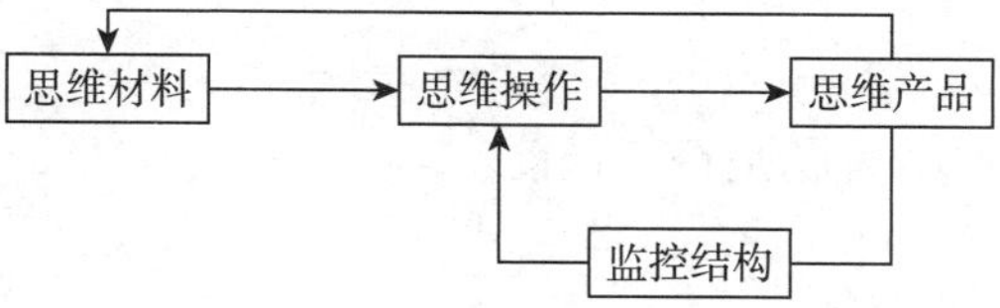

我们认为：在数学思维活动中，思维的监控结构主要是由数这观念所组成的。

在哲学上，观念是指人们对客观事物的基本看法和概括认识。这里的看法或认识是通过思维活动对客观事物所作出的概括反映。

所谓数学观念，就是对数学的总体认识，它表现为对数学的基本思想、基本方法、基本概念和基本态度。例如：变换的思想、化归的方法、方程的观点、简单化的思考原则，严谨的态度等等都是数学观念的组成部分。

数学观念系统，作为思维监控结构的主要组成部分，它作用于数学思维过程，促使思维者对各种信息和方案作出直觉的评估和认定。从而确定思维的方向和策略。并随着思维进程的进展，随时获得新信息，对已经确定了的方向和策略作出评价，进而调节和控制思维的进程。

直觉评估和选择，经常要经历获取信息，信息评价，策略选择这几个环节。

在进行直觉判断和选择时，最重要的是建立恰当的价值观念，因为它是作出选择和判断的依据。

例 2　已知 $\sin\alpha+\sin\beta=a$　(1)　$\cos\alpha+\cos\beta=b$　(2)

下面是一位高一学生在解这道题时的思考过程

$(1)^2+(2)^2$ 得 $2+2\cos(\alpha-\beta)=a^2+b^2$，$\cos(\alpha-\beta)=\dfrac{a^2+b^2-2}{2}$　(3)

到此为止，这位学生做不下去了。这时老师提出问题：

师：你为什么要把两式平方后相加？

生：平方后可能利用 $\sin^2\alpha+\cos^2\alpha=1$，$\sin^2\beta+\cos^2\beta=1$

师：你认为(3)式对获得最后结果有什么帮助？

生：……

师：你是否想到把两式平方后相减？

生：想到的。

学生的回答出乎教师所料，他追问：你为什么不这样做呢？

生：这样做太繁了！

师：相减后得到的结果是否对解题有帮助？

生：……看来不会有用。

师：我们且慢下结论，不妨试一试。

$(2)^2-(1)^2$ 得

$$\cos^2\alpha-\sin^2\alpha+2\cos\alpha\cos\beta-2\sin\alpha\sin\beta+\cos^2\beta-\sin^2\beta=b^2-a^2$$

即 $\cos2\alpha+\cos2\beta+2\cos(\alpha+\beta)=b^2-a^2$

$$2\cos(\alpha+\beta)\cos(\alpha-\beta)+2\cos(\alpha+\beta)=b^2-a^2 \quad (4)$$

师：现在你认为(4)对解题是否有帮助？

生：有帮助。

师：为什么？

生：因为只须把(3)代入(4)，就可以求出来了。

学生在解决上面问题的过程中，并不是没有想到把两式平方相减，只是因为他认为这样做太繁，不可能出现有用的结果，才将这个思路放弃了。可以看到，造成判断、选择错误的原因不外乎两条：第一，缺乏对问题的洞察力，不能预见到变换可能产生的结果；第二，没有建立起正确的价值观念，无法确立正确的选择标准。实际上，在上题中判断解题过程是否获得进展的依据，在于是否产生了要求产生的角即 $\alpha+\beta$，如果对这一点有足够的认识，学生就不会走到歧路上去，而手足无措。为此，在三角教学中，就应该尽快地让学生建立起消除角的差异是三角变换中第一位的任务这样一个概念。这对于正确确定变换方向，恰当地选择变换策略，灵活地运用技巧，都具有决定性的意义。

(三)

遗憾的是，有不少教师对于发展学生的数学观念系统的重要意义，并没有清醒的认识。在数学教学中还大量地存在着只注重具体的解题技巧，解题程式和方法，而忽视发展学生数学观念系统的现象(这在以“反复做题、总结套路、归纳成型、多题一解”为特征的题海战术中表现尤为突出)。

例如，在三角变换的教学中，不分析三角变换中的各种矛盾，不引导学生建立起角的差异是三角变换中本质差异的一般性观念，而只是对各种解题方法和技巧作形式上的、表面上的概括。例如：总结出“三角变换××法”之类的“规律”。在这种“规律大全”中，降幂和升幂，“和差化积”和“积化和差”统统都成为解题的规律，于是学生在解决具体的三角变换问题时，只能是见到高次就降幂，见到低幂就升幂，见到和差就化积，见到积就化和差。陷入盲目变换的境界。在遇到诸如：

例 3 已知 α、β 为锐角，且 $\begin{cases}3\sin^2\alpha+2\sin^2\beta=1\\3\sin2\alpha-2\sin2\beta=0,\end{cases}$ 求证：$\alpha+2\beta=\dfrac{\pi}{2}$。

之类的问题时，究竟是对 $\sin^2\alpha$，$\sin^2\beta$ 降幂。还是对 $\sin2\alpha$，$\sin2\beta$ 项增幂，无从作出正确的选择。实际上，如果从消除角的差异这个总的认识出发，为了从题设中产生 $\alpha+$

2β，就可以知道正确的变换方向在于把题设中的 $2\alpha\to\alpha$，$\beta\to2\beta$，这样就不难得到具体的正确的解法。

由于对数学观念的理解与重视程度不够，使我们在教学中白白地放过了很多帮助学生建立起重要的数学观念的机会，从而不可能产生对数学概念和理论、对解题的方法和技巧的深刻的认识。这样在探索活动中，就不可能有敏锐而准确的数学直觉，因而也不可能作出正确的判断和选择，这就发生了文[1]中所介绍的情况。

(四)

在教学中，由于教师对数学观念的理解不够深入和完善，从而导致教学失误的情况也是经常存在的。只不过，由于这种失误，比较隐蔽，所以不易被人们察觉而已。

比如，在文[1]中，介绍了教师在处理例时所采取的措施就有这种失误，文[1]报道：

教师在学生得到 $2\cos\frac{\alpha+\beta}{2}\cos\frac{\alpha-\beta}{2}-2\cos\frac{\alpha+\beta}{2}+1=\frac{3}{2}$ 时，指出：我们的目标是左边化为积的形式，而右边为 0，所以把 $\frac{3}{2}$ 往左边移，得

$$2\cos\frac{\alpha+\beta}{2}\cos\frac{\alpha-\beta}{2}-2\cos^2\frac{\alpha+\beta}{2}-\frac{1}{2}=0 \quad ①$$

若继续提取公因式就会出现无法求出 α、β 的值的情况。此路不通，不能再做。要学生观察方程的特征：是关于 $\cos\frac{\alpha+\beta}{2}$ 的二次方程，能否配方？这样一启发，学生的思路打开了，于是有 $2\left(\cos\frac{\alpha+\beta}{2}-\frac{1}{2}\cos\frac{\beta-\beta}{2}\right)^2+\frac{1}{2}\sin^2\frac{\alpha-\beta}{2}=0$ ② 进而有

$$\begin{cases}\cos\frac{\alpha+\beta}{2}-\frac{1}{2}\cos\frac{\alpha-\beta}{2}=0\\ \sin\frac{\alpha-\beta}{2}=0\end{cases}$$

，再解出 $\alpha=\beta=\frac{\pi}{3}$。

获得解答后，教师总结出如下几条：

(1) 解三角方程时，左边化为积的形式，右边为零，是一种重要的方法，但要灵活变形。

(2) 解三角方程时，可用万能公式变成代数方程来解，但要仔细运算。

(3) 出现二次方程，配方是一种重要方法，但要熟练进行。

(4) 遇到解不出时，不要心慌意乱，不要畏难，要冷静分析，三角恒等变形要熟练，但要有效地应用。

纵观上述教学过程，教师主观上力图发挥主导作用，对学生的解题活动进行引导，让学生思考，并力求总结出具有一般意义的“解题规律”。但是由于没有能深刻地从数学方法论的高度把握住问题的特点，因此这种分析、引导就不甚得法，总结的规

律也就不具有一般性和针对性，或者说，没有触及问题的本质。这样在引导学生思考时，就必然会把某些东西强加给他们，掩盖某些思维环节。比如，既然是为了求 α、β 的值，为什么要把②看成是关于 $\cos\frac{\alpha+\beta}{2}$ 的二次方程？如何想到配方？（事实上，配方并不是重要的关键。利用二次方程解的判别式同样可以得到结果）实际上，想到了配方下面的解只不过是"例行公事"而已，课堂的"活跃"，并不是思维活跃的表现。

实际上，在本题中最引人注目的本质特征是由一个方程求两个未知数的值。基本量和自由度的观点告诉我们，一般地，当方程的个数少于未知数的个数时，未知数的值是不能完全确定的。特别地，只有在取极端情况时（如：非负数之和为零；实系数二次方程的判别式为零，基本不等式取等号时等等）才能完全确定未知数的值。只要把握住这个特征，立即可以找到解题的途径，并且预见到解题的进程。遗憾的是，由于教师认识上的局限，白白地放过了一次让学生建立（或发展）关于自由度这样一个重要的数学观念的机会。因此，学生在遇到新的形异而质同的问题时，思维的监控结构仍不能起有效的作用，仍然会陷入盲目乱闯，无所适从的窘境（当然，学生会用模仿或记忆的方法来处理教师留下的练习。如：若 α、$\beta\in(0,\pi)$，满足 $\cos\alpha+\cos\beta-\cos(\alpha-\beta)=\frac{3}{2}$，求 α、β 的值。但是这远远不能被看成是教学的成功。）

事实说明，只有教师的数学观念系统得到了充分的发展，才能卓有成效地帮助学生尽早地形成完善的数学观念。从而发展思维的监控结果。提高教师的素质确实是提高教学质量的关键。

参考文献

[1] 叶天碧《略谈数学教师在课堂教学中的主导作用》，《中学数学》（苏州），1983年第3期。

[2] 朱智贤等《思维发展心理学》，北京师范大学出版社，1986年。

本文发表于《数学通报》1988年第12期

4. 数学教学要着眼于人的素质的提高（1990.1）

摘要 实施九年制义务教育首先要求转变数学教育思想，从教学大纲制定、教材编写、教法改革、教学评价都应相应作出改变，把着眼点放到提高学生素质上来，深化为素质教育。中学数学教学在提高人的素质方面的作用表现为：掌握数学知识、发展数学能力、形成良好的精神品格三个不同层次。早期发展学生数学观念系统是提高数学教学效率的重要策略与关键。

一

随着九年制义务教育的实施，初中教育已经从英才教育转变为全民的启蒙教育，为了适应这种转变，初中数学教育必须作出重大的调整。这种调整，当然要表现为教学内容与教学要求的改变，表现为对数学教育功能和目的认识上的深化，表现为把数学教育的着眼点放到提高学生的素质，提高全民族的素质上来。

二

提高人的素质，提高全民族的素质，培养一代“四有”新人，是整个教育的基本任务。国家教委公布的《九年制义务教育全日制小学初级中学教学计划(初稿)》指出：

“按照国家对九年制义务教育的要求，在全日制小学初中教育中，必须贯彻德、智、体、美、劳全面发展的方针，使儿童、少年受到比较全面的基础教育，提高全民族的素质，培养有理想、有道德、有文化、有纪律的社会主义公民，为培养各级各类的社会主义建设人才奠定初步基础。”

在这里，教育的着眼点是提高人的素质，可是长期以来，我们习惯于把数学教育单纯地看成是一门专业化的教学科目，偏重于知识的传授和应用，偏重于特定能力的培养，而对数学教育所具有的“育人价值”缺乏足够的估计，忽视了数学教育在提高人的整体素质方面所具有的重大作用。

这种片面的认识倾向，同样表现在现行全日制中学数学教学大纲中，《大纲》在开头的一段就指出：

> “数学是研究现实世界空间形式和数量关系的科学，它在现代生活和现代生产中的应用非常广泛，是学习和研究现代科学和技术不可少的工具。在中学阶段数学是重要的学科之一。使学生学好中学数学，对于在新的历史时期把我国建设成为工业、农业、国防和科学技术现代化的伟大的社会主义国家具有十分重要的作用。”

从上面的叙述中，可以清楚地看到，根据现行大纲，数学之所以成为中学的一门重要的基础学科，只是在于它是“必不可少的基本工具”，而这种工具的价值，又主要地表现在“数学知识的广泛应用”上，因此，是否有用就成为《大纲》选定教学内容的主要依据。

“中学数学要选择参加现代化建设和学习现代科学技术所必需的并为学生所能接受的数学基础知识作为教学内容。”

从这个角度来看待数学教学，就必然不可能全面突出数学教学的“育人价值”，就不可能纠正数学教育中已经十分严重的实用主义倾向和短期行为。现在就已经有不少学生以他将来从事的职业用不着目前所学的数学知识为理由，拒绝学习数学。如果现在不明确地注意这个问题，则随着九年制义务教育的实施，随着数学教学的调整，这种实用主义的倾向和短期行为更会愈演愈烈，从而给数学教育带来巨大的危害。

应该指出，我们的意思决不是说：数学教育不要为实现四化服务，不要讲究实用，而是应该看到，实用不能成为数学教育的根本出发点。只有培养全面发展的"四有"人才，尽可能地提高每一个人的素质，从而提高全民族的素质，才是整个教育事业，也是数学教育的根本任务。只有实现了这个任务，才能说教育工作为四化的实现做出了最大的贡献。

由于《大纲》没有能围绕着培养"四有"新人这样一个中心来阐述数学教育的目的与任务，因此，在有关数学教学的具体问题的阐述上，虽然不乏正确的意见，但却缺乏应有的深度，从而削弱了《大纲》对中学数学教学的指导意义。使许多长期存在的片面认识和实践，得不到澄清和纠正。

三

问题的症结在于，在数学教育中应该把人（学生）放在什么地位？数学教育的着眼点在于提高人的素质，还是在于数学知识的应用价值？这种着眼点上的差异，集中地反映了两种截然不同的数学教育思想的对立，导致人们对数学教育中一系列重大问题认识上的分歧。

这种分歧首先表现在数学教育的价值取向上。如果着眼于"用"，在数学教学中就不必重视学习活动中的心理过程，而只须强调掌握知识、应用知识的结果。但是，如果着眼于人的素质的提高，就会把学生学习中的心理过程看成是最可宝贵的因素。因为正是这种心理过程引起的心理变化，才最深刻地反映着人的素质的改变。

于是分歧进一步表现为对数学教学实质的不同认识，苏联数学教育家斯托利亚尔曾经把它概括地表达为：把数学教学看成是数学理论（知识）的教学，还是把数学教学看成是数学活动的教学？

如果着眼于人的素质的提高，就一定会重视数学学习中的认识（思维）活动，以及伴随着认识活动进行的情感活动，并且注意研究它们作为学生同样的心理活动过程的两个不同方面所具有的紧密联系，就会把思想教育看成是数学教育的一个有机的组成部分，而不仅仅是一个额外的附加负担，就会把促进学生的非智力因素的发展本身看成是数学教学的一项重要目标，而不仅仅是促进智力因素发展的手段，就会促使我们注意智力因素的发展对非智力因素发展的影响，从而更深入地挖掘数学教育的巨大潜力。

如果把着眼点放在提高人的素质上，在选取数学教学内容时，就会更加注意数学作为基本的"思想工具"（冯·劳厄）的功能，而不仅仅把数学看成是计算的工具、科学技术的基础。就不会把这些知识在生产、生活中是否有用看成是取舍教学内容的唯一标准，而要全面地考虑它在形成学生辩证唯物主义世界观，在发展学生的数学观念和思维能力方面的价值。

这种着眼点的转变，还迫使数学教育的评价目标作出重大的调整。要求我们把学生非智力因素发展的状况，把学生观念的改变、思维方式的改变及其发展水平当作评价的重要方面。

这种着眼点的转变，对于课本的编写方式，对于教学方法的改革与教学策略的制定等方面的影响，则更为明显而多样。为了把着眼点放到提高学生的素质上，我们就会强调学生全面发展的远期效果。从而摒弃那种虽然具有较好的近期效果，但无助于甚至有害于学生长远发展的短期行为，从根本上认识到注入式教学法、题海战术、猜题押题等等的危害，并积极寻求有助于发展学生素质的教学方法和策略，从而提高数学教育的整体效率。

四

人的素质表现于许多方面，知识、能力、思想、习惯、观念、意志、兴趣、爱好等等都是素质的组成部分。人的素质的提高，可以表现在不同的方面。同时，数学教育在提高人的素质方面的作用，必须通过数学教学活动来进行，离开了数学教学，抹杀了数学教学的特点，就无从发挥数学教育在提高人的素质方面的独特作用。根据上述看法，我们认为，作为中学教学科目的数学，在提高人的素质方面的作用表现在如下三个不同的层次：

第一层次：掌握数学知识；

第二层次：发展数学能力；

第三层次：形成良好的精神品格。

其中第三层次应该是整个教育工作的最终目的。只有在上述三个层次上都取得了巨大效益的数学教学，才是科学的、健康地、卓有成效的数学教学。

学习数学知识和运用这些知识于实际工作，只能从最低层次上体现出数学教学的价值，如果单纯地为了实现这种价值，就只需要把数学教育看成是一项技能训练的科目，而不必改变学生的心理特征，不必启迪学生的积极思维，更无须改变学生的观念和思维方式。注入式教学法和题海战术都是体现在这种水平上的有效的教学方法。

发展数学能力，则从较高层次上体现了数学教学对人的素质的提高。数学能力的发展，表现为学生某些心理特征的积极变化，而这种变化，只有通过某些心理过程才能实现。由于数学思维能力是数学能力的核心，因此，为了促使思维能力的发展，就必须注重学生在数学学习中的思维活动，就必须研究思维活动发展的规律。这样就形成了思维训练水平上的数学教学。在这种教学中，知识已经不是静止的，不是孤立的，而是一种有序的编码系统，呈现出“过程”，表现为数学活动。为了达到这种水平的教学，就必须废止注入式，倡导启发式。和技能训练水平上的数学教学相比，这无疑是一大进步。

发展学生的精神品格，从最高层次上体现数学教学对人的素质提高的巨大功能。为了促使学生精神品格的发展，数学教学就必须促使学生世界观和方法论的转变，促使学生的思维方式与观念的变化。就不仅需要重视学生在学习活动中的思维过程，还要重视伴随着它的情感过程，以及这两者之间的关系，要积极实现数学教学效果由数学领域向非数学领域的迁移，这种迁移比知识的迁移要深刻得多，困难得多，其作用也巨大得多。这就是观念水平上的数学教学，它不仅要注意具体的数学思维的微观过程，还要从总体上，从宏观上来认识数学思维的特点，从数学的整体结构上来认识数学，这就要求我们进一步重视数学观念的教学。我们目前进行的“早期发展学生数学观念”的教学实验，也正是寻求适应观念水平下的数学教学的一种尝试，不管如何，我们认为：这种水平的数学教学将代表着数学教学发展的新方向。

五

我们认为：发展学生的数学观念是全面地实现上述教学目的的关键。

前面已经讲到，为了实现使数学教育达到提高学生精神品格的目的，就要实现数学教学的成果由数学领域向一般性领域的迁移，而这种迁移正是通过观念来进行的。

在哲学上，观念是指人们对客观事物的基本看法和概括认识，数学观念就是对数学的总体认识，它包括基本的数学思想、基本态度和方法。例如：推理意识、抽象意识、化归意识、整体意识、审美意识等等都是数学观念系统的组成部分，数学观念可以看成是一般的哲学观念在数学中的体现，也可以看成是对数学的整体在哲学和方法论高度的概括。

研究表明，通过数学教学形成的意识，对于形成正直、诚实、不轻率盲从的道德品质，形成尊重真理的习惯和严肃认真的生活态度，都具有重大的作用。数学审美意识对于培养学生的高尚情操，对于美好事物的追求，对于价值观念的形成等等均有重大的影响。

由此可见，数学观念本身就是世界观、方法论的一个组成因素，只有突出了数学观念的数学教育，才是一项对于每一个学生（不论他们今后将从事哪一种职业）都是十分必要的训练，是一项可以使学生受益终身的教育项目。

另一方面，数学观念对于数学思维活动具有重大的影响，它是思维监控结构的主要组成部分，也是联系知识与能力、实现从知识向能力转化的中介与桥梁，因此，数学观念的发展对于数学思维的发展具有重大的积极意义。

同时，由于观念对于知识和信息具有强大的“吸附”作用，因此，数学观念系统的存在将有助于知识结构、认识结构的建立，有助于使知识系统化，有助于提高知识学习的效率。

因此，早期发展学生的数学观念系统是提高数学教育效率的重要策略，也是提高学生素质的关键，在即将进行的为了适应九年制义务教育需要而进行的数学教育的调整中，应该引起充分的注意。

（本文系提交第四届（1989）中学数学教学研究会的论文，收入《中学数学教育论文选编》（湖南教育出版社），后发表于《中学数学教学》1990年1期）

培养发展历史思维能力的整体教学策略实验

王　雄

一、问题的提出

中学历学科培养和发展学生思维能力，是历史学科发展学生智力的中心环节。它不仅成为同行们普遍关注的重要课题，而且是被公认的教学难题之一。近几年来，国内中学历史教学界的各种期刊上，绝大多数研究文章尚倾向于进行理论界定和经验型方法总结，真正把该课题当作教育科研进行研究的实验报告，则极为缺乏。而要建立起进行思维能力教育的理论，最重要的基础就是进行专门的教育实验，将理论建构的过程融合在实验过程之中，不断地探索、验证、发展、完善有关的理论观点，逐步形成科学的教会理论与实验的体系。为此，我们扬州中学进行了该项实验(本文为实验中期报告)。

实验的基本假设是:实施以培养和发展学生思维能力为核心的课堂教学模式与方法，可以提高学生的思维品质，发展学生的思维能力。更深入的目的在于:探索历史学科新的整体教学策略，对学生个体思维能力发展施加影响的客观规律，以期形成历史学科较完整的思维教学理论体系。

二、实验的过程与方法

(一) 实验过程

从1991年到1993年，是实验的准备阶段。在这段时间内，主要工作是搜集、整理国内外有关资料，学习有关教育学、心理学的理论，进行理论界定，建构实验的主要指导思想和具体假设，并探索、试行一些具体的教学方法，为建立教学模式奠定基础。

1993年到1995年是实验的初步实施阶段，选择与对照等组的实验班，进行小规模实验，对实验的假设、指导思想及训练材料作补充与修订，设计并试行一整套发展学生思维能力的教学模式与方法，从而形成整体教学策略。与此同时对各种方法与模式在教学中的成效进行初步检验评价。

(二) 实验方法

整体教学策略应涉及教与学的两个方面，林崇德教授在《学习与发展》一书中在阐述教育原则时说，“教学的方式是一种教与学的双边活动，这种活动是一种系统，具有复杂的结构,学习过程是一种特殊的认知活动,强调学生是学习的主人,强调学生的学法是学会学习的前提","我们意识到中学生在学习能力上的个性化差异较强,并且某些思维品质的差异趋向基本定型",因此,我们设想进行"整体教学策略"的改革,从更广泛、更深刻的程度上,来影响学生的学习行为,从而达到培养和发展学生思维能力的目的。

1. 与新课教学相结合,进行基本思维方法的介绍与训练

将历史教材进行分解与处理,选择其中的重点与难点问题,作为训练学生掌握基本思维方法的材料,再通过精心设计的课堂教学,把学生学习新知的过程与掌握基本思维方法的过程结合起来。例如《隋朝的统治》一课,选择其中的三个问题,"隋朝为什么能够统一南北,结束长期分裂的局面?""隋朝的大运河,作为一个完整的历史概念,包括哪些内容?""秦朝与隋朝有哪些相似之处?",分别进行"背景分析""概念分析"和"比较分析"的教学,使学生在掌握分析方法的同时,加深对知识的理解。

2. 与阶段复习教学相结合,进行基本思维方法的综合训练

依据教学大纲中的重点内容,选择有关史料与理论性问题,作为综合训练的材料,着重进行辩证思维方法训练。例如在学完西安事变后,向学生提问:"有人说,如果蒋介石不去西安,就不会有西安事变,就不会有国共第2次合作。你认为这种看法是否正确? 为什么?"该问题可以训练学生掌握运用"现象与本质""必然性与偶然性"这两种辩证思维方法。

3. 与学习方法的教学相结合,引导学生有意识地培养自我审视与发展能力

学生对自己的思维活动的监控,是培养学生思维能力的一个关键点。通过控制、调节自己的思维活动,能提高思维活动的自觉性、独立性及效率。具体作法是:第一,培养沉思反省的习惯,指导学生思考自己学习的过程,尤其是考虑问题的过程;第二,介绍正确的思维方法,让学生们用自己的方法与之比较讨论,进行修正;第三,在课堂教学中,注重反馈,利用板书记录、录音记录等方法,充分暴露学生思维的过程,及时纠正错误的思维方法;第四,指导学生掌握预习、听课、讨论、表达、复习等学习方法,提高学习的自觉性。

4. 与非智力因素的培养相结合,创设新的教学模式

学习活动本身是智力因素与非智力因素的综合效益。因此,培养思维能力,必须强调以学生为教学的主体,创设、优化有益的学习环境。经过第二阶段的实验,我们针对历史教学中的重点与难点问题,初步建立了"讨论式思维教学模式"和"分析式思维教学模式"。这两个模式都注重的原则是:(1) 创设积极的学习情境,调动学生学习的动力,提高学习的兴趣;(2) 鼓励学生克服学习中的困难,增强学习的信心;(3) 帮助学生客观分析自己的学习状况,提出改进建议;(4) 培养良好的师生关系(关于讨论式思维教学模式另有文章专论)。

三、实验的初步结果

1. 实验前，综合性考试结果，实验班总均分($\overline{X}$)为 76.9，对照班总均分($\overline{X}$)为 77.1，经统计学处理无显著差异($P>0.05$)。实验后新的综合性考试结果，实验班总均分($\overline{X}$)为 78.8，对照班($\overline{X}$)为 70，经统计学处理，有显著差异($P<0.05$)。

表 1 综合考试成绩实验前后对比表

	前测均分($\overline{X}$)	后测均分($\overline{X}$)
实验班	76.9	78.8
对照班	77.1	70
P 值	>0.05	<0.05

2. 实验前，思维能力测试结果表明，实验班在基本思维方法的掌握方面的总均分为 8.2，实验后上升到 9.6。其中分析、综合方法的得分较好的人数，在实验前是 57%，实验后为 73%。思维品质测试主要分两项，使用思维方法的广度与思维的深刻性，广度得分较好的人数由 62%上升到 78%，深刻性由 51.3%上升到 75.5%，都呈显著性差异($P<0.05$)。

表 2 思维能力测试自身对照表

	思维方法的掌握情况		思维品质较好的人数	
	总均分	分析综合得分较高人数	广度	深度
实验前	8.2	21(57%)	23(62%)	19(51.3%)
实验后	9.6	27(73%)	29(78%)	28(75.5%)
P 值		<0.05	<0.05	<0.01

3. 学习情况的问卷调查结果

新的教学模式与方法，对学生的学习产生了较大影响，这体现在学生主观性评价的各项统计结果上。有 69%的同学感到它对自己的学习很有帮助，27%的同学认为有一定帮助(总计 96%)。有 73%的学生对新的教学模式下的学习感到兴趣很浓，19%的学生感到兴趣较浓(总计 92%)，有 89%的学生不同程度地掌握了新的学习方法。其中 84%的学生认为，新方法对自己的学习产生了较大正面影响。

四、对实验的认识与分析

由于该实验仍在进行之中，第二阶段的实验尚未结束，上述统计结果只是初步的，还不全面。因此以下的讨论分析不仅针对上述几次统计，而且也针对在实验过程中涉及的问题、积累的经验与教训，以便为今后新阶段的研究工作指明方向。

（一）实验结果的讨论

1. 实验结果是经综合性测试（包括知识与能力）、思维能力测试与学习者主观评价调查三种方法显示出来的，尽管这几种测试各有需要完善的地方，但是它基本上能从主、客观方面反映新的教学模式与方法以及对培养学生思维能力起到的促进作用。当然测试中的不足之处，要求我们要尽快建立完整的科学评价系统。

初步形成的教学模式与方法虽然还没有形成系统的、科学的整体教学策略，但是，这种方法与模式已经对培养学生思维能力的教学作了整体的思考，兼顾到教与学的诸方面，因而它得到学生们的肯定，从而取得初步的成绩。

2. 该实验选择的对象是高中二年级至高中三年级的学生。尽管对无关变量进行了控制，但是由于高三年级与高二年级两个阶段中的学生，在升学压力日益增强的情况下，高二学生的主动性、自觉性比较高，因此，今后在实验对象的选择方面，尽可能在初中一、二年级进行，如在高中，也只选择一年期限内的高一、二年级。同时为使实验更具典型性，应选择普通中学同时进行实验。

（二）教学过程中应注意的有关问题

1. 实验过程中，对教材的处理是值得探讨的。

首先，要按照教材结构与学生学习中可能出现的难点，分析选择能够进行思维方法训练的结合点。在进行教学设计时，将这些结合点与教学目标相联系，不仅要列出需要学生达到的知识水平与能力层次，而且要列出训练的方法。这些结合点最好是教材中的重点，而且不宜多，要精炼。其次，要适当增加一些史料，弥补教材的不足。这些史料同样应与教材的重点难点结合起来，并注意史料的多样性，如表格、文字、地图、图片等等。

2. 实验过程中应注重训练思维方法的系统性。

教学过程中，有些疑难问题的出现具有突发性，当然应善于把握机会，随时灵活地针对可利用的问题进行思维训练。但是，对一段时期中（最好选择阶段复习的时间）学生学习的各种方法要进行系统讲解和强化训练，最终应形成各年级各册课本系统化的训练大纲。

3. 实验过程中，应当注重非智力因素的培养。

前文涉及非智力因素问题，是在已形成的教学模式中。实际上，它应该贯穿教学过程的始终，这对教师提出了更高的要求。在这方面我们认为最应强调的是：与其他教育教学活动相结合，提高学生的动机水平、兴趣层次，以养成良好的思维习惯。

4. 学科间思维训练的渗透问题。

实验过程中发现，单科训练花费的时间长，成效慢。学生每天学习好几门功课，用于历史的仅仅是很少一部分时间，各科如果能协同进行“整体教学改革”，必将获得花时少、成效快的结果，不仅能提高效率，而且减少了不必要的干扰，促进思维能力的迁移。这是今后要研究的方向之一。

5. 历史观念教学与思维训练的问题。

历史学科需要语文学科的基础，也需要哲学课的思维方法，两者不可缺一，即所谓"文史哲一家"。而历史观念的理解应用问题，直接涉及中学政治课中学生对辩证思维与唯物史观的理解。首先，由于中学政治课在辩证法与唯物史观的教学中，涉及的范畴与理论较少，也较浅，不具备分析历史课中疑难问题的基础。学生在学习过程中，缺乏系统的理论知识，因而，编写高中历史课专门的"史学概论"，成为现今历史观念教学的形势所需。其次，由于高中学生批判性思维能力的发展，使他们对旧的一切观念具有先行的排斥特性，所以，绝不可用简单灌输的方法，使学生强行接受观念。事实上，人的观念形成，需自身思考、接纳。因此，最好在讲解前，不做生硬的肯定性评价，而是引导学生把历史观点当作各种历史认识的一种，进行客观性比较运用，科学、正确的理论，必然在比较中被学生所接受。

(三) 学生学习过程中应注意的有关问题

1. 学习的组织形式对培养思维能力的影响。

现有的学习一般是以班级或个人为单位的，我们认为，在培养学生思维能力的教学中，还应注重以小组为单位的学习。在试行小组学习时，我们发现由于思维的个体化与主观性，不论是学习过程还是教学过程，反馈与训练尤为重要，而小组学习反馈快、训练人次多，而且学生之间的合作，本身就是完成学习任务的一种动力，这也将是今后值得探讨的问题。

2. 其他学习方法对培养思维能力的影响。

实验中我们发现：不少学生在记忆、阅读、表达等方面的能力不强，影响了思维能力的发展。在学习情况问卷调查中，高二年级学生，仍有近60%没有掌握默记方法。阅读理解能力更是直接影响学生对历史事件、人物、观点的分析。因此今后要注意研究这些次认知能力发展与思维能力发展的相关性，探索发展次认知能力的方法，促进思维能力的提高。

创设思辨的课堂

——中学历史问题讨论式思维教学模式研究

王 雄

前 言

如何使历史课堂真正活跃起来，使它成为培养和发展学生思维能力的重要场所？这是近年来历史教师们研究的热点问题之一。不过，有关此问题的教学模式研究还是空白。为此，我们借鉴国内外的经验，在这一方面作了一些初步探讨。其目的在于培养学生思维品质，充分发挥学生学习的主动性、积极性，培养学生独立思考和语言表达能力，并且注重培养学生之间相互理解、合作的精神。思维能力的发展决非思维本身的教学，它涉及学生智力因素与非智力因素的很多方面，因此我们提出的问题讨论式思维教学模式具有一般综合教学模式的特点。

所谓讨论，简单地说是探讨寻究，议论得失。作为讨论式教学模式（以下简称讨论模式），它则强调：在教师精心指导下，为实现一定的教学任务，通过预先的设计与组织，引导启发学生就教学中的某一问题，发表自己的见解，进行辩论和研究学习。在人们常用的教学法中，教师有时也用此方法来把问题引向深入，但更多的时候是注重比谈话范围更广泛的师生之间、学生之间的交流。

由于该模式能将知识的传授与智能培养有效地结合起来，真正实现教学目的，并且对人的未来发展有十分重要的影响，因此，我们把它作为“培养和发展学生历史思维能力”的重点教学模式来研究。

中学历史思维教学理论虽然才是近几年人们开始重点研究的问题，但是，这种研究已经形成一种热潮，涌现出许多优秀的理论文章。我们在开始这方面研究初期，也进行过一些理论探究①，结合大家的理论研究成果，特别学习了朱智贤、林祟德教授的《思维发展心理学》后，我们认为应强调以下几条原则：

第一，培养历史思维能力，需要注意历史学科的特点。历史的发展具有多样性、连续性、规律性及结构性等等特点②。历史是客观的，当研究者以思维为中介对其加以科学研究时，这些特点便反映在人们研究历史时的认识规律中，形成历史学科的思维方式。只有让学生们逐步理解历史学科的特点与思维方式的特点，才能真正使学

①② 见拙作《历史的理解与理解历史》，《中学历史教学参考》1995年第9期。

生掌握并驾驭历史思维能力。

第二，培养历史思维能力需要注重学生现有的知识基础、理论基础与能力基础，学生的现状是教师因材施教、有的放矢的依据，任何教学方法均离不开学生的客观实际。因此调查了解学生对历史问题的认识程度、认识方法、依据的思想观点，就成为我们发展学生历史思维能力的前提。

第三，培养历史思维能力需要注重创设有益的学习情境。美国教育家林格指出：在教学中，教育心理学关心三个焦点区域的理解的发展，即学习者、学习过程和学习情境，这三个区域相互重叠和相互关联[①]。创设历史学习的情境是为了让学生置身于一种学习、探究的心理气氛之中，自觉地、主动地感受历史，从而激发起学生去理解与寻究历史问题的愿望。

教学策略与组织原则

在问题讨论模式教学实施的全过程中，必须体现若干以上述理论为基础的教学原则，这就需要教师对教学的计划与过程进行精心策划与组织。具体要求如下：

（一）教学目标的制定

实施教学的前提，是制定明确而适宜的教学目标。这种目标的制定应当依据历史知识体系、学习技能体系的要求与学生的现状。历史知识体系反映了教学大纲、历史教材中所要达到的教学目标，它构成讨论模式目标体系中的以内容为主的知识系统。学习技能体系包括次认知能力[②]、自我审视与发展能力及历史思维能力所要求达到的能力水平，它构成了讨论模式目标体系中的以技能为主的能力系统。而对学生现状的分析、调查与研究，则体现了目标体系的适应性原则，它是制定目标层次的依据。

目标知识系统的水平可根据通用的布卢姆提出的六个标准来衡量，即：识记、理解、应用、分析、综合、评价。与历史知识体系相结合可编订出要达到的双向细目表。讨论模式一般应在学生现有的基础上，选择具有较高能力水平的知识，作为培养学生历史思维能力的内容，这些内容应该需要综合几种能力，才能达到目标，这样可以从几个方面训练学生的思维能力。而历史学科内容本身的丰富性、多样性，特别适合这一目标的完成。

自我审视和发展能力，包括认识、理解和客观评价自我的思维水平与行为习惯，调查自我的情绪状况，有意识地培养、发展自我的心理能力，是一个人思维走向成熟的动力。这种能力应当按照学生的年龄阶段制定相应的目标。但是，尽管处于同一年龄阶段的学生有其共性，然而在自我审视与发展能力上的个体差异相当大。因此，制定目标时要留有余地。同时还必须指出，教师要细心做好学生参与讨论前的心理

① [美]林格伦《课堂教育心理学》，云南人民出版社，1983年1月版，第23页。

② 有关次认知能力的定义、分类参见林传鼎《智力开发的心理学问题》。

准备工作以及讨论后的总结工作。要根据因材施教与启发性原则组织好讨论过程，以真正调动每一个学生的积极性，并能在每一次讨论后都有切实地提高，这是培养、发展学生历史思维能力的重要保证。

在讨论模式中要特别强调历史抽象思维能力，并以此来体现讨论模式的思辨性。要按不同学段，制定出相应层次的目标系统，抽象水平应当逐渐提高，能力要求也应逐渐全面。

（二）讨论模式的一般方法

包括四个方面：(1) 教学组织方法，如精心设计问题情境、创造自由轻松平等的教学环境、启导思考、置疑诘问等等。(2) 指导学生准备、参与讨论的方法，如指导学生怎样明确问题、选择论点？怎样收集资料，提供论据？采用何种方式表达自己的见解？怎样抓住别人言论的中心？等等。(3) 启发引导学生积极思维的方法，如启发学生变换角度考虑问题，引导学生反思前面的讨论是否偏题；启发学生发现别人的长处，引导学生如何评价历史人物或事件，等等。(4) 引导学生认识自我，了解发展自我的方法。如指导学生填写自测情况表，引导学生用自己的思考方式进行反思，教会学生如何沉静下来、反复思考问题等等。

（三）讨论模式的教学组织程序

这里将要提出的组织程序按一课时编排。如果讨论的中心问题是由学生提出的，那么教师进行教学的第一阶段便是：组织学生提出问题和明确问题。如果中心问题由教师事先精心设计，那么模式程序分为以下几段：

1. 根据中心问题，创设思考的情境，让学生感受到思维不合逻辑、对问题的原因迷惑不解，或者不符合应有的客观历史现状，以激发学生学习的主动性与积极性。

2. 引导学生明确问题实质，收集归纳论点与论据(历史事实)形成观点，同时考虑可能出现的其他观点，分析其正误及思考表达的方法。

3. 组织学生展开讨论，随时记录别人观点中的重点问题，及时提出自己的见解，适时对前一段讨论进行分析反馈。引导学生注意逻辑性与科学性，启发学生从不同角度思考，把问题引向深入，从而揭示出历史发展的规律。

4. 总结评价学生讨论，评价学生在知识与能力层次上所达到的目标是否实现，启发学生自我总结，指出讨论过程中存在的问题，并提出矫正的方法。也可以再提出一个相似的问题，让学生作出回答，以检验学生是否真正完成教学任务，同时引导学生思维能力的迁移。概括其进程如下：

创设问题情境→提出问题→明确问题→假设、分析、论证→总结评价
（讨论的准备）　（讨论过程）　（修正、迁移）

实施结果与分析讨论

（一）实施结果

要证明讨论模式的使用是否能够真正促进学生思维能力的发展，仅仅靠进行历

史知识的检测显然不够，因而，我们设计了学生主观性评价的调查问卷与客观性问题测试。

1. 学生的主观性评价结果：在采用讨论模式进行教学的班级里，学生的主观评价是极为肯定的。在问卷调查的结果中，55%的学生认为讨论课应该多上，45%的学生认为应适当多上。73%的学生对讨论的兴趣很浓，还有19%的学生对讨论较感兴趣。69%的学生认为讨论对他们理解课本知识有很大帮助，27%的学生认为有一定帮助，只有3%的学生认为没有帮助。

2. 客观性问题测试结果：选择三个有争议的历史问题，由实验组与对照组进行分析、解答。结果，实验组对问题解答分析的广度与深度远远大于对照组。测试的得分结果统计有明显差异（$P<0.05$）。

（二）分析讨论

1. 现状分析：中学历史课“一言堂”的情况依然占极其主要的比重，课堂讨论在教学中的地位极其低下，高二年级学生问卷调查的结果表明，89%的学生没有参加过课堂讨论。这种情况与当今教改的主流是相违背的，教学以学生为主体的意识依然很淡薄，这也正是讨论模式推广的重要价值所在。

2. 影响讨论模式实施的因素：（1）从时间上来看，讨论可以是一课时或连续几课时，也可以是一课时的一段时间。然而，根据教学计划与学生对问题的理解程度，时间太少可能有些同学很难进入讨论状态，甚至尚未参与，而问题已被另一些同学解决了。而时间太长会影响教学进度的完成。因此，一般情况下，教师精心选择的问题应控制在一课时内完成。（2）从学龄段来看，初中与高中当然在选择问题的抽象水平上有一定差距，尤其是初一年级的学生，不应当提出思辨性较强的问题，因为绝大部分学生的抽象思维能力才刚开始发展。（3）从参与讨论的人数看，可以是几个人的小组讨论，也可以是以教学班为单位的大集体讨论，也可以将两者结合起来。须注意的原则是应尽量将所有的学生调动起来，因此超过教学班人数的大集体讨论，其效果要受到影响。（4）从讨论涉及的知识范围来看，教师应该注意问题讨论的深度与广度，不可超越学生的能力与知识范围，同时应当尽量选择教材中的重点和难点。

3. 教学过程中的反馈与评价：反馈主要是在教学过程中，要及时了解学生讨论的情况，并且将获得的信息分析后，再进一步指导学生。有必要在黑板上作适当记录，反映出学生思维轨迹，或者采用录音甚至录像的方式，将讨论时的情景录制下来，再播放给学生听或看，教师结合复制内容进行分析评价，这将对学生思考起极大的作用。评价可分为二种，一是预测性评价，置于讨论过程之前，主要是了解学生现状；一是总结性评价，处于讨论过程之后，它是学生能否发现错误，矫正讨论方式，并在下次讨论中提高的重要步骤，因此教师进行总结时，不仅要分析知识的条理、逻辑的正误、观点的是非，而且要分析评价学生讨论过程中的行为，启发学生进行反思，促使学生思维的迁移。

4. 讨论模式可以调动学生主动学习、主动参与教学过程的积极性，同时又能帮助他们更好地掌握课本知识。在培养学生思维品质方面，也起到了明显作用。不过它对教师课前设计与课堂行为控制提出了很高要求，对学生课前预习也提出了新的标准。然而，教学方式的进步必然伴随着教师工作的科学化与精细化，这是一般较先进的教学方式的共性。

5. 该讨论模式的实施尚有许多问题值得进一步研究与探索。

首先，它只是培养和发展学生思维能力的一种模式，应当与其他模式协同，还应与其他学科的方式协同，以形成思维教学的体系，促进学生思维能力的发展。各学科的渗透尤为重要，因为单科实验很难验证，同时进行教学的方式究竟哪一科在起重要作用，还是都在起作用，语文、政治、历史等人文学科的教学领域是那样接近并且交叉，没有整体的思考，很难作出科学的判断与评价。

其次，我们是在重点中学进行实施的，在更大的范围上，学生是否都有这样的知识与能力基础参与讨论，是值得探讨的，这将涉及该模式的推广价值，也是我们急需解决的应用性的问题。

再次，思维能力的评价问题是极其复杂的，很难用一些简单的、少量的测试就能得出令人信服的结果，因而建立科学的评价体系与测试系统也是我们今后的研究目标。

（三）实施过程中易出现的问题与处理建议

1. 学生反应不积极，缺乏讨论的气氛。如果是学生还不太适应这种开放性的教学方法，教师应当激发学生的探究兴趣，并减轻人际交往的压力。第一次上讨论课，可以展开随意讨论，不必顾及发言的逻辑性与科学性，有好的想法尽力发言，然后对这种随意讨论进行分析，使学生们明了有组织、有准备地参与，将有更多的收获。如果从教师方面考虑，应当反思教师所提的问题是否太多、太具体，或者没有掌握好问题的难易，这时应当适当修改原先设计，重新实施。

2. 刚开始参与讨论的同学，很容易努力维护自己的观点，把辩论技巧本身当作讨论的唯一目的。教师要及时指出错误的实质，最好把复制内容分析给学生听，使学生们处理好讨论问题时的客观性。另外，要强调处理好批判性方式与生成性方式的关系，以吸取别人长处，容忍不同看法，培养宽容精神。

3. 历史课讨论过程中很容易因为知识面的限制，而产生“冷场”，除了要求教师事先设计时谨慎外，应适当补充资料，或由教师作出解答。有些无法一下解决的问题，如果与中心问题关系不大，应先“搁置”起来，要求学生学会在脑子里存在疑问的情况下，继续集中精力思考中心问题。

4. 特别是年龄较小的学生，在讨论时，容易陷入好与坏、是与非的二分推理中，这需要引导学生注意自己思维方法中的错误，还要加强历史辩证唯物主义观点、方法的教育培养。

5. 总有一些不善言语表达的学生，好像置讨论于度外，其实这些同学中，不少是在积极思考，这需要引导他们克服言语障碍，发表自己的见解，教师的鼓励、学生的支持所形成的情境，能对这些学生起相当大的作用。最难解决的，是一些听不懂别人观点的学生，尤其在热烈而激烈的辩论中，那些学生根本无法跟上大家的思维，这需要教师做细致的工作，如让他们反复听录音，分辨主要论点与中心问题的关系，或专门辅导他们做好讨论前的准备工作等。

结　语

在问题讨论式思维教学模式中，最重要的原则是：强调学生真正参与教学进程，强调对学生知识、技能和品质方面的综合，来培养历史思维能力。讨论模式是一种开放性的、多向信息交流性的教学实践，因此，它对教师的组织教学和学生课前准备训练，提出了很高要求，我们的研究只是刚刚开始，而这样的模式真正具备科学性，还需要大量的实践与总结，我们期望着改变历史课一言堂的现状，创设思辨的课堂，为新世纪培养具有高度理性的人才而做出应有的贡献。

参考文献

[1] 朱智贤、林崇德《思维发展心理学》。
[2] 林崇德《学习与发展》。
[3] 丁证霖、赵中建等编译《当代西方教学模式》。
[4] [英]德波诺著、何道宽等译《思维的训练》。
[5] 赵恒烈《历史教育学》。

论高三应重视非历史概念教学

吕子栋

所谓非历史概念，是指反映历史概念、历史现象、历史阶段特征等各种属性的名词或词组。如对“巴黎公社”的反映，就包括：特定的时间——1871 年；特定的空间——法国巴黎；特定的历史实质——无产阶级推翻资产阶级政权，建立无产阶级政权的第一次伟大尝试；特定的历史特征——无产阶级政权。这里的时间、空间、实质、特征就是非历史概念。非历史概念教学是高三历史总复习中高效地进行理论教学、提高学生历史素质、进一步增强应试能力的重要措施。

非历史概念种类较多，依据其对历史概念历史现象等各种属性反映的不同，可划分为两类。一类是含有具象性特点，可通过形象思维理解掌握的，如时间、空间、政治、经济、法律、民主、科学等；一类是具有抽象性、模糊性特点，要经过逻辑思维才能掌握的，其难度要超过前一类。如原因，又细分为原因、主要原因、根本原因、最重要原因等；性质，又可细分为性质、实质、本质、特征、特点等；标志，又可细分为标志、表明、表现等。

另外，笔者又对近 4 年历史高考题中运用上列第二大类中的非历史概念考查历史问题的分值作了以下统计。请看分值统计量表：

届次	单选	多选	填空	材料	问答	合 计
94 届	1.5 分	3 分	/	6 分	22 分	32.5 分
95 届	9 分	12 分	2	3 分	19 分	45 分
96 届	13.5 分	15 分	/	3 分	6 分	37.5 分
97 届	15 分	12 分	/	7 分	13 分	47 分

以上事实证明，非历史概念教学，既是高中理论教学之必须，又是历史高考用来考查历史问题、处理历史问题的重点手段之一。因此，善于指导学生学会运用非历史概念，理应成为历史总复习中的一个关键问题。

要进行好非历史概念教学，笔者以为应抓好如下几个环节：

1. 要准确把握非历史概念的内涵，也就是要让学生掌握其本义。只有如此，才能掌握测量历史概念、历史现象等各种属性的尺度。要注意把相近或相似的加以比较，如主要目的和根本目的、主要原因和根本原因、重要影响和根本影响……只有比较，才能有区别，知道了其不同含义，具体操作起来才能运用自如，更准确地表达不同历史问题的各种固有属性。

2. 结合近几年的高考试题进行养成能力训练。让学生把握各种非历史概念的内涵，只是第一步，结合近几年的高考历史试题进行训练，能发挥高考试题的导向作用，亦能激发学生自身积极性和主动性的发挥，从而不断地提高高三学生的理论修养水平。

3. 要帮助学生分辨清楚“变型”情况。有的非历史概念在使用时会有改变，如1996年高考第2题“周初实行分封制是为了”、1997年高考第6题“甲午战争后，列强竞相对清政府贷款，是为了”。这两道试题中的“为了”，就是“目的”的另一种表现。

4. 高三历史老师在搜集、整理试题或自己命题时，要适当注意对学生运用各种非历史概念处理历史问题、解决历史问题的综合训练，做到有的放矢，充分体现主导作用。

5. 鼓励学生动手命题。学生自己运用各种非历史概念命题的方式，是充分发挥学生的创造能力的有益尝试。初始阶段可以模仿，主要是模仿客观题，其后可让学生试着命主观题。这样做对学生要求较高、难度很大，但这种做法能使高三学生必须准确把握历史过程及各种关系，对所复习历史问题能综合、比较、分析和归纳，因而有利于培养其创造思维能力。

总之，不论是强化理论教学提高应试能力，还是素质教育的需要，都应该给高三学生适时地补上非历史概念这一课。

高考选择题难度、区分度与思维结构分析

——兼谈对1997年高考历史试卷评价的几个问题

王　雄

一年一度的高考每年都引起人们众说纷纭，不过大多数评价报告与分析评述的体例、角度与内容相差不大，基本上是将题量、题型、课本各部分内容比例、学生失误情况、难度系数等少数统计量进行分析，有的报告分析了试题考查历史思维能力方面的情况，但是仍比较笼统。因此，笔者在评价前首先考虑要明确这样三个问题：评价高考试题的目的是什么？应该选择什么样的评价分析角度？选择什么方法？对于第一个问题，大家基本上是明确的，即：一是全面分析试题，为优化高考试卷命题服务；二是让广大教师更好地理解试卷试题的命题意图，为教学服务。本文围绕此目的，着重谈谈二、三两个问题。旨在提出一些评价高考试题的新角度、新方法，分析过程中若有错误，请予指正。

一、试题的难度与区分度问题

高考的性质是选拔性考试，评价选拔性考试的重要指标首先是试题应该有好的区分度。所谓区分度，就是表示题目对考生的某项知识或能力的区分程度的指标。区分度高的题目对受测者的水平有较好的鉴别能力，在这些题目上，水平高的考生得分高，水平低的考生得分低；区分度低的题目，对考生的水平不能很好地鉴别，水平高的与水平低的得分差不多。因此对于高校选拔人才的考试来说，区分度就是一个极为重要的指标了，它甚至可以看成试题的效度指标。然而，大多数试卷评价报告极少涉及这一重要指标，而主要列出题目的难度系数，因而现在大多数教师只知道1995年试卷比1996年的难，却不知道1995年试卷难在何处？难的是否合理？同时，大家感到1996年考生平均分提高了，于是大家都感到1996年试卷好，却不知其好在何处？当然也不知1996年试卷还有与1995年试卷相同的不合理的地方，这个合理性的标准就是指区分度的高低。

是不是试卷难度越大，试卷的区分度就越好呢？不是。同样难度的一组题目可能区分度的差异很大。如图表1所示，当难度均为0.5时，分数分布的情况却不相同。当各题的难度均为0.5或接近0.5

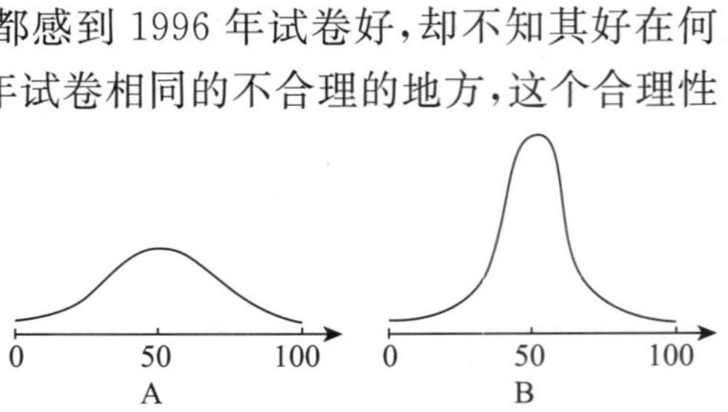

图表1　难度与区分度的关系

水平时(图 1 - A),分数较均匀地分布在各个分数段上,能较合理地区分出水平差和水平高的学生,高分段(接近满分或取得满分)与低分段(接近 0 分或取得 0 分)的学生都有少部分,而不是极少部分(如 1000 人中只有 1～10 人)。当测验由很难或很容易的题目组成时(图 1 - B)。虽然难度可能还是 0.5 左右,但由于测验中包含一些很容易的题目几乎所有人均可答出,而测验中一些很难的题,几乎没有人能答出,这样在低分段与高分段就极少有人落入,分数就自然集中在中间阶段,区分能力也就降低了。因此一组题目中难度最好控制在 0.5 左右,而尽可能避免在 0.3～0.7 范围之外,难度在 0.5 左右时,区分度虽不太好确定,但是难度在 0.3～0.7 之外,区分度一般是不会高的。如 1996 年选择题难度在 0.8 以上与 0.3 以下的试题,区分度大多不高,两组数据的相关系数是 $r=0.4046$ 大于较显著相关(0.02)临界值 0.381(基本数据参见《高考试题分析》,国家教委考试中心编,1997 年,第 256—257 页),当然对于命题组来说,无法进行试卷前测,想做到有较好的区分度是很难的。

我们以 1995 年与 1996 年高考选择题为例,看看这两年试卷的难度与区分度的情况。1995 年高考单项选择题的难度是 0.68,1996 年是 0.69,1995 年多项选择题的难度是 0.42,1996 年是 0.45,看起来,这两年相差不大,且难度也较合理,然而仔细分析便会发现其中的问题。依据图表 2(见 30 页)可以看出 1995、1996 年选择题难度的题数与分值情况。因为以难度来推区分度情况是不精确的,因而我们只选更极端的数据(即 0.99～0.80、0.69～0.40、0.29～0.10)。1995 年单选题在 0.69～0.40 之间的题目只有 6 题,占总题数的 30%,而处于 0.99～0.80 之间的题目有 7 题,占总题数的 35%。多选题在 0.69～0.40 之间的有 3 题,只占总题数的 25%,而处于 0.99～0.80 及 0.29～0.01 之间的有 5 题,占总题数的 41.7%。将单、多选题统计后,处于 0.69～0.40 之间的总分值是 18 分,占总分(66 分)的 27.3%。而处于两端的总分值是 25.5 分,占总分的 38.6%,也就是有近 40%的分值不能很好地区分考生的真实水平,因而出现考生分数过于集中在中间区域,甚至平时较好的学生考不好,较差一些的学生反而考好的情况,这样就较难区分处于中等程度的大多数学生知识掌握水平。

1996 年的情况就好多了,从表上可见落于两极端的题目只有一题。从总分值看,处于两端的单选(7 题)、多选(3 题)的总分值是 19.5 分,占总分(72 分)的 27.1%,比 1995 年下降了 11.5 个百分点。然而,处于中间区域的题量还是太少,尤其是多选题只有 2 题。由于单选题中有 7 题的难度都较低,因而大多数考生都会做,总平均分是上升了,区分度却没有提高多少。今年的情况如何呢?我们可以看一看各题的难度系数,或者依据标准差(一般情况下标准差越大,区分度越高)来推测区分度的情况。因为直接计算区分度较复杂,而且大多数教师没有具体数据。教师们可以依照这种方法,把处于中等难度的题目找出来进行研究。对于高考命题组来说,要提高试卷的质量,又要有适当的难度,就应当尽可能舍弃过难与过易的题目,而选择中等难度的题,这些选出的题目应当是今后高考提高试题区分度的样本。

那么为什么有的题目区分度不高呢？是哪些因素导致题目过难与过易呢？我们怎样才能更好地理解试题的结构，编出更好的题目呢？要回答这些问题，就得首先研究高考历史选择题的思维结构。

二、选择题思维结构与试题难度因素综合分析

至今所见分析选择题的文章大多就选择题的多种形式进行了细致分析，很少有人对其思维结构进行深入分析，笔者认为选择题的思维结构大致可分为以下几个部分：表层结构，包括表达形式（单选、多选；材料、非材料；肯定、否定式；情境、非情境；限定、非限定答案等）与题干结构（中心词、限定词、回答词与选项）两部分。深层结构，包括思维概念结构与思维技能结构。表层结构对于简单的知识来说，只要掌握了这些类型题目的一般方法就行了，但对于高考中的许多题目来说，就无能为力了。决定这些题目难易的是深层结构。思维概念结构主要包含四个部分的内容：历史概念的基本要素（时间、地点、人物）；历史事件发生前的背景要素（原因、目的、条件）；过程要素（开始、转折、过程、特点、结局等等），对于历史典籍、观念、政策等概念则是内容、主题、特点等；事件发生后的后果要素（性质、作用、影响、局限、后果等等）。这些要素是大多数选择题题干中的回答词，对这些词含义的理解以及对某一历史概念结构的理解基本上决定了学生能否完成相应的题目。深层结构中，思维技能结构主要有记忆（再认、再现）、理解（概括、归纳、分析、解释等）、比较、运用等几种方法技能，也可按《考试说明》中的能力要求分类。将概念要素（统计学中称因子）与技能要素组成两个交叉的维度，就形成一个思维结构表。如图表3－A、图表3－B（见附表）分别是1996年与1997年选择题的分析表，从这两表中，我们可以探讨以下几个问题。

1. 题目结构的确定。一道题考查什么具体的知识是比较清楚的，但是，要确定其思维结构，就有一定难度。如1997年第3题是一道材料题，从被选项来看，考查的是时间，但是对绝大多数参加高考的学生来说，如果已知“筒车”再确定“唐朝”是比较简单的，问题难在：怎样依靠材料来确定所描述的是一种什么工具？因此虽然这道题涉及了“时间记忆”与“材料理解运用”两个要素，以学生学习的情况分析应取“材料理解运用”这个结构要素。总的来说在对题目的分析确定过程中，可遵循以下几个原则：① 通过对题干中问题词（或回答词）的分析确定概念要素，如“时间”类的有“始于”（1997第1题）、“最早”（1997第2题）、“时间顺序”（1997第27题）等；“目的”类的有“是为了”（1997第6题）、“主要是针对”（1997第13题）等等。② 对方法技能的确定主要是依据高一级技能为确定标准，因为在大多数试题中，都需要“记忆”或“理解”做基础，因此如果一道题中需要两个以上的技能才能解决，一般选高一级技能为结构要素。如1997年第10题的被选项都要有一定的“记忆”与“理解”技能才能分辨清楚，然而这种分辨是要在三个历史事件的“比较”中才能完成的，因而将其思维技能要素确定为“比较”。③ 有些需要两种技能解决的题目，从题目上看需高一级技能解决，但依据学生学习的情况只要低一级技能就可以解决了。这种情况有两种可能，其

图表 2　1995—1996 年选择题难度的题数与分值

年度	难度	0.99—0.90		0.89—0.80		0.79—0.70		0.69—0.60		0.59—0.50		0.49—0.40		0.39—0.30		0.29—0.20		0.19—0.10		0.09—0.01	
	题型	单	多	单	多	单	多	单	多	单	多	单	多	单	多	单	多	单	多	单	多
1995	题数	4	0	3	1	5	0	3	1	1	1	2	1	2	4	0	2	0	2	0	0
	分值	6	0	4.5	3	7.5	0	4.5	3	1.5	3	3	3	3	12	0	6	0	6	0	0
1996	题数	0	0	7	1	9	1	3	1	6	0	3	1	0	4	0	1	0	0	0	1
	分值	0	0	10.5	3	13.5	3	4.5	3	9	0	4.5	3	0	12	0	3	0	0	0	3

注：难度数据皆依据《中史参》1995、1996 年第 10 期评价报告。

图表 3－A　1996 年高考历史选择题思维结构分析表

技能要素	项目	基本要素			背景要素			过程要素			后果要素						综合		统计
		时间	地点	人物	原因	目的	条件	状况过程	内容	观点	后果	特点	性质	作用	影响	局限	材料	综合	
记忆	题号	5.19	1.6,10	7.22,36	31			27.30	4.14,20			24	16						
	题量	2	3	2+1	+1			1+1	3			1	1						13+3
	分值	3	4.5	6	3			4.5	4.5			1.5	1.5						28.51 (39.6%)
理解	题号				12,23,26,29	2,3,17		28,38	35	33	11	18	9,13	8,25	34	15	21		
	题量				3+1	3		1+1	+1	+1	1	1	2	2	+1	1	1		15+5
	分值				7.5	4.5		4.5	3	3	1.5	1.5	3	3	3	1.5	1.5		37 (52.1%)
比较	略																		

续表

技能要素	项目	基本要素			背景要素			过程要素			后果要素						综合		统计
		时间	地点	人物	原因	目的	条件	状况过程	内容	观点	后果	特点	性质	作用	影响	局限	材料	综合	
运用	题号																32,37		
	题量																+2		+2
	分值																6		6 (8.3%)
统计	题量	7+1			6+2			5+4			9+1						1+2		28+10
	分值	13.5(18.8%)			15(20.8%)			19.5(27.1%)			16.5(22.9%)						7.5(10.4%)		72(100%)

图表 3－B　1997 年高考历史选择题思维结构分析表

技能要素	项目	基本要素			背景要素			过程要素			后果要素						综合			统计
		时间	地点	人物	原因	目的	条件	状况过程	内容	观点	后果	特点	性质	作用	影响	局限	材料	共性	综合	
记忆	题号	1.2,27	4			13		25	15,18,36			30								
	题量	3	1			1		1	2+1			+1								8+2
	分值	4.5	1.5			1.5		1.5	6			3								18(25%)
理解	题号				9,12,16,38	6	33	28,34		7,26	8,32		17,19,20,23,24	11,21,35	29,31					
	题量				3+1	1	+1	1+1		2	1+1		5	2+1	+2					15+7
	分值				7.5	1.5	3	4.5		3	4.5		7.5	6	6					43.5(60.4%)

续表

技能要素	项目	基本要素			背景要素			过程要素			后果要素						综合			统计
		时间	地点	人物	原因	目的	条件	状况过程	内容	观点	后果	特点	性质	作用	影响	局限	材料	共性	综合	
比较	题号								5			10						14		
	题量								1			1						1		3+0
	分值								1.5			1.5						1.5		4.5(6.3%)
运用	题号																3,22,37			
	题量																2+1			2+1
	分值																6			6(8.3%)
统计	题量	4			5+2			7+2			9+5						3+1			28+10
	分值	6(8.3%)			13.5(18.8%)			16.5(22.9%)			28.5(39.6%)						7.5(10.4%)			72(100%)

注：1. 题量中有＋号的为多项选择题。
2. 表中百分比皆为与总分(72)相比较。

一是题目要求回答的选项来源于课本的原话，要求与答案之间的联系只要用记忆就可解决，如 1997 年 13、17、18、36、38 题，1996 年 4、16 题；其二是其干扰项距离正确选项太远，考生很容易将其选出来，如 1996 年第 3、13 题，1997 年 8 题等。这种题目的难度都不会太大，如 1996 年 3、13 题的难度都在 0.80 以上。

2. 1996 年、1997 年选择题在概念思维要素方面的比较。1997 年选择题中考"基本要素"的题目分值下降了 7.5 分，10.5 个百分点，要求直接记忆基本要素的题少了。在"背景要素"方面两年相差不多，今年低 1.5 分，仅 2 个百分点。"过程要素"也只低了 3 分，约 4 个百分点。变化最大的是"后果要素"，由 1996 年的 16.5 分上升到 28.5 分，上升 12 分，16.7 个百分点。综合部分相同。从两年概念要素的标准差看，1996 年 Sn－1＝4.45，1997 年 Sn－1＝8.97，很明显地说明今年在考查五个部分要素之间的差异大大超过去年，最突出地反映在对历史事件发生以后的认识上。

从具体的要素来分析，这两年在"基本要素"中对时间的考查还是比较多的。在"背景要素"中，可看出着重考查"原因"，"过程要素"中对历史事件发生的过程与对历史典籍、法律文件、会议的内容都较重视。而在"后果要素"中，历史事件的"性质"考查得较多。今年在"后果要素"的考查上相对平均，各要素都有相当的分值。"综合"类中材料题均保持一定比例。

3. 1996 年、1997 年选择题在思维技能方法方面的比较。今年试题中，较高水平的方法技能题所占的比例有很大提高，见表 3 所示，"记忆"技能在 1996 年有 16 道题 28.5 分，占总分的 39.6％，而在今年则下降了 10.5 分，占总分的 25％；"理解"技能由去年 37.5 分(52.1％)上升到 43.5 分(60.4％)；去年没有"比较"题，今年有 3 题 4.5 分；"运用"方面主要是对材料的理解过程中，运用原有知识来解决新问题，今年与去年持平。总的来看，在"记忆"技能之上的题目今年达到 54 分，占总分 75％。综合两年的情况，在"理解"方面出的题目最多，分值也最高。尤其是多项选择题今年有 7 题，这是应当引起重视的。

4. 影响试题难度的五大因素分析。"技能要素"与"概念要素"构成的二维分析表只能了解题目的位置与基本构成，如果要进一步分析其难度产生的因素，就需要对"技能要素"进行更深层次的分析。为什么都是考查学生"记忆地点"的题目之间有难度的差异呢？这需要将上述思维结构与影响正确答案的其他几个因素联系起来分析。

第一，学生"记忆"技能是其他技能的基础。如果某一知识在课本中所处位置容易被学生遗忘的程度较大时，不论该题考查其他什么能力或概念，学生都很难完成。如 1997 年第 4 题，泉州的地理位置放在京杭大运河的地图上，学生注意的是泉州是元代最大的港口，地图上的漕运与海运线路及所涉及的城市、港口，都是学生关注的重点，而泉州的位置就被忽视了。同样道理，直接照搬课本较醒目位置的原话出题，即使看起来需要理解、分析或比较，学生却只凭记忆就可以解决。如 1996 年 21 题看起来是材料较复杂的题目，其实只要记住《权利法案》的内容就不难解决，这也是试题过易的原因之一。

第二,学生对所学知识概念的理解程度。历史课本并没有也不可能将某一历史概念的各个组成要素很明确地反映出来,这需要教师在教学中尽可能地讲清重要概念的结构。有些难题正是出在大多数教师容易忽视的概念要素上,使学生一下无法理解题目的含义,即使是教师看到答案时,也需要动一番脑筋想想“为什么是它?”最典型的题目如今年第23题,日本的“封建残余”本身就是一个不太好理解的概念,学生可能大多知道一些封建残余的表现,但要求他们判断这些表现中最突出的是什么?恐怕不少教师都要动一番脑筋。类似的如1996年最难的36题,许多学生选择C或D,主要是对“俄国1905年革命”这个概念理解不清,今年还有20题、31题、32题等。这类题目中,尤其是要在不易判断的选项中挑出最突出的、主要的、根本的、本质的原因,作用或影响等概念要素时,会更难一些。

第三,对回答词与正确答案之间关系的理解程度。有一些学生并不理解什么叫“本质”“根本”“主要”这些限制回答词的含义。对这些回答词与正确答案之间的关系也弄不清。如今年第17题,题干“1975年邓小平主持全面整顿的实质”中实质两字究竟是什么含义?一般实质与阶级性、经济基础、社会制度、生产关系有关,这里却都不直接涉及,这里不过是“主要目的”的意思,虽然正确答案课本上有原话,但要将回答词与答案之间的关系弄清楚却很不容易。

第四,被选项的干扰程度,有人在文中涉及这一因素时用“迷惑性”来表示,其实既不准确,操作性也不强。被选项中其他选项与答案之间的干扰程度可以用“距离”来表示,一般情况下(除少数综合题外),其他选项越接近正确答案的知识要素,干扰“记忆”或“理解”的程度就越高。如今年第3题,泉州的地理位置不少学生大体知道它的方位,但用一个与之接近的“福州”来干扰,使学生们一下茫然了。题目出到这一步,实际上使地理较好的同学沾了光(尤其是泉州与福州的同学),对于历史好或不好的学生来说就猜吧,因此该题并不能很好地分辨出学生历史知识水平的高低来,且此题仅凭记忆好坏,当然,这是我们主要谈干扰性问题,类似的有第10、11、26等等。同样道理,如果干扰程度太低,学生一眼就看出干扰项与回答词或中心词无关,都不必考虑正确答案是否合理,用排除法就行了。这样的题目考的是答题技术,并没有考多少历史知识,这也是题目难度过易的原因之一。如1996年3、4题等,今年这样的题目极少。

第五,题干中限制词的复杂程度。一般情况下,题干字数越多,学生越难理解,越简洁明了,学生越易理解。尤其是回答词前面的限制词越复杂,学生越难把握回答词的含义,如今年第36题,其实依据被选项只要问“下列决定在十一届三中全会上确立的有”就够了,被选项AC并没有起多少干扰作用,到是题干的表达比较复杂,一些学生难以弄清要回答什么,如果将题干明了清晰一些,这道题的难度就会下降了。至于材料型选择题有时为什么难,主要因素也在这里。

三、分析结果对教学的几点重要启示

从以上分析,可以看出今年的选择题与以往相比是相当不错的。从思维结构上分析推测,处于难度表两端的题目较少,并很明确地显示出着重考查历史思维能力的改革方向,对于广大教师来说可以从中得到以下启示。

1. 掌握选择题的思维结构,重视影响难度的五大因素,出高质量的试题,尽可能避免过易(涉及课本记忆、干扰程度过低)、过偏(涉及非历史知识、能力、记忆过于零碎的知识)的题目。出题时要明确为什么出这道题,考什么技能,在思维结构表中处于什么位置。也可以利用高考试题选出有较好区分度的题目,测一测学生技能的差异。虽然高考试卷并不是一个完善的能力测试试卷,但是因为每年考生的数量巨大,因而统计出的数据是很能说明问题的,因此可以选些好题来编制能力量表,起到能力评价的作用。

2. 教学的目的除了传授知识以外,要十分重视学生思维能力的培养,在试题编制方面可以用以下两种方法来训练学生。

① 题目的复杂化与简化。同样一个知识点,要注意不同的结构对学生答题的影响,用复杂化与简化的方法来训练学生对不同试题的适应能力。如我们以今年试卷第5题为例,可将其改为"《天朝田亩制度》和《资政新篇》是太平天国前后期最重要的文件,文件涉及的各种主张中,有关社会经济的观点:A. 互相矛盾,B……"这是将题干复杂化。还可以将被选项复杂化,或者采用材料来进一步增加干扰强度。只有复杂化是远远不够的,还需要将复杂化的题目简化还原,弄清这些复杂甚至啰唆的题目其实问的是什么?如今年第20题其实就是问"导致美国独立战争最主要的原因是什么?"第36题即"十一届三中全会的内容是什么?"

② 题目的变式训练。题目变式可以先确定训练目标是思维结构表中技能要素还是概念要素。例如,决定要训练的是"比较技能",那么就要出一组由各种难度组成的比较题,一直达到让训练者熟练为止;如果决定是让学生理解原因,就应出一组有关原因的各类题目。这种针对性训练十分讲究的就是一定要有不同形式的题目组成围绕训练目标的试卷,而且在编制前要确立双向细目表与评价说明,学生看到练习自己就可以进行训练。目前社会上流行的一些思维训练题其实就是各种题目组合起来的,出题者自己都不知道这些题在训练什么?

3. 教学过程中,教师要重视概括能力的培养。思维最显著的特点就是概括性,概括能力是其他能力的基础。特别是理解能力,有时让教师说不清什么是理解,如何去理解?其实只要抓住概括这个核心,一切问题都解决了。例如让学生自己去概括"鸦片战争的背景、原因、过程、结局、影响",如果学生能做到对每一个历史概念进行概括分析,那么他对这个概念的记忆就是理解基础上的记忆,他能按照概念要素进行解释,就达到了理解的目的。今年的高考试卷上有60.4%的选择题考查的就是学生的理解能力。这当然就需要教师们在这方面多下功夫。

综上所述,每年高考试卷都有一些新特点。如果像一些教师那样死死抱住前一年的试卷是无济于事的,从 1993 年起到今年没有一份试卷是前一年的翻版,高考试题变化很大,然而,不变的是试题的思维结构,抓住浅层,尤其是深层的思维结构,就抓住了教学的中心,就会自觉把培养与发展学生思维能力当作教学的方向,这样才能真正使"高考引导教改、引导教学向素质方向转变"这个目标落在实处。

理解·阅读·解题·反思

——高三复习阶段四步学习法之一

王　雄

同样的环境,同样的老师,为什么不同的学生学习效果有很大的差异?有人认为学生的智力差异较大,可大多数教育心理学家认为,正常学生的智力差异很小。人们提出非智力因素的理论来解释差异现象,得到不少专家与教师的认可。然而,在诸多非智力因素中,大多数教师、学生都认为勤奋是获得成功的最重要的途径,于是,不少人便找到了加班加点、题海战术的理由,古语有:勤能补拙、书山有路勤为径!勤奋确实是获得成功的重要条件,但是,这绝不能成为一些教师不思改革、不思进取,反而逼迫学生进行题海战的借口。历史学习更是如此,通常人们总以为历史只要下功夫背就可以了,如果一个学生数、理、化成绩不好,人们可能大多倾向于说"该生不够聪明"或"学习方法不当",如果他的历史成绩不好,则认为"该生不够用功",似乎历史学习不必太讲究方法与思考。然而,近几年的高考试题已经发生了根本变化,历史均分的不高说明历史并不好学。历史同样需要有效的方法与思考的艺术。因此,学习方法的重要性是每一个学生、教师都应当注重的。今天,人类在向 21 世纪迈进,注重学习方法已不单纯是为了应试目的,专家们都愿意承认以下原则:

"学习是生存的基础,学会学习比掌握一定知识更重要。"

"学习是一种技能,每一个学生都可以掌握它去获取丰富的知识。"

"学习是终身伴随你获得幸福的一种生活方式,它会带给你更多的新感受、新经验,并激发你的创造力。"

面临高考的教师与学生首先要转变学习历史的旧观念,要将学习方法的掌握纳入到教学目标与过程之中。当一个高中生升入高校或者走向社会时,那些具体的知识可能被遗忘,可被他们掌握的学习技能却能使他们更好地适应新环境,掌握新知识。学法指导的内容、技术很多,本文着重介绍理解、阅读、解题与自我评价四个方面的有关内容与方法,希望能帮助每一个学生走出历史学习的误区。

一、理解的路径

1997 年高考历史试题中,单是选择题直接考查理解的试题分值就占选择题总分的 60.4%[①]。理解是记忆、比较运用的基础，大家都知道理解的重要性。但是，不少教师却说不清什么是真正的理解，更不知如何指导学生理解历史知识。因此，弄清理解的路径，是我们指导学生学习的基础。首先，我们需要弄清被我们理解的知识有什么的特点。

（一）被理解的知识有什么共同的特点？

当科学家解开了原子之谜，使我们认为已经理解了“原子”概念时，我们可以从下列几方面发现：(1) 了解了原子的内部结构（由包含质子与中子的原子核，以及周围的电子构成）；(2) 了解了组成原子的基本粒子之间的数量关系排列顺序；(3) 了解了原子与原子之间的关系；(4) 能运用科学实验揭示上述原理。如果我们以此来推测知识可理解性的特点，可以得到以下四点：(1) 被理解的知识有良好的内部结构；(2) 被理解的知识还应有良好的外部结构即：它和与之联系的其他知识之间的因果关系也是明确的；(3) 这些组成各部结构的要素之间有明确的逻辑关系或数量关系；(4) 被理解的知识应当能够运用[②]。依据这四个特点，我们来分析历史概念，并弄清理解的基本途径。

我们以“美国独立战争”为例，要理解这个概念，应把它看成是一个历史事件概念中各要素的组合。(1) 它的内部结构要素包括：战争爆发的时间（开始与结束的年代）、地点（爆发地点及范围）、战争对象、开始、扩展、初步胜利、转折、最终胜利等等要素；(2) 它的外部联系应当弄清：① 战争爆发前的各种因果关系，如根本原因、直接原因等；② 战争爆发后各种因素关系及其评价，如积极作用，对国内的影响、对国际的影响，性质、特点等等；(3) 用规范的序号来表示概念的完整结构，如：“一、背景：(一) 根本原因、(二) 思想根源、(三) 直接原因……二、过程：(一) 爆发、(二) 扩展及初步胜利、(三) 挫折与转折、(四) 胜利：1. 决定性战役、2. 签约……三、后果：(一) 性质、(二) 特点、(三) 作用：1. 国内、2. 国际……”；(4) 整个分析过程最好由自己主动参与，并用这个概念去与其他概念（如拉美独立战争、英国资产阶级革命等）去比较，运用得越多，理解得越深、掌握得越熟练。这四个方面便是我们理解历史知识的路径。

（二）如何理解掌握历史概念？

不同种类的历史概念有不同的结构，如历史事件、人物、典章制度、思想文化、典籍著述等等，尽管我们都需要研究它们的外部联系，如产生的各种背景要素与其在历史上的地位、性质、作用及影响，但是，它们的内部结构却相差许多。

历史事件概念的内部结构包括其发展过程的各种要素，即：开始或爆发，挫折或

---

① 参见拙作《高考选择题的难度、区分度与思维结构分析》，《中学历史教学参考》1997 年第 10 期。

② 参见《国际教育百科全书》(International Encyclopedia of Education, 2nd ed) 对“建构主义”的解释。

转折、发展或扩展、高潮或低潮、胜利或失败等等。有关历史人物的概念主要指其经历，一个历史人物或者某一集团、政党常常经历许多历史事件(集团与政党有时可看成“事件”概念)，因此，应按历史发展的顺序分开阐述他在不同事件中的作用，或者将其一生分成不同阶段来分别阐述。一般情况下，人物概念可包括：出生、成长、经历的重大事件、思想主张、主要著达成就或过失、罪行等等。历史的典章制度涉及内容较广，如政治制度有国家制度、军事制度、官制、法制等；如经济制度有赋税制度、贸易制度、土地制度等。宏观上看经济制度又指社会经济制度，即社会生产关系的总和，如奴隶制度、封建制度、资本主义制度，不过这些属于历史理论概念，不是具体的历史事件概念；此外，还有文化制度，如教育制度、宗教制度、史官制度等等。制度概念的内部要素主要包括：制订制度的目的、原则；制度的主要规定及其施用范围，演革发展等等。反映思想或著作的历史概念的内部结构要素主要有：针对性(针对什么社会问题)、目的性(解决某一问题的最终目标)、思想理论依据或缘由、解决问题的方式方法。例如启蒙思想是针对封建专制、等级制、天主教会封建势力的黑暗统治；目的是要建立起资产阶级的国家制度；依据是以“天赋人权”为核心的人的自然权利理论，还包括社会契约论、三权分立等思想；解决的方式倾向于用革命的方式夺取政权。

上述各类历史概念的外部联系与内部结构要素正是我们思考的途径，我们还可以从这些途径出发思考某一历史概念涉及的全部知识信息。但是，课本涉及的历史概念数量可观，不可能每一个概念都细致分析，因此，还要学会分出重点与一般。依据教学大纲及教材编写的情况，可以把历史概念分成以下几种情况：

1. 重大概念。教材编写是以重大历史事件为线索组织的，每一章每一节一般都有一个中心内容，构成这个中心内容的事件，课本常常将它作为本章节的标题写出来，如中国近代史上鸦片战争、戊戌变法、新文化运动等等。有的重大概念是几个事件的组合，如世界现代史上：战后欧洲革命运动就包括德国十一月革命与匈牙利苏维埃共和国等重大概念。人们常常重视“德国十一月革命”这样的具体概念，而忽视“战后欧洲革命运动”这一组合的重大概念。也有的一节中涉三四个重大概念需要逐个列出加以重视，如“资本主义世界的经济危机和政治危机”一节中有“1929 年～1933 年经济大危机”“罗斯福新政”“德国法西斯专政建立”“日本法西斯专政建立”四个重大概念。所有重大概念都是教学大纲中的重点知识，都需要全面分析掌握。总复习时可以按每一个时期(古代、近代、现代)将这些重大概念整理出来，逐个弄清它们的概念结构，便可以掌握好每一个时期的重点知识，形成历史知识的总体框架。此外，还有一些重要人物也是重大概念：如秦始皇、康有为、富·罗斯福等等。

2. 重点概念。组成或直接与重大概念有联系的概念，并属于课本黑体字标题[即《考试说明》中第三级序号(阿拉伯字序号)]的概念应列为重点概念。如：“明朝的民族关系”这一重大概念下有“土木之变”“北京保卫战”“明长城”“满洲的兴起”等概念。“戊戌变法”中有“变法施政纲领”“保国会”“百日维新”“戊戌变法”等概念都属于重点概念。如果说重大概念属于宏观方面，而重点概念已经开始进入微观分析，这些概念不像重大概念包含较多的知识点的复古概念，大多属于单一概念，但是，内容完整，直接关系到对重大概念的理解，在掌握好重大概念形成历史知识的总体框架后，就应该进入第2步弄清总体框架中的重点概念。这一步完成后，课本的重点知识基本可以掌握了。

3. 一般概念。在重点概念之外，还有许多散落在课本各处，支撑课本重点知识的辅助概念。如："五四运动"中"火烧赵家楼""六三事件"；这些概念在课本中的叙述有明显差异，有的较完整，如"新模范军"，有的不完整如"护国主政权"，在进行分析时需要适当补全概念的其他重要部分。如"护国主政权"的起始、性质、政体、政策、对外战争(对荷战争)与简要评价。弄清这些问题的主要目的在于进一步理解重点概念，同时，选择题测试中的许多回答词正是这类概念的要素。

4. 次要概念。与专有名词。这类概念的数目很多，但在课本中常常只有一句话或者在注释中进行简单介绍。如"五四运动"中的曹汝霖、"俄罗斯中央集权国家形成"中的"沙皇""主要帝国主义国家"中的"托拉斯""北魏孝文帝改革"中的"租、调"等等。这些概念大多要弄清其实质，往往只有一两句话，而不需要进行完整的概念分析。如曹汝霖只需知道他是北洋军阀政府中的"亲日派"代表人物就够了。掌握这些概念最重要的是对那些较接近的概念进行辨别分析，不能混淆。如："弗吉尼亚"与"马萨诸塞"、唐代的"中书省"与元代的"中书省"、北宋的"定窑"与"汝窑""华兴会"与"光复会"等等。

5. 理论概念。上述四类属于"历史概念"，而理论概念不是指具体的某一历史事实，它是经过概念抽象后产生的。如：生产力、阶级、垄断组织、民族、国际关系等等，这些概念要弄清其真正含义，尤其是政治课未学过的，看起来又不生疏的概念尤其要弄清楚。如战争、和平、侵略、政变、手工业等等。可以翻阅《辞海》《哲学辞典》《政治辞典》等工具书。是否掌握理论概念的自我测试方法主要包括：① 解释的对不对；② 尽可能多举事例；③ 知道这个概念的类别理解理论概念关系到对历史理解的深度，应当引起重视。

总之，理解历史概念是理解历史知识的基础，掌握概念要素，学会概念分析方法，就能掌握知识的结构。将各类概念按不同类别串连起来就组成了历史发展的纵横线索。掌握这些线索，就掌握了历史知识的框架，为进一步运用知识创造了条件。

二、阅读的技术

(一) 确立阅读的新观念

大家都知道历史课本是需要精读的，这种精读不仅要掌握历史发展的线索，而且，要纵横联系，全面涉猎，从标题、导言正文大字、小字、注释、地图、插画、图表以及年表都要掌握，知识的总量是相当可观的。因此，许多学生总感到看历史书很费时间，而且，看了就忘，效率不高。尤其是在总复习阶段，面对五本书，不知如何看好，常常没有毅力看完每一本书。有的同学依然采用考前大量阅读的方法，课本内容无法深入又不牢固，并且总有一种考前复习都不充分的感觉，带着这种感觉去参加高考，是不容易有自信心的。其实，上述现象的症结在于没有认清阅读的正确方法，将不同目的、不同类型的阅读杂在一起，效率当然就不会高了。要提高阅读的效率，首先要明确：阅读的目的决定阅读的方法；阅读的方法决定阅读的效率。将不同目的的学习分开，选择相应的方法，效率自然会提高。[①]

我们可以将阅读按照不同的目的分为四种类型：(1) 为了理解；(2) 为了联系；(3) 为了记忆；(4) 为了运用。一般情况下，人们总是将记忆放在理解前面，那是针对能力层次而言的，同时，那也是为了分析一般学习心理过程而确定的。对于高三学生的学习来说，理解是第一位的，它是记忆的与灵活运用知识的基础。以下针对每一种类型进行介绍。

（二）为了理解而进行的阅读技术

1. 条件：为了理解就不必总想着要记住什么，这种阅读方法应于平时研究课本、弄懂学习中的难点而制订的，因此，它不适用于考前的快速阅读。这种阅读的条件包括以下几点：(1) 思考。理解知识必须有自我思考的习惯，只有主动参与思考，将知识对象与大脑中原有知识联系起来、加工分析，这样的知识才能真正理解。思考的起点是什么？是质疑，提出问题，才能进入思考状态，偏偏有不少学生提不出问题。其实，任何一个历史概念，只要你以概念要素去追问，问题就出现了。如：背景要素中：根本原因是什么？经济动因是什么？……后果要素中：性质是什么？特点是什么？有什么历史作用？……有了问题就要去解答，思考随之产生。(2) 时间。要将理解的内容变成自己的东西，要将新知识结构中的各个部分真正弄通了，都需要长时间的思考，因此，为了理解而进行的阅读最好要有一节整课以上的时间。(3) 资料。要弄清某一历史概念的结构，课本知识常常不够。如："辛酉政变"，课本介绍了这个概念的时间、缘由、简单经过与结果。但是，作为历史概念还缺少其他几个重要的要素，如背景、性质与影响，这除了需将前后文联系起来思考，还可参考上课记的笔记，课外辅助的资料，因此，看某一章节前，最好把有关资料准备好，以便及时应用。(4) 纸笔。思考需要有广度、深度，凡是想到的问题或者答案都不应该放过，应及时记录下来进行分析。如上述"辛酉政变"有什么影响呢？可能先想到慈禧太后开始控制中央政权，然后，又有倾向举办洋务的大臣开始在中央形成一派势力、皇权开始衰落等等，把所有答案都记下来，否则，这些想法可能忘掉再也想不起来，同时，可做进一步分析的资料，因此，看书有一条原则是"不动笔不看书"。(5) 讨论。自求所得应及时与别人讨论，这样既可以强化自己所思考的知识，同时，在向别人阐述时，常常会发现自己的漏洞，使自己的思考完善起来。

2. 步骤。为了从总体上弄清一本书或某一章节涉及哪些重大、重点历史概念，

---

① 参见周勇《国外关于阅读理解监控的研究综述》，《心理发展与教育》(北师大，1992 年第 3 期)。

疏理好概念之间的逻辑关系，应掌握疏理课本导言的技术。深入理解课本知识，应学会进行概念分析与推敲关键词的技术。理解阅读步骤包括：

第一，理清导言。每章前面的导言一般涉及两方面内容，一是本章历史事件的背景，如《中国近代现代史》教材中大多有背景知识；另一方面是本章的主要内容。不论是背景或历史事件本身的内容，都要归纳成条理清晰的结构性知识。现以《中国古代史》为例，“第20章　辽、宋、夏的并立”一课的导言分为三段，第一段讲北宋前期的政治。包括：1. 北宋建立；2. 结束分裂；3. 加强集权；4. 与并立的辽、夏之关系四部分内容。第二段讲北宋中期的政治即“王安石变法”，包括：1. 背景：危机；2. 过程；3. 结局。第三段讲北宋时的经济发展，分别包括：1. 农作物；2. 手工业；3. 商业。阅读时要做的是写上序号，归纳要点，并将上述关键词划出来。最后，回想一下本章内容主要是什么，这样一章的主要知识与结构就一目了然了。

第二，围绕主要概念，理清课本。课本编排有它自己的原则与逻辑，不会像高考复习资料一样，尤其是《中国近代现代史》与《世界近代现代史》并不是为考试而编写的。因此，一定要按前面所列概念的结构要素提出问题，理清课本中的重要概念。例如《中国近代史》第三章第一节洋务运动一课，主要有三个子目，“总理衙门”“洋务运动”是较清楚的概念，但是第二目“资本主义国家经济侵略的加剧”看上去就不像一个概念，这时，可以从更高的眼光来看这一问题。即把它放到近代史中资本主义国家经济侵略这个大概念中来分析，这样就可以弄清这一目与整个近代史知识体系的关系了。从1840年到20世纪初，资本主义国家的经济侵略分为两段，一是“自由资本主义时期以商品的输出为主要手段的侵略”，另一是“垄断资本主义时期以资本输出为主要手段的侵略”，本节中的这一目实际上讲的是60年代～90年代经济侵略的情况。

宏观上弄清后，着手进行微观分析。以“总理衙门”一目为例。课本并没有详细介绍“总理衙门”建立的背景，这个要素需要结合前面的知识做适当补充的。即：1861年时，① 清政府经过辛酉政变，倾向于与外国人打交道的派别在朝中站稳了脚跟，② 课本上有的：应外国侵略者的需要。接着课本概述了它的“职能”是主管外交、通商及其他洋务事宜；“地位”是中央机构；“官员”是奕䜣为办事大臣。接下来应当是其“演变”，课本没写，可以把后面的知识联系起来，写下“1901年《辛丑条约》规定‘改总理衙门’为‘外务部’列各部之首”。这样就知道“总理衙门”历时（1861年～1901年）40年后，地位进一步上升。这也为对其评价打下了基础。最后，课本进行了评价。① “加强了清朝与外国的联系”这是直接作用，② “更有利于资本主义国家控制清朝的内政外交”，这是间接作用，③ “是清朝中央机构开始半殖民地化的标志”这是在给这个机构确定了性质。

上述分析围绕历史概念的结构要素，联系前后有关知识形成对“总理衙门”这一概念的结构性认识。很明显，课本的重大、重点概念都要将其要素像这样弄清，那么对课本的理解就会全面而深入。

第三，抓住关键词，推敲其中的含义。上面的结构依然不能解决所有问题。最后一步还要对概念中的关键词语进行推敲。如“总理衙门”的评价中有这几个字“半殖民地化的标志”，这是最难理解的，应当弄清楚，为什么称“总理衙门”是“中央机构开始半殖民地化的标志呢”？这里涉及一个理论概念“殖民机构”，将其含义与独立国家的政府机构相比，就可以弄清“如果独立国家为自身主权、利益服务的机构被他国控制，并为他国服务，这样的机构即成为半殖民地性质的机构，这样的国家在政治上也就不能保存其独立的地位”。分析到这一步，如果是自己推敲出来的，那么不仅充分理解了这一概念，而且，可以说也掌握了概念结构分析的方法。一时做不到，可以借助于《辞海》或教师指导来完成。

完成上述三步，历史课本中的重要知识就能初步掌握了。

（三）为了联系而进行的阅读技术

为了理解而进行的阅读，注重的是学习的深度，而为了联系而进行的阅读注重的是学习的广度。有些学生的理解力不错，但是，一旦面对错综复杂的知识，就束手无策了。因此，要学会为了联系而进行的阅读技术，这也是灵活掌握知识与运用知识的基础。

1. 条件。为联系而进行的阅读所需条件与理解式阅读相似，都需要思考、时间、资料、纸笔、讨论，但是，在各个条件的要求上有所不同。首先，它所需要的思考偏向于广度，在时间上不一定要完整的较长时间，随时有了新的想法，随时都可以记录下来。比如，在完成对“总理衙门”的概念分析后，会一下想到：“当时设立的海关是一个什么机构呢？后来又曾设立过海军衙门、责任内阁……”进而想到把晚清新出现的机构一一列出，形成一个知识专题。这样的学习就是为联系进行的。其次，要学会用“资料”，而不是背资料，如有的同学买来《新编中外历史分类分国线索表解》却不会使用。在你学到某一单元需要整理某一专题时，可以先查阅参考该书是否已列好，有无补充，借鉴，或者自己整理线索与之比较。再次，对“讨论”的要求不高，但是要强调交流，即将大家各自整理出来的“小专题”互通有无，可以提高效率，拓展思路。最后，这种为了联系而进行的阅读有一个重要的前提，就是先要弄清课本本身的体系，否则，生疏的知识太多，头绪会越来越乱，知识间的联系也就难以进行。

2. 类型与方法。有些同学平时学习中不知该整理什么，也不知怎样建立知识间的联系。其实，这种为联系而进行的学习目的在于将许许多多的历史概念联系起来，不过，这种联系是要按一定标准建立的，同样的历史概念，从不同的标准就会整理成不同的知识专题。（1）重大历史概念，如“戊戌变法”，可看成是清朝晚期政治演变的一幕与“洋务运动”“清末新政”联系起来；也可看成是民族资产阶级在政治舞台上的一次表演，可以与清末立宪派的活动、革命派的起义等活动联系起来；甚至也可以从中抽出康、梁的思想、活动，并与他们以后的经历联系起来。（2）一般概念，如：“中国古代史”中的丝、棉纺织技术的发展、冶炼的进步、制瓷技术的演进等等；又如“世界近代史”中的巴尔干地区政治发展；各个时期的经济危机等等。从上述举例看，建立联系的最终目的是为了灵活运用知识。为此,可以按下列标准进行归纳:(1) 按时间标准。这是最基本的联系,可以像大事年表一样排列易混淆的时间。如 19 世纪 80 年代初,各国都有不少重要事件;1881 年,苏丹爆发马赫迪反英大起义;1882 年,电车出现;"美孚"改组为托拉斯、意大利加入德奥同盟、阿拉比领导埃及军民抗击英军入侵;1883 年,中法战争爆发……(2) 按地点标准。如日本的地名:丝织业中心——桐生;棉织业中心——足利;商业中心——江户、大阪、京都;市民暴动的起点——兵库;西南部大名诸藩——萨摩、土佐、长州等等。(3) 按人物标准,如:19 世纪中期以后参与侵华的外国人:1857 年英法联军首领额尔金、葛罗,操纵中国海关的赫德(英),任中国使臣出访欧美的蒲安臣(美),70 年代入侵越南的安邺(法),纸桥大战被黑旗军击毙的李威利(法),镇海海口受重伤的孤拔(法),与李鸿章签订《中法新约》的公使巴德诺(法)……(4) 按专业性标准,如农业发展中有:农业工具、农业技术、作物引种与推广等等;手工业发展中有:冶炼、陶瓷、纺织、造船等等;又如科技发展:天文、历法、数学、水利、建筑等等。(5) 按历史事件的性质标准,如资本主义国家的土地制度;资产阶级改革、革命、政变等。(6) 按历史发展规律,如生产力受到生产关系的阻碍。19 世纪中期的俄国农奴制、美国种植园经济;18 世纪中期的法国封建制等旧制度在资本主义发展起来以后,成为旧的生产关系的代表,阻碍着生产力的发展。

(四) 为记忆而进行的阅读技术

这种阅读是每一个学生进行的最多的,但是如果没有上述两种阅读作为基础,只能是死记硬背,有了上面的基础,再进行记忆时,阅读的目的就简单了,即为了掌握一本书而进行快速阅读。考试前,有的学生喜欢一遍遍看和背课本,这是不可取的,因为,看和背只是记忆过程中的一部分。记忆过程包括:识记、保持、回忆与再认、再现。不停顿的记与背只有第一步,却缺少第二与第三步。这些过程中,回忆是一个桥梁,应当将回忆看成是与识记同样重要的技术去掌握,这是下列阅读技术的核心。

1. 条件:第一,是时间的安排。这要依据所要记忆的内容的多少,如果只有一章或一节,就要短一些,或者用零碎的时间;如果是一个单元以上或一本书,最好用较完整的时间。第二,是速度应当用快速略读、快速回忆的方法。第三,是资料要齐全,包括上述整理出来的各种概念与联系的知识专题。第四,是场地,要避免一切干扰,要尽可能集中注意力,有不少同学喜欢边回忆边写边说,也要找不影响别人的地点进行。第五,阅读时不需要讨论,这完全要靠自己的力量去记住一切。最后,可以两个人一组将自己记住的复述出来,这样做的效率是很高的,尤其在总复习阶段,可以相互补充,又可以记得牢固。不过要事先确定两个原则:① 绝不讲与题无关的废话;② 绝不深入讨论或辩论,有争议的内容先记录下来,以免影响速度与效果。另外,阅读时还要准备好纸笔,专门记录条理不清或者有疑问的地方。

2. 步骤与方法:第一,选择一种适合自己的记忆方法。下面要介绍的方法包括了识记与回忆两部分。识记用→来表示,回忆用→来表示每个同学根据自己能否长时间回忆的情况,制定三种可选择的方法。① 是全程式。即一次识记三章以上或一本书的内容,然后,整个回忆全部内容;② 是阶段式。即每隔一、两章识记一次,回忆一次,最后再总的回忆一次;③ 是章节式。就是每章每节识记后马上回忆,最后再回忆全部内容。

第二,先粗后细,先总后分的识记方法。学生们背书常常用的是"先细后粗"的方法,即先以第一章第一节第一段背记,然后,一点一点去记。我们强调的方法正好相反,因为是总复习阶段,细节的东西已经知道不少,而且,要掌握一本书,不论你采用什么方法,首先,要有宏观的认识,所以,要确立这个原则。具体方法是,先记一本书的章节标题,能回忆后,再记每节的重大重点概念,也可以按照《考试说明》中知识范围的纲目去识记一遍,然后,再用已选择的方式(如全程式、阶段式、章节式)去识记与回忆。

第三,列出要点,快速识记,及时回忆。在识记每一个知识概念时应当将其要点列出来,列出的条理要清楚,但文字要简洁,一节中若有三个概念都列出来后,要及时回忆出来。如:"国共的十年对峙"一章中的第一节国民政府前期的统治,第一个概念是"南京国民政府形式上统一全国"可以列出以下要点:① 初步建立,② 合流一建立,③ 改组,④ "北伐",⑤ 易帜。第二个概念是"国民政府统治前期的经济"用《考纲》中未列可以省略,但是,这里面有一个重要概念却不能遗漏,即:"四大家族官僚资本"可以分析为:① 形成过程;② 形成方式;凭借国家政权、依靠金融垄断控制全国经济命脉;③ 前提条件:南京国民政府一党专政统治的建立;④ 性质:半殖民地半封建社会的国家中的垄断资本,与帝国主义、封建主义相依存;⑤ 代表:蒋、宋、孔、陈四大家族。当然这些分析应在记忆前的平时学习中做好,此时,主要完成速记的任务。

第四,回忆方式的选择与持之以恒的毅力。回忆一个单元或一本书所有的内容时,可以用默想、边想边写、复述几种方法。默想的方法最难,开始前,要选择安静的场所,调整好均匀的呼吸,将自己沉静下来。然后,将课本知识一幕幕再现于眼前,形象思维好、性格内向的同学可以用这种方法,效果较显著。边想边写边说适合更多的同学,想到就要写到、说到,写不必认真,说不必全面,重要的是要点要列出来。如果两个人复述,除了注意前文提出的原则外,要切实认为自己已记住了自己不熟的地方再进入新的一章,否则会被别人"牵着鼻子"走,自己收获不大,因此,两人最好事先准备充后再开始。

整个回忆的过程因为内容多,时间长,除了中途休息几分钟,要坚持到底。有的同学进行这种记忆时,感到费事,不如平时边翻书、边记忆,这一方面是对新方法不熟练的结果,另一方面毅力不强,要一次将一个单元或一本书记下来,才能对全书有一个融会贯通的认识,这会对知识体系与联系的掌握有更好的促进作用。这样进行一遍的效果比平时几遍的效果要显著多了。

(五) 为了运用而阅读的技术

学习一切知识的最终目的之一在于运用知识,运用知识不是仅仅在运用时才学会的,运用时的各种技术需要在平时去不断训练,达到熟练,运用时才不会出错。在总复习阶段，这种阅读可以分成两部分：一是对课本知识来说，用比较法阅读；二是用分析综合法来阅读课本与课外资料。

1. 条件：首先，是具备一定的基础知识，熟练掌握所要涉及的历史概念的结构及其比较方法与分析综合方法。其次，时间要求依据要解决的问题难易与内容的多少，如果是两个重大概念，可以用一节课左右的时间，但是随着技术运用的熟练，时间要缩短。再次，课外资料，学历史不读课外资料书籍，恐怕是一种不正常的"正常"现象，教师学生只局限于课本，唯课本至上，然而，课本是供给相应年级使用的，针对不同的考试有不同的要求，课本很难适应这种变化，况且高校招考试已经超出课本的深度、广度，学生没有资料，仅依靠课本上那些精练的结论性的表述，对历史事件的原因、作用凭空猜测是不符合历史研究的要求的。① 原始史料：如《史记》《资治通鉴》《应诏统筹全局析》《中华民国临时约法》《论持久战》《独立宣言》(美)、《凡尔赛和约》等等；② 间接史料、史评、史论、通史等，如：《日落九世纪》(赵益著)、《鸦片战争实录》(日)(陈舜臣著)、《世界文明史》(美)(伯恩斯等著)、《外国历史大事记》(朱庭光主编)等等；③ 各种为学生准备的参考书，主要是辅助教学的，而不是练习，如《世界近代现代史专题三十讲》《高中历史精讲》等等。第三类书籍学生容易找到，前两类需要教师选择节录后，再给学生阅读。

2. 步骤与方法：总复习阶段，学生对课本基础知识掌握的程度有差异，不少学生对某一章、某一节具体的知识比较熟悉，但是，要是将不同时期、不同国家的历史事件联系起来，他就显得茫然了，尽管如此，有些学生却不知道复习什么，好像什么地方都看过了，再看书既没有兴趣，又没有效果。这种现象主要是因为学习时缺乏主动地进行知识联系与运用造成的。要改变这种情况，可以采用以下方法：

第一，用比较法阅读。比较法与联系式阅读不同，它不需要牵连许多相关事件，形成专题。它的目的在于对两个或三个历史概念进行深入的比较分析，加深对这几个历史概念的理解以及提高比较运用的能力。阅读时，可采用列表比较法(考试时将表格式转化成叙述式)：(1) 将要比较的概念作为一个维度列于一栏(一般为横栏)，(将比较的标准列出，形成另一维度。比较分析的关键一步在于确定比较的标准，即从什么方面去比较？这要依据不同概念的要素进行取舍，一般情况下可用各种原因(根本原因、直接原因；经济原因、政治原因、思想原因等)、条件(前提、必要等)、目的等背景要素，以及过程特点、性质、作用、影响、局限等后果要素。值得注意的是不要在枝节问题上比较，而应把比较的重点放在宏观方面。如：比较杨炎的两税法与张居正的一条鞭法。可以从主客观原因去分析这两种制度产生的背景。再分析这两种制度在实施方式上的异同点。最后，再评价他们采用这种税制的效果的异同。(2) 依据所列出的异同点，再推理出这些概念要素中的最重要的特点，并说明从比较过程中可以得到什么结论或认识。这是由感性上升到理性的一步，也是最难的一步，考试时，许多同学遇到这样的问题就放弃了。其实，只要平时多想想，这一步也并不难。一般要说明的道理或结论不过是这几种情况：进步性与局限性；保守性与反动性；必然性与偶然性;历史的经验或教训;正好说明了某一唯物史观的理论,如生产关系适应生产力;英雄人物的作用等等;原题中错误的思想方法、立场等,可以先展开将所有想到的认识列出,再取舍分析,得出结论。

第二,用分析、综合法读历史资料。复习期间阅读课外资料,首先要明确阅读的目的,避免花过多的时间沉迷于有趣的"故事情节"中,可以将阅读资料的目的确定为:(1) 寻求某一论点的依据;(2) 训练自己分析资料,运用知识的能力。

(1) 总复习阶段,教师们常常将唯物史观中的一些原理、范畴系统介绍一遍,不少同学却依然似懂非懂。其实,要理解这些抽象的理论,并不需要花许多时间记忆,而应当尽量多运用,在运用中理解。运用的第一步是举出不同的实例来说明理论。如:经济基础与上层建筑、生产力与生产关系是两对容易混淆的范畴,不少同学不知道该在什么时候用前者,也不知道什么时候用后者。虽然教师讲解了这两对范畴的含义,但学生依旧不会用。那么,你就从举例开始。如在法国大革命中,生产关系指:在农村,贵族地主教会封建势力与贫困的农民之间的封建经济关系。而当时法国的生产力水平要进一步提高,必须将上述各种封建经济关系冲垮,代之以能适应生产力发展的资本主义生产关系。法国当时的上层建筑主要指专制王权、等级制度、宗教制度等封建政治制度与势力,而经济基础是指较欧洲其他国家更为发达的资本主义生产关系,并且,新产生的资产阶级在第三等级中已具备一定的实力,此时,法国的社会上层建筑已不再适应经济的发展,阻碍了法国经济的进步,资产阶级强烈要求改变政治现状,他们还提出了资产阶级的国家理论体系,为建立新的上层建筑奠定了基础。在这种学习过程中,要将课本知识经过分析、概括来说明某一范畴,一开始,进展很慢,但是,如果再以英、美、俄、德、日等各国情况举例说明,不但对这一理论范畴有更深的理解,而且,对课本知识的理解,对各国不同国情的理解也更深了。第二步,在读到课外资料时,也要分析、综合,看看适合用什么理论范畴来分析。一般情况下凡是理论问题,最好查寻有关通史资料,如:北师大出版社出版的《世界近代史》(刘宗绪主编),这类书籍体例清晰、史论结合,易于查寻,虽然有一定难度,需要在教师指导下进行,但是,这样学习的效果是显著的,不仅视野比只看课本开阔,而且对理论的理解会深刻得多。

(2) 有了上述基础,就可以独立分析资料了。选择一则资料后,应当首先看它的三个基本要素,即属于何时、何地、何人的资料,明确出处与其时代特征。其次,要分析资料的组成结构,是叙述事物产生的背景,还是论述其因果关系,或者详述过程、状况等等,再次,分清层次后,结合有关课本知识与史学理论判断资料所反映的观点是否正确,或者提出若干疑问。最后,分析论证观点与问题,评价资料的价值。总之,运用知识的过程难度大,需要学生有耐心,有恒心去钻研,研究过几次后,收获会不少,尤其是能力的提高会很快的。

理解·阅读·解题·反思

——高三复习阶段四步学习法之二

王　雄

三、解题的技巧

要想顺利地解决问题，必须对历史题目本身有所认识，遇到任何一道题，都能将它的要求与答案的结构弄清楚，解题就不难了。

（一）历史问题的类型与区分方法

1. 按历史研究的三个层次划分类型

历史问题是在历史研究的过程中出现的。但是，在学校教育的背景下，这些问题是在学生学习的过程中出现的。这两类问题有相同之处，也有不同之处。相同的是：(1) 都要研究或学习历史事物的过程、内容、状况，即回答“是什么?”的问题；(2) 都要研究或学习历史事物产生的原因、背景或条件，即回答“为什么?”的问题；(3) 都要研究或学习历史事物的性质、特点和历史作用、影响等要素，即回答“如何评价?”“说明了什么?”等问题。第(1)、(2)类问题主要是对历史现象、历史事物进行解释、鉴别；第(3)类问题主要是对历史现象与历史事物进行评价、比较，总结出历史的规律性认识。

学生学习的过程中除了探求上述三类问题之外，常常会遇到课本、辅学资料或教师提出的各类问题，这些问题按不同的分类标准可分出不同类型的题目。如按照题型来分，有选择题、填空题、列举题、材料解析题及问答题等。这些类型的题目按出题的形式还可以细分，如选择题还可分为单项选择题、多项选择题、组合式选择题等。选择题、填空题与问答题按表达形式还可分为肯定式与否定式、疑问式与陈述式、情境式与非情境式、引用材料与非材料等多种类型。此外，题目的表达也有繁与简等形式。但是，不论其“形式”怎样变化，一般的题目还是围绕上述三个主要的核心问题编写出来的。例如：

第一类，选择题：中国共产党十一届三中全会重新确定的思想路线的核心是
A. 民主集中制　B. 改革开放　C. 实事求是　D. 解放思想，团结一致向前看　答案是C。问答题：(1) 20 世纪 40～70 年代，中美关系发生了什么变化? (2) 第二次世界大战后，帝国主义的殖民体系是怎样走向崩溃的? (3) 简述 19 世纪末 20 世纪初，日本经济发展的状况。

上述不同形式的问题都是要求回答"是什么",这样的问题只要经过对知识进行一些归纳、概括,并加以记忆就可以解决。

第二类,选择题:唐朝对外交流频繁的直接原因有 A. 选拔人才 B. 对外交通发达 C. 尊重外来宗教 D. 民族关系融洽 答案是B。问答题:中国人民为什么能够取得抗日战争的胜利?中国人民为什么能够打败美蒋反动派?中国革命又为什么要从新民主主义走向社会主义?

上述问题都要回答"为什么",一般情况下,这类问题需要进行因果分析或者背景分析,需要在分析的基础上理解才能掌握。但是,如果有的问题,其答案在课本上清清楚楚地写明了,学生只要记住课本知识,就会解决问题。学习时千万不要满足于课本上现成的答案,虽然记住这些答案也能解决一些问题,然而,如果问题稍作变化,要想做出很好的回答就困难了。

第三类,选择题:彼得一世改革对资本主义经济发展的客观促进作用表现在 A. 削弱了农奴制度 B. 促进了工场手工业的发展 C. 引进了西方的先进技术 D. 提供了大量的自由劳动力 答案是BC。问答题:结合中国民族资产阶级在民主革命和社会主义革命与建设时期的重大活动,评述其历史地位和作用。

上述问题主要是回答"怎样评价",难度较大,必须把握知识的全貌才能回答清楚。

2. 按回答方式划分类型

根据历史研究的不同层次,可以确定要解决的问题的回答方式,这些方式可以分为四个类型:即叙述或表述、解释与说明、比较与鉴别,另外还有论述或评论。不同的方式又决定了答案的结构与要求不同。因此,学习时一定要弄清楚。

(1) 叙述、表述的问题。这类问题要回答的是事件发生的过程、典籍的内容或人物的经历,即上文中第一类问题。

(2) 解释与说明的问题要求解释历史事件产生的原因,说明历史事件产生的影响等等,相当上文中的第二类、第三类问题。

(3) 比较与鉴别的问题其实是一种解释与说明,但是因为涉及新的方法与要求,所以另归一类。例如:

选择题:比较重庆谈判和北平谈判的共同点,正确的是 A. 都是国民党首先提出的 B. 都是国民党以和谈来换取部署内战的时间 C. 主动权都掌握在中共方面 D. 中共在和谈期间都做了革命的两手准备 问答题:试比较分析第一次世界大战期间美、日经济发展在原因上有哪些相类似?经济发展对美、日的外交政策和相互关系造成了怎样的影响?

这类问题有明显的比较对象,一般是两个,有时也有三个或更多。比较主要是相同与不同,但是比较的标准很多,可以按上述涉及的历史概念要素中的任何一点进行比较,不过,一般问题涉及的是概念中的核心要素,如根本原因、性质、重要作用、功绩、主要特点、教训等等。

(4) 论证或评论的问题都是问答题或材料问答题,问题都涉及对某一观点进行判断与评论,评论有两大类:一是立论,即针对正确的观点进行论证,或者依据史料确立正确的观点:一是驳论,即针对错误的观点,进行驳斥、批判。例如:

① 请结合有关中国近代史的知识,论述“落后就要挨打”。

② 中国古代有不少史学家认为“杨贵妃是导致唐玄宗不理朝政,乃至唐朝出现安史之乱从而由盛转衰的主要罪人”。请结合唐代历史谈谈你对上述观点的看法。

上述问题中①为立论问题,②为驳论问题。有时,立论与驳论会因观点难以判断而不好事先确定,此时,要先持客观的态度,进行分析、推理,待有充分证据后,再区分立论或驳论。

明确上述两种分类方法,可以使我们在学习时,弄清每一个问题在知识方面属于哪种类型,在解决方式上属于哪种类型,从而使我们能全面理解问题,为解决问题创造好条件,同时,也为我们提出问题或者合理地将问题归类提供依据。然而,这两种分类属于宏观分析的方法,要解决问题还需进行更细致的微观分析。

(二) 历史问题的思维结构与分析方法

历史问题的思维结构可分成两部分,第一,是它的表层结构,包括:(1) 它的表达方式,如上文涉及的各种题型,疑问式或陈述式、材料式或非材料式等等;(2) 它的题干结构。即:中心词、限定词、回答词与方式词,选择题还有被选项。第二,是它的深层结构,即历史问题所涉及的历史事件、人物、典籍、文物的概念要素结构及其能力结构。

1. 历史问题的题干结构分析方法

选择题的题干比较精练(除材料选择题外),只有一问,材料题与问答题一般可包含若干问题,但是,不论哪种题型,题干部分基本可分为四个部分。例如:结合有关社会背景,概述 1949 年以前中国民族资本主义工业的兴衰问题。简要说明民族资本主义在旧中国的历史地位(1997 年高考)。

这道题有两问,它的中心词是“中国民族资本主义工业”,是题干中的核心内容,即要求概述的历史概念。它是答题人要学习研究的中心。第一问的回答词是“兴衰过程”;第二问的回答词是“历史地位”。回答词属于题干具体要求解答的部分,从属于中心词:历史概念可以从不同的角度去提问,可以问原因、作用,也可以问特点、性质。回答词就是题干中某些具体的历史概念的要素。第一问的回答方式词是“概述”;第二问的回答方式词是“说明”。前者注重史实叙述,但不可铺张,要概括简明;后者注重说理分析,但是在“说明”前有一限制词为“简要”;“概述”前面也有限制,即“结合有关社会背景”,还有时间限制词“1949 年以前”。限制词主要涉及时间、地点、人物,以及其他一些要求。明确这四个部分,便可看“懂”题目的真正含义。

有的问答题题干不完整,可能没有限制词,但其余三个部分必须有。如:简述商鞅变法的成效。中心词是“商鞅变法”,方式词是“简述”,回答词是“成效”,时间、地点都省略了。

有的问题题干很复杂，如有许多设问，并不难解决，只要分开变成一个个问题就行了，难的是题干句式繁复。这种复杂的题干有两种情况，一是限制词与中心词较多或较长，例如：结合有关史实说明，春秋战国这一历史变革时期有哪些因素为秦朝开创大一统政治局面准备了条件？

这道题的题干较长，但首先要找中心词、回答词，中心词是“秦朝开创大一统政治局面”，这个词较长，也可以分细一些，即“政治局面”前有“秦朝开创”和“大一统”两个限制语。回答词是“条件”。而限制条件的词语较多，有“结合史实说明”“春秋战国这一变革时期”“哪些因素”。

二是引用观点或者材料。例如：(1) 有人认为资本主义的侵略给东方国家带来了先进的科技和政治学说，促进了东方国家资本主义的产生和经济的发展；资本主义的侵略对东方带来的文明远比造成的灾祸大。请结合有关史实评述这种观点。(2) 唐太宗说：“自古皆贵中华，贱夷狄，朕独爱之如一，故其种落皆依朕如父母。”这种看法是否全面？请结合秦汉与隋唐的有关史实加以分析评论。

先看问题(1)最后一句话，这里有方式词“评述”，回答词“观点”，而中心词与限制词大多包含在前面的观点里面。问题(2)的最后一句话中也可以找到方式词“分析评论”与一个时间限制词“秦汉与隋唐的史实”，中心词在观点中，回答词就是上述观点。因而这类题目要比一般题目需多费一些时间来分析观点或材料，从中找出“中心词”和“限制词”。问题(1)中的中心词实际上指“西方资本主义侵略中国的影响”。但是，其中要辨析这个“影响”是积极的，还是消极的。问题(2)中的中心词要从史料中概括出“唐太宗对待少数民族的政策与秦汉对待少数民族的政策”，这个中心词很长，回答时要辨析“唐太宗对少数民族与对汉人是否是一视同仁”。

从以上对题干的分析可以看出，分析题干结构很重要，这是审清问题的关键。同时，学生们如果自己要提出问题，也可以通过这种分析方法来反思——自己提出的问题表述是否清晰、明确？要求是否合理？不过，分析问题是为了最终解决问题，要解决问题，还要分析历史问题的深层思维结构。

2. 历史问题的深层思维结构分析方法

我们能否解答一个问题，主要依靠知识背景与能力背景。就知识背景而言，一般的历史问题的答案主要涉及对考查的历史概念是否理解，如果能够掌握历史问题涉及的各个历史概念的各个要素(前文已详细说明)，那么要解答就剩下能力问题。历史学科的能力要求因涉及的范围太广而难以确定，不同层次的要求及不同分类的标准，使人们对能力的表述五花八门，我们依据学生学习的不同层次，进行以下分类。

第一层是基本思维技能。记忆只是基础，在此之上要有分析与综合、比较与归类、抽象与概括、归纳与演绎以及系统化与具体化等十大技能。这些技能不是孤立的，在学习过程中它们必然与预习、上课、提问、解答、讨论、复习等学习环节紧紧相连。第二层就是学习的基本过程中体现出的这些学习技能如何预习？如何提问？虽然，这些技能与其他学科有许多相通之处，但是，仍有许多自身的特点，如前文提及的概念分析、题干分析、知识的体系、理论观点的理解运用等等，包括历史学习本身应注意的多样性、统一性、共同性、历时性等等。第三层次的技能，是历史学家研究历史的一些基本技能，如史料分析、考古调查、资料查寻、撰写研究报告与论文等等。

一个具体的问题，需要从知识概念的思维要素与技能要素两方面来进行分析。例如，评述辛亥革命的历史影响。它的知识要素是辛亥革命这个历史概念中的“影响”你是否理解掌握。它的技能要素是评述，及其内隐的你对这一知识的理解。任何一道题都可以这样分析，一方面可以为解答或自己提出问题找到依据；另一方面可以通过做题后的分析了解自己在知识和技能上的弱点。

（三）历史问答题的解题技术

问答题按回答的方式可以分为叙述、说明（或评述）、比较与论述（或评论、辨析）四种类型。不同的方式决定了答案的不同要求。要想真正做到回答问答题条理分明，就必须弄清不同回答方式应有不同的答案结构。

1. 问答题的典型题型及其答案结构

叙述题主要是重视概括与归纳历史事物的过程与内容。说明题有三方面要求：一是重视对原因的分析；二是在分析事物的性质、作用、影响、局限后，要从中提出一定的历史认识或经验；三是答案的行文不能只概括、归纳史实，要夹叙夹议，作适当评价。因此，说明题的难度远远超出叙述题。例如，1996 年全国高考历史试题的第 47 题，就是一道说明题，即“概括指出并结合史实简要说明唐朝文化灿烂辉煌的原因、唐文化的特点和历史地位”。题中的方式词有概括与说明，属于技能要素。回答词为原因、特点和历史地位。两者构成这样一个答案的思维结构：

中心词　　回答词　　　　方式词
　　　　　概括　　　　　说明

唐朝文化灿烂辉煌
- 原因：(1) 政治稳定：全国统一，政治相对稳定的时间较长
　　(2) 经济发达：农业、手工业、商业全面繁荣，出现盛世景象
　　(3) 对外开放：和朝鲜、日本、印度、西亚的经济文化交流频繁
- 特点：(1) 全面繁荣：各个领域都有杰出成就（略）
　　(2) 兼收并蓄：广泛吸收外来优秀文化的表现（略）
- 地位：(1) 世界领先：领先于世界的项目（略）
　　(2) 影响深远：促进亚洲和世界文明进步的事例（略）

这样的结构不能像学写八股文一样去套用，只有在充分理解基本史实，并具备一定能力的条件下才可能较好地表述出来。当然，表述时可能与其有差异，但是，结构应当是清晰的。因为，只有清晰的表达才能反映清晰思维，高层次的思维水平正是通过条理分明的语言表现出来的。又如，1998 年高考“明清文化”一题的答案就不如 1996 年隋唐文化做得好。我们可以依据上述方法，将其改为：

中心词　　回答词　　方式词

概括　　史实

明清文化现象
- 文艺兴盛
  - 表现：1. 小说创作繁荣：出现《红楼梦》等佳作（略）
  - 2. 戏曲丰富多彩：《牡丹亭》等（略）
  - 3. 新画风出现“吴派”，“扬州八怪”（略）
  - 特征：具有鲜明的揭露封建制度，要求个性解放的特征
- 科技发展转为停滞
  - 表现：1. 出现总结性的著作（略）
  - 2. 没有重大进展创新（略）
  - 特征：总结传统科技，开始学习西方（略）
- 文化现象之社会原因：
  - 1. 农业、手工业及商品经济发展……
  - 2. 自然经济占主导地位、封建制度腐朽……
  - 3. 文化现象是当时社会经济政治的反映

说明题的能力要求最基本的是概括，还有分析与归纳；比较题则在此基础之上提出了更高的能力要求。比较题其实是将两个历史概念之间的各个要素进行比较，题目有时直接列出要求比较的标准（要素），如1998年高考试题第49题，“试以两个独立战争的背景和进程说明造成这种现象的原因”。背景与进程就是比较的标准，也是概念要素。有的题目则不列出，只要求比其异同，这就需要将要素作为标准列出，进行比较，其结构如下：

比较对象（中心词）：概念甲（如：太平天国）、概念乙（如：义和团运动）

比较的结构为：

比较标准（回答词）	比较方式（方式词）		
背景	相同点	不同点	说明
原因			
过程			
特点			
性质			
作用			
……			
结论			

当然，行文时并不要求要画一个表格，但是，可以在草稿纸上先列出表格，再组织答案。另外，比较的标准的列出，要依据有关要求与史实取舍，并不要求面面俱到；一般情况下，具体的时间、地点、人物的异同就可舍弃，而着重在原因、条件、性质、作用等方面进行比较。

论述题的结构并不十分固定，但应包括以下几个部分：（1）判断观点是否正确；（2）完整地写出正确观点及论据；（3）驳斥错误观点，指出其在思想观点立场、选择

论据、逻辑推理、思想方法(如全面与片面、本质与表面等)、运用史料等等方面的错误;(4) 归纳结论,说明意义。立论的题目答案在第(2)部分要多一些,翔实一些;驳论的题目则在第(3)部分要有力度。例如:

“中国古代史学家中,有不少人谈及东晋十六国时期的历史特征时,常常会说‘五胡乱中华’,请你结合有关史实,对这一观点进行评论。”

这是一道驳论的题目,依据上述分析答案结构的方法,可以将此题的答案结构写成:

(1) 判断:这个观点不对……

(2) 阐述正确观点:中华之乱因在于:① 西晋统治者……② 各族统治者……③ 西晋统一的基础……

(3) 驳斥:① 立场:站着汉族统治阶级立场上,以汉族统治为正统

② 思想方式:只看表面现象,未能看到本质原因。……

(4) 结论:“五胡乱中华”的看法是片面的,不正确,……

掌握了各种题型的答案结构,就可以在遇到任何一道问答题时,准确写出其结构,按照结构进行解答,问答题也就不难了。不过,要想将答案写得精彩,还应当进一步学习答案语句的表达技术。

2. 答案的表达技术

语言表达是历史学科能力的重要组成部分,马克思说:“语言是思维的物质外壳。”没有语言,思想就不能产生和存在。可惜,不少学生不重视语言表达的技术,脑袋里想到什么,就写什么,思维没有约束,语言表达混乱,条理不清,论证不力,逻辑紊乱。要想有清晰的表达,首先要有清晰的思维,可以按照上文所述弄清题目的要求,分析题目的答案结构。然后,要注意以下几个问题,并在平时多训练,就可以提高表达技术。

(1) 表达的顺序。不论是对历史事实进行叙述、说明,还是议论,都会形成两个以上的句子组成的语段,语段介于句和篇之间,构成一个语言环境。历史问答题的答案常常就是一个或数个语段,从语段里,可以看出词、句的使用是否恰当,句与句的联系是否合理,表达的层次是否清晰;同时,语段表达的通顺、畅达与否能反映思维能力的高低,因此,联句组段的能力是语言表达能力的重要组成部分。除了上文涉及的结构,要注意的是表达的顺序。第一,在叙述一个历史事实时,应先说整体,后说部分。如,“早期资产阶级革命的突出代表是法国大革命,法国大革命曾掀起三次高潮,雅各宾专政成为彻底摧毁封建制度的标志性事件”。如果把这三句话颠倒过来,听话或阅读的人就不明白了。第二,历史语言表达的突出特征是将时间交待得清清楚楚,通常是按照事件发生的时间顺序来叙述。就一件事而言,先写起因、经过,后写结果、影响;就几件事而言,要按时间先后叙述。如,课本上在写“亚洲革命风暴”时,“爪哇”“阿富汗”“伊朗”“中国”“印度”各国的起义就是按爆发的先后顺序排列的。第三,涉及不同地点发生的事件,要按一定顺序表达。如由东向西,由南向北等等。《中国古

代史》教材中涉及秦、清等朝代疆域四至时，就是按顺时针方向分别介绍西、西北、东北、东南、南、西南的边境地点的。

(2) 表达中的史论结合。在语段中，应当史论结合，论从史出。历史学科有一个重要的原则就是：历史的论述或观点应当有史实作为证据给予科学的支撑，没证据凭空论述不合历史科学研究的精神。对于每一个学生来说要牢固树立这个原则，并在平时阅读中就要注意教材中语言表达的这个特征。我们不妨翻开课本，这样的例子是随处可见的。如《中国近代现代史》上册第1页"鸦片战争前夕，清朝统治下的中国，已经处于封建社会的末期，危机四伏"。这一段便是史论，下面用各方面的史实来说明这一论点。又如第131页，首句"在国共两党合作的问题上，共产国际起了促进作用"。这也是史论，下面也用史实来阐述。高考问答题的答案更是如此，如上文提到的1998年高考第48题关于"明清文化现象"的答案中，"小说创作繁荣"为史论，"出现了《水浒传》《红楼梦》《聊斋志异》等佳作"为史实。"戏曲丰富多彩"为史论，"有《牡丹亭》等名剧先后问世，地方戏曲繁盛，京剧形成"为史实。……最后，对社会原因的阐述也为史论。这里史论与史实的顺序可以颠倒，只是不能只有史实，没有归纳概括出的史论。

(3) 表达的精炼程度。不少学生在答题时，把想到的全写进答案，看起来洋洋一大篇，内容却有许多重复啰唆之处；另有一些学生语言干瘪，甚至只有几个不连贯的词组。这两种倾向除了结构上的问题外，主要是弄不清一个问题该用多少文字来表达，该举多少史实来说明，或者叙述史实的经过该精炼到什么地步。平时学习很难做出合适的规定，如"鸦片战争为什么爆发?"可以简略成一句话，也可写成几百字甚至几千字的小文章。高考一般都提出一些要求如"简要概述""结合史实阐述"等等，在每问后，都附上分值，也在提示我们该多写，还是少写。此外，如果你注意分析近几年高考问答题的答案，可以发现在史实部分一般只有原因、条件、结果、作用、地位、影响等知识概念要素，而对事件过程、事物内容一般省略，或者要求指出其特点。最明显的例子如1997年中国资本主义一题，要求回答的是兴衰过程，而答案主要是产生、初步发展、迅速发展以及陷入困境的原因，并不是像一些学生理解的是谈这几个过程中的表现，如"兴"时大多企业分布地点、企业规模、数量、后来发展状况，"衰"时的状况，这些都省略了。因此，平时做题的时候大胆舍弃，尤其是跨度较大的题目，不必将详细的原因、过程、人物写进答案。至于那些写得太少的同学首先要使自己的表达成句，其次，要增加要点，扩展思路。

(4) 表达的创造性与规范性。要扩展思路，就涉及创造性的问题，学生们都希望自己做题时，才思泉涌，思考的角度多，其实这并不难做到。第一，平时在遇到问题时，要养成一个好习惯，即将自己想到的要点随时记下来，想出一点列为①，再去想第②点、第③点，不论对错，先记下来，越多越好，这在"创造学"中称之为"头脑风暴"法。养成了这个习惯，思考时思路的流畅性、广阔性都会得到提高。例如，五四运动有什么特点？类似这种特点、认识、看法的问题，不少学生常常无法下手，最令人头痛。

“头脑风暴”的方法是尽可能将自己想到的全写下来，不要考虑对错。如特点：① 群众性，② 广泛性，③ 学生起了先锋作用，④ 反帝爱国，⑤ 启蒙性，⑥ 工人起了决定性作用……在达到每次回答问题都能写出较多的要点后，应进一步培养对自己记下的要点进行分析归纳的方法。第二，历史题目的要求是严格的，它需要思维的广度与深度有机地结合起来。要将写的要点进行分类归纳，找出分类的标准，然后，进行整理，去掉错误的，合并重复的，补全不完善的。这样，一个条理清晰、要点齐全的答案就出现了。如图示：

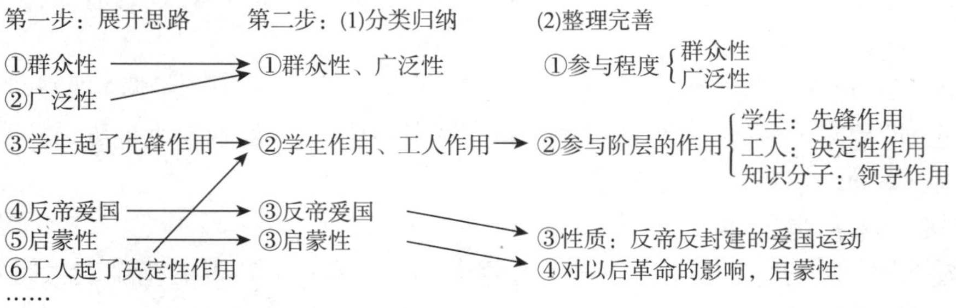

（四）材料解析题的解题技术

其实材料解析题可以看成是一组问答题，问题的中心词就隐藏在材料里，而回答词、限制词、方式词都可以在问题中找到。近几年材料解析题的要求不断创新，大体可以分成三类：

第一类，最普通的，是依据材料与相关知识回答一些问题，如回答有关事件的原因、性质、特点、作用等等，或者将两段或两段以上的材料进行比较。1998 年的材料有了一些新变化，问题不再零碎，综合性与运用性都有所增强，这一类问题基本定型于此。这一类问题考得最多，变化也最多，但是，只要学会分析材料，有相关知识作为基础，其他能力与问答题要求相同，如弄清回答题、限制词、方式词，会分析答案结构，学会表述方法等。

第二类，始于 1995 年高考中的第 39 题(有关陈启沅办缫丝厂的问题)，要求依据材料，直接将题目要求的有关内容概括提炼，逐条列出。这类题目对于阅读能力强的学生来说不算难，因此，只要提高阅读能力，这类题一般好解决。

第三类，始于 1997 年高考中的第 44 题(有关南唐李昇的治国问题)，要求依据材料，对某一事件进行评述，写小论文的形式。这类问题除了表达成文与字数限制的要求外，其实质是将各类问题合并，让学生解答一个大问题，与第一类问题解答的方法基本相同。

综合上述三类要求不同的材料解析题可以发现，掌握阅读材料的技术是能否解题的关键，而一般学生在平时只是不断地做题，并没有学习如何阅读的技术，即使注意到阅读的一些方法，也未能掌握其关键。阅读材料的关键问题(也是首要问题)就是弄清一段材料所反映的中心与每一个要回答的问题之间的关系。第一步快速浏览材料,力求从总体上把握材料涉及的时间、地点及范围,弄清材料主要围绕什么中心问题展开,分几个部分或几个层次。例如,1997 年高考第 46 题,中心问题是“西进运动”;时间范围在 19 世纪中期(3～90 年代);地点范围是“美国中西部”。然后概括各部分的内容,材料一反映西进运动是掠夺也是发展;材料二第一段是“作用一”:农业机械化;第二段是“作用二”:中西部成为工业中心;“作用三”:交通发展;“作用四”:使工业革命完成,成为工业强国。能完成这一步,给解题已奠定了坚实的基础。

第二步应当分析问题的题干结构,弄清限制词、回答词,并再次阅读材料,寻求有依据的答案。

第三步进行表述,材料解析题的表述直来直去,问什么答什么,不必展开,除了最后一问有时要求回答“认识”需展开外,其他答案要精炼,不要让一大堆废话将真正的答案埋在里面。(具体参见问答题表述)

(五) 选择题的答题技术

选择题一向是所有师生最重视的题型,怎样在掌握了知识的基础上做得更好?这需要研究选择题的特点,掌握答题技巧。其实,选择题这种题型本身有弱点,在四个选项中,单选题只有一个正确,多选题至少有两个正确,这使学生可以利用排除法解决问题。单项选择题有三种情况可以直接排除。一是:有三个选项明显错误,另一项必定正确。如 1998 年高考第 17 题,“井冈山根据地的建立与巩固　A. 是中共独立领导武装斗争的开端　B. 是土地革命战争时期开始的标志　C. 开辟了农村包围城市、武装夺取政权的道路　D. 确立了我党对军队的绝对领导”。选项 A 的开端应是南昌起义,B 也是南昌起义,D 是三湾改编,这三项都不对,必定是 C。二是:有三个选项是并列的关系,选其中任一都不对,必定是另一个选项。如 1998 年第 5 题“中央政府管辖玉门关和阳关以西、天山南北地区最早的行政、军事机构是　A. 北庭都护府　B. 西域都护府　C. 黑水都督府　D. 安西都护府”。题中有一重要的限制词“最早”,选项中 A、C、D 又都是唐代地方机构,为一种并列状况,选“B”必定正确。类似的还有 1997 年高考第 23 题“日本明治维新保留了大量封建残余,最突出的表现是　A. 掌握政权的人是原属统治阶级的武士　B. 不少垄断资本家由旧式特权商人脱胎而来　C. 垄断集团与军阀集团相勾结,推行军国主义政策　D. 天皇是国家元首兼军队最高统帅,拥有专制权力”。这道题很难,难度系数达到 0.16,其实 B、C、D 三个选项是并列的关系,都涉及日本进入帝国主义前后的情况,只有 A 涉及明治政府的特征。三是:有一个选项肯定是错的,有两个选项是并列关系,第 4 项必定是正确的。如 1998 年的第 22 题,“邓小平说:‘一九七七年和一九七八年,中国还处于徘徊状态。’其主要原因是 A.‘两个凡是’的方针仍占主导地位　B.‘文化大革命’中的冤假错案未得平反　C. 关于真理标准问题的讨论被压倒　D. 老一辈无产阶级革命家没有完全恢复领导职务”。该题 B、D 选项都属于一般现象,绝不会是主要原因,而 C 项在时间与表述上肯定是错的,因而,A 项必定是对的。

上述三种方法是学生认识选择题，以及为确定答案提供支持的有效方法，并不是我们学习的主要目的。在解决问题的过程中，主要依靠下列几种方法，才能解决较难问题。

1. “搭桥”的技术。所谓搭桥，是在遇到一个较复杂、较模糊或者较陌生的题时，采用一些方法使该问题得到简化、明确或者更熟悉，从而加快解题的速度，提高正确率。(1) 简化法。为了增加难度，有一些题目的中心词或限制词有意扩充、复杂化，使学生在答题时要绕几个弯。这时，我们就需要将复杂的题目简化。如，有的题目在时间限制上进行变换，将某朝代发生的事情，变为某某世纪(唐代为7～10世纪，元代为13～14世纪等，为避免疏忽，应改为唐、元)。又如，1998年第24题“18世纪初和1861年俄国两次大的改革都是由沙皇推行的，这表明……”。题中“18世纪初的改革”为彼得一世改革，应随即在题上写出来，减少思考的复杂性。(2) 替换法。有的题干中的词是我们平时没有考虑过的，一时不好想，可以找一个接近的词替换一下，便于思考，如“功绩”可换成“积极作用”(1997年高考第11题)，“重大举措”可换成“重大措施”(1998年高考第6题)。(3) 具体化法。有一些比较题，选项很抽象，做题时很难分析，就需要用具体化方法。如1997年高考第5题“《天朝田亩制度》和《资政新篇》中关于社会经济的主张　A. 互相矛盾　B. 大同小异　C. 完全一致　D. 互为补充”，应将两个文件的具体内容概括好再比较。如第8题中“美国侵略中国新阶段的标志”，其中“新”指“美国扩大对华侵略”，写出来后，便于选出答案D。类似如1998年高考第35题等。

2. “联想”的技术。联想方法是每个学生都用过的，但要使其起到更显著的效果，应注重两种方法。(1) 直接联想法，此法主要直接回忆课本有关内容，尤其是通过联想分辨时空方面或逻辑方面最直接的内容，如1997年高考第13题，“中共提出‘坚持抗战、反对投降，坚持团结、反对分裂，坚持进步、反对倒退’三大口号，主要针对　A. 近卫关于‘建立东亚新秩序’的声明　B. 汪精卫集团公开叛国投敌成为伪政权　C. 国民党五届五中全会前后的政策转变　D. 国民党顽固派制造皖南事变破坏抗战”。通过直接联想课本，可知三大口号前为五届五中全会前后的政策转变。类似的还有1998年高考中的第4、7、13、39、40题等。(2) 举例联想法，有一类题目的题干是概括了许多历史事件的共同特点，在选择时应当按选项分别举例说明，再做排除法。如1998年第27题“19世纪亚洲各国反抗西方侵略取得胜利的根本途径是　A. 开展武装斗争　B. 充分发动群众特别是广大农民　C. 坚持反帝斗争　D. 进行资产阶级革命或改革”。按四个选项分别举例与题干中的要求对比，A项可举很多例，伊朗巴布教徒起义、印度民族起义、中国义和团运动与辛亥革命、朝鲜义兵运动等等，但是都失败了。B项在19世纪似乎举不出实例，也缺乏有力的例证。D项可举出日本明治维新，这倒是取得胜利的途径。在排除B、C后，比较A与D可发现，A是一般途径，只有D是最根本的途径。由上述过程可见举例的作用很大，类似的有1997年高考第10、28、38题等。

3. 分析关键词的技术。对题干中的限制词与回答词会不会分析，常常决定一道题能否解答。上例中的根本两字就决定了最后能否解决问题。

（1）限制词的分析技术。回答词前常用的较关键的限制词有：最早、重大、根本、主要、突出等等。做题要将这些作一个记号，提醒思考时注意。这些限制词中有的比较明确，如最早、重大、突出，但有的不明确，如根本、主要。根本一词在不同的题目中有不同含义，1998 年第 9 题“《资政新篇》没有实行的根本原因”，这里的“根本”两字涉及的是“发展资本主义的政策能否实行的最基本的决定因素是什么?”选项 A“太平天国是农民革命政权”指的是政权的性质，“根本”两字有时也指政权的阶级性。但是，这里所指却是新的社会经济形态性质的政策能否实行的最基本的条件，因此相对应的是 D，“缺乏必要的社会条件”即指能促使资本主义成长的经济、政治等各方面条件，D 项涵盖全面，也能反映最基本的条件。第 34 题“美国提出‘欧洲复兴计划’的根本目的是……”这里的“根本”涉及美国政府实行此政策的“最终目的”，与前题不同，可以用“主要”来代替，此题关键之处在于用一定标准鉴别选项 A“稳定欧洲的资本主义制度”与选项 B“推行‘遏制共产主义’政策”，两项比较可以发现 A 项只是直接目的，B 项才是美国此时的世界性政策，A 项之外，还有其他方式来实现“遏制共产主义”的目的。“主要”一词更含糊，有时可以是“根本的”，有时可以是“最直接的”，还有指表述最正确的，等等，要依靠上下文来判断。1998 年试题中第 2 题“屈原被楚王流放的主要原因是　A. 主张抵抗秦军　B. 要求革新图强　C. 反对君主专制　D.《离骚》触怒权贵”。题中的主要是其本意，即相对于次要而言，四选项中，C、D 是错项，A 为次，B 为主，当选 B。若追问一句为何 A 次 B 主，其一可依据课本史实；其二抗秦为对外政策，革新为对内政策，内政为本，只有图强才能抗秦；其三也正因为要革新图强，才触动权贵，被楚王流放。第 25 题“巴黎公社是国际工人运动史上的伟大创举，主要表现在……”这道题先要“搭桥”，弄清“创举”指“无产阶级专政的建立”，然后，看其表现是哪一个，这里的主要其实指四个选项中最正确的一项。

（2）回答词的分析技术。有的回答词很好理解，如“先后顺序”“共同点”“作用”等等，但有的回答词就让人很费解，这就需要弄清其含义，并学会在不同的题干中进行分析的方法。如“相关”“依据”“目的”“功绩”“原因”“实质”等等。其中有的词在上文已提及可以替换，而大多数需要弄清其含义。试以“原因”为例，1998 年高考选择题涉及原因的题目共有 9 题(18 分)，有的题目答案涉及的就是某一事件发生的原因或主要原因，其他选项，或者表述错误，或者史实错误。如第 2、32、38、39 题等。有的题目答案涉及的是根本或实质性原因，理解能力要求高，如第 20、22、23 题等。“相关”一词首先出自统计学中，多项选择题经常涉及这个词，不少同学对它很感头疼。“相关”实际包容了“因果关系”与“非因果关系”，因果关系好理解，要么以因推果，要么以果索因。非因果关系包括包容关系(或从属关系)、互动关系(相互作用)等等，但是，历史考试中只涉及有一定内在联系的事件之间的关系。如 1998 年第 37 题，“与城市商业繁荣相关的有　A. 交子　B. 岁币　C. 瓦肆　D. 机房”，这里主要涉及的是直接或间接的因果关系,“岁币”当然与此无关,其他三项都可选择。“依据”有两类,一类是理论根据,一类是事实根据,前者可参见1998年第28题,后者可参见一些材料选择题。

关键词的分析要靠日积月累,逐步寻求其中的规律,同时,也可参考《中学历史教学参考》1995年第11期《历史问答题题目常见词语试解》一文。

附　录

专家评价与报刊报道

专家对于江苏省扬州中学“系统开展学科思维教学”（教育部“九五”重点课题）鉴定意见

“九五”教育科研优秀课题评价

本课题探讨中学学科教学中培养学生思维能力的有效方法与途径，目的在于将思维品质培养、知识分类理论与各学科教学相结合，全面提高课堂教学效率，实现从“应试教育”向素质教育的转变。主要内容有：1. 依据知识分类的理论，在各科教学中，注重人际互动要求，确立可操作的教学目标分类体系；2. 以思维品质培养理论为基础，构建学科能力体系、教学模式与评价体系。研究方法属于综合行动研究方法，包括文献、实验、调查等等。

主要成果为《中学系统开展学科教育研究》实验报告与实验总结论文集两本，在省级以上刊物发表论文 59 篇，获全国及省级奖励 14 项。出版《当代学习心理学丛书·学习方法》(湖北教育出版社，1999)、《中学数学思维方法丛书》(13 册、河南教育出版社，1999—2000)、《中学语文与素质教育丛书》(26 册、东北师大出版社，1999)、《高中议论文写作教程》(东北师大出版社，2000)《创造性与综合能力培养》(华艺出版社，1999)、《历史地理教学心理学》(北京教育出版社，2001)等四十多部。

该课题的突出特点是在中学一些主要学科进行思维能力培养，它开拓了学科课堂教学培养与发展学生智能的重要途径。该课题具有以下特点：第一，研究意义明确。这一研究课题体现了素质教育的基本精神。它强调在传授知识的同时，灵活地发展学生的智力与能力，把做人列为课题的核心，这是难能可贵的。该研究课题从实践的角度，丰富了教育理论。第二，以教育科研为契机，把课题研究作为提高广大教师素质的途径。该课题是以中学教师为主要力量开展实验研究的。扬州中学为适应科研的需要，选送优秀教师到全国知名的师范大学进修，促进了科研课题研究，并由此而提高了教学质量，也提高了教师的素质，走出了一条科研兴教、科研兴校的道路。第三，研究面宽，指导思想清晰。该课题研究在中学各学科中普遍开展，研究范围比较广，从宏观上看，它涉及智能培养的理论、知识分类的理论、教学设计、学科能力、教学评价、能力评价等等，几乎涵盖了当今中小学智能培养与学科教学的所有领域。第四，坚持理论联系实践的原则，成果丰硕。第五，成果具有创造性。该课题研究在促进学校课堂教学的和谐性和学生的主体地位，研究总结学科教学思路等方面取得突破，取得令人瞩目的成绩。

鉴定组七人，一致同意通过鉴定，并认为作为一所中学，该项科研尽管还是阶段性成果，但它在中学教育界国内属于领先水平，所以建议能获得推广。

由江苏省扬州中学校长、特级教师沈怡文同志主持的“中学系统开展学科思维教育研究”国家教委重点课题，经过多年的研究，现已顺利地完成了“九五”计划时期的研究任务。该课题的突出特点是在中学一些主要学科进行思维能力培养，它开拓了学科课堂教学培养与发展学生智能的重要途径。该课题具有以下特点：

第一，研究意义明确。这一研究课题体现了素质教育的基本精神。它强调在传授知识的同时，灵活地发展学生的智力与能力，把做人列为课题的核心，这是难能可贵的。该研究课题从实践的角度，丰富了教育理论。

第二，以教育科研为契机，把课题研究作为提高广大教师素质的途径。该课题是以中学教师为主要力量开展实验研究的。扬州中学为适应科研课题的需要，选送优秀教师到全国知名的师范大学进修，促进了科研课题研究，并由此而提高了教学质量，也提高了教师的素质，走出了一条科研兴教、科研兴校的道路。

第三，研究面宽，指导思想清晰。该课题研究在中学各学科中普遍开展，研究范围比较广，从宏观上看，它涉及智能培养的理论、知识分类的理论、教学设计、学科能力、教学评价、能力评价等等，几乎涵盖了当今中小学智能培养与学科教学的所有领域。

第四，坚持理论联系实践的原则，成果丰硕。(1) 张乃达老师在其著作中提出了数学思维教学的观点；蒋念祖教师出版了《中学语文全程步步高丛书》等思维训练的专著；沈怡文老师主编出版的《当代心理学丛书·学习方法》，研究了各学科的学习方法；王雄老师在其专著《创造性与综合能力培养》中提出了培养综合能力的理论。(2) 将知识分类理论与教学设计、学科能力等理论加以结合，探索了在学科教学完成知识目标的同时，培养学生能力的有效途径。(3) 在学科能力的构建方面，在国内首先建构中学历史学科能力与地理学科能力，并在国内首先界定综合能力，提出综合能力培养的方法与途径。(4) 指导各科教师开展学科能力与思维品质的培养，建立了评价教师教学的体系。(5) 将各学科教学理论、学科知识与思维能力培养相结合，提出在学科教学中以培养学生思维品质、思维能力、思维方式为中心，发展学生智能的思路。

第五，成果具有创造性。该课题研究在促进学校课堂教学的和谐性和学生的主体地位，研究总结学科教学思路等方面取得突破。通过课题研究，课题组出版了 8 本专著和 59 篇学术论文，取得令人瞩目的成绩。

鉴定组七人，一致同意通过鉴定，并认为作为一所中学，该项科研尽管还是阶段性成果，但它在中学教育界国内属于领先水平，所以建议能获得推广。

鉴定组　组长(签字) 沈德立

2000 年 4 月 11 日

鉴定意见

沈怡文校长等同志承担的全国教育科学“九五”规划国家教委重点课题《中学系统开展学科思维教育研究》在知名专家的悉心指导下，在认真分析国内外相关资料的基础上，抓住如何将学科知识教学与发展学生智力相结合这个核心，紧密围绕中学学科教学如何开展学科思维教育的相关问题深入开展研究，取得了令人瞩目的成绩。他们通过开展以思维教育为核心的课堂教学整体改革，进行行动实验研究，经过八年的努力，建立起以知识分类理论为基础、注意人际互动要求、具有科学合理教学程序的可操作的教学目标分类体系，以思维品质培养理论为基础的学科能力体系及学科教学模式和教师教学评价方法，并在多门学科教学中取得了可喜的成效，提高了教学质量，培养出一批优秀的学生和教师。这项实验研究不仅对于如何搞好中学各学科思维教育，培养学生的思维能力具有示范作用，而且对于如何在中学教学中实现由“应试教育”向素质教育的转变，贯彻落实实施素质教育要以培养学生的创新精神和实践能力为重点提供了经验。其研究具有很强的现实意义，达到同类研究的先进水平，建议通过鉴定，并予以推广介绍。

阎立钦

2000 年 4 月 10 日

成员名单

鉴定组职务	姓　名	工作单位及职务职称	签　名
组长	沈德立	原天津师范大学校长　心理学教授	
成员	林崇德	原北京师范大学发展心理所所长　心理学教授	
成员	阎立钦	中央教科所所长　心理学教授	
成员	朱永新	苏州市副市长　心理学教授	
成员	吴昌顺	北京市第五中学校长　特级教师	
成员	袁金华	原江苏省教科所所长　高级教师	
成员	杨九俊	江苏省教委基教办主任　特级教师	

扬帆教海一轻舟

——记江苏省扬州中学特级教师蒋念祖

赵建春

“烟花三月下扬州”的佳句常常使人思念淮扬古城的美景，而人文荟萃的传统和人才辈出的历史更使这座文化名城享誉海内外。或许是受到家乡浓郁的文化教育氛围的启迪。蒋念祖——江苏省扬州中学这位特级教师，在教改领域默默耕耘了16载，以朴实严谨的工作态度和矢志不渝的开拓精神，创建了以思维训练为核心的高中语文教学新体系，为全面提高人才培养质量探索出一条新路。

衣带渐宽终不悔

1980年，当蒋念祖从扬州师范学院中文大专班毕业，分配到江苏省扬州中学任教时，他已步入“而立”之年。为了弥补“文革”十年的损失，他暗下决心：要用加倍的努力提高自身的政治业务素质，尽快适应教学工作需要。

沉浸在语言文学的瀚海之中，蒋念祖成了不折不扣的“书痴”。在妻子的支持下，他将每月1/3以上的工资收入用来买书。全家不惜“中午喝菜汤、晚上吃咸菜”。为了解决“一桶水与一碗水”的关系，他从先秦诸子、唐诗宋词直至外国名著一本一本“啃”下来，在课堂上，他证古引今将语文课讲得妙趣横生，学生听得津津有味，大大提高了学习兴趣。

在实践中，蒋念祖逐步认识到掌握教育理论的重要性。第一次上公开课讲授朱自清的散文《背影》，他深入研究了教学法，尝到了用理论指导教学的甜头。为了夯实理论基础，蒋念祖研究了教学、文化、美学、哲学等大量理论书籍，并钻研了《科学发现的逻辑》《科学逻辑》《意识论》《逻辑科学纲要》等，以掌握科学的方法论。对科学理论的学习研究，使蒋念祖的认识能力和理论水平有了很大提高，为他开展教学钻研工作奠定了深厚的理论基础。

一个偶然的机会，正在酝酿实施教改的蒋念祖买到了《思维发展心理学》一书。书中崭新的论点使他颇受启发，他结合自己的思考和体会，撰写了一篇论文《给学生以解剖刀》，并寄给了该书主编朱智贤先生。正在住院的朱老委托他的学生、北京师大心理学研究所所长林崇德教授给蒋念祖写了回信。肯定他的研究成果并将文章推荐发表。蒋念祖对思维训练理论产生了深厚的兴趣，他深入研究了《思维发展心理学》《辩证思维训练》等专著，决定将思维训练如何引入高中语文教学领域作为他的教学改革课题,并从1988年起开始在高中语文教学中有计划地对学生进行思维能力的训练。

在专家、学者的指导帮助下,蒋念祖以饱满的热情投入教改,取得了丰硕的教育科研成果。近10年来,他结合教学实践,发表了100多万字的学术论文和论著,主编了三部与语文教学相关的教材和辅助用书,获得多项教育教学科研奖励。其中,23万字的专著《高中议论文写作思维训练》一书系统阐述了作文教学应用思维训练方法的理论,在全国高中语文教学领域产生很大影响,获得了广泛的好评。

千雕万琢塑英才

"授人以鱼,不如授人以渔"。蒋念祖语文教学改革实验的核心,就是要把学生从旧的教学模式中解脱出来,通过加强思维方法的训练引导学生掌握科学的学习方法,树立正确的人生观、世界观和价值观,从而达到全面提高素质的教育目的。

1987年,蒋念祖任教的初中语文教改实验班毕业后,他担任了高一年级地区班的班主任,并教两个班的语文课。在校领导的支持下,蒋念祖从1988年起开始了高中语文思维训练教学法的教改新实验。在课堂教学方面,他采取"预习、讨论、练习"新型教学模式进行启发式教学,激发学生的学习兴趣。他还注意抓好第二课堂,在班上建立图书箱,经常举办读书报告会、丰富学生的知识结构。

在教改实践中,蒋念祖努力把教学书与育人紧密地结合在一起,他认为,"语文教学不仅是传授知识,更重要的是要教育学生如何做人,提高认识问题、处理问题的能力,促使他们健康地成长"。作为班主任,他将班集体建设视为"准科研实验",通过实行"操行等自我评价"、组织学生写"班级日记"等措施,加强学生自我管理。他的这项改革收到了显著成效,1989年,这个班被江苏省教委和团省委命名为省级"文明班级"。他利用各种活动课为同学们作了关于人生哲学、心理卫生、中国文化史、美学、哲学等方面大型系列讲座,其中不少讲座都有十几讲,《美学和美育系列讲座》(十讲)还被整理在《江苏教育》杂志上连载,受到省内外同行普遍赞誉。

蒋念祖在语文教学改革方面的一项重大突破就是将思维训练引入语文教学特别是议论文写作之中。他从思维方法入手,将议论文写作的一个个知识点转化、处理成一个个思维方法的训练点,再对议论文中经常用到的种种思维方法进行分类训练,最后把各种分解训练纳入综合训练,使单独的议论文训练变成思维能力与写作技巧的综合训练,教给学生分析问题、认识问题的解剖能力,从而大大提高学生议论文写作水平。经过3年的实践,蒋念祖以思维训练为核心的作文教学改革取得成功,两个试验班学生的作品有17篇在报刊上发表,其中项飞同学的作文《危机,存在于中国农村的土地》获1988年华东六省一市作文竞赛一等奖第一名,得到评委们的高度评价。更重要的是,学生通过对思维训练方法的掌握,对各学科的学习和提高都起到了积极影响,其中一个试验班高考本科率达到80%,比非试验班高出近30个百分点。

由于在教育科研和教学领域的突出贡献,蒋念祖获得一系列殊荣。1990年,蒋念祖被评为扬州市有突出贡献的中青年专家；1994年，被评为语文特级教师；1995年获“江苏省有突出贡献的中青年专家”荣誉称号，1995年又被推荐申报“国家特殊津贴”。

振翅更知天地阔

蒋念祖作文教学思维训练实验的成功，对扬州中学各学科教改产生了巨大影响，在全校各学科系统开展学科思维教学的新课题应运而生。

1990年，蒋念祖担任学校教导处副主任，1992年开始分管教学科研工作。在他的带领下，全校教师认真学习《思维发展心理学》《学习与发展》等思维训练论著。自1992年以来，扬州中学每年都围绕“系统开展学科思维教学”课题举办一次大型教研活动。除作文教学改革形成系统的实验报告外，数学特级教师张乃达主持的数学思维教学研究、方学诚老师在主持的物理思维教学研究等都取得阶段性成果。1994年学校编印了《思维教学专题论文集》。仅1994年至1995年，扬州中学教师撰写的关于思维教学方面的论文、论著有20多篇获得省级优秀教育科研论文、论著奖，学校也被评为江苏省教育科研先进单位。

“行百里者半九十”。蒋念祖没有满足于已经取得的成绩，又开始着力探索教改新领域。他在总结多年的教学经验时发现审美教育与思维训练有着紧密的联系，是一对孪生姐妹。他体会到，在中学开展美育，不能局限于指导学生对单个的文艺作品进行鉴赏，而应当进行美育理论的系统传授。在教学实践中，他形成了从具体到抽象再到一般原理的深入浅出的美育教学法，为学生开设美学选修课，他的讲稿汇编成《漫游艺海一轻舟——中学生文艺美学漫谈》一书，已正式出版，华东师大著名美学专家蒋孔阳教授欣然为此书作序。在蒋念祖的倡议下，1995年，扬州中学决定将美育同思维教学的课题一样，扩展为全校性课题，分三个阶段全面实施，目前第一阶段实验工作已经完成。

教育科研永无止境，蒋念祖又瞄准了新的高度，高中语文教学思维训练改革已被列为省级课题，他又着手建立中学语文教学改革的新体系。蒋念祖说：“开展教学科研工作是一个教师应尽的责任，只有在提高自身素质的基础上，用科学的教学方法向学生传授知识，才能有效地提高教育质量，为国家培养更多的优秀人才。”

1996年7月12日《中国教育报》专题报道

与专家学者做朋友

——特级教师蒋念祖素描

梅 子

27岁上大专,30岁当中学语文教师。与所有“文革”中被耽误的一代一样,蒋念祖在教学科研上并没有什么优势。可是经过15年的奋力拼搏,辛勤耕耘,他居然赢得了所有同龄人都羡慕的称号:省、市有突出贡献的中青年专家、高级教师、特级教师……这位学历、教龄“先天不足”的中青年教师,是如何在省扬中这所名牌重点中学中脱颖而出的?

夕阳辉映下的扬州中学,通体充溢着一种初冬时节特有的肃穆、成熟之美。眺望着这所自己生活、工作多年的校园,回忆自己成长、成才的每一步,蒋念祖动情地告诉记者:“从教以来,我有幸结识了一批有造诣、有水平的学者,他们对我的影响和帮助是终生的!”

引路人

1980年蒋念祖从扬州师范学院中文大专班毕业,分至扬州中学任教。当时,他还只是一个热情肯干但缺少教学经验的年轻人。幸运的是,在扬中这所全省十大名校之一的校园,蒋念祖遇到了一批学术造诣高、知识而宽,喜欢研究、思考的学者型教师;

以“红学”研究闻名全省的语文高级教师郑万钟,一位既有丰富教学实践经验又有教育思想的教导主任,后来的扬中校长,现任扬州市教育局局长;

教学科研在全国颇有知名度的数学特级教师张乃达、语文特级教师张铨……

老教师以自身严谨治学的态度,感染、影响着蒋念祖。同时,又以睿智和敏锐的教科研思想和观点,指点着蒋念祖这批“后生”。

教语文,难点在教学生写议论文。几年的语文课教下来,蒋念祖发现,高中学生议论文写作能力较差,而按照一般常规介绍写议论文的方法,往往收效不大。问题的症结在哪里?喜欢琢磨问题的蒋念祖苦苦思索着……

“学生不是容器。教师上课,不光要向学生传授知识,更重要的是要传授学习方法,对他们进行思维方法的训练……”不久,校长郑万钟在一次全校教职工大会上的一番话,使蒋念祖茅塞顿开,点燃了他进行语文教学改革的激情。他越琢磨,越觉得郑万钟的话有道理,便买来有关思维学、心理学、逻辑学方面的“大部头”著作,如痴如醉地“啃”了起来。经过仔细研读、反复推敲后，他发现，议论能力决不单纯是一种表达能力，一个人的议论能力同他的思辨能力直接联系着。对现实问题进行逻辑分析，并有根有据地作出判断，这种功夫蕴之于内谓之思辨，发之于外就是议论。思辨能力的强弱，决定着议论能力的高低。要提高学生的议论文写作能力，必须提高学生的思维能力。为此，在学校领导的支持下，蒋念祖从 1988 年起开始在高中语文教学中有计划地对学生进行思维能力的训练。

一般的议论文写作教学过程，大体可归纳为提炼观点、展开论点、论证论点。蒋念祖则另辟蹊径，将思维方法训练融入议论写作全过程：

首先，他从思维方法入手，把议论文写作的一个个知识点转化、处理成一个个思维方法的训练点，诸如逻辑思维方法、形象思维方法、辩证思维方法等；再对议论文中经常要用到的种种思维方法进行分类训练；最后，把各种分解训练再纳入综合训练之中，使单独的议论文训练变为思维能力与写作技巧的综合训练，教给学生分析问题、认识问题的解剖能力，从而从根本上解决了只教技巧时存在的问题，大大提高了学生议论文写作的质量。一学年试下来，学生议论文写作水平大面积提高，其他各科成绩也明显上升，全班毕业考试成绩高于其他毕业班均分 30 分。

良师益友

一个偶然的机会，下在实施教改的蒋念祖买到《思维发展心理学》一书。回家捧起一读，便被这部书提出的崭新的观点吸引住了。在仔细通读两遍后，他结合自己的教改实践与读书体会，写了一篇论文《给学生以解剖刀》，怀着惴惴不安的心情，寄给了这部获国家教委论著一等奖著作的主编朱智贤先生，向朱老求教，正生病住院的朱老请他的学生林崇德教授（现任北师大心理学研究所所长）写了回信，对蒋念祖在中学语文教学中开展思维方法的训练给予充分肯定，并将他的论文推荐到《心理发展与教育》杂志上发表。

虽然素昧平生，但共同的追求，使林教授与蒋念祖从此结下了极深的师生情；

蒋念祖 23 万字的《高中议论文写作与思维训练》论著即将付梓，林崇德教授亲自作序；

当省扬中思维方法训练在各学科全面展开，并被列为省级科研课题时，林教授又不远千里，南下扬州，风尘仆仆，为扬中教师讲课，为科研课题提出宝贵意见。

良师，往往也是人生道路上的益友。

在酝酿《高中议论文写作与思维训练》一书之初，扬州大学师范学院的顾黄初教授，听说蒋念祖的设想后，主动为他推荐、联系出版社；

华东师大哲学系主任彭漪涟教授，至今未与蒋念祖见过面。但他对蒋念祖在教改中遇到的难题、疑问，总是有求必应，连续写来 5 封信，有一次长达 5 页纸之多。他针对辩证逻辑思维教学难点多次写信指点：“要教育学生学习具体方法、具体概念，学习掌握矛盾判断的方法、辩证推理的方法。”

专家、学者们对蒋念祖开展思维方法训练的肯定、支持、鼓励与指点，使蒋念祖的教改热情更加高涨。10年来，他结合教学实践，发表了100多万字的论文、论著，主编了三部与语文教学有关的教材和阅读书籍，多次获得省、市教科研论文奖。其中，专著《高中议论文写作思维训练》一书出版后，在许多省市引起较大反响，而扬州中学的思维方法训练改革，目前也正在全市迅速推开……

站在新的高度，蒋念祖又在向中学审美教育这一新的领域进军。作为新上任的教导主任，他一面组织教师学习有关美学名著，一面又向全国美学界的专家学者求教。今年春天，当他与另一位教师前往上海，专程拜见华东师大美学教授、著名专家蒋孔阳先生时，72岁高龄的蒋教授，亲自冒雨步行一里路在大门口等候，手中握着两把专为他们准备的雨伞……大师们“真诚、朴实、谦和”的高尚风范，使蒋念祖感动得热泪盈眶。

“中学教师要敢于善于走出校园，与专家学者们做朋友，从他们那里汲取知识与养料，以补自身之短。”蒋念祖在教改实践中的这一感悟，或许会对一些中学教师们有所启发。

1996年3月4日《江苏教育报》专题报道

培养议论能力的有益尝试

——介绍蒋念祖的《高中议论文写作和思维训练》

顾黄初

记得10年前，我在一篇谈议论能力培养的文章中，曾经说过这样一段话：

议论能力决不单纯是一种表达技巧，辩才也不是纯技术的东西，是同他大脑所具有的思维能力直接联系着的，……对现实提供的思想材料进行逻辑分析，并进而有根有据地作出判断，这种功夫蕴之于内就谓之思辨，发之于外就是议论，口头的或书面的议论，思辨能力的强弱决定着议论能力的高低，议论与思辨的这种表里关系，是我们探索议论能力培养途径的重要依据，基于上述的观点，我提出了议论能力培养的三项主要任务；一是要有意识地提供学生尽可能丰富的思想材料，使学生的思路开阔起来，思想活跃起来，思维敏锐起来；二是要有计划地对学生进行逻辑思维训练，使学生的议论能沿着正确的逻辑航道展开、奔泻；三是要有步骤地引导学生掌握思维结果的反映方式，主要指篇章结构方式和语言表达方式。这三项任务是相互联系的，其中又以逻辑思维训练为关键。

我说的这番话，在当时，确实是有感而发的，培养和发展中学生的议论能力，对于全面提高一代青年的素质具有十分重要的意义，而在当时的一些学校里，相当一部分语文老师对此重视不够；有些老师虽然有所察觉，但培养和训练又似乎不甚得法，因此收效甚微。

这10年来情况有了很大的改变，我之所以这样说，根据之一是我手头这部20余万字的专著《高中议论文写作和思维训练》，该书作者蒋念祖同学是江苏省扬州中学的一名语文教师，由于工作成绩显著，前年被评为扬州市有突出贡献的中青年专家。这位年轻同志在工作中表现出两大特点：一是能潜心钻研理论，包括教育教学理论、语言学理论、文艺学和美学理论、思维科学理论等等。二是具有强烈的专业意识。他学理论的目的性很明确，即用来指导自己的教学，改进自己的教学，提高自己教学的品位。他学美学，就是为了思考中学语文教学中的美育因素，探索在语文教学中提高美育效果的途径，并把自己的经验和体会改写了系列文章；他学思维科学，就是为了研究语言和思维的关系，寻找语言训练与思维训练的沟通渠道，提高训练的有效性，其成果之一就是这本《高中议论文写作和思维训练》，这本书详明地记录了他指导议论文写作的方法和过程，它决不是空想的产物，而是作者多年实践的结晶，概括地说来，这本书有以下一些特点：

一、对议论文写作中常用的一些逻辑方法(包括形式逻辑的和辩证逻辑的)作了比较精细的剖析,使之形成一个涵盖面较广的知识网络。本书内容共分上、中、下三编,上编是"方法篇",主要是讲形式逻辑和辩证逻辑的一些基本方法,如分析、综合、概括、想象和联想、推理、联系、发展、矛盾等等;在"分析"一项中,又择要讲概念分析、特征分析、数量分析、因果分析、比较分析等等,由总到分,联系议论文写作,具体阐述这一系列思维方法的性质、特点和运用原则。这是布"点"。中编是"过程篇",主要是讲一般议论文写作过程中如何具体运用上述种种思维方法来展开议论,并努力求得最佳的论证效果,其中涉及命题作文、情境作文和供材料作文,涉及论点的形成和展开、论据的选择和分析、论证方法和思维方法的关系等等。这是拉"线",在"线"上进一步强化"点"。下编是"类型篇",主要是讲各种不同类型和样式的议论文写作,以及在写作中相关的思维方式的运用。从类型说,有阐释型的、因果型的、区分型的、决策型的、类比型的和驳论型的;从样式说,有读后感、思想评论、文艺评论(包括多种)、杂文、书信体议论文和演讲稿等;凡属常见的类型和样式,都有所论及,这是铺"面",在"面"上进一步活化"点"。这样,由点到线,由线到面,形成了一个相对严整而又密切结合应用的知识网络。作者在考虑全书的框架时,显然有其思维的逻辑轨迹和结撰的匠心。

二、从分解训练到综合训练,从知识讲授到作业练习,初步形成了一个比较合理,又具有可操作性的训练序列。本书不是知识读本,因此它不满足于对知识作静态的分析和说明,它是一本注重能力训练的教材,因此它无论在总体结构上,还是在局部安排上,都注意到训练的合理流程,在总体结构上,先从"方法"上作分解训练,把一个个知识点转化、处理成一个个训练点;再从"过程"上作分解训练,把命题作文、情境作文、供材料作文中经常要用到的种种思维方法进行分项训练;最后从"类型"上,把各种分解训练纳入综合训练之中,因为当各种思维方法一进入"应用"领域,就必然要具体体现为某种类型或样式的议论文,在局部安排上,本书每讲一种思维方法或议论文写作方法,都是先讲方法本身的有关知识,最后设计若干训练题,引导学生自己去思考、去操作,使知识有可能转化为能力。

三、选录了相当数量的例文,使知识讲解不流于空疏,使训练目标较易于落实,本文作者是个教改的有心人,他在教学实践中十分重视资料的收集和积累,在他的手头,校内外优秀作文积累了数百篇,其中按照他的思维训练要求进行写作而剔选出来的具有代表性的作文又居多数。这样,在他撰写书稿的时候,引用的材料几乎可以信手拈来,供中学生学习的这类训练型教材,读者总有这样一种心理需求:"请拿个样子来看看。"选录一定数量的、具有代表性的例文,就满足了青少年读者的这种心理需求,而训练的目标也就可以因此而得以落实。

议论文写作是中学生特别是高中学生作文训练的一个重点内容。现在中学语文科的课程结构正在进行改革,除通常的必修课以外,还要开设选修课。为了强化学生的思维训练,有些学校尝试着开设专门的思维训练课,这当然不妨一试;但思维的外化形式总离不开读、写、听、说，离不开计算、实验以及其他的操作行为。就语文学科而言，把思维训练与语文行为训练密切联系起来，效果也许会更好些，从这个意义上说，蒋念祖的这本书，倒不失为是一本可供语文选修课使用的、颇为适宜的教材。

本文发表于《江苏教育》1993 年 4 月。顾黄初，教授，全国中语会语文教学法研究会会长。

《高中议论文写作与思维训练》序

林崇德

在我面前摆着江苏省扬州中学蒋念祖老师的《高中议论文写作与思维训练》书稿，读了两遍，觉得很有味道。

首先，本书重视议论文写作教学的目标。议论文写作教学当然是为了教会学生写作议论文，但是并不是所有的学生都能掌握议论言语的写作技巧，所以作者提出"想是总开关""想得好才能写得好"，抓住思维能力的提高，不能算解决了议论文写作的关键问题、核心问题。由此可见，作者将议论文写作的教学目标，放在向学生传授知识、发展其智力、提高其全面素质上。

其次，本书将着重点放在如何进行思维训练上。作者认为，正如一台机器的性能取决于它的构件、构造一样，人的思维能力取决于人的思维结构。议论文写作过程是一个思维方法；要在思考过程中掌握议论文写作中的思维活动的规律，并形成思维的监控能力；要培养良好的思维品质；要注意非智力因素的培养。根据这个出发点，作者将全书分为上、中、下三编。上编介绍各种思维方法；中编阐明各种思维方法在议论文写作过程中的运用；下编论述各类文体的议论文写作的特点，包括思维活动的特点和语言表达的特点。

第三，本书有其独特的写作特点，简言之，一是科学性强，即有教育科学，包括心理科学为依据；二是知识性强，甚至每个列举都注意知识的系统和知识的表达；三是适应读者对象，与高中生的年龄特征和实际水平相适应；四是有较强的实践性，使读者阅读后感到有实用的价值，特别是方法篇，有着较强的实用性；五是有新意，无论是内容还是体例都有新意；例如，对写作过程的环节的分析，介绍十六种议论文文体的写作知识，在同类书中属为罕见，因此体现了作者一定的创造性。

总之，我认为这是一部有水平的著作，是一位中学语文教师在教学实践中所完成的一项科研成果，是一本有价值的高中生语文学习参考书。我相信广大读者能喜欢它的。

林崇德，北京师范大学发展心理研究所教授、博导，著名心理学家，曾担任我校"系统开展学科思维极爱教学"课题顾问。

在写作教学中强化思维训练

裴显生

写作教学既是“写”的技能的培养，同时又是极好的思维训练，担负着开发智力的重要使命。最近，我看了扬州中学蒋念祖同志编著的《高中议论文写作与思维训练》一书（四川教育出版社出版），十分高兴。这是作者多年在教学实践中强化思维训练的经验结晶，是一项既有学术价值又有实用价值的科研成果。

强化思维训练，提高学生的理论思辨能力，是议论文写作教学改革中的核心问题。蒋念祖同学在教学实践中悟出了这个道理，把议论文写作教学的重点目标定在“提高学生的思维能力，尤其是抽象思维能力”上，把思维训练与语言训练紧密联系起来，以提高训练的有效性。

全书分“方法篇”“过程篇”“类型篇”三编，已经初步构建了一个议论文写作的基本功训练体系，在训练内容和训练序列上安排得比较合理，且具有可操作性。从训练内容看，既力求让学生掌握科学的思维方法，并在写作过程中加以具体运用；又注意到不同类型议论文的体式规范，让学生掌握其思维特点和语言特点，运用相关的思维和表达方式。在训练序列上，能注意到训练的合理流程，妥善处理分解训练和综合训练的关系，通过训练把知识转化为能力，以形成整体综合效应。

书中每节都用“训练讲话”“例文评析”“思考与练习”三部分组成。“训练讲话”写得简明扼要，没有浮浅、平面地去介绍知识，而是着力于讲清训练目标、内容及应注意的问题，目标明确，内容实在。例文选得精粹，且能紧密地配合训练。特别要指出的是：书中绝大多数例文是中学生自己写的佳作，这样的文章，经过点评，往往能起到更有效的示范作用。这本书的训练设计也有整体规划，在具体安排练习时力求题型丰富多样，在数量和难度上适合高中学生的写作心理和实际水平。

写作教学越来越重视实验性，这是教学改革不断深入的一种表现。蒋念祖同志从1986年以来，就一直在议论文写作教学中进行思维训练实验，先在一个班级里搞了三年探索性实验，后又多次在高三毕业班中搞检验性实验，都取得了良好的效果。正是在这种不断探索、检验中，才使训练过程日趋有序、完善，并积累了丰富的实践经验，才有可能写出这部新著来。

本文发表于《光明日报》1993年11月11日，是南京大学新闻研究所所长、中国写作学会会长裴显生教授为《高中议论文写作与思维训练》撰写的书评。

扬州中学开展学科思维教育实验

把思维的钥匙交给学生

在浩瀚的知识海洋中，如何向学生授以“渔”的本领，这是扬州中学自1991年开始的“系统开展学科思维教育”课题的立足点。5年来，学校坚持以思维教学为核心，进行教学内容、教学方法和课堂结构模式在内的课堂教学整体改革，并通过教学科研的广泛实验，达到提高学生全面素质的目标。

在学科思维教育实验中，他们按照各学科的特点，探索思维教学的规律。数学特级教师张乃达自八十年代开始率先进行数学思维教学研究，他所指导的早期渗透数学观念教育的实验，在100多个班级开展，取得阶段性成果。他们从13～14岁少年的思维特点出发，在初中数学教学中，结合具体形象的分析，帮助学生逐步从形象思维过渡到抽象思维，并从数学思维的特征出发，处理好思维聚合与发散的关系。在单元教学中，他们引导学生把比较分散的知识进行归纳整理，使其成为有联系的整体，有效地提高了学生的思维品质。

语文议论文写作是教学的难点，特级教师蒋念祖着手“高中议论文写作教学中的思维训练”课题研究。他以思维训练为主线进行议论文写作教学改革，运用心理学、逻辑学、科学方法论等方面的知识，对大量的议论文作品进行了分析，从中归纳出议论文写作中常用的逻辑思维、辩证思维、形象思维等几种思维方式，让学生进行单项训练。同时注意介绍议论文写作的全过程中，在提炼、展开、论证论点时，如何综合运用各种思维方法，并进行相应的训练。这一方法使他任教班级的学生对议论文写作、阅读的兴趣、能力有明显的提高。

全校性的思维教育课题研究，增强了教师的科研意识，提高了课堂教学的质量与效益。尽管各学科教学各有特色，方法不一，但有一个基本共同点，即教师在传授知识的过程中，努力把知识传授过程变为学生运用科学思维方法去加工思维材料的过程，让学生自己掌握思维的钥匙，继而达到提高教育质量的目的。

《中国教育报》1996年11月9日报道

思维训练，使学生更聪明

曹济钧

日前在扬州中学召开的1996年江苏省重点中学教育教学科研工作会议传来消息：扬州中学在继承、发扬重视素质教育好传统的同时，又在思维教学研究方面取得了较大突破。

思维教育是一门崭新的教育科学研究课题。它兴起于七十年代，为了使思维这一“地球上最美丽的花朵”更美丽，思维教育在国内外教育界引起广泛重视，思维能力的教育与训练，被公认发展学生智能的有效途径。

国外较早研究思维能力培养的当数苏联心理学界，心理学有赞可夫在培养儿童青少年智力和思维能力方面，通过20年的实验教学，建立了关于“教学与发展”问题的理论。苏联教育科学院心理学研究所的艾利康宁与达维多夫推行的“智力加速器计划”在七十年代后令世人瞩目。美国心理学家J. P. 吉尔福特在西方心理学界首先提出了思维能力的培养，他从思维品质入手，研究创造思维和智力结构。日本中学新教学大纲在能力方面的目标已十分明确地确定为“加强基本训练，强调独立思考，重视培养学生发现问题、归纳问题和解决问题的能力。”

在国内，杨清、吴天敏、林传鼎、朱智贤与林崇德等人致力于思维教育研究，也颇有建树。杨清的《心理学概论》一书，对思维能力培养进行了深入探讨和分析，提出“增进思维品质”，是培养并发展思维的重要手段之一。吴天敏在智力开发方面进行了研究试验，朱智贤则具体阐明了这些品质发展的年龄特点及表现。经过林崇德的实验研究，这一理论得到证实与发展，并在此基础上完成“七五”教育科学重点科研项目“中学生心理能力发展与培养”课题，而扬州中学在各学科、各年级系统开展思维教学及时思维教学的有效途径的探索，在全国尚属首例。

扬州中学以培育跨世纪英才为目标，探索在各学科、各年级开展思维教学的新路子。1991年该校提出了“系统开展学科思维教学研究”这一课题，1992年该课题在省教科所正式立项。该课题实践分3个阶段：一是系统学习国内专家关于思维发展的理论专著，用理论指导教学实践，撰写出专题论文；二是设计实验，对第一阶段的实践中形成的理性认识进行验证，使之趋于科学化；三是在各学科系统开展学科思维教育，完成课题的实验报告。

该课题的实施，吸引了一批教师主动参加教育科研。该校最早从事思维教学研究的数学特级教师张乃达，主持早期渗透数学观念教育的实验，已在100多个班级展开，取得了阶段性成果。语文特级教师蒋念祖在高中议论文写作中实施思维训练，陈国林老师据此组织实验，也取得了收获。叶宁庆老师在高中外语教学中，将阅读能力的培养和思维品质的培养相结合。王雄老师在历史教学中，对学生进行思维方法的训练，注重培养学生思维监控能力，初步建立“讨论式思维教学模式”。刘满希老师在生物学教学中变“结构式”教学为“过程式”教学，探索“过程式”教学中如何培养学生的思维能力。冯小秋老师在物理教学中，对如何培养学生的思维品质进行了系统探讨，提出了具体措施。鞠东胜老师提出了在化学教学中通过改进、增补演示实验，培养学生思维能力的设想，并设计了教改实验等。

思维教学课题的实施，增强了全校的科研意识，特别是促进了青年教师教育观念的转变和科研意识的增强。许多教师自觉学习思维教学的理论，并将理论用于指导教学实践。学校面向扬州市，每年举行一次公开教学活动，每次活动均以思维教学为中心，参加的教师都在2000人以上。在思维教学实践的基础上，教师撰写了数十篇论文，现已编成两本思维教学论文专集。这些论文中有6篇获1993年省“五四杯”青年教师教学优秀论文奖，有5篇获1991年省教育学会优秀论文奖。更为重要的是，思维教学对提高教育教学质量起到了重要作用。近4年来，该校高考、中考到线率有明显提高，居省市前列。在高中、初中各科竞赛中，该校也取得了可喜成绩，仅前年一年时间就有100余人获省级以上奖励。陈景阳同学去年代表中国队在第27届国际奥林匹克化学竞赛中获得了金牌，这些都是该校思维教育的成果，去年该课题还通过了北师大发展心理研究所与江苏省教科所联合进行的中期评审验收，并认为该课题为中学思维教育及课堂整体改革理论体系的建构提供了重要帮助。

《扬州日报》1996年11月9日

扬州中学校史资料长编·下编

第八册

《扬州中学校史资料长编》编委会 编

凤凰出版社

《扬州中学校史资料长编》编委会

扬州中学校史资料长编

例　言

一、本书是江苏省扬州中学校史资料的总汇。历史是人类的良师和益友,我校作为百年名校,既有其别处难以复制的独特性,也有其基础教育方面的普遍性和代表性。本校校史工作,自上世纪八十年代初始,筚路蓝缕,黾勉从事。工作中深感历史资料的可贵与难得,尤其原始资料,劫后孑遗,吉光片羽,每一实录都是一个生命对另一个生命的启示。无奈由于种种原因,资料又容易散失。虽然编有一些纪念册和校史书籍,但是这些只是校史中的小部分。又虑及改革开放以来,本校的教育教学和科研,理念领先,成果丰硕,日后不致再生"斯文不幸"之叹。于是就有"扬州中学校史资料长编"(以下简称"长编")的编辑,广泛收集,不遗余力,现将业已收集到的校史材料汇编成册,出版发行,公诸于世。

二、本书意欲尽最大可能囊括历年来本校的独特办学风格和教育教学成果。光绪二十八年(壬寅,1902),扬州仪董学堂创立,风气初开,中西并重,系颇具现代意义的中学,是为本校源头。两淮中学堂、扬州府中学堂、淮扬合一中学、江苏省立第八中学和尊古学堂、两淮师范学堂、江苏省立第五师范学校,均为本校前身。1927 年合并"五师""八中"建立的江苏省立扬州中学,承先人余烈,自主办学,推进革新,"科学陶冶,人格感化",开始了扬州中学最辉煌的时期。抗战八年,辗转办学,弦歌不辍,薪火相传,特别是办在大后方四川的国立二中,培养了大批人才。1949 年后的江苏省扬州中学,实验性与示范性突出,系省内"四大名旦"之一(其它为南师附中、苏州中学、常州中学)。新时期的扬州中学,秉持"科学人文相融合"的理念,继往开来,生机蓬勃。综观百年扬中,积淀丰厚,人才辈出,青春常在。"长编"希望能为本校师生进一步光大优良传统,创造世纪辉煌,乃至为研究中国基础教育者,提供相当的帮助与便利。面向未来,与时俱进,继承、吸收、创新,人类只能在历史提供的条件下自由创造,不断发展。

三、本书资料来源。上世纪八十年代初,广泛联系各地校友,跑上海图书馆徐汇藏书楼、南京大学图书馆、南京师范学院图书馆、南京图书馆清凉山古籍部等处,抢救第一手校史资料。九十周年校庆和百周年校庆补充一些资料。近几年来,又重跑各地图书馆,访问校友,甚至逛旧书摊,并通过扬州大学图书馆、华师大友人网上联络等多种渠道,从北京大学、北京师范大学、南京师范大学、复旦大学、华东师范大学、国家图书馆、上海图书馆、南京图书馆、扬州市图书馆、扬州市档案馆等处,复制了一批材料。新收集到一些珍贵资料,如《仪董学堂章程》、《江苏省立第五师范学校校友会杂志·第一期》(原件)及第二第三合期、《一年来之扬中》(原件)、《三周纪念刊》(原件)和三十几本《扬中校刊》(原件和复印品)等等。有的辗转购自北京、上海,有的从收藏者手中购得;值得一说的是《江苏省立第五师范学校校友会杂志·第一期》和《一年来之扬中》,前者是张镇安校友在地摊上高价购得,无偿赠给母校,后者系校友胡宇锋的大学同学汪立耕同志在北京潘家园地摊上购得,无偿转赠,非常感人。周厚枢校长生平资料,包括他的八中毕业证书、校长任命书和蒋中正写的亲笔挽幛,由周校长的后辈从台北跨海捐赠,连同原先黄泰老师家藏本《十周纪念刊》和朱白吾老师家藏的珍贵资料如《五周纪念》特刊等,也由其哲嗣捐赠给学校,十分宝贵。本校在职和退休教职员也以主人翁的姿态参与征集论文论著的工作,充实了校史资料。

四、本书的资料内容与编排。主要内容是目前所能搜寻到的本校相关档案材料,上世纪二三十年代国内邮政挂号公开出版发行的本校校刊、纪念册、校友会杂志和本校老师编撰的部分教材,以及各个时期本校教育教学的相关文稿等等,少量早期校友的回忆文章因其难觅也编入其中。不薄今人爱古人,长江后浪推前浪。新时期以来,本校老师的著述、教育教学和科研的资料,入选的也相当可观,或编专集或节选或存目。大量后期校友的回忆文章拟另行编入《扬中往事》。

“长编”分三编:前编、上编、下编。

前编,按年代先后编录学校各个时期的概貌、概况性质的图表和文字，也可以说是比较感性直观的扬州中学简史，以较多相对集中的图文区别于上编、下编。

上编(1902—1949)——第一册、第二册，第三册……

下编(1950—)——第一册、第二册，第三册……

编排体例采取开放结构，随着时日推移，资料的增添，以及旧资料的新发现，可接着续编。

排版采用横排简化字排印，除适应横排基本规则外，具体版式大致参照原样，不强求统一，文字上一般不作改动，漫漶之处，以方框代替，尽可能保存资料原貌。校对时，本校青年教师对原来未曾断句的文章给予继句或标点，有些文章的标点符号也作了必要的改动，更符合当代习惯，其勤奋精神可嘉。众擎易举，共襄其成。

五、“一切历史都是当代史”，然而真理并不是现成的自明的恒常存在，如果没有人参与激活传统，真理便无缘生成和呈现，文本的内在意义也就无法得到传承和延续。至于有些具体文章，总会打上一定的时代印记，作者也有他特定的写作环境，读者明鉴，当会区分根本精神和时局附加的派生条件，历史地公允地正确对待，这一点毋庸编者赘言。

本书共三编。目前，数百万字的前编(1册)、上编(7册)，终能先期编就出版问世，是与各方人士的亲切关怀、热情鼓励和鼎力帮助分不开的，这种强烈的文化意识和高度社会责任感，令人感佩，我们于此深致谢忱。限于编者水平，见闻不广，加之时间仓促，书中难免疏漏失当之处，诚恳地期待着读者批评指教。

《扬州中学校史资料长编》编委会

2012.9

为迎接115周年校庆，《扬州中学校史资料长编》，继业已出版的8册之后，今年又续编4册，即上编第八册和下编的第一册、第二册、第三册。拟明年再出版4册，以期学校在不断继承创新中永葆青春。

《扬州中学校史资料长编》编委会

2016.10

《扬州中学校史资料长编》(前·上·下),业已出版12册。今年又续编6册,即上编第九册和下编的第四册、第五册、第六册、第七册、第八册。开放的体例不变,以期学校在新时代不断继承创新中砥砺前行。

《扬州中学校史资料长编》编委会

2018.10

今年续出上编第十册和下编第九册,连同上次未及印出的第七、八册,共4册。到目前为止,校史资料长编,已经编成二十册,包括前编1册、上编10册、下编9册。

《扬州中学校史资料长编》编委会

2020.6.18

简要说明

本校高中语文实验教学，用人民教育出版社“重点中学高中语文实验课本(《文言读本》《文学读本》《文化读本》)”教学。教材重传统，重修炼，高起点，大容量，体现“人文性”和语文教改趋势，且与我校传统语文教学精神不谋而合。实验先在一个班试点(1985—1988)进行，然后推广全校，实验课本一直用到2003年，效果是好的。实验教学的同时，我们还应人教社邀约参加其教材建设，编写《高中语文实验课本教学指导书》(“第三册”、“第五册、“第六册”、“总复习”)。高中语文实验教学，不仅促进我校语文教研，提高教学质量，更重要的是锻炼教师队伍，为语文教改积蓄力量，也为全国语文实验尽了绵薄之力。它的传承与实践意义不应被忽视。

这里能够收集到的，也只是部分资料。

下编第八册

目　录

（一）

关于扬州中学的“高中语文实验教学”

(一) 关于扬州中学的“高中语文实验教学”

本校高中语文实验教学十八年(1985—2003),尽管困难重重,而其潜在的实践价值,应当予以足够的重视。

为了探索科学化与民族化相统一的语文教学之路,适应现代化建设的需要,人民教育出版社,1985 年 3 月,出版发行“六年制重点中学《高中语文实验课本》”。实验教材把初中可能达到的较高水平作为教学起点,尤其重视中国传统文化,别开生面,突破旧的教材体例,编排饶有特色,高一《文言读本》、高二《文学读本》、高三《文化读本》。“高中阶段的语文训练,主要是文言文的诵读训练,文学作品的阅读训练,文化科学著作的阅读训练,口头语言和书面语言表达训练”。每学期除“读本”外,均有《写作》课本、《课外阅读》课本相配套。一学期 3 本书,三年六学期共 18 本书。而当时的通用语文课本三年才只有 6 本书。这套实验教材的顾问是语言学家张志公、诗人刘国正,主编为编审周正逵,知识短文,则由周振甫、吴小如、韩少华等多名学者专家撰写,体现语文教改的发展趋势,无论量还是质都远超通用课本。实验教学的教材更新,教法亦随之改变,“实验”是名副其实的。至于高中实验课本的详情,可参见周正逵所著《语文教学改革“纵横谈”》(教育科学出版社)。

人教版这套实验教材与本校传统国文教学精神,多有不谋而合之处。本校上世纪 30 年代即已编成高初中国文教本 12 册(南京书局出版),高中目标:“第一年为各种文章体裁示范,第二年在代表各家作风,第三年为中国名著示例。”主编之一的张煦侯先生(张须,后为安徽师大教授)执教江苏省立八中、江苏省立扬中多年,他曾综述国文教学:“为学主智,积理为亟”,“学文之事,致力于平时者有二,曰识字、曰积理;收功于临事者有二,曰行文、曰演说。”“字句篇章,可明文法;论说叙记,可辨文体;抑扬讽诵,可熟文机。”(“背文曰讽,以声节之曰诵”,这里强调“抑扬讽诵”,读者不宜等闲视之,勿作寻常词语看。俞平伯先生说,片面贬低吟诵,甚至认为背书是不可取的,视之为“填鸭式”……建国后成长起来的几代人,或多或少都吃了不少这方面的亏)又说:“自动重于讲授也,专书重于单篇也,札记重于课作也。”“精读书中,《左传》《史记》《孟子》《庄子》四书,总不可少,盖《左》、《史》为述事之典型,《孟》、《庄》乃说理之模范。”如此等等,不一而足。本校国文与实验课本,两者虽然时代不同,深浅有别,但重传统,重修炼,重自动,体现“人文性”,在语文教学理念上是相通的。张先生对本校传统语文教学的总结与研究,参见《中学国文述教》、《高中国文教学刍言》、《扬州授文

丛记》等著述。（近年凤凰出版社出版的《扬州中学校史资料长编·上编》收录）

人教版实验课本出版后，江苏省教育厅就组织本省具备条件的部分中学进行试教实验。我校积极响应，当年秋季就以一个教学班参加实验行列。最初江苏五家为南师附中（许组云）、常州中学（陈知义）、扬州中学（张铨）、泰州中学（李锦芳）、淮阴中学（沙志成），由省教研室直管，负责人朱芒芒。后来又有多家如南京市一中（姜静芳）等加入。就本校而言，实验班教学，相对于普通班，语文教学难度明显增加，还有别的干扰也不少，但学生喜欢教本。发现《大学语文》（徐中玉主编）中许多经典名篇，实验课本中所编多有，如李密《陈情表》、王羲之《兰亭集序》、王勃《滕王阁序》、欧阳修《秋声赋》、苏轼《前赤壁赋》、王维《山居秋暝》、柳永《雨霖铃》、睢景臣《高祖还乡》、徐志摩《再别康桥》等等。实验课本涵盖面宽，散文、诗歌、小说、戏剧、科技、政治、文化论著，古今中外，尝鼎一脔，学生大开眼界。实验班三年的教学效果总体是好的，1988 年这个班高考语文成绩（这是家长、学校领导最担心的），平均分比省均分高出 10 多分（当年语文考卷总分 120，省均分 70.7，实验班 81.91，本校同轨的非实验班总均分为 77.24，没有一个班超过 80 分，少的 75 分多点）。实验教学中，着意打实古典根基，注重课堂时间管理，激发学生阅读和写作的兴趣，拒绝五花八门的考试“秘籍”诱惑，“以不变应万变”。就从这次高考结果看，也说明我们的自信是有道理的。后来考取南京大学的几个学生反映，他们免修《大学语文》，日常交往中谈古典，共同语言多。

既然使用人教版高中语文实验课本效果是好的，于是，学校领导决定逐步推广至全校。

1988 年秋季，高一全年级使用人教版语文实验教材，待使用统编本的高三毕业后，全校一律用人教版高中语文实验课本，先后教学十多年，效果不差。例如 1995 年高考，本校语文成绩有的班就高出省均分 15 分之多。这期间，语文组老师克服种种困难，努力进修，锐意教研，认真施教，有辛苦也有欣慰。同时，我们还与北京景山学校、南师附中等兄弟学校，参加了人教社教材建设。因为高中语文实验教材是面向重点中学的，《大学语文》的许多内容被纳入其中。除古典名篇外，增加了学理性较强的文学文化知识的教学，如律诗平仄、宋词过片、戏剧动作性，如论文论著的析义与批注、逻辑与辩证，等等等等，这样，对国内其他一般施教者来说，编印“教学指导书”势在必行。我们应邀参加了实验课本第三册、第五册和第六册“教学指导书”以及“总复习指导书”的编写。在这之前，为救燃眉之急，人教社是以油印“备课资料讲义”的形式发往国内各实验学校的，“《文学读本》备课讲义”中就有本校 7 位老师的撰述（甘肃某校收到讲义后，曾致信我校表示谢意）。参加教材建设，对我们来说，无疑也受到了一次特殊的“洗礼”，老师们增强了前沿意识，促进了教学研究，自身也得到了修炼和提升。对于全国语文教学改革来说，我们也尽了绵薄之力。

本校十多年的高中语文实验教学实践，努力继承本校语文教学传统精神，不仅提高了语文教学质量，更值得重视的是，本校语文教师队伍得到锻炼，不断地成长，在语文教学改革中先行了一步。就扬州市范围而言，新华中学曾想用人教版实验课本，最后没有用得起来;扬州大学附中用这个实验课本也只开了选修课。而我们全校坚持实践到新世纪初,为以后的教改积蓄力量,为进一步改革创新奠定了坚实基础。

1999 年语文组老师名单:江　香　谢　实　吴高扬　史　伟　朱红芳
唐丽珍　杨民朴　戴秀琴　陈安鸿　田　源　朱学慧　朱亚平　高　潮
刘金海　王洪珠　陈桂华　蒋念祖　祝寿培　于　扬　吴　敏　朱瑞源
陈家齐　张　铨　陶应武　张贞忠　孙国强　陈国林　严长春　王洪生
王舒成　黄正瑶

此后,陆续进校的不少老师如王舒成等,也使用过人教版高中语文实验课本,直到 2003 年还在用。

不足的是本校语文教学实验,没有多重视全面积累资料,高中的不全,初中近乎缺如。现只能将零星收集到的高中相关资料一并汇集在这里,记录本校老师在语文实验教学中的一些构想与实践。实践的意义是不言而喻的,优良传统的传承与延续,现实问题的提出与解决,舍实践莫办,坐而论道是无济于事的。实践本身具有开放性,一次实践可以提供多重解读空间。本校语文实验教学,随着当代语文教改的推进,相信它的价值会在即时语境下得到不同程度的显现。

周正逵的文章,作为背景资料供参考。

【插页:实验课本封面 5 张+省高中语文实验教学总结会照片、奖状】

文言读本·封面

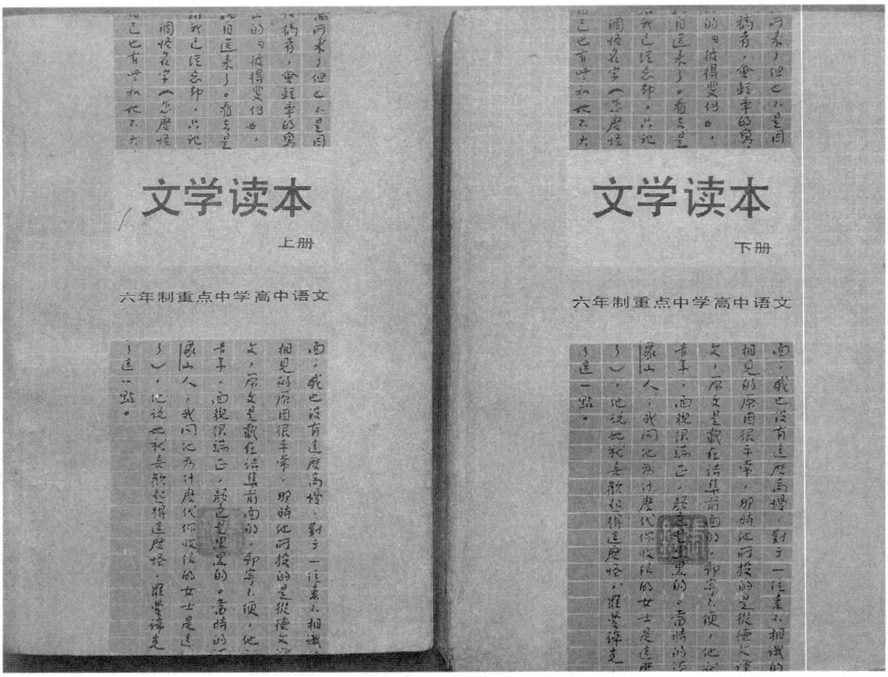

文学读本·封面

文化读本·封面

现代文选读·文学作品选读·文化著作选读

写作与说话·实验课本封面

“江苏省高中语文教材(人教版)实验总结会”在本校召开

(前排左五为省教研室主任陆志平)

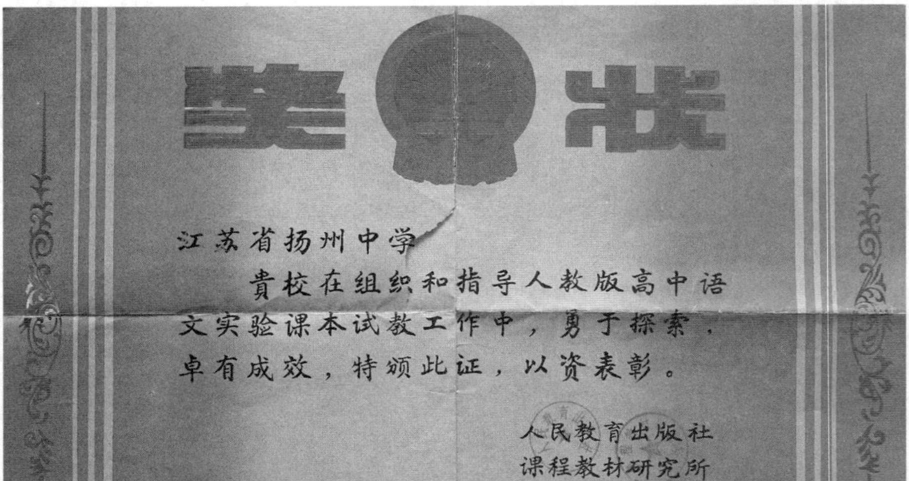

奖状

江苏省扬州中学

贵校在组织和指导人教版高中语文实验课本试教工作中，勇于探索，卓有成效，特颁此证，以资表彰。

人民教育出版社
课程教材研究所
一九九七年九月

人教社颁发的奖状

江苏首届高中语文实验班教学研讨,1987 徐州,右四朱芒芒

人教版高中语文实验课本研讨会,1994,宜昌,前排右十周正逵

（二）

高中语文实验教材（人教版）1985—1986 年度试教汇报

（二）高中语文实验教材（人教版）1985—1986年度试教汇报

张　铨

（1986年7月）

为探索科学化与民族化相统一的语文教学现代化之路，人民教育出版社1985年3月出版发行“六年制重点中学高中语文”实验教材。江苏省教育厅教研室即组织本省部分中学进行试教实验，我校自去年秋季始，以一个教学班参加实验行列。

（一）实验班

我校参加实验的是高一(6)班。这个班是理科班，共45人(男29人，女16人，其中一人上学期转出，下学期又转回)，从初中一年级起即进行“双试”，数学试教“项武义课本”，语文试教“人教社初中实验课本”，学生基本上随原班直升高中。对于使用高中语文实验教材，家长和学生是有顾虑的，最担心与高考不对口径。对此我们作了比较充分的解释，介绍实验教材的总体构想，讲明中学语文教学的任务，分析教材与高考的关系，以突出实验教材的优势，还常常讲本校语文教学的好传统和名人学语文的小故事，不断增强学生学好语文的信心，鼓励他们和老师一起搞好试教。通过这一学年的实践，基本上完成了教学任务，教学效果是好的，学生的思想情绪也是稳定的。

（二）教材和教学目的

这套实验教材把初中可能达到的较高水平作为教学起点，训练内容总体设计如下：

内容 / 年级	阅读教材		写作教材		
	课内训练	课外阅读	课内训练		课外练笔
			作文	说话	
高一	文言阅读 《文言读本》	自学现代文 《现代文选读》	书信 思想评论	讲演 辩论	练笔
高二	文学鉴赏 《文学读本》	自学文学作品 《文学作品选读》	通讯 文艺评论	专题发言 辩论	练笔
高三	文化名著概览 《文化读本》	自学科技作品 《科技作品选读》	科学论文 日常应用文	专题发言 论文答辩	练笔

高一语文教学侧重文言阅读和写作基本训练。文言文教学的主要目的，是初步培养学生阅读文言文的能力，为他们以后进一步深造和批判地继承古代文化遗产，打下良好的基础。学生阅读浅易文言的能力，所包括的内容：(1) 认读能力。(2) 理解能力。① 理解文言词语的能力，理解和掌握一定数量的文言实词以及理解常见文言虚词的一般用法；② 对常见文言句法的理解能力；③ 对篇章的理解能力。(3) 鉴赏能力。能初步辨别一篇文章的是非好坏，领略古文中的精美之处，知道借鉴，古为今用。(4) 记诵能力。能准确记忆，流利地背诵，并且有一定的语气。写作训练，主要是学会写各种书信，通过课外练笔培养观察、感受、反映生活的基本能力。

(三) 文言文阅读教学

1. 指导思想。明确目的，抓住重点，重视教法，这种思想坚持贯彻始终。课内阅读用《文言读本》，上下二册共 10 个单元，每个单元由诵读课文、复背课文、文言常识、点读练习、翻译练习和浏览课文等六部分构成；诵读课文和复背课文是读本的主体，因而诵读教学必然成为重点。通过诵读教学指导学生把几十篇古文(至少 30 篇)及几十首诗词，一一熟读成诵，使之烂熟于胸，这样不仅对培养文言阅读能力有望，还会多方得益，终生受用不尽。

2. 教法。文言文阅读能力的提高有一个由低级向高级发展的过程。高一侧重于积累和理解阶段，当然适当的鉴赏和评判也是必要的。在教学中紧紧抓住诵读这个环节不动摇。所谓诵读，就是在初步理解的基础上，用朗读的方法，反复熟读课文，逐步加深理解，直到可以背诵。这种方法是我国传统“熟读、精思”读书法的继承和发展，很接近于“渗透法学习方法”(杨振宁《读书教学四十年》第 97 页)，即在不完全懂得的情况下，以体会的方法学习。

(1) 课前预习。一篇新课文，先布置学生自习。通看课文，包括诵读提示、注释和旁批、总批，努力把课文语句读顺；并借助工具书(规定每人必备一种字典或词典)补充课文注释。课前尽量下些“圈、点、批、注”功夫，养成主动学习的习惯，提高自学能力。

(2) 诵读课。基本课型是“反复诵读——重点讲解——当堂背诵”，当然得视课文的难易、长短等具体情况作必要的变通。诵读以朗读为主，要求准确、流利，读出一定语气；同时辅之以默读、慢读和快读等读法，默读利于理解，快读容易流畅，慢读可察语气。

课上讲解着眼于释疑解难，引导记诵和激发兴趣，一般不作全面分析，因为学生预习时对课文的基本内容和特点已有初步理解。围绕诵读这个中心作重点讲解，如拎线索，《廉蔺交欢》的情节线索(开端、发展、高潮、结局)，《赤壁赋》的感情线索(喜——悲——喜)；如理层次，《劝学》的一段(点滴积累、持之以恒、专心致志)；如讲《滕王阁序》的骈体文语言形式等等，以便于学生记诵为宗旨。讲解中还包括古汉语基础知识和精彩片断的鉴赏，但避免上成古汉语课和文学课。为了激发诵读的兴趣，尽量选择新的视角给学生以新的知识，如介绍钱钟书拈出的“通感”，学生读到“夹岸高山,皆生寒树"、"歌台暖响""舞殿冷袖"时便更有兴味;又如指导复背《江水》,介绍地理空间观察点和心理空间观察点,学生就易于浸入诗情画意。

诵读课的重要内容是当堂背诵。要求学生在初步理解课文的基础上及时背诵,给予一定的背诵时间,指点记忆规律,结合课文介绍记忆方法,如分析记忆法、比较记忆法、形象记忆法、提示记忆法等等。再搞一些课堂背诵比赛,男女生比赛、小组间比赛、个人擂台赛,每当此时,课堂气氛总是比较活跃的。

(3) 课后复习。复习的重点是背诵课文,同时结合课本中的知识短文、点读和翻译练习、浏览课文,巩固和加深旧知。上讲台面对全班同学背诵课文已成为实验班同学的习惯。全年背诵普查的结果如下。

学年课文背诵情况表

篇数	36—40	41—45	46—50	51 以上
人数	4	13	22	6
百分比	9%	29%	49%	13%

为了便于复习,指导学生编出了《〈文言读本〉篇目总览》,将课文中所有古文篇目(包括练习中的短文)按时代先后分朝代归类编排;又编出了《〈文言读本〉生字读音一览表》。这两份材料,由班报编辑部刻写油印,人手一份。还组织了一次文言实词比赛,范围限于《文言读本》,设优胜奖三名,鼓励奖十名。

3. 考评。通常有平时考查、期中考试和期末考试。平时考查主要内容是背诵课文,将全班分为13个背书小组,互背互查,并以表的形式记录公布。

平时背诵成绩记载总表(示例)

<table>
<tr><td>课　文</td><td colspan="4">《…………》</td><td colspan="4">《…………》</td><td rowspan="5">说明:1. 评分标准:① 准确、流利、有一定的语气,得 a;② 准确、欠流利,有一定的语气,得 b;③ 欠准确、欠流利,得 c;④ 不准确、基本不熟,得 d。2. 允许重背,直至满分。</td></tr>
<tr><td>得分
姓名</td><td>a</td><td>b</td><td>c</td><td>d</td><td>a</td><td>b</td><td>c</td><td>d</td></tr>
<tr><td>×××</td><td>√</td><td></td><td></td><td></td><td>√</td><td>√</td><td></td><td></td></tr>
<tr><td>×××</td><td>√</td><td></td><td>√</td><td></td><td>√</td><td></td><td></td><td></td></tr>
<tr><td>×××</td><td>√</td><td>√</td><td></td><td></td><td>√</td><td></td><td></td><td></td></tr>
</table>

期中考试。除笔试之外,加口试。以1986年4月期中考试为例。期中试题满分为100分,口试占20%,背诵范围,七篇课文,口试分两组同时进行(请唐丽珍老师主持另一组)。方法:① 抽签背诵,② 每人限抽一次,③ 抽签后可以准备一分钟。计分标准:准确14分,流利4分,语气2分,合计20分。

期末考试。两学期均用人教社的全国实验学校联考试卷。两次的考试成绩如下:

成绩表

分　数		70—79	90—100	101—120
第一学期	人数	1	13	30
	百分比	2%	30%	68%
第二学期	人数		1	44
	百分比		2%	98%

说明:试卷由两部分构成,基本题100分,附加题20分。

(四)写作基本训练

每学期各做大作六篇,上学期以书信为主,下学期以思想评论为主。小作(课外练笔)各11篇。大、小作之外,个人日记、小组办油印小报,写作数千字至上万字不等。下学期,班上有四份小报,《星星》、《论坛》、《晨曦》、《新语丝》。办报的好处,尤健同学总结说:“办报需要资料,就得去翻阅书刊,博闻强记;办报需要采访,就得去充当小记者,了解、接触各种人;办报需要设计版面,就得去提高自己的美工水平,总之,办报能培养独立自主精神和创造思维的能力。”方震同学总结了办报的几乐:“增长才干之乐,扩大知识之乐,活跃气氛之乐,以文会友之乐。”还深有体会地说:“报纸出版后,往往会引起同学们对报纸的各种善意的尖锐的批评,此时,我们作为编辑只能忍耐、沉默,否则,一进行反驳,那就会失去读者。对于我们这些脾气火爆的小青年来说,增强些忍耐能力,控制能力,不是一件很好的事吗?”小组办报的势头方兴未艾,《星星》出版五期,《论坛》四期,《新语丝》两期,《晨曦》一期。《星星》的传播面已超出班级,高二年级和初三年级有一批作者和读者,他们的口号是“立足本班,面向全校”。

(选自人民教育出版社《中国名校丛书·江苏省扬州中学》)

人教版《文言读本》单元示例

第七单元

训练重点	训练内容	训练要求	课时计划
辨辞采	诵读课文	① 初步理解,熟读成诵课文二至三篇。 ② 准确、流利、读出语气。	5
	复背课文	① 认真复习,熟练背诵课文二至三篇。 ② 准确、流利、读出语气。	1
	文言常识	① 了解有关文言修辞的知识。 ② 学习辨析文言辞采的方法。	1
	文言练习	① 独立完成文言练习七至九题。 ② 准确率在 95%以上。	2
	浏览课文	① 参考注释,浏览课文五至六篇。 ② 初步理解,辨明辞采。	1

诵读课文

滕王阁序

王　勃

【诵读提示】

本文选自《王子安集》。作者王勃(649—675),字子安,绛州龙门(现在山西省河津县)人,初唐文学家。少有才名,被举为神童,不到二十岁就出仕。后因罪除名,他的父亲也受株连而被贬为交趾(治所在今越南河内西北)令。

滕王阁,是唐高祖的儿子滕王李元婴任洪州都督时修建的,旧地在现在江西省南昌市赣江之滨。高宗时,洪州都督阎某重修此阁,并于上元二年(675)的重九日,在滕王阁上欢宴群僚和宾客。王勃南下探亲,路过这里,也参加了盛会,即席赋诗,并写了这篇序。两个月后,王勃渡海溺水,英年早逝。

这篇著名的骈文,用富丽的词藻,称道洪州,记述盛宴,描写滕王阁的壮丽,以及寥廓壮美的山川秋景,借以抒发自己怀才不遇、愤懑悲凉而又不甘于沉沦的复杂感情。作者善于把古代的名人逸事、佳话美谈与当时的情景结合起来,词彩华丽而又不生涩,达到了很高的艺术境界。本文在唐代就已脍炙人口,特别是"落霞与孤鹜齐飞,秋水共长天一色"一联,为历代传诵赞赏。

预章故郡,洪都新府①。星分翼轸②(zhěn),地接衡庐③。襟三江而带五湖④,控蛮荆而引瓯(ōu)越⑤。物华天宝,龙光射牛斗之

先写洪州的地(悠久、雄伟和重要)、物(华)、人(杰),自然地说到宴会。

① [预章故郡,洪都新府]这句是介绍滕王阁的所在地。预章是汉朝设置的预章郡,治所在南昌,所以说"故郡"。唐初把预章郡改为"洪州",所以说"新府"。 ② [星分翼轸]意思是说,(洪州)属于翼、轸二星所对着的地面的区域。古人用天上二十八宿(列星)的方位来区分地面的区域,某个星宿对着地面的某个区域,叫做某地在某星的分野。 ③ [衡庐]指湖南的衡山和江西的庐山。 ④ [襟三江而带五湖]以三江为襟,以五湖为带。三江,泛指长江中下游。旧说古时长江流过彭蠡(现在的鄱阳湖),分成三道入海,故称"三江"。五湖,泛指太湖区域的湖泊。一说,指太湖、鄱阳湖、青草湖、丹阳湖、洞庭湖,南昌在五湖之间。 ⑤ [控蛮荆而引瓯越]控制楚地,连接瓯越。蛮荆,古楚地(现在湖北省、湖南省一带),这是沿用古代的说法。瓯越,就是东瓯,现在浙江省永嘉县一带。

墟①；人杰地灵，徐孺下陈蕃之榻②。雄州雾列③，俊采星驰④。台隍（huáng）枕夷夏之交⑤，宾主尽东南之美⑥。都督阎公之雅望，棨（qǐ）戟遥临；宇文新州之懿（yì）范，襜（chān）帷暂驻⑦。十旬休假⑧，胜友⑨如云；千里逢迎⑩，高朋满座。腾蛟起凤，孟学士之词宗⑪；紫电清霜，王将军之武库⑫。家君作宰，路出名区；童子何知，躬逢胜饯⑬。

"徐孺"与"龙光"相对应，是"徐孺子"的省略说法，为的是让句式对仗工整。（下文的"杨意"、"钟期"同此。）

用"棨戟"和"襜帷"代人，以避免重叠。

用蛟、凤形容"词宗"的才华，用宝剑暗示"将军"的威武与才干。

---

① ［物华天宝，龙光射牛斗之墟］物有光华，天有珍宝，宝剑的光气直射（天上）牛、斗二星所在的区域。龙光，宝剑的光芒。墟，域，所在之处。《晋书·张华传》记载了这样的传说：牛、斗二星之间常现紫气，张华请南昌人雷焕来看，雷焕说那是宝剑的光芒上通于天。后来果然在豫章的丰城地下掘出了双剑，一名龙泉，一名太阿。宝剑出土后，星间紫气也消失了。 ② ［人杰地灵，徐孺下陈蕃之榻］人有俊杰，地有灵秀（之气），徐孺子（竟然能够）在太守陈蕃家中下榻。徐孺，名稚，字孺子，南昌人，东汉时名士，家贫，常亲自耕种，德行为人所景仰。当时陈蕃为豫章太守，素来不接待宾客，专为徐稚设置一榻，平时挂起，只有徐稚来访才放下。因此后世有"下榻"的说法。榻，狭长而低矮的坐卧用具。 ③ ［雄州雾列］雄伟的大州像雾一样涌起。这是形容洪州的繁盛。州，指洪州。 ④ ［俊采星驰］俊美的人才像流星一样飞驰。这是形容人才之多。俊采，指人才。 ⑤ ［台隍枕夷夏之交］南昌城处在荆楚和扬州接壤的地方。台隍，城台和城池，这里指南昌城。枕，倚，据。夷，指荆楚地区。夏，华夏，指古扬州地区（现在江苏省、安徽省、江西省一带）。 ⑥ ［宾主尽东南之美］（来赴这次宴会的）客人和主人，都是东南一带的俊杰。主，指洪州都督阎公，名字不详。 ⑦ ［都督……暂驻］这两句是说，有崇高声望的都督阎公远道来临，有美好德行的新州刺史宇文氏在此地暂时停留。棨戟，有衣套的戟，古时官吏出行时用作前导的一种仪仗。都督的仪仗到了，也就是说阎公前来光临。宇文，复姓，名字不详。新州，州名，现在广东省新兴县。懿范，美好的风范。懿，美好。襜帷，车的帷幔（màn），这里借指宇文新州的车马。 ⑧ ［十旬休假］指恰好赶上十日休假的日子。当时官员十天休息一天，叫做"旬休"。 ⑨ ［胜友］才华出众的友人。 ⑩ ［千里逢迎］指迎接千里而来的客人。 ⑪ ［腾蛟起凤，孟学士之词宗］意思是说，文坛上众望所归的孟学士，文章的辞采有如蛟龙腾空，凤凰飞起（那样灿烂夺目）。孟学士，名字不详。学士，掌管文学撰述的官。词宗，文词的宗主。 ⑫ ［紫电清霜，王将军之武库］意思是说，王将军的兵器库里藏有锋利的宝剑。这样讲意在显示王将军的勇武和韬略。紫电，宝剑名。清霜，也是指剑。《西京杂记》卷一："高祖（汉高祖）斩白蛇剑，刃上常若霜雪。"王将军，名字不详。 ⑬ ［家君……胜饯］意思是说，家父作交趾县的县令，自己因探望父亲路过这个有名的地方（指洪州）；年幼无知，（却有幸）参加这场盛大的宴会。宰，县令，这里指交趾县的县令。出，过。

时维九月，序属三秋①。潦(lǎo)水②尽而寒潭清，烟光凝而暮山紫。俨(yán)骖(cān)骓(fēi)于上路③，访风景于崇阿④。临帝子之长洲，得天人之旧馆⑤。层峦耸翠，上出重霄；飞阁流丹，下临无地⑥。鹤汀(tīng)凫(fú)渚(zhǔ)，穷岛屿之萦回；桂殿兰宫，即冈峦之体势⑦。

点明时间，然后描写滕王阁的壮丽，和秋季登阁所见的景色。

先用自然景致衬托滕王阁之美，写阁在山水之间(近景)。

披绣闼(tà)，俯雕甍⑧(méng)，山原旷其盈视，川泽纡其骇瞩⑨。闾(lǘ)阎扑地，钟鸣鼎食之家；舸(gě)舰弥津，青雀黄龙之轴⑩(zhú)。云销雨霁(jì)，彩彻区明⑪。落霞与孤鹜⑫(wù)齐飞，秋水共长天一色。渔舟唱晚，响穷彭蠡(lǐ)之滨；雁阵惊寒，声断衡阳之浦⑬。

再写阁高望远，阁在山水之外(远景)。

"落霞……一色"是名句，展示出一幅阔大高远的江南秋景。

---

① [时维九月，序属三秋]指当时正是深秋九月。维，在。序，时序(春夏秋冬)。三秋，秋季，这里指秋天的第三个月，即九月。 ② [潦水]蓄积的雨水。 ③ [俨骖骓于上路]驾着车在高高的道路上(前行)。俨，通"严"，整治。骖骓，驾车的马。上，高。 ④ [崇阿]高大的丘陵。 ⑤ [临帝子之长洲，得天人之旧馆]意思是说到滕王阁来观赏。帝子、天人，都指滕王。长洲，指滕王阁前的沙洲。旧馆，指滕王阁。 ⑥ [层峦……无地](在这里可以望见)重叠的峰峦耸起一片苍翠，上达重霄；凌空架起的阁道上，涂饰的朱红色油彩鲜艳欲滴，从阁道往下看，地好像没有了似的。飞阁，架空建筑的阁道。流，形容彩画鲜艳欲滴。丹，丹漆，这里泛指彩绘。临，从高处往下探望。 ⑦ [鹤汀……体势]鹤、野鸭止息的水边平地和小洲，极尽岛屿曲折回环的景致；用桂木、木兰修筑的宫殿，(高低起伏)像冈峦的样子。汀，水边平地。凫，野鸭。渚，水中小洲。桂、兰，两种名贵的树，这里是形容宫殿的华丽、讲究。 ⑧ [披绣闼，俯雕甍]打开精美的阁门，俯瞰雕饰的屋脊。披，开。绣，指雕刻得精美细致。闼，小门。甍，屋脊。 ⑨ [山原旷其盈视，川泽纡其骇瞩]意思是说，放眼远望，辽阔的山岭、平原充满人们的视野，纡回的河流、湖泽使人看了吃惊。旷，远。盈视，极目遥望，满眼都是。纡，纡回曲折。骇瞩，对所见的景物感到惊异。 ⑩ [闾阎……之轴]意思是说，房屋遍地，有不少官宦人家；船只停满渡口，有许多装饰着青雀、黄龙头形的大船。闾阎，里门，这里代指房屋。扑，满。钟鸣鼎食之家，指大家世族，因古代贵族吃饭时要鸣钟列鼎，鼎中盛食物。舸，船。弥，满。津，渡口。青雀黄龙之轴，船头作鸟头形、龙头形。轴，同"舳"，船头。 ⑪ [云销雨霁，彩彻区明]云消雨停，阳光普照，天空明朗。销，通"消"。霁，雨过云散。彩，指日光。区，指天空。 ⑫ [鹜]野鸭。 ⑬ [声断衡阳之浦]鸣声到衡阳之浦而止。断，止。衡阳，衡山之阳(山南为阳)。相传衡山有回雁峰，雁至此就不再南飞，待春而回。浦，水滨。

遥襟甫畅,逸兴遄(chuán)飞①。爽籁发而清风生,纤歌凝而白云遏②(è)。睢(suī)园绿竹,气凌彭泽之樽③;邺水朱华,光照临川之笔④。四美⑤具,二难⑥并。穷睇(dì)眄⑦(miǎn)于中天,极娱游于暇日。天高地迥⑧(jiǒng),觉宇宙之无穷;兴尽悲来,识盈虚之有数⑨。望长安于日下,目吴会于云间⑩。地势极而南溟深,天柱高而北辰远⑪。关山难越,谁悲失路⑫之人?萍水相逢,尽是他乡之客。怀帝阍⑬(hūn)而不见,奉宣室⑭以何年?

用"遥襟"二句过渡,收回笔来写宴会的"娱游"之乐;笔锋一转,又托出"失路之人"的悲凉心情。

"日下"、"云间"字面上属对工整,又都代指地名,语义双关。"望长安"、"北辰远",写远离京师的感慨。

---

① [遥襟甫畅,逸兴遄飞]宽阔的胸怀(因登高)顿时舒畅,飘逸脱俗的兴致油然而出。襟,胸怀。甫,刚,顿时。遄,迅速。飞,飞动。 ② [爽籁发而清风生,纤歌凝而白云遏]意思是说,宴会上,排箫声响起,好像清风拂来;柔美的歌声缭绕不散,遏止了白云飞动。爽,形容籁的发音清脆。籁,排箫,一种由多根竹管编排而成的管乐器。纤,细。遏,阻,止。 ③ [睢园绿竹,气凌彭泽之樽]意思是说,今日的宴会,好比当年睢园竹林的聚会,在座的诗人文士,豪爽善饮的气概或许赶得上陶渊明。睢园,西汉梁孝王在睢水旁修建的竹园,他常和一些文士在此饮酒赋诗。凌,超过。彭泽,指陶渊明,他做过彭泽县令,喜好饮酒。 ④ [邺水朱华,光照临川之笔]这个分句是借诗人曹植、谢灵运来比拟参加宴会的文士。邺(现在河北省临漳县),是曹魏兴起的地方。曹植曾在这里作过《公宴诗》,诗中有"朱华冒绿池"的句子。朱华,荷花。光照,发出光辉。临川之笔,指南朝山水诗人谢灵运,他曾任临川(今属江西)内史。 ⑤ [四美]指良辰,美景,赏心,乐事。 ⑥ [二难]指贤主,嘉宾。难,难得。 ⑦ [睇眄]看。 ⑧ [迥]远。 ⑨ [识盈虚之有数]知道事物的兴衰成败是有定数的。盈虚,盈满和亏损。数,定数。 ⑩ [望长安于日下,目吴会于云间]意思是说,远望长安,遥看吴会。日下,指京都,这里代指唐朝的国都长安。云间,吴地的古称。 ⑪ [地势极而南溟深,天柱高而北辰远]地势偏远,南海深邃;天柱高耸,北极星远悬。南溟,南方的大海。天柱,《山海经·神异经》说,昆仑山上的铜柱,高入天穹,叫做"天柱"。北辰,北极星,这里暗指国君。 ⑫ [失路]比喻不得志。 ⑬ [帝阍]原指天帝的守门者,这里指皇帝的宫门。 ⑭ [奉宣室]汉未央宫前殿正室叫宣室。汉文帝曾坐宣室接见贾谊,谈话到半夜。这里用这典故来自比。

嗟乎！时运不齐[①]，命途多舛[②]（chuǎn）。冯唐[③]易老，李广[④]难封。屈贾谊于长沙，非无圣主；窜梁鸿于海曲，岂乏明时[⑤]？所赖君子见机[⑥]，达人知命[⑦]。老当益壮，宁移白首之心[⑧]？穷[⑨]且益坚，不坠青云之志[⑩]。酌贪泉而觉爽[⑪]，处涸辙以犹欢[⑫]。北海虽赊（shē），扶摇可接[⑬]；东隅已逝，桑榆非晚[⑭]。孟尝高洁，空余报国之情[⑮]；阮籍猖狂，岂效穷途之哭[⑯]？

由感叹命运“多舛”转到勉励失意之人。历数古人不得志的事迹，聊以自慰；悲壮中逐渐激昂。

“穷且……之志”写出作者不屈服于逆境的进取精神。

全是自勉之辞，自励之语。

---

① ［时运不齐］命运不好。不齐，有蹉跌有坎坷。 ② ［舛］乖违，不顺。 ③ ［冯唐］西汉人，有才能却一直不受重用。汉武帝时选求贤良，有人举荐冯唐，可是他已九十多岁，难再作官了。 ④ ［李广］汉武帝时的名将，多年抗击匈奴，军功很大，却终身没有封侯。 ⑤ ［窜梁鸿于海曲，岂乏明时］让梁鸿到海边（隐居），难道不是在政治昌明的时代吗？窜，逐。梁鸿，东汉人，因作诗讽刺君王，得罪了汉章帝，被迫逃到齐鲁一带躲避。海曲，海隅，指齐鲁一带临海的地方。明时，政治昌明的时代。 ⑥ ［见机］看到细微的预兆。机，通“几”，预兆。 ⑦ ［达人知命］通达事理的人，知道命运。 ⑧ ［宁移白首之心］哪能在白发苍苍的老年改变心志？宁，哪。 ⑨ ［穷］困厄，处境艰难。 ⑩ ［青云之志］比喻远大崇高的志向。 ⑪ ［酌贪泉而觉爽］喝下贪泉的水，仍觉得心境清爽。古代传说广州有水名贪泉，人喝了这里的水就会变得贪婪。这句是说有德行的人在污浊的环境中也能保持纯正，不被污染。 ⑫ ［处涸辙以犹欢］处在奄奄待毙的时候，仍然乐观开朗。处涸辙，原指鲋鱼处在水干涸了的车辙里，比喻陷入危急之中。《庄子·外物》有鲋鱼在干涸的车辙中求活的寓言。 ⑬ ［北海虽赊，扶摇可接］北海虽然遥远，乘着旋风还可以到达。北海，就是《庄子·逍遥游》中说的“北冥”。赊，远。扶摇，猛烈的旋风。 ⑭ ［东隅已逝，桑榆非晚］意思是说，早年的时光虽然已经逝去，珍惜将来的岁月，为时还不晚。东隅，指日出的地方，表示早。桑榆，指日落的地方，表示晚。古人有“失之东隅，收之桑榆”的说法。 ⑮ ［孟尝高洁，空余报国之情］孟尝品行高洁，却空有一腔报国的热情。这是作者借孟尝以自比，带有怨意。孟尝，东汉人，为官清正贤能，但不被重用，后来归田。 ⑯ ［阮籍猖狂，岂效穷途之哭］怎能效法阮籍不拘礼法，在无路可走时便恸哭而还呢。意思是说，虽然怀才不遇，但也不放任自流。阮籍，晋朝诗人。他有时独自驾车出行，到无路处便恸哭而返，借此宣泄不满于现实的苦闷心情。猖狂，狂放，不拘礼法。

勃，三尺微命①，一介②书生。无路请缨，等终军之弱冠③；有怀投笔④，慕宗悫⑤(què)之长风。舍簪(zān)笏(hù)于百龄，奉晨昏于万里⑥。非谢家之宝树，接孟氏之芳邻⑦。他日趋庭，叨(tāo)陪鲤对⑧；今兹捧袂⑨(mèi)，喜托龙门⑩。杨意不逢，抚凌云而自惜⑪；钟期既遇，奏流水以何惭⑫？

叙说身世，引出路经洪州，赴宴作诗的缘由。

结语谦逊，又自鸣其才，感伤不已。

---

① [三尺微命]指地位低下。三尺，士佩三尺长的绅(古代礼服上束带的下垂部分)。微命，犹如说身份卑微。王勃做过虢(guó)州参军，所以这样讲。 ② [一介]一个。谦词。 ③ [无路请缨，等终军之弱冠]意思是说，自己和终军的年龄相同，却没有请缨报国的机会。请缨，请求皇帝赐给长缨(长绳)。《汉书·终军传》记载，汉武帝想让南越(现在广东省、广西省一带)王归顺，派终军前往劝说，终军请求给他长缨，必缚住南越王，带回到皇宫门前(意思是一定完成使命)。后来用"请缨"指投军报国。等，同于。弱冠，指二十岁，古代以二十岁为弱年，行冠礼，为成年人。 ④ [投笔]指投笔从军。这里用班超投笔从戎的典故。 ⑤ [宗悫]南朝宋人，少年时很有抱负，说"愿乘长风破万里浪"。 ⑥ [舍簪笏于百龄，奉晨昏于万里]意思是说，自己宁愿舍弃一生的功名富贵，到万里以外去朝夕侍奉父亲。簪笏，这里代指官职。簪，束发戴冠用来固定帽子的簪。笏，朝见皇帝时用来记事的手板。百龄，一生。 ⑦ [非谢家之宝树，接孟氏之芳邻]意思是说，自己并不是谢玄那样出色的人才，却能在今日的宴会上结识各位名士。谢家之宝树，指谢玄。《晋书·谢玄传》记载，晋朝谢安曾问子侄们，为什么人们总希望自己的子弟好？侄子谢玄回答："譬如芝兰玉树，欲使其生于庭阶耳。"后来就称谢玄为谢家宝树。接，结交。孟氏之芳邻，这里借孟子的母亲为寻找好邻居而三次搬家的故事，来指赴宴的嘉宾。 ⑧ [他日趋庭，叨陪鲤对]意思是说，过些时候自己将到父亲那里聆听教诲。趋庭，快步走过庭院，这是表示对长辈的恭敬。叨，惭愧地承受，表示自谦。鲤对，孔鲤是孔子的儿子，鲤对指接受父亲教诲。有一次孔鲤快步走过庭前，孔子问他学《诗》没有，他答没有。孔子说，不学《诗》，说话时就没有依据。孔鲤于是学《诗》。又一次，孔子问他学《礼》没有，他答没有。孔子说，不学《礼》，就没有立身的准则。孔鲤于是学《礼》。事见《论语·季氏》。 ⑨ [捧袂]举起双袖作揖，指谒见阎公。袂，衣袖。 ⑩ [喜托龙门]意思是说，(由于受到阎公的接待)十分高兴，好像登上龙门一样。托，指寄托身子，这是客气话。龙门，地名，在现在山西省河津县西北的黄河中，那里两岸夹山，水险流急，相传鲤鱼跃过龙门则变为飞龙。这里借"登龙门"的说法，表示由于谒见名人而提高了自己的声价。 ⑪ [杨意不逢，抚凌云而自惜]没有遇到杨得意那样引荐的人，(只能)抚弄着司马相如的赋独自叹惋。杨意，即杨得意，任掌管天子猎犬的官，西汉辞赋家司马相如是由他推荐给汉武帝的。凌云，这里指司马相如的赋。《史记·司马相如传》说，相如献《大人赋》，"天子大悦，飘飘有凌云之气，似游天地之间"。 ⑫ [钟期既遇，奏流水以何惭]既然遇到钟子期那样的知音，演奏高山流水的乐曲又有什么羞惭呢？意思是说，遇到阎公这样的知音，自己愿意在宴会上赋诗作文。钟期，即钟子期。《列子·汤问》说，俞伯牙弹琴，钟子期能听出他"志在高山"还是"志在流水"，遂成知音。

呜呼！胜地不常①，盛筵难再②，兰亭已矣③，梓泽丘墟④。临别赠言⑤，幸承恩于伟饯；登高作赋，是所望于群公⑥。敢竭鄙怀，恭疏短引⑦，一言均赋，四韵俱成⑧。请洒潘江，各倾陆海云尔⑨。

乐极生悲，眷恋之情，溢于言表。

以潘江陆海许人，不失风雅。

本篇是酒筵上的即兴之作，意境开阔，气势博大，文辞华美而不浮，用典恰切而不滞，对仗工整，音调和谐，铺排酣畅，出语自然，既发挥了骈文长于铺陈描写的特点，又表现出骈文通俗化的倾向。作者年少气盛，对客挥毫，文思泉涌，佳句迭出，展露出非凡的才力。

① [不常]不能常存。 ② [难再]难第二次遇到。 ③ [兰亭已矣]意思是当年兰亭宴集的盛况已成为陈迹了。 ④ [梓泽丘墟]意思是繁华的金谷园也已变为荒丘废墟。梓泽，金谷园的别称，为西晋石崇所建，故址在现在河南省洛阳市西北。 ⑤ [赠言]指留下这篇序文。 ⑥ [登高作赋，是所望于群公]登高而作赋，那是在座诸公的事了。《韩诗外传》："孔子曰：君子登高必赋。" ⑦ [恭疏短引]恭敬地写此小序。疏，书，撰写。引，序。 ⑧ [一言均赋，四韵俱成]这二句是说自己。意思是，我的一言都铺陈出来，成为四韵。一言，谦语。赋，动词，铺陈。作者的《滕王阁》诗共八句："滕王高阁临江渚，佩玉鸣鸾罢歌舞。画栋朝飞南浦云，朱帘暮卷西山雨。闲云潭影日悠悠，物换星移几度秋。阁中帝子今何在？槛外长江空自流。" ⑨ [请洒潘江，各倾陆海云尔]意思是说，请各位宾客竭尽文才，写出像潘岳、陆机那样的好作品。洒、倾各与江、海对应，意思是竭尽才能，写诗作文。潘岳、陆机都是晋朝人。南朝梁人钟嵘的《诗品》说："陆才如海，潘才如江。"云尔，语气助词，用在句尾，表示述说完了。

阿房宫赋

杜 牧

【诵读提示】

本文选自《樊川文集》。作者杜牧(803—852),字牧之,号樊川,京兆万年(现在陕西省长安县)人,晚唐诗人,并善于作赋和古文。

阿房宫,是秦始皇在渭水南面建造的新宫。它动工于公元前212年,至秦亡尚未完工,后被项羽下令烧毁,大火三月不灭。赋,是一种文体,讲究铺陈、对偶、用韵等。

唐朝晚期,朝廷内外矛盾重重,唐敬宗李湛荒淫无度,大兴土木,民怨沸腾,国势衰危。杜牧借古讽今,写了《阿房宫赋》,极力描绘秦宫的豪华壮丽,着意揭露封建统治者的骄奢淫逸,从中引出失民心者失天下的历史教训,告诫当时的统治者要以史为鉴,不要走秦王朝覆灭的老路。

六王毕①,四海一②,蜀山兀(wù),阿房出③。覆压三百余里④,隔离天日⑤。骊(lí)山北构而西折,直走咸阳⑥。二川⑦溶溶⑧,流入宫墙。五步一楼,十步一阁;廊腰缦(màn)回⑨,檐牙高啄⑩;各抱地势⑪,钩心斗角⑫。盘盘焉,囷囷(qūn)焉,蜂房水涡⑬,矗不知其几千万落⑭。长桥卧波,未云何龙⑮?复道⑯行空,不霁(jì)何虹?

开头四句,从大处落墨,带起全篇,写得极有气势。

"覆压……宫墙"这一层,是从几方面写阿房宫的规模和特点的?注意动词用法。

"五步……西东"这一层,是怎样通过密集与空阔的对比,写出宫内建筑结构的?注意比喻用法。

---

① [六王毕]六个诸侯王完了。六王,齐、楚、燕、赵、韩、魏六国的国王,即指六国。毕,完结了,指灭亡。 ② [四海一]四海统一了。一,作动词用。 ③ [蜀山兀,阿房出]四川(一带)的山树木砍光了,阿房宫出现了。兀,高而上平,这里形容山上光秃秃的。 ④ [覆压三百余里](无数宫殿楼台)覆盖了三百多里地。 ⑤ [隔离天日]遮天蔽日。这是形容建筑物的多而高大。 ⑥ [骊山……咸阳]从骊山北边开始构筑,折而向西,一直通往咸阳。骊山,在陕西省临潼县南。 ⑦ [二川]指渭水和樊川。 ⑧ [溶溶]缓流的样子。 ⑨ [廊腰缦回]连接高大建筑物的走廊,曲折萦回。廊腰,起连接作用的走廊犹如人的腰部,所以这样说。缦,萦绕。回,曲折。 ⑩ [檐牙高啄]屋檐翘起如牙,像鸟嘴伸向高处。 ⑪ [各抱地势]各自与地形相适合。指楼阁随着地势的高下向背而构筑。抱,依。 ⑫ [钩心斗角]指各种建筑物都向中心攒聚,互相钩连;屋角上翘,互相对峙。这里借"心"、"角"作比喻。 ⑬ [盘盘焉,囷囷焉,蜂房水涡]盘结旋绕,屈曲弯折,像蜂房,像水涡。焉,相当于"然",表状态。 ⑭ [矗不知其几千万落]高高矗立着,不知道它们有几千万座。落,这里相当于"座"。 ⑮ [长桥卧波,未云何龙]长桥卧在水面上,没起云怎么有龙?古语说"云从龙",有龙就有云。这里是故作疑问,形容长桥如龙。 ⑯ [复道]在楼阁之间架木筑成的通道。因上下都有通道,故称复道。

高低冥迷①，不知西东。歌台暖响，春光融融②；舞殿冷袖，风雨凄凄③。一日之内，一宫之间，而气候不齐。

妃嫔(pín)媵(yìng)嫱④(qiáng)，王子皇孙⑤，辞楼下殿，辇(niǎn)来于秦⑥。朝歌夜弦，为秦宫人。明星荧荧，开妆镜也⑦；绿云扰扰，梳晓鬟(huán)也⑧；渭流涨腻⑨，弃脂水也；烟斜雾横，焚椒兰⑩也；雷霆乍惊，宫车过也⑪；辘辘(lù)远听⑫，杳(yǎo)不知其所之也⑬。一肌一容，尽态极妍⑭，缦(màn)立远视⑮，而望幸⑯焉；有不见者，三十六年⑰。燕赵之收藏⑱，韩魏之经营，齐楚之精英，几世几年，剽(piāo)掠其人⑲，倚叠⑳如山；一旦不能有，输㉑来其间；鼎铛(chēng)玉石，金块珠砾㉒，弃掷逦迤㉓(lǐ yǐ)，秦人视之，亦不甚惜。

末一层，把歌舞与气候联系起来写，用意是什么？

变换这四个分句的结构，改成“开妆镜，似明星荧荧……”这样好不好？为什么？

想想，细致地写宫人的生活和“望幸”的心理，是为了突出什么？体会作者如此铺陈的用意。

“鼎铛玉石，金块珠砾”八字，高度凝缩，显出炼字的功力。

① [冥迷]分辨不清。 ② [歌台暖响，春光融融]意思是说，宫人在高台上唱歌，乐声里含着暖意，好像春光那样融和。 ③ [舞殿冷袖，风雨凄凄]意思是说，宫人在殿堂内舞蹈，长袖飘飞，拂来寒气，好像风雨那样凄冷。 ④ [妃嫔媵嫱]泛指六国王侯的宫妃。其中妃的地位高，次则嫔、嫱。媵是陪嫁的侍女。 ⑤ [王子皇孙]指六国王侯的女儿、孙女。 ⑥ [辞楼下殿，辇来于秦]辞别(六国的)楼阁宫殿，坐辇车到秦都。辇，帝王或王后乘的车子。 ⑦ [明星荧荧，开妆镜也](好像)明亮的繁星闪闪发光，那是(宫女们)打开了梳妆的镜匣。荧荧，明亮的样子。 ⑧ [绿云扰扰，梳晓鬟也](好像)绿云纷纷缭绕，那是(宫女们)清晨在梳理发髻。绿云，比喻妇女乌黑光润的长发。鬟，古代妇女发髻。 ⑨ [涨腻]涨起了(一层)脂膏。 ⑩ [椒兰]两种香料植物。 ⑪ [雷霆乍惊，宫车过也](好像)惊人的雷声突然响起，那是宫车驶过。 ⑫ [辘辘远听]隆隆的车声越听越远。辘辘，车行的声音。 ⑬ [杳不知其所之也]声音和踪影都不见了，不知道车子驶向什么地方。杳，无声无影的意思。之，往，到。 ⑭ [一肌一容，尽态极妍]肌肤、姿容，都娇美极了。态，这里是娇媚的意思。妍，美丽。 ⑮ [缦立远视]久久地站立着，远远地凝视着。 ⑯ [幸](皇帝)宠爱。 ⑰ [有不见者，三十六年]有的宫人，在秦始皇在位的三十六年中，没能见他一面。秦始皇在位共三十六年(前246—前210)，他统一中国以后，只做了十二年皇帝。这里说“三十六年”，是举其在位年数，形容时间长。 ⑱ [收藏]指金玉珠宝等物。下文的“经营”、“精英”也是这个意思。 ⑲ [剽掠其人]从人民那里抢来。剽，抢夺。人，民。避唐太宗李世民讳，民字改用人字。下文“人亦念其家”、“六国各爱其人”、“秦复爱六国之人”中的“人”，与此相同。 ⑳ [倚叠]堆积，积累。 ㉑ [输]运，运输。 ㉒ [鼎铛玉石，金块珠砾]把宝鼎看作铁锅，把美玉看作石头，把黄金看作土块，把珍珠看作石子。铛，平底的浅锅。砾，碎石。 ㉓ [逦迤]连续不断。这里指扔得到处都是。

嗟乎！一人之心，千万人之心也①。秦爱纷奢②，人亦念其家。奈何取之尽锱(zī)铢③(zhū)，用之如泥沙？使负栋之柱④，多于南亩⑤之农夫；架梁之椽，多于机⑥上之工女；钉头磷磷⑦，多于在庾⑧(yǔ)之粟粒；瓦缝参差，多于周身之帛缕⑨；直栏横槛⑩(jiàn)，多于九土⑪之城郭；管弦呕(ōu)哑⑫(yā)，多于市人⑬之言语。使天下之人，不敢言而敢怒。独夫⑭之心，日益骄固⑮。戍卒叫⑯，函谷举⑰，楚人一炬⑱，可怜焦土！

本段写修造阿房宫，全靠横征暴敛；失去民心，终于激起反抗，自取灭亡，阿房宫也化为焦土。作者主要采用哪些写法来加强表现的力量？注意议论性的句子和修辞方式。

连用六个“多”字。

注意两个“使”字。

这段结尾收得简练有力。“可怜”一词，意味很深。

呜呼！灭六国者，六国也，非秦也；族⑲秦者，秦也，非天下也。嗟夫！使⑳六国各爱其人，则足以拒秦；使秦复爱六国之人，则递㉑三世可至万世而为君，谁得而族灭也？秦人不暇自哀㉒，而后人哀之；后人哀之而不鉴之，亦使后人而复哀后人也。

本段揭示全篇主旨。点明六国和秦先后灭亡的原因，提醒“后人”引以为戒。

注意“哀”、“鉴”二字。

连用四个“后人”，可是读起来不觉重复，反觉更有味，这为什么？

这是一篇辞采华丽，寓意深刻的名作。写阿房宫，凭着想象，极力铺排渲染，意在为后边的议论作铺垫。后以“可怜焦土”作结，引出沉痛的历史教训，感慨极深。句式和用韵也很有特色。是赋，却不拘于赋的某些写法，自然流畅，有散文的气势，值得玩味。

---

① [一人之心，千万人之心也]一个人的心思，也就是千万人的心思。意思是说，人同此心，心同此理，都想生活得好。 ② [纷奢]富有，奢侈。纷，多。 ③ [尽锱铢]一锱一铢都要搜刮净尽。锱铢，古代重量单位。一锱等于六铢，一铢等于一两的二十四分之一。这里用“锱铢”比喻细微的财物。 ④ [负栋之柱]支撑栋梁的柱子。 ⑤ [南亩]田亩，田地。 ⑥ [机]织布机。 ⑦ [磷磷]形容建筑物上钉头一颗颗显露的样子。 ⑧ [庾]粮仓。 ⑨ [帛缕]指衣服上的丝缕。帛，丝织品的总称。 ⑩ [直栏横槛]纵横的栏杆。槛，栏杆。 ⑪ [九土]九州。 ⑫ [呕哑]形容杂乱的乐声。 ⑬ [市人]街市上的人。 ⑭ [独夫]残暴无道、众叛亲离的君主，这里是指秦始皇。 ⑮ [骄固]骄横顽固。 ⑯ [戍卒叫]指秦末陈胜、吴广起义。戍卒，戍守边疆的兵。 ⑰ [函谷举]攻占函谷关，指刘邦进关中，灭秦。 ⑱ [楚人一炬]指项羽烧毁阿房宫。 ⑲ [族]灭族，杀死一族的人。 ⑳ [使]假使。 ㉑ [递]传，一代代把皇位传递下去。 ㉒ [不暇自哀]来不及哀叹自己。

赤　壁　赋

苏　轼

【诵读提示】

本文选自《苏轼文集》(中华书局版)。宋神宗元丰五年(1082),苏轼因新党指控他讪谤朝廷,被贬到黄州任团练副史。这一年,他先后两次到黄州赤鼻矶(一名“赤壁”)游览,写下两篇赋,即《赤壁赋》和《后赤壁赋》。但苏轼所游的地方,并非三国时期赤壁之战的旧址(旧址在现在湖北省嘉鱼县东北之长江南岸),他的文章也不完全是写实之作。当时,他谪居黄州,政治上失意,精神上苦闷;却又强自慰藉,以求解脱。文章中充分反映了这种复杂而又矛盾的心情。《赤壁赋》写于当年秋季。作者月夜泛舟,游于赤壁之下,触景生情,感慨万千,联想古今人事,借题发挥,抒发了内心的愤懑,表现了超然独立,不计得失的胸怀。文章把写景、抒情和说理交织在一起,选材精,构思巧,结构严,用语妙,如行云流水,自然流畅,情景交融,又有哲理性,历来为人们所传诵。

壬戌①(rén xū)之秋,七月既望②,苏子与客泛舟游于赤壁之下。清风徐来,水波不兴。举酒属(zhǔ)客③,诵明月之诗,歌窈窕(yǎo tiǎo)之章④。少(shǎo)焉⑤,月出于东山之上,徘徊于斗牛⑥之间。白露⑦横江,水光接天。纵一苇之所如⑧,凌万顷之茫然⑨。浩浩乎如冯(píng)虚御风⑩而不知其所止,飘飘乎如遗世独立羽化而登仙⑪。

以记游开篇。秋夜泛舟,高趣雅致;酌酒诵诗,更具情韵。

“徘徊”二字,写月而衬托人的心境。

---

① [壬戌]宋神宗元丰五年(公元1082年)。 ② [既望]已经过了望日。即阴历十六日。既,过了。望,阴历每月十五日。 ③ [举酒属客]举起酒杯,劝请客人饮酒。 ④ [诵明月之诗,歌窈窕之章]朗诵“明月”诗里的“窈窕”这一章。明月之诗,指《诗经·陈风·月出》。这篇诗的第一章,有“舒窈纠(jiǎo)兮”一语(“窈纠”同“窈窕”声音相近),所以称之为“窈窕之章”。 ⑤ [少焉]不多一会儿。 ⑥ [斗牛]斗宿、牛宿,都是星宿名。 ⑦ [露]指水气。 ⑧ [纵一苇之所如]任凭小船漂去。纵,任。一苇,指小船(比喻船很小,像一片苇叶)。如,往。 ⑨ [凌万顷之茫然]越过那茫茫的江面。凌,越过。万顷,形容江面广阔。茫然,旷远的样子。 ⑩ [冯虚御风]凌空驾风而行。冯,通“凭”,乘。御,驾。 ⑪ [遗世独立,羽化而登仙]离开人世,飞升仙境。羽化,传说成仙的人能够飞升,像长了羽翼一样。

于是饮酒乐甚,扣舷①而歌之。歌曰:“桂棹兮兰桨②,击空明兮泝(sù)流光③。渺渺兮予怀④,望美人兮天一方⑤。”客有吹洞箫⑥者,倚歌⑦而和⑧(hè)之。其声呜呜然,如怨如慕,如泣如诉,余音袅袅,不绝如缕⑨。舞幽壑⑩之潜蛟,泣孤舟之嫠(lí)妇⑪。

酒酣而歌,情调悠扬。

箫声哀婉,转乐为悲,引出下文的问答。

苏子愀(qiǎo)然⑫,正襟危坐⑬而问客曰:“何为其然也⑭?”客曰:“‘月明星稀,乌鹊南飞’⑮,此非曹孟德之诗乎?西望夏口⑯,东望武昌⑰,山川相缪(liáo),郁乎苍苍⑱,此⑲非孟德之困于周郎⑳者乎?方㉑其破荆州㉒,下江陵㉓,顺流而东也,舳舻㉔(zhú lú)千里,旌旗蔽空,酾(shī)酒临江,横槊(shuò)赋诗㉕,固一世之雄也㉖,而今安在哉?况吾与子渔樵于江渚(zhǔ)之上㉗,侣鱼虾而友麋鹿,驾一叶之扁(piān)

客答问。

咏曹操诗句,想其当年盛况,盛叹人生无常。

“而今安在”一词,承上作结,启下转回现实中。

人的渺小,自然的伟大,不可比拟,遂生悲哀。

---

① [扣舷]敲着船边(指打着节拍)。 ② [桂棹兮兰桨]桂树作的棹啊,木兰作的桨。棹,一种划船工具,形似桨。 ③ [击空明兮泝流光](桨)划破江上的一片空明,(船)在月光浮动的水面上逆流而上。空明,指水月交映的江面。泝,同“溯”,逆流而上。流光,江面浮动的月光。 ④ [渺渺兮予怀]我心里想得很远。渺渺,悠远的样子。予怀,我的心。 ⑤ [望美人兮天一方]瞻望(那个)美人,(美人)却在天的那一边。美人,指他所思慕的人。常用来作为圣明之主的象征。 ⑥ [洞箫]管乐的一种。 ⑦ [倚歌]按着歌曲的声调和节拍。倚,循,随。 ⑧ [和]同声相应,此唱彼应。 ⑨ [余音袅袅,不绝如缕]尾声凄切婉转停留在耳边,像将断不断的细丝。袅袅,形容声音婉转悠长。缕,细丝。 ⑩ [幽壑]深谷。 ⑪ [嫠妇]寡妇。 ⑫ [愀然]忧愁的样子。 ⑬ [正襟危坐]整襟端坐。 ⑭ [何为其然也](曲调)为什么这样(悲凉)呢? ⑮ [月明星稀,乌鹊南飞]这是曹操《短歌行》里的诗句。 ⑯ [夏口]城名,在现在湖北省武昌县西的黄鹄山上。 ⑰ [武昌]现在湖北省鄂城县(不是现在的武昌)。 ⑱ [山川相缪,郁乎苍苍]山盘水绕,一片苍翠。缪,缭,盘绕。郁,草木茂盛的样子。 ⑲ [此]这地方。 ⑳ [周郎]周瑜。周瑜作中郎将的时候才二十四岁,当时人们称他“周郎”,后世沿用这个称呼。 ㉑ [方]当。 ㉒ [破荆州]公元208年曹操南击荆州,当时荆州刺史刘表已死,刘表的儿子刘琮投降曹操。参见《赤壁之战》。 ㉓ [下江陵]刘琮投降曹操以后,曹操又在当阳的长坂击败刘备,进兵江陵。下,攻占。江陵,当时荆州首府,现在湖北县名。 ㉔ [舳舻]大船。舳,船尾。舻,船头。 ㉕ [酾酒临江,横槊赋诗]面对着大江酌酒,横执着长矛吟诗(曹操所赋的诗就是《短歌行》)。 ㉖ [固一世之雄也]本来是一代的雄杰啊。 ㉗ [渔樵于江渚之上]在江边或沙洲上捕鱼砍柴。

舟①，举匏②(páo)樽以相属(zhǔ)。寄蜉蝣③(fú yóu)于天地，渺沧海④之一粟。哀吾生之须臾，羡长江之无穷。挟⑤飞仙以遨(áo)游，抱明月而长终。知不可乎骤得⑥，托遗响⑦于悲风。"

苏子曰："客亦知夫水与月乎？逝者如斯，而未尝往也；盈虚者如彼，而卒莫消长(zhǎng)也⑧。盖将自其变者而观之，则天地曾(céng)不能以一瞬⑨；自其不变者而观之，则物与我皆无尽⑩也，而又何羡乎！且夫⑪天地之间，物各有主，苟非吾之所有，虽一毫而莫取。惟江上之清风，与山间之明月，耳得之而为声，目遇之而成色，取之无禁，用之不竭，是造物者之无尽藏(zàng)也，而吾与子之所共适⑫。"

客喜而笑，洗盏更酌。肴(yáo)核⑬既尽，杯盘狼籍⑭(jí)。相与枕藉⑮(jiè)乎舟中，不知东方之既白⑯。

苏轼的观点。

以眼前的水、月为喻，阐述变与不变的道理。

"皆无尽也"，达观。

清风明月，可随意拾取，此乃人生乐事。

客转悲为喜，主客畅饮而酣睡舟中。

这是一篇散文赋，在押韵和骈偶句式方面体现了赋的特点，在使用散句方面又表现出散文的长处。作者在江风秋月中与客对饮，互问互答，既有淡淡的哀愁，也有乐观旷达的情怀。文辞豪迈，气势宏伟，想象丰富，显示了作者高超的艺术功力。

---

① [驾一叶之扁舟]驾着一只小船。一叶，形容船小。扁舟，小船。 ② [匏]用葫芦做的酒器。匏，葫芦。 ③ [蜉蝣]一种小飞虫，夏秋之交生在水边，只能活几小时，古人说它朝生暮死。这里用来比喻人生短促。 ④ [沧海]大海。 ⑤ [挟]挟持。 ⑥ [骤得]数得，即多有得。 ⑦ [遗响]余音，指箫声。 ⑧ [逝者如斯，而未尝往也；盈虚者如彼，而卒莫消长也]流去的(水)像这样(不断地流去)，而实在没有流去；时圆时缺的(月亮)像那样(不断地圆缺)，却终于一点没有增减。意思是，水虽然流去，水还是水；月亮虽然有圆有缺，月亮还是月亮。逝，往。斯，此，指水。盈，满。虚，缺。彼，那，指月亮。卒，到底。消长，消减和增长。 ⑨ [盖将自其变者而观之，则天地曾不能以一瞬]大概如果从那变动的一面看，那么天地间万事万物(时刻在变动)，连一眨眼的工夫都不停止。 ⑩ [无尽]没有尽头，不会消灭。 ⑪ [且夫]发语词，况且。 ⑫ [是造物者之无尽藏也，而吾与子之所共适]这是自然界的无穷无尽的宝藏，我和你可以共同享受的。造物者，原意指"天"，就是现在说的"自然"，无尽藏，出于佛家语的"无尽藏海"(像海之能包罗万物)。适，在这里有"享乐"或"满足"的意思。 ⑬ [肴核]菜肴和果品。核，水果。 ⑭ [狼籍]也作"狼藉"，凌乱。据说狼起卧游戏多在草上，而将草弄得乱七八糟，所以说"狼藉"。 ⑮ [相与枕藉]互相枕着垫着。 ⑯ [既白]已经显出白色，指天明了。

复背课文

出 师 表

诸葛亮

先帝创业未半而中道崩殂，今天下三分，益州疲弊，此诚危急存亡之秋也。然侍卫之臣不懈于内，忠志之士忘身于外者，盖追先帝之殊遇，欲报之于陛下也。诚宜开张圣听，以光先帝遗德，恢弘志士之气，不宜妄自菲薄，引喻失义，以塞忠谏之路也。

宫中府中，俱为一体，陟罚臧否，不宜异同。若有作奸犯科及为忠善者，宜付有司论其刑赏，以昭陛下平明之理，不宜偏私，使内外异法也。

侍中侍郎郭攸之、费祎、董允等，此皆良实，志虑忠纯，是以先帝简拔以遗陛下。愚以为宫中之事，事无大小，悉以咨之，然后施行，必能裨补阙漏，有所广益。

将军向宠，性行淑均，晓畅军事，试用于昔日，先帝称之曰能，是以众议举宠为督。愚以为营中之事，悉以咨之，必能使行阵和睦，优劣得所。

亲贤臣，远小人，此先汉所以兴隆也；亲小人，远贤臣，此后汉所以倾颓也。先帝在时，每与臣论此事，未尝不叹息痛恨于桓、灵也。侍中、尚书、长史、参军，此悉贞良死节之臣，愿陛下亲之信之，则汉室之隆，可计日而待也。

臣本布衣，躬耕于南阳，苟全性命于乱世，不求闻达于诸侯。先帝不以臣卑鄙，猥自枉屈，三顾臣于草庐之中，咨臣以当世之事，由是感激，遂许先帝以驱驰。后值倾覆，受任于败军之际，奉命于危难之间，尔来二十有一年矣。

先帝知臣谨慎，故临崩寄臣以大事也。受命以来，夙夜忧叹，恐托付不效，以伤先帝之明，故五月渡泸，深入不毛。今南方已定，兵甲已足，当奖率三军，北定中原，庶竭驽钝，攘除奸凶，兴复汉室，还于旧都。此臣所以报先帝而忠陛下之职分也。至于斟酌损益，进尽忠言，则攸之、祎、允之任也。

愿陛下托臣以讨贼兴复之效，不效则治臣之罪，以告先帝之灵；若无兴德之言，则责攸之、祎、允等之慢，以彰其咎；陛下亦宜自谋，以咨诹善道，察纳雅言，深追先帝遗诏。臣不胜受恩感激。

今当远离，临表涕零，不知所言。

醉翁亭记

欧阳修

环滁皆山也。其西南诸峰，林壑尤美，望之蔚然而深秀者，琅琊也。山行六七里，渐闻水声潺潺而泻出于两峰之间者，酿泉也。峰回路转，有亭翼然临于泉上者，醉翁亭也。作亭者谁？山之僧智仙也。名之者谁？太守自谓也。太守与客来饮于此，饮少辄醉，而年又最高，故自号曰醉翁也。醉翁之意不在酒，在乎山水之间也。山水之乐，得之心而寓之酒也。

若夫日出而林霏开，云归而岩穴暝，晦明变化者，山间之朝暮也。野芳发而幽香，佳木秀而繁阴，风霜高洁，水落而石出者，山间之四时也。朝而往，暮而归，四时之景不同，而乐亦无穷也。

至于负者歌于途，行者休于树，前者呼，后者应，伛偻提携，往来而不绝者，滁人游也。临溪而渔，溪深而鱼肥；酿泉为酒，泉香而酒洌。山肴野蔌，杂然而前陈者，太守宴也。宴酣之乐，非丝非竹，射者中，弈者胜，觥筹交错，起坐而喧哗者，众宾欢也。苍颜白发，颓然乎其间者，太守醉也。

已而夕阳在山，人影散乱，太守归而宾客从也。树林阴翳，鸣声上下，游人去而禽鸟乐也。然而禽鸟知山林之乐，而不知人之乐；人知从太守游而乐，而不知太守之乐其乐也。醉能同其乐，醒能述以文者，太守也。太守谓谁？庐陵欧阳修也。

古代诗歌七首

渔　歌　子

张志和

西塞山前白鹭飞，
桃花流水鳜鱼肥。
青箬笠，绿蓑衣，
斜风细雨不须归。

虞　美　人

李　煜

春花秋月何时了，
往事知多少！
小楼昨夜又东风，
故国不堪回首月明中。

雕栏玉砌应犹在，
只是朱颜改。
问君能有几多愁，
恰似一江春水向东流。

渔　家　傲

范仲淹

塞下秋来风景异，
衡阳雁去无留意。
四面边声连角起，
千嶂里，

长烟落日孤城闭。

浊酒一杯家万里，
燕然未勒归无计。
羌管悠悠霜满地，
人不寐，
将军白发征夫泪。

水调歌头

苏　轼

明月几时有？
把酒问青天。
不知天上宫阙，
今夕是何年。
我欲乘风归去，
又恐琼楼玉宇，
高处不胜寒。
起舞弄清影，
何似在人间。

转朱阁，低绮户，照无眠，
不应有恨，
何事偏向别时圆？
人有悲欢离合，
月有阴晴圆缺，
此事古难全。
但愿人长久，
千里共婵娟。

如梦令

李清照

常记溪亭日暮，

沉醉不知归路。
兴尽晚回舟，
误入藕花深处。
争渡，争渡，
惊起一滩鸥鹭。

西　江　月

辛弃疾

明月别枝惊鹊，
清风半夜鸣蝉。
稻花香里说丰年，
听取蛙声一片。

七八个星天外，
两三点雨山前。
旧时茅店社林边，
路转溪头忽见。

丑　奴　儿

书博山道中壁

辛弃疾

少年不识愁滋味，
爱上层楼。
爱上层楼，
为赋新词强说愁。

而今识尽愁滋味，
欲说还休。
欲说还休，
却道天凉好个秋。

文言常识七

辨 辞 采

学习文言文，不仅要懂得文言的词义和文法，还要懂得它在表情达意上的修辞方法。不懂修辞方法，往往有碍于文义的理解。下面就这方面作一些简单的介绍。

（一）措辞的婉曲

由于种种原因，文言文中有时不直接讲出自己的意思，如果我们只看字面，往往会误解文义。例如：

1. 慈父见背（《陈情表》）——是父亲去世的意思。因为子不忍言父死，所以这样措辞，不能从字面上理解为父亲抛弃了我。

2. 非臣陨首所能上报（《陈情表》）——实际是不接受晋武帝让他作太子洗马的命令。因为下对上不敢直言抗命，所以委婉地说，即使死也报不了这个恩德。

3. 怀帝阍而不见（《滕王阁序》）——实际是说想得到皇帝的任用而不能。因为臣对君不敢直指，所以借给皇帝守门的人来措辞。

4. 居庙堂之高则忧其民，处江湖之远则忧其君（《岳阳楼记》）——“居庙堂之高”实际是说在朝为官，“处江湖之远”实际是说不在朝为官，这样措辞，比直接说受重用和遭贬斥显得含蓄。

（二）称名的代用

文言文中，人或物的名称往往用与之相关的名称替代，必须了解所代的是什么，才能正确地理解文义。例如：

1. 沉鳞竞跃（《答谢中书书》）——以鱼身之鳞代鱼。

2. 臣本布衣（《出师表》）——以衣着代平民的社会地位。

3. 此诚危急存亡之秋也（《出师表》）——以季节之秋代时。

4. 寄蜉蝣于天地（《赤壁赋》）——以只能活几个小时的“蜉蝣”代人的短促的生命。

（三）典实的援引

文言文经常引用名言或故事来表达思想感情，叫做用典。典故是有出处的，它的意义往往包含着与它的出处相关的许多内容。所以只有了解它的出处，才能体会到它的含义。要做到这一点，一要靠多读书，二要靠查工具书。经过逐渐积累，就能熟悉一些常用的典故，阅读一般的文言文也就不会感到困难了。例如：

1. 管子曰：“仓廪实而知礼节。”（《论积贮疏》）——管子是著名的政治家，他任齐国的国相，使齐桓公成为诸侯的霸主。贾谊在文章开头引用他这句话，就为“积贮”的主张提出了有力的根据，增强了说服力。

2. 孔子云:“何陋之有?”(《陋室铭》)——这句话出于《论语·子罕》,原文是“子欲居九夷(九夷是我国古代的少数民族)。或曰:‘陋如之何?’子曰:‘君子居之,何陋之有?’”刘禹锡引用这句话就包含了以君子自况,虽处逆境而自得其乐的思想感情。

3. 生当陨首,死当结草。(《陈情表》)——“结草”出于《左传·宣公十五年》,老人死后显灵结草为绳帮助魏颗捕获秦国杜回来报恩的故事。李密引用这个故事,便表达了如果许他侍养祖母终老,死后也要报恩的心意。

(四)词语的减缩

文言文中有些语词,由于行文的需要而缩减了,须补足,才能通晓其义。例如:

1. 是以区区不能废远(《陈情表》)——“废远”是废弃奉养之事而远离祖母的意思。因为上文是“母孙二人更相为命”,这一句也要以八个字为句来相配。

2. 卒相与欢,为刎颈之交(《廉颇蔺相如列传》)——“刎颈”实际是同生死的意思,《史记索隐》引崔浩曰:“言要(yāo)齐生死,而刎颈无悔也。”“刎颈”是这个意思的省语。

3. 郦元以为下临深潭(《石钟山记》)——“郦元”是郦道元的省称。

(五)词语的变换

文言文在用词方面很注意避免一个词的重复使用,因为同一个词重出,容易使语言单调、贫乏、呆滞。所以文言文中往往有上下文用词不同而意义相同的现象。了解这一点,不但可以使我们感受到语言的丰富多彩,而且有助于对词义的理解。例如:

1. 鸡豚狗彘之畜,无失其时,七十者可以食肉矣;百亩之田,无夺其时,数口之家可以无饥矣。(《寡人之于国也》)——“失”与“夺”同义,有助于对“夺”字意义的理解。

2. 固知一死生为虚诞,齐彭殇为妄作。(《兰亭集序》)——“一”与“齐”都是“等同”的意思,有助于对“齐”字的理解。

3. 木欣欣以向荣,泉涓涓而始流。(《归去来辞》)——“以”与“而”同义,有助于对“以”字的理解。

我们在这里不是全面地介绍文言文的修辞方法,只择其最常见而又对文义的理解有关的提出了以上五条。其实,文言文的许多修辞方法都与现代汉语相同,不用特别注意就能看出。例如:

1. 纵一苇之所如,凌万顷之茫然(《赤壁赋》)——用“一苇”比喻阔大水面上的小舟。

2. 力拔山兮气盖世(《垓下之战》)——“力拔山”,力气大的夸张说法。

3. 一水护田将绿绕,两山排闼送青来(《书湖阴先生壁》)——拟人写法。

4. 醉翁之意不在酒,在乎山水之间也(《醉翁亭记》)——拈连,两个“在”字关联前后两个意思,而且把说话的重点从前面移到后面。

至于句式的排比和对偶,更是文言文中大量出现并与现代汉语的用法相同的,就不一一陈述了。

试运用以上知识,作下边的练习。

一　下列句子里画线的地方，运用的是什么修辞方法，怎样理解它的意义？

1. 郡将下车辄切齿(《诫兄子严敦书》)
2. 施衿结缡，申父母之戒(同上)
3. 庶竭驽钝，攘除奸凶(《出师表》)
4. 今臣亡国贱俘，至微至贱(《陈情表》)
5. 而蔺相如徒以口舌为劳(《廉颇蔺相如列传》)
6. 愿君即以遂备员而行矣(《毛遂自荐》)

二　下列句子都用了“名称代用”的修辞方法，请指出并加以解释。

1. 金就砺则利(《劝学》)
2. 爱其二毛，则如服焉(《子鱼论战》)
3. 策扶老以流憩(《归去来辞》)
4. 英雄无用武之地，故豫州遁逃至此(《赤壁之战》)
5. 肉食者鄙，未能远谋(《曹刿论战》)

三　下列句子用的修辞方法有：① 比喻。② 夸张。③ 对偶。④ 婉曲。⑤ 排比。⑥ 拈连。请分别指出。

1. 庶竭驽钝，攘除奸凶(《出师表》)
2. 白发三千丈，缘愁似个长(《秋浦歌》)
3. 雄州雾列，俊彩星驰(《滕王阁序》)
4. 屈贾谊于长沙，非无圣主；窜梁鸿于海曲，岂乏明时？(同上)
5. 今治水军八十万，方与将军会猎于吴(《赤壁之战》)
6. 操虽托名汉相，其实汉贼也(同上)
7. 但以刘日薄西山，气息奄奄(《陈情表》)
8. 舜发于畎亩之中，傅说举于版筑之间，胶鬲举于鱼盐之中，管夷吾举于士，孙叔敖举于海，百里奚举于市(《〈孟子〉二章》)
9. 人死，则曰：“非我也，岁也。”是何异于刺人而杀之，曰“非我也，兵也”？(《寡人之于国也》)

文言练习七

词语练习

一 词义辨析

(1) 有些字在特定的语境中要改变原来的读音,以表示意义的转变,叫做"读破"。通常改变声调的居多。例如"七十者衣帛食肉,黎民不饥不寒,然而不王者,未之有也"(《寡人之于国也》)中的"王",应改读去声 wàng,表示拥有天下的意思。这就是训诂学上说的"因声求义"。请你用这种方法解释下面句子中加点的字,先注音,后释义。

A 倚歌而和之,其声呜呜然(《赤壁赋》)

B 秦昭王闻之,使人遗赵王书(《廉颇蔺相如列传》)

C 乃使其从者衣褐,怀其璧,从径道亡(同上)

D 暴霜露,斩荆棘,以有尺寸之地(《六国论》)

E 盈虚者如彼,而卒莫消长也(《赤壁赋》)

F 项王至阴陵,迷失道,问一田父(《垓下之战》)

G 项王自度不得脱,谓其骑曰……(同上)

(2) 利用"对文"。对文,指的是在结构相似的上下两个句子中相同位置上的字词。对文往往是同义、反义或意义有关联。试解释下列句子中加点的词语(其对文用"△"标出)。

A 歌台暖响,春光融融;舞殿冷袖,风雨凄凄(《阿房宫赋》)

B 爽籁发而清风生,纤歌凝而白云遏(《滕王阁序》)

C 老当益壮,宁移白首之心;穷且益坚,不坠青云之志(同上)

D 夫夷以近,则游者众;险以远,则至者少(《游褒禅山记》)

E 则胜负之数,存亡之理,与当秦相较,或未易量(《六国论》)

F 忧劳可以兴国,逸豫可以亡身(《伶官传序》)

G 殚其地之出,竭其庐之入(《捕蛇者说》)

(3) 借代和指代。借代有以偏代全、以全代偏、以事物特征代本物等等方式,因运用借代的修辞方式而产生的意义叫借代义。指代则是以他事代本事,或改用形象而概括的方式来叙述一件事。试指出下列句子中加点词语的借代义或所指代的事情。

A 雄州雾列，俊彩星驰(《滕王阁序》)

B 宾主尽东南之美(同上)

C 飞阁流丹，下临无地(同上)

D 睢园绿竹，气凌彭泽之樽(同上)

E 独夫之心，日益骄固(《阿房宫赋》)

F 今为君计，莫若遣腹心自结于东(《赤壁之战》)

(4) 下列各组句子中加点的词，意思均不同，试作解释。

①
- A 缦立远视，而望幸焉(《阿房宫赋》)
- B 梁，吾仇也；燕王，吾所立(《伶官传序》)
- C 兵精粮多，足以立事(《赤壁之战》)
- D 孤与老贼势不两立，君言当击，甚与孤合(同上)
- E 大王遣一介之使至赵，赵立奉璧来(《廉颇蔺相如列传》)

②
- A 十旬休假，胜友如云(《滕王阁序》)
- B 童子何知，躬逢胜饯(同上)
- C 臣不胜犬马怖惧之情，谨拜表以闻(《出师表》)
- D 后世之谬其传而莫能名者，何可胜道也哉(《游褒禅山记》)

二 赋体文章在语言上有两个显著的特点：一是骈句的运用，如《滕王阁序》全用骈句，《阿房宫赋》《赤壁赋》中也有大量骈句；二是有一些特殊的句法，如“鼎铛玉石”(《阿房宫赋》)，是“视鼎如铛，视玉为石”的意思。

(1) 为了保持句式整齐，下列句中画线的词语都属省文，如果要完整地说出来，该怎么说？

A 物华天宝，龙光射牛斗之墟(《滕王阁序》)

B 家君作宰，路出名区(同上)

C 杨意不逢，抚凌云而自惜；钟期既遇，奏流水以何惭(同上)

D 纵一苇之所知，凌万顷之茫然(《赤壁赋》)

(2) 下列句子中画线部分都是以名词或名词性短语充当谓语，如改用散文句式该怎么说？

A 闾阎扑地，钟鸣鼎食之家(《滕王阁序》)

B 勃，三尺微命，一介书生(同上)

C 兰亭已矣，梓泽丘墟(同上)

D 长桥卧波，未云何龙？复道行空，不霁何虹(《阿房宫赋》)

E 楚人一炬，可怜焦土(同上)

F 舳舻千里，旌旗蔽空(《赤壁赋》)

(3) 下列句子，如要换成正常语序，该怎么说？

A 腾蛟起凤，孟学士之词宗；紫电清霜，王将军之武库(《滕王阁序》)

B 老当益壮，宁移白首之心？穷且益坚，不坠青云之志(同上)

C 朝歌夜弦,为秦宫人(《阿房宫赋》)

D 渺渺兮余怀,望美人兮天一方(《赤壁赋》)

(4) 用典。文言文中用典大体上可分两类:一类是引用以往典籍中的原话或据原话稍作改动,叫做语典;一类是引用某件史实,而高度概括,叫做事典。试指出下列语句哪些是语典,哪些是事典,作者运用这些典故表达了怎样的意思。

A 徐孺下陈蕃之榻(《滕王阁序》)

B 非谢家之宝树,接孟氏之芳邻(同上)

C 请洒潘江,各倾陆海(同上)

D 楚人一炬,可怜焦土(《阿房宫赋》)

E 逝者如斯(《赤壁赋》)

三 仔细阅读下面的短文,回答问题。

上枢密韩太尉书(节选)

苏 辙

辙生好为文,思之至深。以为文者气之所形。然文不可以学而能,气可以养而致。孟子曰:"我善养吾浩然之气。"今观其文章,宽厚宏博,充乎天地之间,称其气之小大。太史公行天下,周览四海名山大川,与燕赵间豪俊交游,故其文疏荡,颇有奇气。此二子者,岂尝执笔学为如此之文哉?其气充乎其中,而溢乎其貌;动乎其言,而见乎其文,而不自知也。

(1) 指出下列句子中加点的词的义项与例句中的相同者。

A 思之至深

a 起视四境,而秦兵又至矣(《六国论》)

b 古之治天下,至纤至悉也(《论积贮疏》)

c 余人各复延至其家(《桃花源记》)

d 至若春和景明,波澜不惊(《岳阳楼记》)

B 气可以养而致

a 肃宣权旨,论天下事势,致殷勤之意(《赤壁之战》)

b 假舆马者,非利足也,而致千里(《劝学》)

c 皆存想虚致,未必有其实也。(《订鬼》)

d 家贫,无从致书以观(《送东阳马生序》)

(2) 给下列句中的加点字选择正确的读音。

A 称其气之小大

chēng chèn

B 动乎其言,而见乎其文

jiàn xiàn

(3) 给下列句子选择正确的解释。

A　以为文者气之所形

a　文章是由人的气质形成的。

b　文章是人的气质和精神的外显。

c　气质是内涵,而文章是其表现形式。

d　气质形成后,才会产生文章。

B　此二子者,岂尝执笔学为如此之文哉

a　孟子和司马迁没有学过写文章。

b　他们曾经执笔写过这样的文章。

c　他们并非刻意追求这样的文章风格。

d　他们本来就学习过这样的文章风格。

(4) 从这篇文章中找出两组骈句。

A　(　　　　　　　　　　　　　　　　　　　　　　　　　　)

B　(　　　　　　　　　　　　　　　　　　　　　　　　　　)

点读练习

四　叙事性的文言文中出现人物间的连续对话时,往往只用“曰”字表示说话人的更换;在特殊情况下,甚至连“曰”字也略而不书,这就需要根据所说的内容来确定说话人,恰当地运用引号来表示,使对话的层次清晰地显示出来。此外,还要注意其间的叙事语言,不要把它掺进人物话语里。根据这些提示给下面二则短文断句。

(1)(冯谖)长驱到齐晨而求见孟尝君怪其疾也衣冠而见之曰责(债)毕收乎来何疾也曰收毕矣以何市而反冯谖曰君云视吾家所寡有者臣窃计君宫中积珍宝狗马实外厩美人充下陈君家所寡有者以义耳窃以为君市义孟尝君曰市义奈何曰今君有区区之薛不拊爱其子民因而贾利之臣窃矫君命以责赐诸民因烧其券民称万岁乃臣所以为君市义也孟尝君不说曰诺先生休矣

《战国策·齐策》

(2) 堂溪公谓昭侯曰今有千金之玉卮(zhī,酒器)通而无当(dàng,底)可以盛水乎昭侯曰不可有瓦器而不漏可以盛酒乎昭侯曰可对曰夫瓦器至贱也不漏可以盛酒虽有乎千金之玉卮至贵而无当漏不可盛水则人孰注浆哉今为人之主而漏其群臣之语是犹无当之玉卮也虽有圣智莫尽其术为其漏也昭侯曰然昭侯闻堂溪公之言自此之后欲发天下之大事未尝不独寝恐梦言而使人知其谋也

《韩非子·外储说右上》

五　文言文中,有时下一句开头所用的词语和上一句末尾所用的词语相同,从而形成一种层层推进的关系,识别这种写法对断句很有帮助。请在给下列文章断句时,注意这种文句。

(1) 孟子曰桀纣之失天下也失其民也失其民者失其心也得天下有道得其民

斯得天下矣得其民有道得其心斯得民矣得其心有道所欲与之聚之所恶勿施尔也民之归仁也犹水之就下兽之走圹也故为渊驱鱼者獭也为丛驱雀者鹯也为汤武驱民者桀与纣也今天下之君有好仁者则诸侯皆为之驱矣虽欲无王不可得已

《孟子·离娄上》

(2) 斯吾所谓道也非向所谓老与佛之道也尧以是传之舜舜以是传之禹禹以是传之汤汤以是传之文武周公文武周公传之孔子孔子传之孟轲轲死不得其传焉

韩愈《原道》

*六 文言文的内容,常涉及当时的名物、典章制度、风俗习惯,读时要善于判明哪些是地名、官职名和称谓,哪些是纪时、纪年语,这样有益于正确断句。给下面文章中画线部分断句时要注意这方面的情形。

班超字仲升扶风平陵人徐(县名)令彪之少子也为人有大志不修细节然内孝谨居家常执勤苦不耻劳辱有口辩而涉猎书传永平五年兄固被召诣校书郎超与母随至洛阳家贫常为官佣书(受雇抄写)以供养久劳苦尝辍业投笔叹曰大丈夫无它志略犹当效傅介子张骞立功异域以取封侯安能久事笔研间乎左右皆笑之超曰小子安知壮士志哉

《后汉书·班超传》

翻译练习

七 翻译要讲究修辞技巧,其主要目的是使译文合乎现代汉语的习惯。例如"豫章故郡,洪都新府,星分翼轸,地接衡庐"(《滕王阁序》)这四句话,翻译要注意形式美(节奏整齐、有对偶),但也不必完全照搬,可以译为"从前的预章郡,现在是洪都府。(它)位于轸星和翼宿的分野,连接着衡山和庐山"。为了使译文合乎现代汉语习惯,有时可以调整语序,例如"(而)山上栖鹘,闻人声亦惊起,磔磔云霄间"(《石钟山记》),如将"栖"和"云霄间"提前,全句可译为"栖宿在山上的鹘,听到人声也仓皇起飞,在高空发出'嗻嗻'的叫声。"参照以上两例,请把下面这段文字中画线的句子翻译出来,要译得合乎现代汉语习惯。

其后魏伐赵,赵急,请救于齐。……田忌欲引兵之赵,孙子曰:"夫解杂乱纷纠者不控捲(握住拳头),救斗者不搏撠(相打),批亢(gāng,喉头)捣虚,形格势禁,则自为解耳。今梁(即魏国)、赵相攻,轻兵锐卒必竭于外,老弱疲于内。君不若引兵疾走大梁(魏国都城),据其街路,冲其方虚,彼必释赵而自救,是我一举解赵之围而收弊(利用对方弱点)于魏也。"田忌从之,魏果去邯郸(赵国都城),与齐战于桂陵,大破梁军。

《史记·孙子吴起列传》

八　有时文言文中的某些修辞技巧，如果完全照直翻译也可能影响表达效果，甚至使人误解原意。这就应当改变一下表达方式。例如“长桥卧波，未云何龙？复道行空，不霁何虹”（《阿房宫赋》）这四句话，可以译为“蓝天下，长桥像龙一样横卧在水面上；晴日里，复道像彩虹一样悬挂在天上”。参照这个例子，请你翻译下面这段文字中画线的句子。

文之思（构思）也，其神（思维活动）远矣。故寂然凝虑，思接千载；悄焉动容，视通万里。吟咏之间，吐纳珠玉之声；眉睫之前，卷舒风云之色。其思理之致乎？

《文心雕龙·神思》

*九　讲究修辞技巧的一个重要方面是，要善于运用现代词语；在特殊情况下（例如翻译记叙文中的对话部分），还要善于运用口语。例如“横柯上蔽，在昼犹昏；疏条交映，有时见日”（《与朱元思书》），可译为“（有时）横枝密集，遮天蔽日，白天也是一片昏暗；有时稀疏的枝条互相交错，这才看得见阳光”，其中“遮天蔽日”、“互相交错”都是现代词语。又如“而蔺相如徒以口舌为劳”（《廉颇蔺相如列传》）这句话中的“口舌为劳”，就可以用口语“动动嘴”来翻译。下面这段文字中画线的语句都可以用这种方式来翻译，请你试试看。

孙叔敖为楚令尹（相当于宰相），一国吏民皆来贺。有一老父衣粗衣，冠白冠，后来吊。孙叔敖正衣冠而出见之，谓老父曰：“楚王不知臣不肖，使臣受吏民之垢（同‘诟’），人尽来贺，子独后来吊，岂有说乎？”父曰：“有说。身已贵而骄人者，民去之；位已高而擅权者，君恶（wù，厌恨）之；禄已厚而不知足者，患处之。”孙叔敖再拜曰：“敬受命！愿闻余教。”父曰：“位已高而意益下，官益大而心益小，禄已厚而慎不敢取，君谨守此三者，足以治楚矣。”

《说苑·敬慎》

浏览课文

短文三则

与朱元思书①

吴均

风烟俱净②,天山③共色。从流④飘荡,任意东西。自富阳⑤至桐庐⑥,一百许里,奇山异水,天下独绝。

水皆缥(piǎo)碧⑦,千丈见底。游鱼细石,直视无碍。急湍(tuān)甚箭⑧,猛浪若奔⑨。

夹岸高山,皆生寒树⑩。负势竞上⑪,互相轩邈⑫(miǎo);争高直指⑬,千百成峰⑭。泉水激石,泠泠⑮(líng)作响;好鸟相鸣⑯,嘤嘤(yīng)成韵⑰。蝉则千转⑱不穷,猿则百叫无绝。鸢(yuān)飞戾(lì)天⑲者,望峰息心⑳;经纶(lún)世务㉑者,窥谷忘反㉒。横柯㉓(kē)上蔽,在昼犹昏㉔;疏条交映㉕,有时见日。

---

① 选自《艺文类聚》卷七。作者吴均(469—520),字叔庠,吴兴故鄣(现在浙江省安吉县)人,南朝梁文学家和史学家。他的文章多描绘山水景物,风格清新俊逸,当时很多人仿效他,号为"吴均体"。本文是他写给友人朱元思的信的一部分,生动地描绘了富春江从富阳至桐庐一段的秀丽风光。 ② [风烟俱净]烟雾都散净了。风烟,指烟雾。 ③ [天山]天空和山峰。 ④ [从流]顺随江流。指乘船,这是叙述自己的行动。 ⑤ [富阳]县名,在富春江下游,现属杭州市。 ⑥ [桐庐]县名,在富阳的西南,现属杭州市。 ⑦ [缥碧]青白色。 ⑧ [急湍甚箭]急流比飞箭还快。湍,急流。 ⑨ [若奔]像奔马一样。奔,这里借指奔马。 ⑩ [寒树]阴森森的树。 ⑪ [负势竞上](群山)凭依着(高峻的)地势,争着向上。 ⑫ [轩邈]指群山仿佛竞相往高处和远处伸展。轩,高。邈,远。在这里都作动词用。 ⑬ [争高直指]争相比高,笔直地向上。指,向。 ⑭ [千百成峰]即"成千百峰",形成无数的山峰。 ⑮ [泠泠]清越的水声。 ⑯ [相鸣]相和鸣。 ⑰ [嘤嘤成韵]鸣声嘤嘤,和谐动听。嘤嘤,鸟叫声,韵,和谐的声音。 ⑱ [千转]长久不断地鸣叫。千,与下句的"百",都不是确数,表示多、久。转,指声音的回转。 ⑲ [鸢飞戾天]鸢鸟飞到天上。鸢,一种猛禽。戾,至,到。这一句,暗指那些追逐名利,极力攀高的人。这句出自《诗·大雅·旱麓》。 ⑳ [望峰息心]意思是望见这些山峰,就会平息他们热衷功名利禄的心。 ㉑ [经纶世务]经营人世上的事。经纶,经营,治理。 ㉒ [忘反]流连忘返。反,同"返"。 ㉓ [柯]树枝。 ㉔ [犹昏]如同黄昏(时那样幽暗)。 ㉕ [疏条交映]疏落的枝条互相掩映。

江　水①

郦道元

江水又东，径②广溪峡③，斯乃三峡之首也。峡中有瞿塘黄龛(kān)二滩。其峡盖自昔禹凿以通江，郭景纯④所谓“巴东之峡，夏后⑤疏凿”者也。

江水又东，径巫峡⑥，杜宇⑦所凿以通江水也。江水历峡，东径新崩滩⑧，其间首尾百六十里，谓之巫峡，盖因山⑨为名也。

自三峡七百里中⑩，两岸连山，略无阙(quē)处⑪。重岩叠嶂⑫(zhàng)，隐天蔽日，自非亭午夜分，不见曦(xī)月⑬。

至于夏水襄陵，沿溯(sù)阻绝⑭。或王命急宣⑮，有时朝发白帝⑯，暮到江陵，其间千二百里，虽乘奔御风不以疾也⑰。

春冬之时，则素湍绿潭，回清倒影⑱，绝巘⑲(yǎn)多生怪柏，悬泉⑳瀑布，飞漱㉑(shù)其间，清荣峻茂㉒，良㉓多趣味。

每至晴初霜旦㉔，林寒涧肃，常有高猿长啸，属(zhǔ)引凄异㉕，空谷传响，哀转久

---

① 节选自《水经注·江水》。《水经》传说是汉朝人桑钦作，内容很简略。南北朝时期北魏地理学家郦道元根据大量资料和实地考察，为《水经》作注，著成《水经注》四十卷，记述大小河流1200多条。它不仅是研究古代地理的参考资料，而且文笔生动，具有很高的文学价值。《江水》这一节专门解说长江流经的情形，这里节选的一小部分，重点记述了长江三峡(主要是巫峡)的景色和形势。 ② [径]经过。 ③ [广溪峡]这是瞿塘峡，在四川省奉节县东。 ④ [郭景纯]郭璞(276—324)，字景纯，东晋闻喜(今属山西)人，长于辞赋。 ⑤ [夏后]指夏禹。后，君主。 ⑥ [巫峡]在四川省巫山县东。 ⑦ [杜宇]古代传说中蜀国的一个帝王。禹和杜宇凿通江峡，都是古代传说。 ⑧ [新崩滩]江中滩名。这里的山在东汉和东晋时两次崩坍，形成江中险滩，所以叫“新崩滩”。 ⑨ [山]指巫山。巫峡和巫山县都因山得名。 ⑩ [自三峡七百里中]这段路程，现在计算约二百公里。自，有“于”的意味。 ⑪ [略无阙处]一点没有中断的地方。阙，通“缺”。 ⑫ [嶂]像屏障似的高山。 ⑬ [自非亭午夜分，不见曦月]如果不是正午和半夜，就看不见太阳和月亮(正午和半夜，日月高悬，光线近于直射，所以看得见)。自非，若非。曦，日光，这里指太阳。 ⑭ [至于夏水襄陵，沿溯阻绝]至于夏天发大水，江水漫上山陵的时候，下行和上行的船都被阻绝了。襄，上。陵，山陵。沿，顺流而下。溯，逆流而上。 ⑮ [或王命急宣]偶或皇帝有命令必须急速传达。 ⑯ [白帝]城名，在现在四川省奉节县东边的山上。 ⑰ [其间千二百里，虽乘奔御风不以疾也]从白帝到江陵，中间相距一千二百里(这段路程，现在计算约三百五十公里)，即使骑着快马，驾着风，也不如它快。奔，指飞奔的马。以，似。 ⑱ [素湍绿潭，回清倒影]雪白的急流，碧绿的深潭，回旋着清波，倒映着各种景物的影子。 ⑲ [绝巘]极高的山顶。 ⑳ [悬泉](从山崖上流下来的好像)悬挂着的泉水(比瀑布小)。 ㉑ [飞漱]飞流冲荡。 ㉒ [清荣峻茂]水清，树荣，山高，草茂。荣，指树木繁密。 ㉓ [良]真，实在。 ㉔ [晴初霜旦]初晴的日子，结霜的早晨。 ㉕ [高猿长啸，属引凄异]高处的猿猴拉长声音叫，(叫声)连续不断，凄凉怪异。属，连续。引，延长。

绝①。故渔者歌曰:"巴东三峡巫峡长②,猿鸣三声泪沾裳。"

春夜宴从弟桃花园序③

李 白

夫天地者,万物之逆旅也④;光阴者,百代之过客也⑤。而浮生⑥若梦,为欢几何?古人秉烛夜游⑦,良有以也⑧。况阳春召我以烟景,大块假我以文章⑨。会桃花之芳园,序⑩天伦⑪之乐事。群季⑫俊秀,皆为惠连⑬;吾人⑭咏歌,独惭康乐⑮。幽赏未已,高谈转清⑯。开琼筵⑰以坐花⑱,飞羽觞⑲而醉月⑳。不有佳咏,何申雅怀?如诗不成,罚依金谷㉑酒数。

---

① [空谷传响,哀转久绝]空的山谷传来猿啼的回声,悲哀婉转,很久才消失。 ② [巴东三峡巫峡长]巴东三峡,巫峡最长。巴东,郡名,现在四川省东部云阳县、奉节县一带。 ③ 选自《李白集校注》。李白(701—762),字太白,号青莲居士,唐代大诗人。李白的文章同他的诗一样,飘逸潇洒,豪放纵横。这篇记宴饮的序文,辞情慷慨,气势不凡,是历代传诵的佳作,可惜写作年代及桃花园所在地已无可考。从弟,堂弟。 ④ [夫天地者,万物之逆旅也]天地,是万物寄寓的地方。这句是说,天地无所不包。逆旅,旅店。 ⑤ [光阴者,百代之过客也]光阴(时间),是绵延百代的旅行者。这句是说时间无所不见。过客,行者。 ⑥ [浮生]人生。《庄子·刻意》:"其生若浮,其死若休"。浮即飘浮不定之意。 ⑦ [古人秉烛夜游]古人拿着蜡烛夜游,指及时行乐。《古诗十九首》有"昼短苦夜长,何不秉烛游"的诗句。秉,持,拿。 ⑧ [良有以也]真是有原因的。良,诚,真。以,因。 ⑨ [大块假我以文章]大自然给我色彩。大块,大土块,地球,即指自然界。假,给与。文章,指自然界的各种色彩。 ⑩ [序]通"叙"。 ⑪ [天伦]指父子、兄弟等亲情关系。 ⑫ [群季]众位从弟。古人以伯仲叔季作为兄弟间的排行,季代指弟。 ⑬ [惠连]谢惠连(397—433),南朝宋文学家,幼年就能作诗文,与族兄谢灵运皆以诗文著称。 ⑭ [吾人]我这人,李白自称。 ⑮ [康乐]谢灵运,因袭封为康乐公,故称。 ⑯ [幽赏未已,高谈转清]对幽美景色的欣赏不已,高谈阔论变成了析理论玄的清谈。 ⑰ [琼筵]丰美的筵席。琼,美好。 ⑱ [坐花]坐在花间。 ⑲ [羽觞]带耳的酒杯。 ⑳ [醉月]醉于月下。 ㉑ [金谷]即金谷园。石崇《金谷诗序》云:"遂名赋诗,以叙中怀。或不能者,罚酒三斗(酒杯)。"李白即借用此意。

世态炎凉①

班 固

初，买臣免②，待诏③，常从会稽守邸者寄居饭食④。拜为太守⑤，买臣衣(yì)故衣⑥，怀其印绶⑦，步归郡邸⑧。直上计时⑨，会稽吏⑩方相与⑪群饮，不视买臣。买臣入室中，守邸与共食。食且饱，少见(xiàn)其绶⑫。守邸怪之，前引其绶⑬，视其印，会稽太守章也。守邸惊，出语上计掾(yuàn)吏⑭。皆醉，大呼曰："妄诞耳⑮！"守邸曰："试来视之。"其故人素轻买臣者入内视之，还走⑯，疾呼曰："实然⑰！"坐中惊骇，白守丞⑱，相推排陈(zhèn)列中庭拜谒⑲。买臣徐出户⑳。有顷，长安厩吏乘驷马车来迎㉑，买臣遂乘传(zhuàn)去㉒。会稽闻太守且至，发民除道㉓，县吏并送迎㉔，车百余乘㉕。

谏太宗十思疏㉖

魏 征

臣闻：求木之长㉗(cháng)者，必固㉘其根本；欲流之远者，必浚㉙(jùn)其泉源；

---

① 选自《汉书·朱买臣传》，题目是编者加的。朱买臣(? —前115)，字翁子，西汉吴县(现在江苏省苏州市)人。汉武帝时，曾为会稽太守。本文述说朱买臣受命为会稽太守后步归郡邸，前后受到的待遇截然不同，由此可以看出世态的炎凉。取材精审，文笔简炼。 ② [免]罢免。 ③ [待诏]等待皇帝重新任命。诏，皇帝的命令。 ④ [常从会稽守邸者寄居饭食]在会稽郡邸(类似现在的驻京办事处)的守邸人那里借住吃饭。常，日常。从，跟。会稽，郡名，当时郡的治所在吴县。守邸者，管事的人。 ⑤ [拜为太守]授与会稽郡太守官职。拜，授与。 ⑥ [衣故衣]穿着过去罢免时的衣服。 ⑦ [印绶]官的印章。绶是系印的丝带。 ⑧ [步归郡邸]步行回到郡邸。 ⑨ [直上计时]逢头上计的时候。直，通"值"，逢着。上计，指会稽郡按期向中央上报户口赋税谷物等等。 ⑩ [会稽吏]会稽郡衙门到京办上计的官吏。 ⑪ [相与]一起。 ⑫ [少见其绶]稍微露出那系官印的带子。见，通"现"。 ⑬ [前引其绶]上前拿着那绶带。引，牵拿。 ⑭ [上计掾吏]会稽郡到京办上计的掾吏。掾，小吏。 ⑮ [妄诞耳]胡说罢了！妄，谬妄。诞，大话。 ⑯ [还走]回头就跑。 ⑰ [实然]的确如此。然，如此，这样。 ⑱ [白守丞]报告守丞。白，报告。守丞，太守的助理官员，是率领上计掾吏来京的。 ⑲ [相推排陈列中庭拜谒]互相推让，在厅堂中排成队，行礼谒见朱买臣。陈，同"阵"。 ⑳ [徐出户]缓缓走出房门。 ㉑ [长安厩吏乘驷马车来迎]长安厩的小吏驾着四匹马拉的车来迎接。长安厩，长安管官车迎送官吏的处所。乘，驾。驷，四匹马。 ㉒ [买臣遂乘传去]朱买臣就乘传车离开了。 ㉓ [发民除道]征发百姓整修打扫道路。除，整治。 ㉔ [县吏并送迎]会稽的沿途各县官吏一齐接送。并，一齐。 ㉕ [车百余乘]马车一百多辆。 ㉖ 选自《魏郑公文集》。魏征(580—643)，字玄成，巨鹿曲阳(现在河北省晋县)人。曾为谏议大夫、左光禄大夫，封郑国公，以直言敢谏著称。本文是魏征在贞观十一年(637)写给唐太宗的奏章之一，阐述了"居安思危"、"戒奢以俭"、"虚心以纳下"等观点。 ㉗ [木之长]木，树木。长，形容词，高大。下文的"远"、"安"也是形容词。 ㉘ [固]动词，使……稳固。 ㉙ [浚]动词，疏通、深挖。

思国之安者,必积其德义①。源不深而望流之远,根不固而求木之长,德不厚而思国之安,臣虽下愚②,知其不可,而况于明哲③乎！人君当神器之重④,居域中之大⑤,不念居安思危,戒奢以俭⑥,斯亦伐根以求木茂,塞源而欲流长也。

凡百元首⑦,承天景命⑧,善始者⑨实繁,克终者盖寡⑩。岂取之易守之难乎？盖在殷忧,必竭诚以待下⑪,既得志,则纵情以傲物⑫;竭诚则吴越⑬为一体,傲物则骨肉为行路⑭。虽董之以严刑⑮,振⑯之以威怒,终苟免而不怀仁⑰,貌恭而心不服。怨不在大,可畏惟人⑱;载舟覆舟⑲,所宜深慎⑳。

诚能见可欲㉑,则思知足以自戒;将有作㉒,则思知止以安人㉓;念高危,则思谦冲而自牧㉔;惧满溢㉕,则思江海下百川㉖;乐盘游㉗,则思三驱㉘以为度;忧懈怠,则思慎始而敬㉙终;虑壅(yōng)蔽㉚,则思虚心以纳下;惧谗邪㉛,则思正身以黜(chù)恶㉜;恩所加,则思无因喜以谬赏㉝;罚所及,则思无以怒而滥刑。总此十思,宏兹九德㉞,

---

① [德义]指恩德和道义。 ② [下愚]最愚昧无知。谦词。 ③ [明哲]明智的人。这里指唐太宗。 ④ [当神器之重]掌握帝王的重权。当,主持,掌握。神器,指帝位。 ⑤ [居域中之大]占据天地间重大的地位。域中,天地间。《老子》上篇:"道大,天大,地大,王亦大。域中有四大,而王居其一焉。" ⑥ [戒奢以俭]戒奢侈,行节俭。以,动词,用,行。 ⑦ [凡百元首](历代)所有的帝王。凡百,所有的。 ⑧ [承天景命]承受上天(赋予的)重大使命。景,大。 ⑨ [善始者]开头做得好的。善,好。 ⑩ [克终者盖寡]能够保持到底的大概少。克,能够。盖,表示不十分肯定的判断。 ⑪ [盖在殷忧,必竭诚以待下]因为处在深重忧患之中的时候,一定竭尽诚心地对待臣民。盖,承接上文,表示推断原因。殷,深。 ⑫ [傲物]看不起别人。物,这里指自己以外的人。 ⑬ [吴越]吴国和越国,春秋时两个敌对的诸侯国。 ⑭ [骨肉为行路]亲骨肉(也会)成为毫不相干的陌生人。骨肉,亲属。行路,比喻至亲,指父母兄弟子女之间的亲情。 ⑮ [董之以严刑]用严酷的刑罚监督人民。董,监督。 ⑯ [振]威吓。通"震"。 ⑰ [终苟免而不怀仁]最终只是苟且免于罪罚,但是并不会怀念(皇上的)仁慈。 ⑱ [怨不在大,可畏惟人]怨恨不在有多大,可怕的是人民(的力量)。 ⑲ [载舟覆舟]意思是人民能拥戴皇帝,也能推翻他的统治。《荀子·王制篇》:"君者舟也,庶人者水也。水则载舟,水则覆舟。" ⑳ [所宜深慎]这是应当深切戒慎的。 ㉑ [见可欲]看见能引起(自己)喜好的东西(像玉杯、象箸、旨酒、美色等)。此语出于《老子》上篇:"不见可欲,使民心不乱。"下文的"知足"(知道满足)、"知止"(知道适可而止),出自《老子》下篇:"知足不辱","知止不殆"。 ㉒ [作]建造,兴建。指大兴土木,营建宫殿苑囿一类的事情。 ㉓ [安人]安民。 ㉔ [念高危,则思谦冲而自牧]想到(自己的君位)高而险,就要不忘谦虚,加强自身的道德修养。冲,虚。牧,养。这里引用了《易经》"卑以自牧"的意思。 ㉕ [满溢]容器中水满则溢出。指骄傲自满,听不进别人意见。 ㉖ [江海下百川]江海居于百川之下。意思是说要有江海容纳众水的度量,善于听取各方面的意见。下,动词,居于……之下。 ㉗ [乐盘游]以盘游为乐。盘游,盘乐游逸,指从事狩猎。 ㉘ [三驱]三驱是为三个需要而狩猎:一供祭祀,二享宾客,三充君之庖。 ㉙ [敬]慎。 ㉚ [虑壅蔽]担心(耳目被)堵塞、蒙蔽。 ㉛ [谗邪]指爱说坏话陷害别人的邪恶之人。 ㉜ [黜恶]斥退奸恶小人。黜,排斥。 ㉝ [谬赏]不恰当地奖赏。 ㉞ [宏兹九德]扩大九德的修养。宏,使……光大。兹,此。九德,《尚书·皋陶(yáo)谟》:"宽而栗(庄严),柔而立(能立事),愿(良善)而恭,乱(有治理的才能)而敬,扰(和顺)而毅,直(正直)而温,简(简易,宽大)而廉,刚而塞(充实),强而义。"

简①能而任之，择善而从之，则智者尽其谋，勇者竭其力，仁者播其惠②，信者③效其忠；文武并用，垂拱而治④。何必劳神苦思，代百司之职役⑤哉？

山中与裴秀才迪书⑥

王 维

近腊月⑦下，景气⑧和畅，故山殊可过⑨。足下方温经⑩，猥不敢相烦⑪，辄便往山中，憩感配寺⑫，与山僧饭讫⑬(qì)而去。

北涉玄灞⑭，清月映郭。夜登华子冈⑮，辋水⑯沦涟，与月上下。寒山远火，明灭林外。深巷寒犬，吠声如豹。村墟⑰夜舂⑱，复与疏钟相间。此时独坐，僮仆静默⑲，多思曩昔，携手赋诗，步仄径⑳，临清流也。

当待㉑春中，草木蔓发㉒，春山可望。轻鯈㉓(tiáo)出水，白鸥矫翼㉔，露湿青皋㉕，麦陇㉖朝雊㉗(gòu)。斯之不远㉘，倘能从我游乎㉙？非子天机清妙㉚者，岂能以此不急之务㉛相邀。然是中㉜有深趣矣，无忽㉝！因驮黄檗㉞(bò)人往，不一㉟。

---

① [简]选拔。 ② [仁者播其惠]仁爱的人散播他们的恩惠。 ③ [信者]诚信的人。 ④ [垂拱而治](皇上)垂衣拱手(不亲自处理政务)，就能治理好天下。 ⑤ [代百司之职役]代管百官的职事。百司，百官。 ⑥ 选自《王右丞集》。王维(701—761)，字摩诘，祖籍太原祁(现在山西省祁县)，其父迁居蒲州(现在山西省永济县)。开元九年(721)中进士，精通书画音乐，曾为大乐丞、右拾遗，官至尚书右丞，世称王右丞。王维以写山水田园诗著称，散文也很有特色。这篇散文是王维写给友人的一封信。裴秀才迪，即裴迪，早年曾和王维隐居终南山，晚年又和王维“弹琴赋诗，啸咏终日”。秀才，唐代对中进士的人的通称。这是一封约友人同游的短信，描写了王维晚年所居“辋川别业”周围的山水景物，实写冬日的清丽，拟写春天的明媚，文笔淡雅，充满诗情画意。 ⑦ [腊月]农历十二月。古代在农历十二月举行“腊祭”，所以称十二月为腊月。 ⑧ [景气]气候。 ⑨ [故山殊可过]旧居监田山很可以一游。故山，旧居的山，指王维的“辋川别业”所在地的监田山。殊，很。过，过访，游览。 ⑩ [方温经]正在温习经书。方，正。 ⑪ [烦]打扰。 ⑫ [憩感配寺]在感配寺休息。憩，休息。感配寺，王维集中有游化感寺的诗，《旧唐书·神秀传》中说，蓝田有化感寺。感配寺可能是化感寺之误。 ⑬ [饭讫]吃完饭。讫，完。 ⑭ [北涉玄灞]往北走渡过灞水。涉，渡。玄，黑色，指水深绿发黑。 ⑮ [华子冈]王维辋川别业中的一处胜景。 ⑯ [辋水]即辋川，在蓝田县南。 ⑰ [村墟]村庄。 ⑱ [夜舂]晚上用杵臼捣谷(的声音)。 ⑲ [静默]指已入睡。 ⑳ [仄径]狭窄的小路。 ㉑ [当待]等到。 ㉒ [蔓发]蔓延生长。 ㉓ [轻鯈]即白鯈。身体狭长，游动轻捷。 ㉔ [矫翼]张开翅膀。矫，举。 ㉕ [青皋]青草地。皋，水边高地。 ㉖ [麦陇]麦田里。 ㉗ [朝雊]早晨野鸡的鸣叫。雊，野鸡叫的声音。 ㉘ [斯之不远]这不太远了。斯，指春天的景色。 ㉙ [倘能从我游乎](您)能和我一起游玩吗？倘，倘或，表示商量语气。 ㉚ [天机清妙]性情高远。天机，天性。清妙，指超尘拔俗，与众不同。 ㉛ [不急之务]闲事，这里指游山玩水。 ㉜ [是中]这里。 ㉝ [无忽]不要忽略，不要轻视。 ㉞ [因驮黄檗人往]借驮黄檗的人前往之便(带这封信)。因，凭借。黄檗，一种落叶乔木，果实和茎内皮可入药。茎内皮为黄色，也可作染料。 ㉟ [不一]古人书信结尾常用的套语，不一一详述之意。

山中人①王维白。

越妇言②

罗　隐

买臣之贵也，不忍其去妻③，筑室以居之，分衣食以活之，亦仁者之心也。

一旦④，去妻言于买臣之近侍⑤曰："吾秉箕帚⑥于翁子左右者，有年矣⑦。每念饥寒勤苦时节，见翁子之志，何尝不言通达⑧后以匡国⑨致君⑩为己任，以安民济物⑪为心期⑫。而吾不幸离翁子左右者，亦有年矣，翁子果通达矣。天子疏爵⑬以命⑭之，衣锦以昼之⑮，斯亦极矣⑯。而向所言者，蔑然⑰无闻⑱。岂四方无事使之然耶？岂急于富贵未假⑲度⑳(duó)者耶？以吾观之，矜㉑于一妇人，则可矣，其他未之见也。又安可食其食㉒！"乃闭气而死㉓。

---

① ［山中人］王维晚年信佛，过着半隐的生活，故自称。 ② 选自《罗隐集》(中华书局 1983 年版)。罗隐(833—909)，原名横，字昭谏，号江东生，杭州新城(现在浙江省桐庐县)人。年轻时十次考进士不第，遂改名为"罗隐"。后归乡里，投靠杭州刺史钱镠(liú)当幕僚。罗隐生于唐末动乱年代，多愤世嫉俗之作。他将他的杂文集名为《谗书》，蔑视功名富贵，议论纵横。鲁迅在《南腔北调集·小品文的危机》中说："罗隐的《谗书》，几乎全部是抗争和愤激之谈。"本文即是《谗书》中的一篇。这篇短文就汉代朱买臣富贵后其妻自杀一事引申发挥，揭露了封建士大夫借口"匡国"、"安民"，实则热衷功名利禄的虚伪本质。文笔生动，言辞犀利，发人深思。据《汉书·朱买臣传》，朱买臣没出仕时，砍柴为生，讴歌道中。其妻羞之，数劝不听，乃离去。及朱买臣为会稽太守，衣锦还乡，其妻已另嫁他人，生活贫困。朱买臣又收养了她，过一个月，她上吊而死。越妇，即指朱买臣妻，因为朱买臣的家乡春秋时属于越国。 ③ ［去妻］前妻。 ④ ［一旦］一天。 ⑤ ［近侍］身边的侍从。 ⑥ ［秉箕帚］拿着扫帚、簸箕，指做洒扫庭除之事。 ⑦ ［有年矣］有些年了，好多年了。 ⑧ ［通达］官运亨通。 ⑨ ［匡国］匡正国家。 ⑩ ［致君］使君尊贵，即辅佐国君，使其成为圣明的君主。致，使。 ⑪ ［济物］救济百姓。物，这里指人。 ⑫ ［心期］心愿，志愿。 ⑬ ［疏爵］赐给爵位。疏，分，赐。 ⑭ ［命］任用。 ⑮ ［衣锦以昼之］意思是让他衣锦还乡。《史记·项羽本纪》载，项羽烧毁秦宫室后，意欲东归，曰："富贵不归故乡，如衣绣夜行，谁知之者。"朱买臣拜为会稽太守后，汉武帝也对他说了这句话。衣，穿。锦和绣同指有彩色花纹的丝织品，即官服。昼之，使他白天行走，比喻荣归故里。 ⑯ ［斯亦极矣］这也达到顶点了。 ⑰ ［蔑然］泯灭、消失的样子。 ⑱ ［无闻］指没有听到。 ⑲ ［未假］不暇，没空闲。假，通"暇"。 ⑳ ［度］思考。 ㉑ ［矜］夸耀。 ㉒ ［又安可食其食］又怎么能吃他的食物呢。 ㉓ ［闭气而死］即自缢而死。

病梅馆记①

龚自珍

江宁②之龙蟠③，苏州之邓尉④，杭州之西溪⑤，皆产梅。或曰："梅以曲为美，直则无姿；以欹⑥(qī)为美，正则无景；以疏为美，密则无态。"固也⑦。此文人画士心知其意，未可明诏大号⑧以绳⑨天下之梅也；又不可以使天下之民斫⑩直，删密，锄正，以夭梅病梅⑪为业以求钱也。梅之欹之疏之曲，又非蠢蠢求钱之民能以其智力为也。有以文人画士孤癖之隐⑫明告鬻梅者，斫其正，养其旁条⑬，删其密，夭其稚枝⑭，锄其直，遏其生气⑮，以求重价，而江浙之梅皆病。文人画士之祸之烈至此哉！

予购三百盆，皆病者，无一完者。既泣之三日，乃誓疗之，纵之顺之，毁其盆，悉埋于地，解其棕缚⑯；以五年为期，必复之全之。予本非文人画士，甘受诟厉⑰，辟病梅之馆以贮之。

呜呼！安得使予多暇日，又多闲田，以广贮江宁、杭州、苏州之病梅，穷予生之光阴以疗梅也哉？

---

① 选自《龚自珍全集》。龚自珍(1792—1841)，字瑟(sè)人，号定盦(ān)，浙江仁和(现在杭州市)人，清代思想家、文学家。本文托物言志，表面上谴责对梅花的摧残，实际上抒发了对清朝统治者压抑、摧残人才的愤慨。 ② [江宁]旧江宁府所在地，现在南京市。 ③ [龙蟠]龙蟠里，在南京市清凉山下。 ④ [邓尉]山名，在苏州市西南。 ⑤ [西溪]地名，在杭州市西北。 ⑥ [欹]倾斜。 ⑦ [固也]固然如此。这里有讽刺的意味。 ⑧ [明诏大号]公开宣告，大声号召。诏，告诉，一般指上告下。 ⑨ [绳]这里作动词用，意思是约束。 ⑩ [斫]用刀斧砍。 ⑪ [夭梅病梅]意思是把梅弄成奇形异状，弄成病态。夭，屈、折。 ⑫ [孤癖之隐]偏嗜成病的情趣。癖，偏嗜。隐，意，引申为隐情。 ⑬ [养其旁条]培养它横斜的枝条。 ⑭ [稚枝]嫩枝。 ⑮ [遏其生气]阻碍它的生机。 ⑯ [棕缚]棕绳的束缚。 ⑰ [诟厉]辱骂。

文言文实词比赛试题

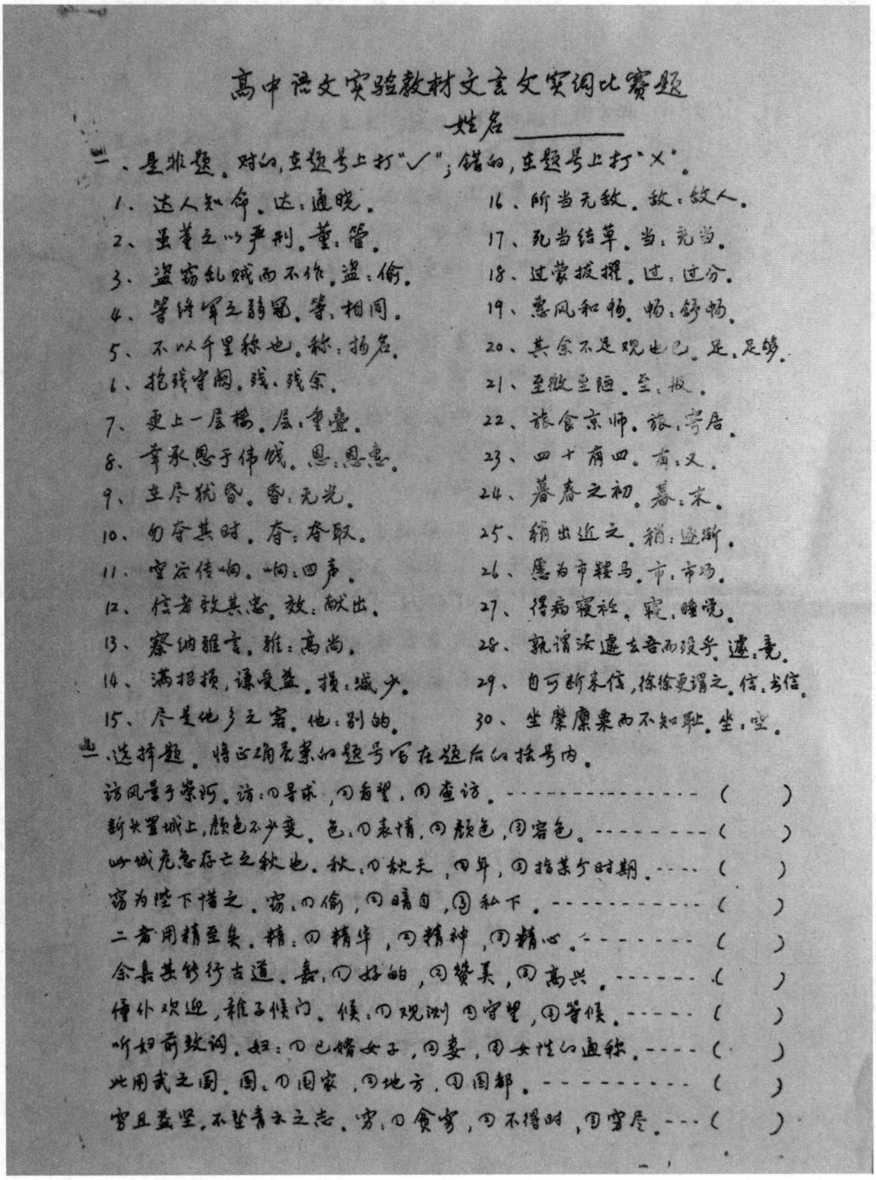

高中语文实验教材文言文实词比赛题

姓名________

一、是非题。对的，在题号上打"✓"；错的，在题号上打"×"。

1、达人知命。达：通晓。
2、虽董之以严刑。董：管。
3、盗窃乱贼而不作。盗：偷。
4、等终军之弱冠。等：相同。
5、不以千里称也。称：扬名。
6、抱残守阙。残：残余。
7、更上一层楼。层：重叠。
8、幸承恩于伟饯。恩：恩惠。
9、虽存犹昏。昏：无光。
10、勿夺其时。夺：夺取。
11、空谷传响。响：回声。
12、信者效其忠。效：献出。
13、察纳雅言。雅：高尚。
14、满招损，谦受益。损：减少。
15、尽是他乡之客。他：别的。
16、所当无敌。敌：敌人。
17、死当结草。当：充当。
18、过蒙拔擢。过：过分。
19、惠风和畅。畅：舒畅。
20、其余不足观也已。足：足够。
21、至微至陋。至：极。
22、旅食京师。旅：寄居。
23、四十有四。有：又。
24、暮春之初。暮：末。
25、稍出近之。稍：逐渐。
26、愿为市鞍马。市：市场。
27、得病寝衽。寝：睡觉。
28、孰谓汝遽去吾而殁乎。遽：竟。
29、自可断来信，徐徐更谓之。信：书信。
30、坐糜廪粟而不知耻。坐：空。

二、选择题。将正确答案的题号写在题后的括号内。

访风景于崇阿。访：①寻求，②看望，③查访。……………… （ ）
斩长垒城上，颜色不少变。色：①表情，②颜色，③容色。………… （ ）
此诚危急存亡之秋也。秋：①秋天，②年，③指某个时期。…… （ ）
窃为陛下惜之。窃：①偷，②暗自，③私下。……………… （ ）
二者用精至矣。精：①精华，②精神，③精心。………… （ ）
余嘉其能行古道。嘉：①好的，②赞美，③高兴。……… （ ）
僮仆欢迎，稚子候门。候：①观测 ②守望，③等候。……… （ ）
听妇前致词。妇：①已婚女子，②妻，③女性的通称。…… （ ）
此用武之国。国：①国家，②地方，③国都。………… （ ）
穷且益坚，不坠青云之志。穷：①贫穷，②不得志，③穷尽。…… （ ）

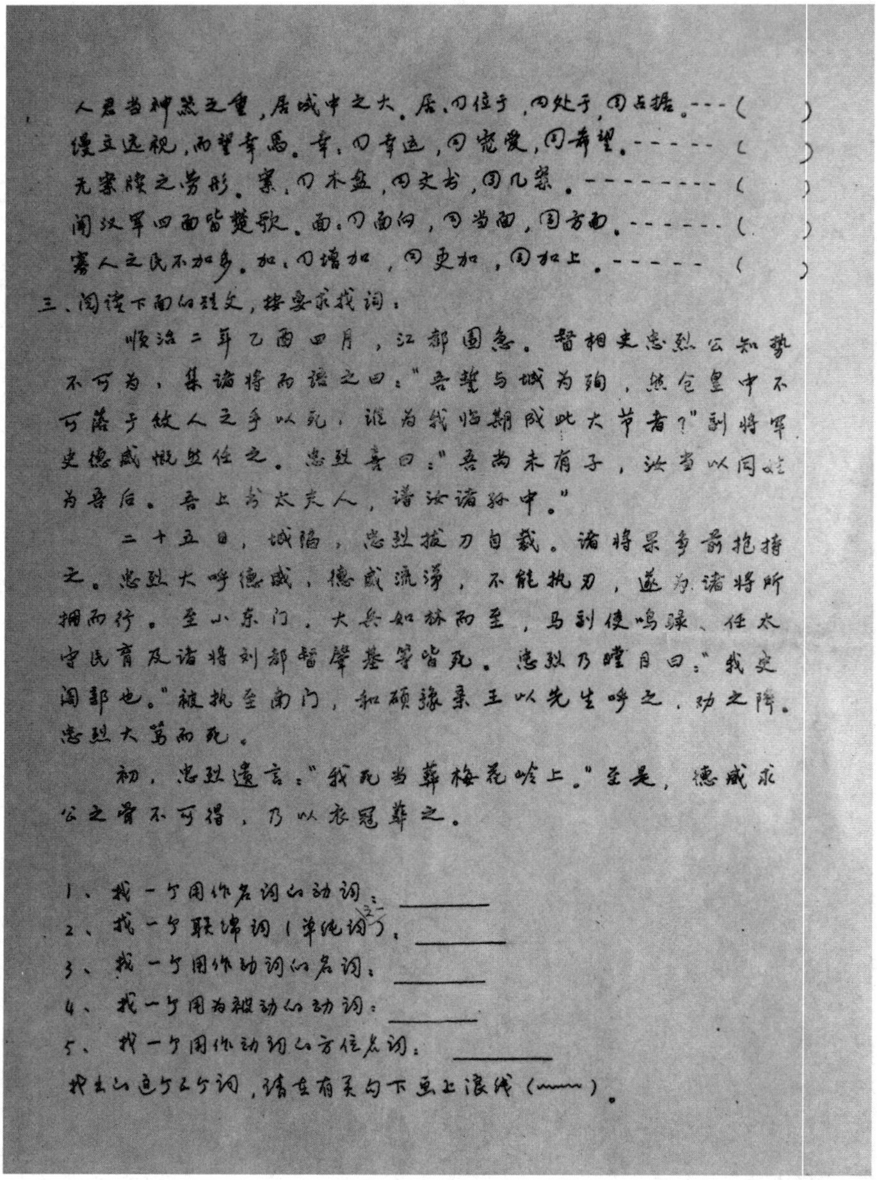

人君当神器之重，居域中之大。居：①位于，②处于，③占据。---（ ）
缦立远视，而望幸焉。幸：①幸运，②宠爱，③希望。------（ ）
无案牍之劳形。案：①木盘，②文书，③几案。---------（ ）
闻汉军四面皆楚歌。面：①面向，②当面，③方面。-------（ ）
寡人之民不加多。加：①增加，②更加，③加上。------（ ）

三、阅读下面的短文，按要求找词：

顺治二年乙酉四月，江都围急。督相史忠烈公知势不可为，集诸将而语之曰："吾誓与城为殉，然仓皇中不可落于敌人之手以死，谁为我临期成此大节者？"副将军史德威慨然任之。忠烈喜曰："吾尚未有子，汝当以同姓为吾后。吾上书太夫人，谱汝诸孙中。"

二十五日，城陷，忠烈拔刀自裁。诸将果争前抱持之。忠烈大呼德威，德威流涕，不能执刃，遂为诸将所拥而行。至小东门，大兵如林而至，马副使鸣騄、任太守民育及诸将刘都督肇基等皆死。忠烈乃瞠目曰："我史阁部也。"被执至南门，和硕豫亲王以先生呼之，劝之降。忠烈大骂而死。

初，忠烈遗言："我死当葬梅花岭上。"至是，德威求公之骨不可得，乃以衣冠葬之。

1、找一个用作名词的动词：________
2、找一个联绵词（单纯词）：________
3、找一个用作动词的名词：________
4、找一个用为被动的动词：________
5、找一个用作动词的方位名词：________
找出的这5个词，请在有关句下画上浪线（~~~~）。

这是两张文言常用词比赛试题照片。教学目标，要求中学生能阅读浅显文言文，而掌握一定数量的文言常用词，了解它的词义和用法，是必要的。《文言读本》上册拈出常用词340个，下册拈出363个，以便于学生学习古汉语词汇。搞文言实词比赛，一方面督促学生学习常用词，另一方面可激发学生的学习兴趣。

（三）

首届高中实验班学生自主办报活动纪实

一、篇目索引

(《文言读本》各单元出现的文言文与诗词篇目)
整理者:高一(6)班　　方　震

【先秦部分】

【秦、汉、魏、晋、南北朝部分】

贾谊(前 200—前 166)	论积贮疏(下 10)	
司马迁(前 145 或前 135—?)	淳于髡(上 77)	
	廉蔺交欢(上 84)	
	垓下之战(上 88)	
	孙膑减灶(上 114)	
	项羽本纪赞(上 116)	
	周亚夫军细柳(上 197)	
	孟尝君免秦难(下 78)	
	毛遂自荐(下 80)	
	孺子可教(下 73)	
刘向(前 77—前 6)	赵将括母(上 118)	樊姬(上 120)
《乐府歌辞》	长歌行(上 22)	陌上桑(上 22)
马援(前 14—后 49)	诫兄子严敦书(上 93)	
王充(27—97)	订鬼(下 14)	
班固(32—92)	曲突徙薪(上 80)	
	世态炎凉(下 74)	
干宝	干将莫邪(上 158)	
诸葛亮(181—234)	出师表(下 17)	
曹植(192—232)	七步诗(上 23)	
李密(224—287)	陈情表(上 122)	
陈寿(233—297)	隆中对(下 19)(《三国志》)	
王羲之(321—379)	兰亭集序(上 128)	
邯郸淳	长杆入城(上 151)	
陶渊明(365—427)	归去来辞(上 133)	
	桃花源记(上 138)	
	五柳先生传(上 156)	
	白水素女(下 123)	
范晔(398—445)	董宣执法(下 84)	
刘义庆(403—444)	管宁割席(上 110)	
祖冲之(429—500)	太守化虎(下 120)	
陶弘景(452—536)	答谢中书书(上 193)	
吴均(469—520)	与朱元思书(下 44)	
郦道元(? —527)	江水(上 166)	
北朝民歌	敕勒歌(上 23)	木兰诗(上 23)

【隋、唐、五代部分】

侯白	煮箦为笋(上 151)	
贾思勰	树木(下 158)	
魏征(580—643)	谏太宗十思疏(下 90)	
王勃(650—676)	杜少府之任蜀州(上 59)	
	滕王阁序(下 46)	
贺知章(659—744)	回乡偶书(上 59)	
王之涣(688—742)	凉州词(上 59)	
孟浩然(？—740)	过故人庄(上 98)	
王昌龄(698—756)	芙蓉楼送辛渐(上 60)	
王维(701—761)	观猎(上 99)	送元二使安西(上 99)
李白(701—762)	秋浦歌(上 140)	望天门山(上 140)
	黄鹤楼送孟浩然之广陵(上 140)	
	送友人(上 141)	
	秋登宣城谢朓北楼(上 141)	
崔颢(？—754)	黄鹤楼(上 57)	
高适(706—765)	别董大(上 98)	
杜甫(712—770)	江南逢李龟年(上 180)	
	江畔独步寻花(上 180)	
	春夜喜雨(上 180)	石壕吏(上 180)
	闻官军收河南河北(上 181)	
岑参(751—770)	白雪歌送武判官归京(上 98)	
刘𫗧	李淳风推算日蚀(下 159)	
张志和(730—810)	渔歌子(下 146)	
韩愈(768—824)	师说(下 94)	马说(下 105)
	祭十二郎文(下 98)	
刘禹锡(772—842)	陋室铭(上 178)	
白居易(772—846)	钱塘湖春行(下 21)	
	卖炭翁(下 21)	忆江南(下 146)
柳宗元(773—819)	小石潭记(下 60)	黔之驴(下 60)
	捕蛇者说(下 106)	
杜牧(803—853)	江南春绝句(下 22)	泊秦淮(下 22)
	阿房宫赋(下 55)	
聂夷中(837—?)	咏田家(下 22)	

【两宋、金、元部分】

【明、清、近代部分】

于谦(1398—1457)	石灰吟(下 186)
徐光启(1562—1633)	薯种移植(下 164)
冯梦龙(1574—1645)	绍兴士人(下 121)
宋应星(1587—?)	水晶(下 161)
张岱(1597—1679)	湖心亭看雪(上 194)
王磐(?)	朝天子·咏喇叭(下 185)
张溥(1602—1641)	五人墓碑记(下 168)
魏禧(1624—1681)	大铁椎传(下 144)
江盈科(?)	外科医(上 152)
蒲松龄(1640—1715)	山市(上 102)　　地震(下 126)
	劳山道士(下 127)
方苞(1668—1749)	左忠毅公逸事(下 173)
袁枚(1716—1797)	官癖(下 120)
纪昀(1724—1805)	唐翁猎虎(上 161)
姚鼐(1732—1815)	登泰山记(下 182)
严复(1853—1921)	物竞天择(下 197)
蔡元培(1857—1940)	文明与奢侈(下 205)
孙文(1866—1925)	《黄花冈七十二烈士事略》序(下 177)
梁启超(1873—1929)	少年中国说(下 202)
秋瑾(1875—1907)	对酒(下 186)
李大钊(1889—1927)	元宵痛史(下 199)
钱泳(?)	要做则做(上 44)
彭端淑(?)	为学(上 97)

【现代部分】

鲁迅(1881—1936)	致蒋抑卮(下 208)
毛泽东(1883—1976)	致朱绍良(下 211)
叶圣陶(1894—1988)	作文与辞典(下 200)

(刊于《星星》小报　　全班人手一份)

二、注音汇集

(《文言读本》课文和注释中夹注的字词拼音)
整理者:高一(6)班　徐　欣　徐文静

【上册】

诲女(rǔ)知之乎?
衣(yì)轻裘
士不可以不弘(hóng)毅
未成一篑(kuì)
弃甲曳(yè)兵而走
数(cù)罟(gǔ)不入洿(wū)池
谨庠(xiáng)序之教
然而不王(wàng)者
木直中(zhòng)绳
虽有(yòu)槁暴(gǎo pù)
君子博学而日参省(xǐng)乎己
不如须臾(yú)之所学也
假舆(yú)马者
君子生(xìng)非异也
骐(qí)骥(jì)一跃
锲(qiè)而舍之
蟹六跪而二螯(áo)
白喙(huì)
以堙(yīn)于东海
猛兽食颛(zhuān)民
于是女娲(wā)炼五色石以补苍天
淫水涸(hé)
故水潦(lǎo)尘埃归焉
盍(hé)各言尔志
多见而识(zhì)之
使骄且吝(lìn)
然后知松柏之后凋(diāo)也
谷不可胜(shēng)食也
鸡豚(tún)狗彘(zhì)之畜
申之以孝悌(tì)之教
涂有饿莩(piǎo)而不知发
𫐓(róu)以为轮
金就砺(lì)则利
则知(zhì)明而行无过矣
吾尝跂(qì)而望矣
假舟楫(jí)者
故不积跬(kuǐ)步
驽(nú)马十驾
金石可镂(lòu)
其上多柘(zhè)本
其鸣自詨(xiao)
火爁(làn)炎(yàn)而不灭
鸷鸟攫(jué)老弱
断鳌(áo)足以立四极
昔者共工与颛顼(xū)争为帝
侃(kǎn)在广州

辄(zhé)朝运百甓(pì)于斋
勿遽(jù)取舍于其间
王冕(miǎn)者
父怒挞(tà)之
琅琅(láng)达日
万事成蹉(cuō)跎(tuó)
宋公及楚人战于泓(hóng)
门官歼(jiān)焉
勍(qíng) 敌之人
鼓儳 (chán) 可也
使者不说(yuè)
有粮者亦食(shì)
叶(shè)阳子无恙乎
彻其环瑱(tiàn)
形貌昳(yì)丽
期(jī)年之后
人挈(qiè)器而入
口干舌擗(pǐ)
宋有狙(jū)公者
先诳(kuāng)之曰
吾闻北方之畏昭奚恤(xù)也
淳于髡(kūn)
淳于髡说(shuì)之以隐
见道傍(páng)有禳(rāng)田者
酒一盂(yú)
汙(wū)邪满车
穰穰(ráng)满家
赍(jī)金百斤
傍有积薪(xīn)
灼(zhuó)烂者在于上行(háng)
主人迺(nǎi)寤(wù)而请之
项王军壁垓(gāi)下
于是项王乃悲歌慷(kāng)慨
于是项王乃上马骑(jì)
问一田父(fǔ)
项王自度(duó)不得脱
常语(yù)人曰
复以众说互相诘(jié)难
请暨(jī)人
曷(hé)不听其所为
此大谬(miù)也
世人苦被明日累(lèi)
既陈(zhèn)而后击之
不以阻隘(ài)也
虽及胡耇(gǒu)
岁亦无恙(yàng)耶
齐有处(chǔ)士日钟离子
有衣者亦衣(yì)
卹(xù)孤独
於(wū)陵子仲尚存乎
时时而间(jiàn)进
宋有沽(gū)酒者
狗迎而噬(shì)之
西施病心而矉(pín)其里
俄而匮(kuì)焉
与若芧(xù)
而专属(zhǔ)之昭奚恤
沉湎(miǎn)不治
三年不蜚(fēi)
操一豚(tún)蹄
瓯(ōu)窭(lóu)满篝(gōu)
五谷蕃(fán)熟
于是齐威王乃益赍黄金千镒(yì)
革车千乘(shèng)
主人嘿(mò)然不应
终亡(wú)火患
为刎(wěn)颈之交
有美人名虞(yú),骏马名为骓(zhuī)
歌数阕(què),美人和(hè)之
麾(huī)下壮士骑从者八百余人
田父绐(dài)曰
斩将,刈(yì)旗

项王瞋(chēn)目而叱之
指王翳(yì)曰
施衿结缡(lí)
管宁华歆(xīn)昔园中锄菜
穿吾垣(yuán)墉(yōng)
初为霖(lín)雨之操
齐使田忌将(jiàng)而往
乃斫(zhuó)大树而书之曰
乃自刭(jǐng)
舜目盖重(chóng)瞳(tóng)子
尚不觉寤(wù)
身所奉饭者以十数(shǔ)
乃日视便(biàn)利田宅可买者
樊姬(jī)
妾幸得执巾栉(zhì)以待王
樊姬与(yù)有力焉
闵(mǐn)凶
终鲜(xiǎn)兄弟,门衰祚(zuò)薄
茕茕(qióng)孑(jié)立
除臣洗(xiǎn)马
非臣陨(yǔn)首所能上报
过蒙拔擢(zhuó),宠命优渥(wò)
会一会稽(jī)山阴之兰亭
又有清流激湍(tuān)
所以游目骋(chěng)怀
虽趣(qū)舍万殊
未尝不临文嗟(jiē)悼
舟遥遥以轻飏(yáng)
沆砀(hàng dàng)
眄(miǎn)庭柯以怡颜
时矫首而遐(xiá)观
景(yǐng)翳翳(yì)以
或棹(zhào)孤舟
寄蜉蝣(fú yóu)于天地
登东皋(gāo)以舒啸
水中藻(zǎo)荇(xìng)交横
乌江亭长檥(yǐ)船待
此吾所大恶(wù)也
刻鹄(hú)不成尚类鹜(wù)也
有乘轩(xuān)冕(miǎn)过门者
峨峨(é)兮(xī)若泰山
更(gèng)造崩山之音
百里而趋利者蹶(jué)上将
于是令齐军善射者万弩(nǔ)夹道而伏
孙膑(bìn)以此名显天下
羽岂其苗裔(yì)邪
将(jiāng)行括母上书言于王曰
大王及宗室所赐布帛(bó)
即有不称(chèn)
楚庄王罢朝(cháo)而晏(yàn)
而进孙叔敖(áo)
卧以险衅(xìn),夙(sù)遭
祖母刘愍(mǐn)臣孤弱
外无朞(jī)功强近之亲
常在床蓐(rù)
猥(wěi)以微贱
责臣逋(bū)慢
岁在癸(guǐ)丑
修禊(xì)事也
引以为流觞(shāng)曲水
晤(wù)言一室之内
曾(zēng)不知老之将至
齐彭殇(shāng)为妄作
恨晨光之熹(xī)微
有酒盈罇(zūn)
策扶老以流憩(qì)
云无心以出岫(xiù)
将入将有事于西畴(chóu)
胡为乎遑遑(huáng)欲何之
或植杖而耘耔(zǐ)
归煮其床箦(zé)而不熟
吴人斫(lì) 镳

一裨(pí)将阵回
簇(cù)在膜内须亟(jí)治
泾(jīng)流之大
短褐(hè)穿结
举匏(páo)樽以相属
不汲汲(jí)于富贵
无怀氏之民欤(yú)
即自刎(wěn)
头踔(chuō)出汤中
老翁哂(shěn)日
悬身下缒(zhuì)不能动
略无阙(quē)处
不见曦(xī)月
绝巘(yǎn)多生怪柏
今以钟磬(qìng)置水中
枹(fú)止响腾
硿(hōng)硿焉
磔磔(zhé)云霄间
或曰此鹳(guàn)鹤
涵澹(dàn)澎湃
镗鞳(tāng)(tà)
窈(yǎo)窕(tiǎo)
苏子愀(qiǎo)然
舳舻(zhú)(lú)
横槊(shuò)赋诗
彀(gòu)弓
枕藉(jiè)
睥睨(pì nì)
毳(cuì)衣
墦(fán)间
乃持并(bīng)州剪
遨(áo)游
两涘(sì)渚(zhǔ)崖之间
箪(dān)瓢屡空
黔(qián)娄之妻有言
若人之俦(chóu)乎
干(gān)将、莫邪(yé)
当以汤镬(huò)煮之
踬(zhì)目大怒
自颔(hàn)下至尾闾(lǘ)
瞿塘黄龛(kān)二滩
重岩叠嶂(zhàng)
沿溯(sù)阻绝
彭蠡(lǐ)之口
扣而聆(líng)之
石之铿(kēng)然有声音
而山上栖鹘(hú)
又有若老人欬(kài)
噌(chēng)吰(hóng)
窾坎(kuǎn)(kǎn)
壬(rén)戌(xū)之秋
嫠(lí)妇
山川相缪(liáo)
酾(shī)酒临汇
龙湫(qiū)
雾淞(sōng)
狼籍(jí)
迥(jiǒng)然
介胄(zhòu)
肴(yáo)核

【下册】

矜(guān)、寡、孤、独
物力必屈(jué)
大命将泛(fěng)
为天下阽(diàn)危者
用之亡(wú)度
至孅(xiān)至悉
几(jī)四十年矣
世之有饥穰(ráng)

国胡以相恤(xù)
国胡以馈(kuì)之
殴(qū)民而归之农
缘南畮(mǔ)
陛(bì)下
相(xiàng)马
昼日则鬼见(xiàn)
食一脔(luán)
曾皙(xī)
浴乎沂(yí),风乎舞雩(yú)
急湍(tuān)甚箭
泠泠(líng)作响
鸢(yuān)飞戾(lì)天
横柯(kē)上蔽
引瓯(ōu)越
棨(qǐ)戟遥临
襜(chān)帷暂驻
俨骖騑(yǎn cān fēi)
披绣闼(tà),俯雕甍(méng)
闾(lǘ)阎扑地
虹销雨霁(jì)
彭蠡(lǐ)之滨
白云遏(è)
睇眄(dì miǎn)
怀帝阍(hūn)
命途多舛(chuǎn)
宗悫(què)
叨(tāo)陪鲤对
阿房(è páng)宫
骊山(lí)
囷囷焉(qūn)
辇(niǎn)来于秦
剽(piāo)掠其人
逦迤(nǐ yǐ)
在庾(yǔ)之粟粒
呕哑(ōu yà)
卒(cù)然边境有急
罢(pí)夫羸(léi)老
皆著(zhuó)于本
仓廪(lǐn)实
得病寝衽(rèn)
箠(chuí)椎(chuí)纆(mò)
鲁侯御(yù)而觞之于庙
以为立魅(mèi)也
天子哂(shěn)之
水皆缥(piǎo)碧
互相轩邈(miǎo)
嘤(yīng)成韵
经纶(lún)世务
星分翼轸(zhěn)
台隍(huáng)
懿(yí)范
潦(lǎo)水尽
鹤汀(tīng)凫渚(fú zhǔ)
川泽盱(xū)其骇瞩
舸(gě)舰弥津
孤鹜(wù)
逸兴遄(chuán)飞
睢(suī)园绿竹
天高地迥(jiǒng)
时运不齐(jī)
北海虽赊(shè)
簪(zān)笏(hù)
捧袂(mèi)
蜀山兀 (wù)
缦(màn)回
妃嫔(pín)媵 (yìng) 嫱(qiáng)
梳晓鬟(huán)也
鼎铛(chēng)玉石
尽锱铢(zī zhū)
直栏横槛(jiàn)
下邳(pī)

为(wèi)其老
上计掾(yuàn)吏
秦宫臧(zàng)中
歃(shà)血
以七十地之地王(wàng)
楚王曰:"唯(wěi)唯!"
枹(fú)鼓不鸣
悖(bèi)逆侮老
延颈窬(yū)望
虑壅(yōng)蔽
郯子(tán)、苌(cháng)弘
李氏子蟠(pán)
兄殁(mò)南方
丞相薨(hōng)
斗斛(hú)之禄
夭其嗣(sì)乎
敛(liǎn)不凭其棺
曷(hé)其有极
尚飨(xiǎng)
蓼(liǎo)洲周公
噭噭(jiǎo)
缇(tí)骑(jì)
噪(zào)而相逐
傫(lěi)然
买五人之脰(dòu)
帨(shuì)
纷乘(chéng)
逡(qūn)巡
暴(pù)于朝廷
冏(jiǒng)卿
庑(wǔ)下
瞿(jù)然
草屦(jù)
拨眦(zì)
无俟(sì)
蹲踞(jù)

衣(yì)故衣
木禺(ǒu)人
合从(zòng)于楚
鄢(yàn)、郢(yǐng)
弗如恶(wù)焉
奉(pěng)铜盘
曹大家(gū)
奸宄(guǐ)之原
浚(jùn)其泉源
习其句读(dòu)
师襄(xiāng)、老聃(dān)
不省所怙(hù)
取其孥(nú)
汝遽(jù)去
万乘(shèng)之公相
殒(yǔn)其生
窆(biǎn)不临其穴
颖(yǐng)
趑趄(zī jū)
湮(yān)没
赀(zī)财
抶(chì)而仆之
溷(hùn)藩
詈(lì)之
缙(jìn)绅
肇(zhào)造
一抔(póu) 土
投缳(huán)
户牖(yǒu)
京畿(jī)
解貂(diāo)
炮烙(páo luò)
手长镵(chán)
支柱(zhù)
幄(wò)幕
险巇(xī)

踬踣(zhì bó)
篹(zuàn)
方炽(chì)
勖(xù)
讖(chèn)言
澌(sī)
硎(xíng)
益杀(shài)
蒋抑卮(zhī)
菁(jīng)华
传(zhuàn)游侠
杌陧(wù niè)
抟(tuán)土
恶(wū)
矞(yù)
游畋(tián)
相度(xiàng duó)

(刊于《星星》小报　　全班人手一份)

[雪鸿·漫话]

三、小报存照

·《星星》创刊·

《发刊词》:“茫茫夜空中,一颗小小的星星向上跃着,她好奇地望着周围高大的伙伴,窥视着这个五彩缤纷的世界,晶莹的眼睛中只有欢乐和惊讶。她对这个美丽的世界充满了热爱。虽然她年轻、幼稚,在这茫茫星河中只是一个迟到者,灿烂的星光早已将她淹没,但她勇敢无畏,‘用她自己的生命之光为天空增添一丝迷人的神韵’! 她顽强地念叨着,她奋力向上跃着。纯洁的心里充满了必胜的信心,一点点,一点点,向上,再向上,终于她穿过了沉重的夜幕,出现在深蓝色的天空上!”(第二小组主编1986年3月23日)

学姐周姮《致〈星星〉》:“小时候,我自然也是热衷于数星星的。……现在我又找到了它,就是《星星》。不用说,这份小报是幼稚的,但它代表着一种追求,一种执着的探索,正如小孩子通过数星星来认识宇宙。《星星》的编者们也正用自己的眼睛、自己的笔去发现世界,反映世界。我愿意加入这一支‘勘探队’,如果《星星》能够接受的话。”

·一哄而起·

继《星星》创刊之后,第四小组跟着办起《论坛》(1986年4月1日),发刊词中说,“着眼于天下事、身边事,争鸣性强,新颖别致……”不久(1986年5月),另一组又办起《晨曦》,目的是“增强(益)知识,开阔眼界,学习办报经验”。紧接着《新语丝》也办起来了,宣称“无所不录,歌颂美德,批评坏人坏事”。这样,各组都动起来了,班上一时出现四份报纸。办小报,成了全班同学的兴奋中心。(引号内均为各小报“发刊词”中的文字)

·自己动手·

兴趣是最好的老师。办报要写稿,筹搞,审稿,改稿;还要设计版面,划分栏目,力求美化。于是查资料,翻书、看书、学美工、学刻钢板,个个忙得不亦乐乎。印制更忙。当年还没有电脑,不要说个人没有,连整个学校也没有一台电脑(太神秘了! 很多人甚至还没听说过这玩意儿)。学校有文印室,有专门的刻钢板老师和印制工友,印东西纯乎手工。基本工序是:先把蜡纸铺在钢板上,用铁笔在蜡纸上刻字画画。再把刻好的蜡纸夹在油印机的钢网里,网底下放印报的毛边纸。然后,调油墨,调匀了,以油墨辊子蘸上。拿蘸好油墨的辊子在钢网上面,推一下,印一张,翻过去,再推一下,印一张……小报编辑部的同学,常常不小心把油墨沾到衣服上、脸上,满手油污,还是废寝忘食,乐此不疲。

·七嘴八舌·

办报热情方兴未艾,小报之间磋商、争鸣,你来我往("百家争鸣")。《新语丝》编辑天田(笔名)写信给《星星》,说有人认为《星星》办报是"赶潮流","请在贵报一角有所表露"。于是《星星》立即回信:"我们的《星星》是高一年级的第一份报纸,在我们之后的,算赶我们的潮流。再说,你们不也在办报吗? ……"《新语丝》赶紧把这封"回信"原原本本登在它的创刊号上,"读者们,读后有何感想? 来稿请寄本报天田同志收。"(原来,是天田的筹稿策略!)又听说《新语丝》想"压垮"班上另三份小报。小道消息不胫而走,"争鸣性强"的《论坛》随即发表"社论",激浊扬清,敦促各小报端正办报方向。

几个月后,升到高二,问题来了。"花那么多精力,费那么多心思办报,高考加分吗?"达摩克利斯之剑,悬在头顶,不意编委们纷纷请求告退。徐欣感叹,"我这个光杆司令,虽不至于潸然泪下,也够伤感一番的了"。于是,《星坛》(兼并的产物? 待考)编辑部郑重地进行了一次"问题采访":

> ①"您对学生办报持什么态度(只对老师)?"班主任:"从道理上讲应该支持,但从班主任的角度来讲,总希望同学们抓紧时间搞好学习,因为高考对每个人来说都是一种无形的压力"。语文老师:"学生办报是对语文知识和其他知识的综合应用,可以增长才干;知识只有通过应用才能掌握"(才能"转识成智")。
>
> ②"您认为应当怎样处理办报与学习的关系?"语文老师:"学习与办报不是对立的,而是互相促进的。办报为学习开辟另一个学习阵地,但办报必须受学习(功课)的制约。"班主任:"在保证学习成绩的条件下,适当地抽出时间办报。"乔雷璋:"办报与学习好坏无影响。"李斌:"办报者应学习辩证唯物主义的某些章节,在实践中自己寻求答案。"其他多数同学都认为"办报是对学习的促进"。
>
> ③"您认为本报是否应当办下去? 办到何时?"大多数都认为应该办下去。有一个同学说"别办了!"(记者要问一句,"你曾表示'非常非常喜欢',为何希望自己心爱的报纸停刊呢?")至于办到何时,三个人认为整个学习阶段都可以办,二人认为办到高二结束,另几位含糊其辞。方震说,"可顺延下去,让所有喜欢这项活动的同学都来参加。"

“采访到此结束了。对所有支持我们的读者表示衷心的感谢,也对冷嘲热讽、故意为难者致以亲切的问候。爱《星坛》吧,你会发现它是你忠实的朋友。”(《星坛》编辑部　第五期 1987 年 1 月 1 日)

·栏目文题·

录一些小报的栏目和文章的标题,也是借雪泥而想见鸿飞之意。

1. 栏目:[卷首语],[讨论台](小报编者按:这个栏目,为了方便大家沟通思想,交流经验。本期的讨论题为“应该怎样对待老师的表扬和批评”),[校园拾趣],[英语故事连载],[文言文点读],[古文选读],[物理选择题],[文学常识],[奇文共赏],[名著简介],[名家笔下],[随笔],[折射窗],[诗歌园地],[小说园地],[书友茶座],[时事简介],[影视评论],[音乐世界],[天南海北],[小辞典],[简讯],[我们的报纸](小报编辑:一学期过去了,本班相继出现了四份报纸,半年来,大家总有这样那样的收获。为了沟通读者和作者之间的感情,了解办报的苦与乐,特设这个专栏)。

2. 文题:读书乐(方震),夏时制的节奏(李军、姚翔),理想(第二小组创作),运动会概况(最佳运动员:张吉安、张颖;精神文明运动员:汤明、蔡洁。——小报编辑部),5000 米冠军答本报记者问(徐文静),运动会剪影(钱进 摄影,虞新、徐文静、徐欣、黄洋 配诗),关于期中考试的调查报告——全面比较分析表(《星星》编辑部 1986.4.27),《少年犯的忏悔》——台词(转载《中国青年》),全月食与哈雷彗星(钱进),矛与盾(黄洋),杂感——读《矛与盾》(天田),赶集(林宜扬),从童年的沙滩上走过(学长 周姮),改革者(已考进清华的学长 杨宇),我喜欢琼瑶和她的小说(丑奴儿),彼与此——小说连载(丑奴儿),夜读(徐欣),信箱(封翔),谈学习与娱乐:暑期生活(虞新),我的自白(天笑),做人生之路的开拓者(名人名言录),纪念中国共产党诞生六十五周年:一大会址,邹韬奋与《生活周刊》,文言文整理:篇目索引、注音汇集(方震、徐文静、徐欣),填空题:唐诗填花名,宝塔诗:干一杯(自注:本文纯属“不正经”之作,作者乃“江山一笼统”张打油之嫡系徒孙徐欣是也)。

·照片10张·

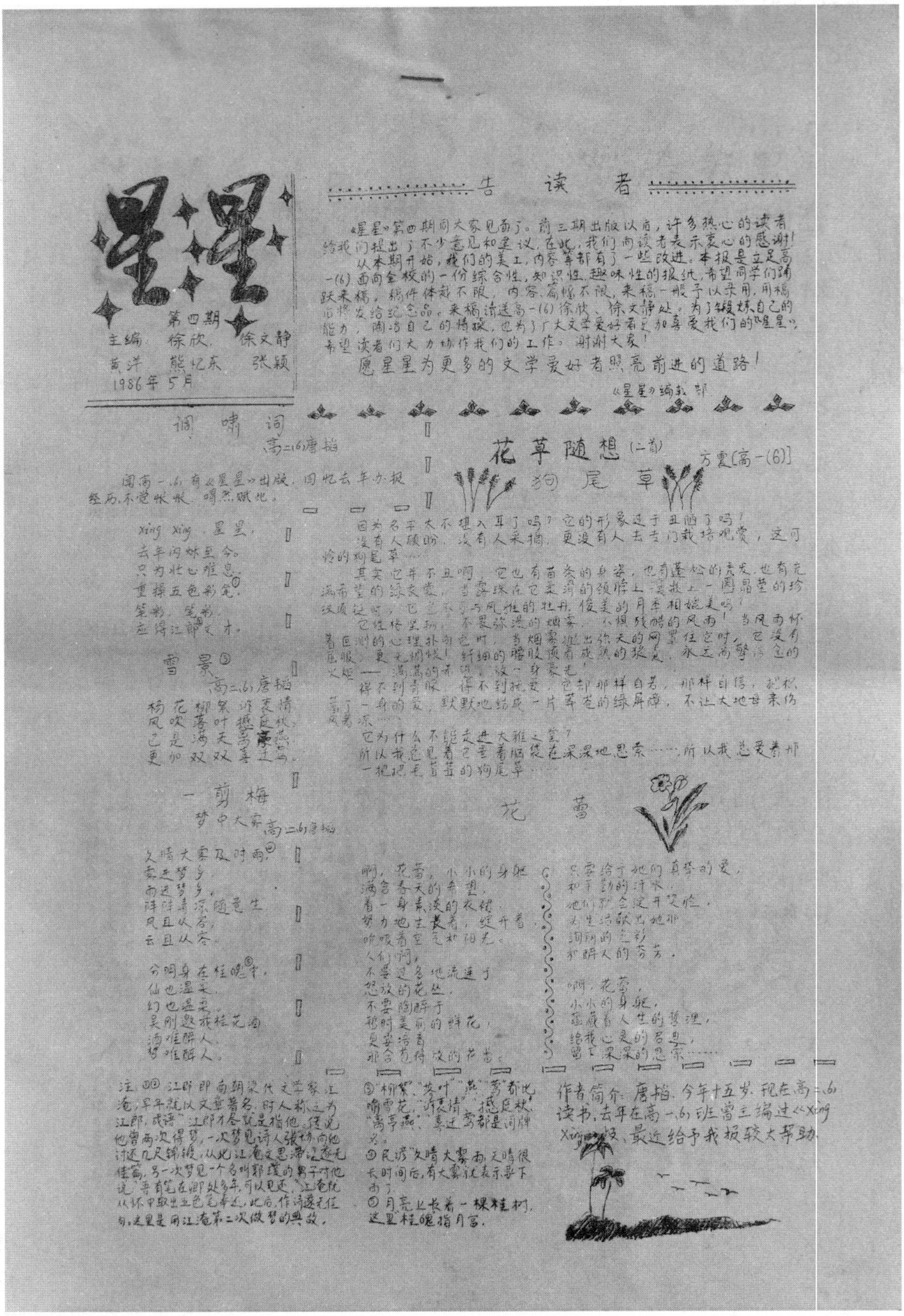

星星

第四期

主编　徐欣　徐文静

黄洋　熊忆东　张颖

1986年5月

告读者

《星星》第四期同大家见面了。前三期出版以后，许多热心的读者给我们提出了不少意见和建议，在此，我们向读者表示衷心的感谢！

从本期开始，我们的美工、内容等都有了一些改进。本报是立足高一(6)面向全校的一份综合性、知识性、趣味性的报纸，希望同学们踊跃来稿。稿件体裁不限，内容、篇幅不限，来稿一般予以录用，用稿后将发给纪念品。来稿请送高一(6)徐欣、徐文静处。为了锻炼自己的能力，陶冶自己的情操，也为了广大文学爱好者更加喜爱我们的《星星》，希望读者们大力协作我们的工作。谢谢大家！

愿星星为更多的文学爱好者照亮前进的道路！

《星星》编辑部

调啸词

高二(6)唐韬

闻高一(6)有《星星》出版，回忆去年办报经历，不觉怅怅，喟然赋也。

xing xing，星星，
去年闪烁至今。
只为壮心难息，
重操五色彩笔①。
笔彩，笔彩，
应得江郎②文才。

雪景③

高二(6)唐韬

杨花柳絮诉衷情，
风吹落叶撼庭秋。
已是漫天高亭燕，
更加双双喜迁莺。

一剪梅

梦中大雾

高二(6)唐韬

久晴大雾及时雨④，
雾迷梦乡，
雨迷梦乡，
阵阵清凉随意生。
风且从容，
云且从容。

今朝身在桂魄⑤中，
仙也逍遥，
幻也逍遥。
吴刚邀我桂花酒，
酒难醉人，
梦难醉人。

花草随想(二首)

方震[高一(6)]

狗尾草

因为名字太不堪入耳了吗？它的形象过于丑陋了吗？

没有人顾盼，没有人采摘，更没有人去专门栽培观赏，这可怜的狗尾草……

其实它并不丑啊，它也有苗条的身姿，也有蓬松的秀发，也有充满希望的绿衣裳，当露珠在它柔滑的颈脖上、发辫上一圈晶莹的珍珠项链时，它岂不可与风雅的牡丹、俊美的月季相媲美吗！

它性格坚韧，不畏弥漫的烟雾，不惧残酷的风雨！当风雨怀着叵测的心理扑向它时，当烟雾抛出弥天的网罩住它时，它没有屈服，更无惆怅！纤细的腰肢顶着成熟的浆实，永远高擎着它的义旗——满蓄的希望，这一身豪气！

得不到青睐，得不到抚爱，它却那样自若，那样自信，抖擞了一身的爱，默默地结成一片苍老的绿屏障，不让大地母亲受伤风寒冻……

它为什么不能走进大雅之堂？

所以我总见着它垂着脑袋在深深地思索……所以我总爱看那一把把毛茸茸的狗尾草……

花蕾

啊，花蕾，小小的身躯
满含春天的希望，
着一身素淡的衣裙，
努力地生长着，绽开着，
呼吸着空气和阳光。
人们啊，
不要过多地流连于
怒放的花丛，
不要陶醉于
那时美丽的鲜花，
更要培育
那含苞待放的花蕾。

只要给予她们真挚的爱，
和辛勤的汗水，
她们就会绽开笑脸，
为生活献出她那
洵丽的色彩
和醉人的芬芳。

啊，花蕾，
小小的身躯，
蕴藏着人生的哲理，
给我心灵的启迪，
留下深深的思索……

注：①② 江郎即南朝梁代文学家江淹，早年就以文章著名，时人称之为江郎，成语"江郎才尽"就是指他。传说他曾两次得梦，一次梦见诗人张协向他讨还几尺锦缎，从此江淹文思滞涩，难有佳篇，另一次梦见一个名叫郭璞的男子对他说"吾有笔在卿处多年，可以见还"，江淹就从怀中取出五色笔奉还，此后，作诗遂无佳句，这里是用江淹第二次做梦的典故。

③"柳絮"、"落叶"、"燕"、"莺"都比喻雪花，"诉衷情"、"撼庭秋"、"高亭燕"、"喜迁莺"都是词牌名。

④民谚"久晴大雾雨"，久晴很长时间后，有大雾就表示要下雨了。

⑤月亮上长着一棵桂树，这里"桂魄"指月宫。

作者简介：唐韬，今年十五岁，现在高二(6)读书，去年在高一(6)班曾主编过《Xing Xing》报，最近给予我极较大帮助。

1. 星星

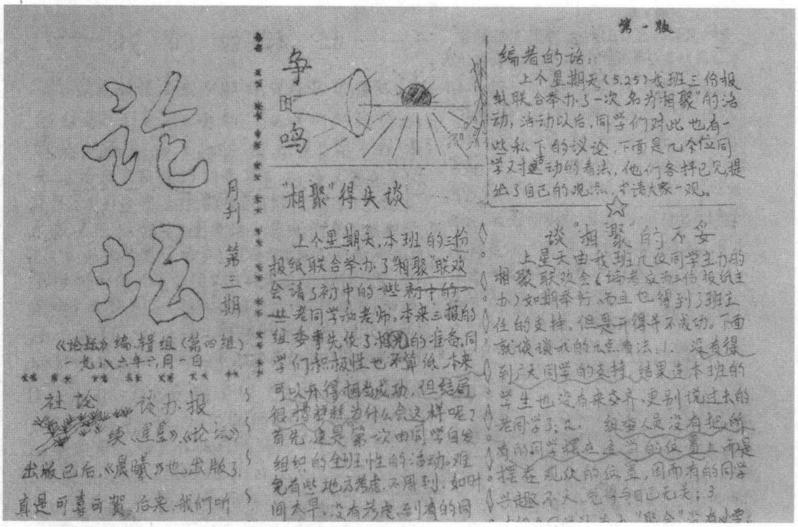

论坛

月刊　第三期

《论坛》编辑组（第四组）
一九八六年六月一日

社论　谈办报

续《追星》、《论坛》出版已后，《晨曦》也出版了，真是可喜可贺。后来我们听

争鸣

"相聚"得失谈

上个星期天，本班的三份报纸联合举办了"相聚"联欢会，请了初中的一些老同学和老师，本来三报的组委事先作了相当的准备，同学们积极性也不算低，本来可以开得相当成功，但结局很惜，为什么会这样呢？首先，这是第一次由同学自发组织的全班性的活动，难免有些地方考虑不周到，如时间太早，没有规定到有的同

第一版

编者的话：

上个星期天（5.25）我班三份报纸联合举办了一次名为"相聚"的活动，活动以后，同学们对此也有一些私下的议论，下面是几个位同学对这活动的看法，他们各抒己见，提出了自己的观点，才请大家一观。

☆

谈"相聚"的不妥

上星天由我班几位同学主办的相聚联欢会（编者注：为三份报纸主办）如期举行，而且也得到了班主任的支持，但是开得并不成功。下面就谈谈我的几点看法：1．没有得到广大同学的支持，结果连本班的学生也没有来齐，更别说过去的老同学了；2．组委人员没有把所有的同学摆在主的位置上，而是摆在观众的位置，因而有的同学兴趣不大，觉得与自己无关；3．

2. 论坛

晨曦

第Ⅱ期（1986·5·）

简讯

十八人，三十五人处在严重状态中
尔诺贝利核电站事故中已死了
△据苏官方消息到现在为止，在切
机人员交换事宜。
完满结束本周内将在港办理货
△中国民航与台湾华航在港商谈
同外国公司签订协订。
国际卫星发射业务从来第二次
两颗通讯卫星，这是我国从承揽
△我国将用「长征3号」为美国发射

创刊词

《晨曦》这株幼苗在大家辛勤浇灌下茁壮成长。持愿大家积极投稿，并提出批评和建议，让学习办报经验，感谢老师和同学们的热情支

本报创办目的是增强知识，开阔视野、

本报由高一（六）班第六小组主编，成员有方震、尤健、李军、林宜扬、曾进、姚翔。

灯花

夏时制的节奏

李军　姚翔

夏时制使人们生活的节奏发生了悄悄的变化，早晨节奏加快，晚上节奏放慢了。

正常生活的人们一般不用闹钟催促起床，而是靠"生物钟"感知，靠日光感知，实行夏时制后，早晨的时间更加紧张，人们赶菜市、买早点、取牛奶、上班踏车子赶路的时间也更加集中，节奏感更快了。适应这种变化，应开拓一批早晨高峰时期快节奏的生活服务项目，乃至行车调度等。实行夏时制后，常日班职工下班时天色还亮，于是晚间生活的节奏放慢了，晚间生活应更加丰富多彩，集市要适应新的需求。

对于我们学生来说，每天放学后，天色还早，有些同学便在学校里玩耍，直到天黑才回去，晚上回家这么迟，自然睡觉也就迟，于是第二天大早就起不来，有的同学为了不迟到，甚至连早饭也不吃。由于睡眠不足，上课效率也不会高，这样就形成了一个恶性循环。为了更快更好地适应夏时制的节奏，奉劝大家放学早回家，晚上也不要搞得太迟，最好中午能睡个午觉，这样，你会很快地适应夏时制的节奏，把学习生活搞好的。

☆

小评论

本报评论员

讀書樂

好友茶座

第一期　主持人　方震

方震与您对话

方震，你好：

最近社会上正兴起一股"琼瑶热"，你能介绍介绍琼瑶及其作品吗？

虞新

虞新，你好：

《读书乐》才开办第一期，你就来信询问，感谢你对我们的信任，特此作复。

琼瑶，原名陈喆，生于1938年，原籍湖南衡阳，她父亲是一位历史教授，家风的熏陶，使她很早就显示了她的才华。

1947年，九岁的琼瑶发表了她第一篇处女作《可怜的小青》。

后来她随父移居台北，就读于台北第二女中，早熟的琼瑶在学校里与一位国文老师相爱，并毅然与之结为伉俪。

27岁时，双方离婚，于是琼瑶又拿起了笔，以她与国文老师的罗曼史为素材写了第一部长篇小说《窗外》，引起强烈反响，一跃为文学新人。

她又陆续写了《几度夕阳红》、《碧云天》等四十多部中长篇小说，登在《皇冠》杂志上，后来她与《皇冠》杂志社发行人结成终身伴侣。

琼瑶以其轻巧细腻的笔，并以其女性特有的敏感，将人世间离愁别恨，淡淡地倾诉笔下，读她的作品有一种情绵绵、意切切，动人心魄的感受。琼瑶成功的原因很多，但她自己说："狂热+毅力+信心

3. 晨曦

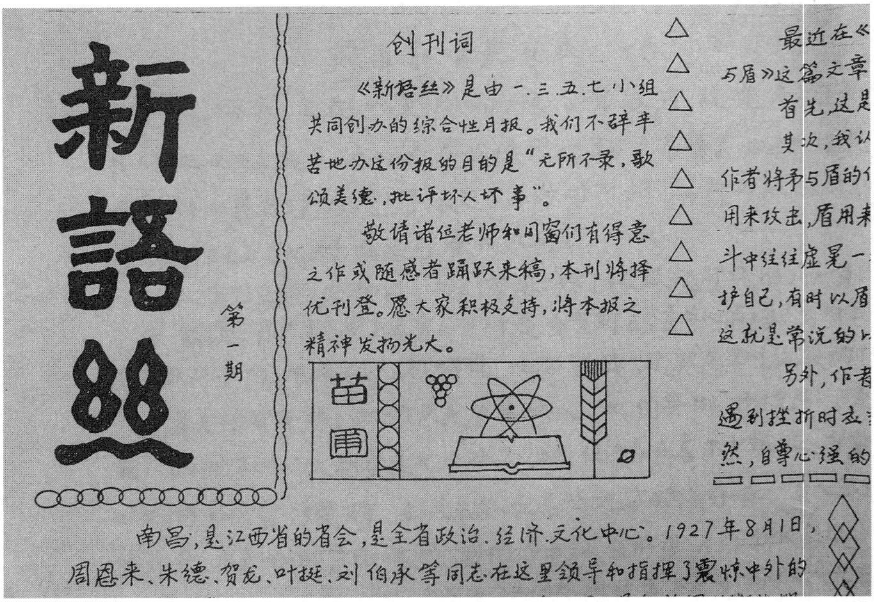
新語丝
第一期
创刊词
《新語丝》是由一、三、五、七小组共同创办的综合性月报。我们不辞辛苦地办这份报的目的是“无所不录，歌颂美德，批评坏人坏事”。
敬请诸位老师和同窗们有得意之作或随感者踊跃来稿，本刊将择优刊登。愿大家积极支持，将本报之精神发扬光大。
苗圃
最近在《
与盾》这篇文章
首先这是
其次，我认
作者将矛与盾的
用来攻击，盾用来
斗中往往虚晃一
护自己，有时以盾
这就是常说的
另外，作者
遇到挫折时
然，自尊心强的
南昌，是江西省的省会，是全省政治、经济、文化中心。1927年8月1日，周恩来、朱德、贺龙、叶挺、刘伯承等同志在这里领导和指挥了震惊中外的

4. 新语丝

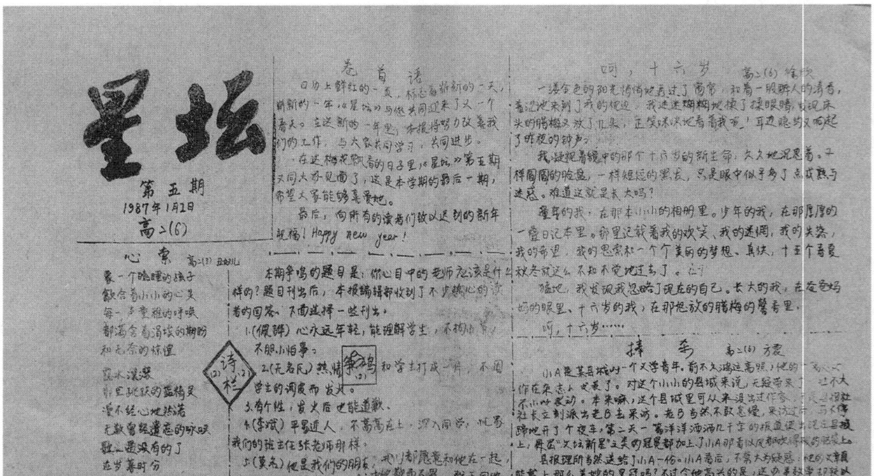
星坛
第五期
1987年1月1日
高二(6)
卷首语
日历上鲜红的一页，标志着崭新的一天，崭新的一年，《星坛》与您共同迎来了又一个春天。在这新的一年里，本报将努力改善我们的工作，与大家共同学习，共同进步。
在这梅花飘香的日子里，《星坛》第五期又同大家见面了，这是本学期的最后一期，希望大家能够喜爱她。
最后，向所有的读者们致以迟到的新年祝福！Happy new year!
心索
诗栏
争鸣
呵，十六岁 高二(6)
呵，十六岁……
捧杀 高二(6)

5. 星坛

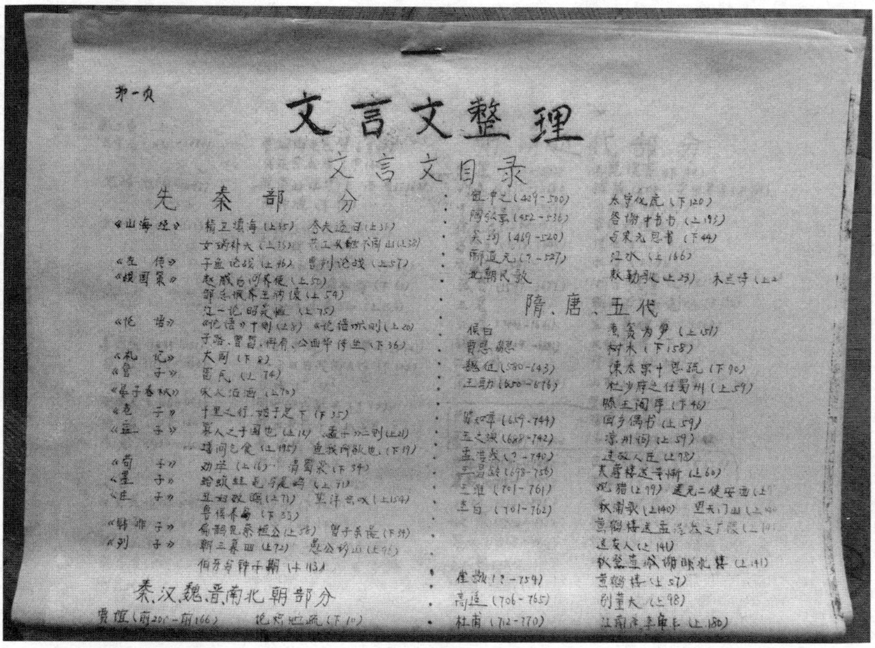

第一页

文言文整理

文言文目录

先秦部分

《山海经》 精卫填海（上35） 夸父逐日（上31）
女娲补天（上35） 共工头触不周山（上38）
《左传》 子鱼论战（上46） 曹刿论战（上57）
《战国策》 赵威后问齐使（上50）
邹忌讽齐王纳谏（上54）
江一论昭奚恤（上75）
《论语》 《论语》十则（上8） 《论语》六则（上20）
子路、曾皙、冉有、公西华侍坐（下36）
《礼记》 大同（下8）
《管子》 富民（上74）
《晏子春秋》 宋人沽酒（上70）
《老子》 千里之行，始于足下（下35）
《孟子》 寡人之于国也（上14） 《孟子》二则（上21）
嗟来之食（上195） 鱼我所欲也（下19）
《荀子》 劝学（上16） [illegible]（下34）
《墨子》 蛤蟆蛙蝇与晨鸡（上71）
《庄子》 丑妇效颦（上71） 望洋兴叹（上154）
鲁侯养鸟（下33）
《韩非子》 扁鹊见蔡桓公（上56） 曾子杀彘（下34）
《列子》 朝三暮四（上72） 愚公移山（上95）
伯牙与钟子期（上113）

秦汉魏晋南北朝部分

贾谊（前201—前166） 论积贮疏（下10）
祖冲之（429—500） [illegible]（下120）
陶弘景（452—536） 答谢中书书（上193）
吴均（469—520） 与宋元思书（下44）
郦道元（？—527） 江水（上166）
北朝民歌 敕勒歌（上23） 木兰诗（上[illegible]

隋、唐、五代

侯白 煮箦为笋（上151）
贾思勰 种树木（下158）
魏征（580—643） 谏太宗十思疏（下90）
王勃（650—676） 杜少府之任蜀州（上59）
滕王阁序（下46）
贺知章（659—744） 回乡偶书（上59）
王之涣（688—742） 凉州词（上59）
孟浩然（？—740） 过故人庄（上78）
王昌龄（698—756） 芙蓉楼送辛渐（上60）
王维（701—761） 观猎（上79） 送元二使安西（上
李白（701—762） 秋浦歌（上140） 望天门山（上14
黄鹤楼送孟浩然之广陵（上14
送友人（上141）
秋登宣城谢朓北楼（上141）
崔颢（？—754） 黄鹤楼（上57）
高适（706—765） 别董大（上98）
杜甫（712—770） 江南逢李龟年（上180）

6. 文言文整理

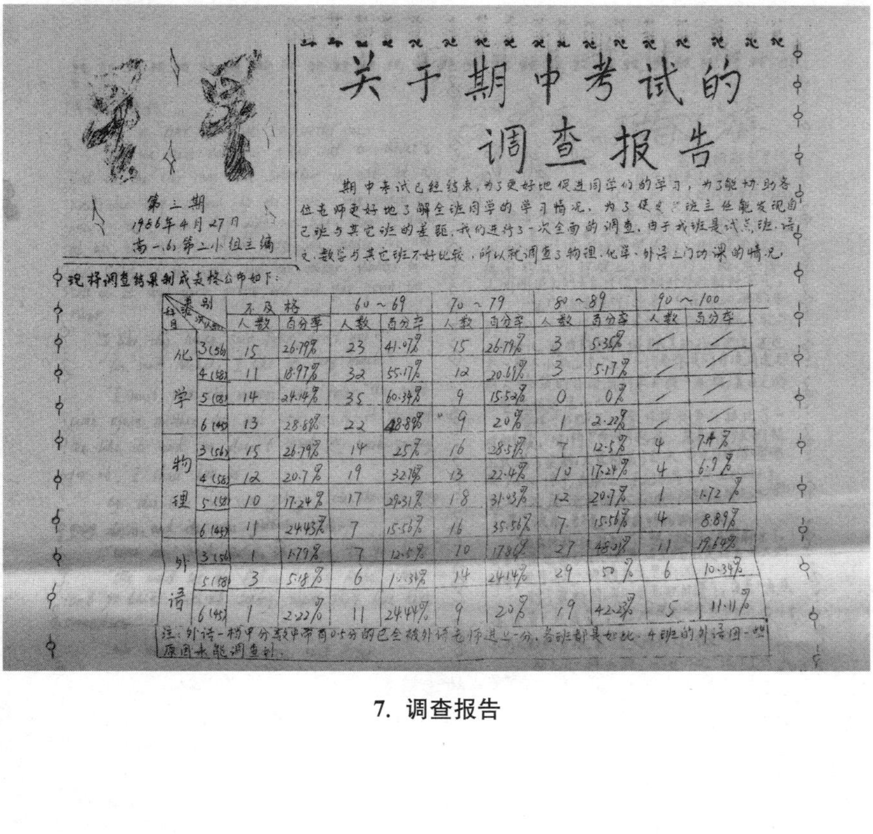

第二期
1986年4月27日
高一(6)第二小组主编

关于期中考试的调查报告

期中考试已经结束，为了更好地促进同学们的学习，为了能够助各位老师更好地了解全班同学的学习情况，为了使各班主任能发现自己班与其它班的差距，我们进行了一次全面的调查。由于我班是试点班，语文、数学与其它班不好比较，所以就调查了物理、化学、外语三门功课的情况，现将调查结果制成表格公布如下：

科目	类别／班次(人数)	不及格 人数	不及格 百分率	60～69 人数	60～69 百分率	70～79 人数	70～79 百分率	80～89 人数	80～89 百分率	90～100 人数	90～100 百分率
化学	3(56)	15	26.79%	23	41.07%	15	26.79%	3	5.35%	／	／
	4(58)	11	18.97%	32	55.17%	12	20.69%	3	5.17%	／	／
	5(58)	14	24.14%	35	60.34%	9	15.52%	0	0%	／	／
	6(45)	13	28.89%	22	48.89%	9	20%	1	2.22%	／	／
物理	3(56)	15	26.79%	14	25%	16	28.57%	7	12.5%	4	7.4%
	4(58)	12	20.7%	19	32.76%	13	22.4%	10	17.24%	4	6.9%
	5(58)	10	17.24%	17	29.31%	18	31.03%	12	20.7%	1	1.72%
	6(45)	11	24.43%	7	15.56%	16	35.56%	7	15.56%	4	8.89%
外语	3(56)	1	1.79%	7	12.5%	10	17.86%	27	48.21%	11	19.64%
	5(58)	3	5.18%	6	10.34%	14	24.14%	29	50%	6	10.34%
	6(45)	1	2.22%	11	24.44%	9	20%	19	42.22%	5	11.11%

注：外语一栏中分数中带有0.5分的已全被外语老师进上一分，各班都是如此。4班的外语因一些原因未能调查到。

7. 调查报告

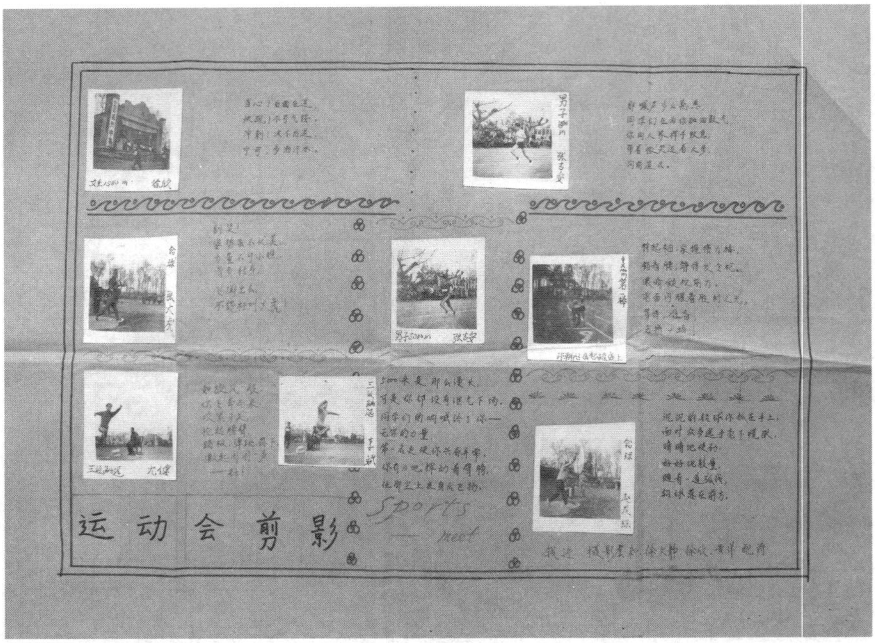

8. 运动会剪影

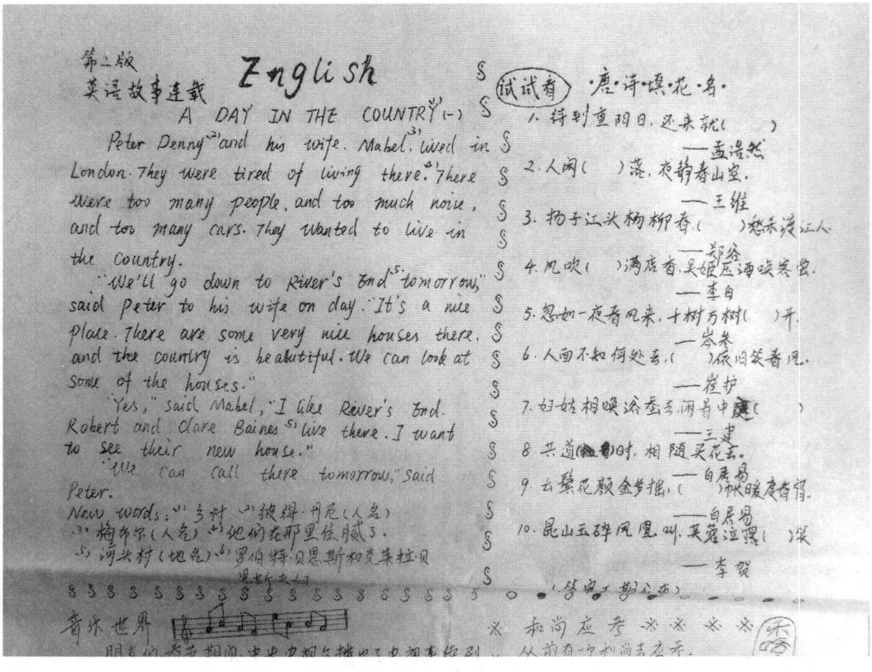

9. 故事连载

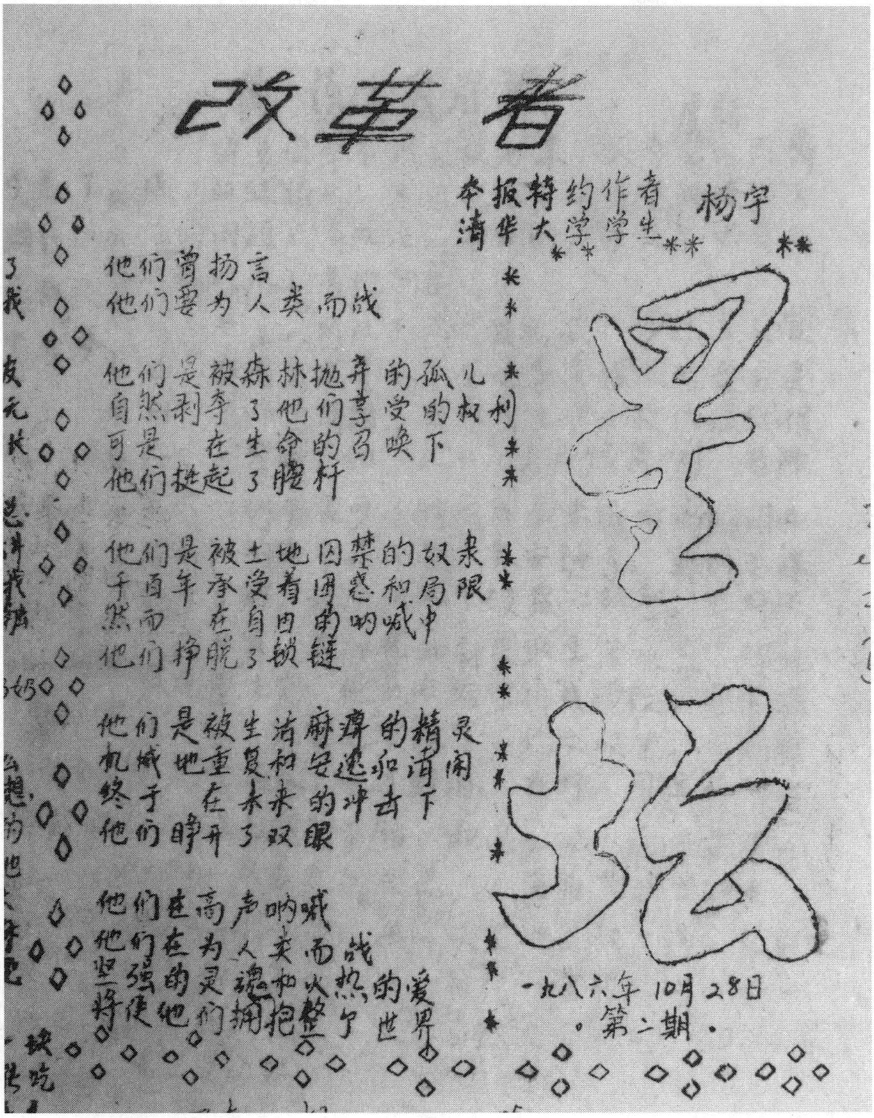

改革者

本报特约作者 杨宇
清华大学学生

他们曾扬言
他们要为人类而战

他们是被森林抛弃的孤儿
自然剥夺了他们享受的权利
可是 在生命的召唤下
他们挺起了腰杆

他们是被土地囚禁的奴隶
千百年承受着困惑和局限
然而 在自由的呐喊中
他们挣脱了锁链

他们是被生活麻痹的精灵
机械地重复和安逸和消闲
终于 在未来的冲击下
他们睁开了双眼

他们在高声呐喊
他们在为人类而战
坚强的灵魂和火热的爱
将使他们拥抱整个世界

星坛

一九八六年10月28日
·第二期·

10. 学长稿件

（本文依据的原始材料，存学校档案室。引号中的文字，均为小报中的“原话”。）

（四）

人教版《文学读本》教学指导书第三册选

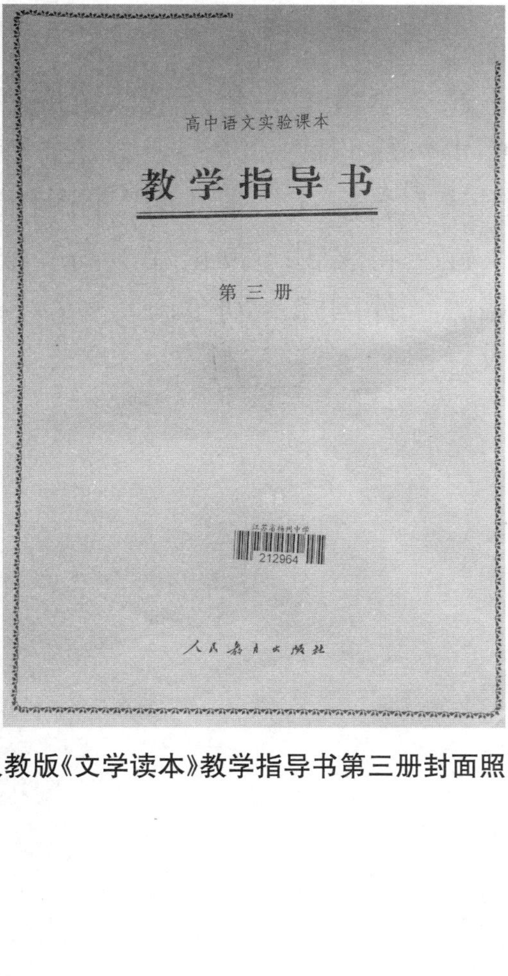

人教版《文学读本》教学指导书第三册封面照片

高中语文实验课本

教学指导书

第三册

人民教育出版社中学语文室　编

主　　　编:周正逵
编　写　者:周正逵　李世中　余澄清　黄成稳
特约编写者:王栋生　徐昭武　许祖云　徐志伟　谢　萱
吴国锋　龚修森　张　南　谢嗣极　李建华
张　铨　蒋念祖　黄正瑶　高　潮　严长春
朱瑞源　孙国强　刘金海
责 任 编 辑:黄成稳

前　言

这套教学指导书是配合高中语文实验课本编写的，共分六册，供高中三个年级教师教学和学生自学参考。

一

为了贯彻国家教委1996年颁布的《全日制普通高级中学语文教学大纲(供试验用)》的精神，高中语文教学改革既要适当提高程度，又要适当减少学时，既要适当加大容量，又要适当减轻负担。这“四个适当”，是语文教学现代化的需要，也是语文教学科学化的体现。要达到这样的目标，除了大力改革教学内容，建立新的教材体系之外，还必须更新教学观念，改革教学方法，特别是要摆脱流传已久的“以讲读为中心”的老习惯，探求“在教师指导下自学为主”的新途径。这是语文教材改革顺利发展的必要条件。

语文是一门多功能的基础工具课，它的主要目标是不断地提高学生的语文能力。提高语文能力，离不开教师的必要讲解，更离不开学生自己的反复练习。应该把教师必要的“讲”与学生反复的“练”有机地结合起来，才能真正提高语文教学的质量和效率。然而，在过去几十年的语文教学中，始终存在着“重讲常谈”的倾向，在课堂上，不是由教师“满堂讲”，就是由教师“满堂问”；学生不是被迫地“满堂听”，就是被迫地“满堂说”，很少有机会独立自主地进行看、读、写、作等语文基本功训练。因此，从小学到中学，前后12年间，花费了两三千个课时，使用过二三十本教材，接触过上千篇的各类文章，聆听过不少语文教师的讲课，但由于长期“缺读少练”，自学能力较差，很多人费力不小，收效甚微，语文学习，不尽如人意。针对这种情况，我们在提倡“讲练结合”的同时，更强调地指出：教师在课堂上要少讲一点，讲精一点，以便腾出更多的时间，让学生多练一点，练好一点。尤其是到了高中阶段，更应该如此。

我们主张“在教师指导下自学为主”，是为了真正体现语文课的特点，充分调动学生学习语文的自觉性和积极性，充分发挥学生的主体作用和创造精神，使学生的语文能力生动活泼地主动地得到发展，素质全面地迅速地得到提高。这样做，并不否认教师在教学工作中的主导作用，更不是降低了对教师工作的要求，相反，要求教师必须更加熟悉教育理论和教育方针，熟悉教学大纲和教学内容，熟悉学生的年龄特点和心理特征，熟悉学生的生活、思想和学习状况，熟悉学生在语文学习过程中不断出现的新问题，然后有的放矢，因材施教，并结合教学工作，不断增强学生自学意识，激发学生自学兴趣，教给学生自学方法，提高学生自学能力，解答学生在自学中发现的各种疑难问题。这不但提高了对学生的要求，更提高了对教师的要求，使教学双方紧密结合，充分发挥两个方面的积极性，共同完成语文训练的各项任务。

从“以讲读为中心”转变为“以自学指导为主”，这是语文教学方法的大革新。要真正实现这个转变，决不是轻而易举的。这里既有教学观念上的更新问题，也有教学方法的实施问题。尽管过去和现在已有不少学校和教师在教学改革实验中对此进行过大胆的探索，也积累了不少行之有效的成功经验，但对大多数教师和学生来说，“以讲读为中心”的做法是轻车熟路，而“以自学指导为主”的做法却比较生疏，加上年深日久，积习难改，真的要弃旧从新，另觅新路，不但需要有一个认识过程，还需要有一个实践过程。希望广大师生在教学改革实践中，勇于开拓，大胆创造，不断积累新的经验，与高中语文教材改革相配合，开辟一条语文教学方法改革的新途径。

二

为了帮助广大师生深入理解和准确把握新教材的编辑思想，尽快熟悉和自觉运用“以自学指导为主”的新教法，以适应高中语文教学和教材改革的需要，我们配合高中语文实验课本的教学，编写了一套新的教学指导书。这套教学指导书着重于教育思想的阐述，教学要求的诠释，教学内容的解说，教学方法的指点，教学经验的介绍和教学问题的解答，既可供教师教学参考，也可供学生自学参考。

高中语文实验课本教学指导书第三册，是根据高中二年级上学期教学的需要编写的。内容包括以下三个部分。

（一）高中二年级语文实验课本编辑说明

简要地介绍高中二年级语文实验课本编写的指导思想和教材内容结构的整体设计，目的在于使广大师生对高二语文实验课本的特点有比较明确的认识；同时也简要地介绍高中二年级语文训练计划，包括训练项目、训练内容、训练要求、训练重点、训练方法、课时分配等，目的在于使广大师生对高二语文教学的任务有比较清晰而完整的了解，以便做到统一思想，明确目标，把握联系，循序渐进，教学双方能密切配合，加强语文训练的计划性和协调性。

（二）《文学读本》教学参考

文学阅读训练是高中二年级语文训练的重点。切实搞好文学阅读训练，不但能全面提高学生的语文能力和文化素养，而且能促进德育、智育、美育的和谐发展，对全面贯彻党的教育方针和提高我们民族文化素质都有重要的意义。

文学阅读训练也是高中二年级语文训练的难点。由于历史原因，对中学生如何进行文学教育，目前还缺乏全面系统的经验，加上教材要求较高，内容较多，而课时有限，又不能加重学生负担，这就给教学工作加大了难度，要求教师和学生在教育思想、教学观念、教学方法和教学评估等方面,都要有一个较大的转变,否则很难达到预期的目标。

为了帮助师生顺利完成高二文学阅读训练的任务,我们在认真总结过去文学教学工作经验的基础上,结合这套教材的特点,编写了《文学读本》教学参考。内容包括:(1) 单元教学要求;(2) 单元教学安排;(3) 鉴赏课文教学设想;(4) 练习参考答案。

单元教学安排和鉴赏课文教学设想是教学参考的核心部分,它是根据中学文学教学的要求,按照以培养鉴赏能力为重点的精神编写的。目的在于帮助师生把握中学文学教学的特点和重点,争取在有限的课时内,切实有效地培养初步鉴赏文学作品的能力。

这里提供的"安排"与"设想",不是规定,仅供参考,各校各班可结合实际情况灵活运用,要充分发挥教师和学生的主动性、积极性和创造性。

(三) 语文教学改革研究论文参读

根据高中语文教学改革的基本精神,结合本年级本学期语文训练的重点要求,编选一部分对转变教学观念和改革教学方法有启发、有教益的好文章,作为研究资料,供广大师生学习参考。这些文章的内容,一部分是著名语文教育家的重要论述,一部分是教改实验学校优秀教师的经验之谈,可以有效地帮助教师和学生提高认识,加深理解,增强教学改革的自觉性,勇于探索,大胆实践,不断创造新的经验。

三

高中语文实验课本不是传统式的"文选系统"型教材,而是新式的"训练系统"型教材,需要编写一套与"以自学指导为主"的要求相适应的"教学指导书"。如何编好这样一套新的"教学指导书",目前还缺乏成熟的经验。我们现在奉献给大家的这套"教学指导书",只是一次大胆的尝试,把它作为一个"样本"拿出来,供大家批评和研究。恳切希望广大师生和语文教育界的同志们提出宝贵意见,帮助我们不断改进,争取早日编出一套既符合高中语文教学改革要求,又能体现高中语文实验教材特色的教学指导书,使它真正成为教师教学的得力助手和学生自学的有用工具,以便更好地为语文教学和教材改革服务。

这套教学指导书在编写过程中,得到许多单位专家和教师的支持帮助,在这里,我们一并表示最衷心的感谢。

人民教育出版社
中 学 语 文 室
1998年2月

目　　录

高中二年级语文实验课本编辑说明

《文学读本》教学参考

第一单元　古代诗歌鉴赏

第二单元　现代诗歌鉴赏

春鸟

礁石

三门峡——梳妆台

练习参考答案

第三单元　古代散文鉴赏(略)

第四单元　现代散文鉴赏(略)

语文教学改革研究论文参读(略)

高中二年级语文实验课本

编辑说明

高中二年级教材编写的指导思想

一、根据高中语文教材改革方案的总体设计，高中二年级的阅读课要集中进行文学阅读训练，这是高中语文阅读教学的重要内容之一。它的基本要求是：

（一）指导学生认真精读一部分典范的文学作品，并结合各种练习，教给学生文学鉴赏的基本知识和基本方法，初步培养他们文学鉴赏的兴趣和能力，进一步提高理解和运用语言的能力。

（二）在课内训练的基础上，指导学生广泛阅读古今中外的文学名著，增长一些必要的文学知识（包括文学理论、文学史和作家作品方面的基本知识），提高他们的文学修养和文化素质。

（三）在文学阅读训练的过程中，使学生潜移默化地受到熏陶和感染，继续提高思维能力和想象能力，初步培养审美能力和审美情趣，加强爱国主义思想，陶冶道德情操，发扬勇于开拓的创造精神。

以上这些要求同中学语文教育的总目标是一致的，但文学阅读训练又和一般的语文阅读训练有很大的不同，主要体现在：

（一）在培养能力方面，一般的语文阅读训练着重培养实用文章的解析能力，文学阅读训练则着重培养文学作品的鉴赏能力。从实用文章的解析，到文学作品的鉴赏，这是阅读训练逐步深化的过程，也是阅读能力不断提高的过程。

（二）在知识教育方面，一般的语文阅读训练着重学习有关语言学和文章学方面的基本知识，文学阅读训练则着重学习有关文学和文学鉴赏方面的基本知识。从语言学和文章学的基本知识，到文学和文学鉴赏的基本知识，这是知识教育逐步深化的过程，也是文化素养不断提高的过程。

（三）在思想教育方面，一般的语文阅读训练着重在提高学生的思想修养，发展思维能力和认识能力，文学阅读训练则着重陶冶学生的道德情操，培养审美能力和审美情趣。从思想修养、思维能力和认识能力，到道德情操、审美能力和审美情趣，这是思想教育逐步深化的过程，也是德育、智育和美育互相融合、协调发展的过程。

中学文学阅读训练也不同于大学文学课程的专业训练。它作为中学语文教育的一个重要组成部分，中学语文能力训练的一个重要阶段，中学阅读训练计划中的一项重要内容，主要目标是初步培养学生的文学鉴赏能力。为了突出中学文学教育的特点，必须在培养文学鉴赏能力上狠下功夫，但要求要适当，只能是“初步”，不可偏高、偏细，脱离中学生的实际。为了给培养文学鉴赏能力打好基础，必须学习一些有关文学理论、文学史和作家作品方面的基础知识，但要求也要适当，只能是“基础”，不可过多、过深，过于强调知识的“系统性”。

培养文学鉴赏能力，不能光靠课内训练，还需要同课外阅读紧密配合。课内训练,要抓住典型作品,深入剖析,重在掌握方法和探求门径。课外阅读,要不拘一格,广泛涉猎,重在启发兴趣和扩大视野。这样,课内外结合,既求精,又求博,把基础打得又宽又厚,才能真正有效地培养文学鉴赏能力。

基于以上认识,我们设计和编写了《文学读本》上下册和《文学作品选读》上下册,作为文学阅读训练教材,供高中二年级课内和课外使用。

二、根据高中语文教材改革方案的总体设计,高中二年级写作与说话训练的重点是“思路与章法”,这是高中写作与说话训练的重要内容之一。主要目标是理清思路,提高布局谋篇能力。具体要求是:

(一)说一番话,中心明确,思路通畅,层次清楚,用语准确。

(二)写一篇文章,中心明确,思路畅达,结构严谨,文理通顺。

对中学生来说,实用文写作训练主要包括记叙文和论说文两类文章的训练。由于小学和初中阶段主要是训练记叙文的写作,较少地训练论说文的写作,所以在高中阶段,对这两种文体的写作训练应该提出不同的要求,即能写一般的论说文和比较复杂的记叙文。又由于记叙文和论说文各有特点,训练内容和方法也各有不同,所以我们采取文体相对集中的训练办法,即高二上学期集中进行一般论说文的写作训练,高二下学期集中进行比较复杂的记叙文的写作训练。

基于以上认识,我们设计和编写了《写作与说话》第三、四册,作为写作与说话训练教材,供高中二年级课内和课外使用。

高中二年级语文训练计划和教材整体设计(略)

(周正逵　执笔)

《文学读本》

教学参考

第一单元 古代诗歌鉴赏

单元教学要求

一、了解中国古代诗歌发展的概况，了解各个时期的主要作家、主要作品，了解各个时期诗歌的主要体裁、样式及其特点。

二、了解有关文学理论方面的基本知识，了解有关诗歌创作和鉴赏方面的基本知识。

三、借助工具书，利用有关的文学史和文学理论知识，通过参读、美读、比读和写读等方式，学习、鉴赏本单元的诗歌，提高鉴赏诗歌的兴趣和能力，进一步提高理解和运用语言的能力。

四、在课内训练的基础上，指导学生广泛阅读中国古代诗歌作品，进一步提高文学修养和文化素质，陶冶情操，发展想象能力和思维能力。

单元教学安排

本单元教学共十课时。

第一课时，学习《古代诗歌鉴赏常识》，目的是让学生初步了解中国古代诗歌的发展概况。可要求学生在自读的基础上完成“阅读提要”，并且要求学生浏览本单元的鉴赏课文，回顾初中阶段所学习的古代诗歌作品及有关知识，课堂上组织交流，以验证、充实《古代诗歌鉴赏常识》所提供的知识框架。《中国大百科全书·中国文学卷》对各个时期诗歌发展情况有较为详细的介绍，可作为补充材料引导学生课外阅读。

第二课时至第四课时，学习《国风二首》《国殇》和《归园田居》。文学史知识方面，主要让学生了解先秦、两汉、魏晋六朝诗歌的概况；文学理论知识方面，主要让学生了解，诗歌是表现感情的，所表现的感情是真挚而热烈的，诗歌表现的感情有深浅、高下之分，鉴赏诗歌要学会对诗歌的思想感情作具体分析。

《国风二首》和《国殇》比较艰深，可向学生提供翻译大意的资料。诗经和楚辞历来分别被视为我国古代诗歌创作中现实主义和浪漫主义的源头。这在诗歌的内容和写法方面均有具体的反映。阅读中可引导学生作一些比较。学习《国殇》时，可向学生介绍《涉江》，该诗更能体现楚辞的风格特点。《归园田居》是一首文人创作的五言古诗。学习时可简要介绍文人五言古诗发展的概况,并补充介绍一些汉乐府诗歌作品,以便学生了解汉魏六朝诗的概况以及这时期诗歌体裁的特点。要使学生能够对诗歌的思想感情作具体分析、评价,从根本上说,应当从提高学生的思想认识水平着眼。目前在教学中可以具体操作的,一是提供有关资料,引导学生阅读,以便于“知人论世”;二是引导学生反复诵读,“披文以人情”,“沿波而讨源”,领悟诗歌的思想感情;三是提供理论,教给方法,作为示范,引导学生分析、评价诗歌作品,并组织讨论交流、归纳总结。

第五至七课时,学习唐诗三首。李白和杜甫的诗歌,分别代表了我国古代诗歌发展中浪漫主义和现实主义的高峰。《梦游天姥吟留别》和《律诗二首》分别反映了这两位诗人诗歌创作的风格特点(除了浪漫主义风格和现实主义风格的不同之外,二人的诗歌还反映了自然之美和人工之美的不同,“以才为诗”和“以学为诗”的不同,老庄思想和儒家思想的不同)。阅读时可引导学生仔细体会,既能总体感受这两种不同的风格,又能作较为具体的分析。白居易也是一个现实主义的诗人,他的诗歌语言质朴明快、通俗浅显,和“韩(愈)孟(郊)诗派”的“横空盘硬语,妥帖力排奡”截然不同,阅读中可介绍韩愈、孟郊等人的诗作,供学生比较、鉴赏。为了让学生学习鉴赏诗歌的风格之美,可补充有关资料,让学生了解唐代诗歌的主要流派、作家的风格特点。通过具体作品的比较,让学生了解近体诗的各种体裁的特点。

第八至九课时,学习《念奴娇·赤壁怀古》和《永遇乐》。可补充有关资料,让学生了解唐宋词发展的概况,了解有关词的基本知识。词的创作历来有豪放派和婉约派的分别。学习《念奴娇·赤壁怀古》,可和《鹊桥仙》作比较,体会这两种风格之不同。诗词表现思想感情,有的直抒胸臆,有的比较曲折含蓄。学习《永遇乐》,可与陆游《诉衷情》、岳飞《满江红》作比较,体现其表现手法之不同。

第十课时,可在完成单元练习的基础上,引导学生整理归纳本单元所学的文学理论方面的知识,总结、交流本单元学习、鉴赏古代诗歌的心得体会,对如何鉴赏古代诗歌形成较为系统、较为具体的认识。

各篇课文教法因文而异,但也有基本的规律可循。诗歌通过意境的创造和节奏韵律的安排表现感情,鉴赏诗歌就要在诵读中把握诗歌的节奏韵律,在诵读中领略诗歌的意境,从而感悟体会诗歌的感情。所以诵读应当作为贯穿整个教学过程亦即鉴赏过程的主线。在诵读过程中,还应组织学生借助工具书和课文注释,疏通文字障碍;引导学生查找参阅有关资料,加深对作品的理解;把一些容易产生歧义的内容或看法提出来,组织讨论;选取一些和鉴赏课文有关联的诗作,引导学生从不同角度、不同侧面作比较分析;要求学生作点翻译、改写和鉴赏札记。这就是课本《前言》中所说的“五读”。鉴赏课文一共安排了八课时,鉴赏不可能也不必要面面俱到,可将诗作分为三个单元(如前所述)组织教学,每单元各有重点而又相互补充。教学中充分运用电教设备,或配乐朗诵,或描绘诗歌意境,增强直观性、感染性。

(张　铨)

鉴赏课文教学设想

国 风 二 首

【教学目的】

一、了解古代人民追求幸福生活的美好愿望。

二、了解古代奴隶社会阶级对立的残酷现实。

三、了解有关《诗经》的基本常识，体会古代民歌朴实清新的艺术特点。

【教学步骤】

一、课前预习

1. 参看“阅读提示”和书中注释，自读课文，了解大意。

2. 参看“鉴赏提示”，体会作品的思想感情，初步练习表情朗读。

3. 发现疑难问题，准备参加研讨。

二、课堂研讨

《关雎》研讨要点：

1. 概括诗意

全诗共五章，可分为三个层次。

第一层(第一章)：写河边邂逅，一见钟情。

以关雎和鸣于河之洲上起兴，引出“窈窕淑女，君子好逑”的咏叹，坦率自然，毫无顾忌，显示出民歌风格。

第二层(第二、三章)：写朝思暮想，辗转反侧。

第二章的“参差荇菜”系承“关关雎鸠”而来，由洲上之景而生情。对河洲上荇菜的细心择取与对美丽善良的女子汲汲追求有着千丝万缕的联系，二者都包含着某种动念，充分显示了在追求者内心积压已久的意向。诗歌的第三章就把这种炽烈的渴望淋漓尽致地揭示了出来：“求之不得，寤寐思服。悠哉悠哉，辗转反侧。”这是对思念情人的心理活动的描写，极其生动、逼真、形象。

第三层(第四、五章)：写琴瑟钟鼓，欢庆娱乐。

这两章写求之既得的喜悦。“琴瑟友之”“钟鼓乐之”，描写君子与淑女终究结为伉俪之好时那种载歌载舞、尽兴狂欢的场面。值得注意的是，“琴瑟钟鼓”的热闹情景并非已然的事实，而是“君子”由“寤寐思服”“辗转反侧”而生出来的幻想。描绘这一美满结合，进一步突出了“君子”对“淑女”的爱慕思念之深。

综观全篇，诗歌用极其细腻生动的笔法描绘了一个男子对女子的思念、追求直至结为伉俪的过程，由“一见钟情”到“日夜思念”再到“幻想结合”，求之不得的焦虑和求而得之的喜悦被纤毫毕现地表现了出来。

2. 体会写法

《关雎》主要运用的手法是“起兴”。所谓“起兴”，即先言他物以引起所咏之词。诗中用“关关雎鸠，在河之洲”来起兴，“窈窕淑女，君子好逑”，使人由关雎鸟雌雄匹配联想到君子淑女必成佳偶，由听到关雎鸟清新流畅的歌唱而春心荡漾联想到君子对淑女的思念之情。又如以荇菜既得而“采之”、“芼之”，兴起淑女既得而“友之”、“乐之”。

《关雎》还巧妙地运用了叠章复沓、一咏三叹的形式。各章结构大致相同，只是更换了其中个别的字句，使内容递进，逐步深入地展现了“君子”炽热的情怀，收到了加重感情，增强节奏感的艺术效果。

《伐檀》研讨要点：

1. 思想内容的深刻性

《伐檀》是一首描写劳动者伐木生活和他们愤怒控诉统治者不劳而获、残酷掠夺的诗篇。奴隶们“伐檀”、“伐辐”、“伐轮”，一桩桩繁重的劳动简直叫人喘不过气来，而奴隶主“不稼不穑”，囤里的粮食都是“三百廛”、“三百亿”、“三百囷”，数量何等巨大；“不狩不猎”，院里都挂满了“貆”“特”“鹑”等野味，地上走的，空中飞的样样有，品种何其繁多。三章连贯起来读，可以清楚地看到严重的阶级剥削，尖锐的阶级对立，以及被剥削者的反抗精神何等突出。

2. 表现手法的艺术性

(1)《伐檀》是长短不齐的杂言句式，一章中就有四言、五言、六言、七言、八言等，并大量运用“兮”字。这样，便于歌者抒发奔放的感情。

(2) 诗歌采用“赋”和“兴”的手法。全文直接铺叙，每章第三句运用了“兴”的手法，触景生情，感情强烈。

(3) 采用重章叠句，反复咏叹的手法。诗中的后一章只比前一章换了六个字，其余相应位置的字完全相同。这样，既开拓了诗的意境，充实了诗的内容，又加强了诗的音乐性和感染力。

朗诵指导：

播放朗诵录音，范诵课文，体会感情(可由学生诵读)。

《关雎》是一首古老的恋歌，描写男子思慕女子时的心情。诵读时，要注意体味诗中人物复杂而又微妙的思想感情以及诚挚而又缠绵的情思的特点。

《伐檀》是伐木奴隶在繁重的劳役中，为抗议奴隶主的残酷压榨而发出的愤怒的吼声。诵读时，要将诗中反诘和嘲讽的语气准确地表达出来。

根据分析提示，熟读课文，背诵全诗(可由学生互背)。

【补充资料】

一、关于《诗经》

《诗经》是我国最早的一部诗歌总集。收录了西周初年到春秋中期五百多年间产生的诗歌作品 305 篇，当时通称为《诗》，又称为《诗三百》。到了汉代，被儒家尊为经典，才定名为《诗经》。

《诗经》按体制分为风、雅、颂三大类。其中“风”是各诸侯国风土民谣，大多是民歌，是《诗经》中的精华，最富于思想性和艺术性。《诗经》运用的表现方法是“赋、比、兴”。风、雅、颂，赋、比、兴，合起来，《周礼·春官》称之为“六诗”，《毛诗序》称之为“六义”。

《诗经》由于其内容丰富、思想和艺术上的高度成就，在中国以至世界文化史上都占有重要地位。它的广泛而深刻的描写现实、反映现实的精神，对后代文学影响很大。中国古代诗人，都在不同程度上受到《诗经》的熏陶。

二、关于作品

1.《关雎》的影响

对爱情的讴歌和礼赞是文学作品的一大主题。《关雎》不仅仅是《诗经》的第一篇，也是爱情文学的始作俑者，它在文学史上的地位不可低估。《关雎》写为爱情火焰烧烤得饥渴难忍的男子，要主动地去追求自己的幸福，感人至深，无怪乎后人在谈论到爱情问题时都要引用“窈窕淑女，君子好逑”，说明它在人们心目中已经深深扎下了根。《关雎》描写爱情能做到清新朴素，自然发自天籁，散发着一股健康活泼之气，对后世民谣影响极大。比如南朝乐府民歌中的“吴歌”“西曲”写男欢女爱的诗篇，既深婉含蓄又率真大胆，从中可以看出其风格的递相承传。这些正是《关雎》千百年来一直流传不衰的原因。

2.《伐檀》的主旨

《伐檀》深刻地揭露了剥削者不劳而获的寄生本质，揭示了统治者与劳动者尖锐鲜明的对立，因而历代统治阶级及其同情者对这首诗的主题讳莫如深。从《诗序》所谓“君子不得进仕”到《郑笺》所谓“彼君子者，斥伐檀之人”，朱熹《诗集传》所谓“非其力不食”云云，显然是曲解和掩饰了此诗的本意。

三、有关知识

1. 关于叠章复沓

《关雎》《伐檀》在结构上都具有叠章复沓的特点。当时的民间诗歌，原为劳动人民在共同劳动中的集体创作并广泛地流传着。为了容易记忆，便于传播，适于集体歌唱，在结构上就形成了叠章复沓的格式。所谓复沓，就是指一首诗由若干章构成，而各章字句基本相同，只是对应地变换少数字词，反复咏唱，有一种回旋跌宕的艺术效果。尽管若干章内是同一情感的反复咏叹，但重复中有变化，在内容的表达上仍有层次可寻。作者往往采用逐层推进的方法来吟咏他要说出的事物，正像音乐乐章不断出现主旋律一样，使主题突出，情感的表达层层递进，给人留下深刻鲜明的印象。

2. 关于“赋、比、兴”

“赋、比、兴”是《诗经》运用的表现方法。“赋者，敷陈其事而直言之”，就是直接铺叙，把要说的话直接说出来；“比者，以彼物比此物也”，就是修辞上的比喻或比拟；“兴者，先言他物以引起所咏之词也”，就是借助于其他事物引出所要表达的内容。借以起兴的事物有时和诗的内容有关，有时无关，只是起烘托气氛，加强诗的情调作用。“比”和“兴”常常是互相联系的，很难截然分开。如《关雎》，有人说它“兴而比也”。对“赋”和“兴”的分析，也要视内容而定。如《伐檀》中，叙写伐木者的劳动以及对不劳而获的统治者的斥责，可看成是运用“赋”的手法；但如果从“由记叙伐木劳动引出对不劳而获的统治者的斥责”的角度来看，说是运用了“兴”的手法，也不无道理。

四、补充注释

1. 左右流之：“流”通“摎(jiū)”，就是求或采取，顺水之流而取(依朱熹说)，和下文“采”、“芼”义相近。

2. 琴瑟友之：“友”，亲爱。这句是说用琴瑟作乐来表达爱她之意。

3. 钟鼓乐之：“乐”，旧读“yào”或“lào”，娱悦的意思。这句是说用钟鼓奏乐来使她快乐。

4. 尔庭：“尔”指“不稼不穑”“不狩不猎”的人，也就是下文的“君子”。

5. 不狩不猎：“狩”，冬猎。

6. 三百囷：“囷”，一说“稛”的假借，和“廛”“亿”一样，都是“捆”或“束”的意思(依余冠英说)。

五、有关评论

《关雎》是《诗经》首篇，也是我国文学史上第一首优美动人、影响深远的民间情歌。诗中写一个男子爱慕一位美丽贤淑、勤劳善良的少女。由于爱恋的深切，以致使他昼思夜想，梦中也不能忘怀，甚至希望有朝一日能与少女结为夫妇，过上和谐美满的生活。全诗充满了健康向上的精神，歌颂了“乐而不淫”的纯真爱情。

这首用比兴手法写成的民歌，共20句，可分为三章。第一章是前四句，第二章是5—12句，第三章为13—20句。首章见物起兴，直接抒写自己的感情和愿望；次章写自己的日思夜想，切盼和少女结为永好；三章是作者思慕感情的高潮，写自己愿望实现后的欢乐感情。

全诗以在河洲上关关和鸣的雎鸠起兴，然后写出自己对少女的一片痴情。传说雎鸠和鸿雁、鸳鸯一样，感情专一，决不相乱。作者用雎鸠起兴，生动形象地表明了他的爱情纯洁而又真诚。第二章，“参差荇菜，左右流之”，既进一步刻画了姑娘的窈窕姿色，又突出赞美了她的勤劳。此处“流”字用得极妙，使满篇生辉，极写少女顺着水流忽而侧身向左，忽而侧身向右地打捞荇菜的忙碌和姿态的优美，使全篇充满了动感和生机。看到这水边劳动的优美身影，使他更增加了对少女的思慕和爱恋。9—12句极写他对少女的追求、思念之情。“悠哉”一句叠用，深刻表达了青年人长夜不寐、绵绵不断的忧思；连用两个“悠”字，把他长夜难眠，思绪万千以至难耐的相思之苦表达得淋漓尽致。

第三章变换笔法，直抒胸臆，把青年人的愿望实现后的欢乐感情深刻表现出来。“琴瑟友之”，“友”表示亲密相爱；以弹琴奏瑟，体现他们相处时的和谐与愉快。“钟鼓乐之”，描写了结婚的热闹场面。这是青年男子对婚恋的希求和良好愿望。

本诗的主要表现手法是比兴。“比”是取物为比，借物言志；“兴”是触景生情，托物兴辞。孔颖达在《毛诗正义》中说：“‘兴’者，起也。取譬引类，起发己心，《诗》文诸举草木鸟兽以见意者，皆‘兴’辞也。”“比兴”是《诗经》突出的艺术特点，也是本诗主要的表现手法。这种含蓄委婉，又生动形象的艺术手法在诗中多次运用，使全诗产生了意味深长，回味无穷的艺术魅力。

这首诗不仅写了思慕、追求和向往，而且把内心的情感写得十分细腻、深刻。在描写感情时，虽然写了对爱情求而不得的相思之苦，但并未流露难以自拔的低沉哀吟。总观全诗，真切地表达了率直、淳朴、真挚、健康的情感，表现了劳动人民对美好事物的追求和向上的精神。唯其如此，这首诗流传二千余年而不衰，并对后世文学和爱情生活产生了深远影响，不愧为一首脍炙人口的优秀民歌！

（录自李子光主编《中外古典文学精华（上）》，中国文联出版公司 1997 年 3 月版）

《伐檀》是流行在魏国奴隶们中间的一首伐木歌。一群伐木奴隶由自己繁重的劳动生活中体验到人与人关系的不平等、不合理，因而对奴隶主的不劳而获进行了愤怒的质问和辛辣的嘲讽。全诗节奏粗重有力，以回旋重叠的章句形式，反复表现奴隶们愤懑不平的思想感情，显示出古代劳动者所萌发的反抗意识。全诗分为三章。

首句以“赋”的手法，敷陈其事，写出沉重而热烈的劳动场面，奴隶们挥动斧头有力地砍木，木碴飞迸。斧起斧落之间，“坎坎”的砍木声回荡在林地。然后，把砍下的木头置放在河岸边的空地上，抬眼一望，河水清清腾起波浪，不由得生发出种种感慨。这一场面写得生动、详尽。“坎坎”的伐木之声加强了劳动气氛。这正是“劳者歌其事”，诗歌的节律很像是干活时一边“吭嗨”用力，一边从胸腹中吐泄出沉重的歌声。后二章中“伐擅”换字为“伐辐”乃至“伐轮”，表示伐木是为了给奴隶主做车轮的。在一片“坎坎”的劳动声中，木头逐渐变为成品了，堆放在河边上。因此，作者以重叠咏唱的办法展现了劳动的全过程。后二句、三句，奴隶们开始直接向奴隶主发出质问：“不种庄稼也不收庄稼，为何三百捆的庄稼入了你的谷仓呀？不去打猎捕兽，为何你的庭院里挂满貛呀鹌鹑呀的猎物呢？”问题之尖锐，很像后世农民的发问：“谁养活谁呀……”本诗在这里一问不已，再问不休，三章中章章都连续发了两次质问，好似“坎坎”的伐木声，问得深入，入木三分。“诗言志”，诗人直抒胸中的不平之气，真是一吐为快！质问还不解恨，最后连讽刺带挖苦：“那些君子呀，真不白吃饭呀！”末句很明显是句反语。对那些尸位素餐的寄生者极尽嘲讽，是全诗的点睛之笔。联系开头把伐下的木头置于河边而不用的描述，又使人想到那其中可能是“赋”中有“比”，即暗示那些寄生者像躺在河边的木头。

总之，这是一首直抒胸臆、性情毕现的诗，风格质朴而豪放，有浩然之气，在当时被压迫的奴隶们中间，想必极具感染力。在形式上本诗有四、五、六、七、八言等句式，这种长短相间、伸缩自如的句式，对后世的诗歌创作，有重要的启迪作用。

（录自《中国历代诗歌鉴赏辞典》）

（特约编写者：孙国强）

国　殇

【教学目的】

1. 体会诗歌中所蕴含的英雄主义气概和爱国主义思想感情。

2. 了解诗歌的艺术表现手法：借助形象，着重描写，采用比喻、夸张、拟人等修辞手法来增强表现力。

3. 掌握诗歌的特殊形式：每句七字，中间用“兮”字隔开。

【教学步骤】

一、课前预习

1. 结合课文“鉴赏提示”和“鉴赏要点”，了解此诗写作背景及蕴含的思想感情。

提示：诗中所描写的战争场面并不是某一次秦楚交战的写实，而是楚军将士数次迎战秦军场面的艺术概括，通过对战争过程的具体描写，表现了楚军将士顽强不屈的精神和誓死报国的情怀。

2. 学生结合注音、注释，初读课文，注意诗歌节奏。

二、课堂研讨

1. 指导朗读。

老师或学生范读——教师指出朗读注意点——学生齐读。

提示：描写紧张、激烈的战争场面的句子应读得铿锵激越，体现出诗句本身的跳跃性，如“车错毂兮短兵接”；歌颂将士英勇不屈的抒情、议论句，节奏应读得舒缓高亢，如“魂魄毅兮为鬼雄”。

句中“兮”字是语气词，停顿时应与上文相连。

2. 结合预习作业，学生概括诗歌内容并分析层次。

提示：层次分析可结合诗歌的表达方式进行，因为此诗中描写部分与议论、抒情部分区别较明显。

3. 内容及表现手法分析。

全诗共十八句，可分为两个部分。

第一部分（前10句）：描写激烈严酷的战争场面，表现将士们与敌不屈战斗过程。这部分，作者倾其笔墨进行描写，“直赋其事”，鉴赏时宜抓住战斗过程、场面，结合具体可感的诗歌形象来分析。教学时可在朗读过程中提出问题，由学生讨论、老师提示解决。

(1) 诗歌具体表现了一个什么样的战斗过程？作用如何？

提示：过程为“激烈接战——奋力相持——虽败犹战——捐躯报国”；作用是：结合战争过程，具体形象地表现楚军将士奋力苦战、不惜以身殉国的爱国主义精神。

(2) 敌我力量对比如何？楚军表现怎样？

提示：力量对比方面，作者运用了夸张（“旌蔽日”）、比喻（“敌若云”）等修辞手法，来形象表现敌众我寡的形势，敌我力量对比悬殊。楚军表现：“士争先”，运用一个“争”字，揭示了战士们的内心世界，他们临危不惧，争相杀敌，真可谓“疾风知劲草，烈火见真金”。

(3) 群体形象和个体形象是怎样安排的？这样处理有什么好处？

提示：群体形象与个体形象结合描写，在激战的战场上，“操吴戈”、“披犀甲”的战士个个“争先”，概括表现战士们奋勇杀敌的群像，在此基础上，突出了于危急关头“援玉枹”、“击鸣鼓”的楚军将领镇定自若、视死如归的典型形象，这一形象成了楚军将士英勇不屈的精神的象征，也是不甘于被欺侮、勇赴国难的爱国主义精神的象征。这样处理有强化主题的作用。

(4) 战争场面的动态与静态描写是如何安排的？

提示：前8句是充满刀光剑影的激战，是生死存亡的搏斗，充满了力度与动感。“严杀尽兮弃原野”，是一个静态的定格的画面，将士们捐躯沙场，为国献身，战场沉寂了，但它留给了人们更广阔的想象空间，“于无声处听惊雷”，其撼人心魄的效果决不亚于激战场面。二者相互补充，各得其妙。

第二部分（后8句）写楚军将士勇赴国难、视死如归的英雄气概，并对他们的英雄行为热烈地礼赞。

这部分，作者直抒胸臆，热烈赞颂英雄。可抓住表达方式及重点句子来分析。

(1) 这部分主要运用了什么表达方式？作用如何？

提示：主要运用了议论、抒情的表达方式，起到了升华主题的作用。

(2) 重点句子分析。

提示：“出不入兮往不返”是将士们以身许国的豪情壮语；“首身离兮心不惩”表现了将士们舍生取义、死而无憾的爱国主义精神；“魂魄毅兮为鬼雄”，升华了英雄们的精神境界，无论生还是死，他们都是英雄豪杰。

4. 总结。学生齐读课文，并思考问题：作者为什么要以楚军、秦军决战的场面为诗歌素材？

提示：这与屈原的“东连齐国、西抗强秦”的政治主张有渊源关系，也体现了楚国人民的意志，当时民间就有“楚虽三户，亡秦必楚”的口号。《国殇》这篇追荐阵亡将士的祭歌，具体表现了楚国人民同仇敌忾的爱国激情。

5. 在理解文章内容的基础上指导学生背诵课文。

【补充资料】

一、关于作者

屈原,名平,字原,又自云名正则,字灵均。战国楚人,与楚王同姓,故里相传为今湖北秭归县。初辅佐怀王,做过左徒、三闾大夫。他是我国最早的伟大诗人,"楚辞"这一文学体裁的创始人,其作品以优美的语言,丰富的想象,溶化神话和传说,塑造出鲜明的形象,富有积极浪漫主义精神。其作《九歌》由十一篇组成,采用民间祭神、祀鬼的歌曲,经过新的艺术创造,深刻反映了诗人忧国忧民、有才难展、有国难报的凄苦心情。屈原的传世作品二十余篇,都保存在刘向辑录的《楚辞》中。

二、关于作品

1. 思想影响

《国殇》宣扬的捐躯报国思想,曾激起过世代爱国志士的共鸣:"捐躯报明主,身死为国殇"(鲍照)、"国殇毅魄今何在?十载招魂竟不知"(陈子龙)、"希文忧乐关天下,算但哀时作国殇"(柳亚子)……对于后代的战争诗,尤其是唐人边塞诗中爱国主义主题的作品,《国殇》确有开先河的作用。

(选自《诗经楚辞鉴赏辞典》)

2. 作品风格

《国殇》风格刚健悲壮,语言朴素,声调激越,与内容和谐一致,是《九歌》中风格突出的一首。

(选自《中国文学史》)

三、有关知识

《楚辞》是我国战国时代以屈原为代表的楚国人创作的诗歌,它是《诗经》以后的一种新诗体。在艺术形式上,利用和借鉴当时南方的楚国民歌长短参差、多用"兮"字的自由句式,比之《诗经》,它的篇幅扩大,句式较长,不采取回环复沓形式,富有浪漫主义色彩。

《楚辞》作品中,以屈原所作最多,质量最高,他的《离骚》是其代表作,后人因此又称《楚辞》这种文体为"骚体"。文学史上常以"风"、"骚"并称,"风"指《诗经》,"骚"指《离骚》。

四、补充注释

1. 国殇:殇,古代指未满二十岁而死的人。这里指出征阵亡的青壮年。因为为国牺牲,所以称为"国殇"。

2. 短兵接:兵,兵器。

五、有关评论

本篇在《九歌》中地位相当特别。盖它篇所吟颂者皆天地神祇,此篇独为人鬼。"国殇",就是指死于国事的人。整个诗篇就是楚人祭祀为国捐躯的英雄的乐歌。诗中场面系敌强我弱,有其特定的历史背景。战国的秦楚争雄,从怀王后期开始,屡次以楚方战争失利了结,楚国在抗秦的战争中伤亡惨重,但当时楚国的士气民情并不低落，在怀王入关而不返，死在秦国后，民间就有“楚虽三户，亡秦必楚”的口号。这首诗歌就突出地表现了楚国将士可歌可泣、视死如归的英雄主义精神，充满了爱国主义的热情。

诗歌的前一段，描绘严酷壮烈的战争场面。诗一开始就用开门见山的写法：战士们披坚执锐，白刃拼杀。古时作战乘战车，作用有如近代的坦克，双方轮毂交错，是近战，是“短兵(相)接”。诗从战斗最激烈处写起，极为简劲。在这个“近景”描写后，诗中展开了一个战斗的“全景”：旌旗遮天蔽日，秦军阵容强大。敌若云，箭似雨。处于劣势的楚国将士却没被危险与敌威所压倒，他们争先恐后，奋不顾身，其勇猛逾于困兽。但终因寡不敌众，被敌方冲乱了行列与阵脚，楚军陷入被动，败局已定。就在这千钧一发之际，诗人用了“特写”方式，着力刻画楚方主将：他高踞战车之上，身先士卒，临难不苟。他的左右骖乘一死一伤，车轮如陷泥淖，驷马彼此相绊，进退不得，却继续援槌击鼓，指挥冲杀，直到流尽最后一滴血，直到全军覆没。“严杀尽兮弃原野”，这是一个“定格”的画面：战场上尸横狼藉。喊杀声停止了，笼罩着一片死样的沉寂。楚国将士身首离异，然而还佩着长剑，挟持秦弓(有人认为这“秦弓”是夺到手的武器)。敌人胜利了，但是“杀人三千，自损八百”，这是一场令其思之胆寒的胜利。楚军失败了，这是一场令人肃然起敬的悲壮的失败。整个前段，诗人通过有限的画面，表现了意味极为丰富的内容。

诗中所写的战斗虽残酷激烈，并且牺牲惨重，但却没有渲染对战争的恐怖和感伤，而是使读者深深感受到保家卫国、不怕牺牲的英雄气概。诗中主将的遭遇，容易使人想到项羽《垓下歌》的前两句：“力拔山兮气盖世，时不利兮骓不逝”。然而《垓下歌》的结尾是软弱无力的，远不能与《国殇》的结尾相提并论。任何的徒呼奈何、呜呼，乃至泣血流泪，都是愧对烈士英灵的。

诗的后一段则取一种气薄云天的慷慨之音，对死国者作了热烈赞颂。“出不入兮往不反”二句，与荆轲《易水歌》同致。“壮士一去兮不复还”，是以身许国者共有的豪言壮语。烈士们用鲜血实践了他们的誓言。他们死不倒威，死而不悔，可杀而不可侮。他们生命终结而精神不朽，到了另一个世界，也仍是出类拔萃的“鬼雄”！与诗发端的开门见山相应，结尾是斩钉截铁，令人振奋的。

本诗在描写战争方面有其显著特点：第一，描写角度新。《诗经》中也有不少以战争为题材或背景的作品，但一般只写出征一方，不见激烈的战斗场面，而《国殇》却大写秦人狂风骤雨的凭凌，楚军浴血奋战与抵抗、两军短兵相接的激战。这在战争诗的创作上谱写了全新的一页。第二，用艺术概括的手法，集中描写一场浴血奋战的场面，在刻划中运用了类乎“蒙太奇”的语言，显得形象鲜明突出。堪称短小精悍。第三，描写敌方，并未简单地丑化敌人，相反对敌方力量的强大作了夸张描写，这对阵亡者的大无畏精神恰恰起了有力的衬托作用。

(节选自《诗经楚辞鉴赏辞典》)

归园田居

陶渊明

【教学目的】

1. 从分析“性”与“俗”的矛盾对立入手，启发学生理解诗人辞官归隐的原因。

2. 形象感知诗人所绘之景，体会诗人由“俗”返“性”后的欢悦心情。

3. 欣赏诗歌平淡自然的艺术风格。

【教学步骤】

一、课前预习

1. 翻查工具书，读准字音，辨清字形。

2. 参读“作者简介”、“鉴赏提示”、“鉴赏要点”等，揣摩诗歌所表达的感情，美读诗歌。

二、课堂研讨

1. 由诵读《归去来辞》中的“世与我而相违，复驾言兮焉求”、“富贵非吾愿，帝乡不可期”、“聊乘化以归尽，乐夫天命复奚疑”等句子导入新课。

2. 朗读诗歌，初步感知作者所绘之景，所抒之情。

(1) 检查预习情况，指名朗读诗歌，正音正形。

(2) 教师范读诗歌，让学生初步感知诗歌中所绘之景及所抒之情。

(3) 指导学生朗读诗歌，要求读准字音，读出一定的感情。

3. 赏读诗歌，深入理解诗人辞官归隐的原因，形象感知田园生活景象，深切体会诗人恬淡的心境。

(1) 学生齐读诗歌一至八句，思考：诗人辞官归隐的原因是什么？

提示：是“性”与“俗”的矛盾对立。东晋时期，门阀世族把持政权，社会黑暗，官场污浊腐败，“真风告逝，大伪斯兴”。“性本爱丘山”、“质性自然”的诗人与这样的“俗”显然是格格不入的，所以，诗人悔恨自己“误落尘网”成了“羁鸟”、“池鱼”。“恋旧林”、“思故渊”则形象地表达了诗人渴求摆脱束缚、向往回归自然的急迫心境。幸而“实迷途其未远”，所以诗人毅然辞官归乡。值得注意的是，诗人“恋旧林”、“思故渊”有别于“人情怀旧乡，客鸟思故林”（王赞《杂诗》）式的单纯的思乡怀旧，诗人的辞官归隐是为了保持自己的自然质性，是对污浊的官场生活的彻底否定和唾弃。

(2) 诗人由“俗”返“性”后，描绘了一幅什么样的田园生活画面？怎样描绘的？字里行间蕴含着诗人什么样的感情？

① 学生理解性朗读九至十八句，想象田园生活景象，并用语言描绘出来。

提示：住宅周围有十余亩农田，八九间草屋坐落其间。屋后榆柳郁郁葱葱，遮蔽后檐，屋前桃李争春，列满院前。住在这里，远处的村庄隐约可见，袅袅的炊烟依稀可辨。偶尔还能听到狗在深巷中叫，鸡在桑树上啼。我的门庭内没有官场的案牍和应酬琐事，在闲静的居室中悠然自得。

② 议读九至十八句，讨论：诗人是怎样描绘田园生活景象的？

提示：九至十四句写所见，由近到远，描写居处环境的幽美；十五、十六句写所闻，由远及近，反衬居处的宁静；十七、十八句写所感，从外到内，突出诗人的恬淡闲适。

③ 赏读九至十八句，体会在描写田园生活景象的字里行间蕴含着的感情。

提示："一切景语皆情语"，诗人描写居处的环境及村居生活，着意突出了幽美宁静、朴素自然的特点，表现了诗人恬淡的心境和超俗的人格。

(3) 十九、二十两句，诗人抒发了什么样的感情？从结构上看，十九、二十两句与开篇的一至六句有何关系？

提示：十九、二十两句直接抒发了辞官归隐后的欢悦之情。诗人"久在樊笼"，本性受到束缚、压抑，而一旦冲出"尘网"，复归自然怀抱，其庆幸、欢悦之情溢于言表。从结构上看，首尾照应，浑然天成。"久"呼应"三十年"，"樊笼"照应"尘网"，"复得"扣"误落"，"返"扣"恋"、"思"，"自然"照应"丘山"、"旧林"，"故渊"。

4. 美读诗歌，欣赏平淡自然的艺术风格。

提示：诗人自称"质性自然，非矫励所得"，他的诗风也是如此。诗人把最能引起自己思想共鸣的田园景象摄取到诗中，采用不受平仄、对仗限制的"田家语"，以白描手法自然绘来。那宁静安谧的田园风光，那纯朴自然的农家生活，那恬淡自在的隐居心境，使人感到好像是从诗人的"胸中自然流出"，没有一点斧凿痕迹。

板书设计：

归园田居

陶渊明

一、交待辞官归隐的原因："性"↔"俗"

二、描绘田园生活的景象
- 所见
  - 农田、草屋、榆柳、桃李
  - 远村、炊烟　（近→远）
- 所闻：狗吠、鸡鸣　（远→近）
- 所感：无尘杂、有余闲　（外→内）
- ——平淡宁静

三、直抒复返自然的心情：欢悦

【补充资料】

一、关于作者

陶渊明的曾祖陶侃曾官至大司马，祖父和父亲也做过太守、县令一类的官，但后来家道日趋没落。陶渊明少年时代由于家庭和儒经的影响，对统治阶级抱着幻想，有"大济苍生"的壮志。另一方面，陶渊明从小又有热爱大自然的本性，加上当时社会黑暗,老庄思想和隐逸之风盛行,仕途不得志而又不愿随波逐流的陶渊明更加向往大自然。所以,陶渊明出仕后的十多年间,一直"一心处两端",行动上也是仕隐无常,直至四十一岁辞彭泽令之官,才结束了仕隐不定的生活,坚决地走上了归田的道路。

二、关于作品

陶诗总的风格是质朴自然,平淡清新,在玄雾笼罩的魏晋文坛上独树一帜。钟嵘说他"文体省净,殆无长语,笃意真古,辞兴婉惬"。胡应麟称陶渊明"开千古平淡之宗"。朱熹也说他的诗"平淡出于自然"。孔繁在《魏晋玄学与文学》中说:"老庄之自然抱朴,到陶渊明其人其诗,已达到无以复加。文德与人德互为表里,是渊明诗最以感人处。渊明自称'质性自然,非矫励所得',他的诗风也是如此。"

三、关于背景

东晋政治极端腐败,世族大家垄断高官要职,无理排挤、压制庶族寒门之人,热衷于争权夺利,矛盾斗争十分尖锐激烈。陶渊明生活的主要时期便经历了司马道子、元显的专权,王国宝的乱政,王恭、殷仲堪的起兵,桓玄的夺位,以及后来终于夺取了晋政权的刘裕势力的兴起等。"世与我而相违,复驾言兮焉求",东晋黑暗的社会现实对陶渊明的生活道路及思想变化有着深刻的影响。

四、补充注释

1. 三十年:实际上是十三年,陶渊明从二十九岁做江州祭酒到四十一岁退隐,计十三年。诗人之所以将出仕十余年说成三十年,是极言时间之久。十而称三十,古有先例。如《史记·匈奴传》:"秦灭六国,而始皇使蒙恬将十万之众,北击胡。"而《蒙恬传》则称:"乃使蒙恬将三十万众,北伐戎狄。"

2. 虚室:虚空闲寂的居室。《庄子·人间世》:"瞻彼阕者,虚室生白。"此诗的"虚室",既指室内空寂,也指诗人内心纯净而无名利之念。

五、有关评论

这首诗通过叙述平生志趣和描写田园生活,表现了诗人对仕途生涯的憎恶和摆脱尘网的快慰,抒发了对山林生活的热爱之情。车尔尼雪夫斯基曾说过:"那些为生活所折磨,厌倦于跟人们交往的人,是会以双倍的力量眷恋着自然的。"正因为如此,刚刚从浑浊的政治漩涡中挣脱出来的诗人,便分外感到田园生活的舒适与美好。

前八句为第一部分,写诗人因鄙夷仕途而归田。开头四句写诗人误入官场,渴望归隐。其中"少无适俗韵"与"性本爱丘山"二句虽互为因果,但意在说明诗人本性与境遇的矛盾。陶渊明自幼受儒家思想熏陶,曾有过"大济苍生"的宏愿,并非天性就愿意隐居山林。只因现实政治黑暗,"有志不获骋",才转而爱"自然"。接下二句,以鸟、鱼作比,写自己思归之情。再二句写归田后守拙开荒,表示决心躬耕自食。"守拙"是对"适俗"而言的,从中反映了诗人对尔虞我诈的官场生活的厌恶。

后十二句为第二部分,写恬静、美好的田园生活以及诗人的愉快心情。前八句主要是写景,并在景物描写中透露了作者对田园生活的热爱。最后四句通过写"无尘杂"的"户庭"和"有余闲"的"虚室"来衬托诗人恬淡的心境;并直接抒发了自己重返自然的欣喜之情。

这里要说明的是，诗人对田园生活的美好描写，并不是为了美化农村，而是把它作为肮脏的世俗社会的对立物来写的。他是通过赞美农村的隐居生活来肯定自己，否定官场的。

此诗层次清晰，结构严谨。诗人先写辞官归田，后写开荒南野，中间虽有回忆往事，但基本上依时写来，自有次第。其中描写田园景物一段，由远及近，自外至内，次序尤为清楚。并且，开头两句总领全诗，中间几处照应题旨，最后两句，以"久"扣"三十年"，以"樊笼"扣"尘网"，以"复得"应"误落"，以"自然"应"丘山"，互为映带，以结全篇。

其次，善于写景，情景交融。如"暖暖远人村，依依墟里烟。狗吠深巷中，鸡鸣桑树巅"一段，以动写静，绘声绘色，构成了一幅纯朴宁静而又充满情趣的村居图。同时，在这景物描写中还寄寓了诗人的美好情操和快慰心情。

第三，运用比喻和反衬手法，来表达自己的爱憎之情。诗人写美好的田园景物，用实笔描绘，使之形象具体，生动可爱；而写官场生活，则用比喻，如"尘网"、"樊笼"等，使人望而生恶，并且将二者加以对比反衬，就更加激起人们对污浊的仕宦生涯的憎恶和对淳真的田园生活的热爱。

最后，语言朴素自然，也是此诗的一个突出特点。诗中既无华丽的词藻，也无深奥的典故，而是用当时人们习用的语言，如"方宅"、"草屋"、"榆柳"、"狗吠"、"鸡鸣"等。这些词语一经诗人组织入诗，便呈现出一派生动的田家景色。这种"无一修饰之词，而其间有无穷妙味"的写法，恰恰体现出"陶诗之真面目"。

（近藤元粹评订《陶渊明集》卷二）

（特约编写者：　　　　）

梦游天姥吟留别

【教学目的】

1. 初步了解唐代七言古诗的特点：篇幅较长，容量较大，用韵灵活，格律不严。

2. 具体领会李白作品运用想象和夸张的手法展现幻想中神奇景象的浪漫主义风格。

3. 准确理解作品所表现的思想感情。

【教学步骤】

一、课前预习

1. 结合注释，翻查工具书，读准字音，辨清字形。

2. 复习《望庐山瀑布》、《朝发白帝城》等诗，反复朗读课文，领会李白诗浪漫主义风格的特点。

3. 参读“作者简介”、“鉴赏提示”和“鉴赏要点”，理解这首诗的内容，揣摩诗歌所表达的感情。

二、课堂研讨

1. 检查预习情况，指名学生朗读，正音正形。

2. 引导学生理清全篇脉络层次，熟悉课文内容。讲解要点如下：

第一段写入梦之由。诗因梦游而作，梦游因心仪而设，故先写对浙东名山向往已久的心情。

第二段写梦境中的奇景仙遇。先写梦境中的奇异景物，或清幽，或壮美，或惊怖，层层推进；由奇异而转入神奇，再写惊心眩目的仙遇，形成梦游高潮；最后写梦中惊觉，返回现实。

第三小节写惊梦长叹，表现诗人对“人生无常”的伤感情绪和蔑视权贵的反抗精神。

3. 课堂讨论问题，师生共同活动，明确答案。

(1) 诗中是怎样描写入梦之由的？

诗的第一段集中写入梦之由。一开始诗人就落笔于古代传说中的海外仙境——瀛洲，虚无缥缈，不可寻求；而现实中的天姥山在浮云彩霞中时隐时现，一“信”一“或”；以虚衬实，使人油然而生神游天姥之念。

天姥山峰峦峭峙，仰望如在天表，容易引起游者想入非非的幻觉。但比之其它崇山峻岭，如我国的五大名山——五岳，在人们心目中的地位仍有区别，可是李白却在诗中夸它“势拔五岳掩赤城”，这座梦中的天姥山，应该说是李白平生所经历的奇山峻岭的幻影，它是现实中的天姥山在李白笔下夸大的影子。

(2) 诗中怎样描写梦境及如何理解梦境对现实的折射？

梦境的描写可分三个层次。第一个层次写剡溪的清幽，绿水荡漾，清猿啼鸣。第二个层次写他游历中的所见，景色转为壮美。海日升空，天鸡高唱，山花迷人，忽觉暮色降临，旦暮之变何其倏忽。第三个层次令人惊怖，熊咆龙吟，山林为之战栗。

接着诗境又由奇异而转入神奇，一个神仙世界“訇然中开”，异彩缤纷，光耀夺目！

仙山的盛会正是人世间生活的反映。这里除了有诗人长期漫游经历过的万壑千山的印象、古代传说、屈原诗歌的启发与影响，也有长安宫廷生活的印迹，这一切通过浪漫主义的非凡想象凝聚在一起。

(3) 全诗末尾两句表现了诗人的什么感情？

这首诗的主观意图本来在于宣扬“古来万事东流水”这样颇有消极意味的思想，可是它的格调却是昂扬振奋的，并无消沉之感。对名山仙境的向往，只是对黑暗现实的不满。对黑暗现实的不满，就要敢于向封建统治阶级投过去一瞥蔑视。诗的最后愤愤然两句宣言，点亮了全诗的主题，一吐政治上失意的郁闷之气，不卑不屈，这种决绝态度，表明与当时的恶势力誓不两立，决不妥协，显示了诗人蔑视权贵的反抗精神和豪迈气概。

(4) 这首诗在构思上的特点是什么,有何作用?

这首诗表达思想感情的方式,不是平铺直叙,直抒胸臆,而是围绕一场游仙的梦幻来构思。从现实到梦幻,再由梦幻回到现实,主体是梦幻,这样的构思便于诗人展开丰富的想象,塑造幻想中的形象,创造与丑恶现实完全对立的美妙境界,从而表明了对黑暗现实不满,追求自由乐土的理想,再落实到不事权贵的主旨上来,显得天衣无缝,顺理成章。

4. 在教师指导下品读诗歌,诱发学生再造想象,感知仙境,体会诗人的心绪,读出一定的感情。

5. 学生齐诵,后指名学生试背。

6. 讨论课后的练习,布置小作文:

《生活真实与艺术真实》

《文学与科学》

【补充资料】

一、关于作者

李白二十五岁起,"仗剑去国,辞亲远游",出三峡,泛洞庭,东游吴越,北上太原,遍及半个中国的漫游生活,使他对社会现实逐步认识,养成他追求自由、蔑视权贵的傲岸性格。天宝元年,李白四十二岁时,应召入京,供奉翰林,因性格傲岸,不为权贵所容。天宝三年,被唐玄宗赐金放还,这是李白政治上的一次大挫折。离开长安后,他开始了以东鲁、梁园为中心的漫游生活,曾与杜甫、高适游梁、宋、齐、鲁,又在东鲁家中居住过一个时期。这时东鲁的家已颇具规模,尽可在家中怡情养性,以度时光。可是李白没有这么做,他有更高更远的追求。天宝四年,他将离开东鲁时写下《梦游天姥吟留别》以答东鲁诸公,又一次踏上了漫游的旅途。

二、关于作品

杜甫《春日怀李白》诗中说:"白也诗无敌,飘然思不群。"这首游仙诗,意境雄伟,变化莫测,多彩的艺术形象,新奇的表现手法,向来为人传诵,被视为李白浪漫主义创作风格的杰出代表作,千古传诵的名句影响深远。

三、有关知识

谢灵运和他的山水诗:

谢灵运(385—433),南朝宋诗人,谢玄之孙,他热中政治权势,到了刘宋时代,因政治失意,任永嘉太守时,纵情遨游山水,不理民事。他的山水诗,绝大部分是他任永嘉太守以后写的。其山水诗虽能描绘外界景物,但往往有佳句而无佳篇。他初步扭转了玄言诗风,开创了山水诗派。

四、补充注释

1. 云霞明灭或可睹:或,一般解释为"或许",但据上文"明灭",当解释为"有时"为妥,天姥山时隐时现。

2. 天姥连天向天横：横，音 héng。

3. 须行即骑访名山：须，当解释为“等到”，如“须晴日，看红装素裹”的“须”。

五、有关评论

《梦游天姥吟留别》究竟是什么意思呢？

就是梦游天姥山么？天姥山实际上只不过是小山一座，其高不过数百公尺，在中国历史地图上都找不出它的名字来。但诗人为什么要把它写得那样高，高过五岳，高过天台，甚至与天相接，横跨天宇？固然，这是诗人的幻想和夸张。但幻想和夸张仅仅是手段，使用这种手段总有它的目的，诗人在描写天姥山时，浮想联翩，夸张其辞，其目的究竟何在呢？

或者，就是告别东鲁诸公么？古人写诗，留别有留别之体，酬赠有酬赠之辞，或前述交往，后叙别情；或前述生平，后叙离怀。为什么这首诗却用十分之八九的篇幅去写惝恍迷离的梦境？这又是什么意思呢？

何况，最后突然冒出“安能摧眉折腰事权贵，使我不得开心颜”这样两句来，这又与梦游何干？与留别何涉？假若全诗主题就是梦游天姥或留别友人，则最后脍炙人口的千古名句“安能摧眉折腰事权贵，使我不得开心颜”，岂不在全诗中成了莫名其妙的游离部分？

李白是借助比兴以言志了。

开头，“海客”“越人”两句对仗，除了它们的表面意思外，实际上象征着摆在李白面前的两条人生道路：一条是出世求仙，一条是入世从政，究竟此生是出世求仙呢？还是入世从政呢？比较之下，他觉得前者毕竟虚无缥缈，难以实现；后者比较现实，或可成功。

接着，他因越人之语而幻想天姥，实则是因友人之荐而神往朝廷。诗中用高度夸张描写天姥山，正因为它是朝廷的象征。天姥山只能在这种象征意义上才是“势拔五岳掩赤城”，“天台一万八千丈，对此欲倒东南倾。”诗中一开始写到天姥山时，“天姥连天向天横”一句连用了三个“天”字，李白不是不知避复，而是有意重复，以期引起读者的注意。在封建社会中，谁都知道“天”是指什么。

接着，他就因越人之语和自己的幻想而入梦。入梦显然是象征入朝。李白二入长安，确是像“一夜飞度”，“身登青云”，至于“半壁见海日，空中闻天鸡”，显然就是召见金銮、待诏翰林的景象了。

“千岩万转路不定，迷花倚石忽已暝。”这里，在梦游过程中是一转折，它恰好反映了李白在待诏翰林中思想情绪上的转折：入朝以后不久，李白就发现朝中的某些阴暗面而感到迷惑，感到失望。从“熊咆龙吟”到“丘峦崩摧”诸句，虽然很难说确指何事，但它们反映的是朝廷中某些可惊可怖的景象则是显然可见的。

天姥山中的神仙洞府显然是象征皇宫内院，那一大群自空而降的神仙，显然是写贵族出游，场面十分富丽堂皇，而这富丽堂皇，却使人感到可怕，竟至使梦中人“魂悸”、“魄动”，其揭露、讽刺之意亦显然可见。

既然《梦游天姥吟留别》是借天姥象征朝廷，借梦游象征二入长安，则梦醒就是象征李白对朝廷幻想的破灭，所以醒来以后嗟叹不已，否则一梦之失何须大发感慨？入朝从政毕竟是他一生的梦想，所以既感慨惋惜，又觉无可奈何，只好自我排遣。在这里，诗人特地点醒："人间行乐亦如此"，这等于说，我奉诏入朝的经历也是像这样啊！

经过一番矛盾以后，李白终于下定决心要走了，他不仅是将要出发去漫游，而且此行是象征着他和朝廷在思想感情上实行决裂。所以在诗的最后出现了全诗的最强音："安能摧眉折腰事权贵，使我不得开心颜！"

总而言之，《梦游天姥吟留别》不是山水诗，不是游仙诗，不是留别诗，也不是什么追求光明世界，而是用比兴言志的方法借梦游天姥山作为手段，反映李白二入长安的经历，用以抒发他心中愤懑，从而揭露和批评天宝年间的朝政。而诗人的形象和性格也在诗中体现出来，我们好像看见他的苍白的面颊，他的悲愤的眼光，他的高昂的头颅……

（摘自安旗、薛天纬等著《李诗咀华》）
（特约编写者：　　　　）

律 诗 二 首

【教学目的】

1. 鉴赏《春望》，感受、理解诗人忧国思家的情怀，了解诗篇景中有情，情中有景的艺术特点。

2. 鉴赏《登高》，感受、理解诗人阔大而悲壮的胸怀，了解缘情写景，情景交融的艺术特色。

3. 学习律诗的一般知识，并初步学会吟诵律诗。

【教学步骤】

一、课前预习

1. 通读课文，包括提示和注释，初步了解杜甫的生平和两首诗的具体背景。

2. 熟读诗篇，应调动起有意注意，自觉地去捕捉阅读的初感印象，一是诗人的思想感情，一是诗篇的基本情调；进而通过联想和想象使诗中的意象"复活"，并且把意象联系起来，构成统一的"幻觉世界"，让心灵沉浸其中。

二、课堂研讨

1. 鉴赏《春望》

(1) 导入诗境

① 学生简述背景，进入规定的历史情境。安史之乱，山河破碎。天宝十五年京

城长安沦陷，七月，唐肃宗在灵武即位。杜甫在兵荒马乱中流亡到鄜州，安顿下家小，八月只身投奔肃宗。不幸中途被胡兵俘虏，带到长安。到第二年春天，在贼中睹物伤怀，写下了这篇忧国思家的五律《春望》。

② 梳理诗篇，从整体上感受诗的意境。在沦陷的京城，山河依旧，而人事全非。又是暮春时节，若在往年，该是多么迷人；可是今年，满眼草木荒深，触目凄凉，不禁联想起国事和家人，国难深重，家人生别。感念时事，看见花开反流泪(或者花也如诗人一样流泪)，痛恨离别，听见鸟鸣却惊心(或者鸟也同诗人一样惊心)。战火经久不息，已经延续了一个春天。不知家人死活，盼见一封家书，真抵得上万金。愁思催人发稀头白，越搔越短，简直插不住发簪。

(2) 指导赏析

① 纵深结构。仇兆鳌《杜诗详注》中说："此忧乱伤春而作也。上四，春望之景，睹物伤怀；下四，春望之情，遭乱思家。"前两联描绘，后两联抒发，由表及里，显出纵深变化。在由外向内的进程中，诗人的忧思得到具体而深入的展示。

② 情景交融。前四句重在绘景(山河、草木、花、鸟)，但景中有情(破、深、溅泪、惊心)，而且景中有意(感时，恨别)。后四句重在抒情，是借事抒情(断"家书"，搔"白头")，情中自有景。诗中的景物，有声有色，构成了有纵深感的多维艺术空间。这空间是诗人主观的心意和客观的物象相融合的具象表现，是精神内容和物质形式的统一。

③ 意境深沉。时代之悲愤，骨肉之深情，郁积胸中，诗人不肯直抒。"国破"然而"山河在"，"城春"可是"草木深"(王安石《续诗话》："山河在，明无物矣；草木深，明无人矣。")。花鸟本娱人之物，反而"溅泪"、"惊心"。语意的强烈反差(自然的永恒和社会的急剧变迁，形成鲜明的对照)，语势的节节逆转，使诗人郁勃而顿挫的忧思情感获得艺术的表现。"烽火""家书"两句是写"感时"的内容和"恨别"的原因，又深入了一层。最后一个"不胜簪"的典型细节，含蓄而余味无穷。仔细体味全诗的深沉意境，可以略窥老杜沉郁顿挫的艺术风格。

(3) 吟诵体味

① 教师用"四二二四"古法(参见"补充资料")吟诵《春望》，并教学生模仿老师吟诵，借以激发兴趣。

② 介绍律诗常识和吟诵法(参见"补充资料")。律诗"一句之中，平仄相间"，"一联之中，平仄相对"，"两联之间，平仄相粘"。可以用《春望》为例来说明。"仄仄——平平——仄"，吟诵起来，音高的"低低——高高——低"，音长的"短短——长长——短"，如此很有规律地交替出现，就自然地形成了抑扬顿挫的鲜明节奏。又由于律诗的"对"和"粘"的两条规则，避免了平仄安排的雷同乏味。这样吟诵起来，全诗的节奏就显示出一种错综变化和回环往复之美。

③ 学生吟诵《春望》。先用笔在诗句下该吟诵顿挫处画上"△"记号，练习吟诵，并进一步体味诗人忧时伤世、挂念家人的思想感情。

2. 鉴赏《登高》

(1) 导入诗境

① 简述背景。杜甫于安史之乱后期入蜀，漂泊六七年。他总算在成都浣花溪有个栖身之所，不料朋友严武去世，他失去了依靠，还朝“致君尧舜上”，显然也无望，于是买舟东下。本想出蜀归故里，“即从巴峡穿巫峡，便下襄阳向洛阳”，岂料年老体衰，病魔缠身，不得不滞留夔州。第二年重阳节，他独自江边登高，此情此景，百感交集，写下了这首七律《登高》。

② 梳理诗篇。诗人以有为之才，被弃置于无用之地，感慨万端，乃借“登高”以抒怀抱。本诗首句即将他当时衰残愁苦的心境展示出来，“猿啸”这一典型声音，寓有“猿鸣三声泪沾裳”之意；接着“渚”、“沙”、“鸟”三种事物的出现，当此心境哀愁之时，更增添了感伤哀怨，这与“感时花溅泪”“恨别鸟惊心”是一个道理。

“无边”二句，是用赋笔描写哀愁，正体现了“袅袅兮秋风，洞庭波兮木叶下”的萧瑟情景。问君哀愁多几许？恰如眼底长江之水，滚滚而来，永流不尽。

“万里”二句，用叙笔正面写出生活的实况，贫病孤独，远客悲凉。为什么常作客？还不是由于国破家亡！为什么独登台？还不是由于政治昏暗，人才被弃！这些都是弦外之音。

末二句，既恨衰老，又恨多病，老上加病，愁上加愁。愁啊，愁啊，愁何其多！一般说，愁人还常靠饮酒浇愁，可是由于诗人此时肺部有病，连酒也饮不成了，只好停下酒杯，困守在愁城之中。

(2) 指导赏析

① 缘情写景。如果说《春望》是触景生情的话，那末此篇则更多的是因情选景。诗人阔大而悲壮的情怀，借助于“秋天”和“大江”这两个最富于联想力和想象力的意象获得了集中的表现。触景生情也好，缘情写景也好，客观物象，只有通过诗人的审美投射和艺术创造，把它化为“情化的自然”，才能负载诗人所要表现的特定审美内容。欣赏诗歌，应从客观物象切入，捕捉诗人借以营构的内在心象。这种心灵之象不能脱离客观物象，它是客观物象在诗人心版上的投影和折光。

② 语言精练。首联、颔联二十八字，兼及八种景物(意象)，展现出一幅空阔萧索的深秋江山图(艺术境界)。同时，“落木萧萧”已为下联写出“悲秋”兴象，“长江滚滚”自然也就引出“百年”身世的感慨。而“万里悲秋常作客，百年多病独登台”两句八个字，总括八层含义：异乡为“客”，经“常”如此，离家“万里”，孑然孤“独”，逢“秋”而兴“悲”，一生多“病”，况已“百年”过半。语约意丰，于此可见一斑。

③ 对仗工稳。律诗通常规定中间两联(颔联和颈联)用对仗，而本诗句句皆对，而且通篇流畅自然。所以古人认为，此诗初读给人以“未尝有对”的感觉，细吟之下，才觉“一篇之中，句句皆律；一句之中，字字皆律”。明朝人胡应麟将此诗誉为“古今七言律第一”。

(3) 吟诵体味

① 介绍七言律诗的四个基本律句和"四二二四"吟诵法(见"补充资料")。

② 学生吟诵《登高》,先用笔在诗句下该顿挫处画上"△"记号,并提醒学生注意诗中多用"双声叠韵",如"落木"、"长江"、"艰难"、"潦倒"等等,读起来朗朗上口。用"四二二四"法吟诵,进一步体味诗人悲而壮的情怀,并领略杜甫"晚年渐于诗律细"的炉火纯青的艺术功力。

【补充资料】

一、有关知识

1. 律诗是发端于六朝,形成于唐朝的一种诗体,因此唐人把它称为近体诗或今体诗。律诗有广狭二义:"广义的相当于近体诗,狭义的则专指五言八句或七言八句的律诗"(萧涤非《杜甫研究》)。

2. 律诗最重要的规则是"平仄"格律。所谓平仄,是指音调而言。古汉语的声调分平、上、去、入四类,在诗词格律中,古人又把这四种声调分为"平"和"仄"两类。所谓平,就是平声,读起来字调平直,不升不降;所谓仄,就是上、去、入三声,这三声读起来字调都有升降,有升降就不平,而仄字的意思就是不平。律诗将平仄声有规律地安排,声律和谐,富于抑扬(声音的高下)顿挫(声音的停顿或转折)的音乐美。

律诗的平仄都有固定的格式。五律的基本律句有四种,可编为下列两联:

仄仄平平仄　平平仄仄平

平平平仄仄　仄仄仄平平

由这四种基本律句,根据"对"(一联之中,平仄相对)和"粘"(两联之间,平仄相粘)的规则,构成五律的平仄格式。

七言律句是五言律句的扩展,办法是:仄起句的前面加两个平,平起句的前面加两个仄,即:

平平仄仄平平仄　仄仄平平仄仄平

仄仄平平平仄仄　平平仄仄仄平平

由这四个七言基本律句,依"对""粘"规则构成七律的平仄格式。

(参见王力《诗词格律》)

3. 一首律诗的第一句第二字,决定了第四、第六字的平仄,也决定了全诗各句的平仄。从第一句第二字的平仄,可以看这首律诗是"平起式"还是"仄起式"。现在把杜甫的"仄起式"的七律《登高》每句第二、四、六字的平仄排列如下("一"代表平声,"丨"代表仄声):

急(丨)　高(一)　啸(丨)

清(一)　白(丨)　飞(一)

边(一)　木(丨)　萧(一)

尽(丨)　江(一)　滚(丨)

里(丨)　秋(一)　作(丨)

年(一)　病(丨)　登(一)

难(一)　恨(丨)　霜(一)

倒(丨)　停(一)　酒(丨)

这首七律诗的平仄粘对完全符合规则，没一字失对失粘。

（施蛰存《唐诗百话》）

4. 律句的拗救。五言律句平平平仄仄，改为平平仄平仄，第三字拗，第四字救；七言律句仄仄平平平仄仄，改为仄仄平平仄平仄，第五字拗，第六字救。诗人最喜欢把这种拗句，即平平仄平仄或仄仄平平仄平仄，用在五律或七律尾联的出句，例如：

回看射雕处(平平仄平仄)

千里暮云平

（王维《观猎》）

千载琵琶作胡语(仄仄平平仄平仄)

分明怨恨曲中论

（杜甫《咏怀古迹》）

（参见王力《古代汉语》）

5. 律诗的吟诵。近体诗有格律的限制，读近体诗也须按照自古相传的规律来读。过去对此规律是口耳相传的，近数十年来，知道近体诗读法的人越来越少了。有人说，五言诗的顿挫上二下三，七言诗则上四下三，这种说法不符合诗的音乐性规律，违反“平长仄短”的基本原则。

怎样吟诵才合乎古法呢？在读诗之前，首先要区别是“平起式”还是“仄起式”。怎样区分呢？看第一句的第二字，第二字是平声，便是平起；若是仄声，便是仄起。

仄起绝句的读法是：不论五言仄起式，还是七言仄起式，其吟诵顿挫处，除了押韵字外，应需注意第一句第四字、第二句第二字、第三句第二字、第四句第四字，归纳起来，即“四二二四”法。如杜甫《八阵图》（顿挫处用“△”号）：

功盖三分国，名成八阵图。
　　　△　　　△　　△

江流石不转，遗恨失吞吴。
　△　　　　　　△△

若读仄起七律，只需把“四二二四”的规律重复一遍。

平起绝句的读法是：不论五言平起式，还是七言平起式，其吟咏顿挫处，除押韵字外，每句至少都有一处。它是从第一句第二字开始顿挫，其规律为“二四四二”。如李白《朝发白帝城》：

朝辞白帝彩云间，千里江陵一日还。
　△　　　　　　　　　△　　△

两岸猿声啼不住，轻舟已过万重山。
　　　△　　　　　△　　　　△

若读平起七言律诗，就把“二四四二”的规律重复一遍。

至于变格诗，如王维《渭城曲》，在吟诵时只能实事求是，按照各句的第二字或第四字的平声处,吟咏顿挫,不可机械地用“二四四二”或“四二二四”的办法去读。

读近体诗,往往在倒数第二句遇到拗句拗字,如李白《渡荆门送别》第七句“仍怜故乡水”的“乡”字,若能稍稍一顿,体现出作者有意运用拗救的迭宕之音,才更见功夫。

(据华钟彦《唐诗的赏析与吟咏》)

二、有关评论

《春望》　安史乱起,京城被陷,杜甫受俘,再入长安,感时伤世,思念亲人,遂作此诗。开头两句扣题即写春望所见,皆是对立意象之间的对比。面对京城三月的凄清景象,回想当年“三月三日天气新,长安水边多丽人”的盛况,自会起时世变易,物是人非的感叹。三四两句亦是对比,与首二句对立对比突出重点有所不同,此处是对照映衬,构成一组情感充盈的鲜明意象:诗人饱受离乱之苦,满怀忧愤之情,不但无心赏春,反而看见花开却落泪,听见鸟鸣亦惊心,甚至出现了幻视幻听:因感时伤别花也溅泪鸟且惊心。三四句与一二句还有些区分:首二句视界开阔,大处着笔,三四句则视线收拢,小处落墨;首二句是写景,是客观物象的再现,意隐象现,情感潜藏,三四句则是即景生情,情景交融,物我浑一,象现意出,情感四溢。笔路正是这样沿着由大及小、由外而内的方向前进。最后四句就直接从诗人主体的角度写其内心情感了。时逢战乱,烽火不断,家人离散,消息阻隔,亲人死活不知,令人心焦肠断,若得一家信,真是太宝贵了。“烽火连三月,家书抵万金”二句既是写恨别,也是写感时。“白头搔更短,浑欲不胜簪”,国事家事天下事,事事烦心。愁苦之情难抑,不免以手搔头,本就稀疏的白发,更形短少,简直连编个发髻插个簪子也难了。至此诗人因焦虑愁苦而烧灼得不能自已的神态跃然纸上,活现于我们面前,其内心情感得到了极强烈的表现。

《登高》　这是大历二年(767)杜甫流寓夔州时重九登高所写的一首非常出色的抒情诗。

诗的前两联重在写景,而景中有情。首联用风急、天高、猿声悲哀与渚清、沙白、飞鸟低徊六种意象,绘出一幅暮秋画图,透出诗人凄恻、苍凉的情怀。颔联从大处着笔,进一步表现夔州暮秋的典型特色。承上“风急”,故落木萧萧,江流滚滚。“萧萧”状落叶之声,已写出秋声之肃杀,再着“无边”二字,更见落木飒飒,一望无垠的浩大声势;“滚滚”状江波之势,已写出长江之雄迈,再着“不尽”二字,更见长江源远流长、江涛滚滚扑面而来的磅礴气势。二句融情于景,抒发了时光易逝、壮志莫酬的阔大而悲壮的心怀。后两联笔势一转,重在写登高之感触,而情中有景。颈联运用递进手法,一句三层,把万里作客悲秋和百年病中独自登临的独特感受,抒写得深沉而激愤,意象组合非常细密,诚如罗大经《鹤林玉露》所评:“万里,地辽远也。悲秋,时惨凄也。作客,羁旅也。常作客,久旅也。百年,暮齿也。多病,衰疾也。台,高迥处也。独登台,无亲朋也。十四字之间含有八意。”意繁语简,文浅旨深,显得凝重、老成、深沉。尾联分承颈联,“常作客”则“艰难”备尝,“多病”则“潦倒”日甚,因之白发日添,酒杯难举,寥寥十余字,竟有如许曲折层次,意境细密,无限悲凉之意溢于言外。

全诗意在笔先，神余象外，若隐若现，欲露不露，反复缠绵，从不一语道破，但每种意象无不饱含着诗人对国家和身世的酸辛和愤悱，渗透着诗人伤时忧国的心情。诗人以带有浓厚忧郁色彩的意象群和细密紧凑的组合方式，构成了自己独特的沉郁顿挫的艺术风格。

（《唐诗百科大辞典》）

（特约编写者：张　铨）

琵　琶　行

【教学目的】

1. 欣赏诗中运用比喻，形象描写音乐的语言艺术，了解运用环境描写渲染气氛、烘托人物思想感情的表现方法。

2. 认识封建社会造成琵琶女悲凉身世和诗人失意谪居的黑暗现实。

【教学步骤】

一、课前预习

1. 结合“鉴赏提示”和“注释”诵读全诗，了解内容大意。

2. 思考下列问题。

(1) 琵琶女的高超技艺和悲凉身世与作者的处境有什么相似之处？为什么能引起作者的共鸣？哪两句诗能说明这点？

(2) 课文第二小节描写弹奏琵琶，用了哪些准确的词语和生动、形象的比喻？读了有什么感受？

(3) 这首诗与《夜闻歌者》有何异同？

二、课堂研讨

1. 诵读全诗，整体把握诗歌的内容，体会结构美。

这是一首长篇叙事诗，全诗长达616字，它故事完整，结构严谨，叙写婉转周详，酣畅飞动，形成一种整齐美和变化美，读来毫无割裂、散漫之感。

诗前小序，以简洁的文字，概述全诗内容，说明作诗的时间和缘由，起到强调故事真实性的作用。其中“予出官二年，恬然自安，感斯人言，是夕始觉有迁谪意”，含蓄地流露出诗人被贬后的孤愁悲愤之情，亦为全诗定下基调。

全诗分5段，内容依次写：① 浔阳江边闻琵琶；② 江心聆听琵琶曲；③ 江中听诉身世苦；④ 同病相怜感慨多；⑤ 重闻琵琶青衫湿。诗歌的结构如图。

诗人首先为我们展现的是一幅秋江月夜送客图。在这幅图画里，气氛、基调、色彩全部确定，给人萧瑟凄清的感受。然后依次展开一幅幅画面：一是写琵琶女的身世，一是写诗人的感受。然后两方面内容交织、汇合在“同是天涯沦落人，相逢何必曾相识”这个人生体验上。因而全诗结构的严谨,就不是一般的层次清楚,就不是一般的按一定的时空次序来组织情节,安排叙述,而是叙事一条线,就是图中所示的“凄凉话身世”,由此展开的歌女前后半生的对照描写。抒情一条线,虽然抒情在其间分量很少,但脉络上是十分清楚的。这就是诗人由“听”到“思”到“感”到“联想”这样一段经历,这不仅推动全诗叙事情节的不断发展,而且不断暗示诗的主题,升华诗的内容。从美学的角度看,如果单纯写歌女身世,虽然主干单纯突出,但就会缺少枝叶横生,虬枝盘旋的变化,整个叙述就会显得呆板。正是因为虚与实,叙事与抒情,歌女与诗人,既交叉又汇合,不仅使全诗的内容表现得更为丰富,而且层次上显出一种变化、流动的美。

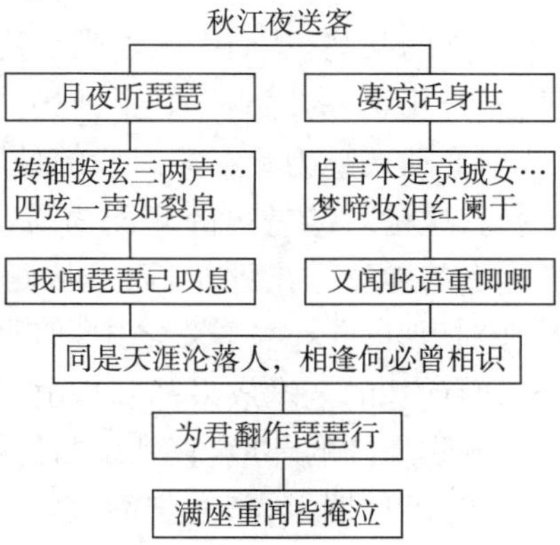

2. 背诵片断,重点分析音乐描写,欣赏语言的形象美。

本诗第二段对音乐的描写非常成功,堪称是我国古典诗歌中描写音乐的绝唱。学习时,应以此为重点,在理解的基础上熟读背诵。

诗人对音乐描写的独到之处,概括起来有三点。

一是巧妙选用普通的声响作为喻体,用丰富多彩的比喻,形象地描写音乐的美妙、节奏的变化,使读者能通过文字领略到美妙的音乐形象。作者把诉诸听觉的音乐形诸文字,运用一连串的比喻来描写虚渺飘忽、过耳即逝的无形的音乐,用音强、音高、音色、节奏、旋律各不相同的十多种声音,来比喻看来十分简单的四根琴弦所发出的不同乐声:“如急雨”形容乐曲之浊重沉响,节拍急促;“如私语”形容乐曲之轻柔尖细,委婉缠绵;“大珠小珠落玉盘”形容乐曲之错落有致,清脆轻快;“莺语花底”形容乐曲之悠扬婉转,悦耳动听;“泉流冰下”和“冰泉冷涩”形容乐曲由流畅而缓慢低咽进而逐渐凝滞的变化过程;“银瓶”二句形容乐曲暂时休止后突然爆发时声音之强烈激昂;“如裂帛”则是形容四弦一齐拨动时发出的一声最强音。以上这一连串比喻,不仅是以读者所熟悉的种种声音来形容读者比较生疏的琵琶声,而且读者所熟悉的种种声音又是急雨、私语、珍珠、玉盘等有形之物发出的,这就使读者在闻其声的同时还能见其形。这样比喻,不仅调动了读者的听觉和视觉,而且能激发读者的联想和想象。诗人在比喻中，又根据汉语的特点，学习《诗经》以来传统的修辞手法，用“嘈嘈”、“切切”等拟声词来描摹琵琶声，更增强了诗歌语言的音乐感。

二是通过对听者感受的描写，将音乐声情并茂的特点充分表现出来。诗人对于音乐描写的成功之处不仅仅在于逼真地摹其声，而且还在于细腻地传其情，使诗歌声情并茂，真切感人。诗人紧扣“有情”二字，用“似诉平生不得志”、“说尽心中无限事”、“别有幽愁暗恨生”等诗句，反复揭示琵琶声所“诉”、“说”的思想感情。这样描写，既是写琵琶声，又是写琵琶女，同时也是写诗人自己。因为这时起时伏、时急时缓、抑扬顿挫的旋律，不仅表现了琵琶声的美妙动听和琵琶女技艺的高超精湛，而且暗示了琵琶女人生道路的坎坷波折和她思想感情的激荡不平。同时，诗人是带着主观上的失意之情来聆听和描写琵琶声的。这样，缘情拟声，诗人的思想感情与琵琶声所表达的琵琶女的思想感情便产生了强烈的共鸣，从而大大增强了诗歌的感染力，并为后面抒发“同是天涯沦落人，相逢何必曾相识”的感慨作好了铺垫。

三是用环境描写表现音乐的动人魅力。在第二段的最后，诗人还写上“东船西舫悄无言，唯见江心秋月白”两句，这是对琵琶声的侧面描写，渲染了当时的环境气氛。在这里，诗人没有直接对琵琶女的弹奏作出评价，而是从侧面写听众的反应：乐曲已经结束了，大家都仍然陶醉在对音乐的艺术享受之中，似乎还在回味琵琶妙语的余韵，谁也不愿意破坏这“无声胜有声”的艺术效果；同时，由于大家都完全听入了神，已经到了忘我的地步，根本无心顾盼周围的环境，直到乐曲告终才如梦初醒，抬眼望去，看到江上皎洁的月光。这样，诗人以“悄无言”之宁静来反衬人们思想感情上的不平静，以听众的强烈反应来衬托乐曲强烈的艺术魅力，以邻船人们被深深吸引来衬托诗人自己的感受，形成了悄怆幽邃的意境，收到了良好的艺术效果。

【补充资料】

一、关于作者

元和九年(814年)，诗人任左赞善大夫(对太子进行讽谏和赞礼仪)。这是一个“官职冷”的闲职(《初授赞善大夫早期寄李二十[李绅]助教》)。翌年六月，宰相武元衡被藩镇李师道派人刺死，京都震动，举朝失措，诗人立即上疏，“急请捕贼，以雪国耻”(《旧唐书》本传)。但宰相张弘靖、韦贯之等人认为“宫官非谏职，不当先谏官言事”，加上平素忌恨白居易的人，说“其母看花堕井而死，而居易作《赏花》、《新井》诗，甚伤名教（以正名定分为主的封建礼教)”(同上)，奏贬白居易为江州刺史，于是追回诏书，改授江州司马。八月，谪贬诏下，诗人随即离开长安。十月上旬，诗人怀着满腔悲愤到达江州。

二、关于作品

此诗是白居易贬官江州的第二年即元和十一年(816年)秋所写。诗里写的是作者由长安贬到九江期间在船上听一位长安故倡弹奏琵琶、诉说身世的情景。宋人洪迈认为夜遇琵琶女事未必可信，作者是通过虚构的情节，抒发他自己的“天涯沦落之恨”(《容斋随笔》卷七)。正如洪迈所说，诗中的故事可能并非诗人生活的如实记录，而是源于生活的艺术概括和虚构。全诗看起来是写一位歌女的漂泊沦落的命运，实际上抒发和寄托了诗人对自我遭遇和人世沧桑的感慨。“同是天涯沦落人，相逢何必曾相识”，这千古传诵的名句，是本诗构思的基础，也是画龙点睛之笔。全诗叙事脉络清晰，详略得当；诗中“我”的形象同琵琶女的形象互为补充，相互映发，增加了诗中感情的深度和强度。其中有关琵琶弹奏技巧的描写，更达到了出神入化的境界，是我国古典诗词中描绘音乐形象的代表作之一。

诗人把《琵琶行》列入“随感遇（感受和遭遇）而形于咏叹者”的“感遇诗”（《与元九书》）。《琵琶行》和白居易的另一首叙事长诗《长恨歌》是各有独创性的名作，堪称双璧。早在作者生前，已经是“童子解吟《长恨》曲，胡儿能唱《琵琶》篇”，可见《琵琶行》在当时已广泛流传和为群众所喜爱。此后，一直传诵国内外，显示了强大的艺术生命力。

三、有关知识

《琵琶行》原作《琵琶引》。歌、行、引（还有曲、吟、谣等），本来是古代歌曲的三种形式，它源于汉魏乐府，是乐府曲名之一，后来成为古代诗歌的一种体裁。三者的名称虽不同，其实并无严格区别，其音节、格律一般都比较自由，形式采用五言、七言、杂言的古体，富于变化。

四、补充注释

1. 年长（zhǎng）色衰：年岁大了，容颜衰老。

2. 主人下马客在船：互文。意谓主人、客人下马后，走进船舱。

3. 低眉：低头。

4. 春江花朝秋月夜：即春江花朝，秋江月夜。

5. 更坐：再坐下来。

五、有关评论

本题为《琵琶引并序》，“序”里却写作“行”。“行”和“引”，都是乐府歌辞的一体。

诗人着力塑造了琵琶女的形象。

从开头到“犹抱琵琶半遮面”，写琵琶女的出场。

首句“浔阳江头夜送客”，只七个字，就把人物（主人和客人）、地点（浔阳江头）、事件（主人送客人）和时间（夜晚）一一作概括的介绍；再用“枫叶荻花秋瑟瑟”一句烘托出秋夜送客的萧瑟落寞之感。惟其萧瑟落寞，又引出“举酒欲饮无管弦”。“无管弦”三字，既与后面的“终岁不闻丝竹声”相呼应，又为琵琶女的出场和弹奏作铺垫。因“无管弦”而“醉不成欢惨将别”，铺垫已十分有力，再用“别时茫茫江浸月”作进一层的环境烘染，就使得“忽闻水上琵琶声”具有浓烈的空谷足音之感，无怪乎“主人忘归客不发”，要“寻声暗问弹者谁”、“移船相近邀相见”了。

从“夜送客”之时的“秋瑟瑟”、“无管弦”、“惨将别”一转而为“忽闻”、“寻声”、“暗问”、“移船”，直到“邀相见”，这对于琵琶女的出场来说，已可以说是“千呼万唤”了。但“邀相见”还不那么容易，又要经历一个“千呼万唤”的过程，她才肯“出来”。这并不是她在拿身份。正像“我”渴望听仙乐一般的琵琶声，是“直欲摅写天涯沦落之恨”一样，她“千呼万唤始出来”，也是由于有一肚子“天涯沦落恨”，不便说，也不愿见人。诗人正是抓住这一点，用“琵琶声停欲语迟”、“犹抱琵琶半遮面”的肖像描写来表现她的难言之痛的。

下面的一大段，通过描写琵琶女弹奏的乐曲来揭示她的内心世界。

先用“转轴拨弦三两声”一句写校弦试音，接着就赞叹“未成曲调先有情”，突出了一个“情”字。“弦弦掩抑声声思”以下六句，总写“初为《霓裳》后《六幺》”的弹奏过程，其中既用“低眉信手续续弹”、“轻拢慢捻抹复挑”描写弹奏的神态，更用“似诉平生不得志”、“说尽心中无限事”概括了琵琶女借乐曲所抒发的思想情感。此后十四句，在借助语言的音韵摹写音乐的时候，兼用各种生动的比喻以加强其形象性。“大弦嘈嘈如急雨”，既用“嘈嘈”这个叠字词摹声，又用“如急雨”使它形象化。“小弦切切如私语”亦然。这还不够，“嘈嘈切切错杂弹”，已经再现了“如急雨”、“如私语”两种旋律的交错出现，再用“大珠小珠落玉盘”一比，视觉形象与听觉形象就同时显露出来，令人眼花缭乱，耳不暇接。旋律继续变化，出现了先“滑”后“涩”的两种意境。“间关”之声，轻快流利，而这种声音又好像“莺语花底”，视觉形象的优美强化了听觉形象的优美。“幽咽”之声，悲抑哽塞，而这种声音又好像“泉流冰下”，视觉形象的冷涩强化了听觉形象的冷涩。由“冷涩”到“凝绝”，是一个“声渐歇”的过程，诗人用“别有幽愁暗恨生，此时无声胜有声”的佳句描绘了余音袅袅、余意无穷的艺术境界，令人拍案叫绝。弹奏至此，满以为已经结束了。谁知那“幽愁暗恨”在“声渐歇”的过程中积聚了无穷的力量，无法压抑，终于如“银瓶乍破”，水浆奔迸，如“铁骑突出”，刀枪轰鸣，把“凝绝”的暗流突然推向高潮。才到高潮，即收拨一画，戛然而止。一曲虽终，而回肠荡气、惊心动魄的音乐魅力，却并没消失。诗人又用“东船西舫悄无言，唯见江心秋月白”的环境描写作侧面烘托，给读者留下了涵泳回味的广阔空间。

如此绘声绘色地再现千变万化的音乐形象，已不能不使我们敬佩作者的艺术才华。但作者的才华还不仅表现在再现音乐形象，更重要的是通过音乐形象的千变万化，展现了琵琶女起伏回荡的心潮，为下面的诉说身世作了音乐性的渲染。

正像在“邀相见”之后，省掉了请弹琵琶的细节一样，在曲终之后，也略去了关于身世的询问，而用两个描写肖像的句子向“自言”过渡：“沉吟”的神态，显然与询问有关，这反映了她欲说还休的内心矛盾；“放拨”、“插弦中”、“整顿衣裳”、“起”、“敛容”等一系列动作和表情，则表现了她克服矛盾、一吐为快的心理活动。“自言”以下，用如怨如慕、如泣如诉的抒情笔调，为琵琶女的半生遭遇谱写了一曲扣人心弦的悲歌，与“说尽心中无限事”的乐曲互相补充，完成了女主人公的形象塑造。

女主人公的形象塑造得异常生动真实，并具有高度的典型性。通过这个形象，深刻地反映了封建社会中被侮辱、被损害的乐伎们、艺人们的悲惨命运。面对这个形象，怎能不一洒同情之泪！

作者在被琵琶女的命运激起的情感波涛中坦露了自我形象。“我从去年辞帝京，谪居卧病浔阳城”的那个“我”，是作者自己。作者由于要求革除暴政、实行仁政而遭受打击，从长安贬到九江，心情很痛苦。当琵琶女第一次弹出哀怨的乐曲、表达心事的时候，就已经拨动了他的心弦，发出了深长的叹息声。当琵琶女自诉身世、讲到“夜深忽梦少年事，梦啼妆泪红阑干”的时候，就更激起他的情感的共鸣：“同是天涯沦落人，相逢何必曾相识”。同病相怜，同声相应，忍不住说出了自己的遭遇。

写琵琶女自诉身世，详昔而略今；写自己的遭遇，则压根儿不提被贬以前的事。这也许是意味着以彼之详，补此之略吧！比方说，琵琶女昔日在京城里“曲罢常教善才伏，妆成每被秋娘妒”的情况和作者被贬以前的情况是不是有某些相通之处呢？同样，他被贬以后的处境和琵琶女“老大嫁作商人妇”以后的处境是不是也有某些类似之处呢？看来是有的，要不然，怎么会发出“同是天涯沦落人”的感慨？

“我”的诉说，反转来又拨动了琵琶女的心弦，当她又一次弹琵琶的时候，那声音就更加凄苦感人，因而反转来又激动了“我”的感情，以至热泪直流，湿透青衫。

把处于封建社会底层的琵琶女的遭遇，同被压抑的正直的知识分子的遭遇相提并论，相互映衬，相互补充，作如此细致生动的描写，并寄予无限同情，这在以前的诗歌中还是罕见的。

（选自《唐诗鉴赏辞典》）

念　奴　娇

赤壁怀古

【教学目的】

1. 通过苏东坡这篇代表作的鉴赏，初步领略其豪放超迈的词风。

2. 用文学眼光解读词中的景物描绘和人物刻画，从中获得艺术熏陶。

3. 初步了解中国古典诗词语言含蕴丰富的特点。

【教学步骤】

一、课前预习

1. 通读课文，包括提示和注释，初步了解苏轼的生平和艺术成就，具体了解这首词的写作背景。

2. 熟读词作，重视体验，让自己的心灵在东坡创造的艺术境界中尽情徜徉，并且思考周公瑾的形象在作品中的意义。

二、课堂研讨

1. 观照词境

（1）导语。苏轼本是一位多才多艺、颇有抱负的人。因“乌台诗案”被贬黄州。神宗元丰五年，他两游赤壁。当时已经四十七岁，面对滚滚东流的长江和江岸雄伟参差的青山，自然会缅怀古人，联想自己，怎么不“对此茫茫，百感交集”呢？

(2) 诵读。注意用审美的眼光从整体上观照词境，重视自己的初感印象，领略全词壮阔豪迈的基调。

(3) 理线。“大江东去，浪淘尽，千古风流人物。”词一开头便气势豪迈，高唱入云，包含无限兴亡之感和宇宙永恒而人生短暂的慨叹。这破空而来的发端总揽全篇。继而面对江山，回忆历史，笔底展现了江山的瑰丽与雄奇和历史的风云与豪杰。“故国神游，多情应笑我，早生华发。”从怀古转为抒写己怀，由三十四岁就建立破曹功业的周瑜，想到抱负难展、年近半百、早生华发的自己。不过，即景生悲之后，又能自我排遣：“人生如梦，一尊还酹江月。”结尾虽不免消极，但不能掩盖全词雄奇豪放的基调。(完成板书：总揽全篇——面对江山，回忆历史——抒写己怀——自我排遣)

(4) 译述。大江啊，滚滚滔滔流向东方，千百年来杰出的人物消逝了，就像那一去不返的波浪。人们传说那旧营盘的西边，是当年周瑜大破曹操的地方。陡峭的石壁耸入高空，波涛拍岸发出惊心动魄的声响，那千万重白茫茫的浪花啊，真像卷起的雪堆一样。景色如画，山河雄壮，那时啊，多少豪杰在相互较量。

想当年，周瑜正青春年少，他雄姿英发，气宇轩昂，那美貌的小乔也刚刚嫁给周郎。他手摇羽扇，雍容悠闲，谈笑之间，曹操的战船被大火烧光。当年的英雄故事真使人神往，可笑我多情善感已经满头白霜。人生在世犹如春梦一场，开怀畅饮吧，洒一杯酒祭奠江中的月亮。

(5) 背诵。首先各人默诵(可以翻书)，视听寂然，投入词境，以灵眼审视，以灵耳聆听，还要用你的心灵去深切感受。然后再齐背，注意领略词中宏伟的气象和超迈的精神。

2. 指导赏析

(1) 景物历历如绘。描绘赤壁风景，“乱石”一句，仰视，山之奇峭高峻；“惊涛”两句，俯视，水之汹涌澎湃。“石”而曰“乱”，显示它的突兀参差；“空”而曰“穿”，显示它的卓然高耸；“涛”而曰“惊”，把它客观上的浩淼情状和给人的主观感受一起写出；“岸”而可“拍”，“雪”而可“卷”，尤见其冲激起伏之状。作者以丰富的想象和艺术的夸张，并且用美术的透视，把赤壁江山的特征有声有色地展示在读者面前。

(2) 人物栩栩如生。多侧面刻画周瑜这个儒将形象。“小乔”两句，写其婚姻。由于美人的衬托，更显得英雄英俊年少，奋发有为；“英发”两字，赞美他的雄姿。“羽扇”句写其服饰。虽然大敌当前，依然风度闲雅，指挥作战，便服轻装，一派从容不迫的神态。“谈笑”两句，写其韬略。由于胸有成竹，指挥若定，轻易的把敌人引入自己的圈套，谈笑间，就将曹操的舰队一把火烧得精光。作者从人物的外貌、活动、才能，乃至婚事等方面，选择最具特征和表现力的细节来刻画艺术形象，因而，周瑜这个英俊风流的儒将呼之欲出。

(3) 词境宏伟豪迈。词的发端，作者就以昂首天外、放眼千秋的气概，写出“大江东去，浪淘尽，千古风流人物”，包举江山、历史、人物，境界壮阔，气度豪迈，笔力无比雄健，读之令人回肠荡气，欲罢不能。“乱石穿空”三句，正面写赤壁景色，惊心骇目，岩石壁立，怒涛汹涌，浪花千叠，眼前的乱山、大江雄奇险峻，犹有当年战场的气氛和声势。范成大在《吴船录》卷下曾写过，“赤壁，小赤土山也，未见所谓‘乱石穿空’及‘蒙茸巉岩’之境，东坡词赋微夸焉”。这就告诉我们，文学之境区别于现实之境，文学的真实性不同于现实的真实性。词中的赤壁景色是东坡的艺术创造，其境界正是全词超卓豪放之气的生动体现。“遥想”四句，记公瑾当年的雄姿。壮丽江山，英雄业绩，激起作者豪迈奋发的感情，也加深了他思想上的矛盾。篇末虽露出消极情调，却掩盖不了全词的豪迈气派。

（4）语言含蕴丰富。诗歌另有一套属于诗歌王国的语言，既遵循语言规范，又时时欲超出这规范，或者说自有其超常的规范。不仅语法超常，如“故国神游”、“多情应笑我”，都是倒装句法，即“神游故国”、“（我）应笑我多情”的超常说法；尤其在语义信息的传达上不同于非文学语言。在一般场合下，使用语言的时候，一个词、一句话只传达一种意义，而排斥其他意义，以免发生歧义；而诗歌语言恰恰要避免单一化，总是尽可能地使语词带上多种意义，以造成广泛的联想，取得多义的效果。“大江东去，浪淘尽，千古风流人物。”如果在一般情况下这是个病句，因为歧义是一般情况下使用语言时需要特别避忌的毛病。可是在苏轼的词中，却是诗意盎然、脍炙人口的名句。它至少兼说虚实两义，既指眼前的万里长江，又指意念中的历史长河，其实它负载的语义信息是多方面的，难怪九百多年来被人津津乐道。一个读者文学欣赏水平的高低，在一定程度上取决于对语义信息的体会能力，又譬如“一尊还酹江月”，熟悉古典诗歌的读者，一见便会联想到李白的“举杯邀明月”（《月下独酌》）之意，只是东坡所邀乃江中月影，在地不在天，故曰“酹”。诗词语言的这种情韵启示义，是难以用训诂的方法予以解释的，也是一般词典中难以包括的。（参见袁行霈《中国诗歌艺术研究》）

3. 巩固新知

（1）默写：甲组默写描写风景的部分，乙组默写刻画人物的部分。

（2）美读全词，进一步感知、理解、体味，努力与作者“对悟”。

（3）辨析词风，在比较中体会东坡词的豪放风格。

“我欲乘风归去，又恐琼楼玉宇，高处不胜寒。”

（苏东坡《水调歌头》）

“会挽雕弓如满月，西北望，射天狼。”

（苏东坡《江城子》）

“有笔头千字，胸中万卷，致君尧舜，此事何难！”

（苏东坡《沁园春》）

“寸寸柔肠，盈盈粉泪。”

（欧阳修《踏莎行》）

“朱粉不深匀，闲花淡淡春。”

（张先《醉垂鞭》）

"念兰堂红烛，心长焰短，向人垂泪。"

（晏殊《撼庭秋》）

4. 布置课后练习

先读懂秦观的《鹊桥仙》和柳永的《雨霖铃》，要重视自己的直觉感受，抓住"初感"；然后，找一些秦观词和柳永词的有关资料来参考，完成书后的两个练习。

【补充资料】

一、关于作者

苏轼出身于一个富有文学气氛的家庭。父亲苏洵，字明允，因屡试落第，愤而烧毁自己的文章，再度悉心攻读，终于成为著名的古文家。哥哥景先早卒。弟弟苏辙，字子由，是苏轼一生政治上和文学上的同道。苏辙说苏轼对他是"抚我则兄，诲我则师"（《东坡先生墓志铭》）；苏轼说苏辙对他"岂独为吾弟，要是贤友生"（《初别子由》）。由于父子三人的文学成就，并称"三苏"，又分别称为"老苏"、"大苏"、"小苏"。眉山"三苏祠"有一副对联："一门父子三词客，千古文章四大家"。

苏轼少年时，有次母亲给他讲《后汉书·范滂传》。东汉"名士"范滂反对宦官专权误国，汉灵帝建宁二年(169)大逮党人，范滂镇静自若地前去投案，其母与他诀别时说："汝今得与李、杜(李膺、杜密，当时名士集团的领袖人物)齐名，死亦何恨！既有令名，复求寿考，可兼得乎？"苏轼的母亲讲到这里，激动不已。苏轼问："轼若为滂，夫人亦许之否乎？"母亲坚定地答道："汝能为滂，吾顾不能为滂母邪！"苏轼十分感动，"奋厉有当世志"。

（王水照《苏轼》）

二、关于作品

词的开头两句说，历史上的英雄人物已成过去，像是沙砾被江水所淘汰那样，既写景又吊古，展示出整首词兼写江山和人物而以人物为主的基本线索。接着先写"如画"的江山：山是峭拔高峻的山，水是汹涌澎湃的水。江景山色，千古常新，历史人物真的从人们的心目中消逝了吗？没有，他们的英雄业绩也是永存的。后半首就展开对周瑜形象的着力描绘：写他的美满姻缘，写他的少年英俊，尤其是赤壁之战中，他的服饰表现了风度的闲雅，他的"谈笑"显示出胸有韬略，"樯橹灰飞烟灭"六个字概括了一场恶战，突出了战事的顺利和战果的辉煌。"故国神游"以下就转写自己的感慨。自己凭吊古迹，心情激动，该笑我自作多情吧，这满头白发就是多情的明证。人生犹如一场大梦，不如借酒祭奠江月，暂纾愁闷。这首词的内容是矛盾复杂的：既有对祖国壮丽河山的热情礼赞，对建功立业的英雄人物的衷心倾慕，又有人生如梦的消极感喟。然而这首词的基调是积极的，追求理想的精神胜过了消极的思想。因为构成整个词境的主要形象是瑰丽的江景，英姿勃发的周瑜，正是这些产生了几百年来激动人心的艺术魅力。

（王水照《苏轼》）

三、有关知识

乌台诗案。乌台，即御史台。汉书《朱博传》记御史台中有柏树，乌鸦数千栖居其上，因称御史台为“乌台”。

元丰二年(1079)七月二十八日，御史台的官吏奉命从汴京赶到湖州衙门，当场逮捕了苏轼。这是怎么回事呢？原来从六月以来，权监察御史里行(权，代理；里行，见习)何正臣、舒亶(dǎn)、国子博士(教育管理机关和最高学府的官员)李宜、权御史中丞(御史台代理长官)李定等人曾先后四次上章弹劾苏轼。他们摘出苏轼的一些诗文认为是“讥讽文字”，“愚弄朝廷”，“指斥乘舆(皇帝的代称)”，“无尊君之义，亏大忠之节”。宋神宗随即下令御史台审理。这就是闻名于世的“乌台诗案”。

从有关资料所录被指控为攻击新法的几十首诗文来看，有些与新法无关，纯属穿凿附会，罗织诬陷的；有些确有反对新法的内容，但又包含着生活真实，反映出新法流弊的；有些反对新法的诗作，是反映他的思想上的保守方面的，但不占诗中的主导地位，而且也根本谈不上应受封建法律的制裁。就这样一些诗文被舒亶们罗织锻炼，甚至严刑逼问，必欲置苏轼于死地而后快。

这时，仁宗妻曹太后、退职宰相张方平和范镇等元老重臣纷纷出来营救，连变法派中的章惇(dūn)也为他说情，最后还是退职的王安石说：“岂有圣世而杀才士者乎?”这场轰动一时的诗案就以王安石这样“一言而决”，从轻发落：苏轼被贬往黄州(今湖北黄冈)，其他收受苏诗的人也遭贬谪、罚款的处分。苏轼从被捕到出狱，总共被关押一百三十天。

四、补充注释

1. 赤壁：赤壁有五处：嘉鱼、汉川、汉阳、江夏、黄州，周瑜以火败操在乌林。

2. 周郎：周瑜(175—210)，字公瑾。和孙策(孙权兄，吴国的奠基人，死时尚未建国)同年相友善，被孙策命为建威中郎将，瑜时年二十四，军中皆呼为周郎，破曹操大军时，周瑜三十四岁。

3. 羽扇纶巾：有人认为“羽扇纶巾”也是指诸葛亮的。这是一个误会。这个误会是由于既不明史事，又不考文义而产生的。魏、晋以来，上层人物以风度潇洒、举止雍容为美，羽扇纶巾则代表着这样一种“名士”派头。虽临战阵，也往往如此。如《晋书·谢万传》载万“著白纶巾、鹤氅裘”以见简文帝；《顾荣传》载荣与陈敏作战，“麾以羽扇，其众溃散”；《羊祜传》载祜“在军尝轻裘缓带，身不被甲”，皆其例。诸葛亮固然曾经“羽扇纶巾”，苏轼在这里，根据当时的风气，不论周瑜是否曾经作此打扮，也无妨写他手持羽扇，头戴纶巾，以形容其作为一个统帅亲临前线时的从容镇静、风流儒雅。而此文从“遥想”以下，直到“烟灭”，乃是一幅完整的画面，其中心形象就是“当年”的“公瑾”，不容横生枝节，又岔出一个诸葛亮来，何况这几句还与上文“周郎赤壁”衔接。因此，“羽扇纶巾”指诸葛亮的说法是不可取的。

(沈祖棻《宋词赏析》)

五、有关评论

《宋史》本传说苏轼诗篇“宏伟”，议论“卓荦”，文章“雄隽”，政事“精明”。苏氏是一个工诗、文、词又兼擅书、画的大文艺家，“文章”之事不用说；以他在徐州任上的治水，在杭州任上的筑堤，就可见他的“政事”才能的一斑。他在宋仁宗时所作的《策略三》，也有过不怕“矫拂世俗”的锐意改革政治的主张。后因反对王安石的“变法”，外放为杭州通判。有人劝他少发议论，以防取祸，说“北客若来休问事，西湖虽好莫吟诗”(见《石林诗话》)。结果还是因为写诗的事，被劾讪谤朝廷，逮捕下狱，生命几乎不保，就是有名的“乌台诗案”。宋神宗时对此案主张从宽处理，把他赦免出狱，以黄州团练副使安置。

苏轼到黄州是元丰三年(1080)他四十五岁时，表面上有一个小官职，实际上到该地接受监督、看管。黄州治所在今湖北黄冈。元丰五年，他到黄州的第三年，游览过城西北长江边的赤鼻矶，写了著名的前、后《赤壁赋》和这首《念奴娇》词。赤鼻矶相传是建安十三年(208)孙权、刘备联军大破曹操的地方，亦称赤壁。但据考赤壁之战的赤壁，是在湖北蒲圻县长江南岸，不是赤鼻矶。苏轼应该了解这个事实，他游黄州赤壁，凭吊孙、刘、曹作战之事，无非是借传说吊古以抒发自己的胸怀。

以苏轼那样多才能、有抱负的人，在政治上遭受了严重的打击之后，面对滔滔白浪、滚滚东流的长江和江岸边的雄伟青山，缅怀古人，联想自己，自然是“对此茫茫，百感交集”了。

交集的百感，经过一番的沉思和镕铸，作者遂以昂头天外、放眼千秋的气概，在词的开端，写出“大江东去，浪淘尽，千古风流人物”两句，包举了从远到近、从古到今的长江奔流的气势和历史推进的情况，并把二者融合为一，概括性很强，笔力也是无比的雄伟。这个开端，写得如此的神完气旺，笼盖全题，要承接它是很不容易的，作者却轻轻的就近点出：“故垒西边，人道是三国周郎赤壁。”提出周郎及赤壁，把“风流人物”及其活动地点具体化，从面到点，从外延到内涵，转入题目的中心内容的揭示，既接得自然，又顶得住上文破空而来的巨大气势。“人道是”三字，更含蓄地点出黄州的赤壁史事，仅仅是人们的传说，并非作者本人所确认。“乱石穿空(一作崩云)，惊涛拍岸(一作裂岸)，卷起千堆雪。”用“乱”写石，显示它的突兀参差，“穿空”显示它的高耸，是仰视；用“惊”写涛，把它的客观上的浩淼情状和给人的主观感受一起写出，“卷起千堆雪”尤见其冲激起伏之态，是俯视。“石”“涛”写实，“空”“雪”是联想和比喻。这三句由“点”到“染”，是上片的关键语句，如果写得不好，就会使前几句落脚空虚，使全篇陷入抽象。作者善于用夸张的手法和丰富的想象，在这里突出了赤壁江山的特征，既“染”得墨气淋漓，景色活现，而用笔又极精炼。以上几句，在当前景物方面，远写整个长江，近写黄州赤壁；在历史事迹方面，远写“千古风流人物”，近点“三国周郎”。开头融为一体，后来笔笔分两头，有所侧重。这样一来，要在上片末了的仅有语句中作个收束，也是很不容易的。作者用“江山如画，一时多少豪杰”两句，既把两者兼收并束，呼应开端，又紧密地勾起下片。“多少”二字，更显示赤壁之战，不但战胜者周郎等是英雄，即战败者如曹操等也是英雄，不能因一时的胜负而抹杀一些“人物”。统观上片，起两句气势雄伟，写赤壁的三句形象鲜明，它的好处比较容易为读者所领会；至于承转两句，结尾两句，在朴素的叙述中见功力，它的好处，就比较不容易领会。实际上，这一承一结，都是“看似寻常最奇崛，成如容易却艰辛”（王安石诗）的笔墨，非大手笔莫办的。

上片着重写江山；下片则紧承“豪杰”二字着重写人物，写的是周郎，即三国时的周瑜，字公瑾。《三国志》本传说周瑜“长壮有姿貌”，既有将才，又精通音律，建安三年（198）他二十四岁时，即担任孙策的建威中郎将，江夏太守，又娶了江东著名的“国色”小乔为妻。孙策死后，他与张昭共同辅佐孙权，任前部大都督。赤壁之战，发生在他三十四岁时，他挫败张昭一派的迎降曹操的主张，联合刘备部队，亲率精兵三万，在赤壁战败了曹操的号称八十万的水陆大军。他逝世时才三十六岁，真可以说是一个典型的英年“豪杰”，一个典型的“风流人物”。“遥想公瑾当年，小乔初嫁了，雄姿英发”，写出了他的英雄气概；“羽扇纶巾”，写他在大敌当前、敌强我弱的情况下，指挥作战，轻衣便服，好整以暇，一派从容不迫的态度；“谈笑间樯橹灰飞烟灭”，写他指挥若定，轻易地把敌人引入自己设下的圈套，用“火攻”消灭了他们的大批战舰。这五句又是下片的关键语句，同样要用浓“染”的笔墨写，才能与上片写江山相互映照，才能使两片均匀地为开端的概括提供饱满的形象。作者从人物的外貌、活动到他的内在的才能，都选择了最具特征性、典型性的细节来刻画，“小乔初嫁”一事，又是很能生色的衬托，所以把周郎这个形象也写得非常突出。写过周郎这个英年建立显赫功业的人物，联想到作者自己的身受迫害、壮志未酬的遭遇，便容易引起无穷的悲愤。好在作者的胸怀一贯达观、开朗，在这时刻，他却化悲愤为旷达，写出了“故国神游，多情应笑我，早生华发”这三句自嘲的话。他笑自己不该多愁善感，为古代的往事陈述而感叹，以致头发早已花白。在结构上，一面总结赤壁之游，一面转入写自己，有“目送飞鸿，手挥五弦”之概。后面“人生如梦”一句，接着写自己的心情。这句话一向被批判为消极的，但问题比较复杂：这话是从江山人物的推移和自己的“早生华发”而归结出来的，有其客观真实；其次，这话本身虽带有消极情绪，但此种情绪只是一闪而过，下面的转语“一尊还酹江月”，便冲破这种情绪，表现了对于自然、对于生活的热爱。第三，参看《前赤壁赋》，“人生如梦”，正反映苏轼借客人之口说的“哀吾生之须臾，羡长江之无穷”的思想；“一尊还酹江月”，正反映了他用自己之口说的，“客亦知乎水与月乎？逝者如斯，而未尝往也；盈虚者如彼，而卒莫消长也。盖将自其变者而观之，则天地曾不能以一瞬；自其不变者而观之，则物与我皆无尽也，而又何羡乎！且夫天地之间，物自有主，苟非吾之所有，虽一毫而莫取。惟江上之清风，与山间之明月，耳得之而为声，目遇之而成色，取之无禁，用之不竭。是造物者之无尽藏也，而吾与子之所共适。”对人生和世界的分析，有朴素辩证法的思想，是更为直接代表作者的思想的。所以我们对“人生如梦”一句，应该联系它的上下文来看，联系作者的整个思想来看，不能孤立看待，简单地加以否定。上片用凝重饱满之笔作结；下片结尾几句，用笔较轻，但是作结带转，抒情含蓄有余波，笔调不同，而功力如一。

苏轼词以豪放为其风格特点。这篇《念奴娇·赤壁怀古》词，功力很深，而奔放旷达，雄伟开阔，富有高情逸致，表现这种风格特点，最为典型。所以俞文豹《吹剑录》说："东坡在玉堂，有幕士善讴。因问：'我词与柳永何如？'对曰：'柳郎中词，只好十七八女孩儿，执红牙板拍，唱"杨柳岸晓风残月"，学士词，须关西大汉，执铁绰板，唱"大江东去"。'公为之绝倒。"

（选自《唐宋词鉴赏集》，作者陈祥耀）

（特约编写者：张　铨）

永　遇　乐

京口北固亭怀古

【教学目的】

一、理解作者强烈的爱国热情和报国无门的悲愤心情。

二、领会这首词巧用典故、借古喻今的表现手法。

【教学步骤】

一、课前预习

1. 细看"阅读提示"，参看有关资料，初步了解作者生平思想和写作这首词的时代背景。

2. 反复朗读这首词（不少于三遍），要求读准字音，读出语气和节奏。

3. 参看注释和"鉴赏要点"，初步理解词的内容，体会作者在词中所表达的爱国情思。

4. 发现疑难之处，准备提出问题，向老师请教，或与同学研讨。

二、课堂研讨

1. 板书课题，导入新课，明确学习本课的意义、要求和方法。

2. 要求学生参看"阅读提示"回答以下几个问题：

(1) 辛弃疾是怎样一个人？

（简述辛弃疾生平）

(2) 辛弃疾是在何时、何地、何种情况下写的这首词？

（简述这首词写作的时代背景）

3. 指导学生朗读课文，要求读音准确，声音洪亮。

（先齐读，再分读，后个人读，注意纠正读音。）

4. 要求学生参看注释，理解词的内容，体会作者感情，然后练习小声朗读，注意语气、节奏和感情变化。

5. 指导学生表情朗读课文，要求读出语气，读出节奏，读出感情的起伏变化。

（先指定个人试读，大家评议；再齐读、分读，由教师评议；然后教师范读，由学生评议;最后学生自愿示范朗读,评出最优者,给予鼓励。)

6. 要求学生参看“鉴赏要点”,重点研讨以下两个问题:

(1) 辛弃疾一贯主张北伐抗金,报国宏愿始终不渝,在这首词中不是面对现实,直抒胸臆,而是采用借古喻今、曲笔抒情的手法,这是为什么?

(2) 这首词中用典较多,有人说好,有人说不好。要说好,好在哪里?要说不好,不好在哪里?

7. 根据练习八提供的材料,试作比较研究:

(1) 陆游的《诉衷情》和岳飞的《满江红》都是南宋著名的爱国词作。这两首词与辛弃疾的《永遇乐》都表达了作者强烈的爱国热情,但表现手法有所不同;都有用典之处,但用法也各有不同。试作比较分析,看有哪些不同之处。

(先由学生各抒己见,再由教师归纳小结。)

(2) 李煜的《虞美人》和辛弃疾的《清平乐》虽然都是抒写个人去国怀乡之情,但由于作者的身世不同,词作的立意和格调也不同。多读几遍,试作比较,说说自己的感受。

(先由学生漫议,再由教师小结。)

三、课后作业

1. 把以上讨论的意见加以整理,用简要的文字写出自己的见解,作为作业交给教师评阅。

2. 在表情朗读的基础上熟练地背诵这首词。

【补充资料】

一、关于作者

辛弃疾出生时,山东已被金人所占。21岁那年,他组织了2000多人参加抗金义军。不久归于南宋,始终坚持抗金主张。1125年,他向朝廷上疏(即著名的《美芹十论》和《九议》),全面分析当时宋金双方的政治形势,批驳主和派所谓“南北有定势,吴越之脆弱不足以争衡中原”的悲观论调,提出了一系列的自强政策,但由于朝廷与金“议和”的方针已定,他的建议不被采纳,反倒遭受主和派的打击,以致长期落职,退居在江西上饶一带,在农村生活了二十余年,其间虽两度被起用,但时间都不长。

二、关于作品

这首词写得沉痛悲壮,语言精炼深刻,虽然用典较多,但都关合时事,用得十分贴切,艺术感染力很强。词的结构严密,层次井然,既有写景、叙事,又有议论抒情,纵横开阖,一气贯注,思想性和艺术性达到了高度的统一,是稼轩词中很有代表性的作品之一。

(喻朝刚)

此词一方面以孙权、刘裕的业绩激励当朝,希望坚定北伐信心,另一方面又以刘义隆的故事为鉴戒,忠告韩侂胄不可草率轻敌,同时也表现了作者强烈的报国愿望和不为所用的悲愤心情,辞情慷慨深沉。杨慎《词品》说:“辛词当以《京口北固亭怀古·

永遇乐》为第一。”陈建焯《白雨斋词话》则说它“句句有金石声，吾怖其神力。”可见前人对它的推崇。此词也确系作者慷慨悲凉这一主体风格的代表作。

（凌左义）

三、有关知识

词与古体诗、近体诗、散曲和自由诗相比较，既有联系，又有区别。其具体特点如下：

（1）以题选谱。填词必须依据题意以选定适当的词谱。例如，苏轼的《念奴娇·赤壁怀古》词，就是依据“赤壁怀古”这个题意而选定《念奴娇》这个词谱的。这是因为不同的内容是要用不同的词谱来填写的。《念奴娇》入大石调，而大石调“风流蕴藉”，因此，用它来填“赤壁怀古”是恰当的。反之，如果作者采用“急并虚歇”的歇指调《永遇乐》，或采用“陶写冷笑”的越调《水龙吟》，就不可能达到《念奴娇》的艺术效果。近体诗、散曲也具备了依据题意选定诗谱、曲谱的特点，而古体诗和自由诗却没有这一特点。

（2）以谱定调。每一个词谱都有一个确定的音乐性调名。如《念奴娇》、《永遇乐》、《水龙吟》等就是词调。词调表示这首词写作时所依据的曲调乐谱，而不是题目。曲谱也有一个确定的音乐性调名，但近体诗谱却没有音乐性调名，而仅有“五绝”、“七绝”、“五律”、“七律”之类的“调名”；古体诗和自由诗既无谱，也无调。

（3）调可分段。一首词可以是一段（段也称“阕”、“片”、“遍”、“迭”等），也可以是两段或数段。一段就是音乐已经唱完一遍。每首词分为几段是确定的。近体诗和散曲是不分段的；古体诗一般也是不分段的；自由诗虽可分段，但每首诗分为几段却不是确定的。

（4）段有定句。词的每一段内所包括的句数是确定的。如果把段理解为“首”，那末，每首近体诗和散曲也是有确定的句数的，而古体诗和自由诗却没有确定的句数。

（5）句中定字。词的每一句内所包括的字数是确定的。近体诗的句式只有五言句和七言句两种，它的字数是确定的；散曲的每一句中的字数也是确定的，但允许有衬字；古体诗和自由诗每句中的字数是不确定的。

（6）字拘平仄。词是一种特殊的格律诗，因此，每首词中的每个字的平仄都是确定的。近体诗和散曲也具备了“字拘平仄”的特点，但古体诗和自由诗却没有这一特点（入律古风和仄韵律诗是例外）。

（7）长短句。每首词的句式是长短不一的，有一字句，二字句，……九字句，十字句等。散曲是长短句的，而近体诗却是等字句的；古体诗和自由诗既可以是长短句，也可以是等字句。

（8）有韵诗。词是按照一定的词韵和韵脚进行押韵的，因而是一种有韵诗。古体诗、近体诗和散曲都是有韵诗；自由诗既可以是有韵诗，也可以是无韵诗。

综上所述，我们不但了解到词的特点，同时也从中了解到词与古体诗、近体诗、散曲和自由诗的联系和区别。根据这些联系和区别,兹列表如下(除词调外,表中的“调”系指乐调)。

古体诗	近体诗	词	散　曲	自由诗
题即诗名	题选诗谱	题选词谱	题选曲谱	题即诗名
无谱无调	有谱无调	以谱定调	以谱定调	无谱无调
诗不分段	诗不分段	调可分段	曲不分段, 但有带过曲	诗不分段或 诗可分段
诗无定句或 诗有定句	诗有定句	段有定句	曲有定句	诗无定句
句不定字或 句中定字	句中定字	句中定字	句中定字, 但可有衬字	句不定字
字不拘平仄或 字拘平仄	字拘平仄	字拘平仄	字拘平仄	字不拘平仄
长短句或等字句	等字句	长短句	长短句	长短句或等字句
有韵诗	有韵诗	有韵诗	有韵诗	有韵诗或无韵诗

四、补充注释

1. 斜阳草树,寻常巷陌,人道寄奴曾住:刘裕先世由彭城移家京口,他早年从这里起兵讨平桓玄叛乱,又以十六州都督镇守京口,后推翻东晋,建立刘宋政权。

2. 想当年,金戈铁马,气吞万里如虎:刘裕曾两次统率晋军北伐,先后灭南燕、后秦,收复洛阳、长安等地。这里是颂扬刘裕北伐的功业和他的英雄气概。

3. 元嘉草草,封狼居胥,赢得仓皇北顾:刘裕的儿子宋文帝刘义隆好大喜功。《宋书·王玄谟传》说:“玄谟每陈北侵之策,上(宋文帝)谓殷景仁曰:闻王玄谟陈说,使人有封狼居胥意。”后王玄谟北伐大败,后魏乘胜追至长江边,扬言要渡江,宋文帝登楼北望,深悔北伐,据传他的诗中有“北顾涕交流”语。

4. 凭谁问,廉颇老矣,尚能饭否:《史记·廉颇蔺相如传》说:赵国良将廉颇,晚年为仇家陷害,出奔魏国。秦攻赵,赵王欲用廉颇,使人探问,仇家买通使臣。“赵使者既见廉颇,廉颇为之一饭斗米,肉十斤,被甲上马,以示尚可用。赵使者还报王曰:‘廉将军虽老,尚善饭。然与臣坐,顷之,三遗矢(屎)矣。’赵王以为老,遂不召。”

五、有关评论

这是《稼轩词》中突出的爱国篇章之一。它的思想内容包括两个方面:一、写作者抗敌救国的雄图大志。二、写作者对恢复大业的深谋远虑和为国效劳的忠心。

宋宁宗嘉泰三年(1203),辛弃疾六十四岁时,被召起知绍兴府兼浙东安抚使。这以前，辛弃疾被迫退居江西乡间已有十多年了。起用他的是执掌大权的韩侂胄。因为那时蒙古已经崛起在金政权的后方，金政权日益衰败，并且起了内乱。韩侂胄要立一场伐金的大功，以巩固自己的地位，于是起用了辛弃疾作为号召北伐的旗帜。第二年(1204)，任他作镇江知府。镇江在那时濒临抗战前线。辛弃疾初到镇江，努力作北伐的准备。他明确断言金政权必乱必亡。他又认为：南宋要取得对金作战的胜利，必须作好充分的准备工作。他曾对宋宁宗和韩侂胄提出了这些意见，并建议应把对金用兵这件大事委托给元老重臣，这无疑是包括辛弃疾在内的。可是韩侂胄一伙人不但不能采纳，反而有所疑忌不满，他们借口一件小事故，给他一个降官的处分。开禧元年(1205)索性把他调离镇江，不许他参加北伐大计。辛弃疾二十三岁从山东起义南来，怀着一腔报国热情，在南方呆了四十三年，开始遭到投降派的排挤，现在又遭到韩侂胄一伙人的打击，他那施展雄才大略来为恢复大业出力的愿望又落空了。这就是辛弃疾写这首词的时代背景。

这首词题为“京口北固亭怀古”，所以一开头就从镇江的历史人物——孙权和刘裕说起。孙权是三国时吴国的皇帝，他在南京建立吴国的首都，并且能够打垮来自北方的侵犯者曹操的军队，保卫了国家。辛弃疾登上京口北固亭怀古，第一个想到的就是三国时期的英雄人物孙仲谋(即孙权)，只是现在已无处可寻了。“风流总被、雨打风吹去”，谓孙仲谋英雄事业的风流余韵，现已无存。“寄奴”，是南朝宋武帝刘裕的小字。刘裕在京口起兵讨伐桓玄，平定叛乱。“想当年”三句，颂刘裕率领兵强马壮的北伐军，驰骋中原，气吞胡虏。作者借这些京口当地的历史人物的英雄业绩，隐约地表达自己的抗敌救国的心情。

下片“元嘉草草，封狼居胥”几句也是用历史事实。“元嘉”是南朝宋文帝的年号。宋文帝刘义隆是刘裕的儿子。他不能继承父业，好大喜功，听信王玄谟的北伐之策，打无准备的仗，结果一败涂地。封狼居胥是用汉朝霍去病战胜匈奴，在狼居胥山(今属内蒙古自治区)举行祭天大礼的故事。宋文帝听了王玄谟的大话，对臣下说：“闻王玄谟陈说，使人有封狼居胥意”。辛弃疾用宋文帝“草草”(草率的意思)北伐终于惨败的历史事实，来作为对当时伐金须做好充分准备、不能草率从事的深切鉴戒。“仓皇北顾”，是看到北方追来的敌人张皇失色的意思，宋文帝战败时有“北顾涕交流”的诗句。韩侂胄于开禧二年北伐战败，次年被诛，正中了辛弃疾的“赢得仓皇北顾”的预言。

“四十三年”三句，由今忆昔，有屈赋的“美人迟暮”的感慨。辛弃疾于绍兴三十二年(1162)率众南归，至开禧元年在京口任上写这首《永遇乐》词，正好是四十三年。“望中犹记”两句，是说在京口北固亭北望，记得四十三年前自己正在战火弥漫的扬州以北地区参加抗金斗争。(“路”是宋朝的行政区域名，扬州属淮南东路。)后来渡淮南归，原想凭藉国力，恢复中原，不期南宋朝廷昏聩无能，使他英雄无用武之地。如今过了四十三年，自己已成了老人，而壮志依然难酬。辛弃疾追思往事，不胜感慨！

“佛狸祠下”三句，从上文缅怀往事回到眼前现实，使辛弃疾感到惊心，长江北岸瓜步山上有个佛狸祠,是北魏太武帝拓跋焘留下的历史遗迹。拓跋焘小字佛狸,属鲜卑族。他击败王玄谟的军队后,率追兵直达长江北岸的瓜步山,在山上建立行宫,这就是后来的佛狸祠。当地老百姓年年在佛狸祠下迎神赛会,"神鸦"是吃祭品的乌鸦,"社鼓"是祭神的鼓声。辛弃疾写"佛狸祠下"三句,表示自己的隐忧:如今江北各地沦陷已久,不迅速谋求恢复的话,民俗安于异族的统治,忘记了自己是宋室的臣民。这正和陆游的《北望》诗所谓:"中原堕胡尘,北望但榛莽。耆年死已尽,童稚日夜长。羊裘左其衽,宁复记畴曩。"彼此意思相同。

辛弃疾这首词最后用廉颇事作结,是作者到老而爱国之心不衰的明证。廉颇虽老,还想为赵王所用。他在赵王使者面前一顿饭就吃了一斗米作的饭、十斤肉,又披甲上马,表示自己尚有余勇。辛弃疾在这词末了以廉颇自比,也正表示自己不服老,还希望能为国效力的耿耿忠心。

辛弃疾词的创作方法,有一点和他以前的词人有明显的不同,就是多用典故。如这首词就用了这许多历史故事。有人因此说他的词缺点是好"掉书袋"。岳飞的孙子岳珂著《桯史》,就说"用事多"是这首词的毛病,这是不确当的批评。我们应该作具体的分析:辛弃疾原有许多词是不免过度贪用典故的,但这首词却并不如此。它所用的故事,除末了廉颇一事以外,都是有关镇江的史实,眼前风光,是"京口怀古"这个题目应有的内容,和一般辞章家用典故不同。况且他用这些故事,都和这词的思想感情紧密相联,就艺术手法论,环绕作品的思想内容而使用许多史事,以加强作品的说服力和感染力,在宋词里是不多见的,这正是这首词的长处。杨慎《词品》谓辛词当以京口北固亭怀古《永遇乐》为第一。这是一句颇有见地的评语。

(夏承焘)

练习参考答案

练 习 一

一

1. 第一段文字是说:诗是由诗人内心的感情冲动而"形于言"——用语言表现出来的。第二段文字也认为诗是由诗人动了感情而产生的,但它又进一步指出:诗人的情是"感于事"——由客观的"事"激发出来的。

2. 这两种论述的共同点是:人先有了感情而后"形"于诗歌,诗歌是人用以抒发感情的一种形式。其不同点是:第一段文字说感情来自内心冲动,第二段文字则强调感情来自社会实践。

3. 第二种说法更为准确,更为全面。

二

1.《蒹葭》和《关雎》都是抒写恋情的民歌,两首诗都是四言,都运用了起兴的手法,在结构形式上都具有叠章复沓的特点。不同的是:《蒹葭》为全章重复三次,只改动几个字;《关雎》第二章和第四章、第五章为跳格重复,而且是只重复四句,这种章法变化比较少见。

2.《硕鼠》同《伐檀》都是为揭露和讽刺统治者残酷剥削和不劳而获而发出的抗议和怒吼。《硕鼠》比《伐檀》更进了一层,它不仅有对统治者的鞭挞与嘲讽,而且还表现出对美好生活的向往和追求。在表现方法上,两首诗结构相似,每首诗分为三章,第二、三章与第一章句数相同,句式相同,都采用了重章叠句、反复咏叹的手法,只是后两章在相应的位置上换了几个字。不同之处在于:《伐檀》是长短不齐的杂言句式,还大量运用了"兮"字,而《硕鼠》完全是四言体,句子排列整齐。另外在表现手法上,《伐檀》用的是"赋"和"兴"的手法,而《硕鼠》则通篇用的是"比"的手法。

三 (略)

练 习 二

一 两首诗都对人生易逝,时光短暂发出感叹,但思想境界却大不相同。《生年不满百》宣扬的是人生无常,及时行乐的消极思想和悲观情绪;《龟虽寿》则表现了意气风发、老当益壮的积极进取精神。

二 这三首咏梅诗,题材相同,但由于作者的思想感情不同,诗的意境也就各不相同。

《山园小梅》的作者林逋,洁身自好,终生不仕,隐居在西湖孤山。他在本诗中,以梅自喻,表现出作者品格高洁、不染俗尘的生活情趣,流露出一种“孤芳自赏”的情绪。

《卜算子·咏梅》的作者陆游,一生爱国,忠贞不屈,虽然屡遭排挤,但从未停止抗争。他在这首词中,用梅花来象征自己崇高的气节和孤高的品质,表现出一种不畏严寒、傲然屹立的斗争精神。

《卜算子·咏梅》的作者毛泽东,是一个伟大的无产阶级革命家,为中国人民的解放事业,贡献了自己毕生的精力,为建设社会主义的新中国,立下了不朽的功勋。他在这首词中,以梅花象征无产阶级革命家的高尚品格,以“送春”“迎春”“报春”象征革命者的革命实践,以“山花烂漫”象征革命事业的成功。“她在丛中笑”表现了无产阶级革命家无私的品质和博大的胸怀。

形成这些差别的原因在于时代不同,世界观不同,思想境界不同,所以用同一题材写出的诗也有不同。

练 习 三

一 历史上一般人的“归隐”,并不是真的要与现实社会决绝。尤其是魏晋时代的一些“名士”,往往由于热心追求功名未能得手,于是就以“归隐”为手段,通过曲线运动,去达到猎取功名的目的。但陶渊明的“归隐”不在此例。他“少无适俗韵,性本爱丘山,误落尘网中,一去三十年。”在“误落尘网三十年”的过程中,他亲眼看到官场的腐败和世俗的污浊,决心与黑暗现实决裂,回到天然朴素的田园中去,重新呼吸新鲜、自由的空气。陶渊明的归隐,是封建时代受压抑的正直文人对黑暗现实的一种反抗,也是他对官场生活和世俗社会的彻底否定。这种追求美好生活、保持高尚节操、不与世俗同流合污的精神,是难能可贵的。但是由于他世界观的局限,在与世俗社会抗争的过程中,找不到真正的出路,思想经常处于矛盾之中,因此,在他坚持顺应自然、积极处世的同时,也流露出一些“乐天知命”和“人生无常”的消极避世情绪,这是很自然的。

二 陶渊明出身于没落的官宦世家,自幼研读儒家经典,早就立下了“大济苍生”的雄心壮志。但是他所生活的年代,正值东晋政治极端腐败时期,豺狼当道,奸佞横行,正直的文人报国无门,隐逸之风盛行。在这种情况下,他经常感到“有志不获骋”,“觉悟当念还”。在他出仕的十多年间,一直是“一心处两端”,行动上也是仕隐无常。当他41岁决心回归田园之后,似乎已经是摆脱世俗,与世无争了。而实际上他只是心“远”世俗,而不是心“无”世俗。这一点,从《饮酒》和《读山海经》等诗篇中,就可以看出。所以,鲁迅先生曾指出:陶诗中“除论客所佩服的‘悠然见南山’之外,也还有

‘精卫衔微木，将以填沧海，刑天舞干戚，猛志固常在’之类的‘金刚怒目’式。在证明着他并非整天整夜的飘飘然。”(《且介亭杂文二集·题未定草(六)》)

练 习 四

一 诗，是现实生活的反映，但不是现实生活自然主义的翻版。诗歌反映现实生活，主要不是要求“形似”，而是要求“神似”。而达到“神似”的最好办法，就是以现实生活为依据，进行大胆的艺术想象与合理的艺术夸张，在这方面，《梦游天姥吟留别》是一个典范。这首诗抒发了作者对黑暗现实的憎恶之情，表现了决不向恶势力妥协的坚强决心。它的表达方式，不是平铺直叙，如实写来，而是围绕着一场游仙的梦幻来构思，诗人大胆运用想象和夸张的手法来描绘幻想中的世界，塑造幻想中的形象，展现出变化万千的神奇景象，创造了与丑恶现实完全对立的美妙境界。诗中的梦幻不是现实生活的直接反映，而是现实生活的曲折反映。它是以现实生活为基础，经过作者的艺术加工，已经变得典型化了的生活图景。这个生活图景，源于生活，又高于生活，能更深刻、更真实地反映现实生活，具有更大的艺术感染力。

二 杜甫在《古柏行》中运用了艺术夸张的手法，描绘了武侯庙中的古柏巍然耸立，直插云霄的高大形象，抒发对武侯匡时济危、鞠躬尽瘁的崇高精神的赞美之情。

作为著名科学家的沈括，对文学作品的理解失之于“实”，企图以生活事实去套文学作品，要求艺术要像科学一样准确，这显然是不妥的。

黄朝英不同意沈括对《古柏行》的批评，但只是指出沈括计算上的错误，而不是指出沈括批评方法的错误，实际上黄朝英的批评方法，同沈括是一样的，都是拿生活真实去衡量诗歌，因而也是错误的。

练 习 五

一 杜甫善于运用含蓄的手法，把某些生活环节放在诗的背后去进行，给读者留下想象的余地。《石壕吏》描写了差吏夜捉人的全部过程。开头只用“暮投石壕村”一句，交代了诗人匆忙投宿和事件发生的地点。接着是“有吏夜捉人”和“老翁逾墙走”，写差吏的凶狠，乘人不备，连夜捉人，老翁翻墙逃跑了。这说明差吏夜晚捉人已不止一次了，老翁早有戒备。这也说明村中的年轻人早已被抓光了，连剩下的老头子也不放过。诗最后说：“独与老翁别。”老妪哪里去了呢？当然是被抓走了。这又显示了差吏捉人的惨状，连老妪也未能幸免。但诗中并没有正面写老妪如何被抓走，也未具体写翻墙逃跑的老翁是什么时候回来的，这许多环节，都留给读者自己去想象。这样，不但使诗的篇幅缩小，还可以使读者由此联想得很多很多。

二　《赠汪伦》，李白用潭水之深度与友情之深度作类比，耐人寻味。沈德潜在《唐诗别裁》中说：“若说汪伦之情，比于潭水千尺，便是凡语。妙境只在一转换间。”也就是说，这两句之所以好，全在于用“不及”二字从反面勾勒，这样才把二人友情之深厚充分表达出来。

《黄鹤楼送孟浩然之广陵》，第一句点出送别的地点，第二句点出送别的时间和朋友要去的地方。后两句写故人挂帆而去之后，诗人自己依依难舍之情。这两句写离情别意，并没有直接说出来，而是精心画出了一幅江边送别的“有声画”：“孤帆远影碧空尽，惟见长江天际流。”依依惜别意，无限眷恋情，就在这“有声画”中细致地、曲折地、巧妙地传达出来。

《送元二使安西》，前两句写景；朝雨画出凄清之景，新柳勾起离别之情。眼前景物已经隐含着别情。后两句抒情：使命在身，分手在即，别无他法，只能欢饮。一个“更”字，将此前殷勤之劝酒，此刻之恋恋难舍，此后之深切怀念，都包融其间，因为元二一出关，再也看不到像我们彼此这样知心的朋友了。寥寥十四个字，就把密友之间的深挚情谊，抒写无余。

三首送别诗，第二首写得比较含蓄，发人深思，回味无穷。第一首和第三首并不以含蓄见长，但也写得情真意切，妙语传神，同样感人至深，所以都能够千古流传。

三　李白《渡荆门送别》的平仄格式：

渡	远	荆	门	外	，	来	从	楚	国	游	。
丨	丨	一	一	丨		一	一	丨	丨	一	
山	随	平	野	尽	，	江	入	大	荒	流	。
一	一	一	丨	丨		㊀	丨	丨	一	一	
月	下	飞	仙	镜	，	云	生	结	海	楼	。
丨	丨	一	一	丨		一	一	丨	丨	一	
仍	怜	故	乡	水	，	万	里	送	行	舟	。
一	一	丨	㊀	丨		丨	丨	丨	一	一	

这首诗合乎五言律诗的平仄规则，只是尾联出句是拗句，“故”字拗（应平声），“乡”字救（改仄声），这是唐诗通例。

练　习　六

一　白居易被贬赴江州途中，曾写有《夜闻歌者》一诗。此诗与《琵琶行》相比，在思想内容和表现手法上，有同有异。相同之处是：两诗都用叙事诗的形式，写船上歌女的悲惨命运，并把她们置于秋江月夜的凄凉环境中，写得情景交融，生动感人。不同之处有三：第一，《琵琶行》是托物言志，借琵琶女的悲凉身世，抒写诗人自己忧国遭贬的政治苦闷。诗人把琵琶女的身世与自己的遭遇紧紧地联系在一起，借题发挥，题近旨远。《夜闻歌者》是客观地抒写歌女之痛，诗人的同情渗透在客观叙述之中，在歌女的形象与诗人的失意之间看不出有什么直接联系。第二，《琵琶行》有曲折动人的情节，有生动细腻的描写，有鲜明而有个性的琵琶女形象，而且是以声传情，有问有答，人物和故事都显得十分丰满。《夜闻歌者》只有比较简洁的故事叙述，歌女的形象也还鲜明，但无个性特征，诗中虽然也有提问，但只有"低眉终不说"，其无限痛楚，尽在凄切的歌声和哭声之中。第三，《琵琶行》写音乐之美，用了很多奇妙的比喻，很富于创造性，有些已经成为千古传诵的名句。《夜闻歌者》也用少量比喻写歌女的"颜如雪""泪似真珠"，没有多少新奇之处。总之，两首诗一长一短，各有特色。比较而言，《琵琶行》的主题更为深刻，内容更为丰富，形象更为鲜明，描写更为生动，语言更为精炼，所以更为读者所喜爱。

二　李白和李益这两首诗都是写吹笛的，而且是着重在写情。《与史郎中饮，听黄鹤楼吹笛》抒发了诗人谪迁之感和去国之情；《闻笛》抒发了戍边将士凄清之感和望乡之情。这两首诗都没有对笛声作具体的描绘，而从诗中流露出来的感情上的凄苦，就可以想见得到笛声的悲凉，这种以情托声的写法，可以唤起读者的想象，回味无穷。《琵琶行》对琵琶声的描绘，具体而又生动，如"大弦嘈嘈如急雨，小弦切切如私语，嘈嘈切切错杂弹，大珠小珠落玉盘。……"读到这些诗句，耳朵里就像听到琵琶声响一样。作者极力描绘琵琶声音的美妙，是为表现琵琶女技艺的高超，进而反衬出此女身世之凄凉，引发作者的同情和共鸣。这种以声入情的写法，可以引人入胜，拨动读者的心弦。

练　习　七

一　秦观的《鹊桥仙》，旨在赞美牛郎织女坚贞而纯洁的爱情。一般写这个题材的作品，多以同情他们相思之苦为基调，显得俗滥。秦观这首词，突出了神话传说的特点，认为一对仙侣长年分居，虽然只能一年一会，但由于"两情久长""便胜却人间无数"，这就翻出了新意。从风格上看，这首词笔调柔婉，体情细腻，可以说是婉约派的代表作。特别是与苏轼的《念奴娇》这篇豪放派的代表作相对照，更可以看出这两派词风的明显差异。

二　宋人俞文豹《吹剑录》中的这段话，形象而风趣地说出了苏词和柳词的风格特点。苏轼的词，首先在题材上突破了以往描写男欢女爱、离情别绪的藩篱，面向广阔的社会人生，其次为了表达丰富内容的需要，把诗的意境及创作方法引入词的写作之中。因此，苏词显得意境高远、清新，风格豪迈、奔放。《念奴娇》最能代表他的风格，也是豪放派的代表作。柳永的词，主要写羁旅行役和恋情闺思，也有的歌咏都市的繁华和湖山的秀美，长于铺叙，情调酣畅。《雨霖铃》最能代表柳词的风格。上阕写一对恋人告别时难分难舍的情形，下阕先以泛论带过，接写设想中的别后景况，有如一首带有故事性的戏曲，写出了依依惜别的动人一幕，充分显示出柳词的特色。

练 习 八

一　陆游的《诉衷情》和岳飞的《满江红》都是南宋著名的爱国词作。这两首词与辛弃疾的《永遇乐·京口北固亭怀古》一样，都强烈地表达了作者深沉浓郁的爱国情思，但在艺术手法上却有所不同。《诉衷情》和《满江红》基本上是面对现实，直抒胸臆，把自己的爱国热忱表达得淋漓尽致；《永遇乐·京口北固亭怀古》却采用曲笔抒情的写法，借古喻今，把自己的爱国之心和悲愤之情隐含在一系列的历史典故之中。《满江红》也用了典，如“怒发冲冠”、“饥餐”、“渴饮”，却一点不露痕迹。《诉衷情》中大量用典，如“万里封侯”“尘暗貂裘”“心在天山”“沧洲”等，也非常自然。不知是用典，也能理解词意；知道是用典，领会就更加亲切。《永遇乐·京口北固亭怀古》多用典故是一大特色。词中所引用的故事，除了廉颇一事以外，都是有关镇江的史实，而且这些史实又和作者所要表达的思想感情紧密相联，从而加强了作品的说服力和感染力。

二　李煜是南唐的亡国之君，他在《虞美人》中抒发的是亡国之恨，是个人生活剧变的痛苦感受，是今非昔比、物是人非的无限惆怅，因此，词的立意只能是个人的伤感，格调必然是低回和缠绵。辛弃疾的《清平乐》虽然是在罢官归里的情况下写出的，但他并没有消极颓丧，心里眷恋着祖国的万里江山，念念不忘的依然是收复中原的救国大业，因此，词的立意就自然高远，充满爱国的激情，格调也必然是高昂和悲壮。

单元练习

一、（略）

二、这两首诗都是名篇，都做到了情景交融、形神结合，而且气魄宏大，把洞庭湖那种浩瀚的气势、雄浑的景象有力地显示出来了。但从立意的角度来看，二者却有不小的差异。孟诗所抒发的情，只是个人之情，只是想到“欲济无舟楫”——想当官无人推荐。而杜甫所抒发的情，虽然也有个人成分，但主要还是忧国之情，想到的是“戎马关山北”——关山北的战事。因此，孟诗的意境显然比较浅近，而杜诗的意境却显得比较高远。前者读后，感到很有欣赏价值；后者读后，不但给人以美感，而且还很能感动人。

三、山水审美是人与自然的交响曲。古代有许多专写山水风景的诗篇，这是古人与大自然“对悟”的艺术结晶，也是他们留给后人的宝贵精神财富之一。生活在世纪之交的我们，阅读这类作品的积极意义，是显而易见的。九十年代是科技文化飞速发展、人类精神与智慧高扬的时代，我国社会主义现代化建设也进入了一个崭新的历史阶段，随着人民群众物质生活水平的不断提高，对精神文化生活日益提出更高的要求。因此，作为跨世纪的新一代，提高自身的文化修养、文学素养，有着不容低估的重要意义。有鉴于此，读一些这类作品至少可以说有助于提高我们的文化艺术修养。

或许，有人会问：这方面的修养，对于不搞艺术的人也很重要吗？余秋雨对这个问题的回答，应该对我们有启发。他说得很干脆："很重要。比人们想象的更重要。"他又说："一个有艺术修养的人，不管他担任什么工作，总会比其他人更能体谅人，更仁慈，更有趣味，更幽默，更易展现个性，更潇洒从容。"又说："我也许已经否定这样一种看法：以为艺术修养只是人生的一层可有可无的薄薄涂料。不，这是一种生命的独特存在状态，是一种具有重大实质性意义的人格力量。"（《文明的碎片》）这就启示我们，如果我们从"素质教育"的角度看问题，那末学习文学，学会阅读文学作品，包括古代山水诗，就是非常必要的了；更何况我们还有学会运用祖国语言文字的任务，阅读一些"心既随物以宛转"、"物亦与心而徘徊"的古代山水诗就不是可有可无的。

阅读古代山水诗应该注意些什么问题呢？古代山水诗是古人的艺术创造。首先，必须用文学的眼光来阅读。诗中的山水景物，已经融进了诗人自己的感受，审美客体与审美主体已经统一在一个完美的艺术整体之中，它就是我国传统画论中常说的"不似之似"。其次，要"入乎其内"。诗人用文学语言描写山水景物，创造意境，借以表情达意。我们在阅读的时候就应该透过语言层，把握形象层（"情在词外，状溢目前"），深入意蕴层。再次，要"出乎其外"。古代山水诗毕竟是古人的艺术创造，诗人有他的特定时代、个性特征和具体境遇等等，阅读这类作品必须"自己作主"，我们要用自己的心灵去感受、理解、领悟，然后有所吸收，有所扬弃，以利于我们的"新的创造"。这才是正道。

王维《竹里馆》是写幽静境界的，它在作客观描绘的同时，也表现诗人的主观情怀。诗用的是两句之中前后对衬的手法：处在"幽篁（huáng 竹林）里"已经够冷清的了，更加上"独坐"，这境地在常人恐怕会觉得不可久留。然而，诗人却自得其乐地在"弹琴"，弹之不足，"复长啸（嘬口发出长而清脆的声音）之"。兴致好极了，简直就像找到了一个最自由自在的天地。是的，"深林人不知"，但你以为过于孤寂了吗？诗人立即说：不！有"明月来相照"，正好伴我弹琴长啸呢。王维这种避世好静的生活志趣，有他的自由，我们不一定赞成，但对他所创造的优美的诗意境界和高超的艺术技巧，我们还是欣赏的。

张继《枫桥夜泊》，"江枫渔火"是终夜所对，"钟声"是半夜所闻，"月落乌啼霜满天"则是天色将晓时所见所闻所感，总之，是一夜"愁眠"所遇到的。全篇写客船夜泊之景，而以"愁眠"两字贯串之，则一切景物，都染上了诗人的感情色彩，写景亦即写情了。按照顺序，应当是先因客愁而睡不着，只好躺着（即所谓"愁眠"），然后看到江枫渔火，然后听到夜半钟声，最后才接触到天快明时的落月、啼乌、霜气。然而为了突出一夜愁眠，诗人却将生活中所发生的事件的次序，重新作了安排，将最后发生的，放在最前面，从而获得了更好的表达效果，可见，艺术创作有它本身的特殊规律。绝句的成功，有时很难说得具体确切。大概诗人偶然兴会，能用几句话把当时的意境巧妙地传达给读者，使读者也能根据自己的经验，想象出类似的意境，并且兴味盎然，这样的诗，便是好诗。

四、（略）

（江苏省扬州中学语文组）

第二单元　现代诗歌鉴赏

单元教学要求

一、初步了解新诗的基本特征，新诗发展的概况及其发展过程中一些流派的代表作家和作品。

二、学习鉴赏新诗的基础知识和基本方法，通过对课文的解读、感知、理解、深悟，切实提高文学修养和文学鉴赏能力。

三、练习写作新诗，先模仿后创作，学习艺术构思，用审美的眼光捕捉意象，并用恰当的文字表情达意，借以提高运用祖国语言文字的能力。

单元教学安排

一、课时分配

第一课时　现代诗歌鉴赏常识

第二课时　沁园春·长沙

第三课时　炉中煤

第四课时　发现　再别康桥

第五课时　假使我们不去打仗　春鸟

第六课时　礁石　三门峡——梳妆台

第七课时　单元练习

以上共七课时，也可根据实际情况稍作变通。

二、教学建议

诗歌是“一切艺术中最崇高、最完美的艺术形式”。防止学生只注重现代诗歌社会内容的分析，而忽略艺术形式的鉴赏。要引导学生对诗篇的秩序、节奏、意象、境界、内蕴等等进行多角度、多层面的审识和把握。

（一）学习《现代诗歌鉴赏常识》，了解新诗是“五四”新文学运动的产儿，其基本特征，一是思想新，二是形式新。在新诗的发展过程中形成了各种新诗流派，初步了解一些流派的代表作家和作品，并且指导学生认识新诗虽然打破了旧传统和建立了新传统，但并不意味着割断历史，而只能推陈出新，它是在前代诗歌的基础上，吸收民歌和外来新因素而创造出来的。它的主流是现实主义,根是深深扎在现实生活的土壤中的。

理解、朗诵、默想、回味,是阅读和鉴赏现代诗歌行之有效的方法,要在艺术内容和艺术形式的完美结合上,透过语言层,把握形象层,深入意蕴层。

(二)学习《沁园春·长沙》。以传统的诗词格律形式表现现实的社会生活内容和现代人的思想感情的作品,也属于中国现代诗歌的范畴。毛泽东诗词是这类诗篇中流传最广的作品。50 年代后期,毛泽东提倡在古典诗歌和民歌的基础上发展新诗,旧体诗词受到更多的重视,对于整个诗歌创作产生了明显的影响。学习这一课,要学生注意课文提示的要点,并与练习中的两首词比读。

(三)学习《炉中煤》。代表新诗创始期最高成就的是创造社的主将、浪漫主义诗人郭沫若。"五四"时代各种社会矛盾的加深激起了先进知识分子的觉醒。由于不满现状而陷入苦闷的广大青年,迫切需要寻找激情喷发的方式表达个性解放的要求,一批诗人很自然地从思想上接受浪漫主义,这就是以郭沫若为代表的一批创造社诗人崇奉浪漫主义的动因。郭沫若的代表作《女神》在我国现代文学史上影响很大,被誉为自由体新诗的奠基之作。学习这一课,要学生重点理解两种比喻交织成的主体形象,并与鲁迅《自题小像》比读,进一步领会新诗的艺术特征。

(四)学习《发现》和《再别康桥》。随着自由新诗的勃兴,因这种诗体不加节制而趋于散漫,转而便要求便于吟诵的格律化。新月派的出现适应了这种潮流。闻一多、徐志摩等是这一派的代表。闻一多认为诗应有音乐的美、绘画的美、建筑的美。学习闻一多的诗要通过诵读和赏析,领会他是如何在创作上体现他的主张的。徐志摩是新月派中最具代表性的诗人。他致力于诗体的输入与试验,尝试的诗体最多。徐志摩的诗稀薄地联系社会生活,寻求人的尊严与爱情的高尚。他的诗语言鲜明,色彩清丽,具有流动的质感,让人觉得世上一切都鲜明、灵动。把闻、徐两位诗人的诗合读,可以明显地比较风格的差异。

(五)学习《假使我们不去打仗》和《春鸟》。艾青、田间、臧克家在 30 年代的出现,是中国新诗成熟的重要体现。他们以传达日益加深的民族危难中的抗争意识为共同特点,又以各不相同的艺术个性显示了各自的才华。练习题中艾青的《太阳》可作讲解意象知识的范例。《假使我们不去打仗》重点在洗炼的形象和独特的"诗形"。《春鸟》重点在其主旨和艺术构思。

(六)学习《礁石》和《三门峡——梳妆台》。1949 年中国革命取得全国性胜利,诗人们歌颂胜利了的国家和人民,在革命和建设的热潮中,大批诗人从各条战线传来了描摹现实生活、格调昂扬爽朗的歌声。新诗和时代、现实保持密切联系的传统,在这时期得到发展。学习这一课,应介绍一下艾青在现代诗歌发展史中的地位。《礁石》重点在意境的创造和韵律美。《三门峡——梳妆台》重点在大胆想象的构思特点。

(七)单元练习。可在独立完成单元练习的基础上,引导学生整理归纳本单元所学到的新诗基础知识，并组织学习心得交流。也可组织一次青年赛诗会。艾青在《诗论》中说："写诗有什么秘诀呢？——用正直而天真的眼看着世界，把你所理解的，所感觉的，用朴素的形象的语言表达出来。不是这样是永远写不出好诗来的。"

（特约编写者：张　铨）

鉴赏课文教学设想

沁　园　春

长　沙

【教学目的】

一、了解毛泽东青年时代的宏伟志向和高尚情怀。

二、体会这首词借景抒情,情景交融和以生动精炼的语言表达思想感情的写作特点。

【教学步骤】

一、课前预习

1. 认真参看"阅读提示"和课文注释,了解这首词的写作背景。

2. 利用工具书,给生字生词注音、释义,然后反复诵读课文。

二、课堂研讨

1. 播放《沁园春·长沙》的朗诵录音,首先要求学生注意以下几个字的读音:

舸(gě)　　廓(kuò)　　遒(qiú)　　遏(è)

2. 一边默读,一边对照注释,看看词中还有哪些语句理解不透,可以询问,也可以讨论,在疏通字句、弄通文意的基础上,要求能比较准确地读出词句的语气和停顿。

3. 透过这首词的字面含义,深入领会它的深层意思。

《沁园春·长沙》属于长调(114字),分为上下两阕。

上阕侧重写景,描绘美丽壮观的湘江深秋景色,由三个层次构成:

第一层(前三句)。

集体朗读后,同学口头翻译它的内容,看看词中的语序跟现代汉语的语序是否相同。

这三句的语序跟现代汉语的语序不同,是为了适应格律的需要而倒装,实际的顺序应是:寒秋独立橘子洲头,湘江北去。译为现代汉语应为:寒秋时节,我独立于橘子洲头,脚下湘江滔滔北去。

这首词的开篇,作者就从实处落笔,围绕"立"字,交代了人物、时间、地点和环境气氛。

第二层(中间七句)。

诗人"立"于橘子洲头,"看"到了什么?

集体朗读这七句后，教师概括：

诗人独立所见，看到的是一派生机勃勃的湘江秋景。

在这湘江秋景图里，作者具体描绘了哪些景物？

山（林）、江（舟）、天（鹰）、水（鱼）、自然界（万物）。

作者对这些景物的描写，有什么特点值得学习呢？

(1) 层次井然。由远及近，由上而下，由具体到概括。

(2) 动静交错。山、林（静）百舸、雄鹰、游鱼（动）。

(3) 色彩鲜明。红、绿、白、蓝（山、水、帆、天）。

这幅秋景图为什么能描绘得如此境界开阔，生机勃发呢？

在多角度的绘色、绘形中，得力于词语的恰当运用，即古人所谓的“炼字”。思考哪些词语用得好，好在哪里？

“万山红遍”的“遍”，“漫江碧透”的“透”——红就红得“全面”，绿就绿得“彻底”。写尽了色彩的浓艳、神韵。

“百舸争流”的“争”——桨篙飞舞，千帆竞发的情景跃然纸上。

“鹰击长空”的“击”——雄鹰一飞冲天，搏击风云的矫健有力。

“鱼翔浅底”的“翔”——游鱼动作的轻快自如。

“万类霜天竞自由”的“竞”——一切生物奋发自强，蓬勃发展。

如改为“万山红了，漫江碧绿，鹰飞长空，鱼游水底，万类霜天很自由”，远不如以上字词神韵飞动。

作者把湘江的秋景写得如此细腻、生动，为下文的抒情烘托了背景，渲染了气氛。

在这里，要特别注意“看”这个“领字”的作用。所谓“领字”，是指在词当中有统领作用的字，从文义上看，它不仅管着本句，还管着下面若干句。在诵读时要注意：

(1)“领字”要突出，语气要加重，节奏适当延长，和后面的句子之间要有明显的停顿。

(2)“领字”后的几个句子要语势贯通，一气呵成。

第三层（后三句）。

这三句的大意是：怀着怅恨的心情，面对着广阔无边的宇宙，不禁要问：这苍茫的大地，该由谁主宰你的升降沉浮？

这三句从手法上看是直抒胸臆，抒发感受。面对这样生机勃勃的自然景色，作者不禁触景生情，感慨顿生。从内容上看，一“问”，一“怅”，表达了诗人对祖国命运的深切思虑和重整山河的崇高使命感。

集体诵读上阕。

壮丽的秋景，不仅引发了诗人对祖国命运的思考，还勾起了对往事的回忆。

词的下阕，通过回忆往昔的峥嵘岁月，形象地概括了青年学子的战斗风貌和豪迈气概，艺术地回答了“谁主沉浮”的问题。下阕也由三个层次构成：

第一层："携来百侣曾游，忆往昔峥嵘岁月稠。"从内容上看，这是概括的"忆"。第二层（中间七句），是具体的"忆"。内容可从两个方面概括，也可从三个方面概括。

（1）精神面貌、实践活动

（2）对祖国命运的关心、对黑暗现实的抨击、对军阀官僚的蔑视

第三层（最后三句），是典型的"忆"，写击水湘江。这一层以搏击风浪、力能遏舟的矫健身姿进一步强化学子形象，表明这是一群胸怀宽广、思虑深沉而又气势如虹的有为青年。"主沉浮"的将是他们，从而巧妙地回答了前面的发问。

全词上下两阕结构谨严，由"立→看→问→忆"，步步深入，并且前后呼应，使上下阕浑然一体。

4. 评析了词的内容和写法以后，根据有关提示，默想回味课文内容，进行熟读背诵，进一步加深对课文的理解。

提示如下：

《沁园春·长沙》 一九二五年 毛泽东

上阕：描写湘江秋色

下阕：回忆峥嵘岁月

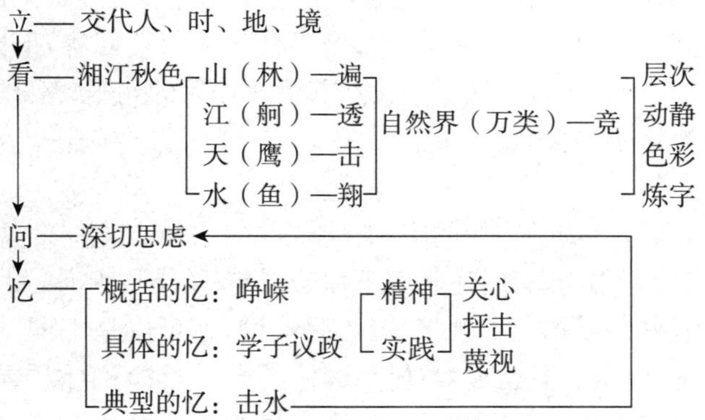

学生自读后，集体背诵。

【补充资料】

一、关于作者

毛泽东同志不仅是中国人民的伟大领袖，而且是当代杰出的诗人。毛泽东青少年时代即爱好诗词，与友朋有诗词唱和及对亲友的悼亡、送别之作。此后在长期的革命战争和国家建设时期，即使在戎马倥偬和日理万机中，也仍然保持着这样的爱好，乐此不疲。毛泽东的诗词，内容博大精深，艺术创作方面成就极高，是继承和发展我国优秀文化传统的杰出典范。不仅在中国家喻户晓，而且在全世界也广为流传，甚至为外国政治领袖所熟知、引用。

二、关于作品

1925年秋，毛泽东离开湖南，南下广州，主持农民运动讲习所。《沁园春·长沙》便是在这次离开长沙的前夕作的。长沙是毛泽东的故乡，也是中国工农革命的策源地，毛泽东初期革命活动的中心。毛泽东于青少年时代，曾在长沙度过长期的进德修业的生活，以后奔走革命，也曾数度往返出入于此。长沙对毛泽东来说，具有深厚而亲切的政治感情和生活感情。特别是近郊一带的风景名胜，不仅山川秀美，而且由于一群以毛泽东为首的革命青年的登唱吟赏，送抱推襟，使它在革命史上焕发出新的时代光辉，更加给人以深刻的印象。这首词就是以这样一个典型环境作为背景，抒写旧地重游，抚今溯昔的激情壮志的。

三、有关知识

1. 关于“过片”

过片是词特有的章法。除小令外，词都是分片的，而多数分为上下两片。它们是表现同一主题的两个层次，其间必定要密切关联，关键就在上下片衔接之处。古人尤其重视下片的开头部分，称之为过片。过去写词、评词的人是很重视过片的，特别强调“过片不可断了曲意，须要承上接下”。“承上接下”是个总的要求，要接得紧密、自然，又以能出新意为上。

过片的具体作法千模万式，并无成规可循。《沁园春·长沙》采用了上片尾下片头一问一答的方式，即上片尾以问句作结，而下片虽未直接回答，但内容实际上是就问题而发，呼应上文的。这种写法其间没有起过渡作用的句子，格式本身就决定了上下片既是整体又有区别的关系。

2. 关于“领字”

所谓“领字”，是指有统领作用的字，它是词的句法特点之一。这种字的用法，从内容上看，它不仅管着本句，有时还管着下面若干句；从结构上看，和后面的句子之间有明显的停顿，叫做“一字逗”。“领字”可以是动词，也可以是虚词。是动词的，后面经常连带着一串词或词组，且常成对仗。如《沁园春·长沙》上阕“看万山红遍，层林尽染，漫江碧透，百舸争流……”中“看”是领字，领起后面的几句，后面的几句是对仗工整的。是虚词的，常兼有动词的作用，可看成是动词的活用，也可说是省略谓语。如《沁园春·长沙》的下阕“恰同学少年，风华正茂；……”中的“恰”是副词，含有“正当是”或“正当处在”的意思。“领字”统领到哪里，要根据文义而定。就《沁园春·长沙》而言，上阕统领七句，下阕统领四句。

四、补充注释

1. 鱼翔浅底：翔，盘旋飞行。这里指鱼在水中自由自在地游动。浅底，指水清澈见底。

2. 万类霜天：万类，万物，统指宇宙的一切事物。霜天，下霜的天气，这里指深秋。

3. 苍茫：旷远迷茫的样子。

4. 风华:风采、才华。

5. 书生:读书人,指作者和蔡和森等同学。

6. 指点江山:指点,评论。江山,江河和山岭。这里指国事。

7. 激扬文字:激扬,激浊扬清。文字,文章。这句意为发表文章批判恶浊的旧势力,宣扬革命的新思想。

8. 中流:水流的中央。

五、有关评论

这首词写于1925年秋天,是毛泽东在长沙橘子洲的记游之作。

毛泽东于1911年到长沙,此后长沙便成为他青年时期学习、工作和最早从事革命活动的地方。1913年至1918年,他在长沙省立第一师范学校读书。从1919年起,他与何叔衡作为湖南共产主义小组的代表参加了中国共产党的第一次全国代表大会,会后回到长沙创建了中共湘区委员会,亲任书记。1923年4月,他离开长沙,赴上海、广州等地从事革命工作。1925年春,他又回到湖南,在韶山从事农民运动,同年秋自韶山赴广州接办农民运动讲习所。这首词即为这次途经长沙重游橘子洲时所写。

在这首词里,诗人通过对长沙深秋景物的描绘和往昔在长沙的战斗生活的追忆,形象地反映了当时生气蓬勃的大革命形势,热情歌颂了早期共产主义者的革命斗争精神,提出了到底应该由谁来主宰国家兴衰和人民祸福这一有关中国社会变革的重大问题。主题鲜明突出,诗意含蓄深沉,思想性和艺术性达到高度统一。

"独立寒秋,湘江北去,橘子洲头。"词一开头就点出这次来长沙游览的时地,时间是寒秋,地点是橘子洲。"独立"句的"独",表明这次是作者一人来游。因为是一人来游,这就自然地引起对往事的回忆,与下阕的"携来百侣曾游"起呼应作用。而"寒秋"一词,又为下面的写景作了伏笔。

"看万山红遍,层林尽染;漫江碧透,百舸争流。鹰击长空,鱼翔浅底,万类霜天竞自由。""看"是领字,领起下文七句,说明以下都是诗人独立橘子洲头眺望所见。"万山"二句是向高处看,写山景。湘江西岸是岳麓山区,其地属丘陵地带,枫树茂密,树随山势一层层高上去,枫叶经寒秋霜降变成了红色,简直像人工染成一样,十分绚烂壮观。"漫江"二句是向低处看,写江景。湘江水色碧绿至极,江面开阔,成百船只往来行驶,非常热闹。山景远,静;江景近,动。枫红水绿,山静舟动,色彩斑斓,状态各异,使画面极为生动。"鹰击"句写仰视天空所见,"鱼翔"句写俯视水中所见,上下远近,景物层次格外分明。"击"刻画飞鹰矫健迅猛的雄姿,"翔"描绘游鱼轻快自如的神态,炼字极为精工。"红遍"、"碧透"、"长空"、"浅底",均切合深秋季节特点,使上文"寒秋"有了着落。以上六句是分写,接下来的"万类霜天竞自由"一句是总写,即诗人独立眺望时所获得的总的印象和体验。七句先分后总,层次井然。而"竞自由"的体验则又引起对宇宙广大的感慨。

"怅寥廓,问苍茫大地,谁主沉浮?""怅",原为惆怅,这里作感慨解,从由"怅"而"问"看,则又包含思考的意思在内。这三句由写景转入抒情,由自然界的"竞自由"联想到国家社会的“主沉浮”，联系自然。此处虽用设问句式，但作者当时对中国社会谁主沉浮的问题是有了明确答案的，这就是无产阶级和人民大众。因此，这里的设问意在启发人们思考，引起下文，并非困惑不解。

词的上阕写今日个人之游，由“立”而“看”、而“怅”、而“问”，缘景入情，层层深入，最后提出了“谁主沉浮”的问题；词的下阕写昔日众人之游，通过对往昔青年革命战友斗争生活的追忆，形象地回答了“谁主沉浮”的问题。

“携来百侣曾游。忆往昔峥嵘岁月稠。”“百侣”，非确数，形容游伴众多。上文“万山”、“百舸”、“万类”用法亦同。“曾游”、“忆往昔”，点明这里及以下各句均是回忆往事。前面写今日独游，这里回忆昔日众人同游，一个“游”字把上下两阕联系起来。“峥嵘岁月”，概括当年同游情景，突出了那极不平凡的年代。

“恰同学少年，风华正茂；书生意气，挥斥方遒。指点江山，激扬文字，粪土当年万户侯。”“恰”是领字，含有正当、刚好的意思，领起以下四句。“同学”四句写当年革命战友的精神气概。毛泽东在长沙第一师范读书时，他的同学蔡和森、张昆弟、罗学瓒等人年龄均在20岁左右，个个风采焕发，才华横溢，故称“同学少年，风华正茂”；他们都是有为的热血青年，意气风发，热情奔放，斗志昂扬，劲头十足，所以又说“书生意气，挥斥方遒”。“同学”、“书生”，互文见义。“指点”二句写他们的革命活动。毛泽东在长沙与他的青年革命战友一起组织领导过学生和市民的爱国运动，驱逐反动军阀，主编《湘江评论》，创办“文化书社”，组织“马克思主义研究会”，建立共产主义小组，发表过不少气势磅礴的文章，议论国家大事，批判旧世界，所有这些都是“指点江山，激扬文字”的内容注脚。“粪土”句表示了对反动军阀及一切反动势力的极度蔑视和鄙弃，反映了他们大无畏的革命英雄气概。

“曾记否，到中流击水，浪遏飞舟？”意思是：还记得吗？我们一同到湘江江心游泳，拍打起的巨浪，把飞快行驶的船只都阻挡住了啊！这个游泳细节，是诗人和他的青年战友当年同游的真实情景。他后来曾为此作过自注，说：“那时初学，盛夏水涨，几死者数。一群人终于坚持，直到隆冬，犹在江中。当时有一篇诗，都忘记了，只记得两句：自信人生二百年，会当水击三千里。”可见他对当年游泳的印象多么深刻。诗人在这里特为唤起同伴对这个细节的回忆，是意味深长的。他要求人们投身到社会斗争的洪流中去，发扬当年“到中流击水”的斗争精神，将中国革命推向前进。而这，又正有力地回答了“谁主沉浮”的问题。

这首词题为《长沙》，是因为写景叙事均与长沙有关。诗人的写景叙事善从大处着墨，大开大合，笔力雄健。结构上，沿着“看”、“忆”两条主线，接连通过“立”、“看”、“怅”、“问”、“忆”、“记”，将词的内容层层展开，而又环环相扣。上下两阕均用设问句作结，形式别致，内容一问一答，内在结构紧密。艺术手法，熔写景、叙事、抒情和议论于一炉。上阕实写眼前景，下阕虚写往昔事，上下虽同属记游，却有独游同游、写景叙事、实写虚写的区别，艺术表现手法多样，绝不呆板繁复。语言运用，完全按照词律的要求，有领字，有特殊的对仗，对仗工稳的对偶句与长短不等的散句的错综交织，增强了艺术表现力。这些地方,足见诗人对传统诗词的深厚修养和高度熟练的语言技巧。

（录自石明辉《毛泽东诗词五十首解析及艺术论》）

（特约编写者:刘金海）

炉中煤

【教学目的】

一、了解诗歌中饱含的爱国主义思想感情。

二、认识诗歌借助艺术形象抒情的特点。

三、掌握这首诗的朗诵节奏,了解押韵特点。

【教学步骤】

一、课前预习

阅读这首诗,思考以下问题;

1.“煤”、“女郎”各比喻什么?

2.本诗押韵特点如何?找出韵脚。

二、课堂研讨

1.介绍作者,让学生了解这首诗的创作背景,初步感知诗歌中所蕴蓄的思想感情。

提示:背景介绍突出“五四”运动的影响及作者身居异国眷念祖国的情绪。

2.启发学生掌握这首诗的形式特点,指导朗读,可以从几个方面设问,让学生思考、讨论。

(1)本诗押韵情况如何?

提示:第1—3节1、3、5句及第4节1、2、3、5句押韵,韵脚为ang韵。全诗一韵到底,韵律优美,读来亲切、流畅。

(2)本诗句式有什么特点?

提示:全诗计5小节,每小节都由5句组成,句式较为整齐。

(3)每句节拍如何?以第1小节为例划一下。

提示:每句节拍可为四“顿”,第二“顿”停顿时间稍长,节奏感强,富有音乐美。

第1小节节奏如下:

啊,/我/年青的/女郎!
我/不辜负/你的/殷勤,
你也/不要辜负了/我的/思量。
我/为/我心爱的/人儿
燃/到了/这般/模样!

3. 教师总结此诗的形式特点，并指导朗读。

提示：郭沫若早年是个自由体诗人，但实际上他创作的诗的形式是多样的，像《炉中煤》这样具有内在格律、音节相当和谐的诗，可称之为“新格律诗”。

4. 思想内容及诗歌形象分析

(1)“炉中煤”、“年青的女郎”分别比喻什么？这两个比喻好在什么地方？

提示：诗人自喻为“炉中煤”，而把祖国比作“年青的女郎”。

“炉中煤”比喻的好处：首先，传达出了诗人爱国主义感情的热烈程度。煤火的旺盛、炽热充分表现了诗人内心爱国情感的强烈、深切。其次，借助燃烧的煤具有给人火与热、最终燃尽自己的特点，形象地表现了诗人甘愿为祖国奉献自己一切的精神。“年青的女郎”这个比喻好在：首先，它突出了“五四”以后新生的祖国生机蓬勃、昂扬向上的精神特点。其次，用爱情形象表现爱国主义的神圣感情，更见其感情的热烈。

(2) 为什么要写“炉中煤”的前身和过去？

提示：写煤的前身是“有用的栋梁”，过去“活埋在地底多年”，从字面上看，交代的是煤的产生过程，同时，也蕴含着深层意思，“活埋在地底多年”即指诗人爱国主义思想曾经长期深深地埋藏在心中，这种感情由于过去的黑暗现实的压迫(指封建主义、帝国主义的压迫)，一直久久郁结在心中而得不到抒发，诗人空怀报国之志。

(3) 今朝“炉中煤”境遇如何？诗人的心理怎样？

提示：今朝“炉中煤”得以“重见天光”，即指现实中由于“五四”运动的推动，人民觉醒，祖国新生，诗人的爱国主义思想感情也不可抑制地喷发而出。

诗中“重见天光”的“煤”作为抒情主人公，内心充满了“思乡”、“怀国”之情，它尽情地倾诉着。诗人所谓“处在国外的人却苦于知识的桎梏想自由解脱，跑回国去投进我爱人的怀里”，即为其内心情感的真实写照。在这里诗人把个人命运与祖国命运交织在一起，表达了想为祖国轰轰烈烈干一番事业的愿望，奏出了爱国主义的最强音。

5. 概括这首诗歌的艺术特色

提示：

(1) 具有鲜明的革命浪漫主义特色。诗人借助两个形象的比喻，以“煤”作为诗歌的抒情主人公来倾诉自己的爱国之情。

(2) 思想感情的抒发具有以下特点：

① 真实、自然、热烈，能激起读者的强烈共鸣。诗人曾说过：“我自己对于诗的直感，总觉得以‘自然流露’的为上乘，若是出于‘矫揉造作’，只不过是些园艺盆栽，只好供富贵人赏玩了。”《炉中煤》中诗人的爱国之情、报国之志都是其内心思想感情的写实。

② 层层深入。“啊，我年青的女郎”在每节开头重复出现，运用反复的表现手法，不断升华这种爱国之情。

6. 解题:诗歌中副标题起什么作用?

提示:揭示中心,点明主题。

7. 在理解主题、掌握押韵和节奏的基础上背诵这首诗。

【补充资料】

一、关于作者

郭沫若,原名郭开贞,号尚武,沫若为其笔名。曾用名还有麦克昂、易坎人、石沱等。1914年赴日本留学,原学医,后从文。接触泰戈尔、歌德的作品及荷兰哲学家斯宾诺沙的著作,受到泛神论思想的影响,他认为"泛神便是无神"。他"有些泛神论的倾向",一方面是因为泛神论思想跟他当时蔑视偶像权威、表现自我、张扬个性的精神大体合拍,另一方面也因为泛神论所提供的"物我无间"的境界,正适于诗人驰骋自己丰富的艺术想象力,把宇宙万物拟人化、诗化,视之为有生命的抒情对象。

二、关于作品

1921年诗人出版的诗集《女神》,充满狂飙突进、雄伟壮丽的革命浪漫主义特色,突出地表现了彻底的不妥协的反帝反封建的时代精神,是我国新诗史上的奠基作。

《女神》中许多诗篇,都饱含着郭沫若眷念祖国、颂扬新生的深情,这也正是对"五四"的礼赞。"五四"运动是一次新的爱国运动,标志着中国近百年民族革命运动在新形势下的新高涨,"五四"运动激起身居异国的郭沫若的深切的爱国之情。在这些诗篇中,最能表达他对祖国眷念深情的是《炉中煤》。

《炉中煤》1920年1、2月间作于日本,2月3日发表于上海《时事新报·学灯》。后收于1921年8月《女神》集第一辑。

三、有关知识

自由诗:诗歌的一种。语言不讲究格律,诗的段数、行数、字数也无固定格式,但要有节奏,押大致相近的韵。美国诗人惠特曼为创始人。中国"五四"以来也流行这种诗体。

四、补充注释

1. 殷勤:恳切深厚的情意。

2. 思量:想念。

五、有关评论

这首诗作于1920年1、2月之间,当时诗人虽远在日本,却时时刻刻关注着祖国发生的一切。汹涌澎湃的"五四"运动浪潮同样冲击着他。他后来说:"'五四'以后的中国,在我的心目中就和我的爱人一样。'眷恋祖国的情绪'的《炉中煤》便是我对于她的恋歌"(《郭沫若文集》第七卷《创造十年》)。这番话清楚地说明了郭沫若写这首诗的意图。

全诗是在一系列的比喻中寄托自己的深情和热望的,一层深似一层地表现了爱国的衷肠。第一节,开头一句深情的呼唤:"啊,我年青的女郎!"喊出了蓄积已久的眷念祖国的热烈感情。接着写了祖国与"我"的关系。"我不辜负你的殷勤",祖国爱我、关照我，其情何深，其思难忘！这是诗人对祖国的根本态度。“你也不要辜负了我的思量”。游子思家国，更望家国也体会他的爱，两者心心相印。为了表示对祖国的期望和热忱，诗人把自己的心比作通红的煤火。“我为我心爱的人儿，燃到了这般模样。”诗借助联想，从而调动读者的想象，使我们好像看到了诗人那颗爱国赤心，真像熊熊的炉火。只有感情到达沸点的人才会这样。第二节，从煤的外形和内心的比较，进一步诉说自己的衷情。“你该知道了我的前身”，是说质地本来是好的，原来曾有郁郁葱葱的生命，这就进一步把自己和祖国紧密地联系在一起。我爱你，祖国；祖国，你也该知道我的一切，特别是那“火一样的心肠”。爱之深，爱之切，恨不能掏出心来，这就把感情进一步写足了。第三节，交代煤的来历出身。指出“原来是有用的栋梁”，“活埋在地底多年，到今朝才得重见天光。”这的确是煤的形成的历史。这样写，把诗的借喻的喻体本身写得更有真实感，但它主要隐喻了自己长久蓄积心中的爱国之情，报国之志。第四节，进一步说出自己的心愿。“自从重见天光”以后，“我常常思念我的故乡。”这故乡，是晨光朗然的中国，是革命将起的中国，怎能不使诗人心向神往！祖国啊，你寄寓了我多大的希望，对你的深切思念，也只有这燃得通红的炉火才能比喻。

这首诗风格豪放、明朗，音调和谐流畅。全诗每一节都是五句，开头一句成为每一节的领句，第一节最后两句与第四节最后两句有意重复，这就造成节奏鲜明，回环往复的诗美。形式是整齐的，通篇是押韵的。虽说郭沫若早期是主张诗体大解放的自由体诗人，但他也不排斥写格律体或半格律体的诗。他曾经说：“诗歌还是应该让它和音乐结合起来；更加上‘大众朗诵的限制’，则诗歌应当是表现大众情绪的形象的结晶。要有韵才能诵。要简短，才能接近大众。”（《关于诗的问题》）《炉中煤》体现了诗人的这一追求。

（选自《新诗鉴赏辞典》）

（特约编写者：孙国强）

发　　现

【教学目的】

一、体会诗人无限热爱祖国、不满黑暗现实的思想感情。激发起学生的爱国之情。

二、了解诗歌的格律常识，欣赏诗歌的形式美、音乐美。

三、体会诗歌凝重、深沉的艺术风格。

【教学步骤】

一、课前预习

1. 参读“作者简介”，了解作者生平。

2. 朗读诗歌,思考:诗人"发现"了什么?怎样"发现"的?诗人通过写"发现",抒发了什么思想感情?

二、课堂研讨

1. 导入新课,学生简介作者生平及写作背景(见"作者简介"、"补充资料")。

2. 教师(或学生)表情朗读诗歌。要求:学生听清字音,认清字形,把握好朗读节奏,初步感知"我"这一形象及抒发的感情。

3. 朗读、赏析诗歌。分以下几步完成:

(1) 学生朗读第1—4句,思考:诗人归国前后心情是怎样的?归国后,他发现了什么?

提示:流落异乡的诗人听到祖国母亲的呼唤,心中燃起归国振兴祖国之火,"鞭着时间的罡风",急迫地满怀希望地回到祖国。可是,黑暗的现实粉碎了诗人的理想,归国前的满腔热血、满怀希望成了"一场空喜",诗人无比失望、痛心,迸着血泪惊呼:"这不是我的中华,不对,不对!"这一声惊呼,道出了诗人发现祖国现状的一瞬间的激愤心情,表现了诗人强烈的爱国感情。

(2) 学生朗读第5—8句,思考:到底是一种什么样的现实使诗人如此激愤、失望?

提示:是"噩梦"、"恐怖",是"噩梦挂着悬崖"。诗人用这些比喻形象地反映了旧中国军阀统治下政治腐败、民不聊生的黑暗现实。从这些比喻我们也可以看出,诗人由希望变成失望时,他的感情坠入一个多么可怕的无底深渊。

(3) 学生朗读第9~12句,思考:面对旧中国的现状,诗人绝望、消沉了吗?诗人又有了怎样的"发现"?是怎样"发现"的?想象诗人问天、逼风、擂地的情形。

提示:诗人并没有绝望消沉,而是不甘心地去问天、逼风、擂地:为什么会这样?怎样拯救祖国?……这一连串的"天问"式的问天、逼风、擂地发问,倾吐了对祖国炽热的深情。但由于世界观的局限,诗人寻找不到改变祖国命运的道路,"总问不出消息",于是,诗人无限悲痛,"我哭着叫你,呕出一颗心来"。尽管如此,诗人还是坚信:"你在我心里!"(这是诗人真正的发现!)祖国永远装在诗人的心中。正是这种对祖国执着的爱,使他在过了十多年不问政治的书斋生活后,在抗日战争后期和日本投降后,终于成为一个勇猛的民主战士,最后遭国民党特务的暗杀而牺牲。

(4) 学生表情朗读全文,小结思想内容,教师点拨。

提示:《发现》通过写诗人归国后失望、追问、发现的过程,揭露了旧中国的黑暗现实,表达了对祖国无限热爱的思想感情。

4. 介绍"新诗格律化"的有关常识,参读"现代诗歌鉴赏常识"中关于《发现》一诗格律的介绍,指导朗读背诵,欣赏诗歌的形式美、音乐美,体会诗歌凝重、深沉的艺术风格。

5. 默想诗歌内容,比较闻一多的《发现》与郭沫若的《炉中煤》。

提示:相同点——表达热爱祖国的感情。

不同点——《炉中煤》巧妙设喻,《发现》直抒胸臆。

【补充资料】

一、闻一多与“新诗格律化”

闻一多等人不满于郭沫若《女神》那种“绝端的自由,绝端的自主”的形式,希望探求新诗完美的艺术形式,使新诗走上“规范化”的道路。于是,他们提出了“新诗格律化”的口号。所谓“新诗格律化”,就是以“和谐”和“均齐”为新诗的美学特征,要求将诗的感情收纳在严格规范的形式中,讲究诗的音乐美(音节)、绘画美(词藻)、建筑美(节的匀称和句的均齐)。诗集《死水》实践了他的这一主张。如《发现》共十二行,每一行十一个字,形式整饬;每两行押一韵,音调和谐。再如《一句话》共两节,每节八行;两节中,前六行相等,后两行相对,十分匀称;全诗一韵到底,铿锵有力。

二、关于写作背景

一九二二年,闻一多抱着为祖国寻求未来道路的愿望,赴美国留学。作为一个爱国诗人,闻一多在海外亲身感受到遭受欺凌的痛苦。他对这种痛苦感受得越深,对祖国的怀念就越切。当时的中国是半封建半殖民地社会,列强横行,军阀混战,人民过着极端贫困的生活。正如诗人所说,“这是一沟绝望的死水,清风吹不起半点漪沦”(《死水》)。闻一多漂泊异国他乡时,一种强烈的真挚的思念祖国的感情,使他对祖国的形象有着无限美好的憧憬。从这个美丽的祖国形象中,他得到温暖和力量。然而事实绝非想象所能代替的,当诗人怀着美好的希望踏上祖国大地时,他看到的不是自己所希望看到的。这里没有光明,有的是黑暗;没有温暖,有的是冷酷。他感到无限的悲痛、极大的愤慨。于是,诗人以“发现”为题,写出了这种悲痛和愤慨的真切感情。

三、补充注释

拳头擂着大地的赤胸:“擂”léi,打。

四、有关评论

一九二五年夏天,闻一多因为不堪忍受美国的种族歧视,提前回到魂牵梦绕的祖国。在国外时他心目中的祖国是庄严美丽的,她有一种古典美的理想色彩。可是回国之后不久,他的所见所闻却是军阀混战,日本军舰开进大沽口进行武装干涉,段祺瑞执政府虐杀爱国学生……诗人想象中的“如花的祖国”(《忆菊》),此刻正沉沦在水深火热之中。这使他感到深哀巨痛。《发现》就是诗人在心灵受创中写下的爱与恨的结晶。

闻一多在诗作的构思上总是力避平庸和一般化,力求给人以一种意外的惊奇叹绝之感。诗的开头就以“迸着血泪”的喊声吸引着读者,造成“高山坠石,不知其来”的悬念,一股悲愤的感情把人抓得紧紧的,吸引你去追索、探寻。往下,在诗的第三至八行中,诗人先用“我来了”的排比句,逼真地传达了自己当初恨不得插上双翅飞回祖国的心情,和他感到这是“一场空喜”的悲恸。“鞭着时间的罡风,擎一把火”,形象地表现了诗人迫不及待、日夜兼程返回的情态。然后,他撇开那些具体事实的渲染和描绘,只用“噩梦”和“恐怖”来概括对当时现实的感受。“噩梦”本来就已惊心动魄,而接着的一句“噩梦挂着悬崖”就更深一层地展示出祖国的危险处境。荡漾在这些诗句字里行间的绝不是诗人个人休戚的抒发，而是蕴藏在他胸际的忧国忧民的情绪。它反映出诗人水晶一般的内心世界，火一般焚烧的爱国热情。正因为诗人对祖国爱之弥深，才会对现实恨之弥切啊！

这首诗更加精彩、更为深沉有力的，还是它的结尾四句。九、十两句，想象奇特，意新语工，精警动人，历来为评论家所称道。这是诗人目睹奸贼窃国、外侮日逼，深广的忧愤凝聚之笔。最后两句，又进一步突出和深化了诗人的爱国主义思想，于失望和愤懑中升腾起一种对祖国执着和忠贞的爱。既然“这不是我的中华”，那么“我的中华”亦即诗人理想的祖国在哪里呢？诗中的“我”就如古代伟大诗人屈原、陆游一样，驰骋着浪漫奇幻的想象，锲而不舍地寻求着。然而，由于时代的局限、现实的浓黑，也由于诗人当时还是一个民主主义者，他不了解历史唯物主义和社会发展规律，甚至有过误解，因此“总问不出消息”来，这是完全可以理解的。诗人哭啊哭啊，把心都呕出来了，他终于“发现”：“如花的祖国”并未化为乌有，她那庄严、美好的形象就珍藏在“我心里！”这就充分表现出诗人对祖国的恪守不渝的爱。这个结尾，出人意外，而又入情入理，解答了开头给读者所造成的疑问，全诗前后呼应，一气呵成，逐层递进，立意不凡，表现出诗人构思的灵巧和新颖。

（选自《中国新诗名篇鉴赏辞典》）

（特约编写者：严长春）

再别康桥

【教学目的】

一、初步了解现代格律诗的特点：讲求格律，讲求音韵，形象鲜明。体味《再别康桥》的音乐美、绘画美、建筑美。

二、初步掌握鉴赏现代诗的方法，领会徐志摩的诗轻柔飘逸的风格。

【教学步骤】

一、课前预习

参看“阅读提示”，初步了解徐志摩其人和他对康桥的感情。

二、课堂研讨

1. 反复朗读，体会诗人选取和描绘的几个形象及其寄寓的感情，领会绘画美。

这首诗形象鲜明，笔法精炼。诗人不重铺排，不求繁复，只是选取了从黄昏到夜晚的几个景物、几个片断来渲染离情似梦的气氛。

诗人刚刚来到康桥，又要和康桥匆匆作别。真像一片云彩，既轻轻的来，又轻轻的去。但心情总是依依难舍的。云彩的来去一无牵挂，多情的诗人，岂能像浮云一样的洒脱，丝毫没有一些眷恋的情怀呢？你看，夕阳下流淌的康河，波光潋滟，岸柳金黄，姿态婀娜如同妩媚的新娘，她的艳影，不断在心头荡漾。他怎能排遣从内心涌起的难舍难分的离情？

何止是“新娘”难舍难分？还有那河底松软的泥土上的青荇，也像挥动它们绿油油的长臂，在向诗人挥手作别！面对康河多情的草木，如浮云来去的游子，多么甘愿如水草一样能植根于康河的柔波里，和康河昼夜相处，永不分离啊！

诗人又舍不得那榆荫掩盖下的一潭清泉，在夕阳下闪耀，像是天上的彩虹。回想几年来的生活，有多少美梦，被揉碎在浮藻之间，如彩虹一样，一齐沉淀在康河里，叫人难舍难分！

想去寻梦吗？就要手拿长篙，开动小舟，向青而又青的水草中游荡，去探索沉淀着的美梦，听任船上满载着星光，忘乎所以的放声歌唱。但想到即将离去，也无心再放声高歌，静悄悄的康河，像是在为自己吹奏出送别的笙箫，连在夏夜里喜欢鸣叫的虫儿，也因他的离别而沉默。

尽管诗人对康桥涌出千万缕柔情，也只有悄悄的走了，正像他当初悄悄的来，不同的只是当他一挥手之际，心情沉重，不像云彩那样轻松，尽管连一片云彩也不带走了。

2. 找出押韵的字，体会新格律诗的音乐美。

阅读、理解课文“鉴赏要点”中从三方面归纳的这首诗精巧的用韵：节内双行各自押韵；有时单行节内押韵；或与下一节的单行押韵。顾盼勾连，呼应反复，让人感受到抑扬顿挫，节奏鲜明的音乐美感。

3. 复习以前学习过的现代自由诗，通过比较阅读，体会新格律诗的建筑美。

这首诗的形式和内容达到了完美和谐的统一。它分节写来，讲究“节的匀称，句的均齐”，每个诗行六至八字，节奏多为三拍，双行首字均缩一格，整齐流畅。

4. 表情朗诵全诗，体味作者抒情的风格，争取当堂背诵。

5. 师生共同活动，讨论完成课文后面的练习。

【补充资料】

一、关于作者

徐志摩(1896—1931)，1915年中学毕业，后学于沪江大学、北洋大学、北京大学。1918年赴美留学，就读于克拉克大学社会学系，次年入哥伦比亚大学研究院学习政治。1920年入英国剑桥大学研究政治经济。旅英期间，开始写作新诗。1922年回国，任北京大学教授。1923年参加文学研究会，同时又与胡适等人成立新月社。1924年与胡适、陈源等创办《现代评论》周刊。1925年任北京《晨报副刊》主编。1928年与胡适、梁实秋等人创办《新月》月刊。1931年初，创办《诗刊》，任主编，同年11月19日，因飞机失事遇难。

二、关于作品

徐志摩的诗以诗境的空灵淡远著称。他的诗情是在英国的剑桥萌动的。十九世纪英国浪漫派的诗境，仿佛为他备下了诗情的土壤，风光绮丽的康河，成了他诗歌的产床。康桥榆荫密覆，大道迂回，长垣短堞，寺塔掩映，白水青田，草长日丽，诗人在这里见到了“真善美浩瀚的光华”，开始了诗歌创作。1922 年 8 月回国前夕，写下《康桥再会罢》，抒发了依恋情怀。六年之后出国旅游，真的又与康桥再会，短暂的逗留不但没有平复他的依恋，相反更增添了依依惜别之情，归国途中又写下这首名作——《再别康桥》。

这首诗没有绮丽豪华的词藻，没有惊天动地的呐喊，平易中见深远，朴素中见高华，给读者提供了极空阔的想象空间。

三、有关知识

1. 新月派：闻一多于 1926 年发表《诗的格律》一文，主张诗的音乐美、绘画美和建筑美，并以自己的创作来印证，得到徐志摩、朱湘等诗人的应和，迅速形成了以讲求格律为标志的流派，它就是朱自清所指出的新文学第一个十年内的第二个诗歌流派，即继自由诗派之后的格律诗派，也就是新月诗派。新月诗派的主要代表自然还是徐志摩和闻一多。徐志摩的诗中有三个方面，“一个是爱，一个是自由，一个是美。他梦想这三个理想的条件能够会合在一个人生里。”（胡适《追忆徐志摩》）因此，他们的诗“很少以喜闻乐见为名，行陈词滥调之实”（卞之琳《徐志摩诗集·序》）。

2. 现代格律派：节奏韵律原是诗的固有属性，可以说，在徐志摩之前，初期的中国新诗和自己民族的诗歌传统隔得很远，部分诗歌出现了“全盘欧化”的倾向，另一部分诗歌“作诗如作文”，过分直白松散，失去了诗美。现代格律派重建诗格才使新诗又恢复了活力。因此，继自由诗后的现代格律诗，以及其后发展起来的民歌体，就是中国新诗的三大流派。

四、补充注释

榆荫下的一潭：即康河上游的“拜伦潭”。相传英国浪漫主义诗人拜伦曾在那里游玩过，因此得名。

五、有关评论

诗共七节，每节四行。以康桥为对象，集中抒发了别恋之情，声情并茂，细腻动人，是一首优美的抒情精品。

康桥，是作者“精神依恋之乡”。第一节三个“轻轻的”缓缓地推出了一个“别”字，依恋之情难舍难分，但作者不愿做儿女情长，而像云彩一样，说缓也缓，说快也快，倏忽轻飘。诗人潇洒飘逸的风度、多情温柔的神态、轻快优雅的脚步如在眼前，也为诗定了舒展轻快的节奏基调。作者为什么对康桥如此依恋呢？自然引出了二、三、四节，描写康桥那妩媚迷人的自然风光。

第二节写河畔。柳披上了夕阳赐予的金裳，富丽艳美宛若新娘；枝条随风而动，款款动人；倒映水中，波光潋滟，金柳的倩影也在诗人心中荡漾起来了。作者与康桥分别了，他怎能不依恋？

第三节写水中。绿油油的青草在水的深处随着水流摇曳，像与作别的诗人挥手致意，触动了作者的情怀，他深深地为之感动而愿作柔波中一棵水草了。

写河畔、写水中都是近景，第四节写远处"那榆树下的一潭"。远，不能直接见到，作者用了一个比喻虚写了它的美妙。那里榆荫蔽日，缝隙中筛下点点碎金，映入清流浮藻之间，金光闪烁，斑斓璀璨。潭水美丽动人的传说，作者惜别的怀恋，多少画意诗情浓缩在一句"沉淀着彩虹的梦"中，语言有尽，情味无穷。

第四节写潭不直接描写，特别一个"梦"字，使诗由实入虚，引出了五六节的诗人感情的直接抒发。第五节用"寻梦"引出了诗人的离愁别绪，离别之前还要把康桥看上一眼，"撑一支长篙"，在皎洁的月光下"向青草更青处漫溯"，这里"一支"是孤独的形象，月下是冷的意境，"青处"是冷的色调，"漫溯"是漫的心情，作者为了排除愁绪，不使调子太低，要"放歌"，但他怎能做到呢？他只能"悄悄"的，夏虫也体会到分别之情为他沉默。这两节作者着力抒发别离的一个"情"字。

最后一节，写诗人在沉默中"挥一挥衣袖""不带走一片云彩"走了，这里有谢绝送别之意，诗人巧妙地用写对方之情来表述自己之意，渲染了感情的深挚。这一节与第一节首尾照应，用复迭造成感情的回环往复，但首尾又不是简单的重复，三个"轻轻的"到两个"悄悄的"，"招手"到挥袖，"作别"到"不带走"都进了一层，轻柔依恋之情又涂上了一层淡淡的哀愁，颇有引动人心的力量。

（节选自郑新芳著《诗美品鉴》）

（特约编写者：朱瑞源）

假使我们不去打仗

【教学目的】

一、理解、体会诗中集中表现的中国人民绝不愿作奴隶、奋起抗争的强烈思想感情。

二、了解诗中极其洗炼的形象以及独特的"诗形"对表现"闪电般的突击的情感"的作用。

【教学步骤】

一、课前预习

通读课文，背诵《假使我们不去打仗》，认真阅读练习中的四首诗，先从思想内容上了解中华民族在"最危险的时候"，广大"不愿做奴隶的人们"如何奋起抗争，"把我们的血肉筑成我们新的长城"，并且领会诗人充沛的爱国主义热情和抗战必胜的信念。

二、课堂研讨

1. 导语

1938年春，诗人田间随西北战地服务团来到延安。这时，东北和华北的很多地区都已经沦陷了，“我们底敌人/来了”！为了适应抗战的需要，他与几个同志一起发起了街头诗运动，他把揭露日本侵略者罪行、鼓舞人民群众斗志的诗篇，写在墙壁上、岩石上和大树上，敲出一声声“鼓点”，“爆炸着生命的热与力”（闻一多语）。《假使我们不去打仗》便是街头诗中著名的一首。

2. 朗诵

（1）田间在他的代表作《给战斗者》的代序中说：“……我们要战争——直到我们自由了！”

学生诵读课文。

（2）这首诗明白晓畅的大众化特点非常鲜明，不整齐，不押韵，完全散文化、口语化。但是节奏感非常强烈，好像是一个抗战的动员令，不能不叫人热血沸腾。朗诵时，须注意诗中的形象、诗行的划分和急促的节奏。

先给诗篇划出节拍，反复朗诵。

假使/我们/不去打仗，
敌人/用刺刀
杀死了我们，（突出敌人杀人的随意性）
还要用手/指着/我们骨头/说：
“看，（压低声调）
这是/奴隶！”（轻蔑地）

再把诗篇换词朗诵，比较表达效果。

假使我们（都）去打仗，
（我们）用刺刀
杀死了（敌人）
还要用手指着（敌人）骨头说：
“看，
这是（侵略者）！”

3. 讨论：为什么田间的这首诗有如此大的鼓动性呢？

4. 赏析

（1）洗炼的形象。这首诗刻画侵略者的形象，抓住最能激发人感情和联想的一点——敌人如何凶残地对待、又如何鄙视他们的“奴隶”的，不仅仅是肉体上的杀害，还有精神上的污辱。从行动和语言两个方面，我们仿佛目睹侵略者挥舞刺刀屠杀我们的同胞，同时还听到野兽们的狰狞的笑声！这个残暴、恶毒的敌寇形象，是诗人怀着欲爆炸的愤怒情感结合假设推理创造出的意象，鼓动性极强。

（2）独特的诗形。诗人以急骤的短行来发出强烈的战斗呼声，短小的诗形使感情表现得特别有力。闻一多这样评价田间的诗:“这里没有弦外之音,没有绕梁三日的余韵,……只是一句句朴质的话,(多么有斤两的话!)简单而坚实的句子,就是一声声的‘鼓点’,单调,但是响亮而沉重,打入你的耳中,打在你的心上。”

(3) 巧妙的角度。诗人用假设语气,包含两层意思,一层是假使我们不去打仗的后果,一层是假使我们都去打仗的后果。前者是反面,后者是正面。刚才我们换词朗诵的,就是含而未露的正面意思,实际是诗的心理基础。通过二者对比,就会发现正面文章没有反面文章有力。这是什么原因呢?只有从文艺心理学去考察。田间的诗所激起的审美感受,不只是涉及到国计民生的“忧患感”,而且是直接激发起每一个中国人的生死存亡的紧迫感。韩愈说,“欢愉之辞难工,而穷苦之言易好也”,这是符合审美心理的。

5. 巩固新知

(1) 鼓励学生上讲台朗诵(练胆第一,技巧次之)。把握好诗的艺术节奏,深入领会诗中所表达的思想感情。

(2) 鉴赏田间的另一首街头诗《坚壁》,侧重从形象和“诗形”方面去欣赏。

坚　　壁

狗强盗,
你要问我么:
“枪,弹药,
埋在哪儿?”

来,我告诉你:
“枪,弹药,
统埋在我的心里!”

一问一答,构成面对面敌我斗争的紧张场面,游击队员斩钉截铁的回答,沉重地打击了敌人贪婪而又恶毒的那一问,表现出中国人民的一颗坚贞不屈的心。中华民族是不可征服的。

6. 布置课后练习

可以借艾青《太阳》讲一点“意象”常识。意象是诗篇的形象单元,一首优美的诗总是一组美的意象按照美学规律构筑而成的艺术整体。意象研究,是直接指向诗的构成本质所做的内部探索(参见“补充资料”)。

【补充资料】

一、关于作者及其作品

田间在抗战前写过《未明集》和长诗《中国农村的故事》等,其中写出了农民的痛苦挣扎的生活情形,也写出了他们的朴实健康的感情;风格雄放粗犷,富有战斗气息。抗战开始以后,他写了《给战斗者》、《她也要杀人》等诗集,在读者中曾产生过广泛的影响。他喜欢用“短行”的形式，每行通常只有两三个字；他以诗句的分行来凝聚着紧张的战斗声音，使感情表现得特别集中和有力。在他的诗中充满着强烈的爱国主义热情和革命人物的形象，他以一种突击式的情感来构成诗篇的崭新的粗犷的风格，以朴素有力的诗句来体现出充沛的战斗意志。闻一多称赞他为“时代的鼓手”……以后他还写过长篇叙事诗《赶车传》等作品。

（王瑶《中国诗歌发展讲话》）

二、有关知识

显象于心，成象于纸。这里说的是意象，不是赋象。描写日出：“太阳出来红彤彤。”这就是赋象。赋象的完成，要求语言文字，一要准确，二要新鲜，有这两条就够用了。意象的完成，除了这两条，还要求想象力的飞腾。同样是写日出的，艾青在《太阳》中创造了惊心眩目的意象：

从远古的墓茔
从黑暗的年代
从人类死亡之流的那边
震惊沉睡的山脉
若火轮飞旋于沙丘之上
太阳向我滚来……

一瞬间的直觉，那个同地平线相切的火轮，竟不是向上升起，而是“向我滚来”。古今多少写日出的，你见过这般奇丽的想象吗？岂但想象奇丽，古今罕见，而且他那完成心中显象的文字成象功夫尤其卓绝。他把母句“太阳向我滚来”推移到段尾去做了末一行，而把四个副词子句和一个形容词子句，按照由时间到空间的顺序，由黑暗到光明的顺序，由远景到近景的顺序，从段首起，一行行地排了过来。这样就造成了非常奇妙的效果，使读者同他一起看见，一轮旭日从远方一程程地滚了过来，正如歌德所说的那样，“使他们接受的印象和我自己原先所接受的相同”。

（摘自流沙河《写诗十二课》）

三、有关评论

《假使我们不去打仗》是田间著名的街头诗之一。街头诗是“七七”事变后开展全面抗战，直至敌我相持阶段，号召人们奋起抵抗日寇节节入侵的形势下产生的诗歌样式，貌似“五四”以后诞生的小诗，但在风格上却大不相同，小诗以抒发个人情绪为主，有如田园牧歌，显示一种幽雅境界；而街头诗则是作为鼓动全民抗战激情的武器出现的，有如匕首投枪，富有批判精神，洋溢硝烟气息。田间是“街头诗”运动的首创者。街头诗的别名很多，如墙头诗，枪杆诗，传单诗（诗传单）等都包括在内。田间在提倡街头诗时期，接受过苏联诗人马雅可夫斯基在内战时期提倡漫画诗“罗斯塔之窗”的经验与技巧。胡风曾为“街头诗”下过一个界说：“是作者从人民对于政治事变的突发的感应里面，把政治动员融进去了的鼓动小诗。”（胡风《关于诗和田间的诗》）街头诗正是以鼓动人民大众投入抗战的洪流为特征的。闻一多读了田间的诗，曾称之为“时代的鼓点”。《假使我们不去打仗》就是一首优秀的鼓动诗。诗人用假设语气，包含两层意思：一层是假使我们不去打仗的后果，一层是假使我们都去打仗的后果。前者是反面，后者是正面。正面的后果，我们将是胜利者，成为主人；反面的后果，我们将是失败者，沦为奴隶。我们不妨模拟田间把含而未露的正面的意思说出来：假使我们都去打仗，/我们用刺刀，/杀死了敌人，/还要用手指着敌人骨头说：/“看，/这是侵略者！”这层意思虽没有表露，实际是诗的心理基础。二者对比，就会发现，正面文章不如反面文章有力，有鼓动性。这一发现，是颇有意味的。它告诉我们：同样的意思，从正面表现出来，可能缺少诗味。而一经从反面表现出来，就能触及灵魂，令人震颤。二者的感染力如此天差地别，是什么原因呢？只有从文艺心理学去考察，才不难理解。那就是二者所激起的审美心理不同。诗是诗人写自己的感受而又通向读者的感受的。田间的诗所激起的审美感受，不只是涉及到国计民生的“忧患感”，而且是直接激发起每一个中国人的生死存亡的紧迫感。如果翻过来看正面，便不但不能激起这样的忧患感和紧迫感，连欢乐感也引不起来，相反，还会产生滑稽感。古人说，欢乐之言难工，愁苦之辞易好，看来是符合诗美心理学的。可见，“街头诗”的本质特征的确在于它能鼓动忧患感。因此，诗人处理同样的题材，从正面去鼓动，还是从反面去鼓动，是大可研究的。

（选自《中国新诗鉴赏大辞典》作者吴奔星）

（特约编写者：张　铨）

春　　鸟

【教学目的】

一、理解诗人不满黑暗现实，向往光明、自由的思想感情。

二、体会作者把人间的不自由跟春鸟的自由对照起来写，表达强烈的诗情的艺术特色。

【教学步骤】

一、课前预习

1. 联系时代背景，理解把握本诗的主旨。

2. 诵读全诗，体会诗歌内在的旋律和节奏感。

二、课堂研讨

1. 有表情诵读课文，通过理解春鸟的象征意义，把握诗人表达的思想感情。

诗中自由与欢乐的春鸟，既是美好事物的象征，又是为真理而歌唱的诗人的化身。作者极力渲染春鸟的自由歌唱与诗人的被迫喑哑，“恶梦”般的现实与理想中的美丽世界，用意是突出社会的黑暗，发泄胸中郁懑，表达对光明、自由的向往之情。

2. 分小组讨论课文，通过分析诗句的具体含义，体会诗人蕴藉的强烈诗情。

全诗共47行，分为三个层次。

第一层（前8行）：写自己在黑暗的现实环境下，听到春鸟“真理一样的歌声”。

春鸟的鸣叫，本来就是非常悦耳动听的，在“床上的恶梦”“地上的恶梦”迭相袭来的情况下，听到这象征“真理”的歌声，更使人心旷神怡，增长摆脱“恶梦”袭击的勇气。

第二层（中间33行）：绘声绘色地描写春鸟的歌声。

这是诗篇的主体部分。在这里，诗人一连用了三个比喻：把歌声比作“煞黑天上的星星”、“按着生命的键”、“活泼自由的一潭”。中间一个比喻，喻体与本体都诉之于人们的听觉，读者容易由此及彼地联想；一、三两个比喻，喻体与本体距离较远，人们初读时一般不易理解。歌声诉诸人以听觉，星星和水潭一为固体一为液体，都诉诸人以视觉。但仔细品味，本体和喻体还是有相似之处的。万鸟鸣叫，声浪越来越高，它与煞黑天上的星星越来越明亮，在事物发展趋势上都有一个由小到大由弱到强的过程。正是这个相似之点，沟通了不同感官的隔阂，使诗人“听出是星星的光辉越来越灿烂”，达到了与听歌声“通感”的效果。歌声与“活泼自由的一潭”，本体与喻体也有相同之点：二者都有“音流”，众多春鸟的歌声在“绿树的云间”，“蓝天的海上”汇成了悦耳的大合唱，恰似无数叮咚的溪泉“汇成了活泼自由的一潭”。诗人巧取两个事物具有“音流”的共同点，把人们某个感官上的感觉转移到另一感官上，取得“通感”的实效，这些美好的描绘，同黑暗的、窒息生命的丑恶现实形成鲜明的对照。

在此基础上，诗人又进一步把春鸟的歌声与春天的自然景色相联系，抒写春鸟歌声引起的反响与效果；“你的口/歌向青山”以下17句诗是一连串的排比，又夹有生动的比喻。诗人托物抒情，笔力雄健。作者以舒缓自如的排比句式，有力地赞颂了春鸟歌声对自然界所产生的起死回生作用，一波三折，令人击节赞赏；恰当的比喻，在读者面前呈现出春意盎然的画面，使人目可观，耳可闻，手可触，鼻可嗅。诗人把客观自然景物的变化与“真理一样的歌声”挂起钩，说明象征真理的春鸟歌声可以使无情之物变为有情之物，这就突出了自然景色变化的社会意义，也表现了诗人对真理的渴望和追求。

第三层（最后6行）：这部分是诗意的高峰，也是作品的点睛之笔。

“而我，有着同样早醒的一颗诗心，/也是同样的不惯寒冷，/我也有一串生命的歌，/我想唱，像你一样，/但是，我的喉头上锁着链子，/我的嗓子在痛苦地发痒。”春鸟的歌声不仅把宇宙“从冬眠的床上叫醒”，也使人类的“活力冲涌得仿佛新生”。诗人视春鸟为知己：都有一颗早醒的诗心，都不惯寒冷，都有一串生命的歌。但诗人反不如春鸟自由：春鸟能自由地歌唱，而作者嗓子虽在“痛苦地发痒”，但“喉头上锁着链子”。作者通过诗人与春鸟的反差比较，把国民党反动派箝制言论自由的罪恶行径，委婉曲折地暴露出来；而诗人向往自由、渴求真理的心情，也蕴藉在诗句的字里行间。诗篇的结尾与开首遥相呼应，题近旨远，令人深思。

3. 按层次默想课文，通过回味诗篇的深邃意境，总结诗人运用的创作方法。

面对春鸟的歌唱,诗人之所以能向我们徐徐展开阔远而明丽的境界,关键在于吸取了浪漫主义等创作方法,作者把人间的不自由和春鸟的自由对照起来,驰骋着丰富的想象:"歌声的警钟,/把宇宙/从冬眠的床上叫醒,/寒冷被踏死了,/到处是东风的脚踪。"……随着春鸟歌喉放出的音流,山水改观,大地变色,人类充满活力。诗人的这些想象,虚实结合,真诚自然,新奇而不平庸。

【补充资料】

一、关于作者

臧克家,山东省诸城市人,现代诗人。

抗日战争爆发后,诗人满怀热情,奔赴抗战前方,组织带领了一支文化工作团在战地作救亡工作。后来又和碧野、姚雪垠等同志在河南、湖北、安徽等地从事抗战文化、文艺活动,并曾到过大别山。武汉失守以后不久,国民党反动派掀起反共高潮,在各战区从事进步文化、文艺工作的作家受到排斥、打击、压迫。特别是在皖南事变后,情况更加严重。反动派加紧迫害和摧残革命力量,对进步作家则进一步实行种种限制和压迫,特务暗中监视,许多优秀青年失踪被害,使他们处于"困兽"状态。诗人在河南办的文艺刊物《大地文丛》,刚出版第一期即被查封,图书室被搜查,文化队伍被迫解散。当时政治空气十分沉闷和幽暗,使人感到抑郁和窒息。原来,诗人驰骋在中原地区,做了不少工作,但突然间,他发现无法歌唱了,喉头上像被锁上了铁链,《春鸟》就创作于这一时期。一九四二年夏,诗人和几个青年同志一道,变卖了书籍作路费,冒着盛暑,徒步数千里,从河南叶县到了四川巴东,转乘木船,溯大江,过三峡,抵达山城重庆,参加"中华全国文艺界抗敌协会"的活动。

二、关于作品

1942年5月22日晨,作者于河南叶县寺庄万鸟啼叫声中写下了这首诗。臧克家是位现实主义诗人,他的《春鸟》的基调是现实主义的,富有具体的形象,有着鲜明的时代印记。但这首诗也有象征意味和浪漫主义气息。诗中的春鸟已不是一般鸟类的具体写照,它既是美好事物的象征,又是为真理而歌唱的诗人的化身。全诗文字洗炼,布局紧凑,比喻生动,音节自然。

三、有关知识

《春鸟》虽是新诗中不分节的格律诗,但形式较为自由活泼,句式长短错落,多有变化,用韵也比较灵活。

四、补充注释

1. 拊一下心胸:拊(fǔ),拍。

2. 煞黑:很黑。煞(shà),极,很。

3. 脚踪:行踪。

五、有关评论

"抗战以来,全国人民有一种欣欣向荣的气象,大家以为有了出路,愁眉锁眼的姿态为之一扫。但是近来的妥协空气,反共声浪,又甚嚣尘上,又把全国人民打入闷葫芦里了。特别是文化人和青年学生,感觉锐敏,首当其冲。于是怎么办,中国向何处去,又成为问题了”(毛泽东《新民主主义论》)。随着国民党反动派消极抗战积极反共活动的加剧,臧克家在国民党军队中的活动也日益困难。1939年,他参与领导,并努力为之工作的文化工作团及文化工作委员会先后被解散了,几年间朝夕共处的战斗伙伴一时间风流云散,各奔东西。1941年初夏,他在三十军开展抗敌文艺宣传工作的计划也告破产。不久,他在河南叶县寺庄主持三一出版社笔政,不料所编《大地文丛》创刊号因刊有译文《马列主义的文艺观》被汤恩伯急电查封,出版社和刊物顿告夭折,诗人也险遭不测。他后来回忆说:“我那首题名《春鸟》的诗,就是在这种郁愤的心情下,于1942年5月22日晨,万鸟声中,在河南叶县寺庄写的”(《诗与生活》)。

《春鸟》是臧克家抒情诗中的名篇。按照抒情角度的变换,全诗可以看作三个乐章:开始的八行,引出作为全诗主体的两种意象,一是春鸟的歌声,一是恶梦一般的现实,为全诗铺设了相反相成的两种感情基调;中间的三十三行,调动诸种感官,从不同角度热情赞美春鸟的歌声,把读者带进一个清晰美妙、令人神往的诗的境界,反映着诗人的憧憬和追求,构成散发着动人的青春气息的华彩乐章;最末六行,又从诗境拉回到现实人生,与开头的“恶梦”遥相呼应,在愤懑与沉郁中戛然而止收束了全诗。赞颂与诅咒的主题,欣悦与悲愤的感情,在诗中峰谷交错,回环跌宕,在读者心海中激起了经久难平的波澜。还是沉浸到诗中去吧,沿着诗人构思的蹊径,我们来领略其中浓而深的情思,新而美的艺术。

《春鸟》前八行是以逼真地渲染“我”在四十年代政治低气压下的心情和感受起始的,弥漫在字里行间的,便是那种压抑、窒息、恐怖的氛围。它不但使“我”终日忧心忡忡,甚至连梦里也忐忑惶急,心跳不止。睡着是恶梦,醒来更是恶梦——这是一个恶梦的世界!听到春鸟“真理一样的歌声”,“我”醒来了,怀着对“床上的恶梦”和“地上的恶梦”的余悸,“拊一下心胸”,“吐一口长气”,似乎要吐出这连绵不断、动魄惊心的恶梦在心胸之间的一切淤积,似乎要揉一揉被痛苦和惊吓挤扁捏平了的心脏,使之稍微轻松和舒展。这里,诗人充分发挥了他善于选配、提炼动词以准确地表达情态的特长,以一“拊”一“吐”,形象展示了挤压在连绵的“恶梦”之间那种初闻鸟歌、初见黎明、乍喜还惧的心理状态。惟其长年忍受着如此这般的黑暗和压抑,对于代表真理、召唤黎明的春鸟之歌才由衷的欢欣,分外的亲切,越是把环境的黑暗、窒息、压抑渲染得淋漓尽致,下面对“歌声”的激情赞颂才越是顺理成章。这种描写,是诗人现实感受的真实反映,可以当作那种年月里政治气候、时代氛围的历史记录来认识。同时,它又为下面的抒情主体涂抹上一层相反相成的底色,反衬得更加鲜明,给人以更为深切的感受。

以“歌声”领起的三十三行,是诗的主体。虽说都是赞美春鸟的歌声,但因赞美的角度有变化、有转换而形成两个层次:头三个比喻,着重从诗人的感受出发;而后面的诗行,则侧重表现歌声对宇宙万物的影响。自然,这又是彼此呼应,互为表里的。

乐音不似山峦云霓、奇花异草,它无形无体,难以捉摸。要描摹其美妙和动人,一般均须仰仗比喻,化抽象为具体,赋予它形体和色彩,乃至情感和生命。我国诗坛上描写乐音之美的高手如韩愈、白居易、李贺等,大都是走的这一条路子。臧克家正是汲取了前辈创作的经验,从"歌声"起的九行诗,串连起三个比喻,把春鸟的歌声描写得生动而又具体,如闻如见,从而把读者带进一个色彩缤纷、光华灿烂、无比生动自由而又极其神秘悠远的美的境界之中。在诗人的感受里,这歌声早已突破了听觉的天地,不但洋洋乎盈耳,而且灿灿然夺目,一个个嘹亮的音符,像一颗颗明亮的星星,一串串音符的星座,组成了满天的星汉灿烂,喷吐着亮晶晶、光灼灼的华彩,在黑天鹅绒般的天幕衬托下显得那样充满活力,生机蓬勃,"像若干只女神的手,一齐按着生命的键"。在人们的意念中,键,总是和琴也就是和优美动听的音乐联系在一起的。"生命的键"所发出的,又不是一般的乐音,它是创造的源泉,活力的母体。当这键被"若干只女神的手""一齐"按下时,它自然不会是泉流幽咽的冷涩,而是兼有朝阳的温煦、明月的爽朗、清风的柔和、溪流的欢快于一身,既不可遏抑又优美动人。"女神的手","生命的键",本身就是新颖独创的意象,再同诗情组装起来形成一个特异的境界后,就把读者心目中被唤起的神秘的优美、创造的冲动、喷涌的活力等融为一体,同诗人一起沉醉在对歌声的激赏之中了。接着,在诗人的感受中,这歌声又化身为"美妙的音流",自由地遨游,欢快地流淌,"从绿树的云间"带来欢腾的喧笑和生命的彩色,"从蓝天的海上"带来辽阔和悠远、舒展和清新,这一切,"汇成了活泼自由的一潭",既是那样深沉,蕴含丰厚,又是那样生动,洋溢着活力。世间应有而未有的一个理想的境界,便这样带着生命的光华、青春的色彩又生动又深沉地展现在我们面前。柳宗元在《邕州柳中丞作马退山茅亭记》中说过:"夫美不自美,因人而彰。兰亭也,不遭右军,则清湍修竹,芜没于空山矣!"臧克家在这里描摹形容的这种足以引人神往、足以净化心田的春鸟歌声之美,显然不是自然形态的,它是诗人感情的融汇,理想的寄托,是按照诗人的美学理想精心选配词语,创造新奇意境,以累如贯珠的妙喻创造出来的艺术美。这种"因人而彰"的艺术美,高出自然美则多多矣。

如果说"歌声"等九行主要描写诗人自己的感受,那么此后的二十四行,则写春鸟之歌对于宇宙万物的作用,而在"春"字上作文章了。"放开嗓子","歌唱自己",都是诗人对"春鸟"的召唤和鼓励(自然其中隐寓着诗人对自由解放的渴望和自我意识的觉醒、迸发),它行使历史的职权、成为时代的主人的"季节"来到了,快快鸣奏起"歌声的警钟,/把宇宙/从冬眠的床上叫醒,/寒冷被踏死了,/到处是东风的脚踪。"诗人欢欣雀跃,为春之胜利叫好,他把春鸟的歌声比成童话里的魔杖,魔杖触处,奇迹丛生:给青山流水以欢快的生命,使草木大地一片欣欣向荣的生机,受压抑的蛰虫从土牢里走到阳光下,被窒息的人类新生了,青春的活力在血液里奔突冲涌——春鸟歌处,万象更新。这一组诗句,用排比的句式,不断变换的韵律,长短交错的诗行,尽力摹写春鸟欢快轻盈的步履和轻妙优美的身影,把自己对春的赞美,也就是对温暖光明、生机勃发的理想境界的憧憬追求,浓浓地融化进字里行间,渲染出一派令人心醉的春色,显示了春鸟歌声非凡的魅力。

“而我”以下四行，承接前面对生命、对温暖、对唤醒宇宙和“我”的歌声的赞颂，直接抒写自己放声歌唱、自由歌唱的强烈愿望，热切地希望化身为一只春鸟，从而把诗的抒情曲调推进到最炽烈、最恳挚的高峰。“但是”两句，陡然一转，从诗境拉回到实境，从理想的境界拉回到恶梦一般的现实。“喉头上锁着链子”，“嗓子在痛苦地发痒”，极其形象而沉痛地写出了白色恐怖的时代气氛和压抑窒闷、愤激沉痛的心情，是对诗的前奏的回应，是与诗的主体的对比。诗行到此戛然而止，更给读者留下了回味思索的广阔天地。

在抗日战争渐次进入相持阶段的四十年代初，《春鸟》以诗人痛切的感受，形象地反映了那个时代的低气压，并且在鲜明的对比中抒写了对自由、温暖的美好境界的热切向往。作为时代的风雨表，它十分敏锐，而且是尽职尽责的，无愧于别林斯基所要求的“要在精神和形式上带有它那时代的烙印，并且满足它那个时代的要求”(《文学的幻想》)的好诗。倘若将视角进一步扩大，便不难发现，凡是黑暗和不平还主宰着人间的时候，多数人总时时感受到压抑窒息之苦并对自由、温暖、光明不断地向往追求。或者是进步的政治理想无从实现的失望，或者是报效祖国的壮志终生难酬的悲愤，或者是聪明才智无用武之地的悲哀，或者是爱情花朵偏遭风吹雨打的凄恻……古往今来的这些痛苦，常常是和国家民族的命运、人类社会向上的机运有着密切的关联的，因而往往化为极为充实丰富的内涵、超越时空的感情流向，撞击着一代又一代人的心弦，发出深沉悠远的共鸣旋律。而凡是未经完全死灭、彻底麻木的人心，无论身受何等沉重苛酷的压抑，也总是企求未来的自由和解放。这压抑和解放的矛盾对立，几乎构成了传统文学中笼罩一切的主题：从《离骚》到《红楼梦》，无不是压抑与解放这一感情流向的不同分支。从现实(文学的母体)到文学(现实的映照)，都在交叉着、重叠着把这一感情的矛盾运动积淀在民族的历史上，历经数以千年的演进与回旋、难以尽数的反复与冲撞，化为民族心理与文化传统的血肉，不管从什么领域什么角度触动一根弦索，都会或轻或重或疾或徐地诱发久远的而又深微的共鸣。《春鸟》以压抑——解放——压抑的模式逼真地再现了四十年代初的时代气氛，也就又响又重地撞击了民族心理与文化传统的一根弦索，引发长久的共鸣，从而获得更为广远更为普遍的美学价值，也便十分自然了。表现时代风貌的近距离意义和探索传统心理积淀的远距离意义的交融，使《春鸟》成为新诗史上蕴含丰厚，经得住咀嚼的名篇。

《春鸟》艺术手法，善以比喻表达情思。亚理斯多德认为：“比喻是天才的标识”(《诗学》)。“比喻的作用，在于使一切无生命的东西活起来，而且赋予思想感情”，因此，“为事物寻找比喻，是诗人的几乎成了本能的要求”(艾青：《和诗歌爱好者谈诗》)。可以说，比喻是与诗同时萌生并同步成长的。在诗歌艺术的交响乐团中，比喻，它应是最靠近指挥的第一小提琴手。千百年来，诗人们一面苦心地向生活索取比喻，刻意追求着新鲜奇异、贴切生动，一面又在向比喻的群体化、立体化进军。而后一种努力，即所谓博喻的由尝试到成功。艾青认为博喻就是采取众多的比喻，使被喻体在读者面前展现众多的形象特征，这就有利于从众多的层次和侧面来认识和感受，有利于被喻体的立体化和形象化。钱钟书则把博喻解释为西洋人所谓“莎士比亚式的比喻”，即用一连串五花八门的形象来表达一件事物的一个方面或一种状态。这是博喻的另一种特性，它不是着意于面的开拓，而特别重视加强点的力度和渗透的功能，由于反复形容，集中映照，印象自然格外深刻清晰。本诗对春鸟歌声的赞美，先是三个一组的比喻：一则“像煞黑天上的星星，越听越灿烂”，二则“像若干只女神的手，一齐按住生命的键”，三则那“美妙的音流，从绿树的云间，从蓝天的海上，汇成活泼自由的一潭”，把歌声的光华灿烂、生机蓬勃、色彩缤纷、自由悠远等特点，形容得淋漓尽致。这一组博喻，不但绘形绘色地把歌声之美深镌于读者心底，而且由于本身的美，构成一种极其清新悠远、优雅生动、令人神往的意境，给人以美的享受。如果说这第一组博喻是着意从不同的角度展现歌声的不同形象特征，那么，以“你的口”领起的第二组博喻，则从歌声对青山、流水、草木、大地、蛰虫、人类六个侧面反复咏叹、赞美春鸟之歌的胜利。集中表现了春鸟歌声催动生命和创造的特性和功业，应该属于博喻的后一种类型。从总体看来，这两组博喻又服务于同一的目的，是从不同的角度（一是诗人的感受，一是对万物的作用）来赞颂春鸟歌声的，因此又构成更高层次的博喻。自然，博喻决非拼盘，不是杂烩，倘若各种喻体之间、喻体和本体之间缺乏有机的联系，便会显得散乱、生硬、堆砌，反而会破坏形象的美感，败坏读者的胃口。“你的口”一组，以变中有序的句式，流畅连贯的文气，把六个比喻组装在一起，同时又像电影镜头的顺序推移，把读者的感受顺次引向青山、流水……，春歌的美好和所带来的光明、温暖，则是贯串这一组比喻的内在意念线索。既有外在的次序，又有内在的串连，几粒闪光的珍珠，便成为完整的艺术精品了。

朱光潜在《诗论》中介绍说，西方若干象征诗人往往有“一种心理变态，听到声音，就见到颜色。”他们把这种现象发挥为“感通说”，“以为自然界现象如声色嗅味触觉等所接触的在表面上虽似各不相谋，其实是遥相呼应、可互相感通的，互相象征的。”钱钟书把这种现象叫做“通感”，认为“五官的感觉简直是有互相通，彼此相生”（《通感》）。其实，作为形象思维的一种重要特性，通感在我国古代早就活跃于创作和欣赏等领域中，“红杏枝头春意闹”，“香雾云鬟湿，清辉玉臂寒”等脍炙人口的名句，主要便是借助通感而取得了特异的艺术效果的。富于创造力的诗人，往往喜欢在视、听、嗅、触等不同感官之间牵线搭桥，使之互相沟通，相互转化，出人意料地将属于不同感官的事物、形象交叉比附，或者用视觉形象比喻听觉形象，或者把视觉转化为嗅觉，或者使听觉相通于触觉……于是，喻体与本体在由某一点统一的前提下，展开了更加广泛、毫无拘束的联系，想象和联想得到了更自由的翱翔，比喻的新奇化贴切化生动化也就不断有了令人惊叹的开拓。《春鸟》就是把属于听觉的歌声，比为可以看到的星星，而眼中的星星，却又能听出它的“灿烂”的音响，真是视听互通，相得益彰，语言在通感的催化下，功能空前地丰富多样起来。诗人又把抽象的歌声比为具象的流水，这水不在地上流淌，忽而云间，忽而海上，没有流水必须依附地面的粘滞，也没有由低入高的障碍，却有音流自由舒展的畅达和任意纵横的自如。这样大幅度的联想、比喻，融化了各种感官之间的界限阻隔，使不同类型的事物、意象都能在诗的世界里往来自如，视觉的图像、听觉的音响、触觉的实体……互相穿插，叠印渗透，大大提高了诗的表现能力，也不断开拓出新的优美的意境，往往成为读者可意会而难言传的高层次的艺术欣赏的境界。从丰富发展新诗的艺术技巧，给读者以更新更美的艺术享受的角度来看，《春鸟》在中国新诗史上也应占有重要的地位。历来谈论新诗艺术的文章总喜欢引以为例，实在是大有道理的。

（选自《臧克家作品欣赏》）

（特约编写者：高　潮）

礁　　石

【教学目的】

一、欣赏“礁石”这一艺术形象，体会“礁石”所寄寓的作者的“观念”，理解“礁石”不怕厄运、坚定不移、顽强不屈的精神。

二、投入意境，尽力体悟这首诗丰厚的意蕴，从中获得人生启示。

三、反复朗诵，领会这首诗音乐般的韵律美。

【教学步骤】

一、课前预习

通读课文，预习练习七。读诗时要重视情感体验，放开五官，“以身体之，以心验之”，充分调动自己的生活经验，想象、联想，感受意象，投入境界，并与作者“对悟”。这样，才能透过语言层，进入形象层和意蕴层。

二、课堂研讨

1. 导入诗境

(1) 先看散文家杨朔在《雪浪花》中写的“礁石”：“瞧那茫茫无边的大海上，滚滚滔滔，一浪高似一浪，撞到礁石上，唰地卷起几丈高的雪浪花，猛力冲击着海边的礁石，那礁石满身都是深沟浅窝，坑坑坎坎的，倒像是块柔软的面团，不知叫谁捏弄成这种怪模怪样。”

(2) 再齐诵课文《礁石》。指出：诗与散文的立意不同，着眼点也明显不同，杨朔的着眼点在雪浪花上，而艾青的着眼点在礁石上。提醒学生注意诗中的三个“它”字，然后各自再诵读一遍。

2. 指导诵读

(1) 给《礁石》划出节拍：

一个浪，/一个浪/

无休止地/扑过来/

每一个浪/都在它脚下/
被打成碎沫、/散开……/

它的脸上/和身上/
像刀/砍过的一样/
但它/依然站在那里/
含着微笑,/看着海洋……/

(2) 反复诵读,体味浪的声势和礁石的神态。可以借助高尔基在《海燕》中对巨浪的描写:“看吧,狂风紧紧抱起一层层巨浪,恶狠狠地把它们摔到悬崖上,把这些大块的翡翠摔成尘雾和碎末。”放开五官,充分感受,让心灵沉入诗境。

(3) 背诵《礁石》,进一步深入诗境。注意海浪和礁石的冲突过程,在二者的关系中观照主体形象——“礁石”,认识“礁石”的气质和精神。不仅如此,还要激活自己的想象力、直观力和感悟力,渗入自己的人格和生命意识,以开放的心态,把诗的艺术世界变为自己的世界,通过深度体验,获得心灵和人格的启迪。例如,作为一个民族,作为一个要求生存权利的个人,遇到连续的迫害该怎么办呢?《礁石》不是非常形象地回答了这一问题吗?

3. 指导赏析

(1) 灵动的主体形象。诗人把浪和礁石当作人来写,而礁石是主体,这可分三层来看:一是写“浪”,挟着风雷“无休止地扑过来”,可都“在它脚下”被打成“碎沫”散开,侧面烘托,写出“礁石”的坚定不移;二是写“礁石”浑身伤痕累累,“像刀砍过的一样”,但它“依然站在那里”,正面刻画,写出“礁石”的顽强不屈;三是写“礁石”的神态,不管阵阵恶浪,它依然站在那里,“含着微笑,看着海洋……”,写出“礁石”不可企及的人格。这三层由陪体写到主体,由外表写到精神,多角度塑造“礁石”,它确实是一尊“诗雕塑”。

(2) 浑融的艺术境界。“诗言志”,诗是主观情志的表现。诗中的“浪”和“礁石”不是纯自然物,而是“具体化了的感觉”(艾青语),是经过诗人思想感情的化合与点染,渗入诗人的人格与情趣的物象,这样的物象在诗中就是意象。这两个意象又构成了一个既对立又统一的艺术境界(意境),一个生命有机体(“完形”)。这种境界,其景“豁人耳目”,其情“沁人心脾”,达到了王国维所说的“意与境浑”。“浑”者,浑然一体,浑化无迹也,真不知“何者为我,何者为物”了。这首诗中的“礁石”,不正是几十年来历尽艰险和祖国同呼吸共命运的作者自己的写照吗?扩而大之,这尊“诗雕塑”不也是近百年来饱经列强欺凌而今屹立在世界东方的中华民族的伟大精神的“美的凝聚”吗?甚而至于,在你未来的航程中,或许它会变成穿越时空的火炬,突然照亮你的眼睛,以至会成为你自己的化身!

(3) 音乐般的韵律美。艾青喜欢写自由体新诗,而这一首却是结构颇为严谨的现代格律诗,写得依然流畅自然。先看外在节奏,全诗两节,每节四行,每行二拍;两节诗押不同的韵(来、开,样、洋),整饬中又显出变化。诗行的二拍子,跟海浪的节奏是一致的;朗读时,如果按“强弱、强弱”的节律进行,似乎看到浪涌水溅的情景,也会听到大海的呼吸。再看内在节奏,两节诗,每一节内部在情绪上都造成了“陡转”的局势,如果说,前两句是“波峰”的话,后两句就是“波谷”,你可以抚摸到大海起伏的胸膛。于此可以窥见诗人的营构技巧,他创造出了既符合生活,又体现作者意识流动的令人震颤的艺术节奏。

总而言之,全诗有宾有主,有情有景,有虚有实,内容和形式达到了真、善、美的和谐统一,构成了一个自足的艺术天地。

4. 巩固新知

(1) 在赏析的基础上学生美读体味《礁石》,借以补充、解释、美化自己的生活。

(2) 鼓励学生上讲台朗诵《礁石》(练胆第一,技巧次之)。

(3) 苏东坡说:“赋诗必此诗,定非知诗人”。艾青在下面这首《盼望》诗中,写两个海员看来是相反的愿望,却表达了同一种心情,即对航海事业的无限热爱之情。那末这首诗的“象外之象”、“味外之旨”又是什么呢?

盼　望

一个海员说,
他最喜欢的是起锚所激起的
那一片洁白的浪花……
一个海员说,
最使他高兴的是抛锚所发出的
那一阵铁链的喧哗……

一个盼望出发
一个盼望到达

每个人,都可能有自己的人生航程,一个追求目标达到了,又要去追求另一个目标。从这个意义上说,《盼望》不就是人生不懈追求的艺术写照吗?

5. 布置课外练习作业

【补充资料】

一、艾青在现代文学史上的地位

在全民奋起抗战的年代里,艾青写了《雪落在中国的土地上》、《北方》、《吹号者》、《向太阳》、《火把》等充满激情的战斗乐章。他的诗全然摒弃以往革命诗歌常见的浮泛的喊叫,而在“给思想以翅膀,给感情以衣裳,给声音以色彩,给颜色以声音;使流逝幻变者凝形”的追求中,以内在的律动传达出整个时代和民族的情绪要求,他的作品中饱满的进取精神和丰沛的审美经验,伴随新奇的联想、想象、意象、象征而来,以不受格律约束、自由流动的诗行,表现人们的情绪并给读者以暗示和启迪。现实主义作为中国新诗的主要流派,至30年代,选择了艾青来总结它的实绩。

(《中国文学史通览》)

二、艾青论意境及其他

联想是由事物唤起的类似的记忆;
联想是经验与经验的呼应。

想象是经验向未知之出发;
想象是由此岸向彼岸的张帆远举,是经验的重新组织;
想象是思维织成的锦彩。
有了联想和想象,诗才不至窒死在狭窄的空间和局促的时间里。

象征是事物的影射,是事物相互间的借喻,是真理的暗示和譬比。

意　　象

翻飞在花丛,在草间,
在泥沙的浅黄的路上,
在静寂而又炎热的阳光中……
它是蝴蝶——
当它终于被捉住,
而拍动翅膀之后,
真实的形体与璀璨的颜色,
伏贴在雪白的纸上。

意境是诗人对于情景的感兴;是诗人的心与客观世界的契合。

(以上摘自艾青《诗论》)

三、有关评论

《礁石》是一首咏物诗。咏的是礁石,但不是为咏物而咏物,而是触景生情托物言志。

第一节写海浪对礁石的冲击。头两行写海浪,其势汹汹,浪与浪之间简直没有间隙,无休止地向礁石冲击过来。诗人用一个"扑"字,准确性与形象性兼而有之。海浪之多,时间之长,来势之猛,像是稳操胜算,不把礁石冲得粉碎决不罢休。但是,结果正与"浪"的计谋相反,只是把自己碰得粉身碎骨。"每一个浪都在它脚下/被打成碎沫、散开……"看! 在礁石的脚下,"散开"多少浪的尸骨,而礁石却安然如堵。

第二节是紧承第一节浪对礁石的长期冲击而来的。由于承受浪的无休止的冲击,"它的脸上和身上/像刀砍过的一样"。第一节把"浪"人格化,像人一样"扑"向"礁石”，第二节把礁石人格化，脸上和身上都被浪砍伤。从浪与礁石的人格化，可见诗人是借物与物的关系，暗示人与人的关系。安然如堵的礁石，虽然浑身像是“刀砍过的一样”，而对浪的一次又一次的失败，却是“含着微笑，看着海洋……”。这个结尾，呼应开端，具有深厚的内涵。开端是“浪”的其势汹汹，穷凶极恶；结尾则是礁石的泰然自若，悠然自得。因为海浪虽然号叫得最早，而礁石却是笑在最后。因此，诗的开端与结尾，诗意充沛，有很高的审美价值。

浪与礁的一般物际关系显示特殊的人际关系。诗人写出了两种不同的姿态与不同的性格，暗示两种不同的结果或前途。

诗写于一九五四年，不用联系其后的一系列的政治运动，以免限制广阔的思维空间。虽然不必胡乱落实，但诗的客观形象是大于诗人的主观思想的。任何时代，任何类似浪与礁石的对立面，都可以从诗中或者吸取教训，或者受到鼓舞，得到慰藉。这是从诗的审美评价所显示出来的教育意义，是不受时间限制的。

（选自《中国新诗鉴赏大辞典》作者欧阳镜）

（特约编写者：张　铨）

三门峡——梳妆台

【教学目的】

一、体会作者歌颂新时代“治黄”宏图，歌颂社会主义建设者的思想感情。

二、体会本诗溯古谈今，展望未来，想象新奇，一线贯之的巧妙构思。

三、体会本诗中巧妙运用的修辞手法和明快有力的语言。

【教学步骤】

一、课前预习

1. 阅读学过的《回延安》等诗歌，查阅有关资料，了解贺敬之生平及作品特色。

2. 认真阅读这首诗，根据过去、现在、未来的时间顺序将这首诗分为三部分，初步体会作品的思想感情。

3. 准确、流利地朗读这首诗，读准字音，注意节奏、重音并标出韵脚。

4. 找出引用李白诗句处，找出运用拈连修辞手法处并初步体会其作用。

二、课堂研讨

1. 导入新课，回忆《回延安》、《白毛女》等课文，了解作者的创作思想和创作风格。

2. 指导学生流利、准确地朗读这首诗，要求读准字音，掌握基本节奏。

朗读中对下列字音要特别注意读准：

鬼门窄（zhǎi）；禹王马蹄长青苔（tái）；黄水吞金钗（chāi）；人门三声化尘埃（āi）。

诗歌朗读的基本节奏应注意以下几点：

三字句宜作一次停顿：如“望/三门，三门/开”。

五字句宜作两次停顿，如“乌云/遮/明镜，黄水/吞/金钗”。

七字句宜作两次停顿，如“并肩挽手/唱/高歌呵，无限青春/向/未来”。

句中破折号处作较长停顿，如“社会主义——我们来”。

3. 理清作者的思路，体会作者的巧妙构思。

(1) 根据“过去、现在、未来”将这首诗分成三部分。

第一部分(第1—4节)：写三门峡的过去。

第二部分(第5—6节)：写三门峡的现在。

第三部分(第7—9节)：写三门峡的未来。

(2) 体会并分析作者如何巧妙构思，将这三部分结合为一个整体的。

理解“鉴赏要点”第1段的内容提示，体会“黄河女儿”作为将不同时代贯穿为一个整体的线索作用。

体会这首诗通过“梳妆台”的神话故事，将黄河人格化的巧妙构思。

(3) 理解并体会各诗段的主要内容：

全诗一开头就借用李白的一句名诗，展示了黄河惊涛骇浪、一泻万里的面貌，接着从形状、声音、气势等方面写了三门峡三个门的特点，使人如见其门，如见其水，如闻其声。第2—3段概括而又深刻地把黄河多年苦难的岁月勾勒出来，动人心魄。“门旁空留‘梳妆台’”的“空”字深沉凝重，展示了人民数千年的愿望不能实现的悲愤，同时又自然地引出下文“黄河女儿”。“但见那：辈辈艄工洒泪去，却不见：黄河女儿梳妆来”二句对举，再次渲染了这种“悲愤”的感情。第4段中作者运用拟人手法，以“黄河女儿”的口吻发出质问，凄楚感人。我们似乎看到，“黄河女儿”拖着长长的白发，凄苦地站在三门峡口，向危害万年的黄水发问：“问我青春何时来?!”诗段中的“挽断”、“愁杀”同样深沉凝重，展示了人们数千年愿望不能实现的悲愤。

变水害为水利，让黄河为人民造福，只有在社会主义时代才能成为现实。第5—6段以气壮山河的胸襟和气魄展示了治黄英雄们创造的业绩。通过诗句，我们似乎听到那炸平三门的巨大爆破声惊天动地，气吞山河；“先扎黄河腰中带”更加形象、简洁地指出了三门峡工程的伟大意义。这两个诗段充分体现了诗人对治黄英雄改天换地、造福后人的歌颂和赞美，体现了诗人厚今薄古，“数风流人物，还看今朝”的思想感情。

诗人不仅描绘了黄河的过去和现在，还着力描绘了黄河的未来。第7—9段为我们展示了无限美好的明天。“责令李白改诗句，黄河之水‘手中来’”，“手中来”改得妙，手的力量是巨大的，人民的力量是巨大的，幸福的生活靠人民的双手创造，黄河由人控制，听人使唤的时代快要到来。“银河星光落天下，清水清风走东海”，多么优美的图画，它吸引了多少人去奋斗，我们有这个雄心，在党的领导下，“讨回黄河万年债”。

全诗充满革命浪漫主义的激情。它通过“黄河女儿”写出黄河过去的灾难，又通过她展示黄河美好的未来。最后，“黄河女儿”和为她打开幸福闸门的少年闸工并肩挽手，高歌“无限青春向未来”，为我们展示了雄伟壮丽的未来画卷。

体会这首诗的思想内容要注意结合形象的分析加以理解，搞清作者艺术构思的独到之处。

4. 进一步指导学生在理解诗歌内容的基础上加强朗读训练。

第1—4诗段朗读宜深沉，音调低，充满悲愤之情，4段末句宜用质问口吻，声音宜高。第5—6诗段朗读宜高亢，声音高，充满喜悦的激情，充满改天换地的激情。第7—9诗段是对未来的展望，朗读时应充满深情，节奏掌握要灵活，描写性、抒情性强的诗句可舒缓些，末句“向未来”宜充满激情，可一字一顿。

5. 体会这首诗艺术表达上的特点。

(1) 人格化的表现手法。

(2) 句式整齐又富于变化。

(3) 援引和改造李白的诗句。

(4) 拈连修辞手法的运用。

其中对“拈连”应加以介绍，使学生理解“拈连”这种修辞手法的特点及其作用。

6. 指导学生有表情地朗读这首诗，可采用几个学生朗读比较的方法，有条件的可让学生听朗读录音。

7. 布置学生课外阅读贺敬之的其他作品，体会其特色，并选取贺敬之的一首诗写一篇鉴赏文章。

【补充资料】

一、关于作者

贺敬之，山东峄县人，1924年11月5日生。因家庭生活贫困，靠亲戚帮助，少年时代才得以在山东、湖北等地的中学和师范学校学习。1940年到延安，进鲁迅艺术学院学习。抗日战争胜利后，随文艺工作团到华北，在华北联合大学文艺学院工作。

贺敬之在到延安之前就开始写诗和散文。40年代初，以少年时代的生活体验为素材，创作了不少新诗，1941年他曾以艾漠的笔名在胡风主编的《七月》等杂志发表新诗。延安文艺座谈会后，贺敬之在诗歌创作上注意向民歌民谣学习，从1942年到建国前夕的作品，选辑在诗集《笑》和《朝阳花开》中。这些作品，少部分是歌词，大部分采用传统歌谣的形式，带有明显的叙事性质。1945年，根据40年代初流行于河北阜平一带的“白毛仙姑”的民间传说，鲁艺集体创作了歌剧《白毛女》，文学剧本由贺敬之、丁毅执笔。《白毛女》是新歌剧创作的一座里程碑。中华人民共和国成立以后，贺敬之的创作以新诗为主。作品数量不多，但创作态度严谨且大多有较高的水平。他这个时期的诗歌创作有篇幅相对短小的抒情诗，大抵是对生活中具体见闻而发，如《回延安》、《桂林山水歌》、《三门峡歌》等。代表贺敬之这一时期创作成就的是长篇政治抒情诗，即《放声歌唱》、《十年颂歌》、《雷锋之歌》、《西去列车的窗口》以及写于

1976年10月以后的《中国的十月》、《八一之歌》等。这些作品，都从比较开阔的角度去反映时代生活的重大问题，并以在生活中思考提炼的带有哲理色彩的思想作为构思的线索。主要诗歌集有《笑》(1951)、《朝阳花开》(1954)、《乡村之夜》(1957)、《放歌集》(1961年初版，以后多次再版，所收作品有增删)、《雷锋之歌》(1963)、《贺敬之诗选》(1979)等。

二、关于作品

这首诗，结构紧凑，写了黄河的过去、现在和未来，层次分明。始终是通过"黄河女儿"这根线把几个不同的时代贯穿在一起。大体每节六行，比较整齐，但毫不牵强硬凑。每节首句和上节末句重复，这种调子在民歌中是很多的，它可以加重语气，渲染所要突出的东西，达到一唱三叹的效果。

诗的语言非常精练、准确、集中，色彩鲜明，音韵也很自然，朗朗上口，易记易诵。真可以"掷地作金石声"。

这首诗吸收了古典诗歌和民歌的优点，并把这两者结合在一起，而又加以新的创造，可以说，是在古典诗歌和民歌的基础上发展起来的一朵奇葩。

(《中国新诗鉴赏大辞典》)

三、有关知识

拈连，修辞学上辞格之一。甲乙两类事物连在一起叙述时，把本来适用于甲事物的词语趁势连用到乙事物上，叫拈连。如："夜里天冷北风急，班长下岗月儿西。线儿缝在军衣上，情意缝进我心里。"(民歌)最后一句"缝"的用法便是拈连。

(摘自《辞海》)

拈连是利用上下文的联系，巧妙地把适用于甲事物的词语用于乙事物的一种修辞。有两种格式，一是"顺连"，一是"反连"。

顺连是把适用于甲事物的词，顺便用到乙事物上面。例如："毛主席使红光公社大放红光"，"红光公社"的"红光"与"放红光"的"红光"本是不同概念，把它们巧妙地连在一起，别有一番风趣。

反连是根据上文出现的某词语，仿造出一个"反义词"用于下文。例如："满心'婆理'而满口'公理'的绅士们的名言暂且置之不论不议之列……"中"婆理"就是依据"公理"仿造出来的。

(摘自《现代汉语修辞知识》，有删节)

将进酒

李白

君不见黄河之水天上来，奔流到海不复回。君不见高堂明镜悲白发，朝如青丝暮成雪。人生得意须尽欢，莫使金樽空对月。天生我材必有用，千金散尽还复来。烹羊宰牛且为乐，会须一饮三百杯。岑夫子，丹丘生，将进酒，杯莫停。与君歌一曲，请君为我倾耳听。钟鼓馔玉不足贵，但愿长醉不用醒。古来圣贤皆寂寞,唯有饮者留其名。陈王昔时宴平乐,斗酒十千恣欢谑。主人何为言少钱?径须沽取对君酌。五花马,千金裘,呼儿将出换美酒,与尔同销万古愁。

四、补充注释

1. 盘古:我国古代神话中开天辟地创世的人。《太平御览·三王历记》:"天地浑沌如鸡子,盘古生其中。万八千岁,天地开辟,阳清为天,阴浊为地,盘古在其中。一日九变,神于天,圣于地。天日高一丈,地日厚一丈,盘古日长一丈。"

2. 昆仑山:在新疆西藏之间,西接帕米尔高原,东延入青海省境内,层峰叠岭,势极高峻。

五、有关评论

这首诗是《三门峡歌》中的第一首。从情感的整个流程看,全诗可划分为三段。前四节为第一段,写黄河苦难的昨天。诗一开篇,便直写望三门,借用一句李白的诗"黄河之水天上来",极力渲染黄河之水来势凶猛,浩荡无涯。接着写三门峡的情形:"神门险,鬼门窄,/人门以上百丈崖。"而在这险峻的三门峡,黄水劈门,狂风肆虐,只留下空荡荡的"梳妆台",而不见黄河女儿"梳妆来"。诗人还面对三门峡汹涌的黄水,在更为广阔的时空里透视黄水造成的灾难:"辈辈艄公洒泪去","愁杀黄河万年灾",从而引出黄河女儿焦灼的呼问:"青春何时来?"由望到问,从现状到历史地展示了黄河过去苦难的岁月。五、六两节是情感流程的第二段,写治理三门峡的壮举。诗人的情思来了一个陡然的急转,由前面写黄河转到写一代新人,写他们以重整乾坤之壮志,以移山填海之伟力,揭开了治理黄河之宏图。"神门平,鬼门削,/人门三声化尘埃!"这短促而极富力度的诗句,不仅十分形象地表现了亿万人民治理三门峡时那种气吞山河的气概和惊天动地的场面,而且也传神地表现出治理三门峡工程所取得的奇迹般的进展。如果说前一流程是对黄水酿灾的悲凉慨叹,那么这一流程则是对人民征服流水的热烈讴歌。前者是蓄势,后者是急转,两相对比,使诗情跌宕起伏,摇曳生姿。而诗的最后三节则是情感流程的第三段,写黄河美好的明天。诗人的情思由第二阶段的写人,再回转到写黄河。不过这次写的却是理想中的境界,是对黄河美好明天的憧憬与展望。在这个境界里,人们喝令李白改诗句:"黄河之水'手中'来!"这一绝妙的改动,注入了崭新的时代精神,是诗人对劳动者巨大创造力的肯定与礼赞。"银河星光落九天,/清水清风走东海。"诗人描绘了一幅壮阔而又美丽的远景,这个令人心驰神往的远景,鼓舞人们去为之奋战,去"讨回黄河万年债!"让黄河女儿重返梳妆台。全诗就这样在极短的流程中,把汹涌的情思表现得一波三折,酣畅淋漓地抒写了黄河的昨天、今天与明天。诗的情感流程虽然跌宕多姿,但又明显地呈现出逐程升级的趋势,一程一种境界,一程比一程夺人心魄,一程比一程令人流连忘返,从而艺术地完成了诗意的创造,纵情讴歌了人类改造自然、征服自然、变害为利、化祸为福的宏伟理想和神奇力量。

在这首诗中,诗人将充沛的革命激情与浪漫主义的表现手法结合起来,展开了想象的翅膀,以"黄河女儿"这一拟人化的形象为线索,贯穿全诗。通过写黄河女儿被乌云遮暗了明镜，被黄水吞噬了金钗，还想象她“挽断‘白发三千丈’”，无限凄苦地站在三门峡口，向着茫茫东海，追问“青春何时来”，这就间接而又形象地写出了黄河昨天的苦难。写治黄英雄们开始治理黄河时，诗人又想象着他们是应着黄河女儿的召唤而来，想象着他们的首举便是“先扎黄河腰中带”，这就巧妙而又生动地写出了治黄英雄们对黄河女儿所倾注的无限深情，也十分简洁地表现了治理三门峡工程的重要性和迫切性，增强了诗的艺术感染力。至于写黄河的未来，诗人更是频频挥动他那如画的彩笔，绘出一幅黄河女儿梳妆图，不仅把读者带进了一种辽阔、清澄、恬静而又优美的境界，而且也凝炼含蓄地表现了黄河治理好后，必将大大地造福于祖国造福于人民。整首诗处处围绕“黄河女儿”这一形象为构思的线索，一步步拓展诗人的情思，把黄河的昨天、现在与未来都紧紧地串接在一起，使整首诗呈现出结构紧凑、布局精巧的艺术特点。诗的节与节之间，又环环相扣，首尾呼应，取得了回环往复、一唱三叹的抒情效果，从而在简短而又大跨度跳跃的诗行中，包孕了丰富深广的内容。

（姚国建）

（特约编写者：黄正瑶）

练习参考答案

练 习 一

一、1. 关于上下阕的联系，前一首，可以从空间、时间、景物和人物等方面考虑。地点依旧，时日已非，景物相似，激情不泯。既是故地重游，从写景转入忆旧，这很自然。后一首，属于借景生情。一个“娇”字，收住上阕所绘之景，一个“引”字，把“江山”与“英雄”联系起来。两首词相似之处是，上阕都以写眼前的景物为主，下阕都以写思想活动为主，一实一虚，紧密相联。不同之处是，前一首依景而忆旧，后一首借景而抒情。

2. 看：领到“万类霜天竞自由”。望：领到“欲与天试比高”。惜：领到“只识弯弓射大雕”。

注：根据新的认识，“忆”字，与其余三字作用不大一样，以“不视”作领字为好。

3. 改换都不好。第一组：“绿”与“碧”同义，而“透”则进一步写出江水的鲜亮澄澈；“伏”和“游”缺少生气，而“翔”写出鱼儿游动的轻快自如之状；“怒骂”，未写尽对军阀官僚的蔑视与愤恨。第二组：“似”“卧”是静态描写，而“舞”有动态美；“如”“伏”亦然。“红霞白雪”，太实了，不如使用拟人手法，以美人形容日光雪色，富有生机和情趣，更贴近下面的“娇”字；另外，这也为写英雄折腰作了铺垫。

二、1. 所写的“游泳”，都是亦实亦虚，表现出在人生与社会的大潮中，勇于搏击，敢主沉浮的豪情。

2. “游泳”这首词，下阕写了游水时所思所想的情景，思路自近而远，壮阔而瑰奇。这是借“游泳”而生联想，思绪沿长江西上，把眼前的“桥”与“西江”的湖，现实中的“宏图”与神话中的“神女”交织起来，形成壮丽而浪漫的意境。

另外，分析“长沙”这首词的宏大的境界，有一定难度。可以扣住“中流击水”所含的大无畏精神，反求“谁主沉浮”一问的答案，领会该词上下阕一以贯之的情感和主旨，进而探讨其深远宏大的境界。

练 习 二

一、以前两节为例：

啊，我 年青的 女郎！
△

我 不辜负 你的 殷勤，
你也不要 辜负了 我的 思量。

我为我 心爱的 人儿，
燃到了 这般 模样！

啊，我 年青的 女郎！
你该 知道了 我的 前身？
你该 不嫌我 黑奴 卤莽？

要我这 黑奴的 胸中，
才有 火一样的 心肠。

二、1. 相似之处：表达了作者热爱、思念祖国的情感，和甘愿为祖国而献身的心愿。《炉中煤》通篇用“比”，写出了“眷念”之情的炽烈。《自题小像》里也有比喻，但点睛之处(末一句)，是用了直抒胸臆的写法，写出了报国之心的赤诚。

2.《炉中煤》语言通俗晓畅，每行多为三至四个音节，每节多在一、三、五行末尾押韵。虽然此诗可视作新诗中的“分节的格律诗”，但与《自题小像》相比，它的“格律”显然就松散多了。后者是旧体诗，用语用典，古色古香，与《炉中煤》面貌迥异。

练　习　三

一、1. 指的是诗人心目中的新的中国。它应该是和平、自由、强盛的，与当时的旧中国有天壤之别。

2. 三者都是指诗人内心珍藏的深沉而美好的情感。它是属于诗人的，也是属于人民大众的，是千万人共有的信念和向往，是一代一代爱国志士的情感的结晶。以此作为出发点，来谈个人感受。

二、“绝望”一词出现三次，并不意味着诗人思想趋向消极。他讲过，《死水》一诗中有“火”。此诗形象地揭露和诅咒了旧中国的丑恶。诗人的愤激之情，源于现实中的丑恶，与他理想中的美，形成尖锐的对立，他不甘心于绝望，又不知道怎样实现自己的希望。正如朱自清先生所言：“这不是‘恶之花’的赞美，而是索性让‘丑恶’早些‘恶贯满盈’，‘绝望’里才有希望。”(《〈闻一多全集〉序》)

练　习　四

一、思想意义方面：《在病中》只是表现了个人一些纤细而空灵的人生感触。《狱中题壁》则不然，充满了对日本侵略者的深深的仇恨，和对胜利的期待，对自由的向往之情。应该说，二者的情感，都是真挚的，但后一首诗的教育意义和感召力，显然要大得多。

艺术特点方面：《在病中》语言精美，笔法细腻，长于描写和比拟。第二节写得尤为漂亮——一连作了七次比喻，一重重地刻画那种飘忽不定、若连若断的心绪。《狱中题壁》语言比较质朴、简练，直接倾诉心愿，很有一点儿洗尽铅华、返朴归真的味道。最精彩的是末一节。死后，情愿让白骨沐风耀日，尽享光明和自由。透过诗行，仿佛能看见，土牢之中，诗人正在含着泪水微笑。这首诗境界高，感情真，构思与造句用语自然，能与读者直接沟通，风格和《雨巷》大不一样。

二、《沙扬娜拉》：用韵和谐巧妙。一、二、三行，句尾用了“柔”“羞”“愁”三个同韵的平声字。连用三个“珍重”再加上“胜”与“风”——在“油求辙”里，又掺入了“中东辙”的韵味，读起来有音乐之美。

《沪杭车中》：模拟火车车轮行进的节奏，韵也连得很紧。

《偶然》：每节第一、二、五句和第二、四句分别押一种韵。这种韵式，被称作“a a b b a”。

《山中》：首尾两节交叉押韵。另，每节一、三句都是六个字，二、四句都是五个字，由此形成的节奏感需要在读中体会。

练 习 五

一、1. 艾青诗中的“太阳”，指人类的美好理想之类。戴望舒诗中的“太阳”，直接比喻的是未被日本侵略者占领的中国领土，含有民族解放的希望的意思。二者有一致性，但艾青诗中的“太阳”含义宽广一些，而戴望舒诗中的“太阳”含义更为具体。

2. “太阳向我滚来”，“我”和万类万物“奔向它去”——这一来一去，构成了全诗的“骨架”。写太阳的出现，先写它的来处，用“远古的墓茔”和“死亡之流”等意象，勾勒出人类美好理想诞生与发展的艰难历程。接着，用“火轮飞旋于沙丘之上”作比喻。第一节，中心句放在最末处，前面有五行作铺垫，显示了“太阳”的来历、声势和尊严，颇有震撼力和庄严感。第二节，使用了一组意象，动态感强，拟人化了，点明这是“太阳”使然，以自然界作背景来描写“太阳”光芒的恩惠与感召力。第三节，从“听”的角度，描写现代人的觉醒、昂扬与发展，把“太阳”与人类的活动联系起来，反映出现代人呼唤理想，向往光明、自由的心态。第四节，从内心感悟的角度，揭示“阳光”（“火焰”）照亮心灵，重塑灵魂的巨大力量。这几节，围绕着“太阳——人”这个框架，分别选择意象，变换角度，一层一层深入地刻画，使得全诗的“血肉”丰满起来。

3. 体会这两首诗的韵律感，可以考虑以下几点：① 押韵。都有韵，只是韵脚变化多一些，应作上记号。② 排比和对偶。例如，艾诗的三个“从”、三个“使”。戴诗从“我的家乡”到“南海”，排列了六个地方，诗句不太严整，但仍带有铺排和对偶的意味；

后面的两个“因为”亦然。③ 内在的旋律感，以《太阳》的第一节最为典型。④ 局部的“格律”性。例如：“冬蛰的 虫蛹 转动于 地下，/群众 在旷场上 高声 说话”（都是四拍）；“从 远古的 墓茔，/从 黑暗的 年代”（都是三拍）；“牲口 一样 活，/蝼蚁 一样 死”（都是三拍）。

二、1.《夜葬》写为牺牲的战友下葬的场面，寂静而肃穆，崇敬与怀念的情感渗透在描写之中。两次写“我们的队伍”，是有其作用的：表明是行军途中安葬战友，匆忙紧迫但绝不草率；从简，又要“掘得深一些”，“好好的动手”，“在树干上刻下他的名字”，“慢一点，站好/给我们的兄弟最后敬礼”，这表现了对战友的敬爱与怀念之情，另外，也写出一个人倒下去，而革命队伍继续向前去战斗，打击敌人，为死难者复仇的意思。

2. 头一首的“敬礼”，侧重表达崇敬与赞美之意，这是一种带有浪漫色彩的写法。后一首的“敬礼”，是实写，哀悼与怀念之情含得更多一些。

练　习　六

一、1. 唱出的歌，应该像“春鸟”的歌声一样，是“真理”之歌，尽吐对自由、光明的向往；这支歌，也应当含有“悲愤”与“激怒”的情感，表现出挣断“链子”的力度，对黑暗现实的否定与批判。

其实，《春鸟》本身就是一支“生命的歌”，借鸟之声来表情达意，诗人的心意附在具体的形象（春鸟）上，就与可听可感的春鸟之歌融在一起。这样，“春鸟”代表了诗人；鸟鸣传出了诗人的心声。

2. 不好。加上“……假如……也应该……”表明：① 这是假设的，是想象。② 鸟与人相比，是柔弱的，连鸟尚且如此，何况强健的人呢？所以，这样写感召力似乎更强一些。

3. 不好。“爱得深沉”是因，是要重点突出的意思，放在最后，才收得住。

二、1. 怀着纯真的感情，追忆生活中小而难忘的事情。这种情感，这样的小事，许多人在那个特定的年龄，也都有过，故而容易引起共鸣。直接叙事，占的篇幅并不很多，此外还有不少抒情的诗句，与叙事的内容密切配合。这也是此诗之所以感人的原因。

2. 句子排列得别致有序，造成一种视觉上的美感。第一节的“多少”与第二节的“谁信”，都作了反复，这对加强韵律感起到重要的作用。先描写声音，再描写云和羊群的动态以及月下驼铃闪烁的光亮，有鲜明的可感性和很浓的诗意。第一节，前两句押平声韵，后两句押上声韵，乐感极强；第二节，“群”与“信”，“铃”与“星”，韵连得很紧；兼以比较急促的节拍，词语的反复，使全诗的韵律感显得很强。

练 习 七

一、1. 寓意:《树》——可以理解为,人由于某种特殊原因而无法或不能沟通,但内心深处,是紧紧地联系在一起的;或者理解为,表面上相互隔离,本质上密不可分。《悬崖边的树》——人被放逐,被排挤出去,但他自强不息,在毁灭的边缘,顽强地支撑着,奋争着,怀抱高远的理想。这首诗写出一种坚贞不屈的人格之美。

2. 有,都是借物喻人,"为表达一个观念而寻找形象"。

二、前两首发思古之幽情,并把古迹与现实的人生联系起来,阐明了要珍重人生价值,发挥创造力的道理。《珠贝》描写大自然的结晶物之美,能让人联想到思想和艺术果实的形成与珍贵。《希望》写得富有哲理性,把一个人生体验表达得生动而浅近。

练 习 八

一、前者豪迈壮阔,后者婉转奇丽。在语言上,二者有相同的地方,如多用七言句的节奏,每一句的节拍都很明快,韵律感很强。相比之下,《桂林山水歌》的句子变化更多一些,民歌味儿和口语的色彩更浓一些,多处加入了"呵""来"等衬字。可以略作改动,再与原句作比较,比如,把有些句子改为:"云中之神雾中仙","如情之深似梦美","黄河之水塞外风","桂林之山漓江水"等。

二、1. 诗中,"我"是水的化身,先是在江河湖海里成为浪花,继而变成水蒸气飘上天空,最后又变为雪花落回陆地。几度变化,几次转折,尔后才进入理想的境界。诗人形象地表现出对理想境界追求的艰难与漫长。此诗以大陆、海洋、天空作为背景,以寻求奉献和承认作为主题,境界宽广,情怀真挚,构思奇特。

2. 改得不好。用"谁",用疑问句,更能启发读者一起思考,易于引起共鸣。另外,用"谁",表明所写的是人之常情;用疑问句,使得全诗的语势更为充足强盛,而语意的表达则显得更加委婉曲折。

3. 略

单元练习

一、1. 不能说是消极的。这是一首抒写人生感慨的诗作,真实地写出一位饱经沧桑的老人的心态。"迷失在烟雾中的故乡"这一句,可以这样理解:① 含着怀旧之情。把青年时代比作"故乡",亲切,也贴切。② 往事依稀,大概也有青年时代的某些幻想如烟雾一般飘散的意思。

2.《我遥望》押韵的技巧性更强一些。第二节换韵，但“回头”与第一节连韵，这样，两节的韵等于勾连起来。如此押韵，与诗的内容相适应。

3. 不好。这两句含有哲理，是“诗眼”。删去了，许多读者可能领悟不到或感之不深。

4. 是画蛇添足。两节，分别写年轻、年老时的“遥望”，更确切地讲，是前瞻与回望，二者组合成一个完整的结构。加上续写的四句，破坏了原来的构思，遥望夕阳的含义也不太清楚。

二、对《乡愁》一诗的分析，可以参阅《文学作品选读(上册)》中《乡愁·乡愁四韵》，以及《写作与说话》第三册“中学生习作示例”的有关作文。

三、略

（江苏省扬州中学语文组）

［以下从略］

（五）

人教版《文化读本》教学指导书第五册选

人教版《文化读本》教学指导书第五册封面照片

主　　编：周正逵
编 写 者：周正逵　李世中　余澄清　黄成稳
特约编写者：张　铨　蒋念祖　高　潮　王栋生
徐昭武　许祖云　徐志伟　高蔚云
周　斌　龚修森　张　南　谢嗣极
陈汇祥　孙　娴　李建华　吴国峰
孙业忠
责任编辑：黄成稳

目　　录

高中三年级语文实验课本编辑说明

《文化读本》教学参考

参读课文教学提示

辩证法和形而上学

贺进士王参元失火书

讲讲实事求是

标准只有一个(略)

练习参考答案

第六单元　研读的应用

单元教学要求

单元教学安排

研读课文教学设想

学记

参读课文教学提示

《学记》管窥

儒家的“教学论”初探

知识经济与智能教育

开创中国教育改革和发展的新局面(略)

练习参考答案

语文教学改革研究论文参读(略)

《文化读本》

教学参考

第四单元　比照与思辨

单元教学要求

一、了解历史学论著的一般特点，把握阅读历史学论著应该注意的要点，培养和启发阅读历史学论著的兴趣。

二、结合实例学习比照与思辨的研读方法，提高研读文化著作的能力。

单元教学安排

一、课时分配

本单元课堂教学共8课时，可做如下安排：

指导学习《研读常识四》　1课时

指导研读《甲申三百年祭》　3课时

指导参读《〈甲申三百年祭〉写作的前后》《李自成传》《〈甲申三百年祭〉讨论综述》《不能忘记的历史启示》　3课时

指导学生完成《练习四》　1课时

二、教学建议

第一课时，学习《研读常识四》，使学生明确本单元的教学重点是进行比照与思辨的训练，训练内容是学习历史论著的研读。要让学生掌握比照与思辨的特点及其相互间的联系，了解史论与一般评论文章的区别，总体把握学习要点。在此基础上，浏览本单元的研读课文，熟悉学习内容。

第二至四课时，学习《甲申三百年祭》，主要让学生了解李自成领导的农民起义失败的经验教训，正确认识作者依据史料具体分析这场悲剧的学术价值和政治影响。研读本文，建议课前参读其它四篇文章。课内研读可从以下四个方面入手：① 农民起义的过程；② 起义失败的原因；③ 史论的写作背景；④ 史论发表后产生的影响。

第五课时，学习《〈甲申三百年祭〉写作的前后》和《不能忘记的历史启示》，主要让学生了解《甲申三百年祭》写作的社会背景和有关情况，深入领会郭沫若这篇史论的政治意义和战斗精神，进一步体会郭老将历史研究与现实斗争结合的特点。

第六课时，学习《李自成传》，主要让学生查检工具书，在读懂原文的基础上，结合郭老在《甲申三百年祭》中引用的资料，进行细心的核对、梳理、比照，体会郭沫若同志在撰写史论时是基于怎样的立场、观点和方法，恰当地运用史实，对此提出独到的见解，并作出令人信服的论证的。

第七课时，学习《〈甲申三百年祭〉讨论综述》，主要让学生了解学术界对《甲申三百年祭》展开的讨论情况，全面地了解众说不一的各种观点，以便更好地理解《甲申三百年祭》，提高思辨力。学习本文，可引导学生侧重某一特点发表自己的看法，写成文章，讨论交流。

第八课时，教师指导学生讨论完成练习四。

本单元研读的重点是《甲申三百年祭》，其余四篇均为参读课文，是为学习研读《甲申三百年祭》服务的。在教学过程中，宜将《甲申三百年祭》钻研深透。可事前布置学生总体浏览课文，也可在学习《甲申三百年祭》的过程中，有目的地指导学生阅读有关参读课文。总之，既要对本单元的教学内容有所了解，又要明确学习的重点所在。

课堂教学宜引导学生讨论为主，教师只作必要的提示，讨论的内容要按照认知规律，加以精心设计，要循序渐进。具体操作步骤如下：

第一步，深入理解课文内容，明确写了什么，怎么写的，表现了怎样的思想、观点？

第二步，做比照：参读《〈甲申三百年祭〉写作的前后》和《不能忘记的历史启示》，把历史和现实做比照；参读《明史·李自成传》，把不同时代的历史著作做比照；参读《〈甲申三百年祭〉讨论综述》，把同一时代不同学者的观点做比照。

第三步，提出自己的看法：《甲申三百年祭》的历史作用和现实意义表现在哪里？为什么同是写李自成这个历史人物，却有截然不同的两种态度和两种评价？为什么对《甲申三百年祭》这一历史论著的评价会有如此大的分歧？我们应该从中领悟到哪些道理？

本单元学习结束后，可组织一次小型研讨会，指导学生就课文中的某一个问题发表自己的看法，也可对生活中某些历史的、现实的事件或现象进行评论，要求“史”与“论”有机结合，“事实”与“分析”充分有力，以此巩固本单元的学习效果，拓展学习领域。

（张　铨）

研读课文教学设想

甲申三百年祭

【教学目的】

一、了解李自成起义的经过，理解起义军最终失败的原因以及从中引出的教训。

二、认识引用史料的作用和方法。

【教学步骤】

一、课前预习

1. 通读全文，对照注释，查检有关工具书，对文中引用的有关史料进行翻译，弄懂大意。

2. 参读《〈甲申三百年祭〉写作的前后》和《不能忘记的历史启示》，了解本文的写作背景，思考写作本文的历史作用和现实意义。

3. 在熟悉课文内容的基础上，理清作者思路，梳理文章的内容结构。

4. 注意文中引用“史实”的作用和方法。

二、课堂研讨

（一）整体把握要点

1. 了解背景

① 时代背景

1944年，我国的抗日战争进行到第七年，第二次世界大战也进行到第三年。党和毛泽东同志高瞻远瞩，对即将胜利的形势作了科学的分析，指出，革命胜利后最重要的问题是巩固胜利，发展胜利，争取不断的新的更大胜利。要能做到这一点，首先是革命者不能骄傲。骄傲了，不谨慎了，就会招致失败或严重的挫折。《甲申三百年祭》就发表在这个时候。

② 写作背景

请参读《〈甲申三百年祭〉写作的前后》。

2. 理解题意

本文写于1944年3月。李自成领导的农民起义军攻克北京，迫使崇祯皇帝自缢于煤山（今景山公园），是1644年3月。从1644年3月到1944年3月，其间共经历了300年。按照我国传统的历法纪年，1644年和1944年都是“甲申年”，只是中间隔了5个轮回(60年为一个轮回)。“祭”，这里是“纪念”的意思。用“祭”显得严肃庄重，饱含着敬重和追怀之情。标题凝炼古雅，切合这篇史论的内容和撰文主旨。

3. 梳理内容

《甲申三百年祭》论述了农民起义军的重要领导人李自成所犯的严重错误，总结出了一条极其重要的历史教训：不要重犯胜利时骄傲的错误。这是郭沫若同志以马克思主义研究历史的卓越贡献。

节选的课文基本上由三大部分组成。

第一部分（1—3 小节）：总论“甲申”值得回味。

文章开篇解题；接下来论述明朝亡国的时间当在 300 年前的甲申；最后概述“祭”的理由：一是在这一年农民起义军推翻了明朝最专制的王权统治，二是由于农民起义军的种种错误，换来了异族的入主。

这一段内容起着统领全篇的作用，下文的论述由此而展开。

第二部分（4—19 小节）：具体论述起义的原因和经过。

起义的原因，主要有两方面：一是政治腐败，边患形成；二是旱蝗灾害，民不聊生。天灾人祸，导致了农民起义，而统治阶级的残酷剥削和压迫，是比天灾更为重要的激起农民起义的客观原因。

李自成之所以能有“转机”，关键在于人心所向。这里值得注意的是第 7 小节对李自成“为人”的高度评价。此时的李自成的作风和气概表现在：一、“不好酒色，脱粟粗粝”，能与其下同甘共苦；二、“收揽民心，礼贤下士，敢作敢为”，因而“艰难困苦，助之使成”。

起义的经过，写起义军的兴起，李信、牛金星、刘宗敏的入伙以及起义军进京后的军纪、政略，牛金星、刘宗敏等沉浸在过分的胜利陶醉之中。

这一部分主要引用《北略》、《明史》等文献资料作为论据，为下文转入论述李自成成功与失败提供充实的材料。

第三部分（20—27 小节）：剖析总结起义的沉痛教训。

这部分内容作者抓住了几个关键性的严重问题进行了深入分析，论述了李自成在迅速取得胜利后为什么又那样迅速地失败了。这是全文最重要的部分。可分为三个层次。

第一层（20 小节）：提出李自成起义军失败归咎于谁的问题。

在提出起义军失败究竟归咎谁的问题时，作者先根据史实评论了李自成的为人、为政的基本特点：第一，他“本不是刚愎自用的人，他对于明室的待遇也非常宽大”。史实是，明室诸王，凡归顺者，都一一受封。在他入宫的时候，看见年仅 15 岁的长公主被崇祯砍断右臂，昏厥倒地，便命手下人扶送她至嘉定伯周奎府第调养。凡此种种，当然不是出于什么“心慈手软”，而是说明李自成本人在胜利的时候仍保持着实行正确政策的清醒头脑。第二，他“很能纳人善言，而且平常所采取的还是民主式的合议制”。文中举《明季北略》卷二十所载明室宦官的话“李贼虽为首，然有二十余人，俱抗衡不相下。凡事皆众共谋之”为证，的确是很有力的。因为这话出自宫中太监之口，而非李自成的夸饰自诩。作者根据李自成的上述特点，便得出结论，“而牛金星和刘宗敏倒要负差不多全部的责任”。文章由此转入对失败缘由的具体分析。

第二层(21—24 小节)：具体分析失败的原因。

第一，以牛金星、刘宗敏为代表的文臣武将，在入京以后都沉浸在“过分的胜利陶醉当中”，“纷纷然，昏昏然，大家都像以为天下就已经太平了一样”。作者着重抓住明将吴三桂引清兵入关这一重大历史事变，揭示了牛、刘等人被胜利冲昏头脑的种种表现及其严重后果。由于胜利冲昏头脑，他们对于吴三桂这样拥有重兵而在踌躇观望的明将，不但不注意去抚慰招降，反而索绑其父吴襄，劫掠其妻陈圆圆，以致野心勃勃的吴三桂找到了投靠清朝、引狼入室的借口。这是策略上的错误。对吴三桂不实行招降政策，那么像刘宗敏这样的大将就该亲领大军去镇守山海关，以防近在肘腋的关外大敌；但是他们对此“似乎全不在意”，“将军刘宗敏所忙的是拶挟降官，搜刮赃款，严刑杀人”，山海关“仅仅派了几千兵去镇守，而几十万的士兵却屯积在京城里面享乐”，而且，最初派去与吴三桂接触的竟是归降才几天的原明朝总兵官唐通，把如此重大的军务视若儿戏。这是战略上的错误。到吴三桂已经降清，并诱引清兵入关之后，李自成才不得不仓促上阵，亲自出征。京城之中，百废待兴，头绪万端，作为起义军的最高统帅自己领兵出征，而他的“左右二膀”却在京中肆意行乐施威，以致四月十九日离京，四月二十六日大败而归。三天以后，整个起义军就被迫离京西撤，取代起义军占领北京的就是吴三桂诱引入关的清兵。这又是战术上的错误。总之，对待吴三桂的问题，无论在策略上，在战略战术上，都是一错再错；而这，正是胜利后陶醉、骄傲的必然结果。

此外，由于胜利冲昏头脑，以牛、刘为代表的一些将领和士兵，一反李自成过去倡导并身体力行的毡笠缥衣、脱粟粗粝、上下军民同甘共苦的传统作风，而沉溺于声色犬马、施威行乐之中。大将军刘宗敏竟然一心迷恋于吴三桂的爱姬陈圆圆；丞相牛金星一面忙着筹备登基大典，一面自己“玉带蓝袍圆领，往来拜客”，俨然是太平宰相；几十万大军不在前线奋战，却在京城享乐。

总之，对敌是轻举妄动，全不在意；对己是任意放纵，毫无戒律。于是，起义军用鲜血和生命夺取的辉煌战果，势必要毁于一旦。

第二，是上层领导集团内部以牛、刘为代表的一些人不以团结为重，闹分裂，致使全军出现了“解体”的形势。作者着重分析了起义军离京西撤过程中发生的“解体”形势及其严重后果。这里提到了一个悲剧人物李岩。李岩，也是李自成身边举足轻重的人物，任二品的制将军。作者用近半篇幅几乎都是论述他的为人和业绩，认为他是在过分的胜利陶醉当中少数几个“清醒的人”中的一个，对他抱着特别深切的“同情”。文章引用《明季北略》、《剿闯小史》等书中的记载，证明李岩“和牛、刘辈的作风确实有些不同”。进京以后，李岩曾向李自成提出四项建议，其中两项特别重要，一是严肃军纪，一是用正确的策略解决吴三桂的问题。这些切中时弊的建议，当时并未得到重视，以致铸成大错。这充分反映了李岩的远见卓识。此外，他还主张宽恤民力，禁戒屠戮，以收人心，自己曾经主动保护过崇祯帝的皇嫂、与魏忠贤奸党对立的懿安皇后。凡此种种都说明李岩的识见和行为，同牛、刘等人大相径庭。因此，在李自成西撤途中起义军内部发生的纷争以至残杀，原是清浊、正邪之间尖锐对立的必然结果。先是在李自成离京西撤，一败于定州，再败于真定的危急情况下，李岩以大局为重，主动请战，要求领兵赴家乡河南去收复失地；牛金星却要弄阴谋，诬告李岩带兵回乡，是不怀好意，别有所图。结果，李自成轻信谗言，把李岩杀了。接着，李岩的知己，起义军中的军师宋献策又到刘宗敏跟前揭发牛金星的阴谋，刘宗敏对牛金星素无战功而官居要职本来就心怀忌恨，经宋一激，便发誓要"诛之"；于是刘赴河南，将相离心，宋走他乡，手足异处，"真正是呈现出了'解体'的形势"。最终的结局不得不是"屡战屡败，溃不成军，或擒或戮，一朝覆亡"。九宫山中李自成的牺牲，是这出历史大悲剧的最后也是最寂寞的一幕。

第三层（25—27 小节）：概述这一历史悲剧的深刻意义。

文章从本可避免而恰恰未能避免这一角度，肯定这是一个悲剧。从起义军内部个别首领的失慎（李自成）、蜕化（牛金星、刘宗敏）和蒙冤（李岩），以致铸成大错，最后让清贵族统治达二百六十年之久这一角度，肯定这个悲剧不是个人的悲剧而是民族的悲剧。

（二）讨论理解难点

1. 怎样理解"李自成自然是一位悲剧的主人，而从李岩方面来看，悲剧的意义尤其深刻"？

提示：作为农民起义的主要领导者，李自成把推翻明王朝、解救受苦人作为自己的目标，并且经过十六七年的浴血奋斗才换得了进军北京的胜利，但是仅仅一年时光就遭到兵败业毁的结局，他本人应负决策失误的领导责任，当然是悲剧的主人。

如果说李自成因没有预见到失败而酿成悲剧的话，那么李岩则早就预见到将要发生的一切，并且竭力想防患于未然。但是他却无力杜绝它的发生，致使有志不得明主，有才不得施展，有法不得贯彻，自己无法掌握自己的命运，最后不得不空怀伟大抱负而含恨死去。因此，它的"悲剧意义"更加深刻。

2. 本文所引史料中提到的"贼"、"贼众"、"反正"等词语，表现了史书作者的什么立场和感情，我们应该怎样认识？（可与《李自成传》的学习结合起来讨论）

提示："贼""贼众"是对起义军的污蔑，"反正"是指投顺的官兵背叛起义军，统治阶级认为这是一种"弃暗投明"的行为。说明史书作者是站在封建统治阶级立场污蔑农民起义的。古代史书的材料虽然反映当时正统的立场观点，但也间接地提供了当时的真实情况。在封建统治下，有点农民革命的史料、文物往往被尽量销毁，难得保存下来。农民缺乏文化，不能自撰翔实的历史。而封建阶级文人的记录，正史固然尽力污蔑诽谤，就是野史也有很多攻讦歪曲的叙述，必须沙里淘金，才能得到一些反映历史真实的材料。另外，明清两代的文字狱都是历史上最厉害、最酷烈的。有几个文人敢于正面真实地反映农民起义的情况呢？因此，我们在阅读古代有关史料时，应当批判地掌握其中某些史实,学会比较分析,不为史书作者的立场所摆布。

3. 本文是一篇历史论文,在引用史料作为论据方面有什么特点?

提示:本文实事求是地评价历史事件和历史人物,为现实斗争提供了鉴戒的例子。作者对李自成、牛金星、刘宗敏、李岩,褒贬分明,确切有据,能充分利用史料作为分析与评论的根据。

文章引用史料大致有三种方法:

一是较为完整的直接引用。如课文中引《明史·李自成传》的几段和《北略》中的几段就是用的这种方法。这种引文,引述的往往是相对完整的一件事或一段话,引用的方式是分行分格,引号加不加都可以,但必须注明引文的出处。如果中间有删节,则必须用省略号标明。

二是行文中间的直接引用。如课文中引《北略》卷二十所载内容的话,引《甲申传信录》中关于牛金星俨然太平宰相风度的话等等,就是用的这种方法。这种引文,往往只是摘取需要的一言半语,一鳞半爪,以证实论者的某一局部观点,引用的方式一般都是夹在行文之中,加引号但不另行分段。但也必须在前或在后注明引文的出处。

三是复述原意的间接引用。如课文中关于李自成入京前后对待明室的宽大态度那几句话,关于刘宗敏对待吴三桂的策略错误那几句话就是用的这种方法。这种引用,已不是引"文",而是引"意",所以不加引号,但转述必须符合原意,不能任意瞎编,必要时也得注明出处,如20小节的那几句,注明是引自《甲申传信录》的。

(三) 落实训练重点

对课文中的有关语段设计导读训练。学生讨论思考后答题,自我检测研读效果。

1. 明朝的灭亡认真说并不好就规定在三百年前的甲申。甲申三月十九日崇祯死亡之后,还有南京的弘光,福州的隆武,肇庆的永历,直到前康熙元年(一六六二)永历帝为清吏所杀,还经历了一十八年。台湾的抗清,三藩的反正,姑且不算在里面。但在一般史家的习惯上是把甲申年认为是明亡之年的,这倒也是<u>无可无不可</u>的事情。因为要限于明室来说吧,事实上它久已失掉民心,不等到甲申年,早就是仅存形式的了。<u>要就中国来说吧</u>,就在满清统治的二百六十年间一直都没有亡,抗清的民族解放斗争一直都是没有停止过的。

① 作者认为把甲申年作为明亡之年是"无可无不可"的事情。说它"无不可"是因为:________________;说它"无可"是因为:________________
________。

② "要就中国来说吧",这里的"中国"的含义是:________________
________________________________。

2. 假使初进北京时,自成听了李岩的话,使士卒不要懈怠而败了军纪,对于吴三桂等及早采取了笼络政策,清人断不至于那样快的便入了关。又假使李岩收复河南之议得到实现,以李岩的深得人心,必然独当一面,把农民解放的战斗转化而为<u>对异</u>

族侵略的战争。假使形成了那样的局势，清兵在第二年决不敢轻易冒险去攻潼关，而在潼关失守之后也决不敢那样劳师穷追，使自成陷于绝地。假使免掉了这些错误，在民族方面它不也就可以免掉了二百六十年间为异族所宰治的命运了吗？就这样，个人的悲剧扩大而成为了民族的悲剧，这意义不能说是不够深刻的。

① 对文中接连运用四个假言判断的有关说法，有误的一项是（　　）

A. 第一个“假使”，紧扣“初进京”，若能实现，则“清人断不至于那样快的便入了关”。第二个“假使”，扣住“兵败后”，若能实现，则就能“把农民解放的战斗转化为抗清的战争”。

B. 第三个“假使”建立在前面的基础之上，两个“决不敢”的推论毋庸置疑；第四个“假使”总结全文，说明“免掉这些错误”，不仅个人悲剧不会发生，起义失败的悲剧也不会演出。

C. 前两个“假设”，概括了文中所说的起义军失败的严重后果，后两个“假设”，概括了文中所说的起义军错误的原因。

D. 文章不用一般的陈述语气说，而用假设口吻出之，正误对比，悲慨激愤，有深度，亦有气势，这是为了要引起读者深长的思考，增强论证的效果。

② 文中“对异族侵略的战争”所指的内容，正确的一项是（　　）

A. 清兵入关　　B. 反对清兵入关

C. 民族之间的战争　　D. 反对民族之间的战争

③ “个人的悲剧”是指什么？“民族的悲剧”是指什么？关于“个人的悲剧扩大而成为了民族的悲剧”这一点，史学界众说不一，你的看法如何？

____

____

____

④ 与文章的最后一句“这意义不能说是不够深刻的”意思不相同的句子是（　　）

A. 这意义能说是不够深刻的吗？

B. 这意义不能不说是不够深刻的。

C. 这意义不能说是深刻的吗？

D. 这意义能说是够深刻的吗？

附：参考答案

1. ① 甲申年李自成起义军攻入北京，推翻了明朝王权统治，崇祯皇帝吊死在煤山，从这一意义上讲，明朝作为统治全国的专制政权是灭亡了。说其“无可”是因为：A. 甲申年前，明朝统治早就失去了民心，明室政权名存实亡。作者根据“失国民心者失天下”来判断。B. 甲申后十八年，尚有南京的弘光、福州的隆武、肇庆的永历这些南明王朝的存在。C. 台湾的抗清，三藩的反正以及满清统治二百六十年来，抗清复明的斗争一直没有停止过。

② 这里的中国是指“中华民族”;“就中国来说吧”,是指从中华民族(除满族统治者外)反对异族的统治来说。

2. ① C ② B ③“个人的悲剧”是指起义军内部个别首领的失慎、蜕化和蒙冤,以致铸成大错,让清贵族统治达260年之久,进而证明是民族的悲剧。后一问略。④ B、D

【补充资料】

一、关于作者

郭沫若(1892—1978),中国现代杰出的作家、诗人、历史学家、剧作家、考古学家、古文字学家、著名的社会活动家。四川乐山人。1914年赴日本留学,原学医,回国后从事文艺运动。1918年开始新诗创作。“五四”时期,积极从事反帝反封建的革命文化运动。1921年,出版第一部诗集《女神》,并与郁达夫、成仿吾等组织“创造社”。1924年以后,接受马克思主义思想,并倡导革命文学。1926年参加北伐战争,任国民革命军总政治部副主任。1927年,蒋介石公开叛变革命前夕,他写了《请看今日之蒋介石》,在人民群众中产生重大影响。同年,参加南昌起义,8月加入中国共产党。1928年旅居时,从事中国古代史和甲骨文、金文的研究,所著《中国古代社会研究》,为运用马克思主义观点研究中国古代社会的划时期著作。《甲骨文字研究》、《卜辞通纂》等综合研究甲骨文,《两周金文辞大系考释》等系统探索青铜器铭文和纹绘,对文字、史实、年代的考订,贡献很大。旅日期间,积极支持留日青年和国内文艺界的革命文化活动。抗战开始,回到中国,在周恩来直接领导下,组织和团结国民党统治区的进步文化人士,从事抗日救亡运动。这一时期他所著的《屈原》、《虎符》、《棠棣之花》等历史剧及大量诗文,深刻揭露了国民党反动派的卖国投降政策,激励了革命人民的斗志。1944年发表《甲申三百年祭》,总结了李自成领导的明末农民起义失败的历史经验,当时被定为中共整风学习文件。所著《青铜时代》、《十批判书》,对考证先秦社会历史和评价各派哲学人物,颇多创见。抗战胜利后,对蒋介石的法西斯独裁统治及其发动内战的阴谋,进行针锋相对的斗争。1949年北平解放后,被选为全国文联主席。新中国成立以来,继续进行文艺创作,发表了《蔡文姬》等历史剧作。所著《奴隶制时代》等书,提出中国奴隶制和封建制的分期在春秋、战国之交的见解,为多数史学工作者所接受。历任中央人民政府委员、政务院副总理兼文化教育委员会主任、中国科学院院长兼哲学社会科学部主任、中国人民保卫世界和平委员会主席、中日友好协会名誉会长等职。在中共第九、十、十一次代表大会上,当选为中央委员。在第一届至第五届全国人民代表大会上,均被选为常务委员会副委员长;并任政协第一届全国委员会委员、四届常务委员,二、三、五届副主席。他长期担负科学文化教育事业的组织领导工作,对发展中国科学文化教育事业作出了不可磨灭的贡献。他学识渊博,才华横溢,是继鲁迅之后中国文化战线上又一面光辉旗帜。1978年6月12日病逝于北京。生平著述很多,现有《沫若文集》行世。

二、关于作品

1. 毛泽东谈《甲申三百年祭》

“我党历史上曾经有过几次表现了大的骄傲，都是吃了亏的。……全党同志对于这几次骄傲，几次错误，都要引为鉴戒。近日我们印了郭沫若论李自成的文章，也是叫同志们引为鉴戒，不要重犯胜利时骄傲的错误。”（《学习和时局》，1944 年 4 月 12 日）

“你的《甲申三百年祭》，我们把它当作整风文件看待。小胜即骄傲，大胜更骄傲，一次又一次吃亏，如何避免此种毛病，实在值得注意。”（《给郭沫若同志的信》，1944 年 11 月 21 日于延安）

2. 于立群谈《甲申三百年祭》

“一九四四年八月下旬，郭老收到了周恩来同志从延安托专人带来的《屈原》和《甲申三百年祭》的单行本。郭老当天即给毛主席、周副主席和许多在延安的朋友一一致函，感谢他们的鼓励和鞭策。十二月，郭老收到了毛主席十一月二十一日写的复信。

毛主席复信中谈到的《甲申三百年祭》，是郭老在当年春天为纪念明末李自成领导的农民起义胜利三百周年而作的长文，脱稿于三月十日。经过几天修改，郭老把它送交当时在重庆的董必武同志审阅。没有想到，交稿后的第三天，《新华日报》就全文连载了。自三月十九日刊出，连载四天，到二十二日全部载完。文章一发表，国民党方面立即有人出来干预，说这篇东西是“影射当局”。三月二十四日，国民党的《中央日报》竟专门发了一篇社论进行攻击。反动派的尴尬实在令人悯笑，自然这也正从反面证明，这篇文章写对了。敌人感到害怕，而人民是欢迎的。

不过，郭老更没有想到，仅隔二十天，毛主席就在《学习和时局》的报告中提到这篇文章，指出：“我党历史上曾经有过几次表现了大的骄傲，都是吃了亏的……全党同志对于这几次骄傲，几次错误，都要引为鉴戒。近日我们印了郭沫若论李自成的文章，也是叫同志们引为鉴戒，不要重犯胜利时骄傲的错误。”

不久，林伯渠同志自延安飞抵重庆。林老亲自告诉沫若同志，党中央、毛主席决定把《甲申三百年祭》作为整风文件，供党内学习，并且已经在延安和各解放区普遍印发。这些消息给郭老带来了极大的鼓舞，他从内心感到欣慰，他的这篇文章符合了党和人民的需要。”（《难忘的往事》，原载《人民日报》1979 年 1 月 1 日）

三、补充注释

1. 铤而走险：形容无路可走而采取冒险行动。铤：快跑的样子。走险：奔赴险处。

2. 乌合之众：像乌鸦那样暂时聚合的一群。比喻临时杂凑起来，毫无组织纪律的一群人。

3. 苦兵也：苦于兵祸。苦：以……为苦。

4. 安保其身命：使其身命安保。安保：使……安保。

5. 胜着（shèng zhāo）：高明的办法。

6. 麾(huī)下:① 指将帅的部下。② 敬辞,称将帅。

7. 民德之:老百姓感激他。德:感恩。

8. 李公子活我:李公子使我活下来。活:使……活。

9. 末减:定罪后减轻处刑,从轻发落。

10. 岩复造谣:李岩又编造歌谣。造:编造。谣:歌谣。

11. 传(chuán)信:① 把自己所确信的东西传告别人。② 传递信件或传报消息。

12. 骁(xiāo)将:勇猛的将领。骁:勇猛。

13. 寝兴:卧起。

14. 身体力行:亲身经历,努力实行。身:亲身。体:体验,实行。力:尽力。

15. 自输助饷:自己拿出薪饷。

16. 自成见疏:李自成看到奏疏。疏:奏疏。

17. 并不行:并不实行。行:实行。

18. 青红皂白:比喻是非、情由等。

19. 刚愎(bì)自用:自以为是,固执己见。

20. 长(zhǎng)公主:帝之姊妹称长公主。(帝之女为公主)

21. 上太忍:皇上太残忍。上:皇上。忍:残忍。

22. 绑票:把人劫走,强迫被绑者的家属出钱去赎。

23. "为红颜":与下文"冲冠一怒"均为吴伟业《圆圆曲》中的诗句:"恸哭六军俱缟素,冲冠一怒为红颜"。

24. 俨(yán)然:① 形容庄严。② 形容齐整。③ 形容很像。

25. 阴告:私下里诬告。阴:私下。

26. 久下人:长时间处在别人之下。下:处在……之下。

27. 假以大军:凭借大军。假:借。

28. 素善李岩:一向跟李岩结为友好。善:跟……友好。

四、有关评论

1.《甲申三百年祭》抓住一些关键问题,总结了李自成领导的农民革命和悲剧结局的历史经验,全篇内容专谈历史。但是党和毛泽东同志都非常重视这一历史经验,并且严肃认真、坦然、无所忌讳地跟党的历史经验联系起来,从而总结出一条极其重要的历史教训:"不要重犯胜利时骄傲的错误。"我们学习《甲申三百年祭》,首先要学习的应该是这一历史教训和这篇文章中其他也很重要的政治思想内容。

2. 作为史论,从文章的写法来看,立场观点明确,这是郭沫若同志文章的一贯优点。史论的论点,必须有充分的确凿的论据。在这方面,这篇文章的写作有一定的困难。……当时在重庆旧书文献缺乏,寻找不易,以致不能大量占有材料,使文章有更充分有力的论据。但是,虽然有这种局限,文章的主要论点和分析大都是站得住的。文章中所肯定的和所否定的,在大方向上都是正确的。周恩来同志对郭沫若同志的历史研究的评价是十分公正的,认为他是"用科学的方法,发现了古代的许多真实。

这是一种新的努力,也是革命的努力,虽然有些论据,还值得推敲。”(《周恩来论文艺·我要说的话》)周恩来同志对郭沫若同志历史研究评价的态度十分值得我们注意。我们不能因为郭沫若同志文中某些论据尚待进一步研究,而轻率否定他的论点。郭沫若同志在论据有局限的情况下,依然“发现了古代的许多真实”。正是这个缘故,《甲申三百年祭》过去值得重视,今天仍值得学习阅读。

3. 关于李岩和红娘子的传说,郭沫若是深感兴趣的,但只是简略提及,没有影响和分散读者对《甲申三百年祭》主题思想的注意力。……

李岩有无其人?李岩是不是李信?是不是李精白的儿子?是哪里人?对《甲申三百年祭》说来,实在无关宏旨。这只有留给历史研究工作者去详加考证。而从目前的研究情况来看,要彻底查清李岩的生平、思想等等,是很困难的。(史学界有人说有,有人说无,有人存疑,谁也不能武断地自以为是。)关于李岩的作用,我们最好还是看作在明末李自成领导的农民革命过程中,在一定的历史发展的条件下,必然会产生一些农民革命的重要思想、理论或政策观点。由李自成提出也好,李岩提出也好,牛金星、宋献策提出也好,总之,曾经出现的农民革命重要思想、理论或政策观点,对李自成领导的农民革命的发展和对于取得推翻明王朝的胜利起过良好的作用,这一历史事实对《甲申三百年祭》这样的史论才是最重要的。

郭沫若同志对史料未遑详细研究,疏漏之处在所难免。为时不到两年,1946 年他又写了《关于李岩》,根据是查继璜的《罪惟录》里面极重要的一句:“李岩教自成以虚誉来群望,伪为均田免税之说相煽诱。”如果他在写《甲申三百年祭》的时候就已看到这个材料,那他就一定会在阐述李岩善于做宣传鼓动工作、编口号唱“吃他娘,穿他娘,开了大门迎闯王,闯王来时不纳粮”的论述部分,提高到“均田”的革命思想的高度来解释李岩对农民革命的贡献。1947 年,郭沫若同志在《历史人物》的序中,更进一步认为李岩作为明末的思想家有超过顾炎武、王船山之处,是更“令人向往”的。因此,他说:“关于李岩,我们对于他的重要性实在还叙述得不够,可惜关于他的资料是毁灭了。我们可以坚决地相信,他一定是一位怀抱着人民思想的人,须知他是主张均田的。”这当然是农民的空想社会主义。但我们如果想到恩格斯在《德国农民战争》中对农民起义领袖闵采尔的思想的高度评价,以及后来列宁对闵采尔的高度评价,就可以理解郭沫若同志如此重视李岩,是以马克思主义的历史观点来研究历史的了。十六世纪能有闵采尔那样的思想,十七世纪能有李岩那样的思想,他们的进步意义怎么可以不特别重视呢?《甲申三百年祭》中特别引录了李岩同宋献策的一段关于反对科举、反对佛教的谈话,也是从明末农民革命中出现的新思想来申论的。以上种种,即使不是李岩、不是宋献策讲过的话,但是在那场阶级斗争激烈的革命风暴中必然会出现的一些新思想,新观点,这却是完全可以理解的。没有第二部分着重申论李自成军的政治经济思想上的新的发展,就无从说明李自成军为什么能势如破竹地打进北京城。读郭文应该这样来理解他所表达的论点。如果只去注意“均田”、“反科举”、“反佛教”究竟是谁说的,或者以别的野史、文献为根据,提出相反的看法,作烦琐考证,就很难认识郭文论述历史“先识其大”的基本精神了。

（节选自《学习郭沫若的〈甲申三百年祭〉——纪念郭沫若同志逝世三周年》，作者向锦江）

参读课文教学提示

《甲申三百年祭》写作的前后

【教学目的】

一、了解《甲申三百年祭》写作的背景和有关情况,深入领会其政治意义和战斗精神。

二、学习作者运用历史唯物主义观点看待评价《甲申三百年祭》的方法。

【教学步骤】

一、课前预习

浏览全文,初步了解课文内容。可与《甲申三百年祭》一文的学习结合起来。

二、课堂研讨

1. 整体把握要点

全文共12小节,围绕郭老写作《甲申三百年祭》的有关情况及其意义加以介绍,可分为两大部分。

第一部分(1—10小节):介绍写作的有关情况。

一、(1—4小节):介绍写作前的情况。作者侧重介绍当时的政治形势和郭老研究“甲申”这个课题的社会原因及物质条件。

二、(5—9小节):介绍写作后的情况。一是介绍论文产生的影响:党中央重视,把它当成整风文件看待;御用文人攻击,对它进行“围剿”。二是介绍郭老对历史研究的态度。由于敌人封锁,写作材料难以获得,郭老在论文中对于李岩的史料引用有某些不足之处,郭老以认真严肃的态度写了《关于李岩》的文章,作为《甲申三百年祭》的“附录”,加以补充,并写历史话剧,有意将李岩和红娘子的故事搬上舞台,以表示对李岩倾注的感情。

三、(10小节):对四十年前的旧事加以概括小结。

第二部分(11—12小节):介绍论文的政治意义。

一、(11小节):作者从当时的历史环境出发,实事求是地对《甲申三百年祭》进行评价,突出其强烈的战斗性:① 对御用文人《论建州与流贼相因亡明》之类文章的响亮回答;② 对明末农民战争为什么失败的原因的科学分析,告诫人们要从历史上的农民战争中汲取教训。

二、(12小节):充分肯定论文将历史研究与现实斗争结合起来的特点。

2. 思辨有关问题

对本文的内容主旨有各种不同的看法，请对下列问题作出判断，在你认为正确的后面打“√”，错误的后面打“×”。

①《甲申三百年祭》虽有较强的战斗性，但在史料引用上仍有不足之处，需要严肃对待。（　）

② 由于条件限制，《甲申三百年祭》在史料引用上虽有不足之处，但其政治意义是深远的。（　）

③ 从当时历史环境看，《甲申三百年祭》并不完全是一篇学术性的，而且具有强烈的战斗性的文章。（　）

④《甲申三百年祭》强烈的战斗性在于对《论建州与流贼相因亡明》之类的文章给予响亮的回答，对明末农民战争失败的原因作了科学的分析。（　）

⑤ 毛泽东同志把《甲申三百年祭》定为整风文件，其意义在于它是一篇价值很高的学术性文献。（　）

⑥ 郭老对李岩热情歌颂，是因为郭老以李岩自况，对李岩这个历史人物倾注了丰富的感情。（　）

⑦ 本文作者对《甲申三百年祭》的评价是毁誉参半，既肯定其战斗意义，又指出其历史研究上的不足之处。（　）

⑧ 由于资料贫乏，郭老的文章有失实的地方，加上郭老是诗人、作家，允许想象，因此，在《甲申三百年祭》中引用资料有不足之处，这是可以理解的。（　）

⑨《甲申三百年祭》虽在历史研究与现实结合方面发挥了强烈的战斗作用，但因引用史实有不足之处，因此，这种史论不足为我们学习的典范。（　）

⑩ 毛泽东同志把《甲申三百年祭》定为整风文件，其意义在于重视如何从历史上的农民战争中汲取教训。（　）

附：参考答案

①×　②√　③√　④√　⑤×　⑥×　⑦×　⑧×　⑨×　⑩√

【补充注释】

1. 磐(pán)：指磐石，厚而大的石头。
2. 陪都：旧时在首都以外另设的一个首都。
3. 指日可待：(事情、希望等)不久就可以实现。
4. 义不容辞：道义上不允许推辞。
5. 影射：借甲指乙；暗指(某人某事)。
6. 梼杌(táo wù)：古代传说中的猛兽，借指凶恶的人。
7. 缢(yì)：用绳子勒死；吊死。
8. 能事：擅长的本领。

9. 散佚(yì)：散失。

10. “李杜文章在，光焰万丈长”：唐代诗人韩愈《调张籍》中的诗句。李杜：李白和杜甫。

李自成传

【教学目的】

一、了解李自成领导的农民起义军进京并兵败身亡的历史情况。

二、学会评价分析文中作者对起义军的观点态度。

【教学步骤】

一、阅读全文，了解大意。

二、查检字典，解释词句。

三、甄别思辨，圈点批注。

《明史·李自成传》中有些材料是无中生有，附会诬说；有些措辞完全是出于封建帝王官僚的无耻标榜，或对起义军的恶意咒骂，有些材料属于歪曲事实，不可相信；有些事实基本可信。阅读文章时，要仔细甄别，并作相应的批注说明。可参看如下示例。

十八日，贼攻益急，太监曹化淳启彰义门，贼尽入。帝出宫，登煤山，望烽火彻天，叹息徘徊久之，归乾清宫，令送太子及永王、定王于戚臣周奎、田弘遇第，剑击长公主，趋皇后自尽。十九日，天未明，皇城不守……乃复登煤山，自缢于山亭。	对起义军的诬蔑之词。 封建帝王残暴无道，丧失人性，一见于此。
自成登皇极殿，据御座，下令大索帝后。文臣自范学文、勋戚自刘文炳以下，殉节者四十余人。宫女魏氏投河，从者二百余人。象房象皆哀吼流泪。太子投周奎家，不得入，二王亦不能匿，先后拥至，皆不屈，自成羁之宫中。长公主绝而复苏，舁至，令贼刘宗敏疗治。 已，乃知帝后崩，自成命以宫扉载出，盛梆棺，置东华门外，百姓过者皆掩泣。越三日……改殓帝后，用衮冕袆翟，加苇厂云。……封太子为宋王。放刑部、锦衣卫系囚。……召见朝官，自四品	“殉节”、“投河”之说，是统治者无耻标榜。有歪曲事实之嫌。 “象房象皆哀泣”显然是胡诌。兔死狐悲，为统治者灭亡洒一掬同情之泪。 歪曲事实的渲染。 恐于事实有出入，不可全信。 所谓“行伪命”，是

以下少詹事梁绍阳、杨观光等无不行伪命，三品以上独用故侍郎侯恂。	恶意污蔑起义军。
自成谓真得天命，金星率贼众三表劝进，乃从之，令撰登极仪，诹吉日。及自成升御座，忽见白衣人长数丈，手剑怒视，座下龙爪鬣俱动，自成恐，亟下。	无中生有，附会诬说。

从上述明史中的基本事实中可以看到，李自成对明室的待遇还是比较宽大的。李自成进入北京后，帝与后得到了礼殡，长公主也被扶还宫中疗治调养，太子和永定二王也并未杀戮，太子还被封为宋王，另有一些前朝旧臣也被任职使用。

四、对照引文，加以比照。

1. 将《甲申三百年祭》中引用的史实与本文的史实加以核对、比照。

2. 分析史书作者的立场和感情；分析郭沫若运用历史唯物主义观点对史料加以概括、引用的方法。

3. 结合《甲申三百年祭》中有关内容，加深理解李自成领导的农民起义军进京的经过及其失败的原因。

【补充资料】

一、补充注释

1. 禅(shàn)位：禅让帝位。
2. 叱(chì)：大声责骂。
3. 诏亲征：下诏亲自征讨。
4. 日暝(míng)：日暮时分。
5. 启：开启，打开。
6. 彻：通；透；满。
7. 苦我民：使我百姓痛苦。苦：使……痛苦。
8. 第：府第。
9. 剑击：用剑击杀。
10. 趣：通“促”，催促。
11. 大索：到处搜索。
12. 期百官：限定百官。期：约定日期。
13. 殉节：指国家灭亡后因不愿投降而牺牲生命。
14. 举足：抬脚。
15. 慑伏：因恐惧而屈服。
16. 劝进：劝(李自成)即位。
17. 拷掠：用棍子或绳子打。

18. 赇赂(qiú lù):贿赂。文中指赃物。
19. 手剑:手持宝剑。
20. 玺(xǐ):帝王的印。
21. 僭(jiàn):超越本分。古时指地位在下的冒用地位在上的名义或礼仪、器物。
22. 安辑:安抚。
23. 鸠(jiū)合:同“纠合”。集合、联合(多用于贬义)。
24. 祢(nǐ):已死父在宗庙中立主之称。
25. 坐:犯罪。
26. 略食:巡行(寻找)粮食。
27. 钼(chú):同“锄”,锄头。
28. 眇(miǎo):一只眼睛。
29. 泥淖(nào):泥坑。
30. 从父:叔父。
31. 遁亡:逃跑。

二、参考译文

十八日,义军攻城更急,李自成驻于彰义门外,派遣投降太监杜勋用绳子从城头系下,面见庄烈帝,求他让帝位。庄烈帝大怒,将他斥责下去,下诏亲征。日暮时分,太监曹化淳打开彰义门,义军全部入城。庄烈帝出宫,登上煤山(今北京景山),望见烽火满天,叹息说:“只苦了我民啊!”徘徊好久,返回乾清宫,令送太子及永王、定王到外戚周奎、田弘遇家中,剑劈长公主,催促皇后自尽。十九日,天未明,皇城已失守,庄烈帝鸣钟召集百官,无一人来到。他再登煤山,在衣襟上写下遗诏,用绢帛自缢于山亭而死。太监王承恩自缢于旁边。

李自成头戴毡笠,身着淡青衣,乘乌驳马,进入承天门。丞相牛金星,尚书宗企郊、喻上猷,侍郎黎志升、张嶙然等骑马跟随。李自成登皇极殿,坐上御座,下令搜索皇帝、皇后,限令百官三天内朝见。明朝文臣自范景文、勋戚自刘文炳以下,自杀者四十余人。宫女魏氏投河,随她而死者二百余人。象房里的大象都悲哀地吼叫流下泪来。太子投奔周奎家,不能进去,永、定二王也无处藏身,先后被捉回宫来,都不屈服,李自成把他们拘禁于宫中,长公主死而复苏,被抬来,令刘宗敏治疗。

后来,才知道皇帝、皇后已死,李自成命人用宫中门扇抬出来,盛在梆棺中,置于东华门外,老百姓经过都掩面哭泣。二十一日黎明,成国公朱纯臣、大学士魏藻德率文武百官朝贺,都身着素服,坐于殿前。李自成不出来,众义军争相对百官戏弄侮辱,捶击他们的脊背,脱去其帽,有的把脚放到他们脖子上,取笑作乐,百官心惊胆战,不敢动一动。太监王德化斥责群臣说:“国亡君丧,你们不考虑殡葬先帝,竟在这里啊!”于是嚎啕大哭,宦官数十人都哭,魏藻德等也哭。顾君恩告知李自成,改殓庄烈帝和皇后,使用衮冕祭服,加盖苇棚。大学士陈演劝李自成即皇帝位,不许。李自成封明太子为宋王,释放刑部、锦衣卫囚犯。

李自成在西安时，就已建官置吏，这时进一步大改官制。六部叫六政府，司官叫从事，六科给事中叫谏议大夫，十三道御史叫直指使，翰林院叫弘文馆，太仆寺叫验马寺，巡抚叫节度使，兵备叫防御使，府、州、县长官叫尹、牧、令。召见朝官，李自成面南而坐，牛金星、刘宗敏、宗企郊等左右混坐，按次序叫名，分三等授职。明朝旧官自四品以下少詹事梁绍阳、杨观光等无不接受任命，三品以上官只留用了前侍郎侯恂。其余的勋戚、文武众臣如周奎、朱纯臣、陈演、魏藻德等共八百余人，分送到刘宗敏等的营中，拷打追赃，一直打得皮肉破绽腿骨断折，用尽了各种残酷狠毒的方法。魏藻德见到马世奇家人，哭泣着说："我不能为你们作主，现在想死也不能。"义军又编排士兵队伍，令五家养一义军。又大肆放纵淫掠，老百姓不能忍受其危害，吊死者随处可见。又征收勋戚大臣的金银，金子足够了就杀掉他们。又焚烧太庙神主，迁太祖到帝王庙。

这时义军已攻陷保定，李建泰投降，畿内府县全部归附。山东、河南遍设官吏，所到之处无人违抗。到了淮地，巡抚路振飞带兵抗拒，义军就离去了。李自成认为真是得到天意，牛金星率领义军多次上表劝(李自成)即位，于是就同意了，令人拟写登基仪式，询问良日。等到李自成坐上宝座，忽然看到一个白衣人身高数丈，手拿宝剑，怒目看着他，宝座下的龙爪、颈毛都动起来，李自成非常害怕，急忙下来。铸金印和永昌钱，也都没有成功。听说山海关总兵吴三桂起兵，于是打算回到陕西去。

起初，吴三桂奉庄烈帝诏令人援，到达山海关，京师失陷，犹豫不进。李自成劫来其父吴襄，让他写信去招抚。吴三桂想投降，走到滦州(今河北滦县)，听说爱妾陈沅被刘宗敏抢去，愤怒至极，急速返回山海关，袭击义军将领。李自成发怒，亲自率义军十余万，把吴襄抓到军中，东攻山海关，派别将从一片石迂回到关外。吴三桂畏惧，向清朝乞降。四月二十二日，李自成兵二十万，在关内布阵，从北山一直摆到海边。清兵在对面布阵，吴三桂居于右翼末尾，出动全部精锐搏斗，杀义军数千人，义军也力战，包围圈开而复合。鏖战许久，清兵从吴三桂阵右侧突击，冲击义军中坚，万马奔腾，飞矢如雨，大风骤起，飞沙走石，像冰雹一样砸向义军。李自成正挟着明太子登高冈观战，知清兵来到，急忙策马下冈逃跑。清兵追击四十里，义军大溃，自相践踏而死者无数，僵尸遍野，沟水尽赤。李自成奔至永平(今河北卢龙)，清兵追来。吴三桂先驱到达永平，李自成杀死吴襄，奔回京城。

这时牛金星留守北京，明朝降官前来拜谒，向他行门生之礼，十分恭敬。牛金星说："谣言正起，诸君应深居简出。"从此降官开始畏惧，大多隐藏起来。李自成来到，追赃来的黄金及宫中帑藏、器皿，全部熔化，铸成金饼，每饼千金，约有数万饼，用骡马载回西安。二十九日，李自成称帝于武英殿，追尊七化祖宗皆为帝后，立妻子高氏为皇后。李自成穿戴冠冕，列仗受朝。牛金星代行祭天之礼。当天夜间，焚烧宫殿及九门城楼。凌晨，挟明太子、二王西走，使将军左光先、谷可成殿后。

五月二日，清兵进入北京，下令安抚百姓，为庄烈帝、皇后发丧，议定谥号，遣将偕同吴三桂追击李自成。这时福王已在南京监国，大学士史可法督师讨伐义军。李自成到达定州(今河北定县),清兵追到,交战,杀谷可成,左光先脚受伤,由义军背着逃走。李自成西走真定,增兵来攻,清兵又击之。李自成中流矢,受重伤,西过故关,进入山西。恰好清兵东返,李自成就招集溃散的义军,前往平阳。

李岩过去曾劝李自成以不杀收买人心。等攻陷北京,李岩保护明懿皇后,令她自尽。李岩又独自对明朝士大夫不行拷掠,牛金星等对他大为忌恨。定州失败后,河南州县大多复明,李自成召诸将商议,李岩请求率兵前往河南。牛金星私下告诉李自成:"李岩雄武有大略,不是能久居人下的。河南是他的故乡,若凭借大兵,必不可制。十八子主神器的谶语,难道指的不是李岩吗?"李自成令牛金星与李岩饮酒,将他杀死,众义军人心解体。

李自成回到西安,又派遣义军攻下汉中,使总兵赵光远投降,并进攻夺取保宁。此时张献忠带兵抵御,李自成于是回到西安。八月建成宗庙立主,将前往祭祀,忽然战栗不能完成礼节。李自成开始把李岩的话,错当成是讲仁慈,等到李岩死后,又多次失败,加上刚愎自用,尚书张第之、耿始然都因小事不顺从而被处死。李自成制作了铜质切草器,官吏犯有受贿罪,马上铡斩。百姓如偷盗一只鸡要被处死。西人非常害怕。

清顺治二年(1645)二月,清兵攻打潼关,被义军封为伯的马世耀率兵六十万迎战,败死。潼关失陷。李自成随即放弃西安,从龙驹寨进入襄阳,又前往武昌。清兵分两路追踪,连续紧追到邓州、承天、德安、武昌,穷追到义军兵营,有八次大败义军。在这个时候,左良玉东下,武昌空虚无人。李自成在这里屯住五十余天,义军尚有五十余万。不久被清兵所迫,部众大多降清,有的逃散离去。李自成前往咸宁、蒲圻(今属湖北),抵达通城(今属湖北),逃于九宫山(今湖北通山南)。九月,李自成留李过守寨,自己率二十骑兵在山中寻找粮食,被村民围困,不能逃脱,遂自缢而死。有人说,村民正在修筑堡寨,见义军人少,争相上前殴击,义军人马全陷入泥淖之中,李自成被锄头击中脑部而死。村民脱下他的衣服,发现龙衣金印,瞎了一只眼睛,才大惊,认为是李自成。这时清兵派来认识李自成的人验尸,已腐打难辨。俘获李自成的两个叔父赵侯、襄南侯及李自成的妻妾二人,金印一颗。还俘获刘宗敏、左光先、宋献策。在军中将李自成的叔父及刘宗敏杀死。牛金星、宋企效等都逃走。

《甲申三百年祭》讨论综述

【教学目的】

一、全面了解对《甲申三百年祭》的各种观点。

二、学会评论一两种观点看法。

【教学步骤】

一、课前预习,浏览全文。

二、归纳内容,把握要点。

本文从"学术价值"、"历史作用"、"现实意义"三个方面对《甲申三百年祭》的讨论情况作了综合叙述,摆出了各种不同的观点。主要有两类:

一种意见是以姚雪垠为首的"批评说"。他基本否定了《甲申三百年祭》,认为《甲申三百年祭》作为学术著作是过分考虑了宣传某一政治思想,学术成了政治的图解和附庸,而且还开创了史学界"以论带史"、"以论代史"的坏风气。学风上穿凿附会,收集资料未作辨别,只是主观随意地作出论断。因而,要"对祖国历史负责","对全国读书界负责","对千百万中学生负责",要"大胆批评","解放思想、破除迷信"。

另一种意见是大多数人的"反批评说"。他们肯定了《甲申三百年祭》的历史贡献,认为无论是总体上还是具体问题上,《甲申三百年祭》的学术成就是主要的,失误只是枝节性的问题。其历史功绩必须充分肯定,它反映了时代的需要,在打击敌人、教育人民、提高警惕、增强团结、争取更多的同盟者等方面都取得了重大的作用,其防止骄傲的历史经验,直到目前仍然有它的现实意义。

三、辨别信息,比较思辨。

阅读下列有关语段,讨论思考后答题。

(一)

对于刘宗敏的评价问题。顾诚认为,从史实上看,郭沫若对刘宗敏的评价确有不妥之处。但是,姚雪垠因刘宗敏追赃助饷及其与陈圆圆关系等问题就非难郭沫若"不科学"的观点是值得商榷的。特别是追赃助饷,姚文"派给郭沫若的这两条错误",一是"不知道追赃是大顺军的政策,所得银子是大顺国库收入,不能作为刘宗敏之罪"。二是"误信宫中藏银传说而轻易大发议论",也"都不合适"。因为"不管是李自成指定,还是刘宗敏自告奋勇,在大敌当前的形势下由他去主持追赃事务,确实是割鸡用了牛刀"。在明内帑的问题上,"仅养心殿后面一窖就有二百万两银子;而且明代的帑金似乎还很多,大顺军带走的只占三分之一,其他在顺治年间用去不少。"

1. 对这段话的主要内容概括最恰当的一项是 ( )

A. 郭沫若对刘宗敏的评价确有不妥之处。

B. 郭沫若对刘宗敏的评价没有不妥之处。

C. 姚雪垠对刘宗敏与陈圆圆的评价有值得商榷的地方。

D. 姚雪垠在刘宗敏追赃助饷的问题上指责郭沫若,不见得是很适当的。

2. 请比较姚雪垠与郭沫若、顾诚在刘宗敏追赃助饷问题上的意见分歧,用简明扼要的话填写下列表格。

	对刘宗敏追赃助饷问题的论述	结　论
郭沫若	大敌当前，不去守边安邦，专事拷掠追赃、索求宫银，有失职误事之过。	起义军的失败，刘宗敏负有重要责任。
姚雪垠	①	
	②	
顾诚	①	
	②	

（二）

姚雪垠在《评〈甲申三百年祭〉》一文中说："在现代中国学者所写的历史著作中，影响最广泛最巨大的要算《甲申三百年祭》。它不仅影响了历史学界，而且在广大读者中也深入人心。直到郭沫若同志死后，《甲申三百年祭》的影响不衰，有的悼念文章仍然将这本小册子作为他在史学上的重要贡献。如今高中的语文课本中还选有《甲申三百年祭》的一部分作为教材。"他认为，这部作品"之所以能够长期被视为史学方面的权威著作"，仅仅是由于它"在中国的特殊土壤中产生，并得到称赞，变成了'权威'著作。"实际上，《甲申三百年祭》不仅"过分考虑宣传某一政治思想"，而且还"为后来史学界出现的'以论带史'或'以论代史'开了风气。"

选出对这段话理解正确的项　（　　）

A. 姚雪垠在这段话中充分肯定了《甲申三百年祭》在学术上的巨大贡献。

B. 姚雪垠认为：《甲申三百年祭》的积极意义在于它能自觉地为当时的政治斗争服务，这是应该受到称赞的。

C. 姚雪垠认为：《甲申三百年祭》作为学术著作，仅仅是因为它有响亮的革命口号，宣传了某一政治思想而成为权威著作，这种"权威"并不值得称道。

D. 姚雪垠所说的"以论代史"、"以论带史"，就是史学著作中用正确的观点来统率史实，善于从芜杂的历史材料中发现真理，鲜明正确的观点与确凿、足够的材料完美统一的写法。

E. 姚雪垠认为：后来的史学界，在他们的学术著作中，常常是主观主义地，从个人兴趣出发，观点先行，再去寻找材料穿凿附会，或者仅仅通过自己随意的想象和推断去歪曲历史，编造历史，这种不良学风的形成，郭老的《甲申三百年祭》应该对此负有责任的。

F. 这段话可以分两层意思，第一层用三个"影响"抽象地"肯定"《甲申三百年祭》的地位，第二层从学术上具体否定了《甲申三百年祭》的治学思想和治学态度。

（三）

顾诚认为：它"确实是在中国土地上产生的"，它的出现反映了"时代的需要"，在当时的形势下，这部作品在教育人民提高警惕，增强团结，打击敌人，争取更多的同盟者方面，都起到了巨大的作用。作者"用马克思列宁主义研究中国历史所作出的筚路蓝缕之功是任何人都抹煞不了的。"顾诚在剖析了所谓"特殊土壤"的两层含义之后，认为《甲申三百年祭》一发表，"便立即遭到国民党《中央时报》的抨击，事情本身就说明了这篇著作是同一种什么'土壤'联系在一起的。"它既"是时代的产物，又为推动历史前进作出了自己的贡献。这正是它的优点"。对于这个优点，"历史早已作出定评，对于绝大多数当时和后来的读者是不存在异议的。"姚雪垠"借口文章同政治的关系密切，却不正面分析这里谈的是什么政治，就在'特殊土壤'里的晦涩言辞下加以批判，这是我们难以同意的"。"对于学术文化成果曾经得到政治上的支持而表示深恶痛绝是没有道理的。"顾诚认为，我们既要反对"错误地把学术问题生拉硬扯地说成政治问题"的做法，又要防止"把过去一切同政治有联系的史学著作统统视为'特殊土壤的产物'而加以鄙弃"的不良倾向。

请你根据顾诚的这一段话，说明应该怎样正确处理学术研究与政治的关系。要求：① 用分项提纲的形式表述；② 用平实、简明、扼要的话表述；③ 200 字左右。

附：参考答案

（一）1. D　2. 姚雪垠：① 刘宗敏追赃为公，又是自成指定，可谓无罪。② 刘宗敏索求宫银之事，属无凭传说，据此而发议论，很不合适。郭老在刘宗敏追赃问题上的论述不科学。顾诚：① 刘宗敏主持追赃事务，是用牛刀杀鸡。② 内帑问题并非传说，有事实为据。姚雪垠非难郭老不科学的观点，值得商榷。

（二）C、E、F

（三）① 学术研究必须用马克思主义的立场观点为武器；② 应该肯定学术研究与进步的政治相结合的做法，研究的成果反映时代的需要，为当时的革命事业服务，为人民的利益服务的，应该得到提倡。③ 学术研究必须尊重事实、尊重科学，反对因为迎合政治的需要搞生拉硬扯、穿凿附会的庸俗作风。④ 简单地、笼统地肯定和否定学术与政治的结合都是不合适的。

【补充资料】

一、补充注释

1. 综述：综合叙述。

2. 糟粕：酒糟、米糠之类的东西。比喻粗劣而没有价值的东西。

3. 黯（àn）然：阴暗的样子。

4. 反响：回响；反应。

5. 穿凿：非常牵强地解释，把没有这种意思的说成有这种意思。

6. 附会：也作"傅会"。把没有关系的事物说成有关系；把没有某种意义的事物说成有某种意义。

7. 即兴：对眼前景物有所感触，临时发生兴趣而创作。

8. 命笔：执笔作诗文或书画。

9. 潜心：用心专而深。

10. 囿(yòu)：局限、拘泥。

11. 非难(nàn)：指摘和责问。

12. 抵牾(wǔ)：也作“牴牾”，矛盾。

13. 诠释：说明；解释。

14. 商榷(què)：商讨。

15. 筚路蓝缕：指驾着柴车，穿着破旧的衣服去开辟山林。筚路：柴车。蓝缕：破衣服。形容创业的艰难。

二、有关评论

1. 对《甲申三百年祭》一文的价值、意义、影响有各种不同的评价。我们赞成大多数人的看法，认为姚雪垠的观点是失之偏颇的。因为《甲》文的发表，在当时就遭到了反动势力的恶毒攻击，同时又被共产党人作为整风文件学习，可见，这在当时政治上的作用不容否定，确实是打击了敌人，鼓舞了人民。这一点连姚雪垠自己也承认“它不仅影响了历史学界，而且在广大读者中也深入人心”。作为《甲》的主要观点——一个以革命为宗旨的社会集团，“胜利时要警惕骄傲情绪”，这一历史的教训在现在以及今后都具有一般的意义。这也是无庸置疑的。

其次，《甲》文的发表使仇者痛，亲者快，说它为政治服务，这样的做法并没有过分。因为历史学为政治服务这并不能一概认为是错误的。问题是要看为什么样的政治服务，怎样为政治服务。如果“所为”的政治是代表人民的利益，代表革命的利益，这服务就没有错；如果这史学的结论是在尊重历史事实的基础上作出科学的合乎逻辑分析得出的，用这样的结论来解释历史，促进革命事业的发展，就应该值得称道，这样的立场，就是马克思主义的历史唯物主义的立场。相反，不关心革命和人民的利益，脱离现实生活的实际的纯学究的研究，那还有什么意义呢？中国古代史学著作中如《六国论》、《过秦论》之所以深得人心，脍炙人口，难道不也是因为它们具有明显的进步的政治倾向吗？

2. 姚雪垠认为：郭沫若写《甲》文，占有的材料不足，对材料未加辨别真伪，因而《甲》文的史论便是主观主义的产物，缺乏必然的正确性、科学性。对此，我们认为：《甲》文全篇援引正史、野史等史籍资料共十二种，引文为十八条，就节选的部分来统计，共引史籍七种，直接、间接的引文近二十条。作者在写作过程中，到处收集资料，仅方诗铭提供的书籍便有四种。姚雪垠说《甲》文“只凭两三种野史”，这种说法与事实出入很大。再说作者事实上是尽了自己的主观努力，他从多种渠道寻找资料，虽说占有的史料还不丰富，但是限于当时的条件，也只能如此。如果我们将这一问题放在当时的历史条件和历史背景中去看，姚雪垠对郭沫若的指责实在是有失公允了。

姚雪垠批评《甲》文“未对提供的材料辨别真伪”，具体在李岩的问题上。李岩有无的问题，是《甲》文发表三十多年后才有争议的，而且到现在还未有定论。就是姚本人在1978年前也一直认为有李岩其人的。我们认为，在学术问题上，应该允许别人有不同意见，并且允许对不同意见进行争论和商榷，而不能搞霸道压人的家长制作风;对前人的学术著作的局限性也应该站在历史唯物主义的立场上进行实事求是的评价,而不应该借助今天学术界的研究成果去嘲笑几十年前的某些不足。据此,我们不能苛求郭沫若在三十多年前就去考证辨伪"李岩问题"。

其实,郭沫若对引证的材料大多加以一定的辨析或比照,他不仅对论证主要观点的关键材料的引用相对慎重,就是对一些枝节的材料的处理也是非常认真的。比如作者在阐述李自成起义军发展壮大的原因时,引用了《明季北略》中马世奇的"廷对"(请详见课文)。作者将此则材料与《明史·马世奇传》相对照,勾玄提要,指出"廷对"是极有价值的材料,但是作者没有简单地搬用这则史料,而是加以细心辨析,作者以敏锐的眼光从"廷对"中的"闯、献并负滔天之逆"、"治闯难"看出了"李、张已经势成燎原",剔除了封建史官加给起义军的诬蔑之词,指出当时的尖锐形势是"朝廷用兵剿寇,民间是望寇剿兵",并且总结出起义军越"剿"越多的原因是"官家在征比搜刮,'寇'家在散财发粟"的不同政略。作者对反面材料进行辨析,披沙拾金,抉砾存珠,确定真伪,指明材料的重点和价值所在,为我所用,如果没有马克思主义的立场和观点,没有卓远、犀利的史识眼光是无论如何做不到的。

再如,作者为了说明起义的原因,引了《烈皇小识》:崇祯十三年,河南蝗旱肆虐,闹到"人相食,草根俱尽,土寇并起。"接着点出要义:"但你要说真的没有米谷吗?假使那样,那就没有土寇了。""土寇之所以并起,是因为没有金钱去换高贵的米谷,而又不甘心饿死,便只得用生命去掉换而已。"这一笔补述,便深刻地揭露了封建史官把起义的原因全部归咎于天灾而掩盖了阶级压迫和阶级剥削的实质。

由此看来,郭沫若在使用史实材料时,还是有实事求是的科学态度的。我们不能因为郭文中的某些不足,就抓住一点,不及其余,以偏概全,否定他的主要学术成就。

(摘自《江苏省高中语文实验课本备课资料》)

不能忘记的历史启示(略)

练习参考答案

一　请参见《〈甲申三百年祭〉讨论综述》和《李自成传》。

二　1. 苏洵的《六国论》评议六国对待秦国策略的得失，指出六国破灭的根本原因在于“赂秦”。作者的意图在于总结以土地财物贿赂敌人只能招致亡国的历史教训。苏轼的《六国论》不是专论六国灭亡原因的，而是论述养士问题的，但论述的内容与亡国有关系。通过六国养士长存同秦朝不养士而速亡的对比，说明养士自谋的重要性，主张给士人以出路。苏辙的《六国论》把六国灭亡的原因归咎于“当时之士，虑患之疏，而见利之浅，且不知天下之势也”。他认为四国应支持韩魏，做韩魏的后盾，使韩魏不至于被秦国征服，秦国不能征服韩魏，也就不敢攻打四国了。因此，六国的自安之计是“厚韩亲魏以摈秦”。李桢的《六国论》评论六国灭亡的原因，认为六国皆欲为秦所为，惟不得天助，无地利之便，溺于攻伐，习于虞诈，终于自溺，自取灭亡。如果六国施行仁义，不仅可以保存自己，还可以统一天下。

作为史论，一般认为苏洵的《六国论》更有价值。作者论史，目的在于借古喻今，借以批评北宋王朝对外妥协，以求苟安的外交政策，告诫统治者，不要重蹈六国灭亡的复辙。

2. 苏洵的推论不够全面，只是从一个方面论述秦国“强盛”的原因，秦国的强盛还有其内在的根本原因和其它因素，如内修法度，富国强兵，发展农业，外交政策等等。

3. 一个国家要想强盛，立于不败之地，靠的是实力和政略。秦国由弱到强，由盛极而亡的两度转折，使我们认识到正确的政略对于巩固国家政权具有重要作用。

三　略。

（第四单元特约编写者　高　潮）

第五单元　逻辑与辩证

单元教学要求

一、了解哲学著作的一般特点，把握阅读哲学著作应该注意的要点，培养和启发阅读哲学著作的兴趣。

二、结合实例学习逻辑与辩证的方法，提高研读文化著作的能力。

单元教学安排

一、课时分配

本单元课堂教学共8课时，可做如下安排：

指导学习《研读常识五》　1课时

指导研读《两种宇宙观》　3课时

指导参读《辩证法和形而上学》《贺进士王参元失火书》《讲讲实事求是》《标准只有一个》　3课时

指导学生完成《练习五》　1课时

二、教学建议

哲学是关于世界观的学问。它讲的道理，具有较强的概括性、抽象性。学生初步接触哲学著作，可能会产生畏惧心理，认为哲学高深莫测。但是本单元所选的哲学著作，都与现实生活有着密切的联系：它们都是根据现实生活的需要而写作的；在论述中，也注意紧密联系实际。所有这些，不仅降低了阅读的难度，同时也使学生刚刚学习哲学著作时，就了解到哲学的实践性：哲学来源于实践，而又用于指导实践。教学中了解这一点，对于学生掌握学习哲学著作的根本方法——理论联系实际，培养学习哲学的兴趣，都是至关重要的。当然，哲学毕竟具有较强的抽象性。哲学论著中，有大量的哲学概念，以及以这些概念为基础的判断、推理。运用概念、判断、推理进行抽象思维，这是哲学的又一特点。哲学和数学一样，也是“思维的体操”。这是学习的难点，也是理论兴趣之所在。对于一些关键概念，我们可以指导学生查找工具书，或提供有关资料，帮助学生切实理解它们的含义。在此基础上，经过一番逻辑思考，那些判断、推理也就可以理解了。经过一番训练，掌握了阅读的基本方法，有关的知识背景也逐步扩大,阅读这类著作,也就不会被视为畏途,一些学生还会产生理论兴趣。

本单元的五篇课文中,《两种宇宙观》是研读课文,其余四篇是参读课文。五篇课文中,《两种宇宙观》《辩证法和形而上学》阐述了唯物辩证法的基本观点、基本特征;《讲讲实事求是》《标准只有一个》阐述了辩证唯物主义认识论的基本原理。教学中,两组文章均可采用比较阅读的方法,综合起来,力图使学生对马克思主义的哲学有一个整体的印象、初步的了解。《贺进士王参元失火书》体现了朴素的辩证法思想;引导学生运用唯物辩证法的观点对它作具体分析,有利于学生学会理论联系实际,将世界观和方法论统一起来。

第一课时,结合《研读常识五》介绍哲学著作的一般特点和逻辑与辩证的方法。

第二课时,学生借助研读提示、注释、旁批和研读指导,自行阅读《两种宇宙观》,大致理解课文内容,提出疑难问题。

第三课时,提供有关资料,组织讨论,解决学生提出的问题,总结归纳,基本完成《两种宇宙观》的学习。

第四课时,将《辩证法和形而上学》与《两种宇宙观》作比较阅读,对唯物辩证法的基本观点、基本特征形成较为完整的印象。

第五课时,学习《贺进士王参元失火书》,了解文中所表现的朴素的辩证法的观点,结合练习一,学习对这篇文章的思想内容作辩证分析。

第六、七课时,学习《讲讲实事求是》《标准只有一个》,完成练习二;大致了解辩证唯物主义的基本原理。

第八课时,组织学生阅读有关资料,讨论归纳,对哲学的内容、特点、作用等形成正确的初步认识,初步学会研读哲学著作的方法,完成练习三。

研读课文教学设想

两种宇宙观

【教学目的】

一、了解两种宇宙观的基本特征及其发展历史。

二、学会查找、运用资料，联系实际，进行逻辑思考，了解并学会运用唯物辩证法的基本观点。

【教学步骤】

一、课前预习

1. 通读全文，借助研读提示、注释和批注，整体把握全文内容。

2. 提出学习中的疑难问题。

二、课堂研讨

1. 本文论述的主要内容是什么？

本文论述了唯物辩证法和形而上学是两种根本对立的宇宙观，着重提出是否承认事物的内部矛盾性，乃是两种宇宙观对立和斗争的焦点。

2. 本文的结构提纲：

(1) 第一段，辩证法和形而上学是两种对立的发展观；

(2) 第二、三段，形而上学的历史和基本特点；

(3) 第四、五、六段，辩证法的历史和基本特点。

3. 学生提出学习中的疑难问题，教师组织讨论，提供相关资料(见【补充资料】)。

4. 讨论、归纳本文论述的主要内容。

毛泽东是从两种发展观基本特征的比较中，来论述两种发展观的根本对立的。

第一，指出形而上学发展观的基本特征是孤立性、静止性和片面性。孤立性是指形而上学用孤立的观点去看世界，认为一切事物的形态和种类都是永远彼此孤立的，互不联系的。静止性是指用静止的观点去认识世界，认为一切事物的形态和种类，是永远不变的。如果说有变化，也只是数量的增减和场所的变更。认为各种事物和特性，永恒不变，一种事物只能反复产生同样的事物；即使有变化，也只是量变而已。不能说明事物质的多样性，不能解释质变。片面性是指不能全面客观地观察事物，只知其一，不知其二；只见孤立，不见联系；只见静止，不见运动；只见量变，不见质变；只见外因，不见内因；都是形而上学的片面性。

第二，论述了唯物辩证法的基本特征，指出辩证法是用联系、发展和全面的观点去认识世界的，辩证法用联系、全面的观点去研究发展，既从事物内部联系去研究，又从一事物和他事物的联系中去研究。它首先把发展看作是事物内部的必然的自己运动，事物的内部矛盾是发展的根本原因，同时又认为事物的发展受其他事物的影响和制约，即受外因的作用，这种外因是事物发展的第二原因。可见辩证法是用全面的观点认识发展，具有全面性。既看到量变，又看到质变；既看到外因，又看到内因。

通过毛泽东的论述，可见形而上学和辩证法是根本对立的。这种根本对立可归纳为以下四点：一是孤立观点和联系观点的对立；二是静止观点和运动观点的对立；三是片面观点和全面观点的对立；四是外因观点和内因观点的对立。在上述四点对立中，第四点对立是斗争的焦点。所以，毛泽东详细地论述了内因观点和外因观点的对立，明确指出形而上学简单地从事物外部去找发展的原因，否认唯物辩证法所主张的事物因内部矛盾引起发展的学说。

本文论述的重点是内因和外因的辩证关系。毛泽东在论述唯物辩证法和形而上学的对立中，重点阐述了内因和外因的辩证关系原理。

第一，从反对形而上学的外因论入笔，重点论证了事物发展的根本原因是“事物内部的矛盾性”。毛泽东引用了许多事例进行论证，指出自然界中机械运动、植物和动物的发展，主要是由于内部的矛盾性。又指出社会的发展，主要也是由于内因，并且详细分析论证，最后得出“社会的变化，主要地是由于社会内部的发展，即生产力和生产关系的矛盾，阶级之间的矛盾”。从自然到社会，从简单到复杂，论证了内因是事物发展的根本原因、主要原因。

第二，虽然辩证法认为内因是事物发展的根本原因，但并不排除外因的作用，承认外因是发展的第二位原因。

第三，重点论述了内因和外因的辩证关系，有以下三点：一是内因和外因的性质、作用是对立的。内因是变化发展的根据，决定事物发展的性质、趋势和方向，是根本动力，是第一位原因。外因是变化发展的条件，虽不决定发展的趋势和方向，但对事物的发展起加速或延缓作用，是第二位原因。二是内因和外因是相互联系不可分割的。一个事物的发展总是要有一定的时间、地点和条件，总要同周围其他事物相互联系，受其他事物的影响和制约，这些都是外因。因此，事物的发展除了内因外，总是有外因，内因和外因是相比较而存在，没有内因，无所谓外因；没有外因，也无所谓内因。三是，外因通过内因而起作用。通过事例进行论证，例如，温度使鸡蛋变成小鸡，是通过鸡蛋的内因起作用的；十月社会主义革命对各国的影响作用是巨大的，但这是通过各国内部的规律起作用的；1927 年中国的大资产阶级战胜了无产阶级，是通过无产阶级政党内部的右倾机会主义起作用的。总之，外因对发展起作用，必须通过内因。

5. 归纳本文写作特色。（参见教材 P. 186）

【补充资料】

一、写作的时代背景

《矛盾论》是毛泽东于1937年8月写成并发表的。

1937年7月7日，日本侵略军在北京西南十余里的卢沟桥进攻当地的中国驻军。在全国人民抗日热潮的推动和中国共产党抗日主张的影响下，中国驻军奋起抵抗。中国人民英勇的八年抗战，从此开始。这个时期，阶级矛盾下降，民族矛盾上升，阶级矛盾、政党矛盾和民族矛盾交织在一起，一个非常错综复杂的局势，摆在中国共产党人的面前。

当时，在中国共产党内存在着两种错误思想倾向：教条主义和经验主义。这两种错误思想，特别是教条主义思想，曾经使中国共产党和中国工农红军遭受到极大的损失，几乎断送中国的革命。

在第二次国内革命战争时期，特别是在1931年至1934年间，由于党内的马克思主义理论水平不高，以王明为代表的"左"倾教条主义者披着马克思主义的外衣，迷惑了党内的许多同志。他们从唯心主义认识论和形而上学出发，背离了理论与实践相统一的马克思主义的根本原则，背离了具体情况具体分析的马克思主义的活的灵魂，所以，他们就不能把马克思主义的普遍原理同中国的具体革命实践相结合。于是他们炮制了一条以"左"倾教条主义为特征的机会主义路线，严重地损坏了党的党风、学风和文风，并危及中国革命事业。

为了指导当时的抗日战争，为了使全党同志对当时存在的极其错综复杂的矛盾有一个科学的认识，毛泽东认为必须克服党内存在的教条主义和经验主义，特别是教条主义，认为必须用唯物辩证法理论武装全党。为此，毛泽东撰写了《矛盾论》这篇论文。

二、中心思想及其重要意义

《矛盾论》的基本内容有如下六个方面：

第一，论述了唯物辩证法和形而上学是两种根本对立的宇宙观，着重提出是否承认事物的内部矛盾性乃是两种宇宙观对立和斗争的焦点。

第二，论述了矛盾普遍性原理，指出矛盾规律即对立统一规律的客观普遍性。

第三，论述了矛盾特殊性及其和普遍性关系的原理，指出对于具体事物作具体的分析是马克思主义的精髓，提出共性个性、绝对相对的道理是矛盾问题的精髓。

第四，论述了主要矛盾和非主要矛盾、矛盾的主要方面和非主要方面关系的原理，指出主要的矛盾和矛盾的主要方面属于矛盾特殊性的问题。

第五，论述了矛盾同一性和斗争性关系的原理，指出同一性和斗争性相互关系的原理是对立统一规律的根本内容，有条件的相对同一性和无条件的绝对斗争性相结合，是事物发展的源泉和动力。

第六，论述了对抗矛盾和非对抗矛盾相互转化的原理，指出对抗只是斗争的一种形式，对斗争形式要作具体分析。

可见，《矛盾论》的中心思想是论述对立统一规律的基本内容，指出对立统一规律是宇宙的根本规律，是辩证法的实质和核心。

《矛盾论》是一部马克思主义哲学的经典著作，有极其重要的理论意义。这是第一部全面系统地论述对立统一规律的专著，极大地丰富和发展了唯物主义辩证法。《矛盾论》这部著作在马克思主义哲学宝库中有着极其重要的地位。

《矛盾论》不仅在抗日战争、解放战争等新民主主义革命时期发挥了巨大的作用，而且在社会主义革命和社会主义建设时期，同样也起着无法估量的巨大作用。

在当前，学习《矛盾论》具有极其重要的现实意义。主要有以下四个方面：

第一，《矛盾论》中关于矛盾普遍性和矛盾特殊性相互关系的原理，对于建设有中国特色的社会主义有非常重要的指导意义。矛盾的普遍性和特殊性的关系原理，也就是共性个性、绝对相对关系的原理。这个原理要求我们在建设社会主义的实践中，必须坚持马克思主义普遍原理，坚持社会主义建设的普遍基本原则，同时又要求我们必须考虑到中国社会主义建设的特殊性，从中国的特殊国情出发。由此可见，这个原理是我们建设有中国特色的社会主义的理论根据。

第二，《矛盾论》中关于内因和外因相互关系的原理，对当前的社会主义现代化建设也有极其重要的指导意义。这个原理告诉我们，要实现社会主义现代化，必须依靠自己的力量，自力更生，艰苦奋斗，这是我们的基点，也是我们社会主义现代化建设的内因。但同时也不能忽视外因的作用。外国的援助、贷款、技术引进等等，会对社会主义现代化建设起积极的促进作用。但是外因必须通过内因才能起作用，因此，我们对外因必须为我所用，必须通过自己的消化才能吸收。

第三，《矛盾论》中关于主要矛盾和矛盾主要方面的原理，指导我们在社会主义物质文明和精神文明的建设中，在社会主义经济体制改革中，必须首先要抓住主要问题、关键问题，同时也要兼顾其他一般问题，还要注意到它们之间的相互转化。

第四，《矛盾论》中关于矛盾同一性和斗争性相互关系的原理，要求我们在分析、研究和解决问题时，必须运用对立统一的观点和方法，既从问题的差别中看出它们的联系，又要在它们的联系之中看到差别。

总之，《矛盾论》是永放光辉的著作，永远是指导我们事业胜利前进的理论灯塔。

（节选自《哲学名著学习纲要》，孟宪鹏主编，解放军出版社 1987 年版）

参读课文教学提示

辩证法和形而上学

【教学目的】

一、借助有关资料，大致了解课文内容。

二、与《两种宇宙观》比较阅读，加深对唯物辩证法基本观点的了解。

【教学步骤】

一、课前预习

1. 通读全文，参考有关资料，大致了解文章主要内容，列出结构提纲。

2. 提出学习中的疑难问题。

二、课堂研讨

1. 本文的主要内容。

本文节选自恩格斯的《反杜林论》中的"概论"部分(《反杜林论》的写作背景、主要内容详见【补充资料】)。"概论"的中心内容是论述社会主义从空想到科学的发展过程。围绕这一中心，恩格斯阐明了以下问题：(一)科学社会主义的物质基础和思想渊源；(二)唯物辩证法的产生及其意义；(三)唯物史观和剩余价值学说的创立及其意义。节选部分阐明了第二个问题。

第1段，恩格斯考察了古代辩证法。他指出古代辩证法是原始的，朴素的，其实质是正确的。它的基本观点是："一切都存在，同时又不存在，因为一切都在流动，都在不断地变化，不断地产生和消失。"他又指出古代辩证法有局限性，表现在它"虽然正确地把握了现象的总画面的一般性质，却不足以说明构成这幅总画面的各个细节；而我们要是不知道这些细节，就看不清总画面。"由于这种局限性，它就被形而上学取代。

第2—3段，恩格斯着重考察了形而上学的特征和实质。他指出形而上学是用孤立、静止和片面的观点去认识一切事物，他们在绝对不相容的对立中思维。他们的说法是："是就是，不是就不是；除此以外，都是鬼话。"形而上学"在相当广泛的、各依对象的性质而大小不同的领域中是正当的，甚至是必要的"，但作为一种世界观、方法论，则是根本错误的。自然科学的发展日益证明形而上学的荒谬和辩证法的正确，所以，它必然被辩证法所取代。

第4—6段，恩格斯考察了德国古典哲学中的辩证法的功绩和局限性。他着重指出德国古典哲学的集大成者黑格尔对辩证法做出的重大贡献。黑格尔第一次——这是他的巨大功绩——把整个自然的、历史的和精神的世界描写为一个过程，即把它描写为处在不断的运动、变化、转变和发展中，并企图揭示这种运动和发展的内在联系。黑格尔用辩证法的观点观察历史，寻求社会发展的规律性，但他并没有完成此项任务。这乃是因为黑格尔是一个唯心主义哲学家，他的辩证法被唯心主义所窒息。黑格尔的辩证法是唯心主义的，因而是不彻底的，不能完成建立科学的历史观这一伟大任务。

第 7 段，恩格斯阐明了唯物辩证法的创立及其伟大意义。他指出："了解了以往的德国唯心主义的完全荒谬，这就必然导致唯物主义，但是要注意，并不是导致十八世纪的纯形而上学的、完全机械的唯物主义。"这种唯物主义是同辩证法相结合的，是辩证的唯物主义。同唯物主义结合的辩证法，是唯物的辩证法。接着恩格斯指出了唯物辩证法创建的伟大意义：一是唯物辩证法的创建引起了历史观的伟大变革，结束了唯心史观的统治。唯物辩证法认为，人类历史是一个有规律的自然过程。这种观点开辟了历史观的新纪元。二是唯物辩证法的创建引起了自然观的伟大变革，产生了崭新的辩证唯物自然观，结束了形而上学自然观的统治地位。这种自然观认为自然界是一个无限的发展过程，"至于循环，即使它能够存在，也具有无限加大的规模。"三是，唯物辩证法的创建使哲学同科学的关系发生了根本的变化。唯物辩证法结束了作为"科学之科学"的哲学。无论在自然观还是在历史观上，"现代唯物主义都是本质上辩证的，而且不再需要任何凌驾于其他科学之上的哲学了。"唯物辩证法研究总联系的一般规律，至于联系的特殊规律，则是科学的对象。

2. 学生提出疑难问题，教师组织讨论归纳，提供有关资料（参见【补充资料】）。

3. 比较《两种宇宙观》和《辩证法和形而上学》内容、写法之异同。

相同点：两篇文章运用了比较的方法，既论述了辩证法和形而上学的基本特征、基本观点，也概述了辩证法和形而上学这两种思想发展的历史。

不同点：《辩证法和形而上学》按历史顺序，阐述了古代朴素的辩证法和形而上学思想产生的背景及其局限，反映了思想史发展的规律，说明了唯物辩证法的产生、发展是历史的必然；论证中主要运用了自然科学方面的事实作为论据，因为唯物辩证法当时还处在初创阶段。《两种宇宙观》按逻辑的顺序，先总后分，在比较中阐明了唯物辩证法的基本观点，重点论述了矛盾的学说、内因的学说。这是唯物辩证法在新的历史条件下的新的发展。论证中主要运用了社会历史发展方面的事实作为论据，并将唯物辩证法的基本原理用于指导当时的革命实践。

【补充资料】

一、《反杜林论》简介

《反杜林论》 恩格斯在批判德国小资产阶级社会主义者 E. 杜林的斗争中所写的论战性著作。原名《欧根·杜林先生在科学中实行的变革》。1877 年 1 月—1878 年 7 月以论文形式陆续发表在《前进报》上。1878 年 7 月在莱比锡出了单行本第一版,书名为《欧根·杜林先生在科学中实行的变革·哲学·政治经济学·社会主义》。该书在恩格斯生前发行过8版,恩格斯逝世后以各种文字在全世界大量翻译出版。1878年10月德国政府把它列为禁书。在中国,1936年也被国民党政府列为禁书。《反杜林论》部分篇章的中译文,最早发表在1912年上海《新世界》半月刊上,篇名为《理想社会主义与实行社会主义》。这部著作的第一个中文全译本是1930年11月由上海江南书店出版、吴黎平翻译的《反杜林论》。后来,中国共产党中央马克思恩格斯列宁斯大林著作编译局根据德文重新翻译,1970年出版了单行本,并收入人民出版社出版的中文版《马克思恩格斯全集》第20卷。

写作背景　19世纪70年代初,打着社会主义改革者旗号的杜林,向马克思主义发动了全面的进攻。这不但没有遭到应有的回击,反而得到德国社会民主党内一些领导人的支持和保护。为了粉碎杜林的进攻,维护党的统一和团结,捍卫马克思主义的纯洁性,恩格斯放下从事多年的自然辩证法研究工作,投入了批判杜林的战斗。

马克思大力支持和赞助了恩格斯批判杜林的斗争。他不仅听恩格斯念过《反杜林论》的全稿,还亲自为该书撰写了政治经济学编中《〈批判史〉论述》一章。

主要内容　著作由“引论”、“哲学”、“政治经济学”、“社会主义”几个部分组成。“引论”阐述了科学社会主义产生的历史过程,指出唯物辩证法使马克思作出了唯物史观和剩余价值学说这两大发现,而两大发现又使社会主义学说从空想变成了科学。

“哲学”编批判了杜林在科学分类问题上的先验主义观点,指出了“原则不是研究的出发点,而是它的最终结果”,阐述了“世界的真正的统一性是在于它的物质性”等唯物主义的基本原理;批判了杜林在物质存在形式问题上的形而上学观点,阐明了“一切存在的基本形式是空间和时间”、“运动是物质的存在方式”等辩证唯物主义的重要原理。此外,还批判了杜林在道德和法方面的错误观点,批判了杜林对马克思主义辩证法的歪曲和攻击,阐明了唯物辩证法规律的客观性和普遍性,提出辩证法不是证明的工具,而“是关于自然、人类社会和思维的运动和发展的普遍规律的科学”。

“政治经济学”编和“社会主义”编批判了杜林的庸俗经济学和小资产阶级的社会主义观点及其唯心主义暴力论。阐明了经济决定政治、历史发展中革命暴力的作用和马克思主义政治经济学、科学社会主义等基本理论。

《反杜林论》科学地总结了马克思主义诞生后无产阶级革命的经验和自然科学发展的成就,第一次全面系统地阐述了马克思主义的三个组成部分,是一部马克思主义的百科全书。马克思说,不仅普通工人,而是真正有科学知识的人,都能够从恩格斯的正面阐述中汲取许多东西。列宁也高度评价这部著作,说它是每个觉悟工人的必读书籍。

(节选自《中国大百科全书·哲学卷》)

二、词句注释

1. 赫拉克利特

赫拉克利特(约公元前540—前480),古希腊杰出的唯物主义哲学家,古代辩证法的奠基人之一,奴隶主民主派的思想代表。

赫拉克利特认为"火"是世界万物的基础,具有鲜明的无神论思想。他说:"这个世界对于一切存在物都是同一的,它不是任何神也不是任何人所创造的;它过去、现在和未来都是一团永恒的活火,在一定的分寸上燃烧,在一定的分寸上熄灭。"这表现了他关于世界物质性及其运动规律性的思想。

赫拉克利特从"世界是永恒燃烧的活火"这一基本命题出发,认为世界万物处在永不停息的运动变化之中。他说:"人不能两次踏进同一条河流","我们存在而又不存在"。他还认为运动变化的原因就在于事物矛盾的斗争和转化,"互相排斥的东西结合在一起,不同的音调造成最美的和谐","一切都是通过斗争和必然性而产生","在我身上生与死、醒与梦、少与老,都始终是同一的东西",等等。恩格斯很赞赏赫拉克利特这些辩证法思想,说他第一次明白地表述了原始的、朴素的但实质上是正确的世界观。

但是,由于历史条件的限制,赫拉克利特的辩证法是直观的,笼统的,还缺乏精确的科学依据。因此,他的辩证法"虽然正确地把握了现象的总画面的一般性质,却不足以说明构成这幅总画面的各个细节"。

2. 精确的自然研究只是在亚历山大里亚时期的希腊人那里才开始,而后来在中世纪由阿拉伯人继续发展下去;可是真正的自然科学只是从十五世纪下半叶才开始。

亚历山大里亚,埃及的一个城市,位于地中海沿岸的尼罗河口。公元前3世纪到公元7世纪,这里是国际关系和文化活动的中心之一,所以这段历史时期被称为"亚历山大里亚时期"。这一时期的希腊学者,集中在亚历山大里亚等地,开始精确地研究自然界,使自然科学获得了很大的发展。例如,亚里斯达克(公元前4世纪末—前3世纪上半期)初步提出了太阳中心说;欧几里得(公元前4世纪—前3世纪之交)著的《几何原本》,总结了古希腊数学的成就,建立了第一个几何学体系——"欧几里得几何体系";阿基米德(公元前285—前212)在流体静力学方面提出了著名的"阿基米德定律";埃拉托斯特尼(公元前276—前193)计算出地球圆周的长为39700公里,与约四万公里的实际数值极为接近,等等。

在中世纪,阿拉伯人接受了中国、印度、希腊和罗马等古代文化的成就,把自然科学继续推向前进。他们总结了当地农业、手工业和航海方面的经验,确定了三角学的正弦、余弦和正切的概念,创立了代数学;制定了比较精密的测量天体和地球的测天仪,九世纪前后在巴格达设立了天文台。在化学和医学方面,他们也作出了显著的贡献。

古代希腊人对自然科学的研究,一般带有直观的性质,中世纪阿拉伯人的研究,也还是零散的。同这些研究比较起来,真正的自然科学只是从十五世纪下半叶才开始。中世纪后期,生产技术的进步推动了自然科学的研究。哥白尼的太阳中心说,标志着自然科学冲破神学的束缚,获得了解放。从此以后,以实验为基础的近代自然科学得到了系统全面的发展,天文学、数学、物理学等各个领域都获得了重大成就。例如,伽利略(1564—1642)制造出了观察天空的第一架望远镜;刻卜勒发现了行星运动规律;笛卡儿创立了解析几何;耐普尔(1550—1617)制定了对数;莱布尼茨和牛顿分别创立了微积分;牛顿发现了万有引力定律,等等。

3. 这种考察事物的方法被培根和洛克从自然科学中移到哲学中以后,就造成了最近几个世纪所特有的局限性,即形而上学的思维方式。

培根(1561—1626),英国唯物主义和近代实验科学的始祖,资产阶级化的贵族的思想代表,主要著作有《学术的进步》和《新工具》等。

洛克(1632—1704),英国唯物主义哲学家,资产阶级和新贵族的思想代表,主要著作有《人类理智论》和《论宗教宽容的信》等。

培根和洛克曾被恩格斯称为"法国唯物主义者这个光辉的学派的前辈"。他们反对中世纪的经院哲学,承认外部世界的客观存在,认为知识来源于直接的感觉和经验,提倡用实验方法取得知识。他们两人也是近代哲学中最先系统地阐述经验主义方法的形而上学者,这是同当时自然科学的发展状况分不开的。

15世纪下半叶以后,随着生产力的发展,自然科学在搜集材料的基础上,逐步进入分门别类的研究。各门自然科学以牛顿力学的研究方法为标准,通过实验、分析、比较和归纳,把自然界的各种事物和过程分解为各个部分,从整个联系中分离出来,把复杂的东西划归为不能再分解的简单"形式"或部分。这种方法,在当时对于一定的狭窄领域或具体对象的研究是必要的。但是,这种研究方法使人们养成了一种孤立、静止、片面地观察事物的习惯。它只"看到一个一个的事物,忘了它们互相间的联系;看到它们的存在,忘了它们的产生和消失;看到它们的静止,忘了它们的运动:因为它只见树木,不见森林。"培根和洛克把这种考察事物的方法当作普遍适用的世界观和方法论,从自然科学领域搬到哲学领域,割裂了感性与理性、归纳与演绎、分析与综合的联系,忽视演绎和综合方法,片面夸大归纳法和分析法的作用,这就形成了近代唯物主义的形而上学缺陷。

4. 拉普拉斯

拉普拉斯(1749—1827),法国天文学家、数学家。1796年,他在《宇宙体系解说》中,独立地提出了和康德星云说相类似的天体起源的假说。

拉普拉斯认为,太阳和行星起源于灼热而旋转的星云。星云的质点相互吸引,密集成球体;星云逐渐冷却、收缩,球体的半径减小,总的动量距——各质点的线速度、质量和离自转轴的距离的乘积之和(在数学上用$\sum mur$表示)保持不变,因而使旋转速度越来越快。随着速度增快,离心力也就越来越大,使星云球体变成平盘形状,围绕自己最短的轴旋转。当星云体自转速度增加到其边缘部分的离心力等于并超过中心部分的吸引力时,边缘的质点就陆续分离出一定数量的围绕中心体运转的星云环。后来,星云的中心部分成为太阳,而分离出来的星云环断裂,逐渐聚集成了各个行星。这些行星的自转方向同公转方向相同。根据同样道理,形成行星的星云块自转很快,又分离出围绕其旋转的星云环,这些环断裂就形成为卫星。

拉普拉斯的假说说明了行星系统结构的一些主要特征，把行星的形成看作一个历史过程，这对当时天体演化论中的形而上学观点是一个打击。但是，这个假说没有说明原始星云转动的原因，对太阳系中的许多现象还不能给以解释。

5. 黑格尔的体系作为体系来说，是一次巨大的流产，但也是这类流产中的最后一次。

黑格尔(1770—1831)，德国古典哲学的主要代表，客观唯心主义者，在政治上代表保守的资产阶级利益。他先后在耶拿、纽伦堡和柏林等大学讲授哲学。主要著作有《精神现象学》、《逻辑学》、《哲学全书》和《哲学史讲演录》等。

在哲学史上，黑格尔第一次自觉地表述了辩证法的基本特征，他把世界描写为一个不断运动、变化的过程，并试图揭示这些运动和变化的内在联系或规律性。但是，他的辩证法是唯心主义的。在他看来，运动变化的只是神秘的"绝对精神"，而不是物质自然界，自然界的运动仅仅是精神运动的体现。按照辩证法的本质，人类社会的发展是永无止境的，人们的认识永远不能通过发现所谓最后的绝对真理而达到智慧的顶峰。可是，黑格尔却认为，普鲁士的专制制度是尽善尽美的社会，是人类历史的终结，他的哲学就是绝对真理的全部内容。这样一来，"包罗万象的、最终完成的关于自然和历史的认识的体系，是和辩证思维的基本规律相矛盾的"。这种不可救药的内在矛盾，终于导致了黑格尔体系的流产。同时，由于黑格尔的唯心主义体系是过去那种凌驾于其他一切科学之上的旧哲学的"最后的最完善的形式"，所以说，在马克思主义哲学产生之后，随着黑格尔体系的流产，全部旧哲学也就没落了。黑格尔体系的流产是唯心主义的一次巨大流产，而且也是最后的一次流产。

（节选自《哲学名著学习纲要》，孟宪鹏主编，解放军出版社 1987 年版）

贺进士王参元失火书

【教学目的】

一、借助工具书完成释义性阅读。

二、理解文中朴素辩证法的观点，对文章作辩证分析。

【教学步骤】

一、课前预习

1. 口头翻译全文。

2. 了解文章的思想感情。

二、课堂研讨

1. 提名翻译文中语句，补充注释（参见"补充资料"）。

2. 文中哪些词语反映了作者思想感情发展的线索？

文章开头一段，以“骇”、“疑”、“喜”总起全文；接着分别阐述所以“骇”、“疑”、“喜”的原由。以上分述的三层意思，均有语言标志：“是故……也”。最后一段，以颜、曾的安贫乐道相安慰。

3. 文中哪些地方反映了作者朴素的辩证法思想？

朋友家遭受火灾，作者一方面看到，这会给朋友的生活带来困难，一个“骇”字表达了作者的同情；另一方面，作者认为大火可以烧尽众人的疑虑，为朋友扫平仕途的障碍，朋友的才干有可能得以发挥，因此可喜可贺：一个“喜”字表达了作者的这种感情。（当然，朋友很有才干，始终仕途无门，而且没人敢于为之仗义执言，而一定得依靠火灾的“帮助”，这也反映了当时不公道的现实、不合理的制度；这个“喜”字中表达的感情是复杂的。）对事物的两方面作全面、具体的分析，这反映了作者朴素的辩证法思想。文中“盈虚倚伏”一语，化用了《老子》中“福兮祸所倚，祸兮福所伏”一句。老子哲学中具有朴素辩证法的思想。他认为，对立面不是一成不变的，它们会向相反的方面转化。但是老子一味讲“转化”，而不讲转化须要有一定的条件。这就使得事物的转化让人觉得不可捉摸，觉得“去来之不常”。因此作者又说“斯道辽阔诞漫，虽圣人不能以是必信”。但是在王参元家失火这件事情上，作者根据具体情况作具体分析，由“祸”转“福”，由“骇”转“喜”，让人感到合情合理。作者的思想虽然被认为有唯心主义色彩（信佛），或者被认为有折中主义色彩，但是本文中的分析还是“实事求是”的。

4. 运用对立统一的观点进行分析和评价，指出本文思想内容的积极意义和历史局限性。

积极意义已经如上所说。关于本文的历史局限性，可组织学生讨论，结论不必强求一律，言之成理即可。提供相关材料如下：

王元美于此书微有异议：“贺失火书极有意致，极有力量。然负公道一语，君子谓见理未明。夫士君子引拔人才，唯求不负所举而已，能果足录，如裴之进擢旧友可也；庸庸无取，如苏章之不私故人可也。参元果贤，且将内不避亲，外不避仇，而独避一知己耶？胡为缄口结舌，宁负公道，不负私党，宁负足下，不负权贵，而惴惴惧为世嫌所加也？司马之党，宜其及矣。”

元美所持之理非不正，子厚岂并此不知？特以参元家富，中于世讥之情况特殊，姑就理致一方极言之而已，固非以此作为行事之一般矩范也。固哉元美！以局赅通，大反逻辑规律。至称“司马之党，宜其及矣”，以风马牛不相及之事，而妄谓及焉，其识何足以尽覆古今事变也哉？

（以上均见章士钊《柳文指要》卷三十三）

作品有浓厚的感伤情调，流露出太多的牢骚和悲叹。

（王松龄《柳宗元诗文选译》）

【补充资料】

一、注释

1. 杨八：名敬之，行八。柳宗元的亲戚，王参元的好朋友。

2. 足下:敬辞,尊称对方。

3. 仆:对人自称的谦词,即“我”。

4. 焉:形容词词尾,表示“……的样子”。悉:全、都。

5. 炀(yáng):这里指焚烧。赫烈:火势猛烈的样子。

6. 左右:旧时书信中称对方。不直称其人,仅称他的左右执事人以表示尊敬。

7. 滫瀡(xiū suǐ):这里指淀粉一类烹调用的东西。滫,淘米水。瀡,古时把使菜肴柔滑的作料叫“滑”,齐国人称之为“瀡”。

8. 倚伏:《老子》:“祸兮福之所倚,福兮祸之所伏。”意为祸是福依托之所,福又是祸隐藏之所,祸福可以互相转化。

9. 小学:旧时对文字学、音韵学、训诂学的总称。

10. 其:表示揣测的语气词。

11. 盖:表示原因的副词。

12. 衔:含,这里指藏在心里。

13. 贞元:唐德宗年号(785—805)。

14. 盖:副词,表示不肯定的语气。

15. 御史:指监察御史。尚书郎:指尚书省礼部员外郎。

16. 奋其舌:这里指对皇帝劝谏、上疏等。奋,鼓动。

17. 行列:这里指同僚。

18. 孟几道:孟简,字几道,擅长写诗,尚节好义,是柳宗元的好朋友。

19. 黔:黑色,在这里用如动词。下文“赭”,红色,用如动词。

20. 祝融、回禄:都是传说中的火神名。相(xiàng):辅助。

21. 喙:鸟兽的嘴。这里借指人的嘴。

22. 策:策问,唐代科举考试的方法之一。科:科举取士。

23. 蓄缩:指做事懈怠,这里指不得仕进。

24. 列国:指春秋时各诸侯国。

25. 许不吊灾,君子恶之:据《左传》记载,鲁昭公十八年(前520年),宋、卫、陈、郑四国发生火灾,许国没有去慰问,当时的有识之士据此推测许国将要灭亡。许,春秋时国名,在今河南许昌一带。

26. 颜、曾:即颜回、曾参,两人都是孔子的弟子。据《论语》记载,孔子曾经称赞颜回能安贫乐道。又据史书记载,曾参事亲至孝。

二、译文

收到杨八的信,知道您遭到了火灾,家里没有一点东西留存下来。我刚听说时吃了一惊,继而是怀疑,最后竟感到非常高兴。本来打算慰问您,可现在却改成祝贺您了。由于路途遥远,书信言辞简略,还未能确切地了解您的具体情况。假若果真是荡然无存,那么,这正是我特别要祝贺您的了。

您殷勤地奉养父母,终日安乐,只希望恬静安闲不出事情。如今竟然遇到意外的大火灾，使您震动惊惧，甚至连普通饭食的供给，也许都已经很困难了。因此，我刚听说时吃了一惊。

大凡人们的话都是这样说的：盛衰祸福都是互相依存、来去不定的。一个人将要大有作为之前，最初反而处于困苦动荡不安的境地，遭到水火的灾祸，受到众小人的怨恨毁谤。历经了忧劳、辛苦、变乱、动荡，然后才能取得显赫的成就，古代的人都是这样的。然而，这些道理玄远迂阔而又荒诞，即使是圣人也不能认为它是完全确实的东西，所以我随即又发生了怀疑。

凭着您能读古书，能作文章，又精通“小学”，如此多才多艺，但作官却不能超出众人之上，从而获得显赫的功名，这里没有别的原因，就在于京城的人都说您家里积有很多钱财，那些喜好廉洁名声的士大夫，都顾忌别人说坏话不敢称道您的才能，只是自己心中明白，藏在心里，不敢说出。这实在是因为公正的道理难以彰明，而世人又多疑忌的缘故。谁要一开口，那些惯于讥笑别人的人就会认为这个人准是得了许多贿赂。

我自从贞元十五年，看见了您的文章，赞誉之心藏在心里大约六七年了，一直没有说出口。这是我只顾个人却长久地违背了公道，不仅仅是有负于您啊。等到我在御史、尚书郎任上时，自以为有幸做了皇帝身边的大臣，从此得到了说话的机会，打算借此向上推荐您，以便消除您的郁闷。然而，当我在同僚中称道您的时候，仍然有相视而暗笑的人。我实在遗憾自己的修养不能为世人所见，清白的名声不能确立，因而遭到世人的疑忌。我经常和孟几道谈到这事，并为此感到痛心。

如今有幸受到天火的荡涤，凡是众人所疑惧顾忌的一切，全都成了灰烬。房屋烧焦了，墙壁烧红了，以此显示出您家已是一无所有了。因而您的才能，就可以显露出来，而不再受到辱没，您的真才实学也可以表现出来了。这实在是火神对您的帮助啊。这样一来，我和孟几道十年来对您的了解，还不如这把火一个晚上给您带来的名声。此后，人们都会谅解您，而且会宣扬您的才能，使那些有话藏在心底的人，都能够毫无顾忌地开口为您说话了；那些主考官，敢于授给您官职而不再害怕了。这样一来，即使想像过去那样被人疑忌、受到讥笑，难道还能做得到吗？在这方面，我对您寄予很大的期望，因此，最终才非常高兴起来。

古时候，各国发生灾祸，同等地位的诸侯国都对该国表示慰问。有一次许国没有这样做，君子都憎恶它。现在我所说的这些情况和古代的有些不同，所以把安慰改成了祝贺。

像颜回、曾参那样奉养父母，从中得到的乐趣是很大的，比照他们的情况，您还缺少什么呢？

（阴法鲁《古文观止译释》，吉林人民出版社出版）

三、赏析文章

刘勰说：“故书者，舒也；舒布其言，陈之简牍，取象于夬（同决），贵在明决而已。”（《文心雕龙·书记》）

王参元家遭大火,财物一空,本是令人同情,值得悲哀的事,宗元却居然表示祝贺,这一反常理的决断,深刻揭露当时社会的时弊。因为家有积货,连清廉名士都不敢称善,有为申辩者则被疑为受重贿,甚至不得进身,直待一把大火烧得一贫如洗,才显得清白而不污,这是一个多么反常的社会。这一病态心理,正是当时贪污枉法、贿赂公行的黑暗现实的折射。宗元以逆反心理,予以猛烈地抨击,辛辣地讽刺。入笔不俗,匠心独运。

文题用"贺"与"失火"的矛盾现象,说明了立意之高妙。

"始闻而骇,中而疑,终乃大喜",高度概括致贺的缘由,不是幸灾乐祸,而是经过深思熟虑,承受一番心理斗争,才得出值得庆贺的结论,这样独出新意的开头,实为惊人之笔。而迭迭说理,扣人心弦。"家无余储","将吊而更以贺也","若果荡焉泯焉而悉无有","尤贺者也"。真是"露中有含,透中有皱,令人一见可喜,久读愈有致也"。(《诗概》)

王参元勤恳诗务,朝夕宁处,以"恬安无事"为望,突然遭到大火,家人震骇,器具全毁,连吃饭都成了问题,确实令人担心受怕。文中一个"骇"字,表达宗元深切的同情,急切的关注。但是他没有陷入"凡人""盈虚倚伏"之论的泥潭。"盈虚无常,福祸倚伏"本是老子思想,《老子》曰:"祸兮福所倚,福兮祸所伏"。具有朴素的辩证思想,可是"凡人"由于受统治阶级的愚弄,却误解为因果论和宿命论。"火灾"和"大有为"、"能光明",根本无必然联系,所以宗元斥之为"诞漫"(荒唐)。这一"疑",实是对上面"骇"的深化,火灾可怕,此种愚弄麻醉人的迷信更为可怕。由火而人,进而联想社会上因积货而产生的种种弊病。因"疑"释"骇",由"疑"入喜,这个"疑",乃传神之笔,寄寓宗元对社会深刻的认识、彻底的否定。

王参元读古书,为文章,善小学(一门学问),尽管"多能",但进不出群士,其根本原因是封建社会制度造成的。核心是"权"、"势"。有权有势的人,可以"积货",可是"积货"的人不一定有权势,如王参元就"进不出群士",因为"积货"有多种方式。但当时世风却把它混为一谈,只能说明当时贪赃枉法盛行。廉名之士不敢称善,连宗元这样耿介之人为之申辩都被诬为受贿,可以窥一斑而见全豹。甚至宗元做了监察御史说话也无济于事,只有宗元和孟几道少数人同情王参元。由此看来真不如一把大火烧光,方有出头之日。宗元采取对比的方法,写出自己大喜的因由,有力地抨击了当时混乱的俗见,揭露当时不公道的时弊,谴责不合理的制度!

《左传·昭公十八年》载,宋、卫、陈、郑灾,陈不救火,许不吊灾,受到谴责。文章用此典故,说明自己"将吊而更以贺",同许不吊灾的性质是完全不同的。进一步陈述自己"吊以贺"的理由,表现作者对积货的正确看法,不是主张把财产全部烧光,那是气话,而是鼓励王参元做个"忧道不忧贫"的人。这表明作者对贪污行贿、以财产论人的世俗的鄙视。

(王本仁)

(选自《唐宋八大家散文鉴赏辞典》,吕晴飞主编,中国妇女出版社出版)

讲讲实事求是

【教学目的】

一、了解本文的论证结构、论证方法。

二、了解辩证唯物主义认识论的基本原理。

【教学步骤】

一、课前预习

1. 通读全文,列出结构提纲。

2. 了解文中运用了哪些论证方法。

二、课堂研读

1. 讨论、归纳,明确文章的论点、论证结构。

本文节选自邓小平《在全军政治工作会议上的讲话》。它透彻地论证了实事求是是毛泽东思想的出发点和根本点。

课文共10段文字,可分为三个部分。

第一部分(1—3段),提出论点。第1段从会议谈起,任何工作都是为了解决问题。因而必须实事求是,从实际出发。第2段分析我党队伍的思想现状,说明坚持实事求是的重要性。第3段在前两段的基础上,明确提出中心论点:实事求是,是毛泽东思想的出发点、根本点。

第二部分(4—9段),以毛泽东同志的革命实践和革命理论为论据,透辟地论证和阐述中心论点。第4—7段分别以缔造党的最初年代、战胜王明"左"倾路线以后、整风运动时期、新中国成立以后等历史时期毛泽东同志的革命实践和革命理论为论据进行具体论证。第8段概括各个历史时期的情况,论证毛泽东同志历来坚持实事求是的态度。第9段,对4—8段的论证进一步从理论上进行小结。

第三部分(第10段)从全军政治工作会议的召开方法谈起,紧扣全文的中心论点,结束讲话。

全文采取了提出问题、分析问题、解决问题的结构思路:首先从实际情况出发,有针对性地提出问题,概括出中心论点;然后紧扣中心论点,系统地大量引述毛泽东同志各个历史时期的有关论述与讲话,充分论证,分析问题;最后进行小结,解决问题。

文章通过这样的思路,论证了实事求是,一切从实际出发,理论与实践相结合是马克思主义的根本观点、根本方法,是毛泽东思想的出发点、根本点,从而阐明了实事求是对解放思想、对社会主义现代化建设的重大意义。(提供写作背景材料)

2. 讨论、归纳文中运用的论证方法。

为了证明中心论点,第4—7段列举了缔造党的最初年代、战胜王明"左"倾路线以后、整风运动时期、党的"七大"时期、新中国成立以后等中国革命重要历史时期毛泽东同志的观点和主张；第7段论述毛泽东同志在新中国建立以后的观点和主张时列举了1953年、1956年毛泽东同志的一些重要讲话内容和1963年毛泽东同志在《人的正确思想是从哪里来的》一文中所论述的有关内容。文章列举这些材料为论据，不但充分而且具有系统性，有力地证明了中心论点的正确。

文章在运用例证法的时候，突出地运用了引证法。本文的引证，是通过引用毛泽东同志的言论来证明文章的中心论点的。本文的引用，有明引、暗引两种。明引如毛泽东同志指出："马克思主义者认为，只有人们的社会实践，才是人们对于外界认识的真理性标准。"1930年，毛泽东同志专门写了《反对本本主义》这篇文章，提出"没有调查，就没有发言权"的科学论断。暗引如"毛泽东同志讲过，我写文章，不大引马克思列宁怎么说，报纸老引我的话，引来引去，我就不舒服。"本文的引用，对准中心论点，选取毛泽东同志思想体系中的精粹语句，而且前后衔接紧密，逻辑性很强，不但有力地证明了中心论点，而且能使读者从中受益。

3. 提供有关资料，让学生进一步了解：本文所论述的"实事求是"，就是辩证唯物主义的基本原理（参见【补充资料】）。

【补充资料】

一、字词句补注

1. 实事求是：出自《汉书·河间献王传》。西汉景帝的第三子刘德被封为河间献王。刘德喜欢研究学问，阅读并搜集过很多先秦时代的古书，掌握丰富的资料，认真地从事学术研究和历史考证工作。班固写《汉书》时，为刘德立了《河间献王传》，说他的治学态度是："修学好古，实事求是。"后来，唐朝大学者颜师古把这句话解释为："务得事实，每求真是也。"意思是说，研究学问，一定要掌握了充分的事实根据，然后从中找出正确可靠的结论。毛泽东同志给了它新的解释："实事"就是客观存在着的一切事物，"是"就是客观事物的内部联系，即规律性，"求"就是我们去研究。毛泽东同志利用这个成语，赋予新的解释，阐述了我们党应有的思想路线和工作作风的规范。实事求是的原则，就是一切从实际出发，理论联系实际，就是把马克思列宁主义普遍原理同中国革命具体实践相结合。

2. 缔造：创立，建立（多指伟大的事业）。

3. 异议：偏正式合成词，不同的意见。要与第3段中的"疑义"区别开来。"疑义"，可以怀疑的道理，可疑之点，也是偏正式合成词。"无异议"是没有不同意见，"无疑义"是没有什么可以怀疑的。

4. 怠工：有意的不积极工作，降低工作效率，指某些人从事具体工作时的一种消极态度。作者借用这个词形象地说明某些人对执行上级指示不动脑筋，不讲实效，敷衍了事。

5. 告诫：也作"告戒"。警告劝戒。用于上级对下级或长辈对晚辈，否则，就不得体。

6. 灵丹圣药:灵验有效的奇药。迷信的人们认为这种药能治百病。文中比喻能解决一切问题的办法。也说“灵丹妙药”。

7. 人类认识真理的正常秩序:这个短语在课文的第5段。上文中说:“马克思主义者认为,只有人们的社会实践,才是人们对于外界认识的真理性的标准。”(《实践论》)毛泽东同志的《实践论》最后一节总结说:“通过实践而发现真理,又通过实践而证实真理和发展真理。从感性认识而能动地发展到理性认识,又从理性认识而能动地指导革命实践,改造主观世界和客观世界。实践、认识、再实践、再认识,这种形式,循环往复以至无穷,而实践和认识之每一循环的内容,都比较地进到了高一级的程度。这就是辩证唯物论的全部认识论,这就是辩证唯物论的知行统一观。”所谓“人类认识真理的正常秩序”就是指这个。教条主义者拒绝对具体事物作实事求是的研究,而死搬抽象的公式来指导革命工作,这就“否认了并且颠倒了这个人类认识真理的正常秩序”。

8. 他坚持反对在共产党内讨论问题的时候,开口闭口拿本本来,以为上了书的就是对的这种错误的心理:这是一个单句,主干是“他反对心理”。什么样的心理呢?“心理”前的二组定语回答了这个问题。(1)“在共产党内讨论问题的时候,开口闭口拿本本来,以为上了书的就是对的”;(2)“错误”。这二组定语是并列的,“这种”一词指代(1)组,“错误”一词指明了前面情况的性质。这句话描述和批评了“本本主义”,表明了对“本本主义”的态度,容量很大,语言精练。

9. 指挥员的正确的部署来源于正确的决心,正确的决心来源于正确的判断,正确的判断来源于周到的和必要的侦察,和对于各种侦察材料的连贯起来的思索:这句话由三个分句组成。前一句结尾的词语做后一句的起头,前后句头尾蝉联,上递下接,这种辞格叫顶真(或“顶针”),也叫联珠。这句话使用顶真的修辞方法,层层推进,把正确的部署、决心、判断、周到、必要的侦察和连贯的思索之间的递相依存的内在联系作了清楚的阐述。说理周密严谨,表达如行云流水,气势贯通。

10. 同志们请想一想,实事求是,一切从实际出发,理论和实践相结合,这是不是毛泽东思想的根本观点呢?这种根本观点有没有过时,会不会过时呢?如果反对实事求是,反对从实际出发,反对理论和实践相结合,那还说得上什么马克思列宁主义、毛泽东思想呢?那会把我们引导到什么地方去呢?很明显,那只能引导到唯心主义和形而上学,只能引导到工作的损失和革命的失败。这段文字由四个问句和一个判断句组成。四个问句用了两种修辞方法:前三句无疑而问,答案明确,不需回答,属反问;第4句自问自答,以引起别人的注意和思考,属设问。1、2两句反问容易误认为是设问,因为一般的反问句是用否定的句式表示肯定或用肯定的句式表示否定,而这两句用的是“是不是”、“有没有”、“会不会”正反问的形式,所以要特别注意。

二、课文涉及的知识

1. 背景材料

1978年5月2日到6月2日在北京召开了中国人民解放军全军政治工作会议。

这是粉碎"四人帮"后,我国社会主义革命和社会主义建设进入新的历史时期,新的中央军委产生以后召开的第一次全军政治工作会议。当时,正是全国政治、思想、理论战线上面临彻底肃清林彪、"四人帮"的流毒,纠正"左"的路线影响的关键时刻,邓小平同志在会上作了重要讲话。他讲了四个问题:讲讲实事求是;讲讲新的历史条件;讲讲破和立;讲讲以身作则。课文是他讲的第一个问题。

1977 年 2 月 7 日《人民日报》、《红旗》杂志、《解放军报》社论《学好文件抓好纲》中提出:"凡是毛主席作出的决策,我们都坚决维护,凡是毛主席的指示,我们都始终不渝地遵循。"这"两个凡是"是违背毛泽东思想的精髓——实事求是这一基本原则的,但一时竟成了全党全军全国人民一切工作的指导思想。邓小平同志在讲话中,以无产阶级革命家的胆识,针对"两个凡是"的错误思想,讲了实事求是是毛泽东思想的出发点、根本点这一重要的原则问题,对彻底肃清林彪、"四人帮"的流毒,纠正"左"倾路线的影响,起了关键性的作用。

2. 邓小平关于"实事求是"的一段精辟论述

关于实事求是的重大意义和巨大威力,邓小平同志 1978 年 9 月 16 日在听取吉林省委汇报工作时的谈话中有这样一段精辟的论述:"毛泽东思想的基本点就是实事求是,就是把马列主义的普遍原理同中国革命的具体实践相结合。毛泽东同志在延安为中央党校题了'实事求是'四个大字,毛泽东思想的精髓就是这四个字。毛泽东同志所以伟大,能把中国革命引导到胜利,归根到底,就是靠这个。"

(《邓小平文选》第 121 页)

(选自《新编中学语文备课全书》,北京师范大学出版社出版)

标准只有一个(略)

练习参考答案

一　参见《贺进士王参元失火书》“课堂研讨”3、4。

二　参见《标准只有一个》“课堂研讨”1、2。

三　“祸兮福所倚，福兮祸所伏”、“失败是成功之母”、“乐极生悲”、“否极泰来”、“生于忧患、死于安乐”等等，这些格言，是对人们的社会实践、生活经验的概括，说明“好事”、“坏事”在一定的条件下是可以相互转化的。“如何转化”，可联系量变、质变，否定之否定规律来谈；转化的原因，可联系内因、外因的辩证关系来谈。

（第五单元特约编写者：蒋念祖）

第六单元　研读的应用

单元教学要求

一、了解教育学论著的一般特点，把握阅读教育学论著应该注意的要点，培养和启发阅读教育学论著的兴趣。

二、结合实例学习研读方法的综合运用，提高研读文化著作的能力。

单元教学安排

一、课时分配

本单元课堂教学共 8 课时，可作如下安排：

指导学习《研读常识六》　1 课时

指导研读《学记》　3 课时

指导参读《〈学记〉管窥》《儒家的"教学论"初探》《知识经济与智能教育》《开创中国教育改革和发展的新局面》　3 课时

指导学生完成《练习六》　1 课时

二、教学建议

1. 以研读《学记》为核心，进行单元整体教学。在教学过程中，重视指导学生作单元整体预习，要求学生运用各种阅读方法，尤其是速读法，限时完成任务，以提高阅读效率。重视在以往进行的各项训练(通读与博采、质疑与设问、比照与思辨、逻辑与辩证)的基础上，加强综合应用的指导。根据研读文章的特点和训练内容的实际需要，选择适当的方法，采取必要的程序，从而达到研读的目的。

2.《学记》是我国乃至世界最早出现的自成系统的教育学专著，它的出现标志着我国古代教育思想发展到了一个崭新的阶段。但是，它毕竟是二千多年前的著作，有一定的历史局限性。要指导学生区分传统思想的根本精神与历史附加给它的派生条件，联系实际，解决好继承与创新的问题。

3. 参读《〈学记〉管窥》和《儒家的"教学论"初探》，重点思考有关《学记》的一些疑难问题和古为今用的几个方面的内容，以及儒家的几条主要教学原则。

4. 参读《知识经济与智能教育》和《开创中国教育改革和发展的新局面》,重点了解智能教育的新内涵和“三个面向”的丰富内容,认识教育所面临的新世纪的新形势和我国教育改革与发展的总的指导方针。

研读课文教学设想

学　　记

【教学目的】

一、了解《学记》的精义,认识它的价值。

二、训练技能,重视各种知识、能力的综合运用和训练。

【教学步骤】

一、课前预习

要求用快读和慢读相结合的方法,通览本单元的全部课文。参读课文,主要用快读法,抓住文章的筋骨脉络,一段一层地读,提纲挈领地迅速掌握各段各层的观点,略去分析引例论证的过程,总摄文章主旨。

《学记》是研读课文,须认真仔细阅读,速度不可太快,基本上取慢读法,“每句先逐字训之,然后通解一句之意,又通结一章之意”。要求先将原文浏览两遍,边读边思,质疑设问,然后再看书下注解和书旁译意,弄懂文意。有条件的,可以借助工具书和今人对《学记》的今译、直解、评注等资料,广泛查考。

二、课堂研讨

1. 读通原文

可以通过小组交流形式,在预习的基础上,将原文逐句直译为现代白话(参考译文,见【补充资料】)。

2. 了解段意

初步读懂原文以后,进而理解每段的主要意思,并且用自己的语言明白地表达出来。

课文共22段,每段的主要意思如下:

(1) 这一段主要从治国化民的角度强调了教育的重大社会作用。

(2) 这一段说明教育是人们通晓道理的必要途径,因而统治者总是把它放在首要的位置上。

(3) 这一段主要阐明了教与学相互促进的道理。

(4) 这一段主要介绍古代的教育机构。

(5) 这一段介绍了古代学校的教学目的和教学安排。

(6) 这一段提出了古代教学的七大原则。

(7) 这一段指出古代课业有课内与课外之分。

(8) 这一段强调了技能训练的必要性。

(9) 这一段论述知识传授和技能训练相结合的原则。

(10) 这一段分析了教师在教学活动中导致教学失败的种种错误做法。

(11) 这一段论述教学中必须遵循的几项原则。

(12) 这一段论述教学中应该预防的几个具体事项。

(13) 这一段主要从三个方面入手论述了教师应该用启发式的教学方法。

(14) 这一段论述了教师应该了解学生在学习过程中容易产生的四种偏向,从而有的放矢地进行补救。

(15) 这一段集中论述了教师在教学活动中的表述问题。

(16) 这一段提出了作为一个教师所应具备的条件,并分析了择师的重要性。

(17) 这一段分析了尊师的重要性,并介绍了古代天子不将老师当作臣对待的有关礼节。

(18) 这一段分析了教学活动中提问和解答应采取的正确方法。

(19) 这一段论述了教师应该对自己所传授的知识有透彻、深刻的理解,然后针对学生的实际水平和疑难所在进行因材施教。

(20) 这一段论述了学习必须从基础入手,由易到难,循序渐进。

(21) 这一段进一步阐明了教育在政治和人伦关系中的重要作用。

(22) 这一段阐明了教育在人生万事中的根本作用,凡有见识的统治者都应致力于此。

3. 讨论问题

(1) 课文中哪些地方论述了教育的重要性? 请画出关键的语句。你是怎样理解这些语句的?

学生经过博采、查考、比照、思辨,并讨论过之后,教师提供参考答案:

第1段中:"君子如欲化民成俗,其必由学乎"。

第2段中:"人不学,不知道"。"建国君民,教学为先"。

第3段中:"虽有至道,弗学,不知其善也"。

第21段中:"学无当于五官,五官弗得不治;师无当于五服,五服弗得不亲"。

第22段中:"君子曰:大德不官,大道不器,大信不约,大时不齐。察于此四者,可以有志于本矣。三王之祭川也,皆先河而后海,或源也,或委也,此之谓务本。"

以上语句都明显地体现了儒家对教育重要性的看法。

"化民成俗",教育是"必由"之路;"建国君民",把"教学"放在领先的位置上。可见教育在社会、政治上的突出地位。虽然,这里的"国"、"民"、"俗"等有特定的历史内容,但是,强调教育的重要性是一种带规律性的认识,具有永恒的价值。

课文中讲"人不学不知道","虽有至道,弗学不知其善也",教师传"道",学生学"道"。"道"作为自然和社会规范,它的重要性在于万事万物都受其统摄,"道"的重要性还在于它无所不在和永恒存在。第 21 段中,讲五声、五色,实际上是在讲“道”,以鼓、水二物衬托“学”、“师”二事。“学”、“师”是直接与“道”联系着的。第 22 段中,讲“大德”、“大道”、“大信”、“大时”,在儒家看来,这些都是“至道”的体现者,即“圣人”。教育的最终目的就在于培养“圣人”模式的人物。《论语》说“本立而道生”,《学记》就抓住“教学为先”这个前提,要求受教育者通过“大学之教”达到“至善”“至诚”,即“圣人”境界,这就是“务本”,这也就阐明了教育对“建国君民”的重大意义。

(2) 第 5 段(“比年入学……谓之大成”)是怎样论述教与学的进程的? 你对我国古代的这种教育制度有什么看法?

学生讨论之后,教师提供参考答案:

这种教学历程,为期共九年,分五个阶段,每个阶段各有其重点。第一年先端正其志向,同时学习句读。第三年教其治学的态度,以及与同学相处之道。第五年鼓励其广事涉猎,以奠定其深厚的基础,并需多多亲近其师。第七年练习与同道讨论问题,并择取益友。完成了这四个阶段,就叫做“小成”。最后一个阶段,即第九年,学习已到达完成阶段,这时候在知识方面已能触类旁通,从事推理的思考;在人格方面已能自强独立,即使没有老师的鞭策,精神也不致倒退。这就叫做“大成”。一个人经过这样的教育历程,达到如此境界,才算具备了化民成俗的条件。

学生从入学到结束,先学什么,后学什么,时间距离,规格要求,都有明确规定,这反映了我国早期学校教学体制已相当完备,教学规划已相当周密,教育内容也相当丰富。其中属于德育方面的有“辨志”、“乐群”、“亲师”、“取友”、“强立而不反”;属于智育方面的有“离经”、“敬业”、“博习”、“论学”、“知类通达”。这德育、智育二者又很难截然分开,如“经”是载道的经,“离经”是为了明道,道就是政治;当然经中有文化知识。又如“博习亲师”、“论学取友”,是德育的过程,也是智育的过程。

从“离经辨志”到“强立而不反”的全过程,揭示了一条基本规律,即德育和智育总是紧密地联系着,注重人格养成。

(3)《学记》这篇古代教育理论上的重要文献,在教学工作方面,提出了不少符合教学规律的问题,多被现代教学理论吸纳为教学原则,如启发教学原则、循序渐进原则、因材施教原则等;请从课文中找出论述“启发教学”、“因材施教”、“循序渐进”的一些语句,并熟读之。

学生用跳读法筛选信息,回答问题:

启发教学:“君子之教,喻也:道而弗牵,强而弗抑,开而弗达。道而弗牵则和,强而弗抑则易,开而弗达则思。和、易、以思,可谓善喻矣。”“其言也,约而达,微而臧,罕譬而喻,可谓继志矣。”“能博喻,然后能为师。”

因材施教:“学者有四失,教者必知之。人之学也,或失则多,或失则寡,或失则易,或失则止。此四者,心之莫同也。知其心,然后能救其失也。教也者,长善而救其失者也。”

循序渐进:“学不躐等”,“不陵节而施之谓逊”,“君子知至学之难易,而知其美恶,然后能博喻”,“善问者如攻坚木,先其易者,后其节目,及其久也,相说以解”。等等。

(关于教和学的方法,参读时将重点讨论)

(4)《学记》在论述教师方面,也有许多卓越的见解。你对“凡学之道,严师为难”是怎样理解的?

提醒学生要辩证地、历史地理解这个问题。参考答案如下:

一般人对尊师的深远意义认识不深,是看不到“师”与“道”及社会的联系。只有尊师,才能重道;只有重道,才能在全国造成重视教育的风尚。

天子尊师,师是传道的,他要借“道”来维系“邦国之民”。历来统治者总是强调尊师的重要性,将“师”与“天地君亲”并举,似乎已顶天立地,与“君”平起平坐了。实际上,师的神圣性是永远依从于道的神圣性的,“师之所存,道之所存也”,尊师是为了重道。

(5)“故君子之于学也,藏焉修焉,息焉游焉”。“藏修息游”是什么意思?

阅读下面三种资料,自己作出判断。(可以用电教设备)

① 藏,存于内心。修,现于行动。息焉,休息时不忘。游焉,玩乐时不忘。(王梦鸥《礼记今注今译》)

② 藏:沉浸。焉:于此。藏焉:指沉浸于学业之中。修焉:指经常练习学业。息焉:指休息时候不能放弃学业。游焉:指闲暇无事的时候要坚持学业。(《十三经直解》第二卷)

③ 藏修:“藏”,郑玄解释为“怀抱之”,是积蓄、掌握的意思;修,南宋胡铨譬喻为“竹之修”,即长进、增益的意思。“藏”是指掌握已获得的知识而言,“修”是指增长要获得的知识而言。“藏”是“修”的基础,“修”是“藏”的提高。息游:郑玄解释“息”为“作劳休止”,解释“游”为“闲暇无事”。既然“退息必有居学”,“息、游”就不能看成同“正业”无关的“闲暇”。“息”不过是两个学习阶段之间的休止符,“游”则含有融会贯通、左右逢源之意。(高时良《学记评注》)

答案:(略)

三、练习

1. 给第3段文字加上标点。

答案:

虽有嘉肴,弗食,不知其旨也;虽有至道,弗学,不知其善也。故学然后知不足,教然后知困。知不足,然后能自反也;知困,然后能自强也。故曰:教学相长也。《兑命》曰:“教(xiào)学半。”其此之谓乎。

2. 第5段。参看注释,辨析带点的词语的不同解释,将你认为正确的解释在注释中画出来。

答案:

(1) 比年:解作每年。陈澔:“比年,每岁也。”

(2) 离经辨志:离经,郑玄注:“离经,断句绝也。”即把经文的句子点断。离,判,析;经,经书。辨志,郑玄注:“辨志,谓别其心意所趣乡(趋向)。”意思是辨别学习的志向。

(3) 蛾子时术之:蛾、蚁,同音同义。蛾子,即蚁子,小蚂蚁。时,时时。“术”通“述”,《说文》:“循也。”术,是遵循、追随的意思。郑玄注:“蛾时术蚍蜉之所为,其功乃复成大垤(dié)。”即“小蚂蚁由于天天不停顿地衔土,尽管每次只衔很小的一点,但是时间长了,也能堆成一个大垤”。

(第5段的译文,参见【补充资料】)

3. 第6段。解释带点的词的词义。

(1) 皮弁(biàn):用鹿皮做成的冠,此处代指身穿朝服主管教育的官员。皮弁祭菜,古注有三种不同的解释:一说是天子敬学之礼,一说是主管教育官员代表天子敬学之礼,一说是士敬学之礼。三说可以兼采并用,只是不同等级,鹿皮帽有不同的装饰罢了。服饰不同本身是对人们的一种“礼治”教育。

(2) 鼓箧(qiè):指击鼓警众以打开书箱。箧,竹编的书箱。鼓箧,又用来表明大学上课的一种盛况。郑玄注:“击鼓警众,乃发箧出所治经业。”

(3) 孙(xùn):通“逊”,恭顺。孙其业,恭顺地对待学业。

(4) 游:优游,安闲。游其志,使学生心志得到安闲。古人规定夏季之前不对学生进行考查,以便让他们在安闲、轻松的心境下专意于学习。

(5) 躐(liè)等:超越等级。躐,逾越。

4. 把第11、12两段文字的意思译成白话。

答案:

(参见【补充资料】中的译文)

5. 第11段。先写出译意,再就其内容和写法作出一点评论。

答案:

译意:(参见【补充资料】中的译文)

评论:问答式教学,比注入式教学前进了一步;善问,比机械地一问一答前进了一步;善待问,比善问又前进了一步。善问和善待问表明教学的主动权在教者一方,即在教学过程中起主导作用的是教师。但也不排斥教者和学者的双边活动和相互关系,如善学在学生,善问在教师。善学又是善教的结果。

正因为处理教学工作是一门艺术,所以应用形象化的语言文字表达,更能发人深思。例如“撞钟”,《五经通义》以金、石、丝、竹、匏、土、革、木为八音,“金”为钟,其发音,余韵悠长,久而不绝,则《学记》所谓“尽其声”,又具有不“尽”之意。“一声未止”,又“重撞击之”,就意味着教学一环紧接一环。清代焦循描述其全过程说:“凡撞钟,其声悠不即尽。今待问者小叩小鸣,大叩大鸣,亦不即尽说之,待其意有所进而复问,乃以前未尽之说,极说以尽之。如始撞钟,一声悠长,未遽尽,待重撞一声,此声合前未尽之声,极成其盛而后尽之。”这种“从容”“尽声”的高度教学技巧,不仅可使学生于“欲罢不能”之中,充分发挥学习潜力,调动学习的积极性,而且教师教学也将更加主动，真正做到“师逸而功倍”，为提高教学质量提供有力保证。

【补充资料】

一、关于作者

（见参读课文《〈学记〉管窥》）

二、关于作品

《学记》是我国先秦时期儒家学派按照它自己的世界观和方法论总结出来的教育经验和理论概括，是我国和世界最早的、体系相当严整的古代教育文献。它的内容阐明了教育和政治的关系，教育的作用、目的和任务，教育和教学制度、内容、原则和方法，教师在教育、教学过程中的师生关系，同学之间的相互关系，等等。

我国早期的经典著作，如《论语》、《荀子》、《墨子》中，都保存着相当丰富的教育遗产。但是正如未经分解的化合物一样，它都不是专门的教育著作，而是零星地同政治、经济、伦理等理论糅合在一起，作为哲学的命题提出来。只有《学记》是首先以独立的思想形态，可以说作为萌芽期的教育学流传于世。

在研究世界教育学史过程中，我们习惯于把教育学这一术语同希腊文παιδαγωγια联系起来，并造成了教育学体系发源于古代希腊的错觉。这种错觉是自觉或不自觉地受资产阶级的“欧洲中心论”的影响。实际上，παιδαγωγια作为语源，尽管为西方乃至东方国家所沿用，如现今英文作 pedagogics 或 pedagogy，法文作 pédagogie，德文作 pädagogik，俄文作 ледагогика，都不过是希腊文“儿童的向导者”（一般译为“教仆”，即陪伴贵族孩子上学的老年奴隶）一词的借用。它比我国甲骨文“教”和“学”字大约要晚出现九百至一千年。历史证明，古希腊还没有建成独立的教育思想体系。希腊哲学家的著作，例如柏拉图的《理想国》仍然是属于哲学范畴的著作，其中的教育观点仅仅为他的哲学和政治观点作注脚。古代罗马教育家昆体良概括他在罗马修辞学校的教学实践，写了《论演说家的教育》，这部著作被认为“在教育史上，这是密切联系学校实践的最早的著作之一”。但就昆体良的教育活动时期说，这部著作的完成，大约比我国《学记》要晚三百多年。十七世纪捷克教育家夸美纽斯曾被推崇为“现代教育学之父”，他的著作《大教学论》也被认为“可以把它作个基础，重新建立教育的科学”。姑不论其评价是否恰如其分，就时间说，我国《学记》的问世，大约要比《大教学论》早一千八百多年。

（高时良《〈学记〉评注》）

三、有关知识

《礼记》为儒家经典之一，被宋人列于《十三经》中。东汉郑玄（康成）《六艺论》云：“今礼行于世者，戴德、戴圣之学也。”又云：“戴德传礼八十五篇，则《大戴礼》是也；戴圣传礼四十九篇，则此《礼记》是也。”可见《礼记》本有二部，一为戴德所辑，称《大戴礼记》，一为德从兄子戴圣所辑，称《小戴礼记》。《大戴礼记》大多佚亡，仅存北周卢辩所注的三十九篇了。《小戴礼记》四十九篇即为《十三经》中所收。

《礼记》本只四十六篇，因其中《曲礼》、《檀弓》、《杂记》三篇篇幅过长，各分为上下篇，所以今本《礼记》为四十九篇。大概为孔门弟子及其后学所记，有儒家经师们的经说，也有子史杂抄一类的东西，内容最为驳杂。它可以说是一部先秦各种礼仪论著的选集。

《礼记》与《周礼》、《仪礼》合称“三礼”。

四、补充注释

1.《兑命》：《尚书》中篇名。郑玄注：“高宗梦傅说，求而得之，作《兑命》三篇，在《尚书》，今亡。”《经典释文》：兑（说）音悦（yuè）。

2. 自反：反躬自问。

3. 自强：鞭策自己努力于进德修业。《易·乾》：“天行健，君子以自强不息。”

4. 家有塾（shú）：古代二十五家为一闾，共住一条巷，巷头有门，门边有学校叫塾。由于学生可以不离开家庭到塾里去读书，所以称“家有塾”。

5. 敬业乐群：敬业，以严肃的态度对待学业；乐群，指乐于团结同学。

6. 论学取友：论学，指研究学问的本领；取友，识别朋友的能力。

7. 喻：晓喻，指启发诱导。

8. 和、易、以思：和，协和，指师生之间关系融洽。易，指学生不将学习视为畏途而感到轻松愉快。以，而。思，指学生开动脑筋，积极思考。

9. 继其志：自觉地按照他的意愿进行学习。

10. 至学：指学习的深度。此处作“入德”、“入道”解。至，最高的境界。

11. 记问之学：记问，是指教师的知识水平和教学方法。“全无实学，只凭记诵以待问。”“其学徒揣人所应问者记诵而已”。

12. 委：末。

13. 务本：致力于根本。

五、《学记》译文

1. 启发思虑而求合乎法则，招求善良的人，（这二件事）能取得小名声，但还不能感动众人。亲近贤良的人，关怀疏远的人，能感动众人，但还不能教化整个的人民。君子如果想要教化人民，移风易俗，那一定要从学习上入手！

2. 玉不经过雕琢，就不能成为器具；人不学习就不懂得道理。因此古代的帝王建设国家和统治人民，都是把教育和学习放在首位。《兑命》说：“应该想到有始有终地经常学习。”大概就是说的这个意思吧。

3. 虽然有鱼肉等美好食物，不吃就不知道它的美味。虽然有极好的道理，不学就不明白它的美妙。因此，学习过以后才知道自己的学行不够，教过人以后才知道自己的学识还有未通达的地方。知道自己的学行不够，这以后就能自我反省而更多地去学习。知道自己的学识还有未通达的地方，这以后就能自强不息地去求进步。所以说，教和学是相互促进增长的。《兑命》说：“教人学习，能收到相当于自己学习的一半效果。”大概也就是说的这个意思吧。

4. 古代教学，家里办学有“塾”，党里办学有“庠”，遂里办学有“序”，国都办学有“学”。

5. 每年入学一次，隔一年考试一次。学习了一年，就考察他的经文句读的能力，辨别他的志向所趋。学习了三年，就考察他是否专心致志于学业，亲爱同学，乐合群众。学习了五年，就考察他是否广博地学习，亲敬师长。学习了七年，就考察他能否讨论学问上的深奥道理和选择朋友；这已可称为“小成”。学习了九年，就能闻一知十，触类旁通，临事独立判断而不惑，不再违背师道；这可以称为“大成”。这样以后才能教化人民，移风易俗，附近的人心悦诚服，而远方的人也都来归附。这就是大学教育的道路。古书上说：“蚂蚁时时都在学习衔泥，（然后能垒成大窝）。”大概就是说的这个意思吧。

6. 大学开学的时候，夫子就让负责的人穿戴皮制弁帽的朝服，让他用蘋藻一类菜蔬来祭祀先圣先师，向学生表示对于道术的尊重。学习并歌唱《诗·小雅》中的《鹿鸣》、《四牡》、《皇皇者华》三首反映君臣宴乐和相互慰劳的诗歌，使学生在开始学习时就以作官各自勉励。入学时要击鼓召集学生，并打开箱箧，（拿出书籍做功课）这样做是为了让学生恭顺自己的学业。用夏、楚两种木条做的鞭棒，（是老师用来打罚不上进的学生的，使他们有所畏惧）收得整肃的威仪。夏天还没有禘祭以前，夫子就不到学校去视察考查，使学生能够优游宽缓地去用心学习。老师要时常静观默察，不必多说话，使学生在内心自觉地受到启发。年幼的学生只能听讲，不要乱发问，那是因为学习不能不一级一级地上升。这七项，是教学的大道理。古书上说：“凡学习，学做官就先要学习办事，要做学问的就先要坚定志向。”大概就是说的这个意思吧。

7. 大学的教学，依照时序进行，（如春秋教学礼乐，冬夏教学诗、书等）而且一定要教正规的课业，退下来休息时还一定要在家中继续钻研。

8. 不学调琴的基本动作，就不能调好琴弦；不学广博比喻，就不能很好地体悟诗意；不学冕服皮弁等各种服饰制度，就不能很好地行礼；不引起对于六艺的兴趣，也就不能乐意地学习。

9. 所以君子对于学习，是心里常怀抱学业，修习而不废弃学业，作事倦息时也在学习，闲暇游乐时亦在学习。这样，也就能巩固他的学业而且亲近师长，喜欢他的朋友而且信守道义，因此即使离开了老师同学，也不会违背道义。《兑命》说：“敬重道义，恭顺学业，努力专心，精进不已，那么他修习的学业也就成功了。”大概也就是说的这个意思吧。

10. 现在的教师，只是看着那书本上的文字吟诵，（自己并不深通里面的精义）而提出很多难题，又讲些名物制度，（而不是推究义理根本）求躁进而不顾及学生能否安然接受，教学生不竭尽自己的忠诚，又不量度学生材性的高下。他施行的一套是悖谬的，他要求的那些也是不合理的。这样，学生就学得幽隐难明，以至于痛恨他们的老师，苦于学习的艰难而不知道学习的好处。即使结束了他的学业，也一定会很快地忘掉。教育之所以不成功，大概就是这个缘故吧。

11. 大学的教育方法，在错误还没有发生之前就加以制止，这叫做“豫”（预防）；正当他可以教育时教育他，这叫做“时”（适时）；不超过节度等次去施教，这叫做“逊”

(顺序);互相观察并且学习对方的长处,这叫做“摩”(观摩)。这四种方法,就是教育兴盛成功的方法。

12. 错误发生了然后才加以制止,就会抵触而起不到作用;适当的学习时光已经过去然后才学习,就会再勤苦用功也难有成就;杂乱地施教而不按节度等次,就会弄坏搞乱教育的条理而不能教好学;单独学习而没有朋友,就会孤陋寡闻;结交不正当的朋友就会违背老师的教诲,沉湎在放荡闲游中就会荒废自己的学业。这六项,是教育废弃的根由。

13. 君子既已知道了教育所以成功的方法,又知道了教育所以废弃的根由,这以后就可以做人家的老师了。所以君子的教育是晓喻学生:引导而不强迫,激励而不压抑,启发而不包办到底,引导而不强迫,师生关系就亲近融洽;激励而不压抑,学生就感到轻松容易;启发而不包办到底,学生就会自己去深思。能够做到关系亲近融洽、学习轻松容易、学生深入思考,这就可以称为善于晓喻学生了。

14. 学生有四种过失,老师必定要知道。一般人在学习的时候,有的过失在于贪多,有的过失在于求少,有的过失在于看得太容易,有的过失在于半途而废。这四种过失,思想情况是不相同的。要了解不同的思想情况,然后才能去补救他们的过失。教育就是要发展学生好的地方,补救他们的过失。

15. 善于歌唱的人,能使人接唱他动听的歌声。善于教学的人,能使人继承他的远大的志向。他的语言简洁而使人明白,含蓄而使人受益,譬喻虽少而使人知晓,这样就可以说是能使人继承他的意志了。

16. 君子知道做学问的难易,也知道学问上的是非,然后才能用广博的知识使人晓喻;能用广博的知识使人晓喻,然后才能做人家的老师;能够做人家的老师,然后才能做官长;能做官长,然后才能做国君。所以老师是教人学做国君的。因此,选择老师就不可以不慎重。古书上说:“三王、四代对选择老师都慎重。”就是说的这个意思吧。

17. 大凡求学的道理中,尊敬老师是最难做到的。老师受到尊敬,然后他讲授的道才会被尊重,讲授的道被尊重,然后民众才知道崇尚学习。因此君主不把自己的臣子再当臣子对待时,是在两种情况之下:当臣子装扮作受祭的“尸”时,就不把他当臣子看待;当臣子作为老师时,也就不把他当臣子看待。大学的礼节,老师即使是被召见到天子那儿讲授,也不朝北处在臣位,这是表示尊敬老师。

18. 善于学习的人,老师很闲适,但自己比别人能得到加倍的成绩,又从而归功于老师;不善于学习的人,老师很辛勤,但自己比别人只得到一半的成绩,又从而归怨于老师。善于发问的人,就像砍削坚硬的木头,先从较容易砍的部位下手,然后再着手于较难的结节部位,等到时间一长,木头自然脱落砍开。不善于发问的人却与此相反。善于对待发问的人就像撞钟一样,撞得轻就响得小,撞得重就响得大,要等到撞钟的人从容不迫,然后才会余韵悠然而尽。不善于对待发问的人是与此相反。这些都是使学业有进步的方法。

19. 只是记诵一些古书而等待学生来发问的人，是不能够做人家的老师的，一定要倾听学生所提出的问题而给予解答才行。有的学生没有能力发现问题提出疑问，这才可以直接给他讲解。讲解以后却还不明白的，即使舍弃也可以了。

20. 好铁匠的儿子，一定先学会缝补皮衣；弓匠的儿子，一定先学会编制畚箕；初学驾车的马要反过来拴在车的后面(先训练不惊马)。君子审察这三件事的道理，就可以有学习的志向了。

21. 古代的学者，善于比较辨别同类的事物。鼓声并不属于五音中的任何一声，但五音要是没有鼓的节奏就不会和谐；水并不属于五色中的任何一色，但五色要是没有水的调和就不会鲜明；学习并不属于五官中的任何一官，但五官不学习就不会管理好事情；老师并不属于五服中的任何一服，但不经过教育就不明白五服相亲的道理。

22. 君子说："有大德的圣人，不会拘限于一官一职；有大道的圣人，不会像器物一样各施其用；有大信义的圣人，不会受到盟言誓约的限制；伟大的天时，不会是整齐划一的。"明察了这些情况，就可以有志在学习中从根本处去宏大了。三王在祭祀河川时，都是先祭河，后祭海，因为有的是源头，有的是流水聚集的末尾，这种祭祀也称为从根本上着力。

(许嘉璐主编《文白对照十三经》，广东教育出版社)

六、有关评论

儒者以道自守，以教化为己任，虽不反对出仕，但出仕的目的不在禄位，而在感化君主，期其能以仁术行仁政。如果在政治上不能实行抱负，就退而教授生徒，立德、立言，传布圣教，在社会上的地位，并不亚于官吏，在历史上所得的崇敬，更是任何官吏望尘莫及。儒家的教育就在培养这种进退不失其据的师道角色。

儒家一般教育方面的理论，从《礼记》的《学记》，不难窥见其大概：

教育目标：教化百姓，移风易俗。

教育历程：为期共九年，分五个阶段，每个阶段各有其重点。第一年先端正其志向，同时学习句读；第三年教其治学的态度，以及与同门相处之道；第五年鼓励其广事涉猎以奠定深厚的基础，并需多多亲近其师；第七年练习与同道讨论问题，并择取益友；第九年，学习已达完成阶段，这时候在知识方面已能触类旁通，从事推理的思考，在人格方面已能自强独立，即使没有老师的鞭策，精神也不致退步。完成前四个阶段谓之小成，到第五阶段，则达大成之境。一个人经过如此漫长的教育历程，才算具备化民易俗的条件。

施教方法：(1) 当学生犯过动机刚刚萌动，还未表现于行为之前，就加以制止；(2) 注重学习的秩序，循序渐进，鼓励同学之间互相观摩，以便吸取别人的长处；(3) 唤起学生主动的学习动机，老师虽负责指导，并不牵着学生的鼻子跟自己走；(4) 有时候虽不免稍加压力，但绝不压抑学习者心理；(5) 指示学生一条道，并不责其必成。

以上是两千年前的教育理论，大部分都被吸纳在现代的教育理论中，仍然是教者与学者努力以求的目标。教育的基本方向，古今自有其不同，古人教化的重点，主要在要求人民遵循礼俗，以维护伦常的关系。现在的重点，是在培养健全的公民，以扮演其社会的角色。

（选自韦政通《中国的智慧》）

参读课文教学提示

《学记》管窥

【教学目的】

一、了解课文的主要内容,即几项探疑和古为今用的几个方面。

二、围绕《学记》讨论几个问题,从中获得教益,进一步加深对研读课文的理解。

【教学步骤】

一、课前预习

在先前泛览的基础上再细读课文,注意把握要点,思考作者是怎样提出问题、分析问题、得出结论的,并尽可能提出自己的看法。

二、课堂研讨

(一) 分析结构,拟定结构提纲。

全文共53段,除开头、结尾外,分两个部分。

1. 几项探疑(第2—15段)

(1) 关于《学记》的作者

(2)《学记》所记内容是官学,还是私学

(3)“教学相长”的原意是什么

2. 古为今用(第16—52段)

(1)《学记》明确了教学工作中的几个关系

① 教人与进修

② 教师与学生

③ 自学与互助

④ 课内与课外

(2)《学记》反映了符合教学规律的几个问题

① 启发诱导

② 学、思结合

③ 循序渐进

④ 长善救失

⑤ 心知莫同

(3) 在教学方面,《学记》阐述的内容很丰富

① 讲授

② 问答

③ 练习

④ 考试

(4) 在论述教师方面,《学记》也有许多卓越的见解

① 尊师的意义

② 择师的要求

(二) 讨论问题

1. 探疑首先要能"疑",只有发现问题、提出问题,才能去探索问题、解决问题。关于《学记》的作者,问题是怎样提出来的?本文作者对此有什么看法?

参考答案:

提出问题是解决问题的头一步。《学记》的作者是谁呢?本文作者在充分占有有关资料的基础上,分析、比较历代学者的研究成果之后,提出了这一问题。《学记》是《礼记》中的一篇。郑玄(东汉经学家)认为,《礼记》出于"孔氏","七十二子之徒"共撰。程颢(北宋哲学家)和横渠先生(北宋哲学家张载)又提出《礼记》之作,杂出于汉儒,还有"圣门余绪"在内。这就是说,《学记》的作者,除了"七十二子之徒"之外,还有可能是汉代"圣门余绪"中的什么人。总之,得不出具体结果。到了清代的陆奎勋,他认为《学记》出于董氏(指西汉哲学家董仲舒)。当代人郭沫若认为《学记》的作者是乐正氏,冯友兰则认为是荀学,此外,一些人概言之为"思、孟学派",语焉不详,或者干脆写个"作者不详"。那么,《学记》的作者是谁,就是个有待继续探索的问题。本文作者提出《学记》的作者问题是有见地的。

本文作者对这个问题的看法是,《学记》的作者当是汉代儒者。而且这样陈述理由:不少古代著作常常没有标明作者,究其原因,约有两类,一是没有标明之必要和习惯,一类是有人将自己的作品托古以自重,及至被鉴别出来之后,而捉刀者早已湮没无闻。从《学记》来看,很可能是后一种情况。再从《学记》全文的内容看,无论学校的设置,还是学制课程的规定,在春秋战国之际,要作如此统一规定是办不到的。像这些内容,很可能是作者的想象之笔,而想象也不能完全超脱现实生活。假如把《学记》中的这些想象理解为,汉儒的托古幽思、汉代的教育现况以及想要改制的愿望,这几种因素的综合加工产物,可能更为近理。

2. "教学相长"的原意是什么?本文作者是怎样理解的?你自己又是怎样理解的呢?

可以组织辩论。参考答案:

本文作者的理解:"教学相长"的原意,应当是指教师的教学工作和进修学习相互促进,是教师教书和进修学习之间的关系,而不是指师生关系。后来讲成教师向学生学习和学生对教师提意见,那是引申用法,而不是原意。

作者为了证明自己的观点,用了分析阐释法(第9—11段)和归谬法(第12段)。

学生自己的理解:(略)

3. 从前常常有个看法,认为古代的教育总是个别进行的,不注意互相帮助问题。但在《学记》中,对于学生之间的相互学习、相互帮助、发挥学生的互助作用等,也是很为注意的。阅读第 21 段,本文作者是怎样研究原文后论述这个问题的?

重读《学记》第 5 段、第 9 段、第 11—12 段,然后再读本文第 21 段,要求学生答题。

参考答案:

在论述方法上,从正面和反面两个方面阐述。从教训上总结出:"独学无友,则孤陋而寡闻"——反面;规定学制课程时,提出"敬业乐群"、"论学取友",在教学过程中,提倡"相观而善"——正面。

在表达形式上,采用"嵌引"法。这种方法在复述中常用,不过在书写时,要防止把标点符号点错。

4. 阅读第 33 段。"长善救失"是什么意思?怎样才能做到"长善救失"呢?你还有什么补充意见?

参考答案:

善,就是指优点,有利的因素;失,就是指缺点,不利的方面。依靠优点克服缺点,发扬有利因素克服不利方面,扬长避短,取长补短,这就是"长善救失"的意思。

要做到"长善救失",《学记》中指出:教师要知道学生有"四失",即"或失则多,或失则寡,或失则易,或失则止","此四者,心之莫同",教师还要"知其心",掌握不同学生的特点,"然后能救其失也"。

补充意见:(略)

【补充资料】

补充注释:

1. 七十二子:指孔丘的主要门徒,又称"七十二贤人"。《史记·孔子世家》:"身通六艺考七十有二人。"

2. 程颢:北宋哲学家、教育家,学者称其明道先生。洛阳人,曾和弟程颐学于周敦颐,同为北宋理学的奠基者,世称"二程"。

3. 横渠先生:张载,字子厚,北宋哲学家。陕西眉县横渠镇人,世称"横渠先生"。讲学关中,故其学派被称为"关学"。在教育思想上,强调"学以变化气质"。

4. 董仲舒:西汉哲学家,今文经学大师。广川(河北枣强东)人,曾任博士、江都相和胶西王相。他对策建议:"诸不在六艺之科,孔子之术者,皆绝其道,勿使并进。"为汉武帝所采纳。教育上主张教化,立太学,设庠序。

5. 孔颖达:唐代经学家。冀州衡水(今属河北)人,历任国子博士、国子司业、国子祭酒诸职。曾奉唐太宗命主编《五经正义》,唐代用其书作为科举取士的标准。

6. 捉刀:曹操叫崔琰代替自己接见匈奴使臣,自己却持刀站立床头,接见完毕,叫人问匈奴使臣:"魏王何如?"回答说:"魏王雅望非常,然床头捉刀人,此乃英雄也。"

（见于《世说新语》）后来把代别人做文章叫捉刀。

7. 执牛耳：古代诸侯歃血为盟，割牛耳取血，盛牛耳于珠盘，由主盟者执盘，因称主盟者为“执牛耳”。后泛指在某一方面居领导地位。

儒家的“教学论”初探

【教学目的】

一、初步了解儒家的“教学论”思想，了解其主要的教学原则和方法。

二、围绕研读课文《学记》讨论几个问题，从中得到启发，以便在教学改革中有所借鉴。

【教学步骤】

一、课前预习

在单元泛览的基础上，认真阅读课文，理解儒家的主要教学原则和方法；并运用工具书解决一些文字上的障碍。

二、课堂研讨

（一）分析结构，拟定结构提纲。

全文共21段，除开头、结尾外，可以分为两个部分。

1. 儒家从长期教学经验中总结出来的教学过程（第2—3段）

2. 儒家从长期教学实践中提出的几条符合规律性的教学原则和方法

（1）由博返约

（2）学思结合

（3）启发教学

（4）循序渐进

（5）因材施教

（6）温故知新

（7）教学相长

（8）知行结合

（二）讨论问题。

1.《中庸》总结了儒家的教学过程，规定为哪五个步骤？并请用你自己的话解释一下。

参考答案：

儒家教学过程的五个步骤是：

（1）“博学之”，即广泛地学习各种知识。

（2）“审问之”，即详细地询问各种道理。审：详细。

(3)“慎思之”,即慎重地考虑各种问题。

(4)“明辨之”,即清楚辨别孰是孰非。

(5)“笃行之”,即获得真理后,就忠实地实行。笃(dǔ),忠实。

2. 对于“由博返约”的教学原则,本文作者是怎样在儒家之说的基础上,有所拓展,有所开创,提出自己的见解的?对你有何启发?

参考答案:

作者先比较了儒家对“由博返约”解释的不同之点和相同之点。不同的解释:孔子,“博学于文,约之以礼”;孟轲,“博学而详说,将以返说约也”;荀况,“兼陈万物而中悬衡焉”等等。相同之点:儒家都非常重视“博学”,又要求用一贯之道去驾驭博的知识。

在这个基础上,作者发掘阐释,古今互证,令人耳目一新。作者认为:这个由博返约的原则,颇符合马列主义关于研究问题要掌握充足材料和全面观点的要求。作者又认为:与现代教育心理学的“力场说”的道理相近似,即学者为了研究某个问题,搜集了充足的材料,对于摆在面前的广博知识的主观反映,形成力场,在全部材料中加以分析取舍,形成有系统的简要明晰的概念。

(提示:在继承传统的同时,要善于进行创造性的转化。在内容方面,可以提出一些类似的话题,如韩愈的“提要钩玄”,华罗庚的“把厚书读薄”等,来让学生联系实际开展议论。)

3. “学思结合”的问题是儒家“教学论”中一个中心问题,是一个原则问题。本文作者是怎样用科学的观点对古人的说法进行正确的阐释和评价的?请举例说明。

参考答案:

例如:孔子有句名言:“学而不思则罔,思而不学则殆。”这就是说,学知识而不用思考,就会迷惑而无所收获;只是空想而不学习,就很危险。这种学思结合的辩证观点是很有价值的。

荀况注重对于广博的知识进行“思索熟察”,用“思索”把这许多知识融汇贯通起来。“善学者尽其理”,就是说善学的人,一定要把一切知识的道理,搞得彻底,穷尽无遗。

王夫之认为“致知之功,则唯在心官,思辨为主,而学问辅之”。他进一步地讲明学与思的辩证关系,他说:“学非有碍于思,而学愈博则思愈远;思正有功于学,而思之困则学必勤。”

4. 儒家自孔子以来,便注重“启发教学”,以启发学生的积极思维活动,培养其自觉性和独立思考、自求结论的能力。本文作者是怎样评价儒家的“启发教学”的原则和方法的?又是怎样引述《学记》中关于“启发教学”的论述来进行分析的?你对“启发教学”有什么新的认识?

参考答案：

(1) 作者指出“启发”这个术语是孔子首先提出的；孔子的名言“不愤不启，不悱不发”，“举一隅不以之隅反则不复也”，是培养独立思考、创造思想与创造能力的启发法。作者指出：儒家的重要的启发方法有二，一是“善于譬喻”，一是“善于问答”。孟轲善于譬喻，《论语》几乎全用问答法，而《学记》对于启发原则发挥得特别详尽。作者认为，《学记》在这方面，比较现代各国“教学论”所阐述的毫无逊色，甚至有过之而无不及。

(2) 作者分别引述了《学记》中关于善于诱导、善于问答和对问答法作补充的论述。

“善于诱导”的：“君子之教，喻也：道而弗牵，强而弗抑，开而弗达。道而弗牵则和，强而弗抑则易，开而弗达则思。和、易、以思，可谓善喻矣。”“和”、“易”、“思”之间的关系，“和”、“易”是“思”的前提条件。这种诱导就是启发。

“善于问答”的：“善问”——“善问者如攻坚木，先其易者，后其节目，及其久也，相说(脱)以解。”“善待问”——“善待问者如撞钟：叩之以小者则小鸣，叩之以大者则大鸣，待其从容，然后尽其声。”这样的问答教学，由易到难，由小至大，对于启发学生积极思维，培养独立思考能力有很大的作用。

对问答法的补充意见：“记问之学，不足以为人师，必也其听语乎。力不能问，然后语之。语之而不知，虽舍之可也。”教师必须有丰富的知识，才能提出有启发性的问题，才能给学生以圆满的回答。

(3) 对“启发教学”的新认识：(略)

【补充资料】

注释：

1.《中庸》：儒家经典的组成部分，为孔门最高哲学。原都收在《礼记》中，到了宋代，才被从《礼记》中抽出，与《论语》、《孟子》及《礼记》中的另一篇《大学》相配，合称《四书》。中：适中，不偏不倚，无过无不及。庸：经常，平常。中庸，就是把不偏不倚、无过无不及作为处理事物的常理与常规，这是儒家的一种伦理思想。本篇对治国者如何修养自身的道德问题进行了论述，提出道德修养的最高标准是中庸，还提出“博学之、审问之、慎思之、明辨之、笃行之”一套修养方法。作者认为，治国者按照这个标准和这套方法去进行修养，便会成为天下人民自动效法的榜样，国家就可以无为而治。

2. 九思：九种思考。孔子教育学生要善于思索，谨慎处事。《论语·季氏》云：“君子有九思：视思明，听思聪，色斯温，貌思恭，言思忠，事思敬，疑思问，忿思难，见得思义。”意思是：君子有九件事要认真思考。看时，考虑是否看明白，听时，考虑是否听清楚，脸色考虑是否温和，容貌，考虑是否恭敬，说话，考虑是否忠诚，办事考虑是否认真，有疑问，考虑怎样请教别人，发怒时，考虑有什么后患，见到名利时，考虑是否符合道义。

知识经济与智能教育

【教学目的】

一、了解知识经济对智能教育提出的新要求。

二、了解现代智能教育的新内涵，把握新世纪教育改革与发展的总趋向，提高全面推进素质教育和实施科教兴国战略的自觉性。

【教学步骤】

一、课前预习

在单元整体预习的基础上，细读课文，并写出课文内容要点。摘要，只要用简短扼要的文字对课文主要内容作忠实介绍，不列举例证，不讲研究过程，不作自我介绍，尽可能做到内容准确，结构完整，独立成篇。

二、课堂研讨

（一）小组交流，修改写出的课文内容要点。

作参考的“内容要点”：

1. 随着科学技术的迅猛发展，特别是信息科学和信息传播手段的日益发展，出现了知识猛增现象。面对即将到来的21世纪，面对知识经济的时代，知识将不断猛增。教育只有改革和创新才能适应新的形势。

2. 教育领域曾经盛行的“仓库理论”是片面的，难以应付知识经济时代瞬息万变的知识变化和增长的局面。现代科学技术已使知识的贮存和获取变得十分便捷，学校应当在进行基础知识教学的同时，加强智能教育，即不仅要向学生提供“黄金”，而且要授予学生“点金术”。

3. 加强智能教育是知识的生产、传播和使用所必不可少的。

智能教育，就是要培养快速、有效地检索、浏览相关文章，从中筛选出有用信息的自学能力。

智能教育，就是要提倡科学研究，培养观察、分析能力，实验、设计、动手的能力。

智能教育，就是要培养分析综合、抽象概括、判断推理能力和想象、创造的思维能力。

智能教育，就是要培养语言文字的表达能力、图表以及数理计算的表达能力，培养组织管理能力。

4. 当前，我国学校要改变基本上还在单纯传授知识的状况，必须采取有效措施，加强智能教育。

（二）讨论问题。

1. 所谓“知识经济”是什么意思？

答案：（参见【补充资料】）

2. 为什么说“仓库理论”是片面的？

答案：

首先，它把人脑仅仅视为“储存事实的仓库”，问题出在“仅仅”二字上。所以，作者摆两方面的事实来证明它的片面性：一是心理学上的事实，大脑有四个功能区（感受区、贮存区、判断区、想象区），“贮存”也不过是其中之一；二是科学史上的事实，引用两位科学家的话，说明“想象力”和“判断力”的重要。

更重要的是，知识经济时代，新知识的巨流排山倒海，人脑这个“仓库”来不及包容；再说，人脑无法与“电子资料库”相比。在新的时代，人脑应当更多地发挥“想象”“判断”功能，进行创造性活动，所以，还把人脑“仅仅”视作贮存知识的“仓库”是非常片面的。

3. 课文中说，“只有让学生掌握宽厚的基本理论和基础知识，日后才能以简驭繁，触类旁通，比较顺利地适应日新月异的新情况”。对此你是怎么理解的？

参考答案：

从道理上讲，基本理论和基础知识是前人在改造自然、改造社会、改造自身的实践中长期积累起来的文化精华，带有规律性，具有永恒的价值。学生应当努力掌握，作为日后进行创造的初阶。金字塔的塔基越宽，它的顶才越高。忽视基本理论和基础知识的教学，是违反教学规律的，《学记》指出：学习应当是“学不躐等”，进行教学要“不陵节而施”。

从事实上看，外国的一些大学，如法国的高等院校、日本的高等院校，都强调加强基本理论和基础知识的教学。德国在培养工程师的教育中，前两年都用来进行基础教育。

4. 课文中又说，“在加强基础知识教学的同时，培养学生的智能，从来就有不可代替的意义”。这里的“智能”主要指什么？为什么说“培养学生的智能，从来就有不可代替的意义”？

参考答案：

（1）这里的“智能”主要指自学能力、研究能力、思维能力、表达能力和组织管理能力等。

（2）（提示：知识的生产、传播和使用离不开智能）

【补充资料】

教育成为新的经济增长点是知识经济发展的必然趋势。

即将到来的21世纪，将是一个知识经济的时代。所谓知识经济是指建立在知识和信息的生产、分配和使用之上的经济。它是在新技术条件下，以愈来愈多的人的智力和物化在产品和劳动中的知识为基础的经济，因此，知识就成为经济发展的关键性因素。而与知识密切相关的教育，则承担着知识的学习、传播和再生产的任务。

知识经济的兴起，信息时代的到来，将从根本上改变人类社会的生产方式、工作方式、学习方式、生活方式和思维方式。传统的经济增长理论认为,决定经济增长的主要因素是物质资本的投入和劳动力的投入,认为物质是稀缺的,注重劳动力、资金、原材料和能源的开发和利用,知识和技术则被视为影响生产的外部因素。现代新的经济增长理论认为,人力资本投入是现代社会经济迅速增长的主要因素,知识是提高劳动生产率和实现经济增长的主要驱动力。当代社会推动经济增长的关键因素是人创造的知识和技术,发达国家和发展中国家经济水平的差异主要因素在于人力资本。人的素质的改善是促进国际经济增长的主要原因。因此,对知识的投资就可以出现"收益递增"的现象,从而导致国家经济增长的可能性。在未来经济增长中,知识将成为衡量综合国力的主要因素,知识创新已成为国民经济可持续发展的基石。知识经济的到来向人类提出了严峻的挑战,传统经济学已不能对社会经济发展出现的新特点和趋势作出全面、完整的解释,劳动力、能源等在农业社会和工业社会曾经起过重要作用的生产要素,就不再成为推动经济增长的主要因素,一般讲劳动生产率已经不能创造出更多的价值,而代之的知识将是推动经济增长的主要因素,知识生产率将是创造价值的关键。人力资源将是一切经济资源中最重要的资源,代表着未来世界经济发展的方向。而教育作为人才生产和再生产的重要阵地,必将成为未来经济增长中最重要的一大产业。知识的学习、知识的生产、知识的转化将成为经济发展的重要因素,因此,作为直接生产、传播知识的教育必然成为未来新的经济增长点。

我国是发展中国家,工业基础比较薄弱,面向21世纪,我们既面临着完成工业化进程,补工业化过程之课,加速赶超工业发达国家,又面临着迎接知识经济时代挑战的双重任务。如果说农业社会和工业社会国与国之间的差距还可以追赶的话,那么在信息时代,各国将站在同一起跑点,随着知识和信息转化速度的加快,一国一旦落伍,将被永远地抛在后边。因此,在知识经济时代,对我国来说,知识作用将更加重要,教育承担的责任和任务将越发艰巨。

(摘自翟博、木人《教育:21世纪新的经济增长点》)

开创中国教育改革和发展的新局面(略)

练习参考答案

一 （略）

二 内容要点：

1. “教育要面向现代化、面向世界、面向未来”是邓小平教育思想的精髓，是关于建设有中国特色社会主义理论的有机组成部分。

2. 教育“面向现代化”，就是要紧紧围绕经济建设中心，为社会主义现代化建设服务。

“现代化”是我党我国人民在新的历史时期要完成的宏伟目标，最根本的任务是发展生产力，关键是要实现经济体制和经济增长方式的两个根本转变，实施可持续发展战略和科教兴国战略。现代化是多层面的，以经济的知识化为特点的现代化，要求教育要为社会、经济、政治、文化的协调发展、可持续发展服务。

教育面向现代化是长期目标，为现代化服务的同时，还要加强优秀传统的教育，而根本之路在于改革。

3. 教育“面向世界”，是我国对外开放政策在教育领域的体现，是使我国社会主义教育制度建立在吸收全人类文明成果的基础上的大政方针。反映的是社会发展、教育发展的规律，也是“全球化”时代的潮流。

教育面向世界，是为了学习他国的经验，以建立社会主义教育制度相对于资本主义教育制度的优势，也为了使中国优秀的教育遗产和丰富的当代教育发展的经验为世界所了解，使中国走向世界教育强国之林。在国际交往中，进一步认识发展教育的客观规律，促进我国教育改革的进程，同时也利于我们扩大教育资源。

教育面向世界，要解放思想，实事求是，从实际出发，在中央统一部署下调动各方面的积极性。

4. 教育“面向未来”，既指明了学校工作的方向，又赋予了教育以新的时代内容。21世纪，人类社会正面临巨大的挑战：经济市场化、政治民主化，社会发展从传统模式向可持续的、社会经济协调发展的模式转化，产业的信息化和技术的密集化，等等。这些国际发展趋势，对我国新一代的社会主义建设者和接班人应该具备的基本素质提出了新的更高的要求。其中包括适当变化的能力，尤其是创新精神和创业能力。

“面向未来”的教育应有的取向：从注重教转向注重学；把理论与实践统一起来，把求知与做人统一起来，把当前与长远、地方与全球统一起来。受教育者要学会认知，学会做事，学会做人，学会共处。

我们越是面向未来，就越要继承和革新传统。

三 （略）

（第六单元特约编写者：张 铨）

（六）

人教版《文化读本》教学指导书第六册选

人教版《文化读本》教学指导书第六册封面照片

目　　录

《文化读本》教学参考

语文教学改革研究论文参读(略)

第二单元　科技说明文的研读

单元教学要求

一、了解科技说明文的一般特点，把握阅读科技说明文应当注意的要点，培养和启发学生阅读科技说明文的兴趣。

二、结合实例进一步学习和领会研读方法，进行研读训练。

单元教学安排

一、课时分配

本单元课堂教学共8课时，可做如下安排：

指导学习《科技说明文研读常识》　1课时

指导研读《〈物种起源〉导言》　2课时

指导参读《科学知识体系的球状结构》《古代科技名著四种》《采草药》《葵与向日葵》《神奇的极光》《一场革命开始了》　4课时

指导学生完成《练习二》并作单元小结　1课时

二、教学建议

1. 在单元教学之前，可结合学习《科技说明文研读常识》，了解科技说明文的特点。明确科学性是科技说明文的主要特点。科技说明文重在准确地说明特征，展现科学规律。在研读时要弄清科技说明文与科学文艺的区别，知道科学文艺作品应力求科学性和文学性有机地交融统一，科技说明文则讲究重点突出，条理清晰，实事求是，严谨缜密。

2. 指导研读《〈物种起源〉导言》是本单元的学习重点。研读中可按照“总体感知→重点研讨→深化认识”的由粗到细、由浅入深的顺序，采用“咬文嚼字”的研读方法，通过对严谨缜密的语言的揣摩，了解《物种起源》的写作过程和达尔文关于物种起源问题的精辟见解，感受达尔文严谨的科学态度和缜密的逻辑思维。

3. 参读课文都是科技说明文，指导参读课文可以根据实际情况。《科学知识体系的球状结构》以形象生动、深入浅出的笔法写全新的知识，可采用边阅读边讨论的办法，分析有关科学知识所属的层次结构，评价有关课题在四种类型中的类别。《古代科技名著四种》采用点面结合、纵横结合的方法介绍我国古代四部最早和最重要的科技著作，便于充分认识中国古代科技成就的灿烂光辉，深切感受中国古代劳动人民的聪明才智。《采草药》通过举事例，作比较，多方说理，阐明事理，逻辑严密，条理清晰，有很强的说服力；应该从中学习作者实事求是的科学态度和勇于创新的精神。《葵与向日葵》旁征博引，以事实说话，纠正了人们日常生活中的错误认识，显示出渊博的学识和严谨的治学态度。《神奇的极光》运用比喻、描写、概括等说明方法，把极光的形状、色彩和成因讲得清楚明白，深入浅出地说明了产生极光这种大气发光现象的科学道理。学习《一场革命开始了》，应该通过作者风趣幽默的叙述，了解信息革命的内涵和意义，以科学、乐观的态度对待科学技术的发展。

研读课文教学设想

《物种起源》导言

【教学目的】

一、了解《物种起源》的写作过程和达尔文关于物种起源问题的精辟见解，学习达尔文实事求是的科学态度和锲而不舍的奋斗精神。

二、学习对科技说明文"咬文嚼字"的研读方法。

三、学习本文通过介绍一本书的内容和写作过程，说明自己观点和态度的写法。

【教学设想】

一、本篇涉及的内容学生相对比较陌生，在理解上会产生一定的困难，但他们已经学习过生物，基本知识的理解不成问题，不必过多补充生物知识和有关的例子，本篇的阅读指导应将学生的注意力始终吸引在对课文的研读上。

二、阅读应由粗到细，由浅入深。可按照"通读全文，总体把握→重点内容，咬文嚼字→比较研究，深化认识"的步骤来研读课文。

三、"咬文嚼字"的研读方法，是研读本文的重要方法。对严谨缜密的语言的揣摩，一方面是为了提高学生语言运用的能力，另一方面更是为了通过语言的剖析，感受达尔文严谨的科学态度和缜密的逻辑思维。

【教学步骤】

一、预习

（一）课外阅读有关介绍达尔文生平、学说、影响等的书籍，以帮助理解课文。

（二）参读[研读提示]和课文注解，通读全文，初步理解文意。

（三）思考并完成下列预习自测题：

1. 19世纪自然科学的三大发现是什么？

2. "物种起源"是什么意思？用课文中的原文来说明。

3. 达尔文研究物种起源的程序是怎样的？

4. 达尔文认为工作尚未全部完成，促使他把摘要付印的两个原因是什么？

5.《物种起源》有什么不足之处？作者为什么要在导言里介绍它的不足之处？

6. 在第4段里，作者对论述物种起源提出了哪两个要求？

7. 为研究生物的变异及相互适应的原因和方法，达尔文选择的突破口是什么？选择这个突破口的理由是什么？

8. 达尔文研究物种起源后得出的结论是什么？

9. 在这篇导言里提出了很多概念，作者为什么不一一解释？

10. 1858 年 6 月当达尔文正在写作的时候，收到他熟悉的一位科学家华莱斯的来信，信中附上一篇论文，要求达尔文作出科学的评价。这篇论文的内容和达尔文早就形成的进化论思想惊人的一致。这时，达尔文的心情十分沉重，因为华莱斯的论文一发表，他二十多年的辛勤劳动将付诸东流了。一星期后达尔文在写给赖尔的信中说：

"华莱斯那篇论文的全部内容，在我的纲要中都有，而且写得更为充分，我的纲要是在 1844 年誊清……现在我很想把我总的观点的概要发表出来，约有十几页的篇幅；但是我没有把握，我这样做法能不能算是光明正大……我宁愿把我那书本全部烧光，也不愿让他或别人说我这样做是出于卑贱的动机。"

达尔文决定只推荐华莱斯的论文，而他的朋友赖尔和霍克则坚持把达尔文和华莱斯双方的论文一起寄给林那学会。1859 年达尔文的《物种起源》在朋友的敦促和协助下出版，并把全部情况写信告诉华莱斯。1870 年华莱斯的《自然选择》也出版了。在书的序言里，华莱斯说"自然选择"思想是他独立地得到的，但是他自己没有足够的力量来叙述物种起源这个理论，他承认达尔文工作的伟大和卓越，远在自己之上。他把进化论定名为"达尔文主义"，而把自己称作达尔文主义者。

请用几个词语准确地表达出达尔文和华莱斯的品质。

参考答案如下：

1. 能量守衡和转换规律、细胞学说和达尔文的进化论。

2. 生物变异及相互适应的原因和方法。（见课文第 5 节）

3. ① 搜集观察材料，② 整理研究材料，③ 充实札记著作。（见课文第 1 节）

4. 促使达尔文把摘要付印的两个原因是：一是尽管研究工作将近结束，但全部完成尚需更多时间，而自己渐感体力不支；二是因为华莱斯通过独立研究得出了几乎和达尔文一样的结论，达尔文不忍心 20 多年的辛勤劳动付之东流。（见课文第 2 节）

5.《物种起源》的不足之处，是本书是摘要性质，未必完备。介绍不足之处是为了说明本书的特点，不要因过简而怀疑结论；详尽的论述有待于将来。（见课文第 3 节）

6. ① 不能停留在一般结论，还得对无数生物的变异过程作出具体解释；② 不能仅以外部环境来解释一切。

7. 突破口是研究家养动物和栽培植物。理由是它能为其他一切复杂事件提供最良好最可靠的线索。（见课文第 5 节）

8. 创造论不能成立；物种不是不变的；自然选择是生物变异的最重要的条件。（见课文第 7 节）

9. 本文属于"导言"，对各种概念下定义或作具体解释，不是导言的任务，读者可以带着问题去阅读《物种起源》正文。（因此教师也不必向学生解释课文涉及的比较

复杂的概念）

10. 谦逊，质朴，坦率，不追逐名利。

二、研读

（一）解题

本文篇名《〈物种起源〉导言》，原题为《导言》。

《物种起源》，一译《物种原始》。《通过自然选择的物种起源》一书的简称。奠定生物进化理论基础的一本最重要的著作。英国博物学家达尔文著。1859年出版。作者根据二十余年积累的资料，以自然选择为中心，从变异性、遗传性、人工选择、生存竞争和适应等方面，论证了物种起源，即生物界进化的现象。尤其重要的是说明了生物是怎样进化的，即自然选择在生物进化中所起的作用。给特创论、物种不变论和目的论以沉重的打击，对学术界发生很大的影响。从此正确的、唯物的进化观点，在科学上占了优势。

导言，亦称绪论，是指著作前的概述部分。用于说明作者撰写著作的目的、过程、资料来源，并扼要地说明书中所阐述的观点或结论，使读者先得到一个总概念，帮助理解整部著作。

（二）背景简介

达尔文于1831年12月27日到1836年10月2日的5年环球旅行，是他一生事业的转折点。旅行开始时，他是创造论、物种不变论的信徒。在旅途中成千上万物种变异的事实教育了他，使他对创造论、物种不变论产生了怀疑，并冲破了神学教条的桎梏，逐渐成为进化论者。回国后，他整理了旅途中搜集的许多资料，开始研究生物进化的问题。从1856年起，达尔文开始著述《物种起源》。1859年12月24日，达尔文发表了划时代的科学巨著《物种起源》，成为进化论的创立者。这篇导言主要说明《物种起源》的写作经过及作者对物种起源问题的一些基本的看法。

（三）通读全文，整体把握

1. 通读《〈物种起源〉导言》全文，运用“首尾跳读法”，找出课文中显示全文结构脉络和内容要点的词句，整体感知文章大意。

点拨：“首尾跳读法”是指在通读作品时，着重抓住文章在每段开头具有总领作用的词句或具有承上启下过渡性质的词句，在结尾具有总结作用的词句，首尾衔接，浓缩全文，有利于化繁为简，以少驭多，从整体上把握文章的内容要点和脉络结构。采取这种通读方法，有利于提高阅读效率。本文的许多段落的开头和结尾都有显示文章内容要点和结构脉络的词句，适宜采用首尾跳读这一通读方法。通读本文，要求能准确而迅速地勾画出每一段中能概括本段主旨的核心句。

2. 学生交流所勾画的每一段中能概括本段主旨的核心句。

点拨：每一段的核心句如下：

第1段是“我希望读者能原谅我作这些琐屑的陈述，我之所以说明这些，是为了要表明我并没有轻率地下结论”；

第 2 段是“所以不得不先将这个摘要付印”和“这也是使我早日发表这个摘要的一个原因”；

第 3 段是“本书还是摘要的性质，未必完备”和“我极其盼望，并且感到有这样的需要，将来能把我所根据的一切事实和参考文献，详尽地刊印出来”；

第 4 段是“我们可以推想得到，生物的种，和变种一样，是由以前别的种演变而来，而不是分别创造出来的”；

第 5 段是“要解决这个困难问题，应当从研究家养动物和栽培植物着手”；

第 6 段是“根据上述理由，我把家养变异的问题，放在本书的第一章”；

第 7 段是“我深信生物的种不是不变的；所谓同属的种，都是其他大概已经灭亡的种所传下来的直系后代，而现在认为同种的各项变种，都是这同种的后代。我又相信自然选择作用，它虽然不是物种变异的唯一条件，也该是最重要的条件”。

3. 根据每一段核心句的内容及他们的相互关系，归纳出文章的层次结构。

点拨：(1) 先引导学生根据每段核心句的内容，概括出各段的段意。全文共 7 段，各段段意如下：

第 1 段：说明《物种起源》的写作经过；

第 2 段：交待促使出版的原因；

第 3 段：说明书的性质、缺陷和今后的打算；

第 4 段：阐明关于物种起源的基本观点；

第 5 段：对于生物变异及相互适应的原因和方法的研究；

第 6 段：由家养变异问题研究到物种在自然状态下的变异；

第 7 段：进一步阐明关于物种起源问题的几个主要观点。

(2) 再引导学生根据每段核心句之间的相互关系，尤其是每段段意之间的相互关系，组合归并，化零为整，归结出文章的层次结构。在教学中可能出现不同的意见，如或归纳为四大部分，或归纳为两大部分，可引导学生讨论研究。按照“四分法”，可归纳文章结构层次如下：

《物种起源》导言
- 第一部分(1—2 段)：介绍成书经过和出版原因。
- 第二部分(3 段)：对该书“过简”的说明。
- 第三部分(4—6 段)：该书内容的介绍与说明
  - 第 4 段：阐述基本观点。
  - 第 5 段：介绍实验方法、研究内容和结果。
  - 第 6 段：本书第一章内容介绍。
- 第四部分(7 段)：概括该书所讨论的问题及结论。

按照“两分法”，可归纳文章结构层次如下：

《物种起源》导言
- (1—3 段) 成书过程及不足之处
  - 第 1 段:写作过程
  - 第 2 段:出版原因 ……………………书的写作过程
  - 第 3 段:“摘要”性质………………对书的总介绍
- (4—7 段) 物种起源问题的主要内容及重点说明的观点
  - 第 4 段:物种起源的基本观点
  - 第 5 段:“从研究家养……入手”,研究“对生物变异……原因和方法”
  - 第 6 段:先讲家养变异,再讨论物种在自然形态下的变异
  - (第 4—6 段)对本书主要内容的介绍
  - 第 7 段:进一步说明的观点…………强调的重点

应该说,“四分法”是“两分法”的细化,“两分法”是“四分法”的综合。从“四分法”角度来认识课文的结构层次,易收到具体而微之效;从“两分法”角度来认识课文的结构层次,易收到整体综合之效。两种分法各有可取之处。

(3) 通过撰写段意,切分层次,我们弄清了本文的脉络和结构特点,即由成书到出版,再内容,后观点,步步深入地说明作者严谨审慎的治学精神和对物种起源问题的基本观点,这种逐层递进的结构形式,通常称之为“递进式”(或“纵深式”)结构。

4. 第 1 至 3 段,说明《物种起源》一书的写作经过和摘要发表的有关情况,第 4 至 7 段扼要介绍《物种起源》一书的内容体系。这些内容对阅读《物种起源》一书有什么作用?

点拨:第 1 至 3 段,以远航考察、采集标本、整理材料、修改札记等一系列过程来证明自己对物种起源问题研究的科学态度,使读者知道本书产生的坚实的研究基础,了解它的内容的可靠性,摘要发表的两个原因的交待是必不可少的。一方面,第二个原因的所述内容从侧面进一步说明内容的可靠性;另一方面,第一个原因的说明使读者了解,本书为何会出现不完备的情况,避免产生误会。而关于著作不完备性的说明,是要求读者以审慎的态度和正确的方法阅读本书,更是对于阅读方法的直接指导。

第 4 至 7 段,对于内容和体系的扼要介绍,使读者对书的全貌有一个概括的了解,这样可以防止读者在阅读时产生“只见树木,不见森林”的倾向;同时,能明白《物种起源》的基本观点和研究的重点是什么,不至于被众多的材料所淹没,拣了芝麻而丢了西瓜。

从序跋文的一种——导言的文体要求来看,本篇写得相当出色。

(四) 重点语段,精心研读

重点研读第 1、4、7 段,弄清两点:一是达尔文严肃认真的科学态度,一是达尔文关于物种起源的精辟见解。

1. 研读第1段。

（1）精读第1段，以“时间”、“工作内容”、“态度和精神”为项目，用表格的形式列出这一段的内容。

点拨：这一段说明的是《物种起源》的成书过程。按时间的顺序，说明了成书中各项具体工作，表现了达尔文可贵的工作态度和精神。全段内容可列表如下：

时间	工作内容	态度和精神
1831—1836	环球考察，采集标本。	表现了对待科学工作的严谨审慎的态度和刻苦钻研的精神。
1936—1842	专心思考，作了札记。	
—1844	充实札记，写成纲要。	
—1859	认真探讨，从未间断。	

（2）第1段中作者说“我希望读者能原谅我作这些琐屑的陈述”。第1段是不是“琐屑的陈述”？作者为什么要这样写？

点拨：第一段当然不是可有可无的“琐屑的陈述”。作者之所以这样写，一是出于自谦，二是为引出和强调“没有轻易地下结论”。

2. 研读第4段。

（1）划分层次，归纳层意。

点拨：第一层从本段的开始，到“仍然是难以令人满意”。这一层主要由一个复句和一个二重复句组成：

关于物种起源的问题，如果一位博物学家，对于生物相互间的亲缘关系、它们的胚胎关系、地理的分布以及在地质期内出现的程序等等事实，加以思考，（假设）那么，我们可以推想得到，生物的种，和变种一样，是由以前别的种演变而来，而不是分别创造出来的。

这个结论，即使很有根据，（转折）但是如果不能说明地球上的无数生物，怎样经历变异而达到它们的极其完善的构造和相互适应，（假设）仍然难以令人满意。

这一层重在阐明“生物的种，不是分别创造出来的，而是以前的别种演化而来的”的观点。

第二层从“一般博物学家”开始，到段末。这一层重在表明把外部条件作为唯一引起变异的原因是不合理的。

（2）这一段中列举的啄木鸟和槲寄生两个事例起什么作用？

点拨：举啄木鸟的事例，旨在利用啄木鸟的构造，提出新的看法：把物种变异的原因“仅仅”归于“外界的条件是不合理的”。并证明上述看法的正确。

举槲寄生的事例，旨在表明我们要想正确解释生物的构造、生物间的关系，就不能归因于某一方面。这个例子进一步证明了上述“新的看法”的正确。

3. 研读第7段。

(1) 划分层次，总结层意。

点拨：第一层从开始到“以及变异的趋向的”，说明研究物种起源的重要性。

第二层从“对于生活在过去的地质时代的无数生物的相互关系”到“但是事实上决不能成立”，说明创造论是错误的。

第三层从“我深信生物的种不是不变的”到段末，说明物种起源的两个基本观点。

(2) 联系课文的其他部分，说说作者对物种起源问题，主要说明了哪几点？

点拨：这一问题应联系第4和第7两段来考虑。因为第4段阐述了关于物种起源的基本观点，第7段则进一步强调了关于物种起源问题的主要观点。综合这两段的内容，作者对物种起源的问题，主要说明了以下几点：创造论是错误的，生物的种不是不变的，是由别的种演变而来，不是分别创造出来的；自然选择是物种变异的重要条件，但不是唯一条件。

(五) 咬文嚼字，揣摩语言

1. 科学性，是科技说明文的主要特点，作者的表述总是字斟句酌的。研读科技说明文要“咬文嚼字”，特别是重要的语句，连一个修饰语都不能忽略，决不能不求甚解，同时要把文章的前前后后联系起来，进行连贯的思索，透彻地理解文章内容，准确把握作者阐发的科学思想。

2. 本文作者是一位杰出的科学家，具有严谨的作风和实事求是的科学精神。本文的第一部分(1至3段)中有哪些典型的词句能说明“导言”的用语是严谨而准确的？

点拨：(1)“在1837年我就想到，如果耐心搜集与这问题有关的各种材料，加以整理研究，也许可以得到一些结果。”——①“搜集”、“整理”、“研究”，交待了三个必不可少、循序渐进的研究过程；②“耐心”和“各种”二词强调了搜集过程中的关键；③因为是想到，尚未得到事实的证实，所以估计是相当谨慎的，“也许”、“一些”这两个词明显地体现了这一点。

(2)“……写成当时我认为是正确的结论的纲要。从那时候起，一直到现在，我对这个问题的探讨始终没有间断。”——准确地反映了一个科学家的科学态度和坚韧不拔地探索真理的精神。

(3)“他对于物种起源问题所得到的一般结论，几乎和我完全相同”，“本书中所讨论的几乎没有任何一点不能引用事实来作证”。——不把问题说得绝对化，在明确肯定的同时稍稍留有余地。

(4)“我们处理一个问题，必须把两方面的事实和证据，加以详细的叙述和比较，然后才能得到完善的结果。”——“事实”是一般的感性材料，“证据”是这些材料中特别具有典型意义、特别能反映事物本质的例子；“叙述”是了解的第一步，能使你知道得比较全面、具体，但还不能暴露本质；“比较”能使你鉴别感性材料，去粗取精，去伪存真，能使由表及里，由此及彼，掌握事物的本质。这句话说得精确而严谨。

3. 科学的态度，就是实事求是的态度，既不草率从事、匆忙地作结论，又不含糊其辞，隐瞒自己的观点。你能从本文的第二部分（4至7段）举例来具体说一说吗？

点拨：（1）“一般博物家，常以外部环境如气候、食物等等作为唯一可能引起变异的原因。就某一狭隘的意义上来说，这可以算是正确的。”——用一些附加的成分，实事求是地表达自己对某一学说的评价。

（2）“我常常获得动物因家养而变异的知识，虽然还不够完备，但总可以为处理这个问题和其他一切复杂事件提供最良好最可靠的线索。”——用一分为二的唯物辩证观点，实事求是地估价自己的研究成果。虽然“还不够完备”，但可以“提供线索”，而且是“最良好最可靠”的线索；因为“还不够完备”，所以只是“提供线索”，而不是提供事物规律的结论。

（3）“所谓同属的种，都是其他大概已经灭亡的种所传下来的直系后代。”——“大概”二字用得何等的有分寸！现在我们已发现了一些称之为“活化石”的动植物，这些古老的品种，原来认为已经灭绝，在地球上永远消失了。

（4）“我们经过了精细的研究和冷静的判断，可以毫不怀疑地断言创造论的错误。”“创造论这一观点……事实上决不能成立。”“我深信生物的种不是不变的。”——用十分肯定的词语，斩钉截铁地宣布自己所得的科学结论，以鲜明的态度大胆否定了自己曾信奉过的荒谬的创造论。

（六）启迪思维，深究问题

达尔文的《〈物种起源〉导言》和鲁迅的《〈呐喊〉自序》，都是属于序言一类的文字，但写法各不相同。试作些比较，说说各有什么特点。

点拨：《〈呐喊〉自序》是文学书籍的一篇序言，侧重于记叙。它是用夹叙夹议的方法，以《呐喊》的由来为线索，将绍兴父病、南京求学、仙台学医、东京治文、北京蛰居到振笔呐喊等典型事例，按时间顺序记述，使读者便于把握作者思想发展的过程，了解作者创作《呐喊》的动机和经过。它虽有议论，却更像一篇散文。

《〈物种起源〉导言》是一篇科学著作的序言，重在阐述事理，故而以说明为主，结合说明或有所叙述，或有所议论。作者对于著书经过，出版原因，实验方法，研究内容以及编目安排的先后次序，都是侧重于说明的。即使是叙述，也是纯客观地直接表明，寓说明于叙述之中，如第1段。作者在说明事理的同时，为了阐述自己的观点，又辅以议论，以增强文章的论辩力量，既要使人了解明白，又要让人信服，如第4段和第7段。全文条理清晰，重点突出，语言质朴平实，谨严缜密，具有说明文的明显特点。

（七）以练促读，巩固新知

当堂完成“练习二”第一题。

三、写读

假如你有《作文汇编》(或《课外练笔》、《读书札记》、《日记》、《名言佳句集锦》等)，请你加以整理，仿写一篇500字左右的序言。

【补充资料】

1. 划时代的科学巨人

1859年11月24日，在英国伦敦，这是很不平凡的一天。

这一天，伦敦众多市民涌向一家书店，争相购买一本刚出版的新书。这本书的第一版1250册在出版之日即全部售罄。许多读者因买不到它而悻悻然。原先不甚乐意承印它的出版商突然精神一振，又再版了3000册，也很快卖光了。欧洲各国不少读者还要求邮购。这在当时确是罕见的。

这本轰动一时的新书就是《物种起源》，它是进化论奠基人查理士·达尔文的头一部巨著。马克思在仔细研究这部巨著后，指出："达尔文的著作非常有意义，这本书我可以用来当作历史上的阶级斗争的自然科学根据"。恩格斯则称《物种起源》为"划时代的著作"。

震撼世界的进化论

打开书，一行行新颖的词句引人注目："我完全相信，物种不是不变的"；"我把一切生物不看做是特别创造物，而看做……某些少数生物的直系后代"。这些观点像晴天霹雳，震惊了整个欧洲乃至世界。因为在这之前，许多人都信仰圣经的《创世记》。它声称：一切生物，包括人类是上帝在六天之内创造出来的。教会用它来禁锢一代又一代人的思想。生物学一直在神学支配下，成为《创世记》的注释，宣扬一切生物都是上帝创造出来的；生物按上帝意志被创造出来后，永远不变。这就是所谓的"神创论"、"物种不变论"。它们横行了几个世纪。至此，《物种起源》冲破《创世记》的束缚，成为向社会勇猛宣战的檄文。宗教界对它如见"魔王"般恐慌，对达尔文及其学说进行了疯狂的攻击。在欧洲各地，脸色铁青的主教们在布道坛上声讨他，说他是"亵渎神灵"，是"罪犯"。卫道士们污蔑他的著作是"疯书"、充满"兽性"，咒骂他是"猿猴"、"怪物"……无数侮辱他的信件也劈头盖脸地袭来。

尽管一开始时，支持达尔文的人为数甚微，但他和他的支持者都很坚强。生物学家赫胥黎、胡克等站在支持他的斗争第一线。赫胥黎写信鼓励他："你可相信，一切有头脑的人永远感谢你，让那些恶狗去嗥叫吧……"欧洲各地爆发了科学与神学的辩论。在1860年6月英国牛津发生的一场大论战中，进化论取得了决定性的胜利。它在世界上激起的反响如此之大，以至使欧洲一些著名学者也激动不已。

漫长艰巨的征途

1809年2月12日，达尔文出生于苏格兰的塞弗恩河畔的士鲁兹巴利镇。他的家庭是世代名医，父亲希望他长大后成为医生。中学毕业后，他被送往爱丁堡大学学医。但他却醉心于研究生物。父亲认为他不务正业，要他到剑桥大学学神学。就在这里，他在植物学教授亨斯罗的培育下，较系统地学习了植物学、地质学，成为一位出类拔萃的青年学者。1831年在剑桥大学毕业后，他以一名博物学家的身份，连续5年乘"贝格尔"舰进行环球科学考察。这是极其艰苦的5年，但又是他为日后的光辉事业奠基的5年。"贝格尔"舰试航时，他突然得了心脏病，但他却把病情隐瞒下来，毅然登舰远征。晕船的折磨，日以继夜的呕吐……他硬是战胜了一切磨难。在考察中，他不避任何危险，爬上一座座雪山，常常冻得全身麻木，有时还遭到暴风雪的袭击。他总爱到荒无人烟的地带考察，以观察更多的稀有生物。有时步行十几小时喝不到一口水。更可怕的是，他常常受到地震的威胁，遇到土人、毒蛇、猛兽的袭击。但他总以火一般的热情和不可战胜的毅力，出色地考察了五大洲的地质和生物分布。特别是1835年，他到了加拉帕戈斯群岛，发现群岛各岛屿的地雀在形态、习性上都不一样。后来他了解到群岛上原先并没有鸟，最初的地雀是从南美洲飞来落户的。经过繁殖，日益增多。由于地理隔离，逐渐分化发展。于是，他发现了生物不是一成不变的，而是可变的。诸如此类的发现，终于使他背叛了上帝创世说，走上探索生物进化的道路。

1836年他满载而归时，已是一个很不健康的人了。可他顾不得休息和婚事，立即埋头整理资料和撰写论文。他还搜集动植物在家养条件下变异的事实，运用选择原理去研究自然条件下生物变化的规律。这样，他终于创立了进化论，写下了《物种起源》一书，阐明了物种通过自然选择，适者生存而发生进化，不适者逐步被淘汰而消灭。这是一条极其漫长、艰苦的探索征途。为此，他耗费了二十多年光阴，成书时已50岁了，身体也孱弱不堪，但他乐在其中，认为"如果能够对于自然科学提供一点贡献，将是使用我生命的最好道路"。他没有停步不前。又经过了12年，于1871年发表《人类原始及类择》这部巨著，论证了"人类自猿起源"，奠定了人类起源学说。晚年又从事植物学研究，直到临终前两天，他仍抱病记录植物实验报告。1882年4月19日凌晨4时，这位巨人与世长辞，享年73岁。

不停地探索、奋斗，直到最后的一息。达尔文把一生献给了科学事业。

伟大深远的影响

1859年成为划分科学史前后两个"世界"的界限。《物种起源》的出版使生物学发生了一场革命，这场革命如同马克思主义登上历史舞台一样，意义重大，影响深远。

李卜克内西对此作过生动的比喻:“达尔文远离大城市的烦嚣,在他宁静的庄园里准备着一个革命,马克思自己在世界器嚷的中心所准备的也正是这种革命,差别只在杠杆是应用于另一点而已。”由于达尔文,生物学从根本上摆脱了神学和唯心主义的束缚,飞速地发展。进化论引导人们深入地研究遗传、变异的物质基础及其规律,为分子遗传学、分子生物学的发展开拓了道路。近百年来、分子生物学修正、丰富、完善了它。但是,达尔文奠定的遗传、变异和自然选择的基本原理,仍然是人类认识生物进化的基石。

达尔文进化论的意义远远超越自然科学的范畴。在两大哲学阵营对垒中,它为辩证唯物主义提供了牢固的自然科学论据,激起了马克思、恩格斯的巨大喜悦。同时,社会、宗教观念无不受到它的影响。19 世纪末,它传入中国,受到中国知识界的热烈欢迎。严复翻译了《天演论》,广泛传播进化论。谭嗣同、梁启超、康有为以及孙中山、李大钊、鲁迅等都成了进化论的拥护者、宣传者。毛泽东同志更指出,达尔文的进化论是“香花”。他们以“物竞天择”、“生存竞争”的观点鼓励人们奋发图强,为争取生存和进步而斗争,反对封建迷信,反对列强,为建设独立、富强的中国而奋斗。总之,进化论成了唤醒中国人民觉悟的思想武器。

达尔文逝世一百年来,他的学说经受了考验,他的伟大的功绩永远为后人所敬仰。早在 1859 年,他在受到非难时曾信心百倍地说过:“顽固的误解力量是大的,但是科学的历史表明,这种力量幸而不会长久延续。”历史是一面晶莹的镜子,他的话已被证明是多么正确!

(选自《现代综合进化论》,光明日报出版社)

2. 达尔文学说与进化论的发展

进化论本是有关生物界进化事实的理论概括,如今已发展为生物科学的一个分支学科。

生物界普遍存在着个体形态与生活环境密切相适应,器官结构与其功能高度合理的现象。鱼类以鳃换气,以鳍拨水,适应于水生环境;鸟有翼,虫有翅,适于空中飞行;树有根,叶片薄而平展,适于固着地面接受最大量阳光;人眼有类似透镜的晶状体和网膜,能按光学原理和负反馈原理自动调焦和感光;神经细如纤维,恰恰适于传导冲动;细胞内有种种膜系构造,恰能分工协作完成生活功能;各种酶分子有特异的功能基团,正可以催化代谢过程的有秩序的反应。总之,所有生命现象都呈现为密切适应与高度合理。

适应与合理如何形成?为何产生?这是千古的奥秘。对此问题历来有种种解释。古代人认为这是神力所决定的;古希腊哲学家苏格拉底认为生命的一切都是有一定目的的,这是目的论(teleology)的先声;亚里士多德认为有超物质的生命力,名叫 enteleohy,主宰着一切;宗教家相信这是万能的造物主有意创造的。在种种说法中最有迷惑力的是经过沃尔弗(Wolf)发展了的目的论。按目的论的说法,每种生物与环境相适应是为了达到更好地生存这个目的,器官结构与功能巧妙相适合是为了实现提高效率以利生存这个目的。目的论用有利于生存和提高效果来解释一切。科学是探索事物变化的因果关系和规律联系的事业。目的论以事物变化效果为动因，是反科学的，表面上似解释一切，事实上什么也没有解释。目的论假设事物变化都受预定的目的所支配，这是唯心论的思想。

进化论是科学的一部分，它从事探索生物的适应与合理的自然界固有的动因，寻求物种演变的规律。这种科学探索已有相当悠久的历史。

中外古人皆有过生物界是可变的这种观念。这是进化观念的启蒙期，它代表了一派哲学观点。18 世纪中后期，生物科学在搜集资料，进行类比归纳方面已有了相当大的成绩。瑞典学者林奈集这方面工作之大成。但物种不变，物种神创观点，没有被突破。法国的布丰(Buffon，1707—1788)，提出了生物进化的论点，认为物种是可变的，物种变迁同地质的变迁有关。根据当时的生物学知识，他认为现代的动物应是从原始的动物起源的。布丰的论点与教会的神创教义发生抵触，在社会压力下，他发表声明放弃他的论点。虽然如此，从思想史上说，这总是第一次出现的科学论点。这种论点的出现绝非偶然，而是科学发展中必然要提出来的。

1809 年法国博物学家拉马克(Lamark，1744—1829)发表了《动物界哲学》一部大著，对生物进化的论点有了明确的叙述。拉马克主要研究动物界，注意到动物类型的多样性和系统关联，认为生物界有共同性。他创立了生物学这个学科概念以代替植物、动物互相分开、互不联系，生物与环境脱节的旧认识。拉马克认为物种不是固定不变。生物界的物种是由进化产生的，物种与物种间有系统的联系，有的较亲近，有的较疏远，就如一株大树有各级分枝那样。他提出了“进化树”的观念至今仍然沿用。

拉马克明确地提出了生物进化学说。他认为生物进化是有规律的，环境变动对生物进化有很大的作用。他主张动物后天生活中所获得的性状可以遗传于后代，通过历代积累就会使动物改变原样。又提出了后天多使用，则器官特别发达，历代使用则生物进化，历代不使用则器官退化。这就是有名的“用进废退”说。拉马克的环境推动生物进化的观点是正确的，主张后天获得性状可遗传，证据不充分；提出“用进废退”学说，论证不完整。在他生活的那个时代，生物科学还未成长壮大，环境变化是生物进化的外在动因被认识了，但是，进化的内在机制还有待于探讨。拉马克又认为动物的欲望有推动它进化的作用，这种提法是错误的。总的说来，拉马克是伟大的博物学家，科学的进化论的先行者。

科学的进化论首创者是 19 世纪英国的著名科学家查理士·达尔文(C. Darwin，1809—1882)。他是当时的伟大的自然考察者和精密的思想家。

达尔文毕业于神学院，但他爱好考察自然界。1831 年他从神学院毕业，即随比格尔号军舰作环球生物考察，前后历时 6 年。他思想上受赖依尔(L. Yell，1797—1815)提出的地质有规律性变迁的学说影响很深。根据他多年的考察和探索，达尔文于 1859 年 11 月出版了他经过 20 年探索自然奥秘的伟大著作：《物种起源》(“The

Origin of Species")。这是一本影响极深广的名著,它的科学价值是空前的。

达尔文认为生物有按几何级数增加的繁殖力;任何生物必然为生存而斗争。变异、遗传和选择是生物进化的三个要素。

达尔文以大量的证据论证生物界广泛发生着或大或小的变异。这些变异是无定向的,有的变异发生的原因是难以确定的;有的变异,有利于生存和繁殖,有的则是不利的。任何生物随时随地都要为生存而斗争。按达尔文的意见,生存斗争是一个比喻的说法,含义极广泛,沙漠边的植物的抗旱斗争也是一例。达尔文认为在广泛发生变异和生存斗争的基础上,自然选择对生物进化起了促进作用。他说:"自然选择时时刻刻在整个世界上检察每一个直至最微小的变异;抛弃不利的,保留并积存有利的变异,不论何时何地只要有机会,它都在无声无息地工作着,与有机和无机的生活条件相联系来改善每个有机体"。这是达尔文学说的中心论点。

自发的变异和自然选择这两个主要论点是达尔文进化论的精髓所在。学说的要点在于:变异随时随地不定向地发生,环境对各种变异进行选择,保存其最合适,最有效者,筛去其不利者。经历几十代甚至几百代不断变异与优选,生物便逐渐趋向于与无机有机环境相适应,机体结构逐渐趋于合理。适应和合理性是生物进化的必然的、有规律的结果。

达尔文学说能以自然的原因来说明生物的适应和合理性,揭示生物进化的必然性。这种科学的论点对当时盛行的神创论、目的论等反科学的谬论是一个很沉重的打击。因此,在达尔文论著出版后,思想界受了极大的震动。教会势力极力反对这学说,进步的思想界和科学界则热烈拥护。马克思和恩格斯当时对达尔文学说给予了极高的评价。恩格斯认为达尔文学说终于把目的论驱逐出自然界。

达尔文受了当时科学水平和个人世界观两方面的限制,个别论点有些缺点和不足。第一,达尔文知道遗传是生物进化的重要因素,但是当时遗传学尚未建立。孟德尔论文发表于 1865 年(重新发表于 1900 年),但未受到科学界的重视。达尔文无法在这方面给予说明;第二,他相信生物界有生殖过剩,因而引起剧烈的生存斗争。这是达尔文受马尔萨斯的人口论思想影响的反映。这人口论认为人口是按几何级数增加,食物则只按算术级数增长。事实上所谓生殖过剩在生物界并非普遍存在。达尔文强调生存斗争的作用。事实上生物界既存在生存斗争,也存在互助和协调。按达尔文的说法,同种生物生活要求相同,生存斗争应该是最激烈的,不可协调的。但事实恰好相反,种间"斗争"和种间协调是经常的,种内"斗争"却是不经常的;种内协作,个体间相支援是物种生存的基本条件之一;第三,达尔文认为新物种形成只能是渐进的,通过中间类型的灭亡而实现。事实上物种形成既有渐进式的,也有跃进式的,没有中间类型灭亡,物种也能进化形成。虽然有这些不足之处,但是达尔文仍不失为生物科学史上划时代的科学家。恩格斯认为达尔文的进化论是 19 世纪自然科学的三个伟大发现之一。他的进化论已成为科学史上的伟大的里程碑。

达尔文学说取得决定性胜利之后,生物学界思想上获得了解放,上帝创造一切的说法失去了约束力，生物科学成为探索自然奥秘，追求客观规律的一门学问。19 世纪后半期，动物生理学、植物生理学、细胞学、胚胎学等学科相继发展起来，物理学原理和实验方法逐渐被引入生物科学中，1900 年孟德尔论文被重新发现，生物学界兴起了遗传学研究和实验生物学的潮流。在这个基础上，本世纪 30 年代以后，以杜布赞斯基(Dobzhansky)、赖特(Wright)等名家为首，将遗传学与进化论相结合，开辟出进化论研究的新阶段，称为综合进化论阶段。在此阶段中，变异、遗传和进化的机制的探讨成为重点，种群(population)，即生活在同一地区的同种个体所结成的集团，代替个体成为进化论研究的具体对象，种群基因库的变迁途径和物种形成的规律逐渐被揭示了出来。

本世纪 50 年代以来，分子生物学勃兴，进化论研究随着跨进了新的阶段，称为分子进化论阶段。分子生物学揭示从原核生物到人类，承担生命的核酸(主要是 DNA)、蛋白质等生物大分子，是由基本上相同的构成单位，即核苷酸与氨基酸所组成；大分子合成服从于相同的遗传密码和"中心法则"；基因可以从人类转移于大肠杆菌。分子进化论研究着重于阐明物种差异的分子基础，生物进化的分子机制及其递变程序。分子进化论尚在蓬勃发展中。它的进一步发展将能阐明物种内部出现多形性(polymorphism)、物种持续分化的分子基础和物种形成的规律。

近年来有些学者，以同类蛋白质有多种结构(分子多形性)和同工酶普遍存在的事实为证据，提出了"中性"进化学说，认为中性突变是进化的主要源泉。这学派由此推衍出生物进化与自然选择作用无关的论点。目前国际学术界正在对此论点展开讨论。

（选自《生物学概论》，高等教育出版社）

3. 对《〈物种起源〉导言》中两句话的理解

达尔文的《〈物种起源〉导言》是他概述写作《物种起源》的经过及进化论的主要之点的重要文章。其中有二句话："因为我十分清楚：本书中所讨论的几乎没有任何一点不能引用事实来作证，而每一论点显然往往会引到一些与我所得到的完全相反的结论。我们处理一个问题，必须把两方面的事实和证据，加以详细叙述和比较，然后才能得到完善的结果，但这是这里所不能办到的。"该怎样理解呢？

我们知道，达尔文原来是信仰创造论的，正如他在此文中所说，"创造论这一观点"，"自己以前曾信奉过"。后来，经过环球航行的实地考察，与多年研究，才得出了生物进化论的结论。因此，这两句话中所说的"每一论点"，"结论"，即指进化论中的诸观点及家养变异的学说，"我所得到的"这个"的"字结构，实际上是指达尔文原先信奉的创造论。当时，宗教势力相当猖獗，不容许科学家发表有关违背宗教意旨的真理性的见解。就在达尔文稍后，作为达尔文学说的拥护者赫胥黎(1825—1895)，也还与宗教势力作了剧烈的斗争。赫胥黎在其名著《进化论与伦理学》的《序言》中，就透露了这样一个事实："罗马尼斯基金会有一个条例，就是讲演者应避免涉及宗教上或政治上的问题。而据我看来，也许我比大多数人更应当，不仅在文字上，而且在精神上，遵守这个禁令。然而伦理科学在各个方面都是同宗教和政治纠缠得如此之紧，以致一个讲演人要讨论伦理问题而不牵涉到宗教问题或政治问题，他非得具备一个跳鸡蛋舞[蒙着眼睛在散布着鸡蛋的地上跳舞——译注]的人所具有的那种机敏的技巧不可”。正因此，达尔文说，把生物进化学说与创造论“两方面的事实和证据”，进行详细叙述和比较，是“这里所不能办到的”。

（选自《教学与研究》1981年5、6期合刊）

参读课文教学提示

科学知识体系的球状结构

【教学目的】

1. 明白科学知识体系的结构形式。

2. 能运用文中的知识分析有关科学知识所属的结构层次。

3. 会运用文中的知识评价有关课题属于四种类型中的哪一种类型。

【教学设想】

“科学知识体系”还有结构？是一种什么样的结构？这是绝大多数学生闻所未闻的、全新的知识，但是由于文章写得深入浅出，所以并不难懂。上课前不必要求学生预习。可采用边读边讨论的方法，全文结束以后可以给一篇相关的文章让学生运用所学的知识进行分析。

【教学步骤】

1. 阅读文章的第1段，让学生思考一个问题：为什么说能否把握科学知识体系的球状结构这一特征，采取科学的思维方法，是科学研究成败的关键？（这一问题要等到全文读完以后才能讨论。）

2. 阅读“三层结构”这一部分，讲清两个问题：

① 学生在阅读过程中可能会问：定律（如浮力）和原理（如氧化）也是一种客观存在，它们的发现也是一种事实性发现，那么事实性知识与定律性知识、原理性知识的本质区别在哪里？

讲清这一问题，要让学生反复阅读“事实性知识说明‘是什么’，定律性知识说明‘怎么样’，原理性知识说明‘为什么’”这句话和本部分的第三段所举的三个例子。将这两者结合起来就可以知道：所谓事实性知识，揭示的仅仅是一种客观存在，即文中所说的“是什么”；定律性的知识揭示的是这种客观存在以什么样的方式存在，即文中所说的“怎么样”；原理性知识揭示的是为什么以这样的方式存在，即文中所说的“为什么”。第3段所举哥白尼的发现、开普勒的发现、牛顿的发现则具体地说明了这三种知识的联系和区别。

② 讲清第4段在文中的作用。这一段就本部分而言，它是前面3段的自然延伸；就全文而言，它上与全文的第1段“能否把握这一特征，采取科学思维方法，是科学研究成败的关键”相关；下与第三部分“科学思维的张力”相关。这有利于科学正确

地选定研究的目标。(详细的讨论待到阅读第三部分时)

3. 阅读"四种类型"这一部分的前两段,然后告诉学生"综合考虑距离原则的方向原则,得出科学研究按其探索价值和实施难度的大小而划分的四种类型"。让学生试着写出这四种类型,并按由易到难的程度排列。这实际上是数学中的组合问题,学生通过讨论应该能排得出来。如果学生排出来的和文中的不完全吻合,可以适当地讨论修正。还可以由教师先写出一种类型,让学生模仿排出其他三种类型。学生能把这四种类型排出来,那么这一部分的内容也就掌握了。这样再让学生读第3段,增加学生对这一方面知识的感性认识。

让学生运用这一部分的知识,分析第一部分举的例子所研究的课题属于四种类型中的哪一种类型。还可以让学生自己就自己的知识范围所及给四种类型举一些例子。

4. 阅读"科学思维的张力"这一部分,讨论:

① 为什么"一个成功的科学家必须同时具有反对偶像崇拜和维持科学传统两方面的性格"?

所谓反对偶像崇拜,就是到了一定的时候,即"已经在某一领域建立了信心的成功者,应把自己的注意力向球状结构的核内层次转移","在科学发展的危机阶段,当现有的基本理论已经明显露出颓势的时候,研究者不宜顽守旧的传统观念,一味为旧理论保驾护航",而要"把努力的重点放在对现有体系的否定性工作方面"。这就是敢于向"离心—远距离"这种高难度、高层次的课题进军;否则就会停滞不前。所谓维持学科传统,就是"初涉足科研者,宜选择处于球状结构外层次的科研项目",当"现有的核心科学理论还有相当的生命力的时候",应"把研究的重心较多地放在对现有科学体系的肯定性工作方面","不易轻率'造反'";否则就会丧失信心,一事无成。

② 讨论开头提出的问题:为什么说能否把握科学知识体系的球状结构这一特征,采取科学的思维方法,是科学研究成败的关键?

作为一个科研工作者,课题选择,非常关键。选择课题,第一要了解科学体系的结构特征,这有助于确定将自己的研究放在科学体系结构的哪一个层面上。第二要了解课题的难易程度,即评价课题难易程度的四种类型,这样可以根据自己的能力,确定自己应该选择哪一种类型的课题作为研究的项目。第三,要了解对某一门学科的研究现在处在什么样的阶段,是处在还具有相当的生命力的阶段,还是处在发展的危机阶段,从而确定自己的选题是维护传统呢,还是"造反"。研究课题选择得当与否,将决定研究者研究的成败。由以上的分析可以看出,得当的课题的选择,必须建立在"把握科学知识体系的球状结构这一特征"的基础之上。

5. 科学体系的结构,是一个非常抽象的问题,它看不见,摸不着;对一般读者来说也是一个陌生的问题。这样一个抽象而陌生的问题,读者们在读了本文之后,头脑中便有了一个非常清晰的科学体系结构图,对了解科学知识体系内部结构的意义也有了明确的认识。这正是科普文章要达到的效果。能达到这样的效果主要是由于:

① 能将抽象的问题形象化。科学体系的结构是抽象的,作者一开始便用地球的结构比作科学体系的结构,这便一下子在读者的头脑中建立了一个形象的科学体系结构模型。可是为什么会是这样的一种结构呢?作者仿佛知道读者的心思似的,接着又举人们熟悉的事例,对科学知识体系的球状结构进行具体的说明,进一步揭示科学知识体系球状结构的本质特征及其内部联系,这便轻而易举地解决了读者心目中的问题。

② 由浅入深。“三层结构”“四种类型”“科学思维的张力”三部分是密切联系的,后一部分是前一部分的自然发展。只有读了第一部分,才能读懂第二部分,否则就无法理解评估课题的重要性和难易度的二个基本原则,就无法理解划分课题难度的四种类型。不懂第一部分、第二部分就不会明白科学思维张力的理论依据是什么。文章的结构安排既符合文章三部分内容之间的内在联系,又符合人们认识问题的规律,读者在不知不觉中随着作者层层深入,读完全文,便明白了文章开头为什么说“能否把握知识结构(科学知识体系的球状结构)这一特征,采取科学的思维方法,是科学研究成败的关键”。

6. 阅读【补充资料】中《对21世纪科技发展前景的展望》一文,思考下列问题:

① 目前的物理理论都是对称的,而实验却发现了不少对称性的破缺:有一半基本粒子是至今一点都独立不出来的。这样的发现属于“科学知识体系的球状结构”的哪一个层次?

② 进一步研究如果对上述问题从理论上作出了解释,那么这种理论发现属于“科学知识体系球状结构”的哪一层次?

③ 研究这样的课题属于“四种类型”的哪一种类型?

④ 运用“三层结构”“四种类型”的知识对文中的科学发现和课题研究进行分析。

【补充资料】

对21世纪科技发展前景的展望

最后讲一下21世纪物理科学的前景。我认为物理科学的发展前景是很好的,因为目前的情况与20世纪初很相似。

20世纪初的两大发现,导致两大科学疑问的提出,即光顺地球运动和逆地球运动时的速度为什么一样?如何解释热的东西发射的光谱?

现在同样也面临两个疑问:其一,目前的物理理论都是对称的,而实验却发现了不少对称性的破缺(今年是吴健雄先生做宇称不守恒实验的40周年纪念。她的文章是四十年前的2月15日发表的,她于今年2月16日去世);其二,有一半基本粒子是至今一点都独立不出来的。我们已经知道,所有的中子、质子、原子、分子,都是由两类基本粒子组成的,一类是夸克,另一类是轻子。一共有6种夸克,6种轻子。可是这6种夸克,每一个都不能单独自由行动,从来没有人观察到它们可以自由地存在。

关于理论上对称而实验上对称破缺这个问题，现在的认识是，这个对称的破缺来自于真空。什么是真空？真空是没有物质（粒子）的态，可它仍有作用，有作用就有能量的涨落。这种能量的涨落是可以破坏对称的。

为什么夸克走不出来呢？这和超导类似。超导是抗磁场的，假如有一块材料没变超导前有磁场通过，一变成超导，磁场就被排出来了。假如一个圆圈里面有磁场，这圆圈没变超导前，磁场可任意进出；而一旦变成超导，磁场就出不来了。在真空的涨落中，很可能有磁单极子和反磁单极子，它们是抗量子色动力学电场的。可以认为，真空是物理的相对论性凝聚态，它虽是没有物质（粒子）的态，但却是有作用的，也就有可能被激发。

根据相对论性重离子碰撞理论，两个高能量的金核（单个核子的能量为 100 吉电子伏）相互碰撞后，相互穿过对方，并在两核中间产生新的真空，这样的真空中夸克可以自由行动。这方面的研究正在进行，相对论性重离子对撞机设在布鲁克海文，1999 年就可建成，总投资约 10 亿美元。

如果真空可以被激发，粒子的微观世界和宏观的真空就结合起来了。这将是一个新的发展。我们用对撞机来研究这个问题，是想人工模拟出一个状态，它和当初宇宙开始大爆炸的情景相似。大爆炸开始于一个激发的真空，人工制造出类似的状态，也许可测量得到大爆炸之初的若干特性。

宇宙中有一种叫做类星体的东西，人们知道它不是普通的星，但对它知之甚少。对它的能量来源，就一直未搞清楚。太阳的能源是核能，而一个类星体能量比太阳的能量要大得多，可以是太阳的 10^{15} 倍，这绝对不可能来自核能。在宇宙中估计共有 100 万个类星体，其中正在仔细研究的有 1000 个。

类星体最早发现于 1961 年，那年发现了两个。其中之一是 3C273。3C 代表英国剑桥第三射电源表，273 是其顺序号。这个类星体在 1982 年 2 月，一天之内能量增加了一倍。不仅能量大，而且可以在一天之内增加一倍，这是非常稀奇的。宇宙中还有很大能量的来源，至今仍是未知的。

宇宙中的另一个大问题是暗物质。从引力的计算，人们知道有暗物质存在，可是用光无法探测，用红外、紫外、X 光都无法探测到。

宇宙里 90%以上是暗物质。暗物质存在的证明很简单。拿任何一个星系来说，测量在距离该星系中心 r 处的任何星（或尘埃、粒子等）的速度 u，令 $M(r)$ 是从星系中心至 r 间的引力质量。从万有引力定律和圆周运动方程可得：

$$\frac{GM(r)}{r^2}=\frac{u^2}{r}$$

G 为引力常量。离星系非常远处，如果 $M(r)$ 不继续增加，u 应该越来越小。可是事实上不然。拿 NGC3192 来说，u 并不减小，就说明有很多引力质量在里面。NGC3192 并不是单独的例子，现在已测量的有 967 个星系，所有的都是这样，没有一个例外。这些暗物质是什么我们不知道。所以，在我们的宇宙中有90%以上的物质我们不知道，有极大的能量来源我们不知道。

一百年前，英国物理学家汤姆孙（J. J. Thomson，1856—1940）发现了电子。这极大地影响了20世纪的物理思想，即大的物质是由小的物质组成的，小的是由更小的组成的，找到最基本的粒子就知道最大的构造。这个思想不仅影响了物理学，还影响到20世纪生物学的发展。要了解生命就应研究它的基因，了解基因就可能会了解生命。但我们现在发现并不然。小的粒子，是在很广泛的真空里，而真空很复杂，是个凝聚态，是有构造的。也就是微观的粒子和宏观的真空是分不开的，两者必须同时处理。

以为知道了基本粒子，就知道了真空，这种观念是不对的。从这个简单化的观点出发，不会有暗物质，也不会有类星体这类的东西。我觉得，基因组也是这样，一个个地认识了基因，并不意味着解开了生命之谜。生命是宏观的。20世纪的文明是微观的。我认为，到了21世纪，微观和宏观会结合成一体。不光物理学如此，这也许还会影响到生物学和其他科技的发展。例如造计算机，是不是越小的集成电路就越好呢？可以把集成电路芯片越造越小，小到氢原子，可是我们对氢原子已完全了解，这里已不可能再有什么信息。可能21世纪计算机的芯片会是比较大的，是个凝聚态的单位，这里的信息才更多。

在基础科学的研究中，微观和宏观必须结合起来，这个结合对科学技术的应用和开发，可能会有极大的影响。20世纪的科学发明在19世纪末都是很难想象的！没有20世纪初基础科学的突破性发展，本世纪的科技应用和开发也就失去了基础。21世纪也许会有同样的发展。目前，微观和宏观的冲突已经非常尖锐，靠一个不能解决另一个，把它们联系起来或许会有所突破。这种突破会影响我们的未来。

21世纪的物理科学，可能会在以下一些基本问题上取得突破性进展：激发真空；微观和宏观的物理的结合；模拟宇宙大爆炸之初的状态；了解暗物质，了解类星体的能源，了解CP不对称的原理等。什么是CP不对称呢？粒子和反粒子，左和右不对称，就是CP不对称。因为CP不对称，所以我们能够存在。我们都是质子和电子的，我们宇宙里没有很多的反质子和正电子。在大爆炸一开始它们应该是一样的，所以CP不对称也是一个很重要的问题。

（节选自《李政道文录》，浙江文艺出版社）

古代科技名著四种

【教学目的】

1. 加深对中国古代科技成就及灿烂文化的认识了解，深切感受中国古代劳动人民的聪明才智。

2. 掌握文章点面结合及纵横结合的说明方法。

【教学步骤】

教学方法以学生自学为主，教师点拨引导为辅：通过自学，使学生能对文章内容有整体的把握，能从学科性质、成书年代、大致内容、历史地位等方面对课文中介绍的四种科技名著进行整理归纳；通过教师点拨同学讨论促使学生将课文中涉及的科技知识与自己日常所学相联系以加深理解，并能加深对文章运用的点面纵横相结合的说明方法的认识，使学生感受到说明方法也能体现出某种研究的方法角度。

一、预习

1. 请学生在预习时考虑：文章是从哪些方面介绍这四种科技名著的？

文章主要是从著作的成书年代、作者、学科性质、大致内容、历史地位等方面进行介绍的。

2. 请同学用列表格的方法从以上几个方面对课文内容作整理归纳。

二、参读

1. 用提问及评赏作业的方法检查预习情况，熟悉课文内容。

2. 围绕课文讨论下列问题。

① 作者在介绍四部著作的内容时主要采用的是什么方法？试举例说明。

介绍内容时作者主要采用的是分类归纳及点面结合的方法。分类归纳如对于《墨经》中的物理学知识，作者分别从力学、光学、声学这三方面来介绍。点面结合即既有全面概括的介绍，又有典型事例的列举。如对于《考工记》，作者先概括指出“书中记载了生产工具、生活用具、乐器、兵器等的制作规范，以及城市、房屋建筑的设置规范”，再列举书中关于丝帛染色技术、角度名称、合金成分等方面的记载作为典型事例加以说明。

② 作者在介绍四部著作的历史地位时主要采用的是什么方法？试举例说明。

在介绍历史地位时，作者主要采用的是纵横结合的方法，既在横向上与西方同学科的发展状况作类比以显示中国科技的优越性，又在纵向上指出其对后世科技发展的作用与影响，从而突出其历史贡献。如将《考工记》中关于箭的结构和飞行状况的分析与欧洲中世纪物理学里抛射体沿直线前进的理论相类比，将《墨经》中的浮力原理与古希腊阿基米德的浮力原理相类比，都属于横向比较；而介绍《抱朴子》对化学、医药学的发展和火药发明的贡献则属于纵向的联系。

3. 作者介绍四部著作的角度大致相同，但由于四书各有其特点，所以介绍时也注意到其个性的方面。可以请学生思考以下问题：

① 对《考工记》，作者为什么又在最后介绍了后代对这部书的研究？（这主要因为《考工记》的成书年代较早，后人在阅读研究时一定会遇到很多障碍，所以介绍一些研究性的著作可以给有兴趣阅读《考工记》的读者提供参考。）

② 对《天工开物》，作者为何侧重介绍了它的版本流传情况？（介绍其书的版本流传，可以看出各国科学界对这本书的重视，表明其在世界范围内产生的较大影响，同时也提醒读者要珍视中国古代的科技文化成果，努力使其在新时代焕发出新的生命力。）

4. 以下几则材料出自课文介绍的几部科技著作，请学生运用自己所学的知识加以解说。

①“鉴洼（即凹面镜），景（影），一小而易（倒），一大而正，说在中（球心）之外、内。”

——《墨经·经下》

②“景（影），光之照人若射。下者之人也高，高者之人也下。足敝（遮）下光，故成景于上。首敝上光，故成景于下。”

——《墨经·经说下》

③“丹砂（硫化汞）烧之成水银，积变又还成丹砂。”

——《抱朴子内篇·金丹篇》

④“以曾青（天然硫酸铜）涂铁，铁赤色如铜……外变而内不化也。”

——《抱朴子内篇·黄白篇》

5. 用列表的方法整理课文内容。

著　作	成书年代及作者	学科性质	大致内容	历史地位
《考工记》	春秋末期	工程技术	生产工具、生活用具、乐器兵器等的制作规范，以及城市、房屋建筑的设置规范	我国最早的一部科学文献
《墨经》	战国时期墨翟及其他墨家学者	物理	自然科学，特别是物理学（包括光学、力学、声学等）的知识	我国古代最早的一部物理学著作
《抱朴子》	晋代葛洪	化学、医药学	阐明作者炼丹思想，总结了关于分解化合反应的有关知识，记载了二十多种炼丹原料的化学物理性质	我国古代最著名的炼丹著作

续表

著　作	成书年代及作者	学科性质	大致内容	历史地位
《天工开物》	明代宋应星	科技百科全书	几乎包括当时的农业、矿冶、铸造、纺织、食品加工、造纸印刷及手工业的生产部门。每一个生产部门，对原料品种、来源、生产操作过程、产品产量等科学技术问题都有研究。农业记载特别详尽。	我国古代最著名最重要的科学技术文献

【补充资料】

几则引文的解说

1. 关于凹面镜成像。《墨经》中指出，当物体放在球心外时，得到比物体小的倒立的像，当物体在球心内时，得到的则是比物体大的正立像。此即所谓“鉴洼(即凹面镜)，景，一小而易(倒)，一大而正，说在中(球心)之外、内”。这正确地说明了凹面镜成像的部分情况。现在我们知道，平行光经凹面镜反射后聚焦于焦点(F)，它的成像有以下五种情况：当物体处于球心(O)以外，得到的是倒立的实像，像小于物体；物体在球心处时，在物体所在处，产生一个与物体等大、方向正相反的实像；当物体在球心和焦点之间，像是比物体大的倒立实像；物体在焦点处时，不成像；当物体在焦点之内，得到的是正立的虚像，像比物体大。虽然墨家已经知道球心与焦点(墨家称之为中燧)的区别，但仅以球心来区分物体和像的关系，没有说明物体在球心、焦点及球心与焦点之间时的成像情况，是它的不足之处。

2. “光之煦(照)人若射。下者之人也高，高者之人也下”，即光穿过小孔如射箭一样，是直线进行的，人的头部遮住上面来的光，成影在下边，人的足部遮住下面来的光，成影在上边，就形成了倒立的影。这是墨家所作的著名实验之一，既明确地阐述了光的直线传播原理，又科学地解释了小孔成像的现象。

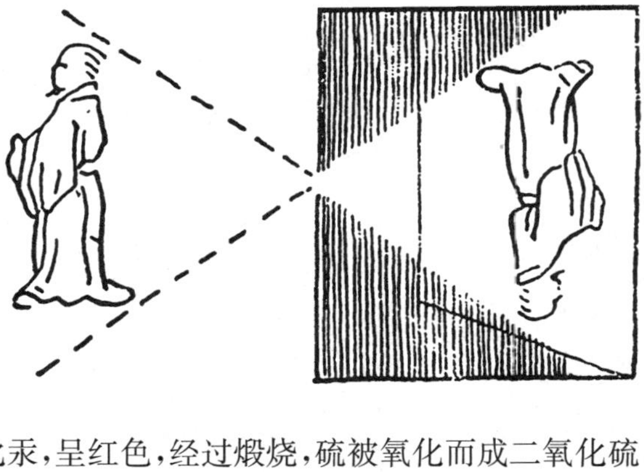

3. 丹砂即硫化汞，呈红色，经过煅烧，硫被氧化而成二氧化硫，分离出金属汞，再使汞与硫黄化合，生成黑色硫化汞，经升华即得红色硫化汞的结晶。这种人造的红色

硫化汞可能是人类最早通过化学方法制成的产品之一。

4. 曾青是天然的硫酸铜，其溶液与铁接触，铁能取代硫酸铜里的铜。葛洪亲自进行了实验，比前人更仔细地观察到："以曾青涂铁，铁赤色如铜"，"外变而内不化也"。葛洪用的是在铁表面涂抹硫酸铜溶液的方法，只有铁的表面与铜发生置换反应，故"外变而内不化"。

（以上资料选自杜石然、范楚玉等人编写的《中国科学技术史稿》上册）

采 草 药

【教学目的】

1. 理清文章的思路，认真思考作者是怎样得出"岂可一切拘以定月哉"这个结论的。

2. 透彻地理解文章的内容，准确地把握作者阐发的科学思想。

【教学步骤】

一、预习

(1) 通读课文。对照课文注释，并借助工具书，口头翻译课文。

(2) 了解作者的主要科学观点。

二、参读

(1) 作者是怎样得出"岂可一切拘以定月哉"这个结论的？

这篇文章是阐释事理的说明文。"古法采草药多用二月、八月，此殊未当。"作者在文章的一开头就否定了古人的做法，态度非常鲜明。然后作者说明了自己的观点。那么什么时间采药最恰当呢？从使用药材的不同部位来说，"用根者"，有宿根的，须取无茎叶时采，无宿根的，要等苗成而未有花时采；"用叶者"取叶初长足时；"用芽者"应当遵从古法；"用花者"取花初敷时；"用实者"成实时采。作者由此说明采草药"不可限以时月"的道理。从草药生长条件的不同来说，由于地势不同，物性不同，地气不同，人力不同，采药的时间也应不同。文章举白乐天的诗证明地势不同，花时就各异；举竹和稻子为例，说明品种不同，生长时间也不同；举"岭峤""并、汾""诸越""朔漠"的情况来说明"地气"不同，植物生长时间也有差异。作者通过举事例、作比较，多方说理，充分说明了自己的观点：采草药应该根据具体情况选择不同的最佳时间，"岂可一切拘以定月哉"。这篇文章虽然不是议论文，但却有极严密的逻辑性，说服力很强，条理也很清楚。

(2) 分析作者实事求是的治学精神及给我们的启发。

作者不因循守旧，敢于大胆否定古人的错误做法，提出并阐明自己的独到的见解，这既是对科学的贡献，也是治学上求实精神的体现。在否定古法时，作者的态度也是十分谨慎的，如文章开头说："古法采草药多用二月、八月，此殊未当。""多用"，只是多数，绝非全部，这是符合实际情况的，分寸把握得很好。"未当"，只是不恰当、不合适，绝非"谬误"。如果是"谬误"，那就是说二月、八月绝对不能采药了，作者的意思是不能"一刀切"，有的药能在二月和八月采，有的药就不能在这个时候采。字里行间体现了作者实事求是的科学态度。另外，文章在写到用根作药时，说"无苗时采，则实而沉；有苗时采，则虚而浮"，又说"未花时采，则根色鲜泽；花过而采，则根色黯恶"，情况写得如此具体、真切，如果不实地观察、对比过，是绝对写不出来的，这不也是严谨求实治学态度的体现吗？

【补充资料】

1. 注释

(1) 八月苗未枯：苗，这里指植株。

(2) 黯(àn)恶：黑。

(3) 人间四月芳菲尽：芳菲，花草。

(4) 盖常理也：常理，普遍的道理，即规律。常，永久的，固定的。

(5) 一亩之稼：稼，庄稼。

(6) 后种者晚实：实，这里指穗粒充实。

(7) 望秋先陨：望秋，临近秋季。

2. 作者和《梦溪笔谈》

《采草药》选自《梦溪笔谈》。作者沈括(1013—1095)，字存中，钱塘(现在浙江省杭州市)人。我国北宋时期的科学家、政治家。

沈括曾长期担任县级官吏，宋神宗熙宁年间，他积极参加了王安石变法革新运动，是其中的骨干人物之一，官至三司使(度支、户部、盐铁三司，主管全国财政、经济工作)，主持过天文研究、农田水利兴修和军器制造，并为新法的制定和坚决推行而奔走南北。还出使过辽国，镇守过西北边疆，多次击败西夏贵族军队的侵扰，变法失败后，沈括屡遭贬谪。晚年退居润州(现在江苏省镇江市)东部的梦溪园，潜心著作，总结学术领域中的前人知识和自己的实践经验，撰写了《梦溪笔谈》。

《梦溪笔谈》全书26卷，是一部以笔记体写成的学术著作。其中三分之一以上是有关自然科学和应用技术的。内容涉及数学、天文、气象、物理、化学、生物、地质、地理、医药、工程技术等广泛领域。在书中，作者总结了我国古代，特别是北宋时期自然科学、应用技术方面所取得的辉煌成就。这部书是我国古代科学技术史上一部重要文献，被誉为"中国科学史上的坐标"。

3. 译文

古法采草药(时间)多在二月、八月，这很不恰当。只是二月草已发芽，八月茎叶还没有枯死，采药的人容易辨认(草药)罢了，对药材来说，并不是最好的时间。大致说，用根的(草药)，如果有隔年老根，必须选择没有茎叶时采摘，这时液汁都集中在根内。要验证这一点，只要拿萝卜、地黄这类来看，没有茎叶时候采摘的，就充实而沉重；有茎叶时候采摘的，就空虚而轻浮。那些没有隔年老根的，就要等到茎叶长成而还未开花的时候采摘，（这时）根生长已充足而又未衰老。像现在的紫草，没有花的时候采摘，根的颜色就鲜亮滋润；花开过后采摘，根的颜色就暗黑难看。这就是（采草药时间适当与否的）验证。用叶的（草药要）选择叶子刚长足的时候（采摘）；用芽的（草药），自然应当遵从传统的说法；用花的（草药），要在花初开时采；用果实的（草药），（要）果实成熟时采。（这些）都不可以用固定的时间月份去限制。因为地温（的升降，在不同情况下）有早有晚，天气也会不时变异无常。例如平原三月开花的，（在）深山中却四月（才）开花。白居易《大林寺桃花》诗中说："人间四月芳菲尽，山寺桃花始盛开。"（这是）普遍的道理，这是地势高低（造成）的不同。（又）如竹笋，有二月长出来的，有三、四月长出来的，有五月长出来的，（五月才长出来的）叫作晚笋；水稻有七月熟的，有八、九月熟的，有十月熟的，（十月熟的）叫作晚稻。同一类作物（种植）在同一小块地里的，它本身（也还）有早晚（之分）。这（是）植物本身的性能不同（造成的）。岭峤一带的小草，越冬也不枯萎；并、汾地区的乔木，临近秋天（就先）落叶了；诸越的桃李冬天结果，朔漠的桃李夏天（才）开花。这（是）各地气候不同（造成的）。（同）一亩地里的庄稼，用粪浇灌的（就）先发芽；（同）一丘地里的谷物，后种的就晚结实。这（是）人工栽培不一样（造成的）。哪能一律用固定的时月来限制（采摘草药的时间）呢？

葵与向日葵（略）

神奇的极光

【教学目的】

一、了解产生极光这种大气发光现象的科学道理。

二、学习本文描写、比喻、概括等说明方法的运用。

【教学步骤】

一、背景知识

本文主要说明了极光的形状、色彩和成因，教学时，可先介绍一点有关极光的背景知识，引发学生的兴趣。

1. 极光的第一次命名

长期以来，人们谈到"极光"一词的由来，往往归功于法国数学家和天文学家加桑迪，因为英国天文学家、数学家哈雷在1716年的一期《哲学学报》上提到加桑迪在1621年观看描述了一次大的极光，并给极光起了名字。但美国加利福尼亚大学的西斯库近年来对“极光”一词的起源作了新的研究，证明这个词最早是由意大利物理学家和天文学家伽利略发明的。伽利略和他的学生在1619年出版的一本书中记述了1616年的一次天文观测：“夜空中，北半边天全照亮了，甚至亮到这样的程度，其亮度达到了晨曦最亮的地步，几乎与太阳可比拟。从而使我们可以肯定这是北方的晨曦。”这里，伽利略称极光为“晨曦”，拉丁文即aurora。

2. 第一本极光教科书

第一本有关极光的教科书是法国自然哲学家梅兰所著的《北极光的物理学和历史》，1731年写成。在书中，梅兰批评了当时关于极光的一种流行看法，即认为极光是极区冰雪反射阳光造成的，还批评了哈雷认为极光是由于水汽蒸发形成的理论，他认为极光是太阳大气的一种伸展。

3. 第一张极光照片

19世纪末，照相技术不断进步，人们试图用相机拍摄极光。但由于曝光时间很难掌握及技术条件限制，一直没有成功。1891—1892年，德国物理学家布伦特尔到芬兰北部考察极光对磁场的影响，用一架光圈直径60毫米、视野为20°×30°、带有一个210毫米长焦镜头的照相机，曝光7秒钟，拍摄了世界上第一张高质量的极光照片，1900年发表在德国一家气象学杂志上。

——以上史实参考了《极光的故事》(曹冲著，海洋出版社1989年版)有关内容。

二、课文参读

1. 内容理解

课文节选部分分立三个小标题，各部分内容集中，比较容易把握。

第一部分，从中国古老的神话传说谈起。附宝感极光而有身孕，显然是神话传说，但这一神话传说也表明古人对极光的观察由来已久。大自然的这一奇观震撼着人们的心灵，困惑着人们的认知力，人们就将它和伟大人物的诞生联系在一起。而在古代地理学著作《山海经》中，极光被描述成“触龙”，它“人面蛇身，赤色，身长千里”，成为钟山的守护神。同样是神话传说，在附宝的故事中“神奇的光带”已变成了一条龙，表现出古人对自然现象的一种诗性理解。

引述了两个有关极光的神话，增强了读者的感性认识，作者才对极光作出科学的解释：“极光是天空中一种特殊的光，是人们能用肉眼看得见的唯一的高空大气现象，它常常出现在南北半球的高纬地区，主要是在南极区和北极区。这种光的美丽显示，是由高空大气中的放电辐射造成的。”然后，又说明我国古代没有极光这一名称，而是根据极光不同的形状来命名的，如称为“天狗，刀星，蚩尤旗，天开眼，星陨如雨”等。

由于现代科学发源于西方，极光这一术语也是由古罗马神话中的“黎明女神”那里借用过来的，既没有叫“触龙”，也没有叫“天狗”“刀星”等，这种不公平的真正原因是中国近代科技的落后。

第二部分,从外观上介绍极光。极光是自然界中最漂亮的奇观之一,它多姿多彩,瞬息万变,难以用语言形容。对这神奇的自然景观,古代的人们只能站在地面上遥望,再强加给它一点神话色彩。然而,科学发展到今天,科学家已经能够从遥远的太空来研究它。在太空中遥望地球,可以看到地球的两个磁极周围都有一个"闪闪发亮的光环",由于受太阳引力的作用,呈现为"卵状",即极光卵。在南北极光区内,人们得天独厚,经常能看到美丽的极光;而在赤道附近,只能看到特大的极光,那是几十年不遇的事。

极光"五光十色,千姿百态,各种各样",没有外形是一模一样的。但极光的形态大体上可以分为五种,即极光弧、极光带、极光片、极光幔、极光芒。极光的亮度和色彩都是千变万化的,没有看到难以想象,看到了难以描绘,确实堪称天地奇观。

第三部分,谈"极光的来龙去脉",即极光的成因。作者先介绍了三种古老的说法,无论认为极光是"火光"还是"辉光"、"冰雪释放出的光",都是不科学的。一直到本世纪 60 年代,有了空间观测的条件,并结合地面观测,"才逐步形成了极光的物理性描述",也就是科学的描述。

"现在人们认识到"一段,是全文的重点。这一段,科学地解释了极光的成因以及形成的条件,揭开了极光神奇的面纱。

"地磁场分布在地球周围"一段,则对极光的发光原理作了生动形象的说明。用电视显像管、电视屏幕作比喻,既贴切,又通俗易懂。

课文最后一段,对极光的本质作进一步论述,指出它"不仅是个光学现象,而且是个无线电现象",还影响到一些实用技术及气候、生物学过程。也就是说,人类对极光的认识,不能只限于对它本身的"物理性描述";极光的作用和影响,还有许多未解之谜有待破解。

2. 说明方法

① 形象的描述

形象的描述,可以增强感性认识。本文对极光现象的描述,无论是在美丽的神话故事中,还是在现实观察中,都生动形象,真实可感。如讲述附宝的故事、伊欧斯的故事,尽量使用文学语言;在形容极光形体亮度变化大时,也用了"瞬息万变""眼睛一眨,老母鸡变鸭""翻手为云,覆手为雨"等词语,十分生动传神。

② 通俗的比喻

通俗的比喻,可以使深奥的科学道理变得浅显易懂。如将"极光的运动变化"比喻为"自然界这个魔术大师,以天空为舞台上演的一出光的活剧",将地球磁层比作"一个巨大无比的电视显像管",将极区大气比作荧光屏,将极光比作"电视屏幕上移动的图像",都非常恰当,加深了人们对极光的认识。

③ 准确的概括

准确的概括,对读者把握说明对象十分重要。在这篇课文中,作者对极光的本质、类型、成因、形成条件等,都作了概括叙述,给读者一个明确的认识。但这些结论性的话，不是硬性灌输给读者的，而是以分析论证为基础的：在作出这些概括之前，往往有大量引导性的话；而在其后，则往往继以细致的分析或阐释。所以显得十分自然。

3. 问题与析疑

① 课文第一部分，作者引述了哪几种古老的神话传说？引述的角度有什么不同？

课文第一部分，引述了三种古老的神话传说，即黄帝母亲附宝的故事、《山海经》中关于"触龙"的记述、古希腊罗马神话中黎明女神的故事。引述附宝的故事，偏重于它的古老神奇；引述触龙的传说，是为了从古代文献中找出极光的影子；引述黎明女神的故事，是为了追溯"极光"一词作为一个现代科学术语的来源，也突出了这个故事的浪漫色彩。

② 根据课文的论述，本世纪60年代以前，人们对极光的成因有哪些推测？现在的科学研究认为形成极光的三个必不可少的条件是什么？

本世纪60年代以前，人们对极光的成因有三种推测：①"认为极光是地球外面燃起的大火"；② 认为极光是夕阳返照的光辉；③ 认为极光是极地冰雪释放出来的太阳光。形成极光的三个必不可少的条件是大气、磁场和太阳风。

【补充资料】

一、极光释词

极光(aurora)　常常出现于纬度靠近地磁极地区上空大气中的彩色发光现象。一般呈带状、弧状、幕状或放射状。这些形状有时稳定有时作连续性变化。极光是来自太阳活动区的带电高能粒子(可达10千电子伏)流使高层大气分子或原子激发或电离而产生的。由于地磁场的作用，这些高能粒子转向极区，故极光常见于高磁纬地区。在大约离磁极25°—30°的范围内常出现极光，这个区域称为极光区。在地磁纬度60°—45°之间的区域称为弱极光区，地磁纬度低于45°的区域称为微极光区。极光的下边界的高度，离地面不到100公里，极大发光处的高度为110公里左右，正常的最高边界为300公里左右，在极端情况下可达1000公里以上。根据近些年来关于极光分布情况的研究，极光区的形状不是以地磁极为中心的圆环形，而是更像卵形。极光的光谱线范围约为3100—6700埃。其中最重要的谱线是5577埃的原子氧绿线称极光绿线。极光的出现同磁暴、地冕、太阳风和宇宙线有关，因而也同太阳活动有关。早在二千多年前，中国就开始观测极光，此后有丰富的极光记录。

(选自《中国大百科全书·天文学》，中国大百科全书出版社1980年版，作者郑莹)

二、极光名字一览表

极 光 名 称	国家或地区
天裂，标枪，滚桶，崩坍，深坑，射束，奇观，火炬，飞镖，云朵，箭矢，血雨，银雨，夜日	古希腊，古罗马
烛龙，蒙星，天开眼，天剑，格泽，枉矢，长庚，伏鳖式极光，天狗，含誉星，蚩尤旗，归邪	古中国，旧中国
彗星，流星，陨星	19世纪前的欧洲
舞羊，飞龙，火线，燃烧的天空	16世纪的欧洲
飞火，飞龙，火炮	16世纪的英国
燃龙，光蛇，血红的兵刃，火矛，愤怒的灵魂，血洗的军队，火的征兆，天光，北方的阳光，北方的光流	旧德国
极地的晨曦，类黎明，先兆	旧俄国
急行军，天神	西伯利亚
天神斗架	爱沙尼亚
北方的光辉	现代俄国
天桥，北方的光	挪 威
拉普兰火焰，风光，弧火	芬 兰
天 火	拉普兰
玩球者，天人，神速，夭折	埃斯基摩人
雌驯鹿，老人，死人在跳舞	北美印第安人
身手灵活的人，欢乐的舞者，诺亚方舟，北方的流光，梭镖，天仙	英格兰，苏格兰
牵线木偶	加拿大
佛 光	锡 兰
北极光，南极光，极光	德国，英国

三、中国古代有关极光的名称解释

（1）天冲，“状如人，苍衣赤首不动”。这种顶部为红色的特征可能属于较少见的日光型极光，因而其中下部为苍黑色。

（2）蒙星，“一日刀星。夜，有赤气如牙旗，或长或短，四面西东最多……或遍生薄云，四方生赤气，长三尺，乍见乍没，寻皆消失。”这里生动地描写了极光解体时的情景。这时极光达到其活动性高潮期，形体割裂，满天出现光影，后成扩散极光，显示出脉动特征，直至散尽。

（3）天裂、天开、天开眼。指的是极光冕。极光射线会聚于磁天顶，天顶处无光，如有一个深洞、裂缝。

(4) 狱汉星，又名咸汉星，“出正北，北方之野星，去地可六丈，大而赤，数动，察之中青。”远处的极光，看来如同贴近地面，能运动，且会变色，属极光无疑。

(5) 旬始，“出北斗旁，状如雄鸡，其怒青黑色，象伏鳖”。一看便知这是半风扇型的极光冕，也就是只有完整冕的一半。

(6) 格泽，“如炎火之状，黄白，起地而上，下大上兑。”这是一种火焰型脉动极光，由于极光粒子投射速度不同，进入大气层的深度和先后不一样，因而给人以火焰往上窜的幻觉。

(7) 蚩尤旗，“类彗而后曲，象旗”。这是典型的极光带，有时出现多重带，有的部分联成一气。

(8) 枉矢，“状类大流星，蛇行而苍黑，望之如有毛羽然。”这是射线型极光的真实反映。

(9) 长庚，“广如一匹布著天”，“有星如匹练亘空，化为云而没在楚分。”显然，这是平静的均匀极光弧或极光带。

(10) 归邪，“如星非星，如云非云”。极光一种常见的形式，如云雾一般。

(11) 赤气、白气、苍黑云等。这种颜色，又是天空的气体，通常为极光。

(12) “星陨如雨”，“大星如月，众小星随之”，“众星并流”，“星流如织”，在大星地方志中，有的记载为“星陨如虹”，“星陨如雪”，海南岛人则称星陨“如洪涛”。这些极光往往以多重弧、多重带的形式出现，还可能伴随有射线结构。

四、神话和民间传说

在因纽特人中有这样一个传说：在大海和陆地的尽头，有个巨大无比的深渊，在深渊的上面有条极其危险的羊肠小道通往天堂。天堂是地球上空的一个由坚实的材料筑成的半圆球形的穹顶，上面有个洞，钻过去鬼魂即可升入真正的天堂。在这条小道上，有不少自杀者或死于暴力的怨魂，还有拦路抢劫的死鬼。住在那里的鬼魂常点亮火把为新来者照明道路，这火把就是极光。由此可以看到天上举行盛宴，并把海象的头颅当足球在玩的景象。有时，与极光同时出现噼噼啪啪的杂音或哨声，那是灵魂企图与地球上的人交谈的说话声，这些都是低低的沙哑嗓音。年轻人和孩子们对着极光翩翩起舞。天上的灵魂叫作“天人”或“天上的居民”。

在美洲印第安人中也有关于极光的有趣传说：启明星部落的酋长沙陀有个独生子与众不同，他从不跟别人一起玩，白天常拿着弓与箭远走它处。酋长一直纳闷，究竟他的儿子去哪儿了呢？有一天，他尾随儿子向前走去，突然一种奇妙的感觉充满了老酋长的全身，好像他自己的意识一下子都消失了，他急忙闭上眼，当他再睁开眼睛时，发现自己已到了一个既无太阳，又无月亮和星星的国度里，但是这儿却十分明亮。他看到了许多人，说的是一种他不懂的奇怪语言，这些人在进行一种奇异的球赛，那球会发出多种色彩的光。参赛的人，头上都有一盏灯，呈现出彩虹般的瑰丽光带。跋涉好多天后，老酋长遇到了一个老乡，这个人说他也曾去过这个奇怪的国家，还认识酋长的儿子，答应充当向导。酋长见到儿子时，他儿子正与其他一些人赛球，令他诧异不止的是，他儿子头上的那盏灯比在场的任何人的都要亮。球赛一结束，北极光国的首领将酋长向众人作了介绍，并向他致以深深的敬意。然后，传呼来了两只罕见的大鸟，把这两个下界的凡人从北极光国，沿着神灵之路——银河，驮回了家。老酋长似乎又恢复了意识。实际上，也还有一些人去过北极光国，可是一回来便就记不得他们自己经历的新奇旅行了，而酋长的儿子却记得清清楚楚，所以经常去旅行。

在北欧的一些国家里，关于北极光的神话和传说更为丰富。当北极光将其多折的火把洒向天空时，人们往往惊奇得不知说什么好，对极光像五彩绸缎般地当空起伏摆动时，人们只好当作这是神仙在跳舞，或是看成部落间的争战。认为北极光是跳舞的看法在古挪威人中极其普遍。直到本世纪初，挪威西海岸的居民还把北极光视为老太太边跳舞、边挥动戴白手套的手。在芬兰也普遍将老妇人与极光联系起来，在一个提到北极光的民谚中说道："北方的女人又在空中翱翔起来了。"也有说"老太太又在放火了。"苏格兰人认为北极光是"欢快的舞者"，传说这些舞者是超人，正在为取悦一个漂亮的太太而在空中竞赛或争战。北美印第安人中也有人把北极光看作是"欢快的舞者"，不过认为都是些神仙在火花中跳舞。在格陵兰和哈德逊湾区域内的因纽特人则认为北极光是个死人的王国，相信闪烁不定的北极光是死者想要跟他亲属联系的信号，所以他们对北极光表示出很深的敬意，很忌讳用北极光来开玩笑。格陵兰人相信，口哨声能加速北极光的运动，一旦听到或察觉出共鸣之音，就说明与死去的朋友间已建立起联系。福克斯印第安人认为，向北极光发出哨声，相当于用魔法召来鬼魂和神灵，当这些神灵降临时，他们的说话声，如同光脚走在硬地板上会噼啪作响。这些神灵飞跑而来时，身体向前倾，两臂往后伸，双眼不停地左右张望，从空中落地时发出雷声，然后默默地站在召唤者的身旁，等待着发号施令。有个加拿大的印第安人讲过这样一个故事。他说：当他还在孩提之时，人们很尊敬北极光，把它看作灵魂的使者。人们还说，有的人可以召来北极光，北极光则听从他们的指挥。在外面散步时，来回搓动你的双手并吹响口哨，北极光即会应声而至，并轻歌曼舞地取悦于人。他还说，在他年轻的时候，也试过这种办法，还真管用。西伯利亚的印第安部落相信极光是个天神，并以此命名，这个神和生育有关，帮助妇女渡过分娩关。

北美印第安人认为，北极光的出现与居住在最北面冰上的印第安小人国部落出来作为期数天的旅行有关。据说这些小印第安人非常强壮有力，能赤手空拳捕捉大鲸鱼，当他们生火烧制他们的猎物时，火光反映到空中，成了北极光。西伯利亚的北冰洋沿岸，长期以来一直能见到北极光，所以有着丰富的民间故事在这些地方传播。尤卡吉斯人有这样的故事解释极光：古时候，尤卡吉斯人住在雅奈河边，他们膜拜一条鳞片为银色的鱼，银鳞鱼一年一度地从海上来到河口，人们做丰盛的供品给鱼吃。有一次正碰上大荒年，尤卡吉斯人没有什么东西可以祭鱼，当鱼来到岸边时，见到空无一人，于是大怒，将它的尾巴狠命地拍打了一下，溅起的水花飞向空中，从此北边的天顶上便出现了闪光。从那时候起，当空中一出现火焰和闪光（即极光）时，就预示着坏天气要出现了。

在茅利斯人中有这样一种说法:他们的祖先在20—30代前,南往波利尼西亚岛,去寻找遥远的南方大陆,并准备定居在那里。因而,茅利斯人认为,这些南极光是他们远行的祖先的后裔点燃的大火在空中的反照,这些古代航行者的子孙想以这种火光作为信号,通知在波利尼西亚的远亲,希望尽快地把他们从寒冷中解救出来。

任何民族或部落,都以其熟悉的事件去理解北极光这种独特的自然现象,这是合乎常情的事。例如,有的地方的渔民,每天要打鱼,他们认为,北极光是鱼皇提供的火炬,帮助渔民在深夜捕鱼。挪威和瑞典普遍认为,北极光是大群的鲱鱼在海洋中迁移游动的反映,因为这些鱼群浮游在水面上,向空中的云层发出闪光,所以人在地面上能见到。在芬兰西南部,则把北极光与大的海洋生物联系起来,认为北极光是大鲸鱼在海里掀起的波光浪影反射到天空中造成的。在丹麦的民间故事中,有一种最为浪漫主义的说法,说北极光是一群天鹅造成的。这群天鹅飞到极远的北方,被冰困住了,每当它们为争得自由而扇动翅膀的时候,会反映到空中,在丹麦就看到了这种北极光,北美印第安人也有将极光称作"老人"的,他们形象地认为,极光流是老人长长的白发,极光闪耀便是老人火一样的眼睛,而极光的眩光则是老人披在肩上的一顶长斗篷。在芬兰,古代的人们以一种动物给极光命名,称为"狐狸之火",意思说北极光是一只狐狸造成的,它具有闪光的毛皮,正迅速地越过拉普兰山岭。极为有趣的是一幅拉普地方画,是描述在北极光下猎狐的最古老的画,画于1767年。从画里可以看到,极光提供了足够的照明亮度,使猎人能看清狐狸。1700年后的一位北极探险者曾报道过,中加拿大的印第安人将明亮的极光看成是天上出现的鹿群。这种想法可能来自两个事实,一是明亮的极光往往出现在极光活动最快的时候,而鹿则以运动敏捷著称,另一个是当人们抚摸鹿体时,在黑暗中油光铮亮的鹿毛如火光一样发亮。不少地方的人在很早以前都认为北极光是某种火。在北欧的许多国家里,古时的人们都把北极光看成是极北地方的活动火山爆发,这种火是由非凡的上帝亲自点燃的,以此来暖和并照亮这个又冷又黑的地方。连某些古代的著名科学家都认为,北极光是由北极附近的火山活动引起的。

(二、三、四均选自《极光的故事》,海洋出版社1989年第1版,作者曹冲)

一场革命开始了

【教学目的】

1. 了解信息革命的内涵和意义,学习以科学乐观的态度对待科学技术的发展。

2. 从作者的成长历程尤其是在计算机领域的发展理解创造意识和创造精神的重要性。

【教学过程】

一、预习

1. 课外阅读《未来之路》。

2. 了解比尔·盖茨在计算机领域的成长发展过程。

二、参读

1. 作者的成长伴随着计算机的发展，从作者的叙述中可以了解计算机大致经历了怎样的发展过程？从中了解计算机的发展经历几次革命？本文标题所指的革命的内涵是什么？

作者早期接触的计算机庞大、笨重、速度慢，终端没有屏幕，而在60年代末这也是很难得的。而现在(96年前后)，计算机的体积越来越小，功能却越来越强，同时价格也戏剧性地降低。计算机已占据了我们的办公室和家庭，广泛运用于生活的许多领域。这构成了计算机领域的第一场革命。随着使用计算机异乎寻常的便宜，而计算机又占据了人们生活的每个角落，又一场革命在酝酿，这就是“信息高速公路”的形成，即通信价格的前所未有的降低，所有的计算机都将连成一体，进行信息交换。本文标题所指的革命指的就是这场革命。此外还有更深层的内涵：信息高速公路对我们的文化的转变将像谷登堡的印刷术极大影响中世纪文化一样，极大地影响我们当代文化，从而引起一场文化革命。

2. 个人计算机与信息高速公路对人们的影响有什么不同？作者给我们描绘的信息高速公路是怎样的情形？

个人计算机已经改变了人们的工作习惯，但还没有真正把人们的生活改变多少，而信息高速公路则将极大地影响人们的文化、生活方式和思维意识。人们在将被“一网打尽”时，人、机、娱乐以及信息服务都将可以同时接通。今天难于获取的信息将很容易获得，而且完全是个人性质的。网络连接用品将不仅仅是你随身携带的一个小物件，或你购买的一个用具，而是你进入一个新的、媒介生活方式的通行证。(可参读第二则补充资料，进一步了解计算机未来的发展)

3. 文中用较长的篇幅谈到了汽车、袖珍计算器、收音机、电话、火车头、印刷术等的发明和发展过程，这与计算机的发展有什么关系？

作者以此为例说明人类的许多进步之所以产生，多半是由于什么人发明了一个更好的、更有力的工具，比如电话、印刷术等对人类所产生的影响。而当这些新的技术威胁着要改变人们已经熟悉和乐于相处的东西时，人们常常发誓将拒绝成为参与者。那么信息高速公路将毫无例外的会有这样的遭遇。

4. 人们对“信息高速公路”这一概念会有怎样的误解？对这场革命持有怎样的态度？而作者又是什么态度？

“信息高速公路”这一概念并不如人们所理解的距离意识，实际上它的最引人注目的特点就是消除距离；它也不是每个人沿着同一条路行驶的情形，而是一个路网，一个网络。

信息高速公路的发展将给人们生活带来的巨大的改变使人们感到紧张，经常怀着可怕的担忧。而作者则是有信心和乐观的，他对自己能再次获得在历史性变革开端中扮演一个角色的机会感到幸运，这体现了作者对新事物的乐观科学的态度，对未来生活积极适应的人生姿态。

5. 从作者在计算机领域的成长发展来看，哪些因素促成了他的成就？这对我们有什么启发？

家庭和学校良好的教育环境，开放民主的教育方式是他成长的外部因素，在《未来之路》一书的扉页作者写着“谨以此书献给我的父母”，足以见得他对他们的感激之情。当然更重要的是他本人对计算机的执着迷恋，他的创造的热情。

【补充资料】

过去的20年对我来说是一个令人难以置信的冒险过程。在这个过程最初开始的那些日子，我还是一个大学二年级学生。那天，我和我的朋友保罗·艾伦正站在哈佛大学广场上忘情地阅读《大众电子学》杂志上有关一台小计算机的描述文章。在保罗和我兴奋地阅读这篇有关第一部真正的个人计算机的文章时，我们还不大清楚这种计算机会得到怎样的具体应用。但我们确信，它将会改变我们和整个计算机世界。我们那时的想法是对的。个人计算机革命发生了，它影响了亿万人的生活，把我们引导到从前连想都想不到的地方。

而现在，我们又要开始另一次伟大的旅程。我们同样不清楚这一次旅程会将我们引导到何处，但我们同样确信，这场革命将触动更多的人的生活，并将我们引导到更远的地方，即将来临的重大变化将与人们的通信方式相关。这场未来通信革命到来的好处和难题将比上次个人计算机革命造成的好处和难题大得多。

对于尚未开拓的领土，决不可能有一幅可靠的地图。但是，我们可以从价值1200亿美元的个人计算机行业发生演变的过程中学习到许多重要的教训。个人计算机——包括其所涉及的硬件、商业应用软件、联机系统、网络连接、电子邮件、多媒体产品、写作工具以及游戏等——构成下一次革命的基础。

在个人计算机行业发展的初期，大众传播媒介对于这一崭新行业中的发展极少加以关注。我们对于计算机及其潜在的种种发展前途如痴如醉，然而除了我们圈子里的人，没有人注意到我们这群人，我们完全被看成是不合潮流的人。

但是这一次的通往所谓信息高速公路的旅程，却成了热门话题，报章杂志竞相撰文，电台电视群起喧声，还有大小会议和漫无边际的臆测，真可谓无休无止。近几年来，不论在计算机行业内外，人们对这个题目一直表现出令人难以置信的兴趣。这种兴趣所到达的范围，不仅已超越发达国家，甚至超越了数量庞大的个人计算机用户。……

我现在写这本书……诚然不是一件轻松的差事，但我希望它能成为未来的旅行指南。我这样做的时候未免有些诚惶诚恐。我们都嘲弄过从前那些在今天看来已显得可笑的预言。你可以浏览过去陈旧的《大众科学》杂志，读一读有关所谓未来简便工具的预测,例如家庭直升飞机和“便宜无比”的核能源等。历史充满了现在看来带讽刺意味的例证——1878年,一位牛津大学教授把电灯看作是骗人的玩意儿;1899年,美国专利局的某位委员下令拆毁他的办公室,原因是“天底下发明得出来的东西都已经发明完了”。但是本书却是一本态度严肃的书,尽管十年后它未必还显得有严肃性。

(节选自《未来之路》前言,北京大学出版社,作者比尔·盖茨)

由于信息技术的迅猛发展,以及信息技术对增强综合国力方面已经显示出的巨大的作用,人们已取得这样的共识:信息技术是战略性技术,“信息社会”是21世纪的特征。为了理解什么是信息社会,以及信息社会的构成,我们可以作如下的比喻:集成电路是信息社会的“细胞”;计算机是信息社会的“大脑”;通信网络是信息社会的“动脉”;人工智能是信息社会的“营养”;信息安全是信息社会的“免疫系统”;信息资源是信息社会的“血浆”。

世界各国对于如何迎接21世纪的信息社会和信息技术的挑战,都正在进行深入的战略研讨。例如:美国总统信息技术顾问委员会的中期报告(1998.8.10);美国国家计算、信息和通信委员会1998年发表的咨询报告(“21世纪的计算、信息和通信技术”)。尤其是美国总统信息技术顾问委员会于1999年2月给美国总统的报告“信息技术研究:为着未来”。报告中明确指出:信息技术将改变我们的社会,必须主动迎接挑战获取更大利益。在报告中列举了信息技术将深刻地影响我们的一切,它将改变未来通信的方式、处理信息的方式、学习的方式、卫生保健的方式、贸易的方式、工作的方式、设计和制造的方式、科学研究和技术开发的方式、处理人与环境的方式,甚至政府的工作方式。

当我们对计算机技术的发展现状进行分析时发现:现代计算机的功能十分强大,似乎已经“无所不能、无处不在”了,但是我们还必须看到另一方面的问题,那就是现代计算机的机理和技术并非已经达到“完美无缺”的程度了,人和计算机之间仍然存在很大的隔阂。例如:人认识问题是并行的、多维的、开放的、演绎的,希望随时随地能得到计算资源(计算机围着人转),而以往的和现代大部分计算机处理问题的方法却是串行的、单维的、封闭的、预定程序的和集中使用计算资源(人围着计算机转)。所以近二三十年来,人们在计算机领域内不断地进行开发和创新,把“性能好”、“易使用”和“高可信”作为追求的目标。

于是,我们作出这样的展望,在未来的10年内计算机技术的发展趋势是:

从人围着计算机转,转向计算机围着人转;

从计算机具有上网功能,转向网络具有计算功能;

从源于信号获取信息,转向源于信息获取知识;

从人应用计算机增长了人的知识,转向计算机在被人应用的同时也优化了计算机的功能。

(节选自《科技进步与学科发展——迎接21世纪挑战》中《对未来10年内计算机

技术的展望》，作者汪成为，东南大学出版社）

练习参考答案

一、1. C　2. A　3. C　4. A

二、1. A　2. A　3. C

4. 人对某一知识领域的系统认识通常遵循“事实性→定律性→原理性”的发展过程。

5. B、C

6. “金字塔结构”是上下高低结构，“球状结构”是内外表里结构。

7. B

（本单元特约编写者　张贞忠）

第三单元　科学论文的研读（略）

第四单元　科学家传记的研读

单元教学要求

一、明确科学家传记的不同类型和各自的特点，把握阅读科学家传记应该注意的要点，能够理解有关材料进行研读。

二、了解科学家的重大成就，以科学家为榜样，学习他们的坚强意志、治学态度和品德修养，从中汲取科学知识和精神力量。

单元教学安排

一、课时分配

本单元课堂教学共 11 课时，可做如下安排：

指导学习《科学家传记研读常识》　1 课时

指导研读《张衡传》　3 课时

指导参读《火刑》《侯德榜》《苏步青》《钱学森传略》《哥德巴赫猜想》《读书教学四十年》　6 课时

指导学生完成《练习三》　1 课时

二、教学建议

第一课时，学习《科学家传记研读常识》。使学生明确研读科学家传记的重要意义，科学家传记的特点，科学家传记的类型以及研读的方法，总体把握本单元学习要点。在此基础上，通读课文，熟悉学习内容。

第二至四课时，学习《张衡传》。主要让学生了解张衡在文学、科技、政治等方面的才能和成就，侧重了解他的科学创造成就，学习他不慕名利、潜心学术、刻苦钻研的精神以及反对谶纬迷信思想和维护法度、不畏豪强的立场。研读本文，要深刻认识张衡的科学成就和他的求实精神、高尚品德之间的必然联系。

第五课时，学习《火刑》。重点了解布鲁诺的献身精神和后人对他的崇敬与怀念，懂得科学发展的艰巨性和历史车轮不可阻挡的必然性。同时体会本文的结构安排特点以及肖像、语言、心理等描写对于突出人物思想性格的作用。

第六课时，学习《侯德榜》。文章详细地叙述了侯德榜在化工专业方面的学术成就，以及他在发展国营工业、培养技术人才等方面做出的巨大贡献。阅读本文，要指导学生着重认识侯德榜所具有的热爱祖国的崇高思想，锲而不舍的奋斗精神，不畏艰险的英勇气概等优秀品质。

第七课时，学习《苏步青》。着重领会苏步青鼓励学生超过自己的“人梯”精神和他主张德才兼备、文理俱通的教育思想。

第八课时，学习《钱学森传略》。参读本文，抓住两点：第一，钱学森冲破阻挠，毅然回国的可贵精神；第二，钱学森为我国的火箭、导弹和航天事业的发展作出的贡献，从而深刻认识钱学森成长、成功的原因。

第九课时，学习《哥德巴赫猜想》。阅读本文，应着重认识陈景润在科学研究上锲而不舍、坚韧不拔、不骄不馁的精神，以及他为祖国的科学事业勇于献身的崇高品质，探究他成长及取得重大成就的原因。同时，揣摩文章的结构、语言等艺术特点。

第十课时，学习《读书教学四十年》，了解杨振宁博士读书、教学、科研的有关经历，从而借鉴、学习他成长、发展的有关经验。

第十一课时，教师指导学生讨论完成练习三。

总之，学习本单元课文，很有必要将研读课文与参读课文的阅读结合起来进行，可着重于两个大的方面，一是注意理解张衡与布鲁诺、侯德榜、苏步青、钱学森、陈景润、杨振宁等古今中外优秀的科学家有哪些共同的品质，二是注意这些科学家各有怎样的独特品质。通过这样的阅读与思考，把本单元的全部课文融会贯通，联成一个有机的整体。

研读课文教学设想

张 衡 传

【教学目的】

一、了解张衡在科学技术上的成就和贡献，学习张衡刻苦钻研的精神。

二、学习和掌握本文介绍人物事迹详略得当的剪裁方法。

【教学步骤】

一、预习

1. 通读全文，对照注释，查检有关工具书，弄懂大意。

2. 在熟悉课文内容的基础上，梳理文章的结构。

二、研读

1. 整体把握要点

课文节选自范晔的《后汉书·张衡传》。原文较长，课文节选了七段缀合而成。它记叙了我国东汉著名的文学家、伟大的科学家张衡的高尚品德，出色的文学、政治才能和杰出的科学成就，以及他反对当时盛行的谶纬迷信思想和维护法度、不畏豪强的正直立场，表现了作者对张衡的由衷景仰。

本文以记叙和说明为主，没有多少文艺性的描写，它以时间为经，以人物事迹为纬，除了具备一般传记文章的程式外，还特别注意根据张衡的特点，着重介绍他在科学技术上的发明创造，因而详略有别，重点突出。

2. 读通原文

在充分预习的基础上，通过个别质疑、学生串讲、小组交流等形式，将课文逐句直译为现代白话。（请参照“补充资料”中的“注释”和“译文”内容）

3. 逐段梳理内容，概括段意

课文共有七段，可分为四个部分。

第一部分（第1段），介绍张衡的姓名、籍贯，主要介绍他的为人、文学才能和成就。

第二部分（第2—4段），介绍张衡在科学技术上的成就，重点介绍候风地动仪的结构和功用，以说明张衡在科学技术方面的卓越才能和贡献。

第三部分（第5—6段），介绍张衡反对谶纬迷信思想，维护法度，刚正不阿的正直立场。

第四部分（第 7 段），着重介绍张衡在政治上的作为。

4. 讨论理解问题

第一部分拟从以下四个方面展开讨论：

① 文章开头一句为何要介绍人物的姓名、籍贯？

提示：开头介绍人物的姓名、籍贯，是按照传记文学的体例要求来写的。

② 张衡的“文学才能”、不平凡的“求学经历”和“渊博的学识”表现在何处？

提示：他年轻时就擅长写文章，才智过人。十七岁时，先到西汉故都长安及其附近地区考察、学习，后又转赴东汉首都洛阳，到最高学府“太学”观光、学习。张衡刻苦钻研，通晓五经、六艺，博学多闻。

③ 张衡的“为人”有何特点？他“连辟公府不就”，说明了什么问题？

提示：他才高出众，却不骄傲自大，具有谦虚的品德；他从容不迫，淡泊宁静，不慕名利，不爱与庸俗的人们往来。东汉和帝永元五年，南阳郡太守推荐他为孝廉，他潜心学术，未去应荐；大将军邓骘十分赏识他，几次召请，他都不肯。文中的“不行”、“不就”、“不应”，反复说明了张衡不慕荣利、品德高洁，这和当时一般士大夫热中名利、争权夺利的丑恶行为，形成了鲜明的对比。

④ 文章还介绍了《二京赋》的写作经过，有何作用？

提示：当时社会长期太平无事，从王侯贵族到一般官吏，普遍穷奢极侈。张衡对此极为不满，于是仿照班固《两都赋》的形式，经过十年苦心构思创作，把游览两京的观感，写成《二京赋》，一面颂扬汉朝的国威，一面讽喻时政。

介绍《二京赋》的写作经过照应了上文，有两点作用：一是表现了张衡不慕荣利，关心国是，对国家有强烈的责任感；二是突出了张衡在文学上的造诣很深，才华出众。《二京赋》是他的代表作之一。此作突破了铺写京都的常规，叙述了许多民情风俗，内容丰富，辞藻瑰丽，体制比《两都赋》更加宏伟，曾博得当时许多学者的赞赏，也为后人所珍视。

第二部分的讨论可围绕以下两个问题展开，重点讨论第二个问题。

① 文章的第二、三两段主要写了哪些内容？在表述上有何特点？

提示：第二段写张衡在科技上的特长和成就；第三段再次介绍张衡的为人。张衡擅长机械技巧，尤其尽力钻研天文、气象、历法，点明了科研的对象和范围。由于他在这方面有精深的研究和创造性的成就，所以得到汉安帝的赏识、召请和重用。然而“衡不慕当世，所居之官，辄积年不徙”，则进一步突出了张衡“从容淡静”的品德。这两段文字主要运用了概述的方法加以介绍。

② 文章是怎样具体介绍张衡设计制造的“候风地动仪”的？为什么要详细介绍“候风地动仪”这一重大发明？张衡能取得如此成就，跟他的“为人”有何关系？

提示：顺帝阳嘉元年（公元 132 年），张衡设计制造了候风地动仪。这个仪器十分精致灵巧。本文第 4 段对它作了十分细致、具体的说明：从仪器的名称、制造的时间、使用的材料、直径的大小、外形的装饰，一直写到内外的精妙构造、重大作用、使用效果,由静态写到动态。语言精练,形象生动,条理井然。作者还赞扬了这个仪器是史无前例的发明。接着又叙述了公元138年陇西地震验证的经过:由"一龙机发而地不觉动"到"后数日驿至,果地震陇西";由"京师学者咸怪其无征"到"皆服其妙",写得跌宕多姿,有力地说明了地动仪的神妙。最后一句:"自此以后,乃令史官记地动所从方起",点明了这次验证的影响和意义。从此人们不得不承认地震是能用仪器测知的。这段文字十分精彩,堪称典范的科学说明文。这个仪器虽然失传了,但由于本文把它的结构说得如此清楚,所以给现代科学家提供了有力的依据,使他们能够复制还原这个仪器,供人们参观研究。现在全世界一致公认张衡是地震学的鼻祖。

本文详细介绍"候风地动仪",是为了突出张衡在科技上的才能和贡献。张衡在太史令任上,曾用全力从事地震测报的研究。他研究这个问题是有原因的。据《后汉书》记载,在永建元年前的30年中,就有23年在中国境内发生过地震、地陷、山崩地裂等自然灾害,给人民造成极大的损失和严重的威胁,人民对这种灾害感到神秘和恐惧。张衡认为自己责无旁贷,必须加强地震的测报工作。为此,他集中全力研究测定地震的科学仪器,终于研制出了"候风地动仪"。

张衡在科技上的才能和成就,来源于他对理论的精心研究,对科学实验的极端重视,对技术精益求精的精神,对科学事业的坚强决心和毅力。他抱着"约己博艺,无坚不钻"(《应问》)的决心,脚踏实地地工作,不为别人的冷嘲热讽所动摇。他曾说:"捷径邪至,我不忍以投步"(《后汉书》)。他十分鄙视那些投机取巧,搞邪门歪道的人。

第三部分可围绕张衡反对谶纬迷信思想,不畏豪强的事迹展开讨论。

① 张衡认为图法谶纬是虚妄的,不是圣人的办法,其根据何在?

提示:一是张衡以圣人审察天律和历法,观察星辰运行的做法,表明他们所依据的不只是"采用占卜","听信巫觋"的一种方法。二是考证有关著述,发现没有关于谶纬的记录。三是指出"谶书"中自相矛盾,不能自圆其说的多处说法,从而得出"谶纬"之说是欺骗社会、迷惑大众的把戏的结论,应该禁绝它。

② 从张衡反对谶纬迷信思想的做法中,我们可以看到他具有怎样的思想品质?

提示:张衡不迷信、不信邪,具有实事求是的科学态度。

第四部分着重围绕张衡晚年所处的时世和政绩开展讨论。

① 张衡不但有严肃的科学态度,而且有正直的政治态度,具体表现在哪些方面?

提示:由于张衡为人正直不阿(可参看文章的第6段),受到宦官们的排挤,于元和初年调出京城去做"河间相"。"时王骄奢,不遵典宪,又多豪右,共为不轨",那时河间王刘政十分骄横奢侈,任意破坏国家的典章法制,并且还和土豪恶霸勾结起来,一起干坏事。张衡一到那里,就"治威严,整法度",进行政治整顿,经过秘密侦查,把坏人"一时收禽",因而"上下肃然,称为政理",这些充分表现了张衡政治上的卓越才能和惊人的魄力。

② 张衡任职三年后,向朝廷请求辞职,朝廷却把他调回,并任命他为尚书,这就从侧面写出了张衡的政治才能。

5．概括写法特点

《张衡传》在写法上有两大特色：叙事详略得体，重点突出；语言精当，富于表现力。

写张衡品德高尚，着墨不多，仅侧重两点：一是才高而不骄傲，如“才高于世，而无骄尚之情”；二是有官才而无官欲，如“举孝廉不行，连辟公府不就”等。写张衡的文学才华，也仅侧重两点：其一“通五经，贯六艺”，文学功底深厚；其二，写他作《二京赋》，“精思傅会，十年乃成”，辛勤笔耕，精神感人。写张衡善理政，也仅写他“治威严、整法度”的严明果断的政治措施，以及“上下肃然，称为政理”的赫赫政绩。以上这些方面都是略写。

文章叙写张衡的科研成就，实事求是的科学态度则极为具体翔实。尤其是第4段和第5段详细介绍了张衡所研制成功的“候风地动仪”以及反对谶纬说的情况。如具体描写候风仪，从仪器的名称、制造的时间（“阳嘉元年”）、使用的材料（“以精铜铸成”）、直径的长短（“员径八尺”）、外形和装饰（“合盖隆起，形似酒尊，饰以篆文山龟鸟兽之形”），一直写到内外的精妙构造（“中有都柱，傍行八道，施关发机”、“外有八龙……而蟾蜍衔之”）、重大作用（“乃知震之所在”）、使用效果（“验之以事，合契若神”），由静态写到动态。不但如此，还举“果地震陇西”这一典型事例加以印证，并以“京师学者”由“咸怪其无征”到“皆服其妙”，从侧面来衬托，充分说明仪器的准确性和精密性。

再看语言方面。文章所用词语，虽然都平平常常，质朴无华，但都用得精当，极富于表现力。特别是描写候风地动仪的结构形貌，几个动词用得精当而传神。“张口承之”的“承”、“机发吐丸”的“吐”、“蟾蜍衔之”的“衔”等等，写出了仪器外形之美，结构之巧，信息传导之灵。

【补充资料】

一、关于《后汉书》

《后汉书》在廿四史中列居第三，为南朝刘宋时范晔所撰，是东汉一代的断代史，记的是从东汉光武建武元年（公元25年）到汉献帝改元建康逊位时（公元220年）为止169年间的史事。

《后汉书》以班固、卢植所撰的《东观汉记》为主要底本，又参照了各家著作加以增删修改而成。全书共120卷，其中《本纪》10卷、《列传》80卷是成于范晔之手，由唐李贤（即章怀太子）为之作注的。《志》的那一部分，范晔虽然早经计划，并已着手撰写，但是尚余10志未能完成便被杀了。目前通行的后汉书中的《志》30卷，则是梁刘昭为《后汉书》作注时，病其无《志》，把司马彪所著的《续汉书》中的《志》的部分抽了出来，并也为之作注，补成全书的。同《汉书》一样，《后汉书》也是以史书而兼具有一代重要文章的总集性质的史学名著。

范晔，字蔚宗，顺阳（今湖北省光化县）人，生于东晋安帝隆安二年（公元398年）。他出身于世家，父亲范泰官至车骑将军，所以他的宦途也很顺利，从宣城太守一直做到左卫将军、太子詹事。宋文帝元嘉二十二年(公元445年)以谋叛罪被诛,死时年才48岁。

二、补充注释

1. 承平:相承平安。

2. 讽谏:规劝。讽:用委婉的语言进行劝告和指责,而不直言其事。谏:下对上的直言规劝。

3. 员径八尺:圆周直径八尺。员:通"圆",圆周。

4. 合盖隆起:(上下两部分)相合盖住,中央凸起。隆:高,凸。

5. 酒尊:酒器。尊:古代盛酒器。

6. 施关发机:(在这儿)设置了枢纽启动机件。施:设置。关:枢纽。发:启动。

7. 咸怪其无征:都责怪它并不灵验。咸:都。

8. 非一术也:不是一种方法。

9. 智者贵焉:智慧的人重视这方法。贵:以……为贵,重视。

10. 亦无谶录:也没有关于谶纬的记录。

11. 嗣兴:继承(这)事业,取得成功。嗣:继承。兴:成功。

12. 互异数事:互相矛盾的说法就有多处。

13. 欺世罔俗:欺骗社会,迷惑大众。罔:蒙蔽。

14. 数有征效:多次有过效验。数:shuò,屡次,多次。

15. 鬼魅:鬼怪。

16. 实事难形:现实的事物难以描画。

17. 虚伪不穷:虚假的东西可以无穷发挥。

18. 一禁绝之:全部禁绝它。一:全。

19. 皆共目之:都用眼瞪住他。目:用眼看。

20. 阉竖:阉党小人。

21. 宣寄情志:宣泄情绪,寄托志向。

22. 凡三十二篇:总计有三十二篇。凡:总共。

三、参考译文

张衡,字平子,南阳郡西鄂县人。张衡年少时善于写文章,游学于三辅,接着又进入京师,就学于太学,于是通晓《五经》,贯通《六艺》。虽然才能高于当世之人,但从无骄傲之心。平时举止自然,宁静淡泊,不喜欢与俗人往来。永元年间,被推举为孝廉,他没有应征赴京,后来公府一连几次征召,也没有就任。当时,天下太平日子过久了,自王侯以下贵族,无不过度奢侈。张衡于是仿照班固的《两都赋》而写作了《二京赋》,想以这篇赋对人们讽劝。精心构思,附会事物,用了十年时间方才写成。大将军邓骘认为他是奇才,多次相召,张衡均不应命。

张衡善于机巧之事,尤其在天文、阴阳、历算方面投入大量精力。汉安帝素来听说张衡善于术数,命公车特别征召,封任为郎中,第二次升迁为太史令。于是,他就研究阴阳变化,并巧妙利用了旋机的原理,造出了浑天仪,著写了《灵宪》、《算罔论》,文字非常详细明白。

汉顺帝初年,经两次转任,还是担任太史令。张衡不追慕当世权贵,所担任职务,总是一连多年不升迁变动。自从离开太史令之职,连续过了五年,后又回到原职。

阳嘉元年,张衡又制造候风地动仪。仪器用精铜浇铸而成,直径八尺,合盖高高隆起,形状像一具酒尊,上面用篆文、山龟、鸟兽的图形进行装饰,中部有中心大柱,柱旁有八条行道,设置了可以开关的机关。外面饰有八条龙,龙头衔着铜丸,下面蹲着蟾蜍,张开口准备承受落下的铜丸。它的巧妙的机关构制,都隐藏在尊里面,合上盖子周围密封得没有一点缝隙。如果发生有地震,尊器受到振动龙机开口吐出铜丸,而蟾蜍衔着了它。振动的声音清脆激扬,守候的人因此就发觉了。虽然有一条龙发动机关,但其他七条龙不动,按照那条龙的方向去寻找,就会知道地震发生的处所。用事实来验证它,准确符合得像神仙一样。自有书籍记载的时候起,从来没有这样灵验的机械。曾有一次,一条龙发动开关但地面并不觉得震动,京城的学者都惊讶仪器没有灵验,后过了几日,驿站信使来京,果然地震发生在陇西,从此众人都信服它的精妙。从此以后,就命令史官记载地震所发生的方向。

开初,光武帝善于谶纬之术,到汉明帝、汉章帝一直继承祖上的做法。自从光武中兴之后,儒士争先学习图法谶纬,加之又附上妖言。张衡认为图法谶纬是虚妄的,不是圣人的办法,就上疏说:“臣听说圣人明白审察天律和历法来预测凶吉,再用卜筮来重验,用九宫之法来推算,以天为法则,以道为证验,这做法的依据都在这里。有人观察星辰是逆行还是顺行,在这里找到冷暖的缘由;有的人考察龟策占卜的结果,再加上巫觋的话,他们所依据的,不是一种方法。在前面作的预言,在后面就有应验,所以智慧的人重视这方法,称这些书为谶书。谶书刚刚出来的时候,了解它的人很少。在汉朝取代秦朝时,用兵力战,事业终于取得成功,这可以说是大事,在这个时候,没有人提谶纬。像夏侯胜、眭孟等人,凭道术建立声名,他们所著述的书中,没有一个字提到谶纬。刘向父子总领校理秘籍图书,阅读删定了九流之说,也没有关于谶纬的记录。汉成帝、汉哀帝之后,才开始听到这种说法了。《尚书》中说,尧派遣鲧去治理洪水,一连九年事情都没有成功,鲧因而被处死,禹才继承这事业取得成功。但《春秋谶》却说:‘共工治理洪水。’凡是谶书都说黄帝征伐蚩尤,但《诗谶》独自认为‘蚩尤失败,这之后尧才承受天命’。《春秋元命苞》中有公输班与墨翟,事迹见于战国,不是春秋时代。又说‘另有益州’。益州的设置,在于汉代。这名称在三辅诸陵园中,按世代查数下去就知道了。至于此书的图中,却止于汉成帝。一卷书中,互相矛盾的说法就有数处,圣人说的话中,势必没有这样的情况,恐怕一定是一些虚伪之徒,用来欺骗世人而取得资财吧。从前侍中贾逵摘录谶书中互相矛盾的事情三十余件,那些说谶纬的人都不能自圆其说。至于王莽篡位一事,是汉代的大祸,在《河洛》《六艺》八十篇里为什么不引为警戒?从这里就可以知道图谶之说形成于汉哀帝、汉平帝这段时间。再说《河洛》、《六艺》,篇章目录已经固定,后人即使想强加附会,也没有地方可以让他改篡。承元年间，清河郡人宋景就用编历纪年来推论水灾，却假称他看到过大禹时候的玉版。有的人因而至于抛弃家业，深入山林中。后来都没有成效，就又采用前代的旧事，来作为证验。至于汉顺帝又恢复统绪的事情，谶纬就不能知道。这都是欺骗社会、迷惑大众的把戏，用来蒙蔽权势者的，真、伪一比较就清楚了，但就是无人纠察禁止它。再说律历、卦候、九宫、风角，多次有过效验，但世人不肯去学它，却争先称道没有占卜作用的谶书。比如，就像那画工，不喜欢画犬马而喜欢画鬼怪，确实是因为现实的事物难以描画，而虚假的东西则可以无穷发挥啊。应该收缴封藏图谶之书，一下子就要禁绝它，这样的话，那正道就不会让人搞乱，典籍也不会让人玷污了”。

后来张衡升迁为侍中，汉顺帝召命他进宫，在自己左右进行讽劝议论。曾经问张衡天下最憎恶的是什么人。宦官害怕他会毁坏自己，都一齐用眼睛瞪住他，张衡于是假意应付后就出宫而去。宦官担心张衡终究会成为他们的心腹之患，于是共同进谗言诋毁他。张衡常常考虑自己以后的事情，认为吉祥、凶险共同存在，幽深细微难以辨明，因而就写了一篇《思玄赋》，用来宣泄情绪，寄托志向。

永和初年，出任为河间国相。当时河间王刘政为人骄奢，不遵从典章国法，当地又有许多豪门大族，互相联合起来图谋不轨。张衡一下车，就树立威严形象，整顿法律制度，他暗中了解到奸党姓名，一个时期内就将他们收捕擒拿，上上下下心怀敬畏，人们称河间政事上得到治理了。张衡任事三年后，向朝廷请求退休，征召到朝廷封任为尚书。享年六十二岁，永和四年死去。著有《周官训诂》，崔瑗认为这本书与其他儒学学者的著作相比没有特别之处。张衡想继承孔子的《易经》之学，解说《彖》、《象》里面残缺的内容，但最终没有完成。所著的诗、赋、铭、七言、《灵宪》、《应间》、《七辩》、《巡诰》、《悬图》，总计三十二篇。

四、评论文章

《张衡传(节选)》以张衡“善属文”、“善机巧”、“善理政”为纲组织全文，显示了张衡作为文学家、科学家、政治家的才干与成就。范晔继承了司马迁、班固等人关于史传文写作的传统，并因人取事，因事敷文，形成了自己记写人物传记的特色。张衡一生行事众多，成就卓著，品格高尚，如何取其精又不失于偏，虑及全又不流于繁，写其形又得其神，确要费一番匠心。

叙学习，显示其成就的基础。张衡的朋友崔瑗曾称赞他说：“道德漫流，文章云浮。数术穷天地，制作侔造化。瑰辞丽说，奇技伟艺，磊落炳焕，与神合契。”张衡多才多艺，德高品洁，是和他的学习、实践分不开的。范晔写他的学习，说他“少善属文”，自幼聪颖明慧，而更突出了他的“游于三辅，因入京师，观太学”。张衡系南阳西鄂(今河南南阳县)人，而游学到“三辅”之地，并进入京城洛阳太学参观、学习。当时学界盛行的是“章句之学”，完全是一套陈腐的死学问，张衡涉足社会，不惜远游，目标远大，直入太学，这就使他达到“通五经，贯六艺”的地步。把五经、六艺都融会贯通了，他不是食而不化，也非固步自封，不仅读书本而且看实际，不只钻典籍而且研技艺，不单捧册页而且知世情。张衡贯古通今，知书识世，明道谙理，可是“虽才高于世，而无骄尚之情”，谦虚谨慎，既是取得重大成就的条件，也是为人处世的美德。作者仅用了三十四个字，就概及张衡学习的各个方面：内容、方法、精神、成就。这真可谓用墨精当得能收海于勺，缩龙成寸。作者先叙张衡的学习，为下文叙述他的善为人、善作文、善机巧、善理政奠下了基础。

叙品行，显示其高尚的节操。张衡对为官作宦，“从容淡静”；对贪官酷吏，嫉恶如仇；对科学技术，不遗余力。有的人把学问作为沽名之具，钓利之饵，登官之梯，而张衡参透人生，洁身自守，他辞谢了多次的举荐与征召。作者连用“连辟”、“累召”，“不行”、“不就”、“不应”等词语，强调了他的不慕利禄，无意仕途。后来的出仕，也只是“拜郎中，再迁为太史令”一些从事科技、史学方面的业务性职务。“衡不慕当世，所居之官，辄积年不徙”，他不想握权柄以抬高地位，居高位以谋私利。

张衡没有官欲，但并非没有官才。他有着敏锐的政治眼光，清醒的政治头脑，高明的政治手腕。他看到“天下承平日久，自王侯以下莫不逾侈”，不惜花了十年工夫，模拟班固的《两都赋》，而写了《二京赋》。在《西京赋》和《东京赋》中，极力铺写了二京的所有宫室、动植物，游侠辩论之士、角抵大傩之戏，讽谏当朝的穷奢极侈。这是婉转的讽喻，有时也挺身而出“上疏陈事”，“讽议左右”，向皇上直言进谏，弹劾奸佞。一旦由他掌握了一定权力，也就大力剪锄奸徒丑类。他出为河间王刘政的相时，看到刘政骄奢，不遵典宪，又多豪右，共为不轨，他一到任就能“治威严，整法度，阴知奸党名姓，一时收禽”，收到“上下肃然，称为政理”的效果，可见张衡不仅具有如何做官的认识、理论，而且有着实际施行的本领。

张衡上究天文，下穷地理，精于历算，擅于机械，自然也洞察当时社会世情。官场之中，有日天地黑，无风海生浪，所以他先是不做官，想洁身避祸，后来不得不入官场，顺帝“尝问衡天下所疾恶者。宦官惧其毁己，皆共目之”。“衡乃诡对而出”，避其锋芒，巧为应对。即令这样，那帮阉竖还“共谗之”，使他更明白在那种政治漩涡中，如履春冰，如捋虎尾，确实是“吉凶倚伏，幽微难明”，而要“常思图身之事”。当他狠狠打击了河间王的恶势力后，也就急流勇退，作出了极明智的决策：“上书乞骸骨”，请求退休还乡了。从他的《四愁诗》、《思玄赋》、《归田赋》，都看出作为一个正直的官吏、有为的学者，在当时内心的苦闷，无力除恶，无法避祸，只有独善其身了。

叙术业，显示其卓著的成就。张衡在天文、数学、地理、气象、机械制造方面，都有卓越的成就，在文学、诗赋、绘画方面成绩斐然。郭沫若曾评价说：“如此全面发展之人物，在世界史上亦所罕见”，“万祀千令，令人敬仰”。范晔为之作传时，既要顾及全面，又要突出重点。文中以“研核阴阳，妙尽璇机之正，作浑天仪，著《灵宪》、《算罔论》，言甚详明”概及了他多方面的贡献，而重点写候风地动仪。候风地动仪系张衡首创，在科技史上居重要地位。传记从地动仪的质地、尺寸、规模、形体、文饰以至整个结构的“巧制”、测定时的效验，作了井然有序的说明介绍。“验之以事，合契若神”着一“神”字，极写仪器功效。“自书典所记，未之有也”，表明此乃史无前例的独创。更用京师学者最初“咸怪其无征”，后来“果地震陇西。于是皆服其妙”的典型细节，充分证明了张衡“妙尽璇机之正”的“妙”,“善机巧”的“善”。

这篇传记仅以七百余字就概及张衡六十二年中善属文、善机巧、善理政等方面的杰出成就。全文以时间为序,叙其一生;以“善”为纲,统率题材;以“妙”为目,传其精神,因而所写方面多而不杂,事迹富而不乱,文虽简而概括全。范晔之所以能“驱万途于同归,贞百虑于一致,使众理虽繁,而无倒置之乖,群言虽多,而无棼丝之乱”(《文心雕龙·附会》),就在于抓住了总纲领,并内蕴着相互关系。张衡正由于潜心于学才达到“通五经,贯六艺”的境界,才使他具有了“善机巧”的知识与才干,也使他具有了“不慕当世所居之官”的胸襟。不去追名逐利,求官谋宦,才能居郎中的微职“积年不徙”,得“约己博学,无坚不钻”,才有了创造发明。他的做官,不是为了荣华富贵,而是以利于科学研究。当不得不被推上政治舞台时,还始终保持着明智的头脑。作者将张衡于自然科学、文学、政治活动方面的表现统一了起来,写出了一个真实的人、伟大的人。

本文除揭示了张衡多方面事迹的内在的联系外,善于剪裁也是使本文成功的重要因素。如写“善属文”,就以写《二京赋》为主,略涉《思玄赋》,其他甚至不提及;写“善机巧”,以详写候风地动仪为主,其他科技成果则为辅;写“善理政”,以整治法度、收擒奸党为主,请求辞职、上调擢升则为次。在文学、科学、政事三方面,都体现了他“从容淡静”的个性,又突出了“善机巧”的特点,使张衡这个伟大的形象辉耀于读者面前。

(选自《古文鉴赏辞典》,作者徐应佩　周　明)

参读课文教学提示

火　刑

【教学目的】

一、学习布鲁诺为真理献身的崇高精神。

二、理解并掌握围绕中心选取典型材料，突出人物精神品质和思想性格的方法。

【教学步骤】

一、预习

通读全文，思考本文为什么题名为“火刑”？

提示：

课文以“火刑”为题，揭露了科学与神学斗争的尖锐性和艰苦性，揭露了反动教会势力的残忍。死，是对一个人的严峻考验。一个人在生死关头的一言一行都充分表现了他的精神世界和人格。布鲁诺在残酷的难以忍受的火刑中能够泰然自若，坚强不屈，还有什么比这个更能体现他坚持真理、为科学和真理而献身的精神？还有什么比这个更能说明他对自我的未来价值的坚强信念？这正是课文以“火刑”为题的主要意图。

二、参读

1. 细读课文，给文章划分段落，并用偏正短语为标题概括每部分的大意。

提示：本文共 43 段，分为四个部分。

第一部分(1—9 段)：不屈的战士。写布鲁诺殉难前夕在囚房里的斗争。

第二部分(10—30 段)：科学的先驱。写布鲁诺战斗的一生。

第三部分(31—40 段)：殉难的经过。写布鲁诺在法庭上的斗争以及火刑的壮烈场面。

第四部分(41—43 段)：永生的英雄。写布鲁诺思想的影响和人民对布鲁诺的怀念。

2. 回味课文，结合详略的安排，说说文章是怎样选用典型材料来表现中心思想的？在记叙方法上有什么特点？

提示：文章记叙了布鲁诺一生五十余年的光辉历程。其中 10 年贫困的童年，一笔带过。12 年的僧侣生活，则详细地引用他的《诺亚方舟》的短文，表现他对真理的追求和对罗马教廷的怀疑和批判。16 年的流亡经过，亦是一笔带过，却以大量篇幅，大段引用他的论著，详细介绍了他的几个基本观点。一、太阳不是宇宙的中心；二、宇宙是不断产生、发展、灭亡，又重新产生……；三、其它恒星也有行星，行星上也有生物。最后的8年监狱生活，以大量笔墨，描写教会对布鲁诺的残酷迫害直至处以火刑，表现了布鲁诺为捍卫真理不惜牺牲的献身精神。

文章开头用倒叙，从布鲁诺殉道前在宗教裁判所的囚房里同教会的斗争写起，一上来就触及到文章的中心，把最尖锐的矛盾斗争呈现在读者面前，并造成读者强烈的悬念：罗马教廷为什么要那样残酷地折磨布鲁诺？布鲁诺坚持的是什么思想？

接下来，用"50年来的生活，一页一页地展示在他面前……"过渡，追叙布鲁诺一生追求真理、宣传真理的主要历程，一直到被骗落入宗教裁判所的手中。

最后，用一句"8年过去了……"，引回到开头的时间：1600年；地点：宗教裁判所囚房。

使用这样的记叙顺序，使文章的结构脉络非常清晰，也突出了重点。

三、问题讨论

1. 布鲁诺是怎样继承并发展了哥白尼的"日心说"的？他的关于宇宙结构的理论是怎样沉重地打击了中世纪的宗教神学的？

提示：

布鲁诺接受了哥白尼的"日心说"，并在此基础上加以发展。哥白尼认为：太阳是世界的中心。而布鲁诺加以发展认为：太阳不是宇宙的中心，只是满天星斗中的一颗，在别的行星上，也如同地球一样，也有生物，甚至还有人一样的动物。布鲁诺的宇宙结构理论，是对宗教神学的有力批判。如果说，哥白尼打开了突破口，布鲁诺则是冲入突破口，进行了纵深的战斗。这就动摇了上帝主宰一切的宗教统治思想，沉重打击了中世纪的宗教神学。

2. "火刑并不能把我征服，未来的世纪会了解我，知道我的价值的"，这段话表现了布鲁诺怎样的思想与精神？

提示：

"火刑并不能把我征服"，表现了布鲁诺面对火刑，面对死亡，在生死攸关的时刻，仍然充满着凛然不可侵犯的正气，宁死不屈的气节，表现了他为捍卫科学真理而献身的大无畏精神。"未来的世纪会了解我，知道我的价值"，表现了他天才的伟大思想与斗争的信念。他坚信科学的光芒，必将照亮千万人的心，启迪他们从神学麻痹下猛醒，去推动科学世纪的发展。真理会赢得人们的心，黑白将会分清。这些都表明他坚信自己的"未来"的价值。

3. 请你从本文中举出实例，说明布鲁诺是怎样为坚持自己的学说，维护真理而献身的？

提示：

布鲁诺一生笃信科学，追求真理。在修道院时，接受了"日心说"，写文章抨击《圣经》。当有人控告他为"异端"时，他不屈服，在残酷的迫害面前，"不反悔"，坚信"胜利是可以得到的”。在“火刑”面前,他更是视死如归,坚信献身的价值。这些都表现了他为坚持自己的信念,维护真理而献身的精神。

4. 为了突出布鲁诺的性格特征,本文采用了比衬的写法,你能说说作者都从哪些方面运用了比衬的写法吗?

提示:

① 环境的比衬。如“铝皮屋顶的囚房,像冰箱一样寒冷。可是,他的心头是热辣辣的”。② 信仰的比衬。如布鲁诺写的《诺亚方舟》一文,“不但尖锐地抨击了那些闭着眼睛重复着《圣经》教条的僧侣‘学者’们,连罗马教廷,连一向被认为权威的亚里士多德,他都表示怀疑和讥讽”。③ 学说的比衬。如哥白尼的“日心说”在当时是比较进步的学说,而他的“思想比他的老师走得更远”。④ 行为、语言的比衬。如贵族是设下“骗局”“殷勤地邀请他”回国,而他则是“怀念祖国”而回国。再如在宗教裁判所宣判时,宣判长宣判:“长期生活在异端的国家内”,“过着无法无天的、魔鬼一样的生活”,现在只有把他交给世俗的政权,“对异端尽可能惩戒得温和一些,切勿流血”。而布鲁诺则是“平静的”“轻轻地”“清晰地”回答:“我想,你们宣判时怀着的恐惧,比我听到这个判决的时候更大吧”。

5. “50年来的生活……”“8年过去了……”,这两段话在结构上起什么作用?文中还用了许多表示时间的词,这样写是必要的吗?为什么?

提示:

“50年来的生活……”表示倒叙开始,引起回忆;“8年过去了……”从结构上结束本部分的内容,同时照应了前一部分。本文表时间的数量词用得较多,这对表现人物的成就和精神是必要的。数字的记载与排列,系统而确切地记录了布鲁诺一生的战绩。同时运用了时间数量词,可以使文章前后关联照应,使文章眉目清楚,结构严密。

6. 本文在叙述布鲁诺为追求真理而奋斗的一生时,哪些地方是概括说明,哪些地方作了详细描写,为什么这样写?

提示:

从时间上看,在生活中占据时间长的,在本文中所费笔墨不多,例如写布鲁诺的出生、家庭和因贫困而被迫当僧侣的经过,历时22年,但在本文中极其概略。写他在意大利各城镇流亡3年,只一笔带过。又如写他在国外生活13年,也仅用了二百余字。再如写他在宗教裁判所的囚房中度过了8年,也只寥寥几笔。介绍他写《诺亚方舟》的短文是详写,对他发展哥白尼的学说,提出自己对宇宙、对人的看法是详写。宗教裁判所对他施行火刑是详写。这样写是为了突出布鲁诺为真理、为科学宁死不屈的献身精神,使读者看到布鲁诺的献身精神并非一时冲动,而是有着科学根据的,有着深厚的思想基础的。这样就增加了表现人物的深度,使读者从思想深处敬服布鲁诺。

7. 本文还多处出现了与“火”有关的说法,其中有的是实指,如“火刑”“烈火”“火”“火焰”等;也有的是虚指,取其比喻意义,如“火种”“火把”“火焰”“火”等。你能找出取其比喻意义的句子加以说明吗？

提示：

①“叛逆的火种在他内心燃烧起来”，“火种”象征布鲁诺所追求的真理，这真理的“火”照亮了他的心；②“他的天才的臆测，像火把一样点着了每个青年人的心”，“火把”象征了布鲁诺所宣传的真理，这真理之火点亮了、照亮了青年人的心；③“高加索山上的冰川，也不能够冷却他心头的火焰”，“火焰”象征了布鲁诺心中熊熊燃烧的真理之火；④“火并不能把我征服，未来的世纪会了解我，知道我的价值的”，“火”象征教会反动势力的淫威。

8. 本文开头与结尾的景物描写有什么作用？

提示：

开头的景物描写，暗示着教会势力造成的黑暗终将过去。结尾的景物描写，则同开头相映衬，自然引出了布鲁诺的思想对后人的巨大影响。这样写，既渲染了气氛，增强了感染力，又使全文结构严谨。

侯　德　榜

【教学目的】

一、了解侯德榜在化工专业方面取得的重大成就和为新中国建设作出的贡献。

二、学习侯德榜热爱祖国的崇高思想，锲而不舍的奋斗精神，不畏艰险的英勇气概。

【教学步骤】

一、预习

阅读全文，了解课文内容。

本文通俗易懂，各段内容均冠以小标题。指导学生阅读，侧重了解课文叙写人物的主要事迹。

二、参读

思考问题，分析人物品质。

这是本文学习的重点。设计思考题，不要太多太散，以下问题可供参考。

1. 侯德榜留美期间，为什么住廉价的会所？

2. 侯德榜在《制碱》里，为什么把秘而不宣的苏尔维法制碱技术公开地作为厚礼送给各国友人？

3. 侯德榜在实施苏尔维法制碱的各项生产技术中，遇到了哪些困难？怎样解决的？

4. 侯德榜是如何筹建铵厂的？身为总工程师的侯德榜，为什么要事必躬亲？

5.“宁肯给工厂开追悼会，也决不与侵略者合作！”表现了侯德榜怎样的气概？

6. 侯德榜不买“察安法专利”，改进苏尔维法，敢创制碱新路的事迹说明了什么？

7. 天津解放后，侯德榜绕道返回祖国，用获得的酬款办厂买技术，表现了侯德榜怎样的思想品质？

8. 侯德榜为创办国营工业做了哪些工作？

9. 侯德榜为培养化学工业的技术人才耗费了不少心血，请举例说明。

10. 侯德榜把两万元稿酬全部交了党费，身任领导职务后，仍不忘科学研究，说明了什么问题？

11. 侯德榜的一生，给我们哪些教益？请各用四个字加以概括。

以上问题，均可在课文中找到答案，教师可以让学生先自己概括，然后小组讨论交流。概括时要紧紧把握人物思想品质中最本质的三个方面，即“爱国、坚强、敢于创新”；语言的组织要简练，点到即可。

苏　步　青

【教学目的】

一、了解苏步青的生平事迹，学习他饱满的爱国热情，严谨的治学态度和高尚的“人梯”精神。

二、学习本文围绕中心，精心选材，突出重点和善于抓住典型事例表现人物性格的写作方法。

【教学步骤】

一、预习

1. 通读全文，对苏步青的生平有一个总括的印象。

2. 弄清文章各部分都写了哪些事例。

二、参读

1. 整体把握思想内容

全文按照时间顺序，分为三个时期，择要介绍了苏步青从青少年到晚年，前后80年间的主要事迹，具体描绘出一位热爱祖国，追求真理，献身科学，始终不渝的老科学家的光辉形象，为青年科学工作者树立了楷模。

2. 把握重点，深入思考

① 学习课文第二部分《精心发现和培养人才》，参读《鼓励学生超过自己》，着重思考：苏步青是怎样看待人才的发现和培养的？他为什么要鼓励学生超过自己？你对这种“甘为人梯”的精神有何感想？

鼓励学生超过自己

苏步青

青出于蓝而胜于蓝，这是科学发展的一个通常规律：我们老年科学工作者能否正确对待这个规律，并自觉主动地鼓励学生超过自己，对科学事业的发展有一定的影响。特别是我国由于林彪、“四人帮”的十年破坏，耽误了一代人，科学事业青黄不接的现象特别突出。拿我们这些人来说，学问已经老了，精力也不济了，要在科研上再有很大的突破，或经常上讲台已不可能。科学的发展势必要靠大批中青年的后起之秀。培养出一批出类拔萃的、比我们自己更出色的学术领导人，这是担在老专家、老教授肩上的重要而又紧迫的任务。

然而，要真正能精心培养出比自己更出色的人才是不容易的。这里需要花上许多心血，而且，当学生超过自己的时候，牵涉到个人面子，还有些利害关系的影响，心里会感到不大好受。假如心胸狭窄，想不开，就会产生妒嫉学生，想盖住学生的心理。有的同志在教学生时留一手；有的明明是学生做出的成果，却要把自己的名字放在前面；漫画“武大郎开店”中形容的情况，不光行政领导干部中有，我们老专家中也有所表现。这种思想不克服，无论对国家，对个人都是没有好处的。

我们培养人才，目的就是要学生超过教师。英国杰出原子核物理学家欧纳斯特·卢瑟福曾说过：“如果我的学生在学业上没有新的突破，仍按我的理论进行实验而证实了数据，那他是无所作为的，我的学生应该是有新的发现。”世界上有些科学家就是把发现和培养新的人才，看作自己毕生科学工作中的最大成就。在科学史上还有这样的佳话：牛顿的老师巴罗是剑桥大学当时唯一的数学讲座的首任教授，他发现学生的才能超过自己，在任职六年之后，主动让位给二十六岁的牛顿继任。他的自我牺牲，奠定了牛顿一生工作安定的基础。巴罗的这一举动对科学事业起了重要作用，人们在谈及牛顿时，忘不了他的老师巴罗。所以，培养一个杰出的人才，其成就不小于重大的发现。我们不必为学生超过自己感到羞愧难受，应当为此而高兴，看作是我们对四化的一个贡献。

出类拔萃的学生，是国家的宝贵财富，是科学发展的希望，我们要满腔热情地爱护他们，千方百计地为他们赶超教师创造各种条件。以我和谷超豪教授的关系来说，从1946年开始，他就跟我在一起，当时，我发现他吸收能力特强，思想敏锐，理解问题的深度往往超过我预定的设想，就着意培养他。在53到57年这四年中，他学术上进步非常快，在吸收我的学问的同时，又学习了许多新东西。当时，他三十岁左右，我已过了五十，又担任行政职务，在学术上的某些方面他已开始走在我的前面了。我一方面看到有这样好的接班人，感到放心。另一方面，我对谷超豪的感情已超过自己的亲骨肉，所以，我把他取得的成绩，看作我的成绩一样高兴。支持他出国进修，了解世界最新研究成果，开辟新领域。谷超豪也没有因此而瞧不起老师，他始终以学生自居，对我非常尊重。除了谷超豪以外，对其他许多学生我都为他们的每一进步感到自慰。同时，千方百计地为他们的成长创造条件，如出题目，介绍资料，指导做论文等等。这种和谐的师生关系成了复旦数学系和数学研究所建立一支支科研攻坚梯队的有力保证。这种培养人的光荣感，支持着我在黑暗年月与林彪、“四人帮”作斗争，也使我至今感到心安理得，心旷神怡。

我感到，“四人帮”粉碎以后，党和人民给我们老专家、老教授的名誉、地位已经很多了。相反，中青年同志无论工作条件、生活条件都很困难，拔尖人才要被人们承认，阻力重重。我们要珍惜自己已有的荣誉，从四化事业的需要出发，只能为中青年人才开道，甚至应不惜为此牺牲自己的一点利益，而不应在那里挡道，更不该与他们抢功夺利。当然，对于学生来说，也不能因学问超过老师而骄傲自满，老教师的某些知识虽已老化，但仍然有专长，至于治学态度、治学方法却是学生一辈子也学不完的。

国外当教授的，到了七十岁要退休，我们这些人也应当有退休制，让更多的年轻人得到锻炼成长。在承认“青出于蓝而胜于蓝”的同时，我们老年科学工作者也不要太自卑。我们还可以发挥自己的长处，在有生之年为国家尽一点微薄之力。如目前在行政事务繁忙的情况下，我还要挤时间著书立说。只要我们从实际出发，尽力而为，人民会像对牛顿的老师巴罗那样，是不会忘记我们的。

（原载《文汇报》1980 年 12 月 25 日）

② 学习课文第三部分《为科研和教育事业贡献余年》，参读《知识面要广阔些》，着重领会：苏步青为什么特别强调“文科学生要选修一些理科课程，理科学生要选修一些文科课程”？你对此有何认识？苏步青主张“德才兼备”“文理俱通”的教育思想对我们当前要大力加强素质教育有什么重要意义？

知识面要广阔些

苏步青

青年人治学，要注意把知识面搞得宽些。为什么知识面要广阔些呢？这里，我先给大家讲个亲身经历的故事。那是 1979 年，我和几位同志一起访问了西德杜塞尔多夫城，当时住在该城的阿康饭店。店主对我们很热情，特地邀请代表团为他们题诗留念。我们一行都是自然科学家，写诗可不是我们的本行。但是人家那么热情，实在是盛情难却啊！我这个团长，只好自告奋勇，当众挥毫书写了一首七绝，“西来处处抱繁华，杜市阿康是我家，中德人民长友好，不愁前路有风沙。”想不到这首诗一经翻译，店主可高兴了，连声道谢，我们这才松了一口气。我想要不是我青年时代学了点诗文，平时还写点诗词的话，当时就不可能应付这种外事局面了。

前些年，在青年学习上出现了一些偏差：有的青年以为学好数理化就行了，至于语文学得好不好,无所谓。这种看法是错误的。数理化固然重要,但语文却是各门学科最基本的工具。文理相通嘛!语文学得好,阅读写作能力提高了,就有助于学好其他学科,有助于知识的积累和思路的敞开。有的理科大学生,数理化还好,但写实验报告文理不通,错别字很多,这样,即使你很有创造性,别人还是看不懂。我劝青年们千万不要忽视语文学习。

知识面要广阔些,就要培养青年广泛的学习兴趣。学好文史哲,了解祖国悠久的历史,掌握历史唯物主义和辩证唯物主义,有助于青年树立正确的世界观。另一方面,我们要把目光放远一点,科学的飞速发展,单学科的研究已很难应付这种局面,我们不仅要成为"专才",还要成为"通才",以适应边缘学科的研究。未来的大学生,文科的大学生要选修一些理科课程,理科学生也要选修一些文科的课程,培养出来的人才,就能既广博,又精通。

还有一点,就是不能忽视外语学习。我外语学得很多,后来就用上了。二十多年前,我到欧洲去过两次,一个人去,既是团长,又是秘书和翻译。我的一百五十多篇论文,就用了好几国文字,有英文、日文、德文,还有难懂的意大利文。为什么要学好外语?因为它是浏览国际文献和交流先进科学技术必不可少的工具。青年人正是精力旺盛,记忆力强的时期,一定能够学好外语。

(原载《浙江日报》1981年1月8日)

钱学森传略

【教学目的】

一、了解钱学森为祖国、为科学无私奉献的先进事迹。

二、学习本文通过对人物言行的描写,展现人物美好崇高的精神世界的方法。

【教学步骤】

一、课前预习

1. 通读全文,概括课文大意。

2. 梳理事迹,体会人物思想境界。

二、课堂研讨

1. 整体把握要点

全文共三大部分,主要介绍钱学森为祖国、为科学无私奉献的先进事迹。

第一部分:介绍钱学森的经历,突出他冲破重重阻挠,毅然回国的动人事迹。

第二部分:介绍钱学森投身社会主义科学事业的情况,突出他为我国的火箭、导弹和航天事业的发展作出的卓越的贡献。

第三部分:介绍钱学森骄人的科学成就,突出他对科学技术的重大贡献是多方面的。

2. 分组讨论问题

① 钱学森从青年时代起，就怀有强烈的爱国热情，请从课文中找出有关事迹加以说明。

提示：

接触科学的社会主义，并对这一理论发生了莫大的兴趣。

暂时到美国去学些技术，他日回来为国效劳。

在美国，学习成绩不但比美国学生好，而且比同班的其他外国人都好。

参加加州理工学院的马列主义学习小组，学习恩格斯的《反杜林论》，每星期例会讨论时事。

获航空和数学博士；任冯·卡门的助手，麻省理工学院副教授、芝加哥大学金属研究所副教授研究员等职，为祖国赢得了荣誉。

在美国，一块美元也不存，根本不打算在美国住一辈子。

1948 年，开始准备归国，后遭指控，被滞留 5 年之久。1955 年 8 月 5 日，冲破种种阻挠，毅然返回魂牵梦萦的祖国。

② 在社会主义的科学事业中，钱学森如何为我国的火箭、导弹和航天事业的发展作出卓越的贡献的？

提示：

给国务院写了关于《建立我国国防航空工业的意见书》，提出了我国“国防航空工业”的组织草案、发展计划和具体步骤，开列了高级技术人员名单。

主持完成了第 37 项《喷气和火箭技术的建立》的规划。

设立导弹管理局，钱学森任总工程师；建立导弹研究院，钱学森任院长；受命负责组建我国第一个火箭、导弹研究院。

主讲《导弹概论》，为新中国第一批火箭、导弹技术人才授课。

1958 年，参与部署我国第一枚近程导弹的制造工作。

1960 年，在酒泉发射场成功地组织了我国制造的第一枚近程导弹的飞行试验。

1964 年，我国第一个自行设计的中近程导弹飞行试验获得成功。

1966 年，协助聂荣臻元帅，在酒泉发射场直接领导了用中近程导弹运载原子弹的“两弹结合”的飞行试验。

1958 年，负责筹建人造卫星，运载火箭以及卫星探测仪器和空间物理的设计、研究机构。

1961 年，发表《今天苏联及美国星际航行火箭动力及其展望》的讲演。

1963 年，负责组织制定星际航行发展规划，安排预先研究题。

1965 年，提出报告，建议早日制定我国人造卫星的研究计划并列入国家任务。

1966 年，亲临现场，解决人造卫星的运载火箭“长征一号”出现的晃动幅值达几十米的异常现象。

在“文化大革命”动乱的日子里，钱学森协助周恩来总理，为领导人造卫星研制计划的正常进行，发挥了特殊的作用。

1970 年，重量为 173 公斤的我国第一颗人造卫星发射成功。

1979 年荣获加州理工学院“杰出校友奖”；1985 年获全国科技进步特等奖；1989 年国际技术与技术交流大会授予钱学森“威拉德 W·F、小罗克韦尔奖章”和“世界级科学与工程名人”、“国际理工研究所名誉成员”的称号。

③ 钱学森对科学技术的重大贡献是多方面的，他取得了哪些骄人的科学成就？

提示：

共发表专著 7 部，论文三百余篇，在应用力学的几个领域都做过开拓性的工作。钱学森还是一位自觉的马克思主义者。

3. 体会写法特点

本文在介绍钱学森为祖国、为科学无私奉献的先进事迹的同时，还注意写“人”，通过人物言行的描写，展现人物崇高的精神世界。例如：“在美国待了 20 年。20 年中，前三四年是学习，后十几年是工作，所有这一切都在作准备，为了回到祖国后能为人民做点事。”深刻反映了钱学森强烈的爱国热情。又如：“外国人能干的，中国人为什么不能干?”则充分展现了钱学森具有强烈的民族自尊心和自豪感。再如：“一切成就归于党，归于集体”，则形象地表现了钱学森虚怀若谷，全心全意为人民服务的宽广胸怀。

哥德巴赫猜想

【教学目的】

一、学习陈景润在科学上锲而不舍、坚韧不拔、不骄不馁的精神以及为祖国的科学事业勇于献身的崇高品质。

二、学习本文感情浓郁、结构严谨、细节典型、语言精美等艺术特点。

【教学步骤】

一、预习

1. 通读全文，了解课文内容。对陈景润的身世、所处的环境、所受的教育、所从事的数论研究、在“文化大革命”中受到的不公正待遇以及他摘取数学皇冠上的明珠的艰苦历程等，要着重认识，从而探究他成长及取得重大成就的原因。

2. 思考问题，体会写法特点。本文较成功地塑造了数学家陈景润的形象，文章是如何选材，如何描写人物的呢？对此，要留心思考。

二、参读

1. 梳理内容结构

《哥德巴赫猜想》原文共有 12 个部分，课文节选了其中的 9 个部分。

第一部分:介绍陈景润的身世。

第二部分:介绍数学老师对陈景润的引导。

第三部分:介绍数学家对陈景润的器重。

第四部分:介绍陈景润对“(1+2)”的研究。

第五部分:介绍陈景润在“文革”中受到的不公平待遇。

第六部分:介绍陈景润在高深难测的数学领域里,进行艰苦的探索。

第七部分:介绍数学研究所领导对陈景润的关心。

第八部分:介绍陈景润为摘取数学皇冠而付出的极大的代价以及党对他的关怀和重视。

第九部分:总体评价陈景润的学识、为人以及取得成功的原因。

2. 精段分析理解

《哥德巴赫猜想》具体而又重点地介绍了著名数学家陈景润不畏艰险,在科学的崎岖山路上顽强地登攀的光辉事迹,读后令人激动不已。研读时可以第六部分为例,加以分析理解,起到窥一斑而见全豹的作用。

这一部分共有10段,可以分为两层。

第一层(1—5段):写陈景润在高深难测的数学领域里,进行了成功的探索。

文章一开始就介绍了数学公式在科学领域里的巨大作用和它的高深难测,说明能够升登进去的人并不多。接着就用比喻和衬托的手法告诉读者:玉羽白得不沾一点灰尘,鹤顶鲜红,鹤眼也是鲜红的仙鹤却能“踯躅徘徊,一飞千里”。最能够品味它、欣赏它、观察它的崇高瑰丽的闵嗣鹤教授赞扬陈景润的论文“写得极好”,这不是作者对陈景润这只“仙鹤”在深邃的数学领域里“飞翔舞蹈”的又一次深情的赞美吗?

第二层(6—10段):用陈景润的自述,介绍他向哥德巴赫猜想进军的艰苦行程。作者引用了陈景润大段的自我介绍,有力地证明了作者的赞美不是无中生有,蓄意捧场,而是深深扎根在铁一般事实的土壤里。陈景润为了走进这深邃的领域,他攻下了“数论方面的三十多道难题中的六七道难题”,他先后学会了七国语言,“到了勉强可以阅读外国资料和文献的程度”;他的论文“考虑了又考虑,计算了又计算,核对了又核对,改了又改,改个没完”。最后,繁重的劳动已使他到了“病入膏肓”、“心力衰竭”的地步。这一句句朴素的独白,充分说明了他的进军行程的艰苦卓绝,这是多么的感人肺腑啊!

3. 品赏表现手法

《哥德巴赫猜想》介绍陈景润的光辉事迹,激情奔放,文笔生动,语言如诗一般。那六平方米的小房间,烟熏暗淡的煤油灯,破旧的衣着,简单的饮食,耗尽心血的身躯,含垢忍辱的胸怀,成堆成捆的计算稿纸以及他那特有的语言、动作、表情,活生生地表现了陈景润的形象。我们不妨以居室描写、细节描写为例,作一品赏。

① 关于居室环境的描写

“小小房间,只有六平方米大小。这房间还缺了一只角。……一堆药瓶,两只暖瓶，连一只矮凳子也没有。……”

居室环境的描写，要为表现人物的思想、性格、身份服务。作者对陈景润房间的陈设作了刻意的描绘，形象地表现了陈景润的专一顽强的意志以及献身科学的精神，深刻揭露了“四人帮”摧残科学、迫害科学家的暴行。

② 关于细节描写

“他穿的是通风透气不会得脚气病的一双鞋子。”

“有一次，自己撞在树上，还问是谁撞了他?”

“我没有灯，也没有电线，要灯添麻烦了。”

“他举起了塑料袋，端详它，说：‘这是水果，我吃到了水果，这是头一次。’”

《哥德巴赫猜想》善于透过平凡的生活和工作，从中发掘陈景润那坚韧顽强、富有毅力、百折不挠的美好品格和甘为祖国科学事业竭尽心力的崇高精神，突出表现了他对于解析数论研究如醉如痴的境界。尤其是善于捕捉富有艺术光彩的生活细节来刻画人物。文章中关于陈景润不修边幅的细节，撞树的细节，以及电灯和水果的细节，都较传神地突出了陈景润的鲜明的个性特征，给人留下深刻的印象。

【补充资料】

关于徐迟和《哥德巴赫猜想》

徐迟原名徐高寿，浙江南浔人。1934 年肄业于苏州东吴大学文学院。自 1937 年到解放前夕，曾发表过的作品有诗集《二十岁人》《最强音》；小说《狂欢之夜》；散文《美文集》和翻译作品《巴黎的陷落》《明天》等。

解放后，他在一个国际宣传刊物担任有关我国基本建设的报道工作。他先后访问了我国许多工业城市和边疆内地，写成了特写集《我们这时代的人》《庆功宴》和诗集《美丽·神奇·丰富》，热情地歌颂了社会主义建设的崭新面貌和解放后大江南北的锦绣河山。1959 年出版了他的文艺评论集《诗与生活》。粉碎“四人帮”以后，他先后写出了著名的报告文学《地质之光》《哥德巴赫猜想》《生命之树常绿》《在湍流的旋涡中》，为繁荣我国的文艺创作做出了新贡献。

报告文学是文艺百花园中一朵盛开的艳丽花朵，被喻为文艺战线上的“轻骑兵”，它能迅速、及时、真实而又形象地反映社会主义革命和建设中的新人新事。徐迟是新时期最早写科学家和知识分子的影响较大的报告文学作家之一。他的代表作《哥德巴赫猜想》，为新时期报告文学创作的发展和繁荣，起了开创作用。作者成功塑造了性格内向、孤僻、不畏艰难困苦、勇攀科学高峰的我国著名数学家陈景润的形象，率先冲破了“四人帮”设置的不许在报告文学领域写活着的真人真事的禁区，为报告文学写活着的真人真事开辟了新路；率先批判和否定了“四人帮”践踏科学文化，把钻研科学技术和业务知识说成是走“白专道路”的谬论；率先提出了理解和尊重人，尤其是理解和尊重包括科学家在内的广大知识分子的问题。

读书教学四十年

【教学目的】

一、了解杨振宁的人生经历和科研感受，学习他对事业极端热忱的可贵精神。

二、学习本文用朴实的语言，真挚的情感叙事的特点。

【教学步骤】

一、预习

在阅读全文的基础上，注意把握要点，画出关键的句子，并且提出问题，准备研讨。

二、参读

1. 分组讨论，从课文中找出有关作者对故园的眷恋，对童年的追忆，对师友的敬爱，对事业的热忱的有关材料。

提示：

对故园的眷恋、对童年的追忆的内容主要体现在“启蒙”、“小学与中学”、“访问中国”等部分中；对“师友的敬爱”的内容主要体现在“小学与中学”、“扎实的根基：西南联大”两部分中；“对事业的热忱”的内容主要体现在“科学研究与风格”、“有血有肉的物理学：芝加哥大学”、“做实验的经验”、“普林斯顿高等学术研究所”、“跳出象牙塔：石溪纽约州大”部分中。

2. 比较分析，可与本单元的《钱学森传略》对照起来研读。

提示：

本文同《钱学森传略》在选材、结构和语言表达上有相同之处，都用朴实的语言、真挚的情感，叙述了成长、发展的历程，同时作了恰如其分的评价。不同之处在于：《钱学森传略》属于他传体评传式的传记，《读书教学四十年》属于自传体评传式的传记。《钱》一文的评论侧重于揭示人物美好崇高的精神世界；《读》一文的评论侧重于阐发一些富有真知灼见的观点，如科研要形成“自己的风格”，物理学要“有血有肉”等。

练习参考答案

一、张衡，作为一个伟大的学者，在中国历史上是罕见的；作为一个伟大的科学家，在世界历史上也是突出的。张衡致力于科学研究，尤其注意实验科学的研究和发明创造，这一点在世界科学史上也属难能可贵。他研制的候风地动仪，比欧洲人要早1700年，这一伟大成就，至今为世界所公认。张衡的辉煌成果是在极为恶劣的社会历史条件下取得的，这更体现出他追求真理，刻苦务实，敢于批判，勇于斗争的科学精神。

二、提高文化修养特别是文学艺术修养，对于科学家的事业是有很大的助益的。首先从"伦理价值"上来看，文学艺术有利于提高人们的精神境界；其次从"联系的观点"上来看，科学和艺术是相互补充的，科学能满足人们的理性追求，艺术能满足人们的感情的渴望。总之，艺术和科学之间具有永久的魅力，有利于培养和提高人的综合素质。

（本单元特约编写者　高　潮）

（七）

人教版高中语文实验课本复习用书
《“高中语文”知识与能力训练》选

人教版高中语文实验课本复习用书《“高中语文”知识与能力训练》封面照片

目　　录

语言基础知识与能力训练

现代文阅读知识与能力训练

文言文阅读知识与能力训练

文学鉴赏知识与能力训练

四　戏剧鉴赏

　　（一）戏剧的冲突

　　（二）戏剧的语言

　　（三）戏剧鉴赏有关常识

练习参考答案

作文基础知识与能力训练

一　写作过程的训练

　　（一）审题与立意

　　（二）选材与布局

　　（三）组段与造句

　　（四）书写与行款

　　（五）修改与润饰

二　常用文体的训练

　　（一）记叙文写作

　　（二）说明文写作

　　（三）议论文写作

　　（四）应用文写作

　　（五）一题多作

语文知识与能力综合训练

综合练习一

综合练习二

综合练习三

综合练习四

综合练习五

【附录】 1996年普通高等学校招生全国统一考试语文试题参考答案及评分标准

语言基础知识与能力训练

一　语　　音

普通高校招生考试语文科说明对语音是这样要求的："能够正确应用汉语拼音方案。"也就是说，能正确运用拼音给汉字注音，并正确地书写。

在拼写过程中，常出现的错误有以下几种：

(1) 声母错误。主要是翘舌音与非翘舌音混淆。

(2) 韵母错误。主要是前鼻音与后鼻音混淆。

(3) 声调错误。

(4) 多音字不能辨析。

(5) 形声字误读声旁，或误读为另一形声字。

(6) 异读字注音错误。

(7) "ü"上两点该省略的地方未省略。

(8) "iu"、"un"等韵母书写不规范。

(9) 该用隔音符号的地方未用。

(10) 该大写的字母未大写。

判断注音正误时，以上几点常常是要考虑的。

试以1993、1994年全国高考试题及解答来说明：

1. 下列加点的字读音全都正确的一组是：

A. 脉(mò)脉　间(jiān)隙　分蘖(niè)　踉(liàng)踉跄跄

B. 吮(shǔn)吸　咀(jū)嚼　负荷(hè)　泰然处(chǔ)之

C. 蛮横(hèng)　创(chuāng)伤　可汗(hán)　殒(yǔn)身不恤

D. 涔(cén)涔　牲畜(chù)　中(zhōng)肯　衣衫褴褛(lǚ)

答(　　)

(1993年全国高考试题)

2. 下列成语中加点的字的读音、字形全都正确的一组是：

A. 殚(dān)精竭虑　相形见绌(chù)　怙恶不悛(quān)　有恃(shì)无恐

B. 潸(shān)然泪下　仗义直(zhí)言　断壁颓垣(yuán)　义愤填膺(yīng)

C. 杳(yǎo)无音信　纵横捭(bǎi)阖　天崩地坼(chè)　称(chēng)心如意

D. 偃(yǎn)旗息鼓　铤(tǐng)而走险　如火如荼(tú)　循规蹈矩(jù)

答(　　)

(1994 年全国高考试题)

例题答案:1. C,2. A。

从这两题所涉及的汉字注音看,除了少数考查学生识字水平的如潸、杳等以外,多数是围绕上面所提到的几种常见错误来命题的,如容易辨析不清的多音字间、荷、处、横、畜、创、称等,容易读错的形声字踉、吮、殒、绌、悛、恃、捭、坼等,容易读错音调的字咀、矩等,容易读错的异读字可汗等,容易误省 ü 上两点的字楼等。所以,判断时还应从几种常见错误类型入手。这两题中的注音错误是:第 1 题 A 项的“间”应读 jiàn,B 项的“咀”应读 jǔ,D 项的“中”应读 zhòng;第 2 题 C 项的“称”应读 chèn,D 项的“矩”应读 jǔ 或 ju。从类型看,间、中、称的问题属于多音字辨析问题,咀的问题属于声调问题,矩的问题属于形声字误读声旁问题。

【练习一】

1. 给各组汉字注音。

① 浃(　　) 颊(　　)	② 狙(　　) 沮(　　)
③ 帜(　　) 炽(　　)	④ 踝(　　) 裸(　　)
⑤ 婢(　　) 痹(　　)	⑥ 绽(　　) 淀(　　)
⑦ 箴(　　) 针(　　)	⑧ 诣(　　) 脂(　　)
⑨ 幢(　　) 憧(　　)	⑩ 谛(　　) 啻(　　)
⑪ 伥(　　) 怅(　　)	⑫ 玷(　　) 沾(　　)
⑬ 瘁(　　) 粹(　　)	⑭ 恫(　　) 侗(　　)
⑮ 舸(　　) 诃(　　)	⑯ 浣(　　) 烷(　　)
⑰ 齑(　　) 斋(　　)	⑱ 歼(　　) 纤(　　)
⑲ 窖(　　) 窑(　　)	⑳ 娩(　　) 挽(　　)

㉑ 恪(　　)　铬(　　)

㉒ 溯(　　)　搠(　　)

㉓ 铿(　　)　悭(　　)

㉔ 袂(　　)　炔(　　)

2. 辨析加点字的读音。

① 开辟(　　)　复辟(　　)

② 处女(　　)　到处(　　)

③ 勾结(　　)　勾当(　　)

④ 揣度(　　)　尺度(　　)

⑤ 宁愿(　　)　宁静(　　)

⑥ 冠军(　　)　衣冠(　　)

⑦ 巷道(　　)　小巷(　　)

⑧ 舌苔(　　)　青苔(　　)

⑨ 粘稠(　　)　粘贴(　　)

⑩ 解脱(　　)　押解(　　)

⑪ 禁止(　　)　不禁(　　)

⑫ 模范(　　)　模样(　　)

⑬ 附和(　　)　和平(　　)　和面(　　)　和药(　　)

⑭ 差别(　　)　参差(　　)　出差(　　)　差劲(　　)

3. 给加点的字注音。

自怨自艾　越俎代庖　揠苗助长
饮鸩止渴　前倨后恭　未雨绸缪
暴虎冯河　稗官野史　暴戾恣睢
别出机杼　并行不悖　老牛舐犊
良莠不齐　否极泰来　沆瀣一气
蛊惑人心　焚膏继晷　蹉跎岁月
瞠目结舌　不落窠臼　暴殄天物
怙恶不悛　鳞次栉比　不容置喙
牝鸡司晨　白头偕老　筚路蓝缕
草菅人命　鹬蚌相争　涸辙之鱼

4. 读音与声符完全相同的一组形声字是：

A. 菁　怋　籁　猴　B. 浏　睐　厮　聋
C. 鲲　譬　睽　贻　D. 闺　痍　鹰　陲

答(　　)

5. 读音完全相同的一组词是：

A. 汲取　吸取　　B. 印象　映像

C. 恸哭　痛哭　　D. 极力　竭力

答(　　)

6. 注音全对的一项是：

A. 杜撰(dù zuàn)　辗转(zhǎn zhuǎn)　布施(bù sī)　啁啾(zhōu jiū)

B. 琢磨(zhuó mó)　恻隐(chè yǐn)　势利(shì lì)　忏悔(càn huǐ)

C. 沾惹(zhān rě)　风骚(fēng sāo)　倏忽(shū hū)　苍茫(cāng máng)

D. 悚然(sōng rán)　奢华(shē huá)　矗立(cù lì)　糟粕(zāo pò)

答(　　)

7. 注音全对的一项是：

A. 温馨(wēn xīn)　宁谧(nín mì)　欺凌(qī líng)　零落(lín luò)

B. 倩影(qiàn yǐng)　萦绕(yíng rào)　殷勤(yīn qín)　隐忍(yǐn rěn)

C. 矜夸(jīn kuā)　静寂(jìng jì)　晶莹(jīn yíng)　神经(shén jīng)

D. 兼程(jiān chéng)　匀称(yún chèn)　生辰(shēng chén)　撑持(chēn chí)

答(　　)

8. 注音有误的一项是：

A. 轮廓(lún kuò)　颤栗(zhàn lì)　流岚(liú làn)　抹煞(mǒ shā)

B. 驿道(yì dào)　整饬(zhěng chì)　谙习(ān xī)　犒赏(kào shǎng)

C. 炫耀(xuán yào)　渲染(xuàn rǎn)　煊赫(xuān hè)　烜赫(xuǎn hè)

D. 惬意(qiè yì)　轩昂(xiān áng)　怃然(wǔ rán)　游弋(yiú yì)

答(　　)

9. 加点的字注音全对的一组是：

①茕(qióng)茕孑立　②熠(xī)熠发光　③一丘之貉(hè)　④言简意赅(gài)

⑤海市蜃(chén)楼　⑥拈(niān)轻怕重　⑦长歌当(dāng)哭　⑧一暴(pù)十寒

⑨牵强(qiǎng)附会　⑩封妻荫(yīn)子　⑪叱咤(chà)风云　⑫有条不紊(wěn)

A. ②③④⑩⑪　　B. ①④⑤⑦⑪

C. ②⑥⑧⑩⑫　　D. ①⑥⑧⑨⑫

答(　　)

10. 加点的字注音全对的一项是：

A. 穿凿(záo)　熨(yù)贴　沈(chén)毅　倾轧(yà)

B. 鄙薄(bó)　禅(shàn)让　轻佻(tiāo)　皈(fǎn)依

C. 畸(jī)形　粗犷(kuàng)　媲(pì)美　瞠(chēng)目

D. 造诣(yì)　蓓(péi)蕾　对峙(zhì)　骁(xiāo)勇

答(　　)

11. 加点的字注音正确的一组是：

①单(chán)于 ②无射(shè) ③吐蕃(bō) ④可汗(kě hán)
⑤燕(yān)山 ⑥尉(wèi)迟 ⑦皋陶(táo) ⑧呼韩邪(yé)
⑨霓裳(cháng) ⑩叶(yè)公好龙

A. ②③⑤⑧⑨ B. ①③⑤⑧⑩
C. ①⑤⑥⑦⑨ D. ②④⑧⑨⑩

答( )

12. 注音书写全对的一项是:

A. 旅行(lǚxíng) 婀娜(ē'nuó) 花儿(huār) 李白(Lǐbái)
B. 北京(Běijīng) 热爱(rèài) 谬误(miòuwù) 居然(jūrán)
C. 杨柳(yángliǔ) 屈原(Qūyuán) 雨果(Yǔguǒ) 名额(míng'é)
D. 纪律(jìlǜ) 虐待(nuèdài) 羊儿(yánger) 伊斯兰(Yīsilán)

答( )

二 文 字

高考语文科说明对文字是这样要求的:"汉字书写正确。"这里讲的"书写正确",应该包括不写错字、别字和不规范的简化字,还应该包括不写繁体字。这是中学生在文字方面应该达到的基本要求。在实际使用中,最常见的错误是写别字,或因为音同,或因为形似,或两者兼有,误把一字当作另一字用。这两年许多商业性文字中,出现了大量的繁体字和不规范的简化字。在中学生笔下,这类文字错误也多了起来。我们应该纠正这些错误,净化语言环境。在历年高考考查文字的试题中,主要考别字的判别;在文字表述题和作文中,各种文字错误都在考查范围之内。

试以 1992、1993、1994 年全国高考试题及解答来说明:

1. 没有错别字的一句是:

A. 按照上级布署,他们认真组织了一系列观摩课,师生们反应热烈。
B. 别看他俩在一起有说有笑的,其实是貌和神离。
C. 我们都迫不急待地想知道,究竟是谁能赢得最后的胜利。
D. 这哥儿俩,一个标新立异,一个循规蹈矩,差别太大了。

答( )

(1992 年全国高考试题)

2. 没有错别字的一组是:

A. 生杀予夺 直接了当 贻笑大方 隐约其辞
B. 自惭形秽 莫可名状 名列前矛 轻手蹑脚
C. 深沟险壑 影影绰绰 满目疮痍 暴戾恣睢

D. 花团锦簇　　好高骛远　　谬种流传　　贫瘠不堪

答(　　)

(1993年全国高考试题)

3. 依次填入下列句子方框里的字正确的一组是：

① 大家兴高□烈地谈论着知识竞赛的情况。

② 骄傲自满是阻碍进步的□脚石。

③ 这家商场是一家股□制企业。

④ 无论是批评还是表扬，都应该实事求是，恰如其□。

A. 采　　拌　　份　　份
B. 采　　绊　　份　　分
C. 彩　　绊　　分　　分
D. 彩　　拌　　分　　份

答(　　)

(1994年全国高考试题)

例题答案：1. D，2. C，3. B。

第1题前三项各有一个别字：A项中"布署"的"布"应为"部"；B项中"貌和神离"的"和"应为"合"；C项中"迫不急待"的"急"应为"及"。

第2题A项中"直接了当"的"接"应为"截"；B项中"名列前矛"的"矛"应为"茅"；D项中"好高骛远"的"骛"应为"鹜"。

这两题中的错别字或是音同，如"布"与"部"、"急"与"及"等；或是形似兼音同，如"矛"与"茅"、"鹜"与"骛"等。在判别时，自然应从词义入手。例如"迫不及待"，"迫"是急迫，"不及待"是等待不及，但写成"不急待"，就讲不通了。"名列前茅"与古代楚国以茅草为旌旗居于行军队伍之前有关，"茅"是指茅草，与"矛"无关。"好高骛远"的"骛"是个通假字，通"务"，是追求的意思，"骛远"与"好高"意思相同，结构相同；而"鹜"是鸭子，"鹜远"无论从结构还是从意义都讲不通。

第3题虽然变换了形式，但仍然是考查词语的正确理解和正确书写的。

正确书写以正确理解为基础，又以记忆为必要条件。理解和记忆是汉字正确书写不可或缺的两个条件。

【练习二】

1. 根据拼音写出汉字。

①蹂 lìn________　②huì________萃

③凛 liè________　④修 qì________

⑤dié________血　⑥自 xǔ________

⑦冠 miǎn________　⑧青 lài________

⑨niǎo________娜　⑩鞭 tà________

⑪pāng________沱　⑫夜 lán________

⑬xiè________渎　⑭苑 yòu________

⑮jué________取　⑯租 lìn________

⑰打 yàng________　⑱鬼 yù________

⑲wán________袴　⑳痉 luán________

2. 下列词语中有没有错别字？如果没有，在括号内打上"√"；如果有，在错别字下画一横线，并在括号内写上正确的字。

①名副其实(　　)　②按步就班(　　)

③气喘嘘嘘(　　)　④世外桃园(　　)

⑤穿流不息(　　)　⑥焕然一新(　　)

⑦变本加利(　　)　⑧汗流夹背(　　)

⑨偷机取巧(　　)　⑩再接再励(　　)

⑪销声匿迹(　　)　⑫一股作气(　　)

⑬相形见拙(　　)　⑭阴谋鬼计(　　)

⑮漠不关心(　　)　⑯待价而估(　　)

⑰歪风斜气(　　)　⑱杯盘狼籍(　　)

⑲以逸待劳(　　)　⑳一愁莫展(　　)

㉑虎视耽耽(　　)　㉒中流砥柱(　　)

㉓卑恭屈膝(　　)　㉔步入正规(　　)

㉕眼花瞭乱(　　)　㉖黄梁美梦(　　)

㉗病入膏盲(　　)　㉘瑕瑜互见(　　)

㉙耳濡目染(　　)　㉚出类拔粹(　　)

3. 没有错别字的一组词语是：

A. 众口铄金　荒诞不经　山青水秀　禁若寒蝉

B. 人才辈出　牵强附会　老态龙钟　自顾不暇

C. 谈笑风生　叹为观之　自惭形秽　弱不经风

D. 殒身不恤　如法炮制　坐亨其成　汗牛充栋

答(　　)

4. 没有错误的一组词语是：

①意兴盎然	②迫在眉急	③良秀不齐	④连篇累牍
⑤骄揉造作	⑥跋山涉水	⑦鞠躬尽瘁	⑧遗笑大方
⑨繁冗拖沓	⑩民生凋弊	⑪挤挤一堂	⑫刻不容缓
A. ①③⑥⑨⑪	B. ②④⑦⑨⑫	C. ①④⑦⑨⑫	D. ①⑤⑧⑩⑪

答（　　）

5. 错误最少的一组词语是：

A. 瞭望　疟疾　像征　箩筐

B. 医疗　清沏　罗卜　头发

C. 明了　观望　复盖　重迭

D. 迭宕　大量　谰言　缘因

答（　　）

6. 没有错别字的一句是：

A. 他并不想改变自己的态度，既使许多人不理解他，甚至反对他。

B. 他出神地注视着那张发黄的照片，以至没有觉查有人站在他的面前。

C. 王奶奶经常对儿孙们述说她过去坎坷的经历和辛酸的生活。

D. 我并不感到失望与后悔，因为必竟有人理解我，支持我。

答（　　）

7. 有两个错别字的一句是：

A. 学习要循序渐进，不要指望立杆见影，一蹴而就。

B. “无过无不及”，“过尤不及”，说的是做事须有分寸，要恰到好处，既不能不到位，也不能过头。

C. 我们的按装公司技术力量雄厚，设备先进，服务态度也好，因此有很高的声誉。

D. 新落成的国际大酒店装饰得金壁辉煌，令参观的人流恋忘返。

答（　　）

8. 有一个错别字的一句是：

A. 一个人心目中有无生命的金字塔，并不取决于他的外表，他外在的地位、资历、权利、门第、名望等，而取决于他的内在精神、人格、智慧、品质、贡献等。

B. 他们俩口子是收入微薄的知识分子，可相濡以沫，举案齐眉，倒也有一番大款们感受不到的滋味儿。

C. 交谈，暇想，一个新剧的设想在腹中燥动，朦胧的洪荒时代，悲壮的生命，都应用艺术的形式表现出来。

D. 文章的主旨决不在于搏人一笑，而是以谐谑手法写可悲现实，以荒诞故事对资本主义弊病痛下针贬。

答（　　）

（下略）

练习参考答案

一 语 音

练习一

1. ①jiā jiá ②jū jǔ ③zhì chì ④huái luǒ ⑤bì bì ⑥zhàn diàn ⑦zhēn jiān ⑧yì zhī ⑨zhuàng tóng ⑩dì chì ⑪chàng chàng ⑫diān zhān ⑬cuì cuì ⑭dòng dòng ⑮gě hē ⑯huàn wán ⑰jī zhāi ⑱jiān xiān ⑲jiào yáo ⑳miǎn wǎn ㉑kè gè ㉒sù shuò ㉓kēng qiān ㉔miè quē 2. ①pì bì ②chǔ chù ③gōu gòu ④duó dù ⑤nìng níng ⑥guàn guān ⑦hàng xiàng ⑧tāi tái ⑨nián zhān ⑩jiě jiè ⑪jìn jīn ⑫mó mú ⑬hè hé huó huò ⑭chā cī chāi chà 3. 艾yì 俎zǔ 揠yà 鸩zhèn 倨jù 缪móu 冯píng 稗bài 睢suī 杼zhù 悖bèi 舐shì 莠yǒu 否pǐ 沆瀣hàng xiè 蛊gǔ 晷guǐ 蹉跎cuō tuó 瞠chēng 窠kē 殄tiǎn 怙hù 栉zhì 喙huì 牝pìn 偕xié 筚bì 菅jiān 鹬yù 涸hé 4. D 5. C 6. C 7. B 8. D 9. D 10. A 11. B 12. C

二 文 字

练习二

1. ①蹒 ②荟 ③冽 ④葺 ⑤喋 ⑥诩 ⑦冕 ⑧睐 ⑨袅 ⑩挞 ⑪滂 ⑫阑 ⑬亵 ⑭囿 ⑮攫 ⑯赁 ⑰烊 ⑱蜮 ⑲纨 ⑳孪 2. ①√ ②步—部 ③嘘—吁 ④园—源 ⑤穿—川 ⑥√ ⑦利—厉 ⑧夹—浃 ⑨偷—投 ⑩励—厉 ⑪√ ⑫股—鼓 ⑬拙—绌 ⑭鬼—诡 ⑮√ ⑯估—沽 ⑰斜—邪 ⑱籍—藉 ⑲√ ⑳愁—筹 ㉑耽—眈 ㉒√ ㉓恭—躬 ㉔规—轨 ㉕瞭—缭 ㉖梁—粱 ㉗盲—肓 ㉘√ ㉙√ ㉚萃 3. B 4. C 5. A 6. C 7. D 8. B
（下略）

（编写者 祝寿培）

文言文阅读知识与能力训练

一　文言文的读音

在《文言常识·正音读》中提到，现在读文言文读音应该以现代字典上的普通话标音为准。对于一个字（或词）要认清字形，读准字音，有偏旁的形声字要注意是否与偏旁读音相同，要注意同一字形由于词性、词义不同而读音不同。也要注意古代国名、地名、名物专名、姓氏等的不同读音，其中许多读音仍读旧读。

【练习一】

1. 下列加点字的读音全都正确的一组是：

①黄花冈上一抔(póu)土

②妇人暂(zhàn)而免诸国

③数(cù)罟不入洿(wū)池

④虽有(yòu)槁暴，不复挺者，𫐓使之然也

⑤时周瑜受使至番(fān)阳

⑥一女不朝，何以王(wàng)齐国

⑦是时曹操遗(yí)权书曰

⑧越人语(yù)天姥，云霞明灭或可睹

A. ②⑤⑥⑦　　B. ①③④⑧

C. ①③⑤⑦　　D. ②④⑦⑧

答（　　）

2. 下列加点字的读音全都错误的一组是：

①乃使其从者衣(yì)褐，怀其璧，从径道亡

②朝(cháo)闻道，夕死可矣

③六艺经传(zhuàn)皆通习之

④外无朞功强(qiāng)近之亲

⑤盈虚者如彼，而卒莫消长(zhǎng)也

⑥罢(bà)夫羸老易子而咬其骨

⑦谨庠序之教(jiào)，申之以孝悌之义

⑧天高地迥,号呼靡(mí)及

A. ①③④　　B. ②⑤⑦

C. ②⑥⑧　　D. ④⑤⑥

答(　　)

3. 下列各组中加点字读音相同的一组是:

A{樊姬与有力焉 / 与嬴而不助五国也}

B{一裨将阵回,中流矢 / 死何裨益,不如自行搜觅}

C{信臣精卒,陈利兵而谁何 / 既陈而后击之}

D{愿将军量力而处之 / 处江湖之远则忧其君}

答(　　)

二　文言文的实词

在《文言常识·通义训》中已经讲过辨别实词词义的一些方法,复习中应掌握古今异义,一词多义,假借义等语言现象。

(一) 古今异义

首先要注意古今用词的变化。同一事物、行为,古代用某个词,现代用另一个词。如"履"现代说"鞋","行"现代说"走"。有些词字形相同,但古今意义不同。如"勤"古代是"劳"的意思(四体不勤),现代则是"勤谨"、"勤奋"的意思。"涕"古代意义是"泪"(蒋氏大戚,汪然出涕),现在的意义是鼻涕。

其次要注意意义上的细微差别。如"睡"古代专指打瞌睡(苏秦读书欲睡,引椎自刺其股),又如"购",古代指悬赏征求(吾闻汉购我头千金)。

再次要注意古代是单音词,现在多与其它词组合成为双音词的词。如:"克"、"衣"、"访"、"固"现在分别要说"克服"、"克复","衣服"、"衣裳","访问"、"拜访","坚固"、"顽固"等。有的古代双音词是两个单音词临时组合成的词组而不是一个双音词。如"妻子"是"妻"和"子"的组合(不推恩无以保妻子;子布、元表诸人各顾妻子),"其实"是"其"和"实"的临时组合(大略如彼,其实过之;操虽托名汉相,其实汉贼也),因此要注意不要以今义释古义。

【练习二】

1. 下列句中加点词解释全都正确的一组是：

A｛践华为城，因河为池(城：城墙。池：护城河。)
宿将爪牙，若李广、程不识者(爪牙：帮凶。)

B｛古者丈夫不耕(丈夫：男子。)
彼所将中国人不过十五六万(中国：中原。)

C｛今齐地方千里。(方：纵横。)
兔走触株，折颈而死。(走：行走。)

D｛一曰主用足，二曰民赋少，三曰劝农功(劝：鼓励、奖励。)
臣所以去亲戚而事君者(去：前往。)

答(　　)

2. 下列句中的加点词与今天意义相同的一组是：

A｛天地盈虚与时消息
先帝不以臣卑鄙，猥自枉屈

B｛臣之辛苦非独蜀之人士及二州牧伯所见明知
苟以天下之大，而从六国破亡之故事

C｛庶刘侥幸保卒余年
身死东城尚不觉寤

D｛烈士暮年，壮心不已
欲以力经营天下

答(　　)

3. 下列成语中加点词都是古义的一组是：

A. 苟且偷生　　四体不勤　　学而不厌
B. 口若悬河　　昭然若揭　　一暴十寒
C. 阡陌交通　　向隅而泣　　草木皆兵
D. 不速之客　　若即若离　　滥竽充数

答(　　)

(二) 一词多义

一词多义是文言词中最多、最常见的语言现象。一个词虽然有多种义项，但在一个句子中，它只有一个义项。

区别一词多义要掌握一个词最常见的几个义项。例如“亡”，最常见的意义是“死亡”(刘表新亡，二子不协)、“灭亡”(燕虽小国而后亡)、“丢失”(暮果大亡其财)、“逃跑”(沛公今事有急，亡去不义)、通“无”(曲突徙薪亡恩泽)。掌握一词多义主要是：记常见常用的义，注意一个词所处的语境。

注意一个词所处的语境,也就是因文定义。例如"黠"有"聪明"、"狡猾"两个褒贬不同的义项。在"此黠儿也,当有所成"句中自然应取"聪明"义,在"里胥猾黠,假此科敛丁口"中就要取"狡猾"义了。《文言读本》中的附录"文言常用实词"提供了常用义项和例句。

要注意古义与一词多义的交叉现象,即一个词若干词义中有一个是古义,例如"假",古义是"借"(假道于虞以伐虢),但又有"凭借"的意思(假舟楫者,非能水也,而绝江河)。

【练习三】

1. 下列各组句中与题干中加点词意义和用法相同的分别是:

①初一交战,操军不利,引次江北

A. 秦伯素服郊次,乡师而哭

B. 陈涉吴广皆次当行

C. 刘备次西陵,(徐)盛攻取诸屯

D. 王当歃血而定从,次者吾君,次者遂

答(　　)

②强秦之所以不敢加兵于赵者,徒以吾两人在也

A. 哀斯墓之徒有其石也而为之记

B. 度不中而轻发,徒糜弹药,无益吾事

C. 秦城恐不可得,徒见欺

D. 非徒无益,而又害之

答(　　)

③因为长句,歌以赠之。凡六百一十六言,命曰《琵琶行》

A. 子贡问曰:"有一言而可以终身行之者乎?"子曰:"其'恕'乎?"

B. 诗三百,一言以蔽之曰"思无邪"

C. 此人一一为具言所闻

D. 仍更被驱遣,何言复来还

答(　　)

④(诸葛)亮拔西县千余家,还于汉中,戮谡以谢众

A. 多谢后世人,戒之慎勿忘

B. 侯生视公子色终不变,乃谢客就车

C. 旦日不可不蚤自来谢项王

D. 天子为动,改容式车,使人称谢:"皇帝敬劳将军"

答(　　)

2. 下列各组句中加点词的意义相同的是:

①
A. 人或益之,人或损之
B. 使人先表澭水,澭水暴益
C. 至于斟酌损益
D. 书曰:"满招损,谦受益。"

答(　　)

②
A. 臣具以表闻,辞不就职
B. 今者出,未辞也
C. 卮酒安足辞
D. 诵其辞甚习

答(　　)

③
A. 战败而亡,诚不得已
B. 公子诚一开口请如姬,如姬必许诺
C. 臣诚恐见欺于王而负赵
D. 告之于帝,帝感其诚

答(　　)

④
A. 学而时习之,不亦说乎
B. 太祖欲引军还,(郭)嘉说太祖急攻之
C. 数请魏王,及宾客说王万端
D. 及郡下,诣太守,说如此

答(　　)

3. 结合句意,下列句中加点词应选择哪个义项?

①圣人不期修古,不法常可

A. 长　B. 高　C. 学习　D. 整治

答(　　)

②天有常道,地有常数

A. 道路　B. 规律　C. 方法　D. 主张

答(　　)

③屈平正道直行,竭忠尽智以事其君,谗人间之,可谓穷矣

A. 生活困难　B. 不得志　C. 尽　D. 完

答(　　)

④今将军尚不得行,何乃故也

A. 原因　B. 旧　C. 特意　D. 衰老

答(　　)

4. 分别比较下列每组句子中加点的词的意思,判断正确的一项是:

① 举疾首蹙额而相告曰 / 杀人如不能举

② 修短随化,终期于尽 / 逮奉圣朝,沐浴清化

A. ①意思相同,②也相同　　B. ①意思不同,②也不同
C. ①意思不同,②相同　　D. ①意思相同,②不同

答(　　)

(三)通假字(假借义)

通假字主要是音的问题,两个字音同音近才能通假。如"畔"通"叛"(亲戚畔之),"蚤"通"早"(不可不蚤自来谢项王)。要注意几点:一、假有固定,"倍"与"背"通假,但不和"备"、"惫"、"被"通;"详"、"阳"与"佯"通假,不和"羊"、"扬"、"洋"通假。二、不能互假,"县"可假为"悬",反之不行。"信"可假为"伸",反之不行。三、有的按今音读不同,但古音相同,如"罢"通"疲"。

【练习四】

1. 选出下列句中都有通假字的一组:

A. 布帛长短同,则贾相若
虽有槁暴,不复挺者,輮使之然也
其培之也若不过焉,则不及

B. 先生不羞,乃有意为(田)文收责于薛乎
长夜沾湿何由彻
死灰独不复然乎

C. 既陈而后击之,宋师败绩
甚矣,汝之不惠
而翁长铨,迁我京师

D. 彼节者有间,而刀刃者无厚
此地有崇山峻岭,茂林修竹
卒然边境有急,数千百万之众,国胡以馈之

答(　　)

2. 指出下列各句中的通假字,并在后面括号内注明和哪个字通假。

①担中肉尽,止有剩骨　(　　)
②距关,毋内诸侯,秦地可尽王也　(　　)
③山高风钜,雾气去来无定　(　　)
④颁白者不负戴于道路矣　(　　)
⑤寒暑易节,始一反焉　(　　)
⑥秦武阳奉地图匣　(　　)
⑦君子生非异也,善假于物也　(　　)
⑧将军禽操宜在今日　(　　)

（四）偏义复词

文言文中有一种复合词，是由两个字组合成的，其中一个字的意义成了这个复合词的意义，另一个意义却消失了，称为偏义复词。偏义复词中的两个字，意义往往是相对或相反的。

【练习五】

1. 指出下列各组句中的加点词都属于偏义复词的一组。

A｛日再食，无鲜肥滋味之享
　｛大夫不得造车马

B｛司马迁触天子喜怒
　｛今有一人，入人园圃，窃其桃李

C｛将在外，主令有所不受，以便国家
　｛予除右丞相兼枢密使，都督诸路军马

D｛项王大呼驰下，汉军皆披靡
　｛昼夜勤作息，伶俜萦苦辛

答（　　）

2. 指出下列句中有偏义复词的一句。

A. 富贵不能淫，贫贱不能移，威武不能屈

B. 宫中府中，俱为一体，陟罚臧否，不宜异同

C. 欲苟顺私情，则告诉不许；臣之进退，实为狼狈

D. 不如须臾之所学也

答（　　）

三　文言文的词类活用

在《文言常识·明文法》中谈到用词的灵活性，也就是一般所说的词类活用。

文言文实词中，某个词属于哪一类是比较固定的，但在一定的语言环境中，有些词可以按照一定的习惯灵活运用。这种用法主要有以下几类：

（一）名词、形容词、数词的活用

判断词类是否活用，首先要根据句意，如“左右欲刃相如”，“刃”字按名词意义就

解释不通，而用“杀”字一类动词就能讲通，这就是名词用如动词。也可以根据某个词在句中的组合形式和语法关系来判断。例如，名词连用不构成并列、偏正关系时活用作动词。如“欲王关中”的“王”是动词。名词、形容词、数词后面带有宾语的常用如动词，如“孰能一之”（数作动），“驴不胜怒，蹄之”（名作动），“议者以此少之”（形作动）。

【练习六】

辨析下列各组句中加点词，都有词类活用现象的一组是：

A. 公子遂将晋鄙军
我为赵将，有攻城野战之大功
齐使田忌将而往

B. 越人语天姥，云霞明灭或可睹
亡去不义，不可不语
夜久语声绝，如闻泣幽咽

C. 孟尝君怪其疾也，衣冠而见之
夫金鼓旌旗者，所以一人之耳目也
上官大夫短屈原于顷襄王

D. 明君贵五谷而贱金玉
秦晋匹也，何以卑我
未尝败北，遂霸有天下

答（　　）

（二）名词、形容词、动词的使动和意动用法

区别使动用法既要从语法角度分析（谓语动词具有使宾语怎样的意思），又要从意念上分析，“孟子朝王”的“朝”是一般动词而“武丁朝诸侯”的“朝”是使动用法，因为武丁是商朝国君。意动用法一般都可按“认为……是”或“把……当作”去理解。如“今太子迟之”的“迟”是“认为迟”的意思。

【练习七】

1. 下列句中加点字的用法不同于其他三项的是：

A. 齐军既已过而西矣

B. 予我千金，吾生若

C. 沛公旦日从百余骑来见项王

D. 会盟而谋弱秦

答（　　）

2. 下列句中加点词分类正确的一组是：

①孔子登东山而小鲁

②远人不服，则修文德以来之

③成以其小，劣之

④今日不雨，明日不雨，即有死蚌

⑤君子正其衣冠

⑥卫鞅复见孝公，孝公善之而未用也

⑦籍吏民，封府库而待将军

⑧夫定国之术，在于强兵足食

⑨今之众人，其下圣人也亦远矣，而耻学于师

⑩宦官惧其毁己，皆共目之

A. ①④⑧⑩　②③　⑤⑥⑦⑨

B. ①②③　④⑤⑧　⑨　⑥⑦⑩

C. ①③⑥⑨　②⑤⑧　④⑦⑩

D. ①③⑤　②⑥⑩　④⑦⑧⑨

答（　　）

（三）名词用作状语

名词用作状语也就是用来修饰动词，表示比喻、处所、趋向等。要注意的是名词作状语和名词作主语在形式上的区别是，名词作状语时一般前面还有一个作主语的名词（有时省略）。如“人立而啼”，“人”是主语，“豕人立而啼”的“人”是状语。“云集”的“云”是主语，“天下云集”的“云”是状语。

【练习八】

1. 下列句中加点字的用法不同于其他三项的是：

A. 乃使其从者衣褐，怀其璧，从径道亡

B. 三男邺城戍

C. 事不目见耳闻而臆断其有无，可乎

D. 十九人相与目笑之而未发也

答（　　）

2. 下列“函”字用法相同的项是：

A. 买五人之脰而函之

B. 南声函胡，北音清越

C. 方其系燕父子以组，函梁君臣之首

D. 秦孝公居殽函之固

答(　　)

四　文言文的虚词

在《文言常识·察语气》中讲到文言虚词的有关知识。判断虚词的作用，要联系句法，要看这个词在句中的位置，以及和它前后搭配的词才能确定。例如“之”用在句前往往用作指示代词(“之二虫又何知”、“之子于归”、“之歌者非常人也”、“均之二策，宁许以负秦曲”)，用在动词后往往作宾语(“逐之”、“克之”、“击之”)。用在两个名词之间往往作助词(“永州之野”、“十室之邑”)，用在主、谓语之间使原来主谓关系成为偏正关系，即取消句子的独立性(“秦之围邯郸”、“孤之有孔明”)。又如“于”一般用作介词。“于”前是动词，后是名词，这个名词是地名、物名，“于”字往往是“从”、“在”、“到”的意思(“游于三辅”、“生于毫末”)，这个名词是人名、官名，“于”字往往是“向”、“对”的意思(“求救于孙将军”、“以吴民之乱请于朝”)。若前有形容词后有名词，“于”往往表示比较(“弱于秦”、“美于徐公”、“才高于世”)。

文言虚词中有一些复音虚词，这种组合形式有的是实词和虚词的组合(“足以”、“可得”)，有的是虚词与虚词的组合(“何其”、“然则”)，组合后有的意义也和单音词不同。

【练习九】

1. 根据句意和前后搭配关系，对下列句中“于”字意义分类正确的一项是：

①虽才高于世而无骄尚之情

②不拘于时，学于余

③构怨于诸侯

④郑伯克段于鄢

⑤六国与秦皆诸侯，其势弱于秦

⑥(鲁)肃闻刘表卒，言于孙权曰

⑦赵强而燕弱，而君幸于赵王

⑧采于山，美可茹

⑨内惑于郑袖，外欺于张仪

⑩楚人为小门于大门之外而延晏子

A①②⑤　⑦⑧⑩　③⑥⑨　④

B①④　③⑥　②⑦　⑤⑨　⑧⑩

C①⑤　②⑦⑨　③⑥　④⑧⑩

D①⑤　②⑦⑨　③④⑥　⑧⑩

答(　　)

2. 将下列虚词分别填入下段文字的括号内。

欤　以　则　然则　而　为　也　其　于

楚人有养狙为生者,楚人谓之狙公。旦日,必部分众狙(　　)庭,使老狙率以之山中,求草木实,赋十一(　　)自奉,或不给,(　　)加鞭箠焉。群狙皆患苦之,莫敢违(　　)。一日,有小狙谓众狙曰:"山之果,公所树(　　)?"曰:"否也。"曰:"非公不得而取(　　)?"曰:"否,皆得而取之。"曰:"(　　)吾何假于彼而(　　)之役欤?"言未既,众狙皆寤。(　　)夕,相与伺狙公之寝,破栅毁柙取(　　)积,相携(　　)入于林中,不复归。狙公卒馁而死。

(下略)

练习参考答案

一　文言文的读音

练习一

1. B　2. C　3. A

二　文言文的实词

练习二

1. B　2. C　3. A

练习三

1. ①C　②B　③A　④C
2. ①A、C　②A、C　③A、C　④B、C
3. ①C　②B　③B　④B
4. D

练习四

1. C　2. ①"止"通"只"　②"距"通"拒"，"内"通"纳"　③"钜"通"巨"　④"颁"通"斑"　⑤"反"通"返"　⑥"奉"通"捧"　⑦"生"通"性"　⑧"禽"通"擒"

练习五

1. B(圃，菜地，偏义于园)　2. B(偏意于异)

三　文言文的词类活用

练习六

C

练习七

1. A(一般名词作动词)　2. C

练习八

1. A　2. A、C

四　文言文的虚词

练习九

1. C　2. 于　以　则　也　欤　欤　然　则　为　其　其　而

(下略)

(编写者　张贞忠)

文学鉴赏知识与能力训练

一 诗歌鉴赏

（一）诗歌的形象

诗歌是通过艺术形象来反映生活抒发感情的。鉴赏诗歌，首先要准确把握诗歌的形象。有些诗，通篇描绘具体鲜明的形象，借形象来抒发感情，如艾青的《礁石》；有些诗，虽没有描绘具体形象，但能唤起读者的想象，在想象中形成具体形象，如曾卓的《我遥望》；也有些诗，既描绘了具体形象，也抒发了自己的思想感情，如苏轼的《念奴娇·赤壁怀古》。尽管诗歌刻画形象的方式有所不同，但鉴赏诗歌都必须准确把握诗歌描绘的形象。

要把握诗歌的形象，就要抓住形象的特征。艾青在《礁石》中写道：在海浪的扑击面前，“它的脸上和身上/像刀砍过的一样/但它依然站在那里/含着微笑，看着海洋……”对礁石的形象，我们只要着重注意它伤痕累累的外形，傲然挺立的姿态，笑傲海洋的表情，就可以把握礁石不怕厄运、坚定不移、顽强不屈的特征了。有些诗歌，描绘的形象较多，我们应该对众多的单个形象进行组合，加以想象，形成整体形象。如李白《望天门山》：“天门中断楚江开，碧水东流至此回。两岸青山相对出，孤帆一片日边来。”诗中“天门”、“楚江”、“碧水”、“青山”、“孤帆”等都是单个形象，配上动词“断”、“开”、“流”、“回”、“出”、“来”等就构成了一幅舟行江上的整体形象。这时，全诗如一幅连绵的画卷，再加上合理的想象，浪涛声、船夫歌声、号子声、绿树红花、山寺晨钟……形象就更加丰满完整了。有些诗歌描绘的形象并非实指，而有比喻或象征的内涵。把握这类作品的形象就不能仅从字面上理解，而应结合时代背景、作者遭遇等，通过想象、联想来挖掘形象的内涵。屈原《涉江》中有这样几句：“余幼好此奇服兮，年既老而不衰。带长铗之陆离兮，冠切云之崔嵬。”对诗中的“奇服”、“长铗”、“切云”等，已不能局限在原型意义的理解上，而应结合诗人的志向、遭遇，来深刻挖掘它的寓意。总而言之，理解诗歌的形象应立足于深层理解和整体把握，不能望文生义，浮于表面。

抒情诗的形象与意境密切关联，往往通过描绘形象来创造意境。主客观的高度统一，构成了诗歌的意境，在深远的意境中，直接或间接地塑造出人物（多半是诗人自己）的形象。苏轼的《念奴娇·赤壁怀古》上阕描写江、浪、石、涛等形象，展现古战场，缅怀古代英雄，在开阔深远、壮丽奇险的意境中，间接地塑造了感慨良多的词人形象；下阕在上阕意境的基础上，先描写周瑜的形象，进一步创造出赤壁大战雄壮激烈、英雄从容建功的意境，从而体现出词人渴望建功立业的心志。如果离开了这些具体形象所产生的意境，那么词人直接抒发的慨叹之情也就无所寄托了。

叙事诗有相对完整的故事情节，往往在矛盾冲突的发展过程中描绘人物形象，塑造典型性格，反映现实社会生活。鉴赏叙事诗要抓住故事发展过程中对人物的描写，进而抓住在激烈的矛盾冲突中人物表现出来的性格特征，整体把握人物形象。如《孔雀东南飞》中细致描写了刘兰芝被遣还前的理妆过程，表现了刘兰芝十分坚强的性格。刘兰芝以光彩照人的形象去辞别婆婆，本身就是一种反抗。至于她在婆婆面前不掉一滴泪同与小姑话别时的"泪落连珠子"的对比，既表现了她的坚强，又表现了她的真情，人物形象丰满逼真。

诗歌塑造形象的手法很多，可以对形象直接描写，也可以间接描写；可以粗线条白描，也可以浓墨重彩，精雕细刻；可以铺垫、衬托，也可以借助想象、联想塑造形象。准确地把握诗歌的形象，对鉴赏诗歌很重要，只有真正理解了诗歌的形象，才能深入领会诗歌抒发的感情。

试以 1994 年全国高考试题及解答来说明：

对下面这首《菊花》诗分析不确切的一项是：

秋丛绕舍似陶家，遍绕篱边日渐斜。不是花中偏爱菊，此花开尽更无花。

A. 第一句写丛丛秋菊围绕房舍，仿佛是陶渊明的家。

B. 第二句表现了诗人赏菊入迷，留连忘返的情景。

C. 三、四两句由描写转入议论，突出渲染了菊花的高洁气质。

D. 全诗用语平易，没有刻意求工，却含意隽永，极富艺术感染力。

答（　　）

本题答案应为 C。这是考查诗歌鉴赏的综合题，但 A、B 两个选项主要考查对诗歌形象的把握。"秋丛绕舍似陶家"，描绘了姹紫嫣红的丛丛菊花围绕房舍的美丽景色，看到这丛丛菊花，就仿佛置身于爱菊如命的陶渊明家。这里有客观的景，也有主观的意，形成了恬静优美的意境。"遍绕篱边日渐斜"，是写诗人自己的形象。在恬静优美的意境中，我们仿佛看到诗人徜徉在篱边菊花丛中，边欣赏边赞叹，留连忘返，不知日已西斜。完成这道题，只要能准确地把握诗歌描绘的形象，就不会误选 A、B 两项了。

【练习一】

1. 填空。

(1)《沁园春·长沙》上阕以写景为主,“看”字总领的几个短句,描绘了____景色;下阕回忆往事,塑造了作者和一些革命战友________________________________形象。

(2) 郭沫若《炉中煤》中把祖国比喻成“________________”,把自己比喻成________________,两重比喻紧密契合,交织着形成全诗的主体形象。

2.《国殇》中刻画楚国勇士们奋勇杀敌,直到战死也紧握武器的英雄形象的诗句是:

A. 凌余阵兮躐余行,左骖殪兮右刃伤。

B. 霾两轮兮絷四马,援玉枹兮击鸣鼓。

C. 带长剑兮挟秦弓,首身离兮心不惩。

D. 身既死兮神以灵,魂魄毅兮为鬼雄。

答(　　)

3. 下列对杜甫《春望》、《登高》二诗描绘的形象的分析中,不当的一项是:

A.“国破山河在,城春草木深”写的是安史之乱造成的国破家亡、遍地荒草的悲惨景象。

B.“白头搔更短,浑欲不胜簪”主要写作者自己因年老体弱,头发掉得厉害的形象。

C.“风急天高猿啸哀,渚清沙白鸟飞回”写的是深秋的景色。

D.《登高》在深远的意境中塑造了诗人独自登上江边高台深思凝望,百感交集的形象。

答(　　)

4. 下列对李白《梦游天姥吟留别》描绘的形象的分析中,不当的一项是:

A. 主体部分描绘的是梦幻中游天姥的情景。

B. 诗人运用想象夸张的手法,描绘梦幻中的世界,塑造幻想中的形象。

C. 诗人描绘的幻想中的形象是自己理想的寄托,是与丑恶现实完全对立的。

D. 诗人描绘的幻想中的形象是自己生活经历的曲折反映,是现实世界的缩影。

答(　　)

5. 下列对白居易《琵琶行》描绘的形象的分析中,不当的一项是:

A. 琵琶女是演奏技艺精湛卓绝,悲凉身世令人心酸的被污辱和被损害者的形象。

B. 作者写自己的遭遇,是为了衬托琵琶女的形象。

C. 诗中琵琶女和作者这两个形象感情上的共鸣之处是“同是天涯沦落人”。

D. 诗中对琵琶女身世的描述,主要是通过琵琶女的倾诉表现的。

答(　　)

6. 阅读《肉搏》选段,完成后面的练习。

一个青年,我们团里的一个新兵,
飞似的前进,子弹在脚下扬起缕缕烟尘。
而在山岩后,一个日本军曹迎上来。
于是开始了惊心动魄的肉搏战!
军号还在吹,山谷震荡着喊杀声……
交锋几个回合,那青年猛力刺了一刀,
敌人来不及回避,也把刺刀迎面刺来,
两把刺刀同时刺入两人的胸膛,
两个人全静止般地对峙着,啊!决死的斗争!
只因为勇士的刺刀比鬼子的刺刀短几分,
才没有叫颤栗的敌人倒下来,
我们的勇士没有时间思索,有的是决心,
他猛力把胸膛往前一挺,让敌人的刺刀穿过脊梁,
勇士的刺刀同时深深地刺入敌人的胸膛,
敌人倒下,勇士站立着。山谷顿时寂静!

(1) 用诗中的四个字概括画面内容。

______

(2) 从诗中找出最能表现勇士精神的一个词。

______

(3) 下列对英雄形象描绘的分析中,不当的一项是:

A. 通过行为动作描绘新兵形象。
B. 用敌人的颤栗衬托新兵的勇敢。
C. 通过动和静的描写突出战斗的激烈。
D. 主要刻画了"站立"着的英雄的雕像。

答(　　)

(二) 诗歌的感情

诗歌是偏重于抒情言志的,即使是叙事诗或意在说明科学现象、阐明哲理的诗,也必须饱含诗情,才能动人。因此,鉴赏诗歌,必须深切体会诗歌的感情内涵。

抓住诗歌的形象、意境,从形象、意境形成的总体氛围中把握它所要暗示和启迪读者的东西,体会作者的感情,这是诗歌鉴赏的基本要求。陶渊明《归园田居》以白描的手法展现了田园生活和农家景象朴素而美丽的画面,我们阅读时,抓住诗歌描绘的形象和意境,诗人超俗的人格和恬淡的心境便跃然纸上,诗人决不与统治集团同流合污的思想感情也可以把握住了。

一些诗歌的思想感情是通过诗歌形象的比喻、象征意义来体现的。理解这类诗歌的思想感情，首先要准确把握形象的内涵，进而展开联想和想象加深对感情的理解。要避免形象把握上的实指性。郭沫若《炉中煤》中"炉中煤"所"心爱的""年青的女郎"，就是"五四"时代我们祖国的象征，"炉中煤"和"年青的女郎"又是形象的比喻，这两个比喻使得全诗虽没有出现过一次"怀念祖国"的字样，却充分传达出诗人怀念祖国的炽烈而深切的感情。

诗歌是一定时代生活的反映，理解诗歌的感情不能忽略时代的特征，对一些古典诗词的理解尤其是这样。辛弃疾写作《菩萨蛮·书江西造口壁》时已是南归后的第14年。14年来南宋小朝廷偏安一隅，不思北伐，主和派阻挠收复大业，投降之声甚嚣尘上；作者南归后屡遭坎坷，报国无门。了解了这样的背景之后，对这首词深沉的爱国之情，壮志难酬的悲愤之情也就容易理解了。

由于诗人的理想志趣、生活经历、所处时代不同，同一题材的作品，会表现出不同的思想感情。陆游的《卜算子·咏梅》抒发的是封建士大夫的孤芳自赏的感情，而毛泽东的《卜算子·咏梅》则以无产阶级革命家的胸襟，表现了一种乐观豪迈的思想感情。

理解诗歌的感情还要顾及诗歌的体裁、风格、流派等因素。现实主义诗歌和浪漫主义诗歌在感情的表达上就有区别，豪放派词和婉约派词表达的思想感情也有不同。如柳永的《雨霖铃》写的是离愁别绪，苏轼的《念奴娇·赤壁怀古》表达的则是渴望建功立业而又感慨功业难就的矛盾心情。

诗人抒发感情的方式是多种多样的。可以直抒胸臆，如陈子昂《登幽州台歌》："前不见古人，后不见来者。念天地之悠悠，独怆然而涕下。"可以借景或借物抒情，如柳永《雨霖铃》上阕写离别时的情景，难分难舍，下阕先想象途中的情景，接着抒写自己的情怀，进一步深化难分难舍的离愁别绪。许多诗歌则是情景交融，寓情于景（或物），如李白《黄鹤楼送孟浩然之广陵》，全诗前两句交代了送别，后两句写送别时的景色，依依惜别之情寓于景色的描写之中。

理解诗歌的感情，是鉴赏诗歌的重要环节。由于历史条件不同，作者的世界观不同，表现在诗歌中的感情也有深浅高下之分，对此要作具体分析，分清是进步的、积极向上的，还是落后的、消极颓废的。要抓住思想感情的主流，当然对一些思想局限性也应客观、辩证地认识和分析。

试以1995年全国高考试题及解答来说明：

对李清照《如梦令》一词分析不当的一项是：

昨夜雨疏风骤，浓睡不消残酒。试问卷帘人，却道海棠依旧。知否？知否？应是绿肥红瘦。

A. "不消"表面上指酒意未消，实际指的是消不尽的伤感和烦闷情绪。

B. "绿肥红瘦"中，"绿"、"红"分别代替叶和花，"肥"、"瘦"分别形容叶的茂盛和花的凋零。

C. 这首词从一般叙述，转入到一问一答，然后是设问和慨叹，层层拓展、深入。

D. 作者采用直抒胸臆的手法，表达对春光留恋和惜别的一种伤感情绪。

答(　　)

本题答案应为D。这是诗歌鉴赏的综合考查题，其中A、D两项是对这首词的感情理解和抒情方式理解的考查。李清照是婉约派词人，她的不少作品中抒发的感情都是比较低沉的。这首词正是如此，借"浓睡不消残酒"和"应是绿肥红瘦"来抒发一种伤感和烦闷之情；但这种伤感和烦闷之情是借自己"浓睡不消残酒"的形象及对一夜风雨后院中海棠情况的一问一答来表达的，而不是直抒胸臆。理解了诗歌的感情和抒情方式，就可以确定，不当的应为D项了。

【练习二】

1. 填空题。

(1)《假如我们不去打仗》用简洁的语言抒发了＿＿＿＿＿＿＿＿之情。

(2) 艾青《礁石》采用的抒情方式是＿＿＿＿＿＿；毛泽东《沁园春·雪》上片以写景为主，抒发了＿＿＿＿＿＿＿＿的感情，下片评论历史人物，抒发了＿＿＿＿＿＿＿＿＿＿的豪情壮志，这首词的抒情方式是＿＿＿＿＿＿。

(3)"寄意寒星荃不察，我以我血荐轩辕"所表达的感情是＿＿＿＿＿＿＿＿＿＿＿＿＿＿＿＿＿＿＿＿＿＿＿＿＿＿＿＿＿＿。

(4) 文天祥《过零丁洋》中最能表现作者思想感情的诗句是"＿＿＿＿＿＿＿＿＿，＿＿＿＿＿＿＿＿＿"。

2. 下列对《伐檀》一诗思想感情的理解中，**不当**的一项是：

A. 反映了古代劳动人民劳动的艰辛，表达了对劳动人民的同情。

B. 先描绘伐木者劳动的情景，然后用一连串的斥问来表达劳动人民的思想感情。

C. 表达了古代劳动人民强烈的爱憎和勇敢的斗争精神。

D. 辛辣地讽刺了奴隶主阶级不劳而获的生活，表达了对他们的愤恨。

答(　　)

3. 曹操《龟虽寿》中反映作者积极奋发精神的诗句是：

①神龟虽寿，犹有竟时。

②老骥伏枥，志在千里。

③螣蛇乘雾，终为土灰。

④烈士暮年，壮心不已。

A. ①②　　B. ①③　　C. ②④　　D. ③④

答(　　)

4. 杜甫《春望》、《登高》抒发的共同的思想感情是：

A. 都表现了对个人身世的感慨。

B. 都表现了对生活贫困的感慨。

C. 都抒发了忧国伤时的感情。

D. 都抒发了洁身自好的感情。

答（　　）

5. 下列对李白《梦游天姥吟留别》思想感情的理解中，恰当的一项是：

A. 表现了“人生无常”的感伤情绪。

B. 表现了不与权贵同流合污的思想感情。

C. 表现了与东鲁诸公分别时的离愁别恨。

D. 既有“人生无常”的感伤，又有不与权贵同流合污的思想。

答（　　）

6. 初唐诗人宋之问从泷州贬所逃归，途经汉江，临近家乡时写了一首《渡汉江》。诗的前两句是：“岭外音书断，经冬复历春。”请根据诗人当时的心情，从下列选项中选出应接在后面的两句。

A. 近乡情更切，急欲问来人。

B. 近乡情更急，不敢问来人。

C. 近乡情更怯，不敢问来人。

D. 近乡情更浓，急欲问来人。

答（　　）

（三）诗歌的语言

诗歌是富有音乐性的语言艺术，它十分注重节奏和韵律。根据一定的节奏和韵律诵读诗歌，有助于欣赏诗歌优美的意境，理解和领会作者的思想感情，接受诗歌的艺术熏陶。

古典诗歌的节奏与句式密切相关，一般是两字一拍，如遇奇数字，则有一拍是一个字的。四字句是“二二”式，五字句是“二二一”式，七字句是“二二二一”式。古典诗歌划分节拍也要联系语意灵活处理，如“好雨知时节，当春乃发生”宜划为“二一二”式，“念去去千里烟波”宜划为“一二二二”式。新诗的节拍没有固定格式，只要大体整齐和谐就可以了。如：“轻轻的/我/走了，正如我/轻轻的/来；我/轻轻的/招手，作别/西天的/云彩。”至于押韵，律诗、绝句都有固定的位置，是偶句押韵，有的首句也入韵；词则按词牌要求押韵，不同的词牌韵脚的位置和数目也往往不同。由于古今语音的变化，有些押韵字今天读起来不怎么合韵，我们可按今音去读，不必勉强去寻求古音的读法。新诗中的格律诗一般也要求双数诗行的末一个字（韵脚）押大致相同的韵。

语言是一切文学作品的基本材料，诗歌尤其讲究语言的运用，要求既准确又生动,用简洁的语言表达尽可能丰富的内容。如王之涣《登鹳雀楼》"欲穷千里目,更上一层楼",仅十个字就包含了众多的意思。一是写鹳雀楼,这座楼有三层,当时楼有三层的比较少,这是鹳雀楼的一个特点。因为只有身在二层楼上才能有"更上一层楼"的说法。二是诗句富有哲理性,读了这两句诗,人们会联想到很多,研究学问,探讨道理,也跟登楼一样,只有不断地向上登攀,才能打开眼界,取得真知。我国古代诗人十分重视炼字炼句,优秀的古代诗歌中有很多运用贴切语言描摹物态、抒发情怀、形神兼备、境界全出的范例。如王安石《泊船瓜洲》中"春风又绿江南岸"中的"绿"字,据洪迈《容斋续笔》载:王安石先用"到"字,后用"过"字,再用"入"字,又改"满"字,前后改了十余字,才定为"绿"字。这个"绿"字,既含有动态感的"到"、"入"、"过"的意思,又含有范围上的"满"的意思,同时又从色彩上渲染了"绿",充满生机活力,贴切传神,境界全出。现代诗歌中的新诗一反古典诗歌用文言写诗的老规矩,采用白话写诗,但同样讲究语言的准确、精练、传神。《鱼化石》写道:"动作多么活泼,精力多么旺盛,在浪花里跳跃,在大海里浮沉。"这是对被火山爆发或地震灰尘埋住前的鱼的描写。"活泼"、"旺盛"分别写动作和精力,"跳跃"是在浪花里,"浮沉"是在大海上,用准确精练的语言刻画了化石鱼生前那种自由自在的神态。

诗歌的语言跳跃性强,讲究变化,这也是我们鉴赏诗歌时要重视的。

试以 1988 年全国高考试题及解答来说明:

下面是一首对仗工整的古代诗歌,写的是闲适恬静、清幽自然的夏夜情景。分别选出最能表现该诗意境的词。

溪涨清风①面,月②繁星满天。
数只船③浦口,④声笛起山前。

① A. 吹　B. 掠　C. 袭　D. 拂

答(　　)

② A. 落　B. 圆　C. 明　D. 上

答(　　)

③ A. 傍　B. 依　C. 横　D. 到

答(　　)

④ A. 声　B. 有　C. 几　D. 一

答(　　)

本题考查的是对诗歌语言的理解能力。题干里已明确指出写的是"闲适恬静、清幽自然"的夏夜情景,因此所选用的词语应符合这样的意境。①处应选 D,因是清风,不可能"掠"、"袭",用"吹"也破坏了诗歌的意境,用"拂"则给人以愉快、凉爽、心旷神怡的感受;②处应选 A,"繁星满天"应是"月落"以后,用"圆"、"明"、"上"既不符合实际情况,也破坏了诗的意境;③处选 C,"傍"、"依"是靠近的意思,"到"则动态感太强,与"月落繁星满天"的夜景不协调,用"横"表明船早已停泊浦口,又停得很随意;④处应选 D,用"有"不符合对仗要求,用"声"、"几"则显得很杂乱,与"闲适恬静、清幽自然”的意境不符，且“声”也不符合对仗要求，用“一”则既对仗，也与意境相符。掌握了诗歌对语言的要求，题中的选项就不难辨别了。

【练习三】

1. 给下列诗句划分节拍。

(1) 坎坎伐檀兮，置之河之干兮。河水清且涟猗。不稼不穑，胡取禾三百廛兮？不狩不猎，胡瞻尔庭有县貆兮？彼君子兮，不素餐兮。

(2) 众芳摇落独暄妍，占尽风情向小园。疏影横斜水清浅，暗香浮动月黄昏。霜禽欲下先偷眼，粉蝶如知合断魂。幸有微吟可相狎，不须檀板共金尊。

(3) 渭城朝雨浥轻尘，客舍青青柳色新。劝君更进一杯酒，西出阳关无故人。

(4) 看万山红遍，层林尽染；漫江碧透，百舸争流。鹰击长空，鱼翔浅底，万类霜天竞自由。

2. 下列诗句中，节拍划分恰当的一项是：

A. 你们/之中的一个/死了，在日本/占领地的/牢里，他/怀着的/深深仇恨，你们应该/永远地/记忆。

B. 啊！桂林的/山来/漓江的/水——祖国的笑容/这样/美！

C. 在/碧绿的/海水里 吸取/太阳的/精华 你是/彩虹的/化身 璀璨/如一片/朝霞

D. 这是/一沟绝望的/死水，这里/断不是/美的所在。不如让给/丑恶/来开垦，看他/造出个/什么世界。

答(　　)

3. 联系诗歌的意境，选出填入诗歌空缺处的最恰当的一组词语。

回乐峰前沙似________，受降城________月如霜。

不知何处________芦管，一夜征人________望乡。

A. 尘　上　传　全

B. 雪　外　吹　尽

C. 海　边　奏　并

D. 漠　里　响　皆

答(　　)

4. 杜甫《春望》中写道：“烽火连三月，家书抵万金。”如将“烽火连三月”改为“烽火已三月”好不好？为什么？

5. 阅读《山中》，完成后面的练习。

山　中

庭院是一片静，　　　　听市谣 a；

织成一地松影——
看当头月好！
不知今夜山中
是何等光景；
想也有月，有松，
有更深的 b。
我想攀附月色，
化一阵清风，
唤醒群松春醉，
去山中浮动；
吹下一 c 新碧，
掉在你窗前；
轻柔如同叹息——
不 d 你安眠！

(1) 诗中共缺四个词，根据诗的意境，从下列词语中选择恰当的填入空缺处。

a. 围绕、围抱、环绕　b. 静、影、景　c. 片、派、针　d. 惊、破、醒

(2) 这首诗中最能表现全诗意境的一个词是"________"。诗中表达了作者________的思想感情。

(3) 试对这首诗押韵的规律作简要说明。

（四）诗歌鉴赏有关常识

我国诗歌的历史源远流长。《诗经》是我国第一部诗歌总集，其中的诗以四言为主。随着诗歌反映社会生活面的拓宽，战国时代的《楚辞》出现了五字句、六字句。到了汉代，出现了掌管音乐的乐府，乐府搜集的民歌歌词，形成了汉代的乐府诗。乐府诗以五言为主，兼有杂言。汉末还出现了文人创作的五言诗。唐代是我国诗歌发展的高峰时期，唐诗主要体裁有古体诗和近体诗。古体诗分五言古诗和七言古诗，写法较自由，句数和字数无严格限制，除押韵外无平仄和对偶的限制；近体诗有五言律诗、七言律诗、五言绝句、七言绝句等，句数、字数、平仄、对仗、押韵等都有较严格的规定。唐代还出现了一种新的配乐的诗歌形式——词，词又叫诗余、乐府、长短句。词根据字数多少可分为小令（58 字以内）、中调（59—90 字）、长调（91 字以上），根据音乐的阕数可分为一阕（单调）、两阕（双调）和三阕。词有词牌，每个词牌都有规定的字数、句数、韵律。词发展到宋代走向了高峰。金末、元代又出现了一种新的诗歌形式——散曲。散曲有曲牌，每个曲牌也有规定的字数、句数，但散曲允许有衬字，押韵允许四声通协且不换韵，对仗形式也比较多样化。现代诗歌包括新诗和现代人写的旧体诗。新诗思想新，其主流始终跟时代的发展息息相关；新诗形式新，用白话写诗，突破了旧体诗格律的限制，并吸收传统的、外来的经验，创造了许多诗歌样式。

诗歌形式多样。从表达方式来看，有叙事诗、抒情诗、说理诗等；从体裁来看，有旧体诗（包括词、曲）和新诗。新诗有自由诗和格律诗。自由诗写起来比较自由，没有固定的形式要求；新格律诗要求诗行有比较整齐和谐的节拍，双数诗行末一个字押大致相同的韵。

我国诗歌历史悠久，流派纷呈。一般地说，《诗经》、《楚辞》分别代表了我国诗歌

创作的两条光明大道——现实主义和浪漫主义，并对我国后代诗歌产生了巨大影响，后人所说的“风雅”、“风骚”、“比兴”、“寄情于物”、“托物以讽”等都源自《诗经》、《楚辞》。唐代大诗人李白是浪漫主义诗人，李诗清新飘逸，杜甫是现实主义诗人，杜诗沉郁顿挫。盛唐时期还出现了山水田园诗派（如王维、孟浩然等）和边塞诗派（如高适、岑参等）。宋代词人分婉约派（如柳永、李清照）和豪放派（如苏轼、辛弃疾）。了解这些流派各自的风格特点，对我们鉴赏古代诗歌是很有帮助的。

诗歌的表现手法很多。《诗经》的赋、比、兴，《楚辞》的象征、想象、夸张及寄情于景、借景抒情、托物以讽、情景交融、重章叠句等，对后代诗歌的影响很大，这些表现手法使我国诗歌呈现出极高的艺术水平。了解这些表现手法对于我们理解诗歌的内容、体会诗歌的艺术境界、提高鉴赏水平也是很有帮助的。

鉴赏古代诗歌，还应了解古代诗歌中近体诗的格律要求。“平平仄仄平平仄，仄仄平平仄仄平，仄仄平平平仄仄，平平仄仄仄平平”，是七言近体诗的基本格律，五言则删去开头的两个字。一般情况下，近体诗的一、三、五字平仄可不论，二、四、六字平仄须分明，但即使对一、三、五字灵活处理时，也要避免孤平现象。此外，律诗的颔联、颈联是要讲究对仗的，且一联中出句和对句须平仄相对，上一联的对句和下一联的出句须平仄相粘。掌握一点古代诗歌的格律知识有助于我们更好地鉴赏古代诗歌。

试以 1986 年全国高考试题、1991 年上海高考试题及解答来说明：

1. 排列下边四句诗的顺序，把题前的字母填在方格里。

A. 杨柳青青着地垂　　B. 借问行人归不归

C. 杨花漫漫搅天飞　　D. 柳条折尽花飞尽

□→□→□→□

（1986 年全国高考试题）

2. 在下列一首七律（袁枚《江中看月作》）的括号处有一最贴切的句子是：

江风送月海门东，人到江心月正中。
（　　　　　），一船鸡犬欲腾空。
帆如云气吹将灭，灯近银河色不红。
如此宵征信奇绝，三更三点水精宫。

A. 半树佛花香易散　　B. 万里鱼龙争照影

C. 二月郊行最有情　　D. 三千组练挥银刀

答（　　）

（1991 年上海高考试题）

第 1 题的排列顺序应为 A、C、D、B。这首诗是隋无名氏的《送别》，已具备近体诗的特点。近体诗第 3 句不押韵，因此可以确定第 3 句应为 D 句；这首诗的抒情方式是借景抒情，可以确定 B 句是抒情句，应为第 4 句；A、C 两句是写景句，根据 D 句“柳条折尽花飞尽”可以推断，“杨柳”在前，“杨花”在后，全诗顺序就明确了。

第2题的答案应为B。题干中已明确指出这是一首七律，七律的颔联是讲究对仗的，且出句、对句的平仄须相对。根据这点，D项既不对仗，与对句的平仄也不相对，A、C两项平仄虽与对句相对，但不对仗；再根据诗的意境考虑，“万里鱼龙争照影”正是月照江中能看到的景象，是侧面写月，而其他三项则与“江中看月”无关了。综合以上几点，可以确定B项是正确的了。

【练习四】

1. 判断题。

(1)《诗经》共收入春秋战国时期的诗歌305篇。《诗经》的“六艺”指风、雅、颂、赋、比、兴。

答（　　）

(2) 屈原的《离骚》是我国古代最长的一首抒情诗，诗中充分表达了作者的爱国主义精神。

答（　　）

(3)《孔雀东南飞》是我国保存下来的最早的一首长篇叙事诗，它与北朝的《木兰辞》并称“乐府双璧”。

答（　　）

(4) 被称为我国“隐逸诗人之宗”的是唐代王维、孟浩然。

答（　　）

(5) 李白、杜甫被并称为“李杜”，李贺、杜牧并称“小李杜”，元稹、白居易并称“元白”。

答（　　）

(6) 初唐四杰是王勃、杨炯、卢照邻、骆宾王。

答（　　）

(7) 姜夔是南宋著名词人，婉约派代表作家之一，《永遇乐·京口北固亭怀古》是豪放派词人辛弃疾的作品。

答（　　）

(8) 散曲有小令和套数两种形式。小令只用一曲，套数则合若干曲调中的许多曲子为一套。

答（　　）

2. 杜甫“三吏三别”的体裁是：

A. 五言古诗　　B. 七言古诗

C. 五言律诗　　D. 七言排律

答（　　）

3. 下面是顺序混乱的韦应物五律诗《淮上喜会梁州故人》，请按原顺序排列。

A. 浮云一别后　　B. 萧疏鬓已斑

C. 淮上有秋山　　D. 江汉曾为客

E. 相逢每醉还　　F. 何因不归去

G. 欢笑情如旧　　H. 流水十年间

□→□→□→□→□→□→□→□

4.《硕鼠》运用的主要表现手法是：

A. 起兴、重章复唱　　B. 比喻、重章复唱

C. 铺陈、寓情于景　　D. 比兴、情景交融

答（　　）

5.《桂林山水歌》是运用哪一种诗歌形式写的，选出分析正确的一项。

A. 现代自由诗　　B. 古代格律诗

C. 信天游　　D. 骚体诗

答（　　）

6. 选出能作"松排山面千重翠"下联的最恰切的一项。

A. 雪压冬云万里寒　　B. 雨后斜阳万道结

C. 月点波心一颗珠　　D. 霜落平川一片白

答（　　）

【练习五】

1. 对下面这首诗分析不当的一项是：

人间桂花落，夜静春山空。月出惊山鸟，时鸣春涧中。

A. "人间桂花落"即"桂花落人间"，意为月光照亮大地。因在古代传说中，月中有桂，故常用"桂"代月，又"花"、"华"相通，故"桂花"即"月华"。

B. 这首诗运用了衬托的手法，以静衬动，即以"夜静"衬"鸟鸣"。

C. 从诗的风格看，这首诗的作者是山水田园诗人。

D. 这首诗"诗中有画"，诗情画意溢于笔端，表达了作者对春夜月景的欣喜之情。

答（　　）

2. 对下面这首诗分析不当的一项是：

大漠沙如雪，燕山月似钩。何当金络脑，快走踏清秋。

[金络脑]指质地精良、华丽的马笼头。

A. 第一句写白雪覆盖在广阔无边的沙漠上。

B. 第二句写燕山顶上的月牙儿像弯钩一样悬挂在空中。

C. 三、四两句说何时马才能佩上华贵的笼头，让它在清秋的原野上奔驰。

D. 这首诗抒发了诗人渴望建功立业的思想感情。

答（　　）

3. 选出对下面这首诗分析不当的一项。

隐隐飞桥隔野烟，石矶西畔问渔船。桃花尽日随流水，洞在清溪何处边？

A. 这是作者根据《桃花源记》而写的，诗中怀疑桃花源即桃花溪的有无。

B. 诗人通过叙事、写景来抒发感情。

C. 第三句中"尽日"是整天的意思。

D. 从诗意看，末句"边"字可有可无，但因每句七个字，且要押韵，故用了"边"字。

答(　　)

4. 阅读杜甫《迟日江山丽》，完成后面的练习。

迟日江山丽，春风花草香。泥融飞燕子，沙暖睡鸳鸯。

(1) 诗中意象的色调是：

A. 灰暗　　B. 昏黄　　C. 鲜艳　　D. 明丽

答(　　)

(2) 这首诗所写景物反映出的季节是：

A. 初春　　B. 孟春　　C. 暮春　　D. 初夏

答(　　)

(3) 诗中写远景的是______、______两句，写近景的是______、______两句。

(4) 作者在诗中表露的情怀是：

A. 烦闷颓丧　　B. 兴高采烈

C. 安适欢悦　　D. 无所追求

答(　　)

(编写者　黄正瑶)

二　散文鉴赏

(一) 散文的构思技巧

散文篇幅短小精悍，既不凭曲折生动的故事情节引人入胜，又不靠塑造鲜明突出的典型人物打动人心，而是通过某种事情的叙述，某种风物的描写，来抒发某种感情，阐明某种思想，给人以情绪的感染、思想的启迪。

鉴赏散文，首先应体会其构思技巧。散文的构思特点主要表现在：

1. 取材广泛，笔法自由

散文的题材非常宽广，山川景物、风俗人情、花鸟虫鱼、浩劫巨变、生活琐事、知识小品，凡人间百态，世界万端，均可进入散文艺术表现的视角，都是作者能够表现得细致动人的题材。教材中如一个背影、一群蜜蜂、一束灯光、一次晤面、一座水上城市、一幅荷塘月色图、一次雨中泰山行、几片残陶、几次交往、一次惨案、一丝笑意……在鲁迅、巴金、茅盾、冰心、朱自清等名家笔下,都斐然成篇,写成了脍炙人口的一代佳作。散文的思路和结构注重"自由"、"随便",如行云流水,不拘一格。或信手拈来,或游缰纵去;可信笔挥毫,可着意点染;有时"大题小做",有时"小题大做";有的扶疏自若,有的动静得宜。叙事、记人、抒情、说理,无一不可。

2. 线索分明,立意深远

散文贵在"散",然而又忌"散"。我们常说,散文"形散神聚"。从某种意义上说,"形散"是指题材内容上的片断性、广阔性;"神聚"是指主题、立意上的集中性、鲜明性。散文描写种种物象,往往从大处着眼、小处落墨,借以反映时代的侧影,表现高尚的情操,阐述深刻的哲理,提出独到的见解。一句话,从平凡的生活矿藏中挖掘出不平凡的思想瑰宝来。因此,细微事物,平凡经历,点滴感受中,无不蕴蓄着作者高妙的文思和深远的立意,表现出他们的生活情趣和审美体验。

散文的思路和结构,千姿百态,各不相同,看似散而杂,但又是散而不乱,杂而有章的。那些零散的材料通过艺术的辐射,之所以能构成天衣无缝的整体,就是由于作者在构思时确定了一个明确的中心,有一条贯穿全文的线索。散文的线索,可以是某种思想感情,可以是某个人物,也可以是具有深刻含义的风物。一般说,一篇散文中心线索、脉络只有一条,但有些抒情散文则可能有两条:一实一虚,一明一暗。散文的线索或表现在题目上,或表现在文章中;或抽象,或具体;有的显露在外,一眼就可看出,有的潜蕴在内,需要慢慢咀嚼。

试以 1993 年全国高考试题及解答来说明:

青　菜

可爱的青菜,土地美丽的女儿,请用你朴素的光辉照耀我。

你感人的色彩是生命的象征。生动与纯粹,简洁与丰润,这些高贵品质的融汇,于人何等艰难,于你何等自然。我不知道哪一种绿色能像你一样始终放射着家园的温馨。

你紧紧依靠土地,又向天空缓缓伸展自己的身躯,以更好地承接阳光和雨水的恩泽。你的姿态永远是谦卑的,这谦卑决不是出于某种动机的表演,而是与生俱来,并随着成长而逐渐完美的一种精神形态。孩子们任意拔掉狗尾巴草那样高高翘起的尾巴,笑嘻嘻地摘下灯笼,又在凌空悬挂的黄瓜上轻率地刻下伙伴的绰号,但所有的孩子在菜畦间割草的时候,却总是那么小心翼翼。

你的根雄健而沉着,土地的血液从四面八方涌入你的根,然后上升到所有粗粗细细的脉管中,在你的全身汩汩流动,向世界显示着你绿色的活力。

你翩然走过土地的胸膛,顺着阳光的导引来到我的身边。你清澈的目光像泉水洗去我的烦恼和疲倦。我这个自以为高大的人,情不自禁地弯下腰来向你致敬。我的手轻轻抚摸你漾溢青春活力的躯体,渐渐感到自己的灵魂也在长出根来,努力扎入土地内部。我会像你一样既生动又纯粹,既简洁又丰润,既朴素又高贵吗?

啊,可爱的青菜,土地忠诚的女儿,请赐给我你蓬勃的生机和一切的美德!

下面四句名言中,哪两句与《青菜》的旨趣最为接近?

A. 没有美德就没有幸福可言。 ——(法)卢梭

B. 植物的生命要从它的绿叶中显示出来。 ——(意)但丁

C. 观察和经验和谐地应用到生活中就是智慧。 ——(俄)冈察洛夫

D. 清水出芙蓉,天然去雕饰。 ——李白

答(　　)

本题意在考查对散文的主旨和情趣的理解能力。《青菜》这篇文章属抒情散文。文章通过对青菜的形象描绘,赞美青菜蓬勃的生机和崇高的美德。全文看似很散,写了青菜谦卑的姿态,雄健而沉着的根,清澈的目光,还写了孩子拔狗尾巴草,摘灯笼草,在黄瓜上刻伙伴的绰号等等,但散而不乱,散而有序。作者由表及里,从"青菜"的外部色彩和形态写起,极力铺陈青菜绿色生命的活力,进而写它的内在"美德",热情讴歌其自然朴素的品质;此外还运用反衬对比的手法,显现青菜的美好特征。根据作者的这一构思特点,再借助语境,仔细品味文中有关的语句,本文蕴含的旨趣就很明显了。"你感人的色彩是生命的象征"、"我不知道哪一种绿色能像你一样始终放射着家园的温馨"、"你的根雄健而沉着,土地的血液从四面八方涌入你的根,然后上升到所有粗粗细细的脉管中,在你的全身汩汩流动,向世界显示着你绿色的活力"等句的旨趣,与供选答案B句但丁的名言"植物的生命要从它的绿叶中显示出来"最为接近。"可爱的青菜,土地美丽的女儿,请用你朴素的光辉照耀我","你紧紧依靠土地,又向天空缓缓伸展自己的身躯,以更好地承接阳光和雨水的恩泽","你清澈的目光像泉水洗去我的烦恼和疲倦"等句的旨趣,与D句李白的名言"清水出芙蓉,天然去雕饰"最为接近。解答这类题目,一定要对全文的材料和思路从整体上把握,并细细体味关键语句,形成语感。

【练习六】

1. 选择正确答案填在括号内。

(1)《荷塘月色》中有段联想江南采莲风俗的文字,对其作用的理解,正确的一项是:

A. 对古代采莲盛况的向往,对故乡江南的惦念,是想让自己从"颇不宁静"的心情中解脱出来。

B. 作者阅历丰富,用联想充实了作品的内容,读之妙趣横生。

C. 夜晚闲着无事,作者沿着荷塘漫步而浮想联翩,自然而然地回忆起了这段读书生涯中的趣事。

D. 作者触景生情,由眼前的荷塘联想到家乡的荷塘,表现了作者对祖国美好河山的热爱。

答(　　)

(2) 吴伯箫的散文《猎户》在构思布局上很有特点。请根据下面的问题,作出正确的选择。

①《猎户》在文章结构上起承上启下作用的句子是哪些?

A. 深秋的太阳没遮拦地照在身上,煦暖得像阳春三月。

B. 我想:董昆是什么样子呢?可像家乡的尚二叔?

C. 可是不行,我们到冯岗的时候,老人的屋门锁着。

D. “山里人家一夜穷”。

E. “咱们先绕道去望望‘百中’老人吧。”顺路陪我们的林牧场场长仿佛看透了我的心事,就这样自动地建议。

答(　　)

②《猎户》的结尾句起怎样的作用?

A. 总结前文,戛然收笔。

B. 照应前文“满山满谷带霜”,霜后晴朗,秋高气爽,是正常的自然现象。

C. 照应前文的“雨夜”,实写雨过天晴。

D. “天晴了,很好的太阳”,含蓄隐喻“前程光明灿烂”,意味深长,余味无穷。

答(　　)

(3) “青冢在呼和浩特市南20里左右。据说清初墓前尚有石虎两列、石狮一个,还有绿琉璃瓦残片,好像在墓前原来有一个享殿。现在,却只有一个石虎伏在阶台下面陪伴着这位远嫁的姑娘,其他的东西都没有了。”对这段话的理解,正确的一项是:

A. 抒发了对文物遭到破坏的感慨。

B. 抒发了对王昭君的怀念之情。

C. 抒发了对王昭君的深切同情。

D. 只是写实,没有抒发什么感情。

答(　　)

(4) 散文的线索是指贯穿在整个事件发展中的脉络。散文靠线索把各种材料、多种事件联系成一个整体。线索可以事件为线索,可以物为线索,可以感情为线索。对下列作品线索归纳,正确的一项是:

甲　猎户　　乙　记一辆纺车　　丙　土地　　丁　荷塘月色　　戊　荔枝蜜

己　小桔灯　　庚　记念刘和珍君　　辛　为了忘却的记念

A. 甲、丙/乙、丁、庚/戊、己、辛

B. 甲、辛/乙、丙、己/丁、戊、庚

C. 甲、乙/丙、庚、辛/丁、戊、己

D. 甲、丁、庚/乙、丙、戊/己、辛

答(　　)

(5) 散文写景时常常巧妙地插入传说故事和古诗,《天山景物记》中,作者写天然湖的景色时,写了湖水是一位少女的眼泪的传说,其作用是:

A. 给美丽的湖光景色涂上了一层神奇的色彩,使之更加美丽动人,令人向往。

B. 使文章写得含蓄,增浓文学意味,令人越读越爱读。

C. 表明天山少数民族具有悠久的历史,那位少女是今天牧民的祖先。

D. 用讲神话故事的巧妙办法暗中形成一种今昔对比,显出今天牧民的幸福生活。

答(　　)

(6) 对下列句子画线部分写作意图分析有误的一项是:

A. 年青时读向子期《思旧赋》,很怪他为什么只有寥寥几句,刚开头却又煞了尾。然而现在我懂得了。(影射现实,抨击反动政府对革命文艺的残酷镇压,揭露反动统治下的旧中国“禁锢得比罐头还严密”的黑暗)

B. 如果他们失去了这个沃野,就失去了生存的依据,史载“匈奴失阴山之后,过之未尝不哭也”,就是这个原因。(做证据,用以证明阴山山麓的沃野对北方游牧民族具有极为重要的作用,进而说明阴山在古代的战略地位)

C. 圣马克堂是方场的主人,建筑在十一世纪,原是卑赞廷式,以直线为主。十四世纪加上戈昔式的装饰,如尖拱门等;十七世纪又参入文艺复兴时期的装饰,如阑干等。所以庄严华妙,兼而有之;这正是威尼斯人的漂亮劲儿。(威尼斯人漂亮,所以对建筑要求也很高)

D. 辞别场长出山的时候,自己也仿佛不是离开红石崖,倒像在酒店喝足了“透瓶香”提了哨棒,要大踏步迈向景阳冈。(暗引典故,写“我”的感觉,照应上文,并为打虎英雄董昆的出场蓄势)

答(　　)

2. 判断下列说法的正误。

(1) 朱自清的散文善于设置“文眼”。《威尼斯》一文的“文眼”是“威尼斯是一个别致的地方”。《荷塘月色》的文眼是“心里颇不宁静”,行文以游踪为线索,贯串全篇,顺序是先写荷塘,次写荷塘四周,再写月色。

答(　　)

(2)《琐忆》是为纪念鲁迅 80 周年诞辰而写的一篇回忆性散文,“琐”有两种意思:一是表明文章所记,都是一些“小事”;二是表明了作者“以小见大”的选材意图。

答(　　)

(3)《娘子关前》以有关敌我双方情况的见闻与感受为经,以行军的路线为纬,以“还我河山”为统摄全文的中心,把众多材料贯串起来成为一个有机整体。

答(　　)

(4) 徐迟是我国现代著名的诗人和散文家,他的《黄山记》是一篇独具风格的游记文章,它不似一般游记按作者的游踪,记写黄山的风光特色,而是从美学的角度,从诗的意境,从画的色彩着眼,写出黄山壮丽秀美的风光。全文热情奔放,文笔酣畅,大开大合,挥洒自如。

答(　　)

(5)《风景谈》写景与写人结合，在写景过程中进行议论。这些议论都出现在每一幅“风景”画面的末尾，从结构看，议论的作用是把六幅画面串在一起，构成一个总体；从思想内容的表达看，议论的作用是点明中心，突出主题思想。

答(　　)

(6)《秋声赋》以恬淡宁静的心情体会悲凉的秋韵，展开丰富的想象，从对自然事理的感悟，到对人生情境的反思，都别具一格，不落俗套，体现了作者一种超然物外的情怀。

答(　　)

(7)《为了忘却的记念》从回忆作者与烈士们交往和对他们的印象中，选取既能表现人物思想性格，又能表现作者的感情倾向的典型材料。一次见面、一个印象、一本书、一件衣服、一个洋铁碗的记叙，都饱含着作者对烈士们的崇敬、怀念和对敌人的仇恨、憎恶。

答(　　)

3. 根据课文填空。

(1) 1940 年 5 月到 10 月，茅盾在延安生活了近 5 个月，同年 11 月到达重庆后不久就写了“__________”式的散文《风景谈》。他在《回忆[二十七]》中说：“我写了延安的‘风景’，而把政治寓于风景之中。”可见“__________”是这篇作品的“形”，“__________”才是这篇作品的“神”。

(2)《琐忆》中表明作者对鲁迅先生全面、正确的认识，并且用以结构文章的总纲的两句诗是____。

(3)《土地》这篇散文的特点，可概括为__________丰富，__________广泛，________古今，________达意。真可谓上下几千年，纵横数万里，纵情驰骋而又紧扣中心，表现了散文“________________________________”的特点。

(4) 写好散文，必须选好“形”与“神”的结合点，像巴金的《灯》中的“__________”，像黄河浪的《故乡的榕树》中的“榕树”，即是“形”与“神”良好结合的范文；在《时钟》中，“形”与“神”的结合点则是____________________。

(二) 散文的意境创造

所谓“意”，是指作品的思想、感情；所谓“境”，是指具体的事物所组成的画面。作者内在的情，要同外界客观的景相结合才能表现出来，这主观情感与客观风物的交融，便是散文的意境。散文的意境并非只有那些描摹山水抒情性较强的散文才有，在有些写人、记事的散文中，作者将深厚的感情凝于笔端，意象鲜活有力，也有深刻的意境，如朱自清的《背影》等。

我们鉴赏散文，看到画面中的种种景物，绝不要以为是作者印象的罗列、拼凑，而要看成是完整一体地为抒写某种意绪服务的。文中景物的意象、情态、色彩，无不融进了作者特定性的情思，暗含着作者的意趣和诗情，这种命笔含情、物我交融，集形象、哲理为一体的艺术境界，正是作家们所极力追求的。所以，我们必须学会透过景物的表象，捕捉作者的思想感情，把作者对景物的艺术发现，对景物的独特感受，从字里行间挖掘出来。比如，在朱自清的精美散文《荷塘月色》中，作者将哲理性的情思——美永远不会毁灭，个性化的人格——出污泥而不染，特定的情绪——因大革命失败而流露的淡淡哀愁这三者交融在月下荷塘的画面里。在阅读这篇散文时，如果我们把握了这些特点，也就不难理解一个小小的、很平常的荷塘，为什么会在朱自清的笔下，营造成如此清幽美妙、沉郁朦胧的意境了。

试以1988年全国高考试题及解答来说明：

为画线处选择适当的句子，使上下文衔接。

________________崖壁下有几处坟地，坟前立着的石碑许多已经破碎，字迹模糊；枯水季节，伏在江里的石头有的已经露出水面，周围一片寂静。

A. 一列青黛崭削的石壁夹江高矗，被夕阳烘炙成一道五彩的屏障。

B. 没有太阳，天气相当冷，藤萝叶子多已萎落，显得这一带崖壁十分瘦削。

C. 在夕阳的照射下，枯草和落叶闪着不定的光，崖壁像一道巨大的屏，矗立在江对岸。

D. 一行白帆闪着透明的羽翼，从下游上来；山门半掩，一道阳光射在对岸的峭壁上。

答（　　）

本题考查学生对散文意境的理解识别能力。通过对横线后的文字和四个选项体会、分析，寻找选项与全文意境的相似、相融之点，就容易选出正确答案。横线后的文字描绘出了深秋季节的荒凉、破败、萧瑟、寂寥的意境。备选答案A、D所写的均是壮阔、绚丽的场景，意境完全不协调。C中虽然有深秋或冬季才能出现的景物——"枯草和落叶"，但从整体上看，C是写深秋或冬季的崖壁的雄伟、辉煌、壮观的。只有B与横线后的意境协调，情趣一致，应选B。

【练习七】

1. "明明有水流，却听不见水声。仰起头来朝西望，半空挂着一条两尺来宽的白带子，随风摆动，想凑近了看，隔着宽阔的山沟，走不过去。"《雨中登泰山》中这段瀑布的描写的特点是：

A. 华美透逸，发人奇想　　B. 形态飘逸，令人遐思

C. 变幻多姿，耐人寻味　　D. 明丽洁净，引人神往

答（　　）

2. 为文中画线处选填恰当的语句，使这段文字所描绘的意境和谐自然。

早晨，一片通红的阳光，把平静的江水照得像玻璃一样发亮。长江穿过三峡后，

________水天极目处，凝成一种透明的薄雾，一簇一簇船帆，就像一束一束雪白的花朵在蓝天下闪光。

A. 江面突然开阔，天穹顿觉低垂。江水骤然相见，欢腾拥抱，激起云雾迷蒙，波涛沸荡，至此似乎稍微平定。

B. 乌沉沉的云雾突然隐去，峡顶上一道蓝天，浮着几小片金色浮云，一注阳光像闪电一样落在江左边峭壁上。

C. 江面变得非常宁静，就像刚诞生过婴儿的母亲一样安详慈爱。天光水色真是柔和极了。江水像微微拂动的丝绸，两只雪白的海鸥缓缓地向前飞进。

D. 江面陡然下降，波涛汹涌，浪花四溅，当你还没来得及仔细观看，船已像箭一样迅速飞下，巨浪被船头劈开，旋卷着，合在一起，一下又击荡开去。

答（　　）

3. 文后的句子，能使上下文意相通的正确选项是：

海是动的，山是静的。海是活泼的，山是呆板的。昼长人静的时候，天气又热，凝望着青山，一片黑郁郁的连绵不断，如同病牛一般。而海呢，你看她没有一刻静止！

____

A. 潮声先是有点含混，像孩子牙牙学语，待到清晰时，又可辨高与低，颤与滑，无一不清亮而和谐。

B. 它咆哮着，猛烈地向岸边袭击过来，冲进了岩石的罅隙里，又拨刺着岩石的壁垒。

C. 月光下，海面织出了朵朵银色的浪花，美丽地跳动着。

D. 从天边微微粼粼直卷到岸边，触着礁石，更欣然的溅跃了起来，开了灿然万朵的银花。

答（　　）

4. 阅读下面四句话，指出对其分析有误的一项。

①月光如流水一般，静静地泻在这一片叶子和花上。

②吟罢低眉无写处，月光如水照缁衣。

③寒砧万户月如水，塞雁一声霜满天。

④庭下（月光）如积水空明，水中藻、荇交横，盖竹柏影也。

A. 四句话都采用了以水喻月的比喻手法，形象贴切。

B. 四句话中，①句以动写静，表明月光的质感；②③两句话主要从光色冷暖着眼，表明月光的寒凉；④句从亮度着眼，表明月光的清澈透明。

C. 四句话都不是孤立地描写月色，而是用其他事物衬托映照，从而突出作者对美好月色的赞赏之情。

D. 四句话都不是为写月而写月，而是借写月色抒发自己在特定时代中、特定情势下的特定心绪。

答（　　）

5. 下面是散文《绿》里一段,你认为横线上应当填哪一句才与文章的意境相贴切。

这是一个秋季的薄阴的天气。________________,岩面与草丛都从润湿中透出几分油油的绿意。而瀑布也似乎分外的响了。

A. 厚厚的云在我们顶上罩着

B. 层层的云在我们顶上浮着

C. 薄薄的云在我们顶上压着

D. 微微的云在我们顶上流着

答(　　)

6. 从文学鉴赏的角度看,下面的散文在描摹物象、创造意境方面有哪些特色?选出分析不当的一项。

几个朋友伴我游白水漈。

这也是个瀑布;但是太薄了,又太细了。有时闪着些须的白光,等你定睛看去,却又没有——只剩下一片飞烟而已。从前有所谓"雾谷",大概就是这样了。所以如此,全由于岩石中间突然空了一段;水到那里,无可凭依,凌虚飞下,便扯得又薄又细了。当那空处,最是奇迹。白光嬗为飞烟,已是影子;有时却连影子也不见。有时微风过来,用纤手挽着那影子,它便袅袅的形成了一个软弧;但她的手才松,它又像橡皮带儿似的,立刻伏伏贴贴的缩回来了。我所以猜疑,或者另有双不可知的巧手,要将这些影子织成一个幻网。微风想夺她的,她怎么肯呢?

幻网里也许织着诱惑;我的依恋便是个老大的证据。

A. "有时闪着些须的白光"、"白光嬗为飞烟"等描绘,是从亮度的变化上把握瀑布的"又薄又细"的特点,给人一种似有若无,飘忽不定的美感。

B. "微风过来"将影子似的水帘吹成一个"软弧",微风息了,那影子又像皮带儿似的,"伏伏贴贴的缩回来了",这是从动态上捕捉了白水漈的"最奇迹"之处。

C. 作者仿佛感到这并非完全出于自然现象,而是有两位看不见的女子在嬉戏:一位"要将这些影子织成一个幻网",另一位"想夺了她的",这才形成了上述的奇观。

D. 白水漈本身并没有这么一个"幻网",自然界也不存在一双编织"幻网"的巧手,作者用文字描绘出来的这幅图景,是超现实的一种主观想象。

答(　　)

(三) 散文的语言艺术

散文的语言美主要体现在三个方面:

1. 凝练生动,在简洁中寻求传神。无论是记人、状物,还是绘景,都要惜墨如金,并饱含感情,写得有声有色,字字传神。我们在鉴赏时,不仅要体会其运用之妙,不放过那些新鲜独特和丰富多彩的文字,还要学习大师们反复锤炼、严格训练的精神。

2. 自然深刻,在平易中寻求深沉的情韵,创造含蓄美。散文的语言要平易自然,以本色为重,看上去信手拈来,意到笔到,没有任何斧凿的痕迹。对此,刘半农主张“以手写口”、“心手相应”,朱自清提出“谈话风”,都强调散文语言应是作家的思想、感情、气质、文化素养和美学趣味的自然表现。但语言的平易不等于平淡粗俗,在平易自然的语言中,往往蕴含着深沉的、丰富的情韵,体现出作家无可替代的语言个性。我们品味散文的语言,要从那些没有华丽的修饰,却是寻常生活的口语洗练出来的语言中,发掘出深层含义。

3. 音调和谐,从流畅中寻找抒情的节奏,创造音乐美。有人说,一篇散文是一曲流动的音乐,而流畅是散文语言音乐美的基础。散文借助语言本身的音韵与节奏,按一定的规律加以组织,能造成和谐悦耳的艺术效果。

散文的语言美,还表现在灵活地运用叙述、描写、说明、议论、抒情等各种表达方式。有的文章为了表情达意,往往把这几种表达方式巧妙地融为一体。此外,散文中排比、反复等各种修辞手法,也丰富了语言的魅力。

试以1994年北师大二附中高考模拟试题及解答来说明:

温　室

只一步便从寒冬跨到盛夏,温室里的空气拍一掌都会滴下绿的颜色。

黄瓜妞像羞怯的孩童,[甲]着瓜叶的衣角,又想看,又想躲。

辣椒玩着捉迷藏的游戏,[乙]着小灯寻找它的伙伴。

豆角分明正在热恋,明里暗里有多少[丙]不开的情丝。

留连忘返的蜜蜂早不知归期,像个行吟诗人,边走边歌。

朋友,这滴翠吐红的温室,是不是有点和我们相似,在酷严的冬季,心里也有个绿色的王国?

(1) 选择下列词语,分别填在方框里。

拉、拽、牵、托、拿、提、断、扯

甲____　　乙____　　丙____

(2) 本文采用的修辞方法是:

A. 拟人　比喻　排比　反问
B. 夸张　拟人　比喻　反问
C. 比喻　拟人　夸张　借代
D. 夸张　比喻　拟人　排比

答(　　)

《温室》这篇散文的语言有极强的艺术魅力。具体表现在:

(1) 动词运用得准确形象。作者写温室里的黄瓜、辣椒、豆角,抓住事物的特征,形似和神似兼备,活脱脱地勾画出它们的情态。因此,选择词语要根据语境来准确判断。根据语境准确选择词语一般从四个方面入手,一是合情(感情氛围),二是合理(逻辑),三是合法(语法习惯),四是合体(语言风格)。备选词语"理"、"法"、"体"均合,主要应从"情"上考虑取舍。由于备选词语都是描状动作的,选择时应注意它们的不同情致的细微差别以及拟人、比喻等修辞手法的妙用。甲选"牵",含有羞怯的意味;乙选"提",跟小灯切合;丙选"扯",与情丝相连。

(2) 修辞手法的妙用。此题运用了比喻、拟人、排比、反问、夸张五种修辞手法。四个选项中均有比喻、拟人,可以不考虑它的有无。文中写黄瓜、辣椒、豆角、蜜蜂,属于段落排比,末段很明显是反问,这些都不难看出。查遍全文,没有"夸张",因此可以选出正确答案A。

【练习八】

1. 选择题。

(1) 下面是描写"泰山岩岩"的一段话,后边列出四种分析,选出分析正确的一项。

古诗人形容泰山,说"泰山岩岩",注解人告诉你:岩岩,积石貌。的确这样,山顶越发给你这种感觉。有的石头像莲花瓣,有的像大象头,有的像老人,有的像卧虎,有的错落成桥,有的兀立如柱,有的侧身探海,有的怒目相向。有的什么也不像,黑乎乎的,一动不动,堵住你的去路。

A. 作者运用了比喻、拟人、借代、排比等修辞方法,表现了泰山岩石的千姿百态、各具情趣的自然景色。

B. 作者运用了比喻、拟人、引用、排比等修辞方法,表现了泰山岩石的千姿百态,并说明它是登山的拦路虎。

C. 作者运用了引用、比喻、拟人、排比等修辞方法,表现了泰山岩石的千姿百态、各具情趣的自然景色。

D. 作者运用了比喻、拟人、排比、引用等修辞方法,描写岩石的千姿百态,并说明任何困难也阻挡不了人们登山的去路。

答(　　)

(2) 比较《记念刘和珍君》和《为了忘却的记念》两篇散文的语言特色,下列分析不正确的一项是:

A. 前者叙事简洁,议论深刻,抒情强烈;后者以记叙为主,在记叙中倾注了深厚感情,又间或有所议论。

B. 两文均叙事简洁,前者偏重于抒情,后者偏重于议论。

C. 两文都是在黑暗时代写成的,许多地方用了隐晦、曲折的笔法。

D. 语言风格上,前者犀利、激烈、抑扬顿挫,愤激呼唤中显出强烈的反抗精神;后者含蓄深沉、隐晦曲折,悲愤追忆中表现了坚强的斗争意志。

答(　　)

(3)“威尼斯并非没有桥，三百七十八座，有的是。”这句话也可以写成：“威尼斯多的是桥”，或“威尼斯有三百多座桥”。将这三种说法加以比较，选出下面最恰当的一项。

A. 三种说法都好，语言都很朴素自然。

B. 后两种比前者好，前者有些啰嗦。

C. 前者比后两种好，语言朴素自然，更富表现力。

D. 以上分析都不对。

答(　　)

(4) 抒情散文的表达方式是记叙、议论、抒情的有机结合，这种记叙、议论与记叙文、议论文有何异同？下面哪些说法是正确的？

A. 抒情散文和记叙文中的记叙都可以用来叙事、记人、写景、状物；不同之处是抒情散文中的记叙在时间上、空间上可有较大的跨度，既放得开，又收得拢；而记叙文中记叙的事件比较完整，一般具备记叙“六要素”。

B. 抒情散文和议论文的议论，相同之处是都要表明观点；不同之处是前者比较简练，不需要进行充分的论证，后者反之。

C. 抒情散文中的记叙是次要的，它是为议论服务的；记叙文中的记叙是主要的，记叙本身就能说明问题。

D. 议论文中的议论不允许用形象化笔法，而抒情散文中的议论大都是形象化的议论。

答(　　)

2. 下列说法，正确的画“√”，错误的画“×”。

(1)《祭十二郎文》这篇祭文叙事与抒情溶为一体，具有很强的感染力。叙事往往用简短的句子，抒情往往用较长的句子，句式参差错落，随感情变化。

答(　　)

(2)“山上有了小屋，好比一望无际的水面飘过一片风帆，辽阔无边的天空掠过一只飞雁，是单纯的底色上一点灵动的色彩，是山川美景中的一点生气，一点情调。”这句综合运用了明喻、暗喻、博喻与排比等修辞手法。

答(　　)

(3)《黄山记》语言的最大特点是：节奏明快，简洁洗练，善用骈偶，典雅脱俗，词汇丰富，感情色彩强烈。

答(　　)

(4)“两年前的此时，即一九三一年二月七日或八日晨，是我们的五个青年作家同时遇害的时候。当时上海的报章都不敢载这件事，也许是不愿，或不屑载这件事，只在《文艺新闻》上有一点隐约其辞的文章。”这段话中加点词语的意思，“不敢”是慑于反动派的淫威，“不愿”是明哲保身，“不屑”则是认为事情并不严重。三个词语准确地反映了各种报纸的不同态度，“隐约其辞”则是“不敢”、“不愿”、“不屑”的必然结果。

答(　　)

3. 描写静物，常用表示动态的词，把静物写活，显得生机盎然。在横线上填入合适的动词(可供选择的有：踞、处、飘、浮、流、拥、围、拉、扯、透、露)。

这个亭________在突出的一角的岩石上，上下都空空儿的；仿佛一只苍鹰展着翼翅________在天宇中一般。三面都是山，像半个环儿________着；人如在井底了。这是一个秋季的薄阴的天气。微微的云在我们顶上________着；岩面与草丛都从润湿中________出几分油油的绿意。而瀑布也似乎分外的响了。那瀑布从上面冲下，仿佛已被________成大小的几绺……

(朱自清《绿》)

(四) 散文鉴赏有关常识

散文鉴赏的方法通常有两种：一是“涵咏法”，二是“比较法”。前者主张熟读成诵，通过诵读，把主观感受和作品实际统一起来，使情操的陶冶寓于审美享受之中，达到“文若己出”的境界。例如，学习欧阳修的《秋声赋》，朱自清的《荷塘月色》等文章，均可采用“美读”的方式，在初步理解的基础上，反复吟咏，直至背诵，有声有色地把作者的思想感情恰如其分地传达出来。后者侧重理性的评价，在具有一定可比性的两篇或更多作品之间识其同，辨其异，并着眼于同中之异，做出自己的鉴别判断。这就是我们常说的“参读”、“比读”和“议读”。在比较阅读中，学会准确地把握作品的思想内容和艺术形式，学会查阅有关的资料，参读有关的作品，从不同的角度，不同的侧面，认真对照。在具体做法上，有观点的比较，材料的比较，句子的比较，词语的比较，还有结构、表达方式、修辞手法等的比较。通过比较、思辨，从中得出规律性的认识。

试以近年两地方试题及解答来说明：

1. 根据背诵课文的要求，填写有关词语。

________的荷塘上面，弥望的是________的叶子。叶子出水很高，像________的舞女的裙。________的叶子中间，零星地点缀着白花，有________地开着的，有________地打着朵的；正如一粒粒的明珠，又如________里的星星。微风过处，送来________清香，仿佛远处高楼上________的歌声似的。这时候叶子与花也有一丝的________，像闪电般，________传过荷塘的那边去了。叶子本是肩并肩密密地挨着，这便宛然有了一道________的波痕。叶子底下是________的流水，遮住了，不能见一些颜色；而叶子却更见风致了。

这一段文字依次写了荷________、荷________、荷________、荷________。文中应填的词语分别是________、________、________、________、________、________、________、________、________、________、________、________。

(江苏省扬州中学语文试题)

2. 比较阅读下面两篇短文，回答后面的问题。

老　牛

刘半农

秋田岸上,有一只老牛戽水,一连戽了多天。酷热的太阳,直射在它背上,淋淋的汗,把它满身的毛,浸成毡也似的一片。它虽然极疲乏,却还不肯休息。树阴里坐着一只狗,很凉快,很清闲,摇着它的小耳朵,用清脆的声音向牛说:"笨牛!你天天的绕着圈子乱走,何尝向前一步?不要说你走得吃力,我看也厌了!"牛说:"我管不得我自己能不能向前,也管不得你看厌不看厌,只要我车下的水,平稳流动,浸润着我一片可爱的秧田。"狗说:"到秧田成熟了,你早就跑死!"牛说:"这件事,我从来没有功夫想到……"

中国的牛

(香港)小思

对于中国的牛,我有特别的崇敬感情。

……

中国的牛,永远沉默地为人类做着沉重的工作。在大地上,晨光或烈日下,它拖着沉重的犁,低头一步又一步,拖出了身后一列又一列松土,好让人们下种。等到满地金黄或农闲的时候,它可能还得担当搬运重负的工作,或终日绕着石磨,朝同一方向,走不计程的路。

在它沉默劳动中,人便得到应得的收成。

那时候,也许,它可以松一肩重担,站在树下,吃几口嫩草。

……

偶然摇摇尾巴,摆摆耳朵,赶走飞附身上的苍蝇,已经算是它最闲适的生活了。

默默地工作,平心静气,这就是中国的牛。

(1)《老牛》和《中国的牛》在写作方法上,有一个相同点,就是都运用托物言志的手法。《老牛》里的"牛"代表__________,"狗"代表有闲阶层;《中国的牛》里的"牛"代表____________________。稍有不同的是,《中国的牛》直抒胸臆,赞美"中国的牛"的感情溢于言表,而《老牛》则__________。

(2)《老牛》写于1925年,《中国的牛》写于1983年,虽然所处的时代不同,地域不同,环境不同,但两篇文章表现的主题是相同的,这就是:赞美中国的牛____________________的高贵品质和崇高精神(摘录原文词语回答),由此赞美和歌颂______________________________。

(1995年湖北省荆沙市高考模拟试题)

第1题主要考查学生背诵名篇名段的情况。背诵,要在理解的基础上进行,背诵是为了更好的理解。这节文字依次写了荷叶、荷花、荷香、荷波,作者绘形,绘色,绘声,从视觉、嗅觉、感觉等方面描写月色下荷塘的朦胧美。背诵时，抓住表现这些特点的关键词语就不难记忆了。此外，叠字的运用，使行文悠扬婉转，舒徐不迫，形成音韵美。

两则散文的比较阅读题是从内容和手法两方面设计的，在鉴赏时，我们首先要注意，文章写作的对象都是"牛"，写作方法在总体上也是相同的，都运用托物言志的手法。《老牛》里的"牛"代表"劳苦大众"，《中国的牛》里的"牛"代表"中国普通的劳动人民"。稍有不同的是，《老牛》比《中国的牛》"含蓄蕴藉"。其次，两则散文的主旨完全一样，通过赞美中国的牛"默默工作、平心静气"的高贵品质和崇高精神，进而赞美和歌颂"具有这种品质和精神的中国劳动人民"。

【练习九】

1. 下面的句子都摘自要求背诵的课文，完全正确的一项是：

A. 虽然是满月，天上都有一层淡淡的云，所以不能朗照；但我认为这恰是到了好处——酣眠固不可少，小睡也别有风味的。

B. 真的猛士，敢于直面惨淡的人生，敢于正视淋漓的鲜血。这是怎样的幸福者和哀痛者？

C. 嗟夫！草木无情，有时飘零。人为动物，惟物之灵。万事劳其形，百忧感其心。有动于中，必摇其精。而况思其力之所不及，忧其智之所不能？

D. 月光如流水一般，静静地泻在这一片叶子和花上。薄薄的青雾浮起在荷塘里。

答（　　）

2. 下列作家作品的对应中，不正确的一项是：

A.《都江堰》——余秋雨　《秋夜》——鲁迅　《序曲》——韩少华

B.《古战场春晓》——秦牧　《弈人》——贾平凹　《寄小读者》——冰心

C.《五月卅一日急雨中》——叶圣陶　《我的空中楼阁》——李乐薇　《故都的秋》——郁达夫

D.《树林和草原》——屠格涅夫　《孟加拉风光》——泰戈尔　《贝多芬百年祭》——丘吉尔　《悼念乔治·桑》——雨果

答（　　）

3. 下面说法完全正确的一组是：

(1) 刘白羽，我国现代著名作家。他的作品取材广泛，洋溢着强烈的革命激情，语言明快流畅，具有浓厚的抒情色彩。《长江三峡》节选自他的长篇散文《长江三日》。

(2) 朱自清，我国近代著名作家和诗人，他的作品在语言上极具特色。我们读过的《春》、《背影》、《荷塘月色》和《香山红叶》等，都是他不同时期的著名散文。

(3) 吴伯箫，我国现代著名散文家，教育家，《猎户》、《记一辆纺车》、《菜园小记》都选自他的散文集《北极星》。

(4)《故都的秋》是篇写景抒情散文，从清、静和悲凉三个方面落笔，赞美故都的自然风物，抒发了作者向往、眷恋故乡之秋的真情，流露出作者深远的忧思和孤独冷落之感，作者郁达夫与郭沫若、成仿吾等创建了创造社。

(5)《郑伯克段于鄢》这段史实在《春秋》经文上只有一句记载，即"夏五月，郑伯克段于鄢"。这是典型的"春秋笔法"，文辞简净，一字见褒贬。

(6) 柳宗元被贬，胸中充满了苦闷而无可告诉，只好"闷即出游"，"时到幽树好石，暂得一笑"。我们阅读《始得西山宴游记》，要结合作者的这种心境来鉴赏，一方面要体会作者在刻画景物上用笔精妙，一方面要体会作者抒发的"寂寞惆怅、孤标傲世"的情怀。

A. (1) (2) (5) (6)　　　B. (1) (4) (5) (6)

答(　　)

(编写者：蒋念祖)

三　小说鉴赏

(一) 小说的人物形象

塑造人物形象是小说反映社会生活的主要手段。小说的思想倾向主要是通过性格鲜明的人物形象来体现的。同诗歌、散文相比较，小说的一个显著特点就是必须写人，而且要写出栩栩如生的人物形象。因此，要把握小说的思想内容，就应该认真地分析人物的性格特点，以及人物形象所折射出来的社会历史内涵。例如鲁迅的小说《祝福》，就是通过祥林嫂这一受尽迫害，为求生存而不断地挣扎和反抗，最终悲惨地死去的感人形象，强烈地控诉了封建宗法思想和制度对旧中国劳动妇女的残酷迫害。

小说塑造人物形象的手段是多种多样的。它既可以概括地介绍，也可以具体地描绘；既可以描写人物的外貌，也可以刻画人物的心理活动；既可以描写人物的动作、神态和语言，也可以适当插入作者的议论和抒情；既可以正面描写，也可以侧面烘托。在鉴赏作品时要细心地体会。

试以下列试题及解答来说明：

1. 下列说法中，正确的一项是：

A. 华老栓相信人血馒头可以治病，结果儿子小栓还是过早地死去。《药》通过华老栓这一形象的塑造，说明了提高人民文化素质的重要性。

B. 鲁迅写阿Q的性格悲剧，为的是总结辛亥革命的历史教训，并借此"暴露国民的弱点"，以便"改造国民性"。

C.《荷花淀》细腻地刻画以水生嫂为代表的妇女群像,表现农村劳动妇女对丈夫朴素忠贞的感情。

D. 路瓦栽夫人的悲剧形象启示人们:"极细小的一件事可以败坏你,也可以成全你!"

答(　　)

2. 根据下面提示的人物性格特征,写出学过的课文中的女主人公的名字:

(1) 聪慧孤高,蔑视封建利禄,多愁善感。

(2) 具有高超的演唱技艺。

(3) 一位勤劳、善良、坚强的劳动妇女。她在封建宗法、封建礼教无情迫害下悲惨地死去。

(4) 一位在儿子影响下,由一个普通的家庭妇女成为一位革命者的母亲。

(5) 一个追求享受,梦想过豪华生活的小资产阶级妇女。

(6) 勤劳、勇敢、开朗,能正确处理爱丈夫与爱国家的关系,支持丈夫参军,最后自己也投入了抗日武装斗争。

女主人公的名字:(1)__________(2)__________(3)__________(4)__________(5)__________ (6)__________

3. 下面是一些作品对人物衣着的描写,指出哪一组答案是正确的。

(1) 他头上箍着块白头巾,身上是白小布衫深蓝裤,脚上穿着半旧的硬鞋至少也有二斤半重。

(2) 他老是把它(脸)藏在竖起的衣领里。他戴黑眼镜,穿羊毛衫,用棉花堵住耳朵眼。

(3) 身上穿着缕金百蝶穿花大红缎窄裉袄,外罩五彩刻丝石青银鼠褂;下着翡翠撒花洋绉裙。

所描写的人物依次是:

A. (1) 骆驼祥子　(2) 藤野先生　(3) 花仙子

B. (1) 老杨同志　(2) 别里科夫　(3) 林黛玉

C. (1) 老通宝　(2) 奥楚蔑洛夫　(3) 王熙凤

D. 以上三种答案都不对。

答(　　)

第1题答案为B。此题考查学生对小说中的人物所体现的思想意义的理解。解题的关键是记住小说的中心思想。《药》通过华、夏两家的悲剧,控诉了封建制度的罪恶,揭露了封建统治者镇压革命和愚弄人民的反动本质,表现了群众的愚昧和革命者的悲哀。"提高人民文化素质"不是问题的关键所在。《荷花淀》描绘了白洋淀地区人民抗日斗争生活,生动地表现了根据地军民英勇抗日的爱国热忱和革命的乐观主义精神。"表现农村劳动妇女对丈夫朴素忠贞的感情"不是本文写作的目的。《项链》通过路瓦栽夫人的悲剧，批判了小资产阶级的虚荣心和追求享乐的思想。这个悲剧具有深刻的必然性，并非为一件偶然的小事所决定。

第2题：(1) 林黛玉，(2) 王小玉，(3) 祥林嫂，(4) 尼洛夫娜，(5) 玛蒂尔德，(6) 水生嫂。本题考查学生对主要人物形象的理解和记忆。解题关键是要抓住人物的“主要性格”或“基本特征”。要注意的是，“尼洛夫娜”不要写成“巴威尔的母亲”，“玛蒂尔德”不要写成“路瓦栽夫人”。

第3题答案为D。此题考查学生形象记忆的能力。其中(1)写的是老杨同志，朴素的农村干部形象；(2)写的是别里科夫，地地道道的“套中人”；(3)写的是王熙凤，穿戴雍容华贵，显示了她贵妇人的身份。

【练习十】

1. 他是我的本家，比我长一辈，应该称之曰“四叔”，是一个讲理学的老监生。他比先前并没有什么大改变，单是老了些，但也还未留胡子，一见面是寒暄，寒暄之后说我“胖了”，说我“胖了”之后即大骂其新党。但我知道，这并非借题在骂我：因为他所骂的还是康有为。但是，谈话是总不投机的了，于是不多久，我便一个人剩在书房里。

这一段人物描写的作用是(不止一项)：

A. 表明鲁四老爷是一个令人敬畏的长辈。

B. 表现鲁四老爷对晚辈的关心和对新党的仇恨。

C. 表现鲁四老爷冷漠无聊、顽固守旧的思想性格。

D. 表现“我”对四叔的矛盾心情。

E. 为展示小说的人物关系拉开序幕。

答(　　)

2.《林黛玉进贾府》一文写黛玉拜见贾母时这样写道：“贾母因问黛玉念何书。黛玉道：‘只刚念了《四书》。’黛玉又问姊妹们读何书。贾母道：‘读的是什么书，不过是认得两个字，不是睁眼瞎子罢了！”过了一会，黛玉会见宝玉时，却是这样写的：“宝玉便走近黛玉身边坐下，又细细打量一番，因问：‘妹妹可曾读书？’黛玉道：‘不曾读，只上了一年学，些须认得几个字。’”

(1) 贾母的话表达的思想感情是：

A. 不满“姊妹们”读书收效甚微的情况。

B. 暗示“姊妹们”受“混世魔王”宝玉的影响。

C. 谦虚地评价贾府内姑娘们读书的收获。

D. 认为妇女无须读太多的书。

答(　　)

(2) 黛玉第二次关于读书的答话内容有所改变，主要原因是：

A. 初进贾府，寄人篱下而处处小心，说话也得随机应变。

B. 第二次谈话的对象不同，她待人处事善于因人而异。

C. 她禀性高傲自尊,见宝玉问话不恭,所以如此回敬。

D. 她为了协调自己与众姐妹的关系,平等相处,才如此谦逊。

答(　　)

3. 阿Q飘飘然的飞了一通,回到土谷祠,酒已经醒透了。这晚上……他说不出的新鲜而且高兴,烛火像元夜似的闪闪的跳,他的思想也迸跳起来了:

"造反?有趣……来了一阵白盔白甲的革命党,都拿着板刀,铁鞭,炸弹,洋炮,三尖两刃刀,钩镰枪,走过土谷祠,叫道。'阿Q!同去同去!'于是一同去。……

"这时未庄的一伙鸟男女才好笑哩,跪下叫道,'阿Q,饶命!'谁听他!第一个该死的是小D和赵太爷,还有秀才,还有假洋鬼子,……留几条么?王胡本来还可留,但也不要了。……

"东西……直走进去打开箱子来:元宝,洋钱,洋纱衫……秀才娘子的一张宁式床先搬到土谷祠,此外便摆了钱家的桌椅——或者也就用赵家的罢。自己是不动手的了……

"赵司晨的妹子真丑。邹七嫂的女儿过几年再说。假洋鬼子的老婆会和没有辫子的男人睡觉,吓,不是好东西!秀才的老婆是眼胞上有疤的。……吴妈长久不见了……

阿Q没有想得十分停当,已经发出了鼾声,四两蜡还只点去了小半寸,红焰焰的光照着他张开的嘴。

(1) 以上文字反映出阿Q对革命的认识,分析正确的一项是:

A. 阿Q有自发的革命倾向,对革命的性质虽然不太了解,但认识基本正确。

B. 阿Q有强烈的革命要求,并做好了投身革命的思想准备。

C. 阿Q有自发的革命要求,但对革命党、革命对象、革命目的是一无所知的。

D. 阿Q没有什么革命要求,只想报私仇,发横财,讨老婆。

答(　　)

(2) 从写作手法看,这一段文字属于:

A. 心理描写,写革命到来时阿Q的心理活动,表现了他对革命的向往和认识。

B. 对话描写,用典型的对话,表现阿Q向往革命的急切心情。

C. 动作描写,用阿Q投身革命的事实,烘托了辛亥革命的气氛。

D. 环境描写,写出了革命到来时未庄一伙"鸟男女"可笑的情态。

答(　　)

(3) 最后一个自然段在于表现:

A. 阿Q睡觉时的情态

B. 阿Q朦胧的追求

C. 阿Q革命后的幸福

D. 阿Q对革命的满足

答(　　)

4. 老葛朗台从女儿手中夺过她堂兄弟寄存的宝匣子，要从上头撬下一块金板来，他太太晕死过去了。老葛朗台立即说："呕，孩子，咱们别为了一只匣子生气啦。拿去吧！"又对妻子说："没有事啦，咱们讲和啦。"

老葛朗台为什么会这样做呢？选择贴切的答案。

A. 他怕他太太真的死了，因而要付出丧葬费，这同他守财奴的本性是不相容的，只好讲和。

B. 他怕他太太真的死了，女儿要继承母亲的遗产，他就得付出一部分财产。

C. 他怕他太太真的死了，再娶妻子得付很多钱。守财奴的本性使他不愿意，只好讲和。

D. 他怕他的太太病重，因而要多花钱。他问医生："要不要花很多的钱？"就是证明。于是只好讲和。

答(　　)

5.《药》的结尾写夏瑜的母亲上坟，说："你如果真在这里，听到我的话——便教这乌鸦飞上你的坟顶，给我看罢。"这表现了她的什么思想感情？

A. 夏瑜的母亲十分迷信，以为儿子真会显灵。

B. 失去了儿子的母亲希望儿子的灵魂在身边，以求得精神安慰。

C. 当她看到夏瑜坟头的花环时，以为是儿子显灵，叫乌鸦飞上坟顶，是想证实一下自己的想法。

D. 她说："瑜儿，可怜他们坑了你，他们将来总有报应，天都知道……"叫乌鸦飞上坟顶，是想证实一下自己的希望能实现。

答(　　)

6."她以为错看了老父的心，因为他对她多么温柔多么体贴：他来搀了她去用午饭，几小时地望着她，眼睛的神气差不多是很慈祥了；他瞅着女儿，仿佛她是金铸的一般。"他对女儿持这种态度是因为：

A."他对她多么温柔多么体贴"。

B. 他太太死了，只剩下女儿这么个亲人。

C. 女儿是他死后他家的财产继承人。

D. 女儿对母亲的财产有部分继承权而他想获得这部分继承权。

答(　　)

7."神甫把镀金的十字架送到他唇边，给他亲吻基督的圣像，他却作了一个骇人的姿势想把十字架抓在手里……"这是因为：

A. 弥留之际，神志不清。

B. 对宗教怀有狂热。

C. 留恋人生。

D. 对金子过分执著地追求。

答（　　）

8. “我们从墓园回去的时候，露出忧郁和谦虚的脸相；谁也不肯露出快活的感情。”这是由于：

A. 死了人，活着的总是悲痛的。

B. 回忆起和死者相处的日子，不禁如此。

C. 人死了，没有人再作笑料。

D. 专制制度使然。

答（　　）

9. “××××把他的思想也极力藏在一个套子里。”这个套子指的是：

A. 害怕新生事物的守旧思想。

B. 极端利己主义思想。

C. 反动统治阶级的思想、立场。

D. 固定的模式化了的思想方法。

答（　　）

（二）小说的情节结构

情节是小说的基本要素之一，是人物思想性格的发展史，其主要作用是在矛盾冲突中展示人物性格，从而表现主题思想。没有故事情节，人物性格就无法表现；但故事情节又一定要符合人物性格发展的必然性。既有栩栩如生的人物形象，又有娓娓动人的故事情节，二者融为一体，才能构成一篇好的小说。

小说的情节通常包括开端、发展、高潮和结局几个部分，有时前面还有序幕，后面又有尾声。这几部分有机地组织在一起，形成完整的故事情节。如《祝福》这篇小说，以“我”的所见所闻所忆为线索，以旧中国劳动妇女的代表祥林嫂和封建地主阶级的代表鲁四老爷的对立冲突为主要矛盾，组织成完整的故事情节。开头写“我”回到鲁镇，是小说的序幕。接着写“我”听到祥林嫂的死讯，继而通过“我”的回忆，写出祥林嫂大半生的遭遇，包括故事的开端、发展和高潮部分。最后在爆竹声中结束了“我”的回忆，是故事的尾声。

线索是文艺作品中贯穿始终的发展脉络。小说常常以人物性格发展或对情节发展有推动作用的具体事物为线索。小说中一般都有一条或一条以上的线索，但主要线索只有一条。比如《智取生辰纲》有两条线索：一是晁盖等人智取生辰纲，一是杨志押送生辰纲。前者是暗线，后者是明线。两条线索相互映衬，更加显示出吴用等人的智高一筹。

试以下列试题及解答来说明：

1. 下面的说法中，错误的一项是；

A.《项链》的情节是：借项链（开端）——失项链（发展）——赔项链（进一步发展）——还债务（高潮）——发现项链是假的（结局）。

B.《药》的情节是：取药（开端）——吃药（发展）——谈药（高潮）——上坟（结局）。

C.《祝福》的情节是：祥林嫂死去（开端）——祥林嫂初到鲁镇（发展）——祥林嫂再到鲁镇（高潮）——“我”的感受（结局）。

D.《母亲》节选部分的情节是：母亲到车站接传单（开端）——母亲发现敌人后的思想斗争（发展）——母亲散发传单，发表演说（高潮）——母亲被宪兵逮捕（结局）。

答（　　）

2. 下列四组小说中，有一组小说均有明、暗两条线索，请选出这一组。

A.《祝福》、《装在套子里的人》、《夜》、《药》。

B.《林教头风雪山神庙》、《药》、《梁生宝买稻种》、《竞选州长》。

C.《荷花淀》、《社戏》、《药》、《林黛玉进贾府》。

D.《夜》、《药》、《智取生辰纲》、《柏林之围》。

答（　　）

第1题答案为C。解答这道题，首先应了解情节及其组成部分。情节是人物性格发展的历史过程，它包括开端、发展、高潮、结局等四个部分（有的作品还有序幕），其间表现出事件的因果联系。其次应熟悉故事的梗概。《祝福》这篇小说的情节的四个部分之间具有因果联系。为了突出悲剧性的结局，小说在描绘了鲁镇年底祝福的景象（序幕）后，运用倒叙手法，写了祥林嫂死去的情景，但这仍是故事的结局，而不是故事的开端。

第2题答案为D。在《夜》中，明线写母亲，暗线写女儿女婿；在《药》中，明线写华老栓夫妇买药为儿子治病，暗线写夏瑜的英勇就义；在《智取生辰纲》中，明线写杨志的精明的防范行动，暗线写吴用“智取”的计谋；在《柏林之围》中，明线写“柏林之围”，暗线写“巴黎之围”。

【练习十一】

1.《药》的结构特点是（不止一项）：

A. 小说的开端、发展、高潮、结局分别和刑场、茶馆、坟地等场景有机地结合在一起。

B. 以华家的悲剧为明线，以夏家的悲剧为暗线，两条线索连结在一起。

C. 作品开头是从侧面写夏瑜被害，到第三部分才从茶客的闲谈中点出他的革命者的身份。

D. 作者在故事中启示人们：只有发动群众，革命才能胜利，中国才能得救。

答（　　）

2.《项链》在情节安排上的特点是（不止一项）：

A. 小说的主要矛盾是路瓦栽夫人和她丈夫的矛盾，故事情节由此展开。

B. 小说的线索是“项链”。作者按照借项链、丢项链和赔项链等环节来安排情节结构。

C. 在舞会上出足风头回家后，路瓦栽夫人突然发现项链丢失，从感情的沸点突然降到冰点。这是故事的高潮。

D. 点出十年辛苦赔偿的原来只是一串假项链之后，小说戛然而止，太出人意料了，情节显得不完整。

答（　　）

3. 填空题。

(1)《社戏》、《一件小事》、《故乡》、《孔乙己》和《祝福》这五篇小说中，“我”这个人物反复出现，其思想性格各不相同。下面几个“我”的形象分别属于鲁迅的哪篇作品？将人物的字母代号填入表格中相应的空栏内。

A. “我”对封建礼教及其维护者极其憎恶，对残酷的现实强烈不满，对受害者深怀同情而又无能为力。

B. “我”仰慕劳动人民的优秀品质，严于解剖自己。

C. “我”少时热爱农村和农村的劳动人民，厌恶封建教育，向往自由的生活。

D. “我”为人老实忠厚，不善于应酬，更不长于欺诈。

E. “我”同情劳动人民的疾苦，憎恨旧社会，渴望推翻旧制度，创造新生活。

《社戏》	《一件小事》	《故乡》	《孔乙己》	《祝福》

(2)“我”这个人物形象在上述五篇作品中的地位和作用，属于哪一种类型？将人物的字母代号填入表格中相应的空栏内。

A. 是作品中的主要人物，起着体现主题思想的作用。

B. 是作品中的次要人物，起着串连情节的作用，作为人物命运的见证人。

C. 既能起串连情节的作用，作为人物命运的见证人，又对主题思想的表达起一定作用。

《社戏》	《一件小事》	《故乡》	《孔乙己》	《祝福》

（三）小说的环境描写

环境描写是小说的有机组成部分。人物总是在一定的环境中活动的，因此小说中就不能不描写环境。所谓环境，包括社会环境和自然环境。不论是社会环境或自然环境，都不是可有可无的装饰品，而是与人物的思想和行动密切相关的。

社会环境的描写，往往交代出作品的时代背景，并为人物的典型性格提供赖以存在的基础。如《祝福》中祥林嫂所处的鲁镇，那虚伪透顶的鲁四老爷家，敬神信鬼的迷信习俗，冷漠的世态人情和不合理的婚姻制度，成为辛亥革命后中国社会的一个缩影。正是在这样的社会环境中，才产生了祥林嫂这样的人物并造成了她的悲剧命运。

自然环境，主要包括人物活动的季节、气候以及场景等。自然环境的描写，一般起着交代人物活动环境，渲染气氛和烘托人物心情的作用。如《荷花淀》开头的景物描写，不但点明了故事发生的时间、地点，展现了荷花淀的地方风貌，更烘托出水生嫂美好的感情和心灵。

试以下列试题及解答来说明：

1. 对下列景物描写分析不正确的一项是：

秋天的后半夜，月亮下去了，太阳还没有出，只剩下一片乌蓝的天；除了夜游的东西，什么都睡着。

A. 勾画出黎明前最黑暗时的主要特征：阴冷、凄清，还有几分恐怖，暗示了时代的特征。

B. 渲染了夏瑜就义前沉寂而肃杀的气氛。

C. 景物单调阴暗，与华老栓爽快而充满希望的心情，形成十分鲜明的对照。

D. 写出了黎明前的黑暗和宁静，衬托老栓内心的悲凉和不平静。

答（　　）

2. 阅读下列文字，回答后面的问题。

……又行了半日，忽见街北蹲着两个大石狮子，三间兽头大门，门前列坐着十来个华冠丽服之人。正门却不开，只有东西两角有人出入。正门之上有一匾，匾上大书“敕造宁国府”五个大字。

……进入堂屋中，抬头迎面先看见一个赤金九龙青地大匾，匾上写着斗大的三个字，是“荣禧堂”，后有一行小字“某年月日，书赐荣国公贾源”，又有“万几宸翰之宝”。大紫檀雕螭案上，设着三尺来高青绿古铜鼎，悬着待漏随朝墨龙大画，一边是金蜼彝，一边是玻璃盒。地下两溜十六张楠木交椅，又有一副对联，乃乌木联牌，镶着錾银的字迹，道是：

座上珠玑昭日月，堂前黼黻焕烟霞。

下面一行小字，道是：“同乡世教弟勋袭东安郡王穆莳拜手书。”

（1）以上四段文字反映了：

A. 贾府家族的庄严肃穆和奢侈豪华

B. 名门大族的穷奢极欲和高雅华贵

C. 贾府的荣华富贵及其来源

D. 豪门望族的阔绰排场和糜烂生活

答（ ）

（2）对以上描写分析正确的有哪几项？

A. 写宁国府用粗笔勾勒，写荣国府则是浓墨重彩，详写略写结合。

B. 写宁国府着眼于外部，写荣国府着眼于内部，内外参照，相互补充。

C. 写宁国府和荣国府，都抓住最能显示其家族的政治地位和生活地位的景物进行描写。

D. 写宁国府和荣国府，都是通过林黛玉的观察来描写，显得真实而自然。

答（ ）

第1题答案为D。解答这类题，一要了解景物描写一般说来有哪些作用，二要了解这段景物描写在小说中处在哪一部分，了解这篇小说的情节、人物和主题。这一段选自小说《药》开头部分，这一部分写华老栓准备去刑场，买人血馒头，给儿子小栓治病。从文中其他方面的描写可以看出，他这时的心情的确“爽快”而“充满希望”。所以C的说法是正确的，D对景物特点的概括是正确的，但是说华老栓的心情“悲凉和不平静”则与当时情境不合，且和C矛盾，所以不对。这一段通过自然景物描写反映了时代的特征，景物的特点概括为“阴暗、凄清，还有几分恐怖”，也是准确的。所以A的说法也是正确的。其时正是夏瑜就义之前，所以B的说法也正确。

第2题，（1）答案为C。环境描写不仅为表现人物、展开情节服务，本身也可直接表现主题。这两段景物描写，通过黛玉的观察，把前一回中贾雨村和冷子兴所说的贾府“峥嵘轩峻”、“气象不同”具体化了，它不仅交待了《红楼梦》人物活动的典型环境，而且表现了贾府的社会地位、荣华富贵及其来源。宁、荣二府都是奉皇帝之命“敕造”，荣禧堂的匾额又是皇帝御笔书赐；室内陈设的物品（如“待漏随朝墨龙大画”）显示了对君王的忠诚与尊敬；来往宾客也都是“座上珠玑昭日月，堂前黼黻焕烟霞”的豪门贵族。所以C的说法正确，A、B、D均未抓住要点。

（2）答案为A、B、C、D。将所提供的材料略加比较，可见A、B的说法是正确的。写荣禧堂，反映了贾政是个恪守君臣大义的封建官僚；写宁国府，“十来个华冠丽服之人”、“正门却不开，只有东西两角有人出入”可见贾赦生活上的奢华，而在贾府的地位则不如贾政，所以C的说法正确。如（1）中已说的，D的说法也正确。

【练习十二】

1. 对下列景物描写，分析不正确的一项是：

太阳也出来了；在他面前，显出一条大道，直到他家中，后面也照见丁字街头破匾上“古□亭口”这四个黯淡的金字。

A. 表现华老栓拿到人血馒头后的兴奋心情，对治愈华小栓的病充满了希望。

B. 暗示清末资产阶级民主主义革命家秋瑾就义的地方。

C. 暗示劳动人民的“黯淡”前途。

D. 交代时间。

答（　　）

2. 下列各句都涉及了人物生活的典型环境，把有错误的一句挑出来。

A. 鲁四老爷生活在清末时代，家里有钱，在政治上反对清末的变法维新，在思想上完全接受了封建宗法思想，因而成了迫害祥林嫂的主要凶手。

B. 林冲生活在宋朝，当时贪官污吏横行霸道，迫使农民举行起义，但是林冲开始却并没有站在农民一边，直到被逼无奈才上了梁山。

C. 周瑜生活在三国时期的吴国，深受孙权的信任，又很有才华，成了三军统帅，在同曹操的对抗中，利用曹操、蒋干急于求胜的心理使曹操中了计。

D. 贾宝玉生活在封建贵族家庭，受的是封建教育，但由于是贾府核心人物王夫人的唯一儿子，又受老祖宗疼爱，因而养成了蔑视世俗、不愿受封建思想束缚的性格。

答（　　）

3. 阅读下列文字，回答后面的问题。

微风早经停息了；枯草支支直立，有如铜丝。一丝发抖的声音，在空中愈颤愈细，细到没有，周围便都是死一般静。两人站在枯草丛里，仰面看那乌鸦；那乌鸦也在笔直的树枝间，缩着头，铁铸一般站着。

(1) 这一段景物描写所渲染的气氛可用哪一个字概括？

A. 静　　B. 悲　　C. 凉　　D. 冷

答（　　）

(2) 作者是如何展开描写的？把分析最恰当的一组选出来。

a. 先写微风和枯草，从侧面烘托。

b. 先写微风和枯草，从正面描写。

c. 再用心理上的感觉“一丝发抖的声音”作反衬。

d. 再用确实存在的“一丝发抖的声音”作反衬。

e. 最后写乌鸦“铁铸一般站着”，以“静止”单调的画面作烘托。

f. 最后写乌鸦这一有生命的东西，侧面反衬无生命的微风、枯草。

A. a d f　　B. b d f　　C. b c f　　D. a c e

答（　　）

(3) 这一段景物描写的作用是：

A. 制造一种悲凉的氛围，加强小说的悲剧感。

B. 表现夏瑜母亲迫切期待乌鸦飞上坟顶以释心头之疑的心情。她越希望乌鸦动，越感到周围静得难堪。

C. 表现华大妈感到的一种"不足和空虚"的心情，心里越空虚便越是感到悲凉。

D. 通过景物描写，交代故事结束时的环境气氛。

答（　　）

4. 下面是《荷花淀》中的一段，后面列出的四种分析中，哪一种更确切地反映作者的写作意图和表现方法？

她们奔着那不知有几亩大小的荷花淀去，那一望无边挤得密密层层的大荷叶迎着阳光舒展开，就像铜墙铁壁一样。粉色荷花高高地挺出来，是监视白洋淀的哨兵吧。

A. 这段用了三个比喻，描写了荷花淀的优美景色，同时也烘托出水生嫂她们紧张而镇定的心情。

B. 这段用明喻和暗喻，不仅描写了荷花淀的优美景色，还写出了当时的战争氛围，并且富有象征意义。

C. 这段用明喻和借代，把紧张的战争情景融合在景色之中，充满了诗情画意，并为下文情节的开展作了铺垫。

D. 这段用明喻和暗喻，从另一个角度描写了荷花淀的优美景色，使作品充满了诗情画意。

答（　　）

（四）小说鉴赏有关常识

高考语文科说明明确指出："了解重要作家作品及文学体裁"。具体地可理解为，要了解中学课本上出现过的，在文学史上有一定地位、有代表性的作家及其作品。这些作家其他一些重要作品，如课本上提到的叶圣陶的《倪焕之》、巴金的《家》、《春》、《秋》和课本上没有出现过的，但历来都颇受重视的古代及现当代作家作品，如1994年全国高考试卷上出现的李汝珍的《镜花缘》，也应了解。

小说的文体知识中，一个重要内容是小说的分类。按篇幅长短和内容广狭，小说通常分为长篇、中篇和短篇。短篇小说容量小、篇幅短，情节简单，人物较少。它一般截取具有典型意义的生活片断加以描写，如都德的《最后一课》。长篇小说容量大、篇幅长，它能表现某一个特定历史时期的社会生活全貌，也能叙述复杂的故事情节，描绘多种多样的典型性格；可以叙述某些人物一生的事迹，也可以叙述几代人的生活经历。中篇小说介于长篇和短篇之间，它所描绘的社会生活比短篇复杂、广泛，人物也较多，但比长篇却要简单得多。

试以下列试题及解答来说明：

1. 下面作品、作家、国别（或朝代）对应全部正确的一项是：

A. 《西游记》——吴承恩——明代

　《神曲》——但丁——德国

B.《镜花缘》——李汝珍——明代

《汤姆索亚历险记》——马克·吐温——美国

C.《西厢记》——王实甫——元代

《唐璜》——拜伦——英国

D.《桃花扇》——孔尚任——清代

《红与黑》——莫泊桑——法国

答（　　）

2. 根据文学常识，选出不同于其他三项的一项。

(1) A. 莫泊桑　B. 都德　C. 莎士比亚　D. 巴尔扎克

答（　　）

(2) A.《聊斋志异》　B.《三国演义》

C.《西游记》　D.《水浒传》

答（　　）

第1题答案为C。本题考查学生的文学常识记忆能力。A中的但丁是意大利文艺复兴运动的先驱，B中李汝珍生活在清代鸦片战争前，D中《红与黑》的作者应是司汤达，因此正确答案是C。

第2题，(1)答案为C。莎士比亚是英国人，戏剧作家；其余三个都是法国人，小说家。

(2) 答案为A。《聊斋志异》是文言短篇小说集。其余均为长篇小说。

【练习十三】

1. 下列作品、作家头衔、国别(或朝代)对应全部正确的一项是：

A.《诗品》——刘勰(文学理论家)——南朝

《解放了的普罗米修斯》——雪莱(浪漫主义诗人)——英国

B.《世说新语》——刘义庆(笔记小说作家)——南朝

《巴黎圣母院》——雨果(浪漫主义作家)——法国

C.《围城》——钱钟书(小说家)——台湾

《吉檀迦利》——泰戈尔(诗人)——印度

D.《西厢记》——王实甫(杂剧作家)——元代

《青年近卫军》——法捷耶夫(小说家)——俄国

答（　　）

2. 根据文学常识，选出不同于其他三项的一项。

(1) A.《项链》　B.《穷人的专利权》　C.《战争与和平》　D.《最后一课》

答（　　）

(2) A. 周立波　B. 孙犁　C. 赵树理　D. 李季

答（　　）

(3) A. 果戈理 B. 高尔基 C. 契诃夫 D. 列·托尔斯泰

答( )

(4) A. 鲁四老爷 B. 鲁贵 C. 鲁彦 D. 鲁达

答( )

(5) A.《孔乙己》 B.《阿Q正传》 C.《夜》 D.《包身工》

答( )

(6) A.《春蚕》 B.《红岩》 C.《暴风骤雨》 D.《骆驼祥子》

答( )

(7) A.《药》 B.《狂人日记》 C.《明天》 D.《祝福》

答( )

(8) A.《灌园叟晚逢仙女》 B.《柳毅传》 C.《智取生辰纲》 D.《错斩崔宁》

答( )

3. 下列各题都有供选择的四项答案,选出每题正确的一项。

(1)《变色龙》的作者的国籍是:

A. 德国 B. 英国 C. 俄国 D. 法国

答( )

(2) 以乞乞科夫为主人公的长篇小说是:

A.《欧也尼·葛朗台》 B.《死魂灵》

C.《母亲》 D.《泼留希金》

答( )

(3) 鲁迅的三部短篇小说集是:

A.《彷徨》、《呐喊》、《野草》 B.《呐喊》、《彷徨》、《故事新编》

C.《呐喊》、《野草》、《朝花夕拾》

答( )

(4) 我国最著名的四部古典长篇小说是:

A.《三国演义》、《封神演义》、《三侠五义》、《荡寇志》

B.《三国演义》、《水浒传》、《西游记》、《红楼梦》

C.《三国演义》、《水浒传》、《石头记》、《红楼梦》

D.《三国演义》、《官场现形记》、《老残游记》、《红楼梦》

答( )

(5) 下列四位作家中,被称为短篇小说大师的是:

A. 茅盾 B. 巴尔扎克 C. 莫泊桑 D. 施耐庵

答( )

(6) 拥有90多部被称为“人间喜剧”的作品的作家是:

A. 莎士比亚 B. 巴尔扎克

C. 列·托尔斯泰　　　　　　　　　D. 契诃夫

答(　　)

(7) 全是俄国批判现实主义作家的一组是：

A. 契诃夫　高尔基　奥斯特洛夫斯基　列·托尔斯泰　普希金

B. 普希金　法捷耶夫　屠格涅夫　阿·托尔斯泰　果戈理

C. 契诃夫　普希金　屠格涅夫　列·托尔斯泰　果戈理

D. 高尔基　奥斯特洛夫斯基　阿·托尔斯泰　列·托尔斯泰　法捷耶夫

答(　　)

4. 鲁迅将自己的第一部小说集定名为《呐喊》的原因是：

A. 为抒发自己心中的寂寞悲哀，也为勇敢的革命前驱者助威而发出的激昂的呼喊。

B. 为唤醒麻木沉睡的人们，也为勇敢的革命前驱者助威而发出的战斗呼喊。

C. 为勇敢的革命前驱者助威而发出的战斗呼喊。

D. 为抒发自己心中的悲哀而发出的呼喊。

答(　　)

(编写者　高　潮)

四　戏剧鉴赏

(一) 戏剧的冲突

戏剧冲突是戏剧的灵魂，没有冲突就没有戏剧。牢牢把握戏剧冲突，是鉴赏戏剧的关键。

所谓"冲突"，是矛盾斗争的一种表现形式。生活中的矛盾往往没有激化成冲突就转化了，而戏剧冲突是剧作家在生活矛盾的基础上经过艺术加工而成的，它尖锐激烈、高度集中、推进紧张、曲折多变。剧作家通过戏剧冲突来细致地刻画人物，深刻地表现主题，并造成强烈的戏剧效果。

戏剧冲突主要有三种形态：一是人与人的冲突。如《雷雨》中不同的人物怀着不同的目的和动机出现，交织成错综复杂的戏剧冲突；又如《茶馆》中许多性格各异的人物，由于对事物的态度、对理想的追求和采取的手段各不相同，他们在相互撞击中造成了戏剧冲突。二是人物内心的冲突。如《西厢记》"长亭送别"中，崔莺莺唱出对往日相思的回忆和今日离别的愁苦，展示了她的内心冲突：张生此去若不得官，他们就不能结合；若得官，又怕张生成了当权者择婿的对象。三是人物与环境的冲突。如

《牡丹亭》"游园"中,美好的自然景色使杜丽娘惊喜万分,情思绵邈,萌发了对爱情的追求,但这是为现实环境所不允许的,因而构成戏剧冲突。

戏剧冲突又主要表现为一系列的戏剧动作。戏剧动作包括"心动"(想)、"口动"(说)、"身动"(做),三者紧密联系在一起构成戏剧动作,展示人物性格,推动情节发展。

在阅读鉴赏中,要注意剧本中写了哪些冲突,谁同谁冲突,哪个冲突是主要的。在此基础上,分析冲突的性质,研究冲突是怎样造成的,怎样通过冲突刻画人物性格,反映社会生活,并认真研究戏剧冲突的技巧,等等。

试以下列试题及解答来说明:

1. 运用提供的材料,填写课文《雷雨》的戏剧冲突简表(只填写序号)。

材料:①主仆 ②软硬兼施,破坏罢工 ③爱情 ④阶级 ⑤谈判,斗争,言词揭露 ⑥坚定、勇敢 ⑦伪装温情,金钱软化,冷酷 ⑧被侮辱被损害者的自尊、刚强 ⑨从社会斗争的角度揭露了周朴园的阶级本性 ⑩劳资 ⑪愤怒控诉,轻蔑鄙视 ⑫虚伪、自私、残忍 ⑬血缘 ⑭从私生活领域揭露了周朴园的阶级本性 ⑮父子

冲突的双方	关系与性质	冲突的内容	人物性格	作用
A. 周朴园 B. 鲁侍萍			A. B.	
A. 周朴园 C. 鲁大海			A. 同上 C.	
D. 周 萍 C. 鲁大海	兄弟·劳资 血缘·阶级	庇护周朴园与 揭露周朴园	D. 凶恶 C. 同上	揭示了周萍仗势 欺人的恶少嘴脸

2. 阅读下面的文字,回答后面的问题。

屈原 啊!电!你①这宇宙中最犀利的剑a呀!我的长剑是被人拔去了,但是你②,你③能拔去我有形的长剑b,你④不能拔去我无形的长剑c呀。电,你⑤这宇宙中的剑,也正是,我心中的剑d。你⑥劈吧,劈吧,劈吧!把这比铁还坚固的黑暗,劈开,劈开!劈开!虽然你⑦劈它如劈水一样,你⑧抽掉了,它又合拢了来,但至少你⑨能使那光明得到暂时间的一瞬的显现。哦,那多么灿烂的,多么眩目的光明呀!

(1) 文中九个"你"字,其中指代冲突的另一方——罪恶的黑暗势力的是:

A. ①②③ B. ②③④ C. ⑤⑥⑦ D. ⑦⑧⑨

答( )

(2) 文中画浪线的四个短语,所指内容不同,理解正确的一项是:

A. a佩剑 b闪电 c信念 d光明

B. a闪电 b佩剑 c信念 d光明

C. a信念 b佩剑 c光明 d闪电

D. a闪电　　b信念　　c佩剑　　d光明

答(　　)

第1题带有全面复习课文的性质，回答此题需要有相应的记忆能力、辨析能力和独立判断能力。应当具体研究人物的戏剧动作，避免只复述课堂上获得的抽象概念。答案依次(先上后下，自左而右)是：①③④/⑦⑪/A. ⑫　B. ⑧/⑭⑮⑫⑩④/②⑤/C. ⑥/⑨。

第2题的(1)应选B，(2)也应选B。回答此题要把握全剧的主要冲突，以郑袖为代表的罪恶的黑暗势力是一方，以屈原为代表的正义力量是一方；同时要注意特定情境，此时，屈原已被剥夺了报效祖国的权力，被关进东皇太一庙，值此风雨之夜，倾泻胸中的积愤，企求摧毁黑暗势力。

【练习十四】

1. “我窦娥向哥哥行有句言。(刽子云)你有甚么话说？(正旦唱)前街里去心怀恨，后街里去死无冤。休推辞路远。”窦娥这里的戏剧动作所起的作用，有下面几种说法，选出有错的一项。

A. 推动了剧情的发展。

B. 行文上有过渡作用。

C. 表现窦娥善良的品行。

D. 表现窦娥的反抗精神。

答(　　)

2. 从剧本“楔子”起，窦娥就开始了她悲惨命运的历史，3岁亡母，7岁当童养媳，17岁成了寡妇，20岁竟遭诬杀！作者的诸般刻画，都是为了把她的不幸遭遇推向极端，[ ]，笔墨朝着一个方向写去，越写越悲，当人们被悲剧的沉重气氛压得喘不过气来的时候，作者让她陡然唱出“三桩誓愿”，愤怒冤屈之情一泄无余，高潮立现。

(1) 从下面诗句中选出一句填入括号[ ]，使上下文贯通起来。

A. 山雨欲来风满楼

B. 万木无声待雨来

C. 群山万壑赴荆门

D. 大弦嘈嘈如急雨

答(　　)

(2) 用12字概括窦娥的戏剧动作“三桩誓愿”：__________　__________　__________。

3. **周朴园**　(从衣内取出支票，签好)很好，这是一张五千块钱的支票，你可以先拿去用。算是弥补我一点罪过。侍萍接过支票，把它撕了。

对鲁侍萍“撕”的这一戏剧动作，理解错误的一项是：

A. 侍萍对金钱蔑视。

B. 侍萍认为这笔钱不足以弥补周朴园的罪过。

C. 侍萍决意与周朴园彻底决裂。

D. 侍萍对周朴园的人格鄙视。

答（　　）

4. 下面是京剧《打渔杀家》中的一段，阅读后回答问题。

（桂英上）

桂　英　（唱西皮快三眼）

老爹爹到县衙前去出首，

（内打板子声，喊“一十”）

倒叫我桂英儿挂在心头；

（内打声，喊“二十”）

将身儿坐至在草堂等候，

（内打声，喊“三十”）

等候了爹爹回细问情由。

（幕后打声，喊“四十”，“连夜过府赔礼，轰下堂去！”）

（萧恩上）

萧　恩　好贼子！

（唱西皮散板）

可恨那吕子秋为官不正！

仗势力欺压我贫穷的良民！

上公堂他那里一言不问，

责打我四十板就赶出了头门。

无奈何咬牙关忙往家奔——

桂英儿与为父快来开门！

桂　英　（开门，搀扶萧恩）爹爹为何这等模样？

萧　恩　哎呀儿啊！为父上得公堂，那赃官一言不问，就将为父重责了四十！

桂　英　好贼子！

（唱散板）

骂一声贼子真可恨，

欺压爹爹为何情？

爹爹你受屈了！（哭）

萧　恩　这还不算受屈呀！

桂　英　啊，怎样才算受屈呢？

萧　恩　那赃官言道，叫为父连夜过江与那贼（丁员外——编者注）前去赔礼，那才算受屈呢。

桂　英　爹爹你是去也不去?

萧　恩　哎——呀!说甚么去与不去?为父恨不得今晚肋生双翅,飞过江去,我要杀……

桂　英　禁声!

(1) 这场戏直接的冲突是________与________的冲突,间接的冲突是________与________的冲突,这两个戏剧冲突实质上是________和________的冲突。

(2) 这场戏,剧情的高潮顶点在:

A. **萧　恩**　好贼子!

B. **桂　英**　好贼子!

C. **萧　恩**　……我要杀……

D. **桂　英**　禁声!

答(　　)

(3) 这场戏将剧情推向高潮的两个主要戏剧动作是________和________。

(4) 桂英上场后的一段幕后戏叫"暗场戏",若将这场公堂幕后戏改为"明场戏"搬到前台来表演,你认为好不好?

(二) 戏剧的语言

戏剧语言是戏剧的基础,无论舞台说明、过场连接,还是展示冲突、刻画人物,都离不开戏剧语言。理解戏剧语言在剧作中的作用,对于鉴赏戏剧至关重要。

戏剧语言包括人物语言(台词)和舞台说明。剧本中的叙述性文字,说明人物的形象特征、心理状态以及场景气氛、舞台效果等内容,属舞台说明,又叫舞台指示。戏曲中的"科介"也属此类。但在戏剧文学中重要的是人物语言,台词担负着剧作的主要任务,因此,我们在谈到戏剧语言时,往往多指人物语言。

戏剧是一种动作艺术,戏剧动作主要体现在剧中人发自内心的语言上。剧中人都有一种意志,他们的语言都是直接或间接地为着实现他们各自的意愿而说出的,不管用什么方式表达,直截了当的也好,拐弯抹角的也好,都和周围人发生关系,形成纠葛,显现出强烈的动作性。例如《雷雨》第二幕中周朴园意外地见到鲁侍萍后,两人的大段对话就极富于动作性。周朴园不知道面前的女人就是30年前被他遗弃的侍萍,在侍萍叙述悲惨身世的过程中,他四次发问:"你——你贵姓?""你姓什么?""你是谁!""哦,你,你,你是——"从敷衍到惊惧,再到不得不当面承认,鲜明地展示了他渐趋紧张的内心动作。戏曲中的一些唱词也极富于动作性,如《牡丹亭》"游园"中的一段:"停半晌,整花钿,没揣菱花,偷人半面,迤逦的彩云偏。步香闺怎便把全身现。"你看她先是沉思,继而整理首饰,接着侧身顾影,惊讶地发现自己被镜子偷映进去,然后徐步香闺。这段曲文包含了许多漂亮的表演动作。

剧中人物的语言也是性格化的语言。对什么样性格的人,在什么情况下,说什么话,高明的作者是很讲究的。台词不仅能准确地表达人物的思想感情和意愿,而且符合人物的身份、年龄、性别、情趣,显示人物的性格特征。在《茶馆》中,唐铁嘴一上场就是:"王掌柜,捧捧唐铁嘴吧!送给我碗茶喝,我就先给你相相面吧!手相奉送,不取分文!"活灵活现表现出一个油滑而又可怜的江湖相士的嘴脸。再如《西厢记》"长亭送别",当筵散人归,只剩莺莺和张生两人可以畅叙离情时,作者把莺莺的痛楚、担忧、爱恋、矜持诸般复杂情态和千言万语,熔铸成一句含蓄情深的话:"张生!此行得官不得官,疾便回来!"这句话是相国小姐内心最深处的隐忧,她不敢设想张生会"金榜无名誓不归"或贪恋"异乡花草",但这确是她的隐痛之处,说得太显,不是莺莺,说得太晦,又不能达意。

剧种不同,戏剧语言的形式也有差异。话剧以对话为主,语言比较接近生活。戏曲的宾白,是一种介乎韵文与散文之间的语言,它要像鱼游海浪一样,忽隐忽现地出没在音乐的波涛当中,随着歌舞的韵律、节奏而变化,才能达到艺术上的和谐;而曲词(曲文)更有音韵、体式上的规制。注意戏剧语言形式上的特点,也是鉴赏戏剧不应忽视的。

试以下列试题及解答来说明:

1. 鲁大海被打后,鲁侍萍走到周萍面前说:"你是萍,……凭——凭什么打我的儿子?"引号中的话反映了侍萍当时什么样的心情?选出理解正确的一项。

A. 随机应变,不露痕迹

B. 惊疑不定,闪烁其辞

C. 满腹辛酸,欲说不能

D. 遵守诺言,强忍痛苦

答(　　)

2. [滚绣球]有日月朝暮悬,有鬼神掌着生死权。天地也!只合把清浊分辨,可怎生错看了盗跖、颜渊?为善的受贫穷更命短,造恶的享富贵又寿延。天地也!做得个怕硬欺软,却原来也这般顺水推船!地也,你不分好歹何为地!天也,你错勘贤愚枉做天!哎,只落得两泪涟涟。

对上面这支曲子赏析有错的一项是:

A. 窦娥控诉人间罪恶,责问天地鬼神,表现了她的反抗性格。

B. 封建统治者俨然以天地化身自居,这里窦娥予以大胆否定,实质上就是对颠倒是非的封建社会的否定。

C. 为了增强表达效果,这支曲词运用了对偶、对比、拟人、借代等多种修辞手法。

D. 这支曲子抒发了极度悲愤的思想感情,由责问而控诉,内心动作是很强烈的,但外部动作并不强烈。

答(　　)

第1题引号中的"萍,……凭——凭"三个字,第一个是爱,第三个是恨。萍、凭,谐音，是曹禺的神来之笔。这三个“萍、凭、凭”展示了在侍萍心底郁积了几十年的辛酸苦痛，爱恨交织，欲说不能。第一个“萍”是无意识说的，第三个“凭”是有意识的改口，第二个“凭”是从迷茫到觉醒，从无意识到有意识的过渡，从爱到恨的过渡。侍萍此时此刻矛盾交织，心扉时启时合，情感发生戏剧性的变化。答案选C为妥。

第2题应当选D。这支曲子不仅内心动作强烈，外部动作也很强烈。可以设想，演员唱到“地也，你不分好歹何为地！天也，你错勘贤愚枉做天”这两句时，愤激之情难以抑制，先来一个“叫头”——“地也”，冲至舞台口的一边，低头看地沉思；复又来一个“叫头”——“天也”，冲至舞台口的另一边，仰首望天凝想。但叫天天不应，叫地地不灵，上天无路，入地无门，最后还只是死路一条，想到此，转回舞台中央，来一个“哭头”——“哎”，悲愤的热泪滚滚而下。这样声调高昂的控诉，加上震撼人心的“叫头”和“哭头”，悲剧气氛大大加浓，一个感天动地的悲剧人物活生生地站在我们面前。

【练习十五】

1. 下列台词(选自《雷雨》)中均含破折号，其中有一个破折号与其余三个破折号作用不同，请把它选出来。

A. 我看你的性情好像没有大改，——鲁贵像是个很不老实的人。

B. 我——我——我只要见见我的萍儿。

C. 告诉不告诉于你没有关系。——我问你，你的意思，忽而软，忽而硬，究竟是怎么回事?

D. 我是你的——你打的这个人的妈。

答(　　)

2. **周朴园**　我问，他现在在哪儿?

鲁侍萍　就在门房等着见你呢。

周朴园　什么? 鲁大海? 他! 我的儿子?

鲁侍萍　就是他! 他现在跟你完完全全是两样的人。

(《雷雨》)

“什么? 鲁大海? 他! 我的儿子?”这台词反映了周朴园怎样的心理过程?

A. 震惊——怀疑——确认——不认

B. 惊喜——怀疑——感叹——怀疑

C. 惊讶——疑惑——大喜——不认

D. 惊喜——怀疑——确认——怀疑

答(　　)

3. 光明呀，我景仰你，我景仰你，我要向你拜手，我要向你稽首。我知道，你的本身就是火。你，你这宇宙中的最伟大者呀，火！你在天边，你在眼前，你在我的四面，我知道你就是宇宙的生命，你就是我的生命，你就是我呀！我这熊熊地燃烧着的生命，我这快要使我全身炸裂的怒火，难道就不能迸射出光明了吗?

(《屈原》)

(1) 主人公呼唤的"宇宙中的最伟大者"是什么?

(2) 对这段台词理解有错的一项是:

A. 主人公热情赞颂光明,到了崇拜的地步。

B. 主人公对光明热烈追求,于是发出对自然力的呼唤。

C. 主人公幻想与自然力同化,以发泄自身的怒火。

D. 主人公愿与自然力同化,炸毁黑暗,换取光明。

答(　　)

4. **周朴园**　(忽然严厉地)你来干什么?①

鲁侍萍　不是我要来的。

周朴园　谁指使你来的?②

鲁侍萍　(悲愤)命,不公平的命指使我来的!

周朴园　(冷冷地)三十年的工夫你还是找到这儿来了。

(《雷雨》)

(1) 写出周朴园的两句台词的"潜台词":

①________________　　②________________

(2) 写出周朴园的性格特点:________________

5. [正宫][端正好]碧云天,黄花地,西风紧,北雁南飞。晓来谁染霜林醉?总是离人泪。

(《长亭送别》)

(1)"碧云天,黄花地,西风紧,北雁南飞",这些景物具有什么季节特征?这四种景物组成的风景画是什么情调?对表现莺莺的离情别绪起什么作用?

答:________________

(2)"晓来谁染霜林醉?总是离人泪。"下面列出四种分析,哪一种最能确切地反映作者的意图和表达方法?

A. 作者用设问、夸张等修辞手法,描绘了莺莺送别时暮秋霜晨的自然景色。

B. 作者用反问、夸张等修辞手法,描绘了莺莺送别时泪眼看世界的情态。

C. 作者用反问、夸张等修辞手法,描绘了莺莺送别时暮秋霜晨的自然景色。

D. 作者用设问、夸张等修辞手法,描绘了莺莺送别时泪眼看世界的情态。

答(　　)

6. 阅读戏剧选场,回答后面的问题。

(袁行健上)

袁行健　(唱)三尺剑,一囊诗,满腔肝胆。几年来踏遍了塞北江南。

俺袁行健,我父袁乐山,任滁州长史,被酷吏周兴扳扯在谋反案内,斩首神都。俺改名阮华,逃亡在外,去年在岭南道上杀了周兴,消了俺心头一恨。前者避地江南，只听得苏州百姓一片怨苦之声，原来武三思之子武宏和来俊臣的异父弟蔡少炳横行不法，侵夺民田，好友李得才被武宏逼走太湖。俺访友不遇，心中郁闷。闻得伍员庙这几日甚是热闹，不免前去游玩一番。

（市民男女跑过，都叫："虎狼来了！虎狼来了！"

袁行健 （拦住一人问他）虎狼在哪里？

市民一 （指远处）在那里，你还不快走！

袁行健 （细望）分明是人，怎么说虎狼？

市民一 人？他们比虎狼还凶哩。

袁行健 他们叫什么？

市民一 （害怕）他们一个叫武宏，乃是武梁王的三少爷；一个叫蔡少炳，乃来俊臣大人的异父兄弟，他们横行不法，欺压良民。苏州人有两句话，"武宏似虎，少炳如狼；良民啼哭，少女逃亡。"怎么，你还不知么？（拉着他的年轻女儿）儿啊，快逃，快逃！（急下）

（一群家奴拥武宏、蔡少炳上）

武　宏 （唱）生在当朝第一家。

蔡少炳 （唱）斗鸡走狗作生涯。

武　宏 （唱）伍员庙内桃花发。

蔡少炳 （唱）朦胧醉眼看吴娃。

武　宏 看吴娃。

蔡少炳 看吴娃。

武　宏 哈哈哈，贤弟请。

蔡少炳 武三哥请。

武　宏 请。（同下）

袁行健 闻得武宏、蔡少炳劣迹如山，百姓畏之如虎狼。原来就是他们，不免找父老细问一番，将来落在我手，要替三吴百姓们除此一害也。（唱）

看两贼真比那虎狼凶悍，
何日里学周处除害南山。

（招前面老丈）老丈请慢走，老丈请慢走！

（追下）

（田汉《谢瑶环》）

(1) 这是一个过场戏，戏剧冲突在人物语言中表现出来。品味台词，选出动作性最强的主要冲突。

A. 袁行健与武宏、蔡少炳的冲突

B. 袁行健与市民一的冲突

C. 袁行健与老丈的冲突

D. 武宏、蔡少炳与市民的冲突

答(　　)

(2) 选出"虎狼"所指中与其他三项不同的一项。

A. "虎狼来了!"

B. 分明是人,怎么说是虎狼?

C. 百姓畏之如虎狼。

D. 看两贼真比那虎狼凶悍。

答(　　)

(3) 袁行健的唱词节奏感很强,这跟句中停顿关系密切。选出停顿划得正确的一组。

A. 三尺剑,一囊诗,满腔肝胆。
几年来/踏遍了/塞北/江南。
看两贼/真比那虎狼/凶悍,
何日里/学周处/除害南山。

B. 三尺剑,一囊诗,满腔肝胆。
几年来/踏遍了/塞北/江南。
看两贼/真比那/虎狼凶悍,
何日里/学周处/除害南山。

C. 三尺剑,一囊诗,满腔肝胆。
几年来/踏遍了/塞北江南。
看两贼/真比那/虎狼凶悍,
何日里/学周处/除害南山。

D. 三尺剑,一囊诗,满腔/肝胆。
几年来/踏遍了/塞北江南。
看两贼/真比那/虎狼/凶悍,
何日里/学周处/除害南山。

答(　　)

(4) 选出下面加点的词语解释有错的一项。

A. 满腔肝胆(侠肝义胆)

B. 横行不法(法律)

C. 斗鸡走狗作生涯(生活)

D. 老丈(老年男子的尊称)请慢走

答(　　)

（三）戏剧鉴赏有关常识

戏剧是一种综合运用文学、音乐、舞蹈、美术等艺术手段，塑造人物形象，反映社会生活的舞台艺术。剧本是舞台演出的依据和基础，要适合舞台表演。它具有文学作品的一般特征，又具有自己鲜明的特色。在情节安排上，要有尖锐的戏剧冲突；在结构布局上，人物、时间、空间要高度集中；在语言运用上，台词要性格化，富于动作性。

戏剧的种类繁多，也有许多分类的方法。按表演形式可分话剧、歌剧、舞剧、戏曲（歌舞剧）等；按内容性质可分悲剧、喜剧、正剧（悲喜剧）等；按容量大小可分多幕剧、独幕剧等；按反映的时代可分历史剧、现代剧等；按观赏的对象可分成人剧、儿童剧等。

我国的戏剧源远流长。在古代，因为戏剧是以“戏”和“曲”为主要因素，所以称做“戏曲”。先秦已有戏曲的萌芽，唐代是中国戏曲的发端，宋金是我国戏曲的形成时期。元杂剧的出现，标志着我国戏曲的成熟。在形式上，元杂剧用北曲四大套数来安排故事情节，不连贯处，则用楔子结合，形成了一本四折一楔的通常格式。角色旦或末是主角，唱、科、白组成了元杂剧的舞台演出。元代出现了大批的优秀作家和作品，关汉卿、郑光祖、白朴、马致远被称为“元曲四大家”，他们的作品《窦娥冤》、《倩女离魂》、《梧桐雨》、《汉宫秋》以及王实甫的《西厢记》等已成为我国珍贵的文化遗产。明清传奇源于宋元南戏，明中叶汤显祖的《牡丹亭》、清初洪升的《长生殿》和孔尚任的《桃花扇》都是我国戏曲史上的名作。近代，各种地方戏都得到了不同程度的发展，京剧博采众长成为独立的剧种，影响很大，有人称之为“国剧”。中国的话剧是在外国文化的影响下产生的。20 世纪初，一批留日学生推进了中国话剧的诞生，20 年代逐渐发达，田汉是此期最有成就的作家。30 年代，曹禺的《雷雨》、《日出》的创作成功，标志着我国话剧艺术的成熟。40 年代，延安解放区开展了蓬勃的戏剧运动，《白毛女》（贺敬之、丁毅执笔）等民族新歌剧的诞生，使传统戏曲的改革有了良好的开端。国统区的优秀话剧以郭沫若的《屈原》为代表。50 年代，老舍的《茶馆》是中国话剧里程碑式的杰作。

试以下列试题及解答来说明：

下面是为中学生常见的剧本：①《白毛女》，②《茶馆》，③《雷雨》，④《威尼斯商人》，⑤《窦娥冤》，⑥《屈原》。据此完成对戏剧分类的填空。

1. 按表演形式分，缺少______________________________。

2. 按容量大小分，缺少______________________________。

3. 按题材所反映的时代分，有历史剧，如________；有现代剧，如________。

4. 按内容性质分，有悲剧，如________；有喜剧，如________。

要对戏剧进行科学分类，须依据一定的标准。标准是多种多样的，但一次划分只能有一个标准。如第1题，按表演形式划分，只能答缺少"舞剧"；第2题，按容量大小划分，只能答缺少"独幕剧"。如果把这两题的答案颠倒或者合写就错了。因此确定一个标准十分重要。

【练习十六】

1. 判断题。

(1) 戏剧是一种综合的舞台艺术，它综合了文学、音乐、舞蹈、美术等艺术手段来塑造艺术形象，反映社会生活。　答(　　)

(2) 窦娥、崔莺莺、杜丽娘、李香君这四个文学形象，分别出自关汉卿、王实甫、汤显祖、孔尚任这四位剧作家之手。　答(　　)

(3)《雷雨》的剧情发生在一天之中，《屈原》也是用一天的经历概括屈原的一生，二者的相似只是一种偶然的巧合。　答(　　)

(4) 贺敬之、丁毅执笔的《白毛女》，是抗日战争时期在解放区创作的秧歌剧。

答(　　)

(5) 曹禺是我国著名的剧作家，他的主要作品有《雷雨》、《日出》、《原野》、《北京人》、《明朗的天》、《王昭君》等，还把巴金的小说《家》改编为话剧。

答(　　)

2. 填空题。

(1) 元杂剧一般是一本________折一楔子，而________的________是元杂剧中独有的长篇，写了五本二十一折。

(2) 明代传奇的前身是宋元时期流行于民间的________。高则诚(高明)的________是一部向传奇过渡的作品。

(3) 京剧是以________和________为主要曲调的戏曲，它广泛地吸收了其他地方戏的优点，最先在________一带流行起来，近百年来，京剧逐渐形成博大精深的艺术体系，为人民群众所喜闻乐见。

(4)"五四"新文化运动使话剧也活跃起来，1921年成立了民众剧社、戏剧社协等戏剧社团，介绍外国戏剧理论，翻译和演出________剧作家________的《玩偶之家》等，也创作了一些剧本，如胡适的《终身大事》，________的《三个叛逆的女性》，________的《泼妇》，________的《咖啡店之夜》等，新的话剧有了明显的实绩。

(5) 文艺复兴时期英国著名的戏剧家莎士比亚创作成就最高的是悲剧，________、________、________和________被合称为"四大悲剧"。

3. 在元杂剧中，各个角色有专有名称，剧本中还有些专用术语。下面是《窦娥冤》中的一段，请解释其中的专名术语：

(外扮监斩官上，云)下官监斩官是也。今日处决犯人，着做公的把住巷口，休放往来人闲走。(净办公人,鼓三通、锣三下科。刽子磨旗、提刀,押正旦带枷上。刽子云)行动些,行动些,监斩官去法场多时了。

(1) 外:________________

(2) 净:________________

(3) 科:________________

(4) 云:________________

(5) 正旦:________________

[附录]

名句精选

苌弘化碧,望帝啼鹃。 (《窦娥冤》)

听得道一声"去也",松了金钏;遥望见十里长亭,减了玉肌。 (《西厢记》)

蜗角虚名,蝇头微利。 (同上)

泪添九曲黄河溢,恨压三峰华岳低。 (同上)

遍人间烦恼填胸臆,量这些大小车儿如何载得起? (同上)

良辰美景奈何天,赏心乐事谁家院? (《牡丹亭》)

朝飞暮卷,云霞翠轩;雨丝风片,烟波画船。 (同上)

生生燕语明如剪,呖呖莺歌溜的圆。 (同上)

鸽翎蝠粪满堂抛,枯枝败叶当阶罩,谁祭扫? 牧儿打碎龙碑帽。 (《桃花扇》)

眼看他起朱楼,眼看他宴宾客,眼看他楼塌了! (同上)

医得眼前疮,剜却心头肉。 (《陈州粜米》)

我们生要生得光明,死要死得磊落。 (《屈原》)

宋玉,我特别地恨你,你辜负了先生的教训,你这没有骨气的无耻的文人! (同上)

鼓动吧,风! 咆哮吧,雷! 闪耀吧,电! (同上)

(编写者 张 铨)

练习参考答案

一　诗歌鉴赏

练习一

1. (1) 湘江岸边色彩鲜艳、生机勃勃的秋天　忧国忧民、评论国家大事的群体 (2) 年青的女郎　炉中燃烧的"煤"　2. C　3. B　4. D　5. B　6. (1) 决死斗争 (2) 站立　(3) C

练习二

1. (1) 不甘做奴隶的抗争　(2) 寄情于物　赞美祖国壮丽河山　赞颂无产阶级英雄人物　借景抒情　(3) 虽然报国之情不被人理解,但仍要把自己的赤诚之心献给祖国　(4) 人生自古谁无死,留取丹心照汗青　2. A　3. C　4. C　5. D　6. C

练习三

1. (1) 坎坎/伐檀兮,置之/河之/干兮。河水/清且/涟猗。不稼/不穑,胡/取禾/三百/廛兮? 不狩/不猎,胡瞻/尔庭/有/县貆兮? 彼/君子兮,不/素餐兮。(2) 众芳/摇落/独/暄妍,占尽/风情/向/小园。疏影/横斜/水/清浅,暗香/浮动/月/黄昏。霜禽/欲下/先/偷眼,粉蝶/如知/合/断魂。幸有/微吟/可/相狎,不须/檀板/共/金尊。　(3) 渭城/朝雨/浥/轻尘,客舍/青青/柳色/新。劝君/更进/一杯/酒,西出/阳关/无/故人。　(4) 看/万山/红遍,层林/尽染;漫江/碧透,百舸/争流。鹰击/长空,鱼翔/浅底,万类/霜天/竞/自由。　2. C　3. B　4. 不好。用"连"表明安史之乱已延续了一个春天,至今未息;用"已"表明这是过去的事,不能表明一直延续到现在。　5. (1) a. 围抱　b. 静　c. 针　d. 惊　(2) 静　逃避现实　(3) 一、三句押韵,二、四句押韵;平仄通押;不停换韵。

练习四

1. (1) ×　(2) √　(3) √　(4) ×　(5) ×　(6) √　(7) √　(8) ×　2. A　3. D→E→A→H→G→B→F→C　4. B　5. C　6. C

练习五

1. B　2. A　3. B　4. (1) D　(2) A　(3) 一、二　三、四　(4) C

二　散文鉴赏

练习六

1. (1) A　(2) ① A、C、E　② C、D　(3) B　(4) B　(5) D　(6) C　2. (1) × (2) √　(3) ×　(4) √　(5) √　(6) √　(7) √　3. (1) 见闻录、风景、政治 (2) 横眉冷对千夫指,俯首甘为孺子牛　(3) 联想、引证、说、论、曲折、形散神不散

(4) 灯光、时钟的滴答声

练习七

1. B　2. C　3. D　4. C　5. D　6. D

练习八

1. (1) C　(2) B　(3) C　(4) A、B　2. (1) √　(2) √　(3) √　(4) ×　3. 略

练习九

1. D　2. D　3. B　4. (1) 南腔北调集　鲁迅　五烈士　纪念性　② 访古翦伯赞访问游记　③ 速写　特写　取材与反映题材的新闻性，语言与表达方式的文学性　轻骑兵夏衍　沈端先　④ 长河浪花集　秦牧　林觉夫　散文　艺海拾贝　5. (1) C　(2) B　(3) C　(4) 甲文侧重于记叙、描写，目的在于感染读者，文学性强；乙文侧重记叙、说明，目的在于向读者介绍景况，科学性强。

三　小说鉴赏

练习十

1. C、E　2. (1) C　(2) A　3. (1) C　(2) A　(3) B　4. B　5. C　6. D　7. D　8. D　9. D

练习十一

1. A、B　2. B、C　3. (1) C　B　E　D　A　(2) A　C　C　B　C

练习十二

1. C　2. D　3. (1) A　(2) D　(3) B　4. C

练习十三

1. B　2. (1) C　(2) D　(3) B　(4) C　(5) D　(6) A　(7) D　(8) C　3. (1) C　(2) B　(3) B　(4) B　(5) C　(6) B　(7) C　4. B

四　戏剧鉴赏

练习十四

1. D　2. (1) C　(2) 血飞白练　六月飞雪　亢旱三年　3. A　4. (1) 萧恩、吕子秋　萧恩、丁员外　贫民、官府　(2) C　(3) 打四十板子、叫过府赔礼　(4) 不好

练习十五

1. B　2. A　3. (1) 火　(2) C　4. (1) ① 来敲诈我了！　② 鲁贵指使你来的吧。　(2) 虚伪、冷酷、自私。　5. (1) 秋天。萧瑟暗然。衬托。　(2) D　6. (1) D　(2) A　(3) C　(4) B

练习十六

1. (1) √　(2) √　(3) ×　(4) ×　(5) √　2. (1) 四折　王实甫　《西厢

记》（2）南戏 《琵琶记》（3）西皮 二簧 北京 （4）挪威 易卜生 郭沫若 欧阳予倩 田汉 （5）《哈姆雷特》《奥赛罗》《马克白斯》《李尔王》 3.（1）外:外末的简称,指次要的男角色。 （2）净:角色名,俗称“花脸”。 （3）科:科泛的简称,戏剧里称角色的动作、表情等为科,与传奇里的“介”相同。 （4）云:道白。 （5）正旦:角色名,指女主角。

（下略）

（八）

文学鉴赏活动拾零

(一) 学生自导自演话剧《雷雨》

1. 课余导演话剧《雷雨》——导演手记

语文老师临时出差一周,布置我们预习《文学读本》“戏剧”单元。班上同学找来曹禺剧本阅读,发起“烧”来了,提议大家一起来演出《雷雨》,于是我和王妍同学被推为导演。我们热爱戏剧,尤其是话剧大师曹禺的作品。尽管学习紧张,还是忙里偷闲,利用课余演出《雷雨》。前前后后,准备了一个星期,老师一回来,我们便匆匆上台了。演出是成功的、全体剧组成员很投入,相当出色。亲身参与,体会就深,不仅更多地了解了话剧,深入领会了课文,也为我们的学习生活增添了灿烂的一笔。

演什么

矛盾冲突是戏剧的灵魂。悲剧《雷雨》全剧四幕,包含许许多多矛盾冲突,夫与妻的、夫与子的、情人与情人的,等等。要在短时间内演出,就要有所选择。当导演,担子可不轻。我一捧上《雷雨》剧本,思想感情的闸门便打开了,把剧本仔仔细细翻了个遍,一次又一次,我同剧中的人物同欢喜,同悲伤;假想的舞台上,我与“周朴园”、“鲁侍萍”打交道,连平时说话都把剧中的台词套上用。

课文节选自第二幕,这一幕人物比较集中,突出了周朴园与鲁侍萍之间的冲突。在周公馆客厅,侍萍和周朴园不期而遇,岁月的摧残,使侍萍老得叫周朴园也识不得了。周朴园始乱终弃,竟向她打听三十年前的一个“姓梅的小姐”,试图维持侍萍在他心目中的美好形象,在回忆中求得精神的安慰,由于现时他与繁漪的婚姻是不如意的。虽然周朴园多方表白他如何“有情有义”,但是一旦他确认眼前的人就是当年的所谓“姓梅的小姐”时,他由惊惶而严厉,“你来干什么”,“谁指使你来的”,几句无情无义的话,撕掉了他的假面具。为了维护自己的体面,周朴园签好一张五千块钱的支票,诱逼侍萍一家远远离开周府。然而,侍萍悲愤地撕毁支票,告诉他这些年的苦不是拿钱算得清的。周、鲁的冲突,不仅鲜明地表现了各自的性格,同时也把周鲁两家人的恩恩怨怨纠集在一起,所以我们决定以这一幕为重头戏。

考虑到繁漪在剧中的特殊地位,她的遭遇和感情是复杂的,于是我们又加演了第一幕中“繁漪喝药”的片断来表现个中种种矛盾。

跪不跪

繁漪是周朴园的后妻，受过新教育，她敢爱敢恨；外表沉静，内心却有火一样的感情。十八年前她被骗嫁到周家，因忍受不了丈夫的独断专横和府里冷清寂寞的生活，时时感到窒息，在极度绝望中，勇敢地爱上了周朴园前妻的儿子周萍。然而周萍终于畏缩、害怕，处处躲着她，并把爱转向少女四凤。无疑，繁漪深受打击，心情愈加“郁闷”。周朴园便说她“精神上有病”，强迫繁漪喝她最不愿喝的苦药，并振振有词地对繁漪说：要替孩子做个服从的榜样。下面情节是戏眼：

朴：萍儿，劝你母亲喝下去。

萍：爸！我——

朴：去，走到母亲面前！跪下劝你的母亲。

（萍走至繁前。）

萍：（求恕地）哦，爸爸！

朴：（高声）跪下！叫你跪下。

繁：（望着萍，不等萍跪下，急促地）我喝，我现在喝！……

这里有“戏”，人物关系和情绪复杂。怎样把复杂的人物关系和情绪，通过舞台动作的视觉形象表演出来，即，跪还是不跪？大家着实斟酌了一番。

初次排练时，演员们总是把握不了。有时“繁漪”情绪表现不够，不能果断地“喝药”；有时“周萍”双膝一屈就“跪”下去了，没有感情内涵。众同学七嘴八舌，议论纷纷，有主张单腿跪下的，有主张只屈膝而不跪的。“周萍”一脸苦相，“我找不到单腿跪下的感觉，就让我双膝屈一下吧”。“繁漪”则对“周萍”说，“干脆对我一跪就跪到地吧，免得麻烦。”

我还是认为“欲跪未跪”（必须跪，但不可跪到地），效果比较好。试想一下：周萍面对繁漪——名义上的后母，而实际上的恋人，他如何下跪得了？同时，他又畏惧他的父亲，不敢不跪。周萍的内心是矛盾的，动作是迟疑的。此时的繁漪百感交集，既恨周朴园的专横，又恨周萍的软弱，她怎能等着周萍下跪？只有未及周萍跪下，抢先喝药，赶快饮下这愤恨，早早结束这令她心碎的场面。

于是我们又一次次重排，“周萍”又受了几次下跪之苦，“繁漪”又流了几次愤恨之泪，最后总算达到了预期的效果。

（周卉，1999 届）

2.《雷雨》排练花絮

周公馆里的“郁热”,使那些男男女女难以忍受;而舞台下的逗趣,又让我们这些少男少女忍俊不禁……

(一)

某晚,女生宿舍。

“倒掉!”“倒掉!”“倒掉!”……倒什么?——没有什么。这是“繁漪”(钱晓芳饰)在反复揣摩台词。繁漪不愿喝周朴园逼她喝的苦药,吩咐四凤倒掉。她面对的是四凤,心里恨的却是周朴园。

一连四五遍,仍不满意。忍无可忍,她摔下剧本,大叫:“不要倒了,不要倒了,放在这儿,我喝!”

一室大笑。

(二)

“四凤”(金璐饰)忽然大发脾气,对着“繁漪”叫:“辞退就辞退好了,有什么了不起!”一个室友插进来,长叹一声:“像四凤的,哪里找?现在的佣人啊!……”言罢,作无可奈何状。——又是一阵哄笑。

(三)

排练到了最紧张的时候,晚饭时间到了还没停歇。我买了几个鸡蛋饼,取了一个递给“繁漪”:“太太,吃饼?”“繁漪”对我凝视数秒,也用台词的腔调说:“好,我吃!我现在就吃!”(剧本台词是“我喝,我现在喝!”)言罢作悲愤难抑之状,夺过蛋饼,大嚼起来。

台上。鲁贵(李华杰饰)正涎着脸对四凤说:“大少爷不是经常塞钱给你吗?”……我偶一回头,正见台下的“大少爷”(孙一饰)撕开食品袋,将剩余饼屑悉数填入口中,颇为得意,全然一副等待救济的模样。我窃笑不已。

(四)

排练间歇,个个口干舌燥。

“繁漪”对“鲁贵”道:“给太太倒杯水来!”“鲁贵”顺手递过矿泉水……不料,“周朴园”(朱伟饰)伸手接过水去,厉声道:“太太身体不好,不能喝水!”说罢得意地大笑,边喝矿泉水边飞奔而去。

（五）

排练《雷雨》成了全班的兴奋中心。道具需鲁侍萍（姚玉霞饰）玉照一张，不得已，以姚玉霞数周前南京春游摄于玄武湖的一张代替。导演（周卉、王妍）把它装入相框，置于讲台上。

同学个个称赞，其中有一位，端详良久，以周朴园角色自居，长叹一声，一板一眼地念白："三十年了，你好像没有什么大的改变！"

听者初闻愕然，继而哗然。

（顾莹，1999 届，选自《中学生优秀作文》，北方妇女儿童出版社）

3. 谈周、鲁的感情

詹兆国（1999 届）

看完《雷雨》第二幕，起初有一点让人难下决断：周朴园对鲁侍萍的感情是真的吗？

说它假，似乎有悖情理。你看：周将家具"好好的保存着"，因为这些曾是鲁"顶喜欢的东西"；保留着关窗的习惯，因为鲁当年"生了萍儿，受了病，总要关窗户"；当他知道鲁为无锡人，便上前打听侍萍的消息。这样一番深挚的感情，细想一下也真有些感人。至于他当年抛弃鲁，也可能是受迫于家庭压力，不得已而为之啊。

果真如此吗？且看周下面的一番表演吧。确信了眼前的人便是他所说的"贤惠的小姐"，要纪念的人，却是这样一副嘴脸："你来干什么？""谁指使你来的？"并掏出支票，打算以五千元了事。寥寥几句，一个肮脏的灵魂跃然纸上。嘴上说得冠冕堂皇，当侍萍真正出现时，却不敢相认，真有一点叶公好龙的味道。由此想来，他所谓的纪念鲁，只不过是在平息他当年抛弃鲁的惶惶不安；他对鲁的所谓感情，也有可能是由于眼下的夫人繁漪，一个不听话的女人，在顺从上不及鲁；他对鲁的所谓感情，只不过在满足他内心虚构的"美好情人"的幻想罢了。整个一个自私的自恋狂！如果说周当年抛弃鲁是被迫，那么如今当家做主的他再次拒鲁于千里，则完全是其自私卑鄙的表现。

是的，周有阶级局限性，所以他不顾父子之情解雇鲁大海；周受旧思想毒害，所以他独断专行，虐待繁漪；但他对鲁侍萍却仍然如此卑劣，不由人不说他的人格有问题，又不能不为鲁而扼腕：如此一个良家女子究竟有何罪过，竟至如此下场！

总起来说，周朴园对鲁侍萍的感情，并非善良的人所期望的那样虽弃而后又悔，而是彻头彻尾的弃之又弃！

导师点评

周朴园对鲁侍萍的感情是真的吗？詹兆国同学的文章言之成理，持之有据，有一定的说服力。这个“真假”问题，历来就是个“见仁见智”的问题，看来以后还会讨论下去。于此也可见文学名著的永恒魅力。

4. 学生保存的《雷雨》剧照十张

“太太，喝药！”(钱晓芳饰繁漪　金璐饰四凤)

母子谈心(孙一饰大少爷周萍)

“母亲，喝药！”

鲁贵向大少爷请安（李华杰饰鲁贵）

诉肺腑

贪财鬼鲁贵

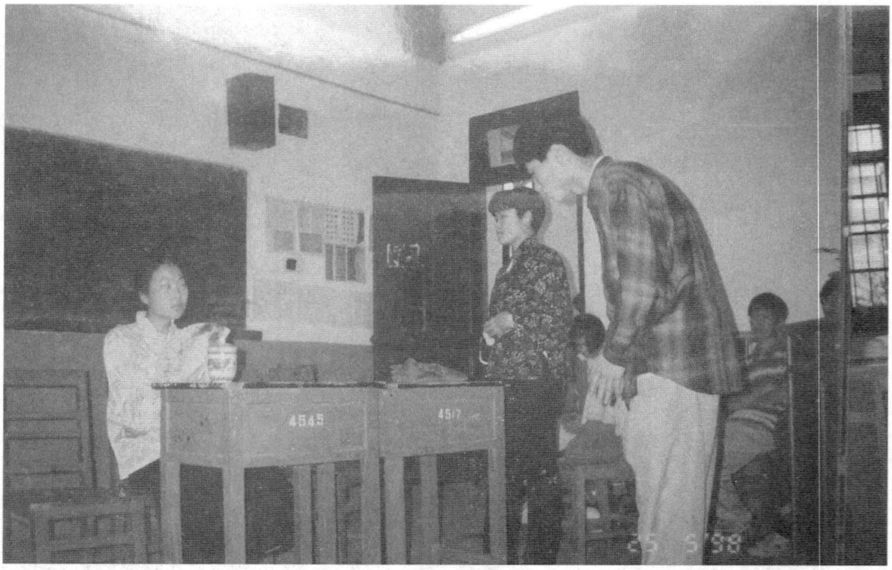

太太发话

回忆往事(李伟饰周朴园　姚玉霞饰侍萍)

周朴园一家(张程饰周冲)

鲁贵一家(耿华饰鲁大海)

（二）鉴赏的表达与感悟

从《北方的河》谈起

孙　一

经受了一次又一次的文化浩劫，尤其是十年文革，中国知识分子普遍在心理上产生了一种失重感；同时，他们又自然而然地从文化角度去剖析种种极端运动的缘由；另外，一些青年文人继续受理想主义影响。这一切，构成了一道有着深远微妙心理背景的独特人文风景线。张承志的《北方的河》便是其中杰出的代表。

《北方的河》一以贯之的命题是人格如何在科学理性与自然生活情感的平衡中从历史、现实等多个维度上合理延伸。由此，引发了很多很多……

对于语言载体，散文式的理想主义导致其文笔的诗化，这一切又最终服务于文章的主旨。

女记者以她独特的身份裁剪了一系列极富典型意义的艺术化镜头，例如“走向夕阳晚照中的黄河的男人”，后文又以心灵意象的方式写道“一个男人扑向奔腾的大河”。我们可以想象这样的画面：这定然有如血夕阳、壮阔山川、强健青年，这定然有“长河落日圆”，有“半江瑟瑟半江红”。黄河在千年文化史中已定型为民族文明的源流，青年奔向黄河，显然是对传统的一种近于图腾崇拜的追求。“奔”是长距离动作，它暗示了青年原本与黄河的隔阂。现在机会到了，他迫不及待地奔向它，接近它，感受千年文明的脉搏。至于夕阳，意义就不那么昭然了。我们可以把它看作一个时代的结束，如此，整个构图则成了日暮途穷，当然，是一个狂热年代的终结。从这个层面上讲，青年的行为则是一种浮躁，日暮途穷是对包括他在内的一个群体的行为短期化的短周期回报。

又例如，“光洁流畅的线条从陶罐的肩部流到底部，只是中间残缺着黑洞洞的一块”。后文又提到“那只彩陶罐，可惜是碎的，像生活一样。背景是那片小青杨树”。上例是动，这例是静；上例是大视角，这例是小视角；上例是活体的行为，这例是静物的存在，两者以互补律的原则完成了一个美学构建。复原的彩陶只缺一块，却偏将它留在画面上，这是为何？文明在不断发展、流变，最终，一个时代便在它一些也许在当时为人所不齿的遗迹中沉淀下来;然而,在文化的堆垒中,却常常有其他社会因素导致的整体塌方,当人们试图对它们重新恢复时一切已晚。而在 Gestalt(完形心理)的驱使下,人们又不自觉地去弥补这种文化缺憾,这一切反而使得这种缺憾本身取得独特的文化地位,形成独特的文化现象。包括张承志在内的一个群体便试图以这种文化现象来诠释文革,定位文革。因此,这个画面理所当然地是前者的深化和升华,两幅图画,两张心灵摄影,道尽了作者当时的心理境遇。

再例如,“他”的一段回忆:“老人辞世的时候,已经有整整一个家族为她送葬。他曾经目送那支马队从草原上走过,里面尽是饱经风霜的妇女和慓悍勇敢的男人。”此段另有深意,个中折射的光线勾勒出主导张承志时代心理的另一侧面,具体地说,就是本位文化中的母性,亦可理解为“传统”的派生。这仅仅是一个家族为其共同老母举行的葬礼吗?这难道没有昭示一个民族对其共同祖先的悼念吗?这老母力抵磨难,竭力完成母性繁衍后代的天职难道不是中华文明的象征吗?而这饱经风霜的妇女和慓悍勇敢的男人难道不正是一群历经艰辛的华夏后代吗?种的延续是终极的永恒,当然,此外还有很多。

英雄主义、理想主义构成了张承志身上的绚烂光环,九十年代初人文精神大讨论前张承志发表那篇宣言意味极强的《以笔为旗》也就不足为怪了。

导师点评

《北方的河》是张承志的代表作,曾获《小说月报》首届“百花奖”。对这部作品的解读可以有多种视角,孙一同学则着重诠释了几个“富有典型意义的艺术化镜头”,颇有见地,这是他广泛读书、努力思索的成绩。“博采而有所通,力索而有所入”,才能进到“悟”的境界,才能有可贵的创造力。

文艺杂感

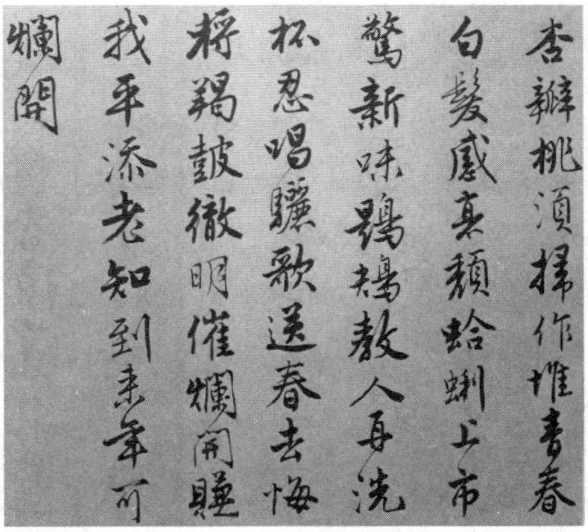

文艺评论,必须对所评论的对象有较深的体验和一定的“发现”,即所谓“感悟”。评论可以有所侧重,或重“感受”,或重“诠释”,或重“发挥”,通常采取以议为主,叙议结合,评析结合的写法。切忌“二多”:一是废话多,耽于繁琐复述,不能作出中肯的评断;一是水分多,脱离所评对象的实际,架空议论。

(一) 从结字看才更见其妙处。唐寅临过颜字,你看“青春白发感衰颓”几个字,结构严谨持重,内收外放,体势略微左倾,字的重心往往置于左上部，右侧则以舒畅的笔画延展而出，正是他性格飘逸潇洒的体现。与祝枝山的字相比，唐伯虎又似乎更有年轻书生的意气，祝字粗犷放纵，不拘小节；而唐字则多些清秀隽逸。这些若与唐伯虎点秋香的韵事联系起来，难保不会引起人们观书时的莞尔一笑——真是“书如其人”哪！

（孔　晋）

《唐寅书〈落花诗〉小评》节选

（二）这座塑像（法国雕塑家乌桐的作品之一《伏尔泰》）看上去像个瘦弱的老太婆。但仔细揣摩，这位18世纪法国伟大的启蒙思想家正在辩论，颜面焕发着清新的智慧，脸上的肌肉似乎都在活动，仿佛抓住了对方的谬误，要说出一句挖苦的话来，他的头部偏向左侧，俯视对方，显出一种优越感。伏尔泰的手轻松地扶在椅子上，和面部的微笑配合，表现出胜利者的自信。他身上穿的袍子有点像古罗马人的服装，简练而粗阔的衣纹衬托出伏尔泰机智的面貌和对腐朽事物的无情嘲讽。

有人认为这件作品可以和达·芬奇的《蒙娜丽莎》相媲美，正像人们千百次地对蒙娜丽莎的微笑作解释一样，人们也曾千百次地企图解释伏尔泰的面部表情。

（杜永霞）

《乌桐的〈伏尔泰〉塑像》节选

（三）作者在结尾（李商隐的七绝《贾生》）的处理上，运用了戛然而止法。一句“不问苍生问鬼神”点破了汉文帝求贤的实质，但诗人没有说白，甚至更笨拙地“续貂”，而是通过“问”与“不问”的对照，戛然而止，让读者自己回味、琢磨，得出自己的结论。点破而不说尽，有“论”而无“断”，并非作者故弄玄虚，实在是由于内蕴丰富、片言不足以尽其意的缘故。由此可见，写文章，特别是写议论文时，不一定面面俱到，巨细不遗，事实上也难做到，怎样处理才好呢？这就要我们像李商隐那样善于运用戛然而止法了。

（郜　欣）

《〈贾生〉诗与写作方法》节选

导师点评

上面的三个片断分别评“书”、评“画”（雕塑图）、评“诗”（当然你还可以评散文、评小说、评影视等等），都有作者自己的深切感受与审美“发现”。例一，侧重感觉，评述唐寅《落花诗》书法的潇洒隽逸风格，并注意回答“为什么”。例二，侧重解释，评析结合地谈自己对这尊《伏尔泰》塑像（乌桐创造了两种完全不同的伏尔泰形象）的理解。例三，侧重发挥，“由此及彼”，借题发挥，谈文章写法，作者注意引申，发表自己的文艺见解。

选自北方妇女儿童出版社《中学生优秀作文》

马谡真的该斩吗

樊　雨

读《三国》，看到“挥泪斩马谡”那一段，心中总有股愤愤不平之气，马谡死得太冤。

谁也不能否认马谡是一个很有本事的人。看他献平南之策时，可以发现他对战争全局的惊人洞察力和对其本质的把握，除孔明实无出其右者；看他献反间司马懿与曹睿之计，又能看出此人算计之工巧。的确，他是个人才。

然而人才并不是全才。巴顿将军率领他的装甲军驰骋沙场，所向披靡，可他能代替艾森豪威尔去领导诺曼底登陆吗？反之，恐怕艾氏也没有能力去现场作战。道理很浅显，可是孔明忘了。马谡其实是个好谋臣，在帷幄之中他可大显其才，而亲临战阵，实非其长。失街亭，孔明责己察人不明，其实还是没有抓住要害，倒不是马谡“言过其实”，刚愎自用，实在是诸葛用之于不当之地。

既败，孔明要拿他来正典刑。我又不明白，别人可以将功折罪，为何独马谡不能？听孔明口气，似乎是因为国势颓危，必严明军纪。可既然国势颓危，正是英雄用武之地啊！孔明难道不需一人在帐中辅佐自己吗？因一时之败，斩一可用之人，不为已甚！等到“廖化充先锋”之日，不知孔明有没有后悔过。

诚然，马谡是有股傲气，这是他的缺点，然而倒不如说是他作为年轻人才为长辈所不及的优点。有了这股气，才会去冲，去拼。当然，傲气，作为一个成熟的人才是要不得。但从幼稚到成熟，总要有个过程。而往往一次大失误会使人成熟。如果孔明给他一个机会，马谡痛悔之余，骄傲之气纵然犹存，他也会更加明白自己的定位——谋臣。心障去，则看得更宽，想得更远。经过这般磨炼，日后说不定马谡会成为成熟的将相之才。然而，孔明实在太“吝啬”了，一点机会也不给他，演出了一场悲剧。

斩马谡，该吗？用人于不当之地，斩人于不当之时，实孔明之过。不妨引申一下，我发现，曹、刘、孙三人能为人主，确有其孔明远不及之处。帅才能将将。孔明好像用不了将，看他对马谡、对魏延、对赵云，均未能尽其才。对刘备的旧部是如此，再看孔明亲自提拔的人，大多因循有余，创新不足。孔明习惯以自己的思维模式去衡量别人。他谨严就不敢用魏延的奇谋，他事必躬亲就不敢用独当一面的人，以致他招致的人才，似乎缺乏个性，而没有个性只能算是常人了。因而，蜀中人才寥落，不是“天不佑汉”，而是孔明失误啊！反观一代枭雄曹操，他手下的人，或奸或忠，或粗或细，或长于军旅，或长于方略，无不被他驾驭得当，这仅仅因为“燕赵多豪士”吗？当然不，孔明长于治国，“应变将略，非其所长”，陈寿之言不虚也。

读读《三国》，体味体味其中的用人之道，尤其对于领导者，一定大有好处。

导师点评

这篇史论，作者善于驾驭丰富的史料去支撑他的观点；其次他敢于摆脱思维定势，实事求是地重新审视历史；再次，重客观，注意辩证分析。这些都是写好史论应当重视的。

（朱瑞源）

天下英雄谁敌手

——小议《煮酒论英雄》中的曹操与刘备

翟 奇

罗贯中在《三国演义》中塑造了一大批个性鲜明的人物。其中，曹操和刘备尤其令人难以忘怀。

同其他人物一样，曹、刘二人都有其独特的性格。作者着重刻画了曹操的阴险奸诈，不可一世；刘备的弘毅宽厚，小心谨慎。这些，我们可从《青梅煮酒论英雄》中清楚地看到。

“青梅煮酒论英雄”的故事发生在“许田围猎”之后。此时的曹操，刚刚灭掉吕布，并且挟天子以令诸侯，颇有些“春风得意”的味道。而刘备呢？他由于受到吕布的逼迫而来投奔曹操，实属寄人篱下。因此，他忍耐了曹操在许田围猎中的僭越行为，用种菜作为韬晦之计，表示自己胸无大志，想解除曹操对自己的猜忌。曹操虽然知道刘备不是久居人下之人，但为了借其声望扩大自己的势力，因此并不愿意立刻杀掉刘备。然而他心里又十分不放心，于是就千方百计探刘虚实。这就造成了表面上从容不迫，杯酒言欢，暗地里针锋相对，勾心斗角的局面。主人公的性格全体现在二人的语言、心理、行动中，尤其是刘备的“三惊”，曹操的“五笑”上。

文章首先写张辽、许褚请刘备赴宴，“请使君便行”，一个“便”字，使刘备惊疑万分，但又无法拒绝，只好前往。这是刘备的“一惊”。由此不难看出刘备在险峻的形势下所具有的那种隐忍的性格，同时也为下文情节的发展作了铺垫。到了相府，刘备惊魂未定，曹操劈头笑问一句，“在家做得好大事”。虽然是笑着说，但话中有话，话外有意，惊得刘备面如土色。这是曹操的“一笑”和刘备的“二惊”。曹操的笑，体现了其阴险奸诈的性格。他用一句虚虚实实的话，对刘备作了初步试探。而对于刘备，此话不亚于晴天霹雳，以至于面容失色，但他很快冷静下来，表现出其超人的镇定。这是曹刘斗智的第一次交锋。

接着转入正题——论英雄。曹操步步为营，屡屡进逼，要刘备说出当世英雄。而刘备却一味假作痴呆，明知曹操用意却故意兜圈子，说了一些无关紧要的人物，目的在于表明自己没有慧眼，不识英雄，从而引起了曹操三次“发笑”。这三笑使曹操不可一世的性格暴露无遗。曹操虽然笑刘备不识英雄，但仍然心存疑虑，认为自己没能真正探出刘备的虚实。曹操是个不达目的，誓不罢休的人，软的不行，便来硬的。于是他单刀直入地说："今天下英雄，惟使君与操耳。"弦外之音是，将来能和我曹操争夺天下的，只有你刘备一人。这句话惊得刘备心慌意乱，连手中的筷子也掉在地上，露出了马脚。恰好此时，雷声大作。刘备急中生智，借害怕雷声来掩饰自己的失态。这个解释天衣无缝，瞒过了奸诈多疑的曹操，最后，"论英雄"这件事在曹操的哈哈大笑中不了了之。可见，刘备的机智敏捷确实胜于曹操。

在这场"青梅煮酒论英雄"的斗智中，曹刘二人运用自己的智慧，进行了激烈的争斗，虽没有刀光剑影，却也扣人心弦。文中，刘的隐忍与曹的进逼，刘的谦逊与曹的狂傲，刘的惊恐与曹的大笑，刘的聪明机智与曹的狡诈奸险，刘的大智若愚与曹的不可一世，都形成了强烈的对比，展现了两个一代英雄之间旗鼓相当的雄才大略。难怪后人赞之曰："天下英雄谁敌手，曹刘。"

导师点评

本文鉴赏小说，评论人物，没有简单地复述故事情节，也没有用一两句结论给人物做"鉴定"，更没有离开作品作空泛的议论，而是通过矛盾冲突中人物的言语、行动、心理等方面的剖析，深刻揭示人物性格的独特性。这里，习作者以"三惊"和"五笑"作为评论重点，采用对比分析的方法，较透辟地展示了曹、刘二人的内心世界，做到了观点与材料统一，叙述与评析结合，进而肯定了《三国演义》在塑造人物形象、刻画人物性格方面的突出成就。

（高　潮）

闻音知意

——读《崔莺莺夜听琴》

徐　芳(1999 届)

请读下面的曲文：

[天净沙] 莫不是步摇得宝髻玲珑？莫不是裙拖得环佩叮咚？莫不是铁马儿檐前骤风？莫不是金钩双控，吉丁当敲响帘栊？

[调笑令] 莫不是梵王宫，夜撞钟？莫不是疏竹潇潇曲槛中？莫不是牙尺剪刀声相送？莫不是漏声长滴响壶铜？潜声再听在墙角东，原来是近西厢理结丝桐。

[秃厮儿]其声壮，似铁骑刀枪冗冗；其声幽，似落花流水溶溶；其声高，似风清月朗鹤唳空；其声低，似听儿女语，小窗中，喁喁。

（见《西厢记》第二本第四折）

《崔莺莺夜听琴》是《西厢记》第二本的第四折。故事已经发展到了这里：张君瑞救下莺莺，两心相悦，一心要结为连理，谁知崔夫人嫌张生贫贱，要棒打鸳鸯，张生痛苦之极却又无奈。这时红娘向张生献计，让他月下弹琴试探小姐情意。“莺莺夜听琴”就是在这样的情况下发生了。

这三支曲子是《崔莺莺夜听琴》中的精华，语言华美流畅，文情并茂，更难得的是融情于文，“听琴声而知情意”，这点表达得淋漓尽致。

［天净沙］一曲写出了莺莺初闻琴声的情态，你看，深夜月光下，崔莺莺内心郁闷，独自烧香，隐隐约约地一串串声音随风飘入了她的耳中，莺莺侧耳倾听，是什么声音呢？文中一连用了四个“莫不是”，很形象地表达了莺莺当时那种猜测的心理，并且我们还可以感觉到崔小姐已经挪动莲步，寻声探去，“宝髻玲珑”，“环佩叮咚”，“铁马骤风”，“金钩双控”这四种声音从小到大，显然莺莺是越来越接近声音的源头，内心的疑惑更是逐步加深，似乎什么声音都像，却又都不像，究竟是什么发出的？

［调笑令］一曲写了莺莺找到乐源的全过程。声音高低起伏不定，莺莺越发疑惑。随着声音的变化，她不断想象着，声音高亢时如“梵王宫夜撞钟”，清脆时如“尺刀声相送”，轻柔时又如“疏竹潇潇”，缓慢时又恰似“水滴壶铜”，最后莺莺驻足，再次聆听，“原来是近西厢理结丝桐”！恍然大悟，“原来是”一词表现了莺莺找到了乐源时的欣喜的心情。

［秃厮儿］是这三支曲子中的一个小高潮。西厢里住的是张生，这更引起了莺莺的好奇、爱慕与渴望，使她全身心地听琴，她完全沉浸在音乐中了。“声壮，声幽，声高，声低”似乎张生在向她倾诉着人世间的不平，向她倾诉着自己的爱慕之情，要与她结为连理。那琴声，坚定中不失温情，柔情中又夹杂着悲愤。莺莺呢，在乐声中，她想

象着，从“铁骑刀枪冗冗”，到“落花流水溶溶”，从“月朗鹤唳空”到“小窗中喁喁”，可见莺莺此时也是思绪万千呢。她哪在听琴！她是在听张生说话，张生怒她也怒，张生悲她也悲，张生柔情似水她也含情脉脉，以致一曲未了，莺莺已经感动至极，不觉泪下，“他曲未终，我意转浓，争奈伯劳飞燕各西东，尽在不言中”。

“听琴声而知情意”，于此可见一斑，短短三支曲子就将张崔二人的心理刻画得入木三分，真令人感叹惊讶。惊讶之余，我们又看到曲中运用了大量的比喻与丰富的想象来描写琴声，这对于用琴声来刻画心理是起着关键作用的。曲词文辞华丽而又畅达，语句精悍而又情意隽永，我认为这三支曲子可谓精品中的精品。

导师点评

戏曲欣赏，必须结合戏剧特点，从规定情境中人物的思想、性格、心理、行动等去进行阅读，才能领略到作品的精妙之处。作者对“莺莺听琴”的欣赏是在行的，文章偏重于写自己的感受，注意戏剧意象的描述，这是与写思辨性较强的剧评明显不同的地方。

选自北方妇女儿童出版社《中学生优秀作文》

看吝啬鬼的形象

——评《守财奴》

高 飞

葛朗台是法国作家巴尔扎克的作品《欧也妮·葛朗台》中的人物，也是世界著名的吝啬鬼形象之一。课文所节选的《守财奴》正是对他这一形象的最深刻的揭露，由此也可以看到这个吝啬鬼的几个特点。

首先，他“爱财胜命”。爱财，或许是大多数人的通性，但若把财物看得比任何事物都重要，把爱财当作人生的惟一目的，那就会导致性格的扭曲，使人变得偏执。葛朗台就是这样，虽然他已经事先决定向女儿屈服，“以便到死都能保持家长的威风，抓着几百万家财的大权”。但一看到金子，他仍然会忘乎所以，如条件反射似地“扑上梳妆匣，好似一头老虎扑上一个睡着的婴儿”，以他七十六岁的高龄而做出这种举动，作者的夸张可谓大胆，而这种大胆的夸张，又使得这个守财奴的形象分外鲜明。“噢，是真金！金子！”“这交易划得来”“他拿了你的家私，正应该补偿你”……满口都是商人、吝啬鬼的语言。而最荒谬的是，在他的眼里，甚至连匣子的精美，匣子自身的价值都不存在，他所看到的只有金子，纯粹的金子，以致不惜毁坏匣子，“想掏出刀子撬一块金板下来”。

葛朗台这种对于钱财的疯狂渴慕，就必然会导致他的第二个特点：不惜一切手段去骗财。而这一点也正是资本积累时期资产阶级的共性。就在他与女儿争夺匣子争到白热化的时候,他的妻子昏倒了,权衡之下,他决定向妻女屈服,因为一旦他妻子死了,女儿继承了母亲的遗产,他就得把财产放手一部分,而这正是他最不愿去做的,从这一点也可以看出这个守财奴的精明、狡诈。但他的妻子毕竟还是死了,他下一步的直接目标就是让女儿放弃继承权。为了达到这个目标,他演出了一幕幕的闹剧兼丑剧:他先讨好女儿,“他来搀了她去用午饭,几小时地望着她,眼睛的神气差不多是很慈祥了;他瞅着女儿,仿佛她是金铸的一般”。而在骗得了女儿的信任之后,他又制止公证人说出真相,“别多嘴,克罗旭——一言为定”!他“抓起女儿的手放在自己手中一拍”,几乎是用了强迫的手段让女儿签了字,达到了他的目的。不仅如此,他还“因为能够利用女儿的感情占了便宜,觉得很高兴”,他最卑劣最无耻的地方就在于他置温情的家庭伦理于不顾,利用人类最美好的感情来达到自己对金钱的欲望。他的这种卑劣的品行,正是当时资产阶级罪恶的突出、鲜明的反映。“资本来到世间,每个毛孔都滴着血和肮脏的东西。”

一个守财奴之所以会成为守财奴,就在于他对钱财的死守上。守财,谈不上过分,但若发展到极端,人反而成了财物的奴隶,那就是人的可悲了。而葛朗台的“奴性”则在巴尔扎克笔下发展到了极点。他到临死仍在看守着密室,看守着他的金子,尽管那一切不久就将不属于他。“他教女儿把门打开,监督她亲自把一袋袋的钱秘密地堆好,把门关严”,“裹紧,裹紧,别给人家偷了我的东西”,“你看住金子!拿来放在我面前”!“这样好教我心里暖和”!……一系列的行动、语言的描写刻画了他极端的“奴性”,又为下面一个小小的、可笑而又可悲的高潮作了铺垫:在咽气的最后一刻,他还竭力地要把镀金的十字架抢到手中。作者就用这种极端的讽刺让葛朗台离开了人间。

最后一点必须提及的是,人物都是生活在特定的环境中的,人物的性格、表现多多少少都要受到社会环境的影响。因而,正是由于这一点,葛朗台与我国清代作家吴敬梓笔下的严监生就有所不同。尽管严监生也同样地守财,甚至也在妻子临终时利用他们的感情(赵氏扶正的那一段)。但相形之下,严监生就显得有些懦弱、无能,因为他所处的是封建社会的末期,而处在资本主义上升阶段的葛朗台就多了几分疯狂与贪婪。

导师点评

人物形象的刻画始终是小说创作的关键。本文从小说情节内容的构思上去分析人物形象的本质,从小说特定的环境背景中去比较人物形象的个性,这样评论,就把小说的三要素有机地统一了起来。

(朱瑞源)

艺术手法的运用

——评《背影》的辩证手法

潘　靖

《背影》是朱自清先生所写的脍炙人口的散文名篇之一，在中国现代文学史上占有重要的地位。文章通过回忆生活窘困中的父亲到车站为作者送行的场景，表达了作者对父亲的无限的怀念之情。细读全文，我们可以深刻体会到文章中所体现的虚与实，扬与抑，开与合等许多组矛盾的辩证统一的关系。

一、虚实结合。化实为虚，以实带虚，以虚补实。

"以虚为虚，只是一片虚无；只有以实为虚，才有无穷的意味。"（《美学散步》）所以，在抒情性散文作品中，要能实现有效的感情交流，就必须借助于情感和认识之间的辩证关系。《背影》中，从根本上说，作者对父亲的感情是"虚"，而作者与父亲的生活，父亲的爱子之情则是"实"。作者为了表达对父亲的感情，选取了父亲在家庭遇到了极大的不幸的情况下，送作者去车站这一组镜头，通过父亲对儿子的关心，和问车票以及买橘子等几件事情的描写，使读者了解到父亲的不幸遭遇，以及异乎寻常的爱子之情；同时，也使读者深刻体会到儿子对父亲的爱。在这其中，作者在对父亲车站送别的情景的描写中，将自己的感情融入其中，这就是"以实为虚"、"化实为虚"的写法。而文章中散发着作者感情的描述，就是虚和实的结合。从中我们不仅能直接体味到作者对父亲的深情，而且能够了解到父亲的不幸遭遇，以及他异乎寻常的爱子之情。所以当读者了解到作者的感情之所以产生的现实基础时，也就能与作者在思想上产生共鸣。这也正是《背影》感人至深，令人百读不厌的根本原因所在。

二、起伏波折，抑扬有致。

作品中欲扬先抑或欲抑先扬的手法，往往更有利于揭示事物的本质，人物的性格，更能激起作者思想感情上的波澜。《背影》中，父子之间的真挚感情，则是通过文章情节的起伏，双方感情的抑扬等变化，得到充分的体现的。

在作者笔下，父子间的感情并不是始终如一的，而是有所变化的，有所发展和深化的。在车站送别时，父亲为"我"买车票，拣座位时，"我"还暗自觉得"父亲说话不漂亮"，心里"暗笑他的迂"，这一方面表现了父亲对儿子的不同寻常的爱护；另一方面也表现了作者对当时不理解父亲的一种感情上的内疚和自责。这复杂的感情交织在一起，使得"我"对父亲的怀念之情更加深沉。文中还写到父亲因老境颓唐而"待我渐渐不同往日"，这一方面固然反映了"我"对父亲的同情、体谅；另一方面也能让读者体会到此时此地父亲对"我"和"我的儿子"更为深切的惦念。有抑有扬，欲扬先抑，抑扬之间，父子之情表现得格外真切动人。

从以上的分析中可以看到，《背影》中，朱自清先生的确非常重视艺术辩证法，常于对立中求统一，不协调中求一致，也正是这些辩证手法的运用，加之朱自清先生文笔的清丽淡雅，朴实自然，使得《背影》这篇文章获得了极大的成功。

导师点评

评论作品，要讲究艺术规律，要按照审美的原则开展批评。本文从“虚与实”、“扬与抑”等艺术辩证法的角度，评析朱自清的散文《背影》，启发人们用艺术的眼光去领略作品内在的魅力，评价阅读对象。

（高 潮）

立意、修辞、章法的兼优

——评《爱莲说》

陈 菲

古人论文，讲究立意，注意修辞，追求章法。《爱莲说》可谓是三者兼优的一典范，也因此而成为千古传诵的名篇。

立意，是一篇文章的灵魂所在，至关重要。《爱莲说》这篇文章通过对莲花的爱慕与赞颂，表现了作者对美好理想的向往，对高尚情操的追求以及对正直人格的仰慕；同时，作者通过对牡丹的厌弃，表现出他对趋附权贵、苟随时俗者的不满。清健的思想内容，给了文章以美丽、高尚的灵魂。周敦颐在此文中鲜明地表现了自己的进步理想与美学情趣。突出的地方是他将自己的审美观念与花的自然特点完美地结合起来。

“予独爱莲之出淤泥而不染，濯清涟而不妖，中通外直，不蔓不枝，香远益清，亭亭净植，可远观而不可亵玩焉。”这几句不但写出了莲花美丽的外形，芬芳的气质，而且对它的高洁品德、美好情操作了逼真逼肖、尽善尽美的描绘，充分表现了作者对它的倾慕之情。这是作者对在污浊社会中能保持高洁情操的志同道合者的敬仰，对追名逐利的小人的厌弃；同时，也是他自我品德的写照。这样，花的自然特点就与作者的审美观点完美地结合在一起。

修辞，是一篇文章的血肉。文章的可读性与充实性，就重在修辞。本文修辞的突出之处在于熟练地运用了拟人和对比的手法。

作者运用拟人手法，赋予了花儿各自不同的思想性格与品德情操。菊花，是隐逸者的形象；牡丹，是富贵者的形象；而莲花，则是美的理想的化身，亭亭玉立，娴静多姿，洁身自好，高标傲世。

衬托的手法，本文运用得很多。作者要赞颂的是莲，却并不孤立地描写，而在比较中显示它的高超不凡。“予谓菊，花之隐逸者也；牡丹，花之富贵者也；莲，花之君子者也。”作者把莲花的高洁从牡丹的反衬中突现出来。菊花和莲花虽都不满现实，但前者采取的是逃避态度；后者敢于面对现实，在污浊的生活中保持高洁情操。因此，莲花比菊花更可贵。作者通过对菊、牡丹、莲三种花的品格描写，以牡丹为反衬，菊花为陪衬，自然而然地将莲花的美好品德表现出来。

章法结构，是文章的骨架，支撑全文。本文虽短，却沿感情变化的线索起伏多姿。

开头一句，似泛谈世上可爱之花甚多，却使读者心中生问，随即叙述历来人们对花各有所爱的情况，慢慢掀动读者感情微波。从“予谓菊”开始，感情渐趋强烈，至“噫!”以后，感情如波涛汹涌，发出轰鸣之声。而就在此时，作者以一问一叹，收束全文。这样“抽刀断水水更流”，使读者感情久不平息，不由得仔细反复体味，从而进一步领会文章主旨。

《爱莲说》一文，作者将清健的思想内容，借着起伏变化的感情线索，逐步流泻，更通过种种娴熟的修辞技巧，将自己的高尚品德、情操与审美情趣与花的特点完美结合。文章意味深长，手法娴熟细腻，结构严整完美，这些都是值得我们借鉴和学习的地方。

导师点评

心领神会，形诸笔端，不亦乐乎。

文学鉴赏笔谈八则

(一)

张　程

“明明如月，何时可辍?”(曹操《短歌行》)初读，只觉得作者联想奇特，有那么一点浪漫主义色彩；再读，联系作者身份，不由想问一句：“孟德何以如此狂妄乎?”三读已感受到作者的激情，细细体味，方体会到了曹操那种满怀豪情壮志的气概，他对贤才的渴求和对理想的追求。

(二)

朱一鸣

过去读徐志摩的《偶然》，只觉得是一首普通的爱情诗，并没有在意。而今读读，想想以往的时光，多少人来了又走了，多少欢笑过了又忘了，多少回泪水流了又干了，真是数也数不清。

我时时会拿起小学的毕业照片，一张张熟悉而陌生的笑脸，依稀想起我们之间的种种,不禁感慨系之:天各一方,音讯全无。果真是“你有你的/我有我的/方向”。

我们就像是两条相交的直线,……在茫茫人海中,能相遇便是缘分。

生命,原来就是与一些人相遇的过程啊!

(三)

胡 佳

中国文学讲究意境,你要读懂它,感受它,必须进入意境之中,否则只能隔着窗户看那边的世界。

《荷塘月色》究竟美在何处?轻轻闭上你的眼睛,让思绪在塘边的小路上漫步……你会看到那田田的叶子,那袅娜的荷花,那凝碧的波痕,那脉脉的流水,那朦胧的月色;你会闻到似有若无的缕缕清香,会听到梵阿玲上奏着的名曲,……它的美在于虚虚实实,你能从各方面感受到荷塘的存在,却又感到它是虚无缥缈的,这正是朱自清先生给我们营造的梦幻世界。

(四)

姚玉霞

无边的寰宇,除了荷塘,便是我,还有茫茫月色。

“弥望的是田田的叶子,叶子出水很高……”我想起了《天鹅湖》中美丽的奥杰塔公主,每当这月色苍茫、流水脉脉之时,她会出现在层层的叶子中间,舒起嫦娥的广袖……她不会以“非土非洋”介意,也不会有嫦娥的寂寞,因为有这无边的荷香月色给她受用呢。

“微风过处”,缕缕清香扑面而来,耳边分明有渺茫的歌声,来了,又远去了,怎么也捉摸不住。哦,荷塘中仙袂飘飘,这不是队队荷花仙子的轻盈舞步吗?……

(五)

许 辉

《荷塘月色》何以如此美?

朴素动人的描写,如诗的意境。在朦胧的艺术氛围中,使人如一头闯进象牙之塔里,只有轻柔的月光,脉脉的流水,如渺茫的歌声似的荷香,愉快地领受幻觉中的交响。

普通的一池水,一丛莲,并不特别;但在朱先生的文章中却是美的极致。这是因为清华园中的这荷塘,融合、渗透了朱先生对美的深刻理解,才有这篇杰作。

(六)

曾庭卫

《鸿门宴》中樊哙闯帐,扣人心弦。有人以为樊哙闯帐是去拼命的,其实不然。

首先,他应该明白,单凭他一人的武力无论如何是保不住刘邦的性命的;要是他真的来拼命,岂不遂了范增的心愿,借此杀了刘邦。

其次,他也知道项羽力大无比,武艺超群,罕有匹敌,自己又如何是项羽的对手?

因此,我以为定是樊哙摸透了项羽的心理,借势令项羽生"英雄惜好汉"之意,从而给他一个为刘邦辩解的机会;也正由于樊哙了解项羽的性格,才趁势发了一通谎言,弄得项王理屈辞穷,窘相毕露。

(七)

詹兆国

鉴赏和创作一样,是创造性劳动。比较起来阅读,效果会更好。

例如,流沙河《就是那一只蟋蟀》和余光中《乡愁》,同是表达了海峡两岸的相思情,但各有千秋。《蟋蟀》诗,主要在"情"上下功夫,多角度抒情,相思情,相通情,怀乡情,忆旧情,两心相印情;而《乡愁》诗,则把抽象的情感具体化,最后升华到渴望祖国统一的高度。两首诗,可以说是异曲同工,各有可圈可点之处。

(八)

熊　曦

我觉得文学鉴赏也有三种境界,正如解牛的庖丁,有"族庖"、"良庖"、"道庖"之分。

如果把一篇完整的文章肢解,像读《荷塘月色》,只欣赏它优美的词句而不及其余,充其量,"族庖"而已。

注意理解文章的内涵,知道它的写作背景,了解作者的苦闷,还知道朱自清为什么在领略了荷塘月色之后,又"莫名其妙"地加上一句:"但热闹是他们的,我什么也没有。"这自然上升了一个层次。是为"良庖"。

最高境界是进入"意境"。抛开一切,设身处地,如临其境:荷叶田田,清香缕缕,流水脉脉,月色朦胧,还有虫声唧唧,欢快地奏着小夜曲;然而现实却与这和平的夜多么的不协调! 无奈之中,只得涩涩地说,让它们热闹去吧,我什么也没有……

这样去领悟文章的美,——"道庖"者也。

导师点评

文学是我们生命的家园。在接受论者看来,文学鉴赏则是作者和读者共同创造另一个价值世界。同学们进入高二以后,对文学各有会心,写信给老师谈自己鉴赏文学的感受、理解和领悟,上面几段就是从他们的信中摘出的,可以说各自都能找到"自己的感觉"。有人说,"没有感觉,是几代人的大病",这话或许是耸听的危言,但确能令人警醒。把文学当文学来教,把文学当文学来学,让文学"回归",实现它应有的价值,也是当前中学语文教学的当务之急。

选自北方妇女儿童出版社《中学生优秀作文》

从《鸿门宴》看项羽为什么失败

杨 玥

阅罢《鸿门宴》，既为刘邦暗捏冷汗，轻吟“侥幸，侥幸”，更为项羽扼腕伤痛，大叹“可惜，可惜”。一出“鸿门宴”揭开了项羽“霸王别姬”、“自刎乌江”这台大悲剧的序幕，暗示了项王最终的命运。项羽的悲剧，除却客观的原因（刘邦之狡黠、勇者智士之助刘邦等）之外，他的悲剧性格应负全责。

“鸿门宴”中的项羽，完全是个不通政略的“门外汉”，与刘邦的善要手腕形成了鲜明的对照。起初，他“怒于刘邦”，不过是恨他先于自己入主秦宫，后经范增提醒，似乎悟到了杀刘氏的必要。作为一代霸主，既然已经意识到了身边的威胁，并已设好了陷阱，却又被项伯、樊哙的几句花言巧语迷惑了自己，当断不断，结果使得刘邦“顿开金锁走蛟龙”，成了他日的汉高祖，项羽实在是太缺少政治家的眼光、头脑和一诺千金的气魄了。这一切与其少年时不爱学习大有关系。《史记·项羽本纪》中说他少时“学书不成，去，学剑，又不成”，纵是对兵法感兴趣，也只“略知其意，又不肯竟学”。少年时的疏惰造成他成年之后不谙权术，不明形势，好大喜功，情绪用事，难在政略上做出准确的判断。由于豪爽，他才能团结八千子弟兵摧枯拉朽地覆灭了秦室，又由于残暴，才使他不得民心，最终遭致覆灭。武夫终究是武夫，他屠咸阳、焚阿房、坑降卒、弑怀王，残暴无德，弄得乌江边的田夫也恨之入骨，故意引之入大泽，失去了逃脱的机会。他的残暴源自他的独断和刚愎自用，连被尊为“亚父”的范增的意见都爱理不理，“鸿门宴”中范增屡次举玉玦暗示，他都置若罔闻，更不用说其他人的意见了。难怪范增摔玉而叹：“竖子不足与谋！”

悲剧的性格最终酿成了性格的悲剧。太史公说得好：“自矜功伐，奋其私智而不师古……身死东城，尚不觉悟，而不自责，过矣。”项羽失败的教训，对衮衮诸公们，不能不说是有启示的。

导师点评

习作者善于对具体的典型材料加以分析，概括演绎出一般中性的结论，善于审视寓于个体中的带有共性的某些道理，围绕中心，深入议论。文章内容充实，说理有一定的深度。

（高 潮）

谈武论金庸，论侠谈古龙

李华杰

不论承认与否，武侠小说是我们接触较多的一类小说。而提起武侠小说就不能不提两个人：金庸和古龙。这两个人是武侠小说的两座高峰，代表了经典与现代、现实与浪漫的两种不同风格，对武侠小说的发展产生了巨大的影响。这两人的迥异之处很值得玩味。

先说背景。金庸最善于将历史事件推衍开来，以整个社会发展为主线。如其代表作《射雕英雄传》就是以宋、辽、金三国之间的矛盾冲突为大背景的。金庸有着深厚的历史文化知识，能巧妙地将人物安放到社会背景下，真实与假设相结合，既不违背历史事实又能吸引读者。而古龙的书大多没有提到朝代皇帝等，事实上也没必要，因为他的书很少与皇帝挂上钩。论知识古龙远比不上金庸之渊博，但古龙很聪明地回避了这些问题，而且回避得很好。如《楚留香》等名作就是明证了。

再谈情节。金庸的情节要伴随历史的发展，主角也是由弱到强的基本路子。之所以称其经典，主要是他将一个“侠”字定了较好的位置。正如其笔下人物郭靖所说：为国为民，侠之大者。金庸笔下的大侠，不仅是飞墙走壁杀富济贫，更要想到民族、国家的利益。在他笔下，郭靖为保大宋死守襄阳；萧峰为免生灵涂炭而自尽于阵前都能体现这点。可以说，金庸让武侠小说上了一个档次。而古龙有着极丰富的想象力，其情节往往是一个悬念接一个悬念，高潮叠起，扣人心弦。主角一般是破一件公案，但谁是主谋，结果怎样，你永远猜不到。不到最后你怎么也猜不出结果，吸引得你不肯释手，非得一口气读到底不可。其情节之曲折回环、独出心裁非金庸所能比。换句话说，古龙打破了主角由弱到强的固定模式，把武侠小说带入了一个新的境界。

三议人物。金庸力求将人物来龙去脉交待清楚，他写的很多书都互有牵连，如杨过、郭靖等人差不多是从生到死都交待得一清二楚。他对人物的刻画注重性格。如郭靖之憨厚老实，黄蓉之聪明调皮，洪七公之嫉恶如仇，人物形象很突出。而古龙的书很少提及人物的身世。大家熟悉的楚留香、陆小凤、小李飞刀等，身世都是谜。他对人物的刻画注重于精神。主角顽强、坚韧、不怕困难而又不盲目蛮干的精神让人佩服；对朋友两肋插刀，为知己出生入死，其大无畏的精神常令人热血沸腾。总之，这两人均善于对各种人物形象进行刻画塑造，而且都很成功。

最后看看写作技巧。金庸对中国文化很有造诣，他书中的武功也较杂。有内功、外功之分，又有拳脚、刀剑之别，并且与佛家、道家的某些思想交融在一起。金庸善写人物搏斗过程，一招一式非常明了，招式名称层出不穷，让人如亲临战事一般有切身体验。而古龙善写决斗。他先烘托气氛，将紧张的气氛一推再推，让读者紧张得喘不过气来，却又强烈地想看结果。决斗过程很短，一般只一招。没有让人眼花缭乱的招式，只有一招，比速度比力量比判断力，刀光一闪而胜负立判，将精神力量发挥到了极致。这两种风格各有韵味，相得益彰。金庸还擅于写情，尤其爱情，他的看法和写法有独到之处。古龙更擅长写友情，对友情的描写可谓淋漓尽致了。至于写景等方面，二人又有不同之处，但都具有很高的欣赏价值。他们两个在书中体现的一些做人思想和人生哲理都值得我们去探索、体会。

我之所论亦不过皮毛而已。金庸、古龙的经典之作有很多值得学习、欣赏的地方，闲暇之时，不妨捧上一本。

导师点评

金庸、古龙是公认的“新派武侠小说”大家。金庸的作品消泯了严肃文学和通俗文学之间的界限和分野，使武侠小说登上了纯文学的艺术殿堂；而古龙的作品，在语言上自创一格，号称“古龙体”，并影响了言情派小说家的创作。李华杰同学的这篇文章，对这两位武侠小说大师作了初略的比较，言之有物，言之有序，可以看到武侠小说的积极影响。也可以说，这篇文章是“有感而发”的：有的人之所以对武侠小说怀“偏见”，实在是因为对它无知或者知之甚少。

雷诺阿的《少女》

孔　晋

雷诺阿的油画《少女》，每次对她的凝视都能激起我内心的倾慕之感。女性是天赐的艺术品，特别是少女，虽然汪曾祺先生说过：用文字描绘少女是笨人干的事，但我还是无奈要将这感觉译成文字，就算作理性的分析吧。

初次看到这帧作品，首先沁入脑海的是她一头金黄的瀑布似的长发，雷诺阿准确地把握住了人物的个性化特征，并作主观的突出描写，体现了早期印象派风格。少女柔顺的长发披在肩上，遮住身体，占据了画面的大部，对光线的巧妙运用使那头发具有相当的层次感，加之明丽的色彩，给人视觉上的冲击力是无疑的。然而头发并不散乱，一条淡绿色的绸带将之轻轻地挽在脑后，给少女勾勒出了端庄的气质，她无瑕清澈的心灵又似乎被易于理解地表现了出来——只有这样的心灵才能拥有这样的长发，不是吗？

美丽的头发映衬出一张洁净的面颊，深蓝的眸子安静地凝视着。安静中又好像藏着青春的悸动。红红的、富于曲线的嘴唇，微微翘起的嘴角，能给人以无限美好的感觉，交握着的双手放在长裙上，显出她的教养。主调为金色的背景对主题的渲染起着重要作用。试想，如果是纯黑，那不免沉闷；如果是纯金，又显飘浮。但这样的背景不仅调和了画面，而且从深层次上说，金色象征了少女的美丽年华。

画面的整体色调热烈而不俗艳，但热烈又被她的安静调整得相当稳重。雷诺阿对作品的主题和色调之间的关系把握得恰到好处。画好一幅作品，首先要对事物有真正的情感，画出来，又是将这情感传递给别人，雷诺阿做到了。不知他画的是不是法国姑娘，姑且认为是吧，那法兰西女性特有的柔婉的性格不已完全地告知欣赏者了吗？见了这样的姑娘，谁不怦然心动呢？

在人物画方面，与传统的中国画(如仕女图)相比，西洋画能更真实地打动人，因为国画中的人物，特别是女孩，是唯美主义的，是以浪漫的笔线画形象，重于意；西画中的肖像一般是写实的，非常注重人物的形体构成(好的画家是要学好解剖学的)，因此给人的是基于真实的美感，画中的这位少女才是确确实实地呼之欲出啊。

以上聊作一时随笔。其实，对艺术的感悟是只可意会，难于言传的，而且是言传不得的。

导师点评

画家雷诺阿是法国印象派大师，他创作的儿童形象天真烂漫，逗人喜爱，在美术史上有特殊意义。印象派画家把光和色彩作为追求的目的，光和色彩的表现在他们的创作中发挥到极致。孔晋同学于艺术广为涉猎，博采力索，颇多领悟，他对油画《少女》的鉴赏，能从印象派的特点出发，娓娓道来，言之有物，亲切有味。

(张　铨)

雷诺阿的《少女》

悟

过去读徐志摩的《偶然》,只觉得是一首普通的爱情诗,并没有在意。而今读读,想想以往的时光,多少人来了又走了,多少欢笑过了又忘了,多少回泪水流了又干了,真是数也数不清。

我时时会拿起小学的毕业照片,不禁感慨系之:天各一方,音讯全无。果真是"你有你的/我有我的/方向"。

我们就像是两条交叉的直线,……在茫茫人海中,能相遇便是缘分。

生命,原来就是与一些人相遇的过程啊!

附:徐志摩诗:《偶然》

我是天空里的一片云,
偶尔投影在你的波心——
你不必讶异,
更无须欢喜——
在转瞬间消灭了踪影。
你我相逢在黑夜的海上,
你有你的,我有我的,方向;
你记得也好,
最好你忘掉
在这交会时互放的光亮!

朱一鸣,1999 届

我的《三闲集》

扬州中学　高三　朱一鸣

经常听说,一些文人总喜欢为自己的作品集取个高雅的名字,诸如袁枚的《随园诗话》,丰子恺的《缘缘堂随笔》,等等,心中很是羡慕。

于是当我写了几本练笔时,我也绞尽脑汁地为自己的文集取个不俗的名字。但谋事在人,成事在天,天不作美,灵感不来,我又能奈何?

在犹豫不定中,时间又不知不觉地过了半个多小时,心里暗叹道:"在如此繁忙的学习中，我竟用了半个多小时来取什么书名，真是有闲情啊!”正感慨着，忽然脑中灵光一现:“三闲集”。何以名之？忙里偷闲，此其一也；琐事闲情，此其二也；闲时翻翻，此其三也。另外，我正好是高中三年级三班三号。这真乃“人工不竭，天巧不传”也。

正得意时，一个声音响起了:“你既然没有立志做一名作家，何苦花这精力呢？这究竟是得，还是失?”

我哑然……

诚然，我所能做的只是用心去体悟“鸟啼花落”中的“神妙”；用眼去发现大千世界的美；用笔将这一切述之以文字。

我所能做的只是以一颗不太成熟的心一支略带幼稚的笔去尽力描绘我眼中的世界。

我所能做的只是在闲时，写一些或许只有自己欣赏的文章，亦敝帚自珍，乐在其中。

这一切看似微不足道。但，这难道不是“得”吗？它给了我一双敏锐观察的眼睛，一颗才情似海的心，一个宽广旷达的胸怀。我豁然开朗，这不但是“得”，而且是大“得”。这是作文水平的“得”，文学修养的“得”，更是个人素质的“得”。

于是，兴尽收笔。并以此篇作为我的《三闲集》的序，借以明志。

（原载北方妇女儿童出版社《中学生优秀作文》）

●鉴赏类作文

[题目]

阅读下面的材料，根据要求作文。

古典长篇历史小说《三国演义》开篇，词曰：

滚滚长江东逝水，浪花淘尽英雄。是非成败转头空。青山依旧在，几度夕阳红。
白发渔樵江渚上，惯看秋月春风。一壶浊酒喜相逢。古今多少事，都付笑谈中。

这首词流传极广，尤其经过影视传播，影响很大，为人们所熟悉。你是怎样鉴赏它的呢？或把握精神，全面剖析；或抓住特色，重点评论；或找出问题，深入阐发。请写一篇鉴赏文章，题目自拟，不少于800字。

[提示]

如何写赏析类文章

诗词是灵魂和智慧的闪光。鉴赏诗词就是读者依照诗词特点，去创造性地理解和解释作品，与作者、作品交流对话。鉴赏文章的写作，定体则无，大体须有，一般应注意下面几点。

1. 文学的眼光。文学不同于科学，科学追求的是准确的客观存在（真实），而文学寻求的是一种理想化的情感境界（真诚），也就是说，文学眼光和科学眼光，同样有“真”，但二者具有绝然不同的性质。文学有明显区别于科学的特点，就语言上讲，文学是意象语言，生动的感性外观蕴藏着丰富的文化内涵，“意”隐藏在“象”的背后。意象有两个层面，一是指示层面——直接而明确的事象；二是情意层面——象征而隐蔽的幻象。我们在阅读诗词时，就应充分调动自己的想象力，透过感官接受的事象，而深入领悟包蕴人生经验的真谛，去追寻那内化的审美信息，领略作品深层世界的真相和魅力。

2. 审美的心态。阅读诗词要身心投入，沉吟涵泳其中，用灵眼看，用灵耳听，让意象的画面在自由思维活动中创造性地呈现，进而跃入作品所营造的精神境界（意境）。意象是有限的，重心在画面，而意境是无限的，是精神空间，空间超越画面之处，正在于它总有着深幽广远的立体感、生气感、无限感。在这种审美掌握的过程中，自己的生活经验和文化积累也必然被激活，此时，应大胆地作审美判断，“作者未必然，读者何必不然”，从而获得审美的愉悦和人生的启迪。

3. 写作的智慧。鉴赏文章，可以全面剖析，可以重点评价，也可以就一个问题深入阐发。临场要果断，应当从实际出发，根据自己的积累和才情，根据自己对诗词的解读程度，迅速作出决策。全面剖析的，侧重作品本身内容的解析和发掘，把握基本精神，照顾全面，突出重点，文字活泼，不可过于沉闷。重点评价的，偏重于作品的思想艺术特色，选择感受、体验最深的来写，论题要集中、得当，特点要抓准、讲透。重在阐发的，通过作品作“由此及彼”的联想，选择人们感兴趣的一个问题，或解疑释难，或论争诘辩。问题的症结要理清，要言之成理，持之有据，以理服人。总之，写诗词鉴赏文章，不可忽视艺术特征，不可忽视具体作品，要写自己的真感受，真体验，真发现。

［例文］

笑谈千古自流水

扬州中学　王　磊

倘若杨慎活到今天，怕会状告毛宗岗父子侵犯著作权，把他的大作《临江仙》词（滚滚长江东逝水）放在《三国演义》卷首而不注明。以致后人不知是杨慎所填，糊里糊涂将其归于罗氏名下，错用“词曰”二字含糊带过。此词流传最广，表达了一种超旷的历史观和通达的人生态度。

词作开篇便是大手笔，“滚滚长江东逝水”以滔滔江水宏大的意象，为全词奠定了感情基调。长江这个意象在古典诗词中屡见不鲜，从“澄江静如练”（南齐·谢朓）到“长江万里静如练”（元·周德清），是其静态美；从“不尽长江滚滚来”（唐·杜甫）到“不尽长江滚滚流”（宋·辛弃疾），再到“长江浩浩西来”（元·赵禹圭），是其动态美。这里的长江意象虽然是承前人而来，前人从整体上把握这个意象，而杨慎着眼“江水”，且巧用一个“逝”字将水写活，也将全词主旨写活，正所谓“风流总被雨打风吹去”。“浪花”一句明显由“大江东去”化来，咏浪花而叹英雄，一比一兴便引出词心——“是非成败转头空”。语虽平淡，但更现一种历史的沉重，是也罢，非也罢，成也罢，败也罢，千古恩怨，百年悲欢，算而今，荒郊累累一抔土。

上片最末两句，可谓妙手偶得。荡开一笔，咏青山叹夕阳，正是匠心所在。王维的“荒城临古渡，落日满秋山”，有悲秋之壮美，而夕阳满青山倒有些许优美。青山亘古不变，可“英雄无觅”；“几度夕阳红”，历尽漫漫长夜，旭日终将东升。这青山，这夕阳，两个看似寻常的意象，反衬出“人生如逆旅，我亦是行人”的短暂，折射出“昔时人已没,今日水犹寒”的悲凉,心动于美景,而情发为叹息,词中色彩对比鲜明,多重层次叠加,颇有几分摩诘遗风。难怪琼瑶女士于唐宋诗词两大奇葩之外独取这句为其小说的书名呢!

词转下片由景及人,不难看出与苏东坡的深厚渊源。“白发渔樵”就受了东坡的启发。杨慎曾评论南宋陈与义的词,“笔意超旷,逼近大苏”。他自是此中高手,当行本色,对其中妙谛心领神会。你看他用一个“惯”字轻轻一带,将英雄功业立即化成茶余饭后的笑谈材料;又以“一壶浊酒”入词,更见异乎常人的超旷了。古代文人大多对酒是有感情的,陶潜诗中有酒,多半是自叹身世的自斟自饮;李白诗中也有酒,但多是问天问地问云问月的虚拟对饮。杨慎词中对饮的是渔樵,他们的对饮是在闲适的气氛中进行的,固然不同于陶潜,不同于李白,也不像易安居士“凄凄惨惨戚戚”的“三杯两盏淡酒”,更不像《桃花扇·哀江南》里三人老泪纵横的亡国惨饮。杨词中渔樵对饮,笑谈古今,虽由《赤壁赋》化来,可不拘泥于它的高谈阔论;“古今多少事”直用陈与义成句,却不呆仿“杏花疏影里,吹笛到天明”的空灵奇丽,而是于闲适中见深沉,谈笑里有叹息,有隐隐的历史回声,有悠悠的人生况味,淡淡几笔,境界全出。

纵观全词,上片俯仰古今,以景作衬,悠长中自有韵致;下片渔樵互答,饮酒乐甚,平淡里更显凝重。毛氏父子将其放在《三国》小说卷首,也算独具慧眼。

百年纷繁史事,千秋风流英豪。以小词为三国开篇,虽非大音镗鞳,却也是急管繁弦前的轻歌曼舞,令人击节叹赏,欲罢不能。正所谓惺惺惜惺惺,杨慎真的活到今天,见他的词作由 CCTV 国际频道覆盖全球为万人传唱时,也许会撤回状纸,说一句:“且放他过去!”

(原载北方妇女儿童出版社《中学生优秀作文》)

[附]

一次长达二十多年的高中语文教材体系改革实验
——1980年代人教版高中语文实验课本述评

周正逵

人教版高中语文实验课本是根据1978年全国中小学教材会议的精神，在系统地总结语文教学改革的历史经验，包括“文学、汉语分科实验”和“景山学校语文教学改革实验”经验的基础上，根据新形势、新要求精心设计和编写的。

这套课本以“三个面向”为指导，努力体现高中阶段素质教育的要求，结合高中语文教学的特点，以全面提高语文素养和教学效率为主要目标，以科学化与民族化统一、知识性与实践性统一、科学训练与人文教育统一为基本原则，把握中国青少年学习本国语文的规律，运用现代科学的系统方法，采取能力分级、知识分类、训练分步、教材分编等形式，力求使各项训练在纵向发展与横向配合上都有相对合理的内在联系。全书构成一个比较科学、比较系统、比较新颖又切实可行的语文训练体系，摆脱“文选组合”、“阅读本位”、“文体循环”和“讲读中心”为基本特征的传统模式，建立以“训练系统”、“分进合击”、“能级递进”和“自学指导”为基本特征的新模式，在高中语文教材体系的改革上有较大的突破，终于完成了叶圣陶、徐特立等老一辈教育家的嘱托，为延续了上百年的语文教材旧体系初步画上了一个句号，也为今后的语文教育改革开拓了一条新路。

1988年在西安召开高中语文实验教材研讨会
（右三为刘国正，右二为笔者）

人教社中语室于1983年成立了高中语文实验教材编写组，在充分调查研究的基础上，制定了“高中语文教材改革方案”，编写了一套全新的高中语文实验课本，并根据原教育部（85）教人社厅字001号文件和原国家教委的有关规定，从1985年至2005年，先后在全国22个省、市、自治区，200多所学校，800多个教学班，约40000名学生当中，有组织地进行了两轮试教，普遍取得了良好的效果，受到广大教师和同学的欢迎，也得到语文教育界专家们的好评。各地要求使用这套教材的呼声很高，据不完全统计，到 2005 年为止，正式和非正式使用这套教材的学生累计已超过 50 万。

在编写这套教材和指导实验的过程中，编写组始终把科研工作放在首位，坚持在研究的基础上认真编写，在实验的基础上深入研究。从 1985 年至 2005 年，这 20 年间，先后召开了全国性的研讨会 20 余次，邀请实验地区的领导和教研员、实验学校的领导和教师，以及各方面的有关专家近一千人次，从宏观到微观，从历史到现状，就高中语文教材改革方方面面的问题，反复地进行研讨，不断地加深对语文教材改革问题的理解，不断地提高对高中语文教学规律性的认识。经过 20 多年的艰苦努力，人教版高中语文教材改革实验取得了以下几项成果：

1. 编出了一套体系比较完备的高中语文新教材；
2. 建立了一套观点比较鲜明的语文教材新理论；
3. 积累了一套内容比较丰富的教材改革工作经验；
4. 形成了一支工作比较得力的语文教改骨干队伍。

这套高中语文实验课本，包括课本 18 册，教学指导书 6 册，总复习指导 1 册，共 25 册，作为体现高中阶段较高要求的语文教材，经教育部审查通过，作为正式教科书，供全国重点高中以及条件较好的学校和班级自愿选用。

人教版高中语文实验教材和教学指导书

一、教材编写的指导思想

这套教材总的指导思想是：贯彻“三个面向”的精神，体现高中阶段素质教育的要求，结合高中语文教学的特点，以全面提高语文素养和教学效率为主要目标，以科学化与民族化统一、知识性与实践性统一、科学训练与人文教育统一为基本原则，把握中国青少年学习本国语文的规律，运用现代科学的系统方法，采取能力分级、知识分类、训练分步、教材分编等形式，力求使各项训练在纵向发展与横向配合上，都有相对合理的内在联系。全书构成一个比较科学、比较系统、比较新颖而又切实可行的语文训练体系，摆脱以“文选组合”、“阅读本位”、“文体循环”和“讲读中心”为基本特征的传统模式，建立以“训练系统”、“分进合击”、“能级递进”和“自学指导”为基本特征的新模式，在高中语文教材体系的改革上有较大突破。

1. 语文教学改革的根本目标，是适应现代化建设的需要，全面提高语文素质和教学效率，为建立具有中国特色的现代化的语文教学新体系而奋斗。

2. 语文教学改革的基本要求，是既要适当提高程度，又要适当缩短学程；既要适当加大容量，又要适当减轻负担。这是语文教学现代化的需要，也是语文教学科学化的体现。解决这些矛盾的关键，就在于彻底改革旧的教育思想、教学内容和教学方法，把全部教学工作(包括教材编写工作)都建立在科学研究的基础之上。

3. 高中语文教学改革的起点，是现代语文读写基本训练已经初步“过关”。全国各地实验学校的经验证明，在具备中等师资的条件下，只要认真改革教材，改革教法，从小学到初中，用九年的时间，初步完成现代语文读写基本训练的任务，是完全可能的。

4. 高中语文教学的基本任务，是在初中的基础上，继续进行严格的语文训练，全面提高学生的语文素养(包括语文知识、语文能力、文化教养、生活体验、思想品德、思维品质、审美情趣等方面)，核心是语文能力。

高中阶段的语文能力，重点是阅读能力和表达能力。

阅读能力，包括初步阅读文言文的能力，初步鉴赏文学作品的能力和初步研读文化科学著作的能力。

表达能力，包括口头表达能力和书面表达能力。

口头表达能力，主要是会话、演讲、论辩和专题发言的能力。

书面表达能力，主要是适应日常生活、学习和工作的需要，进行各种应用性写作的能力。

5. 语文教材改革的主攻方向，是改革旧的教材体系。旧教材体系的基本特征是：①“文选组合”；②“阅读本位”；③“文体循环”；④“讲读中心”。几十年来，中学语文教材，内容不断更迭，体例不断改进，但这三个基本特征始终没有多大改变。从总体上说，这样的教材体系，不大符合学生语文能力形成和发展的规律。其主要弊病是：① 缺乏明确的训练目标；② 缺乏严整的训练计划；③ 缺乏系统的训练内容；④ 缺乏科学的训练方法。这些因素直接影响教学质量和教学效率的提高。不从根本上改革旧的教材体系，就打不开语文教学的新局面，更无法实现语文教学的科学化。语文教材的改革，尤其是高中语文教材改革，必须紧紧抓住这个要害，奋力攻坚。

二、教材体系的主要特点

这套教材体系的主要特点是：一“分”(读写分编)，二“合”(课内外结合)，四个“转变”(变“文选组合”为“训练系统”，变“阅读本位”为“分进合击”，变“文体循环”为“能级递进”，变“讲读中心”为“自学指导”)。

第一，高中阶段语文训练的重点是阅读训练和写作训练。高中阶段的阅读训练和写作训练，在训练要求、训练内容和训练方法等方面，存在很大的差异，不宜采取“读写结合”的办法，把二者混合在一起进行教学，容易互相迁就、互相干扰，结果是顾此失彼，甚至两败俱伤。

高中语文实验课本，根据教材改革的总体构想和高中阶段的整体训练计划，分为阅读教材和写作教材两个部分。

阅读教材是根据高中阶段阅读训练的要求、内容和方法的特点编写的，力求体现出高中阅读训练的规律。

写作教材是根据高中阶段写作训练的要求、内容和方法的特点编写的，力求体现出高中写作训练的规律。

二者统一规划，分进合击，貌离神合，相互为用，共同完成高中阶段语文训练的任务。

第二，理想的阅读教材，应该做到典范性与时代性的统一，代表性与多样性的统一，稳定性与灵活性的统一。但是要真正做到三个“统一”是有困难的。

高中语文实验课本，根据高中阅读训练的统一计划，把阅读教材分为课内和课外两种。

课内教材，作为主体教材，是进行阅读训练，培养学生阅读能力的主要依据。必须统筹兼顾，精益求精，使它尽可能保持高度的典范性、代表性和稳定性。

课外教材，作为辅助教材，是课内训练必要的补充和延伸，也是巩固课内训练成果，提高学生自学能力的重要凭借。应该既与课内紧密配合，又能充分放开手脚，使它体现出较强的时代性、多样性和灵活性。

这两种教材，虽有主次轻重之分和占时多少之别，但从阅读训练的实际需要来看，都是不可缺少的组成部分。二者互相配合，相辅相成，共同完成高中阅读训练的任务。而从阅读教材的总体来看，则大体上可以做到既保持典范性，又具有时代性；既保持代表性，又具有多样性；既保持稳定性，又具有灵活性。这就基本上做到了上面提到的三个“统一”。

第三，传统的阅读教材，只是注重选文（标准是思想好、文字好、适合教学）和划分单元（或按内容、或按文体、或按作家等），而对白话与文言，语言与文学，文章与文学等性质、要求、内容、方法各不相同的训练项目，往往不加区分，一律采取混合编排和混合教学的办法。这样做，容易造成各类知识概念的交叉，各种训练内容的交叉，整个教学过程显得杂乱无章，不能形成一个严整的训练系统。

高中语文实验课本，总结了过去正反两个方面的经验，对阅读训练的内容，试着从不同的角度，进行比较科学的分类，并初步运用系统论的方法探索科学训练的序列。

例如，根据知识内容的特点，把整个阅读训练划分为文章阅读训练、文学阅读训练和文化科学著作阅读训练三大类，又把文章阅读训练划分为现代文阅读训练和文言文阅读训练两大类，等等。这些训练项目之间，既有区别，又有联系。如何把它们编排在一起，形成一个比较合理的训练序列，有效地培养学生的阅读能力呢？

我们仔细研究了学生阅读能力形成和发展的过程，发现阅读能力大体上可以划分为五个层次：认读能力→释义能力→解析能力→鉴赏能力→研读能力。这五种能力，既有阶段性的特点，又有内在的联系。从总体上来考察，它基本上反映了阅读能力由初级到高级发展变化的客观规律，应该成为阅读训练序列的主线。

我们又仔细研究了学生写作能力形成和发展的过程，发现写作能力大体上也可以分为五个层次：书写能力→用语能力→构段能力→谋篇能力→立意能力。这五种能力，既有阶段性的特点，又有内在的联系，从总体上来考察，它基本上反映了写作能力由初级到高级发展变化的客观规律，应该成为写作训练序列的主线。

我们也初步研究了在母语环境中，学生口语交际能力形成和发展的实际过程，认为学生一般口语能力的发展和提高大体上也可以分为五个层次：正音能力→复述能力→会话能力→演讲能力→论辩能力。这五种能力，也是既有阶段性的特点，又有内在的联系，从总体上来考察，它基本上反映了口语能力由初级到高级发展变化的客观规律，可以成为口语交际训练序列的主线。

阅读能力、写作能力、口语交际能力的形成和发展的过程，各有特点，不容忽视。但同时也要看到读、写、说互相关联，密不可分。我们在设计教材和进行教学的时候，既要尊重各种能力形成和发展的规律，体现"能级递进"的思想，步步为营，循序渐进；又要注意协调各种能力之间的关系，使教材和教学工作的整体，在纵向发展和横向配合上，都有相对合理的内在联系。

第四，建立新的教材体系，必须更新教学观念，改革教学方法，特别是要摆脱流传已久的"以讲读为中心"的老习惯，探求"在教师指导下自学为主"的新途径。

笔者与助手李世中（左一）、刘真福（右一）合影

我们主张"在教师指导下自学为主"，是为了真正体现语文课的特点，充分调动学生学习语文的自觉性和积极性，充分发挥学生的主体作用和创造精神，使学生的语文能力生动活泼地、主动地得到发展，语文素养全面地、迅速地得到提高。这样做，并不否认教师在教学工作中的主导作用，更不是降低了对教师工作的要求，相反，要求教师必须更加熟悉教育理论和教育方针，熟悉教学大纲和教学内容，熟悉学生的年龄特点和心理特征，熟悉学生的生活、思想和学习状况，熟悉学生在语文学习过程中不断出现的新问题，然后有的放矢，因材施教，并结合教学工作，不断增强学生自学意识，激发学生自学兴趣，教给学生自学方法，提高学生自学能力，解答学生在自学中发现的各种疑难问题。这不但提高了对学生的要求，更提

高了对教师的要求，使教学双方紧密结合，充分发挥两个方面的积极性，共同完成语文训练的各项任务。

为此，新教材必须变“教本”为“学本”，即按照学生学习语文的规律来设计方案、安排内容、选择方法，既要便于教师教学，更要便于学生自学。与此同时，我们也试图变“教参”为“学参”，即废止教案式的语文教学参考书，编写新型的语文教学指导书，既可以供教师教学参考，也可以供学生自学参考。这样才能逐步为建立“在教师指导下自学为主”的新模式，创造必要的条件。

张必锟老师在给实验学校上观摩课

王俊鸣老师在给实验学校上观摩课

三、总体训练计划和课本整体设计

基于以上认识，我们结合高中语文教学的特点和目前高中语文教学的实际状况，制订了高中语文总体教学计划，并对高中三个年级的课内外阅读教材和写作与说话教材，统一进行整体设计。具体内容分别表述如下：

1. 高中语文总体教学计划一览表
2. 高中语文实验课本整体设计一览表
3. 高中语文阅读教材整体结构一览表
4. 高中语文写作与说话教材整体结构一览表

表1 高中语文总体教学计划一览表

要求/年级	阅读能力						表达能力						思维能力		
	语体文			文言文			书面(写作)			口头(说话)					
	训练内容	训练重点	训练目标	训练内容	训练重点	训练目标	训练内容	训练重点	训练目标	训练内容	训练重点	训练目标	训练内容	训练重点	训练目标
高一	各体文章阅读	(认读)(释义)解析	提高自读能力	一般文言阅读	(认读)(释义)解析	提高释义能力	思考与表述	(书写)(用语)构段	提高构段能力	会话的要领	(正音)(复述)会话	提高会话能力	概念判断推理	逻辑思维	培养逻辑思维能力
高二	文学作品鉴赏	(释义)(解析)鉴赏	培养鉴赏能力	文学作品鉴赏	(释义)(解析)鉴赏	培养鉴赏能力	思路与章法	(用语)(构段)谋篇	提高谋篇能力	演讲的规则	(复述)(会话)演讲	提高演讲能力	意象联想现象	形象思维	培养形象思维能力
高三	文化著作研读	(解析)(鉴赏)研读	培养研读能力	文化著作研读	(解析)(鉴赏)研读	培养研读能力	思辨与立意	(构段)(谋篇)立意	提高立意能力	论辩的方法	(会话)(演讲)论辩	提高论辩能力	对立统一规律	辩证思维	培养辩证思维能力

表 2　高中语文实验课本整体设计一览表

<table>
<tr><th rowspan="2">年级</th><th rowspan="2">学期</th><th colspan="2">阅　读</th><th colspan="2">写作与说话</th></tr>
<tr><th>课内教材名称</th><th>课外教材名称</th><th>教材名称</th><th>教材内容</th></tr>
<tr><td rowspan="2">高一</td><td>上</td><td>《文言读本》上册</td><td>《现代文选读》上册</td><td>《写作与说话》
第一册</td><td rowspan="2">思考与表述
上下编
附中学生练笔示例</td></tr>
<tr><td>下</td><td>《文言读本》下册</td><td>《现代文选读》下册</td><td>《写作与说话》
第二册</td></tr>
<tr><td rowspan="2">高二</td><td>上</td><td>《文学读本》上册</td><td>《文学作品选读》上册</td><td>《写作与说话》
第三册</td><td rowspan="2">思路与章法
上下编
附中学生习作示例</td></tr>
<tr><td>下</td><td>《文学读本》下册</td><td>《文学作品选读》下册</td><td>《写作与说话》
第四册</td></tr>
<tr><td rowspan="2">高三</td><td>上</td><td>《文化读本》上册</td><td>《文化著作选读》上册</td><td>《写作与说话》
第五册</td><td rowspan="2">思辨与立章
上下编
常见应用文示例
附小品短论示例</td></tr>
<tr><td>下</td><td>《文化读本》下册</td><td>《文化著作选读》下册</td><td>《写作与说话》
第六册</td></tr>
</table>

表 3　高中语文阅读教材整体结构一览表

年级		高一	高二	高三
课内	教材名称	《文言读本》上下册	《文学读本》上下册	《文化读本》上下册
	训练内容	文言阅读训练	文学作品鉴赏训练	文化著作研读训练
	训练要求	在继续提高文言认读能力的基础上，着重培养释义能力	在继续提高释义和解析能力的基础上，着重培养文学鉴赏能力	在继续提高解析和鉴赏能力的基础上，着重培养文化著作研读能力
课外	教材名称	《现代文选读》上下册	《文学作品选读》上下册	《文化著作选读》上下册
	训练内容	各体文章自读训练	文学作品自读训练	文化著作自读训练
	训练要求	以自学为主，着重提高现代文的解析能力	以自学为主，着重提高文学作品的鉴赏能力	以自学为主，着重提高文化著作的研读能力

表 4　高中语文写作与说话教材整体结构一览表

年　级	高　一	高　二	高　三
教材名称	《写作与说话》第一、二册	《写作与说话》第三、四册	《写作与说话》第五、六册
训练内容	思考与表述	思路与章法	思辨与立意
课本附录	中学生练笔示例	中学生习作示例	常见应用文示例
训练重点	练短文(重在培养构段能力)	练篇章(重在培养谋篇能力)	练立意(重在培养思辨能力)
训练方法	仿写·改写·借鉴·博采	观察·分析·表达·修改	审题·构思·行文·润色
训练形式	课内作指导 课外经常练(多写)	课内作指导 课外周周练(精写)	课内堂堂写 课外月月练(快写)
训练目标	说一段话,清楚明白,有条有理 写一段文字,文从字顺,脉络清晰	说一番话,中心明确,思路通畅,层次清楚,用语准确 写一篇文章,中心明确,思路清晰,结构严谨,文理通顺	参加专题辩论或写一篇文章,做到言之有物,言之有理,言之有序。论述要有一点见解,记述要有一点特色,文章或发言要有一点新意

四、教材实验情况和教学实验效果

1985 年和 1997 年,编写组先后在全国范围内组织了两轮试教。各省、市、自治区的教育领导部门,对这项工作十分重视,大都指派专人负责,湖北、四川、安徽、河南、江苏等省还专门成立了实验工作领导小组,把高中语文教材改革实验当作重点科研项目来抓,经常组织备课和研讨活动,做了大量有益的工作。

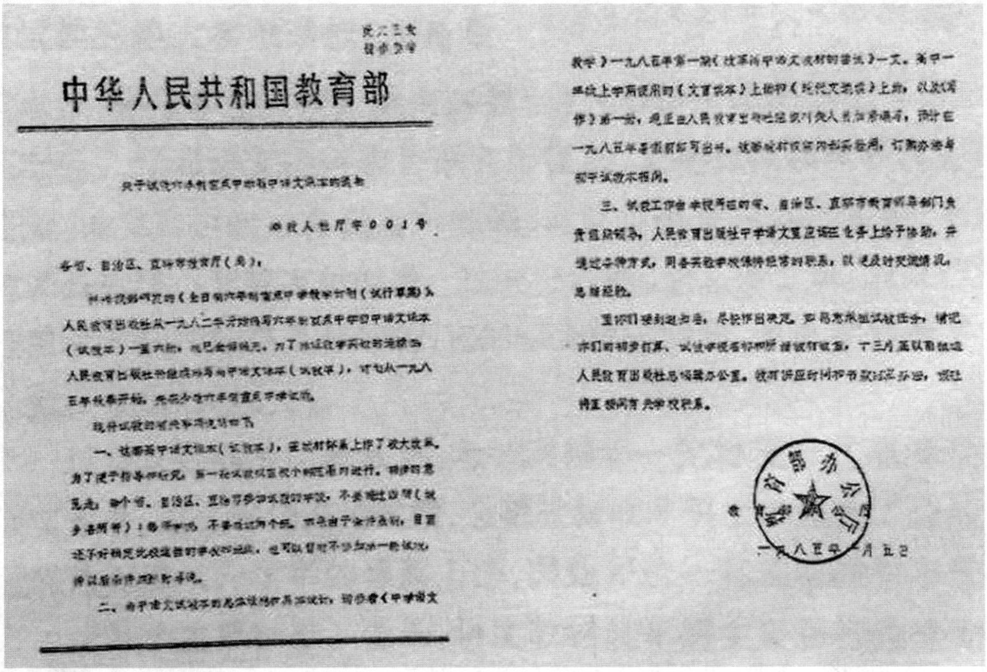

中华人民共和国教育部

1985 年教育部《关于试教六年制重点中学高中语文课本的通知》

人教社中语室除了编写教材之外,还对各地教学实验工作负有业务上的指导责任。具体工作包括:① 一年召开一次全国性的备课会和研讨会,全面介绍实验教材的编辑思想,交流教学实验情况,研究普遍存在的问题;② 根据需要,不定期地召开教材改革工作会议,及时研究和处理实验工作中出现的重大疑难问题;③ 通过印发有关信息和教学参考资料,建立教材编者与试教者的经常联系,随时解决有关教材实验工作的一些具体问题;④ 每轮试教结束后,都要召开全国性的教材改革实验总结大会,广泛交流经验,深入研究问题。

1988 年在西安,1997 年在成都,先后召开了两轮试教总结大会。会上,各地区的实验学校代表都以“实验总结”和“教改论文”的形式,介绍本地区或本校教材实验情况,报告实验取得的成果和存在的问题,论证实验教材的优缺点,并对今后的修改

1985年人教版高中语文实验课本第一次研讨会青岛会议(笔者前排左五)

提出建设性意见。

代表们认为,鉴定一套教材的基本标准有两条:一要言之有理,二要行之有效。所谓"有理",就是要符合党的教育方针,符合现代教育和教学原理,符合本学科的特点和教学规律。所谓"有效",就是要在实践中能收到预期的效果。由于语文课既具有工具课的性质,又具有人文学科的特点,其内涵比较丰富,结构比较复杂,与其他课程之间的联系比较广泛,对德智体美的发展影响深远,因此,如何检验语文教材改革实验的效果,不能只是孤立地看语文成绩是否提高,而是应该从多方面进行考察。

首先要看它的综合效应,即学生参加教材改革实验三年以来,在语文学习以及有关方面都发生了哪些变化。为此,我们向参加教材实验的学生进行问卷调查,让他们如实地反映自己的学习状况。据不完全统计,参加两轮试教的绝大多数学校(不论是重点校,还是非重点校),绝大多数学生(不论是原来基础好,还是基础差),学习语文的兴趣普遍有所提高,文化知识领域普遍有所拓宽,语文自学能力普遍有所加强,课业负担普遍有所减轻,对其他课程的学习普遍有所促进。这充分说明,从总体上看,教材改革和教学实验的效果是显著的,它的综合效应表明,改革实验基本上达到了预期的目的。

笔者与刘国正(中)、朱芒芒(左)

近年来的高考问题较多,考试成绩不一定能完全代表考生的真实水平,过分强调高考成绩,会把教材改革引上单纯为了适应考试和片面追求升学率的邪路上去,因此评价一套实验教材不能以高考成绩为主要标准。但是,语文教材改革的主要目标是全面提高学生的语文能力,语文考试改革的方向又是以考查学生的语文能力为主,从根本上说,二者是一致的。教材改革真正搞好了,学生的语文能力切实提高了,也就不怕高考,而且还可以把高考也当作检验教材改革实验效果的标尺之一。为此,我们通过研讨,统一认识,要求实验班的广大师生,要以改革的精神对待高考,把坚持教材改革实验,同做好必要的应试准备结合起来,在保证"高能"的基础上,也要争取"高分",做到教改与高考两不误,以便解除教师们的思想顾虑,使教材改革得以顺利开展。根据两轮试教各地报上来的材料统计,除了个别学校、个别班级,由于种种原因,语文高考成绩不够理想之外,绝大多数实验班语文高考成绩在本地和本校,都是名列前茅,他们的平均分,普遍地比本省高出 8—14 分,比本校平行班高出 3—6 分。而且实验班的学生进入高分段的人多,达到本科和重点大学录取标准线的人多。这些情况表明,实验班学生的语文素质,确实普遍有所提高,而且还涌现了一批语文学习的尖子和德才兼备、文理俱佳的优等生。这与前面谈到的综合效应分析,基本上是一致的。

1988 年人教版高中语文实验课本第二轮试教总结研讨会青岛会议(笔者前排左七)

语文能力是学习科学和从事工作的基础,语文能力的提高,不仅对在校期间的学习起着重要的作用,而且对日后的工作和深造都有深远的影响。因此,检验教材改革实验的效果,除了要看近期的综合效应和高考成绩之外,还要看学生出校门后的实际表现。现在有些高中毕业生,高考分数较高,但实际能力并不强。需要读,不会读;需要写,不能写。参加工作或继续深造,都感到吃力。这就是所谓"高分低能"现象。实验班学生的情况如何呢?不少学校都进行跟踪调查。从目前部分毕业生给母校的来信中,可以获悉:由于中学语文学习基础扎实,他们进大学后可以免修大一语文;由于中学语文训练有素,他们对大学课程学习适应性强;由于语文素质较高,不少人被学校招聘为学生会宣传干部、社团负责人,或被学生家长聘请为家庭教师等。这说明他们不但考试分数较高,而且能力较强,学习上很有后劲,因而也受到高等学校的好评。

2005年人教版高中语文实验课本总结研讨会长春会议(笔者前排右七)

五、边实验,边修改,逐步完善

这套实验教材改革意识强烈,言之有理,行之有效,受到实验学校广大师生的热烈欢迎。在历次总结会和研讨会上,代表们都根据自己参加教学实验的亲身体验,对这套教材指导思想的先进性、总体结构的合理性和全面推广的可能性,给予了充分的肯定。同时也对教材不完善之处,诚恳地提出批评和建议。我们本着"博采兼听、精益求精"的精神,认真听取意见,不断改进工作。

1988年,第一轮试教总结会上,代表们提出:这套教材没有恪守传统的"读写结合"原则,采取"读写分编"的做法,这是对的。实践证明,效果较好。但是,仔细研究教材之后,发现阅读教材和写作教材思路不大统一,内容缺乏内在联系,训练也较少配合,给人以割裂之感,也削弱了整体训练的效果,应该加以改进。

编写组对这个问题也早有觉察,但由于研究工作不够深入,把握不住学生写作能力形成和发展的规律,所以在写作教材中也难以体现我们在总体设计中提出的"能级递进"思想,只好还是采用常用文体重点训练的传统思路,造成写作教材与阅读教材的不协调,也破坏了整套教材的统一性。为了解决这一难题,编写组用了两年左右的时间做专题研究。通过反复思考,反复讨论,编写组提出了中小学写作训练的新思路,并按照新思路编写了新教材,即《写作与说话》第一册至第六册。新编的写作教材,与修订后的阅读教材紧密配合,互相照应,形成一个结构严整的统一体,保证了全套教材思路的一致性。

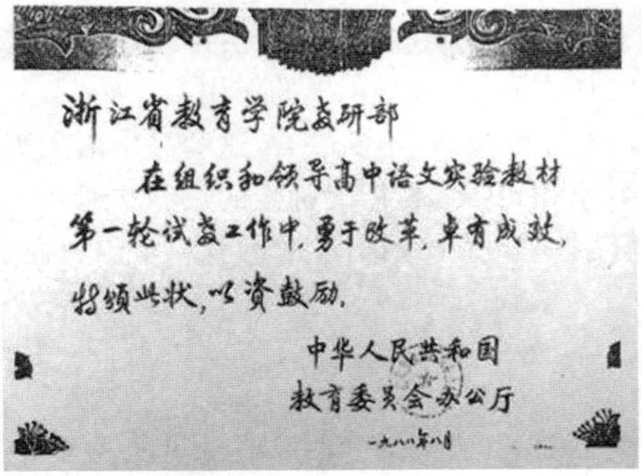
浙江省教育学院教研部
在组织和领导高中语文实验教材第一轮试教工作中，勇于改革，卓有成效，特颁此状，以资鼓励。
中华人民共和国
教育委员会办公厅
一九八八年八月

1988 年国家教委颁给高中实验教材第一轮试教先进单位的奖状

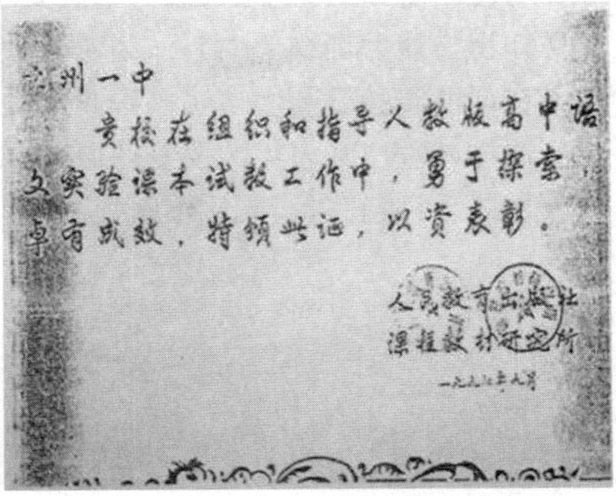
兰州一中
贵校在组织和指导人教版高中语文实验课本试教工作中，勇于探索，卓有成效，特颁此证，以资表彰。
人民教育出版社
课程教材研究所

1997 年人教社颁给高中语文实验课本第二轮试教先进单位甘肃兰州一中的奖状

1994 年至 1997 年，组织第二轮试教，用的是修订和修改后的新教材（即第二版）。新教材指导思想更加明确，教学内容更加系统，教法指导更加得体。老师们感到教材日益成熟，操作比较顺手，教学效果也令人满意。但是，实验教材分量较重，内容较新，要求较高，没有教学参考书，教师备课难度较大，希望能尽快编出一套与实验教材相适应的教学参考书，以便减轻广大教师的负担，进一步提高教学改革的力度。

根据大家的要求，编写组认真总结了编写语文教学参考书的历史经验，分析了为教师提供教学参考书的利弊，本着“扬长避短，自主创新”的精神，试编了一套既可以指导教师“教”，也可以指导学生“学”的新型教学指导书。这套教学指导书，从 1997 年开始使用，反映良好。

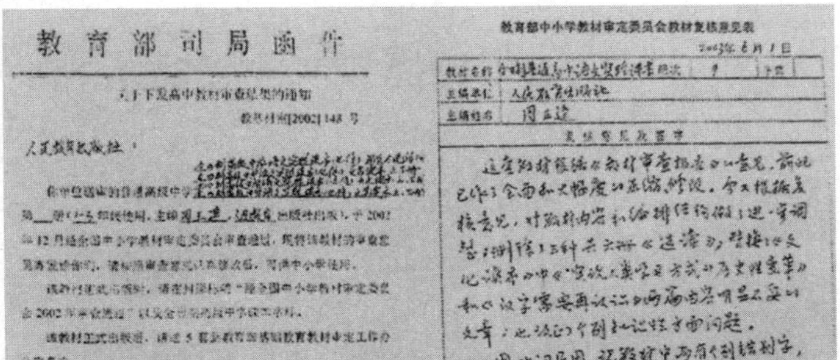
教育部司局函件

教育部中小学教材审定委员会教材复核意见表

2003 年教育部批准人教版高中实验课本审查通过的文件

与此同时，编写组还根据大家的要求，组织实验学校有经验的教师编写了《高中语文知识与能力训练》一书，作为实验教材总复习用书，供实验班学生自愿选用。这本书在帮助实验班师生切实搞好高考复习工作方面，也起了积极的作用。

这样，经过20多年的反复调研，反复实验，不断修改，不断磨合，这套高中语文实验教材体系日趋完备，质量不断提高，受到专家和实验学校广大师生的热烈欢迎。

——《语文教学改革"纵横谈"》(教育科学出版社)

扬州中学校史资料长编·下编

第七册

《扬州中学校史资料长编》编委会 编

凤凰出版社

图书在版编目（CIP）数据

扬州中学校史资料长编. 下编. 第7—9册 / 《扬州中学校史资料长编》编委会编. -- 南京 : 凤凰出版社, 2020.12
ISBN 978-7-5506-3375-9

Ⅰ. ①扬… Ⅱ. ①扬… Ⅲ. ①扬州中学－校史－史料 Ⅳ. ①G639.285.33

中国版本图书馆CIP数据核字(2020)第250613号

书　　名	扬州中学校史资料长编(下编)(第7—9册)
编　　者	《扬州中学校史资料长编》编委会
责任编辑	郭馨馨　吴　琼
出版发行	凤凰出版社(原江苏古籍出版社) 发行部电话025-83223462
出版社地址	江苏省南京市中央路165号,邮编:210009
出版社网址	http://www.fhcbs.com
照　　排	南京凯建文化发展有限公司
印　　刷	江苏苏中印刷有限公司 江苏省泰州市经济开发区鲍徐镇,邮编:225315
开　　本	787毫米×1092毫米　1/16
印　　张	82.75
字　　数	1780千字
版　　次	2020年12月第1版
印　　次	2020年12月第1次印刷
标准书号	ISBN 978-7-5506-3375-9
定　　价	680.00元(全三册)

(本书凡印装错误可向承印厂调换,电话:0523-82099008)

《扬州中学校史资料长编》编委会

扬州中学校史资料长编

例言

一、本书是江苏省扬州中学校史资料的总汇。历史是人类的良师和益友，我校作为百年名校，既有其别处难以复制的独特性，也有其基础教育方面的普遍性和代表性。本校校史工作，自上世纪八十年代初始，筚路蓝缕，黾勉从事。工作中深感历史资料的可贵与难得，尤其原始资料，劫后孑遗，吉光片羽，每一实录都是一个生命对另一个生命的启示。无奈由于种种原因，资料又容易散失。虽然编有一些纪念册和校史书籍，但是这些只是校史中的小部分。又虑及改革开放以来，本校的教育教学和科研，理念领先，成果丰硕，日后不致再生"斯文不幸"之叹。于是就有"扬州中学校史资料长编"（以下简称"长编"）的编辑，广泛收集，不遗余力，现将业已收集到的校史材料汇编成册，出版发行，公诸于世。

二、本书意欲尽最大可能囊括历年来本校的独特办学风格和教育教学成果。光绪二十八年（壬寅，1902），扬州仪董学堂创立，风气初开，中西并重，系颇具现代意义的中学，是为本校源头。两淮中学堂、扬州府中学堂、淮扬合一中学、江苏省立第八中学和尊古学堂、两淮师范学堂、江苏省立第五师范学校，均为本校前身。1927年合并"五师""八中"建立的江苏省立扬州中学，承先人余烈，自主办学，推进革新，"科学陶冶，人格感化"，开始了扬州中学最辉煌的时期。抗战八年，辗转办学，弦歌不辍，薪火相传，特别是办在大后方四川的国立二中，培养了大批人才。1949年后的江苏省扬州中学，实验性与示范性突出，系省内"四大名旦"之一（其他为南师附中、苏州中学、常州中学）。新时期的扬州中学，秉持"科学人文相融合"的理念，继往开来，生机蓬勃。综观百年扬中，积淀丰厚，人才辈出，青春常在。"长编"希望能为本校师生进一步光大优良传统，创造世纪辉煌，乃至为研究中国基础教育者,提供相当的帮助与便利。面向未来,与时俱进,继承、吸收、创新,人类只能在历史提供的条件下自由创造,不断发展。

三、本书资料来源。上世纪八十年代初,广泛联系各地校友,跑上海图书馆徐汇藏书楼、南京大学图书馆、南京师范学院图书馆、南京图书馆清凉山古籍部等处,抢救第一手校史资料。九十周年校庆和百周年校庆补充一些资料。近几年来,又重跑各地图书馆,访问校友,甚至逛旧书摊,并通过扬州大学图书馆、华师大友人网上联络等多种渠道,从北京大学、北京师范大学、南京师范大学、复旦大学、华东师范大学、国家图书馆、上海图书馆、南京图书馆、扬州市图书馆、扬州市档案馆等处,复制了一批材料。新收集到一些珍贵资料,如《仪董学堂章程》、《江苏省立第五师范学校校友会杂志·第一期》(原件)及第二第三合期、《一年来之扬中》(原件)、《三周纪念刊》(原件)和三十几本《扬中校刊》(原件和复印品)等等。有的辗转购自北京、上海,有的从收藏者手中购得;值得一说的是《江苏省立第五师范学校校友会杂志·第一期》和《一年来之扬中》,前者是张镇安校友在地摊上高价购得,无偿赠给母校,后者系校友胡宇锋的大学同学汪立耕同志在北京潘家园地摊上购得,无偿转赠,非常感人。周厚枢校长生平资料,包括他的八中毕业证书、校长任命书和蒋中正写的亲笔轮幛,由周校长的后辈从台北跨海捐赠,连同原先黄泰老师家藏本《十周纪念刊》和朱白吾老师家藏的珍贵资料如《五周纪念》特刊等,也由其哲嗣捐赠给学校,十分宝贵。本校在职和退休教职员也以主人翁的姿态参与征集论文论著的工作,充实了校史资料。

四、本书的资料内容与编排。主要内容是目前所能搜寻到的本校相关档案材料,上世纪二三十年代国内邮政挂号公开出版发行的本校校刊、纪念册、校友会杂志和本校老师编撰的部分教材,以及各个时期本校教育教学的相关文稿等等,少量早期校友的回忆文章因其难觅也编入其中。不薄今人爱古人,长江后浪推前浪。新时期以来,本校老师的著述、教育教学和科研的资料,入选的也相当可观,或编专集或节选或存目。大量后期校友的回忆文章拟另行编入《扬中往事》。

“长编”分三编,前编、上编、下编。

前编,按年代先后编录学校各个时期的概貌、概况性质的图表和文字，也可以说是比较感性直观的扬州中学简史，以较多相对集中的图文区别于上编、下编。

上编(1902—1949)——第一册、第二册，第三册……

下编(1950—　)——第一册、第二册，第三册……

编排体例采取开放结构，随着时日推移，资料的增添，以及旧资料的新发现，可接着续编。

排版采用横排简化字排印，除适应横排基本规则外，具体版式大致参照原样，不强求统一，文字上一般不作改动，漫漶之处，以方框代替，尽可能保存资料原貌。校对时，本校青年教师对原来未曾断句的文章给予继句或标点，有些文章的标点符号也作了必要的改动，更符合当代习惯，其勤奋精神可嘉。众擎易举，共襄其成。

五、"一切历史都是当代史"，然而真理并不是现成的自明的恒常存在，如果没有人参与激活传统，真理便无缘生成和呈现，文本的内在意义也就无法得到传承和延续。至于有些具体文章，总会打上一定的时代印记，作者也有他特定的写作环境，读者明鉴，当会区分根本精神和时局附加的派生条件，历史地公允地正确对待，这一点毋庸编者赘言。

本书共三编。目前，数百万字的前编(1册)、上编(7册)，终能先期编就出版问世，是与各方人士的亲切关怀、热情鼓励和鼎力帮助分不开的，这种强烈的文化意识和高度社会责任感，令人感佩，我们于此深致谢忱。限于编者水平，见闻不广，加之时间仓促，书中难免疏漏失当之处，诚恳地期待着读者批评指教。

《扬州中学校史资料长编》编委会

2012.9

为迎接115周年校庆，《扬州中学校史资料长编》，继业已出版的8册之后，今年又续编4册，即上编第八册和下编的第一册、第二册、第三册。拟明年再出版4册，以期学校在不断继承创新中永葆青春。

《扬州中学校史资料长编》编委会

2016.10

《扬州中学校史资料长编》(前·上·下)，业已出版12册。今年又续编6册，即上编第九册和下编的第四册、第五册、第六册、第七册、第八册。开放的体例不变，以期学校在新时代不断继承创新中砥砺前行。

《扬州中学校史资料长编》编委会

2018.10

今年续出上编第十册和下编第九册，连同上次未及印出的第七、八册，共4册。到目前为止，校史资料长编，已经编成二十册，包括前编1册、上编10册、下编9册。

《扬州中学校史资料长编》编委会

2020.6.18

简要说明

本册为《扬州中学校史资料长编》下编第七册，收录 1979—2006 年期间学校教学工作的总结和论文，其中包括教学改革实验、教学总结和论文。

下编第七册

目　录

学校教学工作总结、论文(1979—2006)

(一) 教学改革实验

(二) 教学总结、论文

学校教学工作总结、论文
（1979—2006）

(一) 教学改革实验

中学数学实验教材扬州中学实验小组计划

一、组织成员

吴和钧(副校长)、黄久征(特级教师)、张世观(副教导主任)、鲍家驹、赵翠英、刘钟静。

由吴、黄、张分别担任组长和副组长。

二、实验班级

在本市小学毕业统考择优录取的初一新生的两个班中进行实验,并另有两个班(用部编教材的)作为对比班。

两个实验班分别由教师赵翠英、刘钟静执教,并兼班主任。

三、目的要求

通过教学实践,分析和研究该实验教材对学生的适应程度,并向上反映意见,以完善这套教材。另外要重视对照统编教材,凡关于在实验教材中提前教学或体系有较大差异的部分,要严格对比其教学效果,从而能摸索出适合我国国情并适应四化所需要的中学数学教材的路子。

实验工作既要突破框框、解放思想,又要踏踏实实,实事求是,按教学规律办事,把钻研实验教材与学习教育学、心理学和改进教学方法密切结合起来,既要培养学生能力,发展学生智力,又要给学生扎扎实实地打好基础。要以这项工作为枢机,积极推动学校的教改工作,活跃教研气氛。

四、具体措施

1. 统一思想

学习教育部浦副部长以及中央实验研究组负责人丁尔浬、苏式冬同志在实验教材讨论会上讲话的精神，明确实验的意义目的，去领会它。

学习和理解项武义教授关于中学实验数学教材的设想，领会它的基本精神。钻研和了解实验教材的基本内容结构和体系，把自己的思想认识融会其中，力求掌握它的实质。

开学前向实验班的学生和家长讲清实验的意义目的和要求，要他们对这个实验工作自愿支持、积极配合。

2. 认真备课

执教老师身兼三员——教员、研究员、编写员，首先要通晓教材体系(特别是初中三年的)，熟悉全册的内容结构，明确单元章节的目的要求，设计适应学生的相应教法，超前制订课时计划。

小组成员也必须认真钻研教材，对教材的处理，重点难点的突破教法的改进，积极献计献策。

每周星期二下午集体备课，除小组成员外邀请地区实验组的同志，扬州师院有关教师参加指导。回顾上周教学情况集体研究本周课堂教学方案，探讨较好的教法，要求课堂教学的内容基本一致，而教学方法不强求一律，提倡各显神通，讲究实效，并对下一次备课的内容有重点地作初步的讨论研究。

3. 经常听课

小组听课不必事前打招呼，执教老师相互听课每周不少四节，其他小组成员，应积极主动安排时间深入实验班教学阵地，听课次数视各人情况而定。

听课有记录，及时交换意见，对重点课、研究课，有争论的课，争取有较多的人听课，并能有课堂教学情况实录，课后进行讨论。

4. 调查研究

开学初对两个实验班对比班的学生进行调查摸底，单元考查，对照教材教法进行分析研究，执教老师更应经常深入调查了解学生学习情况，不断改进措施。

每学期召开部分学生座谈会两次，家长座谈会一次，广泛征求意见。必要时对某些问题可以书面调查情况，分析研究。

与一般班教学内容有大致相同的地方，可以进行检查对比，从教材教法的角度研究，看效果、查问题，找原因。

本学期重点实验研究项目暂定为：(1) 数系通性在教学中的作用；(2) 如何逐步培养学生自学能力，抽象思维能力、分析问题能力，以及正确而迅速的计算能力；(3) 有理数乘法法则教学；(4) 方程及应用题教学。

5. 资料积累

老师的课时计划通过课堂实践,要记录执行情况和体会。

围绕本学期重点实验研究项目暂定研究课不少于6次,在平时教学中也要注意有关资料积累,为学期总结提供足够的资料。

通过教材的研究和实践,对实验教材有必要作合理的修改或增删的地方,及时记录并提出修改增删的意见和理由。

学生学习记录卡必须重视和发挥它的作用,点滴积累,确切掌握学生数学学习的情况及发展趋势。为了做到面向全体学生,防止两极分化,还应注意及时个别辅导。

6. 总结汇报

单元阶段考查考试,每次研究课,执教老师有书面小结。

专题调查有书面情况分析。

阶段教学情况,部分重点实验项目及对实验教材的意见有总结汇报。

五、注意正确处理几个关系

1. 教学进度与教学质量的关系;
2. 教材(特别是提前教学内容)与教法的关系;
3. 打好基础与能力培养和智力发展的关系;
4. 一般与特殊、技能与技巧的关系;
5. 近期效果与长远利益的关系。

一九八〇年八月

《中学数学实验教材》实验情况汇报

江苏省扬州中学实验研究小组

一、一般情况

我们在一九八〇年秋季始业的初一八个班级中确定初一(7)、(8)两个班试用了《中学数学实验教材》。虽然迄今为止,我们尚未窥到实验教材的全貌,但一学年来的教学实践告诉我们:教材改革的途径必须探索,教学方法的研究必须加强,实验工作是有意义、有价值、有收获的。

假期间,我们初步研究了实验教材第一册的第二分册,特别是第四章"多项式的四则运算"以及第五章"多项式因式分解和余式定理",撰写了实验工作计划,原来打算本学期第一周到第十二周代数单科独进,第十三周开始代数,几何平行教学,但由于第二册第一分册(几何部分)实验教材,未能如期发行,不得不变更计划,于第五章结束后,继续讲授第六章"分式方程和根式方程",本学期争取讲完分式方程(可能把分式方程应用题部分作为暑假自学内容)。

在实验过程中,我们坚持"尊重教材体系"的原则,根据实验教材的特点,从学生实际出发,注意了妥善处理教材,努力改进教法。

传统教材中在高年级教的某些内容,如余式定理等过去是高三的教学内容现在实验教材提前到初一年级教。教学要求和教学方法就从实验教材的体系和初一学生的特点出发,不照搬过去高三年级的那一套。如在讲"余式定理推论"时,我们没有提及命题的几种形式,更没有提到"充要条件",在讲"余式定理推论二"时,我们也只是介绍"反证法"的意义及其证法的一般步骤。这些提前教学的内容,理论性比较强,而初一小同学的抽象思维、逻辑推理等能力都还很薄弱。我们在实验教材的教学方面,既注意理论的深透,也重视知识的应用。本学期在"整除"概念教学中,我们补充介绍了"整除的性质定理",即和的整除性及积的整除性,因为实验教材的有关内容及习题需要这些知识,除此而外,我们没有什么加深拓宽。

相对地说,实验教材较传统教材理论性、抽象性强。因此在课堂教学中,我们时刻注意处理好具体与抽象、实践与理论的关系。人们对客观事物有一个认识过程,学生对知识的学习也有一个从不知到知,从初步认识到深入理解的过程,特别是对理论性较强的东西,初一学生接受它,更要有一个渐进的过程,我们自己思想上既不能保守,也不能冒进,为此我们有时找少数学生超前阅读某一章节的内容,了解他们可接受的程度,摸清他们的困难所在,进一步明确教学要求,采取相应的数学方法,据此制定切实可行的教学方案。

对同年级两种数学教材中都有的内容,如"整式运算""因式分解""分式运算"以及"分式方程"等。我们一方面研究实验教材的教学要求,一方面研究统编教材的要求,进行对比。了解统编课本有关教学内容的要求。特别对教学效果,经常注意对比调查,如让实验班学生参加使用统编教材的同年级里有关单元的统一测试,最近初一年级举行了一次数学竞赛,初一(7)、(8)两个班也参加竞赛。

鉴于《中学数学实验教材》在江苏省还仅是我们一个学校试用,除近几个月我们通过《实验简报》获得一些外界情况外,耳目比较闭塞。四月初我们让实验班两位执教老师专程去上海大同中学、师大二附中观摩学习,对照自己,找出差距。我们对实验教材钻研的深度不够,有点就事论事,改进教法的步伐不大,还有些条条框框。因此学生对概念的理解,对基础知识的应用,还不能达到应有的要求。从中央实验组命题的"多项式四则运算"的考查中,也暴露了我们的薄弱环节。对那些概念性较强、较为灵活的题目,学生解答就较难全面,对那些类型比较生疏的题目,学生也感到较难下手。由此可知,今后如何把实验工作与师资培养、教材建设、教法的改进、学生能力的培养和智力的发展等诸方面密切地结合起来,进一步提高质量,是我们的努力方向。

二、几点看法

1. 从头一学年的实验效果看,使用实验教材的教学质量,至少不低于使用统编教材的教学质量。

质量问题是领导、教师、学生、家长所共同关心的问题,尽管实验教材内容较多,要求较高,但是教学效果是否也会较好呢?会不会画虎不成反类犬呢?我们先看一看两个学期开学考查的情况:

班级 / 平均分数 / 试卷	一	二	三	四	五	六	七	八
上学期入学摸底考试	76.3	76.8	78.1	74.0	84.0	76.7	78.8	79.1
本学期开学考试	65	70	71	72	77	74	80.9	80.8

上学期开学摸底考试题是中央实验研究组命题的。初一(7)、(8)两个实验班平均成绩约 79 分,比一般班最高的低 1 分,比他们最低的高约 2.7 分,从这里看出学生入学时数学水平的起点,实验班与一般班差不多。本学期开学考试题是用的南京师范学院附中上学期初一年级的期终考试题(统编教材)。两个实验班平均成绩比一般班的最好成绩高 4 分,比最差成绩高出 16 分。

再从两个学期的两次期中考试来看,试题是初一年级组与实验小组协同命题的,两种试卷有一部分题目是相同的，从总的要求来说，实验班的试卷较高于一般班的试卷。上学期期中考试初一(7)、(8)两个实验班平均成绩约 89 分，初一(1)—(6)六个班的平均成绩约 32.3 分，本学期期中考试实验班平均成绩约 82.1 分，初一(3)—(6)四个班的平均成绩约 79 分。

不久前初一年级举行了一次数学竞赛，初一八个班的同学都参加了，竞赛优胜的 15 名得奖者中，实验班的占 12 名。

另外一方面，使用实验教材是不是会把学生的成绩差距拉大，使好的更好，差的愈差呢？我们对几次考查中成绩较差的同学的情况也做了一个统计：

班级类型	上学期开学考试			
	参加考试人数	不及格的人数	60—69 分人数	百分数合计
实验班	102	2(1.96%)	15(14.71%)	16.67%
一般班	317	10(3.16%)	42(13.25%)	16.41%

班级类型	本学期开学考试			
	参加考试人数	不及格的人数	60—69 分人数	百分数合计
实验班	101	4(3.96%)	14(13.86%)	17.82%
一般班	314	62(19.79%)	68(21.65%)	41.44%

班级类型	本学期期中考试			
	参加考试人数	不及格的人数	60—69 分人数	百分数合计
实验班	102	5(4.9%)	7(6.86%)	11.76%
一般班	213	20(9.39%)	25(11.78%)	21.17%

可以看出上学期的开学摸底考试，实验班与一般班成绩在 70 分以下的人数所占的百分比大致相仿，在 16.5%左右；本学期开学考试，成绩在 70 分以下的人数百分比，实验班为 17.82%，一般班为 44.14%，实验班已明显低于一般班，本学期期中考试成绩较差人数的百分比实验班仍低于一般班，由此可见，实验班的情况较优于一般班。也就是说，使用实验教材将近一学年来，尚未出现两极分化、差生更多的现象。

2. 实验教材的教学未影响学生对其他学科的学习。

有人会担心实验教材的“高难度”“高速度”会不会影响学生对其他学科的学习，会不会使学生负担过重呢？

我们把本学期初一(3)—(8)班期中数学、语文、外语的成绩进行了比较：

学科 \ 平均分数 \ 班级	三	四	五	六	七	八
语文	75.8	77.78	78	77.29	77.08	74.65
外语	83.75	82.88	81	81.98	84.37	88.12
数学	80.2	77.1	84.6	78.6	82.12	82.06
附注	1. 语文、外语,试卷完全一样。 2. 数学试卷有部分相同,部分不同。					

从上面这个统计材料可以看出初一(7)、(8)两个学习实验教材的班级,本学期期中考试学生语文、外语的成绩与一般班相比基本上没有什么高低,这就是说学习实验教材并不干扰和影响别的学科。

对学生学习实验教材的课后负担,我们在两个试验班做了一次普遍的调查,从收回的 82 张调查表的反映来看,每天用于数学复习,作业,预习的时间约 45 分钟的学生有 25 人,约 1 小时有 37 人,约 1.5 小时有 14 人,约 2 小时的有 8 人,这说明大多数同学数学课后负担在一个小时左右,还是比较正常的,学生使用了实验教材,学习其他学科的时间和课外活动的时间并没有被挤掉。

3. 这部分实验教材的内容,总的来说学生是可以接受的。

一学年来实验班的教学内容比使用统编课本的初一班级仅仅少了"一元一次不等式"而多了"一元二次方程""余式定理及其推论""辗转相除法"等章节和一元多项式除法的"综合除法"等。不仅如此,实验教材在推理论证方面的要求,比统编教材高得多,这突出地反映在第一分册的"有理数系"和第二分册的"多项式""余式定理及其推论"等内容中,学生对实验教材的接受情况怎么样呢?

(1) 从教学效果的检查来看:

上面我们已经把实验班与一般班的两次开学考试和期中考试的成绩作了比较,现在把实验教材有关单元的检查情况(一元二次方程因邻近期末考试,没有进行单元检查)统计如下:

单　元	初一(7)班		初一(8)班		试题来源
	总平均分数	不及格人数	总平均分数	不及格人数	
有理数系	84	1	82	2	"教参"附录
一次方程式	86	2	83	5	"教参"附录
多项式的四则运算	76	6	76	6	中央实验研究组
多项式因式分解和余式定理	81.4	6	82	6	学校实验研究小组

可以看出实验教材的内容,学生基本上是可以接受的,及格率约达90%,80分以上的同学一般在60%左右,在不及格的同学中最低分一般在40分以上。

(2) 从课堂教学的情况来看:

根据将近一年来课堂教学的实践,学生的接受比较困难的是第一章的第一大节“自然数,零和分数及其运算”,这些内容虽属于小学算术知识的复习,归纳,学生对概念的理解(如分数的特点等)、原理的说明(如运算性质等),总是有点困难,这可能与中小学教材,教法的衔接不好有很大关系。抽象的多了一些,学生从小学升入中学一时不能适应,所以感到加倍的困难。到了学习“多项式”时,理论性虽然强了一些,由于内容本身有一定的系统,学生又有了一些基础,接受起来比前面的困难反而要少一些。例如“余式定理及其推论”的证明,虽然教材的内容较深,难度较大,教师只要注意引导学生从具体思维到抽象思维,学生还是可以逐步理解,我们经过调查,部分学生除对余式定理推论4的证明的理解,还存在着一些困难外,其他都还是可以接受的。

至于有些具体的教学内容如“一元二次方程解法”、“待定系数法”、“综合除法”等的原理和一般应用,在教学实践过程中,并没发现学生接受起来有多大困难,相反他们觉得自己比同年级其他班级学生学的内容多了,积极性更高了,求知欲更旺盛了,凡是听过实验班课的同志,都觉得课堂气氛是比较活泼的,当然理论知识的加强,解题能力的提高,对初一学生来说需要和可能达到什么程度,还要在教学实践中不断摸索。

(3) 从学生的学习兴趣来看:

我们统计了82张调查表,还没有一个学生认为实验教材的内容是接受不了的。对于学生学习实验教材的兴趣调查:① 很有趣的56人;② 有兴趣的18人;③ 兴趣有时波动的8人。

通过我们平时与成绩较差同学的接触,其中大多数是因为年纪小,自觉性较差,平时上课注意力不够集中,课后又不能妥善地安排时间,教师对他们狠抓一下就好一些,松一下就差一些。当然,因智力较差而不能适应的也有,但是个别的。

(4) 从学生家长的反映来看:

两个学期来我们召开了家长座谈会三、四次,全面征求家长意见二次,他们多数对实验教材的内容持肯定态度,如:

初一(8)班汪晓敏同学(成绩上等)的家长认为教材内容,孩子学起来还没有遇到很大的困难。内容略多一些,进度略快一些,对孩子的提高有好处。

初一(7)班贾莹同学(成绩中上)的家长认为实验教材的内容,学生经过努力是可以接受的,学生思维能力有提高,对学习其他课程也有好处。

初一(7)班吴敏同学(成绩中等)的家长反映说:我的孩子学得不算好,教材的内容虽较深,只要下点功夫,可以学得好,坚持下去有提高。

李军同学的家长说,实验教材,内容较深,进度较快,逻辑性系统性都较强,可以更好地培养学生的能力,发展学生的智力。

从头一学年的实验情况看来,总的来说,对择优录取的学生,使用实验教材是可行的,效果也是比较好的。这坚定了我们实验下去的信心。但是我们也认识到:一次完成论不是辩证唯物主义的观点。随着实验的深入,我们随时准备迎接困难,甚至遭受挫折。

八一年度实验工作情况汇报

江苏省《中学数学实验教材》实验组

一、基本情况

江苏省扬州中学是八〇年秋季开始的，属于第二批试点的学校，目前初二两个实验班有100人(有两人因家长工作调动，转学外地)，初一一个班有学生51人。

本学年初二实验班开设代数每周两课时，教学内容从第一册第二分册的“二次根式和根式方程”开始，结束第二分册后，继续使用第三册，本学期教完第二章“不等式和解不等式”。几何每周四课时，从“实验几何”开始，到第二册第二分册第四章“圆”结束，初一实验班每周六课时，由于第一册内容较多，本学期教至第一册(下)的“方式和分式方程”，下学年初三实验班打算开设代数四课时。几何两课时，初二实验班仍打算代数、几何平行教学，我省的苏州中学、南通中学在暑假后即将参加这项实验工作。

在这一年实验工作中，我们继续坚持“尊重教材体系”的原则，结合学生实际情况，妥善安排组织教材，努力改进教法，重视对学生智能的培养，初一仍由原初一实验班教师刘钟静同志执教，在过去一年实验中，已经取得的初步体会和经验的基础上，进一步钻研教材，摸索规律。初二实验班注意探索“实验几何”的地位和作用。“理论几何”的内容和效果，半年多来，写出了《中学数学实验教材值得一试》、《初二实验几何教学点滴谈》、《对综合除法这一节教材的一点意见》以及《略谈在中学数学教学中对于学生思维能力的培养》等短文。由于我们水平有限，目前江苏省又只有扬州中学一个学校试点，总有点孤陋寡闻，坐井观天，不能从理论的高度来认识问题，对教材研究得不深，在教法的探索上也做得不够。

二、教学效果的检查分析

搞教材实验要重视教学效果和检查分析，以发扬成绩，克服缺点，不断前进，这一年除一般性的教学效果的检查外，重点放在：(1)实验教材的平几体系，对教学效果的影响如何？(2)上一年初一代数内容，涉及的范围较广，理论偏深，进度较快，学生对所学的知识巩固程度如何？

1. 初二实验班教学内容，重点是平几。实验教材与统编课本，虽然体系有异，处理方法又有不同，但理论几何的基本内容又大体差不多。实验教材安排了“经验几何”和“集合与简单逻辑”等内容，有30多课时，这就必须相应地减少了论证几何的课时，那么实验班学生对几何基本概念的掌握、几何图形性质的理解、分析问题能力、逻辑推理能力的培养能否至少不低于同年级的其他班级呢？为此我们在一般班用了28课时结束“相似形”教学，进行单元考试的时候，用他们的单元测验试题，依统一评分标准。同时在初二实验班进行了一次突击检查，实验班是用了21课时，在6周前讲完相似形的，两个实验班初二(7)(8)与对比班初二(2)班检查的成绩统计如下：

班级	参加考试人数	90分以上	80—89分	70—79分	60—69分	50—59分	50分以下	总平均分
初二(7)	49	15	11	10	6	3	4	77.84
初二(8)	49	13	9	15	6	2	4	76.63
初二(2)	51	12	15	4	12	3	5	72.18

从“相似形”单元测验总的成绩看来实验班初二(7)(8)略高于对比班初二(2)。

从试卷完成的情况来看：

第一条填空题是考查比例基本性质的应用，相似三角形的判定，相似三角形性质以及三角形内外角平分线性质等内容。实验班同学除关于三角形外角平分线性质这一小条填空的失误率较高外(实验班平均失误率68%，对比班为43%)，其他内容完成情况都较好，究其原因，三角形外角平分线性质是实验教材第二册第一分册P.165练习第11条，我们仅作了一般练习题布置，没有把它与三角形内角平分线性质进行必要的对比，是我们处理教材不当。因此，学生对此印象不深。另外，像“三角形外角平分线性质”这类几何图形的性质，如果能作为定理的，最好在教材中能用黑体字印出来。

第二条是应用“射影概念”以及平行线截得成比例线段的计算题，两个班的正确率分别是90%和88%，而对比班是76.5%。

第三条“$\triangle ABC$中，D是BC边上的中点，DE平分$\angle ADB$，DF平分$\angle ADC$分别交AB、AC于E和F，EF交AD于点G，求证：$EG=FG=DG$”，解这道题应用的知识较广，没有正确地证出结论或仅只能证明$EF /\!/ BC$的，初二(7)、(8)班各有8人，初二(2)班有12人。

第五条：“O为四边形$ABCD$内任意一点，$A'B'C'D'$分别分OA、OB、OC、OD为$1:3$，求证：四边形$A'B'C'D' \backsim$四边形$ABCD$，并求它们面积之比”，证明两个四边形相似，实验班同学的正确率高于对比班，有的用位似形概念，有的用相似三角形的判定定理，也有少数人用相似多边形定义，采用的方法也比较多，求两相似多边形面积之比，发生错误的，对比班初二(2)多达42人，实验班初二(7)、(8)班也分别有28人和26人；A'分OA为$1:3$，是$OA':A'A=1:3$，不少人把它视为相似比，以致把面积比答成$1:9$，经过进一步了解，发生错误的有的是概念不清，有的是审题不慎，总的来看是对相似比概念模糊。

以上四条的完成情况，实验班较好。还有两条是：

第六条："在$\triangle ABC$中，$\angle C=90°$，$CD\perp AB$，$DE\perp AC$垂足分别是D、E，求证：$\frac{AE}{EC}=\frac{AC^2}{BC^2}$"，这一条学生不会应用射影定理的，初二(2)班有6人，初二(7)、(8)班分别有11人和16人，对比班的完成情况比实验班好，这样的差距原因在哪儿呢？一是射影定理在教材中位置不同，统编课本把直角三角形中的比例线段专立一节，以"定理"出现，而实验教材是在推论——直角三角形相似的判定之后作为一个例题提出的，统编课本里关于射影定理的练习有2小条计算，2小条证明，其中有一道题图形条件与试题完全一样，求证：$\frac{AC^2}{BC^2}=\frac{AD}{AB}$，在习题里还有关于射影定理的计算题4小条，证明题两大条。而实验教材关于射影定理的题目，只有一条而且在复习题里出现，练习和习题里一条没有。二是我们在处理教材时，考虑欠周密，教学中虽然注意到射影定理是重要的几何图形常用的性质，并没有把它看作是一般的例题，而作为定理提出，也配备一些计算题。证明题在课内外给学生巩固，但没有出现过在比例式中有线段的幂的形式的问题，以致实验班学生有22%—32%的同学不会应用射影定理，解一类的题目，其中有的虽能证出$\frac{AE}{EC}=\frac{AD}{DB}$，但以后便束手无策了，从这里还使我们体会到：题目的数量虽然不是以多取胜，题目的类型也不必求全，但对一些常见的或比较常见的题目类型，还应该让学生广开眼界，以求掌握解题规律。

第四大条"$\triangle ABC$中，$AC=AB$，直线DEF与三角形的边(或延长线)相交于D、E、F，求证：$DE\cdot CF=DB\cdot EF$。"没有添置适当的辅助线，或虽然添置辅助线，却没有找到正确解题途径的，初二(2)班有14人，而初二(7)、(8)班分别有18人和22人，这道题目实验班学生有这样多的人失误，完全出乎我们所意料，因为就这一条题目的思考方法而言，它有一定的规律性，而且实验教材在复习题里也配置了需添作平行线来证明比例线段或求两线段之比的题目，经过分析，主要原因在于教师，我们感到对复习题的题目没有很好地区分难易，化集中为分散，使学生逐步加深领会，有反复巩固的机会。另外，在举例时，虽然注意到启发分析，但没有很好掌握学生情况，做到从学生中来，再回到学生中去，这就难免留于形式，这个教训是沉痛的，必须认真记取。

2. 实验教材在上一年实验中是初见成效的，通过教学效果的检查，当时我们认为教材的体系是可行的，内容和方法，大多数学生是可以接受的，但考虑到实验教材内容较多，而且偏深，教学进度难免偏快，尽管学生当时接受知识虽然较好，其巩固程度又怎样呢？我们请初一年级的老师根据初一统编课本内容，拟一份考查题给初二(7)、(8)两个实验班及对比班初二(2)班做一次练习，考查题内容是比较全面的，要求也是比较高的，有关于概念的填空题、改错题，有关于有理数整式的计算和化简，有方

程求解,有应用题,这次考试成绩如下:

班级	参加考试人数	90分以上	80—89分	70—79分	60—69分	50—59分	50分以下	总平均分
初二(7)	48	5	6	27	7	6	3	70.63
初二(8)	50	5	8	9	15	6	7	67.64
初二(2)	51	5	9	10	11	7	9	67.54

各种类型题目完成的情况:

班级	基本概念题错误人次	计算化简题4条		解方程2条		应用题3条	
		正确人次	正确率(%)	正确人次	正确率(%)	正确人次	正确率(%)
初二(7)	74	143	74.47	79	82.29	70	72.91
初二(8)	65	127	63.5	70	70	61	61
初二(2)	80	137	67.15	68	67.32	66	65.34

从上面情况统计看来,实验班学生对知识的巩固程度还不是很理想的,但对于某些具体问题的解法还是较为灵活的、合理的。如一个化简题:"化简:$(b-c)(x-b-c)+(c-a)(x-c-a)+(a-b)(x-a-b)$",多数同学掌握通性用乘法分配律简化运算过程,而对比班初二(2)班同学多用多项式乘多项式展开化简,实验班中,还有个别同学先令 $x=a+b+c$,则原式$=a(b-c)+b(c-a)+c(a-b)=0$,足见深入理解以字母代数的意义。

对于实验班在初一提前教学的内容,在初二教学中联系更少,我们研究以"余数定理"为中心,委托刘钟静同志命题作初一提前教学内容的抽样检查,检查内容是基本的,要求是一般的,以一节课45分钟时间在初二(7)班随堂检查,题目是:

1. 写出余数定理,并加以证明。

2. 已知 $f(x)=2x^5-3x^3+ax^2-x-3$ 除以 $x+3$ 余 3,求 a。

3. $f(x)=x^3-6x^2+mx+n$,如果能被 x^2-4x+3 整除,求 $f(x)$的另一个因式。

4. 如果二次三项式 $g(x)$的两根为 1 和 2,且 $g(3)=4$ 求 $g(x)$。

5. 已知 $2f(x)-g(x)=-1+2x-x^2$,$f(x)+2g(x)=2x^2+x-3$,求$(f(x),g(x))$及$(f(x)g(x))$。

初二(7)班有49个同学参加这次检查,总平均的成绩是79.1分,90分以上的24人;80—89的7人;70—79的5人;60—69的4人,不及格的有9人,其中50分以上的6人。

第一条:学生对余数定理的内容叙述有错误的12人(约25%),其中把余数定理误为因式定理的有 6 人，能正确写出余数定理的，都能掌握定理的证明过程。

第二条：49 个同学中，没有一个不掌握解法的，只是用 $f(-2)=3$ 求 a，计算错误的有 5 人，用综合除法求 a，计算错误的有 8 人，还有 2 人在综合除法式子里，忘了缺项必须补零。

第三条：较多的同学是根据 $f(1)=0$，$f(3)=0$ 求出 m、n 后再找出 $f(x)$ 的另一个因式，也有人不求出 m、n 用综合除法直接求出另一个因式 $x-2$；还有同学设出另一因式为 $(x+a)$，根据多项式的恒等求出 $a=-2$。

第四条：用待定系数法，根据条件组成方程组求解的同学较多，也有人用韦达定理及 $g(3)=4$ 组成方程组，用代入法求解，较上法方便，还有人根据给定的两根设 $g(x)=a(x-1)(x-2)$，再利用 $g(3)=4$ 求 a，更为方便，这条有 3 人未做，4 人有严重错误，另外有 4 人，虽然能正确列出方程组，而求解过程计算错误。

第五条：有七个同学没有正确求出 $f(x)$、$g(x)$，还有 5 个同学对 $(f(x)$、$g(x))$、$[f(x)$、$g(x)]$ 的符号（ ）和[ ]混淆。

从初二(7)班同学对检查题完成的情况来看，初一提前教学所学的内容，巩固程度还是好的，特别是一些通性、通法更是深入人心的。

这里顺便说一下，现在初一实验班的同学对一些通法很有兴趣，他们对综合除法、待定系数法等的应用进行了整理，对通法掌握得较好，解题思路广、方法多，解题能力也相应地提高了。

三、从教学效果的检查看实验工作

先后三次教学效果的检查，都不是事先通知的。因而更有一定的真实性，两次与一般班对比，实验班的同学的成绩都不低于对比班。

上一年，实验班初一代数内容涉及的知识范围较广，理论较深，教学进度较快。一年多来，同学们对于那些统编课本相同的内容的遗忘率并不高于对比班，一些提前教学的内容，由于一方面重视理论的渗透，另一方面在方法上力求学生理解掌握，并注意适当地加强练习，所以从检测的情况看，学生是可以接受的，巩固性也还不算是差的。

从"相似形"的对比检查看来，实验班的同学只要能分析出解题路子的，多能得到正确的结果，这说明学生逻辑推理能力较强，能较清晰地掌握因果关系，因而推理论证比较完整，我们认为这是经验几何为之开路，简易逻辑为之奠基，起了一定的作用。在初一代数里渗透推理论证的设想确实是行之有效的，在理论几何的教学实践中，注意了联系集合与逻辑知识，组织安排适当的例题和习题，使学生对主要几何图形的性质基本上能掌握、理解和应用。

通过教学效果的检验，我们感到实验工作还不够扎实，研究不多，措施不多，特别是看到实验同学的计算能力还比较薄弱，与大纲要求有一定差距，反映在这几次检查中，因计算错误失分的较多，另外同学的分析问题的能力，也不很强，中等水平以下的学生尤为显著,对有些问题,便束手无策,不经启发,难以下手。

今后在实验工作中,我们将继续坚持尊重教材体系的原则,坚持不加班加点,不加重学生课外负担,努力提高课堂教学效果,这就需要教师对实验教材至少要通读全册,吃透精神,这样才能更好地扬长避短,妥善地组织教材,课堂教学方法不能停留在教师"启"之,同学后"发"之,而要进一步发挥学生的主动性、独立性,有效地培养能力、发展智力,教师在课堂上更要克服重分析轻计算的偏向,以身作则。算准算快,课内课外在不增加学生过重负担的前提下,还要安排适当数量的习题,并进一步对学生提出严格要求,除此而外,要大力培养学生刻苦认真、虚心踏实的态度,克服那种浅尝辄止,不求甚解的作风,并防止少数同学盲目自满情绪的滋长。

中学数学实验教材值得一试

江苏省扬州中学　刘钟静

一、教材概貌

《中学数学实验教材》是教育部委托北京师范大学、中国科学院数学研究所、人民教育出版社、北京师范学院、北京景山学校等单位组成的领导小组，组织“中学数学实验教材编写组”，根据美国加州大学伯克利分校数学系项武义教授的《关于中学实验数学教材的设想》编写的，目的是要通过实验研究，逐步形成更多更好的现代化而又适合我国国情的中学数学教科书。

本教材适用于重点中学，侧重在满足学生将来从事理工方面学习和工作的需要。

本教材精选了传统数学那些普遍实用的最基础的部分，这就是在理论上、应用上和思想方法上都是基本的长远起作用的通性、通法，对于那些在理论和应用上虽有一定作用，但发展余地不大，或没有普遍意义和实用价值、或不必要的重复和过于繁琐的内容，作了较大精简或删减。

全套教材共分六册，第一册是代数，在总结小学所学的自然数、小数、分数的基础上，明确提出运算律，把数扩充到有理数和实数系，灵活运用运算律解一次方程式及一元二次方程，然后进一步系统化，引进多项式运算，综合除法，辗转相除，余式定理等，学到根式、分式、部分分式；第二册是几何，由实验几何到推理几何，处理直线形、圆、基本轨迹与作图，不论证难题，有些平几中的复杂的难题放到解析几何中解决；第三册是函数，数形结合引入坐标，研究多项式函数、指数、对数、三角函数、不等式等。研究函数图象时，不仅利用图象观察性质，而且要利用性质把握图象，有些函数性质要证明；第四册是代数，是代数的第二个循环，把数扩充到复数系，进一步加强多项式理论，方程理论，讲线性方程组理论，概率统计的初步；第五册是几何，这册是几何的主要部分，利用向量，以定性几何过渡到定量几何，坐标化处理直线、圆、锥线，坐标变化、二次曲线讨论，讲立体几何，并引进空间向量研究空间解析几何知识；第六册是微积分初步，从常量数学到变量数学，突出逼近法，讲实数完备性，函数、极限、连续、变率与微分，求和与积分。

二、教材的主要特点

（1）突出“通性”、“通法”。

“通性”,就是一门科学研究对象的共同的基本性质的体系,代数学是研究各种数系的运算性质的,各种数系所共有的运算律就成为数系的“通性”了。

“数系通性”主要指的是:① 五条运算律即加法的交换律、结合律;乘法的交换律、结合律;乘法对于加法的分配律。② 数 0 和 1 的特征,即 $a+0=0+a=a$,$a\times0=0\times a=0$,$a\times1=1\times a=a$。③ 指数运算律。

第一册一开始,在复习和总结小学所学的自然数、零、分数的基础上,引进字母表示数,系统明确地提出了运算律,系统地建立了“数系通性”。当数扩大到有理数系,在规定有理数四则运算法则时,就要求所规定的法则必须满足“数系通性”,接在有理数系一章后面的就是一次方程式(一元一次方程、二元、三元一次方程组),将未知数看作是满足数系通性的符号,利用数系通性和等式性质便可以求出方程式的解,多项式的运算及理论安排在方程式的后面,对多项式的运算也是利用数系通性进行,“通性”像一根红线,贯穿于整个代数学的自始至终。

本教材很注重应用范围广、作用大的解题通法,在初中代数第一册中,突出了配方法,律定系数法,分离系数法,综合除法,辗转相除法等通法,要求学生掌握并会应用,在掌握通法的基础上,适当培养技巧。

(2) 注重理论,加强逻辑思维的训练。

传统教材的初中代数,以数、式、方程的知识为主要内容,基本要求放在计算能力上,理论要求不高,思维训练不强,逻辑思维训练重点放在平面几何中进行,至于代数中的逻辑思维训练要到高中阶段才有,而实验教材在初中代数中就渗入理论要求,注意逻辑思维的训练。

初中第一册代数,一开始就注意在运算中训练学生的思维能力,例如,讲自然数、分数、有理数的运算,每一步运算都要求讲理论根据,做到“言必有据”,让学生不仅会算,还要懂得为什么这样算,对所提出的运算律都一一进行“说明”,“说明”实际上就是数学证明,由条件出发,一步步进行演绎推理,最后推出结论,从而说明结论的正确。

在多项式这一章中,对多项式的运算除继续要求讲清理由、根据外,还增加了不少理论性较强的知识,第一册下册中出现了待定系数法,余式定理,部分分式,数列求和,一元 n 次方程根与系数的关系(韦达定理)等内容,引进了一些定理,对这些定理都从理论上加以严密的论证,在习题中也安排了不少论证题,这些知识的教学过程中思维量较大,思维的质量也较高,对训练学生的思维能力很有好处。

三、我们的几点看法和做法

(1) 教材体系是可行的。

在第一章有理数系中建立了“数系运算通性”,学习了等式的基本性质,就利用“通性”和“等式性质”作依据,总结出解方程的三条规律,即合并同类项,移项变号,方程两边同除以未知数的系数,尽管学生没有学过整式的加减,学完有理数以后,接着就学第二章一次方程式(包括一元一次方程、二元一次方程组、三元一次方程组),由于发挥了通性的威力,因而学生学起来一点都不感到困难。相反地,不但会解题,而且懂得解题的道理,第三章一元二次方程,只要讲清平方根的概念,同样根据通性和等式性质,便可以求出一元二次方程的解来。

学生学过简单的方程式以后,就自然而然地觉得应该有一个多项式的理论,而多项式的运算,就是将字母看成是满足数系通性的符号,利用通性学生很快就能掌握运算法则,现在这样先讲方程,后讲多项式理论,既节省了时间,学生又感到自然,更重要的是学生懂得其运算道理,这也就是项武义教授所说的"反璞归真"。

实践证明,教材体系是可行的,但在实施过程中,还得注意两个问题:一个是与小学教材衔接的问题,另一个是学生年龄小,对要求高、难度较大的内容要注意逐步渗透,螺旋式的上升,这套教材建立有理数不是直接由相反意义的量引入负数,而是先对自然数、零、分数进行系统地复习,归纳出运算律,再引入负数的,对方程应用题也不是单纯举例正面说明列方程解题的方法,而是先通过简单的例题,让学生通过算术解法和代数解法的比较,自觉掌握代数解法。这些说明,教材已注意到中、小学教材的衔接问题,但由于小学生学算术重算不重理,所以学这套教材,特别是一开始,还觉得困难挺大,我们的做法是:① 放慢教学进度,老师精讲,反复示范,让学生掌握规律从而进行练习。② 帮助学生过好用字母表示数这一关。③ 指导学生看数学课本,让学生尽快地适应中学代数的教学。

(2) 提前教学的内容,只要要求适当,可以激发学习兴趣。

根据这套实验教材的编写体系,有不少内容都是提前教学的,如一元二次方程,多项式运算中的综合除法、待定系数法、余式定理、辗转相除法,以及部分分式,特殊的数列求和,一元 n 次方程根与系数的关系等等。其中有些是高三代数中的内容,现在都编入代数第一册,我们在未教之前,也有些担心,怕学生理解不了,难以接受,但事实证明,并非如此。学生在学习这些内容的时候,兴趣甚浓,这倒并不是完全出于好奇心,新鲜感,而是这种经过自己的努力能够克服的一定难度,成为一种极大的引力,调动了学生的学习积极性,他们感觉到这些方法用处大,理论证明题逻辑思维要求高,有意思,初步感受到学数学的乐趣。

学生们并不满足于课本上所讲的内容,他们善于发现,善于联想。例如课本上讲完多项式乘法以后,安排了一道思考题:计算 $(x+1)^2=?$ $(x+1)^3=?$ $(x+1)^4=?$ $(x+1)^5=?$ ……并问:通过计算发现什么规律?同学们课后就进行了研究,习题课上你一言我一语的,发现了系数的内在联系及其规律,在 $(x+1)^2$ 之前再增添二道式子,$(x+1)^0=?$,$(x+1)^1=?$ 将系数抽出来,就发现了规律,这就是著名的杨辉三角形。如果底数不是 $x+1$,而是 $x+2$,$x+3$ 又有什么规律,因此又讨论了 $(x+m)^n$ 的展开式,这也就是二项展开式,这些提前教学的内容,学生完全可以接受,只要要求得当,可以调动学生的学习积极性。"知之深,爱之切",他对这门学科产生兴趣,产生情感,就必然会发挥内在积极因素,自觉地去克服各种困难,努力学好这门课,当然教师还要发挥主导作用，善于启发、引导，绝对不能脱离实际的过高要求，否则会适得其反。

(3) 渗透理论，有利于学生逻辑思维能力的培养，有益于几何教学。

这套教材的一个特色是注重理论，在代数学中就注意进行逻辑思维的训练，克服过去“几何讲理，代数不讲理”的现象。教材除了一开始就对运算律进行严格的“说明”以外，在第三章一元二次方程中，就出现了证明题，有这样的一道例题，证明：m 取任意实数时，方程 $x^2-mx+m-4=0$ 一定有两个不相等的实数根，这就要求学生明确已知条件是什么？要证明的结论是什么？如何根据已知条件以及所掌握的基本知识一步一步地进行推理，最后推出结论来。我们认为，在这里安排理论证明题很有必要，一是让学生知道数学不单纯是计算，还有论证题，从而增添学数学的兴趣；二是为第二分册学较深的理论论证题打下基础，另外，在这里安排证明题，学生也不难以接受，因为前面一直进行说理的训练，有了一定的学习基础。

第二分册多项式理论要求较高，出现了不少定理，这些定理都需加以证明的，比较突出的就是余式定理及其四个推论，余式定理的内容是：多项式 $f(x)$除以 $x-a$，所得的余式等于 $f(a)$，学生在老师的启发和引导下，能正确地写出定理的已知和求证，对定理的证明思路也比较明确，推论 3、4 运用了反证法，(这里只是归谬法)，学生只要掌握了反证法的规律。(即① 假设原命题结论不成立。② 从否定结论出发进行一系列的推理，最后推出与已知条件或与已证明过的定理相矛盾的结果。③ 假设不成立，从而得出原命题的结论是正确的)对推论的证明也就不难以理解了，平时在练习和习题中都安排了不少理论证明题，这就大大提高了学生的逻辑思维能力，学生经过这样的一年训练，初二学起几何来就不感到困难了，最起码不会犯将要证明的结论当作已知条件这样的逻辑性错误。另外，在推理过程中，思路也比较清楚，总的说来，有利于几何教学。

(4) 重视通性、通法的教学，提高了学生分析问题和解决问题的能力，也减轻了负担。

以前，在学生中流传这样一句话：“几何靠苦想，代数靠模仿”，特别是初中学生，老师讲一种类型的例题，学生只会做这种类型的习题，对老师没有讲过的类型，甚至将例题稍微改头换面一下，学生就不会做，对于实验班的学生来说，虽然开始时也要进行一点模仿，但当他们掌握了通性、通法之后，思路广、方法多，就能对付各种类型的题。例如有二道因式分解题① $x^4+3x^3-2x^2-3x+1$，② $x^4-2x^3-27x^2-44x+7$，对于第一道题可以进行拆项、分组分解，但很麻烦，实验班的学生学过了综合除法这一通法，根据各项系数的特点，很快可以观察出多项式中有$(x+1)$，$(x-1)$的因式，再利用综合除法降次，对于二次三项式的分解就没有问题了，利用根的判别式就能知道二次三项式在实数范围内能否分解成两个一次式的乘积。第二道题，学生根据首项系数是 1，常数项是 7，进行分析，很快知道，这个多项式没有一次因式，只能是两个二次因式，利用待定系数法这一通法也就能较顺利地分解出来，如果没有掌握待定系数这一通法，那么对这道题就束手无策，在初一年级(八个班)因式分解竞赛中，两个实验班的同学取得了优良的成绩，这主要是通性、通法发挥了作用。

列方程解应用题也改变了过去传统的把应用题分为大类小类逐类套例的教学方法，而是让学生学会针对题意设基本变量，平铺直叙地把题目语言译为方程，深入分析各“类”题目的数量关系特点，抓住解应用题的关键，这样的教学，使学生的解题能力有了很大的提高。例如，有一次单元测验，其中有这样一道应用题：“汽车驾驶员估计以每小时40公里的速度行驶，那么在规定时间内可以从公社到达城市，他用原来的速度走完了全路程的$\frac{2}{5}$，因故停留20分钟，为了按时赶到城市，在走余下的路程时，每小时行驶速度增加5公里，问公社到城市的距离多少里？原规定的时间是多少小时？”，出现了多种解法，下面列出四种，解一：设公社到城市的距离是x公里，根据时间关系布列方程，$\frac{x}{40}=\frac{\frac{2}{5}x}{40}+\frac{\left(1+\frac{2}{5}\right)x}{40+5}+\frac{20}{60}$，将距离求出以后再求时间，解二：设规定的时间为$x$小时，根据距离关系、布列方程，$40x=\frac{2}{5}\times40x+(40+5)\cdot\left(x-\frac{2}{5}x-\frac{20}{60}\right)$

解三，设公社到城市的距离是x公里，规定时间为y小时，

$$\text{则}\begin{cases}\frac{2}{5}y\cdot40=\frac{2}{5}x\\\left(\frac{3}{5}y-\frac{1}{3}\right)(40+5)=\frac{3}{5}x\end{cases}\quad\text{或}\begin{cases}\frac{x}{40}=y\\\frac{\frac{2}{5}x}{40}=y-\frac{1}{3}-\frac{x\cdot\left(1-\frac{2}{5}\right)}{40+5}\end{cases}$$

尽管有些方程列得比较复杂，但说明学生能正确地分析题意，用方程或方程组来解决实际问题。

学生掌握了通性和通法，可以从“题海”中解放出来，相应地也减轻了学生的负担，让学生课后有更多的时间去阅读课外参考书。

(5) 逐步养成预复习的良好习惯，培养学生自学能力。

这套教材内容深、难度较大，单凭上课老师讲，学生听，课后做做作业，那是学不好的，必须要学生充分做好预复习工作，开始时学生没有看数学课本的习惯，也不知道如何去看？这就需要老师去引导刚开学的一个月，我们每天在黑板上写出预习提纲，让学生根据提纲去看书预习，并在笔记本上记下疑难之点。上课时，老师通过提问的方式来检查学生预、复习的情况。通过一段时间的坚持和培养，绝大多数同学预、复习的习惯已养成，并尝到了甜头，有些同学深有体会地说：“课前预习好，心中有数，带着问题听课收获大”，有些同学在预习时，对某些概念、定义也能提出自己的看法与老师讨论。例如，在第一次印刷的课本中对一元二次方程的定义是这样下的：“只含有一个未知数，且各项的最高次数是2的方程，叫做一元二次方程。”学生提出$\frac{1}{x^2}=49$是不是一元二次方程？这显然不是，因为未知数x在分母上，

所以老师就在定义中加上“分母中不含有未知数”这句话,在第二次印刷的课本中已作了修改。这说明学生是动脑筋的去看书了。

每一章内容结束后,教师都要求学生每人写一份小结,有的是作内容上的整理,有的是写一个小专题,谈谈“对数零的认识”,“方程式解的探讨”等,有些小结的确写得不错。例如,关于一次方程式解的几种情况,课本上只是通过几个例题说明了一下,二元一次方程组解的几种情况,课本上也只是通过例题说一下,学生课后经过看书、研究,写出了一般式的讨论,并对三元一次方程组解的讨论也作了研究,知道如何使用行列式来讨论。

在二次根式化简中,遇到这样的问题:首先要将被开方数(正整数)分解成几个质因式的乘积形式,然后再化简,对于比较大的正整数如何分解?这涉及到数的整除问题,在小学,学生掌握了被2、3、5整除的规律,但被7、11、13等数整除的规律就不清楚,为了打好基础,对以后学习因式分解也有好处,因此教师要求学生回去由实例去发现、总结规律,并看一些课外参考书,有关整除方面的小册子及部分章节,学生写出了“被2、3、4、5、6、7、8、9、10、11、12、13整除的数的特征”,有的学生还能用整除理论去作解释,具有一定的质量。

课余时间有部分学生配合教材,还自学了一些数学小册子,一元一次方程,一元二次方程,高次方程,待定系数法,因式分解,分式与根式等等,进一步拓宽加深所学的知识,有少数学生在家长的指导下,还制订了自学计划。

综上所述,我们认为这套实验教材是好的,有利于学生能力的培养和提高,这套教材在重点中学值得一试。

对实验教材的看法和意见

江苏省扬州中学《中数》实验小组

第一册部分

一、教材体系是可行的,对理论性较强的内容,只要要求适当,可以激发学习兴趣。

本教材在第一章有理数系中建立了"数系运算通性",学习了等式的基本性质,接着就利用"通性"和"等式性质"作依据,总结出解方程的三条规律,即合并同类项,移项变号,方程两边同除以未知数的系数,引进了第二章一次方程式,第三章一元二次方程的内容,尽管学生没有学过整式的加、减、乘,学完有理数以后,由于发挥了通性的威力,因而学生学起来并不感到困难,就是一元二次方程,只要讲清平方根的概念,同样根据通性和等式性质,便可以求出一元二次方程的解来。

学生学过简单的方程式以后,就自然而然地觉得应该有一个多项式的理论,而多项式的运算,就是将字母看成是满足数系通性的符号,利用通性学生很快就能掌握运算法则,现在这样先讲方程,后讲多项式理论,既节省了时间,学生又感到自然,更重要的是学生懂得其运算道理,这也就是项武义教授所说的"反璞归真"。

实践证明,教材体系是可行的,但在实验过程中,还得注意两个问题:一个是与小学教材衔接的问题,另一个是学生年龄小,对要求高、难度较大的内容要注意逐步渗透,螺旋式的上升,这套教材建立有理数不是由相反意义的量引入负数,而是先对自然数、零、分数进行系统地复习,归纳出运算律,再引入负数的,对方程应用题也不是单纯举例正面说明列方程解题的方法,而是先通过简单的例题,让学生通过算术解法和代数解法的比较,自觉掌握代数解法,这些说明了教材已注意到中、小学教材的衔接问题,但由于小学生学算术重算不重理,所以这套教材,特别是一开始,还觉得困难挺大,我们的做法是:

1. 放慢教学进度,老师精讲,反复示范,让学生掌握规律;
2. 帮助学生过好用字母表示数这一关;
3. 指导学生看数学课本,让学生尽快地适应中学代数的数学。

根据这套实验教材的编写体系,有不少内容都是提前教学的。如一元二次方程、余式定理、一元 n 次方程根与系数的关系等等。这些内容理论性强,还有些逻辑思维要求较高的代数证明题,我们在未教以前,也有些担心,怕学生理解不了,难以接受,但从课堂上的听课神态,课后作业完成情况,单元测验成绩各方面事实证明,并非如此,学生在学习这些内容的时候,兴趣甚浓,这倒不是完全出于好奇心、新鲜感,而是这种经过自己的努力能够克服的一定难度,成为一种极大的引力,调动了学生的学习积极性,例如,在第三章一元二次方程中(第一册上册)就出现了证明题,有这样一道例题,证明:m 取任意实数时,方程 $x^2-mx+m-4=0$ 一定有两个不等的实数根,这就要求学生明确已知条件是什么?要证明的结论是什么?如何根据已知条件以及所掌握的基本知识一步一步地进行推理,最后推出结论来。学生见到这道题很新鲜,这是他们有史以来第一次见,也从这时才知道数学并不是单纯的计算,还有论证题,大大增添了学数学的兴趣。另外,在这里出现证明题,只要教师将逻辑推理的关系讲清楚,学生也不难以接受,因为前面的教材一直注意进行说理的训练,有了一定的学习基础。

我们认为,事情总是一分为二的,这些提前教学的内容可以教,而且能调动学生的学习积极性,发挥他们的内在积极因素,也就是说有一定的好处,但必须注意要求一定要适当,绝对不能脱离实际地过高要求,否则会适得其反。我们在教学过程中,就是按照课本上的要求去要求学生的,没有再加深提高。对于少数较难的题,例如复习题五中,证明 $53^{53}-33^{33}$ 可被 10 整除;两个用相同字码组成的二位数(都是质数)的差是一个完全平方数,试求这两个数,等,我们都没有全班要求,只是在课外数学活动小组内进行了研究。

二、综合除法,待定系数法等通法深入人心,学生掌握得牢固,应用得广泛。

在传统教材中,待定系数法,综合除法都属于高中代数的内容,而实验教材在第四章多项式的四则运算中,就讲了待定系数法和综合除法,综合除法是这样引进的:先让学生学会用长除法去求商式和余式,再省去字母和指数,用系数去做除法,也就是用分离系数法去求商式和余式,对于除式为一次二项式,由分离系数法采取“压缩”、“改号”的方法导入了综合除法,学生学起来很自然,也很顺利,很容易掌握,待定系数法就是以多项式的恒等为依据,列出以待定系数为未知数的联立方程式,从而解出待定系数,学生对于一次方程组学得还是不错的,多项式恒等定理也易接受,所以待定系数法也很容易掌握,目前初一实验班学生能自己整理出综合除法,待定系数法的应用。

三、对教材的几点意见。

1. 方程式要增加练习题,弥补不讲式的不足

前面已经说过,采用通性,先讲方程式,再讲多项式的理论这个体系是可行的,对

于一元一次方程、一元二次方程这些简单的方程式来说，学起来也是没有困难的，但因为我们的教学对象是初一学生，他们必须通过多做题来加深印象，巩固所学知识。

2. 余式定理推论(3)、推论(4)暂可不讲。

从第一册教材的内容来看，余式定理及其推论理论性最强，要求最高。而推论(3)、推论(4)又是这一节内容的最难点，证明定理采用了反证法，学生在教师的指导和精心讲授下，这部分内容当时也能理解和接受，但比较勉强，不能巩固。时间一长，容易遗忘。另外它们的作用目前不明显，推论(3)好像纯粹是为了证明推论(4)服务的，推论(4)的主要作用就是求多项式的表达式，这方面的习题也不多，所求多项式的次数也不会很高，学生利用待定系数法照常可以求出较简单的多项式的表达式，这部分内容还是余式定理及其推论(1)、推论(2)重要，作用大，应用广，学生接受起来，应用起来都不困难。

3. 对分离系数法通过“压缩”、“改号”，导入综合除法的看法[见15期简报(江苏出版)]。

4. 第一册的《下册》内容多，教不完，内容要压缩、删减。

第一册的《上册》内容适当，从教和学的情况看来，既不紧，也不松。

第一册的《下册》内容多，连续两届都没有教完，只是教完分式方程就停止了，根式方程及第七章代数运算的初步应用只好放到初二去讲了。

去年用的课本，在第五章中没有根与系数的关系这一节，而在第六章分式中，有部分分式；今年用的课本，在第五章中有根与系数的关系这一节，而在第六章分式中，没有部分分式，因此连续二年都讲到分式方程为止。

我们的意见是：《下册》将删去第七章，删去余式定理推论(3)、推论(4)，删去与内容不密切且较难的例题。(例如，在分式的加减运算这一小节中有个例题6，已知$a+b+c=0$，求证：$\frac{1}{a^2+b^2-c^2}+\frac{1}{c^2+a^2-b^2}+\frac{1}{a^2+b^2-c^2}=0$)，平时再压缩些课时，《下册》可以讲完根式方程。

第二册部分

一、关于经验几何

1. 安排一章经验几何是有必要的，教材内容的编写也是有特色的。

学生学习几何“入门难”，从数转入形不习惯，概念抽象难理解，推理论证难下手，项武义教授提出经验几何的目的要求：探源奠基知用。在我们实验中证实了“探源”确有助于学生对抽象概念的理解，也易于激发学生的学习兴趣。“奠基知用”为论证几何作了一些基本知识和思想方法的准备，逐步引导学生推证也是有成效的，我们认为安排经验几何于开始就好似学习平面几何的起飞跑道，起了滑翔助飞的作用。

实验教材这部分内容编写不同于过去的“直观几何”把实践和理论分开,又不在内容上求全,在学习论证几何时没有什么重复之感;又不同于一般的绪论作一点开场白,它的特色表现在:

(1) 对原始概念的描述比较朴实确切,把点说成是标记位置、线表示通路等等,一开始使学生认识几何概念源出客观事物的形象,可以消除了学生“玄”的感觉。

(2) 不仅引导学生动手动脑观察出一些几何基本事实,还引导学生进一步去探索略知其用,如归纳出“两点确定一条直线”这基本性质以后,让学生考虑“没有任何三点共线的四点,过其中任何两点,能画出多少条直线?”归纳出“三角形内角和”以后要学生推算出四边形、五边形等多边形内角和等,这些都有助于思想方法的训练。

(3) 对推论通法作了一些渗透,从线段的相等直到图形的全等始终抓住“叠合法”,用“反证法”推证“两相交直线确定一交点”,用“演绎法”推出“对顶角相等”……等,在习题里也重视说理的因素,这样对论证几何确实起了“助飞”的作用。

2. 经验几何的教学实践。

(1) 经验几何内容不求全,相似形、圆可不列入,教学时间不宜长,18—20课时恰到好处。

(2) B6。例二是“两点确定一条直线”的应用,确实是很实际的,但学生缺乏物理上的光学知识,为讲比例补上有关物理知识,才能弥补学生实际之不足似可不必。

(3) 在“三角形内角和为180°”之前,可以把论证几何里的三角形的分类,三角形中主要线段等内容提前,为探索“三角形内角和”这一基本性质,有各类三角形作为实践基础,也为基本作图丰富了练习的内容。

(4) 在平行线、对顶角、三角形全等等内容里,适当增加一些较简单的计算题和推证题,以加强巩固、理解和应用。

(5) “三角形全等的条件”,由于叠合法只能引出“s,a,s”、“a,s,a”,因而把“s,s,s”放在论证几何里是追求严密。不过使下一节“基本作图题”,失去理论基础,学生便会画不知理,倒不如把全等三角形判定的三种方法一起介绍,在论证几何再加证明,虽失去“s、s、s、”的严密性,但得到几个基本作图的理论性。

(6) 在经验几何里也得注意对学生智能的培养,除了重视多让学生用手操作,用眼观察,用脑归纳,获得第一手感知,以激发学生学习兴趣,减少其畏难情绪外,对一些计算题、问答题又不能一算完事,一答了之,要重视理论依据,此外,力求学生能严谨地表达几何事实,正确使用数学语言,力求学生正确使用绘图工具,这些都有赖于教师不断的熏陶。

二、关于论证几何

1. 论证几何的精简必须适当。

论证几何内容仍然是基础知识和基本技能。

基础知识方面主要是要求学生系统地理解和掌握直线形到圆的一些主要图形的

常用性质,那就是定理和推论,定理和推论的精简就看图形是否主要,性质是否常用?做到既以简驭繁又方便应用,例如“一个锐角的两条边分别垂直于另一个锐角的两边,那么这两个锐角相等”,“两角两边各各平行,那么这两角相等或相补”就可以用“等角的余角相等”“平行线的性质”来驾驭它,应用并不麻烦,反而习惯,把这些排斥在“定理”之外,纳入练习习题未为不可。再如“射影定理”是直角三角形中比例线段,在计算、推理、作图及实际应用较常见,如把它排斥在定理外,列入例题,那是定理数目表面上的减少,并未达到精简的目的,反而可能造成教学上混乱。有人认为它不是“定理”不能直接应用,那么要从直角三角形相似证起,徒增麻烦,精简“定理”,减少条数,以减轻学生记忆负担。但处理不当,便会适得其反,学生只要能掌握图形性质的系统,并不在于定理数目的多少,把较常用的几何图形降入例题,便降低其地位,降低其作用,因为该是定理的作为例题以后,对此就没有什么巩固、练习,即使把次要的几何图形性质作为例题或习题的,如认可作为定理应用,仍须冠以“定理”二字。

基本技能方面,这包括推理能力、计算能力、作图能力等,而以逻辑推理能力为核心,培养学生逻辑推理能力。几何教学不是唯一途径,但仍是一个重要途径,为了使基础知识、基本技能得到巩固、提高,教材必须精选例题供教师精辟分析启发示范,还要从简单到复杂,从单一到综合,选配一定数量的练习题,供课内外使用,练习题简单明了,即时巩固新知,是基本训练(多课内用),习题略有思考,密切新知,联系旧知,熟练应用,掌握规律,多作为课外作业,复习题富于思考性、知识面较广、概念性较强,又较为灵活,在复习时除选作例题外,给学生练习,习题、复习题要选择典型,注意类型,防止生僻,排斥古怪,每一个习题、复习题里的题目还应有一定坡度,根据学生正常的课外作业负担,几何题一般每节课布置作业 3 条左右,教材中的习题编选要留有余地,供教师选择使用。

2. 论证几何的教学实践

实验教材的论证几何部分值得赞赏的地方是:一是重视了推证通法,而不是一味地强调演绎多次出现各种方法。二是突出了重点关键,带动了一般,在四边形中突出以平行四边形为重点,抓住平行四边形与矩形、菱形、正方形的从属关系这个关键,这样就不必在特殊平行四边形多费笔墨。三是重视作图能力的培养,有利于分析问题能力的提高,基础知识的巩固,是作图、推理的综合训练,而且选材不是烦难的。

另外有三点提供商榷:

(1) 把有些图形的常用性质应列入定理的,不要轻易下放到例题或习题,即使把次要的放到例题或习题的,如允许作定理用应作统一。

(2) 题目分量太少,如平行四边形、特殊平行四边形、梯形等内容实验教材仅有练习题 18 条,习题 3 条(p. 119,13—15),复习题 4 条(p. 180,7—10)总共 25 条,而部编教材这部分有 9 个练习题 24 条,4 个习题 56 条,1 个复习题 4 条,总计 113 条,悬殊很大,实验教材的相似形部分有 3 个练习题 24 条,习题 8 条,复习题 22 条,总共 54 条,部编教材相应的内容有 32 条练习题,59 条习题,36 条复习题,总计 127 条,约是实验教材的 2.4 倍,我们虽不必以部编教材为标准,但仅就这些习题的分量能否确保学生对基础知识的巩固理解,熟悉应用,学生基本技能的训练能否达到应有的要求?

(3) 课本的画图有的太粗糙,如第二分册 p.53 图 4-56,p.80 图 5-13 等。

我们在实验教材的处理情况是:

1. 在平行四边形这一节,为了更好地突出平行四边形与矩形、菱形、正方形的从属关系,我们在平行四边形 p.108 例一以后接着讲"中心对称"作平行四边形性质之一。然后在平行四边形基础上定义矩形、菱形、正方形再把 p.109 例二、例四,既作为平行四边形性质的应用也作为定理介绍,最后把 p.110 例三和 p.116 练习第 16 题梯形单立一节又显示梯形与平行四边形的并列关系,同包含于四边形的集合,而等腰梯形又是梯形集合的子集。

2. 相似形的开始加强了关于线段的比例的概念,突出了比例的基本性质(p.151 的练习第 6 题),较系统介绍了比例变形的几个定理(教材只有 p.151 的练习题第 7 题合分比定理),并让学生初步熟悉他们的运用,这些都是学好相似形比例线段的基础。

3. 在圆的比例线段里,切割线定理以后,我们补充割线定理作为推论,这也是常用的主要几何图形性质,也完整与圆相关的两条相交直线的几种情况,否则学生解 p.46 练习第 1 题时,就要添置补助线证明出 $PA \cdot PE = PC \cdot PD$,再求 AB 之长。对于同一练习题第 3 题不介绍"割线定理",学生将无法理解题目中的"用割线定理"作已知三线段的第四比例项,当然,这两定理可合称为切割线定理。

4. 在结束"园和直线的位置关系"以后,"两圆位置关系"之前,把 p.33"圆心角,圆周角"以及 p.40"弦切角"插入,既与前面知识密切联系,又为"两圆位置关系"丰富了练习的内容。

5. 几何不等式是几何教学上的难点,实验教材单立篇章是可行的,不过用"两点间直线段最短"足以阐述"三角形两边之和大于第三边",再作演绎证明似可不必,三个例题除第一题外,对初二学生来说,虽能开发智力,但要求偏高,而且解几何不等式有它的思想方法,因此,选补必要的类型不等式的题目作为例题,还是必要的。

上面是我们对实验教材已教过部分的看法和意见,供商榷,不妥之处,请批评。

中学数学实验教材教学小结

江苏省扬州中学　胡明健

在省、市教育行政部门的关心和指导下，我校“中学数学实验教材”的教学实验工作，经过六年时间的努力，已完成了第一轮的实验任务，实验效果是令人满意的，这表现在，实验班学生具有较宽厚的数学基础知识，较强的思维能力，解题思路较宽、灵活，在历次和平行班统一试卷测验考试中，实验班的成绩一般较好，如这一轮实验班，初中毕业时参加扬州市统一升学考试，数学均分比平行班总均分高出 2.09 分，高三上学期，由教委实验组命题的综合练习题的测试中，实验班的均分比普通班均分高出约 10 分，86 年高考升学统考，实验班数学均分比普通班总均分高出 6.99 分，85 年 10 月，参加省市联合数学竞赛，实验班有一名同学获奖。

一、实验班的基本情况

我校“中学数学实验教材”的教学实验工作开始于 1980 年秋，当时在初中一年级新生中随机定了两个教学班，作为数学实验教学班，83 年暑期，两个实验班 97 位学生，3 名免试直升高中，其余学生全部参加扬州市统一升学考试，按本校录分线又录取 47 名学生。

高一开学不久，应家长要求，并经省市教育局同意，又吸收了原实验班 14 名同学入学，后由于教师紧缺，校舍困难，高一下学期两个班合并为一个班，共 50 名学生，一位学生中途转学香港，高二下学期，文理分科，9 名学生转学文科，85 年暑假一名学生考入南京大学少年班，到高三实验班实有学生 39 名，其中包括 6 名高中升学考试未达到本校录取分数线的学生。

二、高中实验教材概况

这一套教材，内容的选取原则是精简实用：精选了传统数学那些普遍实用的最基础的部分，在理论上、应用上和思想方法上是基本的，长远起作用的通性、通法。在初中实验教材以数系通性运算律为主线，强调基本代数方法，推理思想，突出由算术到代数，由实验几何到论证几何的重大转折，高中教材安排，突出从定性几何到定量几何的转折，从常量数学到变量数学的转折，以及学习“精简实用”、“有效能称”的数学内容、思想与方法，达到较高的“制高点”，以便“一览群山”、“开阔视野”等总体意向，内容是丰富的，逻辑体系是严谨的。

基本和通用教材一致的有：

两角和与差的三角函数、反三角函数、三角方程、二次曲线、极坐标、参数方程、坐标变换、直线方程、立体几何。

不等式、数列、数列求和、数列的极限、复数、排列组合与二项式定理、数学归纳法、指数函数、对数函数、线性方程组、概率微积分，一般来说无论从内容及理论要求都高于现行教材，如线性方程组包括未知数个数与方程组中方程个数不等的方程组，数列的极限，包括具有极限存在的数列的性质，数列的极限存在判定定理，排列组合，有允许重复的问题，圆排列等等。

与现行通用教材比较，实验教材另增加的内容：多项式基础理论，多项式的根。

向量与向量运算，向量几何初步，向量的坐标运算(包括空间向量几何、平面直线方程、圆)

实效等。

可以看出，教材加强了多项式理论的深入研究，突出了定性几何到定量几何的转折，由常量数学到变量数学的转折，实数一章的安排还为极限概念的思想和方法起了奠基的作用。

在高中三年同样的教学时间内，完成如此丰富内容的实验教材内容，且教学效果不低于使用现行通用教材的平行班，有力地说明实验教材从总体上来看，确是一套有特色、有新意、功力大、效益高的教材。

三、对教材的认识和体会

实验教材和现行通用教材相比，不仅内容多，要求高，而且取材精简实用，突出双基，注意能力培养，在结构、体系等方面都有新意，有特色。

1. 重视基础知识。

能力以知识为基础，厚实的基础知识是增强能力的基本条件，实验教材以精简实用为选材原则，精选了传统数学中那些普遍实用的最基础的部分，采用初、高中循环，螺旋式上升的编排结构，例如多项式理论，初中以数系运算为基础，主要学习数值系数的多项式及其方程，最后扩展到多项式的初步讨论。在此基础上高中又进一步系统学习多项式理论、方程式理论、线性方程组理论；数列是中学数学中的主要内容，实验教材在初一代数中就以运算性质为依据，介绍了等差、等比数列求和，高中再进一步系统学习数列的概念；关于函数概念，实验教材在第一册多项式运算中就引入符号 $f(x)$，第三册介绍了函数及其图象、分段函数、折线函数等，高中教材第四册(下)进一步安排学习单变量函数，以集合、映射观点研究函数概念及其运算；不等式也是如此，第三册基本上介绍了不等式的基本解法和不等式的证明方法，高中第四册又再一次学习这方面内容，研究一些重要不等式的证明和应用等等，适当的循环、螺旋式上升，使学生对重要基础知识多次接触，逐步加深。因而，学生对一些重要知识的掌握和应用,也比较深刻、熟练。高三上学期的统一测验中如试题:作函数 $y=1+\frac{1}{1+x}$ 和 $\log_y(x+1)=\frac{1}{2}$ 的图象,实验班得分率为 78.5%,比一般班高出 18.5%;试题:求复合函数 $y=0.32\cos x-1$ 的单调递增区间,实验班得分率比一般班也要高出 10%以上,实验班学生对函数的复合运算的掌握程度明显地优于一般班。

2. 重视数学思想方法和发展学生思维。

当前数学教学中大家所关心的问题是:在传授知识的同时,如何更有效地培养和发展学生的思维能力,对一个教材也同样有这样的一个问题,实验教材强调通性通法、运算律,在第一册,第一章,第一节的自然数中,就开始认真讲解运算律,在以后学习有理数集、实数集、复数集、多项式理论时都一次一次的定义运算,验证总结。运算律,在学生头脑中形成了一个套套;代数的基本精神是灵活运用运算律谋求问题的统一解法,在学生脑海里深深地扎下了根。

实验教材中对数学中基本的常用的方法,如分析法、综合法、反证法、待定系数法,都有较多的渗透和应用,六年来,长期潜移默化培养了学生运用数学的思想和方法去分析和解决问题的能力。

实验教材在多项式、函数、方程、不等式内容的有机联系等方面处理较好,尤其是函数的图象及性质的研究,又给学生在数学问题的研究的思想和方法上一个"套套",初中的一次函数,到二元二次方程,二元一次方程式的图解法,二次函数的深入研究;初三的分段函数、阶梯函数、折线函数的研究的时间和内容都超过了现行教材,培养了学生用函数观点、数形结合方法处理问题的思想和方法,养成了学生良好的学习习惯。

实验教材十分注意知识的形成过程,重视思维活动过程。

例如,多项式的插入公式,教材用了一系列实例:

例 1,已知 $f(2)=3,f(3)=f(4)=f(5)=0$,求次数不大于 3 的多项式 $f(x)$。

例题首先分析了用方程的观点,由已知条件求 3 次多项式的系数,计算量大,然后启发学生用因式分解把问题简化。

例 2,已知 $f_1(2)=3,f_1(3)=f_1(4)=f_1(5)=0$;

$f_2(3)=6,f_2(2)=f_2(4)=f_2(5)=0$;

$f_3(4)=-4,f_3(2)=f_3(3)=f_3(5)=0$;

$f_4(5)=12,f_4(2)=f_4(3)=f_4(4)=0$;

求:四个次数不大于 3 的多项式 $f_1(x),f_2(x),f_3(x),f_4(x)$。

例 3,已知 $f(2)=3,f(3)=6,f(4)=-3,f(5)=12$;求次数不大于 3 的多项式 $f(x)$。

这里,$f(x)$正是例 2 中四个多项式的和。

例 4,已知 $a_i(i=1,2,3,4)$是四个两两不相等的数;$c_i(i=1,2,3,4)$是另外四个

数,试求次数不大于3的多项式 $f(x)$,使得 $f(a_i)=c_i(i=1,2,3,4)$。

水到渠成,得到关于4次多项式的插值公式。

这段教材不是孤立地给学生一个公式,更重要的是教给学生把复杂问题转化分解为几个简单问题的这样一个重要的数学思想方法。

用字母代数是代数的基本思想,实验教材十分重视参变数的渗透,在线性方程组一章中专门讨论了方程个数和未知数个数不等的线性方程组,深化了学生对参变量的认识,高三上学期期中统一测验中有这样一道试题:

已知关于 x 的二次函数 $y=f(x)=ax^2+bx+c$ 满足下列四个条件:

(1) a,b,c 互为不相等的非零实数;

(2) a,c,b 成等比数列;

(3) $\frac{1}{a},\frac{1}{b},\frac{1}{c}$ 成等差数列;

(4) $f(x)$在$(-1,0)$上的最大值为-6。

试求:该二次函数。

这题先由已知条件,得关于 a、b、c 的两个关系式

$$c^2=ab$$

$$\frac{2}{b}=\frac{1}{a}+\frac{1}{c}$$

接下去就需要灵活地从方程观点把其中一个字母作为参数表示其他两个量。这题实验班的得分率比一般班高出10%左右。

3. 逻辑结构严谨,培养思维能力。

教材十分强调定义、定理产生的逻辑过程,着眼于让学生经历一个认识形成的研究过程。

如代数第三册指数概念普遍化,教材耐心地从正整数指数幂的定义、运算律出发,抓住 $a^m \div a^m = a^{m-n}$ 中,$m=n$ 时所发生的矛盾,引导学生进行思索,解决矛盾的必要性和方法,探索零指数幂,负整数指数幂的定义及其合理性,使学生经历了一个科学研究的思考过程。

又如:关于第四册第三章多项式的基础理论第三节3.1的最高公因式,教材在学生已有的关于公因式的知识基础上,先给出最高公因式的定义,接着引导学生考虑三个问题:

(1) 两个多项式的最高公因式 $\mathrm{d}(x)$的存在问题;

(2) $\mathrm{d}(x)$的唯一性问题;

(3) $\mathrm{d}(x)$的求法问题。

不仅给学生以结论,更重要的是交给了学生如何去进行严密的逻辑思考,在学习新概念中培养学生的思维能力。

4. 高观点,早渗透。

这也是实验教材的一个编写特点，实践表明，把学生的思维水平机械地和年龄建立某种必然的联系是缺乏根据的，只要从学生实际出发，注意教学方法，是可以让学生在早期受到较高程度的思维训练的。为达此目的，教材重视运用渗透的方法从初一开始在代数中加强了推理的训练，强调了推理重视运算的根据，加强了字母运算、讨论，为几何学习做了准备。初二几何中较早地系统介绍简易逻辑和集合知识，不仅为学习综合几何增添了一个工具，而且为发展学生的数学思维增添了飞翔的翅膀，在多项式及实数理论中渗透了逼近法的思想等。

学生在接触这些内容时，并不要求他们一开始就搞得十分清楚，但就在这不太清楚的过程中，编者已经把这些思想一点一滴地渗透到学生的学习中去，使学生通过反复应用、逐步体会的方式达到弄清楚的目的，如逼近法的思想，教材第三册在无理指数幂中提出用有理指数幂去近似地代替无理指数幂。这时，只要求学生知道就行，第四册(上)对实系数多项式的实数根介绍了计算实根近似值的基本思想，提出了确定根的界限、根的分离定位、根的计算三个步骤，然后反复应用这样三个步骤就可以求出精确到任意水平的根的近似值，而逼近法的思想正式提出，则在第四册(下)第二章实数，二分逼近法和十分逼近法。在此基础上第三章又提出逼近的另一个方面，即给出一个无穷数列$\{a_m\}$是否恰好无限逼近某一个常数，由于逼近法思想的逐步渗透，分散了极限概念教学的难点。

初二几何教材让学生及早学习集合与简易逻辑，接触集合性质和推出关系，为学生的逻辑思维的发展创造了有利条件。如$0<x_1<1$，$0<x_2<1$与$0<x_1+x_2<2$，前者是后者的充分而必要条件，对这类问题的理解，可以使学生的思维始终处于一个居高临下的水平。

四、在改革教材的同时进行教学方法的改革

教学不仅仅是传授知识，更应当是一个思维活动的过程，不但要使学生“学会”，还要让学生“会学”，“会思维”。

为此，教师的教法，不能只用一个模式，要根据不同的教材、不同的课题等用不同的教法，像发现法、讨论式、答疑式、讲解式自学辅导法、小结习题课等交替使用，以达到把教学过程当作思维活动过程，在教师的主导下把学生带到探索、发现、思考、论证的数学思维的情境中，充分发挥学生的学习积极性，激发学习的兴趣，对那些理论要求、抽象程度较高的章节，教材叙述详细的，我们采用了单元教学方法，在教师指导下，学生阅读指定的教材内容，同时发给阅读提纲，让学生相互研究，交流信息，教师则从中了解学生的疑难之所在，在此基础上，师生再共同研究教材中的重点问题，最后小结讲解。如第四册(下)第二章实数§2度量与实数，就是用这种方法进行教学的，培养了学生阅读能力，加强了教学的针对性，也提高了课堂教学的效益；还有些章节作为相应章节的内容的应用和提高，也采用整章放下的教学方法，如空间向量及其运算律；有的章节，概念、定理内容较多，则让学生在教师指导下，通过自我复习、整

理，达到对章节知识结构认识的系统化和深化，如多项式基础理论一章，我们要求每个学生就知识结构、解题经验体会作书面总结，教师则在学生小结基础上作总结发言，上习题课，从而培养了学生概括能力。如郭震洲同学用列表方法精练地概括了这一章的知识结构(如下表)：

{一元多项式}⇒x 的一元多项式⇒x 的 n 次多项式

⇒多项式代数运算

- 多项式代数运算
  - 封闭性运算
    - 加法
    - 减法
    - 乘法
  - 非封闭性运算
    - 整除⇒因式定理
      - ⇒倍式
      - ⇒最高公因式
    - 不能整除⇒余式定理
      - ⇒插值公式
      - ⇒泰勒公式
        - ⇓
        - 扩大的余式定理

至于解题经验总结更是丰富多彩。

张晖同学对带余除法进行总结时，归纳出：长除法、结合除法、泰勒公式、余式定理等。

贾斌同学在小结中就已知 $S=\frac{1}{2}(a+b+c)$，求证：$(S-a)^3+(S-b)^3+(S-c)^3+3abc=S^3$ 这一问题进行深入的探讨，他把 S 作为未知量，令 $S=a$、$S=b$、$S=c$、$S=0$ 时，待证的两边式子相等，根据这一事实，进而总结出一条解题经验：要证明一个关于若干个字母的多项恒等式成立，可以用 $n+1$ 个不同的特殊数值代入，若所得值均相等，则根据多项式恒等定理的推论，即得证。

凌镭同学结合自己学习体会写道：解(证)一道数学题，首先要认真审题，其次是要深刻地把握住定义、概念、定理，使题意明朗化、标准化，解题要有明确的方向。

对教材中的有一些给出结论，要求证明结论的正确性的例题，学生往往并不满足，总要追问结论的由来。教学时，我们尽量不先既定的结论，而是引导学生实验、观察、思考、归纳、猜想其中规律。如数学归纳一节，一个例题：平面上有 n 条直线，其中任何两条不平行，任何三条不共点，证明这 n 条直线。

把平面分成 $f(n)=\frac{1}{2}(n^2+n+2)$ 个部分，证明之前先探索公式 $f(n)$ 的由来，增加了学生的兴趣，提高了学生的思维能力，实践一次探索创造的过程，同时也为公式的证明奠定了思想基础。

对有些综合性较大、概念性强、解法较多的数学问题，则采用教师少讲、学生多想、共同讨论的方法。让学生各抒已见相互提高，活跃了课堂气氛，锻炼了学生思维、训练了表达能力。

五、生动活泼的局面

六年来，学生在实验教材严谨的逻辑结构，高观点、早渗透等指导思想，以及丰富的教学思想的影响下，学风严谨踏实。思维的素质步步提高，解题思路活泼。

1. 能自觉地应用一些数学的基本思想方法

在学习数列时布置了这样一道习题：写出以下列四数为数列的通项公式。2，0，2，0。作业中解法很多：有同学用构造辅助数列方法：$b_{n-1}=a_n-a_{n-1}=(-1)^n 2$ 的方法，得 $a_n=1-(-1)^n$；有的用观察法，直接得到 $a_n=1-(-1)^n$；但更多的同学从方程的观点，用求待定系数方法来解，得

$$a_n=A(n-2)(n-4)(n-B)，由\ a_1=2,a_3=2\ 解之得\ A=-\frac{4}{3},B=\frac{3}{2}$$

2. 严谨的学风

一次课堂上让学生讨论一道题，当 a 为何值时，$y=(a^2+2a-3)x^2a^2-a-1$ 的图象是直线，粗心的学生的解是 a 满足 $2a^2-a-1=0$ 或 $a^2+2a-3=0$，立即遭到大多数同学的异议，指出那些使 $2a^2-a-1=0$ 时 a 的值，$y=(a+2a-3)x^2a^2-a-1$ 的图象不能称为直线，因为这时 $x\neq0$，表现了他们思维严密概念清楚，在课堂上或在平时习题研究中，学生总不轻信任何一个结论，如学习微分这一部分内容时，对习题：求证当 $0<\alpha<1,x\leftarrow(0,+\infty)$ 时，$\alpha(x-1)>x^\alpha-1$，学生在作业中指出当 $x=1$ 时，不等式可以取等号。

在抛物线 $y^2=2px$ 的对称轴上已知一个与顶点距离为 a 的点 N'(在 y 轴右侧)，求曲线上点 M 的横坐标，使 $|MN|$ 最小。

学生在作业中对 p 分 $p>0,p<0$ 进行讨论，得出较为完整的解答。

方法灵活，深刻而牢固的数学知识，促进学生思维素质的不断提高，解题中表现出灵活的思路，如：

在排列组合教学中，我们布置了这样一道题：

用 1，2，3，4，5 可以组成多少个不重复的五位数，其中万位上不能是 1，千位上不能是 2，百位上不能是 3，十位上不能是 4，个位上不能是 5。

这题一般思路是通过画出树形图来考虑，但陶晨阳同学并不满足，他在作业中又借助于行列式来解，排出由 0，1 组成的行列式的顶数来计算条件全排列的方法。

$$\begin{vmatrix}0&1&1&1&1\\1&0&1&1&1\\1&1&0&1&1\\1&1&1&0&1\\1&1&1&1&0\end{vmatrix}$$

用降阶方法计算这个行列式的“值”。

$$=\begin{vmatrix}1&1&1&1\\1&0&1&1\\1&1&0&1\\1&1&1&0\end{vmatrix}+\begin{vmatrix}1&1&1&1\\0&1&1&1\\1&1&0&1\\1&1&1&0\end{vmatrix}+\begin{vmatrix}1&1&1&1\\0&1&1&1\\1&0&1&1\\1&1&0&1\end{vmatrix}+\begin{vmatrix}1&1&1&1\\0&1&1&1\\1&0&1&1\\1&1&1&0\end{vmatrix}$$

$=11\times4=44$,从而较简捷地回答了这个问题。

像这样,不满足于一般解法,进行创造性的探索的典型例子是很多的。由此,学生思路之活跃,可略见一斑。

六、结束语

我校进行数学实验教材的试教工作时间还不长,虽然在实践中取得一些感性知识,对教材的领会也很肤浅,但我们体会到:

1. 这套教材无论从体系、知识结构上都不愧为一套有特色、有新意的数学教材,内容丰富、思想性强,逻辑结构严谨,因此使用这套教材可以解决课堂教学中“吃不饱”的学生的求知欲,受到学生的欢迎。

2. 这套教材有利于理工科大学和中学的衔接,85年暑假考入南京大学少年班的学生王涛来信说:……我在中学时学的有关多项式理论的一些定理、公式,现在得到拓宽、加深。因此……更感觉到实验教材的作用,它使我们在中学时学的知识能够和大学的东西完美地衔接起来,而统编教材这一点上就有些不够。

3. 我们觉得教材还有一些需要在试验中进一步完善和提高的地方,如教材强调通性、通法,抓大巧,这是必要的,但同时还必须适当重视“技巧”,例如对于二元二次多项式的因式分解用待定系数法是大巧,但也不可忽视“小巧”,即所谓大十字相乘法:教材的容量和某些章节理论上的要求是否可以适当放低些,如极限理论(包括指数函数与对数函数部分)可以降低些要求;各章节适当增加一些一般习题和综合题;教材对代数、分析方面的处理有较大的优势,学生学得较扎实,但几何相对来说,略微薄弱些,是否也可以采用适当渗透和有计划复习联系等方法,使其进一步强化。

当前教材的实验工作,教委实验组、省实验组都极为重视,并正在由点向面开展,但是实验工作还不可能不受到高考和片面追求升学率等思想的影响、干扰。为此,各级教研、教育行政部门还必须加强对实验的具体指导和领导,一方面努力处理好教材,另一方面作为一项实验工作,必须坚持实验的方向,严格按照教材体系进行教学,对重点试验内容,坚持按计划进行教学,以积累经验,不断完善教材。如向量,因为高考不考,有的学生家长就建议不讲,给实验教学带来了一定的困难,我们坚持了这部分内容的实验,事实说明这部分教材是可行的、必要的,学生不仅掌握了几何问题代数化的概念和方法,也促进了有关代数知识的学习,我们曾用教委实验组复数统测题,在实验班与高三一个理科班进行了测试对比,实验班的班均分为73,75,比对比班高出7.55分,其中试题:若点P_1、P_2表示复数z_1,z_2,向量$\overrightarrow{P_1P_2}$绕P_1点逆时针旋转90°到$\overrightarrow{P_1P_3}$位置,求证点P_3表示的复数是$z_1+(z_2-z_1)i$,实验班得分率高达

98％，而对比班为54.3％，这充分显示了学生数形结合方面的能力，以及向量知识在复数上的迁移性。编写这套教材，是侧重在满足那些将来从事理工方面学习工作的学生的需要的，使学生切实学好从事现代生产，特别是学习现代科学技术所必需的数学基础知识。因此，使用这套教材还必须注意贯彻因材施教的原则，即应该允许不同类型的学生选择使用相应的内容，以达到使用教材的最佳效果。

百年树人，根据教育特点，对教材的优、劣及其潜力优势，不但要看近期效果，还应作跟踪调查，以便作出较为科学的全面的结论。

一项着眼于提高学生素质的教学实验

韩文龙　陆丕文　张乃达　许　均

编者按:扬州市“思维与数学教学”专题研究协作组成立后集中力量开展了“早期发展学生数学观念系统”的研究,从去年秋季开始在扬州中学、新华中学、仪征市二中、仪征矿区中学等校的部分初一班级进行教学实验,取得了一定的效果。为什么要加强数学观念的教学?早期发展学生的数学观念系统有无可能性?具体应该怎样实施?这些都是大家关心的问题,本刊特介绍他们的研究成果。

实验的提出

当前,学生的数学观念发展水平低下,是制约数学教学质量进一步提高的重要原因,而且数学观念发展水平低下,也严重妨碍学生数学思维能力的进一步提高。因此我们认为,加强数学观念的教学是提高数学教学质量的关键,而早期建立和发展学生的数学观念则是提高数学教学水平的一项基本策略。

和其他一些数学教学实验不同,早期发展数学观念系统的实验,把提高人的素质看成是本实验的最直接的也是最终极的目的。

数学教学的目的,可以从三个层次来体现:第一层次,掌握数学知识;第二层次,发展数学能力;第三层次,形成良好的精神品格,提高人的素质。其中第三层次应该是整个教育工作(数学教学是其中的一个重要组成部分)的最终目的。

为了使数学教学能达到培养和发展学生良好精神品格的目的,就必须实现数学教学成果从数学领域向一般性领域的迁移。这种迁移,主要地就是通过数学观念来实现的。事实上,数学观念系统本身就是构成和影响学生世界观和方法论的一个因素。因此着眼于发展学生的数学观念的数学教学,就不单单是一门基础性的专业训练,而是一项可以使学生受益终身的教育项目。

早期发展数学观念系统的必要性和可能性

因为数学观念的建立与发展要经历一个“聚合——发散——聚合”的反复的辩证运动过程,数学观念的建立与发展是一个长期的任务,因此只有对数学观念的发展早作安排,才有可能达到预期的目的。

更为重要的是,如果能早期让学生形成某个数学观念,那么这个观念就会较早地作用于学生的数学思维过程,学生也才有可能获得学习活动、探索活动的主动权和自由，才能真正地，而不是形式地发挥学生的主观能动作用，从而大大地提高数学学习的效率。因此早期率先发展学生的数学观念系统是一个具有巨大价值的教学策略。

另一方面，教学实验和教学理论的研究都已证明存在着早期建立和发展学生数学观念系统的可能性。这是因为：

1. 尽管数学观念是抽象的概念，但抽象概念的建立具有一定的直观基础，同时它具有广泛的应用，因此它又是非常朴素的，学生不难从自己的实际生活和已掌握的知识中找到支持这种观念的依据，因此让学生接受基本的数学观念并不是很困难的事。

2. 数学观念具有广泛的适应性，因此在数学教学中随时可以找到进行数学观念教学的良好载体，存在着让学生建立和发展数学观念的广阔天地。

3. 由于观念系统具有知识系统的某些特性，它可以通过传授来进行学习。因此，教师可以直接参与学生观念系统建立与发展的某些阶段，加速数学观念建立和发展的进程。

实验的组织与实施

1. 实验成败的关键在于教师能否真正地实现教育思想的转变。

这项实验研究，不同于形形色色的教学改革实验，它并不要求教师在进行具体的教学时，拘泥于某种教学程式，它不重视教师在教学过程中的外部形态特征。相反地，只要教师真正地实现了教育思想的转变——把提高学生的素质当作教育的最终目的，致力于发展学生的数学观念系统，同时又具备了思维与数学教学方面的基础知识，就可以进行创造性的教学活动，取得良好的教学效果。因此，挑选和培训实验教师，是搞好本实验的关键。

2. 在实验教学中要贯彻结构性教学原则和过程性教学原则。

结构性教学原则，简单地说就是要把发展学生的数学认知结构看成是数学教学的手段和归宿，这是组织宏观教学过程的指导原则。

首先，教师要根据中学数学教学的总体安排，根据教材系统，明确在中学数学中要发展哪些数学观念，这些观念之间存在着什么样的联系，明确中学生应该建立的数学观念系统的框架。

其次，对于每一个具体的数学观念，要根据学生的情况和教材的要求安排好教学的层次，规划好观念教学的渗透、突破、应用和发展这样几个阶段。

数学教学要充分暴露数学思维过程，这是组织微观数学教学过程的指导性原则。由于数学观念系统的建立和发展不能离开数学思维过程，因此过程性教学原则，对于观念教学也十分重要。

暴露数学思维过程是成功地进行观念教学的保证。坚持暴露数学思维活动中的每一个环节和层次，也就必然地突出了其中的基本数学思想和方法，也就必然地突出了数学观念。

在观念教学中,要特别注意突出概略性解决的思维层次,这不仅因为在当前教学中广泛地存在着掩盖这个思维层次的倾向,而且因为观念对于思维的指导作用主要地体现在这个层次。为此,在实验教学中,要求教师注意用同一思想处理不同的问题,遵循从总体到细节逐步分析的教学程序。

3. 在实验教学中要注意处理好观念教学与进行基本技能训练的关系。因为人的素质不能孤立地、割裂地发展,在初中阶段的数学教学中,更不能轻视技能的训练,否则失去训练时机就难以弥补。另外,学生如果只懂得大道理,而动起手来,一做就错,缺乏基本训练,那么数学思维能力也不能真正提高,数学观念也不能形成与发展。因此,成功的基本技能训练是保证实验顺利进行的必要条件。

《江苏教育》1989年第7、8期合刊

我对执行初中语文实验教材的初步认识

胡兰芬

我愿意在总结两年教学实践得失的基础上，就如何执行这套教材的问题，谈一点极初步的认识。

一、必须具有改变旧思想，改变老教法的认识和勇气，要有遇到困难，遭到失败不气馁的信念和毅力。

关于这个问题，在“我的思想经历”一篇中已经从反面说得比较清楚了。我现在要说的是，这决不是未做之前的高调，而是已做之后，在不成功中总结出来的教训。爱迪生有一句话给我启发，有人在爱迪生搞试验失败了上千次以后，对他说，你失败了，但他回答说，我没有失败，我已经知道要搞成功这项试验有上千种不能用的方法。如果不是属于故意的破坏和懈怠而造成的损失，总可以从中找出对今后工作有益的东西来。这是阿Q的精神胜利法吗？不是，我想我不企求一次成功，应当不断探索、不断前进。遗憾的是，我今后很少有弥补过失的机会了。不怕浅陋地写出来的目的，就是能给领导提供一点加强教学领导的具体材料。承认自己有旧思想、老教法的禁锢，不是一件容易的事，有主观上痛苦的碰壁和摸索，也有客观上难堪的冲击。然而，咬咬牙走过来以后，就会达到“山穷水尽疑无路，柳暗花明又一村”的境界。我为什么难以走出这个老的圈框，是因为这上面寄托过我的生路，流满了我的血汗，更建树过我的荣誉。不深切地掌握到时代的脉搏，学生的心理，学科的规律，这一切，造成了我跨步的艰难。如今面临着改革的新形势，首先要有自知之明的觉悟，然后才会看到自己与时代的差距，才会找到正确起步的方向。如今人人都肩挑着改革的重担，必须坚决摆脱个人得失、陈规陋习的羁绊，走自己的路，别人的经验可以借鉴，但不应照搬照套。有自己的教本，自己的学生和自己的教学个性，而应实践、总结，再实践，永不停下自己探索的脚步。

二、必须全面熟悉自己的教材和自己的学生。

语文教材，就其表象看是以一篇一课为单位的，学起来，好像可以互不相干，其实要达到提高语文知识和能力水平的目的，必须遵循语文学科的规律特点，有系统、有步骤地教学，无论是文章的思想内容、体裁特点、结构思路、语言风格还是读说听写的能力，都有它们自身的体系和相互协调配合的关系。不全面熟悉教材，就不能领会编书者的编写目的和思路;就不可能掌握教材的特色和要求;就不能胸有成竹地安排系统的教学步骤和改革教学方法。在这方面,我是走了弯路的。一开始,客观上由于教材来得都比较迟,来不及细看,就开始上课。上课以后,备课,改作业应接不暇,根本不可能再来全面细细琢磨课文;主观上,保守的观念,有限的水平,一接触到全新体系的课本,也根本不是浏览一遍就能全面领会的,只好就文论文,就练谈练,烂泥萝卜揩一截吃一截,缺乏远见,更缺乏全面部署。直到教到第三册以后,才慢慢清楚认识到这套教材的一些特色;内容上各单元之间的要求由浅到深;讲练要求的由低到高,教法上的单元观念和引读、自学的配套安排,练习的突出作用等,但由于习惯力量,教法上的大刀阔斧的改革还处在移步和计划阶段。

对学生呢,开始时,从思想、知识、学习兴趣、学习方法等方面做了大量的摸底工作,资料与数据的整理也非常细致。可能是太细致了吧,反而不得要领。特别是,当时上级“不得随便改动教材”的指示,自己执行教材时的棘手,使得自己的注意力完全放在如何完成教材规定的任务上了,根本不可能发挥出根据学生基础安排教学内容和教学方法的水平来了。当然个别的因材施教,还是经常注意到了。到初二下学期,能够从课堂教学上、口头训练上、写作训练上,重视到因人置宜了。在这个过程中,我体会到了,要较恰当的安排好完整系统的教学步骤和改革措施,必须同时做好熟悉教材和学生的工作。首要的是教材,它是教师的教之本,学生的学之据。如何针对学生的情况,就在于感情上的贴近和方法上的适当。对学生的了解,随时都要进行:开学初,课堂上,考试后,作业中,平时交往,以便随时调整自己的教法。学生喜欢生动、活泼,反对刻板呆滞;喜欢明快、简洁,反对繁琐拖沓;喜欢鼓励,讲究自尊,反对评分严,当众批;喜欢真诚、谦虚,反对虚假和固执己见。教师只要能及时调整,就能形成师生融洽的感情,这是提高质量的基础。这在一些教学过程中,我是尝到过不少甜头的。如上面提到的“在一次教学民主活动中”的情况,由于我在听到教学意见后没有反感,没有训斥,而是真心实意的全面发动提意见,同学们表现出来的真诚态度,是令我感动的,这不仅给教师增添改进教学的力量,而且也密切了师生感情,提高了他们的学习兴趣。又如在引导同学读写即景抒情的文章时(第三册第六单元),由于师生配合协调,效果良好。一是这样做的:在课堂上引导学生学习了《阅读》《写作》书上的有关文章,领会了“根据情的需要,突出写景的某一部分或某一特点”的写法。然后把作文课拉到瘦西湖去上。激发学生要把美丽的家乡说出来,写出来的愿望,要求同学们选择一处风景点,仔细观察,深入思考,捕捉感情,然后按一定的层次生动描绘出来。学生写了初稿后,老师表扬了写得成功的九种方法,指出了借景抒情方面的七种毛病。再写二稿,出了一些好文章,张贴表扬。后来又进行过一次深秋赏菊练笔。同样的要求,用的是这样的方法:先自己观察,列纲,特别要写明写什么景,抒什么情,接着在夕阳映照中于白塔下进行小组交流,后写成草稿,老师在讲评中归纳指出十一种抒情方法以及抓好与写景的相关点,然后让学生写成文章。从此,同学们对即景抒情,融情于景的写法,有了较为深刻的印象,在一些作文中,我时常发觉他们写到需要观察,抒发真情实感的文章，总是具有一定质量，学生有求知的欲望，爱动的天性，丰富的感情，只要教师善于引导，总会看到学生前进的步伐的。当然，学生中的情况是纷繁的，个性、基础、环境、天资各不相同，有少数的甚至由于种种因素产生对学习的内在懈怠心理，这就需要做好大量的因材施教的工作了。

三、必须在教学中掌握好几条线索的阶梯和配合。

一开始，我感到教好这两本书的头绪是如此纷繁。两本书，400 页(一学期)，三条线各有体例，还有听说读写的训练任务，不知抓哪一头是好。实在忙不过来的时候，就想抓住讲读课文，捺实基础，大概不会错吧，实际上走的是传统教法的老路。穿新鞋，走老路，新招式不多；时间紧，同学负担重，自己着实苦恼过一阵子。

用这两本书，完成听说读写的训练任务，达到培养能力，开发智力，提高水平的目的，书中的体例安排已给我们提供了比较明晰的思路和目标，关键在于教师在施教过程中，高屋建瓴的创造性的组合劳动——设置达到目标的台阶。

培养阅读能力，是语文教学的首要任务。各种报刊书籍上的经验之谈很多，值得借鉴。例如叶圣陶同志的一段关于培养精读能力的话，的确可以作为我们工作的准则。他说，需要翻查的，能够翻查，需要参考的，能够参考，应当条分缕析的，能够条分缕析；应当综观大意的，能够综观大意；意在言外的，能够辨出他的言外之意；义有疏漏的，能够指出它的疏漏之处，到此地步，阅读书籍的习惯也就差不多了。我们过去引导学生读书的常用步骤是：① 审题法，② 看提示，③ 读课文，④ 看注释，⑤ 查字词，⑥ 提问题，⑦ 理层次，⑧ 编段意，⑨ 明中心，⑩ 评写法。但我认为，这仅是横式结构的常规方法，如果仅限于此，就会落入令学生厌烦的程式化的窠臼。还必须从以下两个方面出发来灵活安排课堂教学的结构：① 要有知识上的由浅入深的线索，能力训练要求上的由低到高的阶梯。② 要紧抓住体现文体特点的重点和作者思路来传授知识和培养能力。从后面两点出发，就会因文而异，打破程式化的框框。在一篇篇课文中一节节课堂上，组织起丰富多彩、生动活泼的教学形式来。如在引导学生学习《阅读》小说单元时，就从文体特点出发，将一、二、三、四、五册的单元要求联系起来考虑。编者对于这一体裁的编辑思路是这样的：① 从故事情节和人物形象入手理解小说的中心思想，理解描写人物的几种方法。② 通过小说人物的言行，理解人物的思想感情，初步懂得分析小说情节的方法。③ 了解小说、民间故事怎样通过人物形象反映社会生活，体现环境描写对突出主题思想的作用。④ 学习怎样理解和评介小说的思想意义，体会小说中细节描写的作用。⑤ 了解小说中社会环境对表现人物的作用，学习分析和评价小说中的主要人物、理解段和篇的作用。从这里可以看出，要求的台阶是很清晰的。我们施教的时候，在文体知识的传授安排上，可以环环相扣，由浅入深，各具重点：① 人物形象(情节)——② 情节(人物的言行、感情、人物的社会环境)——③ 环境描写与主题——④ 细节描写(评价小说的社会意义)——⑤ 社会环境与人物(评价人物)，在能力培训上可以因文设法，前后照应，由低到高：

① 读——通过人物言行的对比(一件小事,通过人物之间言行的相互影响。最后一课),通过人物的典型言行(七根火柴,鲁提辖拳打镇关西)的分析,掌握人物形象;写——观察周围的任何一个人,写出他在一定场合中的言行。

② 读——编写情节提纲(社戏)(研究重点情节中几个主要人物的言行);按动作线索划分情节(七个铜板),分析"笑"的含义;独立划分小说情节(卖蟹)。

考试——独立分析微型小说《秘密行动》的情节,人物性格和主题。

③ 读——填写人物形象变化表,重点分析研究景物对比描写的作用(故乡);重点研究烈日的酷热,暴雨的凶猛的描写作用(在烈日和暴雨下);口述描写人物的语言、神态、动作的语句,讨论惨状和欢乐图景同时写的作用(买奴)。

口头短文交流——设计一段环境描写,向同学介绍一个熟悉的人。

综合练习——划分情节、分析人物,研究语言表达(孟姜女、牛郎织女)

④ 读——列表显示奥楚蔑洛夫的"变",注明典型语言和动作细节(变色龙);按地点转换填写情节人物表,具体分析账房先生,找出并研究相照应的细节描写(多收了三五斗);

联想练习——最后,奥楚蔑洛夫走向哪里了!(变色龙)(注意交代细节)

写——作品评介(永不忘记);

考试——独立分析小说《难道"老虎"真的不吃"肉"?》,添写有关情节,分析人物,评析主题的社会意义。

⑤ 读、写——突出社会环境对表现人物的作用……

我觉得对每一种文体的单元教学,都可以作这样的考虑安排,教者熟悉了教材,有了统领全局的思路,就可以熟练地驾驭教材,一篇典型文章,可学的东西是很多的,安排教学,面面俱到不可能,一定要选择服从单元要求的重点。能力的培养,智力的开发是长期的,多方面的,不可能毕其功于一役,必须设置台阶,这样循序渐进地逐步引导同学在掌握这类文体的读、说、听、写能力方面,达到不要教的境地。

阅读方面,着重在读;写的方面,只是单项练习。必须与写作训练有机地结合。根据大纲精神,服从于总的写作训练的层次:如小说单元的教学,在写的方面,并不要求同学会写小说(水平高的可以练写,班上有两个同学练习过,写得不错),但可在写人、记事、绘景的记叙文中,学习小说中安排情节、刻划人物形象、发挥环境描写作用等方法,我们注意这样引导了,有效果。至于现代汉语常识的教学,可以有计划地按照汉语单元,收集阅读课文中有关中心的语句,写作中的有关词句(包括病句)编写练习,以突出现代汉语常识教学重在实用的特点。我们曾经编过几次练习,但不系统。

四、必须充分发挥单元教学的优势。

阅读课本是按照课文的体裁用单元的形式编排的,每个单元的文章体裁一致,学习要求一致,但各篇文章的内容不同,主题不一,结构有变,风格迥异。这对同学来说,就不仅可以把课上成吸收知识,接受教育课,而且可以上成艺术欣赏课;对老师来说，也提供了进行教法改革的依据。我一开始吃的“穿新鞋，走老路”的苦头，就在于固步自封的思想方法，使自己看不到教材的优点，不善于适应它去大力改革教法。

每个单元中讲读和自读课文的安排，的确就已经给我们作了一定要改革教法，培养学生自读能力，提供自学门径的启示。讲读课，顾名思义，就是在老师引导下读。从为了培养自读能力这个总目标出发，这样的课，就应当上成示范课。在传授知识，解决疑难，领悟内容，显示各课风格，突出重点内容的同时，随时注意指点方法，引导实践。如如何预习（查字典、选解释、抓重点、提问题、翻资料、作记号等），如何根据文体特点划分层次、编写提纲、评品写法、领略语感、归纳中心等等，务必使同学逐步掌握这类文体阅读的方法和培养举一反三能力。自读课呢？当然应当上成学生自我阅读课。课本上的自读提示和综合性的练习，给同学们指了路，它起着检验巩固知识情况和自学能力的标尺作用，所以它又叫检验课，巩固课。上这种课，既不能老师引导太细，也不能老师一概不问，而是应当因文而异，做一些重点启发和组织安排工作，如在与讲读课文某些方面的联系上做些启发，又如可组织讨论事关全局的有争议的问题（《小麻雀》）、组织竞赛（《一件珍贵的衬衫》较浅显的课文，检验按练习题完成的速度和质量）、组织比较和仿析（《荷叶咏》《爱莲说》）、组织朗读欣赏（《生活多么广阔》），化为试题等等。可以结合单元练习，环绕单元要求，重点突出地采用多种巩固检查形式。每一种形式运用以后，必须进行总结，以便让同学在饶有兴味中进行活动，尝到能力提高的甜头。

我在教学实践中，有时是这样进行的，有时却因时间不够，来不及评讲总结，更多的时候是详讲多练，因为受追求升学率思想的指导，如《驿路梨花》和《一件珍贵的衬衫》等，因是编篇教材上有了的，一律照常规教法。《白杨礼赞》，明明只要求学会评点后写个总评语，却也是全面讲析，也因它是统篇教材中的重点课文。

发挥了单元优势，还有节约课时的优点。

五、必须充分发挥练习的作用。

由于编者的精心设计，练习题已成为这套教材颇具特色的内容之一（上面已有说明）。我们应当把它作为钻研教材、掌握思路、确定重点、安排教法、开发智力、培养能力的依据。随意举几篇课例来说：现代文、通讯《谁是最可爱的人》一共设置了这样一些练习题：(1) 提示与思考有两条：① 介绍背景——要求对抗美援朝情况及其中的二次战役作简要介绍。② 如何通过典型事例突出中心，体会抒情议论在突出中心方面的作用——是教学内容的重点。应用它来组织整个教学过程，不宜在开始给出答案。(2) 课堂练习先有四条。分别为内容、写法、结构和语言表达四个方面的内容。在学习内容和写法时，可采用描述、复述、朗读等方式熟悉故事后，研究三个事例的不同写法，领会“以少胜多，次序不能颠倒”的组织材料的特色，语言表达中的设问、反问的作用，动词的表达作用，可以放在结构分析和故事讲述中来揣摩。从朗读加强语感中探求作品动人心魄的原因，从而接受到深刻的思想教育。(3) 课后练习：写作短文和背诵片段,起巩固、积累作用。这样从背景到内容、写法、结构、语言表达,以中心思想贯串起来,组织一个有重点、有步骤、有层次的整体,结合读、说、听、写活动的安排,练习题的确发挥了组织教学全过程的作用。又如《愚公移山》一文,有这样几个练习题,提示与思考题是:“愚公精神是怎样一种精神”,这是师生进行教和学的思想线索。三条课堂练习题:① 细读课文二、三段,划出愚公妻和智叟的对话;② 引用课文原句回答四个问题。③ 谈谈故事结尾给我们的启示。按照这三个练习题,组织整个教学过程。要求学生在顺畅朗读全文的基础上,先用原文,后用现代文回答问题,就可以把熟悉课文、掌握重点、揣摩结构、领会中心与古文今译融在一起进行(课后重点整理重点字词),改变了过去先翻译后回讲,再分析、总结的程式文教法,给如何教学文言文指点了一条新路。

当然,发挥练习题的作用,要加上教者的主观能动性,可以根据教学需要调动次序。例如教《狼》一课时,不把复述故事作课后作业处理,先要求学生在预习的基础上用现代口语复述故事,然后渲染夜晚行路的紧张气氛,再后进入故事情节、结构特色、中心思想的领会。这样就起到了疏通文字,熟悉内容,引人入胜的作用。还可以根据教学需要增删,如教《游恒山日记》时,要求学生按课文内容画一幅登山、路线图,标出景色名称,特色里程方位,同学们在浓烈的兴味中熟悉、掌握内容。

六、必须掌握有程序、有规范中的多样化。

语文教学和其他各学科一样必须有程序地进行,语文教学也自有独特的规范,必须遵循,但这些都不应排斥教学方法的多样化。如要达到目标,可以有多种途径一样。一般说,逢山开路,遇水架桥,穿园留连,过街徜徉,与此同理。教学中不应程式化是最浅显的道理了。每教一课应使同学有如入知识宝库的欲望;进入以后,要有寻幽探胜的兴味;学完出来,要有流连不忘的情愫,再辟新境的本领。如《社戏》一课。教学时,不妨在解题理清内容、层次后,先从课文最后一句研究起:那夜的戏真好看么?那夜的豆真好吃么?然后从“戏不好,豆也一般”中,引出与作者有过亲密交往的农民孩子的优秀品质,那一个个动人的小故事;使作者身心自由舒畅的田园风光,那一幅令人神往的奇异景象。从而领会到作者这样说的感情真谛。在《记金华的两个岩洞》中,可以引导学生跟着作者的游览足迹,去寻找贯穿两洞的泉流。在《荔枝蜜》中,可以引导学生去寻找作者对小蜜蜂感情变化的过程。在《潍县署中寄舍弟墨第一书》中,可以引导同学通过讲述成语故事,阐明作者对读书的主张,通过对课文中有关读书成语的连锁举例,说明自己得到的启示。在《宇宙里有些什么》中,可引导同学就文题到课文中寻找答案。领会作者用什么方法使我们认识这些庞大的天体等等。不同体裁的文章,有不同的内容,作者也就设置了不同的思路。把学生带进这个思路,就会有不同的方法。文体的规范性,融汇在教法的多样化中,这就是我们应当尝试的方法。如果总是以解题、正音、解词、分段……为程序,不仅抹煞了文体特点,僵化了内容的思路,而且低估了学生的水平,造成的后果将使学生处于索然无味的境地。

当然,这不是意味着要弃去所有常规教法。要学好一篇文章,首先必须字要认得,词要会解,段落层次要分清,中心思想要会归纳……所要坚持的是,任何一种基础知识的理解,不离开文章中心;任何一种知识的掌握,不离开举一反三的原则。课前预习、课上讲析、课后归纳,都可以成为学生培养能力的场合。教学过程的程式化,不过是教者的水平低、懒思考的表现罢了。

七、必须全盘考虑写作训练问题。

总的来说,写作训练问题,过程要有序列,内容要讲全面,行文要明目的。

关于要有序列,就是要按大纲要求,首先要安排初一以写好记叙文为主,初二以写好说明文为主,初三以写好议论文为主的大系列;其次要安排在进行每一种文体的写作时,从开源式开窍抓起,由单项到全面,由浅到深,由简到繁的小系列。《写作》书已安排了上述大系列;在小系列方面,教者必须从学生实际情况出发,结合阅读课本和学生生活进行安排。如写好议论文,是学生在初中三年中,必须写好的重点文体之一。限于生活范围和认识水平,而且缺少小学基础,学生写它感到困难,因此必须要有开窍,引起兴味之举。开头不妨结合进行思想教育的班级活动来进行一次认识和思维训练,可组织同学对大家感兴趣的一件事或一种现象发表看法(要用正面事例),运用集思广益的方法,由教者归纳出比较全面的看法,使同学们明确,对一个问题或现象,发表看法,这看法就是议论。发表议论时,必须明确、有条理,还可以用课文中体裁不同而内容一致的文章进行比较。如《截肢与输血》和《纪念白求恩》,从感性上识别文体。并同时进行议论文中记叙的写法训练,在生活中收集议论题材的训练,这可作为训练的第一台阶。第二台阶呢?可按第一册《写作》书上的规定进行"写清楚一个观点"的训练。可以引导同学用摆事实,讲道理的方法写。可以多角度地说清楚问题的中心,既与第一台阶衔接,又可以为进行全面深入的议论作准备。同时可以进行由事例中引出几个中心、环绕中心归纳事例、为浅显议论文划分层次的单项训练。以上可作为初一年级学写议论文的起始训练要求。第三、四台阶,进行阐述观点要有中心和针对性的写作训练,开始接触反面现象进行剖析。学习由表及里,由此及彼地说清楚问题的实质,表达一个观点的训练。同时进行引用格言、谚语、历史故事等进行阐述的训练,并进行格言、谚语的分类收集。(训练用卡片)以上可作为初二年级的训练要求。第五台阶,全面接触论点论据和论证方法,特别注意几种论证方法的写作训练。开始写驳论文……总之,每个学期有一个训练重点,单项训练设置在《阅读》议论文单元的课后练习中,为重点训练程序服务。

记叙文、说明文的写作训练序列,都可以运用类似的思路。

关于训练内容要讲全面,一是指的内容方面:就体裁说,有记叙、说明、议论;就写法说,有记事、写人、绘景、状物,说明事物,阐述观点;就写作基础知识说,有中心、详略、层次、语言;就思维训练要求说,有观察、分析、想象、联想、抽象、概括等。这些内容在训练时都必须进行,如何才能不叠床架屋或零乱多头,就必须设置一条主线,使主次分清，相互配合，形成一个立体结构，根据《写作》书的编排体系，设想了这样的训练体系：

	初一	初二	初三
记叙	(1) 写自己熟悉的事 (2) 记叙要素 (3) 观察和选材 (4) 真人真事与想象 (5) 写景物特点与描写 (6) 写人的行为和语言	(1) 顺序和中心 (2) 详略，剪裁 (3) 新闻、通讯 (4) 写景抒情与联想	比较复杂的事件 写两个人的关系
说明	(1) 观察状物 (2) 说明事物的特点	(1) 状态 (2) 顺序　本质发展变化 (3) 准备生动	从几个方面说明事物
议论	(1) 文体比较 (2) 从事情或一种社会、生活现象说起（一事一议）（叙述的简洁，抽象概括） (3) 写清楚一个观点 (4) 阐述一个观点要层次分明	(1) 中心 (2) 有针对性	(1) 论点和论据 (2) 立论 (3) 驳论 (4) 写调查报告 (5) 几种表达形式的综合运用

从上表可以看出这几个特点：

(1) 有按年级的文体重点和每一种文体的训练阶梯及前后照应与衔接。

(2) 写作基础知识的熟悉、掌握，往往在一个学期写作训练的开头。

(3) 思维训练分散结合在适宜的写作文体和过程中。

(4) 既有文体的特点，又有各类文体的共性，有机结合，由简到繁。到初三年级，有综合训练的特色。

（注：有些部分内容提法及顺序安排不当，上面已在教材意见中提出，这里一般暂按原文排列。）

二是指写作训练过程方面，一般有这三个相连结的过程：① 观察、分析；② 选材、立意、布局谋篇；③ 列纲、起草、修改。必须使同学明确，一篇好文章的出现，熟练的写作能力的形成必须经过这个过程的反复训练，教师在引导时，① 务必要注意循序渐进，在一开始时，可以帮助同学建立一个材料仓库——观察素材积累本，规定每天记下几则观察材料（也可与日记结合），以培养热爱生活、关心生活的感情，养成观察思考的习惯，为写作各类体裁的文章，提供不尽的题材。② 在进行每一个步骤时，要注意提点关键后，让学生自己动脑、动口、动手，使他们在明确要求的基础上，提鉴阅读课文，掌握技巧，以逐步达到会写、会改的程序，切不可以在提要求时倾盆大雨，指导时，空泛号召，总结时，包办代替。

在开始起步时，在每个学期中，要花费一定的时间精力来按体裁，在读写结合的基础上进行几次全程训练，促进学生养成习惯。三年中，试着进行了几次：初一，“瘦西湖记游”“赏菊”，初二，“我们的学校”，初三，“石塔路风光”，有的做得全面，有效果，有的有待改进，但都说明了完全可以尝试(见附文及文中举例)。

关于行文要明目的，是指的有所为而作，也就是强调为了一定的目的，写真情实事。

这个问题，必须在学生才进学校时重点强调。这有几个好处：① 可以促使学生热爱生活，认真观察生活，并养成探索人生真谛的兴趣和习惯；② 可以培养关心他人说老实话的品德；③ 可以掌握住写作题材的源泉。有人说，可以允许同学写作及虚构。如果是指培养想象，联想能力，或者是在较高年级的学生中，可以这样，对刚入初中，正在奠定写作基础的小同学来说，还是应当强调写真情实事。

如何引导同学写真情实事？要指导途径。告诉学生，在学校、家庭、社会中的任何一个见闻，自己和人们的任何一次言行、任何一个地方的风情、任何一次读后、观后的思绪，都可以在关心、观察，有了体会的基础上描述、说明、评论、抒发。要形成气氛，青少年天真、纯洁，一般情况是说老实话，表真感情没有什么顾虑，同时也开始对人对事有了新颖独到的见解。教师必须珍惜他们这些美德，切忌排斥和扼杀。师生之间，平时交谈，作业评改，都要鼓励，即使是他们向老师提出尖锐但正确的意见时，也应鼓励。我们曾经要学生写过一篇对“语文教学的意见和建议”，他们都能以诚相见，有的措词尖锐，教师就尽量改正，因此事过之后，师生关系正常，有的相处亲密。现在看来，学生写到真情实事的文章，总有特色。要指导方法，我们曾经在几个方面下过一番功夫。首先在观察生活方面。注意了阶梯，由静物——自然景色——动物——景色的变化——人的外貌——在一定活动、环境中的人的神情、动作、语言——社会现象等等。开头集中练习，以后串在每一次写作中反复强调。第二，在写景抒情方面，一次结合班级活动将所学课文拉到瘦西湖去上。让同学观看任何一处风光景色和菊展，特别强调在细致观察的基础上掌握抒情点，在景情一致上下功夫。在议论文方面，也可以引导，可惜我因病只能停留在“纸上谈写”的阶段(见上)我还在平时写作中，将写真情实事作为命题的原则，如在练习写信时，我就要求他们在寒假结束时写一封信向老师汇报寒假生活情况，要装进信封，贴上邮票寄过来。看看信内外的内容和规格是否符合要求。又如写“老师，我有话对你说……”谈一谈心灵深处的话，等等。对写出真情实感的文章则予以鼓励和表扬。并把它作为向班主任反映情况，提出建议的重要阵地。明显虚构、抄袭的作品，就批评，规定重写。

关于读写结合问题，这是传统方面之谈。在这方面经验已很多了。这里只想谈一些认识看法：阅读自有它本身的一条列任务，它对写作来说，的确是起着卓有成效的引导作用。有计划地引导、读写结合可以使同学们在阅读中提高认识、增加知识、开拓生活、启发思路、借鉴写法、领略语感，有的是近期内就能看出效果，有的则在较长时间的积累中，逐渐显现出它的作用。在这方面，我们不应当操之过急，否则就容易将同学引导到机械模仿、难创新意的境地，也会使教者因看不到进展而动摇信心。

八、需要考虑安排语文教学改革与有关方面的关系。

(1) 语文教学与其他各科的关系。

语文教学大纲规定，语文是学好其他各门功课的基础，是工具。语文教学要在学生学习其他各门功课时，在阅读、理解、表达时，产生直接的效果。不宜单科教学，与他科不相干，更不宜用繁琐的作业来占据其他学科的学习时间。

关于这个问题，过去考虑得少，让其自由发展的情况多。现在我觉得应当主动考虑，联系实际显现出语文的作用，以加强同学们“语文是基础，是工具”的观念，以激发兴趣，明确学习目的和途径。可以怎样做呢？

① 告诉学生们，语文课本中的文章是各门知识的综合表达。体裁属文学常识，语言表达篇章结构属汉语常识，特别是内容，就包括了政治、经济、文化、科技、自然、风俗人情等各个方面。随便拿起一本语文书来看，任何一课的体裁和写法都是通过一定的内容表现出来的。会读每一篇课文，就会阅读这一类学科的文章。在阅读的课本中，已安排了一些这类文章相互沟通的练习。平时学习，要有这样的观念，学语文，也是在学习各科知识。

② 就写作训练方面读。根据上面读，写作目的应当着眼于有所为，为适应生活、工作和各科学习而写。过去已这样做了，但多半在记事、议论和感情的抒发上，重视基础的也写了少量的应用文。我认为还应当把写作深入到各个生活领域和学科里面去。应用文要占一定的比例。如结合日常生活写各种条据、写信，就运动会，班级活动写通讯报道，写计划、总结、汇报，写接触社会的调查报告等，记叙文可以写成功的一堂课，失败的一堂课，议论文可以写对周围的人、事等等积极评论，特别是说明文，可写的题材更多，不妨可以综合各科知识，写生活中的化学或物理现象，一条数学的解题过程和关键等等，总之让同学明白，我们的写作不是无病呻吟或空中楼阁，我们的语言是反映生活，推动工作，读、写各科知识的工具。

③ 就语文的知识和技能的练习来说。阅读方面可以选择其他教科书中的短文(政治、数学、物理、生物、历史、地理等均可)提出一些符合学科特点、语文特点的个性、共性问题来由学生分析、说明；也可以选择各学科中的题目作口头复述，解释或分析等，过去订正病句，总是摘抄编写一些反映生活、思想的例句。现在则完全可以选择，拟就各学科中对定理、含义，因词错意的句子来订正式选择，去年高考试题已有范例。

(2) 语文教学与生活的关系。

过去谈教学，总是说要抓两头：教材和学生。其实，我认为还有一个学生直接和间接接触到的生活和学习环境。生活学习环境是学生一切活动的范围，也是听、说、读、写活动的材料源泉。以前往往丢开了这个自然的阵地，而去设置人为的阵地。这个人为的阵地，有时就脱离了学生的生活实际，使学生在提高运用语文能力方面走着一条曲折的路。生活中有丰富多彩的学习内容，有广阔无边的训练场地。我们在每一个教学环节和程序中(包括第一课堂和第二课堂)充分利用这些,紧紧联系实际,可以使学生领悟到生活中处处有语文,处处用语文的道理。教师的责任,就在于运用这些,引导学生进行规范性的训练。如在听的方面,可在阶梯性训练要求指导下,运用课堂上的听老师讲课时笔录;听同学发言后订正,听人们讲述后返写或返说;听广播笔录,听人们讲话后归纳、整理、分析等方法。在说的方面,在课堂上结合学习过程组织轮流发言(各科均可这样做),每日两分钟轮流汇报见闻等等方法。在写的方面,每人可备观察素材汇集本。结合命题作文,讨论交流生活观感、评论等等方法。这些都是经常运用的方法,还可以因时因事制宜,如外出旅行,可收集沿途所见所闻或所感的语言现象,如方言的笑话,用词不当造成的旅行困难,描绘某处某物的语言构思,某事某景观感抒发等等。还可以重点组织演讲、朗诵、说故事、自我介绍、开辩论会、汇报会等活动。总之,内容是丰富的,形式也一定是多样的,关键在于我们要做有心人,可把它作为全学期教学计划中的一个方面的内容。

(3) 语文教学改革与班级工作的关系。

班级中的有些课外活动,可以作为语文教学第二课堂的阵地。有志于从事语文教学改革的同志最好都做班主任。这并不意味着可以多占时间。用多占时间搞出成绩来的人不能算一个优秀的改革者。做了班主任,首先可以更好地全面了解学生,其次,可以更好地掌握全面来摆正、摆准语文教学的位置。再次,则可以将语文教学的一些训练活动纳入班级工作和活动的轨道。如各类应用文的写作训练完全可以与班级工作结合;写计划、总结、各类便条、告家长书、家长会议通知、活动小组规划、挑应战书等。学生的作文(写真情实事的作文)可以作为班主任掌握学生思想情况进行思想教育的阵地之一。另外,班级团队活动都可以和语文教学上的听说读写活动结合,我们曾经搞过多次这样的活动,"六一"记游(结合庆祝"六一")"我们的学校"采访活动,运动会通讯报道等等,不是班主任,能否搞好一个班的语文教学改革?当然也可以,因为关键是抓第一课堂。在开展第二课堂活动时,必须注意主动与班主任配合。遇有与班主任意见不一致的地方,必须注意调整。当然,还会有增加时间和工作层次的矛盾,但也没有办法了。

(4) 语文试教教师之间的关系。

运用新教材进行改革试验,这是一件新事。教者应有事业心、责任感。需要教者明确目标、探索途径、不怕挫折、不断总结,充满信心和毅力地顽强前进。急于求成的得失心和遇难而退的软弱病都是不可取的。试教者之间应当有共同目标指引下的相互切磋和探讨,共同扬长避短,携手并肩,跋涉前进。而不应把试教作为获取名利的资本。

这除了需要教者严于律己之外,也需要领导了解下情,加强思想工作和教改方向的指引,我们工作的动力应当是目标和理想,而不是奖金和扬名。针对平常研究气氛很不浓烈的情况,经常性的开展业务交流活动,就显得很为重要了。平时教学应着眼于大面积提高质量,以适应三个面向的需要。不要单纯以公开课的成败和参加竞赛获奖同学的多少来衡量一个班教学质量的高低,一是因为它反映的情况是不全面的,二是当中常常有一部分掺有虚假现象。

全文完了,再写两句后记:

试教三年,病了将近一年半,实践未能进行到底,本没有什么资格写总结,但出于对教学工作难于丢舍的感情,受着"三年前领导交代任务时话语的鞭策,也是为了舒展未完成任务的内疚心情,还是写了这份回顾与探索",冗长、琐碎,已成定局,肤浅杂乱,观点错误,在所难免,只希望给学校领导在教学上提供一点下情资料。

1985.1 完成

1985.6 修改,誊抄

附文十篇

附文目录

附文①

扬州中学初一语文教材试教工作情况汇报

（开学后一个月）

我们在省教育厅教研室的具体领导和安排下，初一（五）（六）两个班同学进行了语文教材的试教工作（其中初一（六）为数学、语文双试班）

省备课会议上，我们明确了教材试改的指导思想，初步领会了编写意图，熟悉了教材，向兄弟学校学习了教学经验，对做好这一工作，我们还是有信心的。

学校党总支，教学行政领导，很重视这一试改工作，把语文试改工作列入学校工作计划，成立了初一语文教材试教小组。试教小组由党总支副书记、副校长郑万钟同志、扬州师范学院中文系顾黄初老师，本校语文教研组长和试教教师共六人组成。

小组初步制定了工作步骤，并决定开展听课和研究活动。我们一致认为，除了对学生情况进行有目的，比较全面地摸底以外，最关键的问题，是对改革后的教材特点要吃透，我们明确了这两本教材是分科型教材，既要注意阅读、写作的自身系统，又要注意相互配合；它又是训练型教材，主要应上成语言训练课、写作训练课；它同时又是自学型教材，教师的讲解只是为了引导，要逐步教会学生自我学习的方法，必须特别注意相应地改进教法。

基于以上的认识，我们对开学以后的工作做了这样安排：

第一方面的工作，在学生的基础知识和听说读写能力方面进行全面摸底。这一工作主要结合日常教学进行。在听的方面，我们用30分钟时间让学生听写一百个词语（小学五年级课本上的），查阅听课笔记；在说的方面，由个人到小组到全班进行“自我介绍”、口头作文和情境对话，并随时记录上课发言情况。读的方面，我们设置了阶梯，让学生先后阅读《寓言一则》《小动物》《一件珍贵的衬衫》《小麻雀》等几篇课文，从用工具书查阅字、词，正确朗读，复述情节，领会主题，分析写法，掌握语言分析等方面了解他们的阅读能力。写的方面，通过写一两篇作文掌握学生写记叙文的能力。这样进行以后，对两个班级学生的基础情况和不同特点做到了心中有数。

第二方面的工作，就是在全面摸底的基础上，从阅读写作两本教材出发，主要在读和写方面，作了起步的初步打算。

在阅读方面，我们注意抓开头良好习惯的形成，要求做到预复习和朗读课文制度化；运用工具书经常化；并养成看书时，必看书上的注释和练习的习惯，从实施的情况看，做到这三点并不轻而易举，关键是一定要采取措施扭转学生们只习惯于呆记和完成书面作业就认为完成学习任务的现象。同时，由于开头的有些课文偏深，老师不讲，自学简直无从下手，某种程度上影响了同学们的自学兴趣。

在写作方面，我们根据学生作文平淡、无材料的弱点，从教育他们热爱生活，指导他们了解生活是创作的源泉入手，把指导观察放在指导写作的首位。同时结合阅读课文单元的写作要求逐步训练他们写好记叙文（一般是一个单元写一——二篇大作，每课一次作文练习）

在培养能力和发展智力的安排上，力求做到按单元总体打算，按课文和课时具体设计。

现在，我们在试行中，遇到的困难不少，首先是学生水平和课文深度的矛盾，其次是课时与课文的矛盾。学生学《观巴黎油画记》已感困难，再读《伤仲永》最后的议论部分，如读"天书"，虽延长课时，效果也不佳。再次是书上练习太多，同样产生多练与课时的矛盾。如《一件珍贵的衬衫》，按阅读练习做，一般同学要六十到七十分钟，如果必须在一课时之内完成，必然不深不透，而师生都成了练习的俘虏。

因此，我们很需要学习兄弟学校的试改经验，我们已迫切要求了解初中三年的教改教材目录，以便做到心中有数，全盘考虑。

1982.11

（作为向省教研室书面汇报用）

（向期中试教教师各课会议上的口头汇报）

（刊登在《试教简讯》第三期上）

附文②

初一第一学期语文试改教材试教情况汇报

本学期,我们接受了语文试改教材的试教任务,暑假中参加了教研室召集的备课会议。初步明确了目前教改的形势,试教的目的要求、教材的特点、教法改革等关键问题。

回校汇报后,领导研究决定成立试教领导小组,由师院顾黄初老师、校长郑万钟同志、教研组长田如衡、陈安鸿同志和两个试教老师组成,决定开展听课活动并每月进行一次业务研究。

我们根据"两本教材一个人教,三条线拧成一股绳"的指示原则,根据教材的自学型、练习型、分科型和教法改革是关键等特点,考虑安排了试教工作。

一、以顺次讲授《阅读》教材为主,让作文训练起巩固阅读教材的有关单元,引导同学进行有目的的写作训练的作用,《现代汉语常识》则强调实用,结合阅读单元和作文训练,培养认字、写字、用字的能力。

根据需要,我们把作文训练和现代汉语常识的顺序作了调动:

在开学后的一周内的起始课上、写字课上,在动员同学进行听、说、读、写训练的同时,引导同学陆续学习了"学会使用字典和词典""要学会说普通话""汉语拼音用处大""字要写得美观"等篇,我们认为这样有助于一开始就向同学们提出工整写字,用普通话读书,会使用工具书,用汉语拼音,自学预习识字等要求。期中考试以后,在积累了一定数量不同类别的错别字以后,就进行了"汉字和语素""形声字""字要写得对"等篇的学习,结合平时练习和单元测验,一连三次做了订正错别字能力的考查。

在顺次讲授《阅读》教材的基础上,进行作文训练中有关的知识传授和实践。引导同学做到读写结合,在讲授《阅读》第一单元的同时和之后,教学了作文训练(三)观察与选材和作文训练(一)写自己熟悉的事情。开始了一周至少一篇观察笔记的写作,进行了作文摸底。教学程序依次为第一单元阅读、作文训练(一)、做大作《自我介绍》;第二单元阅读、作文训练(二)、做大作《记一件有意义的××》;第三、四单元阅读、作文训练五、做大作《寓言一则》,期中考试作文看图写话《小虎子荡秋千》,综合考查作文训练(一)(二)(三)要求的实践水平。第六单元阅读、作文训练(四)、做大作《校园冬晨》;阅读第七单元、作文训练(六)、做大作《谈攻关》《耕耘与收获》。最后,进行了记叙文写法的综合考查。

二、发挥单元优势，全面安排教学目的、字词内容、课时进度和听、说、读、写训练要求。

进行八个单元的教学，基本上都是这样做的。以第七单元为例，在教学目的方面，要求同学能把握住议论文的论点，理解论点和事实材料的关系。学习成语、关联词等准确、简洁的语言的运用，要求同学共掌握生字　个、词语（包括关联词）　个，多音多义字　个，常用词　个。整个单元安排在12课内完成（包括作文3课时）。

通过安排听、说、读、写活动，完成全单元的教学任务。

为了引起同学学习议论文的兴趣，由记叙文过渡到议论文的学习，同时训练听力，我们一开始教《纪念白求恩》时，就朗读了《截肢与输血》全文。让同学听后，先找出它的记叙六要素，然后与《纪念白求恩》比较，以明确议论文的特点，以找中心论点和分论点为全课教学的主要目的。以分析成语和简洁的附加词“一定”“也”等的含义作用为手段。《想和做》则以按论点找事例为主要目的、领会关联词的作用为手段，全单元中《谈骨气》一文是作为重点课文讲授的。让同学在课外翻阅三个事例的资料，补充课文叙述，到班上来作口头讲述。使同学们对这篇课文的讲道理、摆事实，首尾照应，论证论点的特色，有比较鲜明的印象，训练了用成语概括故事大意的方法。两篇自读课文，则分别采用“一般阅读”和“快速阅读”的方法，领会论点和材料的关系。单元学习结束后，要同学笔述推荐一个“有骨气”的事例，分析了两篇短小议论文的论点和材料层次，写过一篇大作文《耕耘·收获》《谈攻关》。分析文章中有36人比较准确地把握论点和层次。90%以上的同学知道是用事实或说道理来论证论点的。大作文中，举事例说明论点的方法运用了。但在事例的代表性、完整简洁性方面还有待再训练。

在其他单元的教学方面，都注意了根据体裁特点提要求，抓词语，注意读写结合。

主要问题是口头表达能力的训练不普遍，因课时有限，书上的一些口头练习，有时难以完成。

三、定好主攻方向，分读写逐步引导。

在阅读方面，要求同学以记叙文为主的，从感性上认识各类文体（包括记叙、说明、议论、散文、诗歌、小说、寓言、童话等）的特点，初步掌握同水平文章的阅读方法，初步培养阅读能力。在写作方面，以写好记叙文为主，初步接触说明文、议论文。

主攻方向定好了，我们在教学工作的进展上，设置了阶梯，逐步引导同学前进。

首先在查字典，阅读能力，写作能力，词语掌握方面做了全面摸底。

从摸底情况看，两个班的同学除初一（5）崔冈以外，都能运用两种查字法（音序、部首、笔画）查阅字词，但根据课文意思选择解释的能力有16到25人不具备。在词语的巩固率方面，100%的没有，60%以下有23人。

在阅读能力方面，我们结合教学进程，用四篇程度逐步加深的文章（《寓言》《小动物》《一件珍贵的衬衫》《小麻雀》)了解学生的阅读能力。一般能用字典预习解决字词的占 92%(对词语解释的选用和推断情况如上述)。对课文的简述如《小麻雀》,符合情节完整要求的,只有 5 人占 9%,这是内容深奥的,内容浅近的如《小动物》54 人占 98%。在掌握中心的准确性方面,浅近的文章《小动物》有 52 人,占 94.5%;艰深的文章《小麻雀》只有 17 人占 31%,知道写法、结构等为中心服务的只有 12 人,占 21.8%。在浅显课文的分段方面,有 80%的能分出。

在写作能力方面,书写基本功尚好。有 10 人字迹不工整,错别字共 67 个。篇幅在 800 字以上的只有 4 人。在 60 字以下的共 28 人。最少的只有 200 多字。在文章内容方面,取材面较窄。全班 55 人写"终于学会了的事"只有 14 种(初一(5))、20 种(初一(6))。最多的是写烧饭。扣题能力不强。"学会"的一般过程写得多,"学会"的关键问题具体写出的只有七八人。特别是在懂得用写景的衬托方面,会布局谋篇的,只有八个人。在叙事中懂得观察写人物神情心理的,约有 20 人。

在了解了上述情况以后,我们设置阶梯,引导同学前进。

在阅读方面:① 用工具书解决生字的读音、词语的意思(会根据上下文选用解释),朗读课文看注释,做指定的练习,养成预习的习惯。鉴于同学们刚由小学升入初中,自学能力有待逐步培养,一般预习总有明确的要求,第二天上课前通过看预习本,课上结合教学环节检查,并定期通过单元测验检查。② 要同学学习根据不同文体的特点掌握课文内容的方法。对记叙文、散文、说明文、议论文、小说等编写提要式提纲、按提纲简述课文大意,从写法到结构来分析中心思想,诗歌着重掌握景和情;对寓言会复述故事,从故事中人物的形象、情节中的矛盾来分析寓意等等。

经过一学期来的反复阅读实践,同学们的阅读能力有些提高。全班 55 人中,有 51 人有现代汉语词典,养成了查字典预习习惯的有 50 人左右,占 90%。期末,我们用说明文(《严冬话瑞雪》)、议论文(《怎样区别生蛋和熟蛋》)、记叙文(《红军鞋》)各一篇做练习,了解了学生的阅读能力。运用字典查出规定的字音、词解。分段准确率,《严》为 50 人,《怎》为 36 人,《红》为 14 人。能说明中心的:《严》为 50 人、《怎》为 20 人,《红》为 30 人。知道详略、说理、写景为中心服务的几乎为 100%。独立分析较深刻的写法的能力还不够。如《红》中写景的作用 10%能答出,写景的方法都只能零碎个别地回答,没有能全对。

在写作方面,先从扩大生活面着手,抓文源,引导同学练习观察,写好观察笔记。结合阅读课文单元,着重练习写记叙文,逐步提出情节完整,以景衬情,抒叙结合的要求,最后一篇作文《××课上》,则要求综合运用记叙文的写法(详见作文总结)。

四、重视字词教学,培养汇集、整理运用的能力。

根据《教学大纲》中"初一学生,在小学的基础上,进一步扩大识字量,进一步丰富词汇的要求",我们很重视每一篇课文的字、词教学,要课课用字典查字词,单元有整理,学期结束有总的汇集,全学期共整理生字 98 个,复音字 47 个,常用词 80 个,解释词语 36 个。文言文中通假字 11 个，词类活用 9 个，一词多义 7 个，古今异义 5 个，每人有词语汇集本。

我们还重视培养同学们活用词语的能力。本学期结合预习、课堂教学、课后练习和单元测验，期中、期末考试采用了给生字注音，给短文注音，选用词解，给多音字注音、组词、解释加点字，按词总写相应的词语，词语填空，辩字组词，词语配搭，用关联词造句，实词造句，编短文填空，用词写短文等 13 种形式，检查和培养字词的运用能力。

五、重视改进教法，注意了课堂教法设计。

我们已运用过的形式有：① 预习基础上的讨论式，如《小麻雀》。② 快速阅读书面答题基础上的讨论式《一件珍贵的衬衫》。③ 举一反三式，如《春》。④ 图解式，如《第比利斯的地下印刷所》。⑤ 听说读写并用式，如《从百草园到三味书屋》。⑥ 朗读式，如《天上的街市》。⑦ 比较式，如《纪念白求恩》。

六、充分利用，适当安排课后练习题。

这本教材上，编者编写了多种形式的练习，这对引起学生的学习兴趣，培养能力，发展智力是有很大好处的。但如果处理不当，就会被动而成为练习的俘虏。

我们把这些练习题作为集体备课的重要内容，做出准确的答案后，领会题目的作用，采取分而用之的方法，有的作为熟悉课文的则为课前预习题；有的理解课文的作为课上分析题；有的属于总结比较的，就作为课堂巩固题，属于基础知识的理解和巩固的，就作为回家作业题；有的口头表达，则作为提高解答或口头作文题。

一学期来，全班语文学习的成绩虽是逐步提高的，但试教工作的任务完成得不好。主要原因有：师生对教材不能尽快地适应。被动应付多，显得忙乱，有的失之于草率。特别是在阅读能力的培养上缺乏系统性和落实的措施。教法上多半是老一套，不能与新教材适应，新局面未打开，作业偏多，影响之下，钻研教材的时间少了。

1983.1

（向省教研室的书面汇报）

附文③

在阅读的基础上进行开源实用的写作教学

本学期,我们开始了全日制六年制重点中学《阅读》《写作》教材的试教工作。

在试教前,我们参加了省教研室召集的集体备课活动,领会了教材的编写意图和原则,研究了两本教材的特点,根据《阅读》和《写作》必须联系配合的要求,对第一学期的试教工作做了考虑安排。

叶圣陶同志说:“读是学好语文的基础,写是学好语文的关键。”我们就在引导同学以阅读实践为主的基础上进行了开源、实用的写作训练。认识和解决了以下几个问题。

一、热爱生活是写作的动力。

开学初,我们向同学们讲清楚了《阅读》《写作》试教本的特点及相互联系配合的关系以后,就在同学中进行了是否喜欢语文(指阅读吸收而言)和作文的摸底。初一(5)班55人中喜欢学语文的有45人,而喜欢作文的只有24人,不喜欢作文的同学说,写文章就像要砍脑勺一样的难受,不但怕而且有点恨了……“因为要挖脑筋想,实在没有东西好写”等等。全班大部分同学缺乏写作的积极性。习惯了小学老师在写法和好词佳句方面的具体引导。

写作的动力从哪里来?我们认为刚进入初一的同学们的思想都是非常天真,纯洁的,对生活热爱而且感到新奇是他们的基本感情特点。如何把这一特点与写作联系起来,是解决写作动力的关键。因此,我们在《阅读》与《写作》的教学中,注意把同学的目光引向生活,培养他们进一步热爱生活。反复强调,熟悉古今中外的生活,并有所感的重要,这样,表达的愿望才会强烈。

我们首先引导他们爱自己的理想,特长,爱自己的学校,要写出自己的真情实感。在教学《阅读》第一单元和写作训练(一)时,我们就让同学们从自己最喜爱最熟悉的生活写起,口述和写作了记叙文体的“自我介绍”,同学们都能用两个以上的事例,介绍自己的个性、特点和爱好,感到有话好说了。如陈静同学,她从介绍自己的名字写起,用几件趣事,谈到自己又好静又不好静的特点,结尾是,为什么我又爱静又不爱静呢?因为我们的生活就是既严肃而又活泼的。全班同学用《从百草园到三味书屋》中“不必说……也不必说……单是……”的联系词写一篇描写学校环境的短文。潘甦同学是这样写的:“我们的校园真是学习锻炼的好地方啊,不必说绿毯似的碧草地、宽广的足球场、茂密的树木、整齐的楼房,也不必说蜜蜂在花园里跳舞,知了在大树上唱歌,肥胖的蛤蟆在草丛中跳来跳去,单是墙上的黑板报就能吸引很多同学。上面有天气预报,它告诉你今天的天气,上面有“世界各地”,它会给你介绍各地的名山大川、风俗人情。可最引人注目的是一首词:人生在世,事业为重。一息尚存,决不松劲。东风得势,时代更新,趁此时机,奋勇前进!它像吹响了进军号,激励着同学们向科学文化的顶点奋勇前进。

在经常性的阅读、写作教学中,我们有意识地进行热爱生活、表达生活的短文训练。如《荔枝蜜》一文教后,用以物喻人的方法写,用小动物的特点来歌颂人的美德。又如教《小桔灯》以后,要求以喜爱的小物件为线索,表达自己喜爱生活的感情。

我们还及时地交流了同学们在写作上的认识、体会。同学们开始明白了,原来写作材料就在我们的生活中,我们的丰富多彩的生活可以在写作中反映出来,我们深厚的感情可以在写作中抒发。徐薇同学说:"我喜欢作文,因为它是表达感情的好方法,在自己的笔下会出现趣事的生动情节,朋友的可亲形象,祖国的秀丽河山等。"薛玲同学说:"我喜欢作文,因为通过作文可以把我们对伟大祖国的热爱和对好人好事的赞颂感情表达出来。"徐红同学说:"我本来不喜欢作文,认为没有什么好写的,后来经过老师的开导,知道在生活中找材料,就逐渐喜欢起作文来了。"

二、观察生活是写作的源泉。

当同学们把目光转向生活时,我们就及时地告诉他们,生活实践是写作的源泉。学会观察生活,就会更深地培养我们热爱生活的感情,就会有取之不尽的写作材料,正如叶老所说:"有了源头,才会不息地倾注出真实的水来。这源头就是我们的充实的生活。"

我们从一开学起,就比较重视写作的开源工作,把较多的力量花在引导同学观察生活上。

我们把《写作》中作文训练(三)《观察与选材》放到《写作》第二单元来教学;我们按照教材的教学顺序和节令的转换顺序,引导同学到生活中去,由静到动,由校内到校外,进行观察、想象、思考。还引导他们对校园秋色、上学路线、书面绘画等进行了实地观察和讨论,将较好的观察、笔记进行了交流。

一学期来,同学们本着对生活的热爱和新奇进行了观察、思考。两个班109个同学共写观察笔记近2000篇,初一(6)班一同学写了25篇,题材缤纷琳琅,小自看蚂蚁,大至15层楼上看全城;静自显微镜里看细胞,动至宇宙空间看日月星辰的运转。初一(6)班九岁半的小同学徐欣写的"小金鱼",就洋溢着少年儿童的生活情趣;初一(6)班郑昶写的"小盆景",展示了环绕中心的广阔思路,充满了浓烈的生活气息;潘甦同学的"看月亮",则表达了对天上宫阙的幻想和对科学知识的追求。

我们引导同学将观察的习惯带到大作文的创作中去,丰富大作文的内容。如在大作文《记一件有意义的××(物品)》中,初一(5)班就有30人左右较细致地描述了物品的外形、色彩、特征,使人印象清晰。如曾世红同学所写的《雨花石》:"……我把雨花石放进金鱼缸里,每天阳光从窗口透进来,照射在雨花石上,它们便会像水晶玛瑙般地放射出千万缕金光,在水底构成了一座水晶宫。其中最美丽的是那颗椭圆形的雨花石,它足有一只鸡蛋那么大,整个石块几乎是透明的。一半是浅红色,一半是粉黄色,浅红色的那一半上印有一圈圈五彩缤纷的斑纹,许许多多不同色彩的花纹交织在一起,形成了一个鲜艳无比的花环……

我们还注意引导同学能在观察的基础上,思考出生活的哲理,表现出青少年的思想深度,对一些自然和社会现象做出分析。徐欣的《随笔四则》、齐伟的《使我深思的事》,在叙述一种社会现象后,写道:"我想在十年浩劫后的今天,我们党内还有一些人利用职权收礼,开后门,作两面派,这是十年浩劫的余毒,一定会被党的新风扫进历史的垃圾箱的。"

三、读书是从生活到写作的桥梁。

我们领会叶老的话"读是学好语文的基础",觉得读也是写作的基础。读书,不仅使学生从热爱生活中受到陶冶,而且从观察生活中受到启发,更有一点就是从写法上获得借鉴。

本学期,我们引导同学认真学习两本教材,注意将阅读单元,写作训练理论,例文与写作实践组成单元,做到了"读后写"。如在学习《阅读》第一单元后,再学习写作训练(一)《写自己熟悉的事情》、说话训练(一)《说清楚一件事》,接着就要同学用记叙文体,用具体事例写了《自我介绍》。学习《阅读》第六单元后,再学习作文训练(四),接着就要同学写了《校园冬晨》,其他各个单元,都按这个程序,做到了以《阅读》书中课文为基础,以《写作》书上写作知识为引导,从生活中找素材,共完成了八篇大作文(其中记叙文六篇、议论文一篇、寓言一篇)小作文练习 15 则。

我们还引导同学结合课文在课外学习了古代、现代、诗歌 25 首,整理常用词 600 个左右,结合考试和课外练习共阅读分析古代、现代文十一篇,并鼓励同学们进行课外阅读中好词佳句的摘抄。

由于大量阅读,同学们扩大了生活面、知识面,形象地接受了文章技巧。由于较勤地进行了写作实践,初步看到了读写结合的一些效果。

在教《从百草园到三味书屋》以后,两个班的同学都用"不必说……也不必说……单是……"的句式写学校环境,模仿"雪地捕鸟",用六个以上动词写连贯动作,在教完《阅读》第一单元以后,让同学整理了全单元的字词后,连续用选词写短文,用熟悉的词填写生疏的短文等,引导同学把学过的词用在自己的文章中。在同学们文章中一旦出现了课文中学过的词如"不觉动了情,沧沧凉凉,一望空阔,虔诚地默察"等等,就采用多种形式加以鼓励。

在读后写的练习中,我们主要引导同学揣摩、模仿课文的写法和思路,运用自己熟悉的材料进行创作。

如在教学《阅读》第七单元议论文后,要求同学自学作文训练(六)《写清楚一个观点》,接着要求大家从实际学习生活中取材,模仿课文《画蛋・练功》《谈骨气》,写了《耕耘・收获》《谈攻关》一文,一般能按先提中心论点,然后讲道理,摆事实,结尾再议论，照应开头的路子写。做到有理有据，层次清楚。

在写《校园冬晨》一文时，则能做到清楚地交代行走路线，选择学校特有的地点、建筑物，写出冬景的特点（三点都写到的还不是全部）。

在最后一篇大作中，要求同学模仿第八单元各篇课文写人记事绘景的方法，特别是模仿《最后一课》写了《××课上》，一般同学们都能抓住给自己印象较深的课写，有些同学能够清楚地记事，细致地描绘心理，描述人物的生动对话，较准确地再现了课上的情景。如初一(6)黄洋的《历史课上》、初一(5)齐伟的《图画课上》。

全班已有约 1/5 的同学在写作中注意恰当地运用每周诗歌。如何凯同学在描绘秋景以后，就以《苏轼赠刘景文》一诗中的诗句："一年好景君须记，最是橙黄橘绿时"结束全文。

注意从阅读中吸收写作的营养，这一点同学们的印象是较深的。

四、指导实践是写作的目的。

叶老一向主张我们要"以最经济的时间，练成最能切实应用之作文能力"。根据《写作》中的要求，针对学生写作中的弊病，我们强调了写真人真事真情，强调了写作是为了指导实践的目的，反对假、大、空，反对无病呻吟。

从学期开始，我们就很注意让写作为培养品德，促进学习，体锻和推动班级工作服务。

开学初，新同学云集一堂，互不了解，我们就让同学们用最熟悉的事，写记叙文体的《自我介绍》。从小组到全班，人人自我介绍，加深了相互了解，融洽了班级气氛。

期中，教学《第比利斯的地下印刷所》以后，就让同学们写交代方位的说明文——图文并茂的《请到我家来》，方便了老师的家访，加强了师生的亲密联系。

下半学期，各科的学习内容逐渐加多，有的同学学得好，体会不少，有的同学则产生了畏难情绪，于是结合学习议论文单元，学写《耕耘·收获》、《谈攻关》，使同学明白了学习上的成果是属于勇于攀登和攻关者的。

学期结束时，我们让同学们写了一篇《和老师谈心里话》或《向老师提个意见》的文章，同学们把自己在生活中的苦恼、学习上的焦急、团结上的疙瘩、工作上的建议、说谎的真相、进步的保证、社会问题的疑问，甚至对妈妈的怨恨等等，都对老师讲了。这篇文章最好地表达了同学们的真情和才干，还促进了班级工作，有关班主任和任课老师除了在作文本上用批语作解答外，还把共同性的问题，作了解决和部署。

我们还布置同学们在寒假中写一封信给老师汇报寒假生活，既可以了解他们的寒假生活情况又可以了解掌握写信规格的水平。

我们在平时练笔中，还经常让同学写情况连载。如初一(5)张梅、俞志红等同学都写了为同学间不团结而苦恼懊悔的事，老师了解情况以后，双方做了工作，并在作文本上批出下次作文要写出和好情况的要求，于是下一篇就出现了《我们又成了一对好朋友》《断环重合》等等的文章。

本学期,我们根据两本教材的精神,做了抓写作水平提高的有心人。从灌输写作动力,开辟写作文源,明确写作目的方面,进行读写结合的训练。一学期来,两班同学各写大作 8 篇,观察小作 16 到 25 篇,课文练习短文 15 篇,计 40 多篇。同学们着重在记叙文方面,做了练习。一个班的作文中,除叙事完整外,知道写景渲染气氛的由开学初的 6 人增加到学期末的近 20 人,篇幅多在 500 字以上。有些同学说原来写作材料就在课本里、生活中,我们有得写了,不怎么怕了。

在本学期的写作中,问题仍然不少。约占 1/4 的同学还没有完全解决作文难的问题。小部分同学观察能力的培养还没有过关。有部分同学虽能在作文后记中分析优缺点,但自我修改能力还没有认真进行训练,有待下学期再努力。

1983.1

(初一第一学期结束后,对省教研室、人教社的汇报)

附文④

因文制宜　全面安排

议论文，对初一的同学来说是新课题。如何引起他们的学习兴趣，引导他们通过听、说、读、写的训练，初步掌握读、写议论文的要领，我们在进行议论文单元五篇课文的教学时，根据单元要求注意了因文制宜，全面安排。

一、从引起学习兴趣入手。

在教学《纪念白求恩》一课时，我们先让同学们回忆了在小学里学过的《白求恩的故事》一文的内容，然后由教师表情朗读《截肢与输血》一文，引导他们听后说出文章的内容提要、记叙文六要素和能体现中心的动作和对话等。自然地得出记叙文有六要素，用形象感染人等特点的结论。由此导入新课。通过学习“提示和思考”，朗读课文后，进行比较，同学们对议论文的三要素，以道理说服人的特点，就有了比较清晰的印象，对研究课文中的论点、分论点产生了较浓厚的兴趣。

二、在掌握特点方面着力。

我们选择了《纪念白求恩》和《谈骨气》两篇文章，引导同学们进行了如何准确把握中心论点和论点与材料的关系等内容的讨论。对《纪念白求恩》一课，同学们从课题、提示读想到文章的结尾，在明确了四个分论点的基础上，又研究了毛主席写作本文的目的和四个分论点的思想核心，总结出了“纪念白求恩，学习白求恩毫无自私自利之心的精神”这一中心论点。

《谈骨气》一文是用事实材料来阐明中心论点的，而议论文中的具体事实又具有紧扣中心、叙述概括、简炼的特点。于是，我们又进行了比较，让同学们在课外翻阅了三个故事的具体情节材料，在上课时讲述了文天祥、穷人不受嗟来之食、闻一多的故事。然后引导同学比较课文中三个故事的写法，从而明确了用事实材料阐明中心论点的要领。

接着又要同学从三个故事中找出与“富贵不能淫、贫贱不能移、威武不能屈”相适应的词语，同学们共找出了“高官厚禄”等十二个词，领会了叙事紧扣中心的特点和议论文中简洁、生动词语的作用。

三、朝实际运用方面引导。

我们注意引导学生运用已学得的知识培养自己的阅读能力和写作能力。

在教学《为科学献身》一文时，要求同学运用速读法学习课文并填好书后四条练习题，5 分钟之后，就有 23 个同学完成了。又选了一篇不分小节的短文，内容是区别生蛋和熟蛋,要求同学阅读后补出题目,划出层次和写出层次大意。这一短文中决定分论点的属上或属下问题很能看出将知识化为能力的水平,全班有30多人做对了。

写作方面,运用了循序渐进的方法。先要同学书面推荐一个"中国人是有骨气的"事例。在学习《想和做》以后,发动同学模仿课文写法,结合现实生活拟题,学生拟出了"教与学"、"学和问"、"静心听讲与积极思考"、"学习与休息",中午时间安排(全玩与全用)、"遵守纪律与积极发言"、"人在与心在"等十多个题目,在写作练习中一般能概括举出情况进行评析。

在全单元教学结束以后,我们以一种写法——讲道理、摆事实,阐明中心论点——为主,针对班级情况分别出了《耕耘·收获》《谈攻关》的大作文题,为口头表达"说清楚一个观点"做准备。

刊登《试教简讯》第四期

1983.2

附文⑤

艰深课文浅教初探

《阅读》第二册中有些课文，对于初一学生来说，不能不说是比较艰深的。

《潍县署中寄舍弟墨第一书》是一篇书信体的议论文。这封家信中，郑板桥以他自己读书的独到体会，用坦率而恳切的语言，表明了自己赞成怎样读书，反对怎样读书的见解，全文观点明确，事例精当。这对指导学生读书，无疑是一篇好文章。但通篇文字比较艰深，内容涉及古人、古文，史实较广，如何在两课时之中，让同学理解并掌握其精髓，特别是在学生基础较差的情况下，实在是一件难事。

在集体备课中，我们明确了指导思想，安排了具体做法。

一、从学生掌握知识的规律出发。

学生每读一篇课文，有些内容暂时读不懂是正常现象，随着年龄的增加，阅历的加深，几经反复，从不懂到理解，再到掌握精髓，这是掌握知识的正常规律。因此，我们对课文中古人、古文、史实的处理是不要求一下子都懂，不作专题说明和介绍，而是引导同学看书上注释，进行熟悉的成语故事交流，作初步涉猎。我们把教学重点放在引导学生弄清作者赞成怎样读书，反对怎样读书方面。

二、从学生知识水平的实际出发。

从语言文字上说，我们不赞成初一学生阅读古文只理解大意的做法，因为这样容易形成他们不求甚解的态度，我们比较强调字字、句句踏实理解的要求，因为这样有利于学生逐步积累词语、句式，提高阅读古文的能力。

我们在引导学生通过语言文字关时的做法是：全面疏通、兼顾两头，以突出重点。这两点是(1) 学生运用已有知识和书上注释还读不懂的地方；(2) 课文的内容重点所在。我们在全面疏通的基础上突出了“读书以过目成诵为能，最是不济事。”第六句话，引导同学反复讲解领会，既让同学进一步掌握“以……为”、“虽”等字词的意思。同时，我们还引导同学将有关成语和四字词“过目成诵”、“无济于事”；“固知勉行”、“不耻下问”；“过辄成诵”、“反复诵观”，“在此数段”等进行归类，又使学生从道理上明白了作者在读书方法上的观点。

我们还结合课文中所举的孔子读《易》、东坡读《阿房宫赋》的事例，《史记》中的精彩篇章，让同学想象“韦编三绝，洒然不倦”的行为、神态，讲述“破釜沉舟”、“项庄舞剑，意在沛公”的故事，背诵“至今思项羽，不肯过江东”的诗句等，使同学对课文重点受到形象感染。

三、从学生已具有的能力基础出发。

我们首先引导学生眼看原文，按字字落实的要求，用连贯语句口述现代文。接着引导学生上黑板按已具有的论文论据知识编列提纲。提纲的纲目是：(1)摆出错误观点；(2)进行批驳：讲道理、举事例；(3)提出正确观点。编好后再引导学生用自己的话总结出正确的读书方法：勤奋刻苦，不耻下问，精彩片断，反复诵观。

我们留的课后作业是，提供说明正误读书方法的成语各五个，自读"朱司农谒东坡"短文后写感想。

从作业和考试情况看，同学们对这一课从文字到内容的理解是可以的。

对艰深课文的浅教方法，是我们了解了同学对有些课文"食面不化"，"一过既忘"情况后，进行的尝试，也许失之于肤浅草率，但我们想，从学生实际出发，按教学大纲精神，应当成为我们确定课文内容重点和教法的依据。错误疏漏之处难免，敬请大家指正。

刊登《试教简讯》第六期
1983.5

附文⑥

进行爱国主义教育结合培养听说读写能力的一次尝试

最近,我们在说明文教学的第一阶段,安排了这样的步骤:

(1) 教师讲读和引导自读《苏州园林》等五篇课文,在扩大知识面、领略艺术美的同时,要求学生掌握抓住特征,按照顺序,运用平实、简洁、准确的语言等说明事物的方法。

(2) 引导同学自读《写作》作文训练(三),在总结五篇《阅读》范文、三篇写作例文的基础上,熟悉理解按空间、时间逻辑顺序说明事物的要领,练习实践中按循序渐进的原则,先练按空间顺序写,写了《我们的教室》短文。

(3) 接着深入一步,开展了《我们的学校》访问写作、实践活动。

① 以小队为单位,拟好提纲,分赴校史办公室、教导处、教研室、总务处、图书馆、体育室、实验室进行采访参观,每人做详略记录。事先要求被采访人,在介绍情况的同时,进行一次爱国爱校的教育。

② 采访后,小队成员相互补充笔记,推出发言人,到全班作精要汇报(注意条分缕析、培养归纳能力)要求同学作扼要记录(进行选材训练)。

③ 听汇报后,全班讨论,对"我们的学校"的印象,明确写作要点和方法。

④ 每个同学拟好写作提纲,综合运用空间顺序(主要的)、时间顺序(校史部分)、逻辑顺序(介绍建筑物时的主次、详略)写《我们的学校》,字里行间要充满爱校爱国的深情。

⑤ 作文后,选择有代表性的文章,进行讲演与评述。

我们这样安排,有几点指导思想。

(1) 说明文是初二年级的读写重点,在将来的学习工作中也有广阔的用武之地。必须引导学生读会、写好。但同学们学习时,并不比学习散文、小说、诗歌有兴味,因此,必须注意激发兴趣。一篇说明文要体现准确性和科学性的特点,除了要对所写事物有仔细的观察,还要有知识的储备。由于观察和认识能力的限制,一开始不能要求学生去说明生疏、复杂的事物,要引导他们从自己喜爱的事物,熟悉的地方入手,产生观察说明的愿望和兴趣。

(2) 说明文是说明事物的文章,同学们生活在祖国的土地上,摆在同学们面前的是生物的活跃,科技的奥秘,山川的壮美,人情的纯厚。有待说明的事物满眼皆是随手可拾。按照文道统一的原则,完全可以把热爱知识、热爱学校、热爱祖国的教育结合在教学与写作的实践中。我们让同学迈出教室的第一步,是去了解学校的现在、过去和未来,去体会知识是无穷无尽的,学校是非常美好的,祖国更是无比广阔的,让同学在了解与说明的过程中去增强热爱的感情。有的同学就是这样说的:我们的学校像一幅画,她不是画在纸上,而是画在祖国的辽阔大地上。

(3) 说明文的说明性、准确性,更有利于进行听、说、读、写能力的训练。听说读写活动,不应当成为每一堂课的零碎的即兴措施,它们除了有分项的阶梯训练以外,还可以有联项的阶梯训练。《阅读》课本按文体组成单元是个很重要的特色,我们可以充分发挥单元教学的优势,安排讲读—自读;听—说—写;写单项—写全局的步骤。让读成为写的借鉴,说成为写的前奏。在说明熟悉事物的过程中,接受爱校爱国的教育,走向学好说明文的入门之路。

像这样再注意单元之间的衔接,延续下去,我们想,在情操的陶冶上,在能力的培养上,是可以取得效果的。

刊登《试教简讯》第七期

1983.10.18

附文⑦

读写结合有广阔的天地

“读写结合有广阔的天地”这个认识是怎样获得的，要从头说起。

去年，我们接受了语文试教本的试教任务以后，在没有完全掌握精神的情况下，曾劲头十足地照本宣科，带领同学不分主次地学习了《阅读》《写作》的全部文章，并做了大小作文45篇，一学期下来，教师很紧张，学生负担重，其他各科也有“语文多占时间”的反映，收效有，但不很理想。

如何解决这些矛盾？做法很多，但归纳起来是这样几条：一个依据：语文教学大纲；两个出发：教材实际和学生实际；三个阵地：德育、智育、体育；四点实践：听、说、读、写。

本学期以来，我们的具体做法是这样的：开学前再学语文教学大纲，通读了两本教材，结合学生实际，确定了本学期的听、说、读、写，要求：听，除了要听懂内容，听出正误外，还要听出中心；说，要会缩说，扩说，按提纲说；读，除了会运用工具书，有预习习惯以外，能按照不同文体掌握阅读方法，会读课本中的文章和课外同水平的文章；写，继续写好记叙文，重点写好说明文。我们解决矛盾的关键做法，是根据大纲，明确重点，让读写结合的步子走到德、智、体三个阵地中去，发挥语文课是思想知识基础课的作用。

本学期，我们把新闻、说明文、写景等四个单元作为教学重点。在教学新闻单元时，引导同学们对课文认真进行了阅读和自读，掌握新闻和通讯的异同和写作要领。当时正值学校举行秋季运动会，我们每个班的同学们结合一天半的生活实际，写了新闻、通讯报道短篇稿近120篇（被大会广播台采用20多篇），同学们在兴味盎然中熟悉了写法，又适当解决了同学们在运动会上不务正业的情况。特别是通过报道情况、评论得失、表扬先进，培养了关心集体的品德。

我们把说明文教学定为重点。两个单元计十一篇课文，三篇作文训练，做大小作文各三篇，共用了二十八个课时。

在两本教材的课堂教学中，我们有意识地引导同学掌握阅读方法（明确介绍事物，说明事理的说明文，写了什么事物，抓住什么特点，按照什么顺序，说明哪些内容，运用什么方法，语言有何特色）。在此基础上，掌握知识，领会写法，结合生活，进行创作。特别在引导同学结合生活创作方面，首先有意识地与班级活动结合，使写作过程成为进行思想教育和听说读写训练的过程。如写“我们的学校”一文，是按采访、交流、写作、评论的路子做的；改写“扬州瘦西湖”是在周游瘦西湖公园后，到白塔脚下进行自我评改交流的。我们还有意识地让它与各科教学结合。同学们饶有兴味地写出了物理课上的天平实验、生物课中的标本制作、细菌观察、动物解剖、写出数学解题过程。我们更有意识地让它与学生生活结合。于是同学们写出了:萝卜干的腌制、小闹钟的原理、弹射飞机、收音机、热水袋、毽子、惯性、光、水等等充满生活情趣和科技知识的说明文。

在进行写景单元教学前,我们根据"托物抒情"的单元要求,对学生情况进行了分析。表面看,他们动情不易,抒情失真,而实际上在于我们不善于找准学生情涌的突破口。因此在教学中,除了引导学生学习课文时,从技巧上告诉学生根据"情"的需要来写"物"的某一部分或某一特点以外,在指出他们在托物抒情方面的七种弊病的同时,重视了组织活动以培养感情,诱发感情。我们组织同学参观了瘦西湖的菊花展览,又看了电影《火烧圆明园》、《垂帘听政》。要求同学及时捕捉住自己观看后的感想;学校大队部组织了"过十四岁生日"的队会,向家长发出了向自己的孩子赠送礼物的通知。我们就要求学生以参加这些活动的情况和联想为题材写一篇记事抒情的文章,这样一来,同学们都感到有真话好说、有真情好抒了。如王南飞同学在"观菊"一文中最后写道:"啊,菊花,当万花纷谢,严冬即将来临的深秋季节,你一花独放,使冷风萧瑟的公园充满了生意,我也要像你一样,为祖国这个大花园增添生机。要对抗困难,在祖国需要我的时候奋起!"程群同学在观看《火烧圆明园》电影后写过这样一段话:"这一把火不仅烧毁的是皇帝和嫔妃们的游乐场所,也烧灼了中国人民的心,唤醒了千千万万浑浑噩噩生活着的中国人……影片结束了,我忧虑重重,心情沉重地走出了电影院,我还为电影上的人民担心,为中国的命运担心。剧场外一片灿烂的阳光,车水马龙,好一个繁华的街道。今天,亿万人民在党中央的领导下,为了实现四化的宏伟蓝图,自力更生,艰苦奋斗,过去的日子再不复返,我们的前程光明无限!我的心中充满了希望,沿着洒满阳光的大道向前走去。"梁云同学在接受了爸爸妈妈的礼物以后,是这样写的:"'青年'这个被诱人的光彩所笼罩,被青春的火焰所缭绕的字眼,在我脑海里盘旋。'青年',这个使老年人所回顾,为我们所追求,被青年人所珍惜的黄金时代,我们将怎样度过?当我们过了十四岁生日,青年时代到来时,祖国将更加美好,祖国人民正全力投入四化的建设,我们也一定在充满生气的校园中,在严肃紧张的课堂里进行刻苦认真的学习,探索生命价值的所在,为走上社会做好工作作好充实的准备。"就这样,同学们在写景时,从环境衬托景物所显示的意义,从新旧对比给人的启发,从立足于一点展开联想中找到了抒情的突破口。

通过这一阶段的工作实践,我们认识到了:读写结合有广阔的天地,只要我们在教育方针的指引下,组织同学认真读书,善于在德智体三方面活动中观察、思考、体会,写作就会有取之不竭的题材,多方面的开拓生活,写法借鉴,语感启发。这样,就会减轻负担,推动学习和活动,培养起浓厚的读写兴趣。

刊登《试教简讯》第八期(八期以后停刊)

1984.2

附文⑧

一次教学民主活动的记录
学生的意见给我的启迪

为了使教学更有的放矢，本学期期中考试以后，我搞了一次教学民主评议活动。

连着两个星期，我结合“课外练笔”让同学写了“对语文教学的意见和建议(全班写)”“评郑老师(校长)的语文教学”(部分同学写)两篇文章，并在课后与同学进行了比较广泛的交谈。同学们共提出意见和建议近200条(合并同类后近100条，包括他们认为做得好的意见)。意见和建议的范围大至使用新教材如何坚持教改方向的评述，小至作业形式的规定，交作业的合理时间，遍及预习、上课、复习、作业、自读、写作、考试、开辟第二课堂等各个方面。

同学们态度的诚恳、直率，意见的中肯、精当，分析的透辟、委婉，使我欣慰；同学们发自内心的呼喊和要求，以及挑明真相的尖锐批评，使我震惊，由此而联想到的教改的责任，质量的现实，又使我内心忐忑不已。

倾听意见的作用，已经大大地超过了我原定的想法。我觉得面对汹涌澎湃的改革浪潮，面对四化建设的迫切需要，面对八十年代青少年的精神风貌，总结一下现实(意见和建议)，给我的启迪，正确对待我那长期固守的“老妈妈”的教学思想、教学方法，是刻不容缓的大事了。

启迪何在呢?

一、学生应该是教学改革的主人，要充分发挥他们的主动性。

同学们在意见中这样写道：“两年来，我们明确了这套教材的宗旨，是使学生广泛阅读，培养听、说、读、写的能力，为全国初中语文教学闯出一条新路，这条新路是行得通的。”“当然，教学上要有大的改革并非是一件容易的事情，它需要老师有极大的勇气，面对过去教学上的不足之处，紧紧根据我们学生的实际情况，采取一系列的踏实有效的改革措施。”“我们要改革就要战胜各种错误思想，持之以恒地改革到底。”“我们进行语文教材改革试点有信心，有力量，前途也是光明的，让我们在以后的教学中共同努力，不断摸索前进，闯出更新的路子来。”

还有的同学这样说：“八十年代的学生，性格一般都比较开朗，思想都比较活跃，他们已经不能满足五、六十年代那种‘老妈妈’式的教学了。”“胡老师，你讲得很细，用心良苦，但这样就使同学们不能积极开动脑筋，养成‘张口等饭’的坏习惯。”“老师讲课应简洁、明确、生动，有强烈的吸引力，好像是个魔术师，用魔力吸住学生。”“活泼热烈的环境，将使大脑变得更加清醒，灵活，因此希望老师将课上得更加丰富多彩，引人入胜。”“我们的课堂教学像坐转椅(原地转动，知识面窄)；我们的课外阅读像骑上野马奔驰(无具体引导),我们希望坐上扬帆远航的船只,向着一定的目标,快速前进。”还有很多同学的既高又急的呼声是:“让我们自己整理生字词”、“让我们自己整理主题”、“让我们自己回答书后练习题”、“让我们自己修改作文”、“希望老师搞学生讲课的试验”“让我们的知识面更广泛些吧”等等,等等。

从以上的点滴摘引中,可以看出:“他们心中装有宏伟的目标;他们充满了强烈的求知欲,他们也很有办法,他们充满了改革的热忱和信心。贯穿在53个同学意见中的一根红线就是让我们在老师的引导下(只要求引导,不要求包办代替)自己动脑、动手去获取知识,培养能力。”

他们心中和身上蕴藏着的极高的热情和极大的积极性,正等待着我们去引导发扬啊,决不能再自觉或不自觉地去压抑、去禁锢了!

二、教师应该是教学改革的引导者,要不懈地努力适应“三个面向”的需要。

(1) 倾听时代的脚步,不应再沉湎于“自我欣赏”。

我长期以来,自以为有多年的实践,有过去反映良好的教学,现在担任初中课程教学问题不大,经常沉湎于“涓涓细流”式的讲解,“精雕细刻”式的作业批改中“自我欣赏”,而不去全力关注“三个面向”的形势对语文教学改革的迫切要求,一旦接触全新的教材,开始时惊惶失措,继而又恢复“旧瓶装新酒”的局面,压抑了同学们的积极性。

(2) 接受时代的挑战,不断地进行知识更新。

世界已跨入信息时代,我们国家必须适应这个时代,应根据世界新的技术革命的要求,对教学的内容和方法作相应的改革,培养出大批真正掌握现代科技知识的社会主义四化建设人才,以更好地适应振兴我国经济的需要。这是教育战线的紧迫任务。我们初中语文教学承担着在知识的积累,能力的培养,智力的开发上奠定基础的重任,决不能在“知识老化”的平静之舟中怡然自乐。当然,在语文领域中,有相当多的一部分东西是优秀文化传统,不存在什么“老化”问题。但语言是不断发展的,教法改革是无止境的,新的规律正在不断地被探索发现之中,我们必须不断地进行知识更新,才能适应飞速发展的形势的需要。

(3) 熟悉学生的心理,认真地进行教法改革探索。

我自以为与学生的关系不差,也有强烈的教好他们的愿望,但我对他们的心理并不完全了解。林文岚同学在意见中吐露真言,使我震惊。她说:“刚听胡老师讲课时,我非常喜爱语文。照理说,我应该越学越喜爱,但是不,我是越学越不喜爱,这除了我个人的因素外,还有最主要的一点是,因为,语文课总是先学生字、词解,然后老师讲课文,我们听,最后总结本课内容,课堂上90%的时间老师讲,只有10%的时间我们同学来讲(回答问题),而这仅有的10%的时间里又老是这几个同学,并且老师讲的又不很生动,整个课上得很乏味,久而久之,我便不喜欢语文了。”最后她呼吁:老师,了解了解我们的心理吧……从这一段话中可以看出,同学们的创造性,自主力,发表欲，某种程度上都被“程式化的教学压抑了或者扼杀了”。改革教法已成了刻不容缓的大事，教，必须变满堂注入、程式刻板为指路探胜、激疑释疑；学，必须变一听二记、被动应付为提疑解疑、举一反三。

当然，在教法改革中，在探索规律的同时，要坚持掌握规律。从近百条意见中，可以看出：八十年代的青年同学有开阔的眼界，如火的热情，活跃的思想，但也常常伴有好高骛远、浅尝辄止的毛病。我自己的“老妈妈”式的教法中，要去掉因循守旧的一面，但也不应否认重视基础这一面的重要。我认为必须在打牢基础的前提下，在过程中培养能力，发展智力。简言之，教法改革探索，必须进行化基础为能力、智力的探索，还必须从试教本的教学目的出发，从学生的现状出发，从形势的需要出发，冷静地分析意见，决定取舍。

我考虑到应发挥试教本的单元优势与写作知识，现代汉语常识配套成龙，既各有重点，各成系统，又相互配合；既防止孤零零地进行知识传授又防止空洞洞地进行课文讲述，在阅读教学中狠抓“会读书”的程序训练，狠破程式化，解决被动式；在写作教学中，在综合训练写好复杂记叙文，说明文，议论文的同时，正视学生写作水平的差距，侧重注意运用“以学生的智力开发学生的智力”和“破吃大锅饭”的做法。

三、领导专业化，勇上教改第一线的踏实作风是教学改革胜利进展的重要保证。

教师们面对新时代的需要，齐心同步，切嗟砥砺，相互促进，共同提高，是教学改革的重要条件。

在我生病期间，郑校长代课一个月。不少同学在意见中肯定了郑校长的教法，他们说，郑老师简洁明快的语言，活泼生动的提问，深入浅出的诱导都给同学们留下了深刻的印象。他使大家不在茫无头绪的提问中尴尬冷场，不在茫无边际的词海中兜圈子，丧失兴趣，教得既实又活。

同学们对郑校长教法的赞扬，使我豁然开朗。从对比中，我体会到我一向自得的“好心”的啰嗦、“详尽”的分析、“扎实”的练习、“精细”的批改，竟然成了消融同学们满腔热情的滴滴冰水，使语文变成了“不得不硬着头皮背起来的包袱”，这不能不引起我的震惊！

由此可见，有业务专长的领导，他们掌握方向的教学实践，对教学改革起着怎样的示范和推动作用。

这次广泛征求同学意见，归纳意见，落实改进措施，都是和唐丽珍老师一起研究后行动的。从中我体会到“教师要克服‘自有一领天地，独显一套身手’的狭隘思想，透过来自客观的夸赞，正视时代的需要，自己的实际，在自己忠于人民的教育事业，勤奋教学的同时，大开相互交流的通道，形成相互学习的气氛，使自己成为具有新型师德的榜样，也将是推进教改的重要一环”。

1984.7.5

附：

对语文教学的意见和建议
(学生提出)(归类、条项式整理)

对老师的希望：

(1) 教学上要有大的改革并非是一件容易的事情，它需要老师有极大的勇气面对过去教学上的不足之处，紧紧根据我们学生的实际情况，采取一系列的切实有效的改革措施。(汪瑾)

(2) 语文教学改革是一项艰巨的任务。我们要改革就要战胜各种错误思想，持之以恒地进行到底。(张嵘)

(3) 我们对语文教材改革试点有信心，有力量。它前途光明，让我们在以后的教学中共同努力，不断摸索前进，闯出更新的路子来。(梁云)

(4) 要懂得八十年代青少年一代的心理，不要再用五、六十年代"老妈妈"式的教学法了。

(5) 提要求时，要实事求是，一旦提了要求，就一定要采取措施使同学达到要求。

(6) 赞成把全班同学组成十四个小组的做法。

预习：

(7) 预习量不宜过大，否则会头重脚轻。

(8) 预习作业中的查字、解词，很使人苦恼，能否不要同学进行？

(9) 课文中的生字、生词让同学自己找。

(10) 要布置一些查资料的练习。

(11) 预习时，可以小组为单位，查资料，讨论。

上课：

(12) 语文教学改革，重点要放在"自学"的"自"字上，善于引导同学自己学。

(13) 要有系统地培养学生的阅读能力。

(14) 讲课要符合学生的心理，要生动、简洁、深刻，要善于把同学引导到生动活泼的环境中。

(15) 讲课要有详有略，重点部分要精讲，留问题，激发思考，丰富想象。

(16) 上课要让同学多活动，不要"跌了跟头，就抱起来"。

(17) 课堂提问要具有激发思考、引而不发的特色。

(18) 对同学的发言，要善于运用讨论诱导的方法，丢弃不正确的，吸取正确的。

老师还可以用来补充自己考虑的不足。

(19)《写作》书的内容要与阅读课、作文课结合起来上。

(20) 讲课时要注意联系引用其他学科的知识。

(21) 讲课要增加一些课外知识。

(22) 用课内指导课外,以课外促进课内,使课内外阅读得以贯通。

(23) 上课要多留复习时间。

(24) 课本上的练习要引导同学自己回答。

(25) 要重视设计一些巩固基础知识的练习。

(26) 不要让同学孤立地记词。

(27) 要培养学生朗读课文的习惯,多进行语感训练。

(28) 要求使每个同学都有口头表达训练的机会。

(29) 在同学回答问题时,希望加强语言逻辑性的训练。

(30) 老师的提问面要广,不要只限于几个口才好的同学,对口才好、口才差的同学要平等对待。

(31) 要善于引导同学提疑,释疑,让同学把话说完,老师进行归纳总结。

(32) 要在一切教学环节中,注意激发同学们的学习兴趣。

(33) 涓涓细流式的慢语轻声,容易使同学昏昏欲睡。

(34) 程式化的教学压抑了学生学习语文的兴趣。

(35) 上课少讲整顿纪律的废话,犯纪律的下课后留下谈话。

(36) 下课铃响后,不要拖堂。

(37) 考试前让我们自己复习。

(38) 要让学生进行教课的尝试。

(39) 要开展课文评论。

(40) 要加强听的能力的训练。

课后作业:

(41) 作业不要过多,要讲究质量。

(42) 作业一定要第二天交。

(43) 对差生的作业和订正要加强指导。

(44) 对学过的字词的重复抄写,使人厌烦,建议免抄,加强课后抽查。

(45) 作业要多布置一些有一定难度的思考性的题目。

(46) 布置作业后,要多指导方法(如整理主题思想可分体裁给几个疑问词,由同学自己整理),少注入内容。

(47) 可用小型综合练习督促检查平时的学习。

(48) 作业负担过重,影响课外扩大知识面的活动。

课后活动：

(49) 要求开展第二课堂活动，扩大学生视野。

(50) 开辟第二课堂活动，不要占大量时间，要发挥每个同学的特长。

(51) 多教课外诗文。课前背诗，可以引导同学进入语文学习氛围。

(52) 班上的墙报由各小组轮流搞。

(53) 指导我们制作和运用卡片，记日记。

(54) 我们经常苦于无书可读，希望老师说服家长，推荐好书。

(55) 活动不要流于形式，不要冷热病。

(56) 坚持搞好小黑板，作为语文学习的一个窗口。

(57) 要组织我们参观。

(58) 要组织读书小组。

(59) 多组织朗诵活动。

(60) 提倡课后都说普通话。

(61) 建议教学要结合社会活动。

(62) 开展课外活动注重知识性、趣味性。

(63) 课外阅读要做阅读笔记，建议定期抽查。

(64) 孤立地搞词语汇集，费时无益。

作文：

(65) 作文题不要限死。

(66) 作文指导重在如何选材，展开思路，进行侧面描写等。

(67) 作文不要一律强调 800 字以上，洋洋洒洒的千字文固然好，惜墨如金的短文也未尝不可，要因人而异。

(68) 要分别不同的写作能力，提不同要求，不吃大锅饭，设关通过。赞成写作上的因材施教。

(69) 写议论文从评论班上的事情入手。

(70) 组织同学修改自己的文章。

(71) 要用一些值得斟酌的文章，让我们修改。如内容枯瘠的文章，让我们润色，从中体会掌握避免枯燥无味的写作方法。

(72) 小作文也要列提纲，打草稿。

(73) 出了好文章要让学生自己上台朗读，讲评。

(74) 要组织课余佳作欣赏。

(75) 取消星期日作文，提倡记日记。

(76) 小作文题要提早(最好在星期三)布置，以便我们观察思考。

(77) 每人备个小本子，专门收集写作素材。

考试：

(78) 复习不能太具体，更不能把范围框死。

(79) 试题不要老是那几项。

(80) 非常欢迎活的题目。当堂考察我们的想象、思考能力。以及基础知识的巩固能力。

1984.7.5 整理

附文⑨

关于考试的一些想法

在学习过程中,要进行考试,同学们没有异议,但对考试题有这样的反映:考试题老是那么几项,感到厌烦;考试答案总是死记硬背的复述,感到无味;有一些理解力较强的同学,一接触到思考性较强的题目就拍手叫好,兴高采烈。

根据同学情绪,领导指示和形势需要,我们在初二下学期期末考试时,对考试题做了一些改革。把考查中心放在全面了解学生,掌握知识,培养能力,发展智力的目的上。

在这次考试中,我们出了如下一些题目。

(1) 了解记忆和改错能力:

① 改正写错的拼音:如眼睑(yán lián)、手指头(shǒu zhi tóu)、殷红(yīn hóng)等。

② 改正病句并说明病因(符合已讲过的八类语病)。

(2) 了解理解记忆和归类整理能力:

① 按词义写出相应的词语并注明短语名称(四种类型)。

② 给文言句解释加点字及注明句型(主要虚词、活用词等六类词语 40 个,判断等主要句式 4 种)。

③ 按单元比较同类型课文中的内容及写法的异同(如《记金华的两个岩洞》《听潮》《游恒山日记》比较,《向沙漠进军》《死海不死》比较)

④ 按理解内容默书,默书后归纳修辞手法等。

(3) 了解活用文言基础知识,阅读文言文的能力(给《学记》中“教学相长”一段加标点注音,解词,写句式,归纳主题)。

(4) 了解阅读现代文理解、想象、评析人物,掌握文章思想内容的能力(给小小说《老虎能不吃“肉”?》填写一段情节高潮,按小说的要求联系社会现实评析人物和作品内容,解题。)

在考试前,老师在复习课上就文言词句、文体单元进行过指导性的复习,要求学生按单元按课自我复习,要学得好的学生进行复习方法介绍。总的情况是以学生自我复习为主。

考试成绩平均为 76.8 分,较平时考试退步 1 分左右,较期中考试退步 4.5 分,分数可作考试形式与教学方式是否一致的考查依据。

这样考试,至少有如下几个好处。

(1) 引起了同学们的学习兴趣。

如对《老虎能不吃“肉”?》一文中填写什么样的情节高潮,大家很感兴趣,要有积极意义，着眼点当然是在“电工”身上，但就全文看，“电工”是作为暗线写的，如何通过人物的语言、行动写？有的同学对老师提的要求产生异议，有的同学却处理得很好，通过以物显人或间接显示，考试几天后，还在争论不休。

(2) 指导了同学们今后学习语文的方法和方向。

靠大而化之、不求甚解或死记硬背的方法和态度是不行了，一定要在踏实学习、理解记忆的基础上会灵活运用，还要有一定的速度。如曾世红同学，理解力很强，对语文学习一向大而化之，浮而不实。这次考试稍微用了点心，自以为成绩一定很好，但还是只有八十出一点头。他发现自己在字词、课文、文章评析方面扣分较多，觉得学习还需要扎实。长时间的浮而不实，也会影响理解力的培养。又如经卫同学，一向比较用功，基础知识有厚实的基本功，参加竞赛，总能拿到名次。但她有个弱点，就是速度比较慢。在这次考试中，以基础知识为主的80分中，只扣了4.5分，但在要求想象、理解的文章填写和评析一题中只得了1分(满分为10分)，使人意识到解决“化基础为能力”这一课题的重要。

(3) 了解到了同学们的真实水平和能力。

① 在词语解释和课文背诵方面，同学们在小学里就养成了记忆的习惯，所以书卷面成绩较好。单句成分分析，小学学习有些基础，初二上学期作过加工，共有44人全对。文言词句的解释，由于有平时落实的基础，成绩尚好，扣1.5分以内的有32人(满分为15分)。在古文阅读能力考查一题中，“也、故”等文言词语的运用能力较强，“也”有48人知道为语末助词，据以加标点，“故”有51人解释为“所以、因此”。

② 发现了一些阅读能力较强的同学。

如在文言文阅读考查一条中，有汪瑾、程坚、徐晖三人加对了全部标点，12个同学答全了主题。

在小小说《老虎能不吃“肉”?》一文的填写、评析中，有郑昶、潘甦等8个同学见解较深刻、正确。如潘甦同学这样回答了：董老汉，自以为是饱经事故，远见卓识，万事皆通的人，他用老眼光看人，但又热心为集体，他很健谈。电工，是品德无私，助人为乐，勇于抵制不正之风的先进青年。从他们身上可以看出，社会上的那些一切向钱看，干什么事都要报酬的不正之风已被抵制，并正逐步清除。以共产主义思想为核心的社会主义精神文明正在发扬光大。热心助人，品德无私，不向钱看的新人正在茁壮成长，并且会越来越多，我们的祖国将越来越好。郑昶同学这样写：这篇文章用董老汉的话说明了：(1) 老虎“能不吃肉”? 反映了十年动乱留下的余毒还没有消除，所以“老虎吃肉”的现象还很普遍；(2) 又说明了这个现象已经在整治中，所以老虎“能不再吃肉”；(3) 题目末尾用问号，表示董老汉对此将信将疑，使人看了觉得要使董老汉得到肯定回答，就必须坚决刹住歪风。

还有武欢庆、崔风、徐晖等都写出了自己的见解，而这些同学一向被认为语文学得不好或一般的。

③ 也看出了他们在基础知识的掌握方面还不够扎实，拼音改错一题，没有一个

学生全对。

在文章评析中，按文体特点来写的，为数极少，评析《老虎能不吃“肉”?》一文时，能从细节描写方面分析人物性格的只有薛玲同学一人。知道题目的比喻义的只有10人。大部分同学看人物的社会意义还很不完整。

(4) 显示了教学上的成绩和问题。

这一次成绩退步，除了有部分原因是在“考非所学，考非所练”以外，主要的还在于平时教学上存在一定问题。

① 进行基础知识教学，掌握不住学生的难点，因而不能从实际出发，分清主次，联系课文，反复多练。特别是学生准确诵读的习惯还没有形成。

② 在阅读教学中，因文论文，缺少有程序的阶梯训练，对教学过程就是指导学生学习的过程，措施不够有力。围绕重点的多种形式的练习做得较少。因而学生的阅读能力不强。

③ 多数学生还没有能掌握中学语文学习的规律，囿于小学死记硬背，被动完成作业的学习方法，主动进行预习、复习，重视点滴积累的习惯还需要进一步培养。

④ 考试与平时教学的联系解决得不好。

在试题上有时靠灵机一动，并不是在平时教学内容上的提高，题目有时偏难，学生感到有负担；同时由于缺少平时复习积累，往往到考试时感到量多，时间紧，因而复习不全或者干脆不复习。

由此想到有关考试的一些问题。

人们说，考试是指挥棒。提法未尝不可。它是“学习不是为了考试，而考试是为了推动学习”的同义语，关键在指挥的方向。考试应当是师生教学的总结和推动，应当归到检查与推动“掌握知识，培养能力，发展智力”这个总方向上来。

因此，必须处理好考试与平时教学的关系。

一、应明确考试的目的，在于检查和推动，不要让考试变成逼迫学生学习的车轮战。

各种规模的考试过分频繁。据一个班一个学期的统计，十门功课中共进行大、中、小型考试近50次。平均每三天就要有一门考试(或美其名曰课堂练习)，有时一星期要考四门，学生叫苦不迭。当然其中的一些考试是很有必要的，但有时教师一吐苦衷，却也道出了其中的奥秘：不考一下，他们(指学生)不看啊！考试成了老师手中“督促”学生学习的“法宝”。于是学生就疲于奔命，甚至有个别的用违反纪律的行为仓促应付。一个班的完整的教学秩序弄得如此零乱，为了迎接这样的考试，学生至少在两三天到一个星期之内放松甚至放弃了其他科目的复习、预习。为了保证这一科的考试，其他各科老师常常暂缓执行自己的课外辅导和第二课堂的活动计划，自习课常常成为考试课。更有甚者，有个别老师常常以考试成绩作为评定班级知识质量高低的唯一标准，以过多的注意力津津乐道于“我家比你家多……”等等，对别班、对自己的班，都不善于从实际出发，不作实质问题的探求，阻碍了进步，更影响了团结。

鉴于上述情况，我觉得必要的考试是需要的，但学校领导对考试的目的、方法与次数，应作明确的指导和恰当的安排，要坚决废除逼迫学生被动应付的那些频繁的考试。

二、应明确考试是教学阶段的继续和总结，必须摈弃几次“炒冷饭”。

一是复习时的“炒冷饭”。要考试了，特别是期中、期末两次考试前的复习课总是较多的。我们有的时候美其名曰“全面复习”，实际上是把学过的全部内容重来一遍，无一遗漏，所有的字词，所有背诵课文重默一遍，所有问答题，条条过堂，往往弄得同学们望而生畏，兴味索然。近几年来，考试前，学校领导非常强调在复习中指导学生系统整理，巩固知识，培养能力，发展智力的问题。这是给解决“抄冷饭”的病症提出了良方。但不免又出现了另一种现象，美其名曰“培养学生自学能力”而撒手不管。

重来一遍与撒手不管都属不妥。按照“温故而知新”的原则，按照知识结构的特点，应遵照学校指示，把复习课看作平时上课的继续与小结。把复习课上成系统整理课，释疑巩固课，综合运用课。可根据单元特点，运用纵横结合的方法，有重点地引导同学动脑动手，从而达到巩固知识，培养能力，发展智力的目的。

二是试题答案的“炒冷饭”。既然考试是平时教学的继续和总结，试题的内容和质量就值得仔细推敲。要防止发生“复习时拼命吞进去，考试时赶快吐出来”、答案“炒冷饭”的现象。另外，我对学校提出的将试题中基础题、灵活题划比例的说法持异议。不应把灵活题作为点缀，更不应把基础与能力、智力迥然分开。应当从检查能力，智力中看掌握基础知识的情况；从运用基础知识中看能力、智力的发展情况。在这次期末考试中，我们出了两条检查阅读文言文（议论文）和现代文（小小说）的能力的题目。文言文是《学记》中“教学相长”一段。从“教”的注音中看学生联系上下文的理解掌握多音字的读音能力；从“加标点”中看对文言词语“也”的理解情况；从“弗、故、是、佳肴”等旧知新用中看巩固旧知、举一反三的能力等。从小小说文题《“老虎”能不吃“肉”?》的标点分析中，看理解标点的作用、比喻的运用及文题与情节、主题的关系等等。这些基础知识都是平时教学中接触过的，考试时需要灵活运用的。不应使考试题与平时的教学内容脱节，正如《同学与桃子》一段话中所说，平时，同学已很熟悉桃子而且尝过不少桃子的美味，考试时吃，应让同学自己走到桃园里桃树下，跳一跳才能摘下桃子，尝到美味。

考试时，不能使答案“炒冷饭”，也不能使考题出于教师的灵机一动，追求新奇，如何解答，使同学茫然无所对。

三、应使考试命题与平时教学和考试目的一致，成为系统巩固知识，综合培养能力的工具。

考试是平时教学的继续与总结，考试命题就要掌握系统巩固知识，综合培养能力，发展智力的原则。命题就要注意以下几点：

(1) 不随心所欲或根据教师的爱好出偏题、怪题或难题，使学生学非所考，考非所学，降低了成绩，丧失了兴趣。

(2) 内容要有综合性、灵活性的特点，使学生既有发挥现有知识作用的天地；又有积极思考、举一反三的需要。更有归类整理，比较识别的指引，使同学考时有趣有味，考后有所收获，有所前进。

(3) 考试方式可多样化，要听、说、读、写综合运用，也可以一篇文章作多题、多项能力的考查。也可选用其他学科的课文内容，通过语文分析，来揭示该学科知识的规律，使语文体现出工具科的特色。

四、应培养学生对考试的兴味和正确态度，不应使它成为学生的负担。

我建议取消平时一切小考试。使小考试变成单元性的总练习，它的作用在于：① 帮助同学系统整理一个单元的知识，检验自己运用这些知识的能力；② 督促同学重视平时的积累，养成预习、上课、复习、总结的习惯；③ 可以让学生自己出题归纳，也可以翻阅参考书解答，培养自己解决问题的能力；④ 可以减轻同学的负担，让学生看到自己知识上的增长和能力上的提高，从而产生继续学习的兴味和动力。

1984.7.20

附文⑩

初三复习中作文教学一例

初三下学期，是学生结束初中学习阶段的最后时刻，也是教师引导学生将初中阶段学过的知识进行系统整理和综合运用的阶段。在这个阶段中的每一点教学内容和每一个教学步骤，都要求带有综合实践性，务必使同学们通过一篇文章的习作，了解并掌握某一方面（体裁）的写作规律，这样点点相连，步步相接，以完成初中阶段总的教学任务。

在习作说明文这个教学点上，我做了这样的尝试。

一、题目的由来

写作内容在与阅读过程紧密配合下，由写复杂的记叙文到说明社会现象，再到立论、驳论，发展到记叙、说明、议论的综合运用。在这个过程中，曾让同学自己命题写一篇有关社会现象的说明文。全班同学共运用了二十六种题材。从好、差文章的内容中，得到这样的启示：写好这篇文章的关键在于材料的掌握是否真切、具体；选材的角度是否精当；是否写出了某一方面现象的特点；是否在说明性的平实性语言中适当地运用了记叙式的描写和议论式的评点。因此很有必要在习作纷纭的基础上来一个统一要求、统一步调的训练程序。

题目来之于26种题材中，来之于身边熟悉的风情，避免了大而难写的“古城扬州”，小而冷僻的“扬州的芍药”，以人物代现象的“朱自清”“鉴真大和尚”等等。选择了思想性较强，题材新颖，需要进行一番思考组织的内容，命题为“石塔路风光”。

二、目的的拟定

写作目的也就应题而生。

（1）要求增强热爱祖国、热爱家乡的感情。

（2）要在简要、准确地交代石塔路今昔变化的基础上，具体说明石塔路的风情及特点，作为缩影，以显示历史文化名城的特色。

（3）要根据内容及目的，恰当地安排说明顺序。

（4）要有准确的史实交代，要有生动的描述，也要有精辟的实质评析。

这个目的，就横向看，说明文写作的几个方面，如思想教育、事物特点、说明事物、说明顺序、语言表达等，都已提到，具有全面综合性的特色；就纵向看，在初一、初二学写说明文的基础上，提出了说明复杂事物景象，综合运用说明、记叙、议论的表达要求，具有阶梯综合性的特色。通过写作，使学生能够了解并掌握有关描述地方风情的生动说明文的写作知识。

三、步骤的设置

(1) 作好拓宽生活面，启发思路，借鉴写法的准备。

主要措施是引导阅读。读《阅读》书上一般科技说明文和说明社会现象的文章，《写作》书上有关写作知识说明及例文。在指导写作时，又特别强调了重点阅读说明地方风情特色的文章，如：《晋祠》(学习抓住事物的特点，安排严密的结构)、《从宜宾到重庆》《桥的工艺"画廊"》(学习语言表达的简洁和生动)、《东南沿海的古老名城——福州》《印度风情》(学习取材角度)等等。

(2) 引导实地观察，孕育感情，积累感情素材。

要求学生在上学、放学途中，有目的地去石塔路上观察，看市容，看古迹，看自然风光，看现代化建筑，等等。在此基础上，追溯古迹的历史，石塔路的过去，想象夜晚的景象，人民的生活情趣。同学们兴味浓厚，有的竟去观察了三次，笔录了古迹的名称和建造年代，测量了宽度长度(目测和步测)，领略了路上的风光特色。

(3) 翻阅有关资料。

同学们通过观察，还有一些不清楚的问题，如三处古迹的来历变迁，就去查阅资料，他们查看了《扬州画舫录》《扬州旅游日记》《中国名胜词典》等等。在引用资料时，我们明确提出三个要求：① 引用的内容，要是写作目的的需要；② 引用时，要使用与文章一致的语言风格；③ 要有说明文中引用文字的特色，简洁，有重点，反对原文照抄。后来看作文，有不少同学将资料融汇在自己的文章中，自然地成为整体的一部分了。如张芳同学文章的结语是这样写的："有人写诗赞道'繁华石塔一条路，入夜烟月掩华树，唐塔宋亭明时阁，留与诗人话今古'。这条路上，文昌阁、石塔、银杏树直线相望。南有四望亭相对，北与文峰塔遥呼，这条路，给出了扬州古城的特有风貌，成为诗人墨客咏古颂今的话题。"

(4) 写作时，提示了写作内容，顺序及语言表达要求。(这是很重要的一步，最好能有一次集中智慧，开发智力的讨论。)

(5) 根据学生的写作情况，确定讲评重点。

习作中总的存在问题是：内容偏重在三处古迹介绍；在写到自然风光和现代化建筑时，顺序较乱；对石塔路风光特点的提炼不一致。

于是就将重点放在内容、特点及说明顺序上。

教师事先将各个同学作文中的优秀片断，按写作要求综合成一篇文章。

讲评课上，教师首先宣读表扬了十几位同学的符合写法要求的片断内容，如十六种不同的开头法(从整体上比喻、新旧对比衬托、以诗引文、用转折句对比显示特点等等)；结构完整、过渡自然、语言生动，恰当地运用了比喻等等。接着就朗读了老师的综合文章，然后根据所听师生一起为文章编写提纲，以明确文章的思路、内容和写法，提纲如下：

生动性说明文
- 概括说明：位置，变迁，特点。
- 具体说明
  - ① 优美环境：绿树、花圃、新房
  - ② 名胜古迹：唐塔、唐树、明阁
  - ③ 现代文化：路宽、设施、车辆、人流
  - ——古朴俊秀充满蓬勃生机——空间顺序、重点分类、相互交汇映衬
- 结尾：抒情、议论：人们正为历史文化名城书写着新的诗篇。

(6) 课后，由学生根据讲评的重点，对照写作要求，评析自己的文章，写出优缺点。有些同学评得认真而入扣。如汪瑾同学这样写到：材料的组织是本文的关键之一。本文引用的王播的故事与中心没有什么关系，课上听了你的讲解，我想到了那天的实地观察，又是看看好玩，没有抓住事物的特征。从文章里似乎看不清石塔路的特点。还有根据中心选材的问题，这是初一写记叙文就应该解决的问题，很遗憾，我到现在还没有掌握好。另外石塔路上有三处古迹，我只写了两处，文昌阁未重点写，而且把“石塔路”“石塔寺”“石塔”的概念弄混淆了。夜景未写。不过全文还有优点：① 说明较生动，② 内容较实在。我一直往实际这个方面努力。

(7) 还应有一个步骤，就是修改老师的综合文章。同时间关系，未及实施。有个别同学和老师面谈过。认为这篇综合文章，开头欠生动，介绍风光，缺少详略安排，每节起笔缺少变化等等。意见很不错。如能给全班同学修改评议，那将会使师生都得益非浅。

最后，我总的认为，复习期间的作文训练，次数不在多，而在练得准，练得精，最好，能做到一种文体，一个题目，进行一次全程训练(从观察，阅读选材……修改，使学生逐步养成熟练技巧)

1985.5.5

“六年制重点中学初中语文课本”三年教学实验总结

语文试教小组　唐丽珍执笔

党的十一届三中全会的东风给全国的科学工作者送来了科学的春天,也给我们教育工作者送来了教学的春天。在这教学的春天里,为了探寻旨在提高中学生的阅读能力和写作能力的教学新路,人民教育出版社编写了“六年制重点中学初中语文课本”并在全国大部分省市的部分重点中学试教。三年前,胡兰芬老师和我荣幸地接受了试教任务。为了巩固这三年的教改成果并进一步将教改引向深入,本着毛泽东同志“要认真总结经验”的教导,我们就这三年的教学实验工作做一个总结。

一、实验教材的特点

这套“六年制重点中学初中语文课本”是人民教育出版社中学语文编辑室根据《全日制六年制重点中学教学计划(试行草案)》的精神,博采各地中学语文教材改革的经验编写的。可见,这是一套试教课本。试教本每学期分编《阅读》《写作》两本。《阅读》的课文除了第六册因兼顾到复习而编排了二十八课外,其余五册中,第一、二、五册均有四十课,三、四册均有三十九课;每册大致都有五十个单篇,分为八个单元,每个单元五课左右,基本上是按照课文的体裁编排的。《写作》则分为“作文训练”和“现代汉语常识”两部分。与统编教材相比较,试教本的特点是比较明显的。

(一) 从体例上看,教材是分科型的。

教试本分《阅读》、《写作》两个“头”,“阅读”、“作文训练”及“现代汉语常识”三条“线”。编者要求执教者“两本教材一个人教,三条线拧成一股绳”统筹安排;要求一个人教一个班。

(二) 从篇幅上看,教材是重量级的。

统编教材六册选文 180 篇,写作知识 22 篇,汉语知识 24 篇,合计 226 篇。试教本《阅读》选文 226 篇,写作 51 篇,现代汉语常识 51 篇,合计 328 篇;另有写作例文 146 篇,练习题中选文 60 篇。仅以初一(上)的教材相比较,试教本有 66 篇选文及 24 篇学生例文,共约 18 万字;统编教材有 38 篇选文,共约 8 万字。从所选课文的内容而言,试教本课文篇幅多,题材广,起点高,难度大。

(三) 从编排上看,教材是练习型、自学型的。

1. 课文的单元性、科学性很强。每个单元前都有明确的“单元要求”来提示单元教学重点,师生可以据此安排教学进程;单元结束前“单元练习”形式多种多样,如“比较·思考”、“推敲·琢磨”、“读写技巧”、“听说训练”、“段的承接与转换”、“常用的文言虚词”等；练习的形式更是五花八门，十分重视学生智力的开发及能力的培养。2. 课文的重点突出，要求明确，操作性强。讲读课文前有“提示和思考”，自读课文前有“自读提示”，这些内容基本上已经揭示了课文的中心思想和主要写作特色；讲读课文后有“课堂练习”和“课后练习”；自读课文的练习中还有阅读选文的练习。可以说单元结构是完整的。

二、教学实验的组织保障

1982年暑假，胡老师和我接受了语文实验教材的试教任务并参加了省教育厅教研室召集的备课会议，大致了解了全国的教改形势，初步明确了试教的目的要求、教材的特点、教法必须改革等关键问题。

回校汇报后，学校领导决定成立试教小组。试教小组由扬州师范学院中文系顾黄初教授、我校郑万钟校长、语文教研组长田如衡老师、陈安鸿老师加上胡老师和我组成。教学经验丰富的胡老师教(5)班，我教(6)班(兼班主任)，真可谓中青年相结合。初三年级时，由我教两个班(仍兼(6)班班主任)；初三第一学期，胡老师带病坚持工作，负责批改(5)班的作文并上作文讲评课。

试教小组明确要求，要开展听课活动并每月进行一次业务研究。虽然由于每个成员的本职工作都很忙，这项工作没能长期按计划坚持下来，但是，三年来，顾黄初教授、郑万钟校长、田如衡组长和陈安鸿组长多次听过我们的课，多次给予我们具体的指导和帮助。他们都一再肯定我俩的工作，鼓励我们坚持教改。

三年中，顾教授多次带师范中文系学生来听我的课，每次都热情鼓励并点拨一二。1983年暑假，扬州市中学语文教研站和试教小组决定派我代表扬州市到省第二届中语会上开两节《周总理，你在哪里》的研究课。起先，我怕辜负领导希望而不敢接受任务。年逾花甲的田组长顶着烈日，四次登门鼓励并说服我接受了任务。郑校长也多次鼓励我“要勇敢地跨出校门去，上好这两节课，争取再上一个台阶”。试教小组成员以及扬州市语文教研站负责人黄老师、陈老师在听了我的试教课后，提了不少宝贵的建议。在11月中旬于南通举行的省第二届中语会上，我博采众长；又根据实验教材的要求，成功地上了两节情境教学研究课。

更让我俩感动的是：在试教的头两年时间内，只要无特殊情况(如开会或外出)，语文教师出身的郑万钟校长一直坚持每星期一上午第三四节课(扬州中学文科集体备课时间)和我们两人一起备课。初二下学期，当胡老师生病时，郑校长还两次(第一次一星期，第二次一个月)亲自上初二(5)班的课。进入初三后，郑校长还多次不厌其烦地给我的试教工作排忧解难，直至他调离学校而任扬州市教育局局长为止。

江苏省教育厅对语文实验教材的试教工作是十分重视的。在试教的三年中，每学期开学前和期中考试后，省教研室文科召集人窦履坤老师(从初二开始增加了朱芒芒老师)都组织省内七所重点中学的试教老师定点集中集体备课。开学前基本上都集中在南京备课;期中考试后则分别集中在试教学校所在的江阴、常州、扬州、泰州、南京等地备课、听课并研讨。省教研室还组织各校试教老师轮流办《试教简讯》。该简讯坚持办了两年,共八期。胡老师多次撰写试教心得给《试教简讯》投稿,我也投稿两篇。去年8月初,省教研室带领七校试教老师赴兰州参加了甘肃省教育科学研究所主办的有170多位代表参加的"部分省市区中学语文实验教学研讨会"。会议期间,二十个省市区的六十多位老师分担了第五册《阅读》和《写作》课本的备课任务并编写了教案。我也接受并完成了撰写《阅读》中《团结广大人民群众一道前进》一课教案的任务。研讨会开拓了我的视野,增强了我试教的信心。前不久,我们七校试教老师又在窦履坤老师带领下参加了在青岛举行的、有二十二个省市区近200名试教老师参加的语文实验教学总结会。会议期间,人民教育出版社的专家刘国正、张定远等同志与会并作了重要讲话,肯定了试教。

综上所述,可见,各级领导对语文教改工作都是十分重视的,上上下下的组织工作是严密而有力的。我们的语文教学实验是有组织保障的。这是我们的试教工作取得成功的保证。

三、实验班级的生源情况

我校两个实验班进校时各有53名学生,大多数为择优录取生。但班级生源情况有所区别。(5)班有32名女生;班里成绩不够录取分数线而被照顾进来的或者语文成绩较弱的共有10人。(6)班的男女生比例接近一比一(男28女25);被照顾进校的有4人,数学成绩好(因为该班是语文、数学双试班)而语文较弱的还有5人左右。虽说原则上择优录取生在该年级是根据总分公平分摊到各班的,但是因为其他四个班几乎没有享受照顾待遇的学生,而各班总人数又都差不多,因此,实际上(5)(6)两班的班级总分反而较其他班级逊色,更谈不上占优势了。

四、教学实验的具体做法

既然是教学实验,是教学改革,就意味着既有可能成功,也有可能失败。我们的试教工作是担风险的尝试,我们感觉压力很大。因为如果僵硬地抱住老一套的教法不变,那就无法完成如此繁重的教学任务;如果标新立异地完全另搞一套,那么试教的方向会出现偏差。为了打破教学常规,实现教学改革,我们是颇费心思的。我们的具体做法有如下几个方面。

(一)在每个单元教学中兼顾两"头"三"线"

我们认为,要使"阅读""作文""现代汉语常识"三条线拧成一股绳,必须从每个单元的教学着手。在具体操作上,我们基本上是以顺次学习《阅读》教材为主,读写结合,并适当调整"作文训练"和"现代汉语常识"的顺序。

万事开头难。为了使学生从进中学的第一天起就能明确接受教学实验考验的重要性,开学第一周我们就打破常规,安排了两课时的起始课。课上,我们向同学们指明了参加教学实验的迫切性、重要性，鼓励大家勇于接受试教的光荣任务。我们提出了初中语文学习的一系列常规要求，并强调了养成课前预习、学会自习的习惯对于参加教学实验的必要性。紧接着，我们引导同学们依次学习了《现代汉语常识》中的《学会使用字典和词典》《要学会说普通话》《汉语拼音用处大》《字要写得美观》等篇目。这样的起始课，对于刚刚踏进中学门槛并面临参与教学实验的初一学生来说，应该也是中小学之间的一种必不可少的衔接。

《阅读》第一册第一单元是散文单元。我们在带领学生顺次学习几篇散文的过程中，穿插了作文训练(三)“观察与选材”的学习，从而开始了学生课后一周至少写一篇观察笔记的作文训练。单元课文学习结束后，又结合作文训练(一)“写自己熟悉的事情”，完成作文《自我介绍》；还让学生登台作“自我介绍”。这样做，不仅实施了单元教学中听、说、读、写的全面结合，体现了抓好两“头”三“线”工作的落实；而且，对于师生之间、同学之间的相互了解和沟通以及对学生作文水平的摸底都是十分必要的。

在其他各单元的教学实践中，我们都十分注意统筹兼顾，努力抓好《阅读》《写作》两个“头”，“阅读”“作文训练”“现代汉语常识”三条“线”。

(二) 努力根据单元课文的体裁特点实施教学

通过小学六年的学习，择优进校的学生对于记叙文是比较熟悉的，对于议论文则相对生疏一些。为了引起同学们学议论文的兴趣，我们在议论文单元的教学中，就注意了由记叙文到议论文的过渡。在学习第一篇议论文《纪念白求恩》时，我们引进了《截肢和输血》全文，让学生找出后者的记叙要素并与前者作比较，以初步感觉两种文体的区别。然后，我们逐步引导同学了解学习本文的主要目的——初步明确议论文的主要特点。我们通过让学生找出作者的观点，使他们明确文章的中心论点；通过找出不同段落的中心句明确文中的分论点；通过寻找支撑论点和分论点的事实明确议论文必须具有充分而确凿的论据；通过讲解论据和论点的关系让学生懂得摆事实、讲道理的论证方法。在此基础上我们提前引进了议论文的“三要素”这一概念。学习《想和做》一文时，则以领会关联词的作用为手段，以根据论点找出事例(论据)为主要目的，以便强化议论文这一概念。

单元中的《谈骨气》一文是作为重点课文实施教学的。首先，我们让同学们在课外预习时查阅文中三个事例的有关资料，以便在课堂上讲述，作为补充课文所叙述的内容之用。课堂上，我们又训练同学先用简洁的语言、后用成语概括这三个故事的大意。然后，在了解这些故事与课文标题、与课文第一句话的关系后，同学们对这篇课文通过讲道理、摆事实论证论点的方法以及首尾照应的写作特色有了比较鲜明的印象。

至于两篇自读课文，则分别采用“一般阅读”和“快速阅读”的方法，领会观点和材料的关系，加深对议论文三要素的认识。

“写”是必不可少的。在这一单元学习中，我们要求同学笔述推荐一个“有骨气”者的典型事例；书面分析了选文中两篇短小议论文的论点、材料以及层次结构；最后，结合作文训练(六),课堂完成作文《耕耘·收获》、《谈攻关》(两题任选一题)。从书面练习及作文的反馈情况来看,教学效果还是比较理想的。文章分析中有三分之二左右的同学能比较准确地把握论点、论据和层次,90%以上的同学知道文章是用事实或道理来论证论点的。课堂作文中,同学们普遍运用了用事例论证观点的方法,只是在事例的代表性、简明性和说理的透彻性等方面还有待继续训练。

在其他单元的教学实践中,我们都努力做好根据体裁特点进行试教实践、夯实基础知识、训练基本技能、读写结合等方方面面的工作。

(三)切实抓好"双基",提高学生素养

初中阶段是学生打基础的重要阶段。为了提高学生的文化素养,必须先抓好"双基"。我们从初一开始,就在抓"双基"上狠下功夫,初二、初三也不敢懈怠。

1. 重视最基本的字词教学

试教课时那么紧,能忽视最基本的字词教学吗?当然不能。我们反复强调要重视掌握、运用字词这一最基础的知识和技能。我们要求学生学每一篇课文前都要用字典查字词,每单元有整理,每学期有汇集。每个同学都有词语汇集本。这样做便于复习。

为了督促学生重视活用词语的能力,我们通过平时的作业、课堂听写、竞赛、大大小小的测试等来强化字词学习。平时作业中我们想方设法采用各种形式进行字词方面的练习,当然,多种形式交替进行;测试中也设计花样翻新的各项字词练习,努力使这项最基础的教学落到实处。

在写作课时内,我们搞过多次听写练习。如初一时,我们利用课内30分钟进行100个词语的听写练习。不过关的就听写多次。我们利用一堂自习课进行查字典比赛,比赛中要同时运用汉语拼音音序法和汉字部首查字法两种方法;优胜者有奖。赛后,对于难查的字,我们让优胜者给大家讲解。

我们认为,在人际交往中,"字"写得好或坏往往让人联想到一个人文化素养的高低。为了督促学生把字写工整、写好,我们除了经常布置练字作业、经常强调必须写好字、经常表扬作业书写优秀者外,还进行了两次书法比赛——初一是硬笔书法比赛,初二是毛笔字比赛,分别决出优胜者并给予奖励。

一分耕耘,一分收获。在初一年级下学期,学校举行了一次全体学生参加的"爱国主义语文基础知识竞赛"。初一年级六个班获奖的总名次中,75%以上为(5)、(6)两班的同学获得。

2. 重视听、读、说的训练和提高

我们认为,在语文课上,有声语言的表达主要通过说和读来完成。口头表达能力的优劣是一个人理解能力、思维能力、应变能力、心理承受能力、口语传授等能力的综合反映。因此,我们十分重视对学生进行听、读、说能力的训练和提高。

在听、读的训练方面,我们常做的是:让学生用普通话准确朗读字音或词语并作出评价或进行纠正;分段轮流朗读课文、分角色朗读课文、大声读出查找的补充资料;

听朗诵磁带或听教师范读情文并茂的散文、诗歌、小说中的人物对话，自己体会、模仿直至会读；教师带领学生朗读，学生课堂速读、小声读，学生之间彼此评价朗读水平的优劣并说明理由；配合学校的思想教育常常在班会课上轮流读先进人物事迹等等。

在听、说的训练方面，我们也作了不少努力。我们利用初一开学初的“自我介绍”，让每个学生开口说话。从在小组内说，到选派代表在讲台前对全班说。课堂上，我们经常采用造句、复述、答疑、讨论、按提纲说话、口头缩写、口头扩写等多种方式训练学生说话。初二年级时，年级组织了一次由下而上的口头作文比赛。比赛流程是：全体参加→班级内比赛→年级比赛→市直中学比赛。结果是：(5)班潘甦、(6)班蔡洁(女)从年级12名选手中脱颖而出，代表学校参加市直中学初二年级学生口头作文竞赛，均获一等奖。

3. 切实抓紧抓好写作教学

叶圣陶先生说：“读是学好语文的基础，写是学好语文的关键。”为了抓好写作这个关键，按照教材编者规定，在每周两课时的写作课上，我们在引导同学以阅读实践为前提的基础上进行了开源、实用的写作训练。

首先，我们引导学生爱自己，爱父母，爱学校，爱家园，爱自然；在写作中一定要写出真情实感。因而进校第一次写作练习就是立足于校园环境，用《从百草园到三味书屋》中出现的“不必说……也不必说……单是……”这一组联系词写一段话；立足于生活实践，像鲁迅写捕鸟那样，用六个以上的动词写一个连续动作。结果令人十分欣喜，可以说佳作比比皆是。我们又根据作文训练(一)的要求，让他们从最熟悉、最喜爱的生活着手，完成习作《自我介绍》并口述交流。在经常性的阅读、写作教学中，我们有意识的进行热爱生活、表达生活的写作训练。如教学了杨朔的《荔枝蜜》以后，要求他们用以物喻人的手法写一动物，通过写该动物的特点来歌颂人的美德；教学了冰心的《小桔灯》以后，要求他们通过写一个自己喜爱的小物件来表达热爱生活的真情；教学了第五册《阅读》第三单元的《藤野先生》后，要求他们学习鲁迅选取典型事例写人的方法，在选材和谋篇布局上下功夫，完成写人、写人与人关系的作文，以发现、歌颂生活中的人性美等等。通过一次次的作文训练和作文讲评，同学们渐渐懂得了：热爱生活是写作的动力。

其次，我们将第一册的作文训练(三)“观察与选材”提到《写作》第一单元来教学；我们引导同学们到生活中去，由静物到动物，从校(家)内到校(家)外，进行观察、思考、联想、想象，及时写下观察笔记。作为我们教师，则及时批改，及时推荐佳作进行交流(包括两班之间的交流)。这样，同学们写作的积极性被激发出来了，仅初一第一学期，除每人完成课内作文8篇以及平时语文作业中的15次写作小练习以外，两班同学共写成观察笔记近2000篇；其中写得最少的有15篇，最多的有25篇。这样的写作实践让大家懂得：观察生活是写作的源泉。

第三，我们始终以《阅读》教材中的课文为基础，以《写作》教材上的写作知识(包括例文)为指导，一再强调读书对于写作的重要性，让他们懂得：读书是“吸收”，写作是“释放”;如果不读书,写作就是无源之水、无本之木。我们要求大家循序渐进地读完教材中的所有选文、例文;我们向大家推荐好书,鼓励同学们课外阅读,鼓励写读书笔记——从摘抄妙词佳句、摘抄某个段落,到写读后感、学写短评等等。我们还每周至多利用一次早读时间讲授“每周一诗”,每学期学习二十首左右(主要是古诗)。书读得多了,联系生活实践思考多了,写作就有了活水,文章也越写越好了。于是,同学们真正懂得了:读书是从生活到写作的桥梁。

第四,遵照叶老要“以最经济的时间,练成最能切实应用的作文能力”的教导,根据《阅读》和《写作》两本书每单元的具体要求,我们努力引导学生将写作与生活相结合,让写作指导实践。

譬如:初一时,在教学了《阅读》中的《第比利斯的地下印刷所》后,为了配合老师的家访,我们让同学们重点写按空间顺序交代方位的图文并茂的说明文《请到我家来》。初二时,在教学两个说明文重点单元过程中,同学们逐渐懂得了写说明文的要领。在写作训练中,我们有意识地将作文训练与实践相结合,要求学生按空间顺序写交代方位的说明文《我们的教室》;我们让学生到学校附近的战备桥(桥下两侧有走廊)去仔细观察“双曲拱桥”,要求抓住这桥的特点、按一定顺序、用多种说明方法习作。我们还让学生以小组为单位,带着问题分赴校史办公室、教导处、教研组、总务处、图书馆、实验室、体育馆进行采访参观,然后通过交流,完成说明文《我们的校园》。我们还强调写作应与各科教学相结合、与生活实践相结合。同学们饶有兴趣地写出了天平实验、标本制作、细菌观察、动物解剖,复杂数学题的解题过程以及洗衣机、弹射飞机、收音机、小闹钟的原理和咸鸭蛋、萝卜干的腌制等充满生活情趣和科学知识的说明文。初三年级要学写议论文。我通过强化有关议论文三要素的学习,对照教材上的漫画《小事非小》,先联系实际口头议论这一漫画的立意,读懂漫画后写立论文《小事非小》;联系社会上及学校内的一些不良现象写《××××要不得》等驳论文。通过这一系列写作训练,同学们懂得了:指导实践是写作的目的。

功夫不负有心人。初一年级第二学期,学生参加扬州市第一次征文竞赛。全年级获奖者仅两人,她们是(6)班的封翔、郭敏。初二年级时,(6)班代表全年级整班参加全国性的“新蕾”作文竞赛(当堂封卷后立即寄往天津)。林宜扬获二等奖,沈艺海获三等奖。而我省获初中组奖的,除他俩外,仅有常州中学的一名学生获二等奖。初三年级第一学期,学生参加扬州市第二次征文竞赛。全年级有四人获奖,前三位都是(5)班的,她们是:吴红宇(二等奖)、徐薇(三等奖)、徐晖(三等奖);另有一名获鼓励奖的是(3)班的周×。初三第二学期,学生参加扬州市第三次征文竞赛,全年级仅有两人获奖。他们是(6)班封翔(女),获二等奖;林宜扬,获鼓励奖。还有,(6)班黄洋(女)代表我校初中组赴南京参加全国性的“雨花”作文竞赛,获初中组议论文第三名。

(四)重视《阅读》中课文教法的改革

《阅读》教材内容繁,头绪多,课时紧(每周只能用四课时)。编者强调绝不能因为教学任务重而增加课时。因此,采用陈旧的教学模式固然不行,采用有限的几种教法也不行。这就逼迫教师必须重视《阅读》中课文教法的改革，必须“因材施教”，做到常教常新，使学生有持续的兴趣，乐读善读。

在我们语文教学领域内，“因材施教”不妨可以借来理解为根据不同的教材，确定不同的教学目的要求，采用不同的教学方法。

1. 对于比较艰深的课文，我们立足于“浅教”。

例如第二册郑燮写的《潍县署中寄舍弟墨第一书》是一篇书信体的议论文，文字比较艰深，涉及的古人、史实较多。要是在以前，至少得用3课时。胡老师主张：让学生在课前查阅“过目成诵”“无济于事”“困知勉行”“不耻下问”等成语，读懂书本上的注释；课堂上，我们不必对有关的古人、史实作专门介绍，而是应将教学重点放在引导同学明确作者赞成怎样读书、反对怎样读书方面。因而在教学实践中，在实词、虚词字字落实的基础上，我们引导学生用完整的语句将课文口述成现代文；引导学生根据已经具有的议论文知识编列课文内容提纲；联系课文语句、段落讨论提纲，直至引导学生用自己的话总结出作者所提倡的正确的读书方法——“勤奋刻苦，不耻下问，精彩片断，反复诵观”为止。我们布置的课后作业是：写出能说明正误读书方法的成语各五个，自读短文《朱司农谒东坡》并练写读后感。这样做是“一举三得”的：用两课时完成了教学任务，在作业中既自读了本该花一课时的短文，还实现了读写结合。

2. 对于好读易懂的课文，我们采用不同的方法诵读。

就以《阅读》第三册的诗歌单元为例吧。因为考虑到学生的思想感情与作者之间有较大距离，所以，在教学《周总理，你在哪里》前，我利用暑假返校日给学生作《大地的儿子》的读书报告，开学后又利用课外活动时间让大家来讲周总理生前的故事，以使学生逐渐走近伟大的周总理。这样，在课堂上教师范读后进行的学生小声自读、大声齐读、表情朗读等一系列的诵读训练就比较有效，随后进行的情境教学也就比较顺利，渐渐地，学生终于在情感上与作者产生了共鸣，真正理解了“周总理永远和人民在一起，人民永远怀念周总理”这一主旨，朗读课文时也越来越声情并茂了。接着，在学习《西里西亚的纺织工人》时，联系前一课，在小组读、齐读中着重体会“反复”这一修辞方法的运用，理解并表现受压迫、受剥削的纺织工人的愤怒情感，从而读得气势雄壮。而对于《木兰诗》这样朗朗上口的经典名篇，我们就让学生在预习生字词的基础上，经过对照教材注释自读→质疑解疑→对照习题讨论→齐读→分段指名朗读→每个人速读→背诵这一系列的教学流程，学生们不仅读懂了课文，而且背诵课文时兴味盎然，有的甚至还摇头晃脑。不到两课时，大部分学生就已经会背诵了。

3. 对于传统的经典篇目，我们注重教法的改革。

大容量的课文迫使我们对于传统的经典篇目也必须压缩课时，注重教法的改革。

就以《阅读》第五册的《岳阳楼记》为例吧。这是一篇“言志”的散文，重点是让学生了解作者是怎样借描写岳阳楼景色和登楼者的“览物之情”来抒发自己“先天下之忧而忧，后天下之乐而乐”的政治抱负的。首先，我要求学生在预习时借助教科书上的注释和查阅工具书，能准确地朗读课文和试译课文。在课堂教学中，第一课时，我从“以学生为主体,以教师为主导”的初衷出发设计教学内容。我注意了几方面的改革。一是改传统的教师领读、学生齐读为学生小声自读→大声齐读→教师范读→学生齐读、熟读;二是改字字串讲落实为学生逐段质疑与教师释疑、提问相结合;三是改句句串讲为对某一句话(如“朝晖夕阴,气象万千”、“不以物喜,不以己悲”等)的几种译法的是非选择并说明理由。第二课时,我将重点放在对“异”字的分析上,围绕“淫雨霏霏”时与“春和景明”时的景色之“异”、“迁客骚人”的览物之“异”、“古仁人”的“或异二者之为”、作者的情感抱负与滕子京之“异”(课上还插入了关于“滕子京负大才”的短古文)等内容,设计了几个讨论题进行讨论。当然,在这过程中,对有关内容的诵读是不可缺的。这样,纵观全文,就很容易归纳出本文的中心思想和写作特色了。而且,学生学得兴味盎然,读得津津有味。

4. 对于自读课文,我们注意教学方法的多样化。

我们认为,教材中收进大量的自读课文,旨在培养学生阅读的趣味性、自觉性和积极性,旨在使学生巩固并加深对从讲读课文中学到的知识的理解,旨在进一步培养并提高学生的观察力、记忆力、思维力、判断力、想象力及综合表达能力。《阅读》中的自读课文不仅值得一读,而且在编排上充分体现了这套练习型教材的特色。为了使学生真正成为自读课的主人,我们尤其注重教学方法的多样化。

我们采用的教法大致有诵读法、论辩法、提问法、速读法、练习法、小小组自读法、评点法、提要扩散法、编提纲法、比较法、扩词法、学生主讲法等十二种方法。举两个例子吧。

在学习第四册《内蒙风光》时,采用了提要扩散法。《内蒙风光》中有《草原》和《林海》两篇文章。我们的方法是:先自读课文,找出两篇文章各段的中心句;然后将各自的中心句连缀成章,使其成为全篇的缩影;再由学生对照中心句分段复述课文内容并归纳要点。通过这样的方法,使学生从课文中来,又回到课文中去,从而训练了概括能力、描摹能力及口头表达能力。两篇文章只用了一课时。

再如学生主讲法。在《阅读》第六册中,《唐雎不辱使命》是一篇自读古文。在预习的基础上,我就让学生来串讲课文,自己只稍作指正;其中的“专诸刺王僚”、“聂政刺韩傀”、“要离刺庆忌”三个故事则由三个学生分别上台主讲,我只稍作补充。由学生主讲与由我个人讲到底相比,学生兴致更高、注意力更集中,课堂气氛也更活跃。与以往相比较,学此文的课时明显缩短了,破天荒地只用了一课时。

而对于那些条理清晰、练习题操作性又强的自读课文,我往往采用编提纲法、练习法解决,不必占用课时,稍作讲评就行。

(五)“现代汉语常识”的教学注重于实用

试教本“现代汉语常识”中关于修辞的教学内容与统编教材的修辞内容是一致的,但两种教材中有关汉语语法的教材却不属于同一个语法体系。试教本中有许多在统编教材中闻所未闻的新概念。例如:语素、短语、主谓句(名词谓语句……主谓谓语句),非主谓句(名词非主谓句……),句群,用框式图解法分析句群等等;但是两种教材对句子成分的提法、对复句中分句间的逻辑联系的说法基本上是一致的；而分析句群中各句之间的逻辑关系与分析复句中各分句之间的逻辑关系的方法是一致的，只是扩大了范围而已。面对初中毕业生必须参加统一的升学考试的严酷现实，我们在语法教学中，采用了求同存异的方法。也就是在初一、初二两年，我们不仅按教材“现代汉语常识”的要求按部就班地进行教学，让学生系统地接受有关语素、字、词、短语、句的知识，还引进了统编教材中有关是字句、把字句、被字句、存现句、连动句、兼语句等特殊句式以及分析句子成分的知识。我们在课堂讲授，组织学生辨析、讨论，课后增加了多次相关练习。例如：辨析诸如“战士们意志坚强”和“战士们的意志坚强”这两个主谓句的区别及其各自的语法成分，把对不同的主谓句的分析与对句子语法成分的分析结合起来；辨析诸如“你叫他去拿练习本”和“你帮我去拿练习本”这样两个句子中的主语、谓语的区别。辨析讨论时，同学们都跃跃欲试，课堂气氛非常活跃；越辨析概念越清晰。去年升入初三后，我让学生忽略对新语法的众多术语的记忆，而重视实用。对单句，我通过各种形式的造句（包括用修辞方法造句）练习、分析句子成分的练习以及订正病句的练习，让学生熟练掌握有关的语法知识，学会正确表达；对复句，我要求学生牢记表示分句间逻辑联系的各组关联词语，通过用关联词语造句、分析各分句之间的逻辑关系、修正文段（包括学生习作的文段）中的语病等一系列练习，让他们具备分析、驾驭复句、句群的能力，以使日常的语言表达更准确。

五、三年教学实验的体会

三年试教实践在我们的探索、迷茫、磕磕绊绊、勇敢奋进中结束了。现在，我们不妨借总结这三年教学实验的机会，谈谈我们的粗浅认识。

（一）要实现语文教学改革，思想解放必须与教材改革齐头并进。

三年前刚刚接受试教任务时，试教小组的几位领导就指示我们：教材已经改革了，你们的思想必须解放，教法必须改革。参加省教育厅教研室召集的备课会议后，我们也认识到：教材改革仅仅是教学改革必不可少的第一步，教改的问题主要是教员问题；如果没有教员的教学思想、教学方法的改革，那么，教改工作至多只能是“穿新鞋走老路”。因此，教改的关键是教师教学思想的革命。教师只有让自己的思想适应了教学改革的需求，才会实施教法的改革，才能完成教改的使命。总之，为了实现语文教学改革，教师思想的解放必须与教材改革齐头并进。

接受教改任务时，胡兰芬老师已经在扬州中学执教语文二十六年了，我由教俄语而改教语文也已近十年。面对新的挑战，胡老师认为：“必须具有改变旧思想、改变老教法的认识和勇气，要有遇到困难、遭到失败不气馁的信念和勇气。”正是有了这样的认识，我们才在语文教改这条路上坚定地走了下来，较好地完成了三年语文教学改革的使命。

（二）要实现语文教学改革，必须全面熟悉教材和学生。

每一套语文教材，无论是全书的结构、单元间的联系、单元体裁的设置，还是每单元选文的思想内容、写作特色、语言风格以及读写听说的系统训练诸方面,都能体现出编者的独运匠心。对于这样一套兼顾着“两头三线”的实验教材,作为执教者,我们必须全面熟悉它。如果不全面熟悉这套教材,我们就无法领会编者的编写目的和思路,就无法了解教材的特点和教学要求,更无法驾驭教材,无法胸有成竹地设计卓有成效的教学步骤,教改也就会成为一句空话。

试教伊始,由于教材来得迟,时间紧,任务重,一篇篇课文接踵而至,一项项工作应接不暇,能立足于单元统筹安排已属不易,更不必说全面熟悉教材、透彻理解编者意图了。所以只能“烂泥萝卜揩一段吃一段”,设计了一个单元的教学步骤紧接着再设计一个单元;备课,上课,批改作业,作文,整日整晚忙得不可开交。一个学期后反思反思,才有点开窍;一学年后,觉得摸到一些门道了;再以后,就越来越喜欢这套教材,渐渐地在教学中也就比较顺手了。

如果说教材是教师“教”之“根”,那么它又是学生“学”之“源”,一篇篇课文就如“源头之水”。若要使“源头之水”畅行无阻,亦即要实现语文教学改革,其中的一个关键是必须全面熟悉学生。

熟悉学生的途径很多。开学初的“自我介绍”,作文中的《请到我家来》、《我的一家》、《我的小房间》、《我最喜欢的……》、《给老师的一封信》等等,都能使我们熟悉学生,熟悉他们各自的性格特点、特长喜好、生活环境、成长背景、内心的希望与烦恼等等。另外,课堂上,作业中,考试后,课前课后的交谈中,我们都注意根据各学生个体而给予学生一个微笑、一句鼓励、一声问候;我们积极参与学生的各项活动,尽量拉近师生之间的距离或消除师生之间曾经有过的隔阂,以使自己越来越熟悉他们、亲近他们。我们的谦逊、真诚、随和,换来的是学生的虚心、信任、亲近;我们的因势利导,得到的是学生的诚服和尊敬。时间一长,师生关系就越来越融洽了。在师生关系如此和谐的基础上进行教学实验,加上我们不断打破常规教学模式、千方百计花样翻新地实施教学改革,学生自然会由衷喜欢这套与众不同的教材,由衷产生参加实验的光荣感和责任感,积极配合我们搞好语文教学改革。

(三)要实现语文教学改革,必须肯定并鼓励学生的创造性劳动。

语文教学实验是个新事物。无论对于学生还是老师,它都是比较陌生的。要实现语文教学改革,教师教学思想的解放固然重要,学生对于参与试教的兴趣爱好、心理状态、智能素质等因素也是至关重要的。要实现语文教改,除了要激发、培养学生参与语文试教的兴趣外,还必须肯定并鼓励学生的创造性劳动,以使他们乐于主动参与试教,真正成为参与试教的生力军。在这方面,我们有些做法是值得坚持的。

第一,要启发、鼓励学生从已知求未知。我们实施的这套教材,除了第五册有老师们在兰州临时编写的“教参”以外,其余五册都没有任何教学参考资料。而且,教材中设计的很多练习题本身就具有开放性的特点,往往并不只有一个答案。所以作为教师,就决不能让学生满足于巩固已知,更不能让学生满足于牢记所谓的“标准答案”;而应该启发、鼓励学生多学习、多思考。因此,面对同学们自己的答案,我们都尽可能地给予肯定，肯定他们的创造性思维；面对学生课后兴致勃勃查找来的与教学内容相关的参考资料，我们马上热情表扬学生的这种创造性劳动，并鼓励他向大家介绍自己的学习成果。这样做的结果是“一花引来百花开”，在我们两个班级里，主动查找有关资料的学生越来越多，学生们主动学习的兴趣也就越来越浓了。

第二，要肯定并鼓励学生的创造。学生们的创造力是无穷尽的。举个例子：(6)班在教课文《变色龙》前，我要求学生在预习时草拟表明故事情节发展的提纲或曲线。在课堂板演时六名学生竟画出了六种不同的各具特色的曲线。在欣喜和肯定之余，我让大家评出最佳答案。最后，在完成“奥楚蔑洛夫的去向”这一续写练习时，两班学生的想象力和创造力都进一步得到了发挥。我们充分肯定了大家的创作，还在两个班里交流了续写佳作。交流时，同学们都笑逐颜开。(6)班李军说：“我从来没对语文学习这么喜爱过。在小学时，老师讲得太多了，我不爱听。”

第三，要善于倾听学生对教改的意见。我们认为，既然学生是教学改革的主体，我们就应该充分尊重他们的意见和想法。不仅要在课堂上充分肯定学生的创见，更应在平时主动征求学生的意见；不仅要勇于肯定他们的创造性建议，还应该虚心听取他们正确的批评。胡老师在初二的一次期中考试后，在班上搞了一次民主评议活动，让同学们书面畅所欲言。面对同学们的意见，老师没有反感，更没有训斥，而是真诚地予以充分肯定。这样做，不仅密切了师生感情，而且提高了学生提意见的积极性。我在教法上的某些改进，也正是在进入初二后请同学们广泛地提了意见后实施的。

(四) 要实现语文教学改革，教师必须不断地加强自身的学习。

八十年代的中学生吸收的信息面广量大，有些学生在科技知识方面远比我们文科教师强；教材中科技说明文、议论文也正日益增多。一次课堂完成自读课文《从宜宾到重庆》的练习题，(5)班朱宇晖只用了 17 分钟，两个班都有五六人用了不到 20 分钟；而我在备课时用了整整 20 分钟。形势迫使我们必须不断努力学习，向书本、报刊学，向同事学，向教学对象学。教师向学生学习的举动，只会激发学生更大的学习兴趣和更大的创造力。而教师只有不断地用丰富的知识充实自己的头脑，不断地提升自己的品位，不断地提高自己的教育教学能力，才能适应教改工作的需求。

虽然三年试教工作已经结束了，但我的教育教学工作并没有结束。我想，我会在今后的教学实践中更重视丰富学生的课外阅读，更重视启发学生的创造性思维、尊重学生的创造性劳动。我会更加注重改进教法，更加注重课堂上的精讲多练。我会在语文教改的道路上一直勇敢地走下去。

六、试教中存在的问题

试教伊始，我们觉得难度太大。客观上，教材容量大、难度高，而课时又紧，还没参考书；主观上，自己思想保守，头脑里总有旧的教学模式在作祟。我们总觉得讲读课文起码得用两课时，自读课文也得用一课时才行。而每周只有四课时能用于《阅读》，因而在规定的课时内很难完成《阅读》的单元教学任务。于是，在起始的一个月内,我们曾经利用自习课补课。然而这终究不是办法。于是,我们增加了学生的预习作业,要求学生充分预习来配合我们的课堂教学。可这样一来,家长反映语文预习作业太多,学生负担重了;而且学生自习的水平参差不齐,长此以往只会拉大学生之间的差距。最终还是靠我们自己通过不断解放思想、深究教材、改进教法来解决了问题。

七、对试教本编者的意见和建议

(一) 几点意见

1.《阅读》方面

编排课文考虑不周。例如:《阅读》第一册第一单元课文内容偏深(如《观巴黎油画记》、《小麻雀》),篇幅偏长(如《从百草园到三味书屋》)。这样的课文对于刚跨进中学门槛的学生是难以接受的,即使是重点中学学生也难。第二册中的《冯婉贞》《潍县署中寄舍弟墨第一书》等课文都不适合初一学生学。学生们反映"古文太难了"。

选编课文不够精当。例如:《阅读》第一册《不动脑筋的故事》中情节过分夸张,学生觉得"太幼稚,没意思"、"不好玩"。显然,这样的课文已经不适合中学生学。第二册中碧野写的《人造海》用词单调、重叠之处较多,既不能充分展现这位作家写散文的水平,也不能对学生绘景状物能力的提高达到预期的效果。

《阅读》课文的练习题对基础知识的掌握运用不够重视。尤其是古文后的练习题,对文言虚词的一词多义、实词的古今异义等知识缺乏应有的辨析性、归纳性练习(仅有单元后的一些练习是不够的)。而这种练习,对于初学文言文的学生来说,无论是对古文复习时的归纳整理,还是对养成学习文言文的良好习惯,都是十分必要的。

2."作文训练"方面

教材中缺乏与小学相衔接的内容,一开头就要求写生动具体的记叙文,起点过高。

3."现代汉语知识"方面

总的感觉是头绪不清,内容又不全。它以尚未定稿的《中学教学语法系统提要》为主,又夹杂了《暂拟系统》的一些内容。其中"语素"、"字"、"词"三者概念交叉混杂,显得头绪不清。讲"主谓句"和"非主谓句"时,缺乏句子成分分析的句法知识,这样就出现了知识的断层,而且与中考要求脱节。这是对学生的不负责任。

(二) 几点建议

我们建议在《阅读》课文的编排方面循序渐进。例如第一册第一单元课文不妨后移至第四单元;第二册的几篇较长的文言文不妨移到初二去。初一的《阅读》中的文言文可以增添一些短小浅易的寓言故事,童趣故事;而像《不动脑筋的故事》这类课文可以"下放"到小学去。

我们建议把《观察与选材》放到"作文训练"第一篇,让学生一进中学就养成观察、思考及写笔记的习惯;而应将"写生动具体的记叙文"的要求稍挪后。

我们建议在《中学教学语法系统提要》尚未定稿前，语法教学仍以"暂拟系统"为主。两种教材在现代汉语知识术语的提法上应当一致，否则会扰乱学生头绪。

以上是我们对"六年制重点中学初中语文课本"三年教学实验的总结。最后汇报一下今年初三(5)(6)两班学生参加扬州市中考的语文成绩。

按上级规定，今年每个毕业班都有五个保送生不参加升学考试，而直接升入本校高一。今年中考，语文试卷总分为120分。

初三(5)班44人参加考试，语文100分以上者15人，占34.1%；班级最低分为83分；班级总均分为96.1分。初三(6)班48人参加考试，语文100分以上者18人，占37.5%；班级最低分为85分；班级总均分为96.8分。其中李军同学得112分，是今年扬州市区、郊区最高分。

今年扬州市区中考语文抽样均分为79分；本校其他四个非实验班均分为92.6分。

1985年8月

让学生会读能说
——素质教育中两个重要环节的实践和思考

江苏省扬州中学 唐丽珍

南通会议虽已过去五年了,但周德藩主任呼吁加强双基、提高语文教学质量的激情洋溢的讲话却常常在耳畔萦绕。五年来,我经常思考这样一个问题:加强双基教学,加强素质教育,就语文课堂教学而言,抓什么比较合适?联系周主任在会上一再强调的读书问题,结合自身的教学实践,我觉得,让学生会读能说,这是语文教学中素质教育的两个重要环节。

吕叔湘先生早就在《语文常谈》中就人类语言采用声音作为手段,而不采用手势或图画作为手段的理由,做过详尽的阐述。既然语言采用声音作为手段,作为语言工作者的语文教师,就应当在自己的日常工作中,尤其在课堂教学中,充分利用声音这个媒介,训练学生表达有声语言的基本技能。

在语文课上,有声语言的表达主要通过说和读来完成。而能否掌握说和读的基本技能,是否实现说和读的教学目标,则并不仅仅能表现说话或读书水准的优劣,而且关系到说话人或读书人对教材要旨理解的深浅,关系到他们对教学要求领会的程度,关系到他们自身的素质——语言表达能力的良莠、思维能力及心理承受能力的强弱、艺术鉴赏水平及审美能力的优劣。一个对作品(例如小说)的思想内容不大理解或理解得不够深刻的学生,是读不出角色应有的语调、节奏、情感的。撇开思维不说,一个没有相当心理承受能力的学生,是不可能在很短暂的说话机会中敢于把握说话的思维方向并礼貌而坦然地陈述自己对某一问题的看法的。可见,课堂上的基本技能之一——口头表达能力,实在是理解能力、思维能力、应变能力、心理承受能力、口语传播能力的综合,是学生整体素质的综合展现。

我们还看到这样一个事实:尽管当今社会的信息高速公路几乎已经畅行无阻,但在人际直接交往的场合,交际人员的口语才能正日益显示出不可替代的功能;而成功的素质教育就应面向社会,面向二十一世纪,就应着眼于学生身心的全面发展。这种全面发展的素质并非先天造就,它得力于后天的培养与熏陶;而培养学生的口头表达能力正是语文教师义不容辞的职责。这种能力的培养,对教师来说,首先得从课堂上的读书和说话这两个重要环节抓起。

如何抓好读书这一环节呢?我以为,以下几种读书的方法在课堂上都是切实可行的,而且是行之有效的。

一、齐读

这种最常见的读书方法一般又可分为正常语速齐读及快速齐读。前者适用于对说明文(包括科学小品)及议论文的了解性阅读、总结性阅读,且限于篇幅不太长的课文或语段。齐读不仅能造成整齐和谐的课堂氛围,而且能凝聚学生的注意力;对于有待学习的课段是全面的了解,对已讲完的内容又是有效的回顾。快速齐读不仅能造成蓬勃热烈的气势,而且更能凝聚学生的注意力。对于学生个体而言,能使他发现自己在朗读节奏、词句理解等方面的缺陷。这种方法适用于语言较平实但内容有趣味的课文;它有利于激发学生读书的兴趣,而且在唯恐落伍的心理支配下,学生会全力以赴地投入这样的齐读。训练的次数多了,读书的效率也确实提高了。

二、范读

范读包括投影配乐的范读欣赏、录音带范读欣赏、教师范读及个别学生范读。教师范读或个别学生范读必须具备良好的示范作用。范读适用于优美的散文、诗歌、生动性说明文、篇幅不太长的小说等。课文起始时的范读在语速、语气、节奏处理、感情表达诸方面都能为课文朗读定下一个基调。对于悟性较强的学生而言,范读是理解、鉴赏课文的“速效启迪剂”。欣赏范读时,他们常常全神贯注,甚至凝神屏息、眉尖频跳。对于基础较差的学生而言,范读至少能起到帮助理解课文内容、正音、处理好个别长句或难句朗读节奏的作用。课文学完后的范读属于鉴赏性范读。应当允许或鼓励学生轻声模仿,使他们在模仿中进入一种心领神会的艺术境界。青少年学生的模仿力很强,表演欲也强,常听范读,学生整体及个体的朗读水平都会有显著提高,能担当范读角色的学生也就会日益增多。

三、指导朗读

对于优美的抒情散文及诗歌,教师可以朗读指导贯穿教学全过程,以指导带朗读,以朗读促欣赏,在欣赏中朗读。对有些课文,例如《春》《三门峡—梳妆台》,都可以在指导朗读的过程中实现教学目标。

指导学生朗读、欣赏作品的前提是教师对该作品的比较透彻的理解,是教者在欣赏作品时与作者达成心灵共鸣后所产生的美感,也是教者经过强烈的感情活动后对作品形象的再创造。指导朗读的过程也就是通过朗读和指导把自己的种种理解、艺术快感及形象再创造的成果传授给学生的过程。而学生在接受朗读指导后的美读正是教师指导成果的信息反馈,是学生领悟指导、领悟作品的意蕴后对所产生的美感的抒发,也是学生本身对作品的又一次艺术再创造。

实践告诉我,这种通过指导学生朗读直至实现学生美读的教学方法是可行的,它使学生产生的心灵感应和共鸣较之教师理性的讲读法要直接、快速得多。因为它的核心是“读”:教师教给读的方法,示范读的技巧,讲解读的道理;学生体会读的滋味,实现读的效果。这是学生从听觉中初步体会,从模仿中逐渐理解,通过理解更准确地去感觉、表达的过程。一旦美读的效果达到了,教学目标也就实现了。因而指导朗读是提高学生朗读水平、让学生在轻松愉悦的氛围中实践艺术鉴赏及艺术再创造的必需步骤。我认为这种读书方法是行之有效的好方法。

四、比较性诵读

比较性诵读的形式是多种多样的。可以是几名学生对同一角色语言的朗读水平的比较,可以是教师朗读指导前后学生对同一段文字的不同朗读效果的比较,可以是学生诵读与录像、录音带范读的比较,也可以是学生对教师(或对某学生)就同一段文字通过不同的技术处理后所产生的不同的诵读效果的比较。有比较才有鉴别;有鉴别,有思索,反复实践,才能不断进步。比较的过程,既是诵读的过程、听读思辨的过程,又是评析鉴赏的过程。在课堂上,比较性诵读很能激活学生的思维,很能激发学生读书的兴趣。在比较性诵读的过程中,学生们的读、听、说以及鉴赏的能力都能得到提高。因而,这种诵读形式深受学生的欢迎。

五、分角色诵读

这种诵读形式适用于小说。小说是以刻画人物形象为中心的。个性化的人物语言展现出形形色色的人物个性。对人物语言的个性化的诵读则正体现了诵读者对角色形象、对作品意蕴的理解水平。这种诵读是对无声的书中人物进行有声的形象塑造的过程。这种分角色诵读往往可以与比较性诵读结合起来,或进行角色塑造的前后比较,或将学生们扮演的角色间的对话与录像、录音的效果进行比较。分角色诵读往往能调动学生的情绪并使之达到兴奋点,往往会掀起课堂学习气氛的高潮,从而实现其他朗读形式无法实现的效果。

六、教师的示范性背诵

中学时代是精力旺盛、理解力和记忆力极佳的时代。大量的语文知识及许多传统的名家名篇是需要通过记忆来掌握的。面对着繁重的学习任务,学生们常常会把背书等任务弃置在大脑皮层的一个容易被遗忘的角落。这时,课堂上教师的示范性背诵往往能显示出巨大的感召力,教师要求学生们听后再指正的背诵定能凝聚学生的注意力;榜样的力量是无穷的,教师在背诵示范后提出的背诵要求则更具有无可抵御的说服力。待学生会背诵以后,师生齐诵、教学相长的情形又能激发起学生背诵的兴趣。在这听诵、朗读、记忆、背诵、积累的过程中,学生的诵读能力也相应地提高了。

除此以外,课堂上还可频频使用诸如默读、各人小声速读、浏览性跳读等读书方法,采用小组轮流读、男女声对读等方式。读书虽无定法定式,但有定则,这个定则就是提高学生的朗读水平、优化他们的整体素质。我想,如果我们在每一节语文课上能利用1/3左右的时间来读书,采用多种形式读书,那么,学生朗读水平及整体素质的提高,必然是指日可待的。

读和说应是相辅相成的。在致力于学生“会读”的同时,教师还不可推诿地担负着培养学生“能说”的重任。说话能力的培养应从中学起始阶段——初中一年级抓起。1992年制订的教学大纲(试用)中对初中学生的“说话训练”提出了八项要求,明文规定要“当众说话,语音清晰,音量适当,态度自然”,“说话语句连贯,意思完整,明白”,“讲述见闻,内容具体,有条理,用比较恰当的语调表达感情”,“扣住话题发表意见,观点清楚,有一定的说服力”等等。要实现这些说话目标,我以为,在课堂上,除了常常采用复述、答疑、讨论、口头缩写、扩写等多种“说话”形式以外,还有必要开辟一个“说话园地”,让每个学生参与较为系统的说话训练。十多年来,我在每节语文课上都开辟了“三分钟说话”专栏。在这一专栏时间里,让学生按学号顺序,男女生相间,一个不落地依次上台发表谈话(每一节课安排一名学生)。由于这种说话训练既是一种思维训练,又是一项多方位的素质训练,因此它受到学生的由衷欢迎,显示出了强大的生命力和优越性。

说话训练具有阶段性和渐进性。每一阶段都有明显的说话目标:说清楚身边的一件小事,说得语言连贯,内容具体;生动具体地说一件事,得体地议论几句;生动形象地介绍一个人并评价他(她)几句;抓住事物特征、用一定方法、有条理地说明某一物(可平实说明,可生动说明);就某一现象或某一话题发表观点,条理清晰,有一定说服力;专题讨论或辩论等等。如此几个轮回下来,要花去五个学期的时间。

我认为,学生发表谈话的过程,首先是一个复杂的思维过程:他要将生活中的种种形象性的图象摄入大脑中,以形成抽象的内部语言(无声思维),此其一;他要筛选内部语言并确定外部语言(有声语言)内容,此其二;第三步,也是最关键的一步,他要借助于丰富而得体的词语按一定句式、按一定条理快速转换为有声语言。接着,大脑的思维已集中到有声语言的表达上。伴随这复杂的思维过程的,还有比较复杂的心理活动:战胜怯懦,接受注视,勇敢而彬彬有礼地表达。这种思维活动及心理活动贯穿于说话的全过程。对于初中学生而言,将某件具体的事情诉诸于形象化的语言表述似乎还不太难;而要扣住某一话题发表意见则没那么容易了。因为他必须在发表意见时完成一系列的推理(或类比,或演绎,或归纳等等)以形成概念,并将代表理性认识的概念系统通过有声语言将它固定下来。所以,整个说话过程,也就是以图象为基础、以思维为统帅、以语言为媒介的三位一体的过程。

应当指出,说话时的听众一方也处于积极的思维状态:他们必须将耳闻的相对抽象的口语通过形象思维或逻辑思维转为具象或形成条理,并判断说话者所言是否合情合理(当然这过程还是一个审美过程)。听后要发表的简短评论,则要涉及到语音的清晰、音量的适当、句子的连贯、语言的得体以及内容、条理、立意、用语等各方面(并非每次面面俱到)。最后还判分。

课前的这一听说实践是人人参与的。久而久之,这一实践成了学生们了解社会、了解世界、相互了解的“窗口”。反馈的信息表明,这个“窗口”受到了整日忙碌于书本题海中的学生们的普遍重视及普遍欢迎。它的积极效果也是不言而喻的。

当然,由于这一说话活动是在课堂内进行的,课堂时间又如此宝贵,因而,教师在课堂教程的设计、教学内容的安排上必须有更周密的思考。

中学语文教学的目标在于逐步为学生揭示汉语言的规律,丰富他们的语汇,指导他们精确地理解和科学地使用语言。而重视朗读和说话这两个重要环节正是为了促进这一目标的实现。作为语文教师,我们应当尤其重视语言的思维功能,重视口头语言对表象与思维的标志作用、对认知结构的建筑作用;尤其重视语言表达在人际交往中的不可替代的功能。我们既要重视学生知识的积累,又要尽量使学生们会读和能说。今天,这种会读和能说十分重要,我们应当尽力担负好语文教师的这个重任。

1997.11

此文是1997年12月江苏省中学语文教学无锡会议交流材料之一。作者曾依此发言。

语文自读课文教法改革初探

江苏省扬州中学 唐丽珍

如何提高语文教学质量的问题，是大家共同关心的问题。我认为，要提高语文教学质量，关键的一条，是要激发学生对语文学习的兴趣；而要做到这一点，则必须进行教法的改革。在这一方面，我有一些很肤浅的认识。

说来也真惭愧，首先启发我摸索教法改革的，是我的学生。早在八年前的一天，在与学生闲谈时，有位学生突然用探询的目光看着我说："老师，我们学语文学了七八年了，从小学到中学，怎么每篇课文的讲法总是老一套呢？真没意思。能想办法改一改吗？"学生这问题深深地震动了我：是呀，我也觉得教起来总是老一套，无非是先解题，学词语，分段落，讲课文，最后归纳。我怎么就想不到要改变教学现状呢？是得改！没想到，首先引导我进行教法改革的，还是学生。记得过了没几天，当我一早踏进教室门时，赫然入目的是黑板上的一幅画。不知是哪位学生，已帮我写好了即将教的新课的课题"风波"；课题下从左至右是三个鲜明的人物形象：身着长袍马褂、拖着辫子、盛气凌人的赵老爷；梳着两个小角丫、双手举碗、面向母亲（背对观众）、似乎是要母亲盛饭的六斤囡；系着围裙站在桌边忙碌着的七斤嫂。我被这画面深深吸引住了，心中暗暗叫绝。于是，我随即抛弃了原教法，而代之以让学生对照画面预习课文，然后由学生先分两次复述画面内容，再总述课文有关情节，最后由教师突出重点的方法。其实，拿今天的眼光来看，学生给我创造了这么好的条件，我却讲得不怎么样。但这堂课后，学生马上反映这堂课上得活泼新鲜，爱上这样的课。经过反复思考，我初步得出了这样的结论：学生之所以爱上这样的课，是因为在这堂课上，他们成了课堂的主人，他们迫切希望成为教学的主角，而我的教法的临时改变，也正基本适应了学生的这种需求。通过学习，我还逐渐认识到：改革教法，不仅是学生的愿望，而且是语文这门基础课、工具课本身的要求。老一套的教法不利于培养学生的阅读能力及表达能力，不利于发展学生的思维力、想象力。现代科学技术的飞速发展更需要我们语文教师跨出相应的大步。因而，我就开始摸索怎样才能使学生成为课堂的主人，怎样才能激发他们学习语文兴趣的途径，开始摸索起教法的改革来。

几年很快就过去了，我在边学边教的路上似乎有了点微不足道的进步。三年前，学校领导让我跟着胡兰芬老师教语文实验班。

实验教材内容繁，头绪多，《阅读》、《写作》两本书的容量要比普通教材多出一倍，然而，课时不能增加。因而，在教学过程中，为了既完成教学任务，又不使学生觉得枯燥，除了要弥补教材本身在基础知识训练上的某些不足以外，我主要在教法改革上下功夫。【注：初一、初二时，我教初三(6)一个班；初三时，因胡兰芬老师有病，我就教了初三(5)(6)两个班。初三(上)胡老师批改(5)班作文。】

我首先注意了对讲读课文教法的改革。如讲《从百草园到三味书屋》时，突出了第二、七两小节的写法、内容以及与少儿实际生活的结合、读写的结合，这样就解决了课时不够以及内容与现实生活相距甚远的矛盾；讲《风筝》时，回避了对一些艰深的实用意义不大的语句的反复讲解(实际上《阅读》教材中这课的练习题本身已解决了这一问题)，而代之以通过与鲁迅在写《风筝》前的另一篇散文《我的兄弟》在写法上、内容上的比较，让同学们学习环境描写、心理描写、动作描写及其作用等一些看得见、摸得着的东西；学《周总理，你在哪里》时，我先利用假期作《大地的儿子》的读书报告，又利用课外活动时间讲周总理的故事，让同学们酝酿感情，在课堂上着重进行朗读教学、情境教学。学《变色龙》一课时，一反过去教师范读以及一讲到底的教法，代之以：1. 学生自拟情节板书提纲或曲线，选择最佳方案；2. 鼓励学生质疑，教师利用答疑之机交代清楚时代背景、作者写作意图；3. 通过讨论弄懂细节描写的作用；4. 通过分角色朗读既培养学生的朗读能力，又了解学生对课文理解的深度；5. 通过续写文章结局(想象一个结局)，把课堂教学气氛推向高潮。讲《岳阳楼记》时，改过去的教师领读为学生看注释后自读成诵，改字字落实为学生质疑与老师提问相结合，改句句串讲为对一句话的几种译法的是非选择。如此等等，不一而足。总之，力求使课堂气氛生动活泼，力求让学生做课堂的主人，力求培养学生的理解力、记忆力、创造性思维力、想象力，力求做到如叶圣陶先生所强调的："我看做教师的，最好是当学生的顾问。学生遇到了弄不懂的问题，再顾而问之。""教是为了不需要教。"

我尤其注意了对自读课文教法的改革。我认为：编者设计自读课文，旨在进一步培养学生的阅读能力和表达能力，旨在使学生对在学习讲读课文时所获得的知识加深理解，也旨在进一步提高学生进行阅读训练的自觉性和积极性。而有些教师和一般学生往往忽视了自读课文。我的想法刚好相反。我们的《阅读》教材中那么多自读课文是不容忽视的！自读课文有各种体裁，内容广，趣味强，许多文章值得一读，但在教学上必须讲究方法。这样，我将着重讲讲处理自读课文的一些不同的方法，作为我对自读课文教法改革的初步探讨。

1. 提问法。对头绪清晰、知识性强的文章，采用提问法。在学生自读、激起兴趣的基础上，让他们基于《阅读》课文练习题形式多样、重点突出的优点，先思考，然后由老师逐条提问，疏通课文。如在学习第三册上的《奇特的激光》时，就采用这种方法。尽管课文篇幅并不短，但用一课时已足够了。

2. 速读法。有的文章内容知识性、趣味性都很强，引人入胜，可以采用速读法。如学习第一册上的《皇帝的新装》、《美洲彩蝶王》时，我要求学生先把练习题浏览一遍，然后各自尽快小声读两遍。教师先统计速读时间，再统计完成练习时间，最后讨论汇总。这样做，学生的学习积极性很高，谁也不甘落后，一堂课就这样紧张而愉快地过去了。

3. 练习法。这是对较为浅显易懂的文章可行的方法。其一为课堂练习。往往可选择一个单元的最后一篇课文，联系全单元的有关写法进行课堂练习，培养并观察学生的自学能力。如第二册上的《一盆万年青》，第三册上的《生物的睡眠》等。其二为课外练习。方法是或提出要点让学生回家作些读书笔记，或按课本练习要求将有关题目做在书上。如第六册上的《大巴山人》、《两种习惯养成不得》就是这样解决的。

4. 小小组自读法。对于有一定难度的文章，采用在教师点拨下，按3—4人组成的小小组形式进行读读、议议、想想、问问的办法。教师在课堂巡视，随时启发同学质疑或解答学生的疑问。如学习第五册《公输》、第六册《桥的画廊》时，就是如此。

5. 论辩法。学习第一册的《小麻雀》时，由于作者立意较为含蓄，孩子们不容易一下子就了解文章的要旨。但大家对于弱小、伤残、奄奄待毙的小麻雀的命运十分关心。它的结局到底是死了，还是复活了，大家莫衷一是。我就有意识地让他们争一争，辩一辩(因为要争辩就必须在课文中找依据)。我采用先小小组小议、后大班交流的方式。交流时，同学们各执己见，争得面红耳赤。到争议得差不多时，我点拨了一下：它是死了，还是复活了，这是次要的；关键是要明白课文最后一句说它“似乎明白了一点什么了”的含义。这样，同学们一起被引到对中心思想的认识上来了，终于达到了统一。

6. 朗读法。朗读的形式可有范读，个人轮流读，小组读，对读，齐读，分角色读等等。朗读中还要启发学生明确句子的重读音、停顿，注意节奏、语气、感情等。如学《一句话》、《青纱帐——甘蔗林》、《黎明的通知》等课时，都是以朗读为主的。

7. 评点法。《白杨礼赞》是一篇优美的散文，在普通教材中一直是讲读课文，而在我们的《阅读》第五册上它却是以评点形式出现的自读课文。我就先让学生按课文评点要求阅读，明确重点，然后教师精讲重点，再让学生课后进行总的评点。

8. 拨枝寻干法。在学习第四册上《内蒙风光》中的两小篇《草原》和《林海》时，就采用这方法。做法是：学生先通读全文，找出各节中心句，使前后中心句顺理成章，成为全篇的缩影；再由学生对照这些中心句复述全文的内容。这样做到了从课文中来，又回到课文中去，以训练概括能力、说明能力及描摹能力。

9. 编提纲法。对于记叙头绪较为复杂而故事性又较强的课文，就采用这种方式。如第二册上的《奔向海陆丰》、第五册上的《大渡河畔英雄多》、《为了六十一个阶级弟兄》就是从编提纲入手，使纷繁复杂的内容一目了然的。

10. 比较法。对于体裁同一，但内容迥异，写法也有明显不同的文章，采用比较法。如学习第四册说明文《庄稼的敌人和朋友》与《一次大型的泥石流》时，就采用这种方法(学议论文时，可以比较两文的论证方式及方法)。通过比较，同学们对几种常见的说明方法、论证方法等等就理解得更透彻了。

11. 扩词法。从词语教学入手。说明文《兔》是第三册上的一篇篇幅较长的文章。我就从能表明兔子特性的“家喻户晓”、“狡兔三窟”、“令人费解”、“迥然不同”、

"扑朔迷离"、"仪态万方"等成语入手,引导学生明白兔子的分布、习性、视觉特点、御敌抗敌方法、用途以及其对生态平衡的利弊等等,化繁为简。

12. 学生主讲法。学生是有讲述能力的,尤其是对于故事性强的课文。从初中学生中的绝大部分愿意使别人了解自己的特点以及确实已积累了一些初步知识的实际出发,有些课文就可以让学生主讲。譬如让学生讲《牛郎织女》;讲《唐雎不辱使命》中的"专诸刺王僚"、"聂政刺韩傀"、"要离刺庆忌",利用原文分析唐雎、秦王等人个性,效果还是较好的。

以上是我归纳的自读课文教学的十二种方法,还可以举出一些其他的方法,但主要是这些。进行课堂教学改革,注重听说读写能力的训练和提高,效果还是比较明显的。例如对于《从宜宾到重庆》这篇课文,课前备课时,我用二十分钟看完全文并做好了课后的几条练习题;而(5)班朱宇晖同学只用十七分钟(在课上)就做到了。又如上《变色龙》(这是讲读课文)第二课时要求当堂写"奥楚米洛夫的去向"(凭想象写)时,写得快的用十二分钟就写了两百多字的短文;当众宣读时,获得好评。这样的"快手"当场有七人【在(6)班】。再如(6)班有十来个同学,仅用了 3 分钟就将《生物的睡眠》一文速读了两遍。在这次扬州市初中升高中的语文升学考试中,这两个班的语文成绩也是领先的。

自读课文教法种种,是在学生的启发和要求下逐渐形成的,也是在吸收了教育界前辈和同志们的经验以后逐渐形成的。我觉得这仅仅是探索的开始,还是很不完善的。但这或多或少地培养了学生学习语文的兴趣。在此,我想说几点很不成熟的意见。

1. 教师不仅要乐于教,尤其要善于教。我们做语文教师的,决不能津津乐道于自己讲得多、讲得好("讲得好"当然是很有必要的),而必须致力于对学生阅读能力、表达能力的培养,致力于使学生乐读、乐学,这样才能激发学生学习语文的兴趣,才能提高语文教学质量。

2. 教师必须尊重学生,依靠学生的支持搞好教学改革。学生中蕴藏着极大的学习积极性和创造性,教师要在课堂上充分肯定学生的值得肯定的意见,勇于肯定学生的正确批评,课后多接触学生,使师生亲密无间。这是共同搞好教改的必要前提。我在教法上的有些改进就是在初二上半学期请同学们广泛提了书面意见后实施的。

3. 要改进课堂教学,以激发学生学习语文的兴趣,就必须要求自己把语文课上成美学课。教师要用简洁的语言、优美的文字、生动的描述、严密的逻辑、完美的构思来感染学生,引起学生的共鸣。在这方面,我是尽力而为的。当然,要真正做到这一点,还要靠自己终生不懈的努力。

4. 教师既要加强自身的学习,又必须用发展的眼光看待学生,乐于让学生超过自己。现在的学生,吸收信息的广度、深度都较大,有些学生在科技信息方面远比我们文科教师强。而教材中科技方面的内容已日益增多,这就要求我们努力学习,向书本学习,向同事学习,向教学对象学习,做到教学相长,努力适应形势需要。

以上几点，既是我的体会，也是我对自己的要求。祖国的教育事业要求我们掌握比较全面的知识，要求我们成为新一代开创型的教师；形势对语文教学的改革提出了较为急迫的要求，我愿为语文教学的改革而尽力。

1985年8月1日

（注：此文获得江苏省教育厅1985年9月10日颁发的“江苏省普通教育改革优秀成果奖”）

初三(5)、(6)班(语文实验班)学生语文学习的一些成绩

初一年级时：A. 学校举行“爱国主义语文基础知识竞赛”。初一六个班获奖名次75%以上为(5)、(6)两班的同学获得。

B. 初一第二学期参加扬州市第一次征文(学习张海迪征文)竞赛，获奖者全年级仅两人，为(6)班的封翔(女)、郭敏(女)。

初二年级时：(6)班以整个班代表全年级参加全国性的“新蕾”作文竞赛(赛后当堂封卷后立即寄往天津)。结果：林宜扬获二等奖，沈艺海获三等奖。全省除此二人外，仅有常州中学一人获二等奖。

(5)班潘甦、(6)班蔡洁(女)从年级12名选手中被选拔出来，参加市初二年级学生口头作文比赛，均获一等奖。

初三年级时：A. 参加扬州市第二次征文(国庆征文)竞赛，全年级共四人获奖，除了(3)班的周×获鼓励奖外，其余三名获奖者都是(5)班的，她们是：吴红宇(二等奖)、徐薇(三等奖)、徐晖(三等奖)。B. 扬州市第三次征文(“过年”征文)竞赛，获奖者全年级共两人，他们是(6)班封翔(女，二等奖)和林宜扬(鼓励奖)。C. (6)班黄洋(女)代表初中组赴南京参加全国性的“雨花”作文竞赛，获初中组议论文第三名。

升学考试成绩(总分120分)：

5班44人参加考试，语文100分以上者，15人，占34.1%；6班48人参加考试，语文100分以上者18人，占37.5%。

【其余4个班中100分以上者：1班7人(54人参试)；2班9人(47人参试)；3班13人(50人参试)；4班10人(50人参试)】

5班最低分：83，班级总均分96.1；6班最低分：85，班级总均分96.8。(6班最高分李军112分为全市区、郊区最高分。)

两个班的总均分比其他四个班的总均分高近4分。

1985.8.1

关于《阅读》《写作》教材(由人民教育出版社中学语文室编写)实验情况的报告(部分)

江苏省扬州中学　胡兰芬　唐丽珍(执笔)

从一九八二年九月至一九八五年七月,我们以人民教育出版社中学语文室所编的重点中学初中语文试教本《阅读》、《写作》为教材,进行了三年语文教学改革的实验。现将实验情况报告如下:

一、基本情况

这里所说的基本情况,是指实验者的基本情况及三年来的基本成绩概况。

(一) 实验者的有关情况:

参加实验的是一九八二年八月底入校的这一年级的(5)、(6)两班。(5)班由胡兰芬老师执教,(6)班由该班班主任唐丽珍老师执教。初三年级,由于胡老师健康情况不佳,两班由唐一人执教,胡协助改一班作文本。(5)班是语文单试班,学生的绝大部分是按学校分班原则统分的,进校分数与平行班大体相近,但有5名教工子女的进校分低于录取分数线,最低的差了十分。(6)班是语文、数学双试班(数学教材是中央教科所按美籍华裔教授项武义的提纲所编),由于双试班须担些风险,故学生来源的大部分是根据自愿以同等分数与原分定学生对换的,其中有两名分数略低于录取线的教工子女。两班的人数,从进校到毕业略有变动,以毕业时的人数来看,(5)班50人,其中女生29人,男生21人;(6)班54人,其中女生20人,男生34人。两班学生的素质略有区别:(5)班女生多,语文基础知识的掌握情况显得略强些,写记叙文时文笔略为细腻、流畅些,具体思维能力较抽象,思维能力强,但有部分学生思维不够敏捷;(6)班男生中"皮猴"较多,有半数以上的学生家长是由于给孩子"压担子",以便管束住孩子的心理而让孩子上双试班的。学生的头脑较为灵活,但学习习惯不够好,对自己要求不大严格。从入学成绩看,(5)班语文均分为86.72分,(6)班语文均分为87.20分。从家长文化水平来看,(5)班50名学生的家长中,父母双方均有大专以上文化水平的有14家,占28%;(6)班有13家,占24%,(5)班非知识分子家庭出身的有6人,占12%,6班也是6个,占11.1%,其他相当部分的学生出身于一般知识分子(指父母双方或有一方具有中专(高中)或中专以上文化水平)或有中专(高中)文化水平的干部家庭。

（二）基本成绩：

在三年语文教改过程中，两班学生都取得了一些可喜的成绩，现分类报告。

1. 历次竞赛成绩：

初一年级时，学校举行了“爱国主义语文基础知识竞赛”，初一年级六个班获奖名次中，75％以上为(5)、(6)两班的同学取得；这一年学生参加扬州市征文竞赛，全年级仅有(6)班的封翔(女)、郭敏(女)2人获奖。初二时，(6)班代表年级以整班的形式参加全国性的“新蕾”作文竞赛，当堂封卷后寄往天津，林宜扬获二等奖，沈艺海获三等奖。而省内获初中组奖的，除他们外，仅有常州中学一人获二等奖。(5)班的潘甦、(6)班的蔡洁(女)从年级的12名选手中被选拔出来参加市初二学生口头作文竞赛，均获甲组一等奖。初三年级第一学期的市征文竞赛中，全年级有四人获奖，除了(3)班的一名女生获鼓励奖外，其余3名均由(5)班囊括：吴红宇(女，二等奖)，徐薇(女，三等奖)，徐晖(女，三等奖)。第二学期，全年级仅有(6)班的封翔和林宜扬在又一次市征文竞赛中分获二等奖和鼓励奖。(6)班的黄洋(女)代表我校初中组参加全国性的“雨花”作文竞赛获初中组议论文第三名。

2. 升学考试成绩：

在一九八五年七月份的全市高中(中专)入学考试中，除保送生外，(5)班44人参加考试，语文100分以上者有15人，占34.1％，班级最低分83，总均分为96.1，仅次于(6)班(而其他各科成绩在年级中均居中游或中下游)；(6)班48人参加考试，语文100分以上者有18人，占37.5％，班级最低分85，最高分112分，即扬州市区、郊区最高分，班级均分96.8(我校另四个班的语文均分为92.6，扬州市区、郊区抽样均分为79分)。其余各门功课，英语、物理、化学的优秀率及均分均在年级中名列前茅，政治成绩也较好，数学虽未显示出优势，但也未落后。

3. 基本读写能力的抽样汇报：

从读写能力上看，实验班也是有成绩的。例如，初二(6)班参加“新蕾”作文竞赛时，在规定时间以内，据学生交卷时统计：当时52人参加考试，其中篇幅在1000字以上者有41人，600—900字的有10人(其中大部分为800字左右)，一人在600字以下(约550字)。初三时，课堂上自读文艺性说明文《从宜宾到重庆》并完成课堂练习，教师在课前所用的时间为17分钟；以(5)班为例，朱宇晖同学仅用15分钟，且完全正确；18分钟以内完成的共有6人；其余同学绝大部分在19—21分钟完成，且都基本正确。

二、教法改革情况(摘要)

我们施行教法改革的出发点是：教材改革了，教法改革必须与之同步，教者的教学思想也必须适应教材的改革；改革了的教材一定比原有教材更能适应学生的心理需求，但如果教法不改革，那么学生仍会感到课堂教学用语的重复，术语的简单，学习步骤的死板，从而使学生兴趣低落，导致教改的失败。我们执教者的任务就是要以新编的教材为样品,根据学生认识的规律,探索培养学生读写能力的途径,引导他们既有重点又有系统地、由浅入深地、循序渐进地学习语文,也就是努力探求语文教学科学化的途径,提高学生听、说、读、写的能力。

下面,我们就从《阅读》、《写作》两个方面就教法改革情况作一汇报。

(一)《阅读》的教学。

阅读是一种由多种心理因素组成的复杂的活动。我们认为,上级部门编写试教本,并将阅读与写作分编的目的之一,就是为了强调阅读所包括的感觉、知觉、思维、认识以及语言等方面的重要性,就是为了培养学生具有良好的阅读习惯,行之有效的学习方法,较强的阅读能力,从而全面推动听、说、读、写能力的提高。这里,就牵涉到增进兴趣、培养习惯、提高能力等一系列问题。为了努力做到这些,我们从以下几个方面入手进行了阅读教学的改革。

1. 增进学生阅读兴趣,培养良好阅读习惯。

要实行阅读教学改革,首先要增进学生对阅读的兴趣,因为兴趣是使学生的语文能力主动发展的原动力。这种兴趣,决不是靠说教、靠灌输来培养的。叶圣陶先生说:"为教师者只须多动脑筋,经常为当前之学生设想,必能自致善法,予学生以切实之助益。"为此,我们的做法是:(1) 用多变的教法使课堂教学内容充实而生动,以消除学生的疲劳感,增进新鲜感,从而产生兴趣。(2) 以教材为样品,使学生逐渐掌握"能自观其他类似之文章"的能力;给学生多开几扇阅读的窗口,如介绍与课文有关的读物、文集;在三年内应课文应季节地开辟"每周诗歌"栏目。学古诗近一百二十首(两班在半年时间内),开辟"今日名人名言",使学生掌握或熟悉名人警句近百条(5班),这样,用拓宽课外阅读园地的方法来激发兴趣。(3) 要求学生将阅读与生活相结合,把生活作为活的教科书,吸收生活用语中的精华部分,发现生活语言中、标牌、广告中常见的语病,调动生活圈子中的人一起来学习语文,从而增进了兴趣。这当然有利于阅读习惯的养成,开拓、拓宽课外阅读园地的本身,又是培养良好阅读习惯的必不可少的一个方面。有了这个前提,再加上课前预习及课堂听课时的勾、划、圈、点、记、思,还有思想的专注,大脑的有张有弛等等因素,持之以恒,就使大多数同学有了较好的阅读习惯。

2. 注意充分发挥单元教学的优势,改"面面俱到"为"一课一得"。

《阅读》是按单元编排的,这就要求教者充分发挥单元优势来上好每一课,结好每单元。面对《阅读》篇目多、课本厚的特点,如果每课都面面俱到地什么都讲,那就会匆匆赶进度,课课走过场,使学生兴味索然。叶老说:"可否自始即不多讲,而以提问以指点代替多讲。"我们决定在单元要求指导下,从学生实际出发,从一开始就实行"出重点,一课一得"的教改尝试。

就拿第一册第一单元来说吧。这是一个散文单元,单元中收了《从百草园到三味书屋》、《荔枝蜜》、《观巴黎油画记》三篇讲读课文和《小麻雀》、《挖荠菜》两篇自读课文。这单元容量大,内容深,但单元要求是十分简洁明了的。我们用"单元要求"和

“单元练习”中的暗示来启发学生，并让他们在阅读课文的过程中去体味。例如，教《从百草园到三味书屋》时，就要求在第一课时通读全文的基础上，精读第2小节、第7小节。精读第2小节时，先让学生找出作者描写的景物，从而体会作者在写景时极有层次的空间顺序；再让学生找出作者在描写景物时所用的精当的形容词和动词，从而体会作者抓住事物特征写景的特色，教师并强调了读写过程中字斟句酌的重要性；然后，对照板书，让学生练习复述，后又抓住文中“不必说……也不必说……单是……”这种句式口头造句，并结合朗读，培养语感，达到迅速背诵的效果。在讲第七节前，则让学生在预习时先根据课文内容几笔画出捕鸟草图。在课堂上，继背诵第2小节主要内容之后，围绕第七节，有如下练习：(1) 由几名学生板演草图，写出一连串的动词。(2) 学生据(1)复述捕鸟过程。(3) 用七个以上的动词写生活中常见的连续动作或写教师当堂演示的连续动作。这一系列多变的(听、读、说、背、画)教学形式，将阅读中的感知、思维、认识、记忆这几个连贯性的步骤很形象地完成了；在儿童眼里的百草园生活的自由自在、丰富多彩、其乐无穷的特点也较好地显示出来了；单元要求中的“通过人和事反映生活的特点”也生动地体现出来了；将这百草园的生活与三味书屋枯燥无味的生活一对照，单元练习中的话，也就完全被领悟了，两课时完成了以前需四课时的内容。这样教，尽管学生对文中引用的个别文言句子理解不深(其实书上也指明不必多讲)，对少数生僻字掌握得不如以前的学生熟练(如“锡箔”的“箔”字)。但是学生们爱上这样的语文课。

3. 充分发挥《阅读》教本中课堂练习、课后练习的作用，进行艰深课文浅教的尝试。

《阅读》教本中有些课文显得较为艰深。如第二册里的鲁迅的《风筝》、郑燮的《潍县署中寄舍弟墨第一书》，第三册里梁启超的《论毅力》等。为了使学生理解这类艰深课文并各有所得，我们也结合练习，注意了教法改革(略)。

4. 由浅入深地、循序渐进地搞好文言文的教学。

初一学生刚刚接触文言文时，往往感到文言文的语言隔阂很大，困难也很多。要解决这一问题，要搞好文言文的教学，就必须消除其畏难心理，激发兴趣，由浅入深，循序渐进，我们的具体做法如下：

一是加强预习指导，并且随着学生年级的升高，预习指导要求也有所提高。(略)

二是由浅入深地进行课堂教学。(略)

三是课后练习上的由浅入深。文言文的课后练习除背诵外，还有一些书面练习。起初的书面练习为抄书、将课文译成现代文及解释一些加点的字。后来逐渐提高了要求：让学生围绕教师指定的文言字词，做多种形式的练习(或比较，或区分，或归纳等)；举几种典型的文言句式；做课外短文的点读练习。要求的进一步提高体现在：由学生自己将新、旧课文联系起来进行多方面的归纳整理，鼓励学生制作文言词句的卡片。学生做卡片的积极性很高，仅以初二年级下半学期截至暑假止为例，两个班的学生制作的文言词句卡片，多的九十几张，最少的也有二十几张，平均每人制作卡片四十五张左右。

5. 对自读课文教法的改革。

《阅读》中的许多自读课文都很值得一读。为了使学生进一步理解在学讲读课文时获得的知识,为了进一步提高其阅读能力和表达能力,也为了使学生有兴趣读,读得有效,我们根据不同的教材,采用了多种不同的教法。(1) 提问法,(2) 速读法,(3) 小小组精读,(4) 先小组辩论、后班级发言的讨论法,(5) 诵读法,(6) 评点法,(7) 编提纲法,(8) 扩词法,(9) 比较法。总之,教无定法,但有定则,这定则就是:通过各种阅读的途径,训练学生迅速地感觉、知觉,缩短认识、思维的时间,并有重点地记忆,使课堂真正成为启发和培养学生的观察力、理解力、记忆力、思维力、判断力、想象力的"学堂",使学生逐渐掌握各种行之有效的读书方法,逐渐做到"于不知不觉之中学会遇到任何书籍文篇,宜如何下手乃能通其意而得其要"(叶老语),也使学生成为教学改革的主体,常读常新,乐于读,善于读。

(二)《写作》的教学。

这儿所说的"写作",主要是指《写作》教材中的"作文训练"。

初中生的作文训练,主要是进行对实用文的一般写作能力(如审题、确定体裁、表现中心思想、搜材选材、遣词造句、修改文章)的训练。我们认为,人教社将《写作》另编,进行较有系统的作文训练的目的,就是为了探索提高学生实用文写作能力的新路,这也正是我们进行"作文训练"实验的出发点。

我们总的设想是改作文的随意性训练为系列性训练,循序渐进地提高初中学生的写作能力。就拿说明文训练为例吧。

进入初二以后,说明文训练成了写作训练的重点。如何搞好说明文的系列训练呢?我们的具体做法是:

1. 用实例让学生比较说明文和记叙文在行文、语言上的特点,区别,首先在感情上弄清什么样的文章叫做说明文,亦即对说明文产生感觉。

2. 结合《写作》上"说明事物要注意特点",举例解析抓住事物特征写说明文的重要性;了解三种基本的说明顺序,粗知在说明过程中常用的说明方法。这是理性上有所知觉的过程。

3. 具体的写作训练过程——抓住事物特征,分别从几种不同的说明顺序入手,按部就班地练习写作。以按空间顺序说明事物的形状构造、功用为例,在初二年级,我们的训练步骤是:从对一件静物的观察说明写起,接着写一个小的空间,然后写略大一点的空间;写某动物及其活动空间,写校园一角,校园;再扩大到校外。这一训练系列中的基本训练是按空间顺序说明事物,但当写及诸如树人堂的历史、石塔路的变迁、古迹等时,不可避免地要注意到时间顺序及逻辑顺序;同时为了说明得准确、生动,也就必然要运用到种种说明方法,在要求按时间顺序说明事物时,也注意了由浅入深。(略)在这个基础上,我们根据"作文训练"要求,提出了高一级的目标;要说明事物的状态及其变化;必须从现象说到本质、成因等;几种说明顺序都应有所体现;在一篇文章中恰当地运用多种说明方法。这样训练的结果是:同学们普遍反映说明文不难写,而且越写内容越充实,写作水平也普遍提高了。在进行记叙文、议论文的系列训练时,我们也尽力遵循了循序渐进的原则。

为了使学生言之有物,言之有理,愿意动笔,乐于多练,我们在定题、选材、完成过程、批改等方面注意了以下几点:

1. 在写作训练中强调德育的发展。(略)

2. 写作教学与《阅读》的教学要求相结合。(略)

3. 写作训练与说话训练相结合。(略)

4. 写作训练与生活实际相结合。(略)

5. 注意作文训练与其他学科的横向联系。(略)

6. 提倡一题多作,大小作结合,反复修改,师生共改。(略)

另外,我们还注意了多种形式的听说训练(有的在第二课堂进行):(1) 复述;(2) 简述;(3) 指物说一段话;(4) 说一件事;(5) 说清楚一个观点;(6) 即席发言;(7) 小组讨论发言;(8) 小组内辩论;(9) 传话训练;(10) 大会汇报性发言;(11) 发表演讲。一定要做到人人动口动脑,个个练习说话;务使每个人都能得到锻炼,提高听说能力。

一九八六年八月二十六日

(注:实验报告共六个部分,这儿运用的是开头、第一部分及第四部分的摘要。)

给学生以解剖刀
——在文艺作品教学中进行辩证逻辑思维方法训练的尝试

江苏省扬州中学　蒋念祖

在语文教学中,必须注意培养、提高学生的思维能力。让学生掌握科学的思维方法是培养、提高他们思维能力的重要途径,分析、综合和比较是思维过程中重要的思维方法。在分析、综合和比较中贯彻唯物辩证法的观点,就是辩证逻辑的思维方法。《六年制重点中学语文课本阅读教材》的特点之一是重视引导学生逐步了解、掌握这一方法,主要表现在如下几方面:

1. 第一、二册的每个单元练习中,都安排有"比较、思考",这可以使学生对比较这种思维方法形成感性认识。

2. 第三、四册中专门介绍了有关比较、分析的知识(第三册 P166,第四册 P134,P167),这可以使学生在感性认识基础上形成理性认识。(当然,这里介绍的比较、分析,还是形式逻辑中的比较、分析)。

3. 在第五册的一些议论文的课后练习中,提出了"要全面而有重点地论述"(P211),要掌握辩证的思想方法(P136)等等。在第五册、第六册的读写知识短文中,再三提出要"把段放在全篇中理解"(第五册,P289),要结合具体语言环境,理解词语、句子的意思(第六册,P42,P117),这都体现了全部和局部之间辩证统一的思想,整个编排的顺序由具体到抽象,由简单到复杂,的确有助于培养、提高学生的思维能力。

初中学生的思维正处在从具体到抽象的过渡阶段,而且对一般人来说,要使他"明理","最好的方法是让他先认识'象'。"(《朱光潜美学论集》第二卷,P344。)阅读教材中有不少文艺作品,艺术地反映了生活中错综复杂的矛盾,为我们进行辩证逻辑的思维方法训练提供了丰富的形象性材料。我们认为,在这些作品的教学中引导学生运用辩证逻辑的思维方法分析矛盾,解决矛盾,不仅有利于他们深入理解课文,而且有利于他们学会自觉运用这一科学的思维方法。本文试以鲁迅先生的小说《孔乙己》的教学为例,谈谈我们在这方面所作的尝试。

按照辩证逻辑的观点,所谓分析,就是分析事物的矛盾,就是"在具体对象中撇开个别的,非本质的东西,抽象出一般的,本质的东西。"(罗森塔尔:《辩证逻辑》)在小说中,我们可以分析人物、环境内部所包含的矛盾以及人物与环境之间的矛盾关系。

小说中的主人公孔乙己是一个深受科举制度毒害的下层知识分子形象,他性格中"一般的",本质的东西就是两重矛盾,一重矛盾是他的思想和地位之间的矛盾。我们的分析从孔乙己刚出场的一段外貌描写着手。孔乙己皱纹间的伤痕，乱蓬蓬的花白头发，长衫的又脏又破，都反映了他是一个处在社会底层的被欺侮的人物，这就是他的实际地位，但是他始终不愿脱下长衫，满口之乎者也，说话叫人半懂不懂，这又反映了他无视现实，还要大摆其读书人的臭架子，可见整个外貌描写都是围绕这一组矛盾展开的，其中第一句话“孔乙己是站着喝酒而穿长衫的唯一的人”是这一矛盾的形象概括。

这一矛盾也贯穿于有关孔乙己的其他描述之中，从下文可以看到，孔乙己一方面已经难以维生，“免不了偶尔做些偷窃的事”，一方面还要强辞夺理，胡诌什么“窃书不能算偷”“君子圃穷”之类；一方面因为“终于不能进学”，受尽歧视和冷遇；一方面还要顽固地以“识得字”傲视他人。其实连“孔乙己”这个名字本身，也反映了这一重矛盾：一方面他的社会地位无足轻重，连个正经名字都没有，一方面还要卖弄斯文，“说些叫人半懂不懂的话”。

孔乙己的思想和地位之间的矛盾是不断发展的。将他最后一次出场和他第一次出场时的描写进行比较就可以看到：他的处境可谓每况愈下，已经濒临绝境，甚至已经无法继续穿那件作为读书人标志的长衫，但是当人们嘲笑他的腿是偷东西被打断的时候，他还是要竭力地维护自己的读书人的面子，说什么是“跌……跌断的”。

孔乙己性格中另一重矛盾是美与丑的矛盾。如上所述，孔乙己身上的确存在许多恶习，叫人感到厌恶，可是也的确残存着某些美好的东西：他写得一手好字（可见他年轻时也着实勤勉过），他在酒店从不拖欠，他不厌其烦地教小伙计识字，他分茴香豆给孩子们吃，如此等等。

经过分析：我们可以在此基础上进行综合，“把通过分析揭示出来的本质的东西贯穿到对象的各种表现中去，把对象的各个方面联结成一个整体”（罗森塔尔《辩证逻辑》），由抽象到具体，对孔乙己形成一个较为深刻、全面的认识。

首先，上述两重矛盾贯穿于有关孔乙己的所有描述之中，而且是有机地结合在一起的。比如他教小伙计识字，就既反映了他的忠厚善良，也反映了他的社会地位之低下，不能与成年人说话，“只好向孩子说话”，同时他教给小伙计的只能是诸如“茴”字的四种写法之类冬烘气味十足的东西。其次，这两重矛盾使得孔乙己性格中既具有喜剧因素，又具有悲剧因素。鲁迅先生说过：“悲剧就是将美好的有价值的东西撕碎给人看。如上文所说，孔乙己的性格中本来的确存在着美好的东西”，但是在封建教育思想影响下，他信奉“万般皆下品，唯有读书高”的信条，一心专读圣贤书，想以此作为进身的阶梯，而不愿学得、也不可能学得任何实际的本领，甚至连起码的谋生之道也不具备，所以一旦科场失意，便只有潦倒终生。而他思想上却仍然自命不凡，这就形成了他的地位和思想之间的矛盾、不协调。矛盾、不协调是致笑的喜剧因素之一。因此孔乙己的出场往往伴随着笑声。在这笑声中，我们看到了封建科举制度、封建教育思想对人性的扭曲，看到了由封建社会造成的悲剧。

以上是对孔乙己这个人物形象的分析。人物形象和他所处的社会环境，其实也是一组矛盾。要能深入了解孔乙己的性格，还必须对他所处的社会环境进行分析。

《孔乙己》中的社会环境描写，主要是由几组人物关系组成的，对此我们可以采用比较的方法。所谓比较，就是确定被比较对象的共同点和不同点。为了进行比较，我们必须在思想上把每一个对象加以分解，区别其主要特征，这就是分析；然后再把它们相应的部分联系起来考察，这就是综合。因此，比较中包含着分析与综合。按照辩证逻辑的观点，在比较中我们不仅要看到对象表面现象上的异同，而且要力求看到对象本质上的异同。在极不相同的对象中探求共同点，或者在极相同的对象中探求不同点，都有助于我们把握对象的本质特点。(张巨青:《科学逻辑》;章熊《语言和思维的训练》)

《孔乙己》中开头的环境描写包括四组人物关系。第一组是穿长衫的和短衣帮，他们都喝酒，但是一是“站着”“喝了休息”，一是“要酒要菜”，“慢慢地坐喝”。第二组是店家和短衣帮，店家要羼水，另一方则“严重监督”。至于店家对穿长衫的，唯恐“侍候不了”，另一方当是更难以侍候了。第四组是店主和小伙计，他们虽然同处一店，但店主人认为小伙计“样子太傻”，如不碍于荐头情面，早就把他辞退了；既然辞退不得，于是成天摆出一副凶脸孔。于是小伙计只有觉得无聊，单调，“终日活泼不得”。几组人物关系各不相同，从不同侧面表现出封建社会中人与人之间的关系的冷酷无情，纯粹以“势”、“利”为转移，这就是孔乙己所处社会环境的本质特点。

这些人对孔乙己的态度，集中表现在一个“笑”字上。孔乙己一到店，“店内外充满了快活的空气”。这似乎一反店内阴森冷酷的气氛。但是通过分析，从这通常作为欢乐、愉悦表情的“笑”之中，我们看到的依然是一个一切以“势”、“利”为转移的冷酷无情的世界。

掌柜的“笑”很大程度上是为了“引人发笑”，借此招徕生意。“我”的笑是“附合着笑”，既可取悦于掌柜和顾客，又可趁机松弛一下紧张的神经，大多数的笑则是出于对孔乙己的嘲弄。当然，孔乙己的确存在滑稽之处，但是这都是当时环境造成的，他应当得到的更多的是同情，如果说在他被打折了腿之前，那笑声尚情有可原的话，那么在他被打折了腿，已经气息奄奄、濒临绝境的情况下，周围的人还能同往常一样，发出阵阵笑声，那不能不被认为是出于一种病态的心理，不能不叫人感到毛骨悚然。文中作者没有分别描绘“穿长衫”的笑和“短衣帮”的笑，这就反映了统治阶级思想对被统治阶级的侵蚀，反映了封建社会对人性的泯灭。笑人的和被笑的一样，都是病态社会造成的病态的人，这就是悲剧的深刻之处。

以上我们顺次对小说的人物、环境以及人物、环境之间的矛盾关系进行了分析。下面再谈谈在引导学生理解小说内容的同时，如何引导他们掌握我们在分析中所采用的思维方法，我们注意了如下两方面。首先，充分调动学习中的非智力因素，使学生的思维始终处于积极状态，日本心理学家泷泽武元说:“在促进儿童的学习方面，不能无视情感的作用，情感交织在人的思维中，或成为刺激，或成为障碍。”(转引自钟为永《语文教学心理学》)学生的情感处于积极状态，思维、理解等认识机能就能得到充分发挥。因此，在起始课上我们告诉学生：日本友人编辑“现代短篇小说选”，请鲁迅先生推荐自己的作品，鲁迅先生推荐的就是一篇《孔乙己》，可见鲁迅先生很喜欢这篇作品。随后我们又说:《孔乙己》是一个充满笑声的悲剧,但是悲剧为什么会与笑声联系在一起?我们在对课文分析、理解的过程中,将会逐步解开这个谜,并且在这个过程中学会思考问题的方法。这样从多方面激发起学习的兴趣。接着我们组织学生表情朗读课文,引导学生进入作品所描绘的境界。在教学中,我们时时指点学生注意领略那些传神写照的词句的美妙所在,充分发挥文学作品的艺术魅力,使他们得到美的享受,我们还注意时时解答学生的疑问,同时又激发学生产生新的疑问,使学生始终保持强烈的求知欲。比如在学生了解到孔乙己思想和地位间的矛盾以后,我们便举例说明"矛盾和不协调是致笑的喜剧因素之一"(薛宝琨:《笑的艺术》),这是解疑;同时我们又问:既然如此,那么周围的人笑孔乙己,是不是理所当然呢?通过重新设疑,为下文的分析提供悬念。

其次,根据认识活动的辩证规律,由易到难,化难为易,讲练结合,组织好教学环节。

在教学中,我们根据由易到难,由浅入深的原则,从总体上对教学步骤作了如下安排:在熟悉全文的基础上,先引导学生分析人物性格中的两重矛盾,再分析矛盾形成的原因,顺便介绍时代背景,自然过渡到对社会环境的分析,最后分析人物和环境之间的矛盾关系。在分析人物性格中的双重矛盾时,我们先分析了人物性格中美和丑的矛盾,因为这是学生易于把握的;再分析人物的思想和地位之间的矛盾,在此基础上,引导学生对人物形象形成综合的认识。

孔乙己思想与地位之间的矛盾是教学的难点之一。对此:我们根据具体性原则,先组织学生分析孔乙己出场时的一段外貌描写,要求他们逐句体味,每一句描写各说明了什么问题,其中哪一句可作为这一段描写的总括句,这样的练习学生是不难完成的,他们很快可以找到总括句:"孔乙己是穿长衫而站着喝酒的唯一的人",我们又问:句中的"而"是个什么词?学生大都能回答出是表示转折关系的关联词。这样就可以自然得出结论:这段外貌描写反映了孔乙己的社会地位和思想感情之间的矛盾。

以上学生的认识经历了由感性到理性的飞跃,形成初步的理性认识,我们又要求他们考察一下有关孔乙己的其他描写是否也体现了这组矛盾,并抓住文中的关键词语加以点拨,化难为易,引导他们完成认识上由理性到感性的飞跃,切实掌握"性格中的矛盾"这一概念。

思维方法作为心智技能,它的形成"常以知识的领会为基础,但知识的领会并不等于技能的形成"。(任棠棣、李伯黍、吴福元《心理学》)因此教学的重点应当是在讲清要领的前提下,反复组织练习。在练习中有了新的体会,又可反过来指导下一步练习。比如在分析孔乙己所处的社会环境时,我们主要运用了比较的方法。我们先讲清了应当注意的原则:应当明确比较的目的;应当在同一关系下进行比较;应当力求在相同中发现不同,在不同中发现相同。(张巨青:《科学逻辑》P54-64)然后要求同学列表排出文中各组人物关系,紧扣关键词语,说出各组人物关系之间的相同点和不同点。有些同学对着文中写到的近十组人物关系感到无从下手,我们又设置了一些问题加以引导。(设置哪些问题,可从上文有关分析的结论中推出。)练习结束后,我们引导学生进行归纳,使他们体会到:寻找人物关系之间的相同点,能帮助我们认识到社会环境的本质特点;寻找人物关系之间的不同点,能帮助我们认识到小说中人物形象各自的特点。这一结论可以使学生以后练习时在明确比较的目的的情况下,便于选择比较的具体方法。

以上是我们在《孔乙己》教学中进行辩证逻辑思维方法训练的一点点尝试。当然,这些方法并不是在一篇课文的教学中就能让学生掌握的。在其他一些叙事性文艺作品中,人物性格的矛盾可能有不同表现,也可能没有突出表现;人物之间的矛盾可能有不同表现,也可能只在某些方面存在差异,(差异就是矛盾。)至于在抒情性文艺作品中,矛盾的表现就更为不同了。这就需要我们根据具体情况进行具体分析。但是只要我们恰当引导,反复训练,学生一定能掌握这些方法。

在上学期期末作文考试中,学生在以"《孔乙己》一文读后"为副标题的作文中,大多能或多或少运用这些方法。有些同学将孔乙己与范进比较,指出他们虽然一个悲惨地死去,一个金榜题名,但实际上都是封建科举制度的受害者,范进从他个人的角度来看是幸运得很,但像他这样不学无术的文人一登仕途,只会给百姓带来不幸。有些同学将孔乙己和于勒比较,指出两个人虽然处在不同国度,但是都具有矛盾的性格,他们的命运揭示了私有制社会中人与人之间冷酷无情的关系。本学期在其他一些小说的学习中,学生也能运用这些方法。比如在学习《葫芦僧判断葫芦案》时,有的同学分析了贾雨村语言行动的前后矛盾和表里不一之处,并通过他对薛蟠、冯渊、美莲(甄士隐)和门子等人物不同态度的比较,把握了他阴险狡诈、趋炎附势的性格特征。在记叙文的写作中,不少学生能够描绘出人物性格中两个方面,给人以主体感。比如既写出某个同学天真活泼,上进心强,又写出他不太"安分守己",争强好胜;既写出某个同学思维敏捷,干事雷厉风行,又写出他有时往往草率从事,甚至闹出笑话,如此等等。

总而言之,我们认为在文艺作品的教学中进行思维方法训练,不仅是应当的,也是可能的(中缺)在文艺作品教学中不应当或不可以不重视思维能力的培养。"了解和欣赏虽是两回事,但是二者不可缺一。"(《朱光潜美学论集》第一卷 P82—83)一方面,文艺作品的形象性有助于我们针对学生的特点,进行思维方法训练;另一方面,理性的认识必将有助于学生全面、深刻地把握作品中的艺术形象,受到审美教育,事实也说明过两者的确是相辅相成、并行不悖的。

"对立统一规律是宇宙的根本规律",也是思维的根本规律,在语文教学的全过程(各种文体的阅读教学,基础知识教学,作文教学等等)中引导学生自觉掌握、运用辩证逻辑的思维方法是《六年制重点中学语文课本阅读教材》中给我们提出的一个很有意义的课题,对此我们只是做了初步尝试。文中定有许多不当之处,希望得到批评、指正。

我校开设人口教育课的情况汇报

江苏省扬州中学人口教育课小组

一九八〇年二月教育部和我省教育厅研究决定：要我校开设“人口教育”课。这是一门新的课程，师资、教材和设备都缺乏，又无成熟经验可以借鉴。我们只有在教学实践中摸索前进，边学、边教、边改进。

一、建立组织，统一认识，明确教学任务

首先，我们组织了有校长室、教导处和全体生物教师参加的人口教育小组，由副校长吴和钧、副教导主任谈志成、教师李公白研究如何开设人口教育课。在这个组内，我们首先传达了教育部、教育厅会议精神，结合学习有关文件和资料，要求组内每个成员明确人口教育的任务和意义。在学习过程中，我们一方面认为开设人口教育课有其必要性；另一方面也有顾虑。有的同志说：目前学生的学习负担已经很重，高校、中专、招工都不考这门课，其他学校也未开设，我们何必抢先；有的说：学生认为自己年龄小，计划生育与己无关，上课时可能不愿意听；也有人认为：计划生育是计划生育办公室的事，人口理论是专家的事，与中等学校关系不大……通过学习，大家一致认识到人口问题是一个大问题，它直接关系到民族的兴旺、国家的繁荣；青少年一代的健康成长，是实现四个现代化的一项战略任务。目前，这一代青少年既是我国控制人口增长，达到预定目标的关键，又是将来建设四化的主力军。我们如果要在社会上造成一种控制人口的舆论，形成计划生育好、生一个孩子光荣的好风气，就必须对这一代青少年进行人口教育。这也是关系到全面贯彻党的教育方针问题。我们一定要从狭隘的片面追求升学率的桎梏中解放出来，高瞻远瞩。最后大家明确，开设人口教育课的任务，是使学生获得一些人口学基础知识，懂得控制人口和计划生育的道理，从而成为目前的积极宣传者，将来是自觉执行者。至于学习负担，只要安排得当，改进教学方法，是不至于加重学生多少负担的。

二、结合实际制定计划，实施班级教学

我校有两个生物实验室，在一九六六年前，仪器、设备可供2—4人小组的分组实验。十年动乱期间损失了一部分，现在某些方面有了增添。一九八〇年三月联合国教科文组织太平洋地区人口理论顾问伦纳多·德·克鲁兹博士来我校听课、参观，认为这些设备已较陈旧，不适应人口教育课的需要。从一九七八年教育部颁布生物教

学大纲，规定开设生物课后，我校即按大纲开课，过去未开生物课的班级，也同时补开了。因此，学习人口教育课，学生有了一定的生物学基础知识。师资方面有生物教师七人。根据以上情况和学生年龄特征，我们确定人口教育课在高一年级开设，并作为一门正式课程，列入课程表，进行课堂教学。到目前为止，一九七九年度第二学期、一九八〇年度第一学期和一九八一年度第一学期，已有三十三个班开设了人口教育课，学生数达1680多人，除此之外，课外参观人口教育展览、看幻灯、电影等，接受人口教育的同学还有2000人左右。

三、采用多种教学途径，改进教法，提高教育效果

我校为了引起全校师生重视，领导同志在初始就向全校教师做有关人口教育的动员报告，为了提高学生的学习积极性，我们采用课堂教学为主，课内课外结合、校内校外结合、课内讲述、课后参观、小组讨论，灵活安排。课外自制了一套人口教育图表展览，定期出黑板报，放映人口教育幻灯片、青春期卫生电影和生物学有关方面的科技电影，组织部分同学到郊区农村生产队试作有关计划生育的社会调查；参观扬州市计划生育办公室举办的计划生育展览；学校幼儿园教师也进行“一个孩子好”的歌唱和跳舞。这样大家都来关心人口教育，形成了浓厚的气氛，学期末举行不计分考试。目的在督促学生进行复习，以便寒假返乡进行宣传。使同学们明确我国人口政策和计划生育的若干规定，进一步明确为什么要控制人口增长、能不能控制人口增长和怎样控制人口增长。

四、了解学生情况，联系实际，启发学生兴趣

上好人口教育课，首先要使学生对这门课发生兴趣，要启发学生的学习兴趣，必须摸清学生思想情况，讲课做到联系实际，有的放矢。我校学生来自全省各地，社会、家庭的有关人口问题的各种思想和议论，在他们头脑中必然有着共同的和不同的影响。我们通过调查研究集中有关材料补充到教学内容中去，尽量把课讲得实在些、生动些。要上好每一节课，第一节很重要，使学生明确学习人口教育课的目的、任务和方法。为此，在第一节课中我们增加了“人口问题是一个重大的社会问题”和“中学生应该学习人口教育课”，使学生从思想上重视起来，初步澄清“人口教育课可有可无”、“与己无关”、“是额外负担”等不正确的想法，在教学过程中用启发式吸引学生专心听讲，激发他们的积极思维：由学到疑，由疑到问，由问到学。做到理论联系实际是关键的。联系学生的思想实际、生活实际、家庭实际、社会实际，特别是亲身感受的实际，在联系实际时要有理、有据、有说服力，所举数字要具体、确实，事例要合情合理，比喻要生动形象。如我国农业生产率较低，一九七九年我国生产粮食6300亿斤，农业劳动力3亿人，每个农业劳动力平均生产2100斤，只能养3个人，一九七六年美国生产粮食5916亿斤，农业劳动力660万人，平均生产粮食9万斤，而美国韩丁一人种田一千七、八百亩，半年时间生产粮食一百五十万斤。我国解放后平均每年农业增产粮食

100亿斤，而中学生口粮标准一直是每月32斤米，增产的粮食哪里去了呢？

我国教育经费在人口多、底子薄的基础上，加上“四人帮”干扰破坏，把国民经济搞到崩溃边缘，一九八〇年教育经费148.8亿元，到了81年提高了15%，也不过169亿元，而日本在1965年教育经费就占35%，1971年占39%，日本为什么三十几年来就能从战败国而变为世界上经济强国之一，一个重要因素是在1945年后就控制了人口，教育经费多，培养人才多。1975年日本就业人口中，小学水平的0%，初中水平的9.1%，高中水平的57.3%，大学毕业水平的38.6%，1978年在校大学生234万名，而我国直到现在在校大学生不过只有120万名。

我省如东县最近六年少生19万人，79年和80年共减少小学班级450个班，其设备、经费就可充实中学，扩大幼儿班，带来了许多好处，我们江苏如果从解放初期就控制人口增长率在10%，到79年少生1148万人，平均抚养费为2200元，每人每年消耗粮食为500斤，全省就可以节约252亿元，每年可节约57.4亿斤粮食。如果我国在解放初期控制人口增长在10%，到现在就少生几亿人，那对国家的建设有多么大的好处。结合遗传学基础知识，解释人类遗传疾病跟人口质量的关系，说明婚姻法禁止近亲结婚，用以提高人口质量、民族素质是有科学根据的。否则对疾病者终身痛苦，对家庭在精神上、经济上是沉重负担，对国家、民族遗患无穷。从同学中独生子女和多子女的家庭对比，他们更感受到计划生育的好处，生一个孩子的好处。

联系实际要对比、算账和讨论，让他们动手、动脑，这样做才能收到好效果，同学们反映：“不算不知道，一算吓一跳”、“不比不明了，一比就知道”、“不讨论稀里糊涂，一讨论清清楚楚”。

五、钻研教材，进修业务，提高师资水平

能不能把教材内容和它的精神实质讲得正确、清楚、有效，根本的一条是提高教师的业务水平。要求教师切实钻研教材，知识面宽，掌握得扎实些，能从具体简单事情开始进行动情说理，使学生感到人口教育对他们有帮助，但我们不能等教师培训好了再来上课，只能通过教学相长的途径，采取边学、边教、边培训的办法。八〇年三月下旬，我们指派教师到江苏教育学院人口教育师资培训班学习，同时，我们的教师从大专院校，江苏人口学会，扬州市计划生育办公室及有关报刊杂志广泛搜集资料，加强备课，尽量把教学内容准备得丰富些，力求能引人入胜，把备课、教课的过程作为提高师资质量的过程。

六、我校开设人口教育课，有三个学年度，初步取得一定的成效

第一使学生增长了知识，开阔了眼界，明确人口教育的意义。他们说：“原来以为计划生育问题，只是对居民群众、家庭妇女宣传宣传，现在知道人口理论是一门现代化科学，我们宣传和实施计划生育的理论基础，就是马克思主义的人口理论，是一门

综合性的科学。它牵涉到政治、经济、历史、地理、生物、生态、生理、医药、优生、遗传等各个方面,影响社会的发展过程。”“原来以为计划生育是个人的私事、家庭私事,现在知道这是国家大事、世界大事。”过去同学看报纸,不看人口问题的报导,现在看报纸都找一找有没有人口问题的文章。有的同学说:“我过去一心只想考入大学理科,现在想考人口学系。”

第二使学生们认识到实行计划生育和每个人都有直接的十分密切的关系。如有个女同学做了对比。“我是独生子女,家里学习、生活条件就比较好;我姨妈家有三个小孩,学习、生活条件就比我们家里差得多,这就可能对我和表兄妹的成长发展带来不同影响。”另一个女同学说:“我是独生子女,因为我母亲本身姐妹多,生活很苦,所以她下决心只生我一个。”

第三使学生们改变过去“人多好办事”,“人多力量大”的片面观点。认识到人口数量和质量的辩证关系,“人口数量过多超过了经济、文化、教育的负荷就不是好事。”有的同学说:“读鲁迅《故乡》中的一段话‘母亲和我都叹息他们的景况:多子、饥荒、苛税、兵、匪、官、绅,都苦得象一个木偶人。’为什么‘多子’竟同‘饥荒’、‘苛税’、‘兵’、‘匪’、‘官’、‘绅’一起列为使闰土变得象一个木偶的七件苦事之一呢?学了人口理论课,才从理论上懂得了其中的道理。”

第四,有助于安定团结。过去同学们对我国高考招生人数少,高等学校少总有点埋怨情绪。学习了人口教育课,了解到我国人口众多,人口增长太快是影响资金积累、建设速度和教育事业发展的一个重要原因。这样就能体谅党和政府的难处,同时认识到进行人口教育对我国四化的重大意义。

为了进一步提高教学质量,今后需要解决的问题:

一、编出一本与目的、任务相适应的教材,以及与教材配套的有关教学参考资料。

二、置办必要的教学设备,包括电化教育设置。

三、各级行政应重视人口教育,大力加强人口教育课的开展,到目前为止还有很多学校未开,更要加强农村中学开设人口教育课,小学中语文或自然常识课增加一些人口教育的内容。

四、教育行政部门应适当增加一些用于开设人口教育课的经费。

今后打算:

1. 根据教材搜集有关人口教育的资料制成资料卡片。

2. 以老带新培养新教师。

3. 加强理论联系实际,做好课内外结合,根据当前的新形势组织学生进行有关人口问题的社会调查。

4. 增添设备,组织人力制成图片图表、展览和放映幻灯。

一九八一年十二月

扬州中学人口教育工作的探索

江苏省扬州中学 李公白

我校开设人口课进行人口教育是从1980年1月开始的。五年来一直把它作为必修课列入教学计划。根据CPR/80/P14项目协定,在“面向世界,面向未来,面向现代化”的指针下,边教、边改、摸索前进。

一、基本情况

从1980年2月份起,已在高一年级开设人口课计49个班,听课学生为2600人,还有初三年级2000多人。通过生理卫生课、参观、展览、看电影、看幻灯等接受了人口教育。

在五年来的教学实践中,教师业务得到提高,教学方法得到改进,尤其对人口教育的意义和人口课的内容进一步加深理解,教学效果也就显著提高了。1980年3月14日,我国教育部负责人口教育的同志陪同教科文组织亚太地区办事处人口教育顾问克鲁兹博士来我校听课、参观、座谈;1980年12月,教育部在我省召开的第一次全国人口教育工作会议的代表来我校听课、参观,召开学生座谈会,检查教学效果时都得到他们的赞许和好评。

1982年2月,我们在一无设备、二无教材的情况下,自编中学人口教育讲稿,自制幻灯10张,人口教育图表40幅,陈列在人口教育室,供教学、参观展览用。除校内师生外,校外的参加代表团包括外宾在内,合计在800人左右。参观展览,教师对外开了六次讲座,听讲者达3050人,学生每年寒假期中返乡时,进行社会、家庭调查宣传,同时协助地方政府推动计划生育工作的开展达到万人次,回校时写了报告,有的学生写了“小论文”。

二、做法

1. 建立组织、统一思想、明确教学任务。

根据教育部下达的人口教育要求结合我校实际情况,组成人口教育领导小组,研究如何开设人口课进行人口教育,并使大家一致认识到人口问题是一个大问题。它关系到全民族的兴旺发达,青少年的健康成长,是实现四化的一项战略措施;是贯彻教育方针的新内容、新措施;也是对我校教育任务和教育质量提出更高的要求。我们一定要开而且一定要把它开好。

2. 结合实际,制订计划,实施班级教学。

(1) 课程设置落实:根据我校师资和学生的基础知识、年龄特征等确定在高一年级开设人口课,作为必修课,每周一课时,并设有专用教室进行教学。

(2) 教师落实:为了上好人口课,进行人口教育,选任教学经验较好,业务水平较好,工作认真的教师担任这个任务。

(3) 教学内容落实:在教学实践中认识到人口课是一门综合性的学科。人口教育内容应考虑到对学生的成长,社会的进步和四化建设事业的发展所起的作用。我们讲的人口教育内容:一、主要来自部颁教材。二、来自教师搜集、积累的有关资料予以补充。三、来自学生的社会调查所发现的有关人口的新情况、新问题。这样使人口教育内容在普及人口知识、人口政策,推动计划生育,为当前四化建设的现实服务。

(4) 教学途径落实:开学初学校负责人向学校师生做有关人口教育的报告,让全校师生皆知此事及其意义,为开设人口课进行人口教育铺平道路。(中缺)期出黑板报、放映幻灯、电影、幼儿园也排演“一个孩子好”的歌舞,这样大家都来关心人口教育形成浓厚的气氛。

每年的寒假印发作业让同学们返乡时作调查宣传,并协助当地政府推行计划生育工作的开展。

各有关学科如生物、生理卫生、政治、地理、历史等学科结合有关内容进行人口教育。

3. 教学方法,不拘一格,以切实有效为原则。

人口教育尚未普遍为人们所认识和重视之时,人口教育收效与否事关重大,能否收效,收效到什么程度,很大程度上决定于教学方法的使用。教学方法很多,只要能使学生学得生动活泼,对知识能理解应用,能调动他们潜在的学习积极因素化为学习的力量就是好方法。

(1) 我们采用课堂教学为主,课堂内容允许学生提问、争辩和小组讨论。这样更能使学生通过自己思考获得知识。课后小组讨论,外出参观,看电影、幻灯,出黑板报等配合教学,组织学生到农村、工厂、社会调查宣传以丰富知识加深理解。

(2) 上好第一节课,每节课都应上好。第一节课尤为重要,这是调动学生学习人口课的兴趣和积极性,转化为学好人口课的直接动力。使学生明确学习人口教育课的目的和意义,从而重视这门课程,同时,使学生初步澄清对人口教育的一些不正确的想法。

(3) 运用现代设备加强直观教学,使理论知识教育成为形象化教育,这不但引起学生学习兴趣、陶冶情操,对提高教学效果也是很显著的。

(4) 联系实际。这要联系社会、家庭和学生的思想实际,特别是亲身感受的实际,学生听起来更感亲切,同时解决了学生的现实的思想问题,使他们从“要我学”变为“我要学”。在联系实例时要有理有据有说服力,结合群众耳闻目睹的典型事例,用算账、对比和讨论的方法让学生动口、动脑、动手，其效果更好了。同学们反映“不算不知道，一算吓一跳”、“不比不知道，一比就明了”、“不讨论稀里糊涂，一讨论清清楚楚”。

(5) 搞社会调查宣传活动，发挥学生的积极性。

对学生进行人口教育要十分重视社会调查宣传，让学生走出学校到工厂、农村、街道中去，到群众中去以发挥他们的积极性，使理论联系实际变为理论与应用相联系。五年来，每学年的寒假前都进行复习。布置作业，使同学们都能进行调查宣传。总计达万人次，既宣传了国家有关政策，普及人口知识，推动了计划生育工作的开展，同时又在自我教育过程中有利于他们规范自己的行动。

(6) 充分发挥教材内容的作用，加强精神文明建设的教育。

我们在教学过程中把知识教学同思想品德教育结合起来进行，对同学进行培养辩证唯物主义观点，热爱党和社会主义祖国的思想感情，树立新的生育观、婚姻观，如何看待眼前和将来的利益，个人与国家的利益等都起着重要作用。在进行思想教育要特别注意的是防止学生产生认识上的片面性，如在教材中的人口增长过多过快对四化建设、生活环境和生态环境都带来很不利的影响。这是事实，我们更要强调人是社会和自然的主人，人可以改造社会、改造自然，使之为人类服务。因此，将来的发展都是在发展进步之中，而不是恶化。

4. 对外宣传争取支持有利于人口教育的开展。

人们对人口教育的重要性认识上是不平衡的，我们从事人口教育工作的同志首先要重视，还要争取一切机会对社会各界宣传人口教育的意义，争取他们的支持。为今后扩大人口教育阵地提高人口教育力量创造有利条件。

三、效果

同学们学习了人口课，进行了人口教育和对外宣传调查活动，效果明显。

(1) 对人口理论和政策进一步自我消化，加深理解，进而规范自己的行动。

(2) 扩大了宣传队伍。推动计划生育工作的开展，普及了人口知识。在这基础上大力协助地方干部解决了计划生育工作中的难题，进一步落实党的人口政策。

(3) 提高了认识，开阔了眼界，计划生育和人口教育乃改造人们的旧思想、旧观念的精神文明建设，也锻炼了他们的学以致用和独自工作的能力，在他们立志树立革命信心和为人民服务的观念起了催化作用，为今后成才打下基础。有的同学说：“过去我一心想考大学理、工科，现在我想考人口学系。”

(4) 有利于安定团结，过去同学们对升学、住宅、交通、就业等片面性的认识产生埋怨情绪。现在知道了原因，体谅党和政府的难处，也激励了他们为此而要作出努力，为政府分忧解难。

(5) 改变了同学们对人口问题看法上的片面观点：同学们说“人口数量不是越多越好，也不是越少越好，而是要有一定质量和数量的人口与物质生产相适应”。“农村生产责任制与计划生育不是矛盾的,而是相互促进、相互制约的。”

五年来我校人口教育在我国教育部的领导下,有关单位的帮助和联合国亚太地区人口教育办事处的支持下,取得一些成绩,摸索出一些经验,受到社会上的承认和赞许,这也有力地说明:在中学开展人口教育是有百利而无一弊,但由于水平限制,工作中仍有缺点,请同行们指正。

1986.12

（二）教学总结、论文

略谈中学数学教学中对于学生思维能力的培养

江苏省扬州中学　鲍家驹

中学数学是基础数学，其教学目的一个是使学生学习到现代化科学技术上所必需的常用的数学基础知识，另一个便是训练学生思考方法、培养学生思维能力，使学生成为一个善于分析问题和解决问题的人，能为加速四化建设、振兴中华作出贡献。

数学这门学科，它的本身逻辑性较强，系统性又较严密，能更好地诱人开动脑筋，发展智力。自古以来，数学一直被人认为是训练思考方法，培养思维能力的最佳园地。从数学中最古老的几何学来看，在古希腊的时候，柏拉图就认识到几何学在对人的思维训练和培养的过程中扮演了一个出色的角色，至今我们仍然把几何教学看作是培养学生逻辑思维能力的重要阵地，当然它不是唯一的阵地，正由于中学数学是基础数学，我们必须在传授数学基础知识的同时，要重视对学生思考方法的训练、思维能力的培养，这方面我们在初步探索中，注意了如下几个方面：

一、针对学生的实际水平妥善组织教材，激发学生的思维活动

思维是以矛盾为端序展开的，教材的组织就应该以不断的出现矛盾和不断的解决矛盾为一条主线，而出现矛盾要以学生能够或者费一点力气能解决这个矛盾为前提。这样才能调动学生学习的积极性，引起学生学习的兴趣，有效地激发学生思维。教学内容有浅有深，较浅的要使学生有动脑筋的地方，教师便可以根据教材，适当地扩大学生的视野，就好比履平地要有点丘陵起伏，不使学生乏味，较深的要使学生能开动脑筋，力所能及，教师就要为学生设置思考途径的阶梯，就好比攀高峰，要层层设营，不叫学生望之生畏，只有这样才可以保证学生的思维常处于积极活跃的状态。

例如："两点确定一条直线"是平面几何一开始的一条基本性质，学生对这一基本性质有一定的实践基础，学习它没有多大困难，课本里配置的有关习题，学生完成它也无困难之处，我们便针对学生实际情况，结合这一具体的教学内容，设置一些矛盾来引导学生思维激发学生智慧的火花，我们提出这样一个口答题："如图

图中有几条线段?”学生很容易答出“有六条线段”,对于这个答案学生肯定有不同的思考途径,教师为了开拓学生的思维境界,紧接着提出:“这条直线上如果有 n 个点(包括线段的两个端点),那末图中有多少条线段呢?”这样便把具体思维的问题猛一推提高到抽象的思维。“一石激起千层浪”,课堂气氛顿时活跃起来,但由于前一个具体问题的答案“有六条线段”,每个学生并不一定能掌握正确的思考方法,必然地很难完成进入抽象思维的这个飞跃,于是教师再把它拉回到开始的具体问题上追问学生:“这六条线段是怎样想出来的?”从学生的回答中,教师指出合理的想法是根据“两点确定一条直线”这一基本性质,在 A、B、C、D 四点中每一个点可以与其他三点确定三条线段,这样四个点就该是 $3\times4=12$ 条线段,学生知道线段 BA 就是线段 AB,因此是 $\frac{3\times4}{2}=6$ 条线段,在学生掌握了这种思考方法以后,便很容易解答出后一个问题应有 $\frac{n(n-1)}{2}$ 条线段,这样对于这个看起来较为平淡而很重要的“两点确定一条直线”的教学内容教师设置了矛盾,不仅刺激了学生开始学习几何的兴趣,加深了学生对这一基本性质的印象,而且激发了学生思维,训练了学生运用知识解决实际问题的思考方法。

再如余式定理“多项式 $f(x)$ 除以 $x-a$ 所得的余式等于 $f(a)$”,这是难度较大的教学内容,特别是对初一学生来说:一是定理本身较难领悟;二是定理的逻辑论证与学生的思考能力还存在着一定的差距。实验教材在介绍余式定理之前安排了一个例题:“已知 $f(x)=x^3+3x^2-x-6$,试求 $f(x)$ 除以 $x-2$ 的余式,再求 $f(2)$ 及 $f(a)$ 的值。”这样使定理的内容通过学生自己的实践来发现,这就是为了让学生领悟定理本身设置的阶梯。但是这命题的正确性又不可能像开始提出的问题那样,求出余式和 $f(2)$、$f(a)$ 等进行验证,必须探索论证的途径,设置一些问题引导学生思考,首先从论证形式上启发学生写出“已知:$f(x)+(x-a)$ 以及求证:$r(x)=f(a)$”,这是余式为一次式的多项式除法,再启发学生思考写出被除式、除式、商式和余式之间的关系式(即恒等式)$f(x)=g(x)\cdot(x-a)+r(x)$。这是进行论证的基础,教师接着指出逻辑推理的过程是逐步向求证的式子“$r(x)=f(a)$”过渡,于是再引导学生思考怎样能使恒等式中出现有 $f(a)$ 呢?学生不难知道必须设 $x=a$,代入恒等式得 $f(a)=g(a)\cdot(a-a)+r(a)$,这是论证的重要一步,至于由于除式为一次式 $x-a$,其余式 $r(x)$ 必为零次多项式或零,即 $r(x)$ 必为常数 R,这一点学生是没有什么困难的,便有 $R=f(a)$ 命题得证。这样难度较大的内容,教师只要根据学生情况和教材的重点难点设置一定的坡度,有利于学生思维活动的积极展开,既使学生明确思考途径,又突出了证题的关键,必须注意的是教师提出的问题,要使学生的大脑思维得到启发,既不是俯拾即是,又不是高不可攀,才能有效地训练学生思考方法,培养学生思维能力,这是重要的一条。

二、晓之以理,教之以道,追本穷源,训练学生思维

学生的思维训练是在整个教学过程中潜移默化地进行的,我们应当通过数学基础知识教学,使学生思维得到有效地训练,我们能以学生知道有理数运算法则或解方程的步骤或能够进行有理数运算或解方程为满足吗?如果学生在思想上还没有明确有理数运算法则规定的依据或还不很清楚解方程的原理,即使学生能解对了几个题目,也只是因为教师举例的示范是条件反射的模仿。学生学的知识停留在表面上,学生的思维没有得到应有的训练和培养,这样只能把学生塑造成机器人,而不能把学生培养成有一定思维能力的人。

例如:讲概念、法则等,要让学生思考所以这样规定的依据,思考与其他有关概念法则的内在联系及其来龙去脉,当我们引进零指数的概念,就必须让学生思考零指数的存在,思考规定 $a^0=1(a\neq0)$ 的合理性,当正整数指数幂逐步扩张以后,应启发学生思考乘方运算的指数法则是否仍然适用?有关法则应用的限制条件有无变化?平时对于恒等变换、等式变形要求学生做到步步有理,式式有据。这种思维训练也是思想方法的训练。在数学基础知识教学中应予重视,不能满足于学生对概念的记忆、法则的应用。

讲例题重点应放在解题途径的探求上,不只是引导学生思考怎么解题,还要学生思考为什么这样解题。有的时候还应该启发学生探讨解题规律。如果这个题目有多种思考途径,有几种不同解法,教师就要防止把自己的主观意图强加给学生。总之,传授基础知识,不能就事论事,必须纵横联系,晓之以理。解题不能就题论题必须触类旁通,教之以道,解题的重点放在探索道理之所在,就能使学生的思维得到应有的训练,数学基础知识也可以得到相应的提高。

三、实践观察,让学生思维开窍,综合分析,锻炼提高学生思维

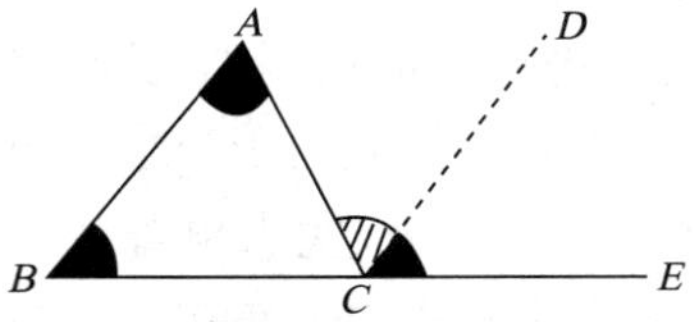

实践是知识的源泉,观察是引进知识的窗口,特别是新知引进缺乏旧知基础的时候,通过实践、观察容易使人思维开窍。例如讲三角形内角和定理之前,让学生各做一个纸三角形,教学时要他们把任意二个角如角 A、角 B 剪下和角 C 拼在一起(如图),通过观察 $\angle A+\angle B+\angle C=180°$,通过观察 $\angle ACE=\angle A+\angle B$,这样不仅使学生发现三角形内角和定理及其推论,而且对这个定理的论证途径,在思想上也得到启发,让学生明确添置这样一条平行线,便能够把图形上的有关角变换了位置与其他的角密切了关系。把实践观察所得感性知识引向深入,便启发了思维揭示了规律。如在探讨一元二次方程的根与系数的关系的时候,我们首先让学生解下面两个一元二次方程:$x^2+x-6=0$ 以及 $2x^2-5x-3=0$,并观察它们两个根的和与积分别与方程中各项系数的关系,然后再引导思考对于一元二次方程 $ax^2+bx+c=0(a\neq0)$ 的两根为

x_1, x_2 是否也具有 $x_1+x_2=-\frac{b}{a}$，$x_1 \cdot x_2=\frac{c}{a}$ 的关系呢？学生的思维在具体问题上通过实践观察开了窍，对一般问题便能较容易地得到思考途径。总之，在教师引导下，让学生自己去攫取知识有利于学生对知识的理解和巩固，有利于学生思维能力的发展和培养。

当学生积累了某些知识以后，教师要善于提出一些比较灵活的问题，综合应用这些知识，广开学生思路，以锻炼提高学生的思维能力。例如，在多边形内角和定理教学结束后，我们选用课本上这样一个习题，"求五角星形五个内角和"(如图)。让学生进行课内练习，学生的思考途径是多样的，教师组织学生交流，大体上有这样几种：1. 用三角形内角和及五边形内角和进行计算，即以 $\triangle A'CE$、$\triangle B'AD$、$\triangle C'BE$、$\triangle D'AC$ 及 $\triangle E'BD$ 五个三角形内角和减去五边形 $A'B'C'D'E'$ 内角和的 2 倍。2. 用三角形外角性质及多边形外角和进行计算，即五边形外角和是五角星内角和的 2 倍。3. 用三角形内角和及三角形外角性质进行计算，即 $\angle A+\angle C+AD'C=180°$，$\angle AD'C=\angle E+\angle EE'D$，$\angle EE'D=\angle B+\angle D$ 得 $\angle A+\angle C+\angle E+\angle B+\angle D=180°$，这三种解法，学生都是抓住五角星形的两个内角及多边形一个内角所构成的三角形来思考的，还有一种便是用 $\triangle AA'E'$ $\triangle BA'B'$、$\triangle CB'C'$、$\triangle DC'D'$、$\triangle EE'D'$ 五个小三角形的内角和减去五边形外角和的 2 倍，即五角星形五个内角和。通过综合应用，思考途径的交流，学生的思维能力可以得到提高。我们在二次根式教学中也选用一道计算题 $(5+\sqrt{10})^2(5\sqrt{2}-2\sqrt{5})^2$，让学生练习，同样地得到各种解法，除了应用二次根式有关知识以外，有的还用到因式分解、乘法公式、乘方运算的指数法则等，经过交流，学生意识到基础知识应用得越熟练，思考方法越灵活，计算过程越合理，就能较好地保证运算的正确性，因此，在培养学生思维能力的过程中，适当组织一些交流，学生可以得到相互启发，集中学生的智慧来提高学生的思维能力。

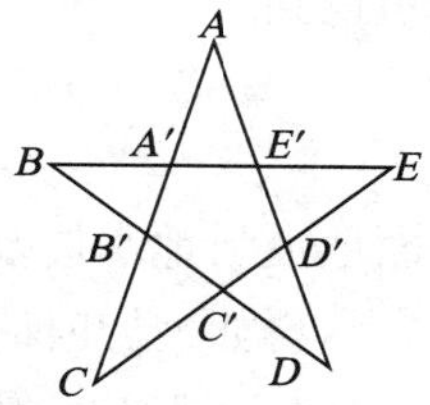

四、重视解题的一般规律，同时注意具体问题的思考途径，从而开拓学生的思维境界

在中学基础数学的教学中，教师应以极大的努力让学生掌握一般的思考方法以及解决某一类问题的一般规律，这样可以使学生驾一驭百。但对于具体问题根据具体条件也可能有具体的思考途径，这时教师应注意开拓学生的思维境界，从而培养学生的思维敏捷。

例如，有这样一个问题："在等差数列中，已知 $a_8=-5$，$a_9=-29$，求 a_6。"一般的思考途径应用等差数列的通项公式：

$a_n=a_1+(n-1)d$，根据已知条件组成方程组：

$\begin{cases}-5=a_1+(3-1)d\\-29=a_1+(9-1)d\end{cases}$ 解得：$\begin{cases}a_1=3\\d=-4\end{cases}$ 再求 a_6。这是通法，但是只要思维方法略为灵活就可以把 a_3 作为数列中的首项，a_6 便相应地作为第四项，a_9 便是第七项，仍根据通项公式列出方程 $-29=-5+(7-1)d$，求出 $d=-4$，以后再求 a_6。如果再深入分析一下已知条件与未知之间的关系，便可得知 a_6 是 a_3 与 a_9 的等差中项，很容易得到：

$a_6=\dfrac{a_3+a_9}{2}=-17$，由此可见，正确合理的思维来自分析，深入的分析又来自全面地灵活地掌握基础知识。

再如：已知梯形 $ABCD$，$AB\,/\!/\,DC$，M 为 DC 的中点，AM、BM 分别平分 $\angle A$ 和 $\angle B$，求证：$AB=AD+BC$

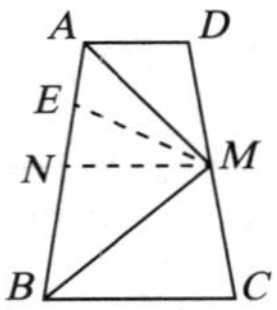

根据“求证 $AB=AD+BC$”，一般的思考途径是用“截长或补短”之法，即在 AB 上截取 $AE=AD$，再通过证明 $\triangle BEM \cong \triangle BCM$ 得 $BE=BC$，相加即得证，但 AD 与 BC 为梯形两底，作梯形中位线 MN，这样证明 MN 为直角 $\triangle ABM$ 的斜边上的中线，则更为简便。

诸如这类问题，在思考途径上既有它的一般性，又有它的特殊性，对开拓学生的思维境界是有益的，当然我们的选题既不是以出奇制胜，更不是哗众取宠，而是要有助学生思考方法的训练和思维能力的发展。

上面谈的几点，仅是我们在数学教学中对于培养学生思维能力几个方面的点滴做法，这仅是我们初步的探索。总的来说，我们的体会在数学教学中培养学生思维能力是贯串在教学的全部过程中，教师对传授数学基础知识得法，培养学生思维能力就奏效，教师一贯重视对学生思维能力的培养，就能加速教学质量的提高，但钻研教材要深，了解学生要实，这是提出矛盾引导学生解决矛盾的先决条件，善于应用启发式是为学生创造适合自己寻找知识，解决矛盾的思想意境的教学方法，多种的启发式使学生多种官能并用，形成综合刺激，使思维器官常处于活跃状态。学生随着数学基础知识的逐步增长，其思维能力就会得到不断的增强和发展。

谈谈数学教学中的“双基”教学

黄久征

我们知道科学现代化是实现四个现代化的关键。而数学这门科学又是研究科学现代化的主要工具。因此学好数学是向四个现代化进军的必备知识。数学教学必须打好基础,发展学生的智力和能力,知识是能力发展的基础。因此在数学实践中,我们必须狠抓“双基”教学,现在来谈谈我们是怎样进行“双基”教学的。

一、在基础知识方面

1. 要深入认清基本概念。

只要打开数学课本总是从概念开始,例如在代数里是从相反意义的量定义正数和负数开始。它是我们学习初中代数的出发点。先对数的概念扩展到有理数便可进一步研究有理数运算。另外课本中间也有一些概念。例如用字母表示数从而定义代数式、整式、分式等等,它能引导我们研究更多地新知识,因此我们对于概念要真正地认识,绝不能含糊不清,囫囵吞枣地学下去。

一切定义总是用文字来描述的,看上去似乎是些硬性的约定。但究竟为什么要这样约定,也有一定的道理,必须使学生知其所以然。例如在实数集里学习算术根这个概念。为什么约定“正数的正的方根叫算术根,零的算术根是零。负数没有算术根”呢?由于零的任何次幂(不是零次幂)是零。当然零的算术根只能约定它是零。由于实数的偶次幂不会出现负数,当然负数约定它没有算术根,关于正数只取正的方根作算术根,为什么不选负的方根作算术根呢?如果这样约定,那将使正数的奇次方根没有算术根。而且在实际问题中对取算术根应用得较广泛。另外,算术根这三个字,顾名思义,就是用算术数作方根。假使对于方根不规定算术根好不好呢?这好在运算过程中,对于正数的偶次方根,正的负的都要分别参加运算,那就不但使问题复杂化,而且使得数不是唯一的了,这些使学生认识清楚,那么,对算术根的定义在文字上这样约定,就完全信服了。

有些概念与概念之间,联系得比较密切,容易混淆不清。例如算术根与绝对值。我们在处理算术根时,常用绝对值来过渡一下。如:$\sqrt{a^2}=|a|=\cdots\cdots$是不是绝对值和算术根是一回事呢?显然不是,如果是一回事,那就不要定义两个名词了。它们既有联系又有明显区别。算术根是针对方根而言,它是运算的结果。而绝对值是针对实数而言,它不是运算的结果。另外负数的绝对值是有意义的。而负数和算术根毫

无联系。这都是差别,学生对这两个概念领会得常常有深有浅。在一次测验中有如下的情况:

求:$x(x+1)(x-3)(x-4)+4$ 的算术平方根。

[解]　$\sqrt{x(x+1)(x-3)(x-4)+4}$

$=\sqrt{(x^2-3x)(x^2-3x-4)+4}$

$=\sqrt{(x^2-3x-2)^2}$

$=|x^2-3x-2|$

有的学生就用 $|x^2-3x-2|$ 作答案,他们不知道含绝对值的式子只能作临时性的过渡还要进一步把绝对值的符号解除掉才能作为结果,实际上他们对绝对值的概念理解不透的缘故,有的学生知道

$$|x^2-3x-2|=\begin{cases}x^2-3x-2 & \text{当 } x\geqslant\dfrac{3+\sqrt{17}}{2}\text{ 或 } x\leqslant\dfrac{3-\sqrt{17}}{2}\text{ 时}\\ -x^2+3x+2 & \text{当 }\dfrac{3-\sqrt{17}}{2}<x<\dfrac{3+\sqrt{17}}{2}\text{ 时}\end{cases}$$

这才是完整的解答。正由于对概念理解的深度不同,因而答案两样。

2. 要充分地掌握定理。

在数学里总有一些必不可少的定理,通过它可推出许多新命题的结论是成立的,从而拓宽了知识领域。定理在课本中虽为数不多,但作用很大,因此要充分掌握它。

对于定理首先应分清它的条件和结论这两部分。有的定理如“等腰三角形的底角相等”,从文字上很容易区分这两个部分。但也有的定理如“三角形内大边对大角”,从文字叙述上看对两部分的区分就不够明显。因此要锻炼学生学会区分它们,才明确已知的条件是什么,要证明的又是什么。这是学习定理起码的知识。其次对定理进行证明时,教师要启发学生,必须通过学生的思维活动,分析出证题的路子,然后再把它证出来,使学生能真正地理解它。课外还要求学生在复习时对定理的证明部分,再由头至尾认真回忆一遍,使学生能进一步熟悉它。

孤立地认识定理本身还是不够的。要学生先研究它的逆命题是否成立。在几何上多数原命题和逆命题都能同时成立。但也有的不是这样。例如原命题是“矩形的对角线相等”,这是正确的。而它的逆命题是“对角线相等的四边形是矩形”就不成立了。使学生认识逆命题的真伪,在他们解决问题时就不会乱用了,还要学生再研究和目前所学习的定理有关系的还有哪些,把它整理一下,以便更好地掌握它们。就以矩形为例,矩形有哪些特征呢?拿它针对平行四边形来说,矩形除具有平行四边形的特征外,还有四个角是直角,对角线相等,四个顶点共圆等等。再拿正方形对矩形来说,正方形又比矩形多一些特征,如对角线垂直;四边相等;对角线平分顶点等等。要学生把矩形周围的平行四边形和正方形在特征方面都弄清楚了,那么在这三者之间就不会混淆,而且对领会矩形有关的定理就更深入了。

3．要灵活运用公式和法则。

在数学里的一些公式或法则，都是我们对数学式子进行变形的主要工具。为了能够正确地使用它们，首先要明确它们得来的推导过程，然后对每一个公式或法则要研究它们如何通过变形，可化为哪些不同形式的公式或法则来运用。例如 $\sin^2 x+\cos^2 x=1$ 可化为如下的一些式子：

(1) $\sin^2 x=1-\cos^2 x$　　(2) $\cos^2 x=1-\sin^2 x$

(3) $\sin x=\pm\sqrt{1-\cos^2 x}$　　(4) $\cos x=\pm\sqrt{1-\sin^2 x}$

上面这些式子还可由左端变换到右端，同时也可以由右端变换到左端。另外式子中的 x 可以代表半角、倍角或任何形式的角或弧。这样一来就能把一个公式变化为许多公式，在使用时就能充分发挥它的作用。

有些公式本身虽变化不大，但通过它可以推导出很多公式来。现在以对数的换底公式为例。我们知道对数的运算法则，是死板的只能按法则进行推演，当换底公式出现后，虽然它本身变化不大，但它使对数式子的变化活跃起来了。我们可以要求学生通过换底公式推导下面的一系列公式(下面式子里的文字关于对数都是有意义的)：

(1) $\log_a nN^n=\log_a N$；　　(2) $\log n_{\sqrt{a}}{}^n\sqrt{N}=\log_a N$；

(3) $\log_n\sqrt{a}\,N=n\log_a N$；　　(4) $\log_a nN=\frac{1}{n}\log_a N$；

(5) $\log_a b=\frac{1}{\log_b a}$；　　(6) $\log_a b=\log_c b\log_a c$；

(7) $\log_{\frac{1}{a}}N=-\log_a N$；　　(8) $\log_{\frac{1}{a}}\frac{1}{N}=\log_a N$；

(9) $\frac{\log_a M}{\log_a N}=-\frac{\log_b M}{\log_b N}$；　　(10) $\frac{\log_a M}{\log_b M}=\frac{\log_a N}{\log_b N}$等等

当学生对上面这些式子通过推导后，对于他们处理对数式的变形是有帮助的。

4．要能把基础知识由“厚”到“薄”，再由“薄”到“厚”，使知识不断丰富和发展。

学生天天学数学，一本书两本书向上堆，愈堆愈厚，但人只有一个头脑，除数学外还要学其他学科，这么多知识，头脑里怎样堆得下去呢？而知识总是一环套一环的。前面知识记不得，后面的知识就学不下去。我们还要求学生牢固掌握知识这又怎么办？因此我们教育学生如何积聚知识是很重要的问题。

我们要指导学生在每学习一个阶段之后，把全部知识总结一下，首先抓知识的系统性，先学的什么？在这个基础上又学了什么？怎么样一步又一步向前发展的？把知识的来龙去脉先理清楚，然后再在这一阶段中抓它们的重点和关键所在，这等于寻找物体的重心一样，抓住重心所在就能轻快平稳的把物体拎起走了。同样抓住知识的要领和关键，对于这一阶段的知识就能全盘掌握了。例如以三角这门学科来说，三角函数的坐标定义是整个三角学的灵魂，把定义融化到单位圆的函数线里。这是前一阶段学习的关键，有了它们就明确三角函数在各个象限的符号。有了它们再结合直角三角形的勾股定理和相似三角形对应边成比例的关系，可以找到同角三角函数的各种关系式。有了它们通过全等三角形的对应线段相等，可以把任意角的三角函数线化为锐角三角函数线从而得到诱导公式。有了它们，通过函数线在各个象限的变化情况，从而掌握三角函数的单调性、奇偶性、周期性、连续性、极值及其图象等等。总之这一阶段"厚厚"的知识，仅抓住定义和函数线这一点"薄薄"的东西，就很容易回忆出整体，而且直观具体，又理解深入。当我们把三角学的知识锤炼得"薄薄"的又应用到代数上、立几上、解几上，再学习更广泛的知识，这是由"薄"到"厚"的过程。我们学习知识就是"厚"与"薄"的反复循环，使我们的知识不断丰富、不断深化、不断发展，可以无止境地向前推进。

二、在基本练习方面

1. 要学生能够正确、熟练、灵活地运用所学的基础知识去分析问题、解决问题。

实践是检验真理的唯一标准。我们要检验学生对所学的基础知识是否理解掌握，是否能用以分析问题、解决问题，在中学数学教学里主要是通过练习，练习的方式是多样的，总的来说它有一个简单到复杂、从低级到高级的过程，所谓简单的、低级的是指：直接应用公式、法则去处理计算题或者转折不大、推理方便的证明题；或者变化不多、容易分清情况的讨论题。凡此种种都是不需要花大力气去分析问题，就能找到解题的路子。例如在指数概念的扩张以后，要学生计算：$(\frac{9}{4})^{\frac{1}{2}}+(\frac{1}{2})^{-2}+(-5.6)^{0}+(0.125)^{-\frac{1}{3}}$；在介绍了基本不等式以后要学生证明：已知 a、b 同号，且 $a\neq b$，求证：$\frac{a}{b}+\frac{b}{a}>2$，在学习了根式概念以后要求学生讨论：$\sqrt{x^{2}-2x+1}-\sqrt{x^{2}-4x+4}$ 的结果的各种情况等等，这些练习为了使学生进一步熟悉理解所学的基础知识，并获得初步的应用这些知识的能力。我们把它叫做基础性的练习吧！但仍然要求学生运算准确、合理迅速，证明问题的过程步步有据、合乎逻辑，讨论问题的层次分明并无遗漏，教师如果在学生练习的实践过程中发现他们对基础知识有薄弱环节，对基本训练有不足之处必须及时补救。这种练习多用于讲授新知识的课内巩固或课外作业和下一课的复习提问，这种练习都属于起码的基本功，特别是对基础知识的重点、难点、关键要反复练，要练得扎实。要学生能从会到熟，达到既稳且准、又快的要求，教师对这种起码基本功的练习不可等闲视之，也要教育那些心粗气浮，眼高手低，自以为是，而动手就错，丢头落尾的学生，必须重视基本功的练习。没有扎实的基本功，就难以不断提高分析问题和解决问题的能力。

在充分练习基本功的基础上，在一章一节以后要学生做一些综合性的练习。这种练习或是解题方法是多样的，或是应用基础知识不是单一的，或是运用的技能是多方面的，这种练习可以检验学生能否综合应用基础知识，能否从各种思路去分析问

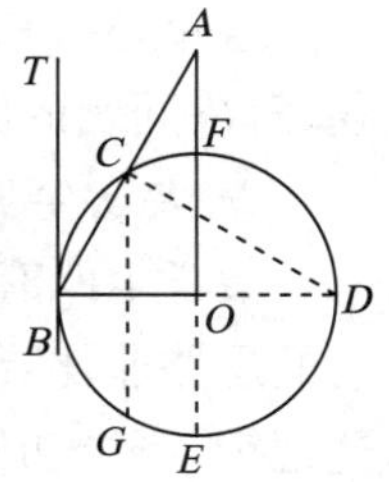

题、解决问题。例如结束了"与圆有关的角"这一节教学以后，我们选用"在$\triangle AOB$中$\angle O$为直角，$\angle A=28^\circ$，以O为圆心，OB为半径画圆与AB交于C，求BC的度数。"这种练习要学生探讨多种解法。如：(1) 连OC可以用圆心角求BC。(2) 延长BO与$\odot O$交于D，可以用圆周角CBD求$\overset{\frown}{CD}$，再求$\overset{\frown}{BC}$。(3) 再连接CD可以用圆周角BDC求$\overset{\frown}{BC}$。(4) 过B作切线BT。可以用弦切角TBC求$\overset{\frown}{BC}$。(5) 延长AO与圆交于E。可以选用圆外角BAE求$\overset{\frown}{CF}$再求$\overset{\frown}{BC}$。(6) 过C作弦$CG/\!/AO$，可以用圆周角BCG求$\overset{\frown}{BG}$再求$\overset{\frown}{BC}$，除此而外，还有其他解法，这样较全面检查了"与圆有关的角"主要知识内容及其应用，又联系到过去知识：等腰三角形定理、平行线定理、垂径定理等等，同时也检验了学生添置辅助线的能力，提高了学生从不同角度去分析问题、解决问题的能力，我们还要在多种解法中，分析出较好的解法，使学生能注意解题的合理性、灵活性。

再如随着学生对有关基础知识的逐步深化，相应地就要提高练习题的要求，在三角里教了和、差、倍、半角的三角函数以后我们要学生证明如下问题："在$\triangle ABC$中，求证：$\mathrm{tg}\frac{A}{2}\mathrm{tg}\frac{B}{2}+\mathrm{tg}\frac{A}{2}\mathrm{tg}\frac{C}{2}+\mathrm{tg}\frac{B}{2}\mathrm{tg}\frac{C}{2}=1$"，可以帮助学生对和角公式、半角公式、诱导公式等知识融会贯通，并正确、熟练、灵活的应用，藉以发展学生分析、推理、解题的能力，我们还可以根据教学的实际情况，在证明这个恒等式的基础上要学生证明"在$\triangle ABC$中，求证$\mathrm{tg}^2\frac{A}{2}+\mathrm{tg}^2\frac{B}{2}+\mathrm{tg}^2\frac{C}{2}\geqslant 1$"使三角知识与不等式知识串联起来。

当然要求较高的练习题教师要启发诱导学生如何分析情况，怎样着手处理。例如：[已知]$\frac{x}{a}+\frac{y}{b}+\frac{z}{c}=1$；$\frac{a}{x}+\frac{b}{y}+\frac{c}{z}=0$，[求证]$\frac{x^2}{a^2}+\frac{y^2}{b^2}+\frac{z^2}{c^2}=1$。

[分析]为了满足证明要求，第一步显然要把一个已知条件：$\frac{x}{a}+\frac{y}{b}+\frac{z}{c}=1$的两端各自相乘，得：$\frac{x^2}{a^2}+\frac{y^2}{b^2}+\frac{z^2}{c^2}+2(\frac{xy}{ab}+\frac{yz}{bc}+\frac{xz}{ac})=1$第二步把上式与求证式子对比，显然要设法证明$\frac{xy}{ab}+\frac{yz}{bc}+\frac{xz}{ac}=0$通分后即可求证分子：$cxy+ayz+bxz=0$，而从另一个已知条件$\frac{a}{x}+\frac{b}{y}+\frac{c}{z}=0$左边通分后，便知分子$ayz+bxz+cxy=0$对这个题目如果进一步研究用一点技巧来处理第二步，即：$\frac{xy}{ab}+\frac{yz}{bc}+\frac{xz}{ac}=\frac{xyz}{abc}(\frac{c}{z}+\frac{a}{x}+\frac{b}{y})$已知条件$\frac{a}{x}+\frac{b}{y}+\frac{c}{z}=0$故该式为零，得证。

这种变换，有一定技巧，却又有一定代表性，掌握它，可以扩大分析问题的视野，从而提高解题能力。

这里还得重申对于培养学生能够正确、熟练、灵活地应用所学的知识去分析问题、解决问题的能力，必须注意从实际出发，循序渐进，有目的选题，有计划地进行。

2. 要学生见多识广重视解题规律，不断提高解题的技能、技巧。

数学上既有不少问题的解法有它一定的思路，有一般性的解法，但也有一些问题它的思路非比寻常，解法有它的特殊性，好像摸到这把钥匙，便可以轻而易举地打开这把锁，事半功倍。否则便是事倍功半，甚至是徒劳无功。我们对这类问题，根据情况让学生来见识见识，看来解法是特殊的，但只要重视善于总结规律，是可以把它的特殊性寓于一般性之中。

如：已知 $abcd=1$，求证 $\frac{a}{abc+ab+a+1}+\frac{b}{bcd+bc+b+1}+\frac{c}{cda+cd+c+1}+\frac{d}{dab+da+d+1}=1$，这是分数和的问题，一般常规的解法是找分母的最低公倍式进行通分，这样，公分母是四个因式之积招至了分子的庞大。要变形为分子分母相同，必须花费九牛二虎之力，由于变形过程十分麻烦，又常会带来运算上的错误，假如我们把后三个分式的分子和分母分别同乘以 a，ab，abc，利用 $abcd=1$ 便使各个分式的分母都化为 $abc+ab+a+1$，分子相加轻而易举得 $a+ab+abc+abcd=a+ab+abc+1$，分式的分子与分母相同其值为 1，问题得证。这条具体问题的独特解法真像一把金钥匙打开了这把铁锈锁，事实上通过仔细观察，周密地分析几个分式分子与分母，每一个分式分子与分母的内在关系，以及所给定的条件，可以不用一般的通分办法，而达到分母相同的目的，这是异途同归。通过这一具体问题的解法，总结同样可以得到带有规律性的启发。如果遇到这一类型的问题便不会感到十分棘手了，如求证：

$\frac{1}{1+x^{a-b}+x^{a-c}}+\frac{1}{1+x^{b-c}+x^{b-a}}+\frac{1}{1+x^{c-a}+x^{c-b}}=1$ 便也可以观察分析各分母里 x 的指数间关系，把一个分式的分母、分子分别同乘以 x^{-a}，x^{-b}，x^{-c} 不仅使分母相同，而且把分式相加其和为 1。

类似这样非常规的解法的题目，并不是不常见的，这不属于偏题、怪题，而是数学题的各种特殊模型之一，找出规律使特殊解法与常规解法，得到辩证的统一，这样便可以学会分析问题的本领和解题的技能、技巧，提高到一个新的境界了，当然对问题的仔细观察，深入研究，全面分析，找出途径，这是解题的常规要求。

基础知识和基本练习，这二者是相互促进的，如果我们对知识掌握得愈深透、愈渊博，那么解决问题的能力就愈强，当我们反复运用知识处理问题，必然在实践中对知识理解得更深刻。但也有些学生忽视基础知识的复习巩固，专喜欢攻难题，这种一条腿走路的学习方法是错误的。我们要教育这些学生把它纠正过来才是。

改进物理教学方法,努力培养学生的思维能力

江苏省扬州中学　李启馨

能力的培养,是当前我国教育界着重研究的问题之一。中学物理教学中所培养的能力,一般可归纳为三种,即:观察能力、思维能力和解决问题的能力。我们认为大力培养学生的思维能力,是目前中学物理教学的当务之急,也是培养学生各种能力的关键。我们在物理教学中培养学生能力,特别是思维能力的主要做法是:

一、要使学生具有浓厚的兴趣

根据我校历年来成绩较好的同学的反映,他们对物理学习的积极性都比较高,对课堂上讲授的东西有"吃不饱"的感觉,希望有更多问题和习题让他们去思考、去解答;而成绩较差的同学,则是忙于应付课外作业和考试,阅读课本时味同嚼蜡,做实验时不肯动手,但求及格,不事钻研。同样年级的同学,差别竟然如此之大,这是值得研究的问题,爱因斯坦曾指出:"教育应当使所提供的东西让学生作为一种礼物来领受,而不是作为一种艰苦的任务要他去负担。"要使成绩差的同学能够得到较大的进步,成绩好的同学能够学得更好一些,如果采用增加他们的学习负担,搞频繁的考试和"题海战术",显然只会得到相反的结果,而培养他们学习物理的浓厚兴趣,则是摆脱这种困境的良好措施。

课堂教学是培养兴趣的重要阵地,冗长的填鸭式的讲解,只能扼杀学生刚刚萌芽的兴趣,而生动的、带有启发性的讲解就会使学生不断提高学习的积极性。例如,在讲解最大静摩擦力的概念时,可先提问学生:用10千克的力推讲台但没有推动,此时对讲台的静摩擦力是多少?有的学生回答是10千克,也有的学生回答是大于10千克,原因是静摩擦力要大于推力,讲台才不会动。此时,教师结合画图说明:按这种说法,讲台在10千克的推力作用下,没有动,推的人必须马上离开讲台。不然,由于合力不为零,讲台将向推的人压过来。但,这不是事实。因此,讲台所受到合力必为零,也就是静摩擦力必为10千克,然后继续提问:当推力增大到15千克,仍未推动,静摩擦力为多少?当推力增大到20千克时,讲台刚好起动,此时静摩擦力为多少?当推力增大到30千克时,摩擦力是什么性质,又如何计算?这样,可以使学生在较为轻松的气氛下,对静摩擦力和最大静摩擦力理解得深刻一些。再例如,讲到动能时,可提出一颗静止的子弹并没有什么可怕,而一颗以较大的速度运动的、同样的子弹却能致人以死命。

做好课堂演示实验，也是激发学生学习热情的一条重要途径，教师在课前必须精心设计，要使学生对所进行的演示实验感到新奇，或是实验所得到的结果与学生平时所建立的错误观点相矛盾，这样给学生造成悬念，急于了解其中的原因，诱发了学生求知的渴望，也就激发了学生的兴趣。例如，在讲单摆的振动周期以后，可用不同长度而质量相同的摆球和相同长度而质量不同的摆球做成的单摆，放在同一个架上，让它们同时振动，在鲜明的对比中得到较强烈的印象。在讨论灯泡于额定电压下正常发光的问题时，一般是用两只不同功率的灯泡作串联和并联的实验，让学生观察在并联电路中，功率大的灯泡放光强些，而在串联电路中，功率小的灯泡要比功率大的灯泡放光强些，然后再做具体数字的讨论。我们在做这个实验之前，先把一只电灯泡和一个电炉并联，同时还并联一只伏特计，让学生观察当电炉接通与断开时，电灯发光强弱的变化，同时记下伏特计的两次读数，使学生知道，什么样的情况，才叫做正常发光，再结合实际生活中有人偷用电炉的问题进行讲解，这些都会使学生产生很大的兴趣。

二、要使学生成为科学知识的主动追求者

中学物理的内容，都是前人总结出来的规律。但是，对于学生来讲却是全新的东西。教师把这些现成的东西“捧”给学生，那是把学生作为一个容器，用注入式的方法使学生成为被动的接受者，学习效果肯定是不理想的。如果让他们以“小科学家”的身份，在教师指导下，重新探索这些基本知识，成为科学知识的主动追求者，其学习效果肯定要好得多。爱因斯坦曾指出：“对真理的追求比对真理的掌握更有意义。”不过，探索知识的过程与历史上科学家所走过的道路是不同的，有些科学家在一生中仅仅只发现某一个规律，而学生必须在一节课或几节课中掌握它们。而且科学上发现规律的前后次序也与教学上的前后次序是不完全相同的。因此，教师的主导作用是以课本知识为基本内容，用科学家探讨客观规律的方法，充分调动学生的积极思维，进行“再发现”，让学生主动地掌握这些基本知识。例如，在讨论斜抛运动时，我们先用粉笔头（以黑板为背景）抛出，由于速度不大，学生可以很清楚看到它的轨迹，把这个轨迹描画在黑板上，然后说明我们的目的就像炮兵要把炮弹准确地打到敌人阵地上一样，预先研究它的运动规律，求出它的射高、射程和飞行时间，在掌握速度的合成与分解运动独立原理的知识的基础上，让学生展开讨论。（对于成绩较差的班级，可做适当的提示性的问答：如果没有地球的引力，物体将怎样运动？有引力时物体将参与哪两种运动？地球引力对水平方向的运动有无影响？等等。）教师有意识地把问题解决，逐步归纳到两种方法上：(1) 斜抛可作为水平方向的匀速运动和竖直上抛（或竖直下抛）运动的合成；(2) 在斜方向的匀速运动和竖直方向的自由落体运动的合成，然后运用第一种方法由教师和学生共同讨论导出运动的射高、射程、飞行时间的计算公式，运用第二种方法来解答有关的习题。

如图:在倾角为30°的山坡上 A 点一炮弹以初速度 V_0 与水平成30°角发射,弹头落在山坡上的 B 点,求 AB 间的长度 l_{AB}。

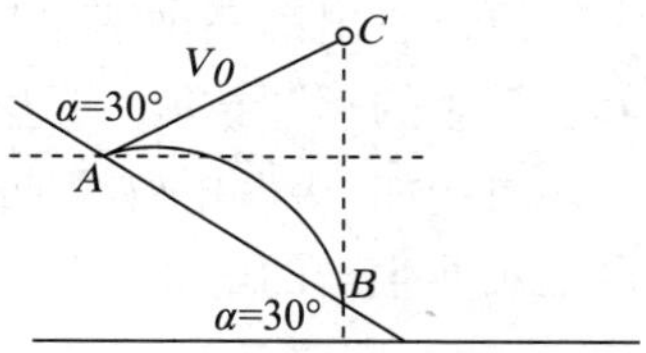

该题有多种解法,通过练习,可进一步培养学生的思维能力。

解法一:分解初速度 V_0,以水平方向为 x 轴,

$V_{ox}=V_0\cos\alpha \qquad V_{oy}=V_0\sin\alpha$

由图可得:$l_{AB}\cdot\cos\alpha=V_{ox}\cdot t$　　(t 为飞行时间)

$$l_{AB}=\frac{V_{ox}}{\cos\alpha}\cdot t=V_0 t\cdots\cdots\cdots\cdots(1)$$

A 点在竖直方向上比 B 点高 $h=l_{AB}\sin\alpha$

所以,$-h=V_{oy}t-\frac{1}{2}gt^2$

即:$-l_{AB}\sin\alpha=V_0\sin\alpha-\frac{1}{2}gt^2\cdots\cdots\cdots\cdots(2)$

由(1)和(2)式,解出:$t=\frac{2V_0}{g}$则 $l_{AB}=V_0 t=\frac{2V_0^2}{g}$

解法二:分解重力加速度 g,以 AB 方向为 x 轴,

$g_x=g\sin\alpha \qquad g_y=g\cos\alpha$,

由图可知:$V_{ox}=V_0\cos 2\alpha$,$V_{oy}=V_0\sin 2\alpha$

根据:$t=\frac{2V_{oy}}{g_y}=\frac{2V_0\sin 2\alpha}{g\cos\alpha}=\frac{2V_0}{g}$因为 $\alpha=30°$

代入解法一中得 $l_{AB}=V_0 t=\frac{2V_0^2}{g}$

或代入匀加速运动公式:

$$l_{AB}=V_{ox}t+\frac{1}{2}g_x t^2=V_0\cos 2\alpha\ \frac{2V_0}{g}+\frac{1}{2}g\sin\alpha\cdot\frac{2V_0^2}{g^2}=\frac{2V_0^2}{g}$$

解法三:以上两种解法都比较麻烦,如应用把斜抛作为斜方向的匀速运动和竖直方向自由落体运动的合运动,即用课堂上归纳的第二种方法来解题,就比较方便了。

由图所示:三角形 ABC 为等边三角形,

根据匀速运动:$l_{AC}=V_0 t$

根据自由落体运动:$l_{CB}=\frac{1}{2}gt^2$

因为,$l_{AC}=l_{CB}$,得 $t=\frac{2V_0}{g}$

$l_{AB}=l_{AC}=V_0 t=\frac{2V_0^2}{g}$(还可以有其他解法)

可以看出第三种解法是比较好的，它一方面巩固了学生的基本概念，另一方面培养了学生的解题技能，可达到举一反三的效果。

再例如，讲解电磁感应的内容时，我们预先告诉同学：要实现四个现代化，必须满足工农业生产的电力问题，而以前所学的电学中，有关电源的知识仅是电池组。因此，我们一定要寻找新的大能量的电源，新的发电方式(有的同学回答：发电机)，教师提出：我们应该研究并掌握哪些必要规律，才能应用这种新的电源？然后适当介绍法拉第电磁感应现象的基本知识，再由学生进行“研究电磁感应现象”这一节实验，最后师生共同讨论，并由教师加以总结：

1. 发电方式：(1) 闭合直导线切割磁力线产生感生电流；
(2) 闭合电路磁通量变化产生感生电流。
2. 感生电流方向：(1) 右手定则；
(2) 楞次定律。
3. 感生电动势大小：(1) $\varepsilon = BlV\sin\alpha$
(2) $\varepsilon = n\dfrac{\Delta\Phi}{\Delta t}$

并指出：直导线是闭合电路的特殊情况。

由于这些内容是通过讨论建立起来的，因此学生学习条理比较清楚，并为后面较复杂的交流电打下一个良好的基础。

三、培养学生分析和推理能力

在学生初步具有了主动追求科学知识的热情和兴趣的情况下，我们就着重培养学生的分析和推理的能力，并使学生通过分析推理以后能解决问题，尝到甜头，以巩固和发展学生的兴趣和热情。

由于物理课本上所阐述的各种定律都是在分析推理的过程中得出的，因此，要学生认真地阅读课本，就是让学生学会分析推理的良好方法。我们经常向学生强调：复习时要先看书，后做习题，要在理解概念的基础上完成课外作业。在课堂上我们充分依靠课本，对课本中所写的重要段落和句子，当堂跟同学们一道阅读，并作为解答问题和例题的依据。那种在课堂上把课本放在一边，只听教师讲解的做法，是不足取的。

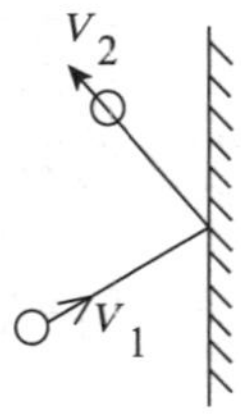

由于学生认真阅读课本，有时还会指出课本中叙述得不够正确的地方。例如：有个别学生说上册课本第 44 页图 2－38，托架的撑杆处应画上铰链，横杆应改为绳索；再例如，上册课本第 232 页，有一句：“我们把这种动量和动能同时守恒的碰撞，叫做弹性碰撞。”有几个同学在课后对我讲：“这种说法不妥当。”看来他们是经过讨论以后来找我的。他们说只要动能守恒，就是弹性碰撞，动量不一定要守恒，并且举出打康乐球的例子来证实他们的看法。如图：当球与球盘边相碰以后，如果在数值上 $V_1=V_2$ 就是弹性碰撞，因为$\frac{1}{2}mV_1^2=\frac{1}{2}mV_2^2$，动能守恒，而动量由于速度方向不同而不守恒，因此，书上的说法应该改正。学生能够通过分析推理而提出这些问题，应当说是非常可喜的。

在课堂上发动学生讨论，甚至进行争论；讲解例题时多考虑一题多解的题目；让学生自编一些习题(特别是选择题)，都是发展学生分析和推理能力的行之有效的方法，这里就不赘述了。

对于成绩较好的同学，要他们就所学的内容写出小论文式的文章，这对培养他们的各种能力有着较大的帮助。例如，有位同学在学过机械能守恒定律和动量守恒定律以后，就这两个守恒定律所适用的条件写了一篇短文。他以冲击摆为例子，提出在子弹射击沙箱时，只能用动量守恒定律，不能用机械能守恒定律，因为有其他形式能量出现(不能忽略不计)。但是，在水平方向合外力为零，因此动量守恒，可以求出碰撞后的共同速度。在碰撞后一起上升到最大高度的过程中，合外力不为零，所以动量不能守恒，但拴着沙箱的线上的拉力始终与运动方向相垂直，弹力不做功，只有重力做功，故机械能守恒(空气阻力不计)，根据$H=\frac{V^2}{2g}$，能求出上升的最大高度。这篇小文章并无高深的理论，但对高一的学生来说，能够把这两个定律所适用的条件说得比较清楚，还是比较好的，我们在课堂上表扬了这个同学，在复习课中就采用了他的说法来进行复习。

四、通过实验培养学生的思维能力

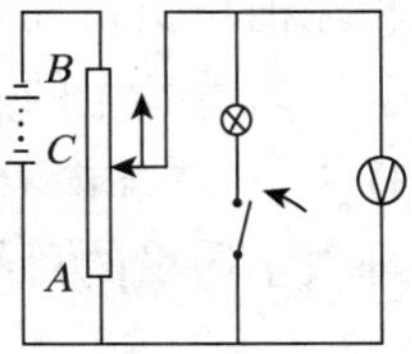

演示实验和学生分组实验，不仅是培养学生动手的能力，也是培养学生思维能力的重要手段之一。演示实验一般可分为引入新课形式的演示实验，验证某种定律形式的演示实验，介绍新技术的演示实验，以及教会学生使用某种仪器或设备的演示实验等。不管是什么形式的实验，都要使学生在开动脑筋的情况下，成为演示实验主动的参与者，而不能成为一个被动的观众。特别是验证形式的演示实验，要发动学生讨论研究，师生共同设计实验过程，其效果比教师以独脚戏的形式来表演要好得多。对学生来说，该实验有他自己的一份努力在内，他们会非常注意实验是否成功，有什么地方需要改进的。经验证明：当他们在课堂上的地位由被动转为主动时，对概念的理解、能力的培养、记忆的巩固都有明显的改善。例如：在讲过电池组这一节内容后，我们拿出一个封闭的蓄电池组，用电压表测量一下有8伏，再拿2只规格为3.8伏小电珠和一只开关，问学生要使小电珠能基本正常发光怎么办？学生思考以后回答：把两个小电珠串联后，并联到电源的两端就可以了。由教师完成实验后再提问：这种接法有什么缺陷？学生回答：两只小电珠同时亮同时熄，我们再拿出一个滑线变阻器来，提问学生“现在要用一只开关，控制一个小电珠，并使小电珠正常发光怎么办?”让学生当堂思考并讨论以后，请一个同学先在黑板上画出图来，再请另一个同学上讲台来实地做一下(如图)，最后由教师小结并指出：变阻器的滑动头开始时应该放在 A 点，逐步向 B 点移动到某一位置，以防止小电珠被烧坏。

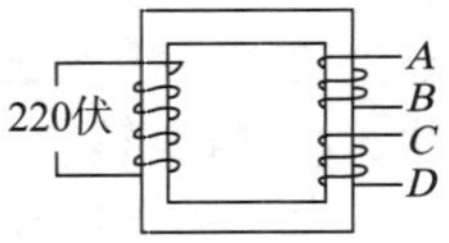

再例如，讲解变压器原理 $\frac{U_1}{U_2}=\frac{n_1}{n_2}$ 时，把演示用的可折变压器给学生看，但看不出原副线圈有多少匝数，再拿出一个自制的线圈(在纸筒上，同红塑料线绕 10 匝，用蓝塑料绕 10 匝)来代替副线圈，提问学生这样是否可以基本上定量的验证上式公式，让学生说明理由并完成实验，最后再提出根据所测得的数据，要学生算出原、副线圈大致的匝数。

学生实验大都是验证性实验，我们要求学生在理解课本知识的基础上预习实验原理、步骤，在实验过程中，要求学生能掌握该实验成功与否的关键，并能分析产生误差的原因，在课堂上大力表扬能提出任何改进意见的同学。例如，在做“研究电磁感应现象”这个实验时，有人提出用条形磁铁代替通电线圈；有人提出让通电原线圈与副线圈以相同的速度运动，观察有无感生电流；有人提出把通电原线圈放在副线圈的上端或下端，左右运动(不插入副线圈)，观察有无感生电流等，我们都及时加以鼓励和支持。当然也有些同学提出的意见有错误，我们则首先肯定他们积极研究问题的态度，并说明以前的科学家也是在不断克服错误的过程中建立起著名的学说的，同时启发他们自己修正错误。

为了使学生有更多的动手机会，在期中考试、期末考试以前和高考复习期间，我们把一些较为重要的演示实验和学生实验，都布置在实验室里，对学生开放，由教师轮流值班负责辅导。

培养学生的能力不是一蹴而就的事情，必须持之以恒地贯彻在整个物理教学过程中，这样才能养成学生敢于动脑、动手，善于动脑、动手的习惯，也才能达到提高物理教学质量的目的。

一九八一年九月

关于气态方程的推导

江苏省扬州中学　李启馨

现行高中物理课本(上册)第九章第六节:“理想气体的状态方程,是本章中的重点内容之一。”在这一节中课本先介绍了理想气体的模型;接着推导了一定质量的理想气体的状态方程;进而再讨论了一摩尔理想气体的状态方程和任意质量的理想气体的状态方程;最后说明了理想气体的状态方程与三个气体实验定律的关系。这段教材的讲述是既有实际例子又有理论推导。学生课外阅读时也易于接受。但为了使学生更进一步地理解和掌握理想气体的状态方程,并能灵活地应用 pV 图线(或 V、T 图线、pT 图线)的知识,有必要对理想气体的状态方程的推导作进一步的研究。

一、结合 pV 图线推导气体方程:利用课本第 307 页图(9-9)先说明使一定质量的理想气体从状态Ⅰ(p_1、V_1、T_1)等温变化到状态(p_2、V_C、T_1),再等压变化到状态Ⅱ(p_2、V_2、T_2),然后在 pV 图中画出二条等温线如图一所示:在 T_1 等温线上选取 A 点为状态Ⅰ,在 T_2 等温线上选取 B 点为状态Ⅱ。使气体作等温变化时,从 A 点沿 T_1 等温线到中间状态 C 点,其状态参量为(p_2、V_C、T_1),再使气体作等压变化时,用平行于 T 轴的水平线画到状态Ⅱ,即 B 点,利用玻意耳-马略特定律和盖·吕萨克定律得出一定质量的理想气体所遵循的规律:

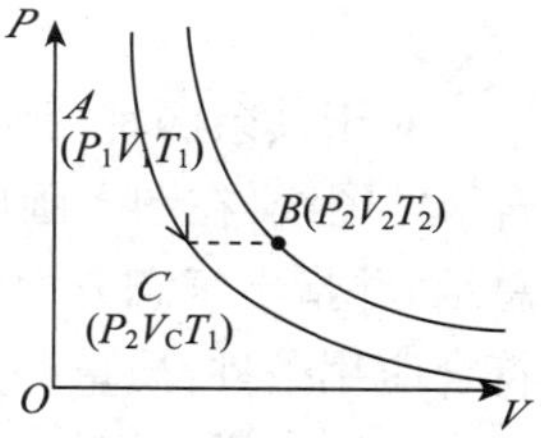

图一

$$\frac{p_1V_1}{T_1}=\frac{p_2V_2}{T_2}$$

结合如图的图线来进行讲解,可使学生对于理想气体的变化过程有较明确的认识。

二、在上述推导的基础上,教师再说明理想气体从状态Ⅰ变化到状态Ⅱ。可以有很多种途径,并不仅限于如上面所说的先是等温过程再是等压过程,甚至既不等温、也不等压还是可以从状态Ⅰ变化到状态Ⅱ。为了便于研究,就我们现在所掌握的知识可以有如下六种推导过程:

1. 等温过程—等压过程;
2. 等温过程—等容过程;
3. 等压过程—等容过程;

4. 等压过程—等温过程；

5. 等容过程—等温过程；

6. 等容过程—等压过程。

讲解时要结合 pV 图线，在图中把各种变化过程标出来如图二所示。教师任选其中一种变化进行讲解(第一种已讲过)例如选取第六种过程：由图中可看出从状态 A 变到状态 C，遵循盖·吕萨克定律：

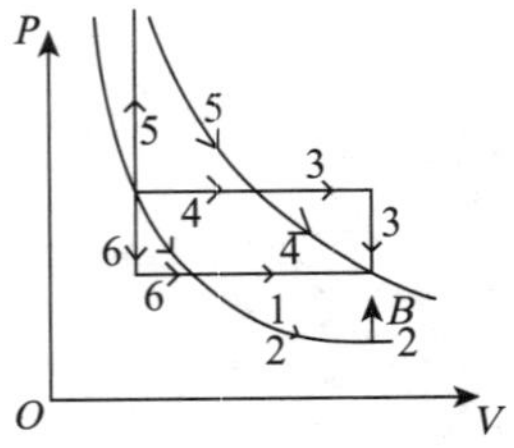

图二

$$\frac{V_1}{T_1}=\frac{V_2}{T_C}$$

从状态 C 变到状态 B 遵循查理定律：

$$\frac{p_1}{T_C}=\frac{p_2}{T_2}$$

消去 T_C，得：

$$\frac{p_1V_1}{T_1}=\frac{p_2V_2}{T_2}$$

对于其余四种变化过程可在课堂上由学生分组进行推导，在推导时要求学生结合 pV 图线，在图上画出变化的途径。再由四个同学上台进行板演，最后由教师加以总结，并指出气态方程虽由几种特殊情况推导出来，但对于普遍情况均能适用(只要符合应用条件：质量一定)。

经过这样的训练，学生对理想气体的状态方程或气体三定律理解得比较深刻，掌握的程度也比较牢固，对图线的应用也有较好的效果。

三、为使学生能进一步掌握图线的应用，还可以利用 pT 图线或 VT 图线来推导上述方程，这个推导过程可留给学生作为课外作业或在下一节课作为复习提问的内容，以期巩固与发展学生所获得的基础知识。

在课外科技活动中物理教学的渗透

江苏省扬州中学　陈家瞳

开展青少年课外科技活动对促进青少年全面发展的作用已日益为人们所重视。近年来，全国各地以开展各种智力竞赛，举办青少年科技作品展览，组织小发明、小论文科学讨论会等各种形式推动这一活动的开展。但是由于在校学生学习负担比较重，对开展课外科技活动存在不少思想障碍，加之需要一定的人力物力，开展这一活动还存在不少矛盾。如何把课外科技活动与课堂教学结合起来，并且能比较直接地促进学生对教学内容的深入理解，会减轻这一矛盾，本文仅从物理教学特别是物理实验这个方面谈谈这个问题。

（一）物理教学渗透到课外科技活动中的有利条件。

1. 物理学是基础科学，它的内容在各种科技活动中会经常出现。例如，在航空模型活动中，飞机的升力、阻力、重心、平衡等问题，都是物理问题；在无线电活动中，它的基本原理在高中物理课本中就有专门章节；气象观测中就离不开物态变化、大气压强等物理知识，任何科技作品的制作，都要使用一定的工具，刀、钳、镊、锯、刨、锉、剪、锤等等涉及到杠杆、压强、冲量等基本物理知识；尺、天平、温度计、电表等都是物理量测量的基本仪器，甚至在天文、地质、生物等专业性较强的科技活动中，也经常离不开物理基础和测量手段。

2. 物理学是实验性科学，可以提供青少年广泛的动手条件。

开展课外科技活动的目的之一是培养青少年手脑并用的能力，当前在校学生“动手”方面特别缺乏，“动手”这一点就更具有重要性，在课外时间开放实验室，让学生自己花比较多的时间独立思考地做实验是很有必要的，对于实验条件较差的学校，让学生自己动手制作一些简单的实验仪器，或用代用品做实验，更会在思想上、经济上和培养学生能力上得到多方面的收获，即使教材上规定的实验条件都具备了还有改进实验和多做实验的问题。

（二）在课外科技活动中结合物理教学的一些做法。

上面提到的“开放实验室”的做法，让广大学生有机会多做实验，肯定为广大学生所欢迎，并会取得良好的结果，但是对实验室条件的要求比较高，花的人力物力比较多，要做较多的组织工作，我们可以利用课外科技活动在参加人员和内容上的灵活性，开展形色多样的小型活动。

1. 布置课外实验习题或简单仪器制作。

这种形式对于初中开始学习物理的学生最合适，他们对许多物理现象有很强的好奇心，而所学的内容比较简单，实验所需的器材一般均可以找到代用品，例如用有刻度的药水瓶做量筒；用自绕弹簧或橡皮筋做弹簧秤；用小药瓶做浮沉子，还有做比重计、小水泵、秤、滑轮、单摆等都不困难，而测定长度用的尺，计时用的表几乎家家都有，应该把课外实验题作为培养学生手脑并用的重要手段。

2. 组织、指导学生制作物理教具。

对于比较复杂一些的教具，可以指导兴趣小组制作，要注意在制作的过程中让学生理解有关的原理，使制作过程变成深入学习的过程，同时又提高了制作能力。例如，在初二学习了液体和气体的压强以后，学生对液体、气体的性质有了初步了解，见到老师在课堂上演示了不少有趣的实验，如何让学生把这些知识通过自己的实践深入巩固呢？我们组织几个学生制作了一件综合性教具，将自来水设备(包括水池、离心式水泵、水塔等)结合连通器原理、喷泉、虹吸现象、水轮机(水流能的利用例)，课本上分散讲到的内容等构成一个整体，还考虑了间歇放水的自动量液装置，电动机一开动，整个系统水流不息，使学生很感兴趣，这个教具参加了 1980 年扬州市青少年科技作品展览，并在课堂教学上起了作用。

［附示意图］

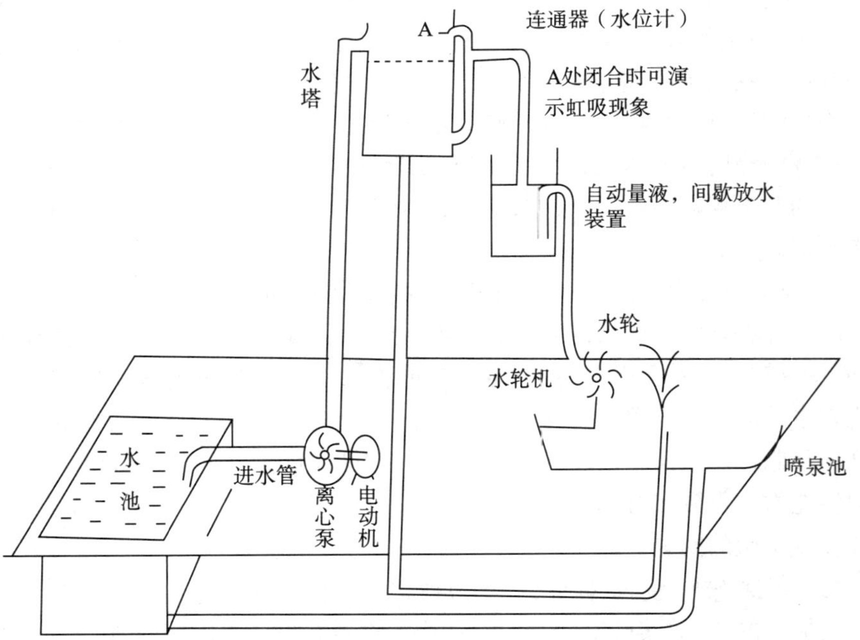

又如，在无线电活动中，为了让学生理解收音机电路，组织活动小组学生绘制底板的彩色图和制作教板、制作晶体结构模型等等。

3. 用一些有兴趣的教具或实验方法，启发学生创造性思维，让学生自己操作、体会物理过程的规律。

(例1) 高一学生在学习抛体的过程中,对抛体运动可看为初速度方向的匀速直线运动和自由落体运动的合运动体会不深,我们制作了一种“百发百中”枪,演示给学生看,并让学生课后自己尝试,因为学生对这类活动很感兴趣,就会有较深的印象。所谓“百发百中”是你正确掌握了抛体运动的规律,就“百发百中”。如违背规律,当然打不中。这一教具(附“百发百中”枪示意图)参加了省物理教具展览,在教学上也用了多年。实践证明,细线在钢针上的活绊和滑轮对靶子悬线的阻力可以忽略不计,子弹用圆柱形木塞较好,枪身不水平时(斜抛)也可使用。

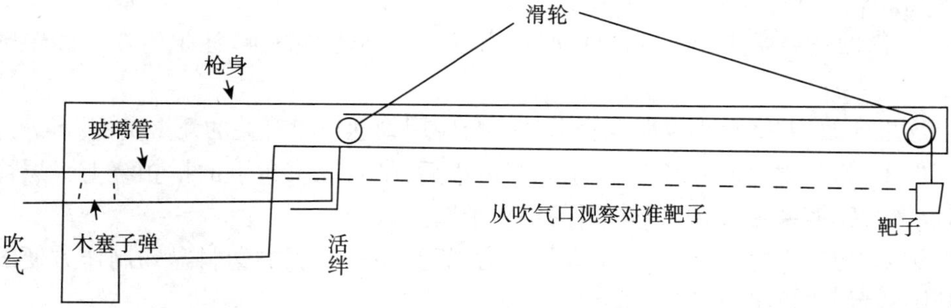

(例2) (再如)在学习共振时,学生对“策动力”的频率如果与受迫振动系统的固有频率一致时,“会发生共振”很难有亲身体验,而书本上介绍的弹簧下挂重物的受迫振动不易看出规律性,我们制作了一个简单的“锯片振子”,用手轻轻敲击锯片,当敲击频率与振子应有频率相合拍时,振子逐渐形成很大的振幅,因为它的振动状态颇为有趣,常引起学生哄堂大笑,这个土仪器可让学生自己用手敲击,体验策动力频率与固有频率的合拍与否对受迫振动的影响,改变振子质量或锯片长短(改变了弹簧性质),振子固有周期也随之改变。

(附锯片振子示意图)

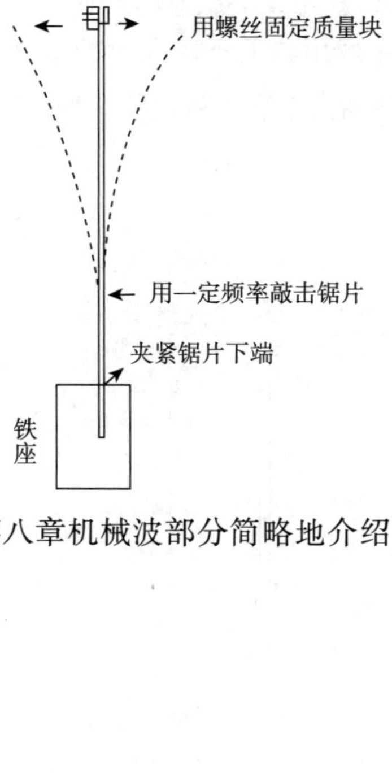

(例3) 高中第一册第八章机械波部分简略地介绍了声波,并提到了超声和次

声，学生对声音的频率缺乏感受，多高的频率对应着什么感觉，频率低到多少、高到多少就听不到了，如果只听老师讲，没有感受，那么学生就缺乏这种常识。我们用一只喇叭、一只压电陶瓷换能器接到可变频率的（20－20Kc）低频信号发生器输出端，让它们发出相应频率的声音，当频率向低频变化时，学生就体会到声音逐渐低沉下来，最后低沉到类似一种风声而听不清了；向高频变化时，学生就会感到一种尖锐的刺耳声，最后尖锐到耳朵又刺又麻，有的学生会感到不适，逐渐也听不到，对不同的人，范围稍有不同，并且同时用示波器观察波形的频率变化，让学生自己调节频率，感受就更深刻。因为此节不是重点，这样的活动宜于在课外活动中让有兴趣的学生自己做。

4. 借助各类竞赛的东风，抓住时机启发学生创造性思维，让学生在实践中磨炼自己。

这里介绍1982年小发明竞赛活动中与应用物理规律有关的几个实例。

例1. 初二学生×××，学习了摩擦力以后，把自己书包上的搭扣绕上一层橡皮筋，以增大摩擦系数，提出“不打滑的书包带”。

例2. 初二学生×××，学了大气压力，想利用挂衣服的塑料盘钩制作方便的黑板挂图装置（并拉出吸盘圆规的设想）。

例3. 高一学生×××，在进行平抛运动的分组实验后，觉得实验方法值得改进，提出了自己的想法，我们借助于小发明竞赛的推动，支持他具体实验自己的设想，让他在暑假中花十多天的时间改进自己的作品，取得了良好的结果（省一等奖，全国二等奖）。学生从这一活动中不仅深刻地掌握了抛体运动的规律，而且学习了木工、钻床等基本操作，懂得了一些机械结构的道理，磨炼了意志，提高了素质。

5. 重视学生在实践中提出的问题，力求通过学生自己的实践去回答。

举一个例子，去年实验室刚买进研究弹性碰撞的实验装置，我利用课外活动时间让几个课外活动小组的学生自己做实验（高一学生分组实验九，研究弹性碰撞），这个实验的原理、步骤都比较复杂，我想试一试他们的独立工作能力。其中有的学生做得比较好，并发现实验中利用小球由桌面下落经过的水平距离和时间（从桌面高度计算）计算水平初速甚小于由斜面滚下利用机械能守恒（$V_x=\sqrt{2gh}$）计算得的结果：即

$$V_x=\frac{x}{t}=\frac{x}{\sqrt{\frac{2H}{g}}}<\sqrt{2gh}$$

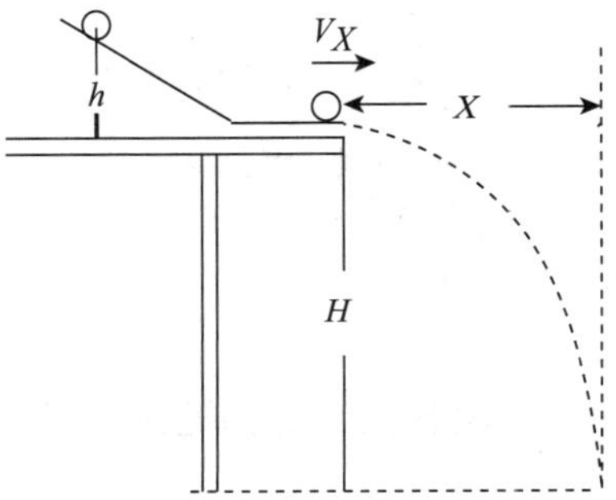

为什么呢?

学生容易想到的答案是因为小球与斜槽间有摩擦,损失了机械能,这一回答是否正确呢?肯定有正确的因素的,但我们使用的斜槽是很光滑的,小球在上面的滚动摩擦很小,是否构成水平初速减小的主要原因呢?我们让学生观察了这样的实验(甲图):让小球沿(两条平行的金属片构成)斜槽向下滚动,小球从最高点 A 至 B 的过程中速度逐渐增大,到了水平位置 B 后,小球速率应该保持匀速(摩擦不计)或逐渐减慢(考虑摩擦)。但是我们观察到小球在 C 点速度突然增大,向前一冲,然后才逐渐减慢(演示)。这一奇怪的现象是什么原因呢?难道小球在 C 点有什么外力作用吗?我们再进一步仔细观察小球的运动状态(乙图)原来小球在由 $A \rightarrow B$ 的过程中(如乙图 D),斜槽宽度稍窄于小球直径,球面与槽轨接触点构成一个小园,小球向下的线速度与角速度有 $V_D = r\omega$,因为 r 很小,所以 ω 较大,小球的转动较快,小球到达 C 点,小球下端接触到槽底,迫使小球沿槽底滚动,$V_C = \omega' R$,由于 R 比 r 大得多,ω' 不可能立即比 ω 小很多,因此 $V_C > V_D$,这是一种定性分析。这里有意让学生了解一点转动动能的概念。小球由 $A \rightarrow B$,小球的重力势能转化为小球的平动动能和转动动能。在 C 点附近小球的转动动能的一部分转化为平动动能,所以能增大平动(质心移动的)速度。前面的问题答案应是:应用机械能守恒定律时,没有考虑小球的转动动能,同时又有摩擦损耗,至于哪个因素是主要的,要看具体条件。

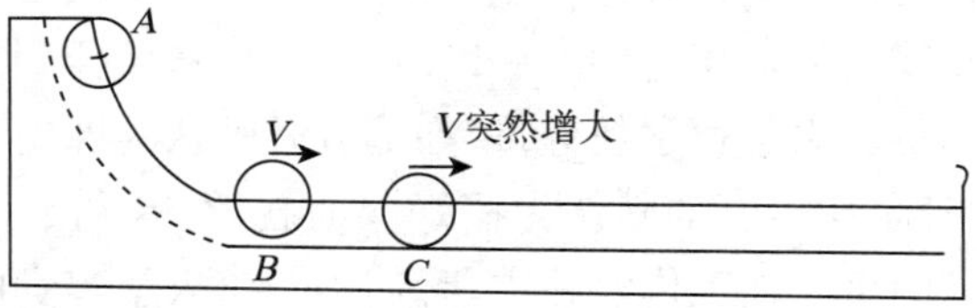

甲图

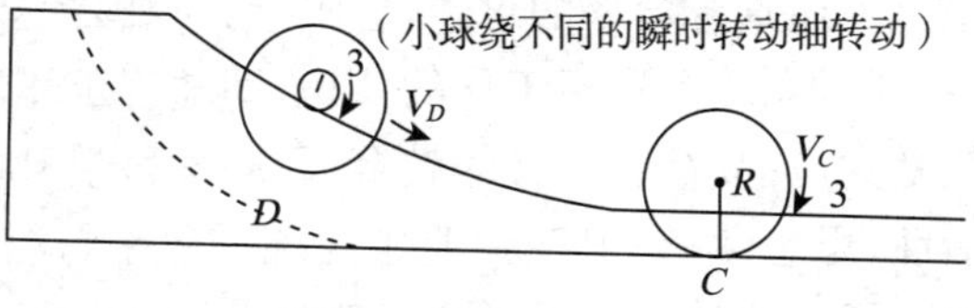

乙图

转动动能问题在教科书中"物体的内能"部分说到分子具有平动、转动和振动三种动能,而在平抛实验中求平抛初速时实际上会涉及到,对一部分已提出有关问题的学生应给予合理的解释,但不应该把普通物理中的内容硬往下搬,上面这个实验是这一想法的一种尝试。

以上各种做法定有许多不当和错误,敬请同志们批评指正。

一九八二年九月

我们是怎样开展青少年科技活动的

江苏省扬州中学

近几年来，我们在上级有关部门的领导下，围绕教学中心积极开展青少年科技活动，在活动中活跃思想、培养智力，提高解决问题的能力，有力地促进了教育质量的提高和青少年的健康成长。在参加市、省、全国的各项竞赛活动中均获得较好的成绩，仅在今年就先后获得扬州市少年科技知识竞赛，数学竞赛，无线电竞赛女子第一名，科技小发明团体总分第一名，江苏省小发明竞赛一等奖和三等奖，全国小发明竞赛二等奖，有13名同学被选拔赴宁参加全国数学竞赛。

回顾过去，我们的主要做法是：

一、明确指导思想，切实加强领导

中小学是整个教育的基础。打好这个基础，培养德、智、体全面发展的宏大的科技后备队伍是祖国四化建设的迫切需要。一度时期，学校从领导到教师，对学生课外科技活动的意义认识不足。由于教学任务重，如部分教师认为课内工作已够繁重，搞科技活动又要增加“额外负担”，有的则认为搞好课内教学，有利于提高升学率，开展科技活动是“可有可无”的事。在工作实践中，我们不断深入学习党的教育方针，学习有关教育科学理论，克服单纯追求升学率的思想，着眼于为我国社会主义现代化建设培养人才。同时提高了对新时期政治思想工作的认识，即随着工作着重点的转移，对青少年进行热爱祖国，热爱党，热爱社会主义的教育，要同学科学、用科学的教育结合起来，把教育内容的政治性、思想性、知识性和趣味性统一起来，这样，逐步纠正了片面认识，领导和教师们提高了组织学生开展课外活动的自觉性。

我们认为，科技活动是课堂教学的延续和补充，是传播知识、训练技能的重要途径。从某种意义上讲，在人才的培养方面发挥的作用不亚于课堂教学，科技活动开展得好，对当前提高教育质量有推动作用，对四化建设开发智力也有重要意义。因此，它不是额外负担，而是份内的正常工作，不是可有可无，而是提高教育质量必不可少的措施。

我们从组织上采取措施切实加强对科技活动的领导。全校成立了科技活动指导小组，分管教学工作的校长定期召集小组成员研究计划，落实措施。并把它作为每学期寒暑假计划的部分内容布置到各班，贯彻落实。近几年来，先后把缺人抓，缺场地，缺经费，缺器材，缺辅导力量，缺时间保证等问题逐个提到议事日程上来，尽可能给予解决或解决一部分。在课程设置方面，去年，我们在高中开设了选修课和劳动技术课，系统地传播知识，训练技能。本学期我们还安排了学工劳动，坚持理论联系实际的原则，培养动脑、动手的能力。

组织课外科技小组是培养人才、定向发展的重要途径。物理、数学、生物、地理等教研组，先后组织建立了无线电、航模、摄影、电影放映、气象、生物、数学等21个科技活动小组，参加人数约500多人，占全校学生总数的四分之一。在任课老师指导下，有的班级还成立了物理、数学等课外兴趣小组。因班制宜开展活动。在实践中我们体会到，要使科技活动深入开展确有成效，必须实行科技活动制度化。首先要有活动制度，每周有固定的科技活动时间，使活动的项目、人员及地点逐步做到固定化。其次要有辅导制度，聘请好科技辅导员或指导老师。在辅导工作中，要注意基础知识的运用、基本技能的训练。科技制作从基础开始，从易到难，从简到繁，注意不脱离学生实际，要和课堂教学以及学生的知识水平相适应。再次，要有评比奖励制度，以激发青少年的创新精神，充分调动他们的积极性，促进科技活动的经常、持久。

二、围绕课堂教学，扩大知识面

中学教学内容中有大量的自然科学知识，在教师讲透教材的基础上，根据教材内容通过举办科技讲座、团队活动等方式向学生补充有关科技知识，介绍科学家的故事和科技新动态。数学教研组围绕课堂教学内容，学一个专题，搞一个讲座，拓宽、加深课堂讲授的基础知识，他们举办的“证题方法”“周期”“不等式”等讲座，深受同学欢迎，其他各教研组，先后举办了“导弹”，“物理与现代化”，“人造地球卫星”，“无线电自动控制”，“新型光源”，“科学种田”等科普知识讲座，开阔了学生的视野。结合团队活动，搞了“百科知识竞赛”，“智力运动会”，“生物趣味解答”，“寻找冬天的为什么”，举行“嫦娥奔月——宇宙飞船”中秋晚会等活动，组织学生观看“星外来客”，“毛孩”等科技电影，普及科技知识，我们还请了五十年代的校友，中国科学院数学所研究员方开泰同志给全校师生讲“数学研究”，激发兴趣，活跃思想。62届毕业生祁力群在研究区间数学上取得成果，受到了国内外专家的重视和好评，他的研究成果被称之为“摩尔—祁力群方法”，我们请他回校作报告，他勉励母校同学：“要在中学时代树立自己的抱负和志向”，为了理想的实现，“要培养强烈的求知精神和扎实的学风，要有百折不挠、顽强努力的精神”。校友的报告在同学中引起强烈的反响，激发了为四化而学习的热情。81届初一(5)班还利用队活动时间，先后介绍了古今中外20多个科学家刻苦学习，努力攀登的故事，激励少先队员去探索知识。81届初二(2)班的周青同学还撰写了一篇科技文章《特殊的鞋》登载在1981年第1期《科学时代》杂志上。

三、在活动中激发科技兴趣，培养能力

青少年的兴趣爱好是多种多样的，他们对什么都感兴趣，都要问个为什么，健康的兴趣爱好往往是求知的向导、理想的种子，它是青少年学习活动的起点和动力，但

由于他们发育还不成熟，缺乏明确的目的，他们的兴趣往往是自发的，短暂的，需要在科技活动中培养，引导他们变“有趣”为“乐趣”，由“乐趣”发展为“志趣”。

我们利用学生的好奇心，带领他们观察自然界的变化，鼓励提问，启发思考，同学们提出1700多个“为什么”，接着又自己动脑筋解答“为什么”。他们对照课本翻阅资料，热烈地争论，探索自然界的奥秘。81届初一(1)班有个学生，为了解答“宇宙飞船为什么能上天”这个问题，主动到图书馆翻阅资料，并花了两个晚上的时间学习高中物理课本中的有关章节，阅读了《十万个为什么》，初步懂得了宇宙飞船上天的道理。有的中队还邀请生物老师一起参加“寻找冬天的为什么”活动。发动队员解答“为什么”，具体地进行了一次科学的启蒙教育。尔后，我们在内容上适当加深，搞了一次“数学、生物趣味题”的解答活动，主要培养学生的观察能力、思维能力、解决问题的能力。由于趣味题有一定的难度，他们在各自翻阅资料、独立思考的基础上，共同讨论，集思广益，促进了钻研风气的形成。81届初二(2)班俞明轩同学，对科学产生了浓厚的兴趣，《科学画报》每期必看，去年，他主动投稿参加《科学画报》中“动脑筋专栏”科学知识竞赛，获纪念奖。去年暑假，81届初三(8)班刘卫同学参加《少年科学》第六期物理竞赛，获一等奖。

初中学生的学习兴趣比小学生有更大的分化性和选择性，对于学生中出现学习兴趣的片面性必须引导，因为中学教育是基础教育，针对部分学生重理轻文，忽视副科的情况，我们通过团队活动进行学好每门功课的教育。81届初一(8)班中队有不少学生对生物学习不重视，认为那是副科，于是举办了“在生物的海滩上漫步”的主题中队会。老师深入浅出地介绍生物学与医学、物理、化学等学科的关系，告诉队员二十一世纪将是生物世纪，还放了有关生物知识的幻灯，队员们兴趣盎然，就自然而然地重视生物学习了。他们在课外开展了以种蓖麻为主的小种植活动，队员们还主动学习有关生物知识，并积极查找资料，解答大队部所出的课余生物趣味题。随着科学技术的迅速发展，基础扎实，知识广博，是一个四化建设者必须具备的基础条件，我们特别注意引导学生全面学好功课。初一有个学生平时喜欢看科学幻想小说，一个暑假他不出去玩，关在家里写了一篇科学幻想小说《奇妙的FOU》，他想得入迷，甚至数学课也不专心听讲，结果数学考试未及格，我们一方面肯定他对科学的兴趣，另一方面指出要成为科学家必须从小打下扎实的知识基础。

科技小组活动的正常开展使学生激发了求知欲，提高了解决问题的实际能力，调动了学习积极性。学校航模小组的20多个成员都是在“我们爱科学”活动中涌现出来的积极分子，他们带着获得学校科技制作优秀奖的作品来到小组参加活动，经过两年的实践，制作水平有了提高，他们在教师指导下集体制作的分子结构模型、汽轮机模型、水的性质综合演示器等作品参加扬州市青少年科技制作展览获得好评，制作的舰模在全市比赛中以每秒0.8米的速度获第一名。今年他们又制作了一级牵引4架，二级牵引和橡皮筋12架，准备参加扬州市航模比赛。高中的无线电小组上学期已制作了七管收音机15台，四管收音机5台。生物小组的活动已坚持多年，内容比较丰富,他们在生物老师指导下培植银耳、灵芝,制作动植物标本近400件,还从分类学角度将学校主要树种进行定名挂牌。

今年开展的小发明、小论文、小制作竞赛有力地推动了我校科技活动的深入开展。同学们发扬勇于探索和创新精神,动脑动手,写了40篇小论文,搞了小发明“平抛实验架”、“多用量角器”、“日光灯省起动器开关”、“厚书夹”、“自行车上锁提示器”、“不打滑的书包带”,其中“平抛实验架”获全国二等奖,“多用量角器”获江苏省二等奖。“平抛实验架”的制作者高一(1)班吴顺文同学深有体会地说:“小发明制作的过程是思考的过程,也是意志锻炼的过程。”当他在学习物理力学部分关于平抛物体的运动章节时,发现课本中的实验有不妥之处,即滚落的小球与铅笔相碰存在着偶然性,不易做的准确,于是他认真思考,并作出了这样的设想:小球落地点是唯一的,假设将地面逐渐提高,并让小球每一次从同一高度滚下,这样就可以得到一系列的“落地点”,设法将这些“落地点”投影到白纸,就可以达到实验的目的,于是他改进实验的装置,设计出了水平板,为了制作水平板,他手上磨出了七个水泡,仍坚持干到底,他的制作荣获江苏省小发明竞赛一等奖。

我们还注意在科技活动中培养学生自觉的学习习惯和良好的学风,加强科学品质的修养。

我们的青少年科技活动刚刚起步,活动尚未普及,活动的教材、场地、科技辅导员的水平提高等问题还没有很好地解决,对如何与教学计划密切配合,使科技活动贯串中学阶段还缺乏全面思考,我们决心认真贯彻十二大会议精神,埋头苦干,为振兴中华,建设四化,培养又红又专的科技后备人才而努力奋斗。

1982.9

改革中的思考与实践

江苏省扬州中学　金学文

课堂教学是教学的基本形式。课堂教学结构，是教师、信息、学生三要素在课堂教学活动中的动态结合。为了摆脱传统习惯的束缚，深入进行教学改革，提高课堂教学效率，近几年，我在教学思想和课堂结构方面着重抓了以下几点。

一、重视自学

学生在学校学习时间是有限的，而知识是无限的，一个人一生中所获得的知识大部分是依靠自学，因而在教学过程中培养学生的自学能力，养成学生良好的自学习惯，将使学生受益终身。重视自学，充分调动学生学习的积极性和内在潜力，体现了学生是学习的主人的基本思想。

促使学生产生学习的需要是推动学生重视自学的前提。在教学实践中，我比较重视前言课的教学，比较重视学生每一课导言部分的理解，使学生一开始就明确学习的目的和意义，以产生学习的需要。在讲每一个原理时，都要让学生了解它的方法论意义，懂得它在我们实际生活中的指导作用。教师自己对每一节课都要力求准备得充分些，使学生在接受新信息时，深感言之有据，言之成理，从而提高他们的学习兴趣，激发他们的追求意向，产生他们的学习需要。许多事实说明，需要是一种非常活跃的心理因素，一种需要满足了，又会产生新的需要，这样会不断增强自学的自觉性。

发挥教师的指导作用是加强自学的关键。自学不是放任自流，是有师的自学，是在教师指导下进行自学。在教学过程中的各个阶段，都要有目的有计划地安排学生自学教材。要求学生看书阅读教材可以因内容而异，形式是多样的，课前看，课上看，课后看，全文看，重点看，穿插看，重要内容反复看等。经过训练，学生养成了看书的习惯。他们由于读得懂书，就更加喜欢读书，有的学生在短短的几天内，就把教材通读了一遍，少数同学还在课外读了一些马列原著，这样的结果使学生普遍增强了独立获取知识的能力，思想活跃了，分析问题和解决问题的能力提高了。他们逐渐消除了依赖心理，学习从被动变为主动。不少学生的学习由应考型转向求知型，进而变成了探索型、创造型。

二、诱发思考

教师不但不能把自己的意志强加给学生，而且连自己的知识也不能强加给学生的。强加不但加不进去,而且会挫伤学生的主动性和积极性,扼杀他们的学习兴趣,窒息他们的学习思想,引起他们的自觉或不自觉的抵制和抗拒。因此,教师要在了解学生的前提下,在掌握教材的基础上,遵循对立统一规律去组织教学,将学生的思维机器发动起来,使教学过程成为解决矛盾的过程;教学就是矛盾始,到矛盾的终,不断循环往复螺旋式向前发展,达到认识的提高,智力的发展,行动的进步。

心理学告诉我们:注意就是定向反射,是认识的窗口。合乎逻辑的是:教师上课时的词和语言乃至手势等必然引起学生的定向反射和积极思维,因此,教师要善于有意识有目的设置一些障碍,抓住似乎有矛盾的问题进行设问,这种设问可以帮助学生用辩证的观点科学地思考问题。以讲授"商品、货币、价值规律"为例,发现有的学生对劳动生产率与商品的使用价值、价值的关系方面的问题老是不容易搞清楚,我就提出一些问题让学生思考,如:"黄金用途大,还是铁的用途大?""一只铝碗与一只银碗相比,哪个贵?"等,这些问题就如一石击水,一下子激起了学生脑海中思维的浪花,从而为新课题内容的学习创造了积极思维的良好局面。其次,要抓住概念和原理的关键所在进行设问,这可以帮助学生准确完整地把握住基本概念和基本原理的含义。再次,还可以从反面设问。如资本主义的生产目的是追求剩余价值,那么社会主义的生产目的是什么? 在社会主义社会里还有没有剩余价值,为什么? 又如,人的正确思想是从社会实践中来的,那么,人的错误思想是不是也是从社会实践中来的呢? 每当这时,学生就异常兴奋,交头接耳,议论纷纷,苦苦思索,寻求正确的答案,使学生的学习思想处于最佳状态,对基本概念和基本原理的理解较为深刻、对它的正确性坚信不疑。此外,在一堂课要结束时,还可以留下一些疑问,以利引导学生预习。我国古典章回小说吸引读者的一个重要手法,就是在每一回结尾时要设置一个悬念,来个"欲知后事如何,且听下回分解",这种方法我们不妨借用过来,以增强教学效果。

学生的心智被启动,思路便打开,他们进入了思考的王国。会发现很多矛盾,会提出许多问题。对学生提出的疑难问题,有时指导他们深入学习教材,有时组织讨论,有时在教师讲授的过程中去解决。不管采取何种方式,都是引导学生将学与思结合起来去解疑排难,这便极大地调动了学生思考的主动性。

三、组织讨论

在课堂教学中,过去有一种通病,老师包场,从头讲到尾,老师讲、学生听,至于听了多少却很难说,学生很少有机会表述自己对有些问题的看法,这就阻碍了他们的思想交流,限制了学生的积极思考。组织学生议论,争辩讨论,改变了过去那种呆板、沉闷的教学气氛,学生各抒己见,相互切磋、相互琢磨,交流了见解,开阔了思路,发展了思维。有利于学生明确是非,取长补短,纠错立正,学得生动活泼,还有利于教师发扬教学民主,有的放矢地启发、引导、解惑和及时得到教学效果的反馈。

我们组织学生讨论,主要有以下的做法和方式:一是在学生阅读教材的基础上对某些重点、难点或者容易混淆的问题,采用同座两个或前后左右四人小组的方式进行议论或者讨论，然后再经过全班范围内发言争辩，把问题弄清楚。二是在教师讲课中穿插讨论，这往往是师生双方集中精力突破难点。三是专题讨论。这是结合学生的思想实际或大家所关心的社会上重大问题，组织学生进行理论联系实际的讨论。通过讨论既可以帮助学生加深对理论和党的方针政策的理解，又能澄清模糊的和错误的认识以提高认识水平和思想觉悟水平。

四、必须精讲

课堂上教师不能“满堂灌”当然也不能不讲，要起“传道、受业、解惑”的作用。教师的讲授要注意精。“精”不是精细，使学生不需咀嚼。精是教学内容的“精华”，是教学的重点、难点和关键，也是指“精彩”，即讲得生动、形象、严谨，富有说服力和吸引力。

如何做到精讲？首先，凡是学生自己能看得懂的，教师就不必讲或少讲；凡是学生已明白的事理，就一定不要反复啰嗦；凡是学生能想出和能解决的问题，就不必提示。要集中精力，用较少的时间把教材的重点、难点和关键说清讲透，对学生在自学、练习中产生的问题作为的放矢，画龙点睛、切中要害地加以解决。这样，才能给学生留有余地、留有思维和想象的空间。

其次，要善于化抽象为形象，从具体到抽象。政治经济学和哲学的概念和原理是相当抽象、概括的，例如，在《政治经济学》第二课中有这样一段话：“……人们崇拜自己用手创造出来的商品和货币，就像迷信的人崇拜神一样。这种现象在资本主义社会中表现得特别明显”对初学的中学生来说是比较难懂的。因此教学中要善于运用深入浅出的方法，把抽象的概念具体化，把深刻的道理通俗化，要精心选择有说服力的材料说明观点，运用文艺作品、成语、谚语或寓言典故，对学生感知、领会概念和原理也会达到较好的效果。在运用具体、生动的事例来阐明观点和原理时，要注意科学性，即举例要准确、要能够说明事物的运动规律。要注意典型性，即要选择那些能够说明问题，具有代表性的事例要作深入的分析，以达到窥豹一斑而知全貌，使学生能把知识联系起来产生“迁移”，达到触类旁通、举一反三的效果。要注意思想性，即例证对学生要具有教育意义。这样会极大地提高课堂教学效率。

五、适当练习

练在教法上可以理解为应用。它是知识转化为能力的一种表现，是提高学生运用理论解决实际问题的能力的重要手段。练不能盲目地追求练习的数量和练习的次数，要避免搞题海战术，这样会加重学生负担。要练得得当，要讲究效果。练要有计划性、针对性、多样性和系统性。练要从实际出发，不能脱离教材内容，不能脱离学生的水平，不能脱离教学的目的要求。

在练的过程中，我们发现学生在运用理论解决实际问题的能力上，最主要的困难是：只适应直线思维，缺乏平面思维和立体思维，因而不能用所学的原理对实际问题进行具体的有血有肉的分析,往往是复述原理和扩展原理或离不开原理来分析问题,讨论实际。有的则把各种类型的某些答案作为不变的公式简单地硬算。我想,之所以存在这些问题,恐怕与学生的死记硬背,知识面不宽,思想水平低,文字表达能力差都分不开,尤其是对教科书的内容不够熟悉、对基本概念和原理不能完整、准确地理解有关。

现在我们在练的过程中注意了这几点:① 师生都要明确,不是为了练而学,而是为了更好的掌握所学的基本概念和基本原理,更好的提高观察、分析和解决问题的能力。② 在平时教学和练的过程中,一定要正确的理解概念和原理,特别要弄懂它的方法论意义是什么。③ 要加强时事政策教育,要让学生,尤其是高年级学生运用所学过的理论,加深对党的方针政策的理解,学习用理论来分析实际问题的方法,明确党和国家对自己这方面的要求。④ 在练的过程中,教师要注意教思路、教方法,为学生引路。要掌握练的情况,要及时地给予评讲,要介绍练习做得好的同学的思路,帮助学生逐步养成科学的思维规律。

我以为上述几个教学方法,是课堂教学形式,特别是高年级课堂教学形式中应该反复灵活运用的几个主要环节,这套教学方法系列在教学中是相互渗透的,它能保证学生在教学过程中的主体地位和发挥他们的主动精神,同时也能正确地体现教师的主导作用,因而会提高教和学的效果。

1986年12月

在写作教学中培养学生的思维能力

扬州中学语文组　张家骞

“教育要面向现代化,面向世界,面向未来。”这是我们今天办学的指导思想和教书育人的总目标。现在的中学生,将跨入下一世纪参加祖国建设,要把两个文明的建设推向新水平。他们应该比我们高明、能干,能发现前人没有发现的东西,解决前人没有解决的问题,创造前人没有创造的物质产品和精神产品。我们当教师的要为他们的未来着想,也就是为祖国的未来着想。因此,我们语文教学的指导思想应该是:文道统一,加强基础,发展智能,提高素质,为培养思维能力强的、能适应“三个面向”需要的人才而努力。

作文是见诸文字的想和说,它和思维能力有着更密切的关系。我们应该充分认识这一特点,在教学中加强思维训练,培养学生良好的思维品质,使他们的思维渐趋精确、周密、完善、合理和深化。我们在写作教学的实践中,深深体会到:(1) 命题要富有启发性;(2) 批改要注意点拨性;(3) 讲评要鼓励独创性。下面分三个方面来谈。

一、命题要富有启发性

命题作文的关键在于出好题目。我们应该注意从学生的实际出发,无论是结合讲读教学命题,结合学生的生活实际命题,还是结合当前的形势命题,都应该仔细推敲,精心设计,使题目本身有启发思维、引起联想的作用。

例如:我们在讲授鲁迅的《范爱农》一文时,结合讲了鲁迅的诗《哀范君三章》。鲁迅针对当时的黑暗现实,愤怒地指出:“人间直道穷。”我们指导学生读后,写了一篇文章,题为《敢行直道莫畏穷》。大部分学生通过思考,能认清题意:要敢于坚持正义,坚持真理,做正直向上的人,不要畏惧困难和挫折,也不要害怕遭到迫害和打击。许多学生还认识到:今天的社会与旧社会根本不同,有党和政府撑腰,有人民群众支持,暂时的局部的黑暗总会被光明所代替。我们应以国家和人民的利益为重,而把个人利益服从于国家和人民的利益,当二者发生矛盾时,宁愿牺牲自己,也要维护国家和人民的利益。

又如:在讲授《爱国学者顾炎武》后,布置了一组作文题,由学生选作小评论或随笔:① 谈谈顾炎武的“怪”;② “蒋山佣”作谁的“仆役”;③ 小议“顾母教子”;④ 介之推、屈原与顾炎武;⑤ 顾炎武眼中的韩愈。通过写作,不仅巩固了已学的知识,加深了对课文内容的理解;而且开展了积极思维,提高了运用历史唯物主义观点评价历史人物的能力。

有时,我们在出题之后,还随之提出一些有启发性的问题,帮助学生打开思路。例如:在写《伶官传序》读后感时,我们启发学生发挥扩散思维,由文中的三个警句联想到自己熟悉的其他警句。于是大家纷纷开动脑筋,由"满招损,谦受益"联想到"虚心使人进步,骄傲使人落后";由"忧劳可以兴国,逸豫可以亡身"联想到"生于忧患,死于安乐";由"祸患常积于忽微,智勇多困于所溺"联想到"勿以恶小而为之,勿以善小而不为"。再由这些警句联想到古今中外这些方面的事例。这样,学生就自然感到有话可说了。结果,在写出的文章中,有的联系齐王纳谏,"贞观之治",孔子虚心从师,华罗庚始终认为自己是"数学史上的一个矮子",巴甫洛夫给青年的信等正面事例;有的联系赵括、马谡的刚愎自用,秦始皇的"日益骄固",唐玄宗的由盛到衰,吴王夫差、西楚霸王、隋炀帝等人的急剧惨败等反面事例。通过对这些论据的讲评交流,又为大家今后写作积累了一定的材料。

除了命题作文外,还可以进行其他形式的有利于发展思维的作文练习。如:看图作文、选材组文、局部改写、辩论发言等。我们在教《山地回忆》后,布置学生续写一段,描写妞儿收到红布后的思想、语言、动作、神态,要求同原文刻画的性格相一致,还要注意妞儿此时的年龄和身份。我们在教散文《丑石》后,发现学生当中对"丑到极处,便是美到极处"这段话有截然不同的看法,我们便及时组织学生写发言提纲,展开辩论,做到敞开思想,畅所欲言,各抒己见,以理服人。时代在前进,事物在发展,有些观念要更新。为了活跃学生的思维,我们布置学生写了"旧题新论"和"成语新解"。鼓励学生多侧面、多角度地考虑问题,不拘泥于旧说,要敢于修正、翻新,从新的时间、地点、条件等方面进行再认识。同时强调指出:要学会透过现象看本质,要用辩证观点分析问题,防止片面性和绝对化;还要注意坚持实事求是的原则,该褒则褒,该贬则贬,勿做穿凿附会的文章。结果是学生思路大开,写出的文章丰富多彩。如《"知难而退"与"知难而进"》(要发挥主观能动性,认识和改造世界)、《"知足常乐"与"不知足者常乐"》(生活享受上要知足,工作、学习和思想进步方面要永不满足)、《"欲速则不达"与"不速则不达"》(指加快四化建设的紧迫感)、《"老马识途"的危害性》(防止走回头路)、《"各人自扫门前雪,也管他人瓦上霜"》(既要加强岗位责任制,杜绝懒汉思想;又要发扬共产主义风格,积极支援别人)、《"班门弄斧"新论》(下棋找高手,弄斧到班门,只有大胆实践,勇于竞争,才能有所前进)、《"开卷有益"辨》("开卷"的"卷"内涵应该是"有用的、无害的书",这样的书应该尽可能地多读;时间有限,更要抓紧时间读,有选择地读,决不能盲目地、无选择地"开卷")、《"大行不顾细谨"辨》(应分清问题发生在特殊情况下还是发生在一般情况下,还要分清属于国家政治军事方面的,还是个人品德方面的,做到具体情况具体分析)等。以上这些做法,都取得了较好的效果。

二、批改要注意点拨性

作文是一种综合性很强的训练，习作者要付出艰辛的劳动。教师对作文的批改，要使学生不管写得好些还是写得差些，都能经常看到自己的进步，心中有着强烈的写作欲望，愈写愈想写，愈写愈爱写。因此，批改作文，应该实事求是，有的放矢。无论表扬或批评，都要注意分寸，恰到好处；批评一定要中肯，不是隔靴搔痒，更不能张冠李戴。批语要有针对性，对于写得好与不好的具体表现及其原因，都要明确地指出来并略加分析，这样，才对学生有指导作用。

例如：我们曾给学生一幅漫画《可贵的扶持》，画面上是一棵被狂风吹得要倒的小树，在一根拐杖扣扎辅助下，挺立在山坡上。我们要求学生仔细观察画面内容，体会作者的创作意图，发挥合理的想象和联想，分别写成说明文、记叙文和议论文。写作结果，有少数学生把说明文写成记叙文，我在批语中就启发学生复习有关的写作知识，搞清这两种文体的区别。有的学生在记叙中牵强附会，说是“老大爷叫孙子回家找根布带子来扎”，我在批语中就提问道：“这样写，合理吗？”有的把画面内容误认为“是一个少先队员用一根粗木棍捆扎的”，我在批语中就启发学生看清“这是一根普通的木棍还是一根拐杖”，并要他“和画旁题字‘可贵的扶持’联系起来考虑”。有的学生脱离画面空发议论，我就在批语中指出：“写这类文章不仅开头要交代画面，当中也要紧扣画面”。

又如：在写《天下兴亡，匹夫有责》一文时，有的学生把古代的爱国者同当代的无产阶级革命家排列在一起，相提并论，我在批语中指出：“今天的爱国和封建社会的爱国，概念的内涵有所不同。古代的爱国往往是和忠君联系在一起的，而今天的爱国则是同热爱党、热爱社会主义密切不可分的。”针对某些学生不明确“有责”的“责”应该落实在何处，我在批语中指出：“今天我们的‘责’，主要的已经不是拯救危亡，而是振兴中华的问题了。”

再如：朱伯儒同志有这样一句话：“我是一棵长在山头上的小草，不是我高，而是山高。”我们布置学生以《小草与高山》为题，写一篇议论文。大部分学生都能认识到本文的中心应该是正确对待个人和集体的关系，一个人所取得的成就并不只是个人努力的结果，首先应归功于党和人民的培养教育，归功于优越的社会主义制度；但对自己应该做些什么，则很少谈到。针对存在的问题，我在批语中写道：“‘野人恋土，小草恋山’。‘谁言寸草心，报得三春晖’。小草离不开赖以生存的高山，我们应为祖国这座‘高山’增添更多的春意。我们每个人都应该有把自己的一切献给祖国的决心，都应该尽到为国家富强出力流汗的义务。”

教师在作文批改的过程中，还要尽可能把批语写得生动形象一些，引发思考，激起学生思想上的涟漪，引导他们探索作文的规律以及人生的奥秘。一则含意深刻、富有哲理而又语言优美的批语，常能给学生思想上写作上以极大的启迪，甚至经久不忘。

由于我经常注意结合写作教学,加强对学生的思想教育,深入浅出地晓之以理,推心置腹地动之以情,许多学生愿意和我谈知心话,在课外作文里大胆暴露自己的真实思想,并提出各种各样的问题请老师解答。如:一个学生在作文中写道:"我的兴趣很广泛,我爱剪报、拍照、集邮、游泳,还爱收集糖纸、烟纸、火柴盒,我不知道这是好习惯还是坏习惯,总之,我觉得我无法改变它,虽然它花去我很多时间。老师,您说,我这样可以吗?"我在批语中回答道:"完全可以。但要注意'玩物增志',不能'玩物丧志'!"

又如:有一个学生,过去作文里经常写一些消极悲观的话和偏激的话,说什么"现在学生的生活单调、无聊,有一种沉沦的感觉"等等。针对这些思想,我除了跟她个别谈话外,还在批语中赠她一副对联:"牢骚太盛防肠断,风物长宜放眼量。"通过多次的教育帮助,这个学生有了一定程度的转变。后来,她在作文中写道:"'哀莫大于心死'……切忌忧伤、郁闷、愁虑!'辛勤的蜜蜂永远没有时间悲哀''不要慨叹生活的痛苦!——慨叹是弱者……'况且,我有什么痛苦呢?"

三、讲评要鼓励独创性

从教学实践中我们看到,中学生的思维能力还有待于培养,他们还缺乏全面地、发展地、辩证地思考问题的能力,这样,他们的写作构思就免不了会存在这样那样的一些不足,有时表现为思维的狭隘性,往往是抓住一点不及其余,有时表现为思维的表面性,不善于透过现象抓住本质。面对这些问题,习作以后的讲评就更显得重要。它是帮助学生克服盲目性,指导学生对自己的习作实践进行再认识、再创造,从而触发睿智,开拓思路,提高思维能力的关键的一环。

讲评的方式多种多样,有时可"从学生中来到学生中去",用学生的思维材料发展学生的思维,引导他们的思路向深处广处拓展;有时可引出矛盾的观点,激发争论,再加以正确的引导,使他们的思维渐趋准确。有时还可以在作文前不提什么硬性的要求去束缚学生,而允许他们在同一个题目下选择自己喜欢的角度、方式去表现自己的观察和思考所得。这样,每个学生都得积极主动地开动脑筋,比起人云亦云地写得四平八稳更有利于发展思维。只要我们在批改时真心珍惜学生的劳动,就会发现不止一个出类拔萃的见解或构思,使人惊喜过望。

例如:我们曾将《第三只小板凳》(爱因斯坦童年的故事)发给学生,要他们写读后感。这个材料内涵丰富,可以从很多不同的角度立论,如:① 勤能补拙,奋发成才;② 世界上怕就怕认真二字;③ 千里之行,始于足下;④ 锲而不舍,不断进取;⑤ 要勇于向困难挑战;⑥ 要用发展的眼光看待一切;⑦ 失败是成功之母;⑧ 要有一点自信力等等。在讲评时,除了个别确属离题者外,对基本切题、言之成理、持之有据者,均采取热情鼓励的态度。

又如:我们一次作文考试,要求以"读《日喻》"为题写一篇随笔,谈谈对苏轼《日喻》一文的理解。其实,这一篇文章的立意构思,既应肯定苏轼强调亲"见"即强调"直接经验"的进步意义，又应指出其贬低甚至否定"间接经验"即否定"求之人"的片面性。再说，"生而眇者"犯错误，其原因并不在于"求之人"，而在于未按"告之者"的正确意义去体察，这从行文中可以看出。但是，大部分学生都只是正面肯定苏文的意义，而未能指出其片面性。可见传统的教学程式化，使学生停止在"模仿"和"求同"上，给学生带来的消极影响是多么的深。正因为如此，我们就更要鼓励学生敢于并善于"创造"和"求异"。对上面几层意思都写到，论据充实，行文简洁而又有独到见解的，应给予高分。

下面举两个习作片断为例：

"苏轼这篇文章固然说明了亲身实践的重要性；可我觉得，一个'生而眇者'何能看到太阳公公的微笑？如果要想让他知道什么是太阳，应该怎么办？——多方搜集有关太阳的间接知识，在头脑中进行综合，经过抽象思维，是应该得到较完整的太阳形象的。事实上，人们对许多知识的了解，不一定都是直接得来的。现在人们已经知道了原子的结构，太阳的成分，星球运行的规律等许多知识，可人们能够深入到原子核内部去参观，飞跃到太阳腹部去遨游吗？……当然，像东坡先生文中那位眇者，就不会得到真知。因为只有善于将各种间接知识进行归纳总结，方可奏效。"

"苏轼将盲人不识太阳总结为'以未尝见而求之人也'，是有一定道理的；这里的'见'就相当于深入实际进行的实践活动；'求之人'就相当于从他人那里获得间接经验。但这句话也还有不足之处。我们在重视直接经验的同时还要学习间接经验，因为你的间接经验在别人可能是直接经验，人的生命是有限的，不可能事事都亲身经历，因此我们要努力学习正确的间接经验，把它和直接经验有机地结合起来，才能获得正确的理性认识。"

再如：《孟子·齐桓晋文之事》一文中，说明了"不为"与"不能"的道理，认为齐宣王之不行王道"是不为也，非不能也"，并举出"挟泰山以超北海"和"为长者折枝"为例，说明齐宣王是后者而非前者。我们指导学生阅读此文后，布置学生写了一篇"读后感"，正标题是《"不为"与"不能"》，要求联系实际，谈谈自己的体会。结果是，大部分学生联系人才的成长、经济的振兴，认为"不为"是不努力去做，"不能"是虽然努力了但是做不到。有的学生写到："明白了'不能'与'不为'的关系，我们就要坚定信心，坚定理想，不被困难所阻挠，不断地努力奋斗。我们只有不怀疑自己的'能'，坚定地去'为'，才能肩负起历史赋予我们的重任。"

特别要指出的是：有些学生能积极主动地开动脑筋，提出自己的独到见解，这更值得赞赏。例如，有个学生写到："孟子对于'不为'与'不能'的区分法，在今天看来是不是完全确切呢？……挟泰山以超北海，就一定不能做到吗？在孟子时代，确实是不能；但在今天，如果一定要将泰山搬到渤海对面，也不是完全不可能的。尽管因人力所限，不能挟住泰山，但可以利用人自己制造的轮船进行运载。由于孟子时代造不出如此巨大载重量的轮船，所以'不能'，现在却'可能'了。我们正在一步步地将古人所不能办到的事变为可能，这难道不是事实吗？古人一直幻想着能像小鸟一样地飞，那时是不可能的;但现在,人们已经造出了飞机甚至宇宙飞船,人可以比小鸟飞得更高远,更自在,人可以到月亮上作客,去别的星球参观,这些都是古人难以想象的啊!因此,我觉得'不为'是不行的;只要勇于作为,善于作为,总有一天,可以将'不能'变成'可为'的。"

我们认为,这个学生说得很对。许多古代"不能"的事,随着社会的发展,科技的进步,今天不是逐步变成"能为"的现实了吗?古人幻想能有"千里眼"、"顺风耳",那仅仅是在神话小说里说说而已;可是今天,电话、传真、广播、电视等等,已经相当普及,这些科技新成果大大超过了"千里眼"、"顺风耳",古代"不能"之事,经过人类的努力,不是逐步变成"能为"之事了吗?……像这样的学生,思考问题有独到之处,作文中有一定创见者,我们应该给予充分的肯定与表扬,从而帮助学生开拓思路,鼓励学生写出新意,促进学生提高创造性的思维能力。

写作教学是语文教学的一个重要方面。在写作教学的领域里还有许多尚未被我们认识的东西。我们决心不断探索,积极进取,锐意改革,讲求实效,破除陋习,闯出新路,在智力的开发和能力的培养上狠下功夫,为培养符合"三个面向"要求的人才作出应有的贡献。

一九八六年十二月

我在初一数学教学中是如何注意严谨性的

江苏省扬州中学 王晓明

严谨性是数学学科的基本特点。它要求教学结论的叙述必须精炼准确。从初一年级开始，就要注意培养学生在学习数学学科中的严谨性。而刚上初一的学生年龄偏小，由于他们认识上的特点，以及在小学阶段的训练基础，对严谨性的要求有一个适应的过程。

初一的学生一开始有一些不良的语言习惯，他们经常用生活中的日常语言，来表达自己的意思，虽然意思对了，但却不够准确和严密。针对这一倾向，我平时注意要求学生一方面能准确地理解数学教材中的精确叙述；另一方面能准确地运用数学语言叙述教材中的结论，叙述解题过程。这样才能使学生的数学语言逐步地丰富起来。

为此，我了解了小学阶段已涉及哪些数学概念和基本的数学术语。了解学生在运用和理解上有什么缺陷。比如“互为倒数”、“比××扩大”、“比××不足”等语言，学生在理解和运用上还不够自如。因此，在结合课程的讲授时，逐步使之精确化。对新教材中有哪些新概念和新术语做到心中有数。对学生比较生疏的那些术语和概念，力求作出通俗的解释，再提出精确化的要求。例如“a 与 b 的倒数之和”与“a 与 b 两数的倒数之和”的异同，在讲解不等式的时候，让学生正确分析：

“不等式的解为 $X>a$ 且 $X<b$”

“不等式的解为 $X>a$ 或 $X<b$”

这两个命题，要求能正确理解分析异同，并能准确运用。

要使学生的数学语言日趋精确，主要靠经常结合分析教材来进行。但在必要时，我采取了一些辅助措施，在结合教学内容的同时，进行一定的训练。例如结合列代数式、列方程等文字叙述较多的课题加强语言训练。结合审题来提高学生理解和运用数学语言的能力。结合代数式的各单元教学，可以安排一些“听谈练习”。教师用准确的数学语言读出一道式子题，要求学生立即用准确的语言读出结果。这不仅有利于养成准确的语言习惯，还有利于锻炼思维的敏捷。

学生对一些较精确的数学语言，如“互为相反数”“非负整数”“存在”“唯一”“仅当”等等，往往缺乏足够的理解，所以对一些定义、法则往往局限于背诵条文和模仿范例解题。在对法则的由来和具体要求上缺乏足够的理解，死记硬背，因此，在综合运用时经常互相混淆而出错，更谈不上灵活运用了。例如幂的乘方法则：

(1) $(a^m)^n=a^{mn}$

(2) 积的乘方法则：$(ab)^n=a^nb^n$

(3) 同底数幂的乘法：$a^m\cdot a^n=a^{m+n}$

(4) 同底数幂的除法：$a^m\div a^n=a^{m-n}$

一部分学生在学习单一法则时，还能应付自如，但当n个法则混合在一起，综合运用时就互相混淆，乱成一团。例如出现的以下错误：

$(x^3)^2=x^{3+2}=x^5$，$x^4\cdot x^3=x^{4\times 3}=x^{12}$，

$(x^{n+1})^3=x^{3n+1}$，$\frac{x^6}{x^2}=x^3$

在学习乘法公式时出现如下错误：

$(a+b)^2=a^2+b^2$，$(a+b)^3=a^3+b^3$，

$(a+b+c)^2=a^2+b^2+c^2$

在学习分式时，出现以下错误：

$\frac{a+x}{b+x}=\frac{a}{b}$，$\frac{x+y}{x+y}=0$，$\frac{a^2+b^2}{a+b}=a+b$，$\frac{-x+y}{x+y}=-1$

不过，对这些现象应当有一个正确的分析。一方面应当认识，由于年龄特点，学生对严谨性要求确实有不适应之处；而另一方面还必须看到，出现这些现象往往是教学中缺乏基本训练的结果。

我经过一年的实践，证实了初一学生经过一定的训练以后，对"有唯一解"、"取非负值"等术语能灵活运用，对一些严谨性的结论也能很好地理解，对一些比较严格的推理和证明也能很好地接受。

为了培养学生的语言精确，教师在数学语言上应当有较高的素养。特别是我们这些教龄不长的教师，要注意克服两种偏向：一种偏向是滥用学生还接受不了的语言和符号；另一种是把日常流行而不太准确的习惯语言带到教学中。因此，我尽量要求自己的语言简炼、准确，力争达到规范要求。

中学数学内容的严谨性要求，应当是学生力所能及，而又必须经过努力才能达到的。所以必须充分估计学生的接受能力，从发展的观点考虑学生的潜力，使中学教学的严谨性要求不断提高。

一九八六年十二月

数学思维与数学教学(研究综述)

江苏省扬州中学 张乃达

数学思维的研究,是数学教学研究的基础和核心[15]。现将作者近年来围绕着这一课题进行探讨和研究的初步成果综述于下。

一、问题与思维[1][18]

1. 心理学的研究表明,思维的问题性是思维第一位的本质的属性,它表现为思维的探觅性和指向性。

从上述认识出发,作者深入地分析了问题在数学思维过程中特别是在创造性思维过程中的作用,得到如下结论:

第一、问题对思维具有激励作用,因此问题是探索活动的动力。

第二、问题对思维具有定向作用,因此问题是探索性活动中的路标和灯塔。

通过对数学探索活动中的逻辑方法(分析法与综合法)与直觉方法(探索性演绎法)的分析比较,作者认为,所谓数学探索活动,就是利用逻辑与直觉的方法提出问题(猜想),以达到分析、简化,将未曾解决的问题化归为已经解决的问题的过程。因此,提出(发现)问题(猜想)确实是探索活动中的关键环节。新的数学猜想的出现,表现为数学思维的进展,同时又为更深入的思维活动提供了动力和规划了方向。

2. 作者赞同 Halmos 关于问题是数学的心脏的观点,认为 Halmos 的观点与心理学中关于思维的问题性是思维本质属性的观点相吻合。

作者认为,问题是建立起数学大厦的基石。数学知识是数学问题的结果;数学知识体系则是数学问题的体系。

数学方法、观点、思想等等,不过是在解决数学问题过程中形成的具有一般性的观念体系,而数学能力则是在这个观念体系建立过程中,形成的心理特征。

因此,离开了数学问题,数学就成为僵死的教条,从而丧失勃勃的生机。离开了提出和解决数学问题的过程,学生的数学能力是无法形成和发展的。

由于解决问题的过程,归根结底就是提出问题的过程[3],因此,数学思维过程,就是提出数学问题的过程,而数学思维能力,从本质上讲就是提出数学问题的能力。作者认为,从这样的基本观点出发,可以建立起我们的数学思维教育学。

3. 数学问题是思维的产物。数学问题主要来自两种渠道。

第一、在实际问题的基础上,通过抽象概括的思维操作形成。

第二、在已有数学知识体系的基础上,通过逻辑和直觉的方法获得。

因而,数学问题既是思维的产物,又是思维的动力。所以,借助于数学问题这一载体,数学思维的辩证运动才有可能进行和发展。

通过对提出问题的具体方法的分析,作者认为直觉(包括直觉型概括、直觉判断、直觉推理等等)方法是提出问题的主要方法,发展直觉思维能力是数学教学的重要任务。

4. 既然问题是数学的心脏,从本质上来说,数学思维能力就是提出数学问题的能力,而创造性解决数学问题的过程,正是不断地提出问题的过程。因此,作者认为,数学教学应该以(解决)问题为中心[18]。

出于反对题海战术的考虑,不敢理直气壮地强调解题在数学教学中的作用是当前数学教学研究中值得注意的倾向。

以问题为中心组织数学教学的观点,与当前广泛存在的题海战术存在着根本的区别。题海战术把解决具体的数学问题当作解题的唯一目的,把重点放在解题的具体方法上。而我们则更着重于解决问题的完整的思维过程,并把发展学生的观念系统和数学能力放在重要的地位上。

无视或轻视解决数学问题的过程在形成和发展解题者的观念系统和心理特征方面的巨大作用,是产生题海战术和贬低解题教学在数学教学中的作用的观点的共同根源。不过,前者是以自己片面的实践活动,降低了解题教学的巨大教育价值,而后者则将题海战术的片面实践,看成是科学的解题教学本身,因而从理论上不承认解题活动的巨大价值。显然这两种观点都会给数学教学造成巨大的损害。

二、数学思维的基本结构[6][18]

1. 抽象概括能力、推理能力、判断和选择能力、探索能力是组成思维结构的四项基本要素,这些要素的不同组合就形成了不同形式的思维能力。而由于各种思维要素的发展可以有不同层次和水平,因而就形成了以抽象概括水平为指标的、不同层次的思维结构。

作者从上述认识出发,系统地研究了上述四种基本要素的组成、关系及在教学中的培养途径。

2. 思维结构的性质

整体性　各种形式的思维要素与思维能力,既是互相依存互相促进,又是互相制约的。这就是说,一方面,每一种思维要素的发展都可以促进其他要素的发展;另一方面,任何一种思维要素的水平过于低下,就必然影响其他要素的发展水平,使整个思维结构的水平下降。因而在数学教学中就必须致力于各种要素的协同发展,以促进思维结构的发展和变化。

由于在发现探索的过程中,要使用各种不同的思维要素与方法,因而就为各种要素的协调发展创造了有利条件。

差异性　思维的各个要素之间，各种不同形式的思维之间，不仅有相互制约、相互依存的一面，还存在着相对独立、相互补充的关系。因此，思维的各个要素以及各个组成部分的水平就不一定是彼此完全相当的，而往往是起伏不定的。在一定范围内，某种思维要素的发展可以弥补另一种思维要素的不足，因此在完成相同的解题任务、学习相同的数学知识时，所表现出来的思维水平也可能产生很大的高低悬殊。这就是思维结构发展的差异性，正是由于这种差异性的存在，导致了解决某类问题能力的强弱并不一定反映出思维能力高低的现象，也导致知识和能力的发展并不总是同步相应的。

教师可以采用两种方针来解决学生原有思维结构与所学知识的知识结构间的矛盾。一种是消极的方针，即不惜降低对思维难度与水平的要求，回避知识结构与思维结构的矛盾。用认识结构的同化来代替对认知结构的调整。另一种是积极的方针，即主动地进行认知结构的调整，这样既在根本上解决了学习中的困难，使学生能学习到具体的知识，又可以使思维得到长足的发展。

阶段性　思维结构发展的阶段性，表现在如下几个方面：① 各种思维要素的发展存在着概括抽象——推理——判断——选择探索的序列；② 各种形式的思维总是循着具体思维——形象思维——形式思维——辩证思维的道路向前发展；③ 从学生年龄特征来看，中学生的思维结构存在着从形象思维——经验型抽象思维——理论型抽象思维——辩证思维的发展阶段，所有这些都应当成为选取教学内容、确定教学方案的重要依据。

作者认为，在不超越思维结构发展阶段的前提下，应该积极地提高思维训练的难度，以促进思维能力的发展。

数学思维形式的划分[18][2]

1. 直觉与逻辑

按照思维过程是否遵循一定的逻辑规则为标准，可以将思维划分为逻辑思维和直觉思维两种基本形式。

在分析了直觉和逻辑的各自特征以后，作者认为：逻辑思维在数学思维中始终占据着主导的地位，而直觉思维又是思维能力中最活跃、最积极、最具有创造性的成分。

作者深入地研究了逻辑与直觉的辩证关系[19]，认为：

第一、直觉与逻辑互相依存、直觉思维与逻辑思维是不能截然分开的。在实际思维过程中，既不存在完全脱离直觉的纯逻辑的思维，也不存在完全脱离逻辑的直觉。

在逻辑思维与直觉思维方式之间，存在着大量的“中介”形式，形成了一个从逻辑到直觉的“递变序列”。

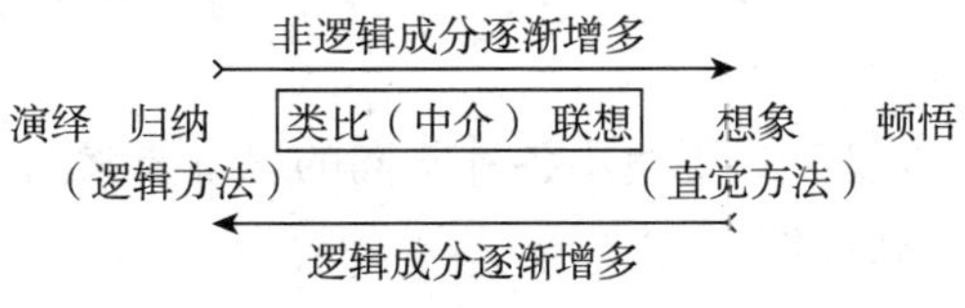

第二、直觉可以看成是纯熟的逻辑的产物,逻辑是直觉的深入和精确化。"直觉是逻辑的简约,逻辑的跃进"。事实证明,逻辑是直觉的基础。

另外,直觉的结果只是对问题概略的解决。它是否正确需要逻辑的检验。其中若干模糊的部分,仍然需要借助于解剖刀式的逻辑思维来加以澄清。因此,逻辑活动为直觉提供了必要的可靠的反馈。逻辑也同样成为直觉的动力。因而,直觉与逻辑(在数学中特别是演绎)的辩证运动构成了探索过程。

在这个过程中,直觉为演绎提供动力,指明方向,而演绎推理,不仅有着验证直觉的作用,而且逐步揭示出隐藏的信息,为新直觉的产生提供了条件。

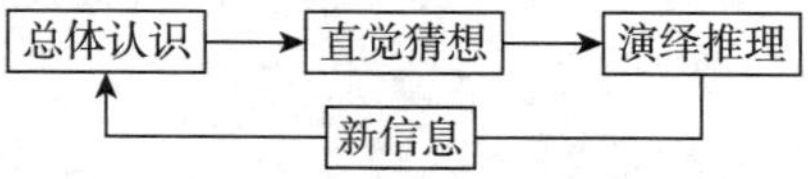

第三、逻辑和直觉的矛盾运动,促使认识的深化。逻辑到直觉的转折都标志着理解的深化。[18]

因此,作者认为:在数学教学中着力于对直觉思维进行慢镜头的解剖,复原直觉思维的逻辑通道,(或者说用逻辑过程来模仿直觉的道路)是培养学生数学思维能力的主要途径,也是发现法教学法的基础。

2. 聚合与发散[8][18]

以思维发展的趋势为标准,或者说:以思维探索答案的方向为标准,可以将思维大体地区分为聚合式思维和发散式思维。

针对传统数学教学中忽视发散思维训练,以及在当前数学教学研究中,过分强调发散思维的作用,贬低聚合式思维作用的两种相反的倾向,作者特别强调聚合式思维与发散式思维的辩证关系。

作者认为:(1) 聚合与发散并存于大多数思维过程之中,离开了聚合,就谈不上发散;离开了发散,也就无从聚合。(2) 聚合式思维和发散式思维都是创造性思维中不可或缺的重要成分,创造性思维是聚合式思维和发散式思维的综合。贬低聚合式思维,过分夸大发散式思维在创造性思维过程中的作用,和贬低发散式思维的作用一样,都会造成很大的危害。这不仅会妨碍学生对学科基本结构的理解,还有使学生丧失直觉评价能力的危险。(3) 数学学科的高度抽象性和应用广泛性规定了数学知识结构的发展过程,就是不断地聚合——发散——聚合的过程。聚合是目的,是数学知识结构发展的总趋势。数学公理化结构的历程就充分地证明了这一点。但是,公理化以后的数学还要发展,特别是还要应用,这时发散的趋势又占据着主导的地位。

学生学习数学的过程,从总体上说和公理化的进程恰好相反。他们是在确认了公理体系后,通过演绎发散的手段来学习数学的;另一方面,学生在学习数学的同时,又不断地发展自己有关数学基本方法的观点、思想的观念系统。这是一个以聚合为主导的求同趋势。因此,只有在聚合与发散的矛盾运动中,学生的知识结构和思维结构才能得到同步的健康的发展。

根据上述分析，作者提出了在数学教学中培养学生聚合式思维和发散式思维能力的原则，即在宏观中求聚合，在微观中求发散。

具体地讲，就是说在数学教学的每一个环节上、每一个知识点、每一道数学题的解题过程中，即在数学教学的微观领域，要突出发散思维的训练，通过对具体问题的分析和联想，拓宽思路，发展学生的观察能力、想象能力和分析能力；发展思维的灵活性和独创性，并且积累丰富的思维素材，为聚合性训练提供基础，而在思维训练的宏观领域，则要注意聚合性思维的训练，不断地提供概括的层次，从方法论的高度加深对解题技巧、规律、方法的认识，不断地充实和发展学科的基本结构。这样在聚合与发散的矛盾运动中，展开数学规律、方法、思想被揭示、被发现的过程，达到发展思维，学习知识的目的。

3. 习惯性思维与创造性思维[18][19]

习惯性（再生性）思维和创造性思维是根据思维的新颖性和独特性对思维形式作出的大略划分。

思维过程的探索性和尝试性是创造性思维与习惯性思维的根本区别。因此，创造性思维过程比习惯性思维过程多一个“定向”的时序。创造性思维的一切宝贵品质，皆由此而产生。

作者认为，创造性思维是通过：第一，借助于发散性思维以扩大“检索面”；第二，依靠直觉思维提高“选择”的效率这两个看来截然相反，但实质上互为补充的方法来解决思维定向的任务的。

和经验科学不同，作者认为精密科学的数学，在其创造发展的过程中，“直觉和演绎起着重大的作用”（爱因斯坦），因此，培养演绎和直觉思维能力，是数学教学在培养创造性思维能力方面所承担的不可为其他学科所取代的独特任务，着重进行演绎和直觉思维的训练，是在数学教学中培养学生创造性思维能力的根本出发点。[19]

再生与创造存在着互相转化的辩证关系，实际上，创造就是对传统模式的突破，而创造的成果一旦被大家（或者思维者本人）所接受，又会导致新的模式，根据这种模式展开的思维活动，也就丧失了创造的特征，成为再生式思维了。这样，新的一轮创造活动又将从突破这个新模式开始。因此，创造活动发展的过程，就是“再生——创造——再生——再创造”的辩证运动过程。

因而，在创造活动中最具有教育意义的并不是创造的成果，也不是经过修改以后的新的思维模式，而是充满曲折、失败、甚至由于幸运才获得成功的活生生的创造活动的思维过程。因此，数学教学应该在教学条件许可的范围内，有计划，有目的地暴露这样的过程，让学生从中吸取营养、受到启发和教育。

心理定势。[18][20]一方面心理定势和再生性思维之间存在着互相诱发和强化的关系，另一方面，心理定势又是直觉得以产生的基础，因此，定势既阻碍着创造活动的产生，又促进着创造活动的进展，定势的两面性正是习惯性思维与创造性思维辩证关系的体现。

目前,在数学教学研究中,过分地强调了思维定势的消极作用,其实,应该看到,在数学学习过程中,思维定势的积极作用应该占据主导地位。因为:

1. 任何解决问题的过程都是在一定的心理定势的诱发下展开的。

2. 心理定势,是类比、归纳、联想等思维活动展开的基础,也是直觉产生的基础。

3. 定势是知识迁移的基础。

因为心理定势是人皆有之的心理现象,因此,并不能单纯地依靠防止定势的产生消除定势的消极影响。由于知识、经验特别是观念认识的片面性,狭隘性和肤浅性是造成定势消极作用的重要原因。因此,在教学活动中,防止定势消极影响的根本措施在于及时打破原有的已经建立了的狭隘的定势,建立并强化基本观点、方法的定势,即迅速地发展学生的观念系统。

审美情感与直觉[12][18]

作者认为,审美活动是直觉思维的一种重要形式。数学中的直觉,是受思维者的审美情感所支配的。可以说,数学中最高层次的直觉就是美感直觉。

美学因素影响着数学思维活动,有时这种影响是潜在的。审美情感导致无意识的思维活动,可是在成熟的科学家那里,美感直觉则是自觉的武器,他们利用它发现问题,作出判断和选择,提出思想和学说。因此,在发现活动中突出数学审美过程,就成为发展学生数学审美能力的重要途径。

数学教学的指导原则[11]

1. 在数学教学实践中,广泛地存在着热衷于对某种数学教学方法(例如发现法、茶馆教学法)的模仿,而违背这些教学方法的原旨的现象。

这种现象的存在,说明当前数学教学研究的中心课题,并不是在于先进教学法的模仿和推广,而在于:

第一、要确立正确的具体的数学教学的指导原则。

第二、要把数学教学改革的重点放在端正教学思想和提高教师的教学能力上来。

特别是前者,即正确确立科学的数学教学指导原则,是当前数学教学研究的紧迫的课题。

2. 数学教学的指导原则,是实现从一般的数学教学思想上升到具体的数学教学方法的中介。它既是数学教学思想的具体化,又是设计教学方法的根据。

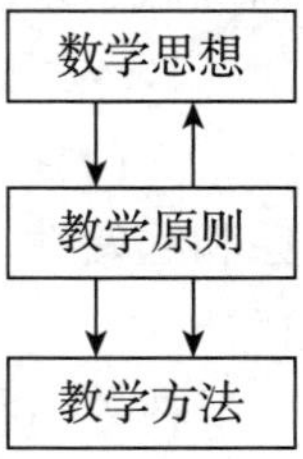

3. 现代数学教学理论认为:数学是思维活动的过程,数学教学就是思维活动的教学。在此基础上,文[9]通过对数学家成长过程的分析,认为数学教学中最有意义的东西,乃是真实的数学思维过程。文[11]则进一步地认为:充分暴露数学思维过程是数学教学的指导原则。理论的分析和教学的实践都已经证明,充分暴露数学思维过程,是形成和谐的教学结构,发展学生的知识结构、思维结构和品质结构的保证。

掩盖数学思维过程(或环节)是当前数学教学中各种不良倾向的共同本质。其具体表现有：

① 忽视概念形成的过程。

② 忽视结论推导的过程。

③ 忽视方法的思维过程。

④ 忽视问题被发现的过程。

⑤ 忽视规律被揭示的过程。

归根结底，是忽视提出问题的过程。

4. 在文[1]，[18]中，作者系统地阐述了在教学条件下，提出数学问题的方法。认为：从实际问题出发，从学生的实践活动出发，是提出问题的重要方法，但是，考虑到数学学科的特点，从已有数学知识体系出发，通过逻辑的（演绎、归纳、类比、特殊化、一般化）和直觉的（联想、想象）思维操作提出问题是更有重要意义的方法。

5. 从上述教学原则出发，作者在文[1]、[2]、[3]、[4]、[6]中，特别对发现法教学法作了系统的探讨。从启发的实质就是提出问题这一观点出发，作者通过启发式教学法的分析，提出启发提问的准则。[17][13]

即根据对创造性解决问题的三个层次的认识，认为启发和提示也应分为相应的三个层次，即：

一般性启发　即方法论水平上的提示，它提醒学生运用一般性的思考原则和方法。

功能性启发　它介于一般性提示和特殊性的提示之间，它提醒学生运用针对某一类问题的方法和策略。

特殊性启发　这是最具体的提示，它针对面临的具体问题提醒学生运用具体的解题方法和步骤。

如果超越了上述的提问序列，就应该安排相应的“反思”环节，否则就会产生掩盖思维环节的不良效果。

数学教学过程中的思维训练

根据思维发展的规律及数学教学的指导原则，作者对各个不同教学阶段的思维训练做了系统的分析，并提出了相应的教学建议。

1. 入门教学阶段的思维训练[16][5]

入门教学阶段具有教学内容的本原性，思维结构的突变性，教学过程的相对独立性和起始性，教学效果的易分化性的特点，而其中思维结构的突变性更是最本质的特征。

在入门教学阶段，由于学科基本结构的变化，因此在学习过程中，思维结构也处在质变阶段，一方面造成了教学的困难，另一方面又是思维能力发展的大好时机，因此，在入门教学阶段，教师和学生，既面临着挑战，又面临着机会。

根据上述特点，成功的入门教学，应该积极地进行思维结构的调整，其具体的表现即在于要致力于打破原有的不适应新学科特点的思维定势，建立起新的适应于新学科特点的思维框架,为此就必然采用“程序化”的教学方法,通过多次反复,让学生迅速地掌握新学科中最基本的知识、方法和思想。例如在平面几何入门教学中应该让学生尽快地掌握推理、分解图形和探索的基本单元(即三段论,图形的分解和探索及选择单元)

2. 后继教学阶段的思维训练[7]

在后继教学阶段(即入门教学以后的教学阶段),思维结构的发展处于量变阶段,这时思维训练的重点应是:通过变化,引申发展来丰富、健全已经建立起的思维框架。着重研究问题的个性,以丰富对共性的认识并为思维结构的进一步发展准备素材。因此,应着重发展发散性思维的能力。在文[7]中,作者以平面几何的后继教学为例,对上述观点作了详细的论述。

3. 复习阶段的思维训练[14]

作者认为:数学复习的过程,应当是学生思维能力得到迅速发展的过程。促进思维能力的发展,既是数学总复习的主要目的之一,同时又是取得良好复习效果的保证。

复习阶段的思维训练,比平时教学中的思维训练,更具有综合性,更强调逻辑思维与非逻辑思维(直觉思维)训练的综合,以及聚合性思维与发散性思维的综合,因此是发展学生创造性思维能力的大好时机。

由于复习过程,从总体上来看,是一个由厚到薄的过程,发散是为聚合创造条件的手段,因此在注意进行发散性思维的同时,更应注意聚合性思维的训练。

由于逻辑思维始终占据着数学思维的主导地位,特别是在数学总复习过程中,更需要对学生已经掌握的数学知识、方法进行逻辑的加工和整理。因此,在复习过程中,应该在注意发展学生非逻辑思维能力的同时,着重进行逻辑的训练。

此外,作者还从发展数学思维的角度对解题教学、数学难点教学作了系统的分析,并提出了具体的教学建议[8][13]。

1986.12

批注:

[1]怎样提出问题和发现问题,福建中学数学(下简称福)82,5期。

[2]直觉思维与发现,福,82,6。

[3]发现法教学初探,山东:《中学数学杂志》82年专刊。

[4]分析思维与发现,福,83,2。

[5]突出学科的基本结构,发展逻辑思维能力——平面几何入门教学尝试,福,83,4。

[6]思维的基本结构与发现法教学,福,83,6。

[7]思维能力的综合训练——平面几何后继教学尝试,福,84,4。

[8]按照思维规律组织解题教学,福,85,2—4。

[9]数学教学中最有意义是数学思维过程,山东教育,85,7—8 合刊。

[10]课程结构论与发现法教学,扬州师院学报,自然科学版,85,1。

[11]充分暴露数学思维过程是数学教学的指导原则,江苏省数学教学研究会 85 年年会论文。

[12]数学审美能力的培养,福,85,5。

[13]略论数学教学难点及其处置,数学教师,86,1—2。

[14]高中数学总复习中的思维训练,福,86,1。

[15]思维科学与数学教育学,福,85,4。

[16]略论数学学科的入门教学,福,86,4。

[17]分析数学思维过程的能力是数学教学能力的核心,教学与研究,86,8。

[18]数学教学与思维讲座,江苏教育,86,1。

[19]创造性思维与数学教学,福,86,1—2。

[20]思维定势与创造,福,86,5。

谈谈高三英语总复习发展智力和培养能力的问题

江苏省扬州中学 钱永涛

英语是中学阶段的一门基础课。英语教学的关键是培养学生运用语言的能力，而能力的培养又与智力的发展密切相关。在高三年级最后阶段的英语总复习中，是仅仅为了应付高考的一张试卷而进行英语知识的复习呢，还是坚持发展智力、培养能力？根据我近几年教毕业班的实践，深深体会到：作为一个高中毕业班的英语教师，切切不可忘记发展智力、培养能力这一教学的根本宗旨，在英语总复习中要注意发展记忆能力，培养运用语言的能力和自学能力，为学生将来进一步深造打下良好的基础。

一、发展记忆能力

英语学习是记忆性很强的脑力劳动。可以说，没有记忆就没有英语学习。而复习则是加强记忆、与遗忘作斗争的重要途径。古人云："温故而知新"。复习，首先是重温已学的知识，但又不是机械的、简单的重复，而是将所学知识深化、精化、简化、系统化、条理化，使学生的语言技能更加熟练，达到一个"新"的程度。由于目前的英语试题标准化的程度逐步提高，单词汉译英和句子汉译英这样的传统形式几乎不出现了，学生中不记单词、不读课文的现象越加严重了。针对这一存在的问题，我在复习中采用了以下措施：

1. 明确目的，培养兴趣。

我前几年教毕业班时，学生在高考前的复习中只要求老师教他们如何应付好一张高考试卷，至于教材不要求掌握的词汇，就不学不记了，听说训练，更是无法进行。但一旦进入高校，他们就立即发现听说能力和词汇跟不上，因此，纷纷写信给母校老师，建议中学外语教学要加强阅读，加强听说能力的培养。这些意见无疑是正确的。

有了前几届的教训，我逐渐认识到：我们不能只是为了应付高考而进行复习，而应着重于语言的口头运用和书面运用能力的培养。复习是为了学习，而学习是为了运用。学生将来要想在事业上有所建树，要成为四化建设的专门人才，非掌握一门乃至几门外语不可。因此，外语是掌握为四化服务本领的工具，而不是进大学的敲门砖。这一届高三，我在所教班级的学生中，不断结合目的性教育，努力培养他们学习外语的兴趣。爱因斯坦说过：兴趣是最好的老师。我们的老祖宗也认为："知之者，不如好之者；好之者，不如乐之者。"我是非常赞成这些观点的。学生明确了目的，又有了兴趣，就会积极认真地记忆所学的知识。

2. 掌握方法，巩固记忆。

要发展记忆能力，不能只发展机械记忆，还要发展理解记忆。良好的记忆是两者兼备，但理解记忆的作用远远大于机械记忆。因此，发展记忆首先要发展理解记忆。即使是必须死记的内容也可用理解识记的方法来帮助机械记忆。

为了巩固记忆，我教育学生采取以下几种方法：

(1) 多读。多读就能使需要记忆的单词、句型、课文不断复现，经常复现就能使大脑皮层中建立的神经联系更加牢固，需要记忆的内容也就记住了。

(2) 归类。将需要记忆的知识归类、条理化，可以有助于发展理解记忆。如按读音、构词、词义、句型等进行归类记忆。通过对有共同点的知识归类，在记忆时就容易产生联想，看到或听到其中一个，马上就会联想到与其有关的其他知识。

(3) 筛选。每次读、记都要将有困难的部分做上记号，以便下次再读再记，不要每次都从头读到尾，搞无效的重复施工。这样可以节省时间，提高记忆效率。

3. 反复练习，熟能生巧。

英语有条谚语说明练习十分重要。要发展记忆能力，就要反复进行口头练习和书面练习。口头练习的目的是让学生"开口"再由"开口"到"上口"。书面练习的目的是让学生由"上口"到"动手"，再由"动手"到"上手"。这样坚持不懈，学生就能说会写，达到熟练运用语言的程度。

二、培养运用语言的能力

培养运用语言的能力是我们外语教学的根本宗旨，而培养运用语言能力的核心是培养思维能力，使学生在学习中思考，在思考中学习，培养学生分析、归纳问题的能力。"学而不思则罔，思而不学则殆。"平时要注意引导学生学会观察，提出问题，思维分析，发现规律，不断启发学生的探索精神。

1. 正确套用，举一反三。

重要的词汇和句型，我都要求学生正确掌握，并能举一反三。如动词的体态，我平时教学中特别重视，要求学生切实掌握，反复套用，这样就不至于出现诸如"I have bought the dictionary for three years.""He has gone there three times."之类的错误了。

另外，一个中文句子的译文，我往往要求学生不满足于一种，而是尽可能多地说出各种译文，以开阔思路。如高中第一册练习中有一句汉译英句子，"他走过好几个村庄才到达那个工厂"(要求用 pass through)，学生说出八种译文：

(1) After he passed through several villages, he got to the factory.

(2) After passing through soveral villages, he arrived at the factory.

(3) Having passed through several villages, he reached the factory.

(4) He passed through several villages and got to the factory.

(5) He didn't arrive at the factory until he had passed through several villages.

(6) It was not until he had passed through several villages that he arrived at the factory.

(7) Not until he passed through several villages, did he arrive at the factory.

(8) He had passed through several villages before he got to the factory.

再如"我花了六块钱买这本英汉词典",学生给了五种译文:

(1) I spent six yuan on the English-Chinese dictionary.

(2) I paid six yuan for the English-Chinese dictionary.

(3) I bought the English-Chinese dictionary for six yuan.

(4) The English-Chinese dictionary cost me six yuan.

(5) It cost me six yuan to buy the English-Chinese dictionary.

经常这样训练,学生尝到了甜头,兴趣越来越高,知识也就越学越活了。

2. 鼓励提问,集思广益。

我认为,"学问,学问,一学二问"。要学得好,必须会问。鉴于这个观点,我积极鼓励提问,不管课内课外,我对学生的提问总是乐意听,耐心答。如一时答不出来也决不不懂装懂,回家查过之后再告诉学生,这样教学相长,受益双方。

我们高三备课组对高中一、二两册的二十七课,每课都编了书面复习练习题,每个练习都有20句汉译英句子。我要求学生事先笔译,上课时上黑板板演,然后采取讨论式,进行集体订正。订正时分两步。第一步改正黑板上的译文;第二步集思广益,看有没有其他译文。这样做,课堂气氛活跃,大家开动脑筋,争先恐后地发言,每次时间都嫌不够。

3. 讲评试卷,拓宽加深。

我认为,从某种意义上讲,讲评试卷比学生答卷更为重要。讲评是为了使学生不但知其然,而且知其所以然。要分析各种错误的现象及原因,以便学生吸取教训,绝不能只报个正确答案了事。通过讲评试卷,学生可以对试卷涉及到的知识拓宽加深。

三、培养自学能力

根据中学英语教学大纲的要求,高中应侧重于培养学生阅读能力,要培养阅读能力,光靠课本上有限的课文是不够的,一定要教给学生自学的方法。有位教育家讲过,今后的文盲是没有自学能力的人,可见自学能力之重要。因此,我们既要教给学生知识,更要培养学生的自学能力。犹如音乐教师教学生唱歌,如果只教学生会唱一个个歌曲,而不教识谱能力,则教师教多少歌曲,学生只会唱多少歌曲;如教师在教唱一定数量的歌曲之后,教会学生识谱,则学生就会受益无穷,会唱无数个歌曲。我觉得,越是在复习阶段,越是要重视学生自学能力的培养。要培养自学能力,必须要求学生做到:

1. 做好预习,心中有数。

表面看,复习课是复习的旧知,无所谓预习。其实不然,复习中的预习是非常重要的。通过预习,自己找出重点、难点和疑点。既有利于自学能力的培养,又有利于听课效果的提高。

我们编的复习练习和试卷,每份都有2—3篇短文,让学生进行动词填充,综合填充或阅读理解练习。这样培养了学生的阅读能力,增强了语感,有利于自学能力的培养。

2. 学会使用工具书。

我要求学生人人备词典、语法书,遇到问题就查阅。我也经常有意识地提出一些问题,引导学生查工具书,使学生在查工具书的过程中,对工具书产生感情,发生兴趣。

学习外语的最终目的是用外语作为吸收和表达自然科学和社会科学知识内容的工具。中学阶段的外语学习只是为进一步深造打下良好的基础。因此作为中学教师,特别是作为中学毕业班的外语教师,应极大地注意发展学生的智力、培养学生掌握和运用语言的能力。智力通过言语交际能力表现出来,又寓于言语能力之中。只有提高言语能力的质量,才能开发智力。智力越是高度发展,越能促进掌握言语交际能力。我们必须在我们的学生离开中学前,为他们打好扎实的外语基础。这,就是我们中学毕业班外语教师的心愿。

1986.12

对中学英语教学的一些想法

江苏省扬州中学　陆明

绝大部分的中学生都认为英语是最难学习的科目之一,这本不是件奇怪的事,因为事实就是这样的。语言本来就是不容易学好的,更何况是外国语言呢?要学好外语就需要牢记大量的词汇,熟悉各种句型,掌握复杂的语法规则,还要了解不同的习惯用法和成语,学生不仅需要花大量的时间去背诵、去记忆,而且需要动脑筋去分析、去归纳、去理解。所以,学习外语是困难的,非得下苦功不可。

中学生在学校里需要学习很多的科目,因而也就不可能在学习英语上花过多的时间,而且,由于条件的限制,他们很少有机会运用所学到的知识,这样就增大了学生在学习上的遗忘率,同时也增大了学英语的难度。

中学的英语教师如果能在以下几方面多做些工作,也许会对学生们有些帮助。

一、设法维护和增加学生学习英语的兴趣

几乎每一个初学英语的人对英语都有着好奇心,更不用说是初一年级的小同学了,他们非常想知道自己周围的事物用英语是怎样称呼的,一旦他们学会了一两个词或一两句话,就觉得非常高兴,并且很乐意在同学之间运用他们所学到的句子。可以说,在这个时候,他们对学习英语是极有兴趣的。作为教师,应该注意保护他们的学习兴趣。因为,兴趣本身就是最好的老师,学生对学习有了兴趣,就会更主动更认真地来学习,学习效果也好。反之,学生一旦对学习失去了兴趣,就会产生厌烦情绪。学习效果就差,甚至毫无效果。教师的教学方法会直接影响学生的学习兴趣,生动活泼的方法,妙趣横生的教学语言会使学生的学习兴趣越来越浓。尤其是对初一的学生来说,更是如此。如果教师能在教字母时结合教一些学生想知道的词汇,每节课教一两句日常用语,我想学生是会有兴趣的。课堂上使用一些图片、实物会加深学生的印象,教唱一些英语歌,适当地做些游戏,会使气氛更加热烈。对高年级的学生来说,唱一些英语歌同样是有兴趣的,能够在课堂上穿插讲一些英语故事、幽默的笑话,可以更好地吸引他们的注意力。这样,他们就不会感到英语课枯燥无味,相反会觉得轻松愉快,效果也会更好。

二、既要重视打牢基础,又要努力培养能力

中学的英语教师在教学中非常重视让学生打好基础,这是完全必要的。然而有

些教师在讲解句型或语法现象时，唯恐学生不懂，于是就详详细细、反反复复地讲解，硬是把知识灌进学生的大脑中，而学生则完全是被动地在记这些知识，有人认为学外语必须死记硬背，才能打牢基础，这一点我不敢苟同。我承认学外语必须背诵记忆，但必须是活记巧背。学词汇要设法掌握构词规律，学句型应了解句型的结构，学语法须懂得语法的道理，这样学到的知识才不易忘却，基础才能打牢，教师在教学中如果能引导学生活记巧背，不但能使学生打牢基础，同时又培养了学生的学习能力。

为了培养学生学英语的能力，教师还可以做些尝试。例如，多让学生听些录音，课上尽可能地多用英语组织教学。这样可以锻炼学生的听力，课上尽可能地多向学生提问，或让学生自编对话，以提高学生开口的能力，组织学生多阅读一些英语故事或简易的科学文章，这样可以提高他们的阅读能力，增加学习英语的"语感"，更主要地是要向学生传授学习的方法，提高他们自学的能力，这才是长久之计。教师可适当地教给学生查阅词典和阅读语法书和参考书的方法等。

三、开辟第二课堂，创造语言环境

学好英语，需要有适合的语言环境，而我们的学生每天只有一节课的时间是用来学英语的。可以说根本没有学英语所必需的环境。作为教师，一方面应尽可能地利用好课上的时间，还必须利用课后的时间，开辟第二课堂，为学生创造学英语的环境。

"英语角"是个很好的形式，让学生在课余集中到这个角落来讲讲、听听英语，总会有些收获的。

经常地组织学生搞些英语文娱汇演，朗诵一段英语小诗，表演几首英语歌曲，甚至可以排个英语话剧，既能锻炼英语，又可活跃生活。这种文娱活动的规模可大可小，学生也乐意开展。

搞个英语故事会，可以使学生得到多方面的训练，讲故事的人首先要找材料，又要读熟它、弄懂它，还要能讲出它，这就锻炼了学生的阅读理解和口头表达的能力，听故事的要能听懂它，这又锻炼了学生的听力和理解能力。

当然，教师首先要对学生进行学习目的教育，使学生学习有强劲的动力，再加上妥善的教学方法和严格的要求，中学的英语教学是会搞得更好的。

以上只是我个人的一些不成熟的想法，如不当请多批评。

一九八六年十二月

浅谈试卷评讲

江苏省扬州中学　杨幼鹤

试卷讲评,在教学中起着它独特的作用,它使学生进一步弄清尚未彻底掌握的概念、理论和了解自己在灵活运用知识方面的欠缺,还可以从中学习到解题的最佳思路、解题技巧,所以试卷评讲是完成教学任务的一个重要环节和必不可少的手段。下面就如何上好试卷评讲课谈谈我的做法和想法。

一、时间安排

试卷评讲课时间的选择是很重要的,一般选择在考后1—2天为宜,考试时学生经过紧张的思考,对每一个考题在脑子里留下了较深的印象,及时讲评,记忆犹新,如果时间拖得过久,脑子里储存的东西已消失,又像看到新题目一样,效果较差。

另一方面,学生考后最关心的是分数,所以试卷可提前到课间休息时发。使学生彼此了解一下分数和错误之处。还有一种方法是上课时迅速分发好试卷,留3—5分钟给学生粗看一下试卷,然后评讲,这二种发放试卷方法目的均为了安定情绪,以便集中精力听好教师评讲。

二、成绩报导

分发好试卷后,就报导年级中成绩分布情况,班级中成绩分布情况,以使学生能正确估价自己,不致陷于盲目,并分析造成总成绩好差的原因。此时也宜将优秀考生加以表扬,却不宜点名批评差生,这种消极的刺激只会带来不良后果,对差生宜做善后工作。

三、记录

为了评讲时有的放矢,教师在阅卷过程中应及时做好必要的记录,记下那些容易错的问题、各种错误答法、错误原因;记下一个问题的多种答案,优秀的解题方法等,以利于讲评时有话可说、生动、实在。

四、讲评

1. 突出重点,避免平铺直叙

评讲时选择学生错得多的、大的问题,放在开始时讲解。一般性问题只通报答案就行了，切忌每题必讲，没有侧重，以致浪费时间，影响效果。

2. 触类旁通，分析对比

触类旁通，分析对比在试卷讲评中是极其重要的，也是上试卷讲评课的精髓之一。例如考查选用合适试剂清除 CO_2 气体中混有的 HCl 气体，学生的答案以水及 NaOH 溶液居多，造成这种错误的原因是对气体的溶解性模糊及审题不周引起的。教师就应分析用水做吸收剂的缺陷及 NaOH 溶液做吸收剂的绝对错误，再从化废为宝中对比出用 $NaHCO_3$ 悬浊液而不用 Na_2CO_3 的原因。然后再举 H_2 气中混有 HCl，Cl_2 中混有 HCl，H_2S 气体中混有 HCl 为例，说明如何清除 HCl 来加以巩固，学生印象就深刻了，重蹈覆辙的可能性也就小了。

再比如有一计算题：被还原的 HNO_3 的物质的量和 $Cu(NO_3)_2$ 分解所得的混合气体相对于氢气的密度的填充，批改中发现相当一部分的学生前者无单位而后者有单位，教师干脆把物质的量、摩尔质量、分子量、密度、相对密度的概念一起提出来，让学生鉴别哪个该有单位，哪个不该有单位，这比就题论题要好得多了。

$2A(气)\rightleftharpoons B(气)+C(气)+Q$ 的平衡体系中，当其他条件不变，缩小反应容器的体积，作出的反应速度和时间的函数图象一题时，教师除指出某些学生因认为平衡没移动而得出的错误速度、时间图象外（即延长原水平线），又用提问方式帮助学生掌握在使用正催化剂时会和上述情况有类似的图象。[见图(1)]

在讲解冰醋酸加水稀释时[H^+]和加水量之间的函数图象题时[见图(2)]，教师又引导学生弄清稀 HAC 溶液加水稀释时[H^+]和加水量之间图象[见图(3)]，从对比中以使学生正确理解[H^+]的大致变化规律。

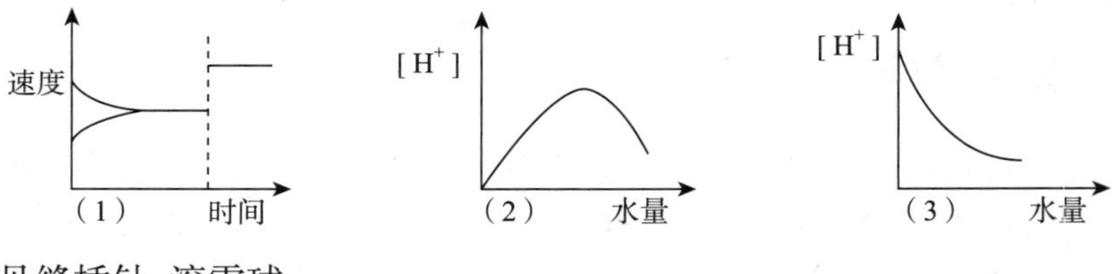

3. 见缝插针，滚雪球

知识的积累是一个复杂的过程，要使学生在脑子里留下深刻的印象往往要经过多次的反复，即使在试卷评讲课教师也不应放过这个机会。如我在讲解用电子得失法配平 $FeS_2+O_2\rightarrow$ $Na_2O_2+CO_2\rightarrow$ 和 $KMnO_4+H_2O_2+H_2SO_4\rightarrow$ 三个方程式时，先用极少时间帮助学生回忆 FeS_2，Na_2O_2 和 $KMnO_4$ 的名称，俗称、结构特点（前二者为含非极性键的离子化合物）色态、用途等，配平第三个方程式时除帮助学生分析出还原剂必定为 H_2O_2 的原因外，又说明可能出现的其余几组系数错误的根源。我体会到这种方法往往用极少的时间反馈了知识，加深了记忆，是大有好处的，我把它叫作见缝插针滚雪球。

4. 帮助学生提高审题能力，解题技巧

考试时学生接触到的试题量是很大的，形式是多样的，有广度、深度和灵活性，所以教师必须瞅准这个机会帮助学生提高审题能力,有些题学生之所以造成错误,其中一个重要原因便是不会或没有很好审题。

有这样一个选择题:点燃下列混合气体,反应后得到的是纯净物的为:A. 质量为1∶16的H_2和O_2,B. 质量为7∶4的CO和CO_2,C. 质量为1∶100的H_2和Cl_2,D. 质量为1∶4的CH_4和O_2,E. 质量为4∶1的SO_2和O_2。这道题有很多学生没有选出正确答案,在讲评课时,我让学生发表意见——即满足哪些条件便是正确答案,大家分析出生成物必须是一种,且符合反应条件——a. 发生反应的条件;b. 反应物、生成物的摩尔比和反应方程式中系数比一致;c. 反应可逆程度,上述条件缺一不可少,在此基础上,学生也就明确了为什么E不属于正确答案之列了。

又如我们考过这样一个元素判断题:短周期元素A,轨道上电子都已成对,氢氧化物具两性,不少学生觉得左右为难,似乎满足不了这二个条件,因而答案为A者占绝对多数,更有甚者答案为Zn,仅2—3个学生写出正确答案,使我们震动很大。为此我们帮助学生分析出要满足结构条件,即题目的头二句话,则只可能是IIA和零族元素,要满足性质条件就只有IIA族的Be了,最后又从Be在周期表中位置(缩去过渡元素,Be正好在斜线的顶头)得到确认,这样就使学生明确了要满足多个条件时,往往将用缩小包围圈的方法解之。

5. 介绍最优解法

教师批阅了众多试卷,必定会看到学生中出现的多种解题方法,最突出的属计算题了,教师有责任进行归纳,向学生介绍最优解法,以使学生从中得到启迪,开阔眼界,提高解题速度,以赢得时间和获得正确答案。

针对目前学生中文字表达能力普遍较差的情况,对于一些问答题往往出现词不达意的答法,教师在评讲过程中也应列举各种叙述方法,以使学生从中明白应如何组织文字,以达简练正确表达。

以上仅是我对试卷评讲的一些做法和看法。总而言之,我想评讲课,不应是乏味、枯燥,或是报个分数和答案了事的课,而应让学生学习到在课上所不能完全学到的一些东西,也可以说是提高学生能力的一堂课,在整个教学过程中应占一个正确的位置。

1986年12月

浅谈启发式教学在化学教学中的运用

江苏省扬州中学　生建国

教师不是教书匠，不单纯是为了传授知识，重要的是要在教学过程中，教给学生科学的学习方法，培养学生逻辑思维的能力，培养学生分析问题、解决问题的能力。这样就要求教师必须注意采用和探求好的教学方法。在化学教学中同样应采用多种形式教学。我觉得化学教学采用启发式教学效果较好。

对教学方法来说，每个教师都知道应该废止注入式、提倡启发式。所谓启发式教学就是在教学过程中，通过说明事例和一些确当的比喻，使学生明白和领悟新的知识，也就是教师在讲课过程中以自己渊博的知识，运用逻辑思维、形象比喻和适当的教学手段，深入浅出，“举其一”、“开其意”、“触其类”，使学生能动地“反其三”、“达其词”，“通其余”。启是前提，发是结果。当学生在想懂而又不懂，欲知而又不知，想说而又说不出来的情况下，由教师加以指引，启示、开导、诱发，使学生顿开茅塞，这就叫做启发。

对教学的主要任务来说，仅就智育而言，教学的主要任务必然是使学生掌握文化科学知识和基本技能，但传授知识并不是现代教学的唯一目的，在教学中不仅要传授知识更重要的是培养学生的各种能力，开发他们的智力。

人类几千年来积累的知识浩如烟海，日新月异。在这种“知识爆炸”的情况下，已不可能把所有的知识全部塞给学生，而是要巧妙地引导学生积极学习，独立思考，充分调动学生学习的主动性、积极性，引导学生亲自动脑、动口、动手，由感性认识上升到理性认识，从而得出结论，再用理性认识指导实践活动，启发的实质就是既要发挥教师的施教主导作用，又使学生成为教学过程中的主体，成为学习的主人。同时教给学生独立获取知识、消化知识和灵活运用知识，解决实际问题的本领。给学生以“点石成金的指头”，开启知识宝库的钥匙，知识是培养能力的基础，能力是驾驭知识的条件。教师要根据知识和能力的辩证关系，既教给学生文化科学知识，又培养学生的能力，给他们学习上的“听诊器”和“方向盘”，即不但给他们猎物还得教给他们捕猎的方法。要达到这样的目的采用启发式教学一定能收到满意效果的。

在教学过程中启发什么呢？这是应该注意和把握的问题。启发式来源于孔夫子《论语》中的一句话：“不愤不启，不悱不发”，“愤”就是积极思考问题，当学生正处在想懂而又不懂的时候，教师指导学生进行正确的思考，叫作“启”，“悱”是极力想表达而又表达不清楚，这时教师指导学生去正确地表达，叫作“发”。总之，学生积极思考问题时,教师要指导学生思考和表达。因此教学过程中应注意从以下方面进行启发。

1. 启发培养学生的逻辑思维能力

分析问题和解决问题的过程离不开思维,培养能力,首先要培养逻辑思维能力。

思维活动是学生有效地掌握知识和发展能力的科学过程,逻辑思维能力就是利用辩证的观点和逻辑的方法对事物或现象进行比较、分析、综合、概括和推理的能力,具有逻辑思维能力的人才能深刻地掌握和灵活地运用知识去解决实际问题,进而发展其他能力(如自学能力,观察能力,实验能力,运算能力,创造能力等),因此在教学中我们要利用各种方法启发学生的思维活动,引导学生善于见疑(发现问题),质疑(提出问题),释疑(解决问题)和存疑(保留一时解决不了的问题),在分析矛盾和解决矛盾的过程中,要启发学生运用旧知识(包括事实、经验,具体材料和数据,基本概念和理论知识,以及实验现象。)进行比较与分类。分析与综合,归纳与演绎,判断与推理,要始终凭借学生已经学过的旧知识并遵循,由浅入深,由已知到未知,循序渐进的认识规律来传授每一个新知识。

例如,在初三讲分子运动论时,不是直接告诉学生分子是不断运动的结论,而应先通过日常生活中的一些事例:如气味的飘散,潮湿的衣服会晾干和实验现象:在烧杯中放满水,然后放入一些高锰酸钾晶体,不搅拌,水也不流动,静置不动,过一段时间后观察到满烧杯水都变紫了。通过这一观察,启发学生进行思考,进而得出分子不是静止的,总是不断运动的结论。同时,在钟罩内放两只烧杯,一只装水,滴入酚酞,一只装浓氨水,片刻后装水的烧杯内出现红色。

以上说明,在学生学习过程中,通过教师确当的启发,使学生进行积极思维,亲自动脑解决疑点和问题,能够培养他们分析问题和解决问题的能力。

2. 启发培养科学的学习方法

要使学生学习得主动,学得好,学得活,方法是很重要的。古人曰,“授人以鱼,仅供一饭之需,授人以渔,终身受用不尽。”这就说明,我们不但要给学生以“鱼”,更重要的是要教会学生“捕鱼”的方法,给别人以鱼,只能吃一顿,给人捕鱼的方法,一旦别人学会捕鱼,他将永远有吃不尽的鱼。

《学记》中说:“善学者师迹而功倍,不善学者,师勤而功半。”著名文学家、教育家叶圣陶讲得好:“尝谓教师,教学各种学科,其最终目的在达到不复需教,而学生能自为研索,自求解决,故教师之为教,不在全盘授与,而在相机诱导,必令学生运其才智,勤其练习,领悟之源广开,纯熟之功弥深,乃为善教者也。”上述这些都说明教师必须善于开导学生,教给学生以科学的学习方法。

怎样进行启发呢?在教学过程中我进行了以下的一些尝试:

1. 引人入胜、循循善诱

启发式就是要启发学生思维,而思维来自问题,因此教师在教学过程中要多提一些发人深省、引人入胜的问题。当然,提出的问题要有准备,要有质量。在此基础上进行循循善诱。

例如，高一教材中核外电子的运动状态是比较枯燥的，如果按照一般的讲述进行讲解学生不愿听，也不易掌握。如果教师在讲课的一开始就提出，地球以外的宇宙中有很多的星体，它们是静止的还是运动的？在微观世界里，原子核外的电子是静止地贴在原子核上，还是绕核在不停地运动？如果是运动的，它又是怎样运动的？对于多电子原子核外的电子在核外的运动过程中，会不会发生相互碰撞？这些电子的能量有没有差别呢？怎样知道存在这些差别呢？若要描述核外电子的运动，必须从哪些方面进行呢？这些一连串的问题提出以后，学生会根据这些问题，积极地进行思维，使学生的注意力集中在想回答这些问题上。这样经教师一步步的引导把提出的问题进行解决。至此对这部分内容的教学目的便能较好达到。

又如在讲氢键时，先让大家根据前一节分子间作用力的知识把碳族、氮族、氧族和卤族元素的气态氢化物按照每族元素氢化物分一个组。排出熔沸点从低到高的次序。排出后，再与课本上正确的进行比较，大家发现，只有碳族元素氢化物的沸点高低，符合影响分子间作用力大小的规律。而其他三个族都有矛盾。每族各有一种沸点非常高的物质，这时教师提出问题让大家思考：这些熔、沸点反常高的氢化物（NH_3、H_2O、HF），沸点比估计的要高得多，说明这几种物质的分子间作用力是比正常情况下大还是小？大家很快回答是增大。为什么会增大呢？大家竭力想回答，但说不出来。这时教师提示物质性质与结构有什么关系？大家立即说出结构决定性质。接着引导大家从结构上进行分析，它们都是通过强极性共价键结合的。接着引出电负性和原子半径上的特点。最后得出形成氢键的结论。然后，再通过沸点反常高的几种物质相近的其他物质为什么不能形成氢键呢？再经一步步的引导得出形成氢键的条件。这样大家对氢键和氢键的形成就有了较好的认识。

在教学过程中，教师一定要能引人入胜，这样才能把学生的注意力吸引过来，才能对该学科感兴趣、学得好。

2. 从已知到未知，由浅到深

为了较好地达到教学目的，教师对于全部教材必须熟练掌握，要有周密的授课计划，在教学过程中，对于难懂的问题或较复杂的问题，总是在未曾讲授时，先提出与新知有联系的问题。让学生多思考，由浅入深地引导学生的思维活动。例如在讲核外电子排布的三条规律时，不是把三条规律直接一下子告诉学生，而是先从已知开始，大家知道核外电子是分层排布的，各层有不同亚层，同一亚层又有不同轨道，然后问：电子在原子核外先排入哪个电子层？哪个亚层？哪个轨道？有什么规律呢？根据初中已学过的原子结构简图的画法，大家知道应先排内层，即从第一层，依次向外。再给学生提出：原子核外只有一个电子，这个电子将尽可能靠近原子核，还是远离原子核。大家知道应尽可能靠近原子核，因第一电子层能量最低。这是大家能想到的。在此基础上给大家总结出核外电子排布的一条规律：能量最低原理。

又如，讲洪特规则时，先根据已知的能量最低原理和保利不相容原理，由学生画出碳原子的电子排布式。这时学生普遍感到最后两个电子在2P亚层中的排布有几种。但正确的应该怎样表示,为什么这样表示,学生很想知道。这时教师问大家 2P 亚层有几个轨道?大家回答有 3 个轨道,它们的能量有没有差别?大家回答没有差别。接着教师再进行一些引导。说明同一亚层中电子尽可能多占轨道,自旋相同,才能使能量最低。使学生很快知道正确的表示方法。这样得出核外电子排布的又一条规律——洪特规则。

这样,在讲述中用已学过的知识为基础,理论联系实际,由浅入深,逐步引入,使学生感到学得活,易于接受,记得牢,容易掌握。

3. 通过实验观察,进行直观启发

化学是一门以实验为基础的科学,中学化学教学一定要以实验为基础,使学生生动、活泼地、主动地学习。尽可能使概念的确立和形成,成为从具体的例证和事物的外观表现进行讨论,研究其本质的问题的过程。这便是应用了从感性到理性,从具体到抽象的组织教材的认识过程。化学上的定律,是由许多事实总结出来的,因此,必须重视以实验进行启发。

例如,初三讲质量守恒定律时,先通过几个具体的实验事实,使学生得出"反应物的质量之和一定等于生成物的质量之和"即质量守恒定律。

又如,初三讲分子间有间隔、高一讲混和溶液浓度的计算过程中有时要考虑体积变化这些问题,学生一时想不通。这时通过实验,用无水酒精或 95%的酒精与水各取 20 毫升进行混和,结果体积小于 40 毫升。学生看了实验事实,教师再做一个实验,把一烧杯米和一烧杯蚕豆混和起来,再装在烧杯内,结果装不满两烧杯。从烧杯外面学生看见米掉在蚕豆的间隙之间。这时,学生立即能知道体积变化的原因。通过实验学生清楚地知道了:分子间确实有间隔。两种不同浓度溶液相混和体积确有变化。

再如高一讲解钠与水的反应,先给学生做钠与水反应的演示实验,要求学生注意观察现象,根据现象思考问题,实验时大家看到钠与水激烈反应,放出气体。气体收集起来后,点火可以燃烧,反应后的溶液中滴入酚酞指示剂变红。这时教师再启发大家思考,无色的可燃性气体有哪些?大家说出有 H_2、H_2S、CO、CH_4 等。无色无气味的气体有哪些?学生立即排除了 H_2S。因它有嗅鸡蛋气味。再问,水的组成元素是哪些,大家立即知道产生的气体是 H_2,即不可能是 CO 或 CH_4。因为这里没有碳元素。接着要大家考虑,反应后溶液使酚酞显红色,说明溶液中有碱性物质。这种物质是什么呢?教师引导大家思考 H_2 是怎样生成的。大家知道是组成水的+1 价氢被还原的结果。钠发生了什么反应呢?在水中的产物是什么呢?学生很快能说出是 NaOH。这样要求大家写出化学方程式。绝大多数同学都能正确地写出钠与水反应的化学方程式,并且对这一反应的现象和实质能很好掌握。

还有钠和硫酸铜溶液的反应方程式是学生很容易写错的。但通过观察实验后,学生都能掌握。把一小块金属钠投入硫酸铜溶液中,没有铜生成现象,是有气体放出,有蓝色沉淀生成。学生很快能理解和掌握反应的过程及实质。

对于 H_2S 气体能否用浓硫酸干燥，通过实验大家都能掌握。

还有初三讲浓硫酸稀释时，单讲一下不能把水倒入浓硫酸中，学生还是不易记清。补做这样一个实验：在烧杯里放少量98%发烟硫酸用钟罩罩住，然后从钟罩口用滴管滴水到浓硫酸中，看到浓硫酸酸液向外溅。这样学生就能掌握必须把浓硫酸倒入水中。

在教学过程中，实验能很好地提高和激发大家的学习兴趣，启发学生的思维，能提高教学效果。

4. 通过生动形象的比喻进行启发

化学是实验性很强的科学，但往往由于条件限制或其他因素的原因有些又无法进行实验，有些又是微观的，学生一时难以理解或掌握。这时教师可通过一些生动形象的比喻进行点拨启发，使学生易于理解和记忆并掌握。

例如在讲保利不相容原理时，每个轨道中最多可容纳多少个电子，自旋方向怎样。可通过在商店买皮鞋，每盒皮鞋最多几只，左脚穿的和右脚穿的各几只？学生立即能说出每个轨道中最多两个电子，自旋相反，再通过进一步讲解得出保利原理。讲能量最低原理时，可说明。人穿衣服时总是先穿内衣，再穿外衣，学生便知道，电子排布应先排内层，再排外层，高山上的石头与平地上的石头哪个稳定，若在体育场观看比赛什么位置好，若没有规定座位观众将怎样入座。这样大家很快能掌握能量最低原理。例如，讲化学键时，也是很抽象的看不见，摸不着的，这时可打比喻。砖头砌成墙以后，为什么就不能从砌好的墙上轻易取下砖头。这是砖头之间有粘结剂，水泥或砂浆等，人体的肌肉与骨头之间是肋及腱结合在一起。原子或离子形成物质后，不易分解成其他的物质，它们是怎样结合的呢？学生很快便能联想到微粒之间有着一种特殊的“粘结剂”相互作用。这种分子或晶体中相邻原子间的相互作用叫化学键。这样，学生对化学键能比较好地理解和掌握。

讲浓硫酸稀释时，可把浓硫酸比作滚开的油，水不可倒入烧开的油中。

还有像活化能、活化分子、催化剂等的教学都可用一些生动形象的比喻进行启发。

5. 利用直观教具进行启发

学生接受新知识效果是从实物接受的效果最佳，其次是从模型接受的效果较好，再次是挂图。空讲是最差的。因此在化学教学中应采用直观教具，充分发挥直观教具的作用，努力使复杂的教学具体化、简单化、立体化。所以应多采用演示、模型、图表帮助教学。

如初三讲原子时对氧化汞的分解用活动幻灯片形象地表示反应过程。学生很快就能掌握这一内容。又如在有机教学中，结构教学是很重要的，这时就应该充分利用分子结构的模型。例如在乙烯的结构这一课，把两种模型（球棍和球球）并用。利用比喻和模型给学生留下乙烯分子的整体结构概念：乙烯分子是平面形结构，四个氢原子和两个碳原子位于同一平面上，使学生打下深刻的烙印后，再借助于球棍模型剖析乙烯分子结构，阐述乙烯分子中碳碳键长、键角等概念，再指出两个碳原子间是以双键结合的，进而对乙烯分子的结构有了感知，形成立体概念。

再如，在讲二氯甲烷是极性分子时，通过模型，一目了然，留下深刻印象。

再如，在分子结构的教学中，要充分利用模型，对于P电子云的重叠，头碰头、肩碰肩，通过模型一看就知。

以上说明，利用直观教具，教师讲课比较好讲，学生易于接受和掌握。

6. 运用理论知识，启发学生设计实验

化学实验，是化学课的一个重要组成部分，在化学教学中必须培养学生的实验能力和观察能力，培养学生规范化地进行实验操作。同时还要能根据理论知识，设计一些简单的实验，这也是培养创造能力的一个方面。

例如高一讲氯化氢的实验室制法时，先启发大家回忆实验室制取挥发性酸方法。再结合到 HCl 在实验室应用什么原料制取。告诉大家 HCl 的溶解性。由学生不看书通过思考，设计出实验装置及操作，若需要干燥 HCl 又应该怎样处理。对于这一实验根据已有的知识，学生很快能设计出正确的装置和操作。

综上所述，启发式教学能培养学生的学习兴趣，激发学生的求知欲，使学生越学越想学，越学越有乐趣，同时使学生逻辑思维能力得到培养，智力得到开发。

分析物理问题要有整体观点

江苏省扬州中学　方学成

分析物理问题要有整体观点。这里的整体是指事物的全体，也包括几个过程的总过程。整体和局部有密切的联系，局部的变化会引起整体的变化，而整体的变化，又必然使局部发生相应的变化。因此，局部的问题只有放到整体中来进行考察，才能作出正确的回答。不仅如此，用整体观点来分析物理问题，还能使复杂的问题简化，给计算带来很大的方便，使我们对物理现象认识得更加清楚，对物理规律理解得更加透彻。

下面举几个例子较详细地说明一下。

例一：将两盏灯 L_1 和 L_2 并联起来接到一个直流电源上。电源的电动势为 ε，内电阻为 r。当 K_1 闭合，K_2 断开时，电流表读数为 0.1 安培；当 K_2 闭合，K_1 断开时，电流表读数为 0.2 安培，问 K_1、K_2 都闭合时电流表的读数是：(1)0.3 A　(2)大于 0.3 A　(3)大于 0.1 A 而小于 0.3 A　(4)大于 0.2 A，而小于 0.3 A

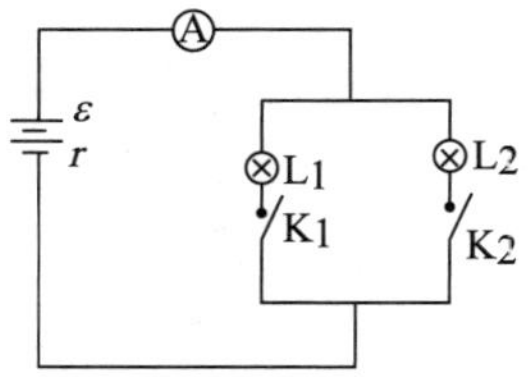

许多同学选“(1)”，实际应该选“(4)”。为什么会选错呢？主要原因是在分析这个问题时，只考虑到局部的变化，而没有考虑到由于局部的变化而引起的整体的变化，即缺少一个整体的观点。K_1、K_2 都闭合时，两盏灯并联，其并联的总电阻小于灯 L_1 的电阻，也小于 L_2 的电阻原因是：

$$R_{并}=\frac{R_1}{R_1+R_2}R_2=\frac{R_2}{R_1+R_2}R_1,$$

$$\frac{R_1}{R_1+R_2}<1,\frac{R_2}{R_1+R_2}<1。$$

外电路的总电阻变小了，根据全电路欧姆定律 $I=\frac{\varepsilon}{R+r}$ 可知，总电流变大了，大于 0.2 A。另外，由于总电流变大了，电源内电阻上电压降变大了，路端电压变小了。

所以,通过灯 L_1 和灯 L_2 的电流都比原来单独亮时的电流小了,因此,通过电流表的电流强度应小于 0.3 A。

例二:在盛有水的容器中浮有一块冰,在水面以下的冰块上冻结了一个软木塞,全部溶解时,水面有何变化?

许多同学回答是水面将下降。理由是:冰全部变成了水,软木塞从水面以下,升到了水面以上,其排开的水的体积变小了。实际上,水面应不发生变化。从整体来考虑:冰溶解前,冰和软木塞的总重量跟它们受到的水的浮力平衡,二者大小相等;冰变成了水,其和软木塞的总重量仍然跟它们所受的浮力平衡,二者大小相等。而冰在溶解前后,冰(水)和软木塞的总重量未变,所以,它们所受浮力的大小不变,它们排开的水的体积不变。因此水面不发生变化。

学生之所以判断错误,是他们把冰和软木塞分开来进行研究了,而且只考虑软木塞的前后变化,没有考虑冰溶解前后的变化。冰溶解前,有一部分冰在水面上;溶解后,冰变成了水,都在水面以下。由此可见,只从局部来考虑,问题有时很复杂,甚至于发生错误;而从整体来考虑,则问题比较简单,很容易解答。

例三:一列质量为 M 的列车,在平直的轨道上匀速前进,尾部忽有一节质量为 m 的车箱脱钩,但等到驾驶员发觉事故关闭气门时,前部列车已行驶了一段等于 L 的距离(假定机车的牵引力不变,阻力跟列车重量成正比),求前后两部分列车停止运动后的距离。

这道题,若把运动分成几个过程,根据不同过程不同的运动特点,运用有关物理公式来解,比较复杂。用运动学、动力学公式解要列出七个方程式;用动能定理来解也要列出四个方程式,而且在解的过程中,思路要清楚,否则还会发生错误。如果我们从整体来考虑这个问题,则只要列出一个方程式就可以了。这样分析:如果车箱脱钩时,前部列车立即撤去牵引力,则因为两车初速度相同,加速度相同($a=-Kg$),所以它们一定走过相同的距离,在同一地点停下来。现在前部列车之所以多走了一段距离 ΔS,是因为列车脱钩时,牵引力未撤消,牵引力对前部列车做了功,而做功的结果是增加了它的动能,这增加的动能,后来因走过一段距离 ΔS,克服阻力做功消耗掉了。因此,牵引力做的功等于多走一段距离 ΔS 克服阻力所做的功。即:

$$KMgL=K(M-m)g\Delta S$$

解得:

$$\Delta S=\frac{ML}{M-m}$$

由此可见,从整体来考虑物理问题,复杂的问题大大地简化了,计算也方便多了。

例四:如下图所示:A、B 间的距离变大时,为什么静电计指针偏转的角度变大呢?

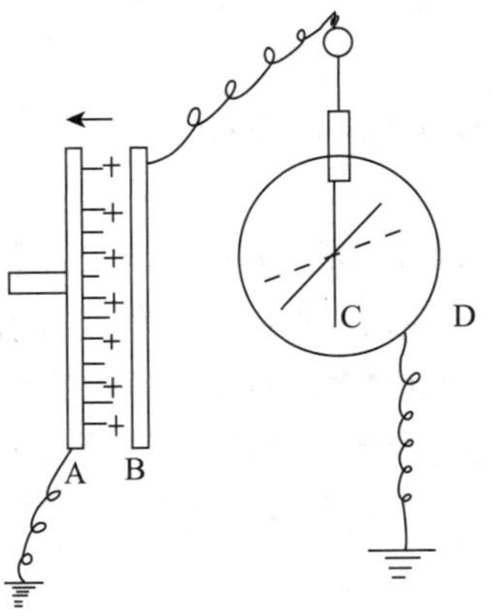

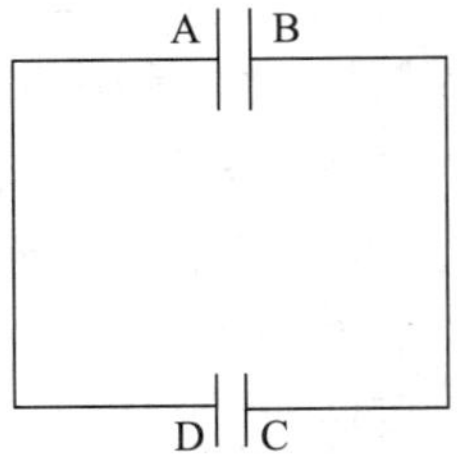

把整个装置看成一个整体,整个实验装置可以当作是两个容器并联如上图。静电计相当于一个电容器,指针(包括固定针,金属杆,金属球)相当于一个电极,外壳相当于一个电极。A、B 两块金属板相当于一个电容器。

当 A、B 间距离增大时 C_{AB} 变小($C=\frac{\varepsilon S}{4\pi Kd}$,$d\rightarrow$大),并联总电容变小($C_{并}=C_1+C_2$)因总电量 Q 不变,所以总电压变大($U=\frac{Q}{C}$),又因为 C_{CD} 不变,所以 Q_C 变多($Q=CU$),斥力变大了,所以,静电计指针张开的角度变大了。

用整体的观点来分析上面这个问题,对发生的物理现象就认识得更加清楚了。

若用整体的观点来分析某些物理定律,可以对物理定律理解得更加透切。例如:两只电容器并联,其并联总电容等于两只电容器电容之和:$C=C_1+C_2$。我们可以这样理解这个公式:设想有两个平行板电容器,其电容量分别等于 C_1 和 C_2。这两只平行板电容器,两板间距离相等,即 $d_1=d_2=d$,两板间充以同一种电介质,其介电常数为 ε,两板间正对面积分别是 S_1 和 S_2。两只电容器并联,把它们看成一个整体,就是一个大电容器,它的电容量应该是:

$$C=\frac{\varepsilon(S_1+S_2)}{4\pi Kd}=\frac{\varepsilon S_1}{4\pi Kd}+\frac{\varepsilon S_2}{4\pi Kd}=C_1+C_2$$

电容的串联,电阻的串联,并联公式均可以这样去理解,去推导。再比如动量守恒定律的条件是:系统不受外力或所受外力的合力为零。怎样理解呢?把相互作用的物体看成一个整体,根据动量定理去理解。动量定理告诉我们:一个物体所受外力合力的冲量,等于其动量的变化。我们把这里的物体理解成相互作用的物体所组成的物体系,物体系不受外力或所受外力的合力为零,则所受外力的冲量亦为零,根据动量定理可知,物体系动量的变化为零,也就是物体系的总动量保持不变了。

综上所述,要想清楚地解释物理现象,要想透彻地理解物理规律,要想迅速、正确地处理物理问题,必须学会用整体观点来分析物理问题的方法,对问题进行详细的分析,一部分一部分地分析,一个过程一个过程地分析是必要的,但从整体来进行分析更是必要的,在分析物理问题时,一定要有整体观点。

一九八六年十二月

开展课外物理实验活动
提高学生的动手能力和创造才能

江苏省扬州中学　许白虹

物理学是一门以实验为基础的科学，这在中学物理中体现得很清楚。中学物理中所涉及的物理现象、物理概念、规律，都是从实验出发，在实验、观察的基础上经过分析、综合、总结概括出来的，一些物理概念又是通过实验使学生加深理解、掌握的。

加强实验教学能使学生形成正确的物理概念，增强观察物理现象和分析物理问题的能力，加深对物理规律的理解、培养学生的实际操作能力，初步掌握一些研究物理问题的方法。还可培养学生严格、严谨、严密的科学态度，实事求是的作风，团结友爱、互相协作的良好品德。

因此我们在物理教学中十分重视物理实验。实践告诉我们，仅仅是在教学中做好演示实验和上好学生实验课是不够的，学生有生气、有活力，有极大潜力需要我们去发掘。组织学生开展课外实验活动，是拓宽学生的知识面，培养能力，发挥创造才能的重要手段之一。近年来，我校在组织高中学生开展课外实验活动方面做了些工作。

其一，是以新编物理教材上写的实验小制作(高中物理乙种本上编写的有 20 个之多)和课外实验(高中物理甲种本上编写的有 24 个)为实验内容开展活动。我们把对物理学习兴趣较浓的学生组织起来，在自愿报名的基础上，每班选几人组成中心组(也是课外物理小组)，实验器材以学生自筹为主，实验室提供一些学生没有的仪器，每周集中活动一次，每次做一到两个实验，活动时老师作必要的指导，尔后靠他们去带动其他同学。

通过这样的课外实验活动，学生学习物理的兴趣有了进一步的提高，不仅使新学知识得到了巩固，而且知识面也大大拓宽，实验研究的气氛更加浓起来。例如学生通过制作杆秤，对有固定转动轴物体的平衡条件理解更深，弄懂了杆秤上刻度为什么是均匀的道理。用尺测平抛物体的速度，同学们掌握了又一种测平抛物体速度的方法，加深了对运动合成、分解和平抛运动的特点知识的理解。在进行估测自行车受到的阻力实验时，有的同学分别测了自行车在水泥地上、草地上、泥地上的阻力，进行了比较和的研究。

课外实验活动也启迪了学生的思维，展现了学生的创造才能。如在进行测量尼龙丝的抗断拉力实验时，学生感到测尼龙丝间张开的角度很不方便，提出将所取尼龙丝长度固定，将重物挂在尼龙丝中点，测出尼龙丝断时两悬挂点间的距离，就可算出尼龙丝的抗断拉力，有的同学更进一步提出在尼龙丝两悬挂的端点(一点固定、一点可以移动)间放一标尺，上面直接刻出力的大小刻度，就成了一个简单的测线或丝的抗断拉力计。又如在进行用滴水法测重力加速度实验时，有一农村同学家里无自来水，想到初中学过的虹吸现象，用塑料管作虹吸管插到水盆中让水从管口滴下，成功地进行了测重力加速度的实验，这不仅克服了无自来水的困难，还克服了自来水压因附近有人用水，水压不稳的缺陷。他用自己的装置测得 $g=9.7$ 米/秒^2。

另外学生在课后用自制的单摆测了重力加速度。用塑料瓶下端穿一个小洞灌满水进行失重的实验，加深了对超重失重知识的理解。同学们用一支空圆珠笔芯和两个大小相同的塑料瓶盖制作了不等臂天平，称小物体的质量，后又用准确天平称物体质量，并将两测量结果进行对比，确实得到物体的质量 $M=\sqrt{M_1M_2}$ 同学们感到收益很大。

其二是我们把动手能力强的部分同学组织起来，开展以改进教具、自制教具为内容的课外实验活动，在老师指导下，同学们积极努力，近年来同学们制作了百发百中枪(演示平抛物体运动的)；平抛实验架(是为改进学生实验而作的)；用硅二极管和小灯泡制作桥式整流示教板；制作了流体性质综合演示器；改进了初中的液体压强随深度变化的实验等。其中平抛实验架是一个同学在实验中感到确定平抛物体在下落过程中一些时刻的位置比较困难而设计制作的，这仪器获全国青少年科技创造发明二等奖。液体性质综合演示器是几个同学综合应用学过的连通器原理、液体内部的压强、大气压强、离心水泵等知识而制作的，这仪器获得市青少年科技创造发明一等奖。

这样的活动使学生认识面得到更大的拓宽，更有利于培养学生的动手能力，发挥了他们的创造才能。同时也为物理教学增添了一些较能说明问题的教具，培养了学生勤动脑，多动手的良好习惯，以及勤俭做实验的好品德。

通过上述活动，我们体会到：学生课外实验活动是对物理课堂教学演示实验、学生分组实验的重要补充，更有利发挥学生特长和创造才能，有利培养学生的钻研精神和独立工作能力，这对培养和造就科技人才具有重要意义，搞不搞大不一样，但我们这方面的工作才刚起步，做得很不够，要多多向同志们学习，把课外实验活动开展得更好。

在体育课教学中要善于激发学生学习的间接兴趣

江苏扬州中学　潘志明

兴趣是人们力求认识某种事物或从事某种活动的倾向。当一个人对某种事物产生兴趣时,他就把自己的注意力经常集中和趋向于某种事物上,同时也会对该事物产生一定的感情。例如,学生到操场上体育课,看到了老师准备的器材和场地布置,推测到本课的内容后,就立即显得异常兴奋,跃跃欲试,而且在课的整个学习过程中注意力都很集中,兴致勃勃,精力充沛,这节课就容易收到师生都很满意的效果。我们说,这就是学生对课的内容或练习方法产生了兴趣。

体育课教学的任务,是要面向全体学生。通过各种类型的身体练习,锻炼他们的身心,使机体得到更完美的发展。围绕这一任务,教学大纲配备了各具特点的各类教材,并规定课时比例,要求体育教师按计划实施教学,以保证学生完成学习任务。我们知道,任何练习运动,都是由一系列随意动作构成的,都是需要学生经过一定程度的意志努力才能完成。而学生的身体条件各不相同,心理个别异差又较大,因此,对不同的教材、练习,都会产生不尽相同的情感,如果单纯从满足学生的兴趣去安排教学,甚至搞"一只哨子两只球,师生都自由"的不负责任的教学,教学大纲规定的任务是不可能完成的。在教学中我体会到,体育教师只有深入研究各类教材的特点和教学对象的生理、心理特点,在考虑到部分学生的兴趣的同时,更要注意激发其余学生学习的间接兴趣,这样才能焕发全体学生的学习热情,使全体学生都能够基本完成大纲规定的学习任务。

所谓间接兴趣,就是对于某种事物的本身没有兴趣,而是对于这种事物未来的结果感到需要而产生的兴趣。例如有些学生对体育课本来不感兴趣,而且会因遇到困难感到畏惧和苦恼,但在老师的帮助教育后,认识到学会运动技术,增强了体质,可以终生受益,对完成当前的学习任务和将来参加四化建设都有益。理解了这些道理以后,他们能够认认真真地上课,顽强刻苦地锻炼。这种由于对未来的需要而产生的学习兴趣就是间接兴趣。近来,我在这一方面作了些尝试,谈谈体会,与同行们商榷。

一、使学生了解所学内容的锻炼身体的价值(或作用)

田径项目往往会使多数学生感到枯燥、苦累,体操项目又常常使一些学生感到困难、惧怕。在学习这些项目之前,可以先结合生理学知识,介绍它们对人体的作用。如:经常作跑、跳、投的练习,能够促进机体的新陈代谢,改善与提高内脏器官的机能,全面发展人的身体素质，提高健康水平；通过体操项目的锻炼，不但可以培养人的勇敢、果断的毅志品质，还可以使人体形态逐渐完美、健壮。这样，会使学生在练习时感到不是在“白花力气”，即使遇到一定的困难，他们也会努力去克服，并且会在练习时因有了一定的指向性，锻炼效果更佳。

二、了解学生学习兴趣，科学安排教学手段

围绕课的任务，多选择新颖有趣的教学手段，可以使学生本来不感兴趣的教材同样上得生动活泼。如中长跑教材，若总是反复采用记时跑、重复跑、变速跑，学生一听“跑”就会产生厌恶的情绪，即使强迫练习，在不良心理状态下，缺乏意志努力，其效果也不好。我们可在其间穿插安排一定课时的定时高抬腿跑、跳绳跑、登台阶越野跑等，同样可以收到发展心、肺机能的效果，而且不断给学生以新鲜感，有利于克服“厌恶”“惧怕”心理，一般学生对球类兴趣较浓，我们可以把这方面的兴趣向其他方面转移。如进行篮、足球运球跑，争抢篮板球，跳起头顶球，单、双手向前掷远球等等练习，同样可以发展田径等项目所需要的素质，而且容易出现由“要我练”到“我要练”的争先恐后的热烈场面。再有，在完成课预计任务的同时，还能收到“副产品”，那就是球类本身的技术在反复练习过程中也得到了提高，真是一举两得。

三、掌握“区别对待”原则，合理制定课的任务

一节课任务制定的高低，对学生的学习兴趣也有着很大的影响。特别是一个教材的复习、巩固阶段，对此更要重视。因为这时会出现较大的分化情况，基础差的学生会因感到困难、怕羞，而产生自卑感，畏缩不前；而身体素质等条件较好，掌握动作较快的学生却会满足于“基本完成”而不愿再练。这些大概就是我们平常所说的“学生不愿动”的原因之一吧。我认为，制定课的任务不能一刀切。对于前者，应根据对象的具体情况，考虑适当降低动作难度或要求，侧重多作分解练习和辅助性练习，由易逐步过渡到难，使学者力所能及，看到成绩，树立信心，再加上教师从旁不断鼓励，这样他们练习的积极性就会受到保护，而不会在一旁当“观众”了。如高一男生初学直腿后滚翻动作，大多数学生开始不敢直腿后倒，畏缩不前，但在采用“双人拉绳缓冲”辅助练习以后，安全感和好奇心驱使他们踊跃向前，很快体会到动作要领，在较短时间内就基本掌握了这一动作。对于后者，要提高他们的积极性，就不能停于一般要求，要不断给予新的刺激，以满足他们学习的欲望。如同前一次练习课，要求他们在两腿之间和胸腹之间夹持一只球进行练习，看谁的球不落地。这样，他们就在“竞争”的心理状态下进行练习，谁都想表现出自己最佳水平，不知不觉地提高了练习密度，而且达到了纠正、改进动作的既定任务。

四、教师注意运用各学科知识进行教学

现在学生的知识面是较宽的，而且都喜欢有一定的场合得以表现和运用。我们

应该注意到学生这一心理特点，运用它来启发、调动学生的学习兴趣。如对高中学生进行掷标枪技术教学时，先提问“为什么枪身要沿抛物线行进?”“为什么出手角不是45°”，然后再解释“地斜角”的道理。这样做，学生发言踊跃，使已有的知识在体育课中得到运用，做到既练体又动脑，效果比教师反复讲解要好得多。实际教学中又证明，高中学生还能在练习过程中相互观察，纠正动作，教师要省力得多。同样，我们还可以结合历史知识，讲解我国体育的起源与发展；生理、化学知识，讲解体育对人体的作用；解剖、物理知识，向学生分析动作技术，等等。这样做，不但有利于教学，而且可以宣传体育的内涵，不让他们再产生体育只是“四肢发达，大脑简单”的浅学问，而是一门知识面很广的综合科学，从而更加重视体育这门学科的学习，增强学习主动性。

最后，我认为影响学生学习兴趣的又一因素是我们体育教师本身。体育教师对自己事业的态度、言行、乃至每堂课课前准备、教态、讲解、示范等等，在很大程度上是学生的楷模，许多优秀学生、运动员的启蒙者不就是体育教师吗。优美的示范，干练的讲解，亲切的教诲，才能把学生吸引到身边。因此这就要求教师不断加强自身修养，坚定专业思想，提高责任心，加强业务进修，兢兢业业地工作，使学生在心目中感到你确实是教师队伍的一分子，他们才能对你的事业给以支持和配合。

1986 年 12 月

在高中地理教学中发展学生智力初探

江苏省扬州中学 张忆育

邓小平同志提出“教育要面向现代化,面向世界,面向未来”,为我们教学改革指明了前进的方向。地理教学也必须适应“三个面向”的要求,努力从传统的教学形式的限制和束缚中解放出来,在地理课上不仅仅传授知识,还要培养学生的能力,发展学生的智力。我们学校的学生素质较好,经初中阶段的学习已具备一定的地理知识,现代科学技术又在日新月异地发展,发展学生智力就显得更为重要,这是实现多出、快出、出好人才培养目标所十分需要的。现将自己在高中地理教学中发展学生智力所作的初步探索汇报如下:

一、设疑引导学生探索求知

发展学生智力包括培养学生的注意力、观察力、记忆力、想象力和思维力,其中创造性思维能力是开拓性人才所必需的。所以,教师在讲课时,不必把话都说尽了,可设疑引导学生思索解疑,探索求知。如:“恒星日与太阳日”的区别既是重点又是难点,我让学生对照“九月星空图”思考为什么同样的星空的15天以后要提前一小时出现,当学生经过思考明白,这是由于恒星日比太阳日每天少四分钟,参照物不同的缘故,脸上现出了恍然大悟的欣喜。再如夏时制实行之后,我让学生思考为什么夏时制开始要定在四月中旬,结束要定在9月中旬,学生结合学习地球的公转,知道“二分”日太阳直射点的位置,而太阳直射点的移动直接影响到地球的昼弧和夜弧的长短,这样结论就出来了。还有讲自然资源具“可用性”和“自然性”后,要学生区别“棉布、钢铁、化肥、矿石”等是否自然资源,课堂气氛就活跃起来了。讲太阳光散射时思考为什么早晨太阳显得特别大和红,晴天为什么呈蓝色,阴天呈白色;有些章节讲课时我直接用几个问题贯串于教学过程中,让学生看书讨论后再回答,教师小结补充,类似于程序教学法。这样吸引了学生的注意力,也培养了他们的思维能力,好的设疑往往收到很强烈的反馈效果,我也尝到了设疑解难的甜头。

二、备课要有深度,注意学科间的“横向”联系,适当拓宽学生的知识面

就着教材照本宣科,现在的学生已不能满足了。教师自身要知识广博,不断学习,留意新资料,备课要有深度,有些方面要“提高”要“深化”,在让学生弄清楚地理事

物成因、本质、规律上多下功夫。如我讲地球自转对地球形状的影响时，补充画图，把地球自转离心率分解为球面垂直力和经向水平切线力，水平切线力的方向指向低纬，故地球从两极向赤道处膨胀，出现了1/298的扁率；讲地球自转的意义除了课本上的四点外，还补充了自转是确定两极、赤道、地轴位置的依据，是引起地壳运动的力量之一，造成了天体周日视运动等。另外，昼夜交替亦有公转的因素，因为人们习惯用的是太阳日。讲地球上生命存在的条件也补充了公转的近圆性，地球两极强磁场存在和有硬壳贮存液态水等条件。补充讲述多花去一些时间，课文内容可精讲或让学生自学，一些板书事先用小黑板写好带到课堂上去以节省时间。

现代科学知识各学科之间是互相渗透的，特别地理属于文理性质均兼有的边缘学科，所以必须注意知识的横向联系。讲风的合成，地球公转在近、远日点速度的变化以及上述地转离心等，都要用到物理学知识。讲地壳化学组成，矿床成因及原生水时都用到化学知识，讲到地壳演化时用到生物学知识。自转偏向力用到方向的知识，物理上讲方向是无限延长的直线，而地球上东南西北不在一个平面上，方向坐标时刻在变化。教师自己要弄通，并引导学生灵活运用各科知识，进行逻辑思维和空间想象，平时我也常对学生讲扩大知识面才能把地理学好。

根据形势的发展，在现有教材的基础上加入符合"三个面向"的新内容也是必要的。高中地理下册大部分是人文地理内容，引用的数据有时过时了，如中国煤的储量，世界产油国的名次、产量，拥有核电站的国家及核电站的数量，祖国的建设成就和我国主要工业产品在世界上的地位，沿海开放港口经济区等都作了补充说明，这样拓宽了学生的知识面。

三、引导学生运用所学知识解决实际问题，深化课本知识

高中地理许多内容都是可以联系实际培养学生的观察、想象、分析能力的，尤其是下册都是世界性经济、环境问题，与实际联系紧密。教师要注意引导。如85年10月8日至10月31日连续23天阴雨(今年秋季升学初两星期亦是)，31日下午一场闷雷、大雷后气温下降转晴，我提示学生用所学过的锋面知识来解释冷锋过境，副高压位置对锋面影响及夏季撤离大陆的情况。观察淮海路边树木把水泥路面顶出了裂缝、生物风化的事例。引导学生分析本地平原的成因和建筑用的黄沙、河床上鹅卵石的来源，组织学生观察夏夜的星空。特别是今年年初让部分优秀生撰写地理小论文代替期末考试，给学生提供了联系实际的用武之地。我出的16个供学生选择的论题中，有相当一部分是密切联系实际的，有些是深化课本知识的。学生积极地动脑筋，到处找资料、问老师，撰写论文，共收到小论文60篇。其中从事理论探讨性质方面的论文有三十多篇，如"流水的侵蚀作用和水土流失的防治"、"火山"、"地震"等，以神秘的"南极"为题的论文综合各章南极洲的知识，关于极光、淡水资源、气候成因和特点，南极的过去和未来，具一定的综合、归纳、分析能力。关于赤道附近古冰川遗迹来源的论文也具相当深度。还有提出世界上尚未完全解决的板块驱动力的假想和世界海

洋的发展趋势。偏重实际运用的论文有十六篇,其中谈扬州市水的丰歉、供需、污染和保护的内容特别多。学生走访环保局、水校、三个自来水厂,实地勘察了古运河和市区几条主要河道,并画出示意图,具一定质量。《论扬州古运河的水质保护》一文,从工业废水、生活废水、农田肥水、船只污染和流水不畅五个方面论述了水质污染状况,提出了解决办法。高三(5)班两位同学数次走访五泉酒厂,运用所学潜水、承压水知识分析酒厂水源。还有描述和阐述哈雷彗星的基本知识和观察情况的。李晓明[高三(5)班]写的关于太阳系中暗弱星体的观察,寻找小行星灶神星的经过的文章颇有见地,得到有关方面的赞许及好评。另有四个同学写了关于城市布局与地理因素影响的专题,并大胆地依据已学的环保知识,面向扬州的未来和现代化提出了扬州市城市规划和发展前途的设想。作为论文总结开了地理小论文报告会,出了海报,报告会效果还可以。能用自己学得的地理知识和现实的建设结合起来,学生觉得是多么有趣味呵!到学高中地理下册时,学生们还要求写论文,限于本人精力未进行组织,学生们感到遗憾!实践证明,把书本内容和社会实践及学生已有经验联系起来,是引起学生学习兴趣,调动他们学习积极性并锻炼他们自学、调查、思维、分析、写作,甚至说话能力的有效办法。

四、告诉学生知识结构,紧扣人地关系教学

在高中地理开始的绪论课上,我就结合课本前面的说明告诉学生高中地理就是研究人和地理环境的科学。因为人类影响环境的能力愈来愈大,人地关系日益为人们重视。人们要在了解利用环境中趋利避害。我用了一些事例,如六合城区有宁扬公路穿过造成噪声污染和拥挤等。并引用了一篇小说中的话:“人绝非大自然的奴隶,也非大自然的上帝,大自然在人类之前就存在了,它不仅哺育了草和木,也哺育了猿和人。人在其中,是与之共存共荣的一个部族……人的使命应是让天地间有生命、无生命的物质协调得更和谐、更美好。”我觉得这节课给学生留下了深刻的印象。因为她告诉学生怎样学习、看待高中地理的目的。学生不再是被动地记记背背了,而是为了将来从世界的现状、从中国的国情出发,树立正确的资源、人口、环境观。以后的讲课中,我都注意强调人地环境。比如大家听的公开课《自然资源概述》是讲自然资源的三个特征,我是怎样强调人地关系的呢?自然资源具有规律性和不均衡性,告诫我们要扬长避短、因地制宜,不能蛮干,也为人们依据规律寻宝找矿提供了条件;许多自然资源是相互影响、相互联系的,我们应当全面规划、长远打算,从保护环境出发,计划利用,不能只顾眼前,杀鸡取卵;自然资源数量有限,潜力可扩大提高,我们必须保护资源,提高利用率,农业上可扩大复种指数。再如宝钢选址,城市布局,中国南水北调,苏联北水南调、发展中国家人口问题都是紧扣人地关系的例子。我结合各章节的教学,始终紧扣这根主线。这是紧扣人地关系讲特性,在告知学生知识结构方面,在同一节课上,因这是第六章的开始一节,这一章主要讲土地、生物、矿产等自然资源,它的知识结构是对每一种资源一是解释概念,这是学习前提,二是了解它们的特

征的分布，这是基础，三是阐述如何开发利用，这是目的。讲每一种资源，都围绕这三点进行展开。土地如此，森林、草场、矿产也如此，甚至第七章能源中石油、煤、水能等也同样如此。教“地球上的大气”一章，讲大气的运动和天气与气候这两节时，我亦同样把知识结构告诉学生，让他们自己分析、判断气候类型等知识。

五、深入浅出地举例，讲求语言的生动形象

高中地理教材内容多，教学时间紧，相当一部分学生思想上又不甚重视，所以教师本身要研究上课艺术，深入浅出的举例，讲求语言的生动形象，吸引住学生，提高他们的学习兴趣，这也是培养他们在地理方面的记忆力、思维力、想象力、观察力等智力的重要方面。我觉得教师一定要以饱满的精神状态上讲台，像演员进入角色一样要进入兴奋状态，以感染学生。另外每节课让学生也有一两个情绪兴奋中心，以打破课堂上“万马齐喑”的局面，有时靠设问，有时靠生动的联系实际的例子，有时靠形象的比喻，在这方面我是动了一些脑筋的。再举公开课《自然资源概述》为例，这节课大大小小我举了十来个实例。如贵州草海的湮没，马克思论述的阿尔卑斯山区的自然资源被破坏的例子，还有成吉思汗墓地被埋没在滚滚黄沙之中，蓝鲸濒于灭绝和稀有矿产过去遭冷遇与现在被重视来说明原理。在上“生态系统环境”课时举了西沙群岛出现的生态（鸡、鼠、猫、狗之间的生态问题）失调，讲环境问题就本市出现的自来水水质污染和噪声问题分析了原因。语言生动也很重要。如讲太阳在50亿年中只消耗了0.03%的质量，正处在稳定而旺盛的中年期，我用一百斤体重的人减少了三钱的重量来比喻太阳受到的影响之小。讲地球上存在生命物质的条件用“人类何处觅知音”，上天入月探求宇宙生命至今无结果来说明地球神奇无比，保护地球环境的重要，枯燥乏味流水账似的教学语言让学生腻味。地理资料，实例诗歌靠平时收集，报刊杂志、地理刊物亦编上索引，用时随手拿来。书到教时方恨少。我深深体会到自己还有许多不足之处，在发展学生智力方面才仅仅起步，今后还要虚心向同行学习，不懈地努力。

钻研教材，认真备课，力求全面掌握历史课本

江苏省扬州中学　熊　鹏

从事历史教学工作已经六年了。六年来，在本组各位老师的指导下，通过自己不断的教学实践，对如何完成历史教学的任务，有了一些粗浅的体会，现将这方面的认识总结一下，以求教于各位老师。

历史教学的任务，大致有三个方面：一是向学生系统地传授历史知识，二是培养学生的智能，三是通过教学对学生进行爱国主义教育。要完成这些任务，教师须作多方面的努力，但是主要的方面，我认为还在于：一、教师深入钻研教材，认真备课，正确而全面地掌握历史课本；二、采用多种形式的教学手段和方法，提高教学效果。这里我主要是总结钻研教材、认真备课这方面的体会。

以前，我对怎样钻研教材，搞好备课，没有深刻的体会。在备课过程中，主要存在两个方面的问题：一是仅仅根据教材的大意备课，而对课本的编排体系，课本所体现的历史发展的基本线索，具体历史事件，人物以及对这些事件、人物的具体提法等等，缺少理解，至于教材中每一内容的前后联系（即每一章、节的前后联系，在一章、节中对每一子目的前后联系），每一堂课在整个课程中的地位，就理解得更少了。二是备课时，仅仅把教材的书面文字变成口头语言讲给学生，可谓“照本宣科”，使学生不能得到系统而充实的知识和受到深刻的教育。通过近几年来的教学实践，我不断注意克服在备课中存在的这两个不足之处，力求做到正确、全面、精深地掌握历史教材。现在谈谈我的几点认识和做法。

前几年提出了“学校工作以教学工作为主，教学工作以课堂教学为主，课堂教学以教师讲解为主，教师讲解以课本为主”，今年又提出：“学校工作以教学工作为主，教师主导和学生主体相结合，课堂教学和课外活动相结合，理论和实践相结合。”我认为不管哪种提法，在历史教学中，课堂教学都占有十分重要的地位。因为我们要求学生掌握基本的具体的历史知识，并在此基础上认识人类历史的发展过程及其规律，主要是依靠课堂教学来进行的。而要搞好课堂教学工作，教师首先必须钻研教材，认真备课。

一、掌握全本教材，把握课本的系统性

课本是教师进行教学的主要依据，也是学生学习历史知识的基本工具，是“教师主导和学生主体相结合”的基础，教师全面而深透地掌握整本教材，把握课本的系统

性,是使学生获得系统的历史知识的前提。这就要求教师在备课时做到从整体看局部,按照年代顺序和史实的内在联系,把各课的知识内容联系起来。例如:《中国历史》第三册,以四篇、三十个章节叙述了从1840年鸦片战争爆发到1919年五四运动前夕的中国历史,在这八十年里,外国资本主义势力逐步地侵略中国,并和中国的封建势力相勾结,一步一步地把中国变成了一个半殖民地半封建社会。中国资本主义的发展是缓慢的,中国人民所受的压迫剥削是极其深重的。但是,随着外国侵略势力的深入,中国人民日益觉醒,奋起反抗外国侵略者。1851年爆发了太平天国运动,这是一次伟大的反封建反侵略的农民运动,它沉重打击了中外反动势力。1900年的义和团运动,虽然最后失败了,但它打击了帝国主义的侵略势力,粉碎了帝国主义妄图瓜分中国的迷梦。1911年的辛亥革命,推翻了两千多年的封建专制制度,建立了民国,使民主共和国的观念深入人心。但是由于中国资产阶级的软弱,辛亥革命被袁世凯窃取了,帝国主义和封建主义这两座大山并没有被推翻,中国半殖民地半封建的社会性质并没有改变。这段历史说明,中国人民反帝反封建的任务,只有在无产阶级领导下才能完成。在对这段历史有了这样一个具体认识以后,备课中,我把第三册教材的教学重点看作是两个方面:一方面是帝国主义列强通过鸦片战争、第二次鸦片战争、中法战争、中日战争、八国联军侵华战争等一系列的侵略活动及其所造成的后果,另一方面是三元里人民的反英斗争、太平天国运动、捻军起义、各少数民族反清起义、中国民族资本主义的产生和发展、戊戌变法、义和团运动、辛亥革命、反北洋军阀的斗争,中国无产阶级的成长壮大等一系列反映中国人民的革命斗争和中国社会状况变化的历史史实。当然,重点不是孤立的。因此,在备课中又注意围绕重点把整个教材贯串起来,成为一个整体。这样,就大致上做到了领会全本教材。

二、钻研每章、每节的内容

在领会全本教材的基础上,再分章、分节的进行钻研,探求每章每节教材的内容。在某一历史时期的地位和前后知识的联系,力求避免把这一章、节的内容孤立起来。如讲《世界历史》上册第二章《古代亚非奴隶制国家》时,首先明确世界上最先由原始社会进入奴隶制社会的,有古代埃及、巴比伦、古代印度和中国。这一章有三节,分别介绍了古代埃及、巴比伦和古代印度奴隶制社会的一般情况,但每一节都从不同的角度来加以叙述。在第一节里,主要是从奴隶社会的阶级矛盾,阶级斗争的角度来讲古代埃及奴隶社会的一般情况的。第二节里,则是从奴隶制的法典的角度来加以介绍巴比伦奴隶社会的一般情况。在第三节里,又是从奴隶制的等级制度和宗教的角度来介绍古代印度的奴隶制的一般情况。而第三章《古代希腊、罗马奴隶制国家》则是讲奴隶社会的典型。这样,就能把前后章、节的知识联系起来。同时,我认为在备课时先把握住章节标题是十分重要的。因为标题往往是教材中心内容的概括和重点之所在。如讲《中国历史》第三册第二篇第三章《强盛的西汉》。备课时就应注意西汉强盛的原因是什么,其强盛表现在哪些地方。这一章叙述的历史发展的基本线索是:经过四年的楚汉战争后,西汉建立了,由于汉初社会十分贫困,人民生活痛苦,统治者难以剥削到很多财物。同时,汉初统治者又注意吸取秦朝灭亡的教训。所以,汉初统治者推行了休养生息政策。让农民有土地有时间进行农业生产。另一方面,他们又实行了一系列重要措施来加强中央集权政治的巩固。军事力量也大大加强。在备课时,把前后各节的内容联系起来。抓住这样一个基本线索,就可以讲清楚西汉的强盛主要表现在三个方面:经济上推行休养生息政策。发展了社会生产,政治上解决了王国问题,又推行"罢黜百家,独尊儒术"加强思想上的统一,巩固了中央集权政治。在军事上和民族关系上打匈奴,通西域,通西南。这样,就可以使学生较好地掌握这一章节教材的具体内容。

三、推敲课本中关键部分的字句,适当研究对一些具体问题的提法

为了确切地理解历史和准确地揭示历史概念,在备课时,细致的研究和推敲教材对某一史实的具体提法是大有必要的。以前,我不大注意这方面,在实践中才逐步注意到这个问题。如《中国历史》第一册、第二册中,关于历史上农民起义对打击当时封建统治阶级所起的作用,有这样一些提法:"秦末农民战争推翻了秦朝的残暴统治",羌汉人民斗争"大大削弱了东汉的统治力量","在黄巾起义的沉重打击下,东汉政权瓦解了",南北朝时,北方各族人民的大起义"从根本上动摇了北魏的腐朽统治",唐末农民战争"摧垮了魏晋以来腐朽的士族势力,推动了历史的前进",明末农民战争"推翻了腐朽的明朝统治",第三册中在谈到义和团运动的意义时说,义和团运动"粉碎了帝国主义妄图瓜分中国的迷梦"。《世界历史》上册讲到关于英法两国农民起义时说法国和英国农民大起义"加快了农民摆脱农奴身份的进程"等等。教材中分别用了"推翻"、"削弱"、"动摇"、"摧垮"、"粉碎"、"深重打击"、"加快"等词,确切地反映了这些战争和起义对当时统治阶级打击程度的深浅和其后果的不同。掌握这些词,可以使学生明确地认识各个时期农民战争在历史上所起的具体作用,也有助于学生了解农民战争本身的历史发展概况。其次对一些词的概念,教师在备课时也要引起重视,如"猿人"、"屯田"、"厘金"、"租借地"、"势力范围"等,应指导学生理解掌握。

四、钻研教材的插图

课本的插图是教材内容的一个组成部分,大多表明一节教材内容中的主要部分,因此,在研究教材时,对插图、插画内容作充分的研究和理解,并同教材主要内容紧紧联系起来,是全面掌握历史教材的不可缺少的组成部分。在教学实践中,我体会到,根据教学要求,具体、细致地揭示插图、插画的含义,对加强历史观念的形象性具有重要意义,它有利于学生生动形象地理解教材,并受到较深刻的感染,如《中国历史》第一册"商朝的统治"一文中有一幅"司母戊大方鼎"的插图,会有助于学生形象地了解课文中"奴隶掌握了很高的冶炼技术"的叙述;《世界历史》上册"古代希腊、罗马奴隶

制国家”一章中的“希腊的奴隶市场”,“在陶器作坊做工的奴隶”,“罗马奴隶主的农庄”等插图,有助于学生形象地了解在古希腊、罗马“许多生产部门普遍地、大量地使用奴隶劳动”,“奴隶制度达到高度发展阶段”。

对课本中历史地图的钻研和使用更为重要,在课堂上充分运用历史地图,可以帮助学生形成鲜明的空间观念,加深对历史的理解,从而能正确的掌握历史史实。同时,地图的内容又可以补充教材叙述的不足。如《中国历史》第三册《第二次鸦片战争》一节中的“沙俄侵占中国东北领土示意图”、“沙俄侵占中国西北领土示意图”,可以使学生更全面地了解近代历史上沙皇俄国对中国领土的侵占,再如《世界历史》下册现代部分《帝国主义的凡尔赛——华盛顿体系》一章中的“战前欧洲”和“战后欧洲”两幅图。通过对比,可以更形象地了解第一次世界大战,摧垮的几个帝国和产生的新兴的民族国家。

五、认真组织习题

对每一章、节后的习题,进行一定的钻研,明确要求,是培养训练学生掌握和运用历史知识能力的重要方面。以前,我不很重视这个问题。即使布置了习题,也缺乏对学生指导。在教学实践中,我开始不断注意这个问题。在备课时,对习题作一定的研究、补充,并加强对学生的指导,使学生能更好地复习、巩固已学的知识。

由于学生年龄特征不同,教学要求也不尽相同,因此,备课时组织和编排习题也应有所不同。初中课本的习题大多是“原因是什么”,“哪些措施”、“有什么意义”、“产生哪些影响”等题目。而高中课本中则大多是“试述……经过”、“试述……伟大意义”、“为什么”等题目。初中的题目要求比较简明、扼要,是什么、不是什么,而高中的题目则要求比较全面,叙述史实,又要对一些历史事件从理论上作必要的分析和阐发。所以,对题目的不同层次的要求,就要具体的指导不同年级的学生。哪些是必须记住和理解的。应怎样回答题目等等。当然,要做到这一点,其关键仍在于教师在备课时全面地掌握教材,认真钻研。

以上,只是自己在几年的教学实践中,关于怎样钻研课本,认真备好课的一些粗浅的做法和体会。在教学中我存在的问题是很多的,有许多不足之处。对以上已认识到的问题还有待于去进一步实践以求得进一步提高。在钻研教材方面,充分运用历史地图方面,提高史学理论方面等还做得远远不够,特别是在教学方法上还有待于今后的探索。

1986.12

美术课系列创造性教学的探索
——初一年级从动物图案到木刻藏书票、木制小动物和布制小骆驼的教学体会

江苏省扬州中学　曹植洪

所有科学技术的发展都不能取代人的最有价值的才能——创造性。现代教育的一切手段就是要为培养具有创造素质的人才服务。美术教师最能发掘个人的创造性资源,是完整的现代教育不可缺少的组成部分。

美术教学改革的出发点必须从原来单纯传授美术知识、绘画技能的小天地,扩展为在双基教学的基础上,突出学生创造力的培养和发展。一年多来,我在初一年级美术课中就如何通过绘画和手工培养发展学生的创造力作了探索。

去年开始,学校安排初一美术课增为每周 2 节。定为一节学习绘画,一节学习手工。手工课的教学内容除教科书上的一两个外,需要增加。由于时间紧,思想上和物质上的准备都很匆促。只是东翻西找,拼凑了一学期的手工内容,是一个没有设计的杂拼盘。有些几乎与小学的手工内容有些类似和重复,大都仍是停留在纸工的剪贴组合制作学习上,绘画与手工的联系不紧。在发挥学生的想象、设计、创造能力上沾不上边,教学效果也不好。

一个多学期的教学实践说明,美术课的教改除在教学内容和教学形式上的一些改革外,更主要的是教师教学观点和教学思想的改变。很久以来,美术课满足于教会学生一些基础知识和基本技能,当然这是必要的。然而现代社会的变化,科学技术的革命,向教师提出了必须加强学生本身的积极状态,尽量发展其独立精神的必要性。教师的真正本领,主要不应在于会传授知识,而应在于会组织学生的认识活动、创造活动。表现在使学生学会学习,表现在把教学的要求转变为学生自身的需要。应该有意识地把发展学生的创造能力作为目的,把基本训练结合于教学之中进行。在教学中,学应该是主体,教是为学服务的。教,只是使学生的学习进行得更有效。方向正确,减少困难,保证质量。而学习,是学生自己的事情,是一种独立的活动,主动的认识、创造活动。教学所追求的目标、内容和结果,无论是怎样简单或复杂,都要落实到学生主动积极创造性的学习上面。过去的美术课与一般学科的教学方法相似,大都使学生吃现成饭。教师教一点,学生学一点,学生不能参加多种智力活动,亲自实践的机会少。要想全面地学会学习,培养学生的独立性、主动性、创造性就很困难。旧的美术教学观点和方法不能适应培养具有开拓精神和创造能力的人才,美术教师

必须以文化知识与技术训练为工具，去发挥与提高学生的个人表达能力，扩大他们的视野。要教会他们独立思考，培养自信心和自主性，具有敢想敢创造的精神，使他们在将来能从事复杂多变的工作。

基于这些认识，这学期以来，首先改变了上学期绘画、手工互不影响、间隔进行的上课形式，而是将绘画与手工融合在一起，有计划有目的地分成几个大单元教学，尽量使教学内容能有机联系，循序前进，特别是手工课的教学，从学生的知识基础、接受能力和培养创造力出发，从学习图案的写生变化开始，特别是动物图案学习后，安排了木刻藏书票、木制小动物和布制小骆驼的教学单元。“六一”节前还运用动物图案进行了节日帽的装饰和制作，都收到了较好的效果。

在一般绘画教学中培养学生的认识、思维和创造能力，远不及在工艺美术教学中那么突出和深刻。特别是想象和设计能力的培养将使学生得到广泛的发展。在当今工业技术革命奋飞猛进发展的时代，工艺设计将提到特别重要的地位。从小培养具有丰富想象、灵活优美的设计创造能力将是美术课中的重要任务。这几个教学内容的安排正是在这个认识基础上考虑设计的，在教学内容上它有一个较完整的系统，从自然形象经过变化而为艺术形象，而这种艺术形象由平面的构成设计，到具有立体形象的设计制作。在方法上，从平面的用笔绘成的艺术形象到用刀刻制的艺术形象以及用综合方法制作的立体艺术形象。从平面到立体，从简单到复杂，从构思设计到制作完成是一个完整的统一体。学生将学到初步的工艺设计和制作过程，抓住创造力的培养。不仅不会忽视吸收必要的知识，而且对它提出了融会贯通的要求，使学生重视理解、发展想象力和独创力。

在目前情况下，由于学校教学设备和学生学习工具的限制，一般绘画的写生教学也是很困难的。要上好手工课，没有专用教室、没有材料、没有工具根本无法进行。我在上海美术教材厂买来制作同一模样手工的现成小木片移作小版画和小动物的原材料，制作工具每人买一套不但有困难，而且在教学上将带来不少弊端，最大的缺点就是学生会凭一时兴趣一鼓作气将一件制作不顾时间、地点的到完成为止，这不但会影响到学生学习其他课程和身心健康，造成其他学科老师和家长对美术课的看法，同时会失去美术教师的辅导作用。因此，只采购了一个班的制作工具，采取上课发，下课收的做法，使学生上课时都能认真积极地制作。学习气氛较好，虽然这会给教师带来不少困难和麻烦，但为良好的教学效果着想，还是乐而为之。

在这个单元的系列教学过程中，我把主要精力放在激发和鼓励学生的敏感、兴趣、想象力和创造力上。重点抓住设计和制作两个关键，在指导学生设计教学中，首先讲清设计的目的和要求，使设计能符合教学的作业要求，采用概括、夸张等方法，使艺术形象优美、生动。同时给学生欣赏观察一些制作较好的工艺实物，并提供一些教师搜集绘制的有启发性的参考资料，鼓励学生要独立构思，不要完全模仿别人形式。要变化，要独创。藏书票的设计，学生从欣赏众多的中外藏书票形式中得到了启示，在构图形式上很少有类同的。在小动物的设计上也是根据各人所好，设计得各不一样。在这一阶段要强调工艺设计的重要,它不像一幅画,自始至终可以修改,木刻和木制的工艺制作动手后再要修改困难就大了。必须反复推敲,设计满意了再动手制作。精细的设计是关键,细致而完美的制作是保证。

在制作阶段,除教会工具的操作使用外,更要不断启发鼓励学生把制作的信心和创造力坚持到底。一个新的教学内容的开始,一般能引起学生的兴趣,但不可避免地会出现好奇心或盲目兴奋。它们不能代替兴趣的指向性,必须启发引导使学生为手工制作作坚韧、耐心、细致的刻苦创作。在制作中也可灵活地作必要的为了更完美而作的小的设计和修改,如木刻黑白刀法的处理,木制小动物雕刻、上色和座子的设计等。不少学生都能大胆确当地对自己的制作作出必要的修正和加工,使制作更完美。无论好与坏、成功或失败都是可喜的,这种"标新立异"迸发着智慧火花的创造精神,是今日学有创见的表现,也是来日创造发明的萌芽。在整个制作过程中,学生眼的观察力,脑的思维力,手的操作能力以及眼、脑、手的协调运用都得到了不同程度的发展。要从小培养学生在设计制作中的精益求精精神和坚持到底的自信心。当学生看到自己完成了的小作品都会出现发自内心的欣慰和胜利的笑容。

"六一"前夕,学校举办了优秀美术作业展览。展出初二、初三学生的绘画作业60余幅;展出了初一同学的绘画作业90余幅,版画藏书票224张,手工作业278件。在同学中产生了强烈反响,现摘录初一同学美术教学情况调查中的一些反映:

"做手工我最感兴趣也最有收获,因为这些学习内容很新奇,很有吸引力。于是我就认真地做了,并有了收获。它提高了我学习美术的兴趣、爱好,使我开动脑筋,学会自己动手的能力,也提高了我的创造能力,自己制作的手工,放在家里,也是一种装饰品。我越看心里越高兴,对美术也越喜欢,在学习上也就越起劲。"

"刻藏书票,我最感兴趣,这是我第一次接触木刻,有新鲜感,并且有一定的实用价值。它不但要求刻得好,还要画得好,能同时提高两方面的水平。我认为学习雕刻很不错,大家用自己的大脑构造出一幅称心的画,用自己的双手拿着陌生的刻刀制成理想的画面,这使自己对一块小木板产生了一种新的认识。也许大家会继续动脑,用木头、石块、萝卜,等等做成各种实物,增长对各种实物作用的新认识。"

"制作布骆驼和木刻藏书票,在小学里我从没做过这些,因此对它产生了浓厚的兴趣。在做的过程中,要思考、要想象。不像纸工作品,单单是剪下来拼图,并且做布骆驼用到了针线,我的手被刺了好多次。但坚持做出来,使我真正体会到了劳动的幸福,劳动成果的得来不易。"

"学习手工,表面上看去是一个制作,但却包含着很多方面的锻炼。一年来的手工课既培养了我的绘画才能,又证明了我的心灵手巧,它陶冶了我的情操,开阔了我的视野,扩大了我的爱好面,并提高了我的观察力、思考力、想象力、创造精神和审美观点。"

"学习美术,对我们的学习和生活起了很大的作用。它促进了我们的学习,它丰富了我们的生活,提高了我们的审美能力。原先,我家的摆设乱七八糟,很不协调。

学习美术后，我对家中的墙壁、地板色彩作出了修改方案，并把装饰橱内的摆件作了适当的调整，使其错落有致，对比鲜明。学习美术以后，增添了我对自然的热爱。五月的一天，我去了瘦西湖，长堤上桃红柳绿，湖面波光粼粼，犹如一幅优美的风景画，唤起了我对自然、对生活的热爱。

“生活是丰富的，如果一个人的生活中没有美术，那就太枯燥无味了。”

实践证明，美术课中绘画与手工密切结合。选择能培养学生创造力的教学内容和学生感兴趣的教学形式将能培养和发展学生多方面的能力，也就是感受美、鉴赏美、体现美和创造美的能力，而且将会在反复培养中不断发展和提高。我在美术教学中培养发展学生创造力的探索刚刚开始，缺点、问题很多，有待今后不断的研究和改进。

1986.12

阶梯训练　重锤敲打

——按照初中学生的心理规律改进说明文课堂教学

高　潮

就目前初中阅读教学的整体来看，在记叙文、说明文、议论文三种基本文体的教学中，说明文教学应占有一定的地位。说明文同记叙文、议论文之间具有传继、过渡的关系，记叙文记人、事、物(景)，侧重于形象思维；议论文要求对事物进行分析和评论，发表自己的见解，重在逻辑思维；而说明文则要求对事物作科学的解说，同样要求观察细致，并且必须深入了解事物的性质和特征，在阐述事理的一类文章中，还需精要的阐述、分析和议论，利用初中学生思维成熟前可塑性大的特点，指导他们读写说明文，学会按照反映客观事物的逻辑顺序，如实地、准确地、条贯统序地反映客观事物的内容、形式和规律，显然具有重要作用。

可是，对说明文，学生并不怎么爱读，那么，怎样提高说明文的课堂教学质量，做到学有兴趣、学有所得呢？这几年来，我在改革说明文课堂教学的实践中，针对初中学生好新奇、好提问、好评论、怕动笔的心理特征，坚持趣味性、科学性、实用性的有机统一，全面规划，采用“阶梯训练，重锤敲打”的办法，尝到了一点甜头。

初中说明文教学的大致计划是：一年级是说明文教学的起步，要做好从记叙文到说明文的过渡工作，主要了解说明文的文体概貌，掌握按照一定的顺序(空间顺序、时间顺序、逻辑顺序)进行说明的特点，知道几种常用的说明方法；二年级是说明文教学的重点，着重训练抓住事物的特征，运用举实例、列数据、打比方、作比较、引资料、画图表、作描述、下定义、分类别等方法将事物说得清楚易懂的能力；三年级的说明能力应有所提高，因此既要全面认真地复习已经掌握的有关说明文的知识，还要讲一些说明文的语体特点，弄清记叙、议论与说明的关系，理解句与句之间的紧密关系，增强说明的客观性和较严密的逻辑性，为高中读写复杂的说明文打好基础。

总体安排体现了知识的渐进性、序列性，使课堂教学的“结构”有了一根“主轴”。但要取得较好的教学效果，还必须以此为“基点”，精心设计一套具有吸引力的，有层次的，能促进学生积极思维的台阶训练，贯串教学的全过程，努力使教学程序有利于激发学生的学习“内驱力”，使他们在听、说、读、写的训练中，饶有兴趣地把有关科技信息和说明文的读写知识牢牢地贮存于自己的头脑中。我注意由浅入深突出重点地组织课堂教学的具体做法，大致分为整体鸟瞰、置疑答问、举一反三、动手练写四个方面。

一、整体鸟瞰

有人形象地把说明文喻为架在语文知识和科学技术之间的一座“鹊桥”，这是很有道理的，初中语文教材中的说明文，都“是传授知识的文字”（叶圣陶语）。有的介绍实体事物，有的说明抽象事理；有的介绍社会科学，有的介绍自然科学或技术科学。针对学生要求了解事物，认识世界的好奇心理，我根据每篇说明文都具有知识性这个特点，首先引导学生理清头绪，引起他们的有意注意，以便对全文有个总体的印象。

我引导学生整体鸟瞰课文的方式有演讲、凝缩、析题、拟纲、摘录五种。

演讲是每篇说明文教学都可以运用的起始形式。讲课前，让学生用三分钟或五分钟的时间进行演讲，复述课文大意，简略介绍被说明事物的特点。这样做，有利于全体同学初步了解课文内容。演讲的形式要灵活多样，或以导游的身份，或以讲故事的方法，要求语言生动，尽量运用课文中的文字。

凝缩是要求学生画出课文中说明事物的关键语句，然后缀成百字左右的短文；或根据课文中的主要线索，画出图表示意。视课文的难易程度，浅显的由学生自己完成，难度大的由教师概括提示。

析题是围绕课文的题目，设置悬念，引导学生顺藤摸瓜，招引学生神驰情境。讲《死海不死》时，我说，课文的标题充满了神奇的色彩，读到这个标题，我们不禁会产生这样的疑问：海怎会有生死？死海又是怎样形成的？死海真的不死吗？同学们纷纷去看课文，进而了解死海的特点、成因和发展变化的情况。

拟纲是给学生一定的提示，让他们根据具体要求，理清文章脉络，编写段落、层次、提纲。

摘录是教师提示课文中的重点问题，要求学生根据这些重点，摘出文章中的有关内容并简要陈述自己的看法，为深入探讨作好准备。

上述五种方法实际上是引导学生“粗读”课文，因此均有一定的速度要求；而且不管使用哪种方法，都要便于学生尽快把握全文的要点。

二、置疑答问

教学说明文，重点不在引导学生去了解被说明事物的特征，而在组织学生深入研究作者是怎样说明事物的特征的，使他们“获得方法”，并“究明原理”。比如，运用多种方法说明事物，这是说明文写法上的共性，在一篇文章里，说明方法的运用总有侧重。因此，有必要按照教材特点作出选择和组织，做到讲清一点，带动全篇。要讲得清楚，首先要议得充分，要让学生在教学的重点上能发现问题，并激起释问解疑的愿望。初中学生粗粗阅读了课文，有了一鳞半爪的了解后，一般会产生出一种要发表意见，要相互交流看法的冲动。但是他们提的问题大多偏于肤浅，讨论时也说不出所以然。这就要求教师引导学生由“粗读”到“精读”，并在阅读中学会思考。

以梁衡同志的《晋祠》为例，这是一篇介绍山水名胜的说明文，在教学中，我把作者运用说明性描写介绍胜境作为着力点。这篇说明文中有大量的描写成分，这一点学生很容易发现；这些描写，很生动，很形象，学生也会朦胧地感受到。这样，似乎就没有什么问题可以深究了。为了让学生学会思考，我在学生“粗读”全文的基础上提出了一个问题，这篇说明文中有景物描写，一般山水游记中也有景物描写，为什么它是说明文而不是一般游记呢？说明文中的景物描写同一般游记中的景物描写有什么区别呢？这个问题，一般学生是不容易发现的，也不可能从这个角度去思考，所以一经提出，学生就会感到新鲜、有趣，也感到有讨论价值。通过问题讨论，大家对说明性描写有了初步的认识，懂得说明性描写跟散文、游记中的景物描写手法基本一致，但有明显的区别，风景散文中的风貌描写可以虚实相间，意在表现某种意境，以抒发作者的主观感受为主；而介绍山水的说明文中，移用了这一手法，为的是弥补说明之不足，它必须忠实于事物的本来面目，要在写实的基础上加以绘色，传神地说明事物的某种情态。有了它，说明更形象，更具体。介绍山水名胜的说明文美就美在这里。

可见，通过置疑、发问、议论、争辩，引导学生深入钻研课文，对于培养他们思维的积极性和准确性，克服浅尝辄止、不求甚解的不良习惯是有效的。

三、举一反三

初中各册语文课本中所选用的说明文教材，数量较少。有的未必适合充当练写说明文的例文；而且随着社会的发展和科学技术的进步，说明文的内容、种类、形式和作用也在发展变化，因而有必要从课本以外的材料中寻找适用的例文，使先前的学习对后继的学习有所影响，实现知识的“正迁移”。这是检验教学达到培养能力、发展智力这个教学目标的最可靠的指标。在教学中，教者如能根据教学重点，选取有借鉴作用的课外读物，提供给学生一块“他山之石”，学生通过由此及彼的分析、比较、综合、概括、评论等一系列的思维活动，经历把学到的东西“内化”的艰辛，一定能得到“触类旁通”的喜悦。我教《宇宙里有些什么》，在学生对课文中所用的“作比较”的说明方法有了较清楚的了解后，紧接着提供了一篇《乐山大佛》的知识短文，请同学阅读后思考：(1) 这段文字在说明方法上与《宇》文有何相似之处？(2)运用这种方法说明事物有何好处？(3)运用时要注意些什么？对于这种练习，初中学生是十分乐意去完成的。

我选课外材料的渠道有两条，一是注意和其他学科的“横向联系”，尽量从历史、地理、物理、化学、生理卫生这些以说明文字为主的教材中摘录片断；二是把科学信息的活水引进课堂，从报刊杂志上剪贴、摘录一些科技小品文，学其内容，用其技巧。

四、动手练写

所谓练写，是指学生在了解了某种说明方法以后所进行的仿写练习。练习的要求同教材内容和教学重点紧密联系。通过练习，加深对课文的理解，促进阅读分析能力的提高。

指导练习的方式是多种多样的，这里略举一二。

“提供资料”是课堂练写用得较多的一种方法。根据命题的要求，给以相应的资料（包括科学概念、术语、数据、实例、实物模型），既有助于把内容写得充实、准确，又有助于某种写作技巧的训练，如学习了《石油的用途》后，让学生写一段《塑料薄膜》的说明文字，提供如下资料：(1) 塑料薄膜具有透明、透热、防水、柔软、价廉物美、用途广泛的特点；(2) 塑料薄膜在工业、农业、人们日常生活中的广泛运用。要求学生学习课文的写法，从生活现象中引出说明的对象，用“下定义”、“举实例”的方法介绍塑料薄膜的特点。

“扩充选料”指运用指定的说明方法对原文中的事物特征或某些定义进行放大、充实、诠释，把被说明的事物介绍得更具体、更形象，如教《中国石拱桥》、《苏州园林》后，我举了一段介绍园林建筑的文字，抽去了其中的描写说明，要求学生模仿课文中“打比方”等说明方法，给这段文字加上一些生动活泼的文字，借以巩固课内学到的知识。

此外，“评点批改”也是指导课堂练写说明文的有效办法之一。竺可桢的《向沙漠进军》主要运用“分类别”的说明方法介绍沙漠对人类的危害以及治理沙漠的办法。教完这课，我设计了《酒的种类》这篇在分类说明上有错误的短文，让学生讨论、评批、修改，从而掌握分类说明的要领。

“教无定法”。说明文的教学模式，见仁见智，尽可百花齐放，但按照学生的心理认识规律。由“粗读”到“精读”，由鸟瞰到深究，由阅读到写作，由课内到课外，突出重点，由浅入深地进行台阶式的序列训练，对于激发学生的学习激情，培养听说读写的能力，提高四十五分钟的课堂效率，无疑是行之有效的。希望我的“尝试”、“起步”能成为引玉之砖，引起大家的兴趣，以便共同探索出一条最优化的说明文教学之路来。

作文训练中的计划性与趣味性

朱瑞源

作文教学是中学语文教学的重要组成部分。作文训练是一种综合性较强的训练,它集阅读教学中的字、词、句、章等知识要素于一体,融听、想、说、议等智力因素为一炉,学生习作是教与学的有机统一,因此,作文教学,要有计划性;习作训练,要有趣味性。这两方面结合好了,对培养和提高学生形象思维与逻辑思维的能力有着密切关系。

一、必须加强作文训练中的计划性

加强作文训练的计划性,就要根据教学大纲、教学计划的要求,对学生在某个阶段着重写记叙文,在某个阶段着重写议论文;某个阶段侧重练习记事,某个阶段侧重练习状物等做到心中有数,训练得当。

作文教学训练的计划性体现在宏观上的阶梯性和微观上的层递性,换言之,在不同的年级对不同文体的习作应有不同的要求。

先看记叙文。记叙文的写作不过关,其他类型的文章也就很难写好。记叙文的写作是基础,它可以有写一人一事、一人几事、几人一事之分;从表达方式上说,又有单纯记叙,有夹叙夹议,有记叙、议论、说明、抒情相结合等等。我们在习作训练中应有目的地由易到难地进行"分解"和综合训练。茅盾同志曾说:"一个初学写作者最好多做些基本练习。"写好记叙文,也就是练好写作的基本功。近年来,中考的作文题也多是夹叙夹议的文章,对此,初中语文教师的认识应该更明确些。

再谈说明文。说明文是一种非常实用的文体,使用相当广泛。从某种意义上说,今后对走向社会的学生的帮助更直接些。初二年级开始学写说明文,这可以从练习写描述性的说明文开始,茅盾的《第比利斯的地下印刷所》就是一种描述性的说明文,它介于记叙文和说明文之间。然后可以练习写一般的说明文,再深一步就是文艺性的说明文了。这种层递性,从命题上可体现为写一物,写一建筑物,写一建筑群,再写一自然现象等等。这样就可以从简单说明事物的性质、形状、特征等到较复杂地说明事物的发展变化。

议论文的写作在初中还不是重点,议论文的习作训练可以从一事一议入手,让学生先去体会记叙文和议论文的区别,再进一步就可以让学生通过"摆事实,讲道理"去证明自己的某个观点,让学生注意观点正确,论据充足,注意观点和论据之间的联系。

至于引经据典，谈古说今，理论性较强的议论文，没有上面所说的扎实训练，学生是写不出来的。

二、认识和实践上的矛盾

应该说，近几年对作文教学计划性的呼声是很高的。大家都认为应该建立一个作文教学的序列，循序渐进，根据不同年级的中学生的知识积累程度，提出不同的习作要求，使习作训练更加科学化。但是，也应该看到，这个问题在教学实践上还没有解决好，作文命题随意性的现象还相当普遍。

举几个例子来看看：

学习了鲁迅先生《从百草园到三味书屋》，就要求学生写《童年趣事》或《童年回忆》。

读了鲁迅先生的《一件小事》，就来一个《记一件有意义的小事》。

学了《游褒禅山记》，就必写《谈谈志、力、物》。

如此等等。

这些命题不是不好，也不是没有内容写，然而如果几年一贯制，命题不变通，就缺少新鲜感，调动不了学生写作的欲望，激发不了学生写作的兴趣。我们在批阅学生的习作时，常发现千篇一律、千人一面的现象，甚而至于“似曾相识”，或是优秀习作上的，或是哥哥、姐姐曾经写过的。正因为学生对教师的作文命题兴奋不起来，懒于动笔，苦于动笔，抄袭也就在所难免了。

这种认识和实践上的矛盾，笔者认为就是因为没有把习作训练的计划性与命题的趣味性结合起来。国外的中学现在也很重视这个问题。日本中学里就有一种很好的培养学生写作兴趣的形式。他们从学生进校的那一年起，就要求写三年日记，具体做法是将一页纸分成三等分，让学生在这三年里同一天里分别写三篇文章，记事、议论、写景、抒情均可，不加限制，甚至告诉学生，实在没有内容写，贴一张这一天的游览券、参观门票都可以。三年以后，学生就有了一本自己创造的“《365夜》”，每打开一页，从内容上看，都值得学生本人去反思、回顾；而从写作上看，都可以有个写作水平的纵向比较，这三百六十五里路的行程，大大激发了学生的写作兴趣，也潜移默化地培养了学生良好的学习习惯。

三、应该注意习作训练的趣味性

作文训练的形式是很多的：改写、扩写、编写，看图作文，选材组文，组织辩论，还有常见的命题作文等等，所有这些训练，都应该注意命题是否有趣味，能否激发学生的写作欲望。

心理学的知识告诉我们，学生对学习的兴趣、爱好或习惯，都使学生趋向学习，对学习起推动作用，可使学生的学习动机由潜在的状态转化为活跃状态。

因此，如何使学生愿意写，这是提高学生写作水平的关键。从作文命题这个环节上说，就要注意从学生的生活实际和思想实际出发。无论是结合讲读教学命题，还是结合当前形势命题，都应该仔细推敲，精心设计，使学生有事可记，有物可状，有理可说，有情可抒，从而培养良好的文风。

在这方面我们做了一些尝试。我们要求学生写过一篇《我的班主任》，这个命题不能简单地写一个老师，学生没有现成材料去模仿，他必须参与生活，思考生活。写作能力较差的同学往往思维能力也较差，层次较低，这些同学只是去写班主任的教学，这就混同于写一般教师了。而具有理性思维的同学却把重点放在写班主任对学生思想成长的教育和帮助上。更高一些的，具有辩证思维的同学能在文章里客观地写出班主任工作的得与失，能发现班主任成绩中的不足，或不足中的成绩，有感情，有见解，文章做好后，班主任自己也很感兴趣。

鲁迅的《故乡》是第三册的重点课文，景物描写突出，人物形象生动，主题丰富深刻。三、四课时的课堂教学很难说能让学生牢固地掌握这些内容。我们就结合课文出了《二十年后的宏儿和水生》，学生兴趣极浓，从篇幅上看，有的学生远远超过了他平时的作文，内容也精彩纷呈：

有的同学把水生、宏儿设想成抗日的水上游击队的一对战友，没有老爷仆人之分，亲密无间；有的同学把水生写成一个死抱住闰土留下的烛台不放的愚昧可怜的农民，因为水生缺“水”，和闰土缺土一样，五行不全。从中可见中国农村的落后性、封闭性和变化的艰巨性，可见中国封建主义影响的深重、顽固。

他们在文章中都能更自觉地运用景物描写，有的写得更死气沉沉，没有一丝活气，有的写成了抗日游击的屏障和堡垒。

学生在写作中进一步理解了课文，培养了形象思维和辩证思维的能力。

初二年级的课本中，说明文教学是一个重点。因此，说明文写作训练也是一个重点。对初中学生来说，这种文体的知识是初次涉猎，感性认识不强，有些同学不能在语言、行文上区别说明文和记叙文，写作起来，把握不准，体裁也常常搞错。开始训练时，我们试验把写作训练与课前演讲的形式结合起来，篇幅限制在三—五分钟，内容由自己定，文章由自己写，并且宣布与自己的学习生活实际结合紧的得高分，实在写不出的也可以去抄，但不得高分，而且强调，别人写过了的，自己就不能再写，说错了的，可以再说，以最高分记成绩。学生积极性很高，兴趣很浓，有的同学写了还要再写，因此出现了不少很有质量的文章，例如《古文中的修辞运用》、《篆刻入门》、《英语单词记忆法》等等，抄的同学也要去找，去看，去鉴别，这样也就增加了对说明文的感性认识，师生一起对每一篇演讲稿的说明方法、说明顺序、说明语言给以分析品判，较快地提高了写作说明文的能力。

目前很时髦写系列作文，期末考试时，我们也作了尝试。我们出了这样一个题目：根据课文《茶花赋》里提供的材料，写一篇介绍茶花的说明文，然后以杨朔的口气，根据课文主题的提示写一封给国外丹青能手的信。

写说明文，写信都是第三册课本中的教学要求。《茶花赋》是托物抒情散文，根据课文内容写这两种形式的文章，既和阅读教学紧紧结合，又能综合反映学生的阅读和写作能力，真实地体现了他们的水平。学生在写说明文时，能从课文中找出写茶花的有关材料，有顺序地介绍茶花的种类、茶花的颜色、茶花的种植栽培及生长习性；而在写信时，知道抓住文章的主题及作者的感情，对丹青能手诉说回国后的激动欣喜之情，召唤“丹青能手”也回国看一看，一起参加社会主义建设，有些同学很自觉地把这种召唤与当前的“留洋”风联系起来，增强了文章的现实意义，结构上也能注意以作画的构思贯穿全文，首尾照应，显得很严谨。

类似的作文练习，在第四册课本里也可以设计，过去，我们在教学了《新闻二篇》后，要求学生根据魏巍《谁是最可爱的人》的材料，写一篇报道松骨峰战斗的新闻稿。

以上是我们在作文教学中的一些实践，我们体会到，没有计划性，作文教学就没有方向，没有明确目标；而没有趣味性，作文教学的计划性就可能落空，教师设计得再好，调动不了学生的主动性，怎能达到教学要求呢？

谨以此求教各位同仁。

语文教学必须加强读的训练

黄正瑶

读是语文教学的一个重要环节,叶圣陶同志认为:“现在的语文教学,要把听、说、读、写这四个字连起来。”在当前的教学实践中,由于片面追求升学率思想作祟,学生在过量的作业、反复的练习、众多的测验中疲于奔命,根本无暇去读。一些语文教师深感学生语文知识贫乏,作文水平不高,千方百计在分析文章上下功夫,字字求微言大义,处处讲语修逻文;作文则间周一大作,一周一小作,辅以日记、周记、练笔、随感,结果学生厌烦语文学习。作文挖掘不出新的题材,把握不住篇章结构,甚至连句子也写不通。产生这种现象的一个重要原因,就是忽视了读。这里,我想就语文教学中的读谈一点肤浅的看法。

读与写的辩证关系

读与写在某些方面是矛盾的。加强了读势必要减少写的时间,但又是相互联系相互为用的。读是写的基础,通过读,学生可以理解词语的含义,领会文章的内容,理清结构,体会感情和艺术特色,这些都是写的基础。如果不读,一味地讲词语、讲篇章、讲选材、讲技巧,讲得再多,学生缺乏感性知识,也难以学会运用;反之,学生读多了,有了大量的感性知识,再辅以必要的理论指点,那么他们运用这些知识进行写作也就驾驭自如了。其次,读为写提供了一定的素材,写作素材来源于生活。这里的生活包括学生亲身经历的生活和前人或别人经历过的生活。比如写一篇议论文要举一些中外名人的事作论据,只有通过读才能知道。第三,读可以增强语感,减少写病句或错别字。我们花了许多力气讲语法、讲逻辑、讲修改病句,但学生作文中病句仍较多,这就是因为学生语感不强,写了病句却不知道。读正可以弥补这方面的不足。另一方面,写是读的不自觉的动力,学生要写好一篇文章,总想先读一两篇范文作为借鉴,这就是一种不自觉的动力。写还可以促进读的深化,学生认识了自己写作中的不足之处,再读到类似文章,就可能联想到自己的不足,并在以后的作文中加以克服,这就达到了读的深化。读与写是相互依存的,不加强读则写不好。不经过写作实践,读的收获也不会大,读了要写,写了以后还要读。

“说”作为一种口头作文练习,读可以促进学生口头表达能力的提高。听和读的关系相当密切,叶圣陶同志认为:“听就是读,用耳朵来读。”读可以提高学生听的能力,通过听,可以发现自己读的不足。

听、说、读、写是统一于语文教学的不可分割的几个侧面。唯其如此,叶圣陶同志才特别强调要“把听、说、读、写这四个字连起来”。

读的心理分析

兴趣是人们力求认识事物或爱好某种活动的倾向。随着年龄的增长,学生对语文教师讲授的兴趣渐趋淡薄。而对读的兴趣会日益增强。从性别方面看,男生喜读武侠、侦破类小说,女生喜读言情类作品;从年龄方面看,初中生喜读情节曲折、故事性强的作品,高中生喜读富有哲理、科学性强的文章。由于我们的语文教学过于刻板划一,从小学到初中再到高中,总是字词、分段、主题、写作特色等。听多了,学生厌烦了,丧失了兴趣,再加上我们未能很好地引导学生去读,就必然会出现学生凭自己的直接兴趣沉湎于某些格调不高的作品中的畸形现象。如果我们强调读且引导得法,就可以把学生的直接兴趣和间接兴趣结合起来,扩大他们的阅读面,拓宽他们的知识面,这不仅可以提高学生学习语文的兴趣,而且有了丰富的知识,对我们未来的经济建设也大有裨益。

读可以集中学生的注意力。注意是指人们的心理活动指向或集中于一定的事物,学生的注意容易偏移,而读可以使之相对稳定。比如我们教一篇散文,首先指导学生感情阅读,不仅可以缩短学生和课文之间的距离,而且一定能引起学生的无意注意。久而久之,读多了,学生的无意注意就会变为有意注意,就会自觉地去读,有选择地读,去揣摩体会文章的思想感情、艺术特色。学生的有意注意一经形成,他们的认识能力、听、说、写的能力也都会有所提高。

文学作品有它的美学价值,议论文、说明文也不例外。文章本身所揭示出来的思想意义,文章本身的语言风格、艺术特色都能给人以美的享受。如果不读,一味地讲语、修、逻、文,那就会把一个完美的整体割裂成若干条条块块。读是用文章对学生进行情感教育的一种手段。然而,我们语文教学的现状常常是教师讲得多,学生读得少。学生认为,你讲的是大道理,彼文如此,此文亦如此,是人为拔高。有时我们遇到学生阅读一部作品而忘记了其他事情的情况,这就是学生的情感和文章的意境产生了共鸣,学生在读的过程中不自觉地接受着情感教育,受到美的熏陶。可见读对陶冶学生的情操,帮助他们树立正确的人生观大有帮助。如果我们把读和精讲结合起来,效果会更好。

读还可以发展学生的思维想象能力。思维是对客观事物的概括的间接的反映,在读(特别是默读)的过程中,学生可以进行分析、综合、分类、比较、抽象、概括等思维活动。阅读文学作品,可以调动学生的形象思维,再现作品中的形象;阅读议论文,可以调动学生的抽象思维,进行分析、综合。想象是在原有感性形象的基础上形成新形象的心理过程,读可以发展学生的想象能力。比如学生读了马致远的《天净沙·秋思》,头脑中就会出现一幅凄凉的画面。学生并未经历过这样的景象,但可以通过想象,把作者描写的几种景物组合起来,形成一幅悲凉凄惨的“秋暮羁旅图”。

既然学生有兴趣读,我们何不加强读,把学生的兴趣转化为动力呢?既然读可以集中学生的注意力,我们何不加强读,在集中注意力的同时培养学生的意志呢?既然读是一种美的享受,我们何不加强读,以陶冶学生的高尚情操,加强社会主义精神文明建设呢?既然读可以发展思维能力,我们何不加强读,为未来的经济建设培养创造型人才呢?

读法种种

读既是语文教学的一种形式,也是语文教学的一个目的,它的重要性自不待言。如何指导学生读呢?内容上应引导学生读一些思想性、艺术性都较好的文章;方法上则需引导学生根据不同的文章或要求选择恰当的读法,这里着重谈谈方法问题。

一、朗读和默读　朗读可以帮助学生理解词句篇章,领会思想感情,再现作品中的形象;通过朗读可以把学生吸引到作品的意境之中,唤起学生感情上的共鸣,通过反复朗读,可以使学生熟悉语言的结构和规律,增强语感,提高听、说、写的能力。朗读可分为正确朗读、流利朗读、理解朗读、表情朗读四种。前两种属于较低层次,后两种属于较高层次。我们应首先要求学生做到正确朗读和流利朗读,即读准字音、读顺句子;进而要求学生逐步过渡到理解朗读和表情朗读阶段。即要求学生在理解的基础上掌握节奏、停顿、重音、语气、语调等要素。随着学习科目的增多,为了提高读的速度,我们还要指导学生养成默读习惯。默读时学生可根据自己的理解能力对文章进行一定的分析,默读不出声,不需考虑节奏、停顿、重音、语调,因而思维活动不受影响,可以边读边思考,还可以进行再创造。默读节省时间和精力,可以培养学生良好的读书习惯和自觉性。课内,高年级学生应加强默读,低年级学生由于注意会偏移,不宜过多地默读,可将默读和朗读结合起来。

二、通读、细读、精读、速读　通读是读的基本形式,即将文章从头到尾认真读一遍。通读一篇文章后,学生应对该文的主要内容有大概印象,主题思想有大概了解。通读费时不多,但遗忘速度也较快。

细读是在通读基础上进行的较仔细的阅读。细读要求学生较完整地了解事情的全过程,看清描写细腻之处,看懂新鲜的、富有表现力的词语,把握文章或段的中心词、过渡性语句和总结性语句等。倘是说明文,则要求抓住被说明事物的特征、说明的方法、顺序等;议论文则要求搞清论点、论据、论证过程和结论。细读一篇文章要将文中的主要部分反复扫视,留下较深印象,不致过快遗忘。

精读要求对文章仔细琢磨,彻底搞清文章的内容、结构和语言特色等。精读要在通读、细读的基础上进行,由于学生所学科目较多,不可能每一篇文章都去精读,即使语文课本上的范文也不可能一一精读。教师可指导学生精读部分文章或一篇文章的部分段落,可提一些思考题启发学生思考。精读可透彻地理解文章的内容和形式,达到触类旁通的目的。

精读有举一反三的效果,但毕竟耗时过多。现代社会发展神速,应提倡快节奏的读书。要学好语文，要拓宽知识面，精读几篇文章远远不够，这就要求我们加强略读和速读指导。略读不要求对文章仔细琢磨，而要求提纲挈领，迅速抓住要点，甚至只是自己需要的部分，略去其他；速读则要求尽可能快地阅读，眼睛扫视面要宽，眼球在一定时间内移动次数少，停留时间抓住的字数多，这样，就可以尽快了解文章内容。略读和速读都要求在最短时间内获取尽可能多的信息，但捕捉到新的信息时，就应该改为细读或精读了，否则就会读而不知其味，等于不读。

三、课内读和课外读　课内读可以教给学生读书的方法，提高阅读技能和兴趣。课内读的多是经过精选的思想性、艺术性强的范文，读好了学生得益匪浅。但课内读的时间有限，还要大量开展课外阅读。课外读可以开拓视野，丰富知识，增长智慧，提高阅读技能和写作能力。但课外读的随意性大，目前社会上适合青少年读的书籍较少，这需要我们加强指导。指导学生课外阅读，除了引导学生读思想性、艺术性强的作品外，还应教给学生读书方法，作一些读书卡片或读书笔记，积累资料，积累知识。

叶圣陶同志强调指出读和写“都重要，要并重”，要摒弃“不大注重读，只注重写”的现象。他大声疾呼：“我不知道，认为这四个字应该连起来的教师有多少。”“在现在的时代，听、说、读、写非连起来不可了！”当前的语文教学中的确存在着轻视读的现象，必须迅速改变，只有这样，才能较快地提高学生的语文知识水平，跟上时代的要求。

给学生以解剖刀(二)
——在高中议论文写作教学中培养学生辩证思维能力的尝试

蒋念祖

在语文教学中,必须重视发展学生的思维能力。“培养思维品质,是发展思维能力的突破点。”(朱智贤,林崇德《思维发展心理学》,以下简称《思》,P592)而辩证思维可以使人全面地、动态地看问题,在思维品质的发展上起着重要作用,(《思》,P582)因此必须重视学生辩证思维能力的培养。语文教学中,必须重视对学生的思想教育,做到“文道结合”。这个“道”的核心,就是辩证唯物主义世界观。培养学生的辩证思维能力,其实质就是引导学生在思维活动中贯彻辩证唯物主义,因此,进行辩证思维训练,也是理论联系实际地进行辩证唯物主义教育的重要途径。再从作文教学的现状来看,教师们普遍认为高中学习议论文写作能力较差,或思路闭塞,无法展开议论,或动辄就犯表面性、片面性的毛病。这主要是因为学生缺少理论思维,尤其是辩证思维的能力。要从根本上解决这一问题,有必要在议论文写作中开展辩证思维训练。

最后,从主客观条件方面来看,高一、二年级学生处于思维活动的初步成熟期,思维的批判性、独立性逐渐增强(《思》,P137),他们的生活面更为宽广,学习的内容更为系统,为思维的发展提供了知识基础。我们国家编写的各门学科教材,都渗透着辩证唯物主义的思想,这些都为进行辩证思维训练提供了现实的可能性。

要进行辩证思维训练,首先必须让学生掌握辩证唯物主义的基本观点。在高一尚未开设《辩证唯物主义常识》课的情况下,我们一方面可以通过开设讲座、课外阅读,让学生对此有个整体了解,一方面在阅读教学中,因课制宜,进行辩证唯物主义教育。

在阅读教学中进行辩证唯物主义教育,要体现出语文教学本身的特点。实际上,辩证唯物主义作为世界观、方法论,是有机地渗透在作品的思想内容和表达形式之中的。从世界观、方法论的高度去分析,往往有助于加深我们对作品的理解。比如《现代自然科学中的基础学科》,说明了天、地、生、化、数、理是自然科学的基础学科,而数、理则又是基础的基础。文章立论的基础就是辩证唯物主义的联系、发展的观点。因为没有联系,就谈不上什么是什么的基础;没有发展,各学科之间就不可能有越来越密切的联系。又如王安石的《游褒禅山记》一文具有朴素的辩证法思想。作者以游山为题,论述治学之道,强调了“立志”的重要性。但同时又分析了“志”、“力”、“物”三者之间的关系。另外，文章又由“有碑仆道”引出治学还须“深思慎取”。实际上作者是将立志放在两组矛盾中加以分析。全文的论述因此显得严谨慎密，富有逻辑性，这正是构成文章雄健峭拔风格的重要因素。又如毛泽东的《民族的、科学的、大众的文化》，全文论述的过程，就是运用对立统一规律，提出矛盾、分析矛盾、解决矛盾的过程。比如第一节在解释论点以后，接下去并没有论证论点，而是提出矛盾的对立面——如何对待外国文化，接着又将外国文化分为矛盾的两个方面，提出“吸收其精华，去除其糟粕”的主张。教材中不少文艺作品，艺术地反映了生活中错综复杂的矛盾，运用矛盾分析的方法，可以加深我们对于作品的理解。比如《祝福》中的祥林嫂，是一个被封建礼教迫害致死的劳动妇女形象。在她身上，体现了两重矛盾的组合。第一重矛盾，作品中一方面反映了她的性格的安分守己，善良勤劳。一方面突出了她对封建礼教的反抗。这就更加充分地说明封建礼教的灭绝人性、令人不堪忍受。第二重矛盾，作品在突出她对封建礼教的反抗的同时，又反映了她的反抗行动本身，不知不觉地打上了封建思想的烙印，这又更加充分地反映了封建礼教的罪恶。当然，矛盾在不同小说中有不同表现，但是究其实，人物性格分析、故事情节分析中都可以渗透矛盾分析。推而广之，文艺作品乃至大多数文章中讲究的情景、虚实、疏密、繁简、开合、抑扬等矛盾的统一（即艺术辩证法），在教材中的例证比比皆是。在教学中当然不能讲多讲深，但是“点到为止”，激起学生对唯物辩证法的兴趣，那是完全可能的。在学生初步掌握辩证唯物主义常识的基础上，我们就可以在议论文写作中开展辩证思维训练。辩证思维是抽象思维的发展。因此，这同时也将涉及抽象思维训练。

议论文写作有两类题型，命题作文和材料作文。两类作文的主要构成是对论点的分析、论证。论点都可以归结为某个判断，判断又是由概念构成的。思维训练从概念的分析入手，发展为对判断的分析，最后对材料作文的材料作分析，思维训练分为八个阶段。

一、教给学生五种基本的分析方法

1. 明确概念的方法。就是把概念所指的事物与其他事物区别开来，因此我们把它也看成一种分析方法。明确概念，首先是明确概念的内涵和外延，可借助于下定义、分类等逻辑方法。在此基础上，我们还可借助于具体化和抽象化的方法。具体化，就是将要明确的概念和具体现实联系起来。比如“谈谦虚”中可以列举日常生活中谦虚有哪些具体表现。抽象化，就是将抽象的概念归入某一范畴。（《思》，P17）比如“谈理想”中，可将“理想”归入“思想概念的范畴”。具体化和抽象化是方向相反的两种思维方法。借此，我们将要明确的概念与客观现实和较高层次的理论联系起来，为展开议论提供了更为广阔的背景。以上分析的哲学基础，是事物间个别和一般的关系。概念是客观事物在人们主观意识中的反映。不同时代，不同民族，不同思想的人，对同一概念的理解都有差异，分析这种差异，也是明确概念的重要方法。

2. 因果分析法。因果联系是事物间的最重要的一种普遍联系。因果分析，“就是在研究对象的先行情况中,把作为它的原因的现象与其他非原因的现象区别开来;或者是在研究对象的后行情况中,把作为它结果的现象和其他现象区别开来。"(张巨青主编《科学逻辑》,P67)可见因果分析包括原因分析和结果分析。比如"谈勤奋"中,我们既可分析导致"勤奋"的原因,也可分析勤奋产生的结果。

3. 发展分析。事物是不断发展的,概念也是不断发展的。对概念作发展分析,这里是指回顾概念所反映的事物发生、发展过程,以帮助我们认识事物的本质。如"谈实事求是"中,我们可将它具体化为党的三大作风之一:我们党领导革命取得胜利的过程就是实事求是的作风在与主观主义的斗争中发扬光大的过程。这样就能认识到实事求是的重要性。

4. 比较的方法。比较是确定事物之间的相同点和不同点的思维方法。一般可从概念所反映的事物的现象、本质、原因、结果、发展过程等方面着手。可见比较是建立在以上三种方法的基础之上的。比较中应当强调的是,在越不相同的事物中探求相同点,或在越相同的事物中探求不同点,越能发现事物的本质。比如"自大"和"自卑",现象上似乎截然不同,但思想本质是一致的。而"自大"和"自信",现象有相同之处,但是本质却截然不同。

5. 矛盾分析法。在以上分析的基础上,进一步分析概念之间的对立统一关系,是矛盾分析方法。比如"谈理想",可联系"现实"作分析,一方面理想决不等于现实;一方面二者之间有着密切联系:理想产生于现实,理想经过努力可以变为现实。

下面说明一下以上训练的根据和目的。事物是普遍联系的。唯物辩证法的基本范畴反映了事物之间最本质的联系,可以作为我们进一步认识事物的支撑点,可以从整体上指示我们认识事物之间联系时思维的方向。(彭漪涟:《辩证逻辑述要》P101—P109)分析中,我们应当要求学生尽可能打开思路,但决不能毫无根据地乱想,应当在"集中"的指导下"发散",在综合的指导下分析。通过分析,我们对这个概念就有了比较丰富的、具体的认识,形成了"具体概念",为进一步正确地展开论述打下了基础。

二、在以上分析的基础上,运用辩证唯物主义的基本原理,引导分析进一步深入

辩证唯物主义的原理、规律是辩证唯物主义基本范畴的展开。(李秀林《辩证唯物主义和历史唯物主义》)在分析中具有更具体的指导作用。比如在原因分析的基础上,我们可以要求学生探求事物产生的多种原因以及原因的原因;在各种原因中分清主要原因和次要原因,尤其要分清内因和外因,了解它们对事物发展的不同意义;了解原因和结果间的矛盾、转化等等。比如"谈惰性"中,首先可分析惰性产生的多种原因:环境的影响、意志的薄弱、缺少远大理想等等,其次分析出其中的主要原因,由此得出结论:树立远大理想,就可能产生坚强的意志,无论处在何种环境中,都能克服惰性,奋发向上。

三、运用心理学、伦理学等方面的基本理论，引导分析进一步深入

我们国家编写的这方面的教科书、渗透着辩证唯物主义的基本观点，在分析中有着更为具体的指导作用。比如我们曾向学生介绍了有关认识、意志、情感等方面的心理学常识。关于情感，我们说明了它的两极性、意义、产生原因和个性品质，要求学生结合亲身体会，分析各种具体的情感如喜、怒、哀、乐、忧愁、紧张等。有同学在“论紧张”中，着重分析了紧张的结果(利和弊)：一方面，在处于紧张状态时，人们能发挥最大的主观能动性，如李广一箭穿石；一方面过度紧张往往影响人的思维能力，如考试时的怯场；长时间的紧张可能使人精神疲惫，因此必须通过提高认识、培养坚强的意志来控制、消除过分紧张的情绪。

四、明确分析目的的训练

以上几个阶段的训练，从根本上说，都是为了打开思路，简言之曰“放”。但是在学生基本掌握各种分析方法以后，就有必要“收”一下，“收”的方法就是明确分析目的。分析的目的主要取决于社会实践中提出的问题。我们可以要求学生根据创设的情境对某些概念作分析。比如在“谈刻苦学习”中，我们可以创设如下情境：某同学初中毕业后未升入高中，在家待业；某同学往往依靠考试前“打突击”，但成绩还可以；某同学进入高中后，成绩一直往下掉等等。事实说明，明确分析目的，可以防止泛泛而谈，可以有助于分析深入。

五、防止议论片面性、绝对化的训练

训练中明确了分析目的，其实也就形成的论点、受既定论点的影响，议论就可能产生片面性、绝对化。但是在第一阶段，学生已初步掌握了“具体概念”，这一阶段的训练就是要强化学生对具体概念的认识，进行辩证思维。避免议论的片面性和绝对化。比如“谈失败”中，对失败应当形成这样的认识：有进步力量或反动力量的失败，有主观原因或客观条件导致的失败，失败者的处境、思想、状况等各不相同，因此失败既可能成为“成功之母”，也可能是更大失败的预兆。

六、对两个或两个以上概念的分析

对一个概念，我们总是将它和其他概念联系起来进行分析的，因此对两个概念作分析，当然是有基础的。不同的是，对两个概念作分析，范围明确了，侧重采用哪种分析方法，一般说来也就明确了。比如“向前看和向钱看”，应侧重采用比较法：“无私和无畏”应侧重采用因果分析法。至于两个以上概念，一般要将它们分为若干“对”，一一加以分析，这里就不举例了。

在概念前面或后面加上标志议论文体裁的字样，就构成一种明确论述范围的作

文题,以上训练,也是这类作文的写作训练。

七、对判断的分析,议论文的论点,都可以归结为一个判断

对作为论点的判断,学生往往单纯考虑它的证明,往往导致议论的片面性、绝对化。因此,我们必须强调对作为论点的判断的分析。对判断的分析,当以对概念的分析为基础。比如“开卷有益”,肯定了“开卷”和“有益”之间的因果关系。但是我们首先不应急于对此进行论证,而应当对“开卷”和“有益”作一番分析。比如“开卷”,应当分清是开什么“卷”,什么人“开卷”,怎么样“开卷”等等。这样我们就不至于简单地肯定“开卷有益”,甚至可以由此推出“开卷未必有益”。事实上,对作为论点的判断作分析时,我们都可以联系与它相反的判断(负判断),在对立面的比较中引导分析向纵深发展。这就是辩证矛盾判断的具体运用。我们曾用这种方法对许多成语、格言进行分析,这对培养学生思维的深刻性、独创性、批判性都有帮助。

以上训练,也是对明确提出论点的作文的训练。

八、对具体材料的分析、概括

材料作文,就是要求学生首先对提供的具体材料进行分析、概括,形成论点,然后再对论点进行分析、证明。所谓具体材料,这里是指对具体事物的记叙、描绘,如果只涉及个别的、简单的事实,我们称之为简单材料,如果涉及的事实比较复杂,我们称之为复杂材料。我们的训练从简单材料的分析、概括入手。概括可以从三个方面考虑。一要考虑到概括的两种基本类型:1. 对事物性质的概括;2. 对事物之间关系(主要是因果关系)的概括。二要考虑到概括的不同层次,三要考虑到联系所提供的材料以外的其他材料,比如对“中国女排艰苦奋战,获得世界冠军”这一材料,着眼于前一句话,我们可作如下概括:中国体育健儿具有顽强拼搏精神;中国人具有顽强拼搏精神等等,判断中作为主项与谓项的概念,可能有许多不同层次的上位概念,因此我们可能作出许多不同层次的概括。着眼于两句话之间的联系,我们也可以作出不同层次的概括。中国人的拼搏精神是中华民族自立于世界民族之林的根本;顽强的意志是取得成功的根本等等。如果联系其他材料,那么思维活动的余地就更大了。主要可以通过两种途径进行联系:一是作因果分析。比如对上述材料,我们可作如下分析:女排取胜,除临场苦战外,还有其他原因吗?据此,我们至少可以作如下概括:爱国主义是强大的精神力量,平时训练极为重要;严师出高徒;无名英雄可贵等等。二是作比较。比如对“杭州‘二熊’”是高干子弟,为非作歹,最后被处以极刑这一材料。就材料本身,我们可作如下概括:干部子女教育问题应予重视;法网恢恢;生于忧患,死于安乐等等。这时我们就可以从两个方面作比较:一是和所概括的观点基本一致的材料类比或对比,往往可以突出原论点,丰富论述的层次;二是和所概括的观点完全相悖的材料比较,比如“许多高干子女成为国家栋梁”,这样就逼得我们深入思考,得出比较深刻的结论:“安乐中未必死,忧患中未必生”;“路,在自己脚下”等等。复杂的材

料,往往是由简单材料组合而成,我们可通过"横向分析",把它分为几个方面,或者通过"纵向分析",把它分为几个阶段。比如有一则材料,说的是安徽省芜湖公交公司汽车售票员,指责一些歹徒的不轨行为,被歹徒刺伤致死,车上围观者竟无一人敢于伸张正义。事后,陆忠受到表彰,歹徒落入法网,围观者或遭谴责,或受处理,对此如果作"横向分析",可分为陆忠、歹徒、围观者三方面,如果作"纵向分析",可分为"当时的情景、以后的结果"两个阶段,经过分析,复杂材料就成了简单材料。材料作文中,有时涉及两个或两个以上材料,一般应采用比较的方法分析,然后再进行概括。上面已经提到过了。

在训练中,在强调尽可能打开思路,形成较多论点的同时,还应强调要使提炼的论点具有科学性,避免片面概括之弊。提供的材料与客观现实相比,只是"沧海一粟"。要知道材料是否具有普遍性,就必须联系客观现实,做到"胸有全局,心中有数"。提供的材料有时未必能反映生活的本质,对此我们更要以正确理论,尤其是以辩证唯物主义的理论为指导,由表及里,去伪存真,加以分析。比如有人说现在的青年人缺少对革命的向往和追求。但是事实上生活中有理想、有抱负的青年仍大有人在,他们是新时期青年的主流、中坚。不少青年似乎对政治缺乏热情,有时甚至政治工作的方法还存在问题。由此可见,提炼论点时,同样需要"抓好两头":一头是正确理论,一头是客观现实。这是思维训练中贯彻始终的原则。

以上介绍了在议论文写作中进行辩证思维训练的全过程。其中主要内容是让学生通过对概念间多种矛盾关系的分析和综合,形成"具体概念",初步掌握辩证思维的方法,培养学生思维品质的深刻性、灵活性、独创性,解决议论文写作中思路闭塞和议论绝对化等问题。显而易见,这一过程同时也是理论联系实际地进行辩证唯物主义世界观教育的过程。因此,辩证思维训练,是思想教育、能力培养和写作教学的"三结合"。当然,训练过程只涉及议论文写作中有关构思的问题,其他也有许多不完善的地方,亟待各位学长提出宝贵意见。

师生间和谐的人际关系是激发学生学习兴趣的重要基础

唐丽珍

我见到过这样一篇学生的习作,一学生因对某教师不满,从而想放弃某学科。阅后感触很深。在对学生启发开导之余,我再次深深地感觉到,师生之间应有和谐的人际关系。这种和谐的人际关系是建设一个良好班集体的基础,也是激发学生学习兴趣的重要基础。

师生之间和谐的人际关系,大而言之,是有关任课教师与整个班集体之间的相容关系,小而言之,则是教师与具体的个别学生之间的相容关系。所谓相容,我想,在这里,既是指教师对学生的感情从出于职业道德的责任心,到逐渐地相知,并升华成为一种由衷的热爱、信任以及他的话在学生中的效度,也是指学生的个体对教师的尊重、爱戴以及学生的整体(班级)舆论对教师的信度。师生之间这种相容关系是非常重要的。它不仅能缩短师生之间的距离,调动学生的学习积极性,而且有利于良好班集体的创建,有利于各项活动的顺利开展。反之,假如师生之间缺乏和谐的人际关系,师生处处不相容——教师对学生冷若冰霜,甚至动辄当众训斥,动辄讽刺挖苦,动辄施以惩罚,那么学生就会整日在惴惴不安之中度过,就会以冷漠的、怀疑的、抵触的目光对待教师的教育,不仅如此,他们还会本能地萌发一种对受教师信任的同学的戒备、妒忌心理。这样做,不但直接影响了师生间垂直式的人际交往,而且还间接影响了同学之间水平式的人际交往。这对于中学生的心理发展是有害的,对于实施我们的教学目的、教育目标也是有害的。试想,师生间的人际关系搞得这么"僵",作为班主任,你怎么可能使全班同学同心同德地去实现你设计的管理目标,以创建优良的班集体呢?作为任课教师,你又怎么可能调动整体的或极个别同学的学习积极性,又何以实施你的教学设想呢?对于一个中学生来说,尤其是在初中阶段,在他的世界观尚未形成,间接性的学习动机(即学习目的性)尚未确立或尚未完全确立的时候,当他的学习兴趣的大小还与生活本身有着相当多的直接联系的时候,当新的"读书无用"思潮又开始泛起来的时候,这种和谐的人际关系确实是激发学生学习兴趣的重要基础。

在日常的教育教学工作中,我作为从教近二十年的初中教师兼班主任,常常觉得:教师与学生间的一次直接的平等的交谈,教师对学生的一次具体帮助或者一次动机与效果俱佳的家访,往往能收到多次大轰大嗡式的当众训斥所无法收到的效果。其中的重要原因,恐怕正是因为我们教师首先从自身的态度上注意了尊重对方,从而感染了对方，沟通了双方的思想感情，并达到了改善师生间人际关系的目的。当然，这也是我从以前多次失败的教训中逐渐清醒、改变方法后体味到的。

举个例子：一九七九年，我班上有一个学生，由于他长得较粗胖，表现调皮，成绩又差，他的父母都是文化素养不高的工人，我就自以为是地认为这学生不是读书的料，因而，常常动辄当众批评他，却丝毫未使他有所进步，反而使他萌生了越来越强的逆反心理，师生间的裂痕也在不知不觉中产生并逐渐加深了，这使我十分烦恼。一次业余的反躬自问突然使我茅塞顿开，我发现自己犯了一个不可原谅的错误，即：我忽视了初中学生在学习兴趣方面的一个特点——学习的选择性：初中学生常常爱接近他们认为可亲近的、教学质量较高的教师；而我对该生的所作所为，竟促使他对语文学习、对能否取得班主任的信任几乎失去了信心，并促使他把兴趣转移到了他感兴趣的个别学科及课外体育活动上，以致学习成绩直线下降。认识到了这一点，我向该生作了诚恳的自我批评并与他交换了意见，我还多次就他作文中存在的问题面谈了一些指导性意见，又及时地肯定、表扬了他的进步。这样，师生之间的彼此不相容感消失了，取而代之的是一种和谐的相容关系。这个学生从初二(下)开始用心地学习并大踏步地前进了(原因当然不仅仅是这一方面的)，作文也似乎开窍了，最后，竟以全班的最高分考入了本校高中(现在已快大学毕业了)。

再以最近三年的工作为例吧：我执教的初三(1)和(2)班，就语文单科而言，在今年的高中升学考试中，参加考试的 107 个学生均分达到 100.58 分，居扬州市区之冠。我当了三年班主任的初三(2)班考入本校高中的学生数比全年级其他六个班的平均数高出三分之一强，也居本校年级录取率之首。追溯到三年前我送走的 1985 届学生，这两方面的情况也颇为相似。究其原因，当然是多方面的，但其中确实存在着起一定作用的非智力因素，引用两位家长的话就是："……她对孩子好，孩子也相信她。""她能调动学生的学习积极性。……"

还可以举我校一个初三毕业班的例子：该班参加中考的六门功课的成绩有五门达到或超过了年级的均分，但有一门功课成绩特差，均分与年级中最好的两个班级相差十分左右。其中重要的原因就是该班学生在初中三年中，有两年时间与某科任教老师关系很僵，这样，有相当多的学生从兴趣出发就厌倦这门功课。越厌学，成绩越下降；越下降，就更引发了学生对该门功课(包括对老师)的反感和抵触，家长们也议论纷纷。作为教师，如果把这归咎于学生并因此训斥学生，却不引咎自责并力图改进，那么，它只能促使学生从感情上到理智上都背离教师以及教师所设计的教学轨道且越走越远。

由此可见，师生之间有无和谐的人际关系决不是小事一桩，而要建立师生之间和谐的人际关系，关键在于教师。作为教师，他除了应具备坚定的专业思想、比较扎实的专业知识以及较强的驾驭学生、驾驭课堂的能力之外，还必须在与学生的接触中做到以下几点：

(一) 要热爱学生，不要嫌弃学生。一个忠诚祖国教育事业的教师首先必定热爱自己的专业，也就必定热忱对待自己的学生。对学生的优点当然爱，对学生的缺点或后进的学生也决不要嫌弃。嫌弃学生就意味着你对自己专业的鄙视。意味着你本身道德修养的匮乏，意味着你对自己都缺乏信心。热爱学生的教师，得到的是几十颗、上百颗乃至更多颗年轻的心所反馈来的爱和敬。而这，正是建立师生间和谐的人际关系的基础。

（二）要严格要求，不要敷衍塞责。教师是师生间责任依从关系（即公务性关系）的轴心，能否建立起正常而稳固的责任依从关系，关键在于教师。从一定程度上说，初中学生的情绪倾向是随着教师这个轴心转的。对学生严格要求，在学生看来，是教师对学生倾注爱心的另一种方式，是良好师德的具体体现。而严格要求的结果，只会增强学生对教师的信任感。我曾经统计过一次选择性民意测验的结果。这次测验，围绕"你喜欢什么样的老师"一题，提供了二十条供选择的内容，要求学生选其中的十条。当时我班上五十五名学生无一例外地在"能严格要求学生……"那一条后面打上了"√"。

（三）要平易近人，不要自命不凡。教师应主动接近学生，关心学生。经常询问他们学习上的疑难，甚至个别学生生活上的困难。学生自然会乐于接近你，自然会反馈出很多你所未知的各种信息，从而增进师生间在教学需求方面的交流乃至必要的情绪、情感方面的交流。如果自命清高，自以为是，高高在上，那么学生对你的最好报答是敬而远之，而且往往是远而不敬。

（四）要不断改进教法，不要墨守成规。在我们语文教学过程中，学生最忌讳的是教师死抱住陈腐的、老一套的教法不放。他们中的相当一部分人喜欢发表看法，大胆质疑，喜欢博览，希望通过语文课提高自己说话、论辩、讲演、作文等语文能力。所以，作为语文教师，就应从这些需求出发来设计教案，用多彩多姿的教法来实现教学目标，不断地给学生以新鲜感，使学生不断地有所得。这样做，学生不仅会感到教师"称心"，而且会不断萌发出学习动机的重要心理因素——学习兴趣，他们就会以愉快的心情来配合你上好每一课；而那种上课得心应手的愉悦感又督促你努力把每一课上好，久而久之，学生中间不断产生的这种短暂、阶段性的学习兴趣、求知欲望会逐渐变成对某一学科或某些学科乃至全部学科的喜爱、需求。这种兴趣也会发生质的变化，变成一种比较稳固的间接的学习动机（即长远的学习目的性）。

（五）要廉洁正直，不要厚此薄彼。青少年学生对于好、坏的反映是敏感的，好恶感也是较易萌发且较为强烈的。作为教师，为人师表，这一点确实必不可少。在与学生的关系问题上，廉洁正直的作风会缩短你与学生整体之间的距离。相反，厚此薄彼，甚至拉拉扯扯，要不正之风，最易引起学生的反感甚至鄙视，并产生很大的"离心力"。这类例子在学校生活中并不是鲜见的。

我认为，做到以上五点，不仅能使教师与学生整体之间和谐的责任依从关系得以建立，而且有助于建立师生之间比责任依从关系进一步的关系——情谊性关系（即选择性关系）。而师生之间和谐的人际关系正是责任依从关系及情谊性关系的统一。

学生中免不了还有那些个性很强、在学生群体的“好”、“差”两头中颇具影响的人物。对于他们，尤其对于较差的学生(这个“较差”，有时还只是暂时的)，教师必须本着与人为善、提高他们素质的宗旨，在态度上，多一点“诲人不倦”；在情感上，多一点设身处地；在要求上，多一点严字当头；在方法上，则要多一点循循善诱、因材施教；在行动上，更要处处言行一致，以身作则。总之，要多接近他们，理解他们，甚至与他们交朋友。这方面工作做得好，往往会收到事半功倍的效果。

这儿再举一例。我班上有个男生，以前在班主任心目中是个“不爱学习”、“很不讲道理”的学生，师生间对立得很厉害，该生以前在班上确实有一定的破坏性。开学近两个月以来，我本着尊重学生人格、尊重学生个性，“以心发现心”的宗旨，通过多次耐心的交谈，严格的要求，适当的鼓励，必要的批评，已与这个学生之间确立了较为和谐的关系。本学期以来，拖拉作业、不爱劳动、破坏公物等毛病在他身上已经绝迹了，家长欣喜地说：“孩子似乎变了一个人。”当他的第一篇大作文被作为佳作讲评并被选入班级壁报“文苑”以后，他回家对父母说：“我以后一定要写好每篇作文。”他确实做到了。他的进步，在班上有着无声的说服力，这个过去以破坏桌椅多、纪律乱而闻名全校的班级，开学至今尚未修过一张桌椅、掉过一个窗搭、坏过一块玻璃；全班秩序井然，学习气氛也浓厚多了。

以上是我对师生间人际关系问题的粗浅认识。我想，对这一问题的更深刻的理解还有待于今后在实践中去探索，去体味。我坚信，教师对学生的严格要求得到的必将是学生的信任；教师对学生的满腔热忱也必将唤起学生心灵的共鸣。这样，师生间和谐的人际关系是不难建立的。学生的学习兴趣是能够激发的，教学质量的提高以及优良班集体的创建也就指日可待了。

一九八八年十月下旬

高三语文复习的反思

张贞忠

目前,高三语文复习已经到了一个相当紧张的阶段。如何更有效地进行复习,是一个颇为引人关注的问题。现实的情况是,我们的复习工作还存在一定的弊害,需要进行认真的反思。本文试从以下几个方面,谈谈个人一点粗浅的看法,以就正于广大的语文同行们。

一、讲读教学上,"究其旧不图其新"

按照国家教委的规定,今年高考的语文复习范围,主要以新颁布的语文教学大纲为据。这就不言而喻,语文高五册和高六册也在今年的高考范围之内。既然要考,那就要教。这样,今年高三语文复习和往年大不一样,不但要复习旧的,还要讲授新的。任务是艰巨多了。然而随之而来的问题也很多。

第一是对高五、六册在未来考试中所占地位认识不足。

有些人认为,国家教委规定只是很原则的一句,并未明确宣布高五、六册必考,即使真的要考,因为是首次触及,料想也很浮面。不会考得很深很广,所以,从有备无患的角度考虑,不重视五、六册不行,过于重视也不行。这就形成这样一种局面:言之藐藐,听之也藐藐,学生、老师都抱"走着瞧"的态度,高五、六册的讲授与复习自然要大打折扣。而对高中一至四册的复习则抓得紧而又紧,毫不松懈。应该强调指出,这种"究其旧不图其新"的昧于大势的复习心态是相当危险的。

这些人没有充分认识到,今年高五、六册之被列为考试复习范围。实事有所必至。首先是自八十年代初以来迄于今,在相当广泛的省份内已由高中二年过渡到高中三年,二年制的只是极少的一部分。这是自今年起考五、六册的客观基础。这也就是"大势",最大的"大势"。其次是考试的范围如果常年局限在一至四册上,而把五、六册废置不问,那么,高三这一年的语文教学就只是原地踏步,没有教给学生新的东西,语文课的学习效益既受影响,而所谓的"三年制"也就名不副实,是很对不起学生的。还有一点,对于高考命题组来说,经过多年的开垦挖掘,一至四册已成为肥力珍奇消耗殆尽的瘠土废坑,现在是需要另辟良田,重寻富矿了。凡此种种,都雄辩地说明,"图新"是必然的趋势。我们的认识应该紧紧追踪这样的形势。

第二是正因为对"图新"认识不足,而唯"究旧"是念,故为了提前开展复习一至四册,对新课的讲授往往是走过场,有很大的随意性。

他们惯常的做法之一是任意减省篇目。如第六册，就只讲新大纲上著录的基本篇目，其余一概舍弃。其实，大纲上这些基本篇目的确定，说句也许有伤尊严的话，并非都考虑得很周详，很标准。其取舍、存废往往有较大的偶然性，这从课文的排列，语体、文言错杂无伦就可窥见个中消息。既然确定的基本篇目并不都那么铢两悉称，那又为什么只教基本篇目呢？我倒觉得，好的课文，即使不是基本篇目，也不妨教一教。如第六册小说单元，《春蚕》、《灌园叟晚逢仙女》固可教，然而更富文学情趣、也有一定思想深度的《警察和赞美诗》为什么不可教呢？至于古文中的《屈原列传》、《原毁》、《祭妹文》乃至《[般涉调]哨遍·高祖还乡》都属古典文学中的精金美玉，若是"弃掷逦迤"，多么可惜！

他们惯常的做法之二是讲课简单化、公式化，只强调功利性(实即投机性)，为考而教，考什么就教什么，一篇课文，往往只抓几个生字词，分一分段，概括一下中心，归纳二三写作特点；有的课文如诗歌和小说，其教法更为简率，提示一点文学知识，摭拾几个人物名字就算万事大吉。教学进度神速异常，然而语文课的情趣韵味却荡然无存了。这样的"教"和"不教"又有何实质的差别？

正确的做法应该是，不但要讲得具体，而且要讲得深刻，要提到欣赏的层次上来。如教陶渊明的《饮酒》诗，可以结合美学知识，引导学生去鉴赏陶渊明如何通过质朴清新的诗句来表现"自然美"("山气日夕佳"等四句)和"社会美"("心远地自偏")的，从而提高学生的审美情趣。这样的"临考试而动　爱美　之兴"。看起来太过超然，远离现实，然而，由于学习基点的提高，学生学语文的兴趣加浓，能力增强，从纯功利的角度看，这于高考只会大有裨益，而不会丝毫有损。

二、复习考试上，"畏之太甚而养之太过"

不重视"图新"，那么"究旧"又如何呢？也还是弊端丛生，不会令人满意。

首先是复习上的无止境的重复。

第一遍按单元、按册次逐一复习，每单元要做一个练习。第二遍按文体复习，如散文，四册或六册书中古今散文相对集中进行复习，搞所谓珠联璧合，每一种文体复习好之后，也要做一次练习，第三遍再按知识点进行专项练习，如语法专项，文学知识专项，文言文专项等，每个专项也要做一个练习。就这样几册书被翻来覆去地鼓捣，看起来好像很扎实，但是由于多次机械性重复，再好的文章也变得索然无味，面目可憎了。语文学到如此境地，也真是可怜见的。高考语文之不见显效，与此不无关联。

其次是考试上的无穷尽的折腾。

1. 周期短，名目多。

一进入高三，考试有如风雨骤至，铺天盖地，学生便无有宁日了。而到高三下学期，特别临近毕业考试，考试这部机器更是加速运转，周期越来越短，名目越来越多。原先三五周一次，发展到两三周一次，又缩短到间周一次，最后到一周一次。在名目上，有单元考查，有阶段考查，有专项考查，有质量考查，有摸底考查，有的地方还搞所谓地区统考、联考。学生有如飘蓬、浮萍,任凭考试的风浪抟弄嬉戏。

2. 分量重,难度大。

教师奉“陷之死地而后生,置之亡地而后存”为科律,拼命加重试卷的分量,增大题目的难度。哪怕是普通的平时考查,也要学高考样,既考语知,又考作文,满分为120分,时间为150分钟。但知题目之难且僻,恐专家、学者亦不易回答。如有一道题是这样出的:

下列是中学阶段学过的十篇鲁迅杂文。

1.《文学和出汗》 2.《中国人失掉自信力了吗?》 3.《人生识字糊涂始》 4.《答北斗杂志社问》 5.《论雷峰塔的倒掉》 6.《“丧家的”“资本家的乏走狗”》 7.《“友邦惊诧”论》 8.《为了忘却的记念》 9.《记念刘和珍君》 10.《拿来主义》

请用序号回答下列问题:

收在《华盖集续编》里的是____________

收在《坟》里的是____________

收在《而已集》里的是____________

收在《二心集》里的是____________

收在《且介亭杂文》里的是____________

收在《南腔北调》里的是____________

收在《且介亭杂文二集》里的是____________

还有的试卷选了冰心的《往事(二)之三》,这是一篇相当典雅、深奥的文字,如无渊厚的古典文学素养和对作者思想经历的了解,要读懂它,原非一件易事,然而竟然作为试题让学生做,编制者一共出了十道判断题。第一道题是根据原文首节“今夜林中月下的青山,无可比拟!仿佛万一,只能说是似娟娟的静女,虽是照人的明艳,却不飞扬妖冶;是低眉垂袖,璎珞矜严”出的:“仿佛万一”句在文中的含意是:今夜林中月下的青山不同寻常,只能说是娟娟的静女,然而娟娟女的娴静、温柔典雅、雍容庄严也只能似青山的万分之一。学生如能联系《齐桓晋文之事》中孟子“无已王乎”那种诱导齐宣王的措辞方式,就不难理解这里的在“不可比拟”后紧接着用“仿佛万一”这句的命意所在,从而对第一题作出肯定的判断。然而学生能这样的“融会贯通”吗?如果说首题不易回答,那第三题就更难措手,“这三色衬成的宇宙,充满了凝静、超逸与庄严;中间流溢着满空幽哀的神意。”句意为,在静与美、幽与哀的夜晚,作者沉浸在离情别绪中。对《往事》中的“往事”毫无所知的学生,你叫他如何说个“是”和“非”来!

3.“标准化”程度高。

尽管早有人提出语文不宜多采用标准化题型,而且就是宜采用标准化题型的其他学科,看来也宜在以选材、过关等为目的的、级别较高的考试中采用这种题型。但是,实际上,语文试卷中“标准化”的程度越来越高,覆盖的面越来越大,甚至连几乎与“标准化”毫不相关的作文也似有联姻结好的趋势。凡事“过则为灾”。现在制作一份标准化程度高的试卷,如无题库作依托,仅凭二、三人之力进行,必然少慢而差费。我们经常看到一些似是而非的题目，反觉得还不如经验性的题目为工稳。有些题目简直是在搞概念游戏。如：

这两种人都凭主观，忽视客观实际事物的存在。或作讲演，则甲乙丙丁、一二三四的一大串；或作文章，则夸夸其谈的一大篇。无实事求是之意，有哗众取宠之心，华而不实，脆而不坚。自以为是，老子天下第一，“钦差大臣”满天飞。这就是我们队伍中若干同志的作风。这种作风，拿了律己，则害了自己；拿了教人，则害了别人；拿了指导革命，则害了革命。总之，这种反科学的反马克思列宁主义的方法，是共产党的大敌，是工人阶级的大敌，是人民的大敌，是民族的大敌，是党性不纯的一种表现。

这段文字用了哪四种修辞手法？（在正确答案后面打“√”）

① 对偶、夸张、排比，反复　（　　）

② 排比、引用、对偶、反复　（　　）

③ 比喻、引用、排比、对偶　（　　）

④ 反复、对偶、比喻、排比　（　　）

⑤ 排比、比喻、夸张、对偶　（　　）

下面的一道题更近乎愚弄学生：

下面一段文字，其正确点断为：

韩赵相难韩索兵于魏曰愿得借师以伐赵魏文侯曰寡人与赵兄弟不敢从赵又索兵以攻韩文侯曰寡人与韩兄弟不敢从二国不得兵怒而反已乃知文侯以讲于己也皆朝魏

A. 难。曰：“赵。”曰：“弟，赵。”韩，曰：“弟，从。”兵，反。也，魏。

B. 难。曰：“赵。”曰：“弟，从。”韩，曰：“弟，从。”兵，已。也，魏。

C. 难。曰：“赵。”曰：“赵，从。”韩，曰：“韩，从。”兵，反。已，也，魏。

D. 难。曰：“赵。”曰：“弟，从。”韩，曰：“弟，从。”兵，反。也，魏。

E. 难。曰：“赵。”曰：“弟，赵。”曰：“弟，国。”兵，反。也，魏。

答：（　　）

如让学生直接在原文上加标点符号，岂不省事容易得多！

“反复”也罢，“折腾”也罢，总之都是因畏“高考”太甚而导致的“养之太过”。也许出发点是好的，但其效验可就不敢恭维了。“重复”前已辩罢，不再“重复”，“折腾”的结果是剥夺了学生自主时间，打乱了学生复习计划，使他们处于被动挨打、穷于应付的状态，产生了一种强烈的抵触情绪，有些学生甚至由抵触而发展到“抵制”（放弃）考试的地步。“标准化程度高”带来的后果是加重了教师本身的负担，考前费了好大的劲，辛辛苦苦出了几十道题，但学生大笔一挥，不一刻就完卷了（不一定全对），要出足够学生做的题，教师应花多少时间和精力；而从学生方面说，仅仅是用笔勾勾叉叉，写几个“A、B、C、D”洋文字母，能考查出学生多少知识和能力？再从经济核算方面说，一份语文试卷，过去搞经验性命题，两三张即够，现在搞“标准化”，至少五、六张，多则达八、九张，考试成本大大提高了，教师精神负担重（多出题，出好题），学生物质负担也重（要支付纸张费），实在“养”不起啊！

三、作文教学上,源不深而望流之远

自高考语文成绩之不见佳妙,原因往往在作文上;学生对语文之不抱信心,原因也往往在作文上。因此,作文一项对于高考语文的成败,关系极大。但高三作文的复习的现状,殊令人担心。

首先是广事猜题、押题。有些人善占气候,多方侦伺信息,估测今届高考当考某种文体,便拟若干题目让学生反复揣摩,不断练习,冀幸高考时能占一点便宜。一时间,某种文体便成了"天之骄子",垄断了整个习作空间。其他文体受了冷遇,被摒置一边,再无人问津。如此复习,学生能力自不能全面提高。如果高考偶然言中,学生侥幸过关,当然皆大欢喜,复习的缺失便被遮掩过去;如果未能猜中,学生败了北,便要责难老师,老师便推诿是机遇问题,仍不能改弦易辙,谋求治本之道。所以猜题、押题之风一直盛行不衰。

其次是搞所谓强化训练。不少同志认为学生在写作上最难适应高考要求的主要是写作的速度。为了解决这一问题,他们实施高强度的训练方法。除学高考样,每试必加作文,并且一作还要多品种,形成所谓"套题"或"系列题"外,还搞所谓"一小时练笔",题目强调高难度,写作要求高速度,认为这样经久训练,高考时文笔必能腾飞。在这种近乎"玩命"的训练方法流行的地方,学生被搞得焦头烂额。不想写也得写,没得写也得写,写不下去也得敷衍完篇。本是一种愉快的"创作"活动,现在却成了一种负担,一种苦役,这真于写作有补吗?

猜题、押题,搞所谓的强化训练,都非根本的解决办法。要提高学生的写作水平,还是要切切实实地抓常规训练:

1. 培养素材意识。作文考评中往往有"言之有(无)物"一语,这里面的"物",指文章的内容,而内容的有无、丰啬又多赖于写作者素材积累的程度。因此,在作文复习中引导学生培养素材意识、重视素材积累是至关重要的。

2. 教给辩证方法。有了素材,如何提炼、分析,要有正确的思想方法。同样的素材,有人看待的方法不对头,往往只知其一,不知其二,陷入片面性,问题也展不开;有人运用辩证方法多角度、多侧面地去分析、论议,既避免了片面性,又能把问题充分展开,文章便肌理丰满,较为可观了。

3. 指点写作程式,单教程式,止于入门,还很肤浅;不教程式,不示人以规矩,学生连门都还未入,更何谈深造提高?所以程式还是要教的。过程式的范围很广,有文体方面的,如议论文,有人曾提出"八法";有谋篇布局方面的,如开头有几种类型,结尾有几类型等。"使人巧"是困难的,但"使人规矩"却是可行的。愿"大匠"们随时留意之。

4. 辨明语体特点,文无定法,却有定体。这"体"可以是文体,也可以是语体。不少学生在文体上未必无法把持,但对语体有时却易混淆,如写议论文,每每开头爱用散文或记叙文的笔调;中间提出论据。不是简述事实,而是详叙端委。语体上的驳杂也是相当多学生习作中的通病，有的已成痼疾，矫治很为不易，但仍须反复讲说，这总比听其自然好。

5. 加强基本训练。这是最切实的一环。学生写作倘如做到文从字顺，书写整洁，极少错别字，纵使毫无精思丽藻，这等文字大体也看得过去了。这基本训练是细水长流的事情，从幼儿园即开始这方面的训练，然后由小学而初中，大局基本确定，到高中近乎保守疗法。这方面功夫深的，也好不到哪儿，功夫浅的，也差不到哪儿，但不管如何，即令是在高中阶段，尤其是在高三总复习阶段，经常地反复地注意这方面的教育，也还是必要的，特别是对一些写作水平较低的，更要随时“耳提面命”，要求也不要太高，哪怕仅要他把字写得端正一点，这于他总是有好处的。俗话说字是文章的“大褂子”，一笔好字，可以给文章遮丑，更可以添光加色，多讲这方面的道理，学生是会接受的。

以上诸方面仅仅提示一个大体的轮廓，但我却以为是一个根本解决问题的办法。“欲流之远者，必浚其泉源。”泉源深了，流自然远。明乎此，那么，猜题、押题，搞强化训练，未免是多余之举。

高三语文复习中的问题固不止此，这里所要“反思”的问题也未必合众意，但限于个人的水平，也只能谈这么一点。“闻鼓鼙而思将帅之臣”，高考的战斗鼓点已隐然可闻，百万语文“将帅”想已跃然奋起，八九年或许是语文高考的丰收年！

中学语文课“逻辑知识短文”存废刍议

张贞忠

中学语文课删掉“逻辑知识短文”好不好？这是新教材使用以来语文界普遍关注的问题之一。我对逻辑学并非“学有专精”，但我教“逻辑知识短文”确是“多年所历”。因此，我对“好不好”的论题，倒有一点探讨的兴趣。不过在回答“好”还是“不好”之前，让我们先来回顾——

一段艰难的历程

只要是对建国以后中学语文教材比较熟悉的人，想必都会知道，中学语文课本内插入“逻辑知识语文”，那还是五十年代末期的事。1950年由中央人民政府出版总署编审局编辑出版了全国统一的语文教材，中间虽累经修改，但却一直沿用到1956年。这套教材偏重了思想教育，语文训练不足，当然更不会给逻辑留一席之地了。

1956年开始实行汉语、文学分科教学，语文知识得到了加强。按理逻辑该得到重视了。但由于分科教学过于拘泥各自学科的知识体系，逻辑仍然未受礼遇。1958年，分科教学历时三个学期之后，终于停止试行，语、文重新合并，教材由各地自编，1959年才又由中央统编。应该大写一笔的是，在1959年出现的全国统编语文教材里，逻辑终于脱颖而出了。它第一次有了生存立足的机会，并且在相当长的时间内(除了十年动乱)，一直保有它在语文教材中的合法而稳固的地位。

那么当时逻辑知识在课本里是怎么穿插的，穿插了哪些内容呢？

先说59年版，其时逻辑知识共分四讲，集中在高一、二两册课本内穿插，每册两讲。具体见下表：

册　次	篇　名	纲　　目
高一册	准确地使用概念(逻辑常识一)	(前言)什么是概念　概念和语词　概念间的关系　概念的一致——同一律
	严密的判断(逻辑常识二)	什么是判断　判断和句子　判断一致　是非明确——矛盾律和排中律

续表

册 次	篇 名	纲 目
高二册	推理——归纳和演绎(逻辑常识三)	推理 归纳 演绎
	诊断的根据(逻辑常识四)	论断必须有确定的理由——充足理由律 支持论断的理由必须是真实的——充足理由的条件(一) 理由必须是能够支持论断的——充足理由的条件(二)

仅从纲目来看,这四讲逻辑知识是十分概略的,思维的规律并不作专章处理,而是分散到概念和判断中去。这与通常的逻辑知识体系也不相类,篇幅都比较短,一般在五、六页左右,短文后不附练习。这就意味着,四讲逻辑知识,仅供一般学习,并不作过多过高的要求。但当时究竟遵循什么样的编写原则,因为那时还没有一个明确的教学大纲,这也就无从悬揣。

到了 1963 年 5 月,教育部制定了《全日制中学语文教学大纲(草案)》。这个大纲对语法、修辞、逻辑等知识所作的原则规定是:

"要以练为主,知识力求简明扼要,切合实用。要同讲读教学、作文教学密切配合,避免孤立地讲授。"

大纲特别标出"简明扼要,切合实用"这八字真诠。这也可看作是对 59 年版知识短文编写工作所作的总结和概括。大纲还规定:

"逻辑知识编写成短文,在高中教学,着重使学生通过概念、判断、推理和论证的运用,初步理解逻辑的同一律、矛盾律、排中律和充足理由律。"

在安排上,逻辑知识共有五讲,集中在高二两册书里穿插,高三册两讲:一、准确的概念;二、严密的判断。高四册三讲:一、推理——归纳和演绎;二、论断的根据;三、常见的逻辑错误。与 59 年版课本相比较,前四讲无大差异,后一讲是增添的,算是创新,而且唯有这才更突出了"切合实用"这一特点。

遗憾的是,这个大纲的基本精神在实际教学中虽然得到了相当程度的贯彻,但根据大纲编写的课本却未及面世,便因"渔阳鼙鼓动地来"——一场空前的民族浩劫而告夭折。直到"文革"之前,语文教学用的课本还是屡经修订的 59 年版。正因为这个缘故,63 年大纲中规定穿插的逻辑知识短文,仅粗陈大要,其具体细目却不得而知,也就无由比较了。

十年动乱期间,语文教学各自为政,无全国统一的教学大纲,也无全国统一的语文课本。逻辑知识短文或存或亡,若明若暗,不可究诘。

否极泰来。1978 年语文教学上的"六朝"、"五代"时期终于告一段落。这一年,《全日制十年制中学语文教学大纲(试行草案)》颁布了,依据这一大纲编写的全国通用的教材试用本也问世了。其后大纲在 1980 年再次修订,教材也在 1982 年修改定稿,并增编了高五、六两册。在教材的 78 年版和 82 年版这两个版本中,都穿插有逻辑知识短文，下面列表分别叙明其具体纲目和编排顺序。

78 年版：

册　次	篇　名	纲　　目
高一册	概念的内涵和外延	概念　内涵和外延　定义和分类
	简单判断	判断　简单判断　判断要符合实际
	复合判断	假言判断　选言判断
高二册	演绎推理	三段论　假言推理　选言　推理
	归纳推理	什么是归纳推理　完全归纳法　简单枚举法　科学归纳法
高三册	同一律、矛盾律、排中律	同一律　矛盾律　排中律

82 年版：

册　次	篇　名	纲　　目
高一册	概念的内涵和外延	概念　内涵和外延　定义和分类(附“思考和练习”)
	概念间的关系	相容关系和不相容关系　同一关系　从属关系　交叉关系　并列关系　对立关系　矛盾关系(附“思考和练习”)
	简单判断	判断　简单判断　判断要符合实际(附“思考和练习”)
高二册	复合判断	假言判断　选言判断(附“思考和练习”)
	演绎推理	三段论　假言推理　选言推理(附“思考和练习”)
	归纳推理	什么是归纳推理　完全归纳法　简单枚举法　科学归纳法(附“思考和练习”)
高三册	同一律　矛盾律　排中律	同一律　矛盾律　排中律(附“思考和练习”)

和59年版及63年大纲规定相比，我们会发现78、82两版都体现出“后出转精”的特点。尤其是82年版，所有的逻辑知识短文后面均增加“思考和练习”这一项。这又是一项创新。有了这，逻辑知识也更能因此而落到实处，故很受广大师生的欢迎。

综上所述，我们不难看出，三十年来，中学语文课本内的逻辑知识短文，从内容到编排都经历了一个不断更新、不断完善、不断趋向合理、实用的漫长发展过程。长期的教学实践证明，这一套系列性的专题知识短文，对培养学生的思维能力，提高学生的写作水平，起了积极的和不可替代的作用。

然而就在新旧大纲和新旧教材交替代谢之际，逻辑知识短文却遭到了——

一场致命的冲击

1986年，国家教委制订了《全日制中学语文教学大纲》。这个新的大纲在“教学要求”这一部分有这么一段文字：

“中学阶段，要学习必要的语文基础知识，包括读写知识、语法修辞知识、文学知识等。”

别的知识都提到了，唯独未提逻辑知识，1988年秋季开始使用的新教材，原有的逻辑知识短文也消于无形了。

成何艰难败何易！为什么长期树立的却竟毁于一旦？

要对这一现象求得解释，下面文字不妨一读：

语文基础知识中没有列入逻辑知识，又提出“不要用名词术语去考学生”。这是降低难度的一个措施。高中的逻辑知识，不少教师和学生反映难教难学。教材中几篇逻辑知识短文有些像是“压缩饼干”，教起来困难很多。为了降低难度，修订大纲时没有提出学习逻辑知识的要求，但学生学一些逻辑知识仍然是必要的，教材中的逻辑知识仍然可以保留。还应该指导学生学习。有的同志提出最好是单独开逻辑课，供学生选修，这个意见值得考虑。（黄光硕《明确要求，减轻负担——谈中学语文教学大纲的修订》，《中学语文教学》1987年1期）

这段话值得注意的有三个要点：一是解释了语文基础知识没有列入逻辑知识的原因，主要在于逻辑知识“难教难学”，为了“降低难度”，不得不这样做；二是在修订大纲之初，还是准备保留课本中的逻辑知识并要求教师“指导学生学习”的，尽管大纲中“没有提出学习逻辑知识的要求”，三是认为有人建议逻辑单独开课，供学生选修，“值得考虑”。

看来，问题的症结还在逻辑知识的“难教难学”上。早在三十年前，王方名等就在《在中学语文课里教点逻辑的必要性和可能性》一文中针对“难教难学”的问题作了较有说服力的分析和辨明。如对“难教”的问题，作者认为，“对于以前没有正式学过逻辑的语文教师来说，这并不是一个额外的负担，也不会有多大困难。语文教师由于长时间从事语言教学工作，一般都掌握了语法知识，学点逻辑是很容易的。而中学学生既然能够学好几何这类的知识，当然也能学好逻辑基础知识，而且学生在语文课里既然要学习语法知识,结合着学习逻辑就更便利。”

相比而言,“难教”的矛盾远大于“难学”。“难教”是主要的矛盾。而在当时,这个矛盾就更为突出。解放后的一个相当长的时期内,由于种种社会、历史的原因,从事中学语文教学的,有不少是“半途出家”的,受过正规语文训练的不多。教一般的语文,讲一点字、词、句、章的基本常识,也还能勉强对付,但要讲逻辑这一类的专门知识,的确是有一定的难度。“难教”的顾虑,在当时来说,也还是不难理解,并且是“情有可原”的。重要的是,就在这样的情况下,中学语文课本里还是穿插了逻辑知识,而当时的教师也都教了,有些并未专攻过逻辑学的教师,由于教学的需要,拼着命钻进了逻辑学的“迷宫”里,并因此而取得了相当的成就,甚至在一定的范围内成为这门学科的“行家里手”。

从那时起,时光流逝了三十年,差不多经历整整一代人的时间,教师队伍的素质,其优化的程度,远过于前;“难教”的矛盾,其尖锐的程度也远不如昔。然而,令人困惑的是,那时倒能“知难而上”,“履险如夷”,而今,却反而“不战而败”,“卷甲收兵”呢?

尤其令人不解的是,三十年前并不那么重视“能力”,却偏要“从无到有”地增加逻辑知识,通过培养和提高学生思维能力来提高学生的学习能力和整体语文水平;而今天,我们是如此地重视对学生“能力”的培养和提高。可是,我们竟然要“化有为无”地去除逻辑知识,这到底是为什么?

有人或许要说,教材中不编入逻辑知识短文,可以在议论文教学中渗透相关的逻辑知识作为弥补。这种“补过”的方法说起来比较方便,可要施行却颇不易。因为一,“教本教本,一教之本”,没有教材,如何去“渗透”?凭什么去渗透?有教材未必学得好。无教材呢,那更不容易学好了。二、渗透的只是跟议论文“相关”的逻辑知识,这个“相关”灵活性很大,范围也有限,系统性则更差,学得如何就更渺茫,不可靠了。

更为重要的是,教育上的举措一有不当,其后果远非常人所能想象。其影响也非三年五载,而可能是一代人或者几代人。一般的中学生,进入大学深造的是少数,即使进入大学,除非读文科的,就很难有机会接触逻辑学科。对于多数人来说,中学本来是他们唯一能够接触极初步、但却有用的逻辑知识的机会。然而现在,却连这一点极可怜的幸运都丧失了,这是多么可惜的事。当然,发展思维能力,逻辑知识的学习并非是唯一的途径。但是,不能否认,一个人如果掌握了一定的逻辑知识,并在思维活动中自觉遵守逻辑规律,那么他的思维能力的发展就会更快一点。

记得有人说过:如果谁二十岁之前,即中学毕业前文章还写不通顺,那以后一辈子也不会写得通顺。这话也许说得绝对了一点。但如果说,中学时代没有养成正确的思维方法的,今后终其一生将很难有健全的思维能力,看来也并非什么武断之辞。

据说,目前的教材还是过渡性的,90年代初将会推出一套全新的教材。如果这个说法属实,我倒希望,借教材变动机会,重新把逻辑知识短文纳入教材里去。当然,这并非简单的“官复原职”,而是应该有更新的面貌和特色。这里,我想贡献——

一点微末的私见

先请看两张表。

表一

年级	册次	语　法	逻　辑
初一	一	语素、单纯词和合成词　同义词和反义词　词语感情色彩和语体色彩	概念概述
	二	实词　虚词　名词短语　动词短语　形容词短语和主谓短语	概念的种种关系
初二	三	主谓句和非主谓句　句子的主干　几种特殊句式(一、二)　复杂的单句	概念的定义和划分
	四	句子的用途　怎样辨别句子正误　复句　复句扩展	简单判断
初三	五	句群　句式的变换　复合判断	(联言、选言)
	六	语法复习法	复合判断(假言)

表二

年级	册次	写　作	逻　辑
高一	一	选准角度确定论点　多角度的收集材料　根据材料提炼中心　修改文章——中心的确立和深化	推理　直接推理
	二	根据论点选择论据　根据中心处理材料　修改文章——材料的选择和剪裁	类比推理　归纳推理
高二	三	合理安排论证结构　辩证的论述　安排好段内层次　修改文章——调整结构	演绎推理　三段论推理　假言推理　选言推理
	四	运用多种论证方法　修改文章——调整段内层次	假言选言推理　联言推理　关系推理
高三	五	议论文的综合训练(评论、读后感)	形式逻辑的基本规律——同一律、矛盾律,排中律、充足理由律
	六	议论文写作提纲	论证

以上两表是我对未来中学语文课本里逻辑知识编排的总的构想。

我所拟的编排原则是:

一、起步要早。和以前的任何模式结构都相异的是我把"教点逻辑"的上限移到了初一。这样做,主要是考虑到,起步早了以后,从初一到高三,长达六年十二学期,学习时间富裕得多,如把知识点适当分散,每学期都学那么一点,十二学期加起来,也就相当可观了,另外,每学期都学那么一点点,学习任务不致太繁重,这样学习的兴趣也易于保持,甚至还可能加浓。有了兴趣,学习的积极性就高,学习的效果也就会更加显著。

从两表上看,大凡年级越低,每学期所学的知识点就越少,而高年级的多也不是无限,而只是三、四细目罢了,这又何多之有!我相信这一点教学量是能够被接受的。

二、融渗要紧。就逻辑学逻辑,单调乏味,难以奏效。63年大纲主张,教学逻辑等知识,"要同讲读教学、作文教学密切配合,避免孤立地讲授"。正是基于这样的考虑,我的表中有意识地在初中使语法与逻辑的知识点对应,在高中则让写作与逻辑并列。看得出来,有些地方是可以做到同步或准同步前进的。如表一中的初一,语法上学了词,就可讲概念,讲概念和词、短语的关系;学了同义词和反义词,就可结合着概念的内涵和外延。两者彼此贯通交融,教者特别注意联靠,这或许有意想不到的效果。表二的高中部分,写作与逻辑的条目之间,彼此对应的情况较差,要做到同步前进或准同步前进都很困难。但我的意思还是希望教者注意到能够融渗的要尽量融渗。而且从大的框架即从宏观上来说,逻辑上讲推理和思维规律,写作上着重指导议论文的结构、技法,这两个方面共通的东西还是有的。再说,此表中的写作条目是就现有课本来列的,有明显的杂凑、牵扯的痕迹;将来如编新教材,可按与逻辑对应的原则,重拟写作的条目,使两者结合得更紧,同步性更强。我想,这还是可以做到的。

三、体式要活。在编写逻辑知识短文时,要充分考虑各学段、各年龄段学生的心理特点,以及他们在知识水平、学习能力等方面表现出来的诸种差异,在文字、篇幅、要求上要显示出一定的层次和梯度。如以文字说,年级越低,用语越要通俗易懂,尽量不使用专门性的名词、术语;以篇幅言,年级越低,篇幅越短,如初一,千把字即可,以后随年级升高而适当递增;以要求言,初中只讲不练,篇末不附练习题,学生只要懂得一点常识即可,高中讲、练结合,篇目要附练习题,练习量逐年加步,但也须有合适的量,不是越多越好。

这里,涉及到练习,我想就此扩展来说。在长期的教学实践中,我们深感困难的倒不是逻辑知识本身,而是练习题、试题的编写和制作。即以初中而言,篇末纵使不附练习题,但老师也该有些题目在手。在教学中以口头提问的方式适当加以运用,以巩固和加深对知识的理解。在高中,篇末有了练习题,但老师也还该有点储备、积蓄,以为讲课举例和练习、考试出题之用。但目前这方面可参考的东西太少,已有的一般也大多雷同。有些题目标准、划一,原则到如同"经典",举来举去,就只这二、三道题。这方面可组织逻辑工作者下一番功夫,深入地开掘,建立一个有形无形的,可供教师们广事采撷的"题库",这于逻辑知识的教学是大有裨益的。

编排上,初中与语法等知识一样,列入附录一类,高中也与其他知识同科,放在单元知识和训练内。

四、举例要近。讲逻辑离不开举例子。但举什么例子，这可大有讲究。我觉得举例要更多地贴近学生的学习，贴近他们已经学习和掌握的知识，要注意知识的横向联系，要充分利用中学各学科中所包含、所深蕴的丰富的逻辑素材。这样做的好处很多，最重要的一点是，可以打消和破除学生对逻辑的神秘感，让他们感觉到、体会到，逻辑原来无所不在，原来那么熟悉、平凡，这样就很容易建立一种亲切感、平和感，学习的劲头就很容易被调动起来了。事实上，在各学科中，特别是数、理、化这三科中，其所包含的逻辑素材就更多，真可谓俯拾即是，取用不尽。我曾注意到，我所教的一届数学试点班的学生，他们接受逻辑知识似乎特别容易。他们在学习中表现出来的亲和感，就像在异国他乡突然遇到同胞故旧一样。这里，我倒有这样的想法，我们语文课接纳逻辑自是责无旁贷的事，但如果其他学科，特别是数、理、化，如也能适当配合，文理互补，这样逻辑知识的教学，局面将大有改观。

关于作文教学的实用性问题

张家骞

随着时代的飞跃发展,实用文体在写作教学中越来越占有重要的地位。我们语文教师的主要任务之一,就是要通过自身的努力,帮助学生熟练地掌握语文这一基础工具,会写各种有实用价值的文章,以适应将来工作、学习和生活的需要。正如叶圣陶先生所指出的:“在需要的时候说恰当的话。”

下面,谨就加强作文教学的实用性问题,谈谈我们的一些认识和做法。

一、对作文的实用性问题必须引起足够的重视

首先,从“三个面向”对语文学科的要求来看:

国家教委1986年制订的新的中学语文教学大纲明确指出:“为了适应建设高度文明、高度民主的社会主义现代化国家的需要,语文学科必须全面贯彻教育方针,面向现代化,面向世界,面向未来,大力进行教学改革,大面积提高语文教学质量。”并且指出:“作文要注意联系学生生活、思想和学习的实际,培养实事求是、有的放矢、言之有物的好文风。”

近年来,世界技术革命的洪流,猛烈地冲击着我国的各行各业,各个阶层。获取信息、交流信息、研究信息、处理信息、写作是最主要的工具之一。同时,作为交流思想、传递信息的写作,也越来越受现代生活的制约。直接为现实生活服务的内容,适应现代化生活需要的各种文体的写作,对人们的实用价值也越来越大。语文、作文在今天已不是纯属性的语言、文字、文章、文学,而是一门工具,它与科学技术知识的关系越来越密切。因此,写作首先要服从于社会的需要,要把笔尖与社会紧密地联系起来,只有这样,才能适应于社会,应用于社会,服务于社会。我们的作文教学,主要目的不是为了培养作家和诗人,而会为了培养能服务于社会的人。因此,从写作形式上来说,要重视那些有实用价值的记叙文、说明文、议论文和应用文,尤其是计划、总结、实验报告、调查报告、通讯报道、人物传记、回忆录、倡议书、书信、电报、合同、公约、广告、导游说明、会议简报、诉讼公文、资料整理、信息综述等等文体写作的实用价值更为明显。而用这些实用文体来反映现代化社会的实际问题,也是作文发展的一个教育趋势。由此可见,在写作教学上,要确立一个明确的指导思想,就是要面向社会,面向未来,面向实际。

其次,从教编语文教材的教学需要来看:

人民教育出版社根据新的教学大纲，修订了中学语文课本，从今年秋季起在全国中学各个年级普遍使用。这套新教材对作文训练和听说训练作了系统的安排。关于课文的文体分类，改变了过去课本的分类，而把课文划分为实用文（包括记叙文、说明文、议论文、应用文）、文学作品（包括散文、小说、诗歌、剧本等）、文言文（包括古典文学作品和一般文言文）三类，按不同表达方式组成各种训练体系。文学作品教学只在阅读方面提出要求，主要是培养学生阅读欣赏文学作品的能力，写作上不作要求。作文训练，主要是实用文的写作训练，即实用性强的记叙文、说明文、议论文、应用文方面的训练。这种处理，既加强了语文的实用性教学，又增加了文学教育，对提高学生的语文实用能力和文学素养，都会起一定的作用。

从上述编写体例可以看出："实用文"这一概念的范围要比"应用文"大得多，它包括一切有实用价值的记叙文、说明文、议论文和应用文，为了适应今后语文教学的需要，我们有必要提高自己对实用文体的认识，加强语文和作文的实用性教学。

再次，从国内外作文题型发展的趋势来看：

近年来的写作教学研究资料表明，世界各国作文题型的发展趋势大致有如下三个方面：①题型设计与现代社会实际相适应，作文训练题型与社会上实际应用的写作项目基本一致。许多国家作文题型的设计，明显地向社会实用写作靠拢，有意识地将中学写作训练与社会实际应用写作挂起钩来。②编排训练过程中的命题序列，使分解与综合相结合。例如：围绕一次社会活动，从社会实际需要出发，顺理成章地编排了几次写作练习，形成了一个相对完整的训练系统。③作文题型设计的阶梯，与青少年心理能力的发展阶段尽可能同步。

从发展趋势来看，国内外的命题者越来越重视作文的社会性和实用性，无论从这几年国际、国内的一些作文竞赛来看，还是从这几年的高考作文命题来看，都有明显的体现。一九八二年联合国在维也纳举行一次世界性的中学生作文比赛，命题为《空间活动将如何改变我国和世界》。一九八三年联合国亚太地区经济和社会委员会举办了一次中学生和大学生作文比赛，中学生竞赛题为《环境对我意味着什么?》；大学生竞赛题为《环境与发展——一个事物的两个方面》。再从我国近几年的高考作文命题来看：84 年是要联系自己和周围同学的现状，谈谈对中学生作文问题的看法；85 年是给《光明日报》写信，反映自然环境的污染问题；86 年是以自然现象"树木·森林·气候"三者的关系来引喻社会上的同类现象，从自然环境谈到社会环境、政治环境等；87 年是根据提供的材料，为育民小学举办游泳训练班写一篇简讯，并就理论对实践的指导意义问题写一篇短文。

总之，这些作文命题，越来越注重从学生的思想、生活实际出发，越来越注重使学生有话可说，有感可发，还力求使这些可说之话，可发之感，不是得之于浮光掠影、走马观花，而是来自生活深处、心灵深处。可见，形式的多样性与内容的实用性相结合，是我们在写作教学中必须认真重视的一大课题。

二、我们的几点做法

1. 引导学生关心社会生活

写作是考查学生如何综合运用语言文字基础知识和基本技能的最重要的一种手段,但同时也不应该忘记,作文内容和形式是不可分割的整体。写作既是对学生语言文字的运用表达的综合考查,也是对学生思想感情的抒发流露的综合考查。写作教学应该面向现实,针对实际,注重应用。命题时应重视考查学生写作的内容是否表现了积极的思想、健康的感情,是否对现实生活具有一定深广度的认识理解能力。基于这样的认识,我们在命题时,力求能把考查学生文字表达能力和对社会实践的理解能力结合起来,引导学生关心国家大事,了解社会,认识生活,透过现象看本质,不断提高思想水平。

例如:去年年初,我们发现有些学生以八十年代的青年是“思考的一代”自居,然而思考问题的方法往往偏激、片面。如对党内不正之风,对社会主义前进道路上的失误,犯有“以偏概全”的毛病。对此,我们就提供五则材料给学生,让他们写一篇以《我们应该思考什么》为题的作文,并在作文讲评中给予正确的引导,帮助学生树立科学的思想方法。

又如:国家教委和国家语言文字工作委员会发出“必须采取有力的措施,干预和纠正社会用字的混乱现象”的号召,我们积极响应,带领学生走上市区街道,对商业文字使用混乱的情况作了典型调查,并展开了评论。同学们从建设两个文明的高度,认识到当前社会上滥用繁体字,乱造简化字,随便写错别字,是值得高度重视的严重问题;促进汉字规范化,清除“文字污染”,人人有责。

前年,我们曾布置高三年级的学生写了一篇议论文《从“木久”想到的》。提供的材料中有这么一段话:贺老师来到水产柜,想买点鱼,一看牌子上写着“木久每斤四角三分”,“木久”是什么?倒新鲜,没吃过,问问看。青年营业员小齐笑得弯了腰:“哈哈,连带鱼也不认得!”抬头一看是贺老师,忙说:“唉!您不知道,我们这个行业,‘带鱼’两字都是这么写的。”……后来贺老师组织一部分往届毕业生进行文化补课。……同学们在这次作文中,广泛联系社会实际来谈。有的谈到“文革”害了一代人,流毒必须肃清;有的谈到为适应两个文明建设的需要,部分青年非补课不可;有的谈到要学习贺老师的做法,关心青少年的文化学习;有的谈到要消灭社会上的错别字,为祖国的语言文字的纯洁而斗争;仅据一个班统计,学生作文中列举社会上常见的错别字就近百例。

去年,我们又布置高三的学生联系各行各业因写错别字或不规范的字而造成群众不便、国家财富遭受损失的事例,展开评论。有一位学生针对把“旅客之家”的“家”字写成“穴”字的现象,写了《从“旅客之穴”谈开去》;有一位学生针对某厂包装袋把“乌鲁木齐”印成“鸟鲁木齐”造成十六万元损失这一事件,写了《“一点”失千金》。他们有力地抨击了这些不良现象,提出了明确的主张:提高责任心,使用规范字。

2. 启发学生积极打开思路

近几年来，我们在写作教学的实践中，从加强作文的实用性和序列性出发，经常引导学生多层次、多角度、多形式地进行写作，写了不少“分解式”的作文。所谓“分解式”，就是把写作能力的考核分解成几个部分（或几道题），有主有次，记叙、说明、议论、应用几种文体可以并用，缩写、改写、扩写、写片断等方式可以兼顾。“分解式”作文考题有多种形式，可以是不同的题材组成一组考题，也可以是同一题材出多种考题。

我们在带领学生复习王安石《游褒禅山记》之后，让学生写三篇文章：一是说明此文的主要写作特色；二是记叙王安石等人游前后两洞的经过；三是写读后感，谈志、力、物三者的关系。在复习莫泊桑的小说《项链》后，让学生写三篇文章：一是故事梗概；二是续写，写出玛蒂尔德得知丢失的原来是一挂假项链之后她的神态、语言和心理活动；三是评述。学生自拟的题目丰富多彩。如《一夕虚荣，十年困顿》、《项链与锁链》、《精彩的最后一笔》等。围绕意大利的比萨斜塔问题，学生写了三种文体：一是说明——《世界一大奇迹》；二是记叙——《斜塔上的挑战》；三是议论——《由比萨斜塔倾斜想到的》（谈基础和事业的关系）。根据《史记》上“韩信受辱于胯下”的一段记载，学生写了两种文体：一是改写这一故事；二是写一短评。学生自拟的题目有些也相当精彩，如《大智若愚，大勇若怯》、《能屈能伸，屈以求伸》、《小不忍则乱大谋》、《将以有为也》、《胯下与垓下》等。

最近，我们给高三学生出了一组作文考题——某校在“五四”青年节前后举办中学生艺术节活动，请代拟下列七种实用文字：① 向兄弟学校借用鼓号、旗帜、标牌、舞蹈服装等物的“借据”；② 向学校总务部门领取购买应用物品的款项的“领条”；③ 向全校师生员工发出的有关参加这次活动的“通知”；④ 向兄弟学校及有关单位发出的邀请负责同志参加开幕式的“请柬”；⑤ 学校政教处主任在开幕式大会上所作的简短的“开幕词”；⑥ 会后向校刊所发的消息报道；⑦ 校刊为上述消息发表的“短评”。……我们就是这样在作文全程训练中逐步培养学生“自能作文”的能力。

3. 帮助学生提高表达能力

随着教学改革的逐步深入，我们深深体会到写作教学必须变“封闭型”为“开放型”。为此，我们十分注意精心设计课堂教学，努力培养学生学习语文的兴趣和积极性，帮助他们养成预习课文、自学语文的良好习惯，逐步掌握“自能读书、自能作文”的本领。与此同时，我们还经常对学生进行速读、精读、速记、速写的训练，课内课外并重，加大学生的阅读量，及时介绍文质兼美的文章和学生的优秀作文。使他们学有方向，赶有目标。我们还配合政治等学科的教学，组织学生进行社会调查、参观、访问，组织学生参加报刊和电台举办的作文比赛和演讲竞赛，指导学生办好文学社团，出好板报、墙报、油印小报，及时编印出版《新苗》作文选等。总之，我们努力开拓学生的视野，丰富学生的知识，启迪学生的思维，从听说读写诸方面大面积地提高学生的语文能力。正是在这样的条件下，历次作文比赛我校总涌现出一些佳作。项飞同学以其社会调查所得,成《危机,存在于中国农村的土地》一文,荣获一九八七年华东六省一市中学生作文比赛一等奖。正如上海《青年报》编辑部文章中所说的:“我们之所以赞赏这篇习作,就因为小作者面对生活的海洋,能够目光敏锐地透过纷繁复杂的现象,道别人之未道,写他人所不写,以其独具的慧眼、深沉的思索,向人们提出了一个极其严肃的问题,提醒人们必须注意由于农村耕地逐年减少而可能给社会主义经济建设带来的危机。”

此外,我们在平时的写作训练中,还经常设置一些语言环境,和学生的生活阅历相联系,和学生的知识积累相联系,和学生的认识水平相联系,让学生写一些情境作文。例如:在布置学生写《重逢》这篇记叙文时,就要学生从“关系的亲疏”、“进步的快慢”、“变化的大小”、“情感的悲欢”等不同的角度,选择一种情境来反映今昔的变化。又如:我们曾设计这样一组作文题:“中午,学校饭堂里,师生们排队购买饭菜,买到者急忙找一座位就餐,一时人来人往,十分拥挤。突然,甲把乙的饭菜撞翻了。① 假如甲和乙是同班同学;② 假如甲和乙互不相识;③ 假如乙是甲的上级或师长;④ 假如甲和乙虽相识却有过矛盾。请根据这四种假设的情况,分别写出甲和乙当时的表情、语言和动作;然后根据你在上文中所写的内容,联系社会实际,以《提倡谅解精神》为题写一篇议论文。”像这样的作文题,有利于调动学生的积极性,活跃学生的思维,尤其是在实用文的写作能力方面得到了很好的锻炼。

当然,在即将到来的文字密集的信息社会里,我们比以往更需要具备基本的读写能力,尤其是实用文体的读写能力;但这恰恰是过去和今天的薄弱环节。在这方面,我们仅仅是刚刚起步;还有许多问题有待于继续探索研究。我们愿为此而作出应有的努力。

文学鉴赏二题

张　铨

(一)

诗歌不能凭仗了哲学和智力来认识,所以感情已经冰结的思想家,即对于诗人往往有谬误的判断和隔膜的揶揄。

——鲁迅

六年制重点中学高中语文《文学读本》(人民教育出版社 1986 年版)把古人批评杜诗的例子编入练习,引导学生认真思考,这对如何鉴赏文学作品颇有启发,杜甫的著名诗篇《古柏行》,描写孔明庙前的古柏,有两句为“霜皮溜雨四十围,黛色参天二千尺”。沈括在《梦溪笔谈》中批评说:“四十围乃是径七尺,无乃太细长乎?”黄朝英不同意沈括的看法,反驳道:“存中性机警,善九章算术,独于此为误,何也?古制以围三径一,四十围即有百二十尺,围有百二十尺,即径四十尺矣;安得云七尺也?……武侯庙柏,当从古制为定。则径四十尺,其长二千尺宜矣,岂得以太细长讥之乎?”沈括的批评意见错在哪里?黄朝英的意见就对吗?

类似这个例子的还有“夜半钟”的争论。欧阳修在《六一诗话》中批评张继的诗:“姑苏城外寒山寺,夜半钟声到客船”,句子虽佳,只是三更不是打钟时,“理有不通”。叶梦得《石林诗话》却说:“今吴中寺实夜半打钟。”范温《诗眼》又根据《南史》记载,齐武帝景阳楼有三更钟、五更钟,有个姓丘人读书“常以中宵钟鸣为限”,证明确有夜半打钟的事。孰是孰非,如果因循习惯思维,依据常理来判断,是解决不了问题的。

严沧浪说:“诗者,吟咏情性也。”“诗有别材,非关书也;诗有别趣,非关理也。”这种尊重诗歌本身的特点,不为学累,不受理障的说法,真是“独探玄珠”。对于“夜半钟”的争论,胡应麟在《诗薮》中说了这样几句话:“‘夜半钟声到客船’,谈者纷纷,皆为昔人愚弄。诗流借景立言,惟在声律之调,兴象之合,区区事实。彼岂暇计?无论夜半是非,即钟声闻否,来可知也。”话虽不免过激倒精神,是与严沧浪相仿佛。杨伦《杜诗镜铨》对《古柏行》的笺注也是深得作诗主旨的,在“霜皮溜雨四十围,黛色参天二千尺”句下注云:“此特形容柏之高大,不必泥。”是啊,若一味在柏的粗细、短长上计较,就偏离了咏柏寄慨的旨趣,还谈什么文学鉴赏?

忽视诗歌艺术的主观性特质,拘泥于生活的真实,对作品作纯理性的分析,把艺术真实和生活真实混为一谈,这在文学鉴赏中带有一定的普遍性。值得提出的是,有些教科书也把艺术真实说成是经过艺术家典型化处理过的生活真实,这就消融了艺术真实与生活真实的本质差异。还有些文章把艺术真实和生活真实的关系看成是一种外在的近似,或者把艺术真实与生活真实的关系说成是抽象的哲学本质的联系。这些都是对艺术真实的简单化理解,是不利于文学鉴赏的。

"我们应该把艺术真实看成是审美主客体统一的产物。"艺术真实,一是具有"假定性",即非实在的、非直接的现实性;二是具有"主体的感受性",即它渗入了作者和鉴赏者的经验概括、意识倾向和情感体验,受着人的主观情绪的支配。因此,我们不能用客观事物的存在状态来比照作品的描写真实与否,也不能简单地用哲学上的反映论来解释艺术的真实性(见林兴宅《艺术魅力的探寻》)。总之,艺术的真实性实际上是艺术内容的似真性、幻真性。明乎此,才能欣赏艺术,才能鉴赏文学,才能走进诗歌的王国。

(二)

采摘花瓣,得不到花的美丽。

——泰戈尔

优秀的文学作品是以其整体和谐之美来感染读者的,而不是以其局部之美取得审美效果。文学鉴赏如果不看到作品的整体面貌,不感受作品的整体形象(或意境),而是盯着某些细部技巧,只感受作品的局部之美,甚至只玩赏某些词藻,那就很难进入作品所提供的艺术胜境,也就很难对作品作进一步的鉴赏。

请读马致远的《天净沙·秋思》:

枯藤、老树、昏鸦,
小桥、流水、人家,
古道、西风、瘦马。
夕阳西下,
断肠人在天涯。

这支小令里有十二个意象。如果我们只孤立看其中的一个形象,比如:"枯藤",你看到它,可能对它的坚韧性感兴趣;我看到它,则会把它看作一种好柴火。孤立地看其中的形象,不能看出诗人的意图,从中看不出他所要表现的是什么感情。倘若用另一种方法看,即按诗人对意象的组合来看,事情就不大一样了。第一句"枯藤、老树、昏鸦",三者尽管有不同的表象,但都具有相同的内在性质:枯败、萎缩、破落。再加之三者相互映照,相互加强,就把它们这些相同的性质大大地突现出来。在这种情况下,人们只会看到三者的这一共同性质,至于其他方面的种种差别,在审美感知中都完全消失了。第一句中三个意象的组合,通过它们的秘响旁通作用,我们真切地感受和体验到一种衰败的景象和凄凉的情感基调。同样的道理,第二句的三个意象,“小桥、流水、人家”,组成一幅离世索居的图画,使人感到孤寂。第三句“古道、西风、瘦马”。又用三个意象构成一个浪迹天涯的形象,漂泊之感油然面生。“夕阳西下”这个意象是美景殒落的暗示,充溢伤悼之情。“断肠人在天涯”,这表明情人的远离,贯穿一个“怀”字,而最后的“天涯”意象具有时空无限延伸的暗示力。这样看诗,同观中国画有类似之处。中国画多不问四季更替,春兰秋菊可以同置一景,也不顾水陆之别,鸟兽水族可以并列相依,而正是通过这些种类不一、情感性质相同的动植物的并置,艺术地突出了种种情意。

诗的意象组合往往比画复杂得多。马致远的这首《天净沙》,十二个意象形成五个意象单元。每个单元有相对独立性。但是又构成一个有机的整体。前三个意象单元,三幅图景,点染映衬出晚秋的萧瑟。“瘦马”是三组图景的中心,其余都是瘦马的背景。瘦马不仅加深了深秋的凄苦,而且自然地引出了全曲的中心——“断肠人”。瘦马又成了断肠人的道具。最后一个意象单元“断肠人在天涯”总摄全篇,使前边的意象一下子获得了通体和谐的情韵。五个意象单元构成了一个统一的意境,一个小宇宙,凝聚着复杂深沉的感情。其中,饱含着主人公离乡背井的酸楚,天涯孤旅的怅惘,怀才不遇的哀怨,仕途蹭蹬的感伤,对世事艰辛的叹息,对前途无望的悲哀,还有人生苦短的悲凉之感,以及对家园亲人梦绕魂牵的痛苦怀恋。这首小令道出了漂泊流落者的共同感受,成为一种天涯游子的情感范型。

意象组合并非意象的简单相加,意象构成的意境具有整体性。整体性也称作系统性,整体性的含义不是指系统组合形式方面的“集合性”而主要是指系统的总体功能性。所以,文艺评论家说:“意境是意象组合之后的升华。”(《中国诗歌艺术研究》第56页)亚里士多德曾提出著名的“整体大于各部分之和”的哲学命题,认为整体的功能大于各要素功能之和。这是一条重要的系统论原理。在实际生活中整体功能大于部分功能之和的事例是很多的,在文学艺术中同样如此。

对文学作品进行总体感受是文学鉴赏中一个很重要的环节。强调感受作品的整体形象(或意境),我们才可以在作品的丰富复杂的内容结构中,看到一种内在的有机联系,从这些联系的总和中看出作品的深层意蕴。

语文教学随笔三则

郑万钟

一、寄希望于什么

记得少年时代，常常怀着好奇心到闹市钻进人堆里去看走江湖的玩把戏。那些玩把戏的每每在说完开场白，转入显本领的时候，便道:“光说不练，假把戏；光练不说，傻把戏；说着练着，真把戏。”随着岁月的流逝，那时看了些什么把戏，我差不多都忘却了，而那几句颇有节奏，也很有些趣味的话，却一直留在我的记忆里。

如今大家都在研究如何提高语文教学的质量，我便又想起了那耍把戏的人所说的话。我想，我们中学语文教学，不应是“光说不练”的“假把戏”，不应是“光练不说”的“傻把戏”，而应该是“说着练着”的“真把戏”——当然语文教学并不是“玩把戏”，这里不过是借此作个比方。

现在语文教学中的一个通病是讲得多，练得少。这里有工作态度问题，有人认为教师一讲到底比有讲有练省事，而且练得多，势必增加作业批改量；有思想作风问题，似乎在课堂上口若悬河，讲得头头是道才能显出自己的才华；也有的是初教语文，对教学业务不够熟悉。但是，主要还是思想方法问题。不少教师教好学生的心情很迫切，又迷信于自己的讲，总认为讲得多，学生就接受得多，讲少了不放心。殊不知教学、教学，是又教又学，是教师教学生去学，是师生双边的共同活动。“耳听十遍，不如手过一遍。”学生不经口、手的实践，知识如何能掌握？掌握了又如何能巩固？

所以，我们要提高语文教学的质量，不应把希望全部寄于教师的讲，教师的千篇一律、滔滔不绝的讲；而应把更多的希望寄于学生的练，学生在教师切实有效的指导下的练。这“练”，不是每堂课挤出些时间让学生练(这是勉强)，也不是每堂课腾出些时间给学生练(这是“恩赐”)。“挤”和“腾”，实际上都是还没有对“练”给以应有的重视。我们应该在课堂教学中把讲和练有机地紧密结合起来，把教师的活动和学生的活动有机地紧密结合起来。当前，我们就得着重地研究如何在一堂课上有讲有练，讲得适可而止，练得恰如其分。

这些年来，教改实践课、观摩教学课总是开分析课，似乎只有分析课才有东西可讲；听课也总是要听分析课，似乎只有分析课才有东西可听。我想，能不能开开这样的课:听课者几乎有半节课(这半节课不是机械地安排在前半节或后半节)听不到主讲教师的讲课，似乎无课可听，无事可做，闲得很。但是，学生却在教师的指导下思考、议论、读书、写字,忙得很。那末,听课者在“没听到什么东西”的失望之余,应该有所醒悟:该加强学生的练习!

二、精些,再精些

星期天碰到一位同行,寒暄几句,便“三句不离本行”,扯到语文教学上来了。

我那位同行说,现在语文教材课文篇目有增无减而课时不得增加,还要加强作文教学,加强课外阅读指导,怎么教得了?这个担心不是没有道理的。

于是,我们展开了讨论——

为什么现在感到课时紧?问题就出在教师讲得太多了。作者介绍、时代背景、生字新词、课文分析、归纳主题、主题发挥、写作特点……这些都是要讲的;看了不少教学参考书,各本参考书上都有比较全面的分析或独到的见解,不把这些讲给学生听也是可惜的;自己深入钻研了教材,在这方面那方面总有一些体会,不讲出来,还似乎有点对不起自己……这样一来,教一篇课文要讲的东西真是太多了。

特别是现在,人们十分习惯于“课文分析”,甚至有点迷信“分析”。分析是需要的,但是不是需要分析得那么全面,那么细致?我看大可不必。有人总结传统的语文教学方法是注疏、背书、抄书、推敲、评点这五项。推敲、评点大概就是我们现在的分析吧。我们的课文分析,如果运用推敲的方式来启发学生思考,运用评点的方式来提示文章的佳处,那末,我们的分析就可以精一些。

教师的讲解要精些,再精些,就必须从实际出发,防止主观主义。要从教材的实际出发,重要的一条是通读教材,胸有全册。这样,就能了解整册教材的编辑意图,在备每篇课文时就不会处于零打碎敲、心中无数的境地。还要从学生的实际出发,学生必须掌握而又可能掌握的,就讲;学生已经掌握或一时还不能掌握的,就不讲。

教师的讲解要精些,再精些,就必须讲求效果,防止形式主义。写文章应反对“穿靴戴帽”的八股腔,上课又何尝不是如此?“文无定法”,教,亦无定法。为什么我们一定要挖空心思地去找话来导入新课,之后便是“题解”等一套程式呢?我们应该打破这些程式,从教学效果来考虑,安排必要的教学环节。

教师的讲课要精些,再精些,还必须抓住要点,防止平均主义。一篇课文的教学目的要求要单纯明确,重点突出。这样,学生才能印象深刻,易于掌握。泛泛而谈的思想教育,千篇一律的写作特点,是没有味儿的。要面面俱到,必然是面面不到。重点必须突出,必须着力启发并引导学生理解、掌握。非重点呢?当然也不是丢得干干净净。它可以联系旧知,唤起回忆;它可以用寥寥数语,稍加点拨;它也可以简略提示,姑作“悬念”,“且听下回分解”。

我跟同行的讨论不知有无价值?录于此,有待更多的同行指正。

三、说“读”

常听到大人这样问小孩:“你在哪个学校读书?”“读几年级了?”可见“读书”即是

上学，上学定要读书。

书光看不行，一定要读，要放出声来诵读。我们的古人是十分重视读的。他们用“读书千遍，其义自见”、“熟读唐诗三百首，不会吟诗也会吟”来说明读的重要，并提出读的要求是“字字响亮，不可误一字，不要少一字，不可多一字，不可倒一字”。怎样才算读得好呢？也有一个标准：“使其言皆若出于吾之口”，而且能“久远不忘”。

古人主要是诗经、史、子、集，他们是不怎么学数理化的。今天我们青少年要学习的东西比古人所学的要多得多，都读上十遍、百遍是不可能的。但就语文教学而言，朗读仍然是不应忽视的一个重要方法，或者说是一个重要的教学环节。可惜现在的语文课上很少听到琅琅书声，尤其是高年级的语文课。

其实，充分发挥朗读的作用，是有利于提高语文教学质量的。有位老师说，他幼时的老师教他学李白的《下江陵》时，是这样念的：“朝辞白帝彩云间，千里江陵一日还。两岸猿声啼不住(呵)啼不住，轻舟已过万重山哪……万重山！”念得是那样的抑扬顿挫，错落有致，以至当时念诗的语调神情，那位教师至今还记得十分清楚。前些时听说外地有位语文教师，在教学某一篇课文时，是以读贯串始终的。先通读全文，熟悉大意；之后或教师读，或学生读，在读读、讲讲的过程中，什么正音、解词、段意、主题等都解决了；最后又通读了一遍，加深印象。仔细想想，这实在是一个值得提倡的好办法。学生是以学课文本身为主，还是听教师的讲述为主？当然应以学课文本身为主，否则就是喧宾夺主，教师的讲述只是为了帮助学生更好地理解课文。怎样切切实实地教学课文呢？朗读就是一个好办法。这“读”，之前要有指导，中间要有评点，之后要有总结。(没有指导、没有评点、没有总结的读，纵然读上百遍、千遍，也不见得能“其义自见”)这样反复地、认真仔细地读，是一定会收到成效的。

现在新教材中所选的课文，已注意到“革命的政治内容和尽可能完美的艺术形式的统一”。课文的思想内容是很好的，语言又合乎规范，在炼字、遣词、造句、布局等方面，都足以为学生学习的典范。这样的课文，就是要引导学生多读。学生只有把课文熟读成诵，才能日积月累，潜移默化，在思想上得到营养；也才能以课文中经过锤炼的语言，来改造自己的语言，丰富自己的语言。我们可以设想一下，一个中学生六年下来，课外阅读不算，在课堂上学了二三百篇的课文，这些课文，不是光听老师讲的，而是都是经自己的嘴亲口念过几遍的，头脑中有这么多的范文，必然会有利于思想水平和写作水平的提高；有了这么多的范文，也一定比读《写作常识》，背词语解释、主题思想之类要有益得多。

1978年9月

《语文函授》1978年第3期

旧日的足迹
——文革前语文教改实践的一段回忆

江苏省扬州中学 郑万钟

文化大革命前，我曾在初二年级一个班搞语文教改试点。那时动了些脑筋，做了点工作，所以到现在头脑中还留下较深刻的印象。今天，在深入学习“实践是检验真理的唯一标准”这一马克思主义基本原理的时候，我想如果大家都能回顾一下旧日在语文教学实践过程中留下的足迹，也许能有助于我们总结语文教学的经验教训，从而提高按客观规律办事的自觉性。所以我不怕“贩旧货”之嫌，也来个“旧事重提”。

那是一九六四年下半年的一个学期。那个学期的实际授课时数总共是一百零四课时，我用于讲读教学五十五课时，用于作文教学四十四课时，用于课外阅读指导五课时。一学期共教三十二篇课文(包括补充教材)，学生除在课内做了二十篇作文外，平均每人还写了六篇课外作文。讲和练的分量较多，教学进度较快，学生们对语文学习的兴趣相当浓厚，因而成绩也稳步提高。

在讲读教学的试改过程中，我注意了以下三个问题：

一、吃透两头，以防止主观主义

吃透两头，就是吃透教材和学生两头，从教材和学生的实际出发来组织教学。

首先是从教材的实际出发。这就必须深入钻研教材。原来备课，是一课一课挨着备，那样零打碎敲，心中无数，每篇课文都从思想内容到写作方法考虑得面面俱到。后来，我和教学小组的同志在备课上来了个改进，就是在通读全书、“胸有全册”的基础上，一个单元一起备。这样可以更好地确定各篇课文的教学要点，使同一个单元几篇课文的教学要求既相互联系又各有侧重。例如，课本上共有五篇说明文，分成两个单元，我们就把这五篇课文放在一起备，经过反复钻研，分别确定它们的教学重点为：《天石》，学习对一个东西的几个方面作有详有略的说明以突出要点的写法；《动物的远游》，学习恰当安排材料，抓住特征来说明的写法；《宇宙里有些什么》，学习如何说明同一类的几个东西的方法；《说棉》，懂得层次安排的顺序；《天气陛下》，学习在说明事物中运用一些描写的方法。在教学时，就围绕这些教学重点来讲、来练。

此外，在备《天石》等三篇课文时，我们又发现《宇宙里有些什么》一文较复杂，《动物的远游》学生较易掌握。于是把教学次序作了适当的调动，先讲《宇宙里有些什么》，次讲《天石》，而将《动物的远游》放到最后，由学生自学，并作阅读笔记。这样先难后易是否违反循序渐进,由浅入深的教学规律呢?我们认为并不违反。因为,“先难”那是由教师重点讲解,提示,所以这个“难”在某种程度上就是转为“易”;“后易”,那是由教师放手让学生自己分析,那末,这个“易”在某种程度上也转为难了。

其次是从学生的实际出发,这就必须深入了解学生。我除了经常和班主任联系,和同学个别交谈,和课代表接触,从作业中了解情况外,还做了三件事:一是课堂上巡视,察言观色。课上适当地安排了练习,教师就有可能走下讲台来巡视,这不仅能直接了解学生掌握知识的情况,而且还可以做到因材施教,如对某些水平高的同学就可以适当给他一些较难的思考题。所谓察言观色,就是要从学生的表情上了解学生。在学生齐背课文时,我注意看他们的口形(当然要求学生背诵的,教师必须先背熟,否则只能看着书而顾不到观察学生了),发现跟不上的,课后就找来问原因,进行教育。二是组织语文学习的典型调查小组,定期座谈。我根据学生的家庭学习条件、性别、语文基础,寄宿与否,担任职务等情况,选择了八个同学,组成小组。每次座谈,都有一个明确的中心。三是广泛地要求学生写书面意见。这是一举两得的办法,既了解了学生对语文教学的意见和语文学习的收获,又进行了应用文练习。我曾布置过一次小作文,《给语文老师的一封信》,批改时我摘下了七十条意见,作为进一步改进教学的重要参考。

二、抓住要点,以防止平均主义

如前所述,在备课时就要注意从教材实际出发,确定每篇课文的教学重点;在教学时就紧紧围绕这些重点来讲练,决不能面面俱到,平均使用力量。《宇宙里有些什么》的教学重点是,学习如何说明同一类的几件事物的方法,我就用较多的时间,引导学生研究课文中关于介绍大、中、小恒星的那一部分,使学生懂得说明同类(都是恒星)不同种(有大、中、小之分)的事物时,应概括它们的共同之点(“全都是灼热的庞大的气体球,全都是发光发热的”),又要比较它们的不同之点(从体积、密度、光色、表面温度等方面来区别)。课文的其他部分,只是让学生自己读读,想想,没有多花时间精力。《天石》这篇课文,谈铁和生物的关系较详,谈有关铁的其他方面知识较略。我在讲述时,就详其所详,略其所略,使学生重点掌握对一种事物的几个方面作有详有略的说明、突出要点的方法。《动物的远游》的教学,是通过学生自己写阅读笔记来进行的。我在布置学生写阅读笔记和总结评讲时,都突出了这篇课文是如何安排材料、如何抓住事物的特征来说明的写法。

这样做的好处是每篇课文各有分工,各有侧重,教学目的、要求单纯明确,重点突出,学生(特别是低年级的学生)印象深刻,易于掌握。当然,突出重点来讲,并不是将非重点的部分丢得干干净净。有的可以不讲,有的还是要讲的。碰到这种情况,我一般用两种方法来处理,一是略提一下,一是联系旧知解决。如《天石》一文,除上述的教学重点外,文章的开头值得一提。我就略作提示,作者用传说开头,可以引起读者的兴趣,当然还可以用其他方法的开头来引起兴趣。虽然寥寥数语,稍加点醒,对学生也是有启发的。

每课的教学目的单纯，会不会带来知识支离破碎，缺乏系统性的毛病呢？不会的。关键是在一定的阶段要有小结。我教完《天石》等三篇说明文以后，在单元复习课上引导学生把三篇课文的特点联系起来进行研究，进而归纳了写说明文必须做到的三点：① 对事物有清楚确切的认识；② 抓住事物的特征和要点；③ 有条理地安排材料。这样，学生对于怎样写说明文，已经不再是仅有点滴的印象，而是有了比较完整的认识了。当然，这种认识还是初步的。为了加深这种认识，我又用一堂课外阅读指导课介绍了两篇说明文。我读，要求学生根据单元复习课上归纳的三点来议，同学们发言很踊跃，回答也正确。这样一议，大家对写好说明文的三个注意点就不只是一般的认识，而是能运用它来独立分析一些文章了。于是我进一步要学生根据这三点进行作文练习，题目是《向同学介绍一样我仔细观察过的东西》，全班五十人，写出了三十二种不同的东西，几乎每个同学都运用了教《天石》时详讲的写法，效果比较好。同时，《天石》一文用传说开头以引起读者兴趣这一点，我当时虽只略作提示，但这次作文中也有学生用上了。一个学生写的是"伞"，开头是这样的："'一支花，靠墙栽，雨不下，它不开。'你猜，这是什么？这就是我要介绍的伞。"他用谜语开头来引起读者的兴趣。

三、注意实效，以防止形式主义

我当时教的是试改班，在教法上必须勇于革新，但又不能一味追求花样翻新，应该从实际效果出发。凡是采用一种教法，必须有一个明确的目的；为了达到某一个教学目的，才确定相应的教法。这样才使教法的变化不流于形式。

我教文言文单元时，虽然课文有三篇，但我从实际效果出发，确定了三种不同的教法。讲《晏子使楚》时，让学生自己读课文，读注解，要他们把不懂的提出来之后，通过三种方式来解决：一是教师解答，二是请旁的同学回答，三是教师启发那个提问的学生自己来回答。最后朗读，背诵课文。讲《庄周贷粟》时，方法基本上和讲《晏子使楚》一致，但这篇课文有个特点，就是话中套话。我就先将套在里面的话解决，使学生知道这段话就是一则寓言，说明了远水难解近渴的道理。第二课时再讲其余的话。这样，学生对课文就容易理解。教学之后，学生反映：原来看不懂这篇文章，还以为这篇文章结构不完整，没有个结尾呢。老师这么一讲，我们就清楚了，原来是庄周用这则寓言来讽刺监河侯的虚伪的。讲《愚公移山》时，由于了解到学生在小学时就学过毛主席著作《愚公移山》中的一段，对这篇古文的内容是熟悉的，所以课文虽长，我还是只花两课时，并把较多时间用于领读、齐读、默读、背诵上。

语文是一门思想性很强的学科，因而也是向学生进行思想政治教育的有力工具。那末，是不是从教学环节的安排上形式主义地搞一个主题概括、主题思想发挥呢？我不那样做，而是在讲读课文时，有机地而不是孤立地阐明思想意义，以此加强对学生的思想教育，也就是说要寓思想教育于知识传授之中。如我教赵树理的《地板》时，着重引导学生从清楚的层次和形象的描写中体会作者如何写王老三的三亩菜地的歉收景象。学生读了感到可笑，于是我再引导学生从这些描写中体会粮食是劳力换的，而不是土地换的道理，认识地主靠剥削过生活的反动本质。由于学生对歉收景象的一段描写印象十分深刻，所以虽然教师没有念主题思想，学生没有抄主题思想，但文章的思想内容学生都掌握了，而且也受到了形象生动的教育。

此外，我在写教案时也不搞形式主义。记得当时有位教学经验丰富的老师曾对写教案提出过这样的看法："为了帮助记忆，讲解得清楚，扼要地写个讲授提纲，或在课本上做几个记号，作几句说明，也就可以了。"我领会她这段话的精神是：教师不要把时间和精力花在写形式主义的教案上(写教案本身不应说是形式主义，这里指的是有的教案过于追求形式)，而应把时间和精力用在钻研教材、改进教法上。写教案应该说是深入备课的一种手段，教案的写成，应该是钻研教材教法的结果。

在作文教学中，我主要是改变一个习惯和着力解决一个问题。

作文本老师一个人改，每次学生写好的作文留在老师身边的时间长，在学生自己身边的时间短，这似乎已成了习惯。这种习惯影响了学生的消化批改，也不利于学生间的交流。我决定改变这样的习惯。我把作文本放在教室里的一张桌子上，要批改，就到教室去拿一组来，有时在中午或自习课时到教室去改(这样有利于随时叫学生来当面批改)，批改好了的作文随即放到原处。这样，学生不仅有较多的时间来阅读自己的作文，消化教师的批改，并从阅读别人的作文中得到启发；而且还可以在老师批改之前自己动手随时作些修改，或是帮助别人修改。这就是《学记》中所谓"相观而善之"，学习气氛也随之活跃起来了。有位同学在语文学习小结中曾说："……本学期作文能互相交流。取长补短，有不对的地方，同学也可以批改。这样，不仅能学到别人的东西，同时也逐渐提高了我们的分析能力。"

着力解决的是"有话可说"的问题。作文教学往往是从本本(课本、课外阅读材料)到本本(作文本)，学生囿于"读读读，写写写"之中。我们常常只抓"阅读是写作的基础"，而忽视"生活是写作的源泉"。作文时教师要学生学课文的某一写法，用课文中的某些词语，而学生常常是无事可叙，无情可抒，无感可发，又一定要挤出些话来，结果是内容空洞、单薄，甚至个别的是无病呻吟，写法上也有不少矫揉造作、生搬硬套的现象；至于语句，正由于是挤出来的，所以不免疙疙瘩瘩。于是，我在继续加强"双基"教学的同时，特别注意引导学生关心周围的人和事，积极参加各项活动，广泛地接触实际，不断地丰富生活。生活丰富了，思想活跃了，文章也就有了内容，语句自然也较前通顺了。

要问：参加了实践，丰富了生活是不是人人都能"立竿见影"地写出好文章来呢？那当然不一定。往往参加同一活动之后，有的学生能写出较好的文章来，有的却仍然无话可说。这就提醒我，一方面要努力提高学生的革命自觉性，使他们正确对待实践，从而在实践中受到锻炼，另一方面要教育学生掌握正确的思想方法，使他们能正确地观察、发现、分析、解决实践中所遇到的问题。有一次，参加夏忙劳动，我先向同学们介绍了几篇好文章,介绍这些文章的作者是如何在实践中磨炼思想,如何仔细观察事物、观察生活的。由于加强了指导,同学们对实践中的一些问题不再是视而不见、听而不闻了,而能注意用正确的观点来看、来想,对生活的理解也深刻些了。有一位同学在《记夏忙劳动》中写了这样一件事:在田里拾砖头时,看到菜根旁的砖头上有粪,于是伸出去的手又缩了回来,而另一个同学看到后,二话没说就拾了。之后,那位同学写道:"我一边干,一边想,以前我总以为她劳动好不过是她有力气。今天才认识到她不仅是有力气,更主要的是她思想比我纯洁。我要向她学习。"从这段话中,可以看出同学们不是只知道干活,也知道在干活时磨炼思想了。

学生在实践中有了感受,还得看老师是否"准许"他谈出来,这就牵涉到命题的问题了。命题过死、过窄,便会束缚学生的思想。所以我除了从学生生活实际出发外,还注意尽量把题目出得活一点、宽一点,较多的作文是规定范围,让学生自己命题,或出几个同类型的题目,让学生选择。总之,要努力使学生有话可说。这样做,效果较好。如参加夏忙劳动后,我就要学生围绕夏忙劳动写文章,不规定题目。有一位同学写了一篇题为《该感谢谁》的作文,针对劳动结束时,社员们送了感谢信,但个别同学却嫌没送锦旗的事,发表自己的看法。他列举事实说明劳动期间从贫下中农身上学到了许多东西,受到贫下中农无微不至的关怀,最后提出了到底该谁感谢谁的问题。这篇作文有的放矢,有一定的思想深度。如果教师统一命题,那就不一定能出现这样好的文章了。

由于初步解决了"有话可说"的问题,不少原先怕作文的学生也不怕了。记得当时有位同学写过这么一首顺口溜:"实践锻炼眼界开,处处都有好题材。以往作文是一关,如今'害怕'变'喜爱'。"学生写作积极性提高了,最多的一学期内竟写了二十一篇课外作文。

旧日的脚步留下了踪迹,今天回顾既是为了要恢复,更是为了要前进。过去的经验不一定全部正确,何况今天的客观条件和当年有许多不同之处,当年行之有效的,今天不一定行得通。但是我想,如果实事求是地借鉴老经验,认认真真地研究新情况,在前进中时时回顾,在回顾后奋然前行,我们的语文教学质量是不难较快地提高的。

扬州师院《语文函授》1979 年第 5 期

“讲”与“练”

郑万钟

记得少年时代,常常怀着好奇心到闹市钻进人堆里去看走江湖的玩把戏。那些玩把戏的每每在说完开场白,转入显本领的时候,便道:“光说不练,假把戏;光练不说,傻把戏;说着练着,真把戏。……”随着岁月的流逝,那时看了些什么把戏我差不多都忘却了,而那几句颇有节奏,也很有些趣味的话,却一直留在我的记忆里。

如今正在研究如何提高语文教学的质量,我便又想起了那要把戏的人所说的话。我想,我们中学语文教学,不应是“光说不练”的“假把戏”,也不应是“光练不说”的“傻把戏”,而应该是“说着练着”的“真把戏”——当然语文教学并不是“玩把戏”,这里不过是借此作个比方。

现在语文教学中的一个通病是讲得多,练得少。不少教师教好学生的心情很迫切,又迷信于自己的讲,总认为讲得多,学生就接受得多,讲少了不放心。殊不知教学、教学,是又教又学,是教师教学生学,是师生双方的共同活动。“耳听十遍,不如手过一遍。”学生不经口、手的实践,知识如何能掌握?掌握了又如何能运用和巩固?

所以,我们要提高语文教学的质量,不应把希望全部寄于教师的滔滔不绝的讲;而应把更多的希望寄于学生的练,学生在教师切实有效的指导下的练。我们应该在课堂教学中把讲和练有机地紧密结合起来,把教师的活动和学生的活动有机地紧密结合起来。

这几年来,教学实践课、观摩教学课总是开分析课,似乎只有分析课才有东西可讲;听课也总是要听分析课,似乎只有分析课才有东西可听。我想,能不能也开开这样的课:既有讲,也有练。讲在关键处,讲得适可而止;练者跃跃欲试,练得恰如其分。把教与学两方面的积极性都调动起来,效果岂不更好!

《人民教育》1978年第10期

储水·倒水·汲水

郑万钟

在对教师的学识提要求时，大家常常会引用这样的比喻：要给学生一滴水，教师得有一杯水；要给学生一杯水，教师就得有一桶水。的确，一般地说，教师的知识应该多于学生。如果一个教师掌握的知识十分有限，教什么就只懂什么，教某一篇、某一章节，对其他篇、其他章节还不甚了了，那么这个书是不容易教好的，这个教师也不是称职的教师。一个教师要使自己具有驾驭教材的能力，前提就是要了解甚至熟悉自己所教学科的有关知识，不仅使自己的知识有一定的广度，还应有一定的深度。就这个意义来说，教师所具备的“水”，应该多些，更多些。这就要求每个教师博览、精读，读有字书，读无字书，以丰富自己的知识，不间断地“储水”。

但是，教师的“水”不一定能成为学生的“水”。这里有一种情况像茶壶里煮饺子——肚里有货，嘴里倒不出来。有的教师学识渊博，满腹经纶，但是缺少教师应有的素质——一定的口头表达能力，所以“大智若愚”，有“水”倒不出。而更多的情况恐怕是倒“水”尚不得法。捷克教育家夸美纽斯曾打过这样一个生动的比方：“假如我们拿一只赝口的瓶子（因为我们可以把它比作一个孩子的心智），把多量的水猛烈地倒进去，而不让它一滴一滴地滴进去，结果会是什么呢，无疑地，大部分的液体会流到瓶子旁边去，最后，瓶子所盛的水比慢慢地倒进的还少。有些人教学生的时候，不是尽学生所能领会的去教，而是尽他们所愿教的去教。他们的动作也是同样的愚蠢”。我们有的教师备课时认真地钻研教材，也翻阅了许多参考书，花了心血，掌握了不少资料，因此往往希望把自己掌握的都讲给学生听。不讲，似乎对不起学生，也有点对不起自己。孰不知，如此倾盆大雨，学生接受不了，势必引起消化不良。这是倒“水”不注意“水量”。我们有的教师为了腾出较多的时间复习，而赶教学进度，于是在教学上形成一种“匆匆赶路”的状况，而不是一步一个脚印地前进，其结果必然是欲速不达。这是倒“水”不注意“水速”。我们也有的教师不研究学生，不从学生的思想特点、知识基础、心理状态出发，只顾自己讲授，不问学生能否接受。这是倒“水”没有对准“瓶口”。可见一个教师仅有“水”还不行，还有一个如何倒“水”的问题，不恰到好处地去“倒”，纵然教师有“一桶水”，学生也未必能得到“一杯水”。

然而，会“倒水”，还不能说是一个称职的教师。因为即使教师“倒水”得法，有一杯水，确能给学生一滴水，有一桶水，确能给学生一杯水，也不可能完全满足学生要一桶水、一缸水、一池水……的需要。更何况习惯的“一杯水、一桶水”之说，总不免有把学生视为容器之嫌。其实,学生并不是容器,知识也不是向这个容器里灌的液体,教学也不只是教师给学生灌输知识而已。那么教学是什么?简而言之,教学就是"教学生学"。也就是说,一个善于教学的教师,面对他的学生,不仅传授知识,更能培养学生获取知识的能力和品质;不仅授之以仅供一饭之需的"鱼",更能教给学生以终身受用不尽的"渔";不仅倒给学生以"水",更能引导学生掌握"汲水"的本领。

要教会学生"汲水"的本领,教师就得采用"开源"的教学方法。开什么源?开学生的"领悟之源"。源头一旦开通,知识之泉便会汩汩地流入心田。所以,一个合格的教师,不是简单地奉送真理,而是引导学生自己去领悟真理;不是让学生被动地接受教师给予的现成的"水",而是让学生主动地去发现"水",汲取"水"。也就是说,我们每个教师应该致力于培养学生的自学能力。课前要使学生养成预习的习惯,以训练独立思考、独立探求的能力;课上要充分利用教材,为学生提供适当的思维材料以及思维方法,引导学生亲自去思考,获取应该得到的结论;课后,也同样要启发学生勤练习,多阅读,像蜜蜂那样,主动地广采花蜜,多方面汲取知识,并发展自己的志趣爱好。这样,久而久之,学生就能自寻"水源"。叶圣陶先生曾说过:"教师之为教,不在全盘授予,而在相机诱导。必令学生运其才智,勤其练习,领悟之源广开,纯熟之功弥深,乃为善教者也。"这实在是至理名言。

如果我们每一个教师不仅勤奋地学习,不断地积累知识,十分重视"储水",而且也能注意采取正确、适当的方法传授知识,合理地"倒水",那么学生将能从老师那里获得较多的知识。如果我们的教师不满足于"储水"和"倒水",还努力地多方设法开发智力、培养能力,使学生掌握自己"汲水"的本领,那么他们的学生不仅能从教师那里获得一杯水、一桶水、一缸水,而且一旦离开了教师也仍然有自来水、长流水。

《人民教育》1983年第2期

独木不成林

郑万钟

教师是从事精神生产的劳动者。教师劳动的特点之一，就是劳动方式的个体性与教育成果的集体性的统一。

教师备课、上课、批改、辅导以及找学生谈话，进行家庭访问等等，都是个人独立进行的。纵然有集体备课、教研活动，但最终还得靠教师个人的独立钻研，个人的创造性工作。何况教师总会以个人的知识、思想、情感、性格、意志等等去影响学生。正由于劳动方式的个体性，就容易使教师产生一种“我的成绩只取决于我个人，而不取决于其他人”的错觉，也容易对自己的知识、才能和作用作出偏高的估价，而往往轻视、贬低、甚至否认别人的知识、才能与作用。

因此，每个教师应时时警惕自己，应更多地想到教育成果的集体性。“独弦不成音，独木不成林。”在现代教育中，没有一个教育者有权单干，也没有一个教育者可能单干。要使每一个青少年都得到全面发展，这远非是一个教师的努力所能够完成的。它必须依靠全体教师乃至全体职工步调一致、同心协力地进行工作，其中包括年级的衔接、学科的配合、后勤的保证，等等。在学生身上，我们是无法绝对地区分教师个人工作成果的。

一个有修养的教师，既要明确“我是林中木”，恰如其分地估价自己在集体中的地位与作用；也要懂得“独木不成林”，知道如何在集体中依靠他人、团结他人、尊重他人、悦纳他人。在这里重要的一条是建立良好的人与人之间的关系。

在教师这个集体中，每个教师都应从横向和纵向两个方面来建立良好的人与人之间的关系。

所谓横向关系，一般是指班主任与任课教师的关系、各科教师之间的关系、教师与其他教学辅助人员的关系，等等。

小学教师常用这样的寓言故事教育学生：一次许多标点符号聚在一起纷纷夸耀各自的作用最重要，最后争执不下，只好请知识老人来评判，结论是——大家都重要，如果哪一种标点符号没有其他的标点符号配合使用，就不可能发挥它的作用。这个故事也同样可以作为教师自我教育的材料。一个班级的成长，当然凝聚了班主任的心血，但也少不了各任课教师从不同的侧面（思想的、知识的、性格的、行为习惯的……）对学生的影响与熏陶；一个教师在教学上取得的成绩，当然是该教师的辛勤耕耘的结果，但也不能不看到：班级的良好学风，班主任和其他任课教师的密切配合,学科间的相互渗透……实践证明,班主任和任课教师配合默契,工作协调;班务工作与教学工作就会并驾齐驱;否则,可能会两败俱伤。同样,各科教师如果“敲锣卖糖,各顾一行”,甚至互相拆台,教理科的瞧不起教文科的,教主科的瞧不起教副科的,那么不仅会导致学生知识结构的不合理,而且哪一门学科也不可能学好。因为我们开设的各门学科既有各自的教学目的、教学要求,同时在打好基础,培养智能方面又有共同、相通之处。教学心理学告诉我们,学习的迁移现象表现在同一学科的不同方面之间,也表现在不同的学科之间。所以,只有各科教师紧密配合,通力合作,才能有效地帮助学生打好基础、发展智能,形成合理的知识结构,促进全面发展。

所谓纵向关系,一般指高年级与低年级教师之间的关系,或说得更远一点,包括中学教师与小学教师之间的关系。

在有的学校里常常出现这样一种现象:一位教师接到一个班级,还没有几天,便说这个班如何如何的不理想。虽然有的同志并非“先抑后扬”,有意贬低别人,抬高自己,但从客观效果看,则否定了前任教师的工作。要知道,一个教师的能力毕竟是有限的。他不可能包教各科,也不可能从幼儿园包教到高中毕业。学生学习内容的丰富、学习目的的明确、学习态度的端正、学习方法的掌握、学习习惯的养成,是靠年复一年的教育、培养、训练,这中间包含了许多教师的辛勤劳动。所以,一个有修养的教师,从不割断学生受教育的历史。他看到自己的责任,不推诿于人;他也看到别人的成绩,不掠人之美。有的教师说得好:我是教育这个接力赛跑中的一棒,我既是在前一棒的基础上起跑,我又将为后一棒跑得更好、更快打基础。有了这种“接力赛跑中一员”的认识,就能把自己置身于教师集体之中,有了成绩或功劳,决不会记在一个人的账上。听说有的教师、有的学校,一旦学生取得了优异的成绩,就向学生的母校或前任教师汇报,有的还发喜报,以分享教育成功的喜悦。这些学校的教师确是深谙“独木不成林”的真理。

《魏书》上记载过这么一个故事:吐谷浑国王阿豺有20个儿子。一天,他叫一个儿子把一支箭折断,儿子折断了;又叫儿子把19支箭一齐折断,儿子就没有办法了。于是他教育儿子们说:“单者易折,众则难摧,戮力一心,然后社稷可固”。这个故事告诉我们,一个人的力量总是微弱的,团结的集体才有无穷的力量。当然,教师们的工作还不仅像若干支箭那样简单地相加和组合,教师的工作是相互影响、相互衔接、相互渗透的。虽然教师主要的劳动方式是个体活动,但教育要获得成果却必须有赖于集体的创造性的劳动。

苏联教育家马卡连柯曾指出:“只有那种由共同的意见、信念和相互帮助所联合起来的,摆脱了妒嫉心和个人追求、学生爱戴的集体,才能进行教育。”所以,一个教师要想在工作上有所成就,就不可能离开良好的教师集体,就必须自觉地看到集体的力量,真诚地关心、维护集体;必须善于在集体中虚心学习、吸取营养,无私地把自己的心得、经验奉献给自己工作的集体。

请记住：不管你是前途无量的茁壮幼苗，还是枝叶茂密的合抱大树，在那郁郁葱葱的丛林中，你毕竟还只是一株！

《人民教育》1984 年第 5 期

对学生的要求要一个一个地提

郑万钟

有位刚任班主任不久的教师皱着眉到校长那里诉苦:“上周班会针对班上的问题,向同学们提出了不少要求,可是一周下来了,班上还是老样子,这可怎么办?”校长问他到底提了些什么要求,那位教师正准备打开班主任手册复述,校长却示意他就凭记忆讲。可是他说了几遍都没有能说完整,显得有些尴尬。校长笑着说:“你自己都记不全了,能要求学生都记得吗?更何况记得了,还不一定就做到了。我们对学生的要求还是应该一个一个地提。”

校长的话是对的。不少教师出于对学生的热爱,总是急切地希望自己的学生能迅速克服缺点,快快成长。这一方面说明教师具有忘我工作的热情,另一方面也可能随之产生急于求成的心理。于是,把自己考虑到的学生应达到的种种要求(也许他考虑得很认真慎重,很周密细致),一古脑儿地向学生提出,诚挚地期望学生理解他的心意,热切地企望学生立即按他的要求去做。但是,良好的愿望和现实毕竟是有距离的,急于求成的结果总是“不成”。我们对学生进行教育,和干其他工作一样,需要的是高度的热情和冷静的科学态度相结合。

强调教师对学生的要求要一个一个地提,是因为只有这样,才能使学生明确要求的内容,有所适从。俗话说,饭要一口一口地吃,路要一步一步地走。当然对学生提要求也要一个一个地提。“少则得,多则惑”,“伤其十指,不如断其一指”,这是用来说明打击歼灭敌人的战略战术,也同样可以借用来说明如何对学生提出要求。与其一下子提出十个难以记忆,并让学生感到无所适从,可望而不可及的要求,不如先提一个学生能够记得牢、做得到、可望可及的要求。教师在集中力量帮助学生达到这个要求之后,再提出第二个、第三个要求来。采取这种实事求是、循序渐进的做法,才能够获得良好的教育效果。

报载有一位优秀班主任,她教的一个班原来基础很差。如何把这个班的学习搞上去呢?她针对大多数学生要强好胜的特点,采用了每周组织全班评选一次学习积极分子的办法,开始时,要求很低,上课不随便讲话,能举手发言,能按时完成作业,就可以评上学习积极分子。过几周又增加一条:不仅能举手发言,而且回答正确。以后又增加一条:本周考试、提问成绩达到及格以上的程度。这样逐步提高要求的标准,学生容易记,通过一定努力也可以达到,所以就调动了学生的积极性,推动了学习。

强调教师对学生的要求要一个一个地提,也因为只有这样,才便于教师检查落实。如果倾盆大雨似地给学生提出种种要求，不要说教师是否记得住，即使记住了，也难认真严格地去检查许多要求的执行情况。一次、两次、三次……都是有要求而无检查，学生面临教师提出的那些多而杂的要求就会产生“忽视”、“对立情绪”、“拒不执行”等意义障碍，并逐渐形成一种消极的心理：反正提的要求记不住、做不到，教师也不认真检查，何必当真！这样就失去了提要求的教育作用。

强调教师对学生的要求要一个一个地提，还因为只有这样，才能促进教师对教育对象的了解和分析，以加强教育工作的科学性。要求一个一个地提，绝对不是教师随心所欲、兴之所至地、凌乱地想一个提一个，而是要求教师加强教育的科学性。《学记》所谓“杂施而不孙，则坏乱而不修。”就是说，如果我们在教育工作中无计划地提一通要求，不知顺应一定的规律，那么就会陷入混乱的境地，不能获得成效。而一个一个地提要求，正是要求我们教师在教育过程中注意针对性、一致性、连续性和阶段性。

为什么在这个班级要提这个要求而暂不提那个要求，为什么在这种情况下提这个要求而暂不提那个要求，这都是由特定的教育对象所决定的。教师只有熟悉了自己的教育对象，才有可能择定某项要求，恰如其分地向学生提出。这样，一个一个地提要求正体现了教育的针对性。

每向学生提一个要求，就教师而言，只是整个教育过程中的一个环节；就学生而言，便是前进历程中的一次加油、一次新的攀登。所以，虽然要求是一个一个地分别提出的，但它们之间并不是彼此孤立，断若鸿沟，甚至前后矛盾、相互抵触；它们始终都紧紧地围绕着一个总的目标。每个教师应该认识到一个要求与另一个要求之间的一致性。

孟子说：“虽有天下易生之物也，一日暴之，十日寒之，未有能生者也。”既然要求是一个一个地提，那教师就得在一个要求达到之后，不失时机地、不间断地再提出第二个要求，如此持续不断地提出要求，正体现了教育的连续性。否则，一暴十寒，必将导致教育工作的失败。

对学生提出的每一个要求，应该适应学生心理发展的水平。学生心理发展是有阶段的，我们提出的要求也应该是有层次的。先要求什么，再要求什么，教师要心中有数。譬如要培养学生某种良好的习惯，就可以先要求简单重复、模仿，再要求有意练习，更高一点的要求则是与坏习惯作斗争。这样就体现了一定的“坡度”，也就体现了教育的阶段性。

每个教师，不论是从事思想教育，还是进行各科教学，只有坚持循序渐进的原则，向学生一个一个地提要求，同时相应地检查、巩固，才能使自己的工作一步一个脚印地前进，并取得扎扎实实的成绩。

《人民教育》1984 年第 12 期

“主导”与“配合”

郑万钟

一堂公开课下来,如果课上得并不理想,执教者会感叹:“唉,学生没有配合好。”如果课上得颇为精彩,听课者则会赞赏:“啊,学生配合得真好。”那么,一堂课上得好不好,是否只是要求学生怎么做?我以为应更多地强调教师的主导作用,这直接关系到一堂课的成败。

教师劳动的对象是人,是学生。教师确定教学目的、安排教学内容、设计教学方案、组织教学活动、选择教学方法、检验教学效果,都是与学生打交道的,都是从学生的实际出发,又以学生的“学会”和“会学”为归宿的。在这个意义上说,教师要为学生服务。这就要求教师在教学过程中,必须充分了解学生原有知识水平、智力发展程度、情感意志特点、学习习惯与方法,以及兴趣爱好、健康情况等等,特别是要充分掌握学生的认识规律和思维特点,在此基础上,再作必要的引导、启发。这样,才可能调动学生的学习主动性。

教师在历史上始终处于承前启后的地位。“新竹高于旧竹枝,全凭老干为扶持。”教师“闻道在先”,相对地讲,比学生要知之较先、知之较多。在探索知识宝库的过程中,教师有条件为学生指路、引导。他不应机械地按教材的知识体系进行教学,也不应主观地按自己理解教材的思路进行教学,而是要设身处地,从学生的角度考虑、揣摩学生接受这一部分教材内容会有怎样的认识过程,会产生什么障碍,从而相应地采取最有利于学生接受、理解的形式组织教材。这无疑是教师在学生求知过程中,根据因材施教的原则,发挥了教师的主导作用。

平时我们常说“见机行事”、“随机应变”、“不失时机”等等。叶圣陶先生也说过:“教师之为教,不在全盘授与,而在相机诱导。”这里的“机”,就是学生的“愤”、“悱”之际。在课堂上,教师只有充分运用教育机智,察言观色,掌握动态,捕捉无数的“机”,恰到好处地及时调整、修改原来的教学安排,或补充、或省略、或跳跃、或原地巩固,这样就能使学生在学习过程中取得最佳效果。记得有位特级教师上公开课,开场白是:“同学们,今天我们一起来学习一篇优美的散文……”不料一位学生举手发言:“我认为这篇散文并不优美。”这可谓学生不配合教师了。但那位特级教师却微笑着让学生说说自己的具体看法,并以商量的口吻要同学们认真学过以后再下结论,继而在讲课过程中,针对那个学生提出的一些问题,引导学生体会这篇散文的优美之处。这正体现了教师能随时根据学生实际情况相机进行诱导。

有一些课学生确实配合得相当好。如果把那种事先早就排练好的，仅是教师、学生“表演”的公开课排除在外，那么，我们透过学生配合得好的现象，会看到教师为遵循学生掌握知识的规律而设计教学所花的心血。教师对学生有了深入全面的了解，引导得当，课堂上学生才会“心有灵犀一点通”。

苏霍姆林斯基认为，在课堂上教师的注意力应更多地分配给学生，而不是给教材。他说：“在课堂上，教师不仅要想到所教的学科，而且要注意到学生；注意到学生的感知、思维、注意力和脑力劳动的积极性。教师在自己的关于教材的思考上使用的精力越少，则学生脑力劳动的效率越高。”这段话可以作为教师的教要从学生实际出发的一个很好的解释。

《人民教育》1985年第4期

中学历史课教育中的几个问题

江苏省扬州中学　吴和钧

中学历史课是对学生进行文化、思想教育的一门基础课程。上好历史课，提高历史课教育质量，是值得深入研究的一个重要课题，是建设社会主义精神文明的一项基础工程。

为了进一步加强历史课教育，当前需要研究解决以下几个问题：

第一，中学历史课的根本目的和任务是什么。

用科学的历史知识育人，提高学生对世界的认识和改造的能力，应是中学历史课教育的根本目的和任务。普通中学是基础教育，中学生学习历史基础知识是为提高文化素质打基础，为学习其他有关知识或从事历史专业研究工作打基础。但是，最根本的是为学生成为有理想、有道德、有文化、守纪律的劳动者打好基础。历史是人民群众创造的。学生学习历史知识，接受历史教育，意识到自己的历史责任，从而自觉、能动地参加到我国社会主义现代化建设的伟大事业中去。

我们曾以《读史一得》为题，对一个班的学生进行了历史教育效果的调查。在五十二篇心得笔记中，从历史谈起写社会主义现代化建设的必要性、重要性和迫切性的有四篇；写要发扬爱国主义精神的有九篇；写要奋发图强、励志勤学、振兴中华的有十一篇；写要加强思想道德修养的有九篇；写团结就是力量的有四篇；写要有群众观点的有三篇；写选拔人才的重要性的有五篇；还有其他如批判封建特权思想的，批判日本国文部省在历史教科书中篡改史实把对中国的侵略改为“进入”，等等。有一位同学，以《顺民者昌，逆民者亡》为题，根据历史经验，运用人民群众是历史的主人这个马克思主义的基本观点，阐明四化必胜、统一必成的道理。他写道：“水能载舟，亦能覆舟。隋的速亡，唐的兴替……都以大量事实，从正反两方面证明了这个道理。民，是国家利益的根本，一切大业的基础，能铲除高山，填平大海。”“今天，在我们社会主义新中国，人民的力量更是伟大的。党中央一切为人民着想，为人民谋利益，是和人民的意愿相符合的。所以，四化的宏图定能实现，祖国的前途无可限量。”历史课教育让学生知道一些重要的历史事件、历史人物、文物制度、年代、地区是必要的。但知道一些历史现象并不是历史教育的根本目的，而只能是了解历史的入门手段。历史课教育必须引导学生透过历史现象认识其中本质的东西，用以教育自己，使自己的思想感情扎根于深厚的历史土壤之中，吸取丰富的历史营养，促使自己茁壮地发育成长。这样，把死的历史知识转化为认识和改造世界的活的能力。

第二,怎样有效地实现历史课教育的目的和任务。

要实现历史课教育的目的和任务,就应充分发挥其内在的战斗力、说服力和吸引力。人类社会的历史是按照宇宙的根本规律——对立统一规律不断运动、不断发展、不断前进的。人类社会的内部矛盾运动推动着社会历史的发展。文明与野蛮、反抗与压迫、光明与黑暗、真理与谬误、新生与腐朽、先进与落后……社会总是在矛盾斗争中前进。历史事实的本身是最高的权威,具有无可置辩的说服力。在人类社会的大舞台上,有各色“演员”活动着。在永不落幕的历史长剧中,有时金戈铁马,威武雄壮;有时偃武修文,休养生息;有的场景花团锦簇,莺歌燕舞;有的场景天昏地暗,哀鸿遍野;但见山穷水尽,转眼柳暗花明……这个千变万化的历史万花筒是足以引人入胜的。如问苍茫大地,谁主沉浮;千秋功罪,谁与评说?进而探求递变的奥秘,寻找历史的真谛,则更能发人深思了。历史教育要有战斗力、说服力和吸引力,就在于我们自觉地按历史的本来面目教好历史,去发挥历史的这种内力作用,而毋须乎外加麻油。当然更不应该采取让历史作现实需要的说客这种实用主义的态度。

历史课教育的战斗力,在于教育内容、教育方法要有真实性、真理性、针对性和批判性。真实性是指史实中不掺假,教育以事实为根据。真理性是指以正确的立场、观点、方法阐释历史,判别是非,揭示规律,宣传真理。如讲到第一次国内革命战争时期的湖南农民运动,一方面要实事求是地叙述农民运动的真相,一方面还要分析、判明这个运动究竟是糟得很还是好得很。针对性和批判性是指要联系实际,宣传正确的思想,批判错误的思想。历史课要给学生以历史知识和历史教育,帮助他们从正反两方面的经验中来辨别什么是正确的,什么是错误的,并找到错误思想的阶级根源、历史根源和社会根源。对于封建特权思想,资产阶级的极端个人主义思想,小资产阶级的利己主义思想,半殖民地的奴化思想等等,都应该作阶级的历史的分析。这样就可以极大地提高学生自我教育、自我改造、自我完善的能力,提高坚持真理、修正错误、用共产主义思想武装自己头脑的自觉性。在上述《读史一得》笔记中,有位同学引用班超、马援的故事,在《好男儿立志捍卫边疆》一文中写到:“目前有些人不肯下决心到边疆去,为了留在大城市里享受,他们不服从祖国分配,有些甚至为此放弃了升学的机会。想想班超、马援,再看看这些人,我不禁要问:你们站在为你们创造了灿烂民族文化的祖先面前,不觉得羞愧么?其实,这些人只要仔细地思考一下,摒弃私心杂念,也立下建功边疆的志向,拿出‘马革裹尸’的精神,那么,祖国的边疆不就会在新一代班超、马援手里变成一道巩固、繁荣的新长城了吗?让我们记住‘投笔从戎’、‘马革裹尸’的故事吧!”

历史课教育的说服力靠的是摆事实,讲道理。征信有据,以理服人。历史教育如只是摆事实,不重讲道理,或只重讲道理,不重摆事实,均不能收到预期的效果。因为前者忽视了历史教育的根本目的和任务,后者忽视了历史教育的具体特点。历史教育要产生较大的说服力,正确的方法是做到观点与史料的统一,以具体生动的叙事为主,议论为辅,夹叙议,寓议于叙,起画龙点睛、启发思考的作用。

党的十二大明确规定:“在今后五年内,要通过一切可能的途径,采取一切有效的方法,努力实现理想教育、道德教育、纪律教育在全国人民中首先是全国青少年中的普及。”帮助青少年弄懂这个道理,把理想、信念、行动建立在科学的基础上,历史教育是责无旁贷并行之有效的。富有理想是青少年的心理特征。要教育青少年树立共产主义的远大理想,必须着力于阐明实现共产主义是社会发展的客观规律,是历史的必由之路。当前,我们正亲身经历着共产主义运动中的一个重要历程——社会主义现代化建设新时期。要通过历史教育让学生按照我国社会历史发展的具体过程,对各个历史时期的社会制度、政权性质(或管理的组织形式)、物质和精神文明作历史的比较,并揭示出其中规律性的东西来。这样,可以使学生弄清楚我们今天的现代化建设事业的来龙去脉,懂得我们所从事的正是从中国实际出发、符合中国国情的、中国式的社会主义。根深则叶茂,把理想教育的根子在历史的土壤中扎得深一些,学生参加现代化建设的自觉性就高一些。讲人类社会的历史,也是讲的人与人的社会关系发展史。对不同历史时期的人与人的关系,作历史的比较教育,使学生懂得今天做一个社会主义新人的道理。历史课还要加强思想史、文化史方面的教育内容,重新认识精神文明建设在历史发展中的地位和作用,使学生从历史的深度、时代的高度来认识在今天的现代化建设中应把坚定正确的政治方向放在第一位和努力学好科学文化知识的重要性和迫切性。

历史教育还要有吸引力。没有吸引力,学生对历史课不感兴趣,那么,战斗力和说服力也就无从谈起了。通过调查发现,对学生吸引力较大的历史教学有以下几种情况:一、具体生动的历史故事,特别是具有鲜明形象性的历史人物的活动;二、联系实际,谈古论今的内容;三、在内容和方法上,使学生感到学有所得。启迪智慧,激发斗志。历史教育要有吸引力,除了发挥历史课本身的优势外,还要讲求教育的科学性,并有点艺术性,适合青少年学生的年龄特征和学习心理:一、要通过一切有效的教育手段,如图表、模型、幻灯、历史遗迹、历史影片,特别是直观的语言,使学生首先获得对历史现象的印象深刻的感知。尤其要把握住历史事件中有关历史人物的关键性活动,不失历史真实地描述刻画一下,努力把他们的思想品格、情感、意志体现出来,用以教育学生。中学生处于长身体、长知识时期,也是形成正确世界观的奠基时期。进入青年初期的高中学生,更有一种已经长大成人的自我感觉,产生了能够独立思考、独立行动的自信心,逐渐形成自己的理想。针对这种心理特征,通过历史人物创造历史业绩的宣传教育,可以极大地激发学生为我国现代化建设作贡献的事业心,树立雄心壮志。二、从感知和表象深入到事物的本质中去,使学生获得理性认识。初中学生已届少年期,处于从具体形象思维为主要形式向抽象思维为主要形式过渡阶段。因此,历史教育要在讲史事的基础上,引导学生作适当的理论概括。高中学生在青年初期,处于抽象逻辑思维占主导地位阶段,并开始逐步向辩证逻辑思维发展。因此,更要重视训练学生对历史现象进行理论性的概括,培养观察能力、分析能力、分辨能力,使历史教育对他们的吸引力不是停留在趣味性上,而是建立在更为可靠的科学的理性认识的基础上。三、理论联系实际。学习运用历史的规律性知识来观察、分析现实生活中的有关问题,鉴古知今,古为今用,使学生的知识和能力得到创造性的发展。

学习历史,要记住许多年代、人名、地名、文物制度,等等。怕记忆困难,是影响许多学生学习兴趣的一个重要原因。处理这个问题,应把中学历史基础知识排一排,对那些必须记住的内容还是要强调记住。还要学习研究科学的识记原理,把它运用到历史教育中来,提高学生记忆的能力。努力把课上得生动活泼,富有情趣和启发性,会在学生心灵深处留下难忘的印象。

第三,历史教师应该怎样提高自己的教育能力。

历史教师要成为“有战斗力、有说服力、有吸引力的思想工作宏大队伍”中的一个组成部分,必须努力提高自己驾驭教材的能力、历史唯物主义的分析能力和形象化教育的能力、自我教育与躬行实践的能力。

1. 提高驾驭教材的能力。教师要有渊博的知识,结合中学历史教育的特点,从当前实际出发,必须解决的是一个“通”字。“通古今之变”的“通”。目前,我们只能实事求是地、一步一步地求“通”。譬如,先结合教学实际,把中学历史教学大纲学通,把统编中学历史课本读通。同时,系统地学习《中国通史》和《世界通史》。把近代史和现代史的历史背景弄懂弄通。还要学习历史唯物主义的理论,以便掌握“通”的钥匙。还有一方面是横向的“通”,把历史学科的教学内容与近邻学科,如政治、语文、地理的教学内容联系沟通起来。为此,对近邻学科的大纲和教科书也要有所了解,力求通晓,以便于运用迁移规律,做到触类旁通,相得益彰。

2. 提高历史唯物主义的分析能力和形象化教育的能力。教师要懂得教育科学,按教育规律办事,结合历史课教育的特点,要在“古为今用”的“用”字上多下功夫。“古为今用”不是简单地进行古今类比。那样做容易犯形而上学的错误。譬如历史上有许多次不同的革命,有许多次不同的改革。但“文化大革命”这个“一个阶级推翻另一个阶级”的所谓“无产阶级专政条件下的继续革命”,决不能同历史上任何一次真正的革命相提并论。因为“实践证明,‘文化大革命’不是也不可能是任何意义上的革命或社会进步”(《关于建国以来党的若干历史问题的决议》)。而我们今天在四化建设中的改革,则是历史上任何一次真正的改革所不可比拟的,才真正是史无前例的。因为从解放生产力、推动社会前进这个意义来说,今天的改革也是一场革命,而且是很深刻的革命。所以,古今类比是不对的。通过具体分析,作古今对比则是有益的。“古为今用”的科学性,在于运用历史唯物主义的原理,确立正确的立场、观点,掌握正确的思想方法,对历史人物、历史事件进行具体分析,从中引出经验教训,用以观察、分析现实生活,指导现实生活。毛泽东同志说:“今天的中国是历史的中国的一个发展;我们是马克思主义的历史主义者,我们不应当割断历史。从孔夫子到孙中山,我们应当给以总结,承继这一份珍贵的遗产。”毛泽东同志总是把研究历史与研究现状一起提的。“古为今用”,一头要知古,一头要知今。进行历史教育,提高教育能力,就不仅要学好历史,还要学好理论,学好党的路线、方针、政策,学好时事政治。历史教师还要学点文学,便于对学生进行形象化教育。实践证明,对青少年进行历史教育,恰当地引用有关文学作品,可以增强感染力。《史记》之所以成为脍炙人口的千古名篇,正是因为它不仅是历史作品,而且是文学作品。

3. 提高自我教育和躬行实践的能力。教师要有高尚的道德情操,结合历史教育特点,应在"身体力行"的"行"字上多下功夫。作为历史教师,首先要具有强烈的历史责任感,做社会主义现代化建设历史新局面的开拓者,成为学生的表率,以自己的激情和实干精神去点燃学生思想的火花。只有这样,才能担当起历史教育的责任,从根本上加强历史教育的战斗力、说服力和吸引力。进一步说,要提高学生对世界的认识和改造的能力,首先要提高教师自己对世界的认识和改造的能力。而这是一点也离不开实践——"身体力行"的。

唐代大史学家刘知几认为,历史学家应具备"三长":才、学、识。清代大史学家章学诚又加了一点:"史德"。我们固不能期求我们的学生和历史教师都成为历史学家,但才、学、识、德四方面的要求,对于我们今天进行历史教育,仍然具有十分重要的意义。当然,时代不同了,今天的史学是建立在历史唯物主义的科学基础上的;我们的历史教育是在马克思列宁主义、毛泽东思想指导下进行的。用我们今天发展了的认识来理解:"才",要培养和发展学生的智能;"学",要使学生掌握历史知识;"识",要使学生有见识,有正确的观点;"德",要忠于历史,忠于创造历史的人民,忠于开创历史新局面的社会主义现代化建设事业,躬行实践。加强历史课教育,我看是应该在这几方面作出努力。

中央教育科学研究所
《教育研究》(月刊)1983 年第 8 期

语文教学与能力培养

江苏省扬州中学 郑万钟

一、在语文教学中培养能力并非是全新课题

在语文教学中要注意能力的培养，这是当前语文教学界普遍关注的问题。我以为，这个问题并非是全新课题。在传统的语文教学中，人们对这一问题已予以重视，并有了成功的经验。

从孔夫子到叶圣陶，他们都有传授知识与发展能力一致的主张。孔子说："学而不思则罔，思而不学则殆。"这便是强调学习知识与锻炼思维应并重。《学记》所谓"游其志"、"存其心"，也就是要求教师为学生发展志趣、用心思考创造条件。朱熹以"博学之、审问之、慎思之、明辨之、笃行之"作为"为学之序"，同样是将"学"与"思"安排在一个序列之中。他们强调思维，更多的是强调"内省"。近代教育家陶行知则更明确指出："先生的责任不在教，而在教学，而在教学生学。"①他不主张教师让学生被动地聆教，而提倡教师引导学生主动地求学。至于叶圣陶先生，早在本世纪二十年代末，就通过小说《倪焕之》中主人公倪焕之之口，道出了他的观点："理想的教育应该是'开源的'；源头开通了，流往东，流往西，自然无所不宜。现在一般的教育却不这样，反是'传授的'；教师说这应该怎么做，学生照样学会了怎么做；完了，没有事了！但是天下的事物何等多，一个人须应付的情势变化而不穷；教师能一一给学生预先教会了么？不能，当然不能。那末何不从根本上培养他们处理事物、应付情势的一种能力呢？这种能力培养好了，便入繁复变化的境界，也能独来独往，不逢挫失；这是开源的教育的效果。"②多么精彩的一段论述！叶老早年就有这种主张，也有这种教学实践。有位在1935年听过叶老课的同志回忆："叶老在课堂上并没有多讲话，像往常见到时一样，笑容可掬地先问了一下有没有预习，是怎样预习的，然后指名叫一位同学试读一遍。……接着就提了几个问题，……在听了我们的回答后，叶老只作了一些简单的解释，都是十分明确具体，使我们完全理解了课文内容。接着叶老叫我们用对话的形式做练习……大家开动脑筋，打草稿，叶先生则巡视了一下就下课了。"③这堂课是"开

① 罗炳之：《中国近代教育家》。

② 《倪焕之》，人民文学出版社1953年版，第101页。

③ 孙越舫：《也谈精讲多练——回忆叶圣陶老师的两堂课》，《语文学习》1980年第2期。

源的"教育的极好注释。这是我们应该继承的教学传统。

十年动乱前,我们也曾提出过要引导学生主动地、生动活泼地学习,语文教学中也零星地就培养能力问题作过不少有益的探索与尝试。这些都是我们进一步研究这个问题的基础。

二、如何在语文教学中培养能力

没有单独训练能力的方法,培养能力总是在传授知识的过程中不断进行。教学的成败,就在于引导、转化、开窍是否有效。学生读了、背了不少古诗,可以说是丰富了知识;如果教师恰当地作诱导、启迪,使学生将诗句化为己有,听己调遣,那么知识便转为能力。如要求学生模仿朱自清的《春》写作,有位同学便写:"'不知细叶谁裁出,二月春风似剪刀。'暖风从江南吹来了,春柳也就像在什么神的支配下,整整齐齐地张开了细叶,在微风的吹动下摇摆、飘拂,真有点怡然自得的神态。"诗句运用得何等贴切!再如要求学生考虑一组对偶句,有同学便信手拈来志南和尚的绝句,略作点化,便成"杏花雨沾衣欲湿,杨柳风吹面不寒",诗句变化得何等巧妙!我以为这就是体现了能力。

怎样引导学生,促成转化,臻于开窍,从而培养、发展能力呢?关键是教师要做有心人,要善于在教学的各个环节中点拨、引导。具体说来,应注意如下三个方面:

1. 激发兴趣。

学习的动机可分为"生物的、心理的、社会的"[①]。兴趣,作为一种心理现象,是直接动机,学习目的则是具有社会意义的间接动机。在多数情况下,直接动机会比间接动机更先或更有效地推动学生去学习、去探求知识。所以爱因斯坦说,"喜爱是比责任感更好的老师"。当我们的语文教学对学生来讲已经成为一种引力,甚而至于是一种魅力时,那么学生对语文学习便会孜孜以求,并在此同时,促成知识的升华,迸发智慧的火花。

那么从哪些地方着手培养兴趣这种"内部诱因"呢?我以为:

一是利用好奇心。是利用,不是迁就。如为培养观察能力,问学生交通信号灯红、绿、黄三色是如何排列的?学生一时答不上,深为"熟视无睹"而惋惜,由此便激发了观察的兴趣。谈比喻的喻体和本体,教师先板书"虎=鼠",于是"风乍起,吹皱一池春水",学生疑惑不解,新异的刺激挑逗了他们的好奇心。教师再引导学生比较"畏敌如虎"和"畏敌如鼠"的异同,学生便积极思维,疑团冰释。

二是激发求知欲。教学中有意识地扩大知识面,使学生发现自己知识的缺陷和空白点,这是激发求知欲的一种手段。如教到《唐雎不辱使命》中"聂政刺韩傀"时,教师略作解释,而不讲尽,只是说郭沫若的历史剧《棠棣之花》讲的就是这个故

---

① в·п·拉普钦斯卡娅:《现代资产阶级教学论的若干问题》,《中小学教学改革的理论和实际》第12页。

事。此种“欲知后事如何，且听下回分解”式的“吊胃口”，调动了学生课外阅读的积极性。

三是增强感染力。教师授课要用形象、生动的教学语言来朗读或讲述，使学生在情感上引起某种共鸣，在精神上得到某种满足。这样所产生的感染力便是学生深入学习的推动力。记得我教《松树的风格》时，出示了一本封面发黄的《理想·情操·精神生活》，并说：“同学们，这是陶铸同志生前写的一本书。姚文元写文章批判过它，污蔑它是反党大毒草。我的许多书在‘文革’期间差不多被搞光了，而这算是幸存的一本。当时我想留下它，但很危险；交出去，不愿意；烧掉它，实在舍不得。后来我想了个办法：用红笔在‘陶铸’二字上打了个叉，以防备日后查问，可伪称‘供批判用’。这个红叉，我也不擦掉了，它是历史的陈迹——今天我们要学的《松树的风格》，就是其中有特色的一篇……”这样的一席开场白，便激起了学生学习这篇课文的急切心情。

四是鼓舞自信心。自信心是一种支配力量。学生一旦丧失了自信心，也就丧失了学习的兴趣。因此，对学生的学习态度、学习方法、学习反映和学习成绩均应给以充分的肯定和重视，这对学生无疑是一种鼓舞，也必将引起、提高学生学习的兴趣。如教师对学生的课堂发言，如果是不置可否或简单否定，便会影响学生的自尊心和自信心，进而导致学生对语文教师、语文学习产生越来越大的距离。作文批改的多就少改，也正是鼓舞学生自信心、尊重学生自尊心的一种手段。红字满篇，批改不可谓不认真，但给学生什么呢？往往给学生以“我的作文已到了一无是处的地步”的可怕信息。

五是满足发表欲。学生运用一定的知识，由此及彼地发现一些问题，或是解决某一问题，那是十分欣喜的。他的一种见解、一项专长、一次优秀作业、一篇佳作，总希望得到教师或同学的承认和赏识，并希望能公诸于众。这种发表欲是正常的，并非“好出风头”。我们就应该满足学生的这种欲望。学生在理解课文时有所得，则尽可能让他来讲；有创见的作业，则应通过口头宣读或摘抄于黑板报予以表扬；优秀的习作，则示范讲评，张贴传阅，乃至向报刊、出版部门推荐。一个中学生，他的文章竟用铅字排印了出来，这不仅给他以无比的喜悦与自信，而且也许会决定他今后的爱好甚至一生的道路。

2. 改进教法。

教师传授知识固然重要，但引导学生学会学习则更为重要。我们的教学应该是引导学生通过自己的思考、比较、研究，主动地参与“知识的再生产”。要提高语文教学质量，就要在这教学方法的改革上下一番功夫。而教法改革的侧重点，应该是激发、引导学生学会思考、养成思考习惯，使他们有强烈的求知欲望和进取、创造精神，这就必须坚持启发式的教学法。如前所述，叶老早在五十多年前就主张“开源的”教法，反对“传授的”教法。他的这种主张是一贯的，到1962年，他仍然强调：“教师之为教，不在全盘授与，而在相机诱导。必令学生运其才智，勤其练习，领悟之源广开，纯熟之功弥深,乃为善教者也。”①值得注意的是:“授与”而不可“全盘”;“诱导”则必须“相机”。“蝶欲试花犹护粉,莺初学啭尚羞簧。”那种“犹护粉”、“尚羞簧”的欲进又止、欲言又咽、欲解又疑的状态,正是开源诱导的良机。“授与”一堕于“全盘”,则谈何“开源”;“诱导”离开了“相机”,则“源”从何“开”。所以,“开源的”教学,就是启发式的教学,就是体现了“道而弗牵,强而弗抑,开而弗达”的原则。它的作用正在于启发学生思考,不致思想迟钝、僵化。

这里,顺便对韩愈所谓“师者,所以传道、授业、解惑也”多说几句。韩老夫子的话是不错的,但教育科学发展到了今天,我们应该也必须对传统的教育观点,在继承的同时,予以修正、补充和发展。教师的任务就只是要学生被动地听你“传道、授业、解惑”么?不是的,或者说主要的方面不是这样的。教师的主要任务应该是积极地引导学生主动地去“悟道”、“习业”,并不断地“生惑”。总之,不应让学生被动地接受,而应让学生主动地参与,这样才能培养学生发现问题、分析问题、解决问题的能力。

启发式是个总的概念,具体采用什么方法才有利于能力的培养呢?文无定法,教亦无定法。十九世纪德国著名教育家第斯多惠认为:“凡是能够引起学生思想工作和智力上的自动精神的方法,是最好的方法。”②教法的基本要求应该是符合学生的认识规律,符合语文学科的教学规律。

现在我们不少语文课严谨有余,生气不足。当然,“生气”不等于热闹。有问有答、有练有讲、此起彼落、热热闹闹,这样的课,可能是有生气,但也可能并无生气。那种要学生按预定框框“就范”的课,那种没有深入到学生思维器官的全面动员状态的“热闹”课,切不可取。

要把课上得有生气,有实效,就要采取多种方法来激发学生开动大脑这个机器。

一是激疑的方法。激疑,就是将现实的、假设的矛盾摆在学生面前,以引起学生的积极思维。“思维是以矛盾为端绪展开的”③。因此,激疑不仅能诱发兴趣,而且能促进思维。学生在平静地聆听讲述时,大脑皮层会渐渐抑制;而只有在矛盾面前,在热烈的讨论中,大脑皮层才会处于高度兴奋状态。在教《春》的结尾时,我曾问学生最后三个小节的比喻(春天像刚落地的娃娃、春天像小姑娘、春天像健壮的青年)说明了什么?学生说:它们形象地说明了春天在成长着。我又追问:既是说明成长,何不说春天像幼苗、像小树、像参天巨木呢?学生初听觉得有理,细想却感到并不妥当,于是大家看书、议论、思索、比较,终于悟出了课文中三个比喻是从新、美、力三个不同的角度来歌颂春天的。当然这比“像幼苗”之类要好得多。学生在教师为他们创设的“问题的情境”中,思维活动达到了最积极的地步,也就取得了最佳的效果。经常地激疑,就会培养学生发现问题、捕捉矛盾的能力。

---

① 《语文教育书简(五)》,《教育研究》1979 年第 3 期。

② 康斯坦丁诺夫:《世界教育史纲》第 1 册。

③ 泷泽武久:《认识的发展与学习》,《外国教育》1980 年第 1 期。

二是示范的方法。教师应以活泼的思维形式、精心组织的教学语言给学生以示范，使学生在潜移默化、耳濡目染之中得到训练。一位老师在教学《从百草园到三味书屋》一文时，说："同学们，我们不必说百草园春天的景色是如何绚丽多姿，也不必说百草园秋天的景色是如何令人留恋，单是冬天雪后在百草园里捕鸟，就是一桩十分有趣的事情。"接着，她便和同学们一起学习课文上关于冬天捕鸟的一部分。这位老师懂得：语言是一种习惯力量。"不必说……，也不必说……，单是……"这样一种句式要使学生掌握，不仅要教师讲，更要反复地听、说、写。所以，她用这样的句式，作为教学环节的过渡语言，不但加深了学生对这一句式的印象，还给学生以造这样格式的句子也并非是畏途的暗示。更可贵的是，在示范的同时，又培养了学生一种如何得心应手、恰到好处地运用新知的能力。

三是诱导的方法。有的教育家认为，合格的教师不只是奉送真理，而且是教人发现真理。引而不发，留下思维的奔马纵横驰骋的广阔空间，给学生去想象、去思索、去创造，这才有利于发展智力。我在指导学生写《"鉴真热"在扬州》这篇习作时，有学生提出："'鉴真热'指什么？""我没有机会去参观，不知道'鉴真热'。"我不是立即解答，列举种种可以说明"鉴真热"的现象，让学生在这些现成材料中选择，而是讲了当年尼克松访华时美国出现"中国热"的情况。这样，就引导学生由此及彼，打开回忆的仓库，开动思维的机器，自己去联想、选材。通过这样的诱导，就出现了一批角度不同、材料各异的佳作。

四是联旧的方法。知识总是前后互相联系的，或一个字、词，或一种写法。传授新知不忘联系旧知，这不仅利于巩固旧知，也利于接受新知；新旧汇合，则融会贯通。这就要求教师要熟悉教材（是一个年级或几个年级的教材，而不只是某一篇教材），头脑里有一张"知识联络图"。这样，在不断地联系旧知的过程中，就培养了学生系统组织知识的能力，以及如何通过回忆旧知、动员旧知来掌握新知、解决问题的能力。天长日久，不仅教师的这张"联络图"成了学生的"联络图"，而且学生自己也会设计、组合新的"联络图"。

五是指导自学的方法。指导学生课前自学（即预习），可以为上课创造有利的心理状态，打好注意定向的基础。而指导学生在课上自学，则教师可以随时发现问题，在学生"愤"、"悱"之际，相机点拨，或指导个别，或启示全体。它更有利于了解学生，更有利于因材施教。我教《孔乙己》一文时，就在朗读课文后，要求学生自学课文，并围绕"孔乙己是个怎样的人"和"我阅读时的心情怎样"两个问题，当堂写二百字左右的短文：《我读〈孔乙己〉》。学生在阅读、探究、写作时，我便随时指点。班上绝大部分同学都能按要求写出短文。一位同学写道："读了《孔乙己》以后，我真不愿意再看第二遍了。因为孔乙己的不幸遭遇，叫人发出勉强的笑，心里沉重得很。孔乙己十分穷酸，只能站着喝酒，却还要穿着长衫来支撑门面，活脱一副封建教育灌满头脑的迂腐形象。我对他是同情？似乎心地过于善良；是嘲笑？也太不够严肃了；是厌恶？难道孔乙己就没有优点吗？唉，是什么呢？"尽管写的仅是初步感受，有些地方还词不达意

(如“优点”一说),但这段短文确实反映了学生的思维成果和自学能力。

3. 开展课外活动。

智力发展的水平,主要表现在实践中创造性地运用知识的能力上。人的聪明才智是在实践中培养、锻炼出来的。所以开展各种课外的语文教学活动,诸如演讲比赛、课外练笔、征文活动、办黑板报、组织兴趣小组等,都是培养能力极为重要的手段。

我曾提出“四自”的要求指导学生课外练笔。所谓“四自”,即自备本子、自取集名、自写序言、自定题目。同学们兴味盎然,不少学生备了精致的本子,取了“新芽”、“初飞集”、“日日新札记”等一类集名,写了约法三章式的序言,出现了一批内容生动、形式活泼的好文章。当然练笔中也出现过诸如没什么可写的“写作危机”,那就需要教师设法引导学生观察生活、开阔眼界、拓宽思路,将“危机”转为“热潮”。

我也曾组织过学生的语文学习兴趣小组。只作适当辅导,主要让学生自己去搞。他们讨论杂志上的佳作;交流课外练笔中“得意之作”的写作体会;阅读少年百科丛书,并将意见整理后寄给出版社的编辑;……正是这些活动,使学生动脑、动口、动手,主动地追求知识,充分地施展才能;也正是这些活动,为学生提高能力,发展智力提供了条件。

目前的语文教学,课上灌得多,课后作业多,而开展课外活动还未引起足够的重视,这是一个较为普遍的倾向。其实,《学记》中早就说,“时教必有正业,退息必有居学。”“故君子之于学也,藏焉修焉,息焉游焉。”它强调了一个善于学习的人,一定善于安排课内与课外。课外是课内的准备,是课内的延长和补充,也是课内的调剂。课内、课外,相辅相成;藏修、息游,相得益彰。课外各种活动的丰富内容,往往能够帮助学生加深理解课堂上学习的内容,也往往能使学生产生新的疑问,并激起一种求知的冲动。所以,教师一定要组织学生积极开展各种形式的课外语文教学活动,让学生在各种有益的活动中,打好基础,扩大视野,丰富想象,触发灵感,产生智慧,从而发展能力,切实提高语文水平。

《扬州师院学报》1981年第2期

语文教学与思维训练

郑万钟

发展智力、培养能力的侧重点，或者说核心，应该是发展思维能力。语文教学，正是思维训练的一个必要而有效的途径，因此，作为一名语文教师，就必须充分认识语文本身的特点，并由此出发，教学中加强思维训练，培养学生良好的思维品质。

叶圣陶先生曾说："口头为'语'，书面为'文'，文本于语，不可偏指，故合言之。亦见此种学科'听''说''读''写'宜并重"①。这就是说，语文课是要教会学生听语、说语、读文、写文（这里的"文"，应即是书面的"语"）。所以，在一定意义上说，学语文就是学语言。而人类的思维是语言的思维，语言是思维的外壳。在大多数情况下，抽象思维的能力即表现为运用语言的能力，往往在语言表达能力获得发展的同时，思维的智能也就推进到一个更高的水平。所以，在一定意义上说，学语言就是学思维。

由此可见，学习语文正是训练思维的一种有效手段。捷克十七世纪的教育家夸美纽斯说得好："学习语文，并非因为它们的本身是博学或智慧的一部分，是因为它们是一种手段，可使我们得到知识，并把知识传给别人。"②所谓"得到知识"，就是通过听与读的训练后会吸收；所谓"把知识传给别人"，就是通过说与写的训练后会表达。吸收的必须理解，只有理解了才能表达，而理解离不开思维。理解的过程，应该就是思维的过程。我们进行语文教学，就是要教会学生善于将阅读到的（包括听到的）文字材料，变为"内部语言"，进而重新组合、整理，储存为思维的材料；同时，也要教会学生善于将丰富的思想材料，变为系统的语言，进而变为科学的文字。这里的"变"，实际上就是一个思维的过程。特别是说和写，这种口头和书面的表达，更有助于思维的训练。因为"表达可以使思想定型"③。

至于语文教学中的字、词、句、篇、语、修、逻、文这些基础知识与基本训练和思维训练有着密切的关系，这自不待赘述。作文对于思维训练的作用，也是十分明显的。书面表达是见诸文字的想和说，正因为见诸文字，所以既不可能如"想"那样可以跳跃、不连贯，又不可能如"说"那样可以即时修正、补充。既然落实到文字，就必须慎重考虑该写什么不该写什么，先写什么后写什么，详写什么略写什么，是这样写还是那

---

① 《叶圣陶语文教育论集》第730页。

② 夸美纽斯：《大教学论》（傅任敢译）第167页。

③ 《克鲁普斯卡雅教育文选》第599页。

样写等问题。考虑这些问题就是思维的加工，这个加工就使思维渐趋精确、周密、完善、合理和深化。

语文教师如果在教学中能十分重视思维训练，那么，久而久之学生就会逐渐变得善于思索，聪明灵巧。前两年我有幸到上海听了一位小学特级教师的课，她在语文课上总是有意识地启发学生积极思维，使学生学习知识的过程不是消极、被动的强制过程，而是积极、主动地吸收、消化、加工的过程。之后，有一个材料介绍了这位教师教学《春晓》这首诗的情况。老师问："'春眠不觉晓'一句怎么理解?"学生答："春天的晚上很好睡觉，睡得不知不觉，天就亮了。"但另一个学生提出问题："这不是指一晚睡得很香，只是讲早上睡得好，天亮都不知道。"老师问根据何在，他说："'夜来风雨声'就说明他半夜曾醒过的。"当教到"花落知多少"时，有个学生说"知"就是"知道"，有个学生说是"不知道"，但第三个学生讲："这个'知'是又知又不知。"老师问为什么，学生说："前面讲'夜来风雨声'，刮风下雨肯定落花，这是知道的；但是这个人还睡在床上，没有到外面去调查研究，具体落多少花，他是不知道的。"[①]看，这些年方八岁的二年级小学生能如此思前顾后，全面地思考问题，清晰地表达思想，不能不说是老师刻意加强思维训练的结果。

那么，我们在语文教学中应该培养学生具有哪些良好的思维品质呢?

（一）思维的方向性。

思维的方向性是指能选准一个目标思考。学生在教师的阐述之后或在教师提出的问题面前，朝哪个方面去深入思考呢，有时他们常常因为捕捉不准思维的方向而走上"岔道"。思维方向一旦有所偏移，那么纵然绞尽脑汁，也往往是徒劳无功。

因此，首先教师要为学生确定正确的思维方向创造条件，很重要的一点就是提问应明确。只有帮助学生找出问题的核心，学生的思路才能有条不紊地围绕问题的核心活动。譬如《孔乙己》中最后一句"我到现在终于没有见——大约孔乙己的确死了"，如果教师问学生"这句话什么意思"，由于问题提得大而不当，学生难以确定思维方向，只好笼统地说："交代了孔乙己的结局。"如果教师抓住这一句中"大约"与"的确"这两个看似矛盾而实不矛盾的词来启发学生思维，则便于学生抓住问题的关键，明确思维的方向，也就容易得出比较确切的答案。

其次，教师应时时给学生设置一些思维的"岔道"，或有意让学生稍微碰碰壁，或明确告诉他们"此路不通"。天长日久，学生就从这种"尝试与错误"中渐渐悟出什么问题在什么情况下应该朝哪方面想，或不应该朝哪方面想的规律来。

再次，教师一旦发现学生的思维偏离了正确的方向，就应该及时点拨、诱导。但并不是向学生交代思维的具体步骤，而只是在关键处拨正思维的方向，以帮助学生克服盲目的尝试行动和胡猜乱测。我在教杜甫的《闻官军收河南河北》一诗时，为了激发学生兴趣，训练学生思维方向的选择，加深对诗的主题的理解，便安排了这样一个

① 《中学语文教学研究会通讯》1981 年第 6 期。

小插曲：以“即从巴峡穿巫峡，便下襄阳向洛阳”一联作为谜面，要学生打一电影名。起初，有学生猜是《征途》。且不说有无这部电影，单看他的思维方向——从由甲地到乙地、丙地到丁地的角度来考虑，显然是偏移了。于是我及时引导：要联系上一句（“青春作伴好还乡”）考虑，要从作者的心情考虑。这样，学生猜出了《望乡》，继而更有的猜是《归心似箭》。思维方向明确，谜底就贴切了。

（二）思维的准确性。

思维的准确性主要是指概念、判断、推理的准确。为帮助学生避免那种没有根据的瞎思考、违反逻辑的乱推论，以及形而上学的思想方法，我们就得训练学生思维的准确性。

表述的不准确，常常是因为思维的不准确；而思维的不准确，又常常是因为概念的不准确。知识的谬误或贫乏，必然导致思维的谬误。因此，我们必须致力于“双基”教学，帮助学生搞清概念，掌握知识；并在教学中注意知识的科学性和系统性。《欧仁·鲍狄埃》一课中有无数群众高呼口号参加鲍狄埃的葬礼的记述。在一次教学活动中，有个学生突然问：“一般讲，在无产阶级革命者的葬礼上都唱《国际歌》，鲍狄埃是《国际歌》的作者，群众为什么反而不唱它呢？”这个问题似乎提得有理，但他不了解这样一个教者应介绍而没有介绍的基本常识：鲍狄埃只是《国际歌》歌词的作者，而狄盖特把它谱成曲子，那是鲍狄埃逝世以后的事了。所以这种缺乏基本知识的思维，往往无准确可言。

我教《沁园春·雪》时，为训练学生对概念的理解力和概括、抽象的能力，在总结课文时出了副对子让学生对。我说词的上阕可概括为“放眼方圆数万里”，要学生概括词的下阕该说什么。有的说“总结历史几千年”，我指出“历史”与“方圆”对得不工。于是又有的说“回首上下几千年”，我又指出“回首”并不能概括“数风流人物，还看今朝”一句，且“回首”和上联“放眼”那样有气魄的词不太相称。最后终于有学生说出“雄视上下几千年”。我想，这不断纠正、诱导的过程，正是训练学生思维渐趋准确的过程。

片面性，是准确思维的敌人。青少年学生尤其会犯绝对化的毛病，教师就有必要相机诱导。有一次，一位学生迟到了，他冲进教室才两步，又突然“紧急刹车”，退到门口，无疑他是想到了班级的文明公约。这时，教师即兴指导作文，说刚才那位同学的举动大家见到了，也笑了，如果以此为题材，该怎样写呢？问了好几位同学，都说该怎样怎样地肯定、赞扬这位同学的举动。教师就启发学生能不能把问题考虑得全面些。之后，就有学生补充说，应该在肯定的同时说一两句“固然，迟到是不好的”或“当然，我们并不提倡迟到”之类的话。可见，一经教师提示，学生是能够摆脱感知形象的束缚，克服看问题的片面性和表面性，从而较全面地分析问题的。

（三）思维的敏捷性。

思维的敏捷性，就是指思维的速度快，俗话所谓“脑筋动得快”。它表现在善于很快地领会、理解，很快地提出解决问题的正确意见。面对社会生活节奏日益加快，单位时间的利用率不断提高的现实,在某种程度上讲,一个人的思维是否敏捷,就影响到他是否能更多地占有时间这一宝贵财富。

在语文教学中要训练学生思维的敏捷性,就必须不搞烦琐哲学、形式主义,不使语文课上得单调、拖沓。如果老是老师"慢慢道来",学生慢慢地想,是训练不出敏捷性的。教师应该十分注意课堂教学有一定的速度和密度,教学节奏不可平板、缓慢;教师应步步紧逼,一个接着一个地去点燃学生思维的火花。如在教《白杨礼赞》中"但是它伟岸、正直、朴质、严肃,也不缺乏温和,更不用提它的坚强不屈与挺拔"一句时,我问学生:"如果不像课文那样句式富有变化,而把这一句中的七个褒义词逐一罗列,那将如何?"学生刚开始思考,我紧接着说:"单调。可不是?单调,有一点儿吧?"学生听了先是一诧异,很快就点头、微笑,乃至大笑。在极短的时间里,我给学生提供了一个敏捷思维的可能。这一个新异的刺激使学生处于高度紧张的积极思维状态。事后问学生当时是怎么想的,学生说,当时一下子想得很多,如果用电影中的慢镜头,就可以分解成这样三步:开始是感到奇怪——老师怎么扯到课文前面的话上去了?继而是略有所悟——老师是借课文前面的话告诉我们那样会显得"单调"。最后才懂得原来老师在启发我们要善于运用学过的、现成的知识。在瞬息之间想到这些内容,应该说是敏捷的了。

加强口语训练,也有助于提高思维的敏捷性。由准确朗读到表情朗读,由一般性复述到概括性复述乃至创造性复述,由答问到论辩,由说几句话到出口成章地讲演,这无疑都是训练学生迅速地将无声思维中的语言转化为传讯思维中的语言,更是训练学生迅速地对自己要表达的思想,按一定的语言规则连贯起来,并加以修正、补充。这个过程实际上就是快速思维的过程。口头表达虽然不能如书面表达那样周密,但是它不像书面表达那样可以允许思维的缓冲,可以反复斟酌推敲。唯其如此,更体现出它对于训练思维敏捷的优势。

此外,还应从鼓励学生的"顿悟学习"来培养思维的敏捷性。教学过程中学生常常会出现一个特别专心、高度紧张的短暂停顿,随即突然有所领悟,于是对所产生的问题、所获得的答案,他将会按捺不住,脱口而出,并伴随一种"闪耀性的兴奋"或"解放性的轻松"。[①] 这就如维也纳心理学家卡尔·比勒所说,是一种"'哎呀!'经验"("即指一种强烈而积极的经验,有时伴随着突然觉悟到一个问题能怎样得到解决")[②]。这种情况看似一种爆发式的灵感,有一定的偶然性,但偶然常常是必然的交叉点,这种"'哎呀!'经验"是以已经获得的知识和积累的经验为依据的。所以,我们不仅不应该否定学生那种"顿悟"式的插嘴,而且还应该鼓励学生将这种敏捷思维的成果及时反映出来。

(四)思维的深刻性。

思维的深刻性表现在善于深入钻研问题,抓住事物的本质或核心,鞭辟入里、入

---

①② (美)克雷奇等:《心理学纲要》(上册)第198、220页。

木三分地分析问题，恰到好处、击中要害地解决问题。当前尚有相当一部分的学生不善于深入思考问题，浅尝辄止，想得不深不透。要解决学生思维肤浅的问题，必须在知识的广度与教学的深度上下功夫。

一定的广度才有一定的深度。思维的深刻性的训练有赖于扩大知识面。一个知识面宽的学生，他往往能由此及彼，触类旁通，全面而又深刻地思考问题。我曾听过某校初三年级的两堂语文课，教的是《伤仲永》，学生稍作准备便当堂即席发言，谈读后感想。这些学生旁征博引，思路宽阔。他们想得深刻，说得流畅。一了解，原来这些学生平时就积累了许多有关资料，在他们考虑读后感的时候，就调动各方面资料，让它们为思维向纵深方向的发展服务。

教师在教学中注意一定的深度，才能培养学生思维深刻性的良好品质。教师的讲授，不能只是一般情况的“到此为止”，而应时时作一些有见地的分析，发表一些精辟的见解。这样，学生在教师的启迪示范之下，在潜移默化之中，就能逐步养成深刻思维的习惯。如教师提供如下一个材料要学生写读后感：某土壤学家在机场发现四周土都很潮湿，唯有香树下的土干燥，于是倾旅行袋里衣物、食品，换装入一袋干土。学生一般都考虑从科学家的观察力、可贵的事业心来写感想。而教师深入引导：是否可以联系社会生活中不同思想境界的人有不同的价值观念来写一篇读后感呢？这样就将学生的思维进一步引向深入。

（五）思维的创造性。

思维的创造性，即是指思考问题有独到之处，有一定的创见。“学尽百禽语，终无自己声”，学生的思维不应停止在“模仿”和“求同”上；而应如郑板桥所谓“十分学七要抛三，各有灵苗各自探”，要鼓励学生敢于并善于“创造”和“求异”。

教育心理学告诉我们，教学的程式化，容易产生思维定势。而思维定势，会给学生以消极的影响，使学生习惯于按固定的思路思考问题。如果我们的教学满足于思维的雷同和因循，那就不可能发展学生的智能，也就不可能造就人才。

教学中要培养学生的创造型思维和求异思维，我们就要引导学生经常从新的角度去看旧的问题，因为许多发明创造往往不是新知的增添，而是旧知的重新组合；我们还要引导学生对同一来源的材料努力去探求不同的答案，因为从不同方向进行思考，才有助于提高思维的独立性和批判性。探索性思维的发展是使思维具备创造性品质的前提。因此，教学中应该经常要求学生思考“如果不是这样的话，那会怎样？”“假使从另一个方面考虑，又将如何？”诸如此类的启发，就会使学生思路开阔，就会有利于他们的“创造”和“求异”。

还是以前面所举的例子来说明。在那一堂谈《伤仲永》的读后感的课上，有的学生就“天才来自勤奋”谈感想，有的学生讲满足现状的人将一事无成，有的学生则另辟蹊径，抓住“不使学”一句，发表“养不教，父之过”的议论。更有一位学生从方仲永的“五岁”——“十二三岁”——“又七年”，联想到同学们如果上大学，那么从目前的初三到大学毕业也恰巧是七年，于是引用白居易“辨材须待七年期”的诗句，与同学们共勉。还有一位学生从方仲永五岁“指物作诗立就”,之后却“泯然众人矣”,联想到张海迪五岁高位截瘫,之后却能成为青年先锋,时代楷模,由此说明社会环境的巨大影响。同学们的发言,真可谓“各执一词”、“众说纷纭”,充分展现了他们的聪明才智。但是,我们设想一下,如果执教的老师在学生谈读后感之前,反复强调课文的主题(实际上就是把学生的思维纳入单一的轨道),那么读后感很可能千篇一律,当然也就无思维的活跃、创造可言。

同时,在教学中应提倡学生质疑,鼓励学生发表不同见解,就是对教科书上的一些内容也可以提出异议。“尽信书不如无书”,善于、敢于跳出书本的,才能真正成为人才。初中第二册语文课本上有一篇散文《猫》,作者写家中的一对芙蓉鸟,有一只被猫咬死了,“我”便怒气冲天,惩戒了家中养的一只花白猫。但又一天发现有一只黑猫衔着剩下的一只鸟,于是“我”十分难过,“我没有判断明白,就妄下断语,冤苦了一只不能说话辩诉的动物”。如果有学生对这段叙述发出这样的疑问:后一只鸟是黑猫吃的,但何以见得前一只鸟一定也是黑猫吃的而不是花白猫吃的呢?这岂不是“我”又一次妄下了断语么?果能这样问,我以为问得有理。这是一种不因循的思维。

当前在语文教学实践中,我们常常发现学生的思维存在偏移、谬误、迟缓、肤浅、因循等弊病,如果针对这些弊病,在训练时着重培养学生思维的方向性、准确性、敏捷性、深刻性和创造性,那么学生的思维就会逐渐臻于准、对、快、深、新,就会具备良好的思维品质。基于这样的认识,不揣浅陋,发表以上管见,以就正于方家。

《扬州师院学报》1984年第1期

校园新风
——访扬州中学

孙化奎　张震摄

语文教师胡兰芬忠诚党的教育事业。这是她在教室里辅导学生上自习课。

数学教师黄久征，努力提高教学质量，不断作出新的成绩。

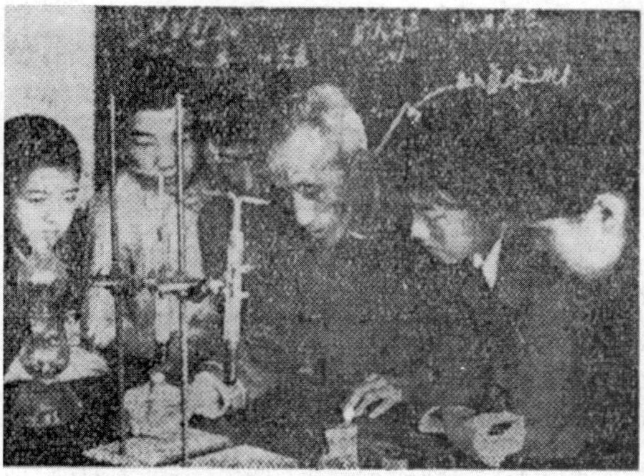

教师爱护学生，学生尊敬教师，一种革命同志式的师生关系正在扬州中学逐步形成。
图为化学教师蒋正炘向学生进行演示实验。

外语老教师成影真，在校园里辅导学生。

物理教研组老师自制电化教学用具，帮助学生牢固地掌握基础知识。

《新华日报》1978.7.5 第三版

扬州中学学生学习为何轻松——教师上好课　学生负担轻

本报讯　记者沈跃先、陈人羽报道:扬州中学学生普遍反映说:"我们每天的课外作业一个多小时就能完成,学习轻松,负担不重。"

这种可喜的局面是由扬州中学的老师们坚持上好每一堂课带来的。老师们讲课时,既教书本知识,又传学习方法。讲授教材,致力突破疑、难点;传教方法,着重培养学生的自学能力。年逾六旬的数学教师鲍家驹,特别注重学生的预习。每堂课前,他都把预习提纲发给学生,再找一些学生征求意见,摸清他们的疑点、难点,然后有的放矢地进行课堂教学。在讲授等差数列时,鲍老师把教学重点放在要求学生掌握解题的规律和通法上,精选了各种类型的基本习题,让学生熟悉公式变化,找出多种解法,从中总结出规律。这样,学生在课堂上听得懂、理解透、记得牢、用得活,课后做习题自然花时少了。

为减轻学生负担,这所中学严格按照教学大纲进行教学。他们规定:不得改变教学进度,不能增加考试次数,不许占用课外时间上课,等等。物理老师朱焕珍任高一课程,学生们常要她多讲题、布置一些课本之外的习题,可朱老师始终不给学生吃"小灶"。对于教学中确有必要补缺的新颖题、综合题,也一定经过消化变成老师备课的内容,再传授给学生。老师们还把学生们课外的学习作为课堂学习的继续和补充。初一语文老师胡兰芬引导学生课外写"观察笔记",学生们写出一篇篇百把字的"景物观察"、"人物观察"等"小作文"。胡老师还要求同学们把这些逐步积累的素材、语言运用到写作中去,这样,学生们都能在两堂课中较好地完成六百字以上的作文。

曾有不少家长到学校反映:"小孩回家怎么老是没有作业?"岂不知学生的课外作业大都在自习课就完成了。那么,学生的功课又怎样呢?实践的回答是好的。期中考试中,每个年级的及格率均在百分之九十四以上,优秀生的比例最少也占百分之五十六。

1982年1月7日　《新华日报》第四版

不能立足于“奖”

省扬州中学前校长　郑万钟

一提管理改革，有人认为无非是订一些“考核制”、“奖惩制”，发多少奖金的问题。于是就考虑如何筹集奖金，如何合理计算公平发放……在某些地方甚至一度出现奖金哄抬之势。我以为，改革不能立足于“奖”。

校长管理学校，首先是教学思想的管理。管理改革的根本目的是提高教育质量。不端正教学思想，没有建立符合“三个面向”要求的新的质量观、人才观，“奖”什么也就不可能明确。某一种具体的“制”，可以为培养创造型人才服务，也可以为片面追求升学率服务。如对那些“星期七”补课、大搞加班加点的教师发奖金，到底是奖他(她)的辛勤劳动，还是奖他(她)的违反教学规律呢?

学校是从事精神文明建设的单位，学校的每一项措施都会对学生施以影响，因此，学校的每一项措施都应具有教育性。不错，多劳动就应多得，这是社会主义分配原则。但是，正如胡乔木同志所说，我们不能误以为这就是社会主义人生观，人的生活意义不就是收入和支出。我们一些校长见面，谈起“奖”来，常常会提出这样共同的问题：本来只需要请几天假的，一想反正奖金扣得差不多了，干脆再继续请假；本来愿意承担满工作量的，一听说奖金额减少，就找出借口，申明不能担承满工作量……尽管这只是发生在个别人身上的问题，但说明了奖金的“吸引力”、“约束力”是有一定限度的。人还得讲一点精神，讲一点理想。学校的管理改革如果立足于“奖”，势必不利于提高教育者的精神境界，当然也不利于提高青少年的精神境界。

目前普遍存在这样的现象：教学质量高的学校因赚钱不多而奖金少；会赚钱的学校多发了奖金却未必把教学质量促了上去。也就是说，有相当一部分学校是把对教师的奖励与校办工厂(商店)的产值、利润捆绑在一起，而不是与教师的实际工作成绩紧密结合在一起。这是一种不合理的现象。如果学校的管理改革立足于“奖”，学校领导的主要精力就不可能放在如何提高教育质量上，而将移到如何广开财源，筹集奖金上，长此下去，岂不令人忧虑。

所以，无论从哪个角度看，改革不能立足于“奖”。

最近学习《中共中央关于经济体制改革的决定》，其中提到：企业职工的工资和奖金要同企业经济效益的提高更好地挂起钩来，而事业单位是要使职工工资同本人肩负的责任和劳绩密切联系起来。这段话很发人深思：企业单位提到“工资和奖金”，而事业单位(如我们学校)只提“工资”，未提“奖金”。可见教师待遇的提高，最终是有待于国家工资制度的改革。所以,我以为学校的管理改革中,必须加强教学业务档案的管理,对每个教师的工作量、工作效果、工作态度、出勤情况等,认真记载,到晋级调资时"算总帐"。我们扬州中学近几年坚持每学期记载教师业务档案,最近还准备进一步修改记载方法,以便更具体、准确地反映教师的劳绩;同时在行政人员中试行记载"工作日志"的办法。如果我们今后工资制度是小级差、勤升级,是真正"同本人肩负的责任和劳绩密切联系起来",那么,这样做是能调动积极性的。

当然,思想工作与物质利益结合的原则是应该坚持的,适当的、不是漫天涨价的奖励也是需要的。我这里强调的是不要立足于"奖",想来不致为人所误解吧。

《新华日报》1985.6.5

扬州中学教师注意教好每一堂课

学生普遍反映:在课堂上听得懂理解透,每天的课外作业一个多小时就能完成

本报讯 据《新华日报》报道:扬州中学学生现在普遍反映说:"我们每天的课外作业一个多小时就能完成,学习负担不重。"这种可喜局面的出现,是由于扬州中学的老师们注意教好每一堂课,让学生当堂理解所学内容的结果。

扬州中学老师们讲课时,既教书本知识,又传学习方法。讲授教材,致力突破疑、难点,并注意培养学生的自学能力。年逾六旬的数学教师鲍家驹,特别注重学生的预习。每堂课前,他都把预习提纲发给学生,再找一些学生征求意见,摸清他们的疑点、难点,然后有的放矢地进行课堂教学。在讲授等差数列时,鲍老师把教学重点放在要求学生掌握解题的规律上,精选了各种类型的基本习题,让学生熟悉公式变化,找出多种解法,从中总结出规律。这样,学生在课堂上听得懂、理解透、记得牢、用得活,课后做习题自然花时少了。

为减轻学生负担,这所中学严格按照教学大纲进行教学。他们规定:不得改变教学进度,不能增加考试次数,不许占用课外时间上课,等等。物理老师朱焕珍教高一课程,学生们常要她多讲解、布置一些课本之外的习题,可朱老师却要求学生深刻理解所学的基本知识,不随意给学生增加学习内容。对于教学中确有必要补缺的新颖题、综合题,朱老师也一定经过消化后,再传授给学生。老师们还把学生课外的学习作为课堂学习的继续和补充。初一语文老师胡兰芬引导学生在课外写"观察笔记"。学生们写出一篇篇百把字的"景物观察"、"人物观察"等小作文,胡老师要求同学们把这些逐步积累的素材、语言运用到写作中去。这样,学生们都能在两堂课中较好地完成六百字以上的作文。

曾有不少家长到学校反映:"小孩回家怎么老是没有作业?"他们不知学生的课外作业大都在自习课上就完成了,而且学得比较扎实。上学期考试,每个年级的及格率均在百分之九十四以上,优秀生的比例最少也占百分之五十六。

《光明日报》1982.2.11 一版

说“碎语”

郑万钟

这里所说的“碎语”，并不是“闲言碎语”，有必要先作一点解释。

我们听课，常发现有的课显得平板，有的课则富有情趣。这除了取决于教学内容本身以外，如何使用教学语言也是一个很重要的原因。一个优秀的语文教师讲课，决不会照教案宣读。他总将教案上的书面语言变成听来自然、亲切的口头语言。在实施过程中，教师则根据教学进程，根据学生的情绪、反应，会随机应变地穿插一些虽零碎却能起某种作用的饶有趣味的语言。我在此姑且将它称之为“碎语”。

“碎语”能起哪些作用呢？

有利于调节教学节奏。有的教师上课往往不注意教学节奏，讲了前一句，急于要把他充分准备好了的后一句讲出来，唯恐忘了，漏了，于是一句紧接着一句，真有点像“炒豆子”。如此繁弦急管，学生没有一点思考回旋的余地，更由于大脑皮层高度紧张，到一定时候，思维跟不上教师的讲解，学生会干脆不听讲解，暂停思维。然而恰到好处地使用“碎语”，则可以提供思维的余地，调节教学节奏。如有位教师教《天安门诗抄》中一首诗的最后两句“鬼蜮欲出笼，九天有霹雳”时，提问说：“这句话讲给谁听的？——讲给你听的？讲给我听的？我们不怕，‘霹雳’来好了。”我以为提问中破折号后面的话便是“碎语”，它似乎是“多余的话”，但实际上它不仅使问与答之间留下了一定的空隙，让思维慢的同学有时间来考虑答案，让思维快的同学能把答案考虑得更周密些；而且这“碎语”的本身也有一定的趣味，可以降低学生注意的紧张度，避免疲劳。

有利于巩固记忆知识。如前所述，“碎语”一般都富有情趣，唯其如此，所以学生便容易记得，在记忆的图象上会留下较深的痕迹。在使用“碎语”时有意识地使之本身具有一定的知识性，则必然有利于学生巩固知识。有位教师课上发现有学生旁视不安，似“一心以为鸿鹄将至”，于是提醒该生说：“××同学，听课该‘视端容寂’呀！”这一句无疑比“××同学，你要思想集中”来得好。因为“视端容寂”一语刚在《核舟记》一课中学过，学生听了，知道教师要求他眼睛正视，神色平静地专心听讲。教师如此“移植”过来，便帮助学生巩固了旧知。特级教师于漪教《茶花赋》，出示学生画的一幅茶花图时，随口说，“这是请我班的‘丹青能手’画的。”学生微笑着观看这幅画，不仅产生一种亲切感，更在潜移默化中巩固了对课文中“丹青能手”一词的理解。至于教师在教导学生不要把“摩拳擦掌”的“摩”字写成“磨”字时，指着这四个字的有关部位，幽默地说一句：“是四只手,不是'三只手'。"学生便在开怀的笑声中留下了深刻的记忆。

有利于发展学生智力。发展学生智力的工作,不可脱离"双基"的教学,而关键是在进行"双基"教学过程中,如何随时点拨,使之开窍。"碎语"有时可以起到点拨、开窍的作用。如检查背诵时,学生齐背,书声琅琅,是否每个人都会背呢?于是教师说:"不知我们这里有没有'南郭先生'?"学生很快从这句颇为风趣的话中知道,这是教师怀疑是否有人"滥竽充数",大概要找个别学生站起来背了;而且从中也领悟到如何活用成语,这样就开了一点窍。有一位教师教《白杨礼赞》,教到"但是它伟岸,正直,朴质,严肃,也不缺乏温和,更不用提它的坚强不屈与挺拔"一句时,指出作者连用七个褒义词,而由于句式富有变化,读起来错落有致。于是问学生:"如果简单地把七个词排列一下,那我们会有什么感觉呢?"学生正在思索,教师突然说了这样一句话:"单调。可不是?单调,有一点儿吧?"学生听了先是感到奇怪——怎么老师扯到课文前面的话上去了?继而略有所悟——是老师告诉我们那样会显得"单调"。当学生再仔细体会时,便点头、微笑、默叹——懂得了老师是在启发大家要善于运用学过的、现成的知识来解决接受新知过程中的问题。当然这也可以说是开了窍。有时安排一点小插曲也同样有利于发展智力。如教了杜甫的《闻官军收河南河北》后,教师说:"最后两句'即从巴峡穿巫峡,便下襄阳向洛阳'可作一个谜语,请大家打一电影片名。"教室里顿时活跃起来,于是有的说是不是《望乡》,有的说《归心似箭》更确切。把猜谜语引入课堂似乎有点出了格,但细细想想,这个谜语完全是帮助学生进一步加深理解杜甫写诗的心情,更何况猜谜本身也有助于训练猜谜者的联想能力以及思维的方向性。

有利于缩短师生距离。讲台与课桌的距离是有形的,而师生感情的距离是无形的。教了生字还有学生念错,教师不是指责,而是自责:"那我还没有教会你们。"再教一遍,学生一定认真地学、记。请一位学生复述课文,教师向大家介绍一句:"他很会讲故事,有一次一口气讲了二十分钟呢!"学生发现教师这样了解自己,鼓励自己,就充满信心地复述课文。有人说,没有情感的地方就没有智慧的灵感。运用"碎语"则能形成一种良好的教学情感,这种情感是融洽的、和谐的、亲切的。人非草木,孰能无情。学生在这种氛围中学习,必然是愉快的,而且将是有成效的。

由此可见,"碎语"是课堂教学的有机组成部分,是教学艺术的体现。有了它,往往能把课上活,上得有吸引力。"碎语"不一定是教师备课时所考虑好的,所以它也是教师睿智的反映,那些"神来之笔",便是教师思维处于最佳状态时所迸发出的智慧的火花。有时妙语既出,满座解颐;课堂上便洋溢着欢乐的气氛。

"碎语"虽说"碎",却并不是与教学中心毫不相干的支离破碎的片言只语;也不是游离于课文内容之外的插科打诨;更不是故意逗人、耍人,以致失之于油滑的低级趣味。一句话,"碎语"不是废话、油话、无聊话,它是一种富有个性的教学语言。适当地使用"碎语",是有利于组织课堂教学,提高课堂教学效果的。

《语文学习》1983年第5期

我对备好数学课的一些看法

江苏省扬州中学　黄久征

备好课是上好课、提高教学质量的前提。要备好课，事前教师应深入、细致、踏实地做大量的工作，对此，我有以下一些看法：

（一）备课先要做到三个明确。

教学要有针对性，因此备课要注意起点。如果起点偏高了必然脱离学生实际水平，使多数学生接受不了，造成教与学的脱节。如果起点偏低了，又会使多数学生听课没劲，影响学习的积极性。要能找到准确的起点，就要做到三个明确。

1. 明确学生现有的数学知识水平：对于全班学生目前的知识水平状况，教师必须心中有数。因此要从两个方面去了解，首先是向学生去了解，例如在讲授无理方程之前，要和班上好、中、差三类学生的代表分析全班同学对于解整式方程和分式方程所用到方程的等价性，解方程的步骤，分式方程的增根等等，掌握的程度怎样？明确哪些人基础较好，哪些人不够巩固，哪些人知识不足。再进而了解他们对学习新知的要求和希望，以便有的放矢地进行备课。其次，向原任课教师了解，诸如该班学生接受能力的强弱，思维活动的快慢，以及分析问题有无条理，完成作业质量如何，全班的学习风气，个别学生的学习特点等等，都要详细了解，多掌握一些实际资料。再次，向家长了解学生平素在家自修情况，如时间的长短，自学的态度，以及环境是否安静，照明条件是否良好等等。同时还可以了解家长对教师的要求，教师也可以对家长提出要求，如改善自修环境，帮助督促学习和检查作业等。

以上三个方面都能搞清楚了，这就做到吃透学生这一头，教师备课时也可以找到准确的起点。例如，了解到学生过去对解整式方程和分式方程学得模糊的地方，就可以在教新课前加强复习，为学习解无理方程等铺道路。必须这样做才能使教和学完全合拍。为了系统地掌握每个学生学习数学的情况，最好从初一新生入学时开始，就给每人准备一张学习数学记录卡，逐学期记载该生的学习态度，学习特点，接受能力，思维能力，大小考试成绩等等，每学期连续登记，便可以从中看出一个学生学习数学的变化，综合起来，便可掌握全班级学生的水平。

2. 明确教材的科学性、系统性及内在联系：每一堂课总要做到承前启后，产生逐步向前推动的作用。因此，教师必须掌握教材的科学性、系统性和内在联系等等，才能从已知到未知，从简单到复杂，由低级到高级，把知识一环套一环，有条有理地传授给学生，也才能使学生顺利地接受知识，使他们的知识逐步丰富起来。反之，如果新知与旧知不相衔接，学生前后所学的内容脱节，便如坠五里雾中，得不到要领，必然要降低质量。

备课要掌握教材的来龙去脉，这是十分重要的，就是说教师每讲一种新知识，一定要搞清楚新知识是以哪些熟悉的旧知识为基础，进而学习这些新知识的，同时还要明确学习这些新知识，又是为将来学习什么知识服务的，这条线索要理清楚。另外，教师还要衡量新知识在初等数学中的地位和作用，以及它和高等数学的联系。例如因式分解这一章是在整式的乘除后提出来，特别是整式的乘法，是学习因式分解的主要基础。学习了因式分解以后，就完全有条件学习下一章分式，这种系统井然有序，不能有丝毫更动。另外，因式分解对代数学本身，以及学习三角学、解析几何等初等数学，和进一步学习高等数学，也经常用到而且是极端重要的基础知识，它对数学式的恒等变形、化简和解方程等都起很大的作用。如果初中一年级的学生在因式分解上不过关，以后学习必然困难重重，阻力很大。

当教师既吃透学生，又吃透教材，对主客观的实际情况都切实掌握了，那么备课时就能对进度的快慢，讲授的深浅有一定的分寸了。

3. 明确教材的目的要求：做到了前两个明确，这就完全有条件订出每一个单元和每一堂课的目的要求，从而明确教学任务，做到有的放矢。订目的要求主要应根据大纲、教材和教学对象。教学大纲是国家颁布的教学标准，全国统一教材是国家规定的学习内容，这些都不应有所降低或减少。至于班级水平，可能有差异，备课时，可以从实际出发，采用放慢进度，加强复习，多举例题，重视启发和巩固等方法和手段，以补不足。这又是必须灵活掌握的。

目的要求不但是备课的奋斗目标，同时也是检查教学质量，衡量教学效果的尺度。如果认为目的要求可有可无，这会使自己在备课中迷失方向，而且也无法判断自己是否完成教学任务。例如在教因式分解里的公式法：$a^2\pm2ab+b^2=(a\pm b)^2$ 时，第一节课的目的要求是“使学生熟悉完全平方公式，并能正确地运用它对有关三项式进行分解因式”，这就是说，使学生能看出一个三项式按升幂或降幂排列后，如果能写成$(a)^2\pm2(a)(b)+(b)^2$ 的形式，便能变形为完全平方式，通过实践，从而熟悉这个公式。特别要重视中间一项是否符合公式形式，这是十分重要的。因此这堂课的教学重点在于能使学生判断一个三项的多项式是否能转化为完全平方式，如果可以，学生都能准确地化出来，达到了这个目的，就是完成了教学任务。第二节课的目的要求是“使学生能进一步灵活应用完全平方公式，较熟练地分解有关多项式的因式”，也就是说，要求学生不但看到三项式能立即判断是否属于完全平方式，而且对较复杂的如 $(x+y)^2-8(x+y)+16$，$(a+b)^2+2(a^2-b^2)+(a-b)^2$，$x^3y-x^2y^2+\frac{1}{4}xy^3$，$x^2-4xy+4y^2-z^2$ 等等，也能利用公式分解它们的因式，而且有综合性。以上这些内容，对水平较好的班级可以两节课教完，如果一般水平的班级，要分三节课授完。在部编教学参考资料上，教整个公式法共安排三课时，似乎时间不够，因为因式分解是学习数学的主要基础，必须让学生充分学好，如果随便放过去，对今后学习是很不利的。

当教师掌握了教材，充分了解学生的水平，弄清楚教学中应多花气力的地方，明确了这三点，就有条件写备课笔记，具体部署教学活动了。

（二）写教案时要做到三个重视。

1. 重视抓关键，突出重点，解决难点。传授知识不能平均使用力量，平均支配时间，首先要分清每一章、每一节乃至每一堂课的重点、关键和难点，重点部分必须加强，一般从略。

例如分式这一章，主要研究分式的四则运算和解分式方程，要解决这些问题，主要是通过通分和约分来实现，而通分和约分都以分式的基本性质为依据，因此分式的基本性质是本章的重点。研究分式时要跟分数进行对比，从而推得基本性质和运算法则，显然分式的概念是本章的关键。关于分式混合运算要求正确无误，解含有文字的分式方程，要讨论完整，这些都是本章的难点。

每一章的重点、关键和难点，不一定就是每一节的重点、关键和难点。例如“分式加减法”这一节，重点在运用基本性质进行通分，因为学会了通分，那么分式的加减法和分数的加减法都可用类似的方法进行运算，而通分的关键在于求出最简公分母，难点在于运算准确无误。

每一节教材的重点关键和难点，也不一定就是每一堂课的重点、关键和难点。例如这一节教材的第一课时，同分母的分式的加减法用不到通分，因此这堂课的重点在学习分式的加减法则，关键在判定各个分式是否为同分母，难点在分式的分母上的符号改变而不改变分式的值，要处理准确，运算要无误。

总之，每一章的重点关键是指整体而言，而每一节的重点关键是指局部而言的，它们之间有内在联系，实际上是彼此相呼应的。教师必须抓重点关键教，学生就容易掌握重点关键学，从而也就能理解深透，记忆牢固，提高教学质量。对于难点，教师可多举一点实例，分析解决难点的途径，另外要学生多练习，熟能生巧，自会突破难点，实际上对基本功好的同学来说，难点是不存在的。

2. 重视例题的配备，习题的选取，教具的使用。在授完定义、公理、定理法则之后，必然要举例讲解，以便应用所学知识解决具体问题，而在课堂上限于时间，例题不可能多举，因此要充分发挥每一个例题的作用。首先要注意例题的启发性，使学生能进一步理解和巩固所学的知识。其次要注意例题的代表性，使学生学了例题能举一反三，闻一知十，提高解题能力。例如同分母的分式的加减法后面的例1，计算$\frac{x+3y}{x^2-y^2}-\frac{x+2y}{x^2-y^2}+\frac{2x-3y}{x^2-y^2}$，最后得$\frac{2}{x+y}$，该题重点是要学生理解同分母分式的加减法则，并教育学生要把最后的结果化为最简分式。例2，计算$\frac{m+2n}{n-m}+\frac{n}{m-n}-\frac{2m}{n-m}$最后得1，使学生认识诸分式的分母是否相同，不能仅从形式上看，要从实质上来判断。其次说明,分式相加减的结果不一定仍是分式,也可以是整式。为了丰富知识,还可以补充一个例题:$\frac{2a+b}{a^2-2ab+b^2}+\frac{b-a}{(b-a)^2}-\frac{2(a-b)}{(a-b)^3}$,这说明三个问题,① $(b-a)^2=(a-b)^2$,② 第三个分式的分子和分母约去公因式$(a-b)$,就使得三个分式的分母相同,但第二个分式不要约简,以免破坏了同分母。③ 通过这个例题,启发学生要仔细地审题,耐心分析,灵活地处理问题。

关于习题的选取,一方面要注意基础知识的巩固,一方面要注意培养学生运算的技能与技巧。例如初中数学第二册第七章因式分解里,在提取公因式法的习题六中的题目,配合得齐全。有的公因子是单项式,有的是多项式。又如平方差公式后的练习也配合得很好,特别是和提取公因式法综合应用的练习。但在完全平方公式后,可补充一些综合题,例如:$a^5b-2a^3b^8+ab^5$,$x^2+y^2-a^2-b^2-2xy+2ab$,$a^4+a^2b^2+b^4$ 等等,在每学一个新的知识以后,一定要和旧知识连贯起来运用,做到一步一个脚印,踏踏实实的向前学,不能孤立地学各种因式分解的法则,直到最后才再研究综合题,这样会使学生茫无头绪,望而生畏。综合运用是个难点,必须有计划地分散难点,使绝大多数学生逐步学会解决综合题的技能技巧。关于布置课外作业,对全班学生不能一律要求,凡冒尖的学生额外布置一些作业,可以要求高些,使他们能“吃饱”,一般学生以完成课本作业为主。另外,也要分清哪些习题课堂练,哪些习题课外练,并注意学生的学习负担。

关于使用教具问题,要重视效果,不能因为教具而形式主义地使用。一般对难于想象的空间图形,或者是动点运动的轨迹,变化较复杂的,或者说明概念,便于具体直观地看出它的特征的,都可以借助于教具讲清问题。例如要讲清楚三垂线定理,用教具帮助分析问题,怎样作补助线,使学生容易接受。旋转体的形成,柱、锥、台的侧面展开,渐开线,摆线,等进螺线,以及三角函数线的变化等等,动的概念特别强,使用教具可使学生容易领会,并且可以理解得深透些。

3. 重视教法的改进。备课时认真完成教案,这是十分重要的,但还要配合好的教法,才能充分发挥备课的效果。在教法上要处处注意启发式,特别是学习数学,脑力劳动的强度大,教师必须经常引导学生思考问题,才能有所认识,有所领会,有所收获。要做到这一步,一般采取审题、分析、解题三部曲。首先通过审题,分清问题的已知条件和要解决的问题,再进一步透过现象看它的特征,更进而看它的实质。然后分析解题途径,寻求最优解题方法,最后合理地写出解答来。例如:解三角方程$(a-2)\cos x=2a+1$。

第一步审题:它是以一元文字方程的形式出现,它的特征是通过余弦函数来求角或弧 x 的,而余弦函数值一定要受到限制,这是一个实质性的问题,必须抓住这个问题来解决它。

第二步分析:按一元一次文字方程 $ax=b$ 的解法,当 $a\neq0$ 时 $x=\frac{b}{a}$。按三角函

数来说$|\cos x|\leqslant 1$,根据这个特点,从而研究文字的取值范围,再求出x。

第三步解题:若$a=2$时,原方程无解,若$a\neq 2$时,原方程可化为:

$$\cos x=\frac{2a+1}{a-2} \quad \because -1\leqslant \cos x\leqslant 1$$

$$\therefore -1\leqslant \frac{2a+1}{a-2}\leqslant 1$$

$$\text{即}\begin{cases}\frac{2a+1}{a-2}\leqslant 1\\ \frac{2a+1}{a-2}\geqslant -1\end{cases}$$

$$\text{即}\begin{cases}-3\leqslant a\leqslant 2\\ a>2,\text{或 } a\leqslant \frac{1}{3}\end{cases}$$

故当$-3\leqslant a\leqslant \frac{1}{3}$时,$x=2n\pi\pm\arccos\frac{2a+1}{a-2}$,$n$为整数。

在教学方法上还要处处注意应用分析法,这是弄懂问题,明确思路,求得解法的有力武器。另外,在教法上也要注意,板书的计划,大小标题的使用,时间的合理安排等等,在备课时都要通盘考虑,以提高教学效果。

(三)经常要注意两个提高。

备课要求是无止境的,为了不断提高备课质量,经常还要注意两个提高:

1. 多参看参考书,不断提高知识水平。教师的知识面宽广,就能站得高看得远,教学上做到深入浅出,学生也能在教师引导下逐步见多识广,使教和学的质量都能不断提高。因此教师要尽可能地多读参考书,凡是中学生应该学的或为他们所能接受的那些有用的知识,可以介绍给他们,但也要防止把那些学生不需接受的或接受不了的知识塞进课堂,这对学生无所裨益,甚至反而降低教学质量。当然,也有些知识,适宜于对少数水平高的学生讲,这可以作为课外研究小组的资料。至于如何阅读参考书,则因人而异,可以读一部书,系统提高,也可以结合教学看某一段书,或一个专题。总之,要把长打算——系统提高,和短安排——解决目前教学的困难,把课备好,有机地结合起来。

2. 多积累资料,不断提高自己的教学水平。这里的所谓资料,主要是指教学上的心得体会,对某一个问题的优异解法,有广泛代表性或富于启发性的例题,以及某书某页上一段有价值的参考资料等等,都要及时地分类记录(分代数、三角、平面几何、立体几何、解析几何等)。另外,对于自己或别人的经验总结也要保存起来。主要的参考书最好自备,以便阅读时在上面记录评述,批注等等,有利于随时查考。总之,知识也好,经验也好,都必须不断积累,持之以恒,愈积愈多,这对备好教好课,都有重大意义的。

《江苏教育》1979.5

一堂化学习题课

江苏省扬州中学化学教研组

化学习题课的教学内容，不像教新教材那样系统、连贯，但要上好习题课，却需要教师充分备好课，课堂上要善于启发学生思考，所花气力不亚于教新教材。上学期我们对部编教材高中课本第一册第一百三十三页上三个习题，上了一堂课，课上结合实验，帮助学生理解题意，提高他们分析问题和解决问题的能力，进一步巩固基础知识和实验的基本技能技巧，收到了一定的效果。

下面是这堂课的教学情况：

题目：有一白色晶体，它跟氢氧化钠共热的时候，放出一种无色气体，这种气体能使润湿的红色石芯试纸变蓝；跟浓硫酸共热的时候也放出一种无色气体，这种气体能使润湿的蓝色石芯试纸变红。如果这二种气体相遇会发生白烟。原来的白色晶体可能是什么物质？

备课时我们认为，学生完成第一部分实验时观察到红色试纸变蓝，证实该无色气体是氨气，从而推测白色晶体为铵盐，估计不会有多少困难。在完成第二部分实验时，当观察到蓝色试纸变红色，学生可能猜测这种酸性物质是氯化氢气体或硝酸蒸气，因为气体和蒸气，在观察时是很难区分的，从而学生就得出这种白色晶体是氯化铵或硝酸铵的结论。而且以前教师讲解铵盐时，曾做过演示，用两根玻棒分别蘸浓氨水和浓盐酸，当玻璃棒接近时，便出现白色烟雾，再把蘸浓盐酸的玻棒改蘸浓硝酸时，也出现同样的现象。因此，估计上面二种答案可能同时存在的。如若答案是氯化氨，就可以直接讨论题目中用“可能”两字的含义，向深化方向发展，及时提高学生分析问题和解决问题的能力。如果学生的答案是硝酸铵，那就得从实验入手，帮助学生作出正确判断。经过这样备课，教师便做到了心中有数，对每种可能出现的答案都有了相应的教学方法。

上课时，先由一学生读题，然后走上讲台，根据题意进行实验。当看到红色石芯试纸变蓝色时教师提问：此气体的性质如何，由此启发他得出结论——题目中所问的白色晶体属于铵盐。

当学生做第一部分实验时，师生一起全神贯注，注意观察现象和这个学生的操作技能，其中取样、试管夹的使用和加热等操作，基本上都合乎要求，教师及时给予肯定。但学生用手指拿红色试纸试验气体性质时过分接近管口，教师随即指出，用手指接触待试验的气体是不可取的，教会他应改用玻棒沾试纸，放在试管口的上方，并照此要求重做一遍。这样,在学生实验过程中纠正了他操作上的差错。

当学生继续完成第二步实验时,看到试纸由蓝色变红色,知道它是酸性气体;看到两种无色气体相遇产生白烟时,学生就很自然地想到该气体是氯化氢,由此得出白色晶体是氯化铵的答案。教师肯定学生的回答后,随即读题目上的一句话:“原来的白色晶体可能是什么物质?”为什么不用“一定”而用“可能呢”?“可能”二字意味着除了氯化铵是本题答案外,肯定还有其他的铵盐也在适合本题要求范围之内。于是指定一个学生把他所熟悉的铵盐列举出来,教师再补上几个,成为如下一组:

NH_4Cl, NH_4F, NH_4Br, NH_4I, $(NH_4)_2SO_4$, NH_4NO_3, $(NH_4)_3PO_4$, NH_4HCO_8, $(NH_4)_2S$

这些组成不同的铵盐,除氯化铵外,还有哪些能适合题意呢?教师展示样品,并指明硫化铵只存在于浓溶液中,学生很自然地把它排除在外——非白色晶体。紧接着讨论卤素的铵盐,展示碘化铵晶体后,教师用碘化铵重复上面的实验,(氨气的产生仍可用氯化铵的原试管)学生看到碘化铵除呈现氯化铵所呈现的现象外,还注意到产生的白烟较少,管内有紫黑色蒸气,在管壁上有凝结物析出的特殊现象,通过实验使学生进一步了解,这是由于浓硫酸的强氧化性及碘化氢的不稳定性所造成的。紫黑色碘的析出是题意里不存在的,大家应把碘化铵排除。同理也把溴化铵排除。这样不仅巩固了碘化氢和溴化氢能被浓硫酸氧化的旧知,而且做到了运用基础知识提高学生分析问题和解决问题的能力。教师又展示了氟化铵的晶体,问了二句话:“氟化铵和浓硫酸反应生成什么气体?”“氟化氢”,“那么氟化氢稳定还是氯化氢稳定”?同学们随即肯定了氟化铵也属可能范围之内。教师随后又读了题目上分号至发生白烟的一段话,指出在铵盐和高沸点浓硫酸反应中,一定要能够产生挥发性的酸,才能和氨气相遇而产生白烟,以此启发学生去思考,在上列各种铵盐里,有哪些是非挥发性酸生成的盐,于是学生指出,磷酸铵和硫酸铵是非挥发性酸的铵盐,所以这二种铵盐也应排除。那么碳酸氢铵呢?教师做实验,观察无白烟产生,使学生认识二氧化碳和氨气相遇是不会生成铵盐的,因此也应把它排除在外。最后剩下硝酸铵,这是挥发性酸的铵盐,但是它是否属于题目所规定的范围之内呢?经过演示,使学生认识到它和浓硫酸反应时在不加热的条件下,与产生氨气的试管靠近时并没有白烟产生。经加热后虽有白烟形成,但管内却呈棕色。这也不完全符合题意,所以也应将它排除在外。

经过上述层层分析讨论后,学生已经综合复习了许多知识,但为了使学生更灵活地掌握本题和扩大思路,教师紧接着又问,如果把浓硫酸改成浓磷酸那么适合“可能”范围的物质将扩大还是缩小呢?假如在原题中再添上这么一句:在该白色晶体的溶液中滴入硝酸银溶液产生不溶于稀硝酸的白色沉淀,此时适合“可能”范围的物质又会怎样改变呢?对这些问题同学们都很快地作出了正解的解答。

在解答此题的过程中,学生在教师的逐步启发下,所应用到的基础知识是比较广泛的,这些知识分散在初中至高中教材中,但未系统综合应用过。氯化铵的答案几乎人人皆知,但氟化铵却很少有人想到,这样的讨论学生学得扎实、灵活,条理清楚,事后反映较好。可见通过实验和教师的启发对运用基础知识来提高学生思考和解决问题的能力方面,与“纸上谈兵”不可同日而语了。

第九题的讨论不是这节习题课的重点,只要帮助学生正确理解“等量”二字就行了。由教师读题目:硝酸铜可以用下列三种方法制备,铜跟浓硝酸起反应;铜跟稀硝酸起反应,氧化铜跟硝酸起反应。如果用这三种方法制取等量的硝酸铜,消耗的纯硝酸的量是否相等?哪一种用掉的量最少?由一学生上黑板写出三个反应式,再由他回答硝酸的用量。教师指明该生这种方法是把“等量”看作等摩尔数来解的,也是最简便的。如果把等量看作是等质量行吗,学生说也行,但繁琐。最后教师点一下,如果是气态物质则等量也可作等体积看待。

再有第十二题,这里就不多讲了。

从这节课的教学,我们体会到要提高一节课的教学质量,课前教师的准备,深入细致地分析教材,随机应变的教学方法,和辅以必要的课堂演示等等,都是不可缺少的。

《江苏教育》1980.2

“浓硫酸性质”的教学

江苏省扬州中学 薛鹭颖 朱兴生

部编初中化学课本第五章第三节硫酸，我们分两课时讲授。第一课时在学生掌握盐酸性质的基础上，教学稀硫酸性质。第二课时，在学生掌握稀硫酸性质后，通过对比、演示等教学方法让学生知道浓硫酸既与稀硫酸有相同的一些化学性质，又有它独特的化学性质。再依据浓硫酸的特性，向学生强调指出稀释浓硫酸时必须注意的要点。

第二节课开始，先提问复习稀硫酸的物理性质和化学性质，并将化学性质逐条边讲边板书。然后提出，稀硫酸是由浓硫酸稀释而来的，那么浓硫酸的性质是否也和稀硫酸完全一致呢？这时，教者展示浓、稀硫酸的样品，让学生观察对比。浓硫酸和稀硫酸都是无色、不易挥发的液体，这是两者相似点；浓硫酸是油状粘稠的液体，而稀硫酸则与蒸馏水差不多，这是相异点。那末两者的化学性质是否也既有相似之处，又有相异的地方呢？这一问，引起了学生的积极思维。于是教师用演示、对比的方法，让学生得出结论：与金属氧化物（如 CuO）、碱[如 $Cu(OH)_2$]和盐（如 Na_2CO_3）等物质反应，浓硫酸与稀硫酸两者相似，但与金属（如 Cu）的反应就不一样。例如，铜与稀硫酸，即使在加热情况下也不发生反应，而铜与浓硫酸在加热情况下能发生氧化—还原反应。由此说明，浓硫酸比稀硫酸更具有氧化性，所以浓硫酸为强氧化剂。锌与浓硫酸在加热情况下，也能发生氧化—还原反应，逸出的气体也和铜跟浓硫酸反应时相似，主要为二氧化硫而不是氢气。由此可以得出结论，浓硫酸与活泼金属反应，都没有氢气生成。这是因为在反应中，浓硫酸分子里＋6 价的硫获得电子，而稀硫酸是由 H^+ 获得电子的缘故。所以浓、稀硫酸与金属反应都为氧化剂，但在本质上是有严格区别的。

浓硫酸与稀硫酸对指示剂的反应是否也相似呢？为了讲清这个问题，教师在课前用薄宣纸染好方形的一大张蓝色石蕊试纸，演示时用自由夹夹住悬挂在铁架台上，由学生用玻棒沾稀硫酸在试纸的左方写个“T”字，另在试纸的右方用玻棒沾浓硫酸也写一个“T”字。通过观察对比，可以看到两者都能使蓝色试纸变红色，呈酸性反应。这是两者相似之处。随后，在试纸右方用浓硫酸书写的“T”字出现空洞，边缘呈黑色。教者由此指出，这是浓硫酸特有的脱水性，是稀硫酸所没有的。为了使学生更迅速地观察浓硫酸脱水性的激烈程度，又补充了蔗糖和浓硫酸的脱水实验。这个实验经过了多次尝试，最后采用 12 克蔗糖，用研钵研细投入大试管中，加入 1.8 毫升水，再加6毫升浓硫酸(96%—98%)，并用长玻棒不断搅拌，很快就可以观察到白色蔗糖变棕色，最后变成黑色，形成碳化脱水现象；把大试管置于试管架上，由于脱水时放出大量的热，水汽和其他气体均受热膨胀而急剧上升，连同碳粒一起冲出试管口的上方。待稍冷却后炭化物附着在玻棒上，抽出玻棒，形成一根黑炭冰棍。这个演示很能吸引学生的注意，激发他们学习的兴趣。此时，趁机讲一下，浓硫酸的腐蚀性及其防范方法。稀硫酸沾在试纸上后，暂时并没有空洞出现，因此往往使学生误认为稀硫酸没有腐蚀性，衣物等即使沾上稀硫酸，是不会损坏的。为了让学生弄清此中道理，教者将沾有稀硫酸而未出现空洞的试纸，放在火焰的上方烘烤，结果也同样地出现空洞和碳化现象。由此向学生说明，凡是被稀硫酸沾附的纸张或衣服，搁置时间长了，稀硫酸所含水分在风吹日晒下逐渐挥发而硫酸本身不易挥发，因此浓缩而变为浓硫酸，最后还是会出现空洞脱水现象的。

浓硫酸既然能把碳水化合物分子里能组成水的氢和氧两元素脱出成水，那就很自然地会联想到，浓硫酸的吸水性也一定是很强的。而且以前在讲授物质溶解时，曾提到常伴有放热或吸热现象，还演示过浓硫酸溶于水时会放出大量热量的实验。因此，由讲解浓硫酸的脱水性过渡到讲解它的吸水性，学生并不感到突如其来。为了要让学生观察到浓硫酸溶于水时放出大量热量这一事实，教者也做了一个演示实验。当把浓硫酸注入盛有水的烧杯时，用盛放少量乙醚的试管代替玻棒用来搅拌，很快，试管里盛的乙醚就沸腾了(沸点34.6℃)，管口出现大量的乙醚蒸气，这时用火柴点燃乙醚的蒸气，出现了很长的火焰，当把试管离开烧杯时，乙醚燃烧的火焰就由长变短，甚至缩入试管顶端的下方，说明乙醚因冷却已停止沸腾，接着再把试管插入烧杯中，乙醚的火焰又由短变长，说明乙醚受热后又开始沸腾了。火焰的增长与缩短的现象，吸引了全体学生的注意力，这个现象也启发学生去积极思维，从而达到提高分析问题和解决问题的能力。这比过去演示时只给个别学生用手摸摸试管温度的效果，就要好得多了。在学生充分理解演示实验所说明的原理后，再讲解稀释浓硫酸的步骤，学生接受起来就很顺利了。

在这一节课中，从整个浓硫酸性质的教学过程来看，好像这些性质都是孤立的，互不相关的，但通过新旧知识的对比，精选而且充分准备的演示，再加上教者有计划的启发，就成了重点突出的一个整体，学生听课津津有味，观察演示时注意力集中，教学效果也较好。教过这节课后，我们体会到课前的演示准备很重要，不仅要做到少而精，而且还要力求一种演示能说明几方面的问题，现象要正确、明显，全班学生都看得清楚。讲解时，最好充分运用新旧知识联系和对比的方法，做到巩固旧知，引入新知，启发思维，提高教学效果。课后学生反映，也认为这样讲课，他们听得入神，学得牢固。

《江苏教育》1980.7

采取有效措施加强生物教学

中共扬州市委宣传部 陆振声

江苏省扬州中学现在是省属重点中学,从一九七八年以来,他们采取了一系列有效措施,恢复和加强了生物教学,现在已收到一定的成效。

这个学校生物课程的设置均按中央教育部规定进行,课程主要分为生物、生理卫生和人口理论三部分,分别在初一、初二和高二等三个年级开设。在校延读的一部分班级,以前没有学习过生物课程,这就造成了学生在基础理论知识方面的残缺不全。为了尽量向教学大纲靠拢,使学生在中学阶段能学到比较完整、系统的各种基础知识,他们自找麻烦,克服困难,在高一年级和初三年级补开了生物课。扬州中学现有五十六个班级,二千八百名学生,每周生物课有七十多课时,教学任务比较繁重。为了充分加强教学力量,使生物教学能够顺利进行,学校还跟有关部门交涉,陆续调回过去下放农村的两名老教师,并让一名改行教化学的中年教师归队。目前,生物教研组已有七人,全部是大专以上水平,其中三人是大学生物系毕业。除充实教学力量外,他们还在自我备课的基础上,坚持集体备体和互相听课,以老带新,交流经验,促进教学工作的开展。

这个学校的生物教学很重视理论联系实际。原有的两个生物实验室在十年动乱期间受到不同程度的破坏。七八年,他们首先修整恢复起一个实验室,其中光显微镜就修复了十几架,还添置修复了一批生物标本以及有关教学模型、挂图。另一个实验室正在着手修复。重开实验课这个有力措施,很受学生欢迎,大家反映所学的生物知识形象生动,看得见又摸得着。为了进一步开展教学实验,教师还组织学生搞微生物试验活动,种植了银耳、灵芝、猴头和蘑菇等菌类作物。他们坚持集中讲解、提问,在进行每一个单元讲解复习的基础上,还按教材和生物进化的顺序作了多样性的陈列,同学参观了从原生动物到哺乳动物的标本、模型和有关挂图的陈列展览,比较系统、形象地加深理解了所学的生物知识。实践表明这种参观复习方法很好。在坚持每学期两次考试中,学生成绩比较理想,成绩在八十分以上的约占80%。

扬州中学对生物学科的教学十分重视。用他们的话讲,就是副科作主科教,把它看成同数理化一样重要。即使遇到数理化等学科考试,他们也决不挤掉生物课,课时不准随便调换,也不许挪用。同时还教育学生从思想上认识这个学科的重要性。上学期初一(8)班学生对生物课不重视,上课不专心听讲,甚至在生物课上做其他课的作业。他们在这个班级组织了“在生物的海滩上漫步”的专题讲座,让一位老教师深入浅出地介绍有趣的生物知识,阐明生物学与医学、农林、化学等学科的密切关系,并放映了有关生物知识的幻灯,使同学们懂得:二十一世纪将是生物的世纪,没有厚实的生物科学基础就搞不好四化建设。此外,生物教研组还配合少先队“我们爱科学”的活动,组织同学们制作了四十多件生物标本,列出了几十条生物趣味习题。他们除按规定在高一年级开设人口理论专业课外,还每周出一期黑板报,向其他班级学生传授人口理论方面的知识。

《江苏教育》1980年第10期

化学课外活动数例

江苏省扬州中学　朱兴生　薛鹭颖

化学课外活动形式是多种多样的。教师可依据教学内容、学生水平，拟订课外活动计划，也可根据教学过程中发现或学生提出的问题有针对性地组织课外活动。现介绍我校开展化学课外活动的几个事例，供大家参考。

（一）在学生完成统编高中化学第二册第257页实验六第6题，已掌握了碳酸铝容易水解的性质和认识酸碱灭火器灭火原理的基础上，又演示了硫酸铝水解时溶液也呈酸性的实验。教师提出，能否用硫酸铝代替硫酸，与碳酸氢钠溶液反应，生成灭火物质二氧化碳呢？然后取出事前称好定量的硫酸铝和碳酸氢钠粉末各一小包，分别在两个烧杯里制成溶液，并在某一烧杯里加海鸥洗涤剂（发泡剂）数滴，将两种溶液在大烧杯里混合，立即有大量泡沫急速上升，并溢出杯口，课后组织有兴趣的学生就这一问题进行深入的探讨。开始用碳酸钠溶液与硫酸铝溶液混合，反应速度很慢，上升的二氧化碳气泡少得可数，这是由于硫酸铝水解生成的 H^+ 浓度较小，CO_3^{2-} 先转变为 HCO_3^-，进一步再转变为不稳定易分解的碳酸，生成 CO_2 的速度缓慢。如果把碳酸钠改用碳酸氢钠代替，反应速度应当加快，学生用任意重量制成的碳酸氢钠溶液和硫酸铝溶液相混合，反应速度虽有增快，但还不如课堂演示时反应的剧烈程度。再指导学生按反应式中

$$3NaHCO_3+Al_2(SO_4)_3+3H_2O=\!=\!=3NaHSO_4+2Al(OH)_3\downarrow+3CO_2\uparrow$$

碳酸氢钠与无水硫酸铝摩尔数之比为3∶1，分别配制溶液，混合时，反应速度显见增快。还可以告诉同学们，如果用相同质量的硫酸铝按下列反应式

$$6NaHCO_3+Al_2(SO_4)_3=\!=\!=3Na_2SO_4+2Al(OH)_3\downarrow+6CO_2\uparrow$$

进行反应，生成的二氧化碳虽比上式多一倍，由于应用硫酸铝水解生成的二级电离的 H^+，反应速度相应变慢，对灭火来说是不够要求的。

可见通过课外活动，使学生不仅认识到利用硫酸铝水解生成的 H^+ 可代替硫酸与碳酸氢钠反应成为泡沫灭火器的反应物质，并且反应速度是与反应物用量的比例有密切关系。

（二）讨论碳酸钠溶液与硫酸铝溶液反应，生成的沉淀最终不是碳酸铝而是氢氧化铝，碳酸铁也有类似的性质。课后组织学生取少量氯化铁溶液盛入试管中，逐滴滴

入碳酸钠溶液,观察到既有沉淀,又有气泡缓慢地上升至液面,但振荡后沉淀消失,继续滴入碳酸钠溶液,也重复出现上述现象,且溶液由原来的淡黄色变成红棕色,如同加热三氯化铁溶液制备氢氧化铁胶体所呈现的颜色一样。滴入一定量的碳酸钠溶液后,则沉淀虽经振荡也不复消失。这时可启发学生思考:两者溶液相混合,生成的沉淀本来应该是什么?弱酸弱碱盐——碳酸铁。现在又转变成什么?由于碳酸铁和碳酸铝都是容易水解的物质,实际已变成氢氧化铁沉淀。

$$Fe_2(CO_3)_3+3H_2O \xlongequal{} 2Fe(OH)_3\downarrow+3CO_2\uparrow$$

为什么经振荡后沉淀又消失呢?沉淀消失的同时溶液的颜色由原来的淡黄色变成红棕色,这和氯化铁溶液加热时颜色的改变,如出一辙,这又是什么原因呢?

$$FeCl_3+H_2O \overset{\triangle}{\rightleftharpoons} Fe(OH)Cl_2+HCl$$

$$Fe(OH)_2Cl+H_2O \overset{\triangle}{\rightleftharpoons} Fe(OH)_2Cl+HCl$$

$$Fe(OH)_2Cl+H_2O \overset{\triangle}{\rightleftharpoons} Fe(OH)_3(\text{胶体})+HCl$$

而原先生成的 $Fe_2(CO_3)_3$ 水解产物 $Fe(OH)_3$ 沉淀又和试管里过量的 $FeCl_3$ 水解产物 HCl 发生如下的反应而生成稍溶的碱式氯化铁,故沉淀消失了。

$$Fe(OH)_3+HCl \xlongequal{} Fe(OH)_2Cl+H_2O$$

加入过量的碳酸钠溶液,虽经振荡,为什么沉淀不复消失呢?学生也能认识到由于此时碳酸钠过量,溶液呈碱性,由它水解生成的产物氢氧化钠和碱式氯化铁反应而生成难溶的氢氧化铁,故此时溶液里的沉淀虽经振荡也不再溶解了。

$$Fe(OH)_2Cl+NaOH \xlongequal{} Fe(OH)_3\downarrow+NaCl$$

通过上述课外活动,使学生加深认识多价盐的水解是存在碱式盐的,并且也有少数碱式盐不是难溶于水而是略溶于水的。

(三)当学生实验苯酚溶液与浓溴水反应时,生成了三溴苯酚的沉淀,少数学生又加了少量盐酸,进行加热沉淀消失了。学生带着这个问题请教师解释。教师首先指出,凡是实验报告中没有的内容,万万不能随意操作,以防出现不测的事故。课后组织少数学生以他们在操作中所发现的问题作为一次课外活动的中心内容。首先指出产生现象的根源应分两种实验进行探讨,将制备生成的三溴苯酚的沉淀过滤洗涤,分装在两个试管里,一加水,另一加稀盐酸,在加水的试管里振荡观察沉淀仍然不溶,经过加热沉淀全部溶于水,冷却后,沉淀又复形析出,通过本实验过程,对学生所提出的问题,便可自己解答。至于加稀盐酸的试管,可不再进行实验观察了。

通过这次课外活动,认识到加热是解释现象的关键,那就是溴苯酚在水中的溶解性随温度的升高而增大,这也和苯酚一样,温度超过 70℃,苯酚就能与水以任意比例互溶。

（四）通过一道课外作业题，开展活动。题目是：已知某酯的分子式为 $C_{2n+2}H_{4n+4}O_2$（烃基均为饱和的），水解后生成羧酸 A 和醇 B，又知醇 B 经氧化最后得到羧酸 A，判断这种酯的结构式，如 $n=2$，写出该酯的同分异构体的结构式和名称。

开始时学生对于羧酸 A 和醇 B 里各有几个碳原子，感到无从下手，直到认识了醇 B 氧化最后得到羧酸 A，A 和 B 两物质里所含碳原子数应该相等。某酯分子里既含有 $2n+2$ 个碳原子，那末 A 和 B 里必然各含 $\frac{2n+2}{2}=n+1$ 个碳原子。这是判断本题的关键所在，依据如下的水解反应式：

$$C_{2n+2}H_{4n+4}O_2+H_2O \xrightarrow{\text{酸}} RCOOH+R'OH$$

可知 R′ 的碳原子数应为 $n+1$ 个，故 R′OH 应为 $C_{n+1}H_{2(n+1)+1}OH$ 即 $C_{n+1}H_{2n+3}OH$，而 R 的碳原子数应为 $n+1-1=n$ 个，故 RCOOH 应为 $C_nH_{2n+1}COOH$。

某酯的结构式为 $C_nH_{2n+1}COOC_{n+1}H_{2n+3}$

如 $n=2$，结构简式为 $C_2H_5COOC_3H_7$

同分异构体：$C_2H_5COOCH_2CH_2CH_3$ 丙酸丙酯

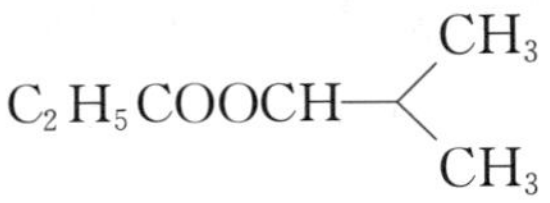

丙酸异丙酯

在解题过程中，引导学生判断要抓关键，本题的关键即是：酯水解后的酸和醇所含碳原子数应当相等，再结合酯的水解反应式，就不难进一步判断 R— 和 R′— 所代表的烃基团了。

《江苏教育》1981 年第 8 期

在小学基础上提高要求

胡兰芬

学生在小学阶段经过老师的教育，在语文课的学习方面，已经养成了某些好的习惯。如：比较重视学习语文，能按时完成作业，能服从老师的严格管教，上课能踊跃回答比较简单的问题，能适应考中学前的紧张学习生活等等。但也由于他们在小学是处于学习上的“学步”阶段，由老师搀扶得多，一旦升入初中，不能马上适应。如：他们没有感觉到初中阶段的学习要求更高了，反而认为“不紧张”，少数学生有“先玩个痛快再说，到初三再用功也不迟”的想法。所有这些，对于完成初中阶段语文学科的学习任务，都是很不利的。如不加以解决，势必造成小学、初中两个阶段的脱节现象。

于是，我们就到小学去，和毕业班的老师座谈，了解学生在小学后一阶段的思想状况和学习情况。听他们的课，了解他们的教学方法和教学经验。通过对这些情况的了解和分析，我们觉得在初一语文教学的起始阶段，必须抓好与小学阶段的衔接，在语文学习的各方面向学生提出高一步的要求。

在字词学习方面，引导学生由抄录到运用。学生在小学里已经学会了查字典，但只能查字的读音，还不能释义。我们在布置预习时，就要求他们给指定的生字注音外，进一步要求会根据课文语句的意思，在字典中选定一个最恰当的解释；再进一步要求给一个字的几个意思找出包含这个字的相应的成语。如在讲授《诗三首》一课时，要求学生先准确地解释“风烟望五津”、“临风怀谢公”“浑欲不胜簪”中“津、临、胜”的意思，再了解这几个字的其他意思，最后按有关意思写出相应的成语：无人问津、津津有味、临危不惧、临机处置、无往不胜、数不胜数等。还要求他们在深入理解的基础上，学会运用。如教《生的伟大、死的光荣》一文时，我们引导学生找出褒义词、贬义词，通过词义解释分析刘胡兰和敌人的形象和本质，在巩固练习中要求他们任选十个褒贬义词写一个英雄人物对敌斗争的小故事。

在理解课文方面，引导学生由记忆到思考。开始，要求学生看懂课文，会复述、会分段，进一步引导他们思考课文中的情节对表现主题的作用。如：讲《老山界》一文时，除了要求同学们会按翻山顺序复述分段时，还要求他们思考：课文中写“之字形山路”、写“半夜深山露宿”所见所闻的作用；写“红军到瑶民家休息攀谈”这一节的作用。对书后练习题，不抄给现成答案。在文言文的学习中，开始，带他们看注释、释难词，联系旧知逐句翻译。然后，就放手让他们自己看注释、查字典、联系旧知，独立试译。在期中复习时，则要求他们将学过的文言虚、实词分类整理。在课文的预习、复习工作中，则由开始时的查字音、解词、抄写字词，一步步要求到思考课文的重点内容和归纳主题，组织练习题的答案等。

在写作练习中，引导他们由模仿到创作。我们提出写作中不准抄袭和单纯模仿佳作。而是要学会从具体观察中搜集写作素材，展开想象；从课文中、从佳作中学习写法，按照观察——作文练习——作文创作的路子，学会写好记事写人的文章。我们把课本上的课文编排略作调整。结合课文学习，期中考试前的写作要求是：清楚地记事和通过记事写人，期中考试后的写作，就要求增加写景。第一学期期末考试的作文题是《狼(故事新编)》。我们向学生提出了综合练习的要求：要在完整的叙事中，通过狼和屠夫的外貌、神情、语言、动作、心理活动的描述，表现出狼和屠夫性格的发展。要用写景来点明时间，渲染气氛。大多数同学写出了六百字以上的文章。故事情节完整，描绘人物具体，发挥了写景的作用。初步改变了开学初期大多数同学记事时概括说明多，写人时要点加举例的状况。

为了使学生能够完成今后中学阶段越来越繁重的学习任务，适应今后越来越高的学习要求，我们在帮助学生扎扎实实打好基础的同时，还注意培养他们学好语文的能力。

整理字词的能力。第一学期，我们开始引导学生系统整理词语。到学期末，同学们共整理出注音生字 280 多个，多音多义字近 100 个，字形辨析近 100 组，词语解释 350 多个。文言文中，虚字 9 个，一词多义，古字通假，实词活用，古今异义等近 50 个。通过整理，学生可以温故知新，举一反三。如在解释“置之度外”、“毫不忆及”等词语时，就能通过回忆在《寓言二则》中学过的“置”、“之”、“度”、“及”等词的意思。独立解释新词，如“轻捷”一词中的“捷”，除了懂得它当“快”讲以外，还知道它当“胜利”讲，在期末考试中，准确地填写了“七战七捷”这个词组；学习了“意暇甚”一句中“暇”的意思后，就能举出“目不暇接”这个成语。

独立阅读的能力。在课文学习上，我们重视抓好学生的预复习。预习有提纲，复习有要求，反复在重点问题上学习巩固，逐步掌握学习课文的方法，逐步培养能独立阅读的能力。如：教《春》一课时，我们布置了两条预习题。一条字词方面的：查九个生字的注音、十一个词语的解释，找出十五个左右多音字；一条是思考性的：课文应分成几个部分？哪一部分是重点？上课时，首先检查预习情况，熟悉字词，概括课文内容、列出结构提纲。然后与同学一起分析重点部分第二段中的春草图、春风曲、春雨图。在分析、朗诵、背诵的基础上，由学生独立分析春花图。复习也抓住重点，提出具体要求：第一课时后的复习，侧重理解和掌握字词，第二课时后的复习，侧重理解内容，第三课时后的复习，侧重运用课文中的写法，抓住季节特点观察描写景物。

把握课文特点的能力。我们注意指导学生根据不同的文体，运用不同的学习方法。如在记叙文教学中，指导学生阅读课文时，掌握记叙要素和线索，按时间的推移、地点的转换和事情的发展划分层次段落，并按照这篇课文“写了什么”，“怎么样的”，“这样写有什么作用”这一路子去理解、去思考。在文言文教学中，除了要求学生积累实词外,还要求他们准确朗读、温故知新、落实字(词)义、顺意翻译。

吸收表达的能力。我们告诉学生,读是吸收,写是表达。阅读一方面可以提高自己的认识水平,另一方面也有利于提高自己的写作水平。而且,通过"写",也能巩固"读"的成果。学生了解了读与写的关系,就能在老师的引导下,认真吸取课文的养料,丰富自己的习作。如:教《第比利斯的地下印刷所》和《人民英雄永垂不朽》以后,我们就要学生学习课文清楚地交代方位、距离、特点的写法,写一篇短文《请到我家来》,写出由学校到自己家的路线邀请老师、同学到自己家去,同学们兴致很高,有的还附上了路线图。教《寓言二则》后,就要学生大量读寓言,然后取材于现实生活写寓言。我们还鼓励学生将课外学习的"每周一诗"运用到写作中去,有的同学就在《改写〈卖炭翁〉》一文中,比较确切地运用了"千山鸟飞绝,万径人踪灭"的诗句。

《江苏教育》1982.6

要逐步加强探索性实验教学

江苏省扬州中学　李启馨

在物理学科中如何加强探索性实验的教学，以培养学生的实验技巧和实验操作能力，是一个值得探讨的问题。我们谈些初步的认识：

一、探索性实验教学的意义

中学物理的各种基础知识都是前辈科学家所确定的经典内容，而对中学生来说，却是属于新的未知的领域，如果让学生以小发明家、小科学家的身份把教材的基本内容作为要探索的未知世界，沿着前人所走过的类似道路，用再发现的方法来重新探讨，这就是发现法教学。理科教学包括物理教学在内用这种教学方法是非常适宜的。(注)

探索性实验就是以这种理论为指导思想，按照科学家用实验来探讨客观规律的模式，通过学生自己的构思、设计和实践，把课本上的许多实验，用再发现的方法，变成自己的知识，从而使学生成为科学知识的主动追求者。显然，探索性实验并不是要学生用实验去探讨那些尚未为人类所发现的客观规律。

二、怎样进行探索性实验的教学

用再发现的方法探索知识的过程与科学家探索客观规律的过程并不完全相同，有些科学家一生中仅仅只发现某一个规律，而学生必须在一节课或几节课中就要掌握它们；科学上发现客观规律的前后次序，与教学上的前后次序也不完全一致。因此在进行探索性实验教学时教师的主导作用是非常重要的，它主要表现在这几个方面：1. 要有适当的提示。一般地讲，科学家原发现的过程是相当困难的，现在经过提示，把问题加以简化，使学生在独立思考的基础上，能够逐步克服困难，达到预定的目的。2. 要有效地控制教学时间。在课堂上不能让学生漫无边际地乱想，形成“放羊式”的教学，要让学生通过逻辑思维在较短的教学时间内获得再发现。3. 要准确地掌握主攻方向。科学家在探索规律时会走很多弯路，他们是在不断地发现错误和改正错误的过程中，逐步得到某些正确的客观规律。在课堂教学中就不需要重演这些历史过程，教师要把许多不必要的弯路砍掉，突出考虑问题的主要方向，同时还要留下几条容易混淆基本概念的弯路，使学生在再发现时加以鉴别，以培养学生的思维能力。4. 要帮助学生加以总结。这样，有利于下一阶段的学习。

探索性实验教学，基本上就遵循上述的原则来进行的。

三、探索性实验教学的几个例子

例 1:在讲解串联电路以后,学生对于伏特表的应用和改装已经有了初步了解,这时我们提出:如果只给你一只伏特表、一节蓄电池、一个有相当阻值的已知电阻和几根导线,如何利用这些器材测出伏特表的内阻?在课堂上一面发动学生思考,一面把器材发下,通过讨论使学生自己明确两点:1. 要把已知电阻和伏特表串联,2. 蓄电池的路端电压、伏特表两端和电阻两端的电压通过实验可以测出。则伏特表的电阻即可根据分压定理求出:

$$R_{伏}=\frac{U_{伏}}{U_{蓄}-U_{伏}}R$$

然后由学生完成实验,最后再通过讨论,知道该实验的精确度主要是由 $U_{伏}$ 的读数是否准确决定的。因而应该用伏特表的 0—3 伏的量程,而不要用 0—15 伏的量程。

例 2:讨论气体性质时,常常要涉及到大气压强,一般是由气压计或托利拆里实验中读出它的数值。课上教师发给学生一只盛有水的玻璃缸,一根两端开口的玻璃管和一把三角尺,要他们利用手中这几样东西,解答二个问题:1. 怎样才能证明有大气压强的存在?2. 用什么方法可以大致测出大气压是多少?(用厘米高汞柱表示)对于第一问题学生会有二种答法:多数人仿照托利拆里实验的方法,把玻璃管一端用手指堵住,另一端朝上,向管内注水,再倒立在玻璃缸内,当外界有大气压存在时,水柱就不落下了,从而证明大气压强的存在。另外一部分学生会提出:先把玻璃管插入玻璃缸中,用手指堵住上端,然后把玻璃管向上提,当外界有大气压存在时,管内就会有水柱随着玻璃管上升,如图(一)所示。教师指出这二种方法均可以,但第二种方法在做实验时较为方便,同时还有利于第二个问题的解答。接着请同学考虑按图(一)的方式来说明测量大气压强的过程,从而推出如下的结果:

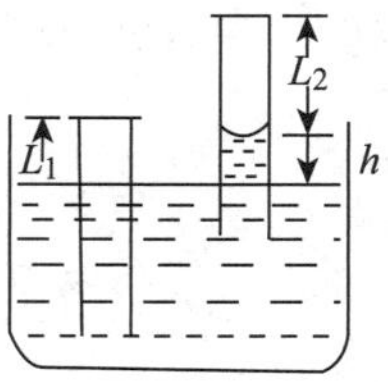

图(一)

$$V_1=L_2\cdot S;\quad P_1\text{ 是大气压;}$$

$$V_1=L_2\cdot S;\quad P_2=P_1-\frac{h}{\rho\cdot g}$$

根据玻—玛定律:$P_1V_1=P_2V_2$

代入各量得：$P_1=\frac{L_2}{L_2-L_1}\cdot\frac{h}{pg}$（为水银密度），

最后让学生量出 L_1，L_2 和 h 的数值，并计算出大气压强的具体数值。

例 3：讨论变压器的原理和应用时，教师先把可拆变压器拿给学生看，但是原副线圈的匝数是看不清楚的，上面仅仅注有各种电压的数值（220 V，110 V，36 V，12 V 等）。我们请同学想一想添用什么样的元件就可定量地验证 $\frac{U_1}{U_2}=\frac{n_1}{n_2}$ 这个公式，并且还能算出原副线圈的匝数？通过讨论以后可以知道，原线圈仍接上 220 V 的交流电，把副线圈换成已知匝数的线圈，再测出其输出电压，就能解决这个问题。此时教师拿出二个自制的线圈：一个线圈用红塑料线绕 10 匝（A、B），一个线圈用蓝塑料线绕 10 匝（C、D），如图（二）所示。（二个线圈可绕在一个蜡纸筒上）用电压表测出 A、B（或 C、D）二端的电压，然后联接 B、C 二个头，再测量 A、D 二端的电压，可看出其输出电压与匝数成正比，教师指出 U_{AB} 和 U_{AD} 虽不是公式中的 U_1 和 U_2，但可间接证明 $\frac{U_1}{U_2}=\frac{n_1}{n_2}$ 这个公式。最后要求学生根据所测出的数值计算出原副线圈的匝数。

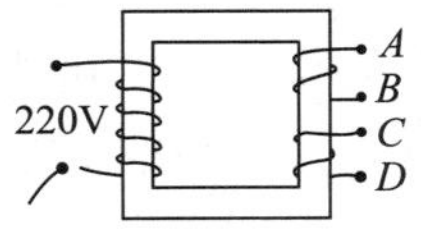

图（二）

例 4：在进行螺旋测微器的实验时，最后可以让学生想办法测量一下毛细管的内直径，由于内径很小，用游标卡尺和螺旋测微器都无法直接进行测量，因此学生必须想到用间接的办法来测量：用针插入毛细管，卡住时，测出针在卡住处的直径，即是毛细管的内径。

探索性实验的教学并不是一朝一夕的事情，必须持之以恒地贯彻在整个物理教学中间，才能养成学生敢于并善于动脑、动手的习惯，也才能较快地、全面地提高物理教学质量。

（注）

《教育心理学》56 页（日）大桥正夫编，上海教育出版社。

《江苏教育》1982. 12

演示"扫描"的一个简单方法

江苏省扬州中学　方学成

在"示波管"一节中,"扫描"的意义,学生不易理解;在学生实验"示波器的使用"中,有让学生观察扫描情形的内容,但是,尽管扫描范围旋钮置于最低档了,扫描的过程,还是看不大清楚。为了使学生对"扫描"有一个清楚的认识,我采用了如下的实验手段辅助,收到了良好的效果。现介绍如下:

将一个电位器拆开,用尖咀钳将其内部阻挡电位器轴旋转的金属片和控制开关的两个塑料突起去掉,把电位器照原样装好,电位器的轴就可以沿着一个转动方向持续转动了。

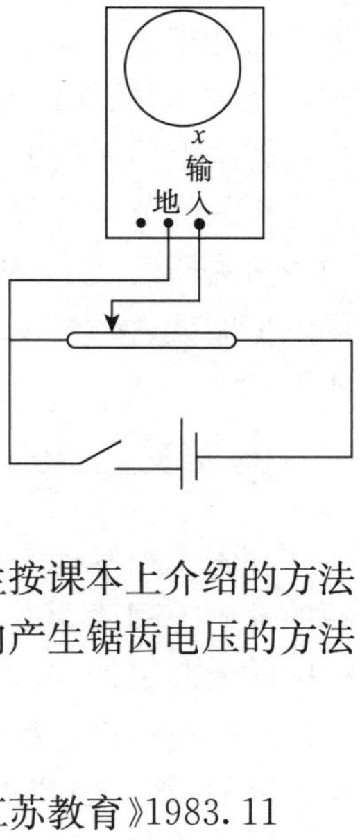

按右图连接电路,调节垂直位移和水平位移旋钮,使光点位于示波器荧光屏的中心位置,扫描范围旋钮置于"外 x 档",用手指均匀地旋转电位器的转轴,使加到竖直放置的电极 B 上的电压 u_2 均匀增加,这时,可以看到屏上的光点由左向右均匀移动,电压达到最大值时,光点到了屏的右端,继续均匀旋转转轴,电路断开一瞬间,又接通,B 上的电压 u_2 由零又均匀增加,光点又一次从左向右均匀移动,进行第二次扫描。这样,不停地旋转电位器的转轴,就可以使电极 B 上获得扫描所需要的锯齿电压,从荧光屏上观察到一次又一次扫描的情形。扫描的快慢均由手指旋转转轴的快慢而定,扫描的过程可以看得一清二楚。在此基础上,再叫学生按课本上介绍的方法观察真正的扫描,就很容易理解了。不过要告诉学生,示波器内产生锯齿电压的方法与上述的方法是不同的。

《江苏教育》1983.11

阅读与发现

江苏省扬州中学　张乃达

数学教学中正确指导学生阅读课本，可以引导学生去探索发现。众所周知：阅读是人们获取知识的重要手段；阅读也是发现的重要途径，很多科学发现都是在阅读了有关著作、吸取了前人的经验教训后才得以完成的。但是阅读教学也有其不足的地方。波利亚说，已严格地提出的数学是一门系统的演绎的科学，而正在形成过程中的数学是一门实验性的归纳科学。在阅读中呈现在学生面前的大都是这种严格地提出的数学，它直截了当地提供了发现的结果，而隐去了发现的过程。可是对学生来说，"过程"往往比"结果"更具有教育意义。正如莱布尼兹所指出的："没有什么比看到发明的源泉更重要了，就我看来，它比发明本身更有趣。"在阅读中，由于学生没有亲自为获取知识进行探索、寻求发现，因此如果处理得不好，就会形成简单地、被动地接受知识，就会削弱知识发生过程的教学，阻碍学生思维能力的发展。

解决上述矛盾的方法在于突出探索的因素。应当把阅读作为发现法教学中的一个有机的环节，而不仅仅把阅读看成是获取知识的手段。为此就要让学生以探索者的身份去阅读，学会从发现的结果中窥视出发现的过程，寻找解决问题的规律。我们可以把阅读、探索、发现组织成一个又一个的教学过程，让学生从中学习知识，增长才干。

探索——发现——阅读

探索——发现——阅读是发现法教学中经常采用的教学程序。学生在探索、发现的基础上阅读课本，对课本内容就理解深、记得牢，而且通过比较找到自己探索过程中的疏漏之处，可以进一步培养思维能力。

例如在高二代数教学中，我们在学习了《按一行（或一列）展开三阶行列式》的定理1以后，置定理2"行列式某一行（或一列）的各元素与另一行（或一列）对应元素的代数余子式的乘积的和等于零"于不顾，立即进行《三元线性方程组》的教学。程序如下：

一、提出猜想　在解二元线性方程组的基础上，通过类比提出三元线性方程组

$$\begin{cases} a_1x+b_1y+c_1z=d_1 & ① \\ a_2x+b_2y+c_2z=d_2 & ② \\ a_3x+b_3y+c_3z=d_3 & ③ \end{cases} \qquad (1)$$

在系数列行列式 $D\neq 0$ 时,有解

$$x=D_x/D,y=D_y/D,z=D_z/D \qquad (\text{Ⅰ})$$

二、验证猜想　为了证明猜想成立,就要从(1)推出 $D\cdot x=Dx$。考虑 D 与 Dx 的第二列、第三列完全相同,所以将上式改写成

$(a_1A_1+a_2A_2+a_3A_3)x=d_1A_1+d_2A_2+d_3A_3$,与(Ⅰ)比较,可知只须将(Ⅰ)作如下变换:①$\times A_1+$②$\times A_2+$③$\times A_3$ 即得

$$(a_1A_1+a_2A_2+a_3A_3)x+(b_1A_1+b_2A_2+b_3A_3)y+(c_1A_1+c_2A_2+c_3A_3)z=d_1A_1+d_2A_2+d_3A_3$$

可见只须证明

$$b_1A_1+b_2A_2+b_3A_3=0 \qquad ④$$

$$c_1A_1+c_2A_2+c_3A_3=0 \qquad ⑤$$

这时我们提出并证明先前搁置一边的定理 2,完成了④、⑤的证明,从而断言猜想成立。

三、阅读课本　由于有了刚才的探索、发现做基础,学生通过阅读很快就掌握了证明的思路和细节;并且对照自己的探索过程,提出了一些问题。如"课本上从(1)推出(1)以后为什么还要把(1)代入(1)进行验算？有无必要?"这个问题引起了一场争论,最后大家统一了认识:由于从(1)推出(1)时,同乘了 D 的代数余子式 A_1、A_2、A_3,而我们并不能肯定它们都不等于零,因而就有增解的可能,所以检验是必不可少的。

在上面的教学安排中,阅读已成了发现活动中一个有机组成部分,起了承上启下的作用。这样的教学程序对于提高学生的思维能力和阅读能力都有帮助。

阅读——探索——发现

阅读——探索——发现是科学发现的三部曲,也应该是数学教学中值得尝试的教学程序。有些教师为了不让学生事先知道发现的结果,不让学生预习,不肯把阅读安排在探索和发现之前。其实探索和发现可以在不同的层次上展开,"发现"的含义是十分丰富的,它可以是发现定理、公式、解题方法,也可以是发现数学家探索发现的思路。安排得当的阅读,有助于探索和发现的展开。

例如在解析几何《点到直线的距离》的教学中,我们让学生先阅读课本,进而回答如下问题:

1. 课本是用什么方法推导出点到直线的距离公式的？你能根据课本上的思路找到另一种推导方法吗?

2. 课本对先求出过 P 垂直于 l 的直线方程,然后解出交点(垂足)坐标,进而求出距离的推导方法作出了"思路自然,但运算很繁"的评价,请按这种方法推导一下,看运算繁在何处？能否作出改进?

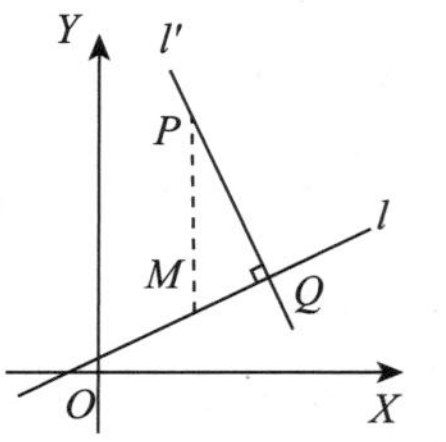

图 1

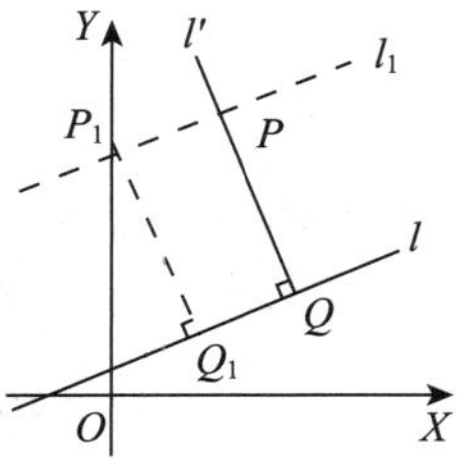

图 2

在阅读后的讨论中，我们得到：

1. 课本上的推导，实质上是通过平移 y 轴，借助于解直角三角形 PMQ 来完成的。类似地我们可以通过平移直线 l，即使点 P 移到 y 轴上来达到同样的目的（如图 2）。

2. 求交点坐标进而求距离的方法确实很繁，这主要是因为交点坐标的表达式相当繁杂而引起的。那么能否不求交点坐标直接得到距离？考虑到公式

$$d=\sqrt{(x_1-x_2)^2+(y_1-y_2)^2}$$

可知只需求出 $|x_0-x_Q|$，$|y_0-y_Q|$ 即可。从而有下面的解法：

PQ 的方程为 $y-y_0=\dfrac{B}{A}(x-x_0)$

即 $B(x-x_0)-A(y-y_0)=0$ ①

将直线 l 的方程 $Ax+By+C=0$ 变形为

$$A(x-x_0)+B(y-y_0)+Ax_0+By_0+C=0 \quad ②$$

解①、②组成的方程组，即得

$$x_Q-x_0=-\frac{-A(Ax_0-By_0+C)}{A^2+B^2}$$

$$y_Q-y_0=\frac{-B(Ax_0+By_0+C)}{A^2+B^2}$$

$$\therefore d=|PQ|=\sqrt{(x_Q-x_0)^2+(y_Q-y_0)^2}=\frac{|Ax_0+By_0+C|}{\sqrt{A^2+B^2}}$$

其运算过程并不很繁。

通过上述教学过程，学生不仅掌握了公式的几种推导方法，对解几中常用的“不解交点的”技巧留下了深刻的印象，而且培养了求异创新的能力。可是如果没有预习和阅读做基础，课堂上教师势必要把精力放在重复课本上已有的推导上，而不可能对课题进行较为深入的研究。

阅读——提出问题——解决问题

爱因斯坦说:提出一个问题往往比解决一个问题更重要。让学生围绕着教师给出的提纲阅读和探索,这只能是一种过渡性的训练。我们的最终目标是要让学生形成通过阅读自行提出问题、解决问题的能力,这就需要让学生掌握一般的阅读方法和提问题的规律。

我们把阅读活动分成三个不同的层次:

第一个层次为建立知识体系。其重点在于弄清知识总体上的逻辑关系和内部联系,遵循由全局再局部再细节的阅读顺序。

第二个层次为重现发现的过程。这主要通过追问来进行。针对作者提出的课题要问,作者是如何发现并提出这个课题的;对于猜想,要问是如何想到这个猜想的;对于解题技巧,应该问掩藏在技巧后面的规律是什么;对于解题方法和证明,应该问思路从何而来。这样,力求从书本中找到发现的源泉,力求使阅读与探索融为一体。

第三个层次为寻找新的引发点。科学发现之间存在着引发关系,通过阅读和探索应该善于找到新发现的引发点。常用的方法有两种。一种是让学生习惯于将结论推广、引申、类比,寻找它的应用,即从科学发现的成功点寻求新的发现(上文例子中的问题1即属于这种类型)。另一种是反问,即针对解题方法问有无漏洞、错误,有无更好的方法;针对课本给出的分析应该问分析是否有说服力,是否有一般性;针对定义应该问定义的基础是什么,有无等价的定义方法。这样通过培养学生强烈的求异创新的欲望,往往会得到新的发现(如上文例子中的问题2)。

因为在科学发现中,往往把阅读后的思考当作出发点,因此在数学教学中,这种阅读中的探索就显得更为重要。我们应当以发现法教学法为借鉴,让阅读成为发现过程中必不可少的一环,做到在阅读中发现,为了发现而阅读。这样就可以使学生在学习阶段受到最基本的科研训练。

《江苏教育》1984.7

实验探索法教学的一次尝试

江苏省扬州中学　沈怡文

实验探索法教学的指导思想是以学生为学习的主体，学生在教师的启发下，通过动手实验和对实验现象的分析、判断、推理综合，自觉地、主动地探索研究客观事物的属性及其变化规律，较之传统的验证式实验教学，有其优越性。实验探索法教学一般可分四个阶段：提出问题，动手实验，分析讨论和总结运用。我曾在 Fe^{3+} 和 Fe^{2+} 相互转化关系的教学中，采用实验探索法进行了一次尝试，现分述于后。

为了用实验探索法进行教学，对教材顺序作了适当调整，将“铁的络合物和 Fe^{3+} 的检验”提前进行教学。

本课时所需仪器、药品：试管架、试管；新制 $FeSO_4$ 溶液、$FeCl_3$ 溶液、KSCN 溶液、黄血盐溶液、氯水、酸性 $KMnO_4$ 溶液、还原铁粉、KI 溶液、H_2S 溶液和 CCl_4。

一、提出问题

提出问题是实验探索法教学的第一个环节，所提问题要能较好地调动学生的求知欲，激发学生的学习热情。

我在讨论新课前要求学生回答，在 $FeSO_4$ 溶液中滴加 NaOH 溶液有何现象？解释原因并板演有关反应的方程式。然后发问，$FeSO_4$ 溶液中的 Fe^{2+} 能否被空气中的氧气氧化？若被氧化，则滴加 KSCN 溶液显何种颜色？学生通过联想对比，几乎异口同声作出正确的回答。此时要求学生取少量新制 $FeSO_4$ 溶液，再滴加 KSCN 溶液并观察现象，结果与学生的判断不符，溶液未变红色。教室里议论纷纷，气氛异常活跃。我顺势提出本课所要解决的问题：Fe^{2+} 究竟能否转化为 Fe^{3+}，Fe^{3+} 又是否可以转变成 Fe^{2+}？若能相互转化又需什么条件？

二、动手实验

动手实验是实验探索法教学的第二阶段，要使学生明确实验目的，然后有的放矢地组织实验，观察现象，以获得鲜明的感知。

首先明确指出，正确的结论产生于对大量实验事实的科学的分析、总结之中。然后启发学生考虑，若 Fe^{2+} 能转变成 Fe^{3+}，则此转变过程应借助于哪一类物质的作用才能实现？在所给的试剂中符合此要求的物质有哪些？选择其中哪种试剂与前面滴加过 KSCN 溶液的新制 $FeSO_4$ 溶液反应，以验证 Fe^{2+} 能否被氧化成 Fe^{3+} 为最好？

经过讨论统一认识后，选用氯水与之作用，溶液变红色。再引导学生进行酸性$KMnO_4$溶液和$FeSO_4$溶液作用，探求Fe^{2+}能否被$KMnO_4$氧化的实验设计，并动手操作，观察到两液混和后，$KMnO_4$溶液的紫红色褪去，溶液呈棕黄色，再滴加黄血盐溶液产生蓝色沉淀。

用同样方法启发学生思考，在哪些试剂作用下，Fe^{3+}有可能转化为Fe^{2+}？为验证Fe^{3+}是否已转化为Fe^{2+}，应怎样进行实验？经过学生讨论、提问小结后，由学生逐一动手实验：$FeCl_3$溶液中滴加KSCN溶液，溶液变红色，再加入还原铁粉充分振荡后静置，待过量的铁粉沉淀后观察，溶液红色消失。在$FeCl_3$溶液中加入KI溶液，溶液呈棕色，再注入CCl_4充分振荡后静置，待分层后观察，水层溶液颜色呈浅绿色，CCl_4层呈紫色；氯化铁溶液中加入硫化氢水溶液，溶液变浑浊。

三、分析讨论

分析讨论是实验探索法教学的关键阶段，使学生通过对实验现象的分析讨论，将获得的感性材料经过推理、判断、综合、概括，变成理性认识。为此要求教师通过必要的点拨、引导、解惑，使学生循着正确的思维轨道去探索，去发现。

在实验感知的基础上，启发学生思考，在滴加过KSCN溶液的新制$FeSO_4$溶液中加入氯水后溶液变红色，说明了什么？发生了什么反应？并要求学生根据反应原理写出Cl_2氧化Fe^{2+}，Fe^{3+}和SCN^-结合成硫氰合铁(Ⅲ)络离子的离子方程式。同样让学生分析得出Fe^{2+}能被$KMnO_4$氧化成Fe^{3+}的结论，在指出酸性介质中MnO_4^-的还原产物为Mn^{2+}后，写出反应的离子方程式。接着发问，Fe^{2+}能被Cl_2、$KMnO_4$氧化成Fe^{3+}，而在新制$FeSO_4$溶液中滴加KSCN溶液为何不显红色，是否Fe^{2+}不能被氧气氧化呢？教师重复上课开始时的第一个实验，未见溶液变红，此时将储气瓶中的氧气导入该溶液，片刻后即见溶液变红色；另取前一天配制的$FeSO_4$溶液(事先布置学生配制好)注入KSCN溶液，溶液立即呈红色；通过对氧气在水中的溶解度及不同条件下的反应速度的讨论，释疑解惑，学生悬念顿消。经过分析讨论，总结得出Fe^{2+}能被O_2、Cl_2、$KMnO_4$等氧化剂氧化成Fe^{3+}的结论。同样由学生根据对有关实验的分析，概括出Fe^{3+}能被Fe、KI、H_2S等还原剂还原成F^{2+}的结论。

四、总结运用

充分发挥教师的主导作用，引导学生将探索所得的知识经过总结归纳，揭示规律，起到举一反三的作用，是实验探索法教学不可缺少的步骤。

通过师生对话，总结出：

$$Fe^{2+} \underset{\text{还原剂}}{\overset{\text{氧化剂}}{\rightleftharpoons}} Fe^{3+}$$

并列出几种氧化剂及其对应的还原剂的氧化性、还原性强弱顺序：

氧化性：$Cl_2 > Br_2 > Fe^{3+} > I_2 > S$

还原性：$Cl^- < Br^- < Fe^{2+} < I^- < S^{2-}$

运用探索所得的知识来解决有关问题，能起到巩固、深化的作用。为此列出下列问题：

（1）为防止 Fe^{2+} 被氧化成 Fe^{3+}，亚铁盐溶液应如何保存？

（2）写出下列各组物质间相互反应的离子方程式，并说明 HI、H_2S 和 HNO_3 在反应中所起的作用。① 氧化铁溶于过量氢碘酸；② 氧化铁溶于稀硝酸，③ 混和硫酸铁溶液和硫化氢溶液；④ 铁屑溶于过量稀硝酸（指明还原产物为 NO）。

《江苏教育》1984. 11

正确理解“出活题，考能力”
——高考理科数学第五题阅后

省教育厅教研室　万庆炎　省扬州中学　胡明健

高考理科数学第五题为：

“设 O 为复平面的原点，Z_1 和 Z_2 为复平面内的两个动点，并且满足：(1) Z_1 和 Z_2 所对应的复数的辐角分别为定值 θ 和 $-\theta\left(0<\theta<\frac{\pi}{2}\right)$，(2) $\triangle OZ_1Z_2$ 的面积为定值 S。求$\triangle OZ_1Z_2$ 的重心 Z 所对应的复数的模的最小值。”

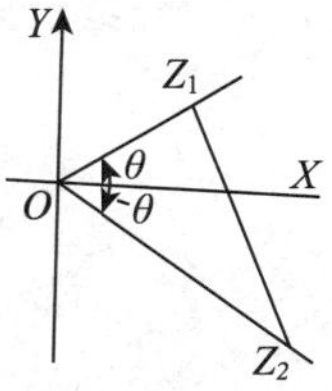

这道题，考生只要概念清楚，能根据已知条件写出复数的表达式、三角形重心的坐标公式、复数模的表达式(或两点间的距离公式)、三角形两边与夹角表示的面积公式，按评分标准就可得 10 分(本题满分 15 分)。如果考生有较清晰的思路，能够进行基本的三角恒等变形，灵活运用不等式知识求最值，得满分也不难。

此题解题路子宽广，从卷面反映的解法有八种之多。按所用的数学方法归纳起来，一种是从向量运算的几何意义入手，即由 $3z=z_1+z_2$，再计算 $|3z|$；一种是把复平面转化为坐标平面来处理，先写出 Z_1、Z_2 的直角坐标，再写出$\triangle OZ_1Z_2$ 的重心坐标，则 $|z|$ 即为线段 OZ 的长度，这里由于点 Z_1、Z_2 坐标表达式取的不同，解法繁简程度也就不同，一般写成 $Z_1(r_1\cos\theta, r_1\sin\theta)$、$Z_2(r_2\cos\theta, -r_2\sin\theta)$ 较方便；一种是复平面与直角坐标平面相结合的处理方法，写出 $z_1=r_1\cos\theta+ir_1\sin\theta$，$z_2=r_2\cos\theta-ir_2\sin\theta$，得$\triangle OZ_1Z_2$ 的重心 $z=\frac{r_1+r_2}{3}\cos\theta+i\,\frac{r_1-r_2}{3}\sin\theta$，再计算 $|z|$ 及其最小值；再有一种是引入重心向量 OZ 的辐角 α 为参数来进行计算；最后一种是轨迹法，即先求出重心 Z 的点集，然后在点集中求出使 $|z|$ 最小的点 Z 所对应的复数的模。

解法之多，充分说明了考生思路活跃，具有一定的综合应用知识的能力，同时也说明这题确实是一道出得好的“活题”。

但是许多同志片面理解“出活题，考能力”的命题指导思想，他们讲概念时一带而过，对基本运算依然不够重视，热衷于各种复习资料，不切实际地追求难题、技巧，致使学生基础不扎实，智能得不到正常发展。对第五题这样中等难度的题目，答卷上的错误有各种各样：

例如不少考生对复数的模的概念模糊，从 $z=a+bi$ 得出 $|z|=a^2+b^2$，应用三角形面积公式也有错误。还有不少考生忽略了不等式的条件，他们这样写道：

$$r^2=r_1^2+r_2^2+2r_1r_2\cos2\theta\geqslant3\sqrt[3]{2r_1^3r_2^3\cos2\theta},$$

$$\because r_1r_2=\frac{2S}{\sin 2\theta},$$

$$\therefore r_{\min}=\sqrt{3\sqrt[3]{2\frac{(2S)^3}{\sin^2 2\theta}\cdot \operatorname{ctg}^2\theta}}。$$

忽略了 $0<\theta<\frac{\pi}{2}$ 时 $\cos2\theta$ 可能为负值，因而导致错误的结果。相当数量的考生三角恒等变形不熟练，答案不能写成最简形式。

又如，绝大部分考生从

$$\begin{aligned}|z|&=\frac{1}{3}\sqrt{r_1^2+r_2^2+2r_1r_2\cos2\theta}\\&\geqslant\frac{1}{3}\sqrt{2r_1r_2(1+\cos2\theta)}\\&=\frac{1}{3}\sqrt{\frac{4S}{\sin 2\theta}\cdot 2\cos^2\theta}\\&=\frac{2}{3}\sqrt{S\operatorname{ctg}\theta},\end{aligned}$$

就得 $|z|$ 最小值 $=\frac{2}{3}\sqrt{S\operatorname{ctg}\theta}$，而没有指出上式中的等号当且仅当 $r_1=r_2=\sqrt{\frac{2S}{\sin 2\theta}}$ 时成立。

有些考生有如下解法：

设点 $Z_1(r_1\cos\theta,r_1\sin\theta)$、$Z_2(r_2\cos\theta,-r_2\sin\theta)$，$\triangle OZ_1Z_2$ 的重心 $Z(x,y)$，则

$$\begin{cases}x=\dfrac{r_1+r_2}{3}\cos\theta,\\ y=\dfrac{r_1-r_2}{3}\sin\theta,\end{cases}$$

$$\begin{aligned}|z|^2&=\frac{1}{9}[(r_1+r_2)2\cos^2\theta+(r_1-r_2)2\sin^2\theta]\\&\geqslant\frac{1}{9}[4r_1r_2\cos^2\theta+0]=\frac{4}{9}S\operatorname{ctg}\theta\end{aligned}$$

$$\therefore |z|_{\min}=\frac{2}{3}\sqrt{S\operatorname{ctg}\theta}。$$

这是一种较为简单的解法，问题是对于 $(r_1+r_2)^2\cos^2\theta+(r_1-r_2)^2\sin^2\theta\geqslant$

$4r_1r_2\cos^2\theta+0$,$(r_1+r_2)^2\geqslant 4r_1r_2$ 和$(r_1-r_2)^2\geqslant 0$,两式同取等号的充要条件是什么,考生几乎都没有交代。

还有相当一部分考生运算失误,审题不仔细,把 θ 作为变量进行了一番无用而错误的讨论。

答卷中的错误,反映了教学中食而不化、消化系统失调的现象是一大病根,必须引起重视。如果对复数这一部分内容,我们能够紧紧抓住复数的概念,复数的表达形式(主要是三角式、代数式),复数的几何意义,复数 $a+bi$ 与直角坐标平面上的点(a,b)的一一对应关系,以及复数的四则运算及其几何意义等基本内容,把它们讲透,使学生真正理解,那么可以肯定,类似今年第五题这样的"中档题"的得分率、及格率一定会有很大的提高。

《江苏教育》1985 年第 9 期

对思维过程进行分析的能力是数学教学能力的核心

张乃达

编者按：一九八四年本刊曾连载“中学数学与思维”的讲座，运用心理学、教育学和逻辑学的基本观点，介绍了中学数学中的思维问题。随着教学改革的深入开展，对思维问题的研究越来越引起大家的兴趣。诸如直觉思维在数学教学中的作用，聚合性思维和发散性思维的特点及其关系，学生思维活动各阶段的特点以及提高思维能力的途径，这些都是大家关注的课题。因此继上次讲座，从本期起我们举办“数学教学与思维”的讲座，对大家关心的课题作深入的介绍，以促进对数学思维和数学教学的研究。

§1 数学教学的实质

数学教学，实质上是数学思维活动的教学；数学知识，是数学思维活动的结果。很早以来，人们就把数学看成是思维的体操，又把数学当作思维的工具（方法），数学与思维的关系如此密切，以至于现代认知学派的创始人皮亚杰认为，儿童学习数学的过程，就是从一种思维结构过渡到另一种思维结构的过程，数学知识只是进行思维训练的“结构材料”。从这种观点出发，可以说，所谓数学教学，实质就是学生在教师指导下，通过数学思维活动，学习数学家思维活动的成果，并发展数学思维，使数学思维结构向数学家的思维结构转化的过程。因而，对数学思维的研究，是数学教学研究的主体；数学思维的发展规律，对数学教学的实践活动具有根本性的指导意义。

§2 数学教师的活动

数学教师在数学教学过程中最重要的活动，就是分析数学思维过程，具体可分三个方面。

1. 根据数学知识结构，重现数学家的思维活动的过程，进而根据中学生的思维特点与水平，制定出学生学习的“序列”。（这就是备课的实质）

2. 指导、调控学生的思维活动，使学生的思维活动与成功的数学思维活动“同步”，以重新获得数学家思维已经取得的成果，并通过这个过程，逐步实现学生思维结构向数学家思维结构的转化。（此即上课的实质）

3. 分析各种数学思维活动的过程，帮助学生发现思维过程中的错误，总结思维

的规律、方法和技巧。(此即答疑、辅导等教学活动的实质)

总之,数学教师是通过自己的创造性思维活动,在数学家的思维活动与学生的数学思维活动之间架设桥梁,以实现二者的和谐与协调。事实上,数学教师在教学过程中的全部活动,包括钻研教材、备课、上课、答疑、辅导、组织考试、批改试卷和作业等等,都是在分析数学思维的过程中展开的。所以说,分析数学思维过程是数学教师在数学教学中最重要的、也是最本质的活动。

§3 数学教学能力的核心

数学教学能力是一个综合的能力。数学知识水平,教育学、心理学素养,表达能力等等都是构成教学能力的重要因素。但是对数学思维过程进行分析的能力却是数学教学能力的核心,也是决定数学教学效果的关键。

所谓钻研教材,实质上就是教师通过对知识结构的分析,根据教师对思维过程基本规律的理解水平,想象出知识结构建立时的思维过程,进而作出适当的教学安排。教师对思维过程的认识,直接影响到教学重点的确定和教学方法的选取。

例如,在一元二次方程的教学中,长期以来把让学生熟练地解一元二次方程当作教学的主要目的,因而就将"公式法"当作重点,让学生做大量的解方程练习。这不仅不能激发学生的学习兴趣,而且不利于思维能力的培养。如果从培养创造性思维和突出数学中的基本方法出发,就会把配方法当作教学重点,突出公式被发现的过程,并不断开辟配方法和求根公式应用的新领域。

对数学思维过程进行分析的能力,不仅对某一学科或某一章节的教学起着重要的作用,而且还表现在具体教学程序的安排上。例如,对三垂线定理的教学,一般都只注意三垂线定理的证明和应用,轻易地放过了三垂线定理被发现的环节,这样既不利于知识结构的建立,又不利于思维的训练。

《江苏教育》1986 年第 1 期

I 与 NO_3^- 能在强酸性环境中共存吗？

王 槐 沈怡文

1986 年化学高考试题中有这样一道题：

有一瓶澄清的溶液，其中可能含有 NH_4^+、K^+、Na^+、Mg^{2+}、Ba^{2+}、Al^{3+}、Fe^{3+}、SO_4^{2-}、CO_3^{2-}、NO_3^-、Cl^- 和 I^-。取该溶液进行如下实验：

(1) 用 pH 试纸试验，表明溶液呈强酸性；(2) 取部分溶液，加入少量 CCl_4 及滴入新制氯水，经摇荡后 CCl_4 层呈紫红色……根据以上实验事实确定：在该溶液中肯定存在的离子是________，肯定不存在的离子是________，还不能确定是否存在的离子是________。

在高考试题评分标准及答案中认为 NO_3^- 还不能确定是否存在。阅卷时部分教师对这个答案提出异议，其理由是：在强酸性条件下，I^- 与 NO_3^- 不能共存，既然肯定在强酸性溶液中有 I^- 存在，那么 NO_3^- 在此溶液中就肯定不能存在，因为 NO_3^- 在强酸性溶液中将被 I^- 所还原。为了更好地说明这个问题，我们进行了实验，并参阅了有关资料。下面就介绍我们所做的实验和对该问题的看法。

[实验记录] ① 取少量 KI、KNO_3 晶体用适量蒸馏水溶解，得无色澄清溶液，再滴加浓硫酸进行酸化，刚滴入时，无明显现象，继续滴硫酸至 pH 值<1 时，溶液逐渐变为棕色。再滴加稀淀粉溶液，立即显蓝色。若用 CCl_4 萃取，CCl_4 层紫色不明显，说明反应中有 I_2 生成，但浓度不大。

② 在此 1M 的稀硝酸中，加入少许 KI 晶体，振荡后，溶液立即显深棕色，用 CCl_4 萃取，CCl_4 层显紫色。若再滴入淀粉溶液，立即显蓝色。说明生成的 I_2 浓度较①大。

在强酸性条件下，NO_3^- 与 I^- 的反应可表示为：

$2NO_3^- + 8H^+ + 6I^- \rightleftharpoons 3I_2 + 2NO\uparrow + 4H_2O$，其中 $I_2 + 2e = 2I^-$ $E^0 = 0.535$

$NO_3^- + 4H^+ + 3e \rightleftharpoons NO + 2H_2O$，$E^0 = 0.96$

电对 I_2/I^- 的电势与酸度无关，而电对 NO_3^-/NO 的电势受酸度的影响较大。如若$[NO_3^-]=1M$，$P_{NO}=1$ 大气压时，根据奈恩期特方程：

$$E = E^0 + \frac{0.05\,q}{n}\lg\frac{[NO_3^-][H^+]^4}{[NO]}$$

$$= 0.96 + \frac{0.059}{3}\lg[H^+]^4$$

$$= 0.96 - 0.079\ \mathrm{pH}$$

由上式可列出 pH 值与 E 的关系表：

pH	0	1	3	5	7	14
E	0.96	0.881	0.723	0.565	0.407	−0.146

从表中数据可知，酸度越大，NO_3^- 的氧化性越强。若以 E 为纵坐标，pH 值为横坐标作图，可得电势 pH 图：

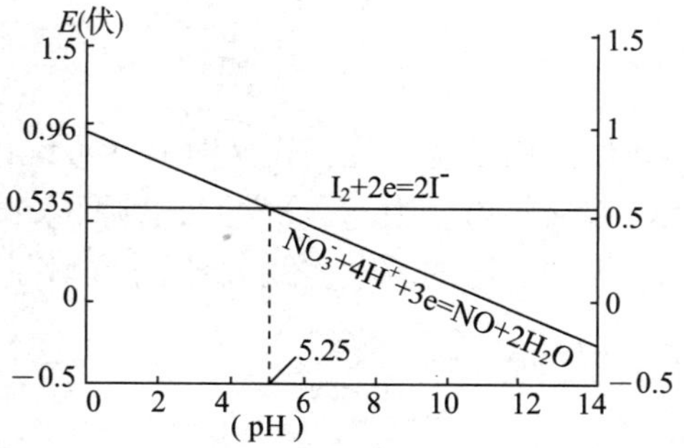

它形象地表示了 pH 值对 E 的影响和问题的全貌。

由两条直线的交点，可看出两个半反应构成的原电池的电动势，当 pH 值 <5.25 时，$E>0$，反应能自发进行，即 NO_3^- 能将 I^- 氧化；当 pH 值 >5.25 时，$E<0$，反应不能自发进行，相反 I_2 能将 NO 氧化成 NO_3^-。此时 NO_3^- 与 I^- 能共存。

根据公式 $E^0=\dfrac{0.059}{n}\lg K$ 可求出 NO_3^- 与 I^- 反应平衡常数 $K=1.53\times10^{42}$，可看出这个反应进行得还相当完全。

从理论上还可根据平衡时$[NO_3^-]$随$[H^+]$变化的关系通过计算求得当 pH 值 <3.25 时，与 0.1M 的 I^- 相平衡的$[NO_3^-]$已小于 10^{-5}M，此时，可看作 NO_3^- 已不存在。

文源·文思·文才
——由王岫庐作文说起

扬州中学 张 铨

王岫庐是一个品学兼优的中学生。她写作文时有话可说,文思比较敏捷,有的文章还斐然可观。从她练习作文的历程中,无论学生、老师、家长或多或少都会得到启发。下面,我就她的作文,结合自己的教学实践,谈谈作文教学的一得之见。

重视主体 开辟文源

巧妇难为无米之炊。有的学生写作文感到无话可说,为了交作业,只好“挤牙膏”。王岫庐写作文时却有话可说,写出的文章总能做到内容充实,文从字顺。“有话可说”和“无话可说”,是文源问题解得好与不好的表现。青少年生活在改革开放的时代,世界风云,国家大事,校园交往,家庭亲情,生活可谓波谲云诡,多姿多彩;论读书,中外书籍,报章杂志,涉猎也不能算少。照理说,文源该不成问题的,但实际情况却存在明显的差异。有的学生对待生活缺乏足够的热情,对周围的事情,熟视无睹,充耳不闻,如身在宝山,两手却空空如也;读书只是“脑子让别人跑马”,浮光掠影,若过眼烟云。难怪他们一到写作文就犯愁。王岫庐的情况就不同:海湾战争,她有话要说,写了《给美国总统布什的一封信》;邻居家小保姆处境不好,她深表同情,写了《琐忆》;中国足球队员不被美元诱惑,她意识到了中国传统美德的力量,写了《金钱与道德》。洋洋洒洒,点化诸子语录,得心应手……看来,作文教学中的文源问题,不能仅仅靠谈作文来解决。要开辟文源,首先得重视作为认识主体的人。应当着眼于人的整体素质,既培养观察能力、感受能力、采集能力,又不忽视品德修养。这样,才能真正解决好文源问题。

启发悟性 拓展文思

文章本天成,妙手偶得之。文章妙手主要表现在写作过程中有悟性。王岫庐是属于有悟性的学生之列。例如,分文科班理科班时,原班组织烛光晚会,她在《烛光晚会掠影》一文中写道:“往日的挚友就要分手,互道一声珍重——今日登上两艘不同的航船,将来又会在同一个港口相遇。”“在班旗上签下自己的理想与姓名,抓住青春时光,为美好的向往而奋进——没有比脚更长的路,没有比人更高的山。”如此写“道别”和“签名”就不同凡响。她把事、情、意化为充满诗趣的形象,熔叙事、抒情、议论于一炉,实中有虚,幻中有真,做到虚与实、幻与真、无与有的辩证统一,这就要靠“神悟”了。一旦神悟,就可以产生联想、想象等心理活动,积极调动起生活的感情的积累,从而使文思泉涌,文章生色。袁枚说:“鸟啼花落,皆与神通。人不能悟,付之飘风。”可见神悟之重要。如何启发学生的悟性,是作文教学中的难点,很值得研究。有人认为悟性很神秘,“随手之妙,难以词喻”。但是杜甫说,“读书破万卷,下笔如有神”,佛教讲“悟道”,申明“悟人乃自功夫中来。”悟性与认真读书和修养功夫有关,这是很有价值的启示。

加强训练　培育文才

尽管古人说“才力本于天赋”,鲁迅还是告诫他的弟弟说“文章得失不由天”,并说他自己的作文是由于“多看和练习”。培育文才离不开多练习,至少要从两个方面着手,一是要“练识”,“练识而成其才”,二是要训练文字表达能力。从王岫庐的作文中不难看出她在这些方面所下的功夫。比如《谈“失败”》这一篇就颇有“识见”。作文先提供了一则爱因斯坦少年时代的故事,大意是:老师对小爱因斯坦的劳作课作业很不满意,批评道,“世上不会有比这更坏的小板凳了”。小爱因斯坦拿出他先前做的两只小板凳后说:“……刚才交的是第三次做的,虽然它还不能使人满意,但总比这两只强些。”要求对这个故事发表议论。形象化的材料往往多义,该从哪儿说起呢?如果对材料没有自己的独特见解,是很难下笔的。可贵的是王岫庐能从故事中敏锐地发现,小爱因斯坦对失败的态度与众不同,于是便抓住“失败”这个话题来议论,显出了她的“识见”。“识者,审择至精之谓。”(林纾)这种高明的选择性就是一种文才,没有历练之功是办不到的。至于文字表达能力,也是靠练出来的,从王岫庐的作文中随处可以找到例子来说明,这里就从略了。总之,作文是多种因素的综合表现,在作文教学中提出“德、识、才、学”的要求,重视主体,启发悟性,加强训练,有利于开辟文源,拓展文思,增长文才。在某个具体教学阶段,可以有所侧重,然而不可以偏废。

1995年《现代写作报》(江苏省写作学会主办)作文教学论文比赛一等奖

注重课堂教学结构的整体性
——改革文言文教学的一点体会

田如衡

文言文历史悠久，演变复杂，文字障碍较多。这是文言文教学中一个突出的矛盾。传统的教法是以教师串讲为主，字、词、句逐一诠释，磨碎嚼烂，喂给学生，固然有利于消化理解，但课文被肢解，内容、形式割裂，破坏了教学的整体性和文学性。学生习惯于听讲，必然影响智力能力的发展。如何根本改变一讲一听的局面，使学生“靠自己的力”阅读课文，获得综合感受、整体认识呢？我以为，改革课堂教学结构，强调预习——评点——研讨——练习等几个教学环节的相互联系、配合与补充，是加强教学整体性的一个重要方面。现分述如下。

一、预习

预习是让学生提前阅读，超前思考，有准备地参与上课的学习活动。教师在指导预习中了解学生的预习情况，更能从实际出发，指导学习。要收到预习的实效，关键在于指导学生“读进课文”。即除了在阅读中“自求解答”，理解所能理解的课文内容外，还能发现并提出问题；然后带着验证自我理解的热望和“追求解决的注意力”上课。

不仅要培养读“进”课文的良好习惯，还要教会从整体上来认识课文的学习方法。如看课文注释，就要指导学生在词中解字，在句中释词，在段落篇章里析句，从相互联系中加深理解。断句，标点，翻译，就要指导学生通读全文，了解大要，从整体上来把握每个部分。特别要指导学生学会寻找带动全篇的关键字句，看准探索文章底蕴的突破口。

二、评点

评点是文言文的一种传统的教学方法。在课堂评点实践中，教师通过启发、点拨、提示等方式，引导学生读、听、看、讲、译等学习活动，与学生共同评点课文，同时辅以必要的讲述、订正和补充。总的要求是从整体出发，从部分着手，把零碎分散的文言词句的教学，贯穿在思想内容这根线索之上，体现文章语言艺术的整体性。这样，整个教学过程自然就带有灵活性、综合性，使学生易于获得完整的印象。

用评点法学习文言文，不仅适合于高中，也适用于初中，关键在于掌握分寸，要求适当,逐渐养成“咬文嚼字”、阅读鉴赏文章的习惯和能力。

三、研讨

在教学过程中,课堂结构的诸因素之间,从人的关系来说,不仅有教师与学生的双向关系,还有同学之间的多向关系。而且人的认识不一,学习领悟总有差异。因此必须给学生共同研讨的机会,以广泛交流,相互补益,发展思维能力。以《与朱元思书》的教学为例。“疏条交映”这一句,课本注为:“稀疏的树木枝条互相掩映。”研讨中有学生提出质疑,认为,互相掩映的枝条既然稀疏,那就遮蔽不住阳光,就应该“时时”见日,而不会是“有时”见日。如何正确理解这个问题呢?讨论中较多的意见是,“横柯上蔽,在昼犹昏;疏条交映,有的见日”这四个分句组成的两个对偶句,前后呼应,在意义上相互交错,彼此渗透,应从词句的内在联系上理解。即“横柯上蔽”、“疏条交映”,是写枝条交映,有疏有密的情况;“在昼犹昏”、“有时见日”,是写日光披照,晦明变化的情况。这交错互补,从整体上来理解,并不矛盾。如果割裂开来,机械地解释,那就不易讲顺。

由此可见,在学生普遍掌握课文的基础上,辅以旨在交流、提高的集体研讨,以取长补短,这决非学生个人单独钻研所可比拟。

四、练习

反复诵读课文,系统整理知识,这是文言文教学的最基本的练习。“阅读总得‘读’”。学过的课文必须反复诵读,才能逐渐培养语感。除诵读之外,将孤立、分散、多次出现过的知识整理归纳,使它结构化、系统化,这种练习,不仅有利于学习记忆,更有利于学习迁移。例如文言虚字“之”在句中常不译的现象,学生有时分辨不清。学习“之视廉将军孰与秦王”(《廉蔺列传》)句中“之”字不译的情况时,就引导学生联系旧知,列举课文中的例句:“师道之不传也久矣。”(《师说》)“宋何罪之有?”(《公输》)“顷之,烟张天。”(《赤壁之战》)“其将归见其亲也,故道为学之难以告之”(《送东阳马生序》)等。通过分类整理,比较辨析,学生不难发现其中的规律:① 用在主谓之间,只起调整音节的作用,不译;② 用在主谓之间,取消句子的独立性,并起强调谓语的作用,不译;③ 用在前置宾语和动词之间,作为宾语前置的标志,不译;④ 用以凑足音节,或表停顿,不译;⑤ 用以指代句中已出现的人、事、物,不译。通过这类练习,学生对所学知识便能获得规律性的理解,并从而形成运用规律解决类似问题的能力。

以上预习—评点—研讨—练习构成一个整体的教学过程。预习是教学过程的开始。学生通过自读钻研,分析理解教材,同时发现问题,这就为课上的顺利感知和领悟创造了条件。评点是讲析教材的主要方式。在教师主导下,学生进一步研习课文,得以整理、印证预习的内容,从而加深领会。研讨是评点的深化。通过研讨甚至争论,有利于独立思考,开拓思路,进一步理解教材,分析和解决问题。练习是落实知识,培养能力,发展智力的基本途径,贯串于教学的始终。教学过程中的各项活动都以不同的形式，从不同的角度给学生以学习实践，整个教学过程就是训练的过程。当然，不要把这个过程公式化，也不要任何一堂课都按四个环节平均用力去做，而应根据不同教材、不同年级的特点，灵活掌握。

《江苏教育》1987年第6期

从一次方程组的教学谈化归观念的突破

江苏省扬州中学　徐　扬

我们选择一次方程组的教学当作直接点明化归观念的突破口,其根据如下:

第一,化归观念确实在一次方程的教学中起着主导作用;

第二,经过一元一次方程等章节的教学,学生已经具备初步建立化归观念的知识基础和思维基础。

一般说来,在突破阶段的教学中,要在利用数学观念解决具体问题的基础上,借题发挥,浓彩重墨地对某个数学观念作正面的介绍,让学生形成强烈的印象。在此教学阶段,教师围绕着观念所作的讲解处于十分重要的地位。下面是我们的教学安排:

一、提出化归观念

分析用代入法、加减消去法解二元一次方程组的解题步骤,得到如下框图:

指出:以上解法都是通过代入或加减的方法,进行消元,将问题转化为一次方程来解决的。

这种将复杂的、困难的、未曾解决的问题转化归结为简单的、容易的、已经解决的问题的方法,就叫做化归方法。这种解决问题的思路,就是化归思想。(这时可以介绍著名的 P. 罗莎水壶问题)

为了便于学生理解,还可以画出框图,表示化归的过程:

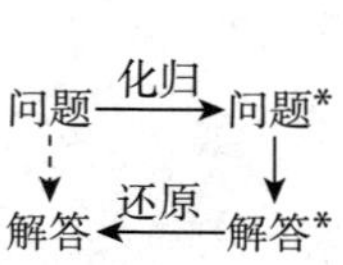

这里问题 *,应该是比原问题更简单的问题。

二、举例

要求学生举出过去在数学学习中遇到的使用化归方法解决问题的例子,并由教师一一加以分析。

如:在解决有理数的运算时,我们借助于符号法则,将其化归为算术数的运算。

在解复杂的一元一次方程时,我们通过方程变形(去分母、去括号、移项等等),将其化归为解最简方程。

在算术中,我们在推导三角形面积公式时,通过拼图,将它化归为求矩形面积的问题,等等。

三、简单应用

要求学生设想解三元一次方程组的方法,得到如下框图:

三元一次方程组 $\xrightarrow{\text{消元}}$ 二元一次方程组 $\xrightarrow{\text{消元}}$ 一元一次方程

并进而得到具体的解法。

《江苏教育》1989 年第 7、8 期合刊

圆周角定理的教学设计

江苏省扬州中学　胡　蓉

通常,圆周角定理的教学程序如下:给出定义——提出定理——证明定理——应用定理。这种教学程序,容易掩盖提出问题和分析问题的思维过程。例如,为什么要定义"圆周角"? 圆周角定理的证明为什么要分三种情况? 针对上述问题,我们在实验教学中,通过一般化和特殊化的方法,提出问题、分析问题,充分暴露了提出问题的思维过程,调动了学生的思想积极性,同时也进一步突出了化归这一重要的数学观念。

一、在圆心角定理的基础上,通过一般化的方法提出问题

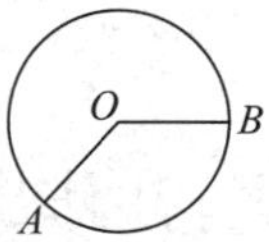

图 1

1. 复习圆心角定理(提供问题背景):如图 1,$\angle AOB$ 为$\odot O$ 的圆心角,则$\angle AOB$ 的度数$=\overset{\frown}{AB}$ 的度数。

2. 一般化提出问题。

如果$\angle AOB$ 的顶点不是圆心,而是任意一点 P,则$\angle APB$ 如何度量? 它能由$\overset{\frown}{AB}$ 的度数完全确定吗? 下面我们来探求$\angle APB$ 的度数与$\overset{\frown}{AB}$ 的度数之间的关系。

3. 分解问题:

根据 P 点与圆的位置关系,可以把问题分成三类,即① 点 P 在圆内;② 点 P 在圆上;③ 点 P 在圆外。

4. 明确问题:

通过作图及教具演示,发现顶点在圆内或圆外时,$\angle APB$ 的大小随 P 的位置变化而变化,因而不能完全由$\overset{\frown}{AB}$ 的度数所确定。(放在后面研究。)

但是,当点 P 在$\overset{\frown}{AB}$ 上运动时,$\angle APB$ 的大小似乎不变,于是我们猜想:

当点 P 在圆周上($\overset{\frown}{AB}$)运动时,$\angle APB$ 的度数完全由$\overset{\frown}{AB}$ 的度数确定。下面我

们设法证明这一猜想。

二、通过化归方法来解决问题

1. 根据圆心角定理,我们可以把上述问题化归为:$\angle APB$ 与圆心角 AOB 之间的关系。

2. 当解决一般性问题有困难时,可以先设法解决其特例:现在考虑圆心 O 在 $\angle APB$ 的一边 PA 或 PB 上的情况。(见图 2)

容易得到$\angle APB$ 的度数$=1.3\overset{\frown}{AB}$ 的度数的结论。这样我们解决了问题的一部分。

3. 剩下来的是把未解决的一般问题化归为已经解决的特殊问题。

我们设法把圆心在角的内部(外部)的情况转化为圆心在角的边上的情况(见图 3、4),连结 PO,将$\angle APB$ 看成是$\angle APO$ 和$\angle OPB$ 的和(或差)。

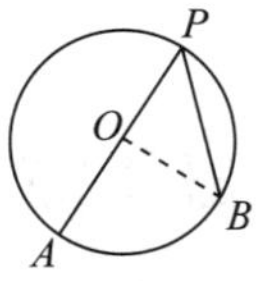

图 2

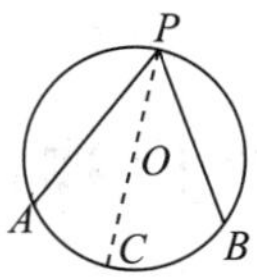

图 3

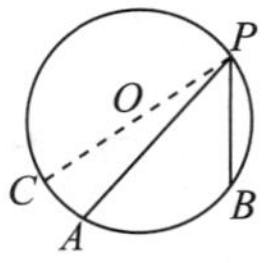

图 4

三、小结(给出定义、定理,并作出推广)

1. (知识方面)我们发现了一类角的度量方法,它的顶点在圆周上,两边都和圆相交,我们把这类角定义为圆周角。上面度量的结论表述为圆周角定理。

2. (推广)进而研究圆外角(或圆内角)的度量方法,让学生在化归观念的指导下,寻求将圆外角(或圆内角)化归为和圆周角有关的角的方法。(略)

3. (方法方面)在提出和解决上述问题的过程中,化归观念起了关键的作用。

以上教学设计完全暴露了数学思维过程,清晰地提示了圆心角、圆周角、圆内角、圆外角的内在联系,同时又突出了化归观念在提出问题和分析解决问题中的作用。因此,学生的学习活动和发现活动就成为有明确观念指导的、自觉的、受到有效调控的(因而是有序的)思维活动,这就是我们实验教学的特色。

《江苏教育》1989 年 7、8 合刊

教学研究从问题开始

江苏省扬州中学的张乃达老师是我省第三批公布的特级教师。张乃达在“思维与数学教学”的专题研究中成果卓著，他于去年出版的专著《数学思维教育学》，受到数学教育界的好评。一个中学教师，为什么能持之以恒地坚持研究工作？他是怎样写出几十万字的理论专著的？本刊记者带着这些问题对他作了一次采访，现将访谈记录整理发表于下。张乃达老师进行教学研究的宝贵经验不仅对数学教师，对从事任何学科教学的教师都有启发。只要大家对他的经验认真研究，结合自己学科的特点和自身的基础加以借鉴，那就不仅仅是一般地提高教学质量，而且在自己的教学研究中也一定会取得可喜的成果。

问　张老师，你是什么时候开始进行“思维与数学教学”研究的？是什么原因引起了你对这项研究的兴趣？

答　我对数学思维的研究是从1982年开始的。说来纯属偶然，1982年我意外地收到了山东省《中学数学杂志》编辑部发出的参加“发现法教学法讨论会”的邀请，这迫使我对发现法教学法作了一番考察。在考察中我发现了一个矛盾的现象。发现法教学法是以发展学生创造性思维能力为宗旨的教学方法，教师在应用这种教学方法时理应让学生进行积极的思维活动。但是在很多作为经验介绍的发现法教学的典型教案中，却明显地存在着掩盖思维过程，为“发现”而发现的现象。很难想象，这样的教学会促进学生思维能力的发展。

问　问题出在什么地方呢？是不是教师不注意发展学生的思维能力呢？

答　照我看基本上不是。不注重发展学生思维能力的数学教师当然有，但是参加发现法教学法实验的老师是知道发展思维能力的重要性的。问题在于他们不知道怎样做才能达到发展思维能力的目的。在教学试验中，他们被发现法独特的教学结构所吸引，在设计教学程序时把注意力集中在对发现法教学程式的模仿上，追求“发现”的巧妙，掩盖甚至取消了学生的思维活动。因而他们的发现法教学是形似神不似！

问　“形似神不似”，这个批评很中肯！这种现象不仅在发现法教学中有，在推广学习各种教学法时都会遇到。

答　正是如此。这使我意识到，教学方法的改革并不能热衷于推广某种教学法，更不能指望通过模仿某种先进的教学方法来收到立竿见影的效果。在数学教改中，重要的是弄清数学教学的规律，特别是在教学条件下思维活动的规律，并且尽可能让广大教师掌握它、应用它。如果不解决这个问题，教学方法的改革就不可能取得预期的效果。于是我转向了“思维与数学教学”的研究。

问　现在看来，这是一个更有意义、更为深刻的课题吧？

答　是这样。我认为在数学教学研究中，敏锐地把握住既有重大的实践意义，又有足够的理论价值的课题是非常重要的。不是有人说“问题是数学的心脏”吗？照我看，这个命题可以推广：“问题是科学研究的心脏。”

问　波普尔认为，科学发现从问题开始，大概也正是这个意思吧？

答　我以为是这样。当我把握住这个研究课题钻下去，带着这样的问题有意识地去进行教学实践活动时，我感到到处都有闪光的材料，脑海中一些新的观点和认识喷涌而出。这样我在1988年写成了《数学思维教育学》。

问　你能简单介绍一下写作《数学思维教育学》的情况吗？

答　《数学思维教育学》是我在1987至1989年间写成的一部系统介绍“思维与数学教学”研究成果的理论性专著。早在1985年我就有写这样一部书的打算，这个想法得到了张孝达先生和欧阳琦先生的支持。1986年在贵刊的支持下，发表了题为“数学思维与数学教学”的系列讲座，为这本书的写作作了准备，1987年应江苏教育出版社的约请开始撰写。

问　你自己是怎样评价这部书的？是否能说它是“数学思维与数学教学”研究的总结？

答　不能这样说。“思维与数学教学”的研究是一个开创性的，具有很大难度的课题，现在还在草创阶段，远不成熟。《数学思维教育学》只是提出了各种各样的问题和一系列的猜想（理论假设），它是否正确，还要让实践来检验、来修正、来发展。

问　《数学思维教育学》有25万字，涉及面相当宽，其中不乏精彩之处，你作为本书作者，能否告诉我们：这本书最有意义的论点是什么？

答　照我看，是它的书名。你可以看出，数学思维教育学不仅是这部专著的名称，还是一门新学科的名称。我之所以把这部书命名为《数学思维教育学》，就是想表明数学思维与数学教学研究的重要性，表明我是把它当作一门崭新的、具有重大意义的新学科来研究的。据我所知，有关数学思维的研究早在“文革”前就有人在搞，但是把它当作一门独立的科学学科来对待，这还是第一次。这本身就可以看成是一次突破——对流行的数学教育学的“三角形结构”的突破。

问　何为三角形结构？

答　所谓三角形结构，就是按课程论、教学论、学习论这三论来建立数学教育学的构想。这种构想得到了不少中外专家的认可，不过我认为它是有缺陷的。这就是它没有给数学思维理论留下一个适当的位置。实际上这个理论不属于三论中的任何一论，而是三论的基础。数学教育学也应该有它的基础学科，这就是数学思维教育学（或数学思维教学论）。

我以为,《数学思维教育学》出版的意义首先并不在于它力图解决一系列重大的问题(我确实是想这样做的),而在于向广大的数学教育工作者提出了一系列问题,提出了尽快建立起数学思维教育学这一门新学科的任务。因为重要的是提出问题,问题提出了以后,总是会激发起解决问题的思维活动。当广大的数学教育工作者都来思考、来实验、来探索的时候,数学思维教育学就有希望成为一门成熟的学科了。

问　最近几年你正在主持“早期发展学生数学观念”的教学实验,这个实验与数学思维教育学的研究有什么关系呢?你们又是如何发现这个研究课题的呢?

答　有关数学观念的研究与实验,是数学思维教育学研究的继续与突破。根据数学思维教育学的观点,对数学教学过程的控制就是对数学思维过程的控制,而数学观念在数学思维过程的监控机制中起着主导作用。因此只有当学生形成了一个较为健全的数学观念系统后,才能真正地掌握学习与思维的主动权。这就形成了早期发展学生数学观念系统的教学实验的构想。

问　这样看来,数学观念的研究确实是数学思维研究的继续,可是又怎样理解数学观念的研究是对数学思维研究的突破呢?

答　在《数学思维教育学》中,我在很多地方都提到了数学观念系统,并强调了它在数学思维过程中的重要作用。实际上,它的作用并不仅仅局限于数学思维活动,正如在《数学思维教育学》中指出的:“在数学思维活动中发展起来的数学观念系统,是使数学教学(育)活动超越数学领域,影响学生整个精神品质,作用于世界观、方法论的一个重要因素。”因此对数学观念的研究是把对思维的研究从“思维”的框架中突破出来的一个重要途径。

事实上,数学活动并不仅仅是数学思维活动,数学思维活动也不能不受到情感活动的影响,不能不受到历史的、社会的因素的影响,这就需要我们从更广阔的背景来进一步探讨数学思维活动的规律,来研究数学思维教育学。这就是说,不跳出思维的圈子,就不可能真正看清思维的面目。

问　说得深刻。这大概也是“不识庐山真面目,只缘身在此山中”吧。

答　有这个意思。当我认识到这一点时,我才猛然省悟到一个道理,这就是数学教育的目的究竟是什么。是学习数学知识吗?是发展数学能力吗?当然这些都是,但还远远不够,数学教育的目的在于促进人的发展,在于提高人的素质,而这首先表现在世界观与方法论的转变上。对数学来说,发展学生的辩证唯物主义观念(数学观念应当是它的一个重要组成部分),是数学教育工作的出发点和归宿。

问　经过你的介绍,我们对你十年来的教学研究工作有了了解。作为一名中学教师,你能不能告诉我,取得研究工作成功的最重要因素是什么?

答　我以为,决定研究工作能否成功的因素非常多,也很复杂,有些也不是我们自己可以把握的。但是所有的因素中,最重要的就在于准确地把握研究课题。

问　有意思。这是否也是“发现问题比解决问题更重要”?

答　是的,选择了一个好课题,就选出了一个好方向,就容易开辟出“工作面”,这是取得成功的必要条件。即使自己遇到了困难,因为课题好,还会有人接着干,成果也容易引起人的注意,容易转化为社会效益。

问　那么怎么样才能选好一个课题呢?

答　这个问题很复杂,选好课题需要有预见力、有灵感。我以为,目前影响我们选好课题的一个重要因素是对自己缺乏信心。很多中学教师有自卑感,因而搞教研没有远大目标,也没有长远计划,东放一炮,西开一枪,满足于发表文章,人云亦云,这当然就不可能取得有意义的成果了。中学教师和大学教师、专业研究人员相比,在时间、精力、设备、资料、交流手段等方面确实处于劣势,但是我们也有得天独厚的地方,这就是我们是教学实践活动的直接参加者,我们始终没有离开课堂。

由于中学教师天天都和学生打交道,天天都在上课、批作业,因此就有可能产生各种各样的联想,激发起灵感,发现很多有价值的问题。对此我有极深刻的体会,课堂对于我们来说,是产生问题的源泉。

当然我们也要充实自己、提高自己,要注意从总的趋势上来把握教学研究的走向,要定期阅读有关刊物上的文章,但是要用怀疑的眼光来审视这一切,否则是会被别人的东西束缚住自己的。我以为,只要我们脚踏实地、实事求是、坚持不懈,总是会取得成绩的。

《江苏教育》1991年第6期

知识成就理想

徐　扬

理想教育是基础教育阶段学校教育的灵魂。随着社会主义市场经济体制的建立和推进,我国的教育改革开放进入了一个全新的时期,西方文化对我国传统文化造成越来越大的冲击。学生的世界观、人生观、价值观同样也受到了极大的冲击和深刻的影响。加强和改进处于基础教育阶段学生的思想教育已成为每一个教育工作者一个全新的课题,一个光荣而艰巨的任务。

学校是以培养"有理想,有道德,有文化,有纪律"的"四有"新人为教育目标,依赖于强有力的思想政治教育作保证。而培养"四有"新人作为思想政治教育的根本任务,其灵魂就是理想教育,首当其冲是"有理想"。它对"有道理"、"有文化"、"有纪律"的内涵与价值取向有制约、导向、规范作用。我们的前辈,为祖国打下江山的革命先烈们,都具有崇高的革命理想和坚定的马克思主义信念、共产主义信念。

胡锦涛总书记非常重视理想教育,2008 年 3 月 4 日在全国宣传思想工作会议代表座谈上发表了重要讲话。他说:"当前最紧要的是在全社会特别是青少年中大力加强中国特色社会主义共同理想教育,帮助广大干部牢固树立中国特色社会主义共同理想,坚定走中国特色社会主义道路的信念,为夺取全面建设小康社会新胜利、开创中国特色社会主义新局面提供强大精神动力。"他强调指出:"用中国特色社会主义共同理想凝聚力量,大力加强共同理想教育,及时把广大干部群众的思想统一到中国特色社会主义的伟大旗帜上来,不断巩固全国人民团结奋斗的共同思想基础。"通过共同理想教育,使全体劳动者和爱国者把共同理想同各自的岗位职责结合起来,同个人的人生追求结合起来,尽职尽责。

中国革命、建设和改革开放的历史证明,只有中国共产党的领导和社会主义才能救中国,只有中国特色社会主义才能发展中国。要深入开展中国革命、建设和改革开放的历史教育,帮助干部教育,帮助为干部群众特别是青少年逐步掌握马克思主义的世界观,了解我国的历史和现状,懂得实现共同理想的困难和艰巨,以树立实现共同理想的坚定信心。

正如胡锦涛总书记在十七大报告中所说:"建设中国特色社会主义的共同力量来自于共同的理想,共同的理想来自于共同的目标,共同的目标来自于共同的认识,共同的认识来自于共同的实践。我们每个人只有既了解了新时期新阶段国家发展的巨大成就,又了解了'基本国情没有变'、'主要矛盾没有变'的实际情况,才能真真切切地感受到共产党好、改革开放好和中国特色社会主义好，从而自觉地树立中国特色社会主义共同理想，并积极热情地为之奋斗。”只要我们牢固树立中国特色社会主义的共同理想，坚定不移走中国特色社会主义道路，就一定能够把我国建设成为富强、民主、文明、和谐的社会主义现代化国家。

2008年12月29日，胡锦涛总书记给北川中学初一(8)班中学生回信，胡锦涛在信中说：“你们原来的教学楼在地震中毁坏了，在党和政府的关怀以及社会各界的支持下，新教学楼正拔地而起。希望你们把党和人民的关爱变成激励自己不断进步的动力，用知识成就理想，用美德塑造人生，长大以后更好地建设家乡、报效祖国、服务人民。衷心祝愿你们在祖国温暖的怀抱中茁壮成长。胡锦涛。”

北川中学的同学们争相传阅着胡锦涛总书记的亲笔回信，兴奋之情难以言表。同学们表示，将按照胡爷爷的叮嘱，好好学习，长大后为建设更新更美的北川奉献自己的力量。

党和国家领导人对青少年的理想教育寄予这么高的厚望，我们从事基础教育的工作者，更要创造性地完成对青少年的理想教育。在班主任的工作中，我一贯重视理想教育。我组织的主题班团活动——“理想畅想曲”，得到较好的收获。在活动中，同学们提出“我们八十年代青年的理想应具备什么样的特点?”同学们畅所欲言：我们的理想应心怀鸿鹄之志，应具有气吞山河的气质；我们的理想应具体、朴实，不能好高骛远，要扎扎实实；我们的理想应扎根于现实，寻求与社会的最佳结合点，扬我所长，避我所短。最后大家总结，深刻懂得“只要对人民，对祖国和人类有利的理想就是好的。”要达到崇高理想，一定要掌握先进的科学文化知识，为中华之崛起而读书。要实现远大的理想，一定要付出艰苦的努力，付出巨大的代价。

同学们展望二十年后相会的喜悦，唱起了《二十年后再相会》的歌曲，憧憬着二十年后重相会的盛况，并为此而努力。别忘了要实现崇高的理想，一定要拥有明天的知识，撒播汗水，实现理想！

八八年高考，高三(4)班孙璘同学以总分633分的成绩，在全省11万莘莘学子中一举夺魁。取得这样的成绩与她的远大理想分不开，与她平时的学习分不开。从初一到高三，我做她六年班主任。八六年，高一时期，她策划、组织和主持《理想畅想曲》主题班团活动。这次活动得学校一等奖。通过这次活动，对她的心灵是一个巨大的撞击，使她深深懂得，实现理想要有知识，要经过踏实、艰苦的学习。八八年高考，时间是七月七日、八日、九日。气温高达四十度左右，那时候学校教室里没有空调，组织上想了很多办法，运采大冰块放在教室里用来降温。在这种艰苦的环境下，这一年化学试卷特难，能考及格的成绩就是好成绩。而她考出99分高分，离满分只差1分。她考入了复旦大学，在大学阶段刻苦学习，成为大学的学习尖子，政治上要求进步，光荣地加入中国共产党，复旦大学毕业后，她考上了美国耶鲁大学读硕士、读博士，从事生命科学的研究，并留在耶鲁大学任教。为了祖国的建设，为了实现自己的理想，用学到的知识报效祖国。她放弃国外优厚的薪金，优越的生活条件，先进的实验设施，毅然决然回到祖国,在复旦大学生命科学院从事教学、研究工作。发表了数篇学术论文,最近耶鲁大学又一次以学者身份邀请她回母校讲学。她决心在未来的日子里,创造出一流的业绩,在科学的道路上勇攀高峰,用出色的研究成果,报答母校,报答祖国。

姚凯卫同学从高一(4)班到高三(4)班三年中一直担任团支部书记。他学习钻研、刻苦,与同学和睦相处,学习成绩优秀。在全国数学竞赛中获江苏赛区一等奖。从扬州中学保送到西安交通大学,后考入浙江大学读研究生。为了实现自己的理想,他考上美国弗吉尼亚理工大学电子工程系攻读博士。现在美国旧金山硅谷,从事芯片电源设计。中学阶段,他政治上要求进步,被作为培养入党对象。在大学里光荣地加入中国共产党。他与孙璘同学都是全年级的学习尖子。在学习上,他们俩比学赶帮,好学上进,持之以恒。在他们俩人的带领下,班级的学习气氛浓郁,整个班级学习热情高涨。理想教育取得了硕果。这个班共有四十二位学生,现有二十六位同学加入了中国共产党,实现了崇高的理想——为共产主义奋斗终身!有十二位同学在国外发展。在国内发展的同学有:朱竞翔(南京大学教授)、潘甦(南京邮电大学教授)、朱宇辉(同济大学建筑学系教授)、王国庆(大庆油田高级工程师)、陈巍(北京林业大学教授)、钱苏扬(上海中百一店高级经济师)、周天舒(华师大教授)、王康(苏北医院主任医师)、李妍萍(西门子公司上海总监)、刘涛(同济大学教授)、冯洋(高级规划师)。

一个有理想追求的人,有利于个人的成长;一个有理想追求的人,能够启迪自己的心志,保持自己的信仰;一个有理想追求的人,能够以难为易,以苦为乐,甚至以死为生。只要我们在基础教育战线上,牢固树立中国特色社会主义的共同理想,坚定不移走中国特色社会主义道路,我们就一定能够把我国建设成为富强、民主、文明、和谐的社会主义现代化国家。

概念要清楚　思路要灵活

扬州中学　方学成

学习物理，首要的是弄懂物理概念，物理规律。每一条物理规律都表达了几个物理概念间的内在联系。要深刻理解物理规律，首先概念要清楚。解题时，要学会从不同的方面去分析、考虑问题的本领，要会灵活地变换思维角度，即思路要灵活。举例来说：

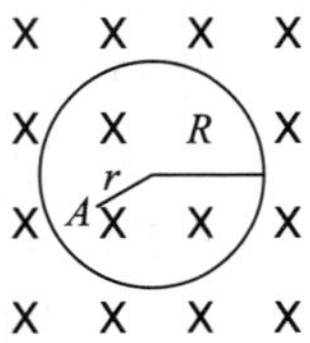

题目：如图表示一个限制在圆柱形体积内的均匀磁场，磁感应强度为 B，圆柱体半径为 R，若 B 的量值以 10^{-2} 特/秒速率减小，当把电子放在 A 点处时电子所获得的瞬时加速度为多少？已知 $r=5.0\times10^{-2}$ 米。

分析：根据法拉第电磁感应定律，可以算出在半径为 r 的闭合回路中产生的感应电动势

$$\varepsilon=\Delta\varphi/\Delta t=\Delta B\pi r^2/\Delta t$$

因为电动势的大小，在数值上等于单位电量在回路里移动一周电场力做的功，所以电动势又可以写为：

$$\varepsilon=M/q=f2\pi r/e$$

因此：

$$\Delta B\pi r^2/\Delta t=f2\pi r/e$$

即 $f=\Delta Ber/2\Delta t$

所以，根据牛顿第二定律可以算出电子所获得的瞬时加速度大小为：

$$a=f/m=\Delta Ber/2m\Delta t$$
$$=10^{-2}\times1.6\times10^{-19}\times5.0\times10^{-2}/2\times0.91\times10^{-30}=4.4\times10^{7}(\text{米/秒}^2)$$

a 的方向向右，与 OA 垂直。

我们还可从另一个角度来考虑。根据麦克斯韦关于电磁场的理论,变化的磁场周围空间产生电场,均匀变化的磁场周围空间生产恒定的电场,即场强 E 是不变的,这个电场作用在电荷上的力为非静电力,这力移动单位电量的电荷移动一周所作的功在数值上等于电动势。由于电动势(ε)和圆周半径(r)已知,所以可以得到同样的结果:

$$E=\varepsilon/2\pi r=\Delta B\pi r^2/\Delta t2\pi r=\Delta Br/2\Delta t$$

$$a=Ee/m=\Delta Bre/2\Delta tm$$

小水珠为什么晶莹透亮?

江苏省扬州中学 方学成

早上下过露水,或者在下过毛毛细雨之后,你到室外去仔细观察一下,就会发现,小草的叶子上面,塔松针形的叶端,晾衣服的绳子下面,有一颗颗大小不等的水珠,亮晶晶,就像一粒粒珍珠。它们是怎样形成的呢?让我们讨论一下。

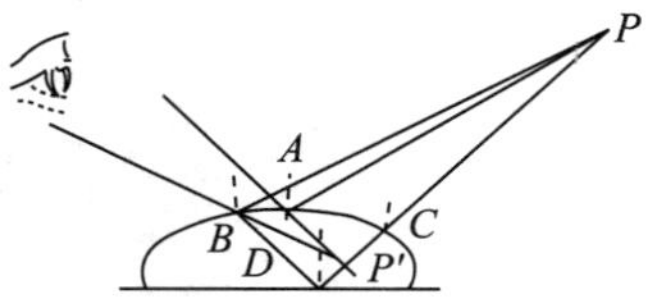

图一

小草叶子上的水珠,由于受重力作用,一般都呈扁圆形。为了弄清它发亮的原理,我们把它拿到室内来,进行实验。用灯光来照射它,我们发现,在水珠内有一个缩小的灯(白炽灯,日光灯都可以)的像,不管灯在什么方向,只要观察角度适当,均可以看到这个缩小的灯的像,你再仔细观察,还会发现,在灯的一侧观察和在灯的另一侧观察像的亮度并不一样,后者更亮一些,随着角度的变化,像的位置也在变化,但均在水珠里面。什么道理?请看一下光路图就清楚了。

图一是从灯的另一侧观察时的光路图。从灯上的某一发光点 P 发出三根光线,分别射到水珠表面上的 A、B、C 三点,PA、PB 经表面反射后,发散开来,反向延长交于 P'、PC 经折射射到水珠内叶面上的 D 点,经叶面反射而到达 B 点,经折射射入人眼,其反向延长线亦交于 P'点,P'就是 P 点的像,同样的道理,从 A 点射入人眼的也有一根折射光线。因为有反射也有折射,所以进入眼睛的光线强了,像也就更亮一些。

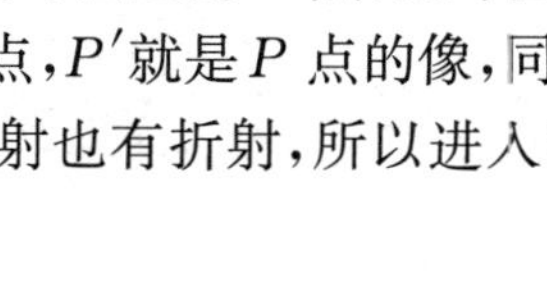

图二

图二,是从灯的一侧观察时的光路图。

入射光线 PA、PB 经表面反射后发散开来,反向延长相交于 P',P'就是 P 点的像,因为仅是反射光线所形成,所以看到的像较前暗一些。

懂得了上面的道理,水珠发亮的道理也就迎刃而解了。明亮的天空可以看成是许多个发光点组成,水珠是立体的,同一个发光点,射到水珠上的光线有许多根,这样得到的明亮天空的像就更亮了。

晾衣绳下面的小水滴为什么晶莹透亮?请看图三:

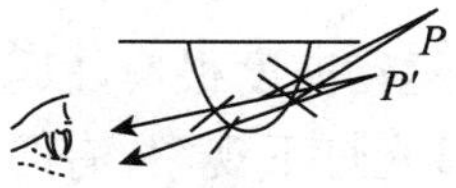

图三

发光点射到水滴表面上的光线,经两次折射,射入眼睛,因为折射后射出的光线是发散开来的,所以看到的是 P 点的虚像。虚像位置在两根折射光线反(原稿缺)

日光灯下的一个有趣现象

江苏省扬州中学　方学成

电风扇在迅速旋转时叶片的运动速度很快，以至于分不清它所在的位置，看上去只是一个模糊的圆形。然而，在日光灯下观察，有时却能看到一个有趣的现象，电风扇好像在以缓慢的速度旋转，叶片位置变化情况都能看清楚，转动方向是顺时针的，也可能是逆时针的。

这种现象是怎样形成的呢？我们在日光灯下做一个实验：拿一支金属杆的圆珠笔，沿水平方向迅速划过，这时，你将会观察到明暗相同的条纹，明暗条纹的宽度随笔杆运动速度的快慢而变化，速度快，条纹宽，速度慢，条纹窄。拿铅笔或一只筷子来做，可以观察到相同的现象。明条纹的颜色与笔杆静止不动时的颜色相同。明条纹的宽度比暗条纹的宽度宽一些。

我们可以估测一下明暗条纹的根数。拿一根约 1 米长的细线。一端拴一只铁螺帽，做成一单摆，手执一端让其摆动，其周期等于 2 秒。重做上面实验，根据 1 秒内手摆动的次数和 1 次出现的明条纹的根数，可以算出 1 秒内出现明条纹的根数大约是 100 根。

若在阳光下做此实验，则看不到上述现象。明暗相间的条纹是由灯光的明暗变化引起的。日光灯通的是频率为 50 赫的交流电，1 秒内电流达到最大值的次数是 100 次。达到零值的次数也是 100 次。日光灯发的光是忽明忽暗地变化的。因为变化很快，平时我们觉察不出来。笔杆摆动时由于视觉暂留的原因，我们便看到明暗相间的条纹了。

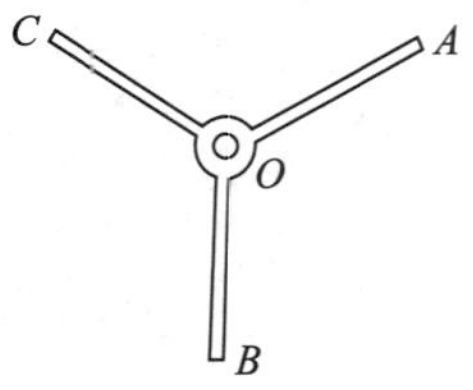

那么，电风扇在转动时，为什么有时我们看上去好像在以极慢的转速旋转呢？这也是灯光的明暗变化引起的。例如：电风扇有三片风叶，两片之间夹角为 120°，转动时，如果观察到风叶似以 5 转/分的转速极慢地转动，则风叶真实的转速就可能是 1995 转/分或 2005 转/分。如图：AO、BO、CO 为三个叶片，互成 120°角，即$\frac{2}{3}\pi$。5 转/分，即每秒转过$\frac{\pi}{6}$弧度，在 0.01 秒内转过$\frac{\pi}{600}$弧度。设电风扇是按顺时针方向旋转的，观察到的转动方向亦是顺时针的。

这$\frac{\pi}{600}$弧度，并不是临近的叶片转过的度数，而是前面一个叶片转过$\frac{2}{3}\pi$还多$\frac{\pi}{600}$。经历的时间正好是0.01秒，于是，可算出电风扇的实际转数n(转/分)。

解得

$$\omega=\frac{\frac{2}{3}\pi+\frac{\pi}{600}}{0.01}=2\pi\frac{n}{60}$$

$$n=2005\text{ 转/分}$$

若观察到风叶是按逆时针方向旋转的，则在0.01秒内。前一个叶片按逆时针方向转过了$\frac{2}{3}\pi-\frac{\pi}{600}$，因此

$$\omega=\frac{\frac{2}{3}\pi-\frac{\pi}{600}}{0.01}=2\pi\frac{n}{60}$$

解得　$n=1995$ 转/分

《高中物理解题方法》一书简介

1. 编者的话

常常有这样的情形:一道题,想来想去想不出一个解答的方法来,无从下手,可经老师一点拨,茅塞顿开,立即会做了;有时候,经过一番努力,也能把一道题目解出来,但很繁琐,花的时间也多,而别人做却十分简捷,迅速得很;听老师讲解一道比较复杂的题目有条有理,一听就懂,可当自己亲手做时,总不那么顺利,可能一做就错。

这是什么原因呢?主要是没有学会分析物理问题的基本方法,没有掌握住思维的规律,没有很好地掌握解决物理问题的一些方法和技巧,所以,解题时花的时间多,收效却不多。

本书对分析物理问题的基本方法思路,解答物理问题常用的方法和技巧,各种类型物理问题的巧妙解法,一一进行了总结、归纳,用适量的典型的例题配合,进行讲解和分析。各种方法后面配有适量的练习题供练习,并有正确答案,部分还有解法指导。例题和练习题里有不少是近两年的高考题,通过讲解和练习,使读者对高考在能力上的要求会有进一步的了解。

物理内容十分丰富,物理问题形式多变,尽管如此,只要我们掌握了分析物理问题的方法和技巧,问题是不难解决的。

贾广善老师对全部书稿进行了认真的阅读和研究,在内容的取舍、例题的选择等诸多方面提出许多十分宝贵的修改意见,使书稿质量得到很大提高,在此致以衷心的感谢。

由于本人水平有限,书中可能有缺点,甚至于错误,敬请广大读者批评指正。

方学成

1995 年 10 月

2. 目录

学法指导:提高课堂效益的重要环节

扬州中学 张发祥

怎样创造一个富有效益的课堂?这是提高教学质量的核心问题。优秀的教师在整体考虑课堂教学的同时,都十分重视对学生进行学法指导。

学法指导具有重要意义。首先,学习方法是课堂教学的内容之一。学生汲取知识的过程,也是学习和掌握一定学习方法的过程。教师传授知识必须同时指导学法,离开了学法指导就无法有效地教学。其次,对学生而言,一定的学习方法,实质上是能力与素质的表现形态。掌握科学的学习方法,就是具有对知识的学习能力、选择能力和创造能力,从更深层次看这是一种素质。学法指导是使课堂教学进入素质教育领域的重要方面。第三,一般地讲,课堂教学的关键是培养学生的思维能力,其实,思维的原生态就是方法,思维素质来自于方法(在学法中形成),又还原为方法(通过方法表现出来)。所以,抓住学法指导也就抓住了课堂教学的重要环节。第四,是否重视学法指导,往往反映出教师的教育观念、教学水平和能力,忽视学法指导,就会导致课堂气氛板滞,重视学习方法的指导,则会提高课堂效益。

学法指导具有多种类型。从层次上看,学习方法具有三个层次:一是具体方法,如数学方法。这是解决某一学科、某一问题的方法,它具有技巧性、操作性、直接性。二是一般方法,如归纳法、演绎法等。较之具体方法有着更多的学科共性,更大的指导性和适用性。三是根本方法,如辩证法等。主要表现为方法论,是方法的深层形态,它虽然不是那么具体和直接,但它规定着学习和解决问题的总方向,具有更大的迁移性和长效性,其一旦形成,就会内化为人的根本素质。以上三个层次的方法相互关联,递进发展,组成学法系统。从特点上看,学习方法又可分为共性方法和个性方法。例如,共性方法中预习和复习的方法,无论怎样,这是学习过程中必须要掌握和做到的方法,否则就不能有效地学习,这对谁都具有共性意义。个性方法因人而异、因地而异。个性方法是共性方法的基础,共性方法是个性方法的概括,两种方法相得益彰。认识学习方法的类型及其相互关系,在课堂教学中,教师就应在加强具体方法的指导基础上,引导学生概括出一般方法,并且在学习过程中形成深层次的根本方法。具有良好学法指导能力的教师,善于推动学生从掌握具体方法发展到掌握一般方法,最终领悟根本方法;同时又引导学生在根本方法的指导下,灵活地运用一般方法和具体方法。

学法指导的教学具有自身的规律。教师掌握这些规律,有助于课堂效益的提高。

学习方法的掌握,服从人的认知规律和能力发展规律。据此,教师在课堂教学中应注重以下环节,以期提高课堂效益。具体说:一要在解题、笔记、听课等课堂教学的各个环节反复训练学生,具有操作性;二要引导学生用心感悟方法,学习方法的掌握是内心体验的心理过程,离开感悟就很难真正把握方法,尤其对根本方法而言更是如此;三是善于指导学生从理性和感性结合上,分析、归纳出符合思维规律的学习方法;四要注意运用典型示范方法,用典型的例题、范文、情境诱导学生举一反三。总之,教师要把学法指导建筑在客观规律的基础上,努力促进学习方法的形成。

综上所述,具有较高效益的课堂,应注意学法的指导,这是提高课堂效益的重要环节。

问题:课堂教学的基本要素

江苏省扬州中学 张发祥

所谓问题,在课堂教学中,按内容一般可分为三个方面:一是教材中提出的理论问题,它往往是教学的着眼点;二是教师在教学中需要处理的教学难点和疑点问题,这往往是教学的出发点;三是学生思想上的困惑问题,教师要从理论和实际的结合上加以解决,这往往是教学的结合点。从整个课堂教学的运作过程来看,课堂教学是以问题为中心展开的,问题是教学的基本要素,认真研究和探讨问题在课堂教学中的特殊地位与作用,对于解除学生思想困惑,培养思维能力,创造积极思考、生动活泼、富有实效的课堂,具有重要意义。

一、问题——学习的心理动力和课堂的教学契机

学生在学习过程中,必然会遇到许多认知问题。这些问题交织在一起,成为学生学习的心理动力和课堂的教学契机。中学生很强的求知欲,时常表现为思想上的困惑感,即表现为问题。正是这些思想和认知问题,驱动学生去追求知识、探索真理,问题是学生学习的心理动力。因此,教师在教学过程中,应当以问题为契机,释疑解惑,完成教学任务。一些课不受欢迎,其重要原因之一,是因为教学双方缺少问题驱动。具体表现在:备课缺少超前性。教师备课对学生思想上的问题和教学中的问题,把握不够;教育缺少针对性。教师涉及的问题与学生思想上的现实问题不对号,理论脱离实际;教学缺少科学性。课堂教学中,回答问题没有说服力,不善于运用问题策略推进教学。

总之,要真正提高课堂效益,必须要抓住问题要素,在教学过程中要有问题意识,不断运用问题促进学生学习,坚持运用问题架设学生通向真知的桥梁。

二、问题——重要的教学观念和教学策略

问题作为教学观念和教学策略,主要体现在以下几方面:

问题是形成正确观念的端点。一般地说,观念的形成,基本遵循问题提出、问题探索、问题解决的思想流程。当教师在教学中,越过“问题提出”和“问题探索”阶段,直接进入“问题解决”阶段时,就会出现学生死记硬背或生吞活剥课本中原理与观点的情形。所以,只有重视问题的发现和提出,积极促进学生对问题的思考,才符合观念形成的认知接受规律。

问题是进入最近发展区的桥梁。教学的过程就是要求不断地切入学生的最近发展区,不断缩短学生现有发展水平与达到目标之间的距离,从而拓展学生心智品质最近发展区。所谓问题,正是学生现有认知发展水平与将要达到认知水平之间的距离。因此,问题教学的实质,就是寻求学生的最近发展区。问题教学贵“切”,即提出问题要切合学生的知识背景、思想现状、思维特点;贵“当”,问题要具体明确,避免出现教师提出的问题大而无当,内涵外延不确,使学生无从下手;贵“精”,教师运用问题应能举一反三,触类旁通。切不可为问而问,流于形式。

问题是启发式教学的内核。启发式教学,实质就是问题教学,没有问题就无所谓启发。在课堂教学中,教师要善于把既定的观点转化为问题,以形成学生学习的动因。注入式教学常常表现为淡化问题、回避问题,使问题淹没在现成的答案中。启发式教学则是借助具有内在逻辑联系的问题系列,促进学生思考,培养学生分析问题和解决问题的能力,因此,抓住问题要素,也就抓住了启发式教学的核心。

三、问题——培养学生优良思维品质的教学基础和发展前提

要促使学生牢固掌握理论,形成科学的观念,就要着力建立学生基本观念与方法相统一的科学思维方式,即培养优良的思维品质。而问题教学正是培养学生优良思维品质的教学基础和发展前提。具体可从以下几方面入手。

强化主体性思维。学生的主体性,首先表现在对问题的积极思考中,在学习上不善于提出问题的学生,从本质上讲,是缺少主体性思维的表现。教师应当不断启发学生在学习中提出问题,独立思考问题,努力运用科学原理与方法分析问题和解决问题。

培养批判性思维。批判性思维是指以提高理解能力为中心,全面认识事物的方法总和。培养学生用批判的眼光观察问题,是引导学生思维进入深层次的有效方法。批判性思维是人的思维素质深刻化的表现。在学习中不断有问题涌现,标明学生思维的深度。

激发创造性思维。激发并培养学生的创造性思维,是教学的高层次追求,也是教育的根本性目的之一。从问题教学出发,培养创造性思维,就应培养学生对事物具有质疑的态度。这不仅是因为对事物的质疑会使学习心理进入亢奋状态,更在于,质疑可以引发学生对问题的思考,深化认识,进而发现和掌握真知。在学习过程中对问题保持敏感和质疑的心态,是思维富于创造力的重要特征。

问题是联接旧知与新知的中介,是沟通教师与学生的桥梁,是学生学习的心理动力和思想契机,是重要的教学策略,问题是课堂教学的基本要素。

形成学习人格:贯穿教学全程的主线

江苏省扬州中学　张发祥

从教学过程论的观点来看,教学过程是在教师主导和学生主体相互作用下,以课堂教学为中心环节、以课前与课后学习为辅助环节的教学发展过程。课堂教学效益与课前课后学习效益有着密切的关联,它们都有赖于学生主体性的参与、培养和发挥。学习过程中的主体性,本质上是整体人格在学习活动中的反映。我们在重视课堂教学中学生主体性作用的同时,还应重视课前课后主体性的发挥。努力形成良好的学习人格,这是贯穿教学全过程的主线。

学习人格是整体人格在学习活动中的表现。如果说课堂教学要重视学生主体性的培养,那么,抓好课前课后学习的关键更应是学生主体性的培养和发展,即学习人格的形成。学习人格表现为学习过程中学生主动发展的主体意识和自觉行为。学习人格一旦形成,就具有稳固性和迁移性,且在学生学习活动中发挥持久的作用。由于课前课后学生的学习不是在教师的面授调控下进行,课前课后学生的主体性处于矛盾的主要方面,学生自我的学习动机、态度、意志、习惯、思维和方法,决定着学习(预习、复习、作业)的效果。只有当这些要素内化为人的素质,形成学习人格,使主体性成为人格的一部分,才会有较高的学习效益。

学习人格是教学的最终目标和发展基础。抓好课堂教学离不开课前课后学生的主体参与。课前课后与课堂教学具有内在的关联:一是知识关联。课堂所学的知识,与学生课前课后的知识准备与积累紧密相关。在课前,学习主体的知识准备愈充分,积累愈丰富,课堂教学获得良好效果的可能性就愈大;二是认知关联。学生的认知是一条环环相扣的接受链,课堂教学是认知的中心阶段,课前课后是课业的预习和复习、巩固与提高的重要阶段。在教学中,这种认知关联循序渐进反复强化,教与学的效益将会有力提高;三是程序关联。课堂教学与课前课后是教学过程的三个发展阶段,教学任务在每个阶段都有所侧重。这三者的有机有序关联的特点要求我们,不仅要重视课堂教学学习主体的参与,还要重视课前课后主体性的发挥。教学的每一发展阶段离不开学习人格的作用,因为这是教学发展的基础。

形成学习人格有赖于系统的教学举措。具体可以从五方面入手。一是激发主体自觉。学生具有积极主动的精神状态和主体自觉性,是学习人格形成的基本内容。被动式的学习,学生并不能自然获得主体资格而成为学习的主体。所有的教育教学信息转化为学生的内在素质,必须通过学习主体的自我努力,这是教育的真谛。特别是课前课后阶段，学生处于相对独立的学习状态，主体的学习态度的自信、学习意志的自律、学习过程的自控、学习任务的自习尤为重要。在教学的发展阶段上，教师引导学生自我教育、自我探求、自我发展，是更高层次的教学状态。对此，教师要通过课堂组织教学，课外加强引导，从根本上增强学生的主体自觉性。二是培养良好习惯。主体性只有经由习惯才能获得巩固而成为人格特质。养成良好的学习习惯，是学习取得良好效益的关键。在独立状态下，学生的学习效率与质量，与学习习惯紧密相关。学生有预习的习惯，就会提高课堂听课效益；有复习的习惯就能巩固课堂所学的内容；有思考的习惯，就能化解面临的问题。良好习惯长期坚持下去，就会内化为学生素质。一般地讲，在课外形成良好的学习习惯，就会有理想的课堂效益。教师把教学着力点放在学习习惯的养成上，是提高课堂教学效益的聪明之举。三是注意内外调控。一方面，教师欲求最佳的教学效果，应当把课堂教学与课前介入和课后延伸有机结合起来，做到内外贯通。在教学的总体安排和微观操作上，有目的、有要求地沟通课堂与课前课后的相互联系。不要忽视或弱化对于学生课前课后的教学指导。另一方面，教师应以课堂为中心，从课前的预习指导和目标提示，到课后的复习、练习、方法指导作出布置，重在训练学生。注意通过检查或抽查的方式，反馈学生的课外学习信息，及时调控学生的主体意识和学习行为。课前课后是与课堂教学息息相关的隐形教学阵地，抓住学习人格形成，调控课前课后，必然有助于课堂效益的增强。四是重视个别指导。课堂实行的是整体教学指导，课堂的授课方式决定课堂教学具有划一性，因而较少施行个别教学。课前课后使学生处于自为学习的状态下，更适于教师对学生进行具体点拨。值得指出，教师的点拨重在主体意识的激发。由于学生个性的差异性，每个学生的主体作用的激发点和表现方式不尽相同，这就更需要教师因人因事予以个别指导。五是发展思维能力。思维素质的培养具有心智意义和人格意义，思维的深刻性、灵活性、独创性、批判性和敏捷性是学生主体性强弱的重要标志。在教学中重视思维能力的培养，有助于学习人格的形成。

总之，在教学中促进学习人格的形成，使之成为教学的主线，将会切实提高教学效益。

发掘文化底蕴:课堂教学的价值追求

江苏省扬州中学　张发祥

课堂教学本身充满了文化的意蕴,文化具有重要的教学功能,学生整体素质的提高是文化涵养的结果;现代课堂教学越发展,越追求文化精神的支持。课堂教学透射着文化精神,课堂教学的根本价值,在于发掘教学过程中的文化底蕴。创设素质教育的课堂,应当对课堂教学中文化的深厚底蕴、根本价值和教学策略进行深入的思考。

底蕴论

课堂教学中蕴含着丰富的文化底蕴。课堂教学的文化底蕴体现在多方面:在教学目的上,它是文化的传递,使科学思想和人文精神内化为学生的文化素质;在教学内容上,它是文化的积累,教学内容应当是优秀文化的集萃;在教学风格上,它是文化个性的显现,教学风格是教学理性与诗性的表现;在教学方式上,它是文化功能的发挥,深层次的教学方法总是注重悟性与德性的教化;在教学主导上,教师是社会的文化代表,承担着学生社会化的责任;在教学环境上,教学氛围是文化底蕴的显现。

课堂教学具有全面的文化内涵。首先,分为浅层和深层两个层次。文科教学通过文史哲等学科,引导学生掌握社会科学的具体知识与方法,理科教学通过理化生等学科,帮助学生掌握自然科学的具体知识与方法。具体的学科知识、技能和方法,是深层文化的符号或代表,这些知识中包容着的价值观念、审美趣味、思维方式和行为规范,是课堂教学内含的深层文化。其次,在内容上,课堂教学的内容交织着科学事实系统和社会(人生)价值系统,共同构成完整的教学文化底蕴。课堂教学的全面文化内涵,规定了教学的基本任务是学生知识建构和人性发展的文化整体性。

课堂教学中的文化底蕴,深藏于学科知识和教学过程中,有待于教师努力发掘和学生认真感悟。

价值论

课堂教学的文化价值是指教学满足学生主体需要所具有的意义。课堂教学只有着眼于文化底蕴的发掘,才能有机地组合教学要素,促进人的自由全面的发展,实现科学与人文、主体与主导的统一,引导学生学会从哲学、历史和审美的角度看问题,使心智的发展与人格的健全相互协调。重视学生的主体性这一教学的根本要素,是因为课堂教学的最终目的是学生主体性素质的增强,这是优良文化向学生的迁移过程,也是主体文化的觉醒过程，即主体性发展的过程。

在课堂教学中，应试教育与素质教育的最大分野，是两者具有不同的文化价值追求。素质是文化属性的规定性，人的素质就是人的文化底蕴。课堂教学使学生获得多学科知识，其中许多具体的学科知识与技巧会随时间而被遗忘，但最终在学生心中沉淀的是文化底蕴，从而形成教育意义上的素质。应试教育最大的弊端在于它的"非文化"倾向，也就是应试成为课堂教学的终极目的，重知识传授，轻能力培养；重智能发展，轻文化积累。当然，应试是不可缺少的教学因素，但它不是课堂教学的终极价值。素质教育最主要的特点，是在课堂教学中以人为本，把知识与技能的培养，不断深化为文化底蕴的发掘和积淀。

发掘文化底蕴是课堂教学的根本价值追求。课堂教学贯注素质教育，就是着眼于学生素质的优良文化积淀。素质是一个教育范畴，也是一个文化范畴。人的素质具有多层结构，不同层次的素质在人的发展中的地位与作用是不同的。知识、技能、方法只是人的浅层素质；价值观念、思维方式和行为规范则是人的核心素质。人的价值观念等素质是人的文化底蕴，在人的发展中具有持久的根本性作用。课堂教学着眼于学生素质的提高，就要注重文化底蕴的发掘和深层素质的积淀。

在课堂教学的价值观上，我们应该进行深刻的反思。班级授课制基础上的教学组织形式，依据课程标准，通过具体而有形的学科知识实施教学，它容易掩盖教学的终极目的。许多课堂教学改革难获成功的重要原因，是没有从教学的文化价值上进行反思。例如，教学中重视思维问题，学会解题技巧与形成思维方式，对于学生素质的影响是截然不同的。

策略论

发掘课堂教学中蕴含的文化底蕴，是提高课堂教学效益，实施素质教育的重要途径。

确立课堂教学的文化价值观。着重树立教学价值观，科学教育与人文教育统一的观念，科学与人文的融合生成的文化底蕴，是教育价值的深层体现；树立主体发展观，着眼于培养学生主体意识，促进主体的文化自觉和自主，这是教育的文明与进步。帮助学生形成正确的价值观和思维方式，使学生终身受益；树立文化积淀观，着眼于人的素质的提高，人的素质是文化的最后沉淀。总之，当我们在文化的高度观察问题，就会更深地把握课堂教学。

实现课堂教学模式的转变。从单纯的知识教学转变到知识与能力并重，是教学模式的重大变化。但是，在素质教育要求下，应当形成"知识、能力、素质"的课堂教学模式。这种模式是以发掘文化底蕴为价值，以创设素质教育的课堂为中介，达到促进学生文化积淀的目的。

研究课堂教学方法的文化特点。文化具有传递性、累积性、选择性和弥散性，课堂教学既需要形而上的操作方法，更需要体察涵泳的文化方法。对浅层知识的掌握可以采用一般技法,但对深层的教学内容,要想有效完成教与学的任务,就要运用文化感悟、情境创设、个性陶冶的方法。在课堂教学中,要重视学生的主体意识、思维方式、个性发展和审美能力的培养。

提高教师的人文素质。教师的文化素质不是单指专业素养,它包括教师的价值观念、道德情操、审美情趣、思维方式和行为规范等人文素质。教师的人文素质以至文化底蕴,是制约课堂教学的重要因素。实践表明,单一的专业水平,不足以优化课堂教学效果;而教师自身的文化底蕴,可以创造高效的课堂。

日本课堂教学考察札记之一

嬗变中的教学理念

张发祥

编者按　二战后的日本，国内一片焦土。然而，在短短50年的时间内日本又一跃成为世界经济大国。对日本的经济振兴有识之士进行了多方面的探索，普遍认为得益于国民的高素质。国民素质与教育的最基本的细胞——课堂有什么关系呢？前不久，扬州中学张发祥同志赴日就其课堂进行了专题考察，从教学理念、教学目标到教学模式等方面进行了广泛的研究，同时还与我国的课堂教学进行了比较，提出了可借鉴之处。现将他的考察札记发表于兹，以飨读者。

日航班机飞越东京湾上空时，我的脑海中就已闪现出久已存在的念头：日本作为当今世界的经济大国，它的基础教育是怎样适应和推进社会发展的？它的课堂教学具有哪些特点？它对我们有哪些启示？听取了日本文部省官员和东京大学、筑波大学教授的介绍，参观了具有不同特色的中小学校，使我对日本的基础教育，尤其是课堂教学的理念有了全景式的了解。并且感受到了日本课堂教学理念以人本为中心的变化趋势。

注重知识、社会和学生三者在课堂教学中的综合体现。通过强化人本教学观念，寻求知识、社会和学生之间的教学平衡点，以修正教学弊端，积极适应社会，促进人的发展。战后，日本实现重建需要大批人才。在课堂教学的价值取向上，长期侧重于知识和社会本位，形成并建立了一套系统的课堂教学理念和模式。日方认为，现今50岁左右的人，在经历过严格的教育后，大都具有强烈的民族意识和团队精神，具有系统而扎实的基础素质，成为日本社会的“工作族”和中坚。但是，随着社会条件的巨大变化，在课堂教学领域，社会与知识价值的提升，人的价值趋向淡化，产生许多严重问题，突出表现在教学对学生个性发展的制约。在我国课堂教学领域中，也形成了比较明显的知识本位倾向。而且在知识本位中，又表现为明显的主智倾向，忽略人的思德、情感和能力的发展。现在看来，这往往是现代化起步较晚的国家容易出现的问题。单纯的知识或社会本位的教学理念，已越发显示出它的局限性。正如日本三重县教育委员会官员中村素启所指出的，在学校教学中，灌输知识，服务社会，最终要体现在学生的发展上。现代化进程中的我国课堂教学，在起步阶段正面临着关于教学本位的困惑。看来，在课堂教学中，以人的素质为核心，使知识、社会和学生三者价值融合，是可行的教学理念。

“自己教育力的育成”是课堂教学的终极价值。日本铃鹿市的铃鹿学校，就把“自己教育力的育成”作为全部教学的目标,赫然写在《教育手册》上,并且形成教学实际步骤。在课堂教学过程中,提出“尊重学生个性,教学自由化”思想,其重心是教师在课堂教学中,克服所谓规格化、一律化的倾向,以利于“自己教育力”的养成。“自己教育力”即自我教育能力,它是学生主体性的基本内核。日本津市东观中学校长认为,课堂教学就是“自己教育力的育成”。他认为学生如果没有自己的思考和创造力,就不能生存下去,光有知识是不能适应已经到来的信息化、国际化社会的。从根本上说,课堂教学所要实现的是使学生具有学会学习的能力。应该看到,国内在课堂教学中,已逐步重视学生主体性培养。但是,对中学课堂来说,明确提出培养“自我教育能力”的理念,内含着主体性的要求,似乎更具操作性。因为,自我教育能力是教学的关键,所有的教学努力,都必须而且只能通过自我教育,完成教学任务。学生的发展,最终归结为自我教学过程中,确立追求学生自我教育能力的形成与发展的教学价值观,就会抓住教学的根本和关键,就会摒弃填鸭式、封闭式的教学方法,进而注重学生的主动学习和能力发展。

探求教学“自由化、民主化、综合化”的模式。在日本东海岸,我们考察了昴学园高中,据说这是日本少有的全方位教学改革实验学校。它是按照新的教学理念组建的学校。学校实行“全寮制”(全寄宿)、无考试入学制、推行“总合课程”(综合课),旨在试行教学新理念。横井正典校长介绍说,自由化是针对日本战后教育形成的管理主义、规格化和中央集权式教学特点而言的,强调教学的改革精神和自由度。在课堂教学中,重视学生的大胆质疑和自由讨论;民主化则是以学生为核心,强调尊重学生人格,促进学生个性发展。在小班教学的基础上,注重师生之间平等的对话式的教学方式;综合化是指在课程方面,适当信息化、全球化、国际化的潮流,适应现代科技竞争和发展,推行综合性课程。在日本三重地区,我们看到了综合课程的教材。例如,《社会》课程,以培养合格公民为目标,集历史、地理和政治为一体,教材内容相互贯通,具有很强的综合性。联想到国内教材的相互分割且十分细致,不禁感慨系之。在考察的学校中,我们目睹并感受到具有融洽氛围的教学情景。我想,这首先应得益于课堂教学理念的更新与转换。面对昴学园高中所实践的教学理念,我感到在教学思维方面,我们应有新的转变。较长时间里,我们的课堂教学过于注重一定条件下形成的模式与规范,并已形成固定的教学观念。而课堂教学处在新的社会环境中,面对的是具有丰富情感和不同个性的学生,我们怎能始终坚守固定模式和不变教条呢!教学的“自由化、民主化、综合化”,是对传统课堂教学理念与模式的新思考。这种教学思想在根本上反映了时代和人的自身发展的要求。

日本战后经济崛起,它的基础教育作出了重要贡献。无论是在东京,在广岛,或是在京都,今天的日本基础教育界十分强调人在课堂教学中的中心地位。作为发达的经济大国,在现代化进程中,表现出明显的人本教学理念,这是值得我们深思的。

《江苏教育报》1999.7.12

日本课堂教学考察札记之二

开放的课堂

张发祥

在日本,我们发现一些中小学的教室,总有一面是敞开的,一条宽大的内走廊贯通了教室之间。起初我们对这种教室布局感到有些困惑。日本铃鹿市一位校长告诉说,这样做意在创造一种“开放的课堂”。我们通过对日本基础教育的考察,深切地体味到其中蕴含的教育理念。这种开放式的教室,已成为日本课堂教学改革的象征。

战后,日本教育形成了“管理主义、规格化和集权式”的弊端。课堂教学所用的教科书要由国家审定,学校无自主权。课堂教学以教师为中心,教学要求“一律化”,导致学生学习态度被动,进而学生的思考力受到遏制。文化学习要背很多知识,形成“以笔记为中心”的倾向。进入八十年代,日本教育界发现,封闭的课堂严重地阻碍甚至扼杀了学生的个性发展,在课堂教学领域提出并实施创设“开放的课堂”的改革:一是开放的课堂体系。促进教材课本的多样化。日本文部省制定了具有时代性和灵活性的课程指导要领,注意吸收当代最新科技发展成果和社会发展要求的内容,强调教学要有国际视野;二是营造开放的教学心理空间。我们先后旁听了东观中学等几所中小学的英语、社会、音乐课,虽然有些语言障碍,但从教师的教态表情、体态语言和师生交流中,感受到宽松和谐的课堂氛围。学生置身这样的“心理课堂”中,心智将会得到很大解放;三是采用开放的教学策略。具体表现在,教学具有灵活性,克服注入式和填鸭式的弊端。注意激发和培养学生的主动性。鼓励学生不怕失败,自己动脑和动手。课堂教学中,注意采用讨论式,使学生在自由的气氛中学习。

日本与我国有着共同的东方文化背景,加之其他原因,基础教育中的利弊有着相似或相同之处,课堂教学存在突出的封闭性即为中日两国共有弊端之一。课堂是学校教育教学的基本载体,是学生学习和发展的心理空间。营造“开放的课堂”,并不在于教室的具体形式,而在于课堂在多大程度上为学生提供发展的教育空间。在较长时期内,我们的课堂教学基本上是内敛式的,存在着教学内容滞后、教学方式封闭的问题。创造开放的课堂,是一项整体性的教学改革工程,关键是实现教学观念的转换。然后在此基础上,通过教学的微观操作,创设开放的教学心理空间。其实是中日两国基础教育领域所面临的共同课题。我们在课堂教学过程中,确有必要拆除封闭式教学这堵无形的“墙壁”!

《江苏教育报》1999.3.23

日本课堂教学考察札记之三

课堂教学目标:创造力生成

张发祥

此次赴日考察,接触了从文部省到地方的教育官员以及校长和教师,他们都异口同声地提出,要对日本教育教学的现状进行检讨。主要表现在提出课堂教学要适应激烈的国际化、信息化社会的挑战;要打破课堂教学中严重存在的"规格化、集权化"倾向,提出把"创造力生成"作为课堂的极重要目标,以培养有创造能力的新一代国民。日本作为科技高度发达的国家,重视在课堂教学中,培养学生的创造力,此举具有时代性和前瞻性。综合考察日本课堂教学,比较我国的现状,主要有以下几点思考:

师生角色的重新定位。观摩日本三重地区的课堂教学,教师在教学过程中,基本是在充任学习的指导者、学习活动的导演者和切磋知识的朋友。有趣的是,我们在教室里,经常能看到许多悬挂着的小条幅和"学习计画表"(计划)。如有个叫吉田的学生写了"有言实行"(即说到做到),并郑重签名于下。这是教师要求学生将自己的学习目标与计划写在上面,以警策和规划自己的学习。国内课堂教学中,教师时常有"满堂灌"的现象,一讲到底,越俎代庖,角色越位,学生思维处于静止或被动状态,学习主体不到位。日本教师要求学生制订学习计划和目标,其实是"目标教学"的具体化,是对师生角色错位的一个调整。这样,学生就可能以创造主体的角色进入学习过程。

科学对待考试以解放学生身心。日本将超量的考试形象地称之为"应试战"。这在我国未尝不是如此。日本同行认为,"应试战"最大的弊病是扼制了学生的创造力生成。因此,日本除了于2000年前,中小学实行"双休制"外,还注意控制考试的数量和深度。与我国一样,日本的家长往往与校方的看法不一,每天放学后,有些家长还要送孩子到补习学校。课内的压力转移到了课外。可见,教育的改革是一个涉及多方面的系统工程。

授人以鱼,毋如授人以渔。日本东京大学藤田教授引用了我国的一句格言,向我们介绍了目前日本中小学课堂教学改革的一个思想。铃鹿学校的一位教师在上课时,采用"跳跃间离教法",即尽可能地省略学习的结论部分,把问题与答案间离开,指导学生学会查找资料,引导学生寻找解决问题的方法。善教者,授人以渔。这是超越国界的教学观念和教学要求。教,是为了不教。学会学习,具有良好的迁移能力是生成创造力的基础。

知识经济时代对课堂教学的一个基本要求，是把创造力的培养作为课堂教学的重要目标。我觉得要实现这一目标，师生角色的重新定位、解放学生身心和引导学生学会学习，是通往创造力生成的有效途径之一。

《江苏教育》1999.4.2

日本课堂教学考察札记之四

日本特色学校的课堂教学模式

张发祥

昴学园高等学校(高中)是日本文部省特意推荐参观的、在日本也是少有的教育教学改革典型。这所相当于我国省属重点中学的学校,只有两年的历史,具有十分现代化的教学设施。但更为引人注目的是这所学校的教育改革思路和课堂教学模式,它反映了当前日本基础教育改革和课堂教学改革的走向。学校实行总合学科制,校内设立必修和选修多种学科,除数理化生外,还有环境技术、情报处理等课程,可供学生自己选择。高中第一年必修课只占百分之二十,高二高三选修课竟占百分之五十强;实行"生徒全寮制",学生全部寄宿以加强集体教育;实行全员推荐免试入学制。在学校整体改革的背景下,努力推进课堂教学改革,在课堂教学中贯注发展学生个性素质、活动能力、合作学习和责任感的教学宗旨。参观和考察之后,对比国内课堂教学的现状,引起诸多联想。

昴学园高中在教学指导思想上,认为教学要从解放学生身心开始,课堂教学要有很高的立意。课堂教学是学校工作的核心所在,切实有效的课堂教学改革,有赖于学校整体改革的烘托和支持。换句话说,课堂教学必须成为学校教育改革的有机部分。该校课堂教学模式具有三点特色:首先,教学"重视面向少数人"。我们一直在强调面向全体学生,但往往忽略了少数人的发展。面向全体学生,关键是重视少数人,因为在实践上,对学习处于中上游的学生教师会自觉地加以重视。提出重视少数人,本质上就是面向全体;其次,推进"体验性学习"。"体验性学习"是指在教学中,引导学生发挥自身学习积极性,以参与者的信念和心态学习。我们仔细观摩了"环境测量"课。第一步,进入问题情境,产生情境体验。教师先提出课题和给出条件,让学生列出环境对人类的消极影响。学生分为四组合作讨论。第二步,各组派一人发言,尝试回答问题。结果只有一个组基本接近正确答案。第三步,教师归纳评说,配以投影和图片。课后与教师交谈,他说,让学生同时体验失败和成功,是求知的原动力。确实,"体验性学习"客观上把学生放在主体地位上,这种教学思路是科学的。还有,"个性发展的教学"。昴学园高中取消了统一着装的要求,以营造个性发展氛围。甚至一些学生将头发染成金黄色,并视为个性发展的表现,教师亦不干预,对此我们不以为然。但是,在教学过程中,教师要求每人至少提出一定数量的问题,鼓励提出自己的观点,允许失误,这确是可取之处。

我国与日本在升学竞争方面情形相似，课堂教学近乎“戴着镣铐跳舞”。但在课堂教学过程中，树立正确的教学观念，研究有效的教学方法，建立科学的教学模式，改善课堂教学效果，却具有重要的借鉴作用。

《江苏教育报》1999.4.13

寻求教育大智慧
——实现由普通教师向教育智者的转变

张发祥

寻求教育的大智慧是许多教育工作者的信念。特别是在当前正在进行的新课程改革进程中,拥有教育大智慧,意义显得格外重要。教育的直接状态表现为传授知识,但它不是教育唯一和最高的目的。教育的更高目的在于启蒙人的思想,培养人的智慧,他要求教师自身必须首先是一个思想者和智者。教师的成长过程,应当是不断实现由普通教师向教育智者转变的发展过程。这里所说的教育智者,是指从事教育教学和学校管理工作,具有独特教育思想的,富有教育创意的教育工作者,既包括教育专家、学科带头人和教育教学骨干,也包括从事教育管理工作的人。没有深邃广博的教育智慧就没有正确睿智的教育行为。教育事业的发展和教师素质的提升需要寻求教育大智慧。

推进教育改革和创新,探索教育发展思路,必须要有教育大智慧。教育改革和发展进入纵深地带,越是需要我们具有更多的教育大智慧。我们所面对的许多教育问题,其复杂性前所未有,是用常规思维所不能深刻认识,用传统方法所难以解决的。这就需要我们具有更多的教育智慧,探索超越常规的教育发展思路。著名企业家、联想集团总裁柳传志曾说:"学一些小聪明、小手段,容易进入小狡猾的这个层次。倘若你只想办小企业,有小狡猾就够了,而办大企业则要形成智慧型的东西"。这句话对教育具有深刻的借鉴意义。搞教育靠小聪明可能应付一时,甚至可以轰动一时,但不能走向本真意义上的现代教育。拥有教育大智慧,可以引领我们在课程改革、体制创新、队伍建设、质量提升中探索具有现代内涵、中国特色、地域特征和学校特点的教育改革发展思路。

应对复杂社会环境,克服教育浮躁心态,迫切需要教育大智慧。教育处于经济全球化和价值多元化的复杂的社会环境。当前,教育浮躁现象随处可见,教育功利倾向比较突出。多元的社会环境,充满诱惑的社会存在,需要我们保持清醒的头脑和崇高的境界,并具有博大的教育智慧。

实现普通教师向教育智者的转变关键要有教育大智慧。我们要实现由普通教师向教育智者的转变,其关键是具有教育的大智慧。是否具有教育大智慧,是普通教育匠人与教育智者之间的根本区别。

我们要在教育改革、办学体制、队伍建设、追求质量问题上摆脱困惑,治理教育痼疾，寻求重大突破，达到更高的教育境界，需要在已经掌握丰富教育常识的基础上，寻求更多和更大的教育智慧。

一、什么是教育智慧

俗话说，智慧比知识更重要。知识和聪明是基于工具性和技术性层面，智慧则是基于哲学思考，超越工具和技术层面。富于教育智慧的教育智者居于智慧层面上。对教育现象的透彻观察，对教育问题的机智处理，其教育思想的穿透力，洞察力，批判力，表现出非同一般的教育智慧。在中外教育史上，在现实生活中，教育智者或者拥有教育智慧的人，思考和应对教育问题时，具有与众不同的思想观念和思维方式。

雅斯贝尔斯[德国哲学家]。他所撰写的《什么是教育》一书充满了对教育的严峻拷问和睿智解析。谈到对教育本质的认识，他认为本真的教育或者说教育的本质，是如何把教育的文化功能和对灵魂的塑造功能结合起来。在这本书里充满了对教育的拷问。他还认为，教育就是陶冶。"一个民族的精神层次是由这一民族的陶冶方式决定的"。① 作者对教育以及教育方式的认识，就比从知识层面上看更接近教育的本质，因而富于教育智慧。

陶祖伟[原北京八中校长]。这位已经去世的教育家，在八十年代后期曾经到过扬州中学。我记得他在询问扬中是怎样对学生进行意志力的教育的问题时，谈到他曾经与本校的一位体育老师的对话：学生为什么要在体育课上练前滚翻？陶校长分析说，也许这个前滚翻在以后用不上，但是他训练了学生的敏捷性和意志力。从一个教学细节看到深层的教育意义，表露了陶祖伟先生的教育智慧。

杜威[美国哲学家、教育家]。杜威倡导的"教育即生长"、"教育即生活"、"教育即经验的不断改造"等教育本质论以及"从做中学"等教学理论，②显示了对教育本质和教育方法的独到理解。虽然，在上个世纪我国思想文化界对其进行了近五十年的批判，亦难以泯灭这句话的真理性。杜威非常简洁的概括，指出了生活与教育的关系，是杜威教育智慧的一个杰出体现。

叶澜[华东师范大学教授]。通常教育学、教学论书本，从连篇累牍地在教学技巧层面研究课堂教学，发展到在教学艺术层面上认识教学，现在提出科学与人文相融合的课堂教学。与众不同的是，她认为学校生活"是学生生命历程的重要构成"，"最重要的是确认生命的整体性和人的发展的能动性"。③ "生命活动"的概括把教育的工具技术要求与科学人文思想内涵上升到生命的高度，从生命意义的高度俯瞰教育以及课堂教学，见识高明，实在是一种教育的大智慧。

李方训[中国科学院院士，化学教授、扬州中学1919届校友]。他说，对学生"路

① 雅斯贝尔斯：《什么是教育》，生活·读书·新知，三联书店。

② 《美国中小学课程结构》科学教育网 2002-05-14 10:52:51。

③ 钟启泉、金正扬、吴国平主编：《解读中国教育》，教育科学出版社 2000 年 10 月版。

不要铺得太平,而是要留一点,让他们自己去筑路”。这句话告诉我们教育不要包办代替,要注意发挥学生的主体作用,引导学生在体验中学习和成长。关于“留一点”的思想赫然闪烁着教育智慧的光芒。

魏书生[辽宁盘锦教育局长、校长]。他说:管理就是把个人的私权给管没了,而有权人给权利小或没有权利的人服务,才是真正的民主。“别人问我是如何管理学校的,其实我都是用的别人的劲,不过就是积极努力地帮别人,当别人的助手,帮他排除障碍,尽力给他搭建舞台。出现失误自己先把责任揽起来,过一段时间再对他讲。如此而已。校长应是为别人服务的,是给老师、学生当助手的,这就决定了我们的决策过程要建立在和别人协商的基础上,越商量我们的助手就越多,到那时你的学校管理就是一种享受。”①谁说魏书生上述关于教育管理的平常话不充满着一种教育大智慧呢!

从以上例证中我们可以深切地感悟到教育智慧的力量。教育智慧具有普适性,指向教育的普遍问题,因此具有很强的指导性。它引导人们善于多角度地看问题,着眼于从全局出发认识和处理事务,能够跳出事物本身以“旁观者”观察事物,能够从未来的高度预测事物的发展趋势和走向。他们善于对事物进行正确的利弊选择,坚持价值与事实的统一。教育智慧难以用知性定义确切表达其概念。这是一种境界,它包括广阔的胸怀、渊博的知识、机智的反映,还包括教育理智、教育意识、教育能力、教育艺术、教育机智等。它是教育感性和教育知性、教育理性和教育悟性的统一。教育智慧至少具有以下特征:

诚实:教育智慧的人格特征。很多人都有一个美好的愿望,希望变得聪明起来,并且拥有更高层次的教育智慧。但是人们时常会忽视最大的教育智慧是诚实,就是尊重客观规律,是沉下心来踏实做事,不浮躁、不虚荣。真诚不一定有好的收获,但好的收获一定要有真诚的付出。只有真诚地付出,才能有真切的收获。

诚实就是遵循教育规律,意味着要做实事。在工作中坚持深度思考,具有高远的行动战略,坚守教育信念,开拓进取。世间得失不在一时一事。现代市场经济环境中,浮躁是我们这个社会最普遍的心态,因为在市场经济条件下,竞争越激烈,人们所受的诱惑也越多。浮躁心态易于使人们偏离教育规律,去追求虚幻的东西。坚守诚实,按照客观教育规律办事,是力戒浮躁心态的有效对策。

诚实就是尊重教育对象。现在一些学校热衷于形象包装或者说教育炒作,实质是缺乏教育诚实。学校行为是教育者人格的行为外化,是学校领导行为的延伸,最终是校长以及教师的教育思想、办学风格的反映。

总之,在智慧内涵中包含了教育诚实,诚实是最大的教育智慧。

学习:教育智慧的途径特征。作家王蒙曾经说过,学习是第一智慧。说第一,意在强调学习之于教师发展的重要性。实现由普通教师向教育智者的转变,必须坚持

① 《中国教师报》2003/12/30。

不懈地学习，学校要成为学习化的组织，教师要养成终身学习的习惯。

学习的重要方式是读书，深入研读经典著作，兼览流行书籍，最大限度地拓展自身的知识视野，使我们的心灵得到净化，教育智慧不能凭空产生，它要靠不断的学习来积累。

学习，特别要注意学习教育哲学，它可以使我们站在更高的高度上俯瞰教育，可以使我们从相当的深度上去解剖教育。

高品质、有素养的教师总是让学习成为一种个人增长智慧的渠道，一种生活态度，一种生活方式，不懈地学习，保持与外部世界的交互作用，获取教育的精神营养和能量，是增强教育智慧的重要途径。

反思：教育智慧的思维特征。智慧的本性是批判的。学会反思，形成对教育问题质疑的习惯，会使我们距离教育真理更近。譬如一名教师不善反思，虽从教数十载，可能只是停留在原点；善于反思，时时思考，不断升华，仅任教数年，无疑是教育生涯的延长和生命质量的提升。反思，是发现教育思想误区，纠正教育行为偏差，突破教育教学局限的重要方法。教育反思属于"元认识"，是关于认识的认识，是关于思想的思想。如果对学校管理和教育教学有所心得，同时富有价值，必然是基于教育现象和问题反思的结果。教育智慧的形成与知识的获得有所不同，知识是具有确定性的认识，是通过外在形式可以获得的；教育智慧属于内在观念的范畴，更多地是要依靠个人的领悟才能获得。教育反思，是一种智力批判性的体现，是人们获得教育智慧的领悟形式。

培养教育反思能力，养成教育反思习惯，是教育智慧的思维特征。例如，如何看待教学质量问题，庸常之见是就事论事。深处去想，应从学校的核心理念上认识，从教育质量的普遍联系中全面把握，这就是关于教育的全面质量意识。进一步说，教学质量，决不是孤立的教学本身的问题，它涉及到教学质量的多方原因和多种因素。质量下降，有内部因素、外部因素、直接原因、间接原因，有教育观念、教学管理、管理体制、队伍建设等等多方面的因素。我们在谈教育对象的素质时，总是要顾及到人的人格、人的习惯、人的综合方面。谈教学时，总是顾及到教育，因为教学问题的本质是教育，关键是师资，抓手是管理。就事论事地说教学，可以在短期内奏效，也可能暂时得益，但不能从根本上提高教育质量。由此反思得出的结论是：教育是全人的教育。又如创办名校几乎是所有校长的宏伟抱负，于是朝于斯，暮于斯，辗转不安，急于求成。殊不知，历史上的名校，在创办之初，只能是从零开始，必须经历艰险探索，艰难历程，逐步积淀，方能成就名校。这说明，名校的发展必须遵循教育发展的基本规律。归结起来，要树立科学的教育的可持续发展观。在现实中，如果学校只倾心于外延扩展，忽视内涵提升，不能做到外延扩展与内涵发展的有机统一，纵使是求成心急，也只能是心向往之，实不能至。智者不惑，是为对反思智慧的深刻解读和高度褒赞。

由此我还想到，教育智慧的贫乏可能不是因为书读得太少，恰恰是因为书读得过多而缺乏深刻反思的缘故。

整合:教育智慧的时空特征。教育现象的复杂性,是因为教育本体和教育过程复杂性决定的。从战略上思考问题,从整体上把握教育工作,从运动中认识事物,需要建立整合思维。

正确认识教育现象,把握教育规律,科学而恰到好处地处理教育问题,必须善于整合各种教育要素,进而对教育产生积极的、有效的影响。

整合思维,无疑属于一种教育智慧。之所以把整合思维归结为教育智慧的时空特征,是因为在认识教育问题时,我们既是居于宏观的思想高度,又从时间发展过程考虑问题,把问题放置于整个教育时空的大背景下思考。教育智慧具有广阔的时空坐标体系。整合思维使我们的教育认识具有较小的局限性和较强的系统性。我们才能获得关于教育工作的完整画面和内在联系,从而不被某些表面现象所蒙蔽。

创新:教育智慧的目标特征。教育智慧如果不与教育创新联系在一起,就无所谓智慧。教育创新是对权威或经典的挑战和怀疑,是对既定教育秩序的否定。创新思维能力包括应对教育事变所需要的教育机智。在一定意义上,教育大智慧是看似违反常规,匪夷所思,其中却蕴含着深刻的道理。所以,教育智慧时常以颠覆教育常态的面目出现。创新是时代的主题,也是教育智慧的根本标志。

教育是智慧的挥发,是对知识的超越。教育智慧是教育的本质和灵魂。教育要培养智慧的人,首先教育者自身要富有智慧。当然达到这种智慧的高度,除了智慧还需要勇气。教育问题的存在反证了教育思想与思路的陈腐。教育质量的危机本质上是教育思想、教育思路、教育体制和教师队伍的危机。因此,寻求教育智慧,推进教育创新,实质上就是理论创新、机制创新、体制创新和文化创新,最终是整个教育的创新。

二、怎样培养教育智慧

一个人或者一所学校的教育水平的高度,就是一个人或者一所学校具有的教育思想的高度,处于教育思想高度最上端的是教育智慧。我们要提升自身的素质水平和事业高度,必须不断丰富我们的思想内涵,努力拥有更大的教育智慧。

坚持教育实践。真正的教育智慧来自于教育实践,并且善于在实践中检验我们的教育主张和行为是否具有客观真理性。实践是我们基层教师最好的财富和最大的优势。实践是教育智慧的源头。前苏联著名教育家苏霍姆林斯基,一生坚持在中学教书,出任校长执掌学校,在实践基础上形成自己独具特色的教育思想。苏霍姆林斯基是真正意义上的“乡土派”教育家,他注重实践,注意对经验的理性总结和思想升华,又在实践中检验教育思想,他获得很大的成功。高等学府中人,有着理论思辨的优势,但是教育,尤其是以实务为主的基础教育,以人为研究和工作对象,离不开长期对人的近距离的观察和研究。苏霍姆林斯基能叫得出自己学校大多数学生的名字,坚持写教育札记,做成卡片,日积月累,出版 41 部教育专著,600 余篇论文。现在所引进或倡导的一些研究方法对于教育实践很有启发意义。如,教育人类学的研究方法,把学生当作一个活生生的对象加以观察和研究;田野工作方法,还有行动研究、案例研究。像是在田野劳动一样,与教育对象零距离接触,既有感性认识,又有理性思考。接触的是教育的原生状态,获得的是鲜活的材料,得到的是深刻的真理。南京师范大学一位教育管理学博士,对浙江一位教育局长进行了七个月的跟踪研究,发现校长的工作状态与常规所说的不同,他发现:一是校长更多的与教育以外的人打交道;二是他的工作具有较大的变动性和无序性;三是他的大部分时间在谈话,谈话成为他的主要工作方式。这位博士下的是"笨"功夫,但是未必不是一种大智慧。因为他在生活原型中,找到了具有规律性的东西,这对于人们了解教育领导干部的工作方式是有启发意义的。不断增加教育智慧,对于教育教学实践具有重要意义。在教育学生的过程中,在课堂教学处理一些具体教学环节的过程中,充满了增长教育智慧的契机和空间,关键是我们是否坚持教育实践,抓住机遇,增长智慧。

注重文化积累。培养和增长教育智慧非一朝一夕所能完成。教育智慧的积累内含着对教育文化的沉淀。教育智慧具有悟性的特点,是以隐性的方式表现,内涵的形态存在的,所谓"草原之草,不见其长,日有所增"。在积累过程中,我们可能比较冷静和寂寞。这是人生的一种境界,也是教育的一种境界。寂寞的人可能处于问题的边缘。人在边缘可能会比较冷静地看到教育问题中心的真实状态。在边缘处思考问题,讲出来的话可能比较客观,比较接近客观真理,至少头脑不会轻易发热。现在一些学校在决策时,为了急于成名,企图在短期内迅速提升自己的知名度。逆教育规律而行,张扬炒作宣传,提升知名度,表现出浮躁的心态。我以为,这是小聪明,缺少大智慧。教育的内涵增长方式只能是渐进的,不可能像盖房子那样在几个月内完成。实践证明,教育的外延可以跨越式发展,教育的内涵发展却只能是渐进式的。渐进,就需要一个累积过程。从文化意义上,这个过程是比较难以逾越的。这就是为什么一些学校可以在短期内兴建起现代化的办学设施,但是,并不就此意味着完成了学校的文化积累。学校文化传统的形成和确认,校园价值的建设和认同,办学特色的彰显等等,是不能随着校舍的竣工而随即树立起来。这也正如曾任清华大学校长的梅贻琦先生所言:"所谓大学者,非谓有大楼之谓也,有大师之谓也。"这里,他强调了文化积累的重要性。

寻求思想碰撞。不同思想的碰撞,是产生教育智慧的重要途径和方法。教育智者以教育智慧成家,非以文字成名。与名人碰撞,与经典碰撞,与同行碰撞,与学生碰撞,与现实碰撞,在碰撞中产生真理,在碰撞中萌生智慧。培养批判性思维,在思想碰撞中吸收、交融和反思,是增长教育智慧的智能基础,也是增长教育智慧的重要途径。思想碰撞的具体形态是:惊异、怀疑,感受、体悟,博览、沉思,说出、倾听,激情、执着。我们每天要应对诸多具体的教育教学事务,但我们还要利用一切机会寻求教育思想的碰撞。超越教育事务常态,分析现象,解析问题,发现规律。教育人应始终伴随着思想碰撞,保有着智慧的不竭源泉。

三、关于教育智慧的几点感悟

教育智慧的培养需要一个过程。这个过程,如前所述,是一个文化积累的过程,是建筑在教育经验基础上不断感悟的过程。拥有教育智慧并不神秘,教育智慧的表现形态至少体现在以下几个方面:

1. 教育智慧的核心是掌握教育辩证法

在教育教学实践中,面临严峻挑战和繁杂的事物,要使我们具有教育大智慧,需要有深邃的哲学思维,运用辩证唯物主义的世界观和方法论,观察和处理教育问题,形成关于教育的辩证法思想。影响我们正确认识教育问题的一个重要思想原因,是看问题缺少唯物辩证法,必然缺少教育的智慧。例如,如何认识和把握考试与素质教育的关系,传统的教学方法与现代教学方法的关系,现代教育技术的运用与中国文化特点的教学方法的关系,运用电脑与开发人脑的关系,教育科研与教育实践的关系等等。这些教育界时常争论不休的问题,运用教育辩证法就会看得比较清楚。在观念上,我们还要消除教育迷信,权威迷信,科学迷信。关于课程改革的一系列的教育理论,作为相对真理,必须在实践中发展,接受实践的检验,课程改革理论永远行进在教育实践的漫长旅途中。在近代中国教育实践和改革史上有个值得一提的现象,真正经得起历史检验的、堪为经典的教育观念和范式,既不是盲目实践的结果,也不是纯学术、纯书宅的产物,许多富于教育智慧的思想和主张,常常是在教育的具体实践中被发现、提出和总结的。许多彪炳历史、真正成功的教育家,多半是集理论著述与教育实践于一身的大师。教育科研不应为了研究而研究,教科研要慎言填补空白,慎言“传统的东西不顶用”。许多教育思想家和实践家想在尽可能短的时间内,成功实现课程改革,为避免浮躁,需要坚持教育辩证法。有人说,现在的教育研究大多郑重宣示成功。这反映了一些教育科学研究本身违背了辩证法,这既不符合事实,也不合乎科学。有人认为,教育应当是快乐的。这个命题对教育只说对了一半,因为教育的快乐始终和教育的痛苦融合在一起。学生对于教育的快乐(愉悦感)产生于教育痛苦之后,或者是伴随着教育痛苦。教育的适度压力、主观勤奋和适度焦虑等,它与教育快乐是如影随形,不可分割的。单纯的快乐,对个体发展有害而无益。只讲快乐而无压力,是误导学生;只讲压力而无快乐是贻害学生,这就是关于教育的辩证法。

教育问题的复杂性不亚于或甚于自然科学,因为教育的主体与客体是人。教育规律的确定性与人的活动的不确定性统一于教育过程中。单凭工具理性难以揭示教育的本质。在教育中,绝对化的结论很少。教育上尽量不下绝对的结论,这是教育智慧。

上个世纪八十年代,有位学者在复旦大学讲座,有位大学生问:中国为什么没有出现爱因斯坦?这位学者(赵鑫珊)认为,我们的教育培养了平面的物理学家,但缺少像爱因斯坦这样的有深沉哲学思想和风格的科学家。① 我以为这个看法还是有一定道理的。一个教育智者，除了经验的积累之外，更重要的在于拥有教育智慧。缺乏教育哲学眼光的教育者，就难以成长为教育智者。

2. 教育智慧是基于常识并对常规的超越

当代教育哲学的特点是返朴归真，"朴"与"真"就是教育智慧。教育圈子里的小聪明，很多情况下，是以违反教育常识显示出来的。同时，在教育实际生活中存在固守教育常规，囿于常识，从而失去教育创造本性的现象。常识的本质特性在于其经验性。教育常识对教育的存在和发展具有十分重要的价值，但是对于教育常识的习惯惰性，成为教育哲学批判反思的对象。

教育智慧往往以常识这种朴素的形式存在着。常识寄寓在平常的教育过程中。课程改革、学校管理、德育工作等等方面，做得不好，是因为没有尊重和坚守常识。例如，远大的教育理想和科学的教育思想，宏大而华丽，但是落实到最后可能就是几个具体的环节。尊重学生的主体性，理论家可能阐述许多，体现在具体实践环节上，就是一个微笑，一句体贴的话语，一个无声的动作，就能鼓舞学生或者激发学生的上进心，这样做的教师就表现出智慧的一面。现在强调提高教育质量，大家都在寻找办法和途径，症结可能是缺乏对教育常识的尊重和坚守。教育史上一些著名教育家(包括著名校长)在办学过程中坚守常识，注重细节，这正是他们的教育智慧所在。有一位校长对学生教育的一个课题是:"学会如厕"。他组织全校学生列队学校厕所外面，学生鱼贯而入，鱼贯而出，现场教育，主题就是学会文明如厕，一点具体，三分幽默，更多智慧！北京一位德育工作者在设定德育目标时，与一些大而空的目标不同，提出学校德育工作以做好"三种人"为主要内容:"做不妨碍别人的人"，"做有责任感的人"，"做有贡献的人"。德育培养"三种人"的提法，为德育工作提供切实的目标和合适的抓手，其实做人的常识，也就是教育的常识。教育常识是防止教育陷入脱离实际的所谓"思想"和"理念"的重要基础。

教育智慧以超越常规的思维方式建构教育的宏观体系和价值规范。为人们提供哲学层面的世界观和价值观，是更大的教育智慧。教育常识与教育常识的价值是相对的。教育常识需要得到重视和遵守，否则，就会导致教育失误甚至事故；教育常规是在既往实践基础上的经验总结，应当得到遵循，但是在新的情况下，或者在变化了的情况下，如果继续固守常规，就会制约教育的改革和发展，这就需要运用教育智慧去打破常规。教育常规是在教育常识基础上产生和形成的。对于常识的尊重和坚守，在一定的条件下，可以保持教育态势的稳定，使教育向既定的方向发展；但是，一味地固守常规，则可能禁锢我们的思想，这是教育智慧贫乏的体现。教育智者处于改革和发展的阶段，往往超越常识和常规，实现更高境界的目标。当今正在进行的新课程改革，蕴含着超越常规的教育智慧，需要我们从中挖掘和体悟新的教学理念、新的

① 赵鑫珊:《哲学与当代世界》1986 年版。

教育关系、新的教学方式。

3. 教育智慧最能体现在对非程序性事件的应对中

我们通常处在一个程序性的教育工作环境中。应对这样的环境,只要有惯性的决策能力就可以了。但是,无论是学校管理、课程改革还是课堂教学,都会遭遇非程序性的状态,如教育教学改革、办学体制的转换、课堂教学中的突发事件等等。这就需要教育者运用教育智慧加以应对,也最能体现管理者或教育者的智慧水平。程序性的处理能力,只要根据学校规章制度,现有的一些条文就可以了。但是还有一些事件就不能简单依靠程序来解决。如,如何调动教师完成某项工作任务或者某项教育实验。人的积极性以及积极性的发挥程度的动力因素是多样的,有物质驱动因素,有精神激励因素,有文化心理因素等等,教育管理者就要根据具体情况,运用多种方式调动教师的积极性。在对学生的管理方面也是如此。保守的管理理念,陈旧的课堂教学模式,多半是以程序性的状态表现和存在着的。在教育教学改革的重要时期,更需要非程序性的决策智慧。打破常规,敢于超越,形成个性,寻求发展。

4. 教育智慧更多地与教育个性联系在一起

一个人的智慧具有强烈的个性化色彩,是一个人所特有的个性特征,在认识和解决问题时表现出特有的思想和方法。例如,在教育发展思路上,如果忽视本地本校具体实际,面面俱到,缺乏针对性,无助于问题的解决,这是教育平庸的表现。教育智慧更多地与教育个性联系在一起,教育个性化本身就是教育的一个重要特征。思维科学认为,面面俱到的思维,属于平面思维和单向思维,它最终导致思维的弱化和智慧的枯竭。追求教育个性化是教育本质的体现,是时代对教育的要求,是寻求教育思路创新的关键。当今教育的一个显著弊端就是教育风格和办学风格没有个性。寻求教育大智慧,就是要追求教育的个性化发展,教师个体(包括管理者个体)应当努力追求个性风格,大胆亮出个性风格,敢于标新立异,勇于开拓创新。面面俱到的文章不耐看,四平八稳的步骤难成气,事事兼顾的做法不讨好,惟有富有教育个性才能异军突起,把教育事业推向一个新的高度。教育个性化,就是办学的着眼点,教学的切入点。人们常说:不求完美,但求卓越。就是对教育个性化要求的智慧应答。当然,形成教育个性非一日之功,需要长期的历炼和不断的积累,我们现在就要有所追求。

拥有教育大智慧,等于是站在宏大和整体的高度看问题,使我们的教育工作具有"王者之气",具有一种与众不同的大气象。教育改革的成果属于在思想和行为上有大气象的人,属于那些经得起诱惑、沉得住气,不跟风,扎根于教育实践,善于思考,勇于创新,具有教育大智慧的人。

实现由普通教师向教育智者的转变,拥有教育大智慧,应当成为我们终身的追求。

(本文系作者在市直学校青年骨干教师培训班上的讲话,并在《扬州教育》刊载)

站在传统与现代的交汇点上
——扬州中学百年办学思想与经验的解读

沈怡文

自1902年清末仪董学堂发端至今，江苏省扬州中学已跨越了整整一个世纪的奋斗历程，这100年来，学校虽数易其名，屡迁其址，历经风雨却始终弦歌不断，生机勃勃，从近代教育的一株幼苗落地生根，进而枝繁叶茂桃李满园，扬州中学的百年奋斗历程恰巧验证了中国基础教育由传统走向现代的艰辛转变和长足发展，解读这一个体的发展轨迹，探索其办学的成功经验或许对当下深化教育教学改革，展望21世纪教育前景有所裨益。

一、以人为本，彰显个性

“突出树人宗旨，努力服务社会”是扬州中学百年办学思想的内核，这与现代教育理论关于教育本质的看法不谋而合：教育是培养人的活动，是人的社会化过程，教育既具有促进社会发展的功能，又首先具有促进人（个体）发展的功能。教育的灵魂是人，回顾扬州中学百年办学实践，正是把促进社会发展和促进人的发展统一起来，通过培养高素质的人来为社会发展服务的。“树人宗旨，百年一贯；以人为本，与时俱进”又是扬中常新而常有生命力的根源，源深则流远，树人堂前的百年辉煌深刻地向我们揭示：作为人的生命发展形态的人格建树和智慧生成，应是一切教育活动的出发点，是一切教育活动的本质属性。

在观念层面上，扬州中学建校以来，历代校训和校歌，历任校领导，都把“树人”放在首位，例如杰出校友、著名现代文学家朱自清先生为省立八中（扬中近源之一）填写的校歌中，就要求莘莘学子“人格健全”“学术健全”“体育须兼重”；30年代，周厚枢校长认为“青年为国家之命脉”、“教育为立国之根基”，勖勉学生“自治以治理”、“自养以养人”、“自卫以卫国”：“不能自治，是品格不立，斯不足以言自养与自卫；不能自养，是谋生乏术，并不足以言自卫与自治；不能自卫，是体格有亏，更不足以言自治与自养。”及至80年代“正直向上，热于求知”校风的确立，这些都毫无例外地把教育定位于以人的发展为本，重视人的自我发展和完善的需要，建树学生丰富而全面的主体性，把学生培养成为社会历史活动的主体，从而推动社会的发展和进步。

在制度层面上，教学课程设置是学校制度建设中的一项基本内容，国家课程标准往往对学生全面发展提出了共同的要求，但不易为学生的个性发展提供足够的时间和空间。扬州中学着眼于时代的要求，把学生身心全面发展和个性、潜能开发作为核心,构建文理兼重、理实交融的学校课程。建校以来重视中国文化和西方现代课程的结合,体现科学精神和人文传统的融合,同时兼顾学生的不同实际,早在20年代就实行各科分班授课,甲组重文,乙组重理,这种分科制开创了全省风气之先,并且引起全国的连锁反应;在分科制的基础上又实行能力编级法,分层次教学;从二年级开始,在必修课以外开设大量的选修课,仅就国文科而言,就设有字源、心理学、修辞学、文学史、应用文、群经大义、美术文、名学、哲学等多门选修课;此外还根据不同学生的发展需要,增设师范科、土木工程科、机电科、女子生活部、同济大学德文班,这样,按照学生的个性特长和学习水平实施不同的课程,为学生的全面发展、个性发展提供了足够的时空。

在文化层面上,扬州中学注重以风气育人,营造高品位的校园文化。古人云:"与善人居,如入芝兰之室,久而不闻其香,即与之化矣。"这种润物无声的熏陶,促其自觉意识觉醒的感悟,绝不同于从上而下、自外而内的单向式灌输和矫正,而是将品德养成看成是学生主动内化的过程,重视学生的主体地位,引导学生体验崇高人格的魅力和道德自律的成就感。作为隐性因素,一大批教师品行高洁,春风化雨,真正将优良品行,陶冶到学生的人格中。"学生与此种优良教师接触,遂默化潜移变更气质,其遵守纪律,出于良心之主张,其服从师长,生于内心之信仰。于是重品格、喜研究、尚服务之学风,亦于无形中养成。"这种影响往往是融入性格,久难磨灭的,如杰出校友、"两弹元勋"之一、中科院黄纬禄院士撰文回忆自己的老师、数学专家汪桂荣先生时,就深情地写道:"他就是这样一心扑在教育事业上,把多教好一批学生,多为国家培养一批人才作为自己应负的重任。他不惜倾注着全部精力,为这光荣的事业奉献终身。这样高贵的品德,永远是我学习的榜样。"

在实践层面上,扬州中学在百年办学实践中能抓住严与宽两个维度,既强调教学要求从高从严,又注意尊重学生的主体性,在严与宽的和谐中,让学生发展全面又彰显个性。扬中教学上的"严"并不是建立在拼命灌输、加班加点的基础上的,学校在教学活动中,历来强调保证学生的主体地位,变"教学生学习"为"教学生学会学习",教师注意激发学生的学习兴趣,注重鼓励学生质疑探索的品质。杰出校友、中科院院士李方训将其生动地喻为"不要将路铺得太平,要留一点让学生自己动手去筑",这样探求的知识往往融入了学生的个性感悟,是融入性格的"大学问"。被誉为"中国植物电脑"的杰出校友吴征镒院士走上植物学研究之路,某种程度上得益于扬中这种以人为本、彰显个性的教育思想。吴老自幼喜爱花木,进入中学以后,老师上生物课,课讲得好,且重视课外活动,带领学生观察植物,采集标本,至高二年级,吴征镒已积累了二百多只标本,就自己学着鉴定,这事让植物老师唐耀知道了,唐老师专门为他在班上举办了一次展览,一时引起轰动,这对一个17岁少年来说,无异于点燃了他一生为之奋斗的理想的圣火,中学毕业后,吴老不顾家人劝阻,毅然报考了清华生物系,从此将植物学作为自己的研究方向,并且成为具有世界影响的植物学家。

总之,"以人为本,彰显个性"是把教育与个体的生命发展结合起来,当我们能读懂教育其实是受教者生命的一种呼唤时，我们或许也就掌握了素质教育的精髓。杰出校友胡乔木同志在为扬州中学谱写校歌时曾把“扬州中学，我青春的摇篮”最终改定为“扬州中学，我生命的摇篮”，这一词之易，却一字千钧，它使我们清晰地看到，教育的对象是“人”，每个学生都是极具生命力的艺术品，尊重个性，尊重主体，也就为我们手中的艺术品找到了灵性。

二、视野广阔，致力基础

“视野广阔，致力基础”，是扬州中学过去百年蒸蒸日上，永葆青春活力的法宝，也是今后扬州中学继续努力的方向。这一指导思想也可以概括为“高”和“低”二字。这里的“高”是指高素质、高水准、高起点、高品位；这里的“低”，是指从小处入手，从实处入手。视野广阔，就需要我们立足点要高，要远；致力基础，就要求我们着眼点要低，要实。只有“高”，我们才能视野广阔，高瞻远瞩，不断吐故纳新，永葆活力与动力；只有“低”，我们才能致力基础，稳打稳扎，不断提升学生的素质，增强他们的后续力。由此也可以看出，高与低并不是矛盾，而是相辅相成的，并与今天大力提倡的素质教育是一脉相传的。因为只有建立在“视野广阔”之上的“致力基础”，才不至于沦为简单的知识传授，也只有建立在“致力基础”之上的“视野广阔”才不至于沦为空洞、缥缈和随波逐流。在此基础上，我们形成了如下的认识：

首先，高素质的教师是教育过程的主导力量，是学校发展当中最活跃的因素之一，名师是名校的基石。

1935 届校友，原华中工学院创始人朱九思在《回忆与怀念》一文中深情地说：“我很怀念我的母校江苏省立扬州中学，因为她办得好……当时的扬中之所以办得好，一个重要的原因是师资很强。”朱先生真可谓一语中的，道破了百年扬中长盛不衰的秘诀。

“山不在高，有仙则名；水不在深，有龙则灵”，同样，对于一所学校而言，建设一支高素质、高水准的教师队伍就是掌握了学校发展当中最活跃的因素；拥有一批德才兼备的名师就为一个学校的“名”与“灵”找到了最生动和最直接的注脚。任用一流的德才兼备的教师，是扬州中学的一贯传统。

扬中的发端——仪董学堂于 1902 年创立，其创立人程仪洛乃光绪丁丑进士，其后的监督王鹏运御史乃同治庚午举人，清末四大词家之一，饱学之士。强将手下岂容弱兵，“延名宿主之，其先后主讲者……皆海内人望也。”近代史学家屠寄，京师大学堂舆地大师桂邦杰，通俗小说家、《广陵潮》的作者李涵秋，著名画家吕凤子，先后执教于此。其后的李更生先生最重视师资，“其教学不力者，悉被解聘。新聘教员，但凭能力，不顾人情”。现代著名文学家朱自清曾在本校任教务主任兼国文教员，国学大师任中敏先生曾在此执鞭。后为海牙国际法庭大法官的徐叔谟先生为民国七年北洋大学第一名毕业生，董伯度为同年南洋大学第一名毕业生，两位毕业后均被聘来八中(扬州中学的前身)任教。

20年代后期,周厚枢先生出任江苏省立扬州中学首任校长,周先生本身就是知识渊博的美国麻省理工学院的博士。他不惜重金(有的月薪高达200元)、不顾区域(远至北京、福建)礼聘了不少著名的学者和有丰富教学经验的老师,语文有孙为霆、范耕研、张震南、胡苑春,数学有汪静斋、黄泰(当时有"长江流域四大数学教学名家,半在扬中"之说),化学有陆静荪,历史有施之勉,地理有万彝香,生物有朱伯吾,外文有《英汉大词典》编修之一厉志云,音乐有音乐家王宗虞,他们都是蜚声学界,名重一时者。"诸位老师授课的艺术各有千秋,而他们的共同特点是热爱教育事业,基本功扎实,备课充分,故能针对不同情况灵活运用,收到良好的效果"。薛天游以教大代数知名,"听他讲排列组合,一口吴侬软语的普通话,辅以必要的手势,如展轻云,如听细雨,简直是一种享受"。

我国两弹元勋、1936届校友黄纬禄在《我敬爱的汪静斋老师》中回忆道,德高望重的汪静斋老师知识渊博,学养深厚,经验丰富,教学有方。他讲课,概念清楚准确,说理透彻精辟,条理分明,逻辑性强,有的放矢,切合学生的实际;语言精练,言简意赅,举一反三,留有余地,让学生思考发挥;讲课声调抑扬顿挫,不疾不徐,主次分明,重点突出,因而在教学中能自始至终紧紧吸引住学生的注意力,促其积极开展思维活动,和老师一同得出结论,把老师的主导作用和学生的学习积极性很好的结合起来。于是,课堂往往出现老师讲得生动、学生学得主动的生动活泼的局面。正是由于学生学习上客体性和主体性协调一致,因而他们的知识、能力和智力都能得到很好的发展。

汪老师不仅教学出色,而且德高望重,赢得全校师生的尊重和爱戴。他潜心教育,刚正不阿,不做官,不谋利,生活简朴,布衣布履,安贫乐道;他教书育人,言传身教,平易近人,循循善诱;他热爱祖国,痛恨日寇侵略,在扬州沦陷的前夕,汪老师异常悲愤,饱含热泪对我说:东南沿海化为战场,抗战将是长期的。他毅然决然,举家西迁,坚持抗战到底。他把全部心力倾注在他所从事的教育事业之中,希望培养尽可能多的人才,为祖国的富强而效力。这样的高贵品质,永远是我学习的榜样。一位一流的老师对学生的影响之大可见一斑,名师对学校的基石作用可见一斑。

解放之后的扬州中学一方面不断广招贤良,另一方面注重培养一批自己的名师,特别是20世纪末,扬中制定了"青年教师培训计划"。"培训计划"有利于培养年轻教师"终身学习"的品质,与今日"学习型社会"相呼应,有利于年轻教师放眼世界,与国际先进教育理念接轨;更有利于"青出于蓝而胜于蓝",为扬中百年优良教风不断注入新的内容。到目前为止,教师队伍中有4人获硕士学位,5人成为省"333工程"培养对象,30多名教师研究生课程班结业,8名中青年教师赴美国和日本等国研修,一大批年轻教师脱颖而出,成为省市教学骨干和学科带头人。

百年来,扬州中学的教育舞台上群星璀璨,光彩夺目。众多名师齐齐汇聚扬中决不是一种偶然。因为学校历届领导都能站在学校教育的制高点上,放眼全局,清楚地认识到教师永远是学校教育过程的主导力量,提高教育质量的核心与关键是不断提高教师的素质,不断激发教师的创造生机和自我完善的能力。造就一支具有时代意识、创新精神和教学艺术高超的高素质的教师队伍,是扬州中学下一个百年不懈努力的目标。名师是名校的基石,他们使名校熠熠生辉。

其次,起点高而扎实的课程建设是学校教学的基础,灵活而有效的课堂教学是实施素质教育的保证。

现代课程论认为,良好的学校课程应具有整体性,为了使受教育者全面和谐地发展,课程内容要素和课程范畴应是完整的统一;课程结构要体现显性与隐性的统一,静态和动态的统一,连续性和阶段性的统一。事实上,从课程结构上看,目前我国中小学最突出的问题是单一化,学科课程和必修课程模式主宰中小学课程结构。针对这一问题,不少地方进行研究和实验,采用必修、选修、课外实践活动三大组块设置课程,运用分科联合型、学科渗透型、综合技术型实现科际联系,开设灵活多样的选修课,建立完善的实践活动体系。而这样的课程结构早在百年前扬州中学草创之时便已经确立,必修为主,必修课、选修课、劳技课和课外活动相结合的课程结构设置是扬州中学百年来一以贯之的传统。这种课程设置,既重视个性发展,又重视社会需要;既重视科学精神之培养,又重视人文品格之熏陶。

20 年代,李更生先生出任校长,扬州中学又翻开了她辉煌的一页。李先生在课程改革方面作出了重大举措:课程分必修课、选修课,甲乙两组的必修课、选修课区别对待,且随年级的增加区别愈明显。选修课总数竟达 38 门之多。仅以甲组为例,第二学年课程中分必修课、选修课和体育。必修课包括修身、国文、英文(读本、文法)代数、历史、地理、理科(化学、植物)。选修课包括图画、用器画、化学实习、国文(字源、心理学)、英文。体育包括普通操、兵式操和国技。第三学年必修课增加了法制、东亚各国史和西洋史、物理,选修课增加了修辞学、文学史、应用文。第四学年必修课增设了经济、社会学、英文会话、尺牍,选修课增设了美术文、名学、哲学、法文读本与文法。

30 年代,周厚枢校长更是广设选修课,课目达 40 余门,并且课程高标准。无论选修必修,教学程度均超出部颁标准,教学进度均比厅定"教学进度"快半年至一年;教材多以适应教学需要为标准,高中数理课本多采用外文原版书,倘无切合实用的,学校教师则自行编印。"当时,扬中的功课是有名的难和深,几乎将大学的课程提前,这使学生在求知欲旺盛的时期,扩大了知识面,开阔了视野,促进了追求,培养了理想"。这种灵活严谨的教学风格换来了丰硕的教育成果,育就大批英才,如杰出校友、中共中央总书记江泽民同志在 1943 年读完高二以后,即跳级考入中央大学就读,成为一时佳话。

为了扩大学生的视野,学校还不时邀请国内外学者和校友来校讲学,介绍国内外多种新知识及学术研究的动态。1935 届校友、学部委员谢义炳回忆到,"虽然是通俗的,却有启发性,冲击了我的定势思维。这也许是我在高中毕业后,背离了以进交大为荣的传统,选入清华理学院的原因之一"。

扬州中学的课程深,考核严,但学校生活并不单调呆板,而是生动活泼的。学校下午只安排两节课，其余时间为课外活动。设置了多种多样的课外活动，如书法、绘画、唱歌、摄影等，学生根据个人的爱好，自由选择参加，以此陶冶性灵，发挥特长，更全面健康地成长。学校建了铜管乐队，聘请专家指挥与辅导，又组织了课余的油画小组，也有专家辅导。还先后成立过武术研究会、摄影研究会、昆曲研究会，皆礼聘社会上的名家，并有本校老师指导。“笙箫杂陈，锣鼓喧天，颇为热闹，其乐无穷。缅怀往事，为之神往”。

进入20世纪90年代，学校领导在分析了时代特点和时代对人才新要求的基础上清醒地认识到，课程绝不仅仅指课堂教学，它包含了学校提供给学生所有的教育教学内容；课程的功能也绝不仅仅是传授知识，它应该是使学生学会做人，学会求知，学会劳动，学会生活，学会健体，学会审美的中介与途径，要使学生得到全面和谐的发展，必须通过高标准的课程结构模式来全面提高学生的素质。扬州中学进一步确立了以必修为主，必修课、选修课、劳技课和课外活动相结合的课程结构设置。

首先，开设了文学欣赏、美育基础、音乐、素描、微机、无线电、创造教育、数理化史地等选修课。选修课内容涉及文史哲、数理化、美学、心理学、教育学和当代最新科学技术。选修分必选和自选两类。

其次，大力加强劳动技术教育，根据本校实际从初一到高三，开设了工艺制作、食用菌栽培、编织、刺绣、篆刻、机械制图、英文打字、钳工、缝纫、摄影、烹饪等劳技课。一件件的工艺制作，一幅幅的制图作品，一个个棱角分明的铁榔头，一张张铺满英文字母的打字纸，琳琅满目的编织、刺绣、缝纫作品，雨后春笋般生长的食用菌，在学生手中诞生，劳动技能从中得到发展，智能在手脑并用中得到开发，更重要的是热爱劳动的品格从这里形成。

再次，丰富多彩的课外活动的开展，为学生学习素质的全面提高打下了基础。课外活动的自主性、趣味性、科学性、实践性、大力发展了学生的兴趣爱好，在基础知识和实践的结合中，开发了智力，陶冶了情操。

回顾百年扬中的课程设置，我们更清醒地认识到，必修课程与选修课程相结合；在选修课程中，必选课程与任选课程相结合，这是动态平衡的课程类型。选修课程不是必修课程的陪衬，更不是附庸，选修课程与必修课程具有同等的价值。在一定意义上讲，选修课程对于学生的个性发展，对于分流的实现，有着更重要的作用。这种认识必将指引新世纪扬州中学的办学方向。

高起点高标准的课程设置还需要课堂教学来具体实施。百年来，扬中坚持进行教学方法、教学手段和课堂教学的整体改革以及教学模式的研究。各学科既重视兴趣的培养，又重视学习方法的指导和学习能力的培养，能结合本学科的特点进行启发式教学，老师讲得生动活泼，学生学得兴趣盎然。

以高中语文教学为例。在教法中明确，“国文教学，力求避免注入式及讲演式之方法，务使学生自动解决讨论所学之材料”，教者应“多予学生以质问讨论之机会”，“要指示学生自动研究的方法、材料及工具”。这种在教学中创设一种类似于学术(或科学)研究的情境,通过学生自主、独立地发现问题、实验、操作、调查、信息搜集与处理、表达与交流等探索活动,获得知识、技能、发展情感与态度,特别是探索精神和创新能力的发展的学习方式和学习过程,就是今天我们所大力提倡的探究性学习。再如汪静斋先生,布置作业以复习巩固所学知识和练就解决问题的基本技能为主,并配备适量的训练思考能力的问题。他常说,难题是数学上的装饰品,不是必需品,只要牢固掌握基本知识和练就解题的基本技能,具备了较强的思考能力,就有了解决难题的"万能钥匙"。

21 世纪的教育必须着眼于学生潜能的唤醒、开掘与提升,促进学生的自主发展;必须着眼于学生的全面成长,促进学生认知、情感、态度与技能等方面的和谐发展;必须关注学生的生活世界和学生的独特需要,促进学生有特色的发展;必须关注学生的终身学习的愿望和能力的形成,促进学生的可持续发展。要达到这样的目标,就必须促进学生学习方式的变革。我们倡导的新的学习方式,是自主学习、合作学习、探究学习的学习方式,而研究性学习则是这几种学习方法的综合。研究性学习突破原有学科教学的封闭状态,把学生置于一种动态、开放、生动、多元的学习环境中,它改变的不仅是学生学习的地点和内容,更重要的是提供给学生更多的获取知识的方法和渠道,使他们在自主学习、自主探索中获得一种新的学习体验。研究性学习给了学生更多的自主权和选择权,使学生的潜力得到充分发挥,学生在课题研究中涌现出不少奇思妙想,用科学、创新的精神去学习、探索成了学生最大的乐趣。主体性发展应是教育教学的终结价值。

再次,立意高远而又务实的教科研是学校可持续发展的强大动力。

扬州中学的百年,是"不断的力谋改进"的百年。李更生先生认为,"一切新者必胜于旧,谓旧者为固定为保守,新者为生动为进取","对于新教育提倡试验,惟恐后人"。故在学校建设的各个方面,如"能力分组教学问题、男女分组合组学习问题、学生课外活动问题、教训合一问题、教训童合一问题、教训军合一问题、科学教学方法之改进问题、成绩展览及抽调成绩问题、第二外国语教学问题、职业科及普通科合设问题、女子生活教育问题、女子家事教育问题、女子家庭生产与职业等实际问题等之研究,以及各教师对于各科教学教法之研究,无不殚精竭虑","总不断的带少许活动,谋教育上新的试验","凡试验收有实效的结果,即图贡献社会,以供国内同等学校参考"。立意高远的教科研,使扬州中学长盛常新,永远充满生机与活力。

怀念前贤,我们感到自豪;继往开来,我们更感责任重大。在日新月异的现代社会,不关注时代对教育的新需要,不搞教育教学研究,不注意学习现代教育理论,不致力于课堂教学改革,要想真正提高学校教学质量是很困难的,对于扬州中学的可持续发展是极为不利的。于是全校上下掀起了一股教科研的热潮。一方面,学校组织全校教师认真学习,了解代表当今最先进的教育教学理念与教育教学方法;另一方面,学校聘请北师大博士生导师林崇德教授、南师大特聘教授滕守尧等一批专家学者来校作专题报告,全面提升全校教师的理论水平和教科研能力。终于确立了 1992 年第一个课题——“系统开展学科思维教学研究”在江苏省教科所立项,并开始实验研究。经过三年艰苦的研究与实验,1995年该课题通过了由北师大发展心理研究所、江苏省教科所、南京市及扬州市教科所专家组成的评审小组进行的中期验收。1996年该课题被批准为“全国教育科学一九九五规划国家教委重点课题”,2000年4月通过了由中央教科所、省教科所专家组织的结题验收。专家们对课题的研究给予了高度的评价,并建议在更大范围推广。

面对即将到来的新世纪,人类还必须关注自己的精神家园,关注人类自身未来的发展,关注民族新生代的整体素质。肩负着这种历史责任,怀着对美的追求,扬中人矢志于探索按照美的规律“塑造全面发展的人”的教育模式、教育途径与教育方法,1997年“中学全方位系统化实施美育的途径与方法的研究”课题应运而生,1999年该课题被确定为国家教委重点课题。2000年通过了有关部门专家组的中期验收。进入“十五”后,一批新的省市级科研课题已经确立,“综合性课程的研究”、“科学与人文精神相互融合的学科教学”等三个课题已在省教科所立项。

一所中学,同时承担了两个国家级科研课题,这在全国是少有的。学校之所以不遗余力地致力于教科研,是由于认识到教科研对提高学校品位,保持学校的可持续发展有着不可估量的作用。

“然世之从事教育者,每多为研究报告,作文字之夸耀,仅为纸上空谈而已。”当然,浮华和哗众取宠不属于扬州中学,“务实”才是扬州中学的本色。对于学生,“无论高初中一切科学教学,悉注重学生自行实验、实物观察及问题研讨,在学术上养成其实地试验,及客观研究之习惯及态度,在品格上养成不浮夸、不躁进、虚心实做之精神,并在本校内树立脚踏实地、实事求是之朴质学风,以期改良社会之风气”。对于教师,强调“实验研究教育事业应随时代之需求而谋其进步”,强调教科研必须立足于教育教学,必须服务于教育教学。“本校则埋头实做,不尚宣传……一旦研究得有结果,凡在本校可以试行者,必予以实施,其试行有成效者,必公诸社会,俾得推行全省,甚至普及全国”。

最后,高品位的校园文化是扬州中学德育工作的春风春雨。

最简单、最原始的学校管理和德育工作,就是制定一系列可操作的规章制度,这虽在一定程度上确实能起到某些效果,且有时效果似乎还很明显,但这种来自外部的强制性的他律,往往只能起到一时一地的作用。而扬州中学在悠久的办学过程中,逐渐认识到,应“让学校成为寻求新意义的所在。我们必须为不同年龄的学习者创造能给他们的探索性和创造性以动力、时间和支持的学习场所。必须把我们的学校看成是能动的、自我适应的、自我组织的系统”。高品位的校园文化正是实现这一目标的春风春雨。

在扬州中学90多年的历史上,创造了恢宏阔大、古朴典雅、风格独特的校园环境,孕育了璀璨辉煌、深厚高雅的人文环境,形成了独具魅力的校园文化传统。校史上就有“人格健全、学术健全。自治自动、体育兼重”的文化传统。这些传统,是丰富的校园文化资源，更是学校宝贵的教育遗产。古人云："与善人居，如入芝兰之室，久而不闻其香，即与之化矣。"从某种意义上讲，正是扬中深厚而独特的文化氛围培养、教育、感化了一代代人才。扬中之所以闻名遐迩，人才辈出，人们所景仰的乃是其浓厚的校园文化氛围。我们深切地感到，高雅的文化氛围一旦形成，对中学生将具有独特的"场效应"，也将大大提高德育工作品位与效率。

三、服务社会，成就自我

扬州中学从建校之初就一直坚持努力服务社会的办学方向，按照时代和社会的需要培养人才。李更生校长鼓励学生"异日致力社会"，周厚枢校长勖勉学生"辉煌起中华民族万丈光芒"，这种先进的办学理念是百年扬中历尽沧桑而青春依旧的根本所在，也是名校为社会输送大量杰出人才和高素质的劳动者的基本保证。我们知道，办教育的最终目的是培育人才，社会是人才的最终归宿，而社会对人才的要求是多方面的，不仅要求其有相当的知识积淀，还要求其具备一定的社会实践能力和社会适应能力，与之相对应，学校不能培养只能纸上谈兵，坐而论道的"空头理论家"，更非"四体不勤，五谷不分"的旧式腐儒，他们应当能融入到社会的进步过程中，在其中发挥其最活跃的能动作用，无论他是社会的精英俊杰或是普通一员。所以，在办学的过程中始终关注社会发展，了解社会需求是学校树人工作中不可忽视的重要方面。而对于人本身来讲，个体只有适应社会的需要，才能真正体现价值。学校其实就是学生走向社会前的预演舞台，良好的培养、熏陶使学生迈向社会大舞台时不会感到极不适应，手足无措。事实上很多扬中学子进入大学和走上社会后，都能轻松应付，他们在一些谈话和文章中把这归功于在扬中所受的教育，华中理工大学的创办者朱九思甚至认为自己办大学的思路亦来自于在母校所受的教育。当然，使他们成功走上社会的因素其实是多方面的，但良好的中学教育确实对学生顺利实现角色变换影响极大。下面我想就扬州中学在帮助学生努力服务社会，成就自我价值方面的主要经验作以下几点说明。

（一）既培育精英俊杰，也培养高素质劳动者。

在扬中的辉煌历史进程中，诞生了大量的学界、政界名人，如朱自清、胡乔木、黄纬禄等，这所学校在承担培育英才方面可谓成绩斐然。高起点的办学理念，高素质的师资队伍，高品位的校园文化都是人才辈出的重要因素，可以毫不夸张地说，扬中学生在求知的深度、广度，学习的高度自觉性，不断创新的探索意识等诸方面是走在一些同年龄阶段学生的前面的。而这种局面的形成是和学校有意识的引导分不开的。社会需要英才，而英才的最终由"雏形"变为"成品"是有一个渐变的过程的，而学校要做的是为之创造种种有利条件，并最大程度地激励学生胸怀远大抱负，努力实践，可以说学校所起的作用是人才最终成为社会栋梁的"催化"作用。1936届校友戚殿萱在深情回忆周厚枢校长时，谈到了当年周校长帮他端正读书目的，鼓励他考交大时，尊长的教导犹在耳边："你进交大，将来就可以为国家的交通运输建设出力嘛！"戚殿萱后来在交通运输界一干50多年,成为此方面的杰出人才。为了确保人才的质量,扬中在教学中对学生严格要求。在学科安排、课程设置、考试制度方面都体现出高起点、高标准,这在前面已有介绍,这里不再赘述。所有这些都是学校在培育英才方面所作的切实努力。然而精英俊杰在扬中毕业生的总数字中所占的比例毕竟是个小数字,大量的扬中学子注定会走上平凡岗位,成为普通劳动者,然而这些普通劳动者正是社会发展的主体力量。社会的发展不仅需要精英俊杰,更需要大量高素质劳动者,精英只是其中发挥核心作用的一小部分而已,因此普通劳动者的基本素质对于社会的进步发展至关重要。因此在学校教育教学中,必须坚持英才教育和基础教育并重,扬州中学在这方面有良好的传统,早在二三十年代省立扬州中学时期数、理等学科就有必修、补修之分,前者使学生学得透,偏重基础;补修使学生学得深,偏重提高。在当前的教学工作中,教师们一方面通过鼓励部分学生参加各种竞赛使之深化提高,另一方面注意帮助学习上有困难的学生裨补缺漏。所有的学生都能在校受到良好教育,一般都能顺利完成学业。学校还通过德育、美育教育培养学生的高尚人格、情趣。可以这样讲,从扬中走出去的学生,不可能个个都成名成家,但他们良好的素质使他们都能勤业尽职,造福于社会。

(二)既注重知识传授,更注意能力培养。

中学教育毕竟是以基础教育为主,很强调学生知识的积累,学生只有在中学阶段打下扎实知识基础,才谈得上今后的深入学习和探索创新。自仪董办学以来,学校周备的学科设置,合理的课程设置以及大量优秀教师的辛苦努力,充分保证了知识传授的广度、深度。然而,如果学生只是困溺于单纯的书本知识的藩篱,就会变成毫无活力、毫无主见甚至毫无思想的书虫,这样的人不仅不能服务于社会,而且他们的教条、迂腐、僵化还会有碍于社会的进步发展,这是不争的事实,在现实生活中也不乏其例。所以先进的教学应该十分重视学生能力的培养。能力是个很广博的概念。求知过程中的实验、分析、比较、质疑、变换属于能力的范畴,而从事社会劳动,处理人际交往,参与组织社会活动是更广意义上的能力表现。扬州中学在整个办学历程中从来没有忽视这一点。仪董时期就有理化实验课,当时社会上的不理解者甚至称之为变戏法,到了李更生先生主持八中时期,每周对学生开放理化实验室,二三人一组,每组有一套仪器,实验后,要用英文写出报告,这是对学生实践操作能力的培养;李先生还通过组织学生办报、演说、竞选,培养学生的社会活动能力。而五师名校长任孟闲,组织师生共辟草莱,平整荒地,对学生进行劳动能力的培养。这一传统一直保留到现在,每个学生每学期要有几天被分配到学校的各个部门参加社会公益劳动,这有利于增强学生的社会适应能力,使他们更加尊重劳动者,懂得珍惜生活。而周厚枢校长更是锐意创新,不仅开设手工课锻炼学生动手能力,更为大胆的是在中学开设土木工程科、机电科、德文科等直接面向社会、注重实践能力培养的新学科。他甚至在学校里开设女子生活部,对年事稍长的女生施以家事及女子职业教育。在建国后,学校继续通过带学生下农村、去工厂等参加社会实践,锻炼能力。近年来,学校不为升学压力左右,坚持开办劳动技能课及研究性学习课。劳技课上，工艺制作、食用菌栽培、编织、刺绣、篆刻、机械制图、英文打字、钳工、缝纫、摄影、烹饪等均成为学习内容，劳技课的开设使学生掌握了一定的劳动技能，培养起他们的操作能力，热爱劳动的品格，尊重劳动者的美好感情。而研究性学习课的开设使学生们根据兴趣选择研究方向，走出课堂，深入调查研究，这十分有助于学生能力素质的全面提高。扬州中学不仅是一座神圣的知识殿堂，也是一所培养能力的大学校，具有各种能力的学生日后必将成为社会大舞台的重要角色。

（三）既提倡钻研学问，也引导学生关注社会。

学贵钻研。扬州中学高起点的办学理念，重视学生个性的彰显，而学生在学习活动中大胆质疑，敢于钻研，这本身就是最好的个性张扬，学生成为学习活动的主宰者，在他们的学习天地中方可获得真正意义上的自由，这在前面已有说明，这里不再赘述。然而“两耳不闻窗外事，一心只读圣贤书”并非名校所提倡的为学之道。在扬中办学的各个阶段，历任领导都重视引导学生关注社会，让他们认识到国家、社会的命运与己息息相关，这种教育使学子有一种崇高的使命感和责任感，使他们自觉树立起求学报国、服务社会的远大志向。任孟闲校长和李更生校长曾与学生同台演出进步话剧，宣传反帝反封建。李校长更在八中走廊醒目处树立石碑，上刻“汝忘五月九日六时乎”，告诫学生毋忘国耻。周厚枢校长带领全校师生与当时扬州县长陈某斗争的故事流传至今。抗战时期，更有苏北公中师生罢课反对日本军棍霸占学校大权为非作歹的壮举。直到今天学校依然通过晨会、主题班会、展览、电影观摩等活动引导学生关心社会，分辨是非，努力上进，每年都有觉悟高的学生在校加入中国共产党。因为这种良好风气的影响，从扬中学子中不仅能产生出许多学问家，也能产生出许多社会活动家、政治家。他们以社会为己任，成为时代骄子，这与母校的熏陶感染是分不开的。

社会还在不断发展变化中，因此扬州中学应该继续与时俱进，突出树人宗旨，为社会输送各种各样的人才。这些人才也在服务社会的过程中，将“小我”融入“大我”，实现自我价值，实现更高价值的精神升华，他们以社会为家，社会是人才的价值归宿；他们也以母校为骄傲，因为这是他们的精神归宿，是他们振翅远飞的起点，愿他们越飞越高，也愿母校为社会输送更多有用之材，她的明天定会更加辉煌。

以培养学生思维品质为核心,系统开展学科思维教育
——江苏省扬州中学系统开展学科思维教学实验介绍

沈怡文

培养与发展学生的智力和能力是当前教育界研究的热点与难点,在学生具备的各种智力和能力中间,思维能力是核心,因此,思维能力的教育与训练已成为各国教育界公认的、发展学生智力和能力的有效途径。1992年本校设立的“系统开展学科思维教学研究”课题在江苏省教科所立项,开始实验研究。1995年5月,该课题通过了由北京师范大学发展心理研究所、江苏省教科所、南京市及扬州市教科所的专家组成的评审小组进行的中期验收。1996年该课题被批准为全国教育科学“九五”规划国家教委重点课题。

在课题研究过程中,我校一直得到北京师范大学发展心理研究所所长林崇德教授的指导与帮助。林教授多次专程来扬州,为扬州中学的教师开设课题研究工作的讲座,同时,吸收三名青年教师在其研究所攻读“学科能力发展”方面的硕士研究生课程,亲自给他们授课指导。林教授的专著《学习与发展》是课题组成员必读的理论著作,教师们将所学理论与研究方法用于自己的教学实践中,不仅提高了教学质量,而且提高了自身素质,这对本课题的研究进展起了重要作用。在过去五年的研究中,我们得出了以下几点认识,请同行与专家指正。

一、理论基础的确立

通常人们认为教给学生一些思维方法,并使学生能运用这些方法,思维能力培养与发展的任务就算完成了。然而,这种类似于“形式教育”的训练有着许多缺陷性,因为它一是缺乏教学内容为依托,二是这一过程及其结果常常缺少一个可进行比较、较客观的量化评价标准,同时,这样的教学过程往往把学生置于被动接受的地位。我们认为培养学生的思维品质应是学校发展学生思维能力的突破口。思维品质概念的提出,为培养学生的思维能力的教学与实验又增加了一个新的维度,它能体现思维水平的个体差异性。它包括思维的敏捷性、灵活性、批判性、独创性和深刻性。思维品质客观具体,可以使发展学生思维能力的教学做到目标化、教学评估量化,同时又兼顾到因材施教的原则,因此,也就具备了较强的可操作性。培养与发展学生思维品质的理论成为我们进行实验研究的理论基础。

二、教学目标的制定

将发展学生能力确立为教学目标的核心，是教育观念的重大改变，这一改变是学校教育由应试教育向素质教育转轨的重要步骤。但是，这一转变又是艰难的，因为能力是内隐的，它要通过具体的行为才能表现出来。我们以培养学生思维品质为核心将思维教学中要求学生掌握的行为确立为：语义知识的储存与提取、智力技能的训练与应用、认知策略的掌握与运用三个部分。即：(1) 语言技能；(2) 逻辑思维与创造性思维技能；(3) 学习与元学习技能。

1. 语言技能

思维和语言是不可分的，没有语言，就没有人的理性思维。要求学生掌握思维方法，首先，要教他们分析与领悟语言。语言有两个功能，一是起概括作用，这个功能使语言成为思维工具的支柱；二是起调节作用。对于中学生来说，随着语言的逐步掌握和言语能力(听、说、读、写尤其是阅读)的不断发展，推动着他的思维内容日益丰富，调节着他的思维活动逐步完善。因此，我们把掌握语言技能作为培养思维能力的首要条件，也把它当作培养或评定学生思维能力的第一个目标。

2. 逻辑思维与创造性思维技能

逻辑方法是一种抽象的，逐步引向深入且具收敛性的思维方法。创造性思维方法则具有发散性、变通性与独特性。对思维方法的分类有许多标准，但是对于中学生来说，我们选择这两种技能作为思维教学培养目标，是因为它们是思维过程中普遍存在的，又是最重要的思维方式，它们之间既对立又统一，前者可以使学生把混乱复杂的问题变成有序精练的问题，便于把幻想放在现实中考察，便于对问题的探索、解剖、获得答案。后者则可使陷于僵化保守的思维推进到新的领域，发现许多种不同的途径，使学生的思维更加活跃、变化、富于想象。因此，它们是衡量思维教学效果的最重要的指标之一。

3. 学习与元学习技能

学习技能包括如何提出问题，如何确定问题，如何寻求解决问题的途径，怎样阅读，怎样参与小组讨论，怎样分析资料，寻求不同观点……元学习技能是对上述学习技能的学习，是自我监控能力的体现，它包括这样一些问题：怎样运用刚学会的思维方法，怎样纠正错误的思维习惯，怎样学习更好、更符合自己的个性特点……质疑是思考的开始，古代思想家朱熹说："读书无疑者，须教有疑，小疑而小进，大疑则大进"。其实学法指导的核心是学习思考方法的指导，教学生如何学，如何改善学习，也是培养和评价思维教学的目标之一。

教师在各自学科教学过程中，应结合每一节课、每一个单元教学情况及学生的思维品质状况，将上述目标有系统地安排在单元与课时教学的目标计划内。教学过程结束之后，测试试卷不仅有按知识标准确立的评分细则，还要确定按技能种类确立的评价细则。学生从教师处最终得到的不仅是某一学科知识掌握情况的分数，而且，还得到自己技能掌握情况的评价。教师可依据这些评价结果，再确立新一个单元的教学目标计划。

三、教学模式的探索

教学模式不同于一般具体的教学方法，它在强调整体性、程序性、结构性的同时，应有鲜明的针对性。对于某一学科中的起始教学、总结性阐述、理论背景介绍、理论或概念的解析、实验操作与一般问题解决方式的范例介绍等等内容，可以选用注重启发的传统讲授式教学模式。对于各种方法、技能训练，则可采用探究模式、个别指导模式或行为训练模式。对于社会政治、伦理、历史、哲学等学科中的理论性知识，则应强调独立思考、讨论辨析的探究训练模式、法理学探究模式等等。对于涉及学生行为、社会学技能等教学内容，则可采用角色扮演、社会探究与行为训练等模式。中学各学科知识内容的复杂性与多样性及其教学目标的系统性要求各科教师灵活运用教育工艺学中的各种技术，来优化、组合各种因素，才能顺利完成知识教学、能力培养的艰巨任务，才能将不同学科、不同内容特点的教学归总到培养学生思维品质这个核心目标上来。

四、课程研究的目标与原则

依据以上认识，课题组确立“九五”时期的研究目标：通过开展以学科思维教育为核心的课堂教学整体改革，研究探索：(1) 各学科、各年级开展思维教学的有效途径与方法序列；(2) 研究探索改善学生思维结构、发展学生思维品质的教学模式；(3) 建立学生学科思维能力训练与评价体系。

课题研究确立的原则主要有：(1) 符合中学生心理发展的基本规律；(2) 把传授知识的过程与学生掌握及运用思维方法的过程相结合；(3) 充分展示思维活动过程，教会学生进行自我监控；(4) 思维品质培养贯穿教学计划、教学过程与教学评价；(5) 融教师培训、教材建议、课程改革及教法探索为一体，推进学校整体改革。

五、各学科课题研究的进展情况

本校最早从事思维教学研究的是数学特级教师张乃达老师，他在80年代初期就系统分析了教学思维的结构，他认为数学教学中必须充分暴露数学思维过程，才能形成和谐的教学结构，发展学生的知识结构和思维结构，根据这个原则组织的教学，注重培养学生思维的监控能力。入门教学阶段应积极地进行思维结构的调整，建立起适应新学科特点的思维框架。为此可采用“程序化”教学方法，让学生迅速掌握新学科中最基本的知识、方法和思想。在后继教学阶段，思维结构处于量变阶段，这时思维训练的重点应该是通过变化、引申、发展来丰富、健全已经建立起来的思维框架，因此，可以着重发展学生思维的灵活性、独创性。复习阶段比平时教学更具有综合性，更强调逻辑思维与直觉思维训练的综合，是发展学生思维的创造性的好时机。进入

90年代，张老师开始主持推广“早期渗透数学观念教育实验”的思维教育课题，实验已推广到100多个班，已取得阶段性成果。其成就主要收录于他著述的《数学思维教育界》(江苏教育出版社1990年版)、《关于数学观念教学的研究与实验》(《中学教育教学论文选》江苏教育出版社1995年版)。

语文特级教师蒋念祖老师从1986年起开始在高中议论文写作教学中实施思维训练。蒋老师提出应当对议论文写作中常用的一些逻辑方法作较精细的剖析，让学生结合具体材料进行单项训练，当学生熟练掌握这些技能后，再分析一般议论文写作过程中如何具体运用上述种种思维方法来展开议论。最后，依据不同类型与样式的议论文写作来训练学生运用思维方法的灵活性与独创性，在提高学生写作能力的同时，也提高发展了学生的思维品质。1991年以来，在蒋老师指导下，在几个班开始实验研究，已完成阶段性实验报告。其成果收录在他的《高中议论文写作与思维训练》(四川教育出版社1993年版)等著作中。

英语教师叶宁庆老师在高中外语教学中将阅读能力的培养与思维品质的培养结合起来，提出了(1) 以人为本，挖掘思维源泉；(2) 创设情境，激发思维动机；(3) 启发设疑，激化思维矛盾；(4) 分层递进，扩大思维范围；(5) 扩大阅读，丰富思维结构；(6) 丰富意义，沟通思维网络；(7) 着眼整体，组建思维模式；(8) 调整过渡，促进思维敏捷八项进行思维品质培养的原则。其成果收录于《阅读教学与思维能力培养》(《外语教学与研究》)、《培养良好的思维品质，改进英语阅读教学》(《课程、教材与教法》1997年第5期)等论文中。

历史高级教师王雄老师在教学中，注重教学模式的研究，通过不同的模式来培养学生不同的思维能力。如在以“问题解决”为中心的课堂讨论模式中，提出通过设置不同问题，引发学生讨论，并在此课程中培养与发展学生的思维品质。同时，他还注重培养学生的自我监控能力，通过：(1) 培养沉思习惯，指导学生反省思维过程；(2) 介绍正确思维方法，鼓励学生用自己的方法与之比较，并进行修正；(3) 教学中，注重反馈，利用板书记录、录音记录等方法暴露学生思维过程；(4) 测试后，注重学生自己分析错误的各种原因，改进学习与元学习技能。其成果收录于《培养发展历史思维能力的整体教学策略实验》(《中学历史教学》1996年第1期，中国人民大学书报复印中心)、《培养与发展中学生历史思维能力的教学模式研究》(《中学历史教学参考》1997年第7期)、《创设思维的课堂》(《中学历史教学参考》1997年第12期)等论文中。

物理高级教师冯小秋老师在物理教学中对如何培养学生的思维品质进行了系统设计，提出：(1) 探索物理模型的建立过程，培养思维的深刻性；(2) 还原物理模型的本来面目，培养思维的批判性；(3) 变换思维的方向，注重物理模型的横向联系，培养思维的灵活性，(4) 扩展思维空间，培养思维的独创性；(5) 开设方法专题，培养思维的敏捷性。同时，她还重视非智力因素的作用。其成果收录于《物理后馈思维的双重性及教改对策》(《中学物理》1996年第1期)、《物理模型变换的思维自锁与启动模式》(《中学物理》1997年第1期)等论文中。

此外,化学、生物、政治、体育、美术、音乐等各学科的教师都开展了思维教学的研究工作,均有论文发表。课题研究带动了整个学校教学改革的进程,取得了许多成果。

扬州中学是所百年老校,“突出树人宗旨,努力服务社会”的办学指导思想,影响了一代又一代扬中人,“正直向上,热于求知”的校风熏陶了一代又一代扬中人,扬州中学的前辈们创造过历史的辉煌,今天我们要以本课题的研究及其全面发展为契机,坚持教育改革的正确方向,再造辉煌的历史。

原文发表于《海峡两岸中小学课程教材教法学术研讨会论文集》
选自湖北教育出版社《当前中小学教育改革中的6大焦点问题》

构建基于科学与人文融合的心理教育
——当前中学心理教育现状反思

江苏省扬州中学 张发祥

[内容提要] 心理教育有赖于构建良性的教育机制。就现状看,心理教育并未真正受到重视和切实推进,主要表现在存在着片面教育导致人的"单向度"心理、人文素质相对贫乏和人格缺陷等问题。其重要原因是心理教育受到科学与人文相互割裂的教育机制的制约,为此,应当构建基于科学与人文融合的心理教育,确立基于科学与人文融合的心理教育观念,注重创设科学与人文融合的心理教育环境,坚持科学与人文融合的心理教育方式。转变思想观念,突出教育重点,优化教育形式,着眼于构建心理教育的整体机制。

[关键词] 心理教育 现状反思 科学与人文融合

一、科学与人文分离是心理教育的突出问题

较长一段时期以来,心理教育逐步受到重视,这是基础教育界的一个不争的事实。在思想上,人们认识到心理教育的重要价值,并且把心理教育放在学校教育的重要位置上;在实践上,心理教育从学者高深的理论著作中走进校园和课堂。基层学校展开丰富多样的心理教育活动,尽管心理教育实践还处于初步阶段,但在推进心理教育,初步改变了以德育代替心理教育的做法,形成良好的教育氛围,缓解学生心理危机方面,起到了积极作用;在理论上,我国中学心理教育从最初的经验探索和概括,探索心理教育模式,出现了心理教育理论的繁荣;在政策上,国家颁布了《中小学心理健康教育实施指导意见》,江苏省颁布了实施心理教育的具体细则,推动了心理教育进入新的发展阶段,标志着中学心理教育的逐步成熟。心理教育取得了初步成效是伴随着整个教育的成熟和发展而展开的,心理教育得益于整个教育的进步,离不开教育的大背景。心理教育的最终成熟有待于整个教育的成熟,这是检验整个教育是否成熟的一个重要标志。

但是我们还要看到,在以往,虽然心理教育取得了初步成效,但是按照时代的进步和教育改革发展的要求,中学心理教育仍旧处于不成熟、不完善的阶段,中学心理教育还不能适应培养高素质人才的要求。同时,心理教育形式的繁荣并不等于内容的充实,心理教育走进校园和课堂也并不等于走进了学生的生活和心灵。当前心理教育并未能很好地应对形势的挑战,未能从根本上改变心理教育的被动应付的局面,其中的一个重要原因就在于:心理教育赖以存在和发展的良性教育机制尚未真正形

成,心理教育更多地还是从外部展开,即主要依靠教育政策的驱动,现状危机的压力以及一定程度上应付教育检查等原因展开的。教育机制的作用远胜于一般的教育形式。心理教育成熟的重要标志是在教育领域中,心理教育机制的形成,进而促使心理教育从内部机制上展开。所以,笔者认为,心理教育必须致力于构建良性的教育机制。影响良性教育机制形成的一个重要原因,就是现行心理教育受到科学与人文相互割裂的教育机制的制约,这是基础教育、心理教育的基本现状和现实背景,这也是心理教育不容乐观的理由。当前,围绕心理教育,科学与人文的分离突出表现在以下方面:

科学与人文的割裂导致人的"单向度"心理

科学与人文割裂的直接后果造成了人的片面发展,培养了一批"单向度的人"。事实表明,心理问题和危机最易发生在"单向度"人群中。西方学者马尔库塞在他的《单向度的人》一书中指出,发达的工业社会是一个单向度社会。他认为:技术的进步,工业社会,可以提高人们的生活水平,让人们满足于眼前的物质利益需要而付出不再追求自由、不再想象另一种生活方式的代价。造就单向度的人,丧失否定、批判和超越的能力。站在时代的高度看,[①]马尔库塞指出的"单向度的人",本质上是社会环境对人的生命本体意义的否定,是社会环境对人的发展的片面要求,在教育价值观上表现为淡化和忽略教育关于生命意义和价值的关注,在教育形式上偏重于"训练"和"操作",疏于教化和熏陶。人是丰富的生命复合体,是理性世界和感性世界的统一。高技术需要高情感。中学生理性世界的发展与情感世界的发育失去平衡,中学生情感世界出现冷漠化倾向。[②] 科学与人文的错位,使得学生得不到关于完整世界的理性和感性的把握,在心理上学生也就难以形成完整的心理结构和全面的心理发展。这是科学与人文相互割裂造成的结果,这也是导致学生"单向度"心理产生的原因。

科学与人文失衡导致人文素质的相对贫乏

传统教育的一个不可忽视的缺陷是科学与人文的严重失衡。由于科学技术的发展,人们越来越重视科学技术的价值,而忽视人文的价值。表现在基础教育领域,重视理性和逻辑,轻视情感需求和意义追寻,以至于人们不能正确地应对现代社会的各种竞争压力。当今科学与人文失衡的突出表现在人文的贫乏。在中学教育阶段具体表现为人文性的教育时空被挤占和侵夺,致使学生心理结构不健全,这是由教育体制所造成的。例如,在科学与人文割裂的教育机制下,学生阅读成为纯粹的功利的活动。现在中学生几乎没有什么时间按照自己的兴趣去自由阅读,即便是阅读也是功利性阅读居多,满足个人兴趣和修养性阅读则很少。同时,教育部门(包括学校)常常

---

① 马尔库塞:《单向度的人——发达工业社会意识形态研究》第3、4页,上海译文出版社,1989年版。

② 朱建军、陈新雷:《青少年情感沙漠应该引起社会关注》,中国教育和科研计算机网。

把学生阅读转变为竞技行为，如组织大规模的地区性或全校性阅读比赛等等，这种运用竞赛来强化阅读的做法，使阅读趋于技术化和功利化。功利性阅读如阅读竞赛不仅败坏了学生的学习趣味，也构成了对学生的心理压力，甚至成为诱发学生心理问题的一个源头。这是典型的对学生心理自主发展的制度性侵夺，也是阻碍学生人文积淀的做法。与重视理性精神的情况形成鲜明对比的是学生人文素质的相对贫乏。

科学与人文错位导致学生人格缺陷

科学与人文融合是基于人性本质的教育反映。现实教育中科学与人文错位的突出表现，是人格教育没有得到应有的重视，教育没能深悟人格教育之于人的全面发展的意义，没有把人格教育置于教育的核心位置。科学与人文教育的错位，使中学生执着于世界“是什么”的探寻，忽视世界是“为什么”的思考。中学生不善于进入意义的世界，不能正确地对待人生发展道路上的各种矛盾和危机。学校重视的工具理性的教育，忽视人的情感、意义和非理性因素的培养。这是导致学生心理问题的重要原因。首先，科学与人文错位的最大问题是导致学生主体性的失落。科学主义教育把人的发展视为机械活动，把人的发展归结为工具理性的强化，并且以此为重点展开教育。学生在科学主义教育中，只是一个工具，一部机器，人的主动性、积极性和创造性被窒息或剥夺。其次，人文性教育时空的挤占和侵夺的后果是现行教育造成学生与生活世界的长期隔离，远离生活的原型世界，对客观世界缺少心理体验。学生自我发展能力下降，学生心理调适能力的下降。第三，科学与人文的错位形成了教育的标准化，学生个性得不到发展。缺少鲜明个性是教育主体性失落的具体表现。

现行教育是在科学与人文相互割裂的大背景中展开的，因此它的最大问题在于现行教育是一个不断制造心理危机的机制。科学与人文相互割裂，是产生学生心理问题和心理危机的一个重要教育根源。在这个意义上，心理的危机其实是心理教育的危机，而心理教育的危机又在很大程度上归结为教育本身的危机，即教育机制的科学与人文的割裂。科学与人文的分离，是心理教育的突出问题。

二、科学与人文的融合是心理教育的新趋势

从当前基础教育存在的问题，我们迫切地感到心理教育期待着教育科学与人文融合的机制的形成和建立。建立良性的心理教育机制，比采用具体的心理教育方法显得更为重要。致力于构建科学与人文融合的心理教育机制，是心理教育的治本之道。我们有必要按照科学与人文融合的思想，对心理教育现状作出深刻的反思。

确立基于科学与人文融合的心理教育观念。科学与人文融合的教育是当代教育发展的趋势，它反映了教育的内在规律，体现了教育发展的时代趋势，科学、人文融合的基本理念是塑造完整的人，以及基于此的科学而完整的教育思想。在实践上，从根本上着眼于教育培养学生的全面素质，包括培养健全的心理素质，它将减少教育对象滋生心理问题的可能性。在做法上，着眼于人的心理素质的超前塑造，而不是着眼于心理问题的事后医治，这是一种积极的心理教育。在科学与人文融合的先进理念中，

形成科学的教育对象观和教育观。“学校生活是学生生命历程的重要构成,而不只是学习过程的重要构成”。“一般地承认生命的整体性和人的发展的能动性,在今日的中国理论界也许并不最难,难的是用这样的观点去认识教育对象,特别是作为基础教育对象的中小学生,一群处在生命生长发展中特殊阶段的,需要有成人关心、引导和逐步完成社会化任务的青少年”。[①] 学校教育和课堂教学都是“生命的活动”,离开这一根本观点的心理教育行为都是不可取的,也是有害的。要建立关于生命本体意义的科学与人文融合的心理教育观,我们就会自觉地把心理教育对象作为活生生的人来加以对待。

创设科学、人文融合的心理教育机制。科学的心理教育机制存在于科学与人文融合的教育整体机制之中。在科学与人文割裂的教育机制下,心理教育可以取得一定的效果,但很难有大的作为。科学人文融合的教育整体机制是心理教育的制度前提,它具有决定性意义。其次,创设良好的心理教育机制,必须营造浓郁的心理教育氛围。人的心理是一定环境的产物,环境和氛围就是机制。现行教育制度及其活动,构成了一定的教育环境,同时也是学生发展的心理环境和学生发展的潜在课程,它的影响对学生心理具有不可忽视的作用。在科学与人文割裂的情况下,必将对学生的心理产生较大的心理压力,产生诸多诱发心理问题的因素。这些诱发心理问题的环境因素,具有强大的暗示性和驱导性,如果采取一般的心理教育方法,或者即便是有效的心理教育方法,往往难以抵御教育环境的力量。据此,我们在开展心理教育时,必须注重营造科学人文融合的心理教育环境,进而从根本上解决心理教育的环境问题。还有,建立心理教育机制必须遵循协同工作原则。因为“培养学生的心理素质不能孤立地进行,不能把它与学校的各项教育、教学工作割裂开来”,“要多角度、多层次地协同地培养学生心理素质”。[②]

探索科学与人文融合的心理教育方式。从当前中学心理教育的现状来看,比较重视心理教育,但是总体还是停留在技术层面上,即比较注意采用心理教育的具体方式和方法,如注意运用一定方法克服学生因考试压力带来的焦虑心理,运用一定的方法解决因缺少社会实践带来的人际关系障碍。这些心理教育和咨询方法,可以在一定程度上缓解学生的心理问题,调适学生心理,但这些都不是心理教育的治本之道。要在基于科学人文融合的基础上,从总体思路上谋划心理教育的思路,认清心理教育具有的完整性、渗透性和自然性,有助于从根本上做好心理教育。所谓心理教育的完整性是指在心理教育中,必须坚持科学与人文的完整构想和全面实施,科学有效的心理教育必须建立在对于整个教育机制的科学性基础上;所谓渗透性是指在心理教育实施过程中,避免学科化、考试化、技术化和医疗化。对于中小学而言,任何企图使心理教育呈现学科化、考

---

① 叶澜:《时代精神与新教育理想的构想》,转引自钟启泉等主编《解读中国教育》,教育科学出版社 2000 版。

② 陈家麟:《学校心理教育》,第 27 页,教育科学出版社 1995 版。

试化、技术化和医疗化倾向的行为，本身就是有违于科学人文融合的教育理念的，这不仅不能达到良好的心理教育效果，相反还可能诱发新的心理问题的产生；所谓自然性是指实施心理教育的过程，必须遵循有助于学生心理松弛的要求，使心理教育寄寓教育过程的始终，尽可能贴近学生生活和心理的各个方面，使心理教育在有目的的自然状态中轻松展开。心理教育的自然性决定了心理教育必须生活化和情趣化。那种以开设心理知识讲座和简单的心理咨询来替代心理教育的做法是不可取的。

在中学教育领域探索心理教育过程中，我们发现存在着许多认识的误区，这些误区的认识根源往往是在思想上把科学与人文相互割裂造成的，它值得我们认真地反思。

三、坚守科学与人文融合的心理教育思路

当前，心理教育已经成为学校教育的重要内容。我们必须在科学人文融合的理念指导下，明确重点，抓住关键，探索科学有效的心理教育思路。就目前来看，以下几个方面值得注意：

更新教育观念是前提。观念的转变是根本的转变。作为基础教育领域的心理教育，必须认清心理教育必须基于科学与人文的融合，心理教育过程也就是科学与人文相互融合的过程。教育是理性与诗性的统一。现实中，由于科学与人文的分离，导致了教育诗性的缺乏，引发了教育对象对教育的厌倦和逆反，同时也造成了学生心理的重负。我们教育的不成功，每每是因为科学与人文的割裂所造成的，心理教育的成功寄希望于科学与人文融合的教育机制的形成。对基层学校来讲，更新校长以及教师全员的观念，是一个首要的教育策略。坚守科学与人文融合的心理教育，是具有崇高教育理想，良好的职业精神和具有教师职业操守的核心内容。本文引述的关于“学校生活是学生生命历程的重要构成，而不只是学习过程的重要构成”的理念，应当成为更新教育观念的核心内容。

突出人文性是重点。在一定程度上，忽视教育的人文性，是科学与人文割裂的突出表现，人文性的弱化，本身就说明了与科学性的分离。换句话说，科学与人文的分离，往往表现为教育人文性的弱化。最典型的例证就是，心理教育没有受到应有的重视，本身就是教育人文性缺失的表现。而突出人文性，使其与科学主义教育的有机融合，可以克服因此带来的心理教育乏力的问题，自然也可以避免因教育人文性缺失所造成的心理问题和心理危机。中学心理教育突出人文性，就要把人格教育放在核心位置，心理健康是人格健全的重要表现，人格健全是心理健康的主要标志。教育要着眼于通过学生人格的培养和完善来培养和健全学生心理素质。

生活化是基本形式。心理教育尤其面对正值青春年少的中学生，应当避免心理教育的学科化、考试化、技术化和标准化倾向。心理教育采用的方式和方法，要尽可能符合人的生命运动的本性和人的心理活动的规律。青少年情感丰富，思想活跃，追求新异，具有生命的活力。宜乎采用自然宽松、贴近实际、富于生活气息的教育方式

和方法。教育是理性和诗性的统一,心理教育应当符合这一教育辩证特性。生活化的心理教育,要求教育更多地注意通过引导学生接触自然,融入社会,开展活动,积极体验社会和人生,实现心理的平衡和健全。慎重使用心理测定技术,积极推进课程改革,在合理的课程框架内,尽可能增加学生开展社会性活动的时间总量。引导学生接触原型生活世界,实现理性和感性的统一。在中学教育阶段,学生心理教育生活化主要通过两个方面展开:第一是通过"活动"。教育活动是学生主观感受和心理体验的主要载体。心理教育的核心是活动以及活动中的体验,它是心理教育的主要形式。活动可以促进记忆,发展智力,增强语言能力和社会交往能力,可以促进想象力和创造力,还可以对情绪发展产生补偿作用,促进情感的健康发展。[①] 遗憾的是,目前中学生(其实也包括小学生)活动太少,因而心理体验也少,这些情况对中学生的心理健康是极其不利的;第二,生活化的心理教育要求学校心理教育要注意紧密联系学生日常生活和学习展开。淡化心理教育的痕迹,增加心理教育的内涵。生活化的心理教育要求心理教育具有较高的教育艺术和教育耐心。总之,生活化的心理教育最容易走进学生的心灵世界,走进学生的心理深处。

构建整体机制是关键。如果观念的转变是根本的转变,那么,机制的建立则是根本所在。现行的心理教育机制在总体上尚未真正确立,这有多方面的原因,需要经历一个渐进的发展过程。但是,建立符合心理教育要求的教育机制是一项刻不容缓的工程。当前,最基本的就是要使心理教育渗透和贯注于学校教育的各个方面、各个环节和各个阶段,实现心理教育的全员、全程和全面的目标。心理教育不是少数人的事,不单纯是德育工作者的事(持有这种观点不在少数)。任何一个教师,无论什么学科,在从事学科教学时,都在无形或有形地对学生产生或好或坏的心理影响,在这个层面上,每个教师都承担着心理教育的任务,都是心理教育工作者。如果我们不注意建立和形成心理教育的完整机制,任何个别的、技术的心理教育都是有限的,甚至可能是徒劳的。

寻求并构建科学与人文融合的心理教育是当前中学心理教育的一项重要而紧迫的任务。当然,实施心理教育仅仅提出科学与人文融合是不够的,但是,在心理教育的指导思想和工作思路上,我们只有遵循科学人文融合的思想,才能真正实施科学、有效的心理教育。

2003 年 4 月 10 日

① 刘星期:《心理素质教育的实践与思考》,《教育发展研究》2000 年第 5 期。